ADMINISTRAÇÃO

O GEN | Grupo Editorial Nacional – maior plataforma editorial brasileira no segmento científico, técnico e profissional – publica conteúdos nas áreas de ciências sociais aplicadas, exatas, humanas, jurídicas e da saúde, além de prover serviços direcionados à educação continuada e à preparação para concursos.

As editoras que integram o GEN, das mais respeitadas no mercado editorial, construíram catálogos inigualáveis, com obras decisivas para a formação acadêmica e o aperfeiçoamento de várias gerações de profissionais e estudantes, tendo se tornado sinônimo de qualidade e seriedade.

A missão do GEN e dos núcleos de conteúdo que o compõem é prover a melhor informação científica e distribuí-la de maneira flexível e conveniente, a preços justos, gerando benefícios e servindo a autores, docentes, livreiros, funcionários, colaboradores e acionistas.

Nosso comportamento ético incondicional e nossa responsabilidade social e ambiental são reforçados pela natureza educacional de nossa atividade e dão sustentabilidade ao crescimento contínuo e à rentabilidade do grupo.

COORDENADORES
Marco Antonio Conejero
Murilo Alvarenga Oliveira
Márcio Moutinho Abdalla

> Casos > Exemplos > Vídeos > Questões

ADMINISTRAÇÃO

Conceitos, Teoria e Prática aplicados à Realidade Brasileira

Alessandra de Sá Mello da Costa
Alexandre de Cássio Rodrigues
Aline Mendonça Fraga
Alvaro Cuervo-Cazurra
Andressa Amaral de Azevedo
Antonio João de Oliveira Vianna Junior
Bruno Dutra Freire
Camila Benatti Mourad
Caroline Gonçalves
Catia Eli Gemelli
Cláudio Antonio Pinheiro Machado Filho
Cristina Lourenço Ubeda
Dante Pinheiro Martinelli
Denise Pereira Curi
Edmundo Escrivão Filho
Eduardo Eugênio Spers
Eduardo Roque Mangini
Fabiano Guasti Lima
Fernanda Kesrouani Lemos
George Paulus Pereira Dias
Guilherme Eduardo da Cunha Barbosa
Helen Fischer Günther

Ilton Curty Leal Junior
Jaiane Aparecida Pereira
Josiane Garcelli Schunck
Joysinett Moraes da Silva
Julia Paranhos de Macedo Pinto
Leandro Angotti Guissoni
Lucas Sciencia do Prado
Luciana Florêncio de Almeida
Marcelino Aurélio Vieira da Silva
Marcelo Almeida de Carvalho Silva
Marcelo Gonçalves do Amaral
Marcelo Vergilio Paganini de Toledo
Márcio Moutinho Abdalla (Org.)
Marco Antonio Conejero (Org.)
Maria Clara Ribeiro Portilho
Maria Sylvia Macchione Saes
Matheus Pereira de Souza Soares
Monique Ferreira Cavalcante
Murilo Alvarenga Oliveira (Org.)
Nina Machado Figueira
Paula Sarita Bigio Schnaider Nissimoff
Pedro Braga Sotomaior Karam

Pítias Teodoro
Rafael Confetti Gatsios
Ricardo César da Silva Guabiroba
Robson Moreira Cunha
Rodrigo Lourenço Farinha
Rogério Tadeu da Silva
Sandra Regina Holanda Mariano
Sara Gurfinkel Marques de Godoy
Sergio Eduardo de Pinho Velho Wanderley
Sibelly Resch
Susana Sales da Silva Campos
Thelma Valéria Rocha Rodrigues
Thiago Borges Renault
Thiago Henrique Martins Pereira
Thiago Henrique Moreira Goes
Tiago Silveira Gontijo
Tobias Coutinho Parente
Vanessa Amaral Prestes
Vanessa de Almeida Guimarães
Vérica Freitas
Verônica Angélica Freitas de Paula
Vitor Azzari Vieira

■ Os autores deste livro e a editora empenharam seus melhores esforços para assegurar que as informações e os procedimentos apresentados no texto estejam em acordo com os padrões aceitos à época da publicação, *e todos os dados foram atualizados pelos autores até a data de entrega dos originais à editora.* Entretanto, tendo em conta a evolução das ciências, as atualizações legislativas, as mudanças regulamentares governamentais e o constante fluxo de novas informações sobre os temas que constam do livro, recomendamos enfaticamente que os leitores consultem sempre outras fontes fidedignas, de modo a se certificarem de que as informações contidas no texto estão corretas e de que não houve alterações nas recomendações ou na legislação regulamentadora.

■ Data do fechamento do livro: 13/10/2021

■ Os autores e a editora se empenharam para citar adequadamente e dar o devido crédito a todos os detentores de direitos autorais de qualquer material utilizado neste livro, dispondo-se a possíveis acertos posteriores caso, inadvertida e involuntariamente, a identificação de algum deles tenha sido omitida.

■ **Atendimento ao cliente: (11) 5080-0751 | faleconosco@grupogen.com.br**

■ Direitos exclusivos para a língua portuguesa
Copyright © 2022 by
Editora Atlas Ltda.
Uma editora integrante do GEN | Grupo Editorial Nacional
Travessa do Ouvidor, 11
Rio de Janeiro – RJ – 20040-040
www.grupogen.com.br

■ Reservados todos os direitos. É proibida a duplicação ou reprodução deste volume, no todo ou em parte, em quaisquer formas ou por quaisquer meios (eletrônico, mecânico, gravação, fotocópia, distribuição pela Internet ou outros), sem permissão, por escrito, da Editora Atlas Ltda.

■ Capa: Manu | OFÁ Design

■ Editoração Eletrônica: LBA Design

■ Ficha catalográfica

A186

Administração : conceitos, teoria e prática aplicados à realidade brasileira / Alessandra de Sá Mello da Costa ... [et al.] ; organização Marco Antonio Conejero, Murilo Alvarenga Oliveira, Márcio Moutinho Abdalla. – 1. ed. – Barueri [SP] : Atlas, 2022

Apêndice

Inclui bibliografia e índice

ISBN 978-65-597-7034-2

1. Administração. 2. Administração de empresas. I. Costa, Alessandra de Sá Mello da. II. Conejero, Marco Antonio. III. Oliveira, Murilo Alvarenga. IV. Abdalla, Márcio Moutinho.

21-73667 CDD-658.4
 CDU-005

Leandra Felix da Cruz Candido – Bibliotecária – CRB-7/6135

Sobre os colaboradores

Alessandra de Sá Mello da Costa

Professora da área de Organizações do Departamento de Administração (IAG) da Pontifícia Universidade Católica do Rio de Janeiro (PUC-Rio) e coordenadora do Programa de Pós-Graduação. Bolsista de Produtividade em Pesquisa do CNPq-Nível 2. Doutora em Administração pela EBAPE/FGV, mestre em Administração de Empresas pelo IBMEC-RJ e graduada em Administração e em História. Coordenadora eleita da Divisão de Estudos Organizacionais da Associação Nacional de Pós-Graduação e Pesquisa em Administração no triênio 2018-2020. Consultora de projetos de fomento (CAPES e CNPq) e membro de comitês de avaliação da CAPES. Membro do corpo editorial de periódicos como *Cadernos EBAPE.BR* e *Revista Organizações & Sociedade*, também atua como revisora de periódicos nacionais e internacionais. Atuais interesses de pesquisa nas áreas de: Estudos Organizacionais Históricos; História e Memória de Empresas; e Narrativas e Discursos Organizacionais.

Alexandre de Cássio Rodrigues

Doutor, mestre e bacharel em Administração. Mestre e bacharel em Engenharia de Produção. Licenciado em Computação. É instrutor certificado em Google for Education, pós-graduado em Planejamento e Implementação da EaD, Design Instrucional para EaD, Docência on Line, Educação Empreendedora e Mídias na Educação. É Engenheiro de Segurança do Trabalho, possui MBA em Engenharia e Inovação e é especialista em Gestão de Segurança da Informação e Comunicações, Gestão Pública e Gestão e Política Mineral. Atualmente, leciona no CEFET/MG e exerce o cargo de Especialista em Recursos Minerais na Agência Nacional de Mineração. Tem experiência nas áreas de metodologias ativas, tecnologias educacionais, educação a distância, *data science*, tecnologia da informação, administração e engenharia de produção.

Aline Mendonça Fraga

Doutora, mestra e bacharela em Administração pela Escola de Administração da Universidade Federal do Rio Grande do Sul (UFRGS). É professora de Administração, com experiência docente nos níveis técnico, superior e pós-graduação. Pesquisadora do Observatório Internacional de Carreiras (UFRGS), do Grupo Interdisciplinar de Estudos da Inovação e do Trabalho (UFRGS) e membra do Núcleo de Estudos e Pesquisas em Gênero e Sexualidade (IFRS-Osório). Desenvolve estudos nas áreas de Relações de Trabalho, Gestão de Pessoas e Estudos Organizacionais, sobretudo relativos a mobilidades, migrações e expatriação, carreiras e suas interseccionalidades com marcadores sociais de diferenças/diversidades, como gênero, sexualidade e classe.

Alvaro Cuervo-Cazurra

Professor de Negócios Internacionais e Estratégia na Northeastern University e coeditor do *Global Strategy Journal*. Estuda internacionalização de empresas, com especial interesse em multinacionais de mercados emergentes; atualização de capacidade, com foco em capacidades tecnológicas; e questões de governança, com ênfase na corrupção nos negócios internacionais. Foi eleito *fellow* da Academy of International Business e do Comitê Executivo da Divisão de Gestão Internacional da Academy of Management. Premiado com um Ph.D. do Massachusetts Institute of Technology, recebeu doutorado honorário da Copenhagen Business School.

Andressa Amaral de Azevedo

Doutora em Administração pela Pontifícia Universidade Católica de Minas Gerais (PUC Minas). Mestre em Engenharia de Produção pela Universidade Federal de Minas Gerais (UFMG). Engenheira de Segurança do Trabalho pela Universidade Federal de São João Del-Rei (UFSJ). Especialista em Docência no Ensino Superior e Gestão Acadêmica pelo Centro Universitário Metodista Izabela Hendrix (IH). Graduada em Engenharia de Produção pela Universidade Federal de Viçosa (UFV). Docente do Departamento de Engenharia de Produção da PUC Minas. Coordenadora do Curso Técnico de Segurança do Trabalho UTRAMIG. Participante do Banco de Avaliadores do Sistema Nacional de Avaliação da Educação Superior (BASis). Já desenvolveu atividades docentes nas instituições UFMG, Newton Paiva, Faculdade Pitágoras, UNIPAC, Funcesi e Faculdade Promove, IH. Atuou, durante cinco anos, como coordenadora do curso de Engenharia de Produção.

Antonio João de Oliveira Vianna Junior

Mestre em Administração pelo PPGA/Universidade Federal Fluminense-Polo Volta Redonda e Mestre em Ciências Militares pela Escola de Aperfeiçoamento de Oficiais. É bacharel em Ciências Militares pela Academia Militar das Agulhas Negras (2009), MBA em Gestão Empresarial pela Fundação Getulio Vargas e Especialista em Docência em Licitações e Contratos. Tem experiência prática e docente na área de Administração Pública, Licitações, Contratos, Finanças Públicas e Gestão de Riscos. Autor de artigos científicos publicados em periódicos relevantes, artigos de opinião e *e-books*. Membro suplente do Conselho de Transparência Pública e Combate à Corrupção do Governo de Minas Gerais (2019-2022).

Bruno Dutra Freire

Administrador concursado do Instituto Federal do Rio de Janeiro *Campus* Resende (IFRJ-CRES). Mestre em Administração de Empresas (MPA/UFF-VR). Graduado em Administração (ASSESPA) e Medicina Veterinária (UFF-RJ). Especialista (MBA) em Finanças (UNESA) e Administração Pública (UFF-VR). Experiência em mercado financeiro, atividade financeira do Estado e gestão de organizações públicas. Atualmente, é coordenador de Administração do IFRJ-CRES. Interessa-se por estrutura organizacional, processo decisório nas organizações, governança corporativa e pública, administração pública.

Camila Benatti Mourad

Doutora e mestre em Administração, na área de Economia das Organizações pela Faculdade de Economia, Administração, Contabilidade e Atuária da Universidade de São Paulo (FEA/USP) e graduada em Administração pela UFMS. Professora da Fundação Instituto de Administração (FIA) em cursos de pós-graduação e de extensão. Coordenadora executiva de cursos do Grupo PENSA/FIA e do MBA em Gestão de Agronegócios FIA Online. Já atuou como professora no Instituto Federal de São Paulo (IFSP), Insper e Trevisan. Sócia-consultora da Stracta Consultoria, onde atua em projetos de desenvolvimento organizacional e gestão de processos. Experiência em gestão estratégica e implementação de processos em organizações de diferentes setores da economia, como químicos, máquinas e equipamentos, serviços de turismo, alimentos, cooperativas agrícolas, distribuição, entre outros.

Caroline Gonçalves

Professora adjunta do Curso de Administração da Universidade Federal de Mato Grosso do Sul, *Campus* do Pantanal (UFMS/CPAN). É graduada em Comunicação Social pela Universidade Metodista de São Paulo (UMESP), mestre em Administração pela Universidade Federal de Santa Catarina (UFSC), doutora em Administração pela FEA/USP. Tem pós-doutorado em Economia pela FEA/USP. Atua nas áreas de história de empresas, economia das organizações, agronegócios, estratégia, administração mercadológica e governança.

Catia Eli Gemelli

Professora de Administração no Instituto Federal de Educação, Ciência e Tecnologia do Rio Grande do Sul (IFRS) – *Campus* Osório. Doutora em Administração pela Universidade Federal do Rio Grande do Sul, na área de Gestão de Pessoas e Relações de Trabalho. Realizou doutoramento intercalar no Instituto de Educação da Universidade de Lisboa. Tem bacharelado em Administração pela Universidade Regional Integrada do Alto Uruguai e das Missões – *Campus* Erechim (2010) e mestrado em Administração pela Universidade do Vale do Rio dos Sinos (2015). É líder do Núcleo de Estudos Organizacionais (IFRS) e integra o grupo de pesquisa Educação, Trabalho e Cidadania (IFRS), o Núcleo de Estudos e Pesquisas em Gênero e Sexualidade (IFRS) e o Observatório Internacional de Carreiras (UFRGS).

Cláudio Antonio Pinheiro Machado Filho

Professor do Departamento de Administração da FEA/USP, na área de Governança Corporativa. Engenheiro Agrônomo pela ESALQ/USP, especialista em Administração pela FGV (CEAG), mestre e doutor em Administração pela FEA/USP. Coordenador do Centro de Conhecimento em Agronegócios (PENSA) da Fundação Instituto de Administração (FIA). Conselheiro certificado pelo Instituto Brasileiro de Governança Corporativa (IBGC).

Cristina Lourenço Ubeda

Professora associada no Centro de Ciências em Gestão e Tecnologia (CCGT) da UFSCar, *Campus* Sorocaba, desde 2010. Graduada em Administração Pública pela Universidade Estadual Paulista Júlio de Mesquita Filho (FCL-UNESP) e doutora em Engenharia de Produção pela Escola de Engenharia de São Carlos (EESC-USP). Atua na área de Gestão Estratégica de Pessoas no curso de graduação em Administração e no programa de pós-graduação em Gestão de Organizações e Sistemas Públicos da UFSCar, pesquisando principalmente os seguintes temas: desenvolvimento de competências individuais, relações de trabalho e carreiras, transformação digital e práticas de gestão de pessoas.

Dante Pinheiro Martinelli

Professor titular da Universidade de São Paulo na FEA-RP/USP. Possui graduação em Economia pela Universidade de São Paulo (FEA – 1978), graduação em Administração também pela USP (1978), mestrado em Administração pela FEA/USP (1987), doutorado em Administração pela USP (1995) e livre-docência pela FEA/USP (1999). Realizou programas de pós-doutorado no Canadá, nas Universidades HEC (École des Hautes Études Commerciales), em Montreal, e Universidade do Quebec, em Trois Rivières, em 2001 e 2002. Tem experiência na área de Administração, com ênfase em Administração de Pequenas e Médias empresas (PME), atuando principalmente nos seguintes temas: visão sistêmica, negociação, desenvolvimento local e o papel das pequenas e médias empresas, simulação empresarial e jogos de empresas. Autor de 17 livros e de 19 capítulos de livros sobre negociação, visão sistêmica, desenvolvimento local e pequenas e médias empresas nas Editoras Atlas, Saraiva e Manole. Autor de mais de 180 artigos completos em periódicos e em anais de congressos, no país e no exterior. Atualmente, é consultor de empresas na área de Gestão de Organizações.

Denise Pereira Curi

Doutora em Engenharia de Produção, pela USP, com equivalência em Gestão Industrial, pela Universidade de Aveiro. Professora nas áreas de Sustentabilidade e Responsabilidade Social, Marketing e Estratégias Empresariais, nas instituições: Universidade Presbiteriana Mackenzie, Centro Paula Souza (Fatec Barueri), e Fundação Instituto de Administração (FIA). Foi coordenadora da Agência Mackenzie de Sustentabilidade (AMS), e do curso Gestão Estratégica da Sustentabilidade e Governança Corporativa. Trabalhou nas empresas Rhodia S.A., Sharp Indústria e Comércio, Banco Real, nas áreas de Controladoria, Gestão Estratégica e Sustentabilidade. Foi líder de projetos de pesquisa no Brasil com fomento do CNPq e Mackpesquisa e organizadora do livro *Gestão ambiental* pela editora Pearson. É autora de artigos e capítulos de livros nacionais e internacionais, tendo ministrado uma série de conferências no Brasil e no exterior. Atualmente, é pesquisadora na universidade de Aveiro.

Edmundo Escrivão Filho

Bacharel em Administração e em Ciências Contábeis (UNICEP-São Carlos); Engenheiro de Produção (EESC-USP); mestre em Administração (PUC-SP); doutor em Engenharia de Produção (UFSC); especialista em Administração Hoteleira (SENAC). Foi professor do Departamento de Engenharia de Produção por 38 anos e coordenador do

Programa de Mestrado e Doutorado em Engenharia de Produção da EESC-USP. É coautor dos livros *Teorias de administração* (2010), *Modelagem da organização* (2014), *Administração para engenheiros* (2016), *Introdução à Administração* (2017). Atualmente, é professor sênior na EESC-USP e na UNICEP São Carlos. Por dez anos, exerceu cargos de administração na EESC-USP.

Eduardo Eugênio Spers

Pós-doutorado na Wageningen University (WUR), Holanda, e especialização no IGIA, França. Possui doutorado em Administração pela Universidade de São Paulo (USP). Foi professor do Programa de Mestrado e Doutorado em Administração e do Mestrado Profissional em Comportamento do Consumidor da ESPM. Líder do tema Teoria, Epistemologia e Métodos de Pesquisa em Marketing na Associação Nacional de Pós-Graduação e Pesquisa em Administração (ANPAD). Participou de diversos projetos de consultoria e pesquisa coordenados pelo PENSA e Markestrat. É professor titular no Departamento de Economia, Administração e Sociologia, docente do mestrado em Administração e Coordenador do Grupo de Extensão MarkEsalq no *campus* da USP/Esalq. Proferiu palestras em diversos eventos acadêmicos e profissionais, com diversos artigos publicados em periódicos nacionais e internacionais, livros e capítulos de livros sobre agronegócios, com foco no marketing e no comportamento do produtor rural e do consumidor de alimentos.

Eduardo Roque Mangini

Doutor em Administração pela Universidade Nove de Julho e Universidade do Minho; mestre em Administração de Empresas pela Universidade Presbiteriana Mackenzie; MBA em Propaganda, Marketing e Comunicação Integrada pela Universidade Municipal de São Caetano do Sul, MBA em Marketing pela Escola Superior de Administração, Marketing e Comunicação; especialista em Administração de Empresas pela Pontifícia Universidade Católica; especialista em Marketing de Serviços pela Fundação Getulio Vargas; graduado em Administração de Empresas pela Universidade Federal de Lavras e graduado em Medicina Veterinária pela Universidade Federal de Viçosa. Professor visitante do Instituto Politécnico de Bragança e professor pesquisador do Instituto Federal de São Roque das linhas de marketing de serviços e comportamento do consumidor.

Fabiano Guasti Lima

Livre-docente em Métodos Quantitativos e Finanças, Doutor em Administração e Mestre em Ciências (Física Aplicada), pela Universidade de São Paulo (USP), além de possuir graduação em Matemática pela Universidade Federal de São Carlos (UFSCar). É professor associado do Departamento de Contabilidade da Faculdade de Economia, Administração e Contabilidade de Ribeirão Preto (FEA-RP/USP). Autor do livro *Análise de riscos* e coautor de seis livros e diversos trabalhos científicos publicados em congressos e revistas no país e no exterior. Consultor de empresas nas áreas de Finanças Corporativas, Gestão de Riscos e *Valuation*.

Fernanda Kesrouani Lemos

Doutora em administração de empresas pela Faculdade de Economia, Administração e Contabilidade da Universidade de São Paulo (FEA/USP). Mestre em Engenharia de Produção pela Escola Politécnica da Universidade de São Paulo (POLI-USP). Especialista em Economia de Empresas pela Escola de Economia de São Paulo da Fundação Getulio Vargas (EESP-FGV). Bacharel em Administração de Empresas pela Escola Superior de Propaganda e Marketing (ESPM). É sócia da Kesrouani Lemos consultoria e da Guaná Agropecuária. É consultora associada da Wedekin Consultores. Atua como consultora há 16 anos, tem experiência em dinâmica de cadeias agroindustriais e sustentabilidade, em especial na cadeia da carne bovina. Também realizou consultorias relacionadas com eficiência de processos como consultora do antigo Instituto de Desenvolvimento Gerencial (INDG) – atual Falconi Consultoria. É professora do mestrado da Universidade Ibirapuera, onde ministra estratégias de sustentabilidade e inovação. Também atua como professora convidada na ESALQ/USP, na disciplina de Cadeias Agroindustriais.

George Paulus Pereira Dias

Empreendedor dos sistemas *on-line* de gerenciamento de projetos (GP3) e de gestão do aprendizado com jogos (salaVIVA). Tem experiência como consultor nas áreas de Gestão da Cadeia de Suprimentos e de Gerenciamento de Projetos. Engenheiro de Produção pela POLI-USP. Certified in Production and Inventory Management (CPIM) pela Association for Operations Management (APICS). Mestre e doutor pela POLI-USP e conselheiro do Instituto de Engenharia.

Guilherme Eduardo da Cunha Barbosa

Engenheiro mecânico e de automóveis pelo Instituto Militar de Engenharia. Mestre e doutor pela POLI-USP, desenvolvendo pesquisa em confiabilidade e gestão de riscos aplicados a sistemas mecânicos. Possui experiência na administração da produção em trabalhos de manutenção, revitalização e modernização de sistemas e materiais de emprego militar. Foi docente e coordenador de pesquisa da Academia Militar das Agulhas Negras, onde implantou a disciplina eletiva Introdução à Gestão de Riscos, publicando obra homônima pela editora daquele estabelecimento de ensino.

Helen Fischer Günther

Doutora em Engenharia e Gestão do Conhecimento, mestre em Administração e administradora pela UFSC. Atua como docente e pesquisadora nas áreas de Gestão, Liderança e Tomada de Decisão. É autora do melhor artigo no evento KMBrasil 2012, do melhor artigo da área de Teoria Geral da Administração do XXI ENANGRAD. Recebeu menção honrosa em 2020 pelo artigo *Liderança na escola pública: práticas e reflexões de um estudo empírico-qualitativo*. Realizou mapeamento de processos e implementação de sistemas de gestão em empresas de engenharia civil e do setor elétrico, bem como consultorias em diagnóstico organizacional, participação nos lucros e resultados e planos de cargos e salários nos setores de engenharia, tecnologia e associações.

Ilton Curty Leal Junior

Graduação e mestrado em Administração pela UFRRJ e doutorado em Engenharia de Transportes pela COPPE/UFRJ. Professor associado da Universidade Federal Fluminense e bolsista de produtividade em pesquisa pelo CNPq, com atuação em cursos de graduação e no Programa de Pós-Graduação em Administração (PPGA/UFF). Tem experiência profissional em cargos de gerência em empresas na área de Logística e também em cargos de direção na Associação Nacional de Pesquisa e Ensino em Transportes e no Instituto de Ciências Humanas e Sociais da UFF. Na área acadêmica, tem atuação em gestão de logística e transporte de carga e passageiros, com enfoque nos seguintes temas: transporte e meio ambiente, avaliação de desempenho em transportes, terceirização em logística, gestão da cadeia de suprimentos, ecoeficiência em transportes, capacitação em gestão de transporte de carga e sustentabilidade portuária.

Jaiane Aparecida Pereira

Doutora e mestre em Administração pela Universidade Estadual de Maringá (UEM). Graduada em Administração com habilitação em Administração Pública pela Universidade Estadual do Paraná (UNESPAR) – FECEA Apucarana. Professora da Universidade Federal de Mato Grosso do Sul (UFMS) – Campus de Naviraí (CPNV). Líder do Núcleo de Pesquisa em Gestão, Desenvolvimento e Inovação (NGDI). Trabalhou em empresas públicas e privadas por 14 anos. Atua na docência desde 2007. Possui experiência no ensino presencial e a distância (EAD). Principais áreas de interesse: estratégia, desenvolvimento, produção e agronegócio.

Josiane Garcelli Schunck

Publicitária com pós-graduação em Marketing e mestrado em Administração (MPA) pela FGV-EAESP. É estudante de doutorado pela mesma instituição, com pesquisas e publicação sobre Canais de Marketing e Estratégias Digitais. Como executiva, acumulou mais de 15 anos de experiência na área de marketing de empresas nacionais e multinacionais como Avon Cosméticos. Atualmente, é professora convidada nos cursos de MBA em Marketing na Fundação Getulio Vargas e na ESALQ/USP. Também atua como consultora de marketing tendo realizado projetos para empresas como Alpargatas e C&A, além de exercer a função de CEO no empreendimento digital bomemelhor.com.br.

Joysinett Moraes da Silva

Doutora em Administração pela Universidade Federal do Rio Grande do Sul (UFRGS). Professora associada da Universidade Federal Fluminense (UFF). Ministra a disciplina de Estudos Organizacionais no Programa de Pós-Graduação em Administração (PPGA/UFF/Volta Redonda). Professora visitante da The University of Nottingham (Reino Unido). Chefe do Departamento de Empreendedorismo e Gestão. Principais interesses de pesquisa: desenvolvimento profissional de gestores e professores de escolas de educação básica; educação para o empreendedorismo na educação básica; e práticas organizacionais, o que envolve o estudo das práticas de gestão em organizações públicas, populares e não governamentais, suas articulações com o Estado e os resultados decorrentes destas interações.

Julia Paranhos de Macedo Pinto

Professora Associada da Universidade Federal do Rio de Janeiro (UFRJ) e coordenadora do Grupo de Economia da Inovação do Instituto de Economia da mesma instituição. Membro da Associação Brasileira de Economia Industrial e Inovação (ABEIN). Diretora adjunta de graduação do IE/UFRJ entre agosto de 2015 e julho de 2017. Graduada em Ciências Econômicas pela UFRJ (2004), mestre em Economia Industrial pela Universidade Federal de Santa Catarina (2006) e doutora em Economia da Indústria e da Tecnologia pela UFRJ (2010) com período de doutorado sanduíche no Science and Technology Policy Research – SPRU (2009), Inglaterra. Atua nos temas gestão da inovação, política industrial e de inovação, relação universidade-empresa e propriedade industrial, em especial no setor farmacêutico.

Leandro Angotti Guissoni

Professor de carreira da FGV/EAESP e coordenador acadêmico do MBA em Marketing e Mídias Digitais na FGV. Doutor e mestre em Administração pela USP. Foi professor convidado na Harvard Business School em 2018. Leciona desde 2015 na Darden School of Business, University of Virginia. Teve autoria em seis estudos de caso veiculados pela Harvard Business School, além de diversos livros e artigos científicos, incluindo o *Journal of Retailing*. Sócio da Decoupling.co Brasil, consultoria de disrupção digital baseada em San Diego/CA. Com 17 anos de experiência no mercado em grandes empresas, iniciou sua carreira na Coca-Cola em 2004. Cofundador da *startup* BomeMelhor. Foi comentarista do canal InvestNews no quadro semanal "Por Dentro do Negócio" para analisar a estratégia digital de empresas em diversos setores.

Lucas Sciencia do Prado

Professor da FGV-EAESP, desde 2014. Já atuou como professor de diversos cursos/módulos de MBA, para instituições como FGV, USP, Uni-FACEF, FAAP entre outras. É sócio da Markestrat Consulting Group (www.markestrat.com. br). Doutor, mestre e graduado em Administração pela Faculdade de Economia, Administração e Contabilidade de Ribeirão Preto – Universidade de São Paulo (FEA-RP/USP), com período doutorado sanduíche nos Estados Unidos pela Purdue University (jul./2015 – dez./2015).

Luciana Florêncio de Almeida

Ph.D. em Economia de Empresas pela FEA/USP com pós-doc na Technical University of Munich. Obteve o título de mestre em Administração de Empresas pela Universidade Federal de Lavras, Minas Gerais, Brasil. Foi pesquisadora visitante na Universidade de Missouri, EUA, e na Universidade de Macerata, Itália. Tem atuado com projetos de pesquisa e consultoria por meio do PENSA (FEA/FIA) e da Stracta Consulting nas áreas de marketing e estratégia. Atualmente, é docente do Mestrado Profissional em Comportamento do Consumidor (MPCC), e do Programa de Pós-Graduação em Administração da ESPM (PPGA-ESPM). Seu foco de pesquisa tem sido em agronegócio, alimentos, estratégia, alianças, relacionamentos de longo prazo, jornada do cliente e engajamento do cliente.

Marcelino Aurélio Vieira da Silva

Graduação em Fortificação e Construção pelo Instituto Militar de Engenharia (IME) (2000), mestrado em Engenharia de Transportes pela mesma instituição (2006) e doutorado em Engenharia de Transportes pela Universidade Federal do Rio de Janeiro (2013). Atualmente, é professor do Programa de Engenharia de Transportes (PET) da COPPE/UFRJ. Atua nas áreas de planejamento de transportes, gestão de infraestrutura de transportes, sustentabilidade em sistemas de transportes e análise de resiliência em sistemas de transportes.

Marcelo Almeida de Carvalho Silva

Doutor em administração pela PUC-Rio. Graduado e mestre em Administração pela mesma instituição. Professor adjunto da Faculdade de Administração e Ciências Contábeis da Universidade Federal do Rio de Janeiro (UFRJ/FACC). Professor colaborador do Programa de Pós-Graduação em Ciências Contábeis (PPGCC) da mesma instituição. Tem como interesse a pesquisa sobre a má conduta organizacional – violência, crimes corporativos, violação dos direitos humanos, corrupção – e as formas adotadas para a normalização de tais práticas. Nesse sentido, desenvolve pesquisas sobre a relação entre empresas e a ditadura civil-militar brasileira, procurando evidenciar a violência praticada contra os trabalhadores, bem como as formas com que tais empresas gerenciam a violação dos direitos humanos praticadas na época. É membro do Grupo de Trabalho Empresariado e Ditadura. Pesquisa a relação entre História e Administração, métodos, práticas e temas relacionados com perspectiva histórica em Administração. Além disso, estuda também o discurso na construção da realidade social, por meio da análise crítica do discurso.

Marcelo Gonçalves do Amaral

Economista, mestre e doutor em Engenharia de Produção pela UFRJ. Pós-doutor pela USP e pela North Carolina State University. É empreendedor e atou em diversas organizações, como CEPEL/Eletrobras e FIRJAN. Desde 2006, é professor na Universidade Federal Fluminense, onde lidera o Triple Helix Research Group Brazil. Ocupou diversos cargos na UFF, como os de vice-diretor e diretor do Instituto de Ciências Humanas e Sociais e posições em conselhos. Com 25 anos de pesquisa, tem cerca de 100 trabalhos publicados em temas como ambientes de inovação e Triple Helix. Atualmente, integra o Comitê Executivo da Triple Helix Association, é editor-chefe da *Revista de Administração, Sociedade e Inovação* e editor associado do *International Journal of Innovation Science*.

Marcelo Vergilio Paganini de Toledo

Sócio fundador da Lucre Odonto, empresa especializada em projetos de Educação e Mentoria para Cirurgiões Dentistas, e da 3.0 Marketing e Inteligência, consultoria dedicada a projetos de Customer Experience. Professor universitário há 17 anos, atualmente atua como docente em Marketing na ESPM-SP. Doutorando em Marketing na mesma instituição, possui também MBA em Marketing pelo Insper, pós-graduação em Marketing pela ESPM-SP e graduação em Direito pela Faculdade de Direito de Bauru. Atuou como executivo de Marketing e Comunicação em empresas como Nokia, IBM, Unilever e Brahma.

Márcio Moutinho Abdalla (Org.)

Graduado (FMS), mestre (MADE-UNESA) e doutor em Administração (FGV-EBAPE). É professor adjunto do departamento de Administração e Administração Pública (UFF-VR), professor e coordenador do Mestrado Profissional em Administração (MPA-VR/UFF) e líder do Núcleo de Estudos Fronteiriços em Estratégia e Sociedade (NEFES). Foi membro do Comitê Científico de Estratégia em Organizações na ANPAD (2018-2020) e é diretor científico do Congresso de Administração, Sociedade e inovação (2015 até o presente). Interessa-se por estratégias de não mercado, atividade política corporativa, decolonialidade, e análise crítica do discurso.

Marco Antonio Conejero (Org.)

Economista e doutor em Administração pela FEA/USP. Professor da Universidade Federal Fluminense (UFF) nos cursos de Administração e Ciências Contábeis. Atua em projetos de estratégia mercadológica, inteligência de mercado e estruturação organizacional em organizações, cooperativas, ONGs, associações e *clusters*. É pesquisador do PENSA/FIA, Centro de Conhecimento em Agronegócios. É conselheiro da Stracta Consultoria. Foi gerente do Agribusiness Research & Knowledge Center da PricewaterhouseCoopers (PwC). Também foi sócio da Markestrat Agribusiness. É coorganizador do livro *Administração estratégica: da teoria à prática no Brasil*, publicado, em 2019, pelo GEN | Atlas.

Maria Clara Ribeiro Portilho

Graduada e mestre em Administração pela Universidade Federal Fluminense (UFF). Possui experiência no setor de logística, projetos, *lean* e governança do setor automobilístico. Desenvolve projetos e pesquisas relacionados com estratégias interorganizacionais, gestão do conhecimento e governança empresarial.

Maria Sylvia Macchione Saes

Fundadora e coordenadora do grupo de pesquisa NAP – CORS (Centro de Estudos das Organizações) da Universidade de São Paulo (USP). Possui graduação, mestrado e doutorado em Ciências Econômicas pela USP. Foi pró-reitora de pós-graduação no Centro Universitário Álvares Penteado (Fecap). Presidiu a Comissão de Pesquisa da FEA/USP e coordenou o Programa Institucional de Bolsas de Iniciação Científica (PIBIC) e Iniciação Científica em Desenvolvimento Tecnológico e Inovação (PIBITI), da USP. Foi editora chefe da *RAUSP – Management Journal*. É professora titular da USP. No Programa de Pós-Graduação, ministra aula nas disciplinas de Economia das Organizações e Fundamentos econômicos da estratégia. Desenvolve pesquisa nas áreas Economia das Organizações e Organização Industrial. Possui várias pesquisas e publicações com a abordagem da economia das organizações aplicada às cadeias agrícolas.

Matheus Pereira de Souza Soares

Tecnólogo em Processos Gerenciais com Ênfase em Empreendedorismo pela UFF-Niterói e graduando em Engenharia de Produção pela UFF-Volta Redonda (por meio do Consórcio CEDERJ). Atualmente, atua como Assistente de Projetos na empresa de soluções submarinas Oceaneering (Marine Production Systems do Brasil Ltda). Interessa-se por empreendedorismo, gestão de projetos, gestão empresarial e gestão financeira.

Monique Ferreira Cavalcante

Mestre em Administração (UFF), especialista em Relações Internacionais (Ibmec) e graduada em Administração (UGF). Possui experiência em empresas multinacionais e públicas nas áreas de Estratégia e Projetos. Seus interesses de pesquisa são: estratégia empresarial, estudos organizacionais, centro de serviços compartilhados e gestão por processos.

Murilo Alvarenga Oliveira (Org.)

Doutor em Administração pela FEA/USP, graduado e mestre em Administração (UFRRJ). É professor associado do Departamento de Administração da Universidade Federal Fluminense (Campus Volta Redonda) ICHS UFF PUVR. Realiza estágio de pós-doutorado da FEA/USP (2021). Docente do Programa de Pós-Graduação Stricto Sensu no Mestrado Profissional em Administração da UFF (MPA-VR). É líder do Grupo de Pesquisa – Laboratório de Gestão Organizacional Simulada (LAGOS) UFF. Atua como professor em MBAs da UFF com destaque no MBA em Gestão Empreendedora e no MBA em Economia em Negócios da UFSCar. Possui experiência em qualidade, marketing e treinamento e desenvolvimento de empresas do setor farmacêutico e tecnologia em agronegócios.

Nina Machado Figueira

Formada em Engenharia Cartográfica, Mestre em Engenharia de Defesa, ambos do Instituto Militar de Engenharia do Exército Brasileiro (IME), é doutora em Ciência da Computação na Universidade de São Paulo, onde desenvolveu pesquisa sobre Fusão de Dados em Arranjos de Sensores Orientados a Missão. Possui os cursos de análise espacial de dados geográficos e geoprocessamento, ambos do Instituto Nacional de Pesquisas Espaciais, infraestrutura de dados espaciais pelo Instituto Brasileiro de Geografia e Estatística/Instituto Geográfico Nacional de Espanha e Universidade Politécnica de Madrid. Atualmente, é Capitão do Exército Brasileiro, atuando como Coordenadora do Curso de Mestrado Profissional em Ciências Militares com ênfase em Gestão de Defesa da Escola de Aperfeiçoamento de Oficiais do Exército.

Paula Sarita Bigio Schnaider Nissimoff

Graduação, mestrado e doutorado em Administração pela Universidade de São Paulo e doutorado em ciências econômicas pela Universidade de Paris 1 – Panthéon-Sorbonne. É professora da Universidade de São Paulo e pesquisadora do grupo de pesquisa NAP – CORS (Centro de Estudos das Organizações) da Universidade de São Paulo. Desenvolve pesquisa nas áreas de economia das organizações, instituições e relações entre firmas.

Pedro Braga Sotomaior Karam

Doutor em Administração pela Universidade de São Paulo (USP), com doutorado sanduíche no Centre for Family Entrepreneurship and Ownership (CeFEO) da Jönköping University (Suécia). Mestre e bacharel em Administração pela Universidade Federal do Paraná (UFPR). Professor e pesquisador nas áreas de governança corporativa e estratégia, especialmente no contexto das empresas familiares. Possui artigos acadêmicos e livros publicados, além de avaliar publicações em periódicos e participar de bancas de qualificação e defesa (mestrado e doutorado). Atualmente, compõe a equipe de Pesquisa & Conteúdo do Instituto Brasileiro de Governança Corporativa (IBGC).

Pítias Teodoro

Graduado (FEA/UFJF) e mestrado (DAE/UFLA) em Administração, doutorado em Engenharia de Transportes (COPPE/UFRJ). Professor adjunto do Departamento de Administração e Administração Pública da Universidade Federal Fluminense (VAD/UFF) – área de Finanças. É diretor administrativo do Congresso de Administração, Sociedade e Inovação (CASI). Tem experiência e interesse na área de Finanças, com ênfase em elaboração e análise de projetos públicos (viabilidade socioeconômica) e privados (viabilidade técnica, econômica e financeira).

Rafael Confetti Gatsios

Professor doutor do departamento de contabilidade da FEA-RP/USP. Possui graduação em Ciências Econômicas e Ciências Contábeis. Mestre em Controladoria e Contabilidade pela Universidade de São Paulo (FEA-RP/USP). Doutorado em Controladoria e Contabilidade pela mesma instituição. Autor e coautor de trabalhos publicados em congressos no país e no exterior e em revistas com arbitragem. Revisor de trabalhos em revistas e congressos nacionais e internacionais. Participante de grupos de pesquisa nas áreas de finanças corporativas, gestão de risco e mercado financeiro. Experiência na área de tesouraria de instituição financeira com trabalhos realizados nas áreas de finanças corporativas, gestão de risco e mercado financeiro.

Ricardo César da Silva Guabiroba

Graduado em Engenharia de Produção pela Universidade Federal Fluminense (2005). Mestre (2009) e Doutor (2013) em Engenharia de Transportes pelo Instituto Alberto Luiz Coimbra de Pós-graduação e Pesquisa de Engenharia (COPPE/UFRJ). Possui experiência profissional em logística nos ramos siderúrgico e de petróleo e docência envolvendo a área de operações, pesquisa operacional e gestão ambiental. No momento, atua como professor efetivo dos cursos de graduação e de pós-graduação (mestrado) em Administração na Universidade Federal Fluminense. A principal linha de pesquisa aborda os impactos da atividade de transporte de resíduos sólidos e estruturação de cadeias de suprimento de unidades de reciclagem com base em aspectos de sustentabilidade.

Robson Moreira Cunha

Professor do Departamento de Empreendedorismo e Gestão da Universidade Federal Fluminense (UFF). Doutor e mestre em Engenharia de Produção (Área de Gestão e Inovação) pelo PEP/COPPE /UFRJ. Com especialização em Planejamento, Implementação e Gestão da EAD pela UFF, graduado em Administração (UFF) e formado no Curso Superior de Empreendedorismo e Inovação (UFF). Atuação como consultor e professor nas áreas de Empreendedorismo e Gestão. Participação em projetos e pesquisas nas seguintes áreas: empreendedorismo; inovação; *spin-offs* acadêmicos; *startups*.

Rodrigo Lourenço Farinha

Doutorando e mestre em Estratégias de Marketing pela FGV-EAESP, com período sanduíche na Georgia State University. Também, participou de um curso profissional de estratégia na Harvard Extension School, em Cambridge, MA. Também é bacharel em Administração pela FEA-RP/USP. Em sua carreira profissional, teve experiência em diversos serviços de consultoria, incluindo estratégia de negócios, planejamento estratégico de marketing, estratégia de *go-to-market*, pesquisa de mercado e comportamento de compra para multinacionais de diversos setores.

Rogério Tadeu da Silva

Doutor, mestre e bacharel em Administração pela FEA/USP. Professor de Administração do IFSP, no Campus São Roque. Tem experiência docente na área de Administração, com ênfase em Administração de Recursos Humanos e em Administração de Sistemas de Informação. E na área de Sistemas de Informação, com destaque para Banco de Dados. Coordena grupos de estudos no IFSP, sendo um deles sobre Soluções Emergentes de Tecnologia da

Informação e Comunicação (GESETIC), em parceria com a Fatec São Roque. Experiência profissional em desenvolvimento de soluções tecnológicas para processos organizacionais. Representante institucional do Conselho Regional de Administração de São Paulo.

Sandra Regina Holanda Mariano

Professora titular do Departamento de Empreendedorismo e Gestão da Universidade Federal Fluminense. Foi professora visitante da Melbourne Graduate School of Education, University of Melbourne, 2019. É cofundadora e foi a primeira chefe do Departamento de Empreendedorismo e Gestão da UFF (2013- 2016). Possui mestrado e doutorado em Engenharia de Sistemas e Computação pela COPPE/UFRJ. Idealizou e dirige programa de Formação de Professores em Empreendedorismo e Gestão para o Ensino Médio. Suas pesquisas estão publicadas em periódicos internacionais como o *Journal of Business Ethics* e *Journal of Social Entrepreneurship*. Suas responsabilidades incluem atividades de ensino, pesquisa e extensão, além da orientação de estudantes de pós-graduação *stricto sensu* em nível de mestrado. Suas áreas de interesse são: educação empreendedora, liderança e gestão na escola, formação de professores e diretores.

Sara Gurfinkel Marques de Godoy

Graduação em Economia pela Universidade de São Paulo (FEA/USP), mestrado em Economia pela Pontifícia Universidade Católica de São Paulo (PUC-SP), doutorado em Ciência Ambiental pela Universidade de São Paulo (IEE-USP), pós-doutorado em Administração pela FEA/USP, segundo pós-doutorado em Energia e Ambiente (IEE-USP). Atua como professora e consultora de meio ambiente e economia (ESG, mercado de carbono, mudanças climáticas, microeconomia, entre outras áreas), além de ter atuado em Mercado Financeiro durante 13 anos. É professora visitante na Universidade Federal do Pará (UFPA), no Programa de Pós-Graduação em Rede Nacional para Ensino de Ciências Ambientais (PROFCIAMB), e autora de livros, como *Governança corporativa e responsabilidade socioambiental*, e *Estratégias econômicas empresarias* (editora SENAC). Desenvolveu cursos e ministrou aulas/palestras (incluindo *online*) para SENAC, FAAP, IDEA9, FIPE, Casa do Saber e outros focados na utilização de ferramentas da Administração e Economia para a solução de problemas ambientais, englobando questões econômicas e sociais.

Sergio Eduardo de Pinho Velho Wanderley

Doutor e mestre em administração pela Ebape-FGV. Professor do programa de pós-graduação em administração (PPGA) da Unigranrio. Suas principais publicações aparecem na Academy of Management Learning & Education, Management Learning, Organization, *RAE – Revista de Admistração de Empresas*, Cadernos EBAPE e *RAP – Revista de Administração Pública*. Interesse de pesquisa na história das organizações e da administração brasileira e decolonialidade do conhecimento em administração.

Sibelly Resch

Graduada (UMESP/2008), mestre (UMESP/2010) e doutora em Administração (USCS/2016). É professora adjunta do Curso de Administração da Universidade Federal de Mato Grosso do Sul (UFMS/CPNV). Foi coordenadora do MBA em Gestão de Negócios (UFMS/CPNV – 2017/2019). Atuou como docente em diferentes cursos superiores de tecnologia em gestão (UMESP -2009 a 2016) e coordenadora de Gestão Pública (UMESP – 2013 a 2016). Atuou como tutora e professora formadora em cursos de especialização (PNAP/UAB/UNIFESP). Possui aproximadamente 15 anos de experiência em empresas de diferentes portes e setores. Principais interesses: inovação, política científica e tecnológica, estratégia, gestão de varejo e serviços, Empreendedorismo, Desenvolvimento Local/regional.

Susana Sales da Silva Campos

Graduação em Ciências Contábeis e mestrado em Administração de Empresas pela Universidade de São Paulo (2016/2020). Doutorado em andamento com ênfase em Governança e Finanças Corporativas. Auxiliar docente FIA no MBA de Inovação e empreendedorismo (2020) e no MBA Gestão de Agronegócios da FIA Online (2021). Consultora na Stracta Consultoria.

Thelma Valéria Rocha Rodrigues

Professora do Programa de Pós-Graduação em Administração (PPGA) da ESPM, tendo completado em 2020, 19 anos de ESPM, mais de 20 orientações de doutorado e mestrado, nas áreas de Marketing e Comportamento do

Consumidor. É doutora em Administração com ênfase em Marketing pela FEA/USP. Mestre em Administração Mercadológica pela EAESP/ FGV com especialização em International Business pela Stockholm School of Economics (SSE) Suécia. Graduada em Administração pela FEA/USP e Graduada em Engenharia de Produção pela FEI. Com mais de 50 publicações em diversos *journals* e artigos na área. Atualmente, faz formação em Terapia Artística de base Antroposófica na Aurora.

Thiago Borges Renault

Professor do Departamento de Ciências Administrativas (DCAd) da Universidade Federal Rural do Rio de Janeiro (UFRRJ) e do Programa de Pós-graduação em Gestão e Estratégia Membro do Centro de Estudos Avançados da UFRRJ. Economista com mestrado e doutorado em Engenharia de Produção. Pós-doutorado no Departamento de Ciências Sociais, Políticas e do Território da Universidade de Aveiro em Portugal, pós-doutorado no Research Policy Institute da Universidade de Lund na Suécia, pesquisador visitante na Universidade de Havana em Cuba. Aluno da academia Globelics de doutorado na Universidade de Tampere na Finlândia. Membro do conselho consultivo do Plano Nacional de Empreendedorismo desenvolvido pela secretaria nacional da Juventude em 2017. Membro do conselho científico da conferência nacional da ANPROTEC em 2017, 2018, 2019 e 2020. Coordenador do Núcleo de Estudos sobre Inovação (NEIN), vinculado à UFRRJ.

Thiago Henrique Martins Pereira

Doutor em Administração com linha de pesquisa em Estratégia em Organizações pela Universidade FUMEC (2021), mestre em Sustentabilidade e Tecnologia Ambiental com a linha de pesquisa em Planejamento e Gestão Ambiental pelo Instituto Federal de Minas Gerais (IFMG) (2017), pós-graduado em engenharia de segurança do trabalho pela Universidade Federal de São João Del-Rei (2020), MBA em Gestão Estratégica de Custos pela Uninter (2015), pós-graduação em Gestão Pública pela Universidade do Estado de Minas Gerais (UEMG) (2019), bacharel em Administração pela UniBF (2020) e bacharel em Engenharia de Produção pelo Centro Universitário Metodista Izabela Hendrix (2014) com CREA no 187081-D.

Thiago Henrique Moreira Goes

Doutor em Administração pela Faculdade de Economia, Administração e Contabilidade da Universidade de São Paulo (USP). Mestre em Desenvolvimento Regional e Agronegócio da Universidade Estadual do Oeste do Paraná (Unioeste) (2011-2013). Possui MBA em Controladoria, Gestão Financeira e Empresarial pela Universidade Paranaense (Unipar) (2010-2012). Possui graduação em Administração pela Universidade Paranaense (Unipar) (2006-2009). Professor adjunto do curso de Gestão e Empreendedorismo do Setor Litoral da Universidade Federal do Paraná. Professor do Programa Profissional de Pós-Graduação em Economia da UFPR (PPGEcon). Na graduação, leciona as disciplinas de Introdução às Finanças e Gestão Financeira. Na pós-graduação, leciona a disciplina de Microeconomia Aplicada. Atuação como pesquisador e consultor nas seguintes áreas: empresas familiares, governança corporativa e finanças corporativas.

Tiago Silveira Gontijo

Doutorando e mestre em Engenharia de Produção (UFMG). Bacharel em Ciências Econômicas (UFV) e em Administração (FUMEC). Atua há anos como docente no ensino superior e possui experiência com gestão acadêmica. Tem livros e artigos publicados. Atua como revisor de *journals* internacionais e é participante de grupos de pesquisa do CNPq. No tocante à extensão universitária, participou do Projeto Manuelzão e do Projeto Enade Nota 10. Trabalhou no Governo de Minas Gerais. Realizou estágios no Ministério da Justiça – Presidência do Cade, Projeto Bioenergia UFV e Fundação Christiano Ottoni. Tem experiência em econometria, estatística aplicada e métodos quantitativos, atuando principalmente nos seguintes temas: decisão sob incerteza, séries temporais e energias renováveis.

Tobias Coutinho Parente

Mestre e doutor em Administração pela Universidade de São Paulo. Durante o seu doutorado, foi pesquisador visitante da Northeastern University, desenvolvendo sua pesquisa em processo decisório em conselhos de empresas familiares. Após o doutorado, atuou como coordenador de pesquisa e conteúdo do Instituto Brasileiro de Governança Corporativa (IBGC), onde coordenou estudos diversos sobre governança corporativa. Atualmente, é professor do Mestrado Profissional em Administração da Universidade Ibirapuera (UNIB) e professor convidado para cursos de MBA e especialização da Escola Superior de Propaganda e Marketing (ESPM) e da Fundação Instituto de Administração (FIA).

Vanessa Amaral Prestes

Doutora e mestra em Administração (Gestão de Pessoas e Relações de Trabalho) pelo Programa de Pós-graduação em Administração da Universidade Federal do Rio Grande do Sul (PPGA/UFRGS). Atualmente, é professora universitária em curso de graduação na Faculdade SEG e pós-graduação em outras universidades como professora convidada. É pesquisadora do Grupo Interdisciplinar de Estudos sobre Inovação e Trabalho (GINEIT/UFRGS) e do OIC (Observatório Internacional de Carreiras) da Universidade Federal do Rio Grande do Sul. Desenvolve pesquisas sobretudo sobre as temáticas gestão de pessoas, relações de trabalho, subjetividade, diversidade e inclusão nas organizações e movimentos migratórios.

Vanessa de Almeida Guimarães

Doutora em Engenharia de Transportes (COPPE/UFRJ), mestre em Administração (UFF) e em Engenharia de Transportes (COPPE/UFRJ), especialista em Administração Pública (UFF) e bacharel em Administração (UFF). É professora efetiva do Centro Federal de Educação Tecnológica Celso Suckow da Fonseca (CEFET/RJ), *campus* Angra dos Reis e atua como professora permanente do Programa de Pós-Graduação em Engenharia de Produção e Sistemas (PPPRO) do CEFET/RJ. É coordenadora da área de Administração de Operações Produtivas e Serviços do Congresso de Sociedade, Administração e Inovação (CASI). Faz parte de grupos de pesquisa no CEFET/RJ e na UFF. Tem interesse por temas relacionados com o planejamento, gestão e avaliação do transporte e à sustentabilidade.

Vérica Freitas

Doutora em Engenharia de Produção pela USP, mestre em Engenharia de Produção pela UFSCar, especialista em Administração pela USP e graduada em Engenharia de Alimentos pela UNESP. Professora associada da Universidade Federal de Uberlândia (FAGEN/UFU), possui experiência profissional anterior de mais de dez anos, tendo atuado como sócia e consultora sênior do Instituto de Desenvolvimento Gerencial (INDG), atual Falconi Consultores de Resultado. Coordenadora de dois Grupos de Pesquisa cadastrados no CNPq, coordenando e participando de diversos projetos de pesquisa, ensino e extensão. Áreas de experiência e interesse: inovação; digitalização/indústria 4.0; excelência operacional; *supply chain management*; e gerenciamento de projetos.

Verônica Angélica Freitas de Paula

Pós-doutora em Marketing e *Supply Chain* pela University of Tennessee, nos Estados Unidos, com apoio da CAPES. Doutora em Engenharia de Produção pela UFSCar e Doutorado sanduíche na Harper Adams University, na Inglaterra, Mestre em Administração pela FEA/USP, administradora (FEA-RP/USP) e advogada (OAB/SP). Professora associada da Faculdade de Gestão e Negócios da Universidade Federal de Uberlândia, atua na graduação, pós-graduação *lato sensu* e nos programas de pós-graduação *stricto sensu* (mestrado e doutorado). Experiência profissional de mais de dez anos como gestora na iniciativa privada. Principais temas de interesse: gestão de marcas, marcas próprias, gestão da cadeia de suprimentos, gestão de canais, inovação e novas tecnologias, negociação, visão sistêmica, conflitos e contratos.

Vitor Azzari Vieira

Doutorando em Administração de Empresas pela Fundação Getulio Vargas (FGV EAESP) na linha de pesquisa de Estratégias de Marketing. É Mestre em Ciências Contábeis pela Fucape Business School e Mestre e Bacharel em Administração, ambos pela Universidade Federal do Espírito Santo. Obteve o prêmio de Excelência Acadêmica da Fucape Business School em 2017. Possui experiência profissional na área marketing, finanças e gestão de projetos. No âmbito de pesquisa científica, possui publicações em periódicos nacionais e internacionais da área de marketing, contabilidade e negócios. Atua no desenvolvimento de pesquisas relacionas com estratégias de marketing, marketing *analytics*, métricas de marketing e comportamento do consumidor.

Apresentação

Esta obra representa o resultado de um esforço coletivo, com o objetivo de trazer uma reflexão sobre o papel da administração enquanto ciência, área de conhecimento e campo de ensino, de pesquisa e de trabalho para uma diversidade de profissionais interessados no tema. Buscamos, com este livro, ocupar um espaço de referência para as disciplinas de administração geral dos cursos de graduação e pós-graduação em administração. Por sua profundidade e extensão, os capítulos específicos podem ser utilizados como leituras básicas das disciplinas de áreas funcionais como marketing, finanças, gestão de pessoas, operações, processos e TI, projetos, governança corporativa, sustentabilidade corporativa, entre outras.

Trata-se de um livro-texto bem embasado teórica e empiricamente, para atender um público demandante, seja ele professor, seja aluno, de um conteúdo aplicado, atualizado, independente, de fácil leitura e complementado por objetos de aprendizagem como os casos de ensino.

Durante a jornada de elaboração desse livro, contou muito a nosso favor a nossa experiência prévia com a produção do livro *Administração estratégica: da teoria à prática no Brasil*, de 2019, também publicado pelo GEN – Grupo Editorial Nacional, selo Atlas. A forma como ele foi organizado se assemelha em muito com o método utilizado na elaboração desta obra. Pensamos na estrutura do livro e nos capítulos que gostaríamos de ter. Para elaboração dos capítulos, desenvolvemos um guia estrutural de como deveria ser apresentando o conteúdo em relação aos pontos de aprendizagem, as questões para reflexão, a apresentação de autores clássicos, sempre trazendo aplicações empíricas em organizações brasileiras reunidas em minicasos ao longo de cada capítulo e/ou um caso de ensino no material suplementar. A partir daí, divulgamos nos principais fóruns e congressos de ensino e pesquisa em administração uma chamada de capítulos, convocando alguns dos melhores pensadores e praticantes das temáticas em debate nos capítulos, para estarem conosco nesse desafio de produzir uma obra de referência na área. Para nossa satisfação, muitos responderam ao chamado e tornaram viável o sucesso deste livro.

Marco Antonio Conejero
Murilo Alvarenga Oliveira
Márcio Moutinho Abdalla

Prefácio

Foi com muita alegria que recebi do Prof. Dr. Marco Antonio Conejero o convite para escrever um prefácio para esta importante obra. Essa alegria aumentou quando tive a oportunidade de ver o trabalho feito por 66 autores de 32 instituições de ensino no Brasil. Além da qualidade do material presente em 25 capítulos, o livro consegue organizar o pensamento em administração de uma forma que admiro muito, com método, simplicidade e sequência. Transforma o ensino de administração em algo mais simples, com um fio condutor mais estruturado.

Fora a questão da qualidade, é de se ressaltar também minha alegria pelo fato de termos nesta obra 66 educadores interligados e coordenados, o que representa muito para o ensino de administração e suas mais diversas aplicações. Não é fácil conseguir reunir tanta gente das mais distintas formações, estilos e pensamentos para um objetivo comum. Que bom saber que essa integração continua para que materiais possam ser compartilhados, pesquisas possam ser feitas em conjunto, dando velocidade e qualidade à pesquisa e ao ensino no Brasil.

Passamos por uma mudança macroambiental absolutamente brutal em 2020/2021, quando transformações estruturantes vieram para ficar nos ambientes político-legal (regulatório), econômico, natural, tecnológico e principalmente sociocultural. Dois anos que representaram no mínimo dez anos de transformações, no que chamo de três Vs: variação violenta das variáveis.

Essa mudança, ainda sendo compreendida, traz profundos impactos nas empresas e em suas relações com os integrantes de sua rede de negócios, desde fornecedores até consumidores finais. Mais do que nunca, é preciso rapidez para compreender mudanças e tomar ações administrativas. Esta obra ajuda a construir um alicerce para que essa rapidez seja alcançada. Sua leitura e seu estudo deixam o estudante, o empresário e o consultor em outro patamar na compreensão do ambiente e na tomada de decisões.

Boa leitura, bom estudo e parabéns aos autores, que merecem nosso agradecimento pelo trabalho feito!

Dr. Marcos Fava Neves
Professor titular nos cursos de Administração da FEA-RP/USP
em Ribeirão Preto e da EAESP/FGV em São Paulo

Prefácio

O livro *Administração: conceitos, teoria e prática aplicados à realidade brasileira*, organizado pelos professores Marco Antonio Conejero, Murilo Alvarenga Oliveira e Márcio Moutinho Abdalla, é uma obra enriquecedora para o ensino da administração, que busca integrar os principais conceitos teóricos à prática no contexto brasileiro, contribuindo para um ensino contextualizado.

Resultado do esforço coletivo de 66 autores, que representam um conjunto variado de instituições no país, o livro está estruturado em 25 capítulos, divididos em quatro blocos, cada um dos quais discute vários aspectos do estudo de administração, servindo a diversas finalidades didáticas. O primeiro bloco apresenta as principais escolas de administração, enquanto no segundo bloco se discutem as funções do processo de administração: planejamento, organização, direção/decisão e controle. O terceiro bloco, por sua vez, detalha as áreas funcionais de administração, enquanto o quarto e último discute alguns temas emergentes em administração, entre as quais destaco o empreendedorismo, a internacionalização e a transformação digital das organizações.

Com esta diversidade de perspectivas, objetivos de aprendizagem e técnicas de ensino, a obra oferece um conteúdo aplicado e atualizado, instruído com casos de ensino, exemplos e questões de aprendizagem. Como tal, o livro servirá a um campo em franca expansão ao longo das últimas décadas. De fato, os cursos nacionais de pós-graduação em administração continuam a apresentar um significativo crescimento ano após ano e a formação docente na área também atrai profissionais de diversas áreas de conhecimento. O ensino prático e contextualizado da administração é uma demanda crescente destes profissionais que se atende com mais esta proposta de livro dinâmico e didático sobre administração no Brasil.

Alketa Peci
Professora Associada da EBAPE/FGV
Presidente da ANPAD – Triênio 2021-2023

Recursos didáticos

Os seguintes recursos didáticos complementam e aprofundam o conteúdo do livro, facilitando o aprendizado:

Pontos de aprendizado

Os principais pontos do capítulo são apresentados para despertar e direcionar o aprendizado.

POR DENTRO DA TEORIA

Conceitos, fontes de estudo e autores são apresentados para aprofundar o conhecimento.

SAIBA MAIS

Informações complementares levam o leitor a aprofundar conhecimentos.

MINICASO

Casos reais contextualizam o tema e/ou trazem uma situação-problema a ser resolvida com o desenvolvimento do capítulo.

RELEMBRANDO

Pontos importantes são retomados como premissa para avançar em novos conhecimentos.

ATENÇÃO

Pontos de alerta esclarecem conceito e evitam confusões.

PARA REFLEXÃO

Chamadas à reflexão levam a rever paradigmas e questionar posicionamentos.

DA TEORIA À REALIDADE BRASILEIRA

Os conceitos trabalhados no capítulos são contextualizados no âmbito da realidade brasileira.

CONTRIBUIÇÕES DO CAPÍTULO PARA A ADMINISTRAÇÃO CONTEMPORÂNEA

As principais contribuições do capítulo para a administração contemporânea são apresentadas.

QUESTÕES PARA REFLEXÃO

Questões levam à reflexão e à aplicação prática dos conceitos apreendidos.

QUESTÕES PARA AVALIAÇÃO DO CONHECIMENTO

Questões ajudam a diagnosticar o aproveitamento dos conteúdos desenvolvidos.

Material Suplementar

Este livro conta com os seguintes materiais suplementares:

- Videoaulas de cada capítulo (requer PIN);
- *Slides* das gravações das videoaulas (.pdf) (requer PIN);
- Exemplo de Plano de Negócio (.pdf)* (requer PIN);
- Conteúdo adicional do Capítulo 5 (.pdf) (requer PIN);
- Respostas às Questões de Avaliação do Conhecimento e Casos para Discussão – Capítulos 2 a 25 (.pdf) (requer PIN).

O acesso ao material suplementar é gratuito. Basta que o leitor se cadastre e faça seu *login* em nosso *site* (www.grupogen.com.br), clique no *menu* superior do lado direito e, depois, em GEN-IO. Em seguida, clique no menu retrátil ☰ e insira o código (PIN) de acesso localizado na orelha deste livro.

O acesso ao material suplementar *on-line* fica disponível até seis meses após a edição do livro ser retirada do mercado.

Caso haja alguma mudança no sistema ou dificuldade de acesso, entre em contato conosco (gendigital@grupogen.com.br).

GEN-IO (GEN | Informação Online) é o ambiente virtual de aprendizagem do GEN | Grupo Editorial Nacional

---

* Esse material foi elaborado pelo Prof. Matheus Pereira de Souza Soares.

Sumário

---

1   Administração contemporânea: contexto e direcionadores, 1
(*Marco Antonio Conejero, Murilo Alvarenga Oliveira, Márcio Moutinho Abdalla e Susana Sales da Silva Campos*)

Pontos de aprendizado, 1

Resumo, 1

1.1   Introdução, 1

1.2   Crescimento das graduações em administração no Brasil nos últimos cinco anos, 2

1.3   Crescimento da pós-graduação em administração nos últimos cinco anos, 4

1.4   Qualidade do ensino e pesquisa em administração, 6

   1.4.1   Qualidade do ensino, 6

   1.4.2   Qualidade das pesquisas, 6

   1.4.3   O que fazer para melhorar o ensino e a pesquisa em administração?, 7

1.5   Tendências de gestão das organizações contemporâneas, 8

1.6   Visão geral sobre os capítulos e os autores que compõem esta obra, 10

1.7   Considerações finais, 18

Contribuições do capítulo para a administração contemporânea, 18

Referências, 18

2   Organização mecânica e as teorias pioneiras da moderna administração, 21
(*Edmundo Escrivão Filho, Lucas Sciencia do Prado, Vérica Freitas, Verônica Angélica Freitas de Paula e Dante Pinheiro Martinelli*)

Pontos de aprendizado, 21

Resumo, 21

2.1   Introdução, 22

2.2   Surgimento da organização burocrática e o sistema de produção em massa, 23

2.3   Movimento da Racionalização do Trabalho (Clássico), 24

   2.3.1   Escola da Administração Científica, 25

xxviii Administração ■ *Conejero – Oliveira – Abdalla (Orgs.)*

    2.3.2 Escola Clássica da Administração, 27

    2.3.3 Contribuições de Henry Ford, 31

    2.3.4 Escola da Psicologia Industrial, 32

    2.3.5 Críticas ao Movimento da Racionalização do Trabalho, 33

2.4 Movimento das Relações Humanas, 33

    2.4.1 Escola dos Sistemas Cooperativos, 34

    2.4.2 Críticas ao Movimento das Relações Humanas, 35

2.5 Considerações finais e questões, 35

Contribuições do capítulo para a administração contemporânea, 36

Questões para reflexão, 36

Questões para avaliação do conhecimento, 36

Referências, 36

3 Organização orgânica e as teorias contemporâneas da administração, 41

(*Vérica Freitas, Lucas Sciencia do Prado, Verônica Angélica Freitas de Paula, Dante Pinheiro Martinelli e Edmundo Escrivão Filho*)

Pontos de aprendizado, 41

Resumo, 41

3.1 Introdução, 41

3.2 Movimento Estruturalista Sistêmico, 42

    3.2.1 Estruturalismo, 42

    3.2.2 Teoria geral de sistemas, 46

3.3 Movimento da Contingência (relativismo), 49

    3.3.1 Críticas ao Movimento da Contingência, 53

3.4 Movimento Contemporâneo, 53

    3.4.1 Sistema Toyota de produção e qualidade total, 53

    3.4.2 Cultura organizacional, 54

    3.4.3 Reengenharia, 55

    3.4.4 Aprendizagem organizacional, 55

3.5 Considerações finais e questões, 56

Contribuições do capítulo para a administração contemporânea, 56

Questões para reflexão, 56

Questões para avaliação do conhecimento, 57

Referências, 57

4 Perspectiva da história em administração no Brasil, 61

(*Caroline Gonçalves, Marcelo Almeida de Carvalho Silva, Murilo Alvarenga Oliveira, Sergio Eduardo de Pinho Velho Wanderley e Alessandra de Sá Mello da Costa*)

Pontos de aprendizado, 61

Resumo, 61

4.1 Introdução, 61

4.2 História organizacional, 63

4.3 História de empresas e os pioneiros da administração no Brasil, 68

    4.3.1 Despontar da empresa e do empresário brasileiro, 68

    4.3.2 História dos negócios no Brasil, 69

    4.3.3 Empresários e empreendedores pioneiros no Brasil, 71

4.4 Administração como ciência/campo de ensino, 74

4.5 Considerações finais e questões: impactos para a estratégia das empresas, 75

Contribuições do capítulo para a administração contemporânea, 76

Questões para reflexão, 76

Questões para avaliação do conhecimento, 76

Referências, 77

5 Diagnóstico e planejamento organizacional, 79
(*Sibelly Resch* e *Jaiane Aparecida Pereira*)

Pontos de aprendizado, 79

Resumo, 79

5.1 Introdução, 79

5.2 Diagnóstico organizacional, 80

5.3 Processo de planejamento, 82

    5.3.1 Contexto de mercado, 86

    5.3.2 Estágio do ciclo de vida das organizações, 87

    5.3.3 Componentes do planejamento, 88

5.4 Ferramentas de diagnóstico e planejamento, 89

5.5 Considerações finais e questões, 96

Contribuições do capítulo para a administração contemporânea, 97

Questões para reflexão, 97

Questões para avaliação do conhecimento, 97

Referências, 97

6 Estrutura organizacional e processo de organização, 101
(*Maria Clara Ribeiro Portilho, Monique Ferreira Cavalcante, Bruno Dutra Freire* e *Marco Antonio Conejero*)

Pontos de aprendizado, 101

Resumo, 101

6.1 Introdução, 102

6.2 Organograma, 103

    6.2.1 Divisão do trabalho (especialização), 104

    6.2.2 Órgãos de linha e assessoria, 106

    6.2.3 Amplitude de controle e organizações agudas × achatadas, 107

    6.2.4 Centralização e descentralização e organizações mecanicista × orgânica, 110

6.3 Departamentalização, 112

    6.3.1 Tipos de departamentalização, 113

6.4 Centro de serviços compartilhados (CSC), 118

    6.4.1 *Coworking*, 122

6.5 Terceirização, 123

6.6 Considerações finais e Questoes, 125

Contribuições do capítulo para a administração contemporânea, 126

Questões para reflexão, 126

Questões para avaliação do conhecimento, 126

Referências, 126

7 Processo decisório: perspectivas e práticas para a resolutividade organizacional, 131
(*Helen Fischer Günther*)

Pontos de aprendizado, 131

Resumo, 131

7.1 Introdução, 132

7.2 Tomada de decisão e a função executiva, 132

    7.2.1 Decisão na história administrativa, 132

    7.2.2 Decisão como processo, 134

7.3 Natureza da decisão, 135

    7.3.1 Envolvimento na decisão, 136

    7.3.2 Estruturação da decisão, 137

    7.3.3 Eventualidade da decisão, 138

    7.3.4 Habitualidade da decisão, 140

    7.3.5 Contexto político-cultural, 141

7.4 Ferramentas de apoio à decisão, 142

    7.4.1 Técnicas para a tomada de decisão, 142

    7.4.2 Tecnologia para a tomada de decisão, 144

7.5 Tendências no processo de tomada de decisão, 145

    7.5.1 Camada quantitativa, 145

    7.5.2 Camada qualitativa, 146

7.6 Considerações finais e questões, 146

Contribuições do capítulo para a administração contemporânea, 147

Questões para reflexão, 147

Questões para avaliação do conhecimento, 147

Referências, 148

8 Controle e análise de desempenho, 151
(*Tiago Silveira Gontijo, Alexandre de Cássio Rodrigues, Andressa Amaral de Azevedo* e *Thiago Henrique Martins Pereira*)

Pontos de aprendizado, 151

Resumo, 151

8.1 Introdução , 151

8.2 Indicadores de desempenho de processos – *key performance indicators*, 153

8.3 Análise de desempenho – *data envelopment analysis*, 155

8.4 Uso do *software* R para estudos sobre DEA, 158

    8.4.1 Instalação do software R, 158

    8.4.2 Instalação e utilização do pacote *Benchmarking* no R, 159

8.5 Considerações finais e questões, 160

Contribuições do capítulo para a administração contemporânea, 160

Questões para reflexão, 160

Questões para avaliação do conhecimento, 160

Referências, 161

9 Método do caso de ensino e aplicações, 163

(*Eduardo Roque Mangini, Marco Antonio Conejero, Murilo Alvarenga de Oliveira* e *Márcio Moutinho Abdalla*)

Pontos de aprendizado, 163

Resumo, 163

9.1 Introdução, 163

9.2 Diferença entre caso de ensino e caso de pesquisa, 164

9.3 Como fazer um caso de ensino?, 166

    9.3.1 Como é a dinâmica do caso em sala de aula e qual o papel do professor vs. alunos participantes?, 167

9.4 Processo de tomada de decisão, 167

    9.4.1 Análise e solução de problemas, 167

9.5 Considerações finais, 171

Contribuições do capítulo para a administração contemporânea, 171

Referências, 171

10 Administração da produção, 173

(*Ilton Curty Leal Junior, Marcelino Aurélio Vieira da Silva, Pítias Teodoro, Ricardo César da Silva Guabiroba* e *Vanessa de Almeida Guimarães*)

Pontos de aprendizado, 173

Resumo, 173

10.1 Introdução, 173

10.2 Conceitos de administração da produção, 174

    10.2.1 Modelo básico de transformação, 175

    10.2.2 Administração da produção e a estratégia empresarial, 177

    10.2.3 Planejamento e controle da produção, 180

    10.2.4 Monitoramento para melhoria de processos produtivos, 187

    10.2.5 Indústria 4.0, 192

10.3 Considerações finais e questões, 194

Contribuições do capítulo para a administração contemporânea, 195

Questões para reflexão, 195

Questões para avaliação do conhecimento, 195

Referências, 196

11 Gestão da logística e de transportes, 197

(*Ilton Curty Leal Junior, Marcelino Aurélio Vieira da Silva, Pítias Teodoro, Ricardo César da Silva Guabiroba* e *Vanessa de Almeida Guimarães*)

Pontos de aprendizado, 197

Resumo, 197

11.1 Introdução, 197

11.2 Função logística e sua relação com a cadeia de suprimentos, 198

    11.2.1 Cadeia de suprimentos, 198

    11.2.2 Gestão da cadeia de suprimentos, 200

    11.2.3 Atividades do processo logístico, 201

    11.2.4 Transportes no Brasil: estado atual e tendências, 202

    11.2.5 Localização de instalações, 206

    11.2.6 Logística internacional, 208

    11.2.7 Sistemas de informação na logística, 211

    11.2.8 Logística reversa, 212

11.3 Considerações finais e questões, 214

Contribuições do capítulo para a administração contemporânea, 214

Questões para reflexão, 215

Questões para avaliação do conhecimento, 215

Referências, 215

12 Gestão de pessoas e relações de trabalho: da teoria às práticas de impacto social para pessoas e organizações, 217

(*Cristina Lourenço Ubeda, Aline Mendonça Fraga, Catia Eli Gemelli* e *Vanessa Amaral Prestes*)

Pontos de aprendizado, 217

Resumo, 217

12.1 Introdução, 217

12.2 Configurações das relações de trabalho no Brasil, 219

    12.2.1 Flexibilização e terceirização das relações de trabalho, 220

    12.2.2 Uberização e pejotização, 221

12.3 Mercado de trabalho e a transformação digital, 221

    12.3.1 Principais processos da gestão de pessoas, 222

    12.3.2 Atratividade e *employer branding*, 226

    12.3.3 Tomada de decisão e *people analytics*, 227

    12.3.4 Perfil profissional e redes sociais , 229

    12.3.5 Desenvolvimento de competências e transformação digital, 230

12.4 Diversidade e inclusão, 234

    12.4.1 Pluralidade da diversidade nas organizações: gênero, sexualidade, raça, etnia, religião, gerações e deficiências, 234

12.4.2 Desafios da inclusão, equidade, vieses inconscientes, 238

12.4.3 Criatividade, inovação e engajamento em ambientes diversos, 239

12.5 Desafios para a gestão de pessoas em movimento, 240

12.5.1 Carreiras e profissionais móveis, 240

12.5.2 Migração, 241

12.5.3 Papel da gestão de pessoas na gestão de diferenças culturais, 243

12.6 Considerações finais e questões, 244

Contribuições do capítulo para a administração contemporânea, 244

Questões para reflexão, 245

Questões para avaliação do conhecimento , 245

Referências, 245

13 Marketing estratégico e criação de valor para os negócios , 251

(Eduardo Eugênio Spers, Luciana Florêncio de Almeida, Marcelo Vergilio Paganini de Toledo e Thelma Valéria Rocha)

Pontos de aprendizado, 251

Resumo , 251

13.1 Introdução, 251

13.2 Conceitos gerais de marketing e os 4Ps, 252

13.2.1 *Mix* de marketing – 4Ps , 253

13.3 Pesquisa, neuromarketing e inteligência, 259

13.4 Marketing estratégico, 263

13.5 Marketing de relacionamento, 267

13.5.1 Construção de valor, satisfação e lealdade, 268

13.5.2 Tipos de relacionamentos, 270

13.5.3 Jornada do consumidor, 271

13.5.4 Cocriação e engajamento, 273

13.6 Considerações finais e questões: marketing em evolução, sempre!, 274

Contribuições do capítulo para a administração contemporânea, 275

Questões para reflexão, 276

Questões para avaliação do conhecimento, 276

Referências, 276

14 Administração financeira, 279

(Rafael Confetti Gatsios e Fabiano Guasti Lima)

Pontos de aprendizado, 279

Resumo, 279

14.1 Introdução, 279

14.2 Decisões de investimento, 281

14.2.1 Fluxos de caixa nas decisões de investimento, 281

14.2.2 Avaliação econômica de investimentos, 282

14.3 Decisões de financiamento, 286

xxxiv Administração ■ *Conejero – Oliveira – Abdalla (Orgs.)*

14.3.1 Custo de capital de terceiros, 287

14.3.2 Custo de capital de próprio, 288

14.3.3 Custo médio ponderado de capital (CMPC), 289

14.4 Decisões de capital de giro, 290

14.4.1 Dinâmica do capital de giro, 290

14.4.2 Ciclos e gestão do capital de giro, 291

14.5 Decisões de dividendos, 292

14.5.1 Teorias sobre a distribuição de dividendos, 293

14.6 Considerações finais e questões, 294

Contribuições do capítulo para a administração contemporânea, 294

Questões para reflexão, 295

Questões para avaliação do conhecimento, 295

Referências, 295

15 Gestão de processos e TI, 297

(*Camila Benatti Mourad e Rogério Tadeu da Silva*)

Pontos de aprendizado, 297

Resumo, 297

15.1 Introdução, 298

15.2 Gestão de processos, 298

15.2.1 Conceito de processos de negócio, 298

15.2.2 Cadeia de valor e arquitetura de processos, 301

15.2.3 Ciclo de gerenciamento de processos de negócios, 303

15.2.4 Desempenho de processos, 308

15.3 Tecnologia da informação, 310

15.3.1 Sistemas nos estudos organizacionais, 310

15.3.2 Informação e informatização, 312

15.3.3 Infraestrutura de TI, 316

15.3.4 Principais aplicações em TI, 317

15.3.5 Revolução 4.0, 318

15.4 Transformação digital de processos, 319

15.4.1 Integrando TI e processos para transformação de processos, 319

15.4.2 Aplicações de tecnologias na automatização de processos, 320

15.4.3 Gerenciamento de processos ágil, 321

15.5 Organização do gerenciamento de processos e de TI, 322

15.6 Considerações finais e questões, 323

Contribuições do capítulo para a administração contemporânea, 323

Questões para reflexão, 323

Questões para avaliação do conhecimento, 324

Referências, 328

16 Gestão de projetos, 331
(*Murilo Alvarenga Oliveira* e *George Paulus Pereira Dias*)

Pontos de aprendizado, 331

Resumo, 331

16.1 Introdução, 331

16.2 Fundamentos da gestão de projetos, 333

    16.2.1 Processos de gerenciamento de projetos, 337

    16.2.2 Sobre o gestor de projetos , 339

    16.2.3 Projetos e sua relação com a estrutura organizacional e a estratégia, 340

16.3 Planejamento de projetos e as partes interessadas, 344

    16.3.1 Termo de abertura de um plano de projeto, 344

    16.3.2 Gerenciamento de escopo, 344

    16.3.3 Partes interessadas do projeto, 345

16.4 Gestão de tempo, custo, qualidade e aquisições , 345

    16.4.1 Gerenciamento do tempo, 345

    16.4.2 Gerenciamento do custo , 347

    16.4.3 Gerenciamento da qualidade e aquisições no projeto, 350

16.5 Comunicação, gestão de risco e mudança em projetos, 352

    16.5.1 Gerenciamento da comunicação no projeto, 352

    16.5.2 Gerenciamento de riscos e contingenciamento no projeto, 353

    16.5.3 Gestão da mudança e integração no projeto, 355

16.6 Temas emergentes na gestão de projetos, 355

16.7 Considerações finais e questões, 362

Contribuições do capítulo para a administração contemporânea, 362

Questões para reflexão, 362

Questões para avaliação do conhecimento, 363

Referências, 364

17 Sustentabilidade e ambiente corporativo no século XXI, 367
(*Denise Pereira Curi* e *Sara Gurfinkel Marques de Godoy*)

Pontos de aprendizado, 367

Resumo, 367

17.1 Introdução, 367

17.2 Desenvolvimento sustentável, 368

    17.2.1 Caminho percorrido para chegar ao desenvolvimento sustentável corporativo, 369

    17.2.2 Reuniões do clima, 370

    17.2.3 Do Pacto Global aos objetivos do desenvolvimento sustentável (ODS), 373

17.3 Do DS à sustentabilidade corporativa (SC), 374

17.4 Gestão ambiental (GA), 376

    17.4.1 Etapas da GA, 377

xxxvi Administração ■ *Conejero – Oliveira – Abdalla (Orgs.)*

17.4.2 Sistema de gestão ambiental (SGA), 378

17.4.3 Auditorias ambientais, 380

17.4.4 Selos ambientais e programas de rotulagem ambiental, 381

17.4.5 Avaliação de impactos ambientais (EIA/RIMA), 383

17.4.6 Licenciamento ambiental, 383

17.5 Responsabilidade social corporativa ou empresarial (RSE), 384

17.5.1 Valor compartilhado, 386

17.6 Economia social, 386

17.6.1 Empreendedorismo social, 387

17.6.2 Empresas híbridas, 388

17.7 Considerações finais e questões, 390

Contribuições do capítulo para a administração contemporânea, 390

Questões para reflexão, 390

Questões para avaliação do conhecimento, 390

Referências, 391

18 Governança corporativa: fundamentos e aplicações práticas, 393

(*Tobias Coutinho Parente, Thiago Henrique Moreira Goes, Pedro Braga Sotomaior Karam* e *Cláudio Antonio Pinheiro Machado Filho*)

Pontos de aprendizado, 393

Resumo, 393

18.1 Introdução, 393

18.2 Conceito de governança corporativa, 394

18.3 Principais teorias relacionadas com governança corporativa, 396

18.3.1 Teoria da agência, 396

18.3.2 Teoria da custódia (stewardship theory), 399

18.3.3 Teoria dos stakeholders, 401

18.4 Problemas de governança corporativa, 402

18.4.1 Acionistas × gestores, 402

18.4.2 Acionistas controladores × acionistas minoritários, 404

18.4.3 Acionistas × credores, 405

18.4.4 Acionistas familiares × familiares que estão fora do negócio, 406

18.5 Mecanismos de governança corporativa, 407

18.5.1 Mecanismos internos, 407

18.5.2 Mecanismos externos, 409

18.6 Princípios e melhores práticas de governança corporativa, 412

18.6.1 Código das Melhores Práticas de Governança Corporativa (IBGC), 412

18.7 Governança em diferentes tipos de empresas, 417

18.7.1 Empresas estatais, 417

18.7.2 Empresas familiares, 418

18.7.3 Outros tipos de organizações, 418

18.8 Considerações finais e questões, 419

Contribuições do capítulo para a administração contemporânea, 419

Questões para reflexão, 420

Questões para avaliação do conhecimento, 420

Referências, 420

19 Gestão da inovação, 425

(*Marcelo Amaral, Thiago Borges Renault* e *Julia Paranhos de Macedo Pinto*)

Pontos de aprendizado, 425

Resumo, 425

19.1 Introdução, 425

19.2 Conceito, 426

19.3 Da ciência para a tecnologia e a inovação, 432

19.4 Visão macro ou nacional do processo de inovação, 435

19.5 Visão micro do processo, 438

Contribuições do capítulo para a administração contemporânea, 446

Questões para reflexão, 446

Questões para avaliação do conhecimento, 446

Referências, 446

20 Empreendedorismo, 451

(*Robson Moreira Cunha, Sandra Regina Holanda Mariano* e *Joysinett Moraes da Silva*)

Pontos de aprendizado, 451

Resumo, 451

20.1 Introdução, 451

20.2 Fundamentos do empreendedorismo: breve contextualização histórica do tema, 452

20.3 Tipos de empreendedorismo, 453

20.4 Processo empreendedor, 453

    20.4.1 Fase 1: Identificação de oportunidades, 454

    20.4.2 Fase 2: Planejamento e organização de recursos, 455

    20.4.3 Fase 3: Criação do empreendimento, 457

    20.4.4 Fase 4: Desenvolvimento do empreendimento, 458

20.5 Plano de negócios, 460

    20.5.1 Caracterização da empresa, 461

    20.5.2 Análise de mercado, 463

    20.5.3 Plano estratégico, 463

    20.5.4 Plano de marketing, 463

    20.5.5 Plano financeiro, 464

    20.5.6 Sumário executivo, 464

    20.5.7 Ressalvas em relação ao plano de negócios e ao modelo tradicional de planejamento, 464

xxxviii Administração ■ *Conejero – Oliveira – Abdalla (Orgs.)*

20.6 Considerações finais e questões, 465

Contribuições do capítulo para a administração contemporânea, 465

Questões para reflexão, 465

Questões para avaliação do conhecimento, 465

Referências, 466

21 Organizações digitais, 469

(Leandro Angotti Guissoni, Josiane Garcelli Schunck, Vitor Azzari Vieira e Rodrigo Lourenço Farinha)

Pontos de aprendizado, 469

Resumo, 469

21.1 Introdução, 469

21.2 Disrupção digital: panorama e evolução, 471

21.3 Transformação digital de negócios, 473

21.4 Modelos de negócios de empresas tradicionais e empresas disruptivas, 477

21.5 Criação e captura de valor das organizações digitais, 480

21.6 Panorama do e-commerce no Brasil, 481

21.7 Considerações finais e questões, 483

Contribuições do capítulo para a administração contemporânea, 484

Questões para reflexão, 484

Questões para avaliação do conhecimento, 485

Referências, 488

22 Atividade política corporativa e lobbying, 491

(Márcio Moutinho Abdalla)

Pontos de aprendizado, 491

Resumo, 491

22.1 Introdução, 491

22.2 Atividade política corporativa: definições Iniciais, 494

22.3 Processo da atividade política corporativa, 496

22.4 Atividade política corporativa na prática, 500

22.5 *Lobbying*, 503

22.6 Considerações finais e questões, 507

Contribuições do capítulo para a administração contemporânea, 508

Questões para reflexão, 508

Questões para avaliação do conhecimento, 508

Referências, 509

23 Internacionalização de empresas, 513

(Fernanda Kesrouani Lemos e Alvaro Cuervo-Cazurra)

Pontos de aprendizado, 513

Resumo, 513

23.1 Introdução, 514

23.2 Internacionalização em perspectiva histórica, 515

23.3 Negócios internacionais: oportunidades e desafios, 518

    23.3.1 Motivadores para a internacionalização das empresas, 519

    23.3.2 Para onde ir?, 521

    23.3.3 Como viabilizar a internacionalização de uma empresa?, 523

23.4 Micro, pequenas e médias empresas internacionalizadas e as *born global*, 528

    23.4.1 Internacionalização de micro, pequenas e médias empresas, 528

    23.4.2 *Born global*, 529

23.5 Considerações finais e questões, 532

Contribuições do capítulo para a administração contemporânea, 532

Questões para reflexão, 532

Questões para avaliação do conhecimento, 533

Referências, 533

24 Gestão de riscos corporativos, 535

(Antonio João de Oliveira Vianna Junior, Nina Machado Figueira e Guilherme Eduardo da Cunha Barbosa)

Pontos de aprendizado, 535

Resumo, 535

24.1 Introdução, 535

24.2 Definição e tipos de riscos, 536

24.3 Impacto dos riscos no desempenho organizacional, 537

24.4 Principais modelos de gerenciamento de riscos, 538

    24.4.1 COSO I e II, 539

    24.4.2 ISO 31000, 541

    24.4.3 *Orange book*, 542

24.5 Tratamento de riscos, 543

24.6 Gestão de riscos no setor público, 545

24.7 Papel do administrador na gestão de riscos corporativos, 546

24.8 Compliance e gestão de riscos, 547

24.9 Considerações finais e questões, 548

Contribuições do capítulo para a administração contemporânea, 548

Questões para reflexão, 548

Questões para avaliação do conhecimento, 549

Referências, 550

25 Instituições e estratégia empresarial, 553

(Maria Sylvia Macchione Saes e Paula Sarita Bigio Schnaider Nissimoff)

Pontos de aprendizado, 553

Resumo, 553

xl Administração ■ *Conejero – Oliveira – Abdalla (Orgs.)*

25.1 Introdução, 553

25.2 Instituições: abordagens tradicionais, 554

    25.2.1 Macroinstituições, 554

    25.2.2 Microinstituições, 557

25.3 Questões recentes – Como explicar as heterogeneidades?, 562

    25.3.1 Mesoinstituições – a heterogeneidade de resultados de políticas públicas, 562

    25.3.2 Formas plurais – a heterogeneidade de formas organizacionais, 565

25.4 Considerações finais e questões: impactos para a estratégia das empresas, 569

Contribuições do capítulo para a administração contemporânea, 570

Questões para reflexão, 570

Questões para avaliação do conhecimento, 570

Referências, 570

Índice alfabético, 573

Capítulo 1
Administração contemporânea: contexto e direcionadores

Assista ao **vídeo**

Marco Antonio Conejero
Murilo Alvarenga Oliveira
Márcio Moutinho Abdalla
Susana Sales da Silva Campos

Pontos de aprendizado

Neste capítulo, o leitor poderá aprofundar seu conhecimento sobre:
- Motivação para elaboração deste livro.
- Experiência prévia dos organizadores da obra com o livro *Administração estratégica: da teoria à prática no Brasil*, também pela editora Atlas.
- Crescimento da oferta de cursos de graduação e pós-graduação em administração.
- Demanda por qualidade no ensino e na pesquisa na área de administração.
- Tendências de gestão das organizações contemporâneas.

RESUMO

Este capítulo visa apresentar nossa motivação inicial para elaborar este livro, nossa experiência prévia com a obra *Administração estratégica: da teoria à prática no Brasil*, que ajudou a evoluir na curva de aprendizagem, e também o contexto de crescimento da oferta de cursos de graduação e pós-graduação em administração no Brasil, a demanda por qualidade no ensino e na pesquisa na área, as tendências de gestão das organizações contemporâneas e como isso foi trabalhado nos 24 capítulos da obra, além desta introdução. Ao final, traçamos um panorama dos capítulos e as contribuições deles para o seu aprendizado, seja nas disciplinas iniciais de fundamentos de administração e teoria geral da administração, seja nas disciplinas intermediárias das funções da administração, como marketing, finanças, gestão de pessoas e operações, ou também nas disciplinas finais de temas emergentes, como governança corporativa, sustentabilidade, empreendedorismo e inovação.

1.1 INTRODUÇÃO

Este livro representa o resultado de esforço coletivo para ajudá-lo a refletir sobre o papel da administração enquanto ciência, área de conhecimento e campo de ensino, pesquisa e trabalho para uma diversidade de profissionais interessados no tema. Ele busca ocupar um espaço como obra de referência para as disciplinas de administração geral dos cursos de graduação e pós-graduação em administração. Mas também, por sua profundidade e extensão, capítulos específicos podem ser utilizados como leituras básicas das disciplinas de áreas funcionais, como marketing, finanças, gestão de pessoas, operações, processos e TI, projetos, governança corporativa, sustentabilidade corporativa, dentre outras.

Vale comentar que a sugestão para elaboração da obra partiu da própria editora Atlas, que, ao estudar o mercado literário, verificou a carência de um manual ou livro-texto bem embasado teoricamente e empiricamente, para atender a um público demandante, seja ele professor ou aluno, de um conteúdo aplicado, atualizado, independente, de fácil leitura e complementado por objetos de aprendizagem como os casos de ensino.

Na jornada de elaboração deste livro, contou muito a nosso favor a experiência prévia com a produção do livro *Administração estratégica: da teoria à prática no Brasil*, de 2019, também publicado pela editora Atlas. A forma como ele foi construído assemelha-se em muito com o método utilizado na elaboração da presente obra. Pensamos na estrutura do livro e nos capítulos que gostaríamos de ter. Para elaboração do capítulo, desenvolvemos um guia estrutural de como deveria ser apresentando o conteúdo em termos de pontos de aprendizagem, questões para reflexão, apresentação de autores clássicos, sempre trazendo aplicações empíricas em organizações brasileiras reunidas em minicasos ao longo do capítulo, e/ou um caso de ensino ao final do capítulo. A partir disso, divulgamos nos principais fóruns e congressos de ensino e pesquisa em administração uma chamada de capítulos, convocando alguns dos melhores pensadores e praticantes das temáticas em debate nos capítulos para estarem conosco nesse desafio de produzir uma obra de referência na área. Para nossa satisfação, muitos responderam ao chamado e tornaram viável o sucesso do livro *Administração estratégica*.

Você deve estar se perguntando: diante de tantos autores colaboradores, como garantimos a homogeneidade do produto final? Para evitar repetições, sobreposições, e lacunas, primeiro, nós pensamos cuidadosamente na estrutura do livro e no escopo dos capítulos participantes. Depois, desenvolvemos o guia mencionado para elaboração e apresentação do capítulo, contendo o esperado em termos de estrutura, conteúdo, aplicações e *layout*. Já para garantir a qualidade do conteúdo, nós, organizadores, atuamos fortemente na revisão técnica dos capítulos entregues, sendo que para cada capítulo houve pelo menos duas revisões e *feedbacks* aos autores, com a consequente devolução para reapresentação com melhorias. Acreditamos que, em função dessa curadoria realizada por nós organizadores, a entrega final foi a melhor possível.

Usando a mesma fórmula de sucesso, apresentamos aqui o livro *Administração: conceitos, teoria e prática aplicados à realidade brasileira*, que seguiu o mesmo processo de confecção e revisão do livro *Administração estratégica*, porém em uma escala bem maior. Enquanto aquela obra tem 12 capítulos, esta possui, além deste introdutório, 24 capítulos, o que nos demandou muito tempo e esforço para lhe entregar um produto o mais homogêneo e completo possível. O importante é que conseguimos reunir 66 autores, na sua maioria doutores (Ph.D. ou DSc.), de 32 instituições de ensino e pesquisa distintas, sem falar dos praticantes de organizações empresariais brasileiras, que nos permitiram entregar algo de qualidade a você, leitor.

Na penúltima seção, sintetizamos a contribuição de cada um dos 24 capítulos, que foram divididos em quatro grandes blocos. Por ora, vale comentar a razão de existir de cada um dos blocos. No primeiro bloco, temos a intenção de lhe apresentar uma linha do tempo da administração, passando pelas principais escolas da ciência administrativa, como é de costume nos livros-textos da teoria geral da administração. Já no segundo bloco, entramos a fundo no processo da administração, resumido pelo ciclo de planejamento, organização, direção/decisão e controle, também típico dos cursos de fundamentos de administração. Já o terceiro bloco é dedicado a detalhar as áreas funcionais da administração e das organizações, o que, conforme relatado, pode servir como leitura básica das disciplinas funcionais do curso de administração, como marketing, finanças, gestão de pessoas e operações. Por fim, como se trata de livro contemporâneo, o quarto bloco é reservado a discutir temas emergentes, que não poderiam deixar de existir, como inovação, empreendedorismo, internacionalização, sustentabilidade, e transformação digital das organizações.

Por fim, gostaríamos de lhe apresentar o que está por vir nas próximas seções deste capítulo introdutório. Na segunda e terceira seções, vamos apresentar o crescimento dos cursos de graduação e pós-graduação em administração e os dilemas desse crescimento. Na quarta seção, vamos discutir os problemas no ensino e na pesquisa em administração e as alternativas para incrementar sua qualidade. Já na quinta seção, fazemos uma pequena síntese das tendências de gestão das organizações contemporâneas. Na sexta seção, procuramos dar um "sobrevoo" nos 24 capítulos do livro, com exceção desta introdução, e como eles cobrem as tendências discutidas na seção anterior. E, por fim, na sétima seção concluímos com os pontos de aprendizado neste capítulo, mas já abrindo caminho a tudo que está por vir.

1.2 CRESCIMENTO DAS GRADUAÇÕES EM ADMINISTRAÇÃO NO BRASIL NOS ÚLTIMOS CINCO ANOS

O ensino em administração no Brasil é um fenômeno relativamente recente.[1] A necessidade de profissionais especializados na área surgiu com o processo de industrialização, iniciado por volta dos anos de 1930, durante o governo Getúlio Vargas. Mais tarde, na década de 1950, houve a entrada de grandes empresas estrangeiras no país, como Volkswagen, Mercedes, Ford e General Motors, o que aumentou ainda mais a importância da figura do administrador no mercado brasileiro.[2] Foi, porém, apenas em 1965 que a profissão foi regulamentada e em 1996 o seu ensino legitimado, fatos que levaram ao crescimento significativo tanto da oferta quanto da demanda pela formação.[3,4]

Nos últimos anos, o curso de graduação em administração está entre os três mais procurados por estudantes brasileiros. Dados do Ministério da Educação[5] apresentados na Tabela 1.1 revelam que, apesar do decréscimo no número de ingressantes e de matrículas no período de 2014 a 2019, esse mantém participação relevante em relação ao total dos cursos oferecidos.

No entanto, o crescimento expressivo dos últimos anos em termos de quantidade de cursos e alunos fez surgir na academia, no governo e na iniciativa privada questionamentos quanto à qualidade da formação que os alunos têm recebido. Especialistas da área afirmam que a expansão da formação em administração vem acontecendo sem qualquer atenção aos critérios de qualidade e desempenho.[7] O aumento quantitativo do número de vagas resolve apenas uma parte do problema do ensino no Brasil, enquanto a parte mais difícil, a oferta de qualidade, fica pendente de solução.[8]

A qualidade questionável da educação superior em administração pode estar relacionada com uma falha no desenvolvimento da capacidade crítica do aluno ao aplicar o conhecimento teórico para criar e inovar em métodos e sistemas de gestão em vez de reproduzir técnicas ou modelos prontos,[9] convenientemente importados acriticamente. Ademais, a dificuldade de aplicabilidade do conhecimento revela pouca preparação prática para o cotidiano organizacional.[10]

Tabela 1.1   Evolução da demanda do curso de graduação em administração no Brasil – 2014-2019

Ano	Posição	Matrículas			Posição	Ingressantes		
		Curso	Número	Partic. %		Curso	Número	Partic. %
2014	2	Administração	801.936	10,23%	1	Administração	302.230	9,70%
		Total	7.839.765			Total	3.114.510	
2015	2	Administração	766.859	9,55%	1	Administração	267.013	9,14%
		Total	8.027.297			Total	2.920.222	
2016	2	Administração	710.984	8,83%	2	Administração	262.074	8,78%
		Total	8.048.701			Total	2.985.644	
2017	3	Administração	682.555	8,24%	2	Administração	265.588	8,23%
		Total	8.286.663			Total	3.226.249	
2018	3	Administração	654.843	7,75%	2	Administração	284.541	8,26%
		Total	8.450.755			Total	3.445.935	
2019	3	Administração	645.777	7,50%	2	Administração	298.003	8,20%
		Total	8.603.824			Total	3.633.320	
			Período	Anual			Período	Anual
		Cresc % Total	13%	1,8%		Cresc % Total	16%	5,43%
		Cresc % ADM	-19%	-1,38%		Cresc % ADM	-1,19%	4,73%

Fonte: MEC/Inep (2020).[6]

Existe, portanto, discrepância entre o que se espera de um administrador no ambiente organizacional e sua formação curricular. Se, por um lado, empregados e empreendedores precisam que os administradores sejam capazes de ter uma visão sistêmica da organização e de gerenciar seus recursos de maneira eficiente,[11] por outro, os cursos de administração são, em sua maioria, fundamentados no desenvolvimento de competências técnicas e aplicação de teorias e métodos prontos.

Dessa maneira, é fundamental que o ensino em administração, no nível de graduação, supere seu enfoque predominantemente teórico e avance para uma abordagem mais abrangente e contextual, de modo a criar no aluno a habilidade de atuar no ambiente organizacional. Além disso, é preciso que os centros educacionais facilitem o desenvolvimento de uma consciência crítica sobre o papel do administrador tanto nas organizações como na sociedade.[12] Essa consciência é de vital importância, pois as decisões tomadas no âmbito gerencial por esses alunos no futuro têm impacto direto nos diversos *stakeholders* da organização e, consequentemente, na sociedade.

1.3 CRESCIMENTO DA PÓS--GRADUAÇÃO EM ADMINISTRAÇÃO NOS ÚLTIMOS CINCO ANOS

Da mesma maneira, conforme dados do Ministério da Educação apresentados na Tabela 1.2, os cursos nacionais de pós-graduação em administração têm apresentado significativo crescimento nos últimos cinco anos, acima da média geral dos cursos. A formação docente em administração tem atraído profissionais de diversas áreas do conhecimento, não apenas os concluintes do curso de administração.

A Tabela 1.2 mostra que no período de 2013 a 2018 houve aumento consistente do número absoluto de programas de pós-graduação oferecidos (de 122 para 184), bem como do número de alunos matriculados (de 6.708 para 10.793) e do número de docentes (de 2.204 para 4.016). Outro dado importante é que nesse período os programas de pós-graduação em administração passaram a integrar os *"top 3"* dos cursos mais oferecidos no país.

Tabela 1.2 Evolução da demanda e da oferta de pós-graduação *stricto sensu* em administração no Brasil – 2013-2019

Comparação área × total	Ano	Posição	Nº programas/cursos	Partic. %	#	Nº alunos matriculados	Partic. %	Posição	Nº docentes	Partic. %
Administração	2013	6	122	3,45%	7	6708	3,07%	9	2204	2,78%
Total			3537			218785			79194	
Área	2014	5	137	3,66%	6	7527	3,20%	7	2590	3,03%
Total			3748			234960			85418	
Administração	2015	4	150	3,82%	7	8100	3,23%	7	2816	3,12%
Total			3931			250641			90130	
Administração	2016	3	182	4,36%	6	9865	3,70%	4	3585	3,77%
Total			4177			266818			95182	
Administração	2017	3	188	4,38%	5	10921	3,02%	5	3845	3,83%
Total			4296			361530			100287	
Administração	2018	3	184	4,29%	5	10739	3,72%	5	4016	3,93%
Total			4291			288538			102202	
			Cresc % total	21%		Cresc % total	31%		Cresc % total	29%
			Cresc % ADM	50%		Cres % ADM	60%		Cres % ADM	45%

Fonte: Capes (2020).[13]

Para a análise da evolução dos cursos de pós-graduação, foram disponibilizados pela Capes dados até 2018, diferentemente do Inep, que divulga dados até o ano de 2019, no caso dos cursos de graduação.

Ao se decidir por cursar uma pós-graduação em administração, é preciso ter em mente que existem dois grandes grupos de cursos. O primeiro grupo, *stricto sensu*, tem como foco a pesquisa científica e as atividades ligadas à docência. Estão inseridos nessa categoria cursos de mestrado acadêmico, mestrado profissional e doutorado (acadêmico e profissional). Já o segundo grupo, *lato sensu*, é voltado para a aplicação prática de conceitos e teorias, visando principalmente ao desenvolvimento profissional. Esta última modalidade abrange cursos de MBA e especialização. A seguir, são apresentadas as principais características dos dois tipos de curso de pós-graduação na área de administração.

Programas de pós-graduação *stricto sensu* têm por objetivo a formação de pesquisadores e professores universitários. Esses cursos são, de maneira geral, bastante exigentes e demandam maior tempo de dedicação por parte dos alunos. Além de cumprirem uma carga horária de disciplinas, os estudantes precisam produzir conhecimento científico por meio da elaboração de artigos, dissertações e teses. Nesse sentido, muito tem se discutido a respeito da relevância da produção acadêmica no Brasil e sua contribuição para a sociedade em geral.[14,15,16]

Nessa seara, existem quatro dimensões que precisam ser consideradas por cursos de pós-graduação *stricto sensu* em administração.[17] A primeira dimensão é a de transferência de conhecimento e tecnologia da academia para a sociedade. A interação entre essas duas partes está baseada na ideia de que a ciência é um fator de suma importância para o desenvolvimento econômico dependente de conhecimento. É nesse contexto que está inserida a possibilidade de estabelecer uma relação ganha-ganha entre universidades e corporações.[18]

A segunda dimensão diz respeito a pesquisa e publicação de impacto. A avaliação dessa dimensão é realizada pela quantidade de publicações em periódicos com alto fator de impacto ou pela quantidade de citações atribuídas a pesquisa publicada. A relevância da produção acadêmica também pode ser analisada sob a perspectiva social, ou seja, o quanto a sociedade pode ser beneficiada pelos achados daquele trabalho.[19]

A docência não tradicional é a terceira dimensão a ser considerada na formação de mestres e doutores. É cada vez mais oportuno o uso de abordagens não tradicionais que proporcionem ao aluno aprendizados efetivos. Exemplos de métodos de ensino aplicáveis nesse contexto são disciplinas *blended* (incluem recursos de ensino a distância, por exemplo), utilização de filmes e exercícios e *feedbacks* rápidos e tempestivos.[20]

A quarta e última dimensão está relacionada com a internacionalização e a nacionalização do programa. É de grande importância o desenvolvimento de um pensamento global, mas também é preciso que alunos e professores estejam atentos aos problemas locais, direcionando seus esforços para confrontar questões relevantes para o cenário nacional.[21,22]

Ademais, dentre os cursos de pós-graduação oferecidos no Brasil, deve-se dar especial destaque ao mestrado profissional, que equivale aos MBAs de universidades americanas e europeias. Na última década, o Ministério da Educação tem estimulado o crescimento desse tipo de curso, pois, enquanto o mestrado acadêmico se preocupa com a formação do pesquisador e do docente, o mestrado profissional aperfeiçoa a formação do profissional para aplicação prática do conhecimento. Por essa razão, ao final do curso, o aluno deve apresentar um trabalho com fundamentação teórica-científica, mas que tenha como objetivo a solução de problemas reais do mercado de trabalho ou das organizações e que seja aplicável.[23]

Por outro lado, programas de pós-graduação *lato sensu*, como mencionado anteriormente, têm a finalidade de conferir aos seus alunos conceitos e práticas que o auxiliem em seu desempenho profissional. Por ser direcionado a pessoas que já estão no mercado de trabalho, esse tipo de formação apresenta carga horária mais flexível, de modo a não prejudicar o estudante. Além disso, esses cursos podem ser utilizados como importante fonte de atualização para pessoas que querem se manter informadas a respeito das tendências do mercado.[24]

O *Master of Business Administration* (MBA) é um curso de especialização, direcionado à educação continuada para executivos que procuram dominar as técnicas de administração.[25] Assim, esse curso é apropriado para profissionais em busca de promoção para altas posições e que precisam aperfeiçoar tanto habilidades técnicas como habilidades de liderança, gestão e tomada de decisão. A especialização, por sua vez, visa ao aprimoramento de conhecimentos específicos dentro de um campo de atuação. É bastante procurada por pessoas que buscam complementar o que já aprenderam tanto no trabalho quanto nas organizações em que atuam. A demanda por esses cursos também aumentou nos últimos anos, refletindo a importância do domínio da área para o desenvolvimento profissional.

Vale ainda comentar a discussão sobre o impacto da pós-graduação *lato sensu* em administração na carreira e empregabilidade dos ex-alunos, e não há garantias de sucesso na vida profissional dos participantes. No entanto, em um estudo realizado com 505 alunos concluintes e evadidos de um curso de pós-graduação de uma instituição de ensino superior (IES) brasileira renomada, pôde-se verificar contribuição positiva do curso na carreira dos egressos. 50% dos entrevistados afirmaram que o curso foi responsável por um progresso profissional relacionado com o acúmulo de diferentes saberes técnicos em gestão e capacidade de aplicação prática desses conhecimentos no trabalho. E quase 60% dos respondentes informaram que mudaram de emprego após o início do curso, sendo que esse novo trabalho pode ser considerado mais qualificado e desafiador.[26]

1.4 QUALIDADE DO ENSINO E PESQUISA EM ADMINISTRAÇÃO

1.4.1 Qualidade do ensino

As vulnerabilidades do ensino em administração é um assunto amplamente abordado por diversos estudiosos do tema.[27,28] Além do seu caráter predominantemente teórico, existem traços na composição do curso e no perfil dos alunos que são responsáveis por agravar ainda mais essa situação.[29]

A princípio, a estrutura curricular dos cursos de administração, por ter grande influência norte-americana, abrangia disciplinas de foco mais funcionalista, tais como fordismo, taylorismo, toyotismo, finanças, contabilidade e recursos humanos, o que reduz a ciência administrativa a simples reprodução acrítica de modelos preconcebidos.[30] É recente a incorporação de pensamentos vindos da escola de Frankfurt, questionadora das formas tradicionais das teorias administrativas.[31] Assim, houve a inclusão de temas sobre relações de trabalho, subjetividade, gênero e relações de poder nos cursos de administração. O grande problema apresentado aqui e que vem sendo superado aos poucos é que, ao deixar de lado as questões sociais, que também permeiam a realidade das organizações, compromete-se a formação de gestores com capacidade de realizar análises sistemáticas e críticas da realidade.

Além disso, parte da bibliografia extensamente utilizada no ensino de administração apresenta questionável valor teórico-empírico.[32] Mesmo o trabalho de autores considerados por muitos como "gurus" da administração possuem traços que evidenciam ensinamentos com baixo rigor científico. Achismos, presença de dogmatismos, fraqueza conceitual, falta de espírito crítico, falta de firmeza nas afirmações e falta de humil-

dade são algumas das fragilidades apontadas em obras consagradas na área.[33] Dessa maneira, é crucial que haja filtragem crítica na escolha e na utilização de livros a serem empregados em sala de aula.

Além disso, uma das mais inquietantes características dos cursos de administração é que esses atraem alunos supostamente indecisos a respeito da profissão a seguir. Na visão dos estudantes, a formação ampla e as várias possibilidades de ingressar no mercado de trabalho são as principais vantagens do curso.[34] A questão é que a baixa identificação vocacional por parte dos ingressantes do curso favorece a falta de interesse e motivação para com a profissão, o que, por sua vez, resulta no despreparo do profissional no ambiente de trabalho.

Somados a esses fatores, existem outros igualmente responsáveis pelo baixo padrão do ensino em administração. Dessa forma, a intenção desta seção não é esgotar todos os aspectos que comprometem a qualidade da formação, mas, sim, apresentar alguns dos que têm sido mais enfatizados por especialistas do campo. Identificar e trazer à consciência tais problemas é apenas o primeiro passo para a melhora na qualificação de profissionais da área.

1.4.2 Qualidade das pesquisas

O crescimento e a segmentação dos cursos de pós-graduação no Brasil também suscitaram o mesmo receio quanto à qualidade da pesquisa em administração.[35] Essa preocupação é legítima, uma vez que o avanço da administração como ciência depende diretamente do acúmulo de conhecimentos fundamentados e respaldados em uma realidade empírica.[36]

Em 1999, os pesquisadores Bertero, Caldas e Wood Jr. alertaram para o fato de a pesquisa em administração ter crescido quantitativamente, porém não acompanhado pela qualidade. Segundo eles, a produção brasileira naquela época era "periférica, epistemologicamente falha, metodologicamente deficiente, sem originalidade e prática, em grande escala, mimetismo mal informado".[37]

Anos mais tarde, pesquisadores(as) como Roesch[38] também questionaram a prática brasileira de trazer de fora do nosso contexto modelos teóricos, temas ou metodologias de pesquisa, e, mais do que isso, aplicá-las sem o devido rigor metodológico.[39] Roesch[40] ainda reforçou o argumento de Bertero, Caldas e Wood Jr.,[41] apresentando os males que os pesquisadores brasileiros sofriam: comodismo, impaciência e individualismo, que os impediam de desenvolver algo original. Em especial, Roesch[42] afirma que "é mais fácil usar modelos externos do que construir teoria com base na realidade brasileira. É mais barato replicar do que desenvolver pesquisa original. É mais conveniente adaptar instrumentos de coleta e análise do que criar algo novo".

Há tempos, a administração vem buscando consolidar-se como ciência no meio acadêmico. Isso porque ela é, por muitos, considerada inferior às ciências naturais, uma vez que trata de fenômenos sociais, os quais carecem de padrão e previsibilidade. Além dessa dificuldade, enfrentada por todas as ciências denominadas sociais, limitações importantes têm sido constatadas em produções recentes. A primeira diz respeito à falta de validade das medidas e dos construtos utilizados. É raro encontrar estudos que se dedicam a avaliar a validade dos instrumentos empregados. Além disso, muitos pesquisadores confiam cegamente nos instrumentos adotados por outros autores, sem verificar se esses foram devidamente testados.[43]

Um levantamento das maiores falhas dos estudos rejeitados por periódicos científicos (*journals*), como o *Journal of Management Studies*, apontou que: em mais de 90% desses trabalhos não havia contribuição clara da pesquisa; 76% não foram capazes de propor nenhuma contribuição teórica; em 70% dos estudos, existiam falhas graves nos métodos empregados; e 58% dos estudos continham defeitos sérios nas análises dos resultados.[44] Além disso, os autores apontaram, entre outras lacunas, desenhos de pesquisa impróprios para a questão escolhida, problemas amostrais e operacionalização inadequada de medidas. Outros autores também reforçam esse problema, mostrando a falta de um encadeamento lógico na construção do referencial teórico e a deficiência em apresentar o conhecimento já construído por autores da área.[45,46]

Hoje, apesar dos avanços significativos no sentido de aprimorar a qualidade da pesquisa em administração, a situação ainda persiste. Os centros de ensino e pesquisa na área são frequentemente acusados de promoverem um processo educacional deficiente, desenvolverem pesquisas irrelevantes e incestuosas, bem como de se distanciarem de questões que permeiam o ambiente organizacional.[47] Autores dedicados ao assunto propõem medidas que podem ser tomadas para superar as deficiências apresentadas. A seção seguinte descreve brevemente algumas dessas propostas.

1.4.3 O que fazer para melhorar o ensino e a pesquisa em administração?

A chegada do século XXI trouxe consigo importantes transformações econômicas, científicas e sociais.[48] Nesse cenário, as organizações foram constrangidas a se renovar a fim de corresponderem às expectativas de uma nova era. Desde então, cada vez mais faz-se necessária a presença de profissionais aptos a gerenciar empresas movidas pelo mercado, pela sociedade, e interconectadas com o cenário global.[49] Para que os centros de ensino e pesquisa em administração consigam adequar-se a essa demanda, é preciso reconsiderar sua abordagem de transferência do conhecimento, não somente em termos do conteúdo ministrado, mas também da forma como acontece essa transmissão.

Educadores estimam que o tempo máximo em que um aluno é capaz de manter a concentração é de 20 minutos. Assim, os métodos tradicionais de ensino, em que os alunos recebem passivamente as informações e as internalizam por alguma forma de memorização, vêm cada vez mais perdendo sua relevância. William Glasser, psiquiatra americano, discute esse assunto e propõe a "pirâmide da aprendizagem" para explicar como as pessoas aprendem e qual é a eficiência de cada método de aprendizagem. De acordo com essa teoria, os alunos aprendem cerca de 10% lendo, 20% escrevendo, 50% observando e escutando, 70% discutindo com colegas, 80% praticando e 90% ensinando.

Nesse cenário, a utilização de métodos que tragam os alunos para o centro do seu processo de aprendizagem mostra-se mais adequada. Diversos métodos ativos de ensino foram desenvolvidos nos últimos anos, visando atender a essa nova realidade.[50] A aprendizagem baseada em problemas (PBL) é um exemplo de metodologia ativa bastante utilizada no ensino em administração. Nessa abordagem, os alunos partem de uma situação-problema e buscam aprender sobre os aspectos que permeiam esse problema, a fim de resolvê-lo. A PBL não tem por propósito a resolução de problemas em si, mas, sim, a obtenção de conhecimentos e o desenvolvimento de habilidades como trabalho em grupo, colaboração e comunicação. Da mesma forma, a utilização de casos de ensino em sala de aula, por exemplo, prepara os alunos para enfrentarem situações de tomada de decisão no ambiente organizacional. Esse método visa trazer dilemas reais vividos nas empresas para um ambiente de risco controlado, de forma que os estudantes possam adquirir experiências necessárias para a sua carreira profissional.

Abordagens menos sofisticadas também podem ser aplicadas para melhorar a experiência de aprendizagem do aluno. Pausas na aula para a consolidação das anotações, discussões em pequenos grupos, aplicação de *quizzes*, utilização de laboratório de experimentos, viagens de campo, promoção de debates, jogos e dramatizações (*role playing*) são algumas das maneiras de manter o aluno envolvido na aula por mais tempo.[51]

Tão importante quanto incluir o estudante em sua aprendizagem é a revisão da matriz curricular dos cursos de administração. Estudiosos do assunto acreditam que o ensino nessa área não deve estar limitado a teorias concebidas no período da revolução industrial que se preocupam estritamente com o aumento da produtividade dos trabalhadores. A proposta é abranger também assuntos que tratam de ciência, tecnologia e o impacto de ambas na sociedade.[52] Essa abordagem, somada aos temas mais tradicionais relativos à administração, favorece a formação de profissionais cidadãos, capazes de liderar negócios que promovam o desenvolvimento local com responsabilidade social.[53]

Além do ensino, a necessidade de melhorar a pesquisa em administração também tem sido assunto de discussão no ambiente acadêmico. Como explicado anteriormente, os trabalhos científicos desenvolvidos por pesquisadores da área são constantemente alvo de críticas quanto à sua aplicabilidade e relevância em um contexto mais abrangente. É claro que existem debates teóricos que, em um primeiro momento, não apresentam aplicação imediata, mas abrem importantes linhas de pesquisa aplicadas à realidade organizacional e social.[54] Existe, porém, preocupação cada vez maior quanto à geração de pesquisas que auxiliem no entendimento de problemas sociais complexos. Além disso, há nítida lacuna entre o que vem sendo feito nas pesquisas da área e o que é utilizado para fundamentar discussões mais abertas para a sociedade.[55]

Existem alguns caminhos para contornar essa situação e aumentar o impacto da produção acadêmica em administração, dentre os quais destacamos dois.[56] Primeiro, o pesquisador, sempre que possível, deve procurar fundamentar teorias e testes empíricos em uma questão de reconhecida relevância no ambiente organizacional ou no campo das políticas públicas. Segundo, as pesquisas na área devem procurar trazer conclusões inesperadas e contraintuitivas capazes de abrir novos caminhos e linhas de estudo.[57]

As propostas de melhoria trazidas neste capítulo estão em linha com o escopo da cartilha apresentada pela Unesco com os seis princípios para a educação responsável em gestão (PRME – *Principles for Responsible Management Education*). A iniciativa foi criada em 2007 por representantes das 60 maiores escolas de negócio do mundo e contou com a participação de duas instituições brasileiras: FGV (Fundação Getulio Vargas) e Fundação Dom Cabral. Os princípios idealizados têm como objetivo promover melhora constante dos centros de ensino em administração, de modo a desenvolver uma nova geração de líderes preparada para enfrentar os dilemas do novo século.[58] Para a Unesco, o maior desafio das instituições de ensino superior é inovar seu formato de educação, trazendo para a discussão princípios de ética, responsabilidade social e sustentabilidade das organizações. Sabendo disso, a instituição propõe as seguintes diretrizes para facilitar esse processo:[59]

1. **Propósito**: desenvolver a capacidade dos estudantes de serem futuros geradores de sustentabilidade nos negócios e na sociedade e trabalharem para uma economia global inclusiva e sustentável.

2. **Valores**: incorporar às atividades e currículos acadêmicos os valores da responsabilidade social.

3. **Método**: criar modelos educacionais, materiais, processos e ambientes que levem a um efetivo aprendizado de experiência para a liderança responsável.

4. **Pesquisa**: desenvolver pesquisas teóricas e empíricas que contribuam para o entendimento do papel, das dinâmicas e dos impactos das corporações na criação de valores sociais, ambientais e econômicos sustentáveis.

5. **Parcerias**: interagir com os gestores das empresas, a fim de aumentar o conhecimento sobre os desafios por eles enfrentados no que tange à responsabilidade social e ambiental e explorar conjuntamente equacionamentos para esses desafios.

6. **Diálogo**: facilitar e apoiar o diálogo e o debate entre educadores, empresas, governos, consumidores, meios de comunicação, organizadores da sociedade civil e demais grupos interessados em temas críticos relacionados com a responsabilidade social global e com a sustentabilidade.

Implementar esses princípios é um processo voluntário, o qual pode ser adotado por qualquer instituição de ensino preocupada na formação de gestores mais conscientes e preparados para os desafios do contexto atual.

Por fim, não poderíamos deixar de mencionar que o ensino e a pesquisa na área de administração devem acompanhar as tendências de gestão das organizações contemporâneas, tentando renovar o entendimento dessa realidade assim como contribuir na sua construção.

1.5 TENDÊNCIAS DE GESTÃO DAS ORGANIZAÇÕES CONTEMPORÂNEAS

A gestão das organizações contemporâneas está em constante renovação devido aos avanços tecnológicos e seu efeito transformador nos setores e na concorrência. Empresas de todas as indústrias, tamanhos e mercados buscam adaptar-se e capacitar suas equipes para que se mantenham competitivas em seu mercado de atuação. Para isso, executivos no mundo todo adotam uma série de ferramentas gerenciais que visam aprimorar a gestão e favorecer o crescimento e a prosperidade de seus negócios.[60]

O uso dessas ferramentas acontece de forma dinâmica e reflete o ambiente macroeconômico e o comportamento das empresas concorrentes. Nos últimos 25 anos, houve considerável mudança do uso das ferramentas gerenciais por parte dos executivos, porém quatro delas mantiveram-se presentes ao longo de todo esse tempo: avaliação comparativa com a concorrência; satisfação do consumidor; missão, visão e valores; e gestão pela qualidade total. Por outro lado, ferramentas que não eram nem citadas pelos gestores anos atrás hoje são consideradas como indispensáveis na administração das corporações modernas. Por exemplo, transformação digital e *business analytics* (análises avançadas de dados) são instrumentos recentes derivados dos avanços tecnológicos e que hoje têm papel relevante na gestão das organizações.[61]

O Quadro 1.1 mostra as ferramentas gerenciais mais utilizadas por gestores desde o início dos anos 2000. Os dados mais recentes mostram que a ferramenta gerencial número um na visão dos executivos é o planejamento estratégico, que tem por função determinar o propósito da empresa, assim como o que será feito para atingir esse propósito. Os desafios e as oportunidades suscitados pelo avanço das tecnologias digitais são fatores responsáveis por fazer desta a principal ferramenta utilizada por gestores que pretendem aproveitar-se desse cenário para impulsionar o crescimento organizacional.[62]

A gestão do relacionamento com o cliente vem logo em seguida e representa a necessidade crescente de as empresas entenderem e corresponderem aos desejos de seus clientes. A terceira ferramenta, análise comparativa, mostra o quão vital é para a gestão estar atenta para seus competidores. *Business analytics* e gestão da cadeia de suprimentos também se mostram essenciais na gestão de empresas modernas.

Grande parte das ferramentas gerenciais não foi idealizada para ser aplicada de forma pontual e nem com expectativa de efeitos no curto prazo. Na verdade, o sucesso dessas ferramentas depende de esforços de aplicação de longo prazo, bem como sua difusão nos diversos níveis organizacionais.[64]

A análise do Quadro 1.1 aponta para algumas tendências na gestão organizacional das empresas contemporâneas.[65] O afastamento cada vez maior da burocracia e da complexidade é uma tendência presente nas organizações. A maioria dos líderes acredita ser mais importante confiar e empoderar seus subordinados do que controlá-los. Esse movimento ganhou ainda mais força com a pandemia do novo coronavírus (Covid-19), que trouxe uma realidade totalmente nova para gestores e funcionários. O trabalho remoto foi implantado de forma emergencial por grande parte das organizações no mundo todo. Esse fenômeno, ao mesmo tempo que exigiu confiança por parte dos gestores, também demandou comprometimento por parte dos funcionários. Diversas experiências positivas com o trabalho remoto têm sido relatadas, o que indica que a flexibilização da carga e do local de trabalho seja forte tendência daqui para frente.

Além disso, o excesso de burocracia e a complexidade no ambiente organizacional são, na visão de

Quadro 1.1 As cinco ferramentas de gestão mais utilizadas por executivos desde os anos 2000

Posição	2000	2014	2017
1	Planejamento estratégico	Gestão do relacionamento com o consumidor	Planejamento estratégico
2	Missão, visão e valores	Análise comparativa	Gestão do relacionamento com o consumidor
3	Análise comparativa	Questionários de engajamento dos colaboradores	Análise comparativa
4	Terceirização	Planejamento estratégico	*Business analytics*
5	Satisfação do consumidor	Terceirização	Gestão da cadeia de suprimentos

Fonte: adaptado de Bain Management Tools & Trends Survey (2017).[63]

muitos gestores, impeditivos para a redução efetiva de custos operacionais, representando uma das maiores travas para o crescimento das empresas. Nessa mesma lógica, o controle de custos também aparece como uma tendência de gestão. Antigamente, ferramentas específicas para esse propósito eram mais utilizadas em tempos de crise ou de restrição financeira. Hoje, a gestão está constantemente preocupada com esse assunto, pois a redução de custos impacta diretamente no resultado operacional das empresas, principal *driver* de criação de valor para seus acionistas.

Outra tendência importante que merece destaque é a adesão crescente às tecnologias digitais. Existe grande entusiasmo em relação à possibilidade de aumentar a eficiência do negócio por meio da coleta e análise de dados. O uso de ferramentas como internet das coisas (IoT) e *business analytics* confirma a predisposição crescente de as empresas incorporarem esse estilo de gestão. Ao mesmo tempo, surge nos consumidores e na sociedade em geral a preocupação com questões de privacidade. Em setembro de 2020, foi sancionada no Brasil a Lei Geral de Proteção de Dados (LGPD), que tem por objetivo estabelecer regras claras para coleta, armazenamento e utilização de dados pessoais. Essa medida visa aumentar a transparência para com a sociedade em relação às informações usadas pelas empresas.

O fortalecimento da cultura organizacional também se mostra como uma tendência na gestão de organizações modernas. Em momentos de mudanças constantes e rápidas, é crucial que colaboradores e clientes conheçam os valores, a visão e a missão da empresa, de modo que todos possam internalizar os objetivos organizacionais. Entretanto, mesmo nos dias atuais, criar essa cultura não é tarefa fácil e representa um desafio a ser superado pelas organizações.

O foco no consumidor também tem se mostrado como uma tendência cada vez mais presente na gestão das organizações. São várias as ferramentas utilizadas por empresas que escolhem colocar o cliente como o centro da organização. Análise da jornada do cliente, sistemas de satisfação do cliente, relacionamento com o cliente são apenas alguns exemplos de instrumentos que têm ganhado espaço nas empresas em âmbito gerencial. Essa preocupação em conquistar o cliente surge a partir da ideia de que este não é mais apegado às marcas e produtos como costumava ser. Assim, as empresas precisam estar constantemente atentas para o *zeitgeist* (clima intelectual e cultural presente em determinado período de tempo) de modo a se adequarem aos seus consumidores.

Além disso, a Bain & Company[66] aponta para tendências de gestão que vêm ganhando espaço entre as corporações: inovação aberta, gestão da cadeia de suprimentos, fusões e aquisições eficientes, entre outras. Olhar para essas tendências é fundamental para empresas que buscam adaptar-se em ambientes cada vez mais competitivos e obter vantagens competitivas sustentáveis visando à criação de valor para seus acionistas e para a sociedade.

Essas tendências e muitas outras serão discutidas de maneira aprofundada nos próximos capítulos do livro. Convidamos você a avançar a leitura para os próximos capítulos. De qualquer forma, vamos oferecer na próxima seção um mapa geral dos capítulos, para que você possa guiar a sua leitura.

1.6 VISÃO GERAL SOBRE OS CAPÍTULOS E OS AUTORES QUE COMPÕEM ESTA OBRA

Conforme dito, os 24 capítulos que compõem esta obra, além da introdução, foram cuidadosamente pensados para contemplar aspectos históricos da teoria geral da administração, os conceitos centrais relacionados com o processo de administração (planejamento, organização, direção e controle), as áreas funcionais que integram qualquer organização e as tendências relacionadas com a área. Nesse sentido, a Figura 1.1 apresenta a árvore de capítulos, dividida em quatro blocos temáticos: 1 – linha do tempo; 2 – processo da administração; 3 – áreas funcionais; e 4 – temas emergentes.

Figura 1.1 Árvore de capítulos do livro.

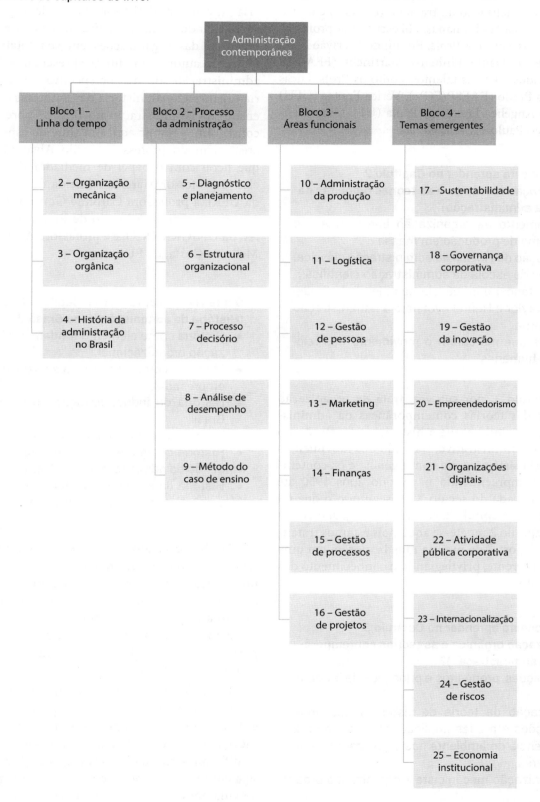

No bloco 1, sobre a linha do tempo da administração, temos apenas três capítulos, porém centrais para entendimento completo das escolas do pensamento administrativo, desde os primórdios até os dias atuais.

O Capítulo 2 trata da organização mecânica e as teorias pioneiras da moderna administração. Nesse capítulo, apresenta-se a formação do pensamento administrativo moderno, que ocorreu no final do século XIX e no início do século XX. O capítulo destaca o movimento da racionalização do trabalho (clássico) e o movimento das relações humanas. Foi escrito por professores renomados, como os Profs. Edmundo Escrivão Filho (EESC/USP) e Dante Pinheiro Martinelli (FEA-RP/USP), somados a jovens talentos, como os Profs. Lucas Sciencia do Prado (EAESP/FGV), Vérica Freitas (UFU) e Verônica Angélica Freitas de Paula (UFU), representantes de São Paulo e Minas Gerais.

O que você irá aprender no Capítulo 2 (Organização mecânica e as teorias pioneiras da moderna administração)?

- Surgimento da organização burocrática e o sistema de produção em massa.
- Evolução das ideias da administração clássica.
- Bases da escola da administração científica.
- Importância e influência das ideias de Frederick Taylor e Henri Fayol para a administração moderna.
- Ideias que marcaram o movimento das relações humanas.

O Capítulo 3, por sua vez, trata da organização orgânica e das teorias contemporâneas da administração. Esse capítulo segue a história da formação do pensamento administrativo, tratando dos movimentos estruturalista sistêmico, da contingência e os contemporâneos, compreendendo o período após 1950 até a primeira década do século XXI, seguindo o que foi apresentado no Capítulo 2. Novamente, o grupo de autores do Capítulo 2 repete-se aqui, pois estamos tratando da face "oposta" da mesma moeda, porém em uma sequência diferente, privilegiando o conhecimento dos jovens talentos.

O que você irá aprender no Capítulo 3 (Organização orgânica e as teorias contemporâneas da administração)?

- Definições, propósitos e princípios da burocracia.
- Aplicação da teoria de sistemas nas organizações e a suas implicações, bem como a influência do ambiente nas organizações e vice-versa.
- Organização mecanicista × organização orgânica.
- Movimentos contemporâneos.
- Bases para o estabelecimento do pensamento administrativo.
- Evolução do pensamento administrativo.

Para encerrar esse bloco, temos o Capítulo 4, que visa introduzir a história na teoria organizacional, apresentando como a análise histórica permite compreensão das organizações em sua totalidade. Para tanto, os autores procuram apresentar a história na administração sob três perspectivas: história da teoria organizacional, história das empresas e história do ensino da administração no Brasil. Sobre os autores, conseguimos reunir aqui um time de especialistas na área, além do professor Murilo Alvarenga Oliveira, que ficou com o papel de mediador da equipe. São eles: o professor Marcelo Almeida de Carvalho Silva, da UFRJ, a professora Caroline Gonçalves, da UFMS, o professor Sergio Eduardo de Pinho Velho Wanderley, da UNIGRANRIO, e a professora Alessandra de Sá Mello da Costa, da PUC-Rio.

O que você irá aprender no Capítulo 4 (História da administração no Brasil)?

- História como elemento fundamental da teorização organizacional.
- Memória como construção social e estratégia empresarial.
- História da industrialização no mundo e no Brasil.
- História do estudo da administração no Brasil.
- História de empresas e os empresários e pioneiros da administração no Brasil.
- História do ensino da administração no Brasil como parte fundamental da história da gestão.

No bloco 2, sobre o processo da administração, temos quatro capítulos que percorrem o ciclo da administração (planejamento, organização, direção/decisão e controle), somado a um capítulo final dedicado a discutir um método ativo de ensino-aprendizagem, o caso de ensino, que coloca o aluno em posição de tomada de decisão complexa em um ambiente de incerteza.

O Capítulo 5 discute a fase de diagnóstico e planejamento organizacional como processos contínuos e dinâmicos para competir em um cenário de risco, incerteza e mudança. Para tanto, são consideradas as diferentes realidades das organizações brasileiras, seja em termos de porte da empresa, estágio do ciclo de vida em que se encontra, o setor em que atua e a dinamicidade do mercado no qual está inserida. Foi escrito por uma dupla de professoras, representantes do centro-oeste do país, em especial do Mato Grosso do Sul, Sibelly Resch e Jaiane Aparecida Pereira, ambas da UFMS.

O que você irá aprender no Capítulo 5 (Diagnóstico e planejamento organizacional)?

- Conceitos relacionados com o processo de diagnóstico e planejamento organizacional.
- Objetivos, programas, projetos, ações, metas e indicadores que contribuirão para a criação de valor nas organizações contemporâneas.
- Ferramentas e técnicas para realização do diagnóstico e para desenvolvimento, avaliação e monitoramento do planejamento organizacional.

O Capítulo 6 trata da estrutura organizacional e do processo de organização das empresas. Sabe-se que não existe um modelo único que atenda a todas as organizações, todavia cabe aos administradores a escolha da melhor estrutura organizacional, para que seja possível atender da forma mais eficiente e eficaz possível os objetivos e as metas propostos. Foi escrito por mestres, Maria Clara Ribeiro Portilho (PSA Groupe), Monique Ferreira Cavalcante (BB Tecnologia e Serviços), Bruno Dutra Freire (CEFET – *Campus* Valença), formados no programa de pós-graduação em administração da UFF em Volta Redonda – RJ, sob a orientação do professor Marco Antonio Conejero, e também possuem carreira executiva.

O que você irá aprender no Capítulo 6 (Estrutura organizacional e processo de organização)?

- Diferença entre organização como entidade social e função da administração.
- Conceitos relacionados com a estrutura organizacional: especialização do trabalho, atividades de linha e *staff*, amplitude de controle, centralização e descentralização das tarefas organizacionais e da tomada de decisão.
- Tipos e diferenças entre organizações agudas × achatadas, mecanicista × orgânica.
- Tipos mais tradicionais de estrutura organizacional (linear, linha-*staff* e matricial).
- Tipos e diferenças entre departamentalização (funcional, territorial, por produto, por cliente, por processos e por projetos).
- Unidade estratégica de negócio (UEN) do tipo centro de serviços compartilhados (CSC), a decisão pela terceirização e a tendência de compartilhamento do tipo *coworking*.

O Capítulo 7 apresenta os principais elementos que compõem o processo de tomada de decisão no ambiente organizacional, bem como suscita reflexão sobre a prática desses componentes na função executiva cotidiana, com vistas ao desenvolvimento da resolutividade organizacional. Ele traz como autora uma representante do sul do país, em especial de Santa Catarina, a professora Helen Fischer Günther (UNISUL).

O que você irá aprender no Capítulo 7 (Processo decisório: perspectivas e práticas para a resolutividade organizacional)?

- Tomada de decisão como um processo individual e coletivo.
- Principais elementos envolvidos na tomada de decisão e que a tornam tão complexa e multifacetada.
- Ferramentas de suporte à decisão.
- Presente e futuro do processo de tomada de decisão.

O Capítulo 8 apresenta a importância da adoção dos instrumentos de controle e desempenho por parte das organizações. Pretende definir as melhores práticas a serem seguidas pelas organizações de determinado segmento de mercado. Na sua elaboração, trabalhou um time de professores das melhores instituições de ensino e pesquisa em Minas Gerais: Tiago Silveira Gontijo (UFMG), Alexandre de Cássio Rodrigues (FUMEC), Andressa Amaral de Azevedo (PUC Minas) e Thiago Henrique Martins Pereira (PUC Minas).

O que você irá aprender no Capítulo 8 (Controle e análise de desempenho)?

- Que são instrumentos de controle e medidas de desempenho?
- De que forma as instituições mensuram o desempenho de suas atividades?
- Mecanismos de comparação de desempenho entre instituições – *benchmarking*.
- Uso de *softwares* gratuitos para a análise de desempenho de instituições.

Já o Capítulo 9 apresenta o método do caso de ensino como uma estratégia pedagógica com o objetivo de aproximar a teoria da prática, levando o aluno a entender situações-problemas reais e desenvolver senso crítico para aplicação de soluções viáveis. Como a maioria dos capítulos aqui apresentados oferece, ao final, um caso de ensino para resolução dos estudantes, vale a pena discutir esse método de ensino e a sua lógica de uso. Dentre os autores, além dos organizadores desta obra, foi convidado para liderar o capítulo o professor

Eduardo Roque Mangini, do IFSP – *Campus* de São Roque, por sua experiência na aplicação dos casos de ensino em sala de aula.

> **O que você irá aprender no Capítulo 9 (Método do caso de ensino e aplicações)?**
> - Método do caso de ensino e a diferença em relação ao estudo de caso (pesquisa).
> - Processo de elaboração do caso de ensino.
> - Papéis de alunos e professores na discussão do caso de ensino.
> - Processo de tomada de decisão.
> - Análise e solução de problemas organizacionais.

O terceiro bloco do livro discute as áreas funcionais da administração, podendo então ser aplicado como leitura inicial das disciplinas intermediárias do curso de graduação em administração ou mesmo em cursos de pós-graduação.

O Capítulo 10 visa mostrar a importância da administração da produção para a estratégia empresarial. Para tanto, é apresentada visão geral e conceitual a respeito do tema, percorrendo os principais tópicos relacionados com planejamento, controle e melhoria da produção, abordando conceitos tradicionais e modernos. Foi escrito por um grupo de professores das melhores instituições de ensino e pesquisa do Rio de Janeiro: Ilton Curty Leal Junior (UFF), Marcelino Aurélio Vieira da Silva (UFRJ), Pítias Teodoro (UFF), Ricardo César da Silva Guabiroba (UFF) e Vanessa de Almeida Guimarães (CEFET – *Campus* Angra dos Reis).

> **O que você irá aprender no Capítulo 10 (Administração da produção)?**
> - Conceitos básicos da administração da produção.
> - Modelo básico de transformação.
> - Administração da produção e estratégia empresarial.
> - Conceitos básicos de planejamento e controle da produção.
> - Monitoramento e melhoria de processos produtivos.
> - Indústria 4.0.

O Capítulo 11 repete os autores do anterior, por se tratar de um tema complementar, a gestão de logística e de transportes. Este capítulo visa apresentar os conceitos básicos da logística, suas atividades principais e como podem ser gerenciadas para alcance dos objetivos da organização. Para tanto, é apresentada a função logística no contexto da cadeia de suprimentos, com enfoque em decisões que levem em conta o *trade-off* custo × nível de serviço.

> **O que você irá aprender no Capítulo 11 (Gestão da logística e de transportes)?**
> - Conceitos de logística e sua relação com a cadeia de suprimentos.
> - Atividades primárias e de apoio da logística.
> - Localização de instalações.
> - Transportes de carga e sua importância no contexto da logística empresarial.
> - Logística no contexto do comércio internacional.
> - Sistemas de informação na logística.
> - Logística reversa.

O Capítulo 12 apresenta pontos de reflexão para as práticas de gestão de pessoas sobre a nova dinâmica do mercado de trabalho e os impactos da transformação digital, percorrendo temáticas relacionadas com a indústria 4.0 e com o uso intensivo da internet. Ao mesmo tempo, discute oportunidades e desafios para a gestão da diversidade nas organizações. Para tanto, reúne como autoras um grupo de pesquisadoras de distintas instituições, de São Paulo e Rio Grande do Sul: Cristina Lourenço Ubeda (UFSCar – *Campus* Sorocaba), Aline Mendonça Fraga (FASEG), Catia Eli Gemelli (IFRS – *Campus* Osório), Vanessa Amaral Prestes (FASEG).

> **O que você irá aprender no Capítulo 12 (Gestão de pessoas e relações de trabalho: da teoria às práticas de impacto social para pessoas e organizações)?**
> - Diferenças e aproximações entre as discussões em gestão de pessoas e relações de trabalho, bem como as novas configurações de trabalho que se apresentam na sociedade brasileira.
> - Principais práticas corporativas da área de gestão de pessoas diante da transformação digital e das recentes mudanças no mercado de trabalho.
> - Relevância da diversidade nas organizações, as oportunidades e os desafios da inclusão.
> - Cenário de mobilidade nacional e internacional e o papel da gestão de pessoas nesse contexto.

O Capítulo 13 apresenta visão global dos principais conceitos da administração do marketing, bem como os ferramentais para aplicação no dia a dia das organizações que deverão ser úteis para a formação tanto dos alunos da graduação quando dos cursos de pós-graduação. Traz para tanto, como autores, um grupo de professores renomados na área, de instituições paulistas: Eduardo Eugênio Spers (ESALQ/USP), Luciana Florêncio de Almeida (ESPM), Marcelo Vergilio Paganini de Toledo (ESPM) e Thelma Valéria Rocha (ESPM).

O que você irá aprender no Capítulo 13 (Marketing estratégico e criação de valor para os negócios)?

- Importância do marketing para o dia a dia e o futuro das organizações.
- Geração de *insights* a partir de pesquisas de mercado para conhecer as atitudes, os comportamentos e as expectativas dos consumidores.
- Importância da visão estratégica mercadológica para atender aos anseios do consumidor e garantir vantagem competitiva sustentável.
- Importância de estabelecer relacionamento de confiança com os clientes, bem como a rede de *stakeholders* da organização por meio de uma jornada de consumidor que implique cocriação e experiência de qualidade.

O Capítulo 14 apresenta conteúdos de administração financeira com foco no objetivo principal da empresa de maximização da riqueza dos acionistas. São discutidos os principais conceitos e indicadores de cada uma das decisões: decisões de financiamento, decisões de investimento, decisões de capital de giro e decisões de dividendos. A sua construção foi feita por uma dupla de jovens professores da área de finanças do departamento de administração da FEA-RP/USP, Rafael Confetti Gatsios e Fabiano Guasti Lima.

O que você irá aprender no Capítulo 14 (Administração financeira)?

- Objetivo financeiro de uma empresa.
- Decisões financeiras de uma empresa.
- Entendimento e avaliação das decisões de investimento, financiamento, capital de giro e dividendos de uma empresa.
- Avaliação das estratégias para maximização da riqueza do acionista.

O Capítulo 15 apresenta a gestão de processos, a tecnologia da informação e a interação entre elas na transformação digital das organizações. O objetivo é destacar a visão integrada e sistêmica da gestão de processos e da tecnologia da informação para aumentar eficiência, eficácia e efetividade das organizações. Tem como autores a professora Camila Benatti Mourad, da FIA, e o professor Rogério Tadeu da Silva do IFSP – *Campus* São Roque. A professora Camila, além da formação docente, também atua como consultora do tema para uma diversidade de organizações empresariais brasileiras.

O que você irá aprender no Capítulo 15 (Gestão de processos e TI)?

- Que são processos de negócios.
- Como alinhar os processos de negócio à estratégia da organização.
- Como gerenciar processos de negócio a partir do ciclo de vida BPM: planejamento, análise, desenho, implementação, monitoramento e controle e refinamento.
- Principais sistemas de informações e principais tecnologias de informação que apoiam a estrutura e a estratégia das organizações.
- Como promover mudanças tecnológicas na organização para adaptar processos e sistemas em resposta à realidade volátil, incerta, complexa e ambígua.
- Como transformar processos tradicionais em processos digitais.

Para encerrar esse bloco, temos o Capítulo 16, que discute a gestão de projetos, apresentando seus atributos, principais restrições e os processos que organizam todo o conhecimento no assunto. E ainda, para garantir o aspecto prático da gestão de projetos, serão apresentadas as ferramentas mais usuais para auxiliar gerentes e equipes na hora de planejar, executar e documentar o projeto. A responsabilidade técnica pela elaboração do capítulo fica com o professor Murilo Alvarenga Oliveira da UFF, também coorganizador desta obra, que convidou para ser coautor o professor George Paulus Pereira Dias, da Fundação Carlos Alberto Vanzolini.

O que você irá aprender no Capítulo 16 (Gestão de projetos)?

- Fundamentos da gestão de projetos.
- Planejamento de projetos.
- Gestão do tempo, custo e qualidade.
- Comunicação, gestão de risco e mudança em projetos.
- Ferramentas para o gerenciamento de projetos.
- Temas emergentes na gestão de projetos.

Por fim, o quarto bloco do livro reúne os temas emergentes. Visa servir de base para as disciplinas optativas e avançadas dos cursos de graduação em administração, mas também sintetiza a fronteira do conhecimento na área de administração, o que pode ajudar os pós-graduandos na definição dos seus temas e projetos de pesquisa.

O Capítulo 17 traz a pauta da sustentabilidade empresarial, em especial os assuntos relacionados com desenvolvimento sustentável (DS), mudanças climáticas, entre outros, sob a ótica corporativa brasileira, com exemplos práticos e atuais, para melhor contextualização. Foi elaborado pela pesquisadora internacional Denise Pereira Curi, da Universidade de Aveiro/ Portugal, e contou com a participação especial da pesquisadora Sara Gurfinkel Marques de Godoy, especialista em mudanças climáticas e seu impacto nas organizações.

O que você irá aprender no Capítulo 17 (Sustentabilidade e ambiente corporativo no século XXI)?
- Desenvolvimento sustentável e reuniões do clima.
- Sustentabilidade corporativa.
- Gestão ambiental.
- Responsabilidade social corporativa.
- Terceiro setor, empreendedorismo social e empresas híbridas.

O Capítulo 18 apresenta o conceito de governança corporativa, suas principais abordagens teóricas e como seus potenciais problemas e mecanismos de resolução são aplicados na realidade empresarial. Traz como autor o renomado professor Claudio Pinheiro Machado Filho, da FEA/USP, que atuou em parceria com jovens talentos formados por ele, os quais hoje ocupam posições docentes e executivas em distintas instituições: Tobias Coutinho Parente (UNIB), Thiago Henrique Moreira Goes (UFPR) e Pedro Braga Sotomaior Karam (IBGC).

O que você irá aprender no Capítulo 18 (Governança corporativa: fundamentos e aplicações práticas)?
- Que é governança corporativa.
- Teorias fundamentais de governança corporativa.
- Principais tipos de problemas em governança corporativa.
- Mecanismos existentes para tratar os problemas de governança corporativa.
- Princípios e boas práticas de governança corporativa.
- Como ocorre a governança em diferentes tipos de organizações.

O Capítulo 19 discute a relevância do tema inovação, a partir das transformações na forma de produzir e consumir bens e serviços, trazidas pelo avanço das tecnologias de informação e o movimento de globalização econômica que ampliaram os mercados e demandam revisão nas estratégias competitivas das empresas. O trabalho foi encabeçado pelo professor Marcelo Amaral, da UFF, que convidou para fazer parte outros professores pesquisadores do Rio de Janeiro, Thiago Borges Renault (UFRRJ) e Julia Paranhos de Macedo Pinto (UFRJ), todos bastante experientes na temática em pauta.

O que você irá aprender no Capítulo 19 (Gestão da inovação)?
- Conceito de inovação.
- Noção de ciência e tecnologia e a relevância do tema para o desenvolvimento econômico.
- Gestão da pesquisa, desenvolvimento e inovação no âmbito das empresas.

O Capítulo 20 propõe-se a apresentar o conceito de empreendedorismo, os seus principais desdobramentos e as principais fases do processo empreendedor. O capítulo descreve ainda as principais etapas a serem consideradas para a elaboração de um plano de negócios, instrumento utilizado para planejamento de empreendimentos. Reuniu para sua elaboração um trio de professores pesquisadores do departamento de empreendedorismo e gestão da UFF em Niterói-RJ: Robson Moreira Cunha, Sandra Regina Holanda Mariano e Joysinett Moraes da Silva.

O que você irá aprender no Capítulo 20 (Empreendedorismo)?
- Evolução do conceito de empreendedorismo.
- Principais tipos de empreendedorismo.
- Que é o processo empreendedor e quais são suas etapas.
- Quais são as principais dimensões de um plano de negócios.

O Capítulo 21 objetiva apresentar aspectos relacionados com a digitalização dos negócios e a transformação digital das empresas. O desenvolvimento de um ecossistema de tecnologia no Brasil tem criado condições tanto para o surgimento de várias *startups* que despontam no ambiente *on-line*, quanto para a transformação digital de empresas grandes e tradicionais. O trabalho é assinado pelo professor pesquisador internacional, Leandro Angotti Guissoni (EAESP/FGV e Darden School of Business, University of Virginia), e contou com a colaboração dos seus alunos de doutorado, que também estão em posições executivas, Josiane Garcelli Schunck, Vitor Azzari Vieira e Rodrigo Lourenço Farinha.

> **O que você irá aprender no Capítulo 21 (Organizações digitais)?**
> - Identificar elementos da análise de modelos de negócios digitais.
> - Descrever os diferentes pontos de contato do consumidor ao longo de sua jornada digital.
> - Compreender os desafios das relações entre as diferentes funções organizacionais na transformação digital de empresas.
> - Entender a dinâmica entre empresas tradicionais e digitais.

O Capítulo 22 apresenta a atividade política corporativa como elemento estratégico, e por isso desenvolve-se um debate introdutório sobre as estratégias no ambiente de não mercado. O capítulo discorre sobre aspectos conceituais da atividade política corporativa, avançando, em seguida, para a sua prática contemporânea. A responsabilidade na sua elaboração foi do professor Márcio Moutinho Abdalla, da UFF, coorganizador desta obra, que tem longa trajetória de pesquisas sobre o tema.

> **O que você irá aprender no Capítulo 22 (Atividade política corporativa e *lobbying*)?**
> - Campo de administração estratégica e ambiente de não mercado.
> - Estratégias de mercado e estratégias de não mercado.
> - Atores do ambiente de não mercado.
> - Atividade política corporativa e sua prática.
> - Caráter cíclico da atividade política corporativa, suas configurações e arranjo de atores.
> - Papel do *lobbying*, sua prática e sua regulamentação.

O Capítulo 23 discute o processo de internacionalização de empresas como uma estratégia de crescimento ao prover os benefícios e os desafios desse processo. São apresentadas as três decisões estratégicas e suas implicações nesse processo: quando se internacionalizar, para onde se internacionalizar e como fazer esse processo acontecer. Ferramentas e modelos úteis são apresentados para análise de cada uma dessas decisões. Foi desenvolvido pela professora pesquisadora Fernanda Kesrouani Lemos, da UNIB, que conseguiu atrair como

coautor o renomado professor Alvaro Cuervo-Cazurra, da Northeastern University/EUA.

> **O que você irá aprender no Capítulo 23 (Internacionalização de empresas)?**
> - Que é o processo de internacionalização de empresas como uma estratégia de negócios.
> - Quais as decisões estratégias para que esse processo ocorra e como devem ser conduzidas essas análises utilizando ferramentas e modelos estratégicos e gerenciais.
> - Importância de escolha de um processo adequado devido ao porte da empresa, rapidez do processo e intensidade de uso de tecnologias.
> - Como relacionar as vantagens e desvantagens na perspectiva da realidade brasileira.

O Capítulo 24 apresenta os principais aspectos sobre gestão de riscos corporativos por meio da literatura consolidada cientificamente, bem como relaciona os referidos conteúdos à temática da administração contemporânea. Foi elaborado por um time de militares pesquisadores do Exército Brasileiro, com formação acadêmica nas melhores instituições do país: Antonio João de Oliveira Vianna Junior (UFF), Nina Machado Figueira (IME/EB) e Guilherme Eduardo da Cunha Barbosa (POLI/USP).

> **O que você irá aprender no Capítulo 24 (Gestão de riscos corporativos)?**
> - Definição e tipos de riscos.
> - Impacto dos riscos no desempenho organizacional.
> - Principais modelos de gerenciamento de riscos.
> - Papel do administrador no gerenciamento de riscos corporativos.
> - Tratamento de riscos.
> - Gestão de riscos no setor público.

Finalmente, o Capítulo 25 visa associar o estudo das instituições às estratégias das empresas. Defende-se a hipótese de que o estudo das instituições é o ponto de partida para alcançar a vantagem competitiva sustentável. Para tanto, é apresentada uma abordagem dos diferentes níveis da teoria das instituições. A sua produção foi feita por duas das mais respeitadas pesquisadoras na arena da economia das organizações, em especial a economia institucional, as Professoras Maria

Sylvia Macchione Saes e Paula Sarita Bigio Schnaider Nissimoff, ambas da FEA/USP.

> **O que você irá aprender no Capítulo 25 (Instituições e estratégia empresarial)?**
> - Que são macroinstituições e microinstituições (organizações).
> - De que forma as instituições afetam o desempenho das organizações.
> - Relação entre a estratégia das organizações e as estruturas de governança.
> - Avanços mais recentes na relação entre instituições e organizações, assim como na escolha das estruturas de governança.

1.7 CONSIDERAÇÕES FINAIS

Este capítulo visou apresentar a razão de existir deste livro, a racionalidade da sua construção, bem como o contexto e as tendências que serviram como direcionadores de cada um dos 24 capítulos aqui entregues.

Em termos de contexto, apresentamos o crescimento recente da demanda pelo curso de graduação em administração, ocupando a 2ª e a 3ª posições entre os cursos com o maior número de ingressantes e matrículas, respectivamente, o que demonstra a sua força na formação de profissionais da área. Já a pós-graduação em administração, em especial a *stricto sensu*, é o quinto curso com o maior número de alunos e docentes, e o terceiro em termos de oferta, o que contribui também para formação de pesquisadores e docentes.

Discutimos que para oferta de um ensino de qualidade é preciso formação mais holística, sistêmica, analítica e orientada à resolução de problemas e tomada de decisões. Isso implica o maior uso de métodos de ensino não tradicionais, como *problem based learning*, casos de ensino, jogos de empresas, *design thinking* etc., e híbridos ou *blended* (ensino presencial e remoto), colocando o aluno como protagonista do seu próprio aprendizado.

Já a pesquisa de qualidade na área demanda pensar em modelos e métodos próprios, adaptados à realidade brasileira, e testados efetivamente nas organizações nacionais, o que requer maior interação e aproximação entre universidade, organizações e demais *stakeholders*. Os mestrados profissionais surgem nessa esteira da *design science* ou ciência para o *design* de soluções para problemas organizacionais.

Já em termos de tendências, discutimos o planejamento estratégico, a gestão horizontal, o controle de custos, a adoção de tecnologias digitais, a busca e a defesa de uma cultura organizacional própria, a orientação ao mercado, a inovação aberta, a gestão da cadeia de suprimentos, dentre outras.

E, por fim, detalhamos os 24 capítulos distribuídos em quatro blocos. Começamos no primeiro bloco por apresentar a linha do tempo da administração em paridade com todos os livros de teoria geral da administração ao apresentar de maneira sintética as escolas do pensamento administrativo. Já no segundo bloco discutimos o ciclo ou o processo gerencial representado por planejamento, organização, direção/decisão e controle. No terceiro bloco, detalhamos as áreas funcionais da administração e adicionamos a parte de gestão de projetos e gestão por processos. Por fim, no quarto e último bloco, trouxemos os temas emergentes que representam disciplinas finais e tendências da administração contemporânea como a atividade política corporativa, a interface com a economia e o gerenciamento de riscos.

CONTRIBUIÇÕES DO CAPÍTULO PARA A ADMINISTRAÇÃO CONTEMPORÂNEA

a) Caminhos do ensino e pesquisa da administração contemporânea.

b) Resumo das tendências de gestão das organizações contemporâneas.

c) Resumo dos temas atuais e emergentes da administração contemporânea tratados nos capítulos seguintes.

REFERÊNCIAS

[1] SILVA, I. C. D.; SILVA, K. A. T.; FREITAS, R. C. D. Ensino de administração: reflexões críticas sobre a formação do administrador. *In:* IV ENCONTRO DE ENSINO E PESQUISA EM ADMINISTRAÇÃO E CONTABILIDADE. Brasília/DF: iV enePQ, 2013.

[2] OLIVEIRA, A. L.; SILVA LOURENÇO, C. D.; CASTRO, C. C. Ensino de administração nos EUA e no Brasil: uma análise histórica. *Revista Pretexto*, v. 16, n. 1, 11-22, 2015.

[3] SILVA *et al. Op. cit.*, 2013.

[4] OLIVEIRA *et al. Op. cit.*, 2015.

[5] INSTITUTO NACIONAL DE ESTUDOS E PESQUISAS EDUCACIONAIS ANÍSIO TEIXEIRA (INEP). Censo da Educação do Ensino Superior (2019). Disponível em: http://inep.gov.br/web/guest/dados. Acesso em: 5 maio. 2021.

[6] *Idem, ibidem.*

[7] SILVA et al. Op. cit., 2013.

[8] FIATES, G. G. S.; PARENTE, E. G. V.; LEITE, A. L.; PFITSCHER, E. D. Os princípios instituídos pela organização das nações unidas para uma educação responsável em gestão: uma proposta inovadora para o ensino de administração. *Revista Eletrônica de Estratégia & Negócios*, v. 5, n. 1, 3-27, 2012.

[9] OLIVEIRA et al. Op. cit., 2015.

[10] *Idem, ibidem.*

[11] *Idem, ibidem.*

[12] SILVA et al. Op. cit., 2013.

[13] CAPES – Coordenação de Aperfeiçoamento de Pessoal De Nível Superior. GeoCAPES Visão Analítica – 2014/2018. Disponível em: http://geocapes.capes.gov.br/geocapes2/. Acesso em: 5 maio 2021.

[14] FEHLAUER, D. K.; VIEIRA, A. M.; SANTOS CLARO, J. A. C. Pesquisa em administração e sua relação com o plano nacional de pós-graduação. *Revista Gestão e Desenvolvimento*, 16(3), 83-105, 2019.

[15] LAZZARINI, S. Pesquisa em administração: em busca de impacto social e outros impactos. *Revista de Administração de Empresas*, 57(6), 620-625, 2017.

[16] OLIVEIRA JUNIOR, M. D. M. O futuro dos programas de pós-graduação em administração: novas escolhas e novos caminhos. *Revista de Administração de Empresas*, 58(1), 87-90, 2018.

[17] *Idem, ibidem.*

[18] *Idem, ibidem.*

[19] *Idem, ibidem.*

[20] *Idem, ibidem.*

[21] LAZZARINI, *Op. cit.*, 2017.

[22] OLIVEIRA JUNIOR, *Op. cit.*, 2018.

[23] ALPERSTEDT, G. D.; FEUERSCHÜTTE, S. G.; SILVA, A. B.; FARACO, K. M. D. S. A Contribuição da *design research* para a produção tecnológica em mestrados e doutorados profissionais em administração. *Revista Alcance (Online)*, 25(2), 259-273, 2018.

[24] ASSOCIAÇÃO NACIONAL DE PÓS-GRADUANDOS (APNG). Diferença entre pós-graduação *lato sensu* e *stricto sensu*. 2019. Disponível em: http://www.anpg.org.br/14/02/2019/diferenca-entre-pos-graduacao-lato-sensu-e-stricto-sensu/. Acesso em: 30 abr. 2021.

[25] IKEDA, A. A.; CAMPOMAR, M. C.; VELUDO-DE-OLIVEIRA, T. M. A pós-graduação em administração no Brasil: definições e esclarecimentos. *Revista Gestão e Planejamento*, 6(12), 33-41, 2005.

[26] LOYOLA, M. V.; OLIVEIRA, F. B.; TEIXEIRA, A. C. C.; MANTOVANI, D. M. N. O impacto da pós-graduação *lato sensu* em administração na carreira. Curitiba/PR: *EnGPR 2017*, 2017.

[27] OLIVEIRA et al. Op. cit., 2015.

[28] SECCHI, L. Drucker no ensino de administração: um alerta necessário. *Organizações & Sociedade*, v. 11, n. 31, 13-23, 2004.

[29] OLIVEIRA et al. Op. cit., 2015.

[30] SILVA et al. Op. cit., 2013.

[31] SILVA et al. Op. cit., 2013.

[32] SECCHI, *Op. cit.*, 2004.

[33] *Idem, ibidem.*

[34] OLIVEIRA et al. Op. cit., 2015.

[35] *Idem, ibidem.*

[36] CIRANI, C. B. S.; CAMPANARIO, M. D. A.; SILVA, H. H. M. D. A evolução do ensino da pós-graduação senso estrito no Brasil: análise exploratória e proposições para pesquisa. *Avaliação: Revista da Avaliação da Educação Superior (Campinas)*, v. 20, n. 1, 163-187, 2015.

[37] BERTERO, C. O.; CALDAS, M. P.; WOOD JR., T. Produção científica em administração de empresas: provocações, insinuações e contribuições para um debate local. *Revista de Administração Contemporânea*, v. 3, n. 1, 147-178, 1999.

[38] ROESCH, S. M. Quem responde pelo desempenho limitado da produção científica em administração no Brasil. *Organizações & Sociedade*, v. 10, n. 28, 165-167, 2003.

[39] SECCHI, *Op. cit.*, 2004.

[40] ROESCH, *Op. cit.*, 2003.

[41] BERTERO, *Op. cit.*, 1999.

[42] ROESCH, *Op. cit.* 2003.

[43] WALTER, S. A.; AUGUSTO, P. O. M. O *status* científico da pesquisa em administração. *The Scientific Status Of Management Research*, 2008.

[44] CLARK, T.; FLOYD, S. W.; WRIGHT, M. On the review process and journal development. *Journal of Management Studies*, v. 43, n. 3, 655-664, 2006.

[45] WALTER, *Op. cit.*, 2008.

[46] CLARK, *Op. cit.*, 2006.

[47] OLIVEIRA et al. Op. cit., 2015.

[48] *Idem, ibidem.*

[49] *Idem, ibidem.*

[50] MICHEL, N.; CATER, J. J.; VARELA, O. Active versus passive teaching styles: an empirical study of student learning outcomes. *Human Resources Quarterly*, v. 20, 397-418, 2009.

[51] *Idem, ibidem.*

52 LEMOS, D.; BAZZO, W. A. Administração como uma ciência social aplicada: integrando ciência, tecnologia e sociedade no ensino de administração. *Revista Pensamento Contemporâneo em Administração*, v. 5, n. 3, 1-14, 2011.

53 *Idem, ibidem.*

54 LAZZARINI, *Op. cit.*, 2017.

55 *Idem, ibidem.*

56 *Idem, ibidem.*

57 FEHLAUER, *Op. cit.*, 2019.

58 FIATES, *Op. cit.*, 2012.

59 LAHAISE, C.; POZZEBON, M. Campi sustentáveis. *GV Executive*, v. 9, n. 1, 30-35, 2010.

60 RIGBY, D.; BILODEAU, B. *Management tools & trends*. 2018. Disponível em: https://www.bain.com/tools. Acesso em: 30 abr. 2021.

61 *Idem, ibidem.*

62 *Idem, ibidem.*

63 BAIN & COMPANY. *Management tools & trends*. 2017. Disponível em: https://www.bain.com/insights/management-tools-and-trends-2017/. Acesso em: 30 abr. 2021.

64 *Idem, ibidem.*

65 RIGBY, D.; BILODEAU, B. *Op. cit.*, 2018.

66 BAIN & COMPANY, *Op. cit.*, 2017.

Assista ao **vídeo**

Capítulo 2
Organização mecânica e as teorias pioneiras da moderna administração

Edmundo Escrivão Filho
Lucas Sciencia do Prado
Vérica Freitas
Verônica Angélica Freitas de Paula
Dante Pinheiro Martinelli

Pontos de aprendizado

Neste capítulo, o leitor poderá aprofundar seu conhecimento sobre:
- Surgimento da organização burocrática e o sistema de produção em massa.
- Evolução das ideias da administração clássica.
- Bases da Escola da Administração Científica.
- Importância e influência das ideias de Frederick Taylor e Henri Fayol para a administração moderna.
- Ideias que marcaram o Movimento das Relações Humanas.

RESUMO

Neste capítulo, apresenta-se a formação do pensamento administrativo moderno, que ocorreu no final do século XIX e início do século XX. A discussão começa com o surgimento da organização burocrática e o sistema de produção em massa, destacando como a natureza da organização e os tipos de produção influenciaram o contexto de formação das ideias e práticas do pensamento administrativo moderno. O capítulo destaca o Movimento da Racionalização do Trabalho (Clássico) e o Movimento das Relações Humanas. O primeiro movimento foi marcado por ideias focadas na otimização da produção e no aperfeiçoamento das regras. Nesse contexto, a racionalização era tida como a resposta para os problemas administrativos. No segundo movimento, fortalecido na passagem da década de 1920 para o início dos anos 1930, os aspectos formais da racionalidade começaram a ser criticados. Surgem ideias sobre como a natureza complexa do homem pode ser compreendida no ambiente de trabalho. Começou-se a observar os grupos informais e os impactos nas práticas de gestão. O entendimento dos dois primeiros movimentos é importante para que o leitor possa compreender o contexto de formação dos Movimentos Estruturalista Sistêmico e da Contingência, marcando a passagem para o pensamento administrativo contemporâneo, que serão apresentados no Capítulo 3. Assim, o capítulo é base para que o estudante e o entusiasta da administração possam entender como as organizações evoluíram até os dias de hoje e quais foram as bases para as práticas e os conceitos estabelecidos. Sem esquecer que essas orientações de administração, devidamente atualizadas, são aplicadas nos dias de hoje em organizações como McDonald's (racionalização) e Google (consideração humana).

2.1 INTRODUÇÃO

Segundo Escrivão Filho e Guerrini,[1] o contexto é algo determinante para formulação das teorias administrativas. Assim, a formação do pensamento administrativo moderno pode ser considerada fruto de uma época específica da humanidade, notadamente o período entre 1870 e 1970. Dessa forma, neste capítulo e no seguinte, adotamos a forma de organizar a evolução do pensamento administrativo proposta por Escrivão Filho,[2] que considera a natureza da organização e o tipo de produção como determinantes do contexto do surgimento dos movimentos de ideias de administração. Na Figura 2.1, apresenta-se, de forma esquemática, a divisão dos Capítulos 2 e 3, bem como a evolução da natureza da organização e dos tipos de produção.

Neste capítulo, será detalhada a passagem da organização tradicional para a organização burocrática, apresentando-se como a queda da predominância da organização tradicional na sociedade deu lugar à organização burocrática, ou seja, amplamente divulgada como modelo de organização mecânica, título e conceito constituinte deste capítulo. Nesse contexto, discute-se o surgimento do Movimento da Racionalização do Trabalho, que se dá no final do século XIX e início do século XX e traz as Escolas Científica, Clássica e da Psicologia Industrial. Na sequência, ainda no Capítulo 2, apresenta-se o Movimento das Relações Humanas e as escolas que evoluíram do movimento anterior. No Capítulo 3, serão apresentados os Movimentos Estruturalista Sistêmico, Contingencial e os Contemporâneos.

Por essa forma de pensar se quer mostrar ao leitor, estudante de administração e de outras áreas e ao praticante da administração, como as escolas e os movimentos iniciais evoluíram e deram forma às ferramentas e conceitos que são base da administração contemporânea. Entende-se administração como ato de projetar, construir e operar organizações, as quais estruturam empresas, escolas, Estado, hospitais, igrejas etc. É interessante notar que muitas ferramentas que foram apresentadas no início do século passado ainda são base para a tomada de decisão, assim como as questões que foram discutidas por autores em sua fase original, que guiam as políticas e as práticas empresariais por todo o mundo. Apenas para exemplificar, podemos citar o trabalho no McDonald's, uma empresa de sucesso, como estruturado, não só, mas fundamentalmente, nos conceitos da administração científica de Taylor.

Na Figura 2.1, apresenta-se como a grande complexidade de teorias administrativas pode ser organizada e aprendida a partir dos grandes movimentos.[3] Neste capítulo e no próximo, serão apresentadas algumas das ideias centrais propostas pelos autores e pensadores que contribuíram para a formação do pensamento administrativo. Ressaltamos que a percepção do todo pode ser limitada por qualquer tentativa de organização das ideias. Outros autores e propostas importantes que contribuíram para a análise organizacional podem ter sido deixados de fora.[4] Porém, acredita-se que os conceitos aqui apresentados e organizados poderão auxiliar estudantes e entusiastas pela administração a compreenderem melhor alguns pensamentos que influenciaram a formação do pensamento administrativo contemporâneo.

Figura 2.1 Evolução do pensamento administrativo.

Fonte: adaptada de Escrivão Filho.[5]

2.2 SURGIMENTO DA ORGANIZAÇÃO BUROCRÁTICA E O SISTEMA DE PRODUÇÃO EM MASSA

O pensamento administrativo surge como consequência do processo de modernização da sociedade e é a expressão da lógica burocrática, baseada no controle da atividade humana por meio da regra, objetivando o aumento da produtividade e a geração de lucro na sociedade industrial.[6]

Pode-se dizer que a tradição governou boa parte do trabalho na história, tempo em que o ofício era passado de pai para filho.[7] Nessa época, a sociedade era constituída de diversos pequenos sistemas sociais, tais como famílias, clãs e tribos, sendo que as primeiras empresas e o Estado moderno começam a aparecer apenas no final da Idade Média.[8] O feudalismo perdeu espaço para a emergência das monarquias centralizadas.[9,10] Nas sociedades tradicionais, a esfera do trabalho confundia-se com a esfera da família, dando um caráter pessoal às relações entre o mestre artesão proprietário da oficina e seus funcionários. A configuração dessas relações sofre ruptura na sociedade industrial.[11] A figura da autoridade tradicional passou a ser substituída ao longo do tempo, notadamente, com a emergência do sistema de mercado entre os séculos XIII e XIX.

Antes, o artesão era responsável por praticamente todas as etapas do trabalho, desde a busca por matéria-prima, produção, que considerava a supervisão de seus aprendizes, até a comercialização dos produtos fabricados. Com a ampliação dos mercados, surge a figura do intermediário, que ampliou o raio de comercialização dos produtos. As técnicas de produção continuavam as mesmas, porém a comercialização foi dissociada e organizada em novas bases. Assim, o intermediário possibilitou a especialização, a partir de uma reorganização da técnica de produção. Nesse contexto, o capitalista comercial faz um embate com as corporações de ofício.[12]

O capital passava a ter mais importância no sistema de produção. Com um modelo de produção dependente cada vez mais do capital, uma vez que as indústrias pesadas necessitavam de capital para as instalações, os artesãos, que controlavam parte do processo, passam a dar lugar a uma mão de obra assalariada, totalmente dependente do sistema. A aquisição de matéria-prima, ferramentas e a própria comercialização, antes concentradas e de propriedade dos produtores, passam a ser propriedade de não produtores, donos do capital. Nesse cenário, o lucro gerado pela produção passa a ser determinante para se recuperar o capital investido.[13]

Silva[14] observa que para o estudo das burocracias modernas (das organizações complexas) devem-se considerar os impactos derivados da separação do ofício e da especialização do trabalho. As atividades que antes eram complexas passam a ser simplificadas com o domínio do capital, a evolução das forças produtivas, bem como a separação das atividades e transferência das habilidades para as máquinas. Surge a necessidade de planejar e controlar um conjunto de tarefas. A organização burocrática surge como uma forma de organização da separação e execução do trabalho, sem a perda do controle da produção pelo capital.

"O sistema capitalista desempenhou um papel fundamental no desenvolvimento da burocracia. Na verdade, sem ela a produção capitalista não poderia persistir."[15] As burocracias são um fenômeno antigo, mas que passa a ser um fator social determinante após a mudança da unidade básica do sistema de produção da família para a empresa burocrática.[16]

O sistema fragmentado, tradicional, deu lugar às organizações maiores e mais estruturadas, que passaram a dominar o panorama social. O homem passou a ser inserido em organizações que coordenam suas diversas atividades, sendo as organizações caracterizadoras da sociedade moderna.[17] O estudo de Max Weber, em *Economia e sociedade*, caracteriza as diferentes formas de autoridade: tradicional, carismática e racional-legal. Para Weber, no contexto das transformações da sociedade industrial do final do século XIX e início do XX, a autoridade racional-legal era mais adaptada que as demais.[18]

POR DENTRO DA TEORIA

Fatores que levaram ao desenvolvimento da burocracia na sociedade contemporânea

1. *Desenvolvimento da economia monetária*, que possibilita que os funcionários sejam pagos em espécie, permitindo o estabelecimento e a conservação de uma mecanização rigorosa do aparato administrativo, pois conduz a uma forte consciência estamental dos funcionários, compatível com a subordinação incondicional aos superiores.

2. *Crescimento quantitativo das tarefas administrativas*, especialmente no grande Estado moderno, com ampliação da atuação do Estado e incorporação de atividades permanentes, como a manutenção do poder político do Estado e de exércitos.

3. *Crescimento qualitativo das tarefas administrativas*, ou seja, sua ampliação intensiva e qualitativa

mais do que a ampliação extensiva e quantitativa provocada por necessidades que surgiram devido à criação de exércitos permanentes, pela complexidade cada vez maior da cultura e de múltiplas tarefas político-sociais impostas ao Estado.

4. *Superioridade técnica do modelo burocrático*, em razão de sua precisão, rapidez, continuidade, uniformidade, subordinação rigorosa, diminuição de atritos e custos, muito superior a qualquer outra forma de dominação conhecida.

5. *Concentração dos meios de serviços materiais nas mãos dos dirigentes.* Antigamente, os exércitos eram autoequipados pela população. Modernamente, de forma burocrática, o dirigente equipa os exércitos, concentrando os meios de guerra em suas mãos. O mesmo ocorre nas empresas, na pesquisa científica.

Fonte: Weber.[19]

Assim, a burocracia corresponde à dominação racional-legal. As normas legais racionalmente definidas são as bases da legitimidade da dominação burocrática.[20] As organizações burocráticas caracterizam-se pela existência de funções e cargos bem definidos, por um conjunto de normas escritas e pela hierarquia.[21] Criam-se departamentos, produzindo uma divisão vertical do trabalho. As relações dominante-dominado, presentes na estrutura organizacional e na estrutura social, são reproduzidas pelas relações sociais da produção.[22]

Além da hierarquia, a busca pela racionalização do trabalho e pela eficiência são características das organizações burocráticas. O trabalho é dividido de maneira racional, em um sistema administrado segundo critérios de eficiência.[23]

No boxe "Por dentro da teoria – Características da burocracia", são destacadas as três características básicas da burocracia apresentadas por Motta e Pereira,[24] baseados em Weber.

POR DENTRO DA TEORIA

Características básicas da burocracia

Formalismo: a autoridade deriva de normas racionais-legais, impostas por um sistema hierárquico. A especialização das funções é definida em uma estrutura de mando e obediência, que segue normas escritas e exaustivas.

Impessoalidade: as normas são obedecidas pelos subordinados sem amor e sem ódio, de forma impessoal.

Dirigidas por administradores profissionais: as organizações são dirigidas por especialistas, com cargos bem definidos. A qualificação é o critério para a definição dos ocupantes do cargo, nomeados por superiores hierárquicos. Recebem dinheiro, como remuneração, seguem carreira e têm direito à aposentadoria, ao final de suas carreiras.

Assim, é nesse cenário de transição da organização tradicional para a organização burocrática que surgem os primeiros movimentos do pensamento moderno da administração.

2.3 MOVIMENTO DA RACIONALIZAÇÃO DO TRABALHO (CLÁSSICO)

O taylorismo é visto [...] como uma transposição para o campo da administração de uma ética que corresponde às primeiras etapas do capitalismo, [...] período que requeria a concepção da estrutura administrativa como estrutura monocrática fundada [...] numa virtude particular, a obediência.[25]

O final do século XIX e início do século XX pode ser considerado o período em que o Movimento da Racionalização do Trabalho ou Clássico apareceu,[26] influenciado pela queda da predominância da organização tradicional na sociedade e pelo fortalecimento da organização burocrática e da produção em massa.[27] Nesse contexto, diversos pensadores começaram a divulgar suas ideias sobre racionalização do trabalho.

O bom administrador deveria ser capaz de planejar seus passos, organizar e coordenar as atividades racionalmente, buscando o desenvolvimento de estruturas organizacionais que fossem capazes de otimizar a produção e trabalhassem de forma eficiente.[28]

Muitos associam o Movimento Clássico à Escola da Administração Científica e ao trabalho de Taylor.[29] Ainda que Taylor seja considerado o "pai da administração científica",[30,31] sua obra foi realizada nos primeiros anos do século XX.[32] De forma cronológica, as primeiras ideias, que contribuíram para a evolução do pensamento administrativo e para o movimento clássico, foram apresentadas no século XIX.[33,34,35]

As mudanças que ocorriam com a evolução do sistema fabril (mecanização, operações mais complexas, necessidade de treinar funcionários etc.), a demanda por novas formas de controle e coordenação aumentavam, resultando no surgimento da figura do gerente assalariado. Esse tinha como desafio organizar, coordenar e controlar grande massa trabalhadora. Assim, esses profissionais começaram a desenvolver e testar soluções para enfrentar tais desafios.[36] Surgem nesse contexto algumas ideias precursoras do movimento clássico. Alguns exemplos são:

- *Watt e Boulton*, que apresentaram vários sistemas de administração, entre eles, técnicas de pesquisa de mercado e previsão, padrões de processo de produção e planejamento. Além de avanços na área de contabilidade e na área de pessoal, já com métodos de pagamentos por resultados baseados em trabalho.[37]
- *Robert Owen*, que, entre os anos de 1800 e 1828, realizou trabalhos para a melhoria das condições de trabalho na fábrica, alteração de jornada e implementou práticas que visavam à melhoria das comunidades nas quais as fábricas estavam instaladas.[38]
- *Daniel McCallum*, com as tentativas de entender a melhor forma de administrar uma ferrovia na década de 1850.[39]
- *Josiah Wedgewood*, com sua tentativa de construção de um sistema de contabilidade de custos.[40]
- *Charles Babbage*, que apresentou reflexões sobre a eficiência nas empresas[41] e por entender os princípios científicos envolvidos na melhoria das operações, sem desprezar o elemento humano. Para Babbage, poderia haver benefícios mútuos para proprietários e operários, pensando nas contribuições de ambos para a rentabilidade das operações.[42]
- *Henry Varnum Poor*, que apresentou a necessidade de uma administração baseada em estrutura organizacional clara e com responsabilidades definidas.[43]

Essas ideias foram precursoras dos pensamentos que mais tarde consolidariam o primeiro movimento do pensamento administrativo moderno, baseando as ideias na racionalização do trabalho.[44,45]

O Movimento da Racionalização do Trabalho é composto por três escolas: a Escola Científica, que tem como principais representantes Taylor, Gantt e Gilbreth, valendo também ser destacadas as contribuições de Ford; a Escola Clássica da administração, representada majoritariamente pelas ideias de Fayol; e a Escola da Psicologia Industrial, com a contribuição pioneira de Münsterberg. O foco das ideias discutidas pelos teóricos do movimento foi na otimização da produção e aperfeiçoamento das regras. Com isso, demais problemas, como comportamento humano e competição, poderiam ser minimizados.[46]

> **Homem econômico**
> O conceito do *homo economicus* embasa o Movimento da Racionalização do Trabalho. Os autores do movimento também foram conhecidos pela ênfase nos incentivos financeiros. A natureza humana é vista como racional (racionalidade absoluta), egoísta e utilitarista, que leva as pessoas a responderem aos incentivos econômicos. O homem otimiza suas ações a partir do conhecimento das alternativas disponíveis e suas consequências. Com esses objetivos prefixados, o ser humano era considerado previsível, sabendo-se como reagir ao seu comportamento, o que facilitava seu controle e relações.

Fonte: elaborado a partir de Motta,[47] Lemak[48] e Motta e Vasconcelos.[49]

2.3.1 Escola da Administração Científica

Frederick Winslow Taylor

A contribuição de Taylor para a evolução do pensamento administrativo é notória. Um século após a publicação de seu trabalho *The principles of scientific management*, que explorou cientificamente formas de elevar a eficiência do trabalho, pode-se perceber, em diversas áreas do conhecimento, como indústria, negócios, psicologia e educação, influências de suas propostas.[50,51,52] Apesar das críticas relacionadas com suas práticas e seus princípios (que serão destacadas mais à frente), nota-se que durante o século XX diversas empresas utilizaram suas propostas para aprimorar seus processos produtivos, a partir da utilização de técnicas de especialização de tarefas, esquemas de incentivos, cotas de controle da produção etc.[53] A eficiência e a tentativa de aumentos na produção estão diretamente alinhadas com um dos objetivos perseguidos por CEOs de diversas empresas: a maximização do lucro.[54]

Engenheiro mecânico norte-americano, Frederick Winslow Taylor teve uma carreira produtiva. Em 1878, Taylor iniciou atividades na Midvale Steel, onde passou por diversas posições, chegando até cargos de liderança de engenharia.[55,56,57] Esse período é marcado pela criação e pela procura por melhores práticas industriais que poderiam resultar no maior desempenho dos trabalhadores.[58,59] Com acúmulo de experiência, receitas advindas de trabalho e patentes registradas, Taylor passou parte de sua vida como consultor industrial independente e conferencista.[60,61] O trabalho de dele é marcado pelo interesse nos método de racionalização do trabalho, privilegiando a experiência, a prática e a indução.[62]

Uma de suas principais preocupações foi com o aumento da eficiência da produção. Para Taylor, o problema principal da eficiência era fruto do baixo nível de qualificação e da ignorância dos trabalhadores e administradores.[63,64] A separação entre planejamento (concepção) e execução tornou-se o tema central de suas ideias.[65,66] Dessa forma, a partir dos métodos científicos, Taylor foi capaz de mostrar como a produtividade poderia aumentar se o esforço dos operários fosse otimizado e recompensado financeiramente, se bem executado, e as metas definidas alcançadas.[67,68] "O taylorismo é, portanto, um aperfeiçoamento da estratégia de gestão da divisão do trabalho."[69]

Assim, o entendimento dos princípios de Taylor é fundamental para a compreensão de suas ideias. Taylor apresentou em sua obra quatro princípios, segundo os quais o sistema científico difere do sistema comum ou empírico. No Quadro 2.1, são apresentados os princípios de Taylor a partir de trechos originais destacados em sua obra.[70]

Os gestores passaram a ter como responsabilidade trazer o conhecimento antes possuído pelo operário, realizar o trabalho de análise e planejamento e definir como as tarefas deveriam ser realizadas. Tais pensamentos emergiram num contexto no qual boa parte dos trabalhadores não possuía cultura industrial, muitos eram imigrantes nos Estados Unidos e poucos dominavam o idioma. Era preciso pensar em métodos que permitissem o treinamento e o aprendizado por meio de tarefas repetidas num curto espaço de tempo.[79,80,81] A organização taylorista foi capaz de reduzir a restrição de qualificação de pessoal existente no momento de expansão industrial norte-americana.[82]

> A clareza do método científico, juntamente com a certeza de fórmulas matemáticas, facilitou a transição para ver o trabalhador comum como uma pessoa racional, independentemente da educação ou alfabetização.[83]

Entretanto, não foram apenas as ideias de Taylor que contribuíram para as soluções de administração das organizações grandes e complexas que se formavam. Outros nomes, como Henry Gantt e Frank e Lilian M. Gilbreth, também deixaram valiosas contribuições para o Movimento da Racionalização do Trabalho.

Henry Gantt

Gantt trabalhou muito próximo a Taylor por diversos anos. Essa parceria influenciou de forma significativa os trabalhos de Gantt.[84] Apesar de mais cauteloso na

Quadro 2.1 Princípios de Taylor

Princípio	Descrição
Primeiro	"Desenvolver para cada elemento do trabalho individual uma ciência que substitua os métodos empíricos."[71] Nesse caso, a direção seria responsável por desenvolver essa ciência e não os operários. Para esse desenvolvimento, seria necessário o estudo dos tempos com normas rígidas para o movimento de cada homem.[72]
Segundo	"Selecionar cientificamente, depois treinar, ensinar e aperfeiçoar o trabalhador. No passado ele escolhia seu próprio trabalho e treinava a si mesmo como podia."[73]
Terceiro	"Cooperar cordialmente com os trabalhadores para articular todo o trabalho com os princípios da ciência que foi desenvolvida."[74] Pagar bonificação diária pelo trabalho que foi feito seguindo as instruções, buscando a adaptação dos operários a partir da ajuda e monitoramento da direção.[75]
Quarto	"Manter a divisão equitativa do trabalho e de responsabilidades entre a direção e o operário."[76]

Fonte: elaborado pelos autores com base em Taylor[77] e Escrivão Filho e Guerrini.[78]

apresentação de seus métodos,[85] Gantt defendia o uso da ciência para investigação de tarefas, tempos e movimentos e cooperação harmoniosa entre administração e trabalhadores.[86,87] Adicionar o interesse financeiro direto da gerência foi uma contribuição. Ao perceber que o diferencial de pagamento por peça não estava sendo efetivo, ele vislumbrou algumas possibilidades distintas para o sistema de incentivo, a gratificação por tarefa. O seu objetivo foi estimular a cooperação entre as partes.[88]

Mas, sem dúvida, uma das contribuições mais conhecidas de Henry Gantt foi seu gráfico de barras (conhecido como gráfico de Gantt, na gestão de projetos) para medir o trabalho planejado e desenvolvido ao longo dos estágios da produção, possibilitando maior controle gerencial.[89,90] Ex-professor, Gantt utilizava recursos visuais para facilitar o entendimento. Assim, além de auxiliar no acompanhamento das partes no progresso das atividades planejadas, era possível registrar os motivos para o recebimento ou não das gratificações e ressaltar os pontos de melhoria.[91]

Frank Bunker Gilbreth e Lilian Evelyn Moller Gilbreth

Taylor também teve suas ideias apoiadas pelo casal Frank e Lilian Gilbreth.[92] Inicialmente, foi Frank Gilbreth quem se interessou pelo estudo dos tempos e movimentos. Antes de conhecer Taylor, Frank conduziu, em uma empresa de construção civil, alguns estudos que lhe permitiram duplicar a produtividade de assentamento de tijolos. Os estudos propunham melhorias no processo, otimizando os esforços e movimentos, para conseguir menor fadiga e aumento da eficiência.[93,94,95] Frank chamava o seu trabalho de "estudo dos movimentos".[96] Uma de suas características era envolver os operários na melhoria dos métodos, prática que também servia para diminuir a distância entre os trabalhadores e os gerentes e, principalmente, criar orgulho nos trabalhadores. Gilbreth solicitava a eles que opinassem sobre pontos de aprimoramento possíveis nos métodos para economizar os movimentos, premiando com dinheiro, inclusive, as melhores ideias.[97,98]

O encontro de suas contribuições com as de Taylor em 1907 (ano em que Gilbreth conheceu Taylor) inspirou e direcionou algumas ideias e pensamentos para colocar em prática a administração científica.[99,100]

Após esse ocorrido, os Gilbreths aprofundaram seus estudos dos movimentos, influenciados pelas ideias de Taylor. O casal apresentou uma combinação de talentos única. De um lado, Frank buscava eficiência, por meio da melhor maneira de execução; do outro, Lilian focava nos aspectos humanos do trabalho. Entretanto,

alguns trabalhos realizados pelo casal levaram a conflitos com as ideias defendidas por alguns tayloristas mais ortodoxos.[101,102,103]

Após a morte de Frank Gilbreth, em 1924, Lilian, sua esposa, deu continuidade aos seus estudos, seguindo com foco maior no aspecto humano do trabalho, sendo uma das pioneiras no campo da psicologia industrial.[104,105] Lilian ficou conhecida como a "primeira-dama da administração"[106] e, além das contribuições para o desenvolvimento da psicologia industrial, foi importante para clarear possíveis desacordos entre os "estudos dos tempos" (Taylor) e "dos movimentos" (Gilbreth). Lilian escreveu um texto para a *Taylor Society*, destacando que os estudos eram complementares.[107]

Até os dias atuais, as boas práticas de ergonomia de trabalho e a tentativa de encontrar um jeito de atuar mais inteligente e menos duro decorrem das contribuições deixadas pelos Gilbreth. Um bom exemplo de outra contribuição deixada pelos Gilbreth é a técnica usada para descrever graficamente os fluxos de trabalho de uma área, visando eliminar os desperdícios no processo produtivo. Essas técnicas e símbolos continuam sendo utilizados até os dias atuais na descrição de processos.[108]

2.3.2 Escola Clássica da Administração

Henri Fayol

A racionalidade, presente nos trabalhos dos representantes da Escola Científica, por meio do foco na formalização das tarefas, notadamente Taylor, também influenciou o pensamento clássico. O foco na estrutura hierárquica de comando levou a práticas que denominaram sua contribuição como escolas de chefes.[109] Os pensamentos de Taylor e Fayol se aproximam. Muitos autores defendem que a diferença estava no "foco de Taylor no chão de fábrica e o de Fayol nos gestores da fábrica".[110] Pode-se dizer, entretanto, que apesar de também ser influenciado pelas ideias da racionalização do trabalho, a orientação de Fayol apresentava fundamentos mais próximos das ciências sociais, aproximando-se do que hoje a teoria apresenta como uma visão mais interdisciplinar, e a visão de Taylor mais voltada para a engenharia.[111] Assim, Fayol iniciou outra corrente de pensamento (administração/gestão) que influenciou a evolução dos conceitos da administração estratégica.[112,113]

Nascido na Turquia em 1841, filho de pais franceses, foi para a França em 1847, onde se graduou em engenharia de minas. Após sua formatura, Fayol foi contratado para trabalhar na mina de carvão *Commentry-Fourchambault-Decazeville*, onde fez sua carreira e passou por diversos cargos até chefe da organização.[114,115] Após aposentar-se, assumiu a diretoria do *Centre of Administrative Studies* (CAS), período no qual publicou diversos textos sobre gestão e administração.[116] Entretanto, sua obra principal foi *Administration industrielle et générale* (*Administração industrial e geral*).

Fayol contribuiu para os fundamentos da administração contemporânea.[117] Suas principais contribuições para a teoria da administração são:[118,119] (1) as seis atividades/conjunto de operações de uma organização – técnica, comercial, finanças, segurança, contabilidade e gestão;[120] (2) as funções gerenciais (previsão/planejamento, organização, comando, coordenação e controle), muitas vezes apresentadas de forma resumida, porém bastante exploradas na obra de Fayol; e (3) os 14 princípios da administração.[121] Na sequência, são detalhadas as principais contribuições desse autor.

Para Fayol, as diferentes empresas deveriam ser organizadas de acordo com a sua natureza e seus objetivos, mesmo que seu ponto de vista sobre elas tenha sido formado a partir da experiência e dos limites da empresa que liderava. Assim, para ele, o conjunto de atividades de uma empresa poderia ser dividido em seis operações, que deveriam trabalhar de forma interdependente:[122]

1. Operações técnicas (produção, fabricação e transformação).
2. Operações comerciais (compra, venda e trocas).
3. Operações financeiras (busca por recursos
4. e otimização do uso do capital).
5. Operações de segurança (proteção de bens e pessoas).
6. Operações contábeis (inventário, balanços/demonstrativos, custeio e preços, estatística).
7. Operações administrativas (planejamento, organização, direção, coordenação e controle).

"A função administrativa distingue-se claramente das outras cinco funções essenciais."[123] Para ele, a administração não deve ser confundida com a direção e não é privilégio dos chefes/dirigentes da empresa. Assim, considerando que as demais eram mais conheci-

das, a função administrativa recebeu maior atenção em seu livro.[124]

2.3.2.1 *Princípios gerais da administração*

Diversos autores estudaram o papel dos gestores na organização, desde os princípios do século XX. Entretanto, "os 14 princípios gerais da administração de Fayol promoveram e continuam proporcionando perspectivas gerenciais gerais para práticos e estudantes da administração".[125]

Vale destacar que, ao contrário do que alguns livros de gestão apresentam, os princípios de Fayol não foram apresentados como leis imutáveis. O autor propunha uma abordagem flexível e situacional, que foi baseada no seu ambiente de negócios e estratégias.[126] Tal interpretação pode ser percebida por um trecho da obra de Fayol:[127]

> a função administrativa tem por órgão e instrumento o corpo social. Enquanto as outras funções põem em jogo a matéria-prima e as máquinas, a função administrativa restringe-se somente ao pessoal. Para a saúde e bom funcionamento do corpo social é necessário certo número de condições, a que se pode dar indiferentemente o nome de princípios, leis ou regras. Empregarei de preferência a palavra *princípios*, afastando, entretanto, de sua significação toda a ideia de rigidez. [...] Quase nunca se aplicará o mesmo princípio duas vezes em condições idênticas. [...] A questão consiste em saber servir-se deles: essa é uma arte difícil que exige inteligência, experiência, decisão e comedimento. [...] O número de princípios de administração não é limitado. Qualquer outra regra, qualquer instrumento administrativo que fortaleça o corpo social ou facilite seu funcionamento pode se alinhar entre os princípios.

Entretanto, mesmo não sendo uma lista exaustiva, com um limite preciso, Fayol[128] reforça a importância do equilíbrio entre os princípios e a experiência do gestor. "Sem princípios, vive-se na obscuridade, no caos; sem experiência e sem medida, surgem dificuldades, mesmo com os melhores princípios."

No Quadro 2.2, são apresentados os 14 princípios com uma breve explicação.

Cap. 2 ■ Organização mecânica e as teorias pioneiras da moderna administração **29**

Quadro 2.2 Os 14 princípios gerenciais de administração de Fayol

Princípio	Explicação
1. Divisão do trabalho	<ul><li>Divisão vertical e horizontal do trabalho.</li><li>As funções poderiam ser especializadas e distribuídas pensando em autoridade para desenvolver atividades de direção e controle.</li><li>Separação das funções e dos poderes, para produzir mais e melhor com o mesmo esforço.</li><li>Diminuir a amplitude de atenção e esforço.</li></ul>
2. Autoridade e responsabilidade	<ul><li>Direito de dar ordem e poder de exigir obediência.</li><li>Autoridade oficial (inerente ao cargo) e autoridade informal (derivada da pessoa, personalidade, experiência etc.).</li><li>Um bom gerente possui os dois tipos de autoridade – usa a pessoal para completar a funcional.</li><li>Não se concede autoridade sem responsabilidade. A autoridade é proporcional à responsabilidade.</li></ul>
3. Disciplina	<ul><li>Consiste em obediência, assiduidade, na atividade e respeito na relação empresa-empregados.</li><li>Pré-requisito para o bom funcionamento da organização.</li><li>Boa disciplina vem de boa liderança em todos os níveis, acordos claros e justos e sanções (penalidades judiciosas).</li><li>A liderança ineficiente poderia levar à falta de disciplina.</li></ul>
4. Unidade de comando	<ul><li>Um empregado deve receber ordens de apenas um superior – um homem, um superior.</li><li>"Homens não suportam a dualidade de comando."[129]</li><li>É o princípio central de Fayol.</li><li>A violação desse princípio poderia levar a organização ao caos.</li><li>Poderia ser uma ameaça à estabilidade e à disciplina.</li></ul>
5. Unidade de direção	<ul><li>Uma só direção e planejamento para um grupo de atividades com o mesmo objetivo.</li><li>Por meio da divisão do trabalho, um número de departamentos/seções com tarefas bem definidas e para cada um haveria apenas um líder.</li><li>Não ter duas cabeças. "No mundo social, como no mundo animal, um corpo com duas cabeças é um monstro. Sobrevive com dificuldade."[130]</li></ul>
6. Subordinação dos interesses individuais ao interesse geral	<ul><li>O interesse de uma pessoa não deve prevalecer ao interesse coletivo (da empresa).</li><li>A administração deve conciliar os interesses quando eles divergem.</li><li>"A ignorância, a ambição, o egoísmo, a indiferença, as fraquezas, enfim todas as paixões humanas, tendem a fazer perder de vista o interesse geral em proveito do interesse particular."[131]</li></ul>
7. Remuneração de pessoal	<ul><li>A remuneração é o prêmio pelo serviço prestado.</li><li>A remuneração deve ser justa para os empregados e para a empresa.</li><li>O sistema de pagamento não isenta a responsabilidade do chefe pelo zelo dos operários e paz na oficina.</li><li>A ideia do pagamento é tornar o pessoal mais valorizado, sendo necessária a existência de compensações e incentivos.</li></ul>
8. Centralização	<ul><li>A autoridade deve ser concentrada ou dispersada.</li><li>O grau de centralização ou descentralização é circunstancial, depende do tamanho da empresa e da qualidade dos gerentes.</li><li>A empresa deve encontrar a medida que dê melhor rendimento.</li></ul>

Continua...

Continuação

Princípio	Explicação
9. Cadeia escalar	• "A série de chefes que vai da autoridade superior aos agentes inferiores."[132] • Mostra os canais de comunicação e a trajetória da linha de comando. • A hierarquia não deve ser abandonada, porém não deve ser obedecida cegamente, pois segui-la poderá resultar em prejuízo superior.
10. Ordem	• "Um lugar para cada coisa e cada coisa em seu lugar"[133] – ordem material. • Deve-se escolher o homem certo para o lugar certo – ordem social.
11. Equidade	• Fundamento para as relações entre os empregados. • Resulta na combinação da benevolência (querer o bem) e justiça (realizar as convenções estabelecidas).
12. Estabilidade do pessoal	• A rotatividade pode trazer altos custos para a empresa. • As pessoas precisam de tempo para conseguir desempenhar bem uma função. • Pode ser efeito de uma má administração. • Assim como os demais princípios, é uma questão de medida, uma vez que as mudanças de pessoal são inevitáveis.
13. Iniciativa	• Concepção e execução do plano. • Todos os níveis da empresa, dentro de limites, devem ter iniciativa. • O chefe deve saber induzir o seu pessoal ao espírito de iniciativa.
14. Espírito de equipe	• "A união faz a força". • O espírito de equipe deve ser encorajado. • Entretanto, deve-se observar a unidade de comando.

Fonte: elaborado pelos autores com base em Fayol,[134] Wren,[135] Koontz, O'Donnel e Weihrich.[136]

2.3.2.2 Elementos da administração

Para Fayol, os elementos da administração são compostos pelas suas funções: prever/planejar, organizar, comandar, coordenar e controlar.

2.3.2.2.1 Previsão/planejamento

O primeiro elemento apresentado por Fayol foi o planejamento, empregando em diversos momentos a palavra "previsão".[137] A previsão significa calcular e avaliar o futuro e prepará-lo. A previsão pode ser feita de várias maneiras e aparecer em diversas ocasiões, entretanto o seu instrumento mais eficaz é o "programa de ação".[138] O programa de ação é um instrumento indispensável e facilita a utilização dos recursos e a escolha de meios para se atingirem os objetivos.[139] Todas as demais capacidades (técnicas, financeiras, comerciais etc.) são importantes para se estabelecer um plano de ação, porém a administrativa é fundamental.[140] Pode-se dizer que o pensamento gerencial teve grande contribuição do planejamento proposto por Fayol.[141]

2.3.2.2.2 Organização

"Organizar uma empresa é dotá-la de tudo que é útil a seu funcionamento: matérias-primas, utensílios, capitais e pessoas."[142] A organização tem a ver com a garantia do fluxo e estruturação das atividades e relações.[143,144] O segundo elemento envolve a construção do organismo material e social, e, uma vez que a empresa está abastecida dos recursos materiais, o corpo social deve cumprir as seis atividades da organização.[145] Para Fayol, a distribuição das tarefas apenas não era suficiente. As pessoas certas deveriam ser parte do corpo social e ser designadas às funções corretas.[146]

2.3.2.2.3 Comandar

Comando é a ferramenta gerencial necessária para fazer o processo (o corpo social) funcionar.[147,148] Os diferentes chefes, com suas responsabilidades, devem ser capazes de tirar o melhor proveito de todos que compõem a sua unidade. Para Fayol, o comando deve ser suportado por qualidades pessoais e pelos princípios da administração. O responsável pelo comando deverá:[149]

(1) ter conhecimento profundo de seu pessoal; (2) excluir os incapazes; (3) conhecer bem os convênios que regem as relações entre a empresa e seus agentes; (4) dar bom exemplo; (5) fazer inspeções periódicas do corpo social; (6) reunir seus principais colaboradores em conferências, nas quais se preparam a unidade de direção e a convergência dos esforços; (7) não deixar se absorver pelos detalhes; (8) incentivar no pessoal a atividade, a iniciativa e o devotamento.

2.3.2.2.4 Coordenar

"Coordenar é estabelecer a harmonia entre todos os atos de uma empresa, de maneira a facilitar o seu funcionamento e o seu sucesso", proporcionando mecanismos para que ambos os organismos (material e social) desempenhem seu papel.[150] Ainda para Fayol, deve-se considerar o impacto de uma operação nas demais funções da empresa, reforçando a sua visão de interdependência destacada. Por fim, os autores que seguiram os estudos não trataram a coordenação de forma separada, "enfatizando o seu papel em todos os demais elementos".[151]

2.3.2.2.5 Controlar

"O controle consiste em verificar se tudo corre de acordo com o programa adotado, as ordens dadas e os princípios admitidos."[152] O controle tem como objetivo identificar e corrigir erros, e deveria ser aplicado às pessoas, aos objetos e às atividades.[153] O controle deve ser aplicado em toda a empresa, não sendo restrito às atividades técnicas.[154] Mesmo sendo uma tarefa gerencial, o controle pode ser delegado para outros níveis operacionais.[155] Para que o controle aconteça, é necessário que o controlador possua competência necessária, para acompanhar as atividades, tal como julgar a qualidade de um objeto, entretanto o fator fundamental é a imparcialidade.[156]

De maneira geral, o entendimento de diversas práticas da administração que apareceram durante o século XX foi influenciado pelas ideias e pelos conceitos de Fayol (tais como as cinco atividades gerenciais e os 14 princípios). Nota-se contribuição significativa para a evolução do pensamento administrativo.[157,158]

2.3.3 Contribuições de Henry Ford

Outras ideias que surgem no Movimento da Racionalização do Trabalho são as de Ford. As ideias para elaborar um método de Henry Ford, desenvolvidas a partir de sua experiência na fábrica de que era proprietário, deram origem ao Fordismo. O Fordismo, "como método de organização da produção e do trabalho", tem uma relação muito próxima às ideias do Taylorismo.[159] Ford foi responsável por desenvolver e aperfeiçoar o sistema de linhas de montagem móveis, para a fabricação em série do Ford T, conhecido no Brasil por "Ford Bigode".[160,161] O destaque no quadro "Saiba mais" apresenta alguns números que demonstram o sucesso das vendas do modelo Ford T, na década de 1910.[162] A linha de montagem móvel permitiu que Ford produzisse um mesmo modelo de carro padronizado em grandes quantidades, o que possibilitou economias de escala e cortes de custos importantes. Tais processos e métodos aplicados na linha de montagem foram influenciados pela racionalização do trabalho e pelas prescrições da administração científica.[163 164]

> **SAIBA MAIS**
>
> Em 1909, a empresa fabricou 18 mil unidades do "Ford T" com preço ao consumidor de 950 dólares. Em 1921, fabricou 1,25 milhão ao preço de 355 dólares.[165]
> Fonte: Ford, H.[166]

Apesar de a linha de montagem móvel ter sido um componente importante para a produção em massa, foi a simplicidade na montagem e a completa intercambialidade das partes que permitiram a elevação do volume produzido, diminuindo os custos e o esforço humano na montagem. Assim, a produção em massa pode ser considerada como uma das principais contribuições de Ford.[167,168]

Ford também estabeleceu alguns princípios que influenciam até hoje algumas práticas de produção:[169,170]

- **Princípio de intensificação:** consiste na colocação ágil do produto no mercado, por meio da diminuição do tempo de duração de produção, com utilização imediata de matérias-primas e equipamentos.

- **Princípio de economicidade:** versa sobre a redução dos estoques de matérias-primas ao mínimo necessário, otimizando o prazo de recebimento × pagamento das contas (matérias-primas e salários).

- **Princípio de produtividade:** que propôs o aumento da produtividade por meio da especialização e da linha de montagem.[171]

O sistema de Ford era chamado de *push product line*, uma vez que, se o sistema estivesse parado, não estaria gerando receitas. O objetivo era acelerar o processo produtivo e escoar os carros no menor tempo possível.[172]

"O fordismo caracteriza o que poderíamos chamar de socialização da proposta de Taylor, pois, enquanto este procurava administrar a forma de execução de cada trabalho individual, o fordismo realiza isso de forma coletiva, [...] pela via da esteira."[173] Apesar de influenciado pelas ideias de Taylor e dos princípios da racionalização do trabalho, Frank Gilbreth observou em algum momento que as práticas fabris de Ford não poderiam ser confundidas com as ideias centrais da administração científica, notadamente em relação ao estudo dos tempos e movimentos.[174] Entretanto, Ford utilizava um sistema baseado em altos pagamentos e bonificações, de acordo com as taxas de produtividade.[175]

SAIBA MAIS

Para uma discussão mais aprofundada sobre o processo de transformação da indústria, a partir da ascensão e queda da produção em massa "Fordismo" e o nascimento do Sistema Toyota de produção, a obra de Wood Jr. (1992) pode ser consultada.[176]
Fonte: Wood Jr.[177]

O fordismo foi chave para a consolidação da sociedade industrial, por meio da generalização da linha de montagem e do sistema econômico estabelecido. Entretanto, o sistema acabou perdendo força para o modelo japonês (modelo Toyota) na década de 1970, pois, apesar de eficiente, não entregava a adaptação, a inovação e a flexibilidade ao mercado, que passavam a ser requeridas pelas novas ideias de produção.[178,179]

2.3.4 Escola da Psicologia Industrial

Hugo Münsterberg é tido como o criador da psicologia industrial.[180,181] Assim como os demais pensadores do Movimento da Racionalização do Trabalho, o foco estava no aumento da eficiência. Entretanto,

de um lado os engenheiros estudavam métodos para a melhoria da produtividade por meio da eficiência mecânica, já os psicólogos industriais focavam na eficiência humana.[182]

Em 1910 (em alemão) e depois em 1913 (em inglês), Münsterberg publicou um livro intitulado *Psychology and industrial efficiency* (*Psicologia e eficiência industrial*), tido como o primeiro livro moderno na psicologia industrial.[183] Os objetivos apresentados na obra foram três:[184]

- Como encontrar pessoas cujas qualidades mentais se adaptam melhor ao trabalho que devem realizar.
- Em que condições psicológicas pode ser obtida a produção máxima e mais satisfatória do trabalho de cada pessoa.
- Como uma empresa pode influenciar seus empregados de modo a obter deles os melhores resultados possíveis.

Münsterberg criou bases para que outros autores que vieram na sequência desenvolvessem seus pensamentos. Suas ideias apresentadas no livro permaneceram sem rivais até 1926, quando Harold Burtt publicou uma revisão e extensão da obra de Münsterberg. Já em 1932, Morris Viteles publicou a sua obra avançando os conceitos da psicologia industrial. Porém, em ambos os casos, os autores apoiaram-se nos conceitos-base de Münsterberg.[185] Segundo Wren,[186] o livro de Viteles tornou-se a "bíblia" da psicologia industrial.

Outros autores, como Charles S. Myers, que foi pioneiro nas ideias da psicologia industrial na Grã-Bretanha,[187,188] e Walter Dill Scott, também seguiram as ideias da escola.[189,190,191] Scott ficou conhecido pela aplicação dos conceitos de psicologia à propaganda (comunicação) e pelo desenvolvimento de práticas para a seleção de pessoas de forma mais eficaz nas organizações.[192] A partir de uma palestra, proferida para um grupo de publicitários em 1901, Scott começou a divulgar suas ideias em uma revista científica da época.[193] Esses artigos foram base para a publicação de seu primeiro livro, *The theory of advertising*. Essa obra foi expandida em 1908, com mais 19 novos artigos e intitulada *The psychology of advertising*. Como resultado dessas obras, Scott fortaleceu seu nome, que ficou conhecido no meio dos negócios.[194]

Os autores da psicologia industrial foram responsáveis pelo desenvolvimento e pela promoção de novas aplicações de testes mentais para os negócios.[195] A ideia era encontrar os operários mais aptos mentalmente para desenvolver o trabalho, aumentando a produtividade e diminuindo a fadiga.[196]

2.3.5 Críticas ao Movimento da Racionalização do Trabalho

Apesar de aclamadas por muitos como o triunfo da ciência em relação às práticas tradicionais de gestão, as práticas de administração científica receberam algumas críticas.[197] Criticadas por serem uma tecnocracia obsessiva e desumana,[198] ignorando "o contexto social e as necessidades dos trabalhadores", notava-se que o número de conflitos e embates entre gerentes e empregados aumentava.[199] Na visão dos críticos do sistema, o aumento do lucro dos empregadores diante do impacto negativo no bem-estar e no direito dos empregados coloca o trabalhador como uma engrenagem no sistema produtivo.[200]

SAIBA MAIS

O aumento da eficiência, a partir da melhoria das práticas de gestão e da divisão de trabalho bem estabelecida, foi central no desenvolvimento das ideias e dos estudos organizacionais do início do século XX. Os movimentos que vieram a seguir questionaram a eficiência do modelo, porém de formas diferentes. A eficiência, no Movimento das Relações Humanas, é tratada com foco nas pessoas. O movimento estruturalista sistêmico trata da eficiência sistêmica e passa a tratar da eficácia. Já o movimento da contingência traz a visão de vários sistemas, ou modelos de se estruturar uma organização.

Outras ideias também foram criticadas: a maneira única de se realizar o trabalho; o conceito do homem econômico, uma vez que a natureza humana é mais complexa; os incentivos financeiros para a motivação do trabalhador, já que, de acordo com os pensadores do Movimento das Relações Humanas, diversas outras coisas poderiam motivar o comportamento humano; o modelo de supervisão, que, na visão dos críticos, deveria incluir os subordinados nas decisões, também foi debatido.[201] Como em todas as teorias, podem-se destacar pontos fortes e fracos. Entretanto, parte das críticas vinha de distorções das ideias propostas em práticas de gerentes desonestos, que acabam gerando efeitos negativos sobre os trabalhadores.[202]

2.4 MOVIMENTO DAS RELAÇÕES HUMANAS

O Movimento das Relações Humanas, que engloba a Escola das Relações Humanas e a Escola dos Sistemas Cooperativos, surge dos estudos de professores de Harvard em uma fábrica de equipamentos eletrônicos localizada em Hawthorne,[203,204] sendo entendido como um contraponto à visão do homem econômico (onde era considerado que a eficiência do trabalhador poderia ser definida cientificamente, independentemente de fatores externos).[205,206]

Dessa forma, o Movimento das Relações Humanas apresenta o homem social em oposição ao homem econômico. Esse modelo tem algumas características importantes:[207]

a) O homem é apresentado como um ser cujo comportamento não pode ser reduzido a esquemas simples e mecanicistas.

b. O homem é, a um só tempo, condicionado pelo sistema social e pelas demandas de ordem biológica.

c. Em que pesem as diferenças individuais, todo homem possui necessidades de segurança, afeto, aprovação social, prestígio e autorrealização.

Outro aspecto relevante destacado pelos estudos desse movimento é o chamado "grupo informal", modificando a visão de que as organizações e os supervisores lidavam somente com pessoas individualmente – o grupo informal destaca que as pessoas, por diversos motivos e interesses, de forma espontânea, agrupam-se, comunicam-se e unem-se, inclusive dentro das organizações e por propósitos de segurança, afeto e redução de fadiga.[208] A partir dessas primeiras evidências, os estudos começaram a investigar as relações interpessoais entre trabalhadores e gestores.[209]

Por fim, o Movimento das Relações Humanas apresenta a motivação como fator que poderia contribuir para que as pessoas trabalhassem para o alcance dos resultados organizacionais, recomendando liderança democrática, em que as pessoas pudessem opinar em relação ao seu trabalho.[210] As ideias das relações humanas serão apresentadas pela contribuição de três grandes autores desse movimento: Elton Mayo, Mary Parker e Chester Barnard.

Elton Mayo

Estudou filosofia, medicina e psicopatologia.[211] Prático em psicologia industrial, Mayo liderou durante alguns anos os estudos em Hawthorne, concluindo haver alguma relação entre "moral, satisfação e produtividade".[212] Antes desses trabalhos conduzidos por Elton Mayo em uma fábrica em Hawthorne, houve outras iniciativas que consideravam as questões humanas no ambiente de trabalho,[213] porém, os estudos de Hawthorne foram marcantes e representaram um caminho alternativo à visão predominante na época quanto à gestão industrial e ao trabalho. Considerados como marcantes para o estudo das ciências sociais, os estudos foram bastante significativos, especialmente para a indústria, representando divergência em relação aos entendimentos contemporâneos.[214]

Nos estudos realizados, a ideia era verificar quais fatores ou variáveis afetavam a produtividade das pessoas. Ao testar inicialmente a iluminação do ambiente de trabalho, os pesquisadores perceberam que houve queda da produtividade somente quando a taxa de luz foi reduzida ao extremo, inferindo que haveria outros fatores preponderantes nessa relação. Com isso, outros testes considerando diferentes fatores físicos foram realizados, não possibilitando estabelecer relação entre os diversos fatores físicos e a produtividade, como era previsto.[215]

Considera-se que a grande contribuição de Mayo e sua equipe foi demonstrar que as pessoas possuem necessidades sociais e como isso poderia influenciar a capacidade colaborativa. Por outro lado, há uma importante crítica sobre as conclusões ou indicações principais realizadas a partir dos resultados desses estudos, que é a proposição de gestores, vistos como elite intelectual e hierárquica, que pudessem lidar com essa irracionalidade dos trabalhadores, exercendo autoridade, influência e poder sobre as pessoas, utilizando seus aspectos cognitivos e subjetivos.[216]

Mary Parker Follet

Os estudos e os achados de Mary Follet são anteriores aos de Hawthorne. Ela demonstrou que a base social não estava nos "indivíduos, mas nos grupos sociais".[217] Alinhado a isso, um dos objetivos da Escola de Relações Humanas seria reduzir custos oriundos de conflitos organizacionais, contribuindo para o aumento do lucro das empresas.[218,219]

Ademais, Mary Follet considerava o processo de condução e gestão dos conflitos utilizado até então pouco natural e muito linear, diante da realidade das organizações.[220] Nessa linha, ela apresenta três métodos de conflito industrial: da força, da barganha e da integração. Para ela, a melhor solução seria por meio da integração dos interesses das partes, diferentemente do que era visto pela Escola de Administração Científica, que utilizaria o método da força.[221]

Dessa forma, Follet apresentou diferentes métodos mais participativos e algumas ferramentas que proporcionariam aos trabalhadores maior envolvimento e dedicação às organizações, promovendo o alcance dos resultados almejados sem a utilização de formas coercitivas ou ameaçadoras. Apesar disso, ela citava que nem sempre era possível alcançar a solução integradora, sendo que a resolução dos conflitos dependeria da relação de poder entre os grupos envolvidos.[222]

Vista como precursora do gerenciamento, acreditava em decisões compartilhadas ou participativas entre empregadores e trabalhadores, considerando a autoridade conquistada em uma organização como produto da função realizada, não necessariamente ligada ao cargo ocupado.[223] Ela ainda deixou como legado diversas anotações sobre liderança em diferentes contextos.[224]

2.4.1 Escola dos Sistemas Cooperativos

Assim como os pesquisadores da Escola de Relações Humanas, Chester Barnard mudou o foco para a análise da organização informal.[225,226] Ele, porém, destacou também que as pessoas são únicas, com seus objetivos, vontades e poder de decisão e que buscam nas organizações, vistas como sistemas cooperativos por Barnard, formas de alcançar seus interesses e objetivos. Como as organizações possuem também determinados interesses específicos, a solução para Barnard seria desenvolver valores e princípios éticos que promovessem o "comprometimento dos indivíduos com a organização"[227] ou, nas palavras do próprio Barnard, "o condicionamento social de todos os envolvidos no sistema cooperativo".[228]

Alinhando a visão prática com a teórica, Barnard demonstrou uma posição bem diferente dos pensadores da Escola Clássica, destacando o fator humano nas organizações e as características psicológicas como determinantes para o comportamento das pessoas, buscando formas de usar esses aspectos para o alcance dos interesses organizacionais. Ressaltava ainda o papel dos executivos, salientando a importância de gestores serem dedicados e enérgicos com as mudanças que precisariam ser realizadas.[229]

Nessa linha, pensando em associar os objetivos individuais e das organizações e destacando o papel dos executivos, Barnard via alguns elementos como essenciais para o alcance dos objetivos corporativos: atitude cooperativa entre áreas; treinamento interfuncional das pessoas; eficiência e eficácia organizacionais; autenticidade; sentimento de confiança; responsabilidade individual; e liderança flexível e equilibrada.[230]

2.4.2 Críticas ao Movimento das Relações Humanas

Inicialmente, é interessante destacar as críticas específicas ao trabalho de Elton Mayo: para empresários, as conclusões seriam verdadeiras, mas o objetivo central de uma organização seria produzir resultados e não gerar bem-estar aos funcionários, priorizando os consumidores, não gerando mais custos com o atendimento à demanda dos funcionários. Por outro lado, psicólogos e sociólogos percebem os estudos de Mayo e suas conclusões muito voltados para favorecer as organizações, usando as habilidades sociais das pessoas para que produzam mais e promovam o alcance dos objetivos das organizações, desconsiderando eventuais conflitos de interesse.[231]

Dessa forma, o trabalho de Mayo é criticado por usar a emoção e aspectos cognitivos dos trabalhadores para os ludibriar e exercer poder sobre eles, para que aceitem mais imposições e menos direitos por precisarem de aconselhamento psicológico dos gestores nas questões relacionadas com o trabalho, reduzindo o espaço para um ambiente de trabalho mais democrático e participativo.[232]

Há ainda críticas em relação às premissas e ao método adotados no estudo de Hawthorne,[233] bem como à utilização da pesquisa de campo em oposição à pesquisa em laboratórios ou outros ambientes controlados, onde seria possível maior controle de variáveis e outros fatores que poderiam influenciar nos resultados. É interessante comentar que, por outro lado, alguns apontam como ponto positivo a iniciativa da aplicação da pesquisa em campo, em condições reais.[234] Ainda é apontado que os estudos desconsideram a organização onde foram realizados, suas características e seu contexto, e são desprezados aspectos como cultura, tipos de gestão e estratégia organizacional.[235]

DA TEORIA À REALIDADE BRASILEIRA

MINICASO

A mecanização das atividades agrícolas é um exemplo da utilização de ideias e princípios das teorias pioneiras da administração no contexto atual do Brasil.

Apesar de ter sido iniciada em meados da década de 1960, a mecanização intensificou-se no Brasil com o avanço da tecnologia, a adequação de maquinário à realidade do campo brasileiro, manufatura e reposição de peças com fabricação local e viabilização de adoção por produtores de pequeno e médio portes.

Com a mecanização, a produtividade do agronegócio brasileiro tornou o país um dos maiores exportadores agrícolas do mundo.

A substituição de mão de obra por máquinas foi embasada na busca por produtividade e redução de custos, gerando desemprego, no início. Segundo dados do IBGE, entre 2006 e 2017, quatro trabalhadores rurais foram dispensados para cada trator comprado, e a compra de tratores aumentou quase 50% no mesmo período.

Esse movimento teve como repercussões a busca por mão de obra qualificada para operação das máquinas e êxodo de trabalhadores do campo para os grandes centros urbanos.

A busca por mão de obra qualificada pode proporcionar melhores condições de trabalho e novos motivadores (financeiros e sociais) aos antigos trabalhadores rurais, seja na cidade ou no próprio campo, a partir do momento em que eles recebem qualificação para novos postos de trabalho.[236][237]

Questões para discussão:

1. Como os conceitos discutidos no capítulo podem ser aplicados no contexto destacado?

2. Como as empresas do agronegócio podem criar práticas e processos para capacitação de sua mão de obra e motivação, pensando na retenção e desenvolvimento das pessoas?

3. Atualmente, vivemos uma transformação no agronegócio, a agricultura 4.0, como pode ser visto em Zaparolli (2020). Quais os possíveis impactos nas relações de trabalho, capacitação e gestão da mão de obra?

2.5 CONSIDERAÇÕES FINAIS E QUESTÕES

Neste capítulo, foram apresentadas as teorias pioneiras do desenvolvimento da administração contemporânea. Iniciou-se com a discussão da passagem da organização tradicional para a organização burocrática, contexto de surgimento do Movimento da Racionalização do Trabalho, no final do século XIX e início do século XX. No primeiro Movimento, foram detalhadas as contribuições dos principais pensadores das Escolas Científica, Clássica e da Psicologia Industrial. Na sequência, foram apresentadas as escolas e os pensadores do Movimento das Relações Humanas. As ideias do capítulo foram organizadas com base na proposta de Escrivão Filho.[238] Vale ressaltar que a percepção do todo pode ser limitada pela tentativa de organização das ideias, porém acredita-se que os conceitos, tais como apresentados, podem ajudar o estudante de administração a compreender melhor como as ideias dos diversos pensadores foram importantes para formação da administração contemporânea. A evolução do pensamento administrativo continua no próximo capítulo, no qual são apresentados os Movimentos Estruturalista Sistêmico, Contingencial e os Contemporâneos.

CONTRIBUIÇÕES DO CAPÍTULO PARA A ADMINISTRAÇÃO CONTEMPORÂNEA

a) As teorias pioneiras apresentadas neste capítulo embasaram o desenvolvimento do campo de estudo da administração.

b) Teorias, conceitos e princípios desenvolvidos nessas escolas continuam sendo utilizados por organizações de sucesso, seja por terem iniciado sob a égide dessas ideias, seja por perceberem alinhamento a seus objetivos.

c) Pesquisas em administração utilizam os preceitos das escolas apresentadas neste capítulo para nortear novos estudos e propostas para auxiliar as organizações modernas e avançar no campo do conhecimento teórico, seja a partir dos princípios definidos, seja a partir de críticas e evolução do pensamento científico.

d) Os estudos de Fayol influenciaram profundamente o pensamento gerencial com os 14 princípios e os cinco elementos/atividades da administração, embasando outras teorias desenvolvidas ao longo do século XX. E essa influência persiste nos preceitos da administração contemporânea.

e) Os princípios de intensificação, economicidade e produtividade de Ford continuam influenciando as práticas modernas de produção.

QUESTÕES PARA REFLEXÃO

1) Como os princípios da administração científica podem ser aplicados às organizações nos dias de hoje? Pense na organização do trabalho na produção de lanches do McDonald's.

2) Os estudos de tempos e movimentos contribuíram para o sucesso de teorias da administração que foram desenvolvidas posteriormente? Pesquise sobre como o chamado "Sistema Toyota de Produção" se baseou nos estudos de tempos de trabalho.

3) Como os primeiros estudos das relações humanas no trabalho podem contribuir para as discussões atuais sobre trabalho, emprego e direitos sociais?

QUESTÕES PARA AVALIAÇÃO DO CONHECIMENTO

1) Cite e explique os 14 princípios da administração de Fayol.

2) Quais são os cinco elementos da administração preconizados por Fayol?

3) Quais são os três princípios propostos por Ford para a produção?

4) Que se entende por homem social? Como se diferencia do homem econômico?

REFERÊNCIAS

[1] ESCRIVÃO FILHO, E.; GUERRINI, F. M. A teoria administrativa sob o enfoque dos temas organizacionais. *In*: ESCRIVÃO FILHO, E.; PERUSSI FILHO, S. (eds.) *Teorias de administração*: introdução ao estudo do trabalho do administrador. São Paulo: Saraiva, 2010. p. 4-33.

[2] ESCRIVÃO FILHO, E. *A contribuição dos temas estratégia, estrutura e tecnologia ao pensamento administrativo*. São Carlos: Escola de Engenharia de São Carlos, 1996.

[3] ESCRIVÃO FILHO, E.; GUERRINI, F. M. *Op. cit.*

[4] *Idem, ibidem.*

[5] *Idem, ibidem.*

[6] MOTTA, F. C. P.; VASCONCELOS, I. F. F. *Teoria geral da administração*. São Paulo: Pioneira Thomson Learning, 2006. p. 12.

[7] ESCRIVÃO FILHO, E.; GUERRINI, F. M. *Op. cit.*

[8] MOTTA, F. C. P.; PEREIRA, L. C. B. *Introdução à organização burocrática*. São Paulo: Brasiliense, 1983.

[9] ESCRIVÃO FILHO, E.; GUERRINI, F. M. *Op. cit.*

[10] MOTTA, F. C. P.; PEREIRA, L. C. *Op. cit.*

[11] MOTTA, F. C. P.; VASCONCELOS, I. F. F. *Op. cit.*

[12] ESCRIVÃO FILHO, E.; GUERRINI, F. M. *Op. cit.*

[13] *Idem, ibidem.*

[14] SILVA, F. L. G. As origens das organizações modernas: uma perspectiva histórica (burocracia fabril). *Rev. Adm. Empres.* 26, 41-44, 1986.

15 ESCRIVÃO FILHO, E.; GUERRINI, F. M. *Op. cit.* p. 9

16 MOTTA, F. C. P.; PEREIRA, L. C. *Op. cit.*

17 *Idem, ibidem.*

18 MOTTA, F. C. P.; VASCONCELOS, I. F. F. *Op. cit.*

19 WEBER, M. *Economia e sociedade:* fundamentos da sociologia compreensiva. Brasília: Editora Universidade de Brasília, 1999. v. 2. p. 204-222.

20 MOTTA, F. C. P.; PEREIRA, L. C. *Op. cit.*

21 MOTTA, F. C. P.; VASCONCELOS, I. F. F. *Op. cit.*

22 MOTTA, F. C. P. *O que é burocracia.* São Paulo: Brasiliense, 1981.

23 MOTTA, F. C. P.; PEREIRA, L. C. *Op. cit.*

24 *Idem, ibidem.*

25 WEFFORT, F. C. Prefácio. *In*: TRAGTENBERG, M. (ed.). *Burocracia e ideologia.* São Paulo: SciELO-Editora UNESP, 2006. p. 7.

26 DAFT, R. L. *Administração.* Tradução da 2ª edição norte-americana. São Paulo: Cengage Learning, 2010.

27 ESCRIVÃO FILHO, E.; GUERRINI, F. M. *Op. cit.*, 2010.

28 MOTTA, F. C. P.; VASCONCELOS, I. F. F. *Op. cit.*

29 LEMAK, D. J. Leading students through the management theory jungle by following the path of the seminal theorists: a paradigmatic approach. *Management Decisions*, v. 42, 1309-1325, 2004.

30 KANIGEL, R. Frederick Taylor's apprenticeship. *Wilson Quarterly*, v. 20, 44-51,1996.

31 BLAKE, A. M.; MOSELEY, J. L. One hundred years after the principles of scientific management: Frederick Taylor's life and impact on the field of human performance technology. *Performance Improvement*, v. 49, n. 4, 27-34, 2010.

32 KOONTZ, H.; O'DONNELL, C.; WEIHRICH, H. *Administração:* fundamentos da teoria e da ciência. São Paulo: Pioneira, 1986.

33 LEMAK, D. J. *Op. cit.*

34 KOONTZ, H.; O'DONNELL, C.; WEIHRICH, H. *Op. cit.*

35 TENÓRIO, F. G. A unidade dos contrários: Fordismo e pós-Fordismo. *Revista de Administração Pública*, v. 45, n. 4, 1141-1172, 2011.

36 DAFT, R. L. *Administração.* Tradução da 2ª edição norte-americana. São Paulo: Cengage Learning, 2010.

37 KOONTZ, H.; O'DONNELL, C.; WEIHRICH, H. *Op. cit.*

38 *Idem, ibidem.*

39 LEMAK, D. J. *Op. cit.*, 2004.

40 *Idem, ibidem.*

41 *Idem, ibidem.*

42 KOONTZ, H.; O'DONNELL, C.; WEIHRICH, H. *Op. cit.*, 1986.

43 *Idem, ibidem.*

44 ESCRIVÃO FILHO, E.; GUERRINI, F. M. *Op. cit.*, 2010. p. 4-33.

45 MOTTA, F. C. P.; VASCONCELOS, I. F. F. *Op. cit.*, 2006.

46 *Idem, ibidem.*

47 MOTTA, F. C. P. *Teoria geral da administração:* uma introdução. São Paulo: Pioneira Thomson Learning, 2002.

48 LEMAK, D. J. *Op. cit.*, 2004.

49 MOTTA, F. C. P.; VASCONCELOS, I. F. F. *Op. cit.*, 2006.

50 BLAKE, A. M.; MOSELEY, J. L. *Op. cit.*

51 EVANGELOPOULOS, N. Citing Taylor: tracing taylorism's technical and sociotechnical duality through latent semantic analysis. *Journal of Business and Management*, v. 17, n. 1, 57-74, 2011.

52 GIANNANTONIO, C. M.; HURLEY-HANSON, A. E. Frederick Winslow Taylor: reflections on the relevance of the principles of scientific management 100 years later. *Journal of Business and Management*, v. 17, n. 1, 7-10, 2011.

53 *Idem, ibidem.*

54 PEAUCELLE, J. From Taylorism to post– Taylorism: simultaneously pursuing several management objectives. *Journal of Organizational Change Management*, v. 13, n. 5, 452-467, 2000.

55 KANIGEL, R. Frederick Taylor's apprenticeship. *Wilson Quarterly*, v. 20, 44-51,1996.

56 KOONTZ, H.; O'DONNELL, C.; WEIHRICH, H. *Op. cit.*, 1986.

57 WREN, D. A. The centennial of Frederick W. Taylor's the principles of scientific management: a retrospective commentary. *Journal of Business and Management*, v. 17, n. 1, 11-22, 2011.

58 *Idem, ibidem.*

59 *Idem, ibidem.*

60 BLAKE, A. M.; MOSELEY, J. L. *Op. cit.*

61 KOONTZ, H.; O'DONNELL, C.; WEIHRICH, H. *Op. cit.*

62 MOTTA, F. C. P.; VASCONCELOS, I. F. F. *Op. cit.*

63 BLAKE, A. M.; MOSELEY, J. L. *Op. cit.*

64 KOONTZ, H.; O'DONNELL, C.; WEIHRICH, H. *Op. cit.*, 1986.

65 BLAKE, A. M.; MOSELEY, J. L. *Op. cit.*

66 HUANG, K.-P.; TUNG, J.; LO, S. C.; CHOU, M.-J. A Review and critical analysis of the principles of scientific management. *Interjeccional Journal of Organizational Innovation*, v. 5, 78-85, 2013.

67 BLAKE, A. M.; MOSELEY, J. L. *Op. cit.*

68 KOONTZ, H.; O'DONNELL, C.; WEIHRICH, H. *Administração*: fundamentos da teoria e da ciência. São Paulo: Pioneira, 1986.

69 HUANG, K.-P.; TUNG, J.; LO, S. C.; CHOU, M.-J. *Op. cit.*, p. 79.

70 TAYLOR, F. W. *Princípios de administração científica*. São Paulo: Atlas, 2011.

71 *Idem*, p. 40.

72 ESCRIVÃO FILHO, E.; GUERRINI, F. M. *Op. cit.*, p. 4-33.

73 TAYLOR, F. W. *Op. cit.*, p. 40.

74 *Idem*, p. 41.

75 ESCRIVÃO FILHO, E.; GUERRINI, F. M. *Op. cit.*, 2010. p. 4-33.

76 TAYLOR, F. W. *Op. cit.*, p. 41.

77 *Idem, ibidem*, p. 40-41.

78 ESCRIVÃO FILHO, E.; GUERRINI, F. M. *Op. cit.*, p. 4-33.

79 BLAKE, A. M.; MOSELEY, J. L. *Op. cit.*, p. 27-34.

80 PEAUCELLE, J. *Op. cit.*, p. 452-467.

81 HUANG, K.-P.; TUNG, J.; LO, S. C.; CHOU, M.-J. A *Op. cit.*, p. 78-85.

82 PEAUCELLE, J. *Op. cit.*, p. 452-467.

83 LEMAK, D. J. *Op. cit.*, p. 1317.

84 WREN, D. A. *Op. cit.*, 2011.

85 KOONTZ, H.; O'DONNELL, C.; WEIHRICH, H. *Op. cit.*

86 *Idem, ibidem.*

87 WREN, D. A. *Op. cit.*, 2011.

88 *Idem, ibidem.*

89 DAFT, R. L. *Op. cit.*

90 KOONTZ, H.; O'DONNELL, C.; WEIHRICH, H. *Op. cit.*, 1986.

91 WREN, D. A. *Op. cit.*

92 KOONTZ, H.; O'DONNELL, C.; WEIHRICH, H. *Op. cit.*, 1986.

93 DAFT, R. L. *Op. cit.*

94 KOONTZ, H.; O'DONNELL, C.; WEIHRICH, H. *Op. cit.*, 1986.

95 MEES, B. Mind, method, and motion: Frank and Lillian Gilbreth. *In:* WITZEL, M.; WARNER, M. (eds.) *The Oxford handbook of management theorists.* 32-49, Oxford: Oxford University Press, 2013.

96 WREN, D. A. *Op. cit.*, 2011.

97 *Idem, ibidem.*

98 MEES, B. *Op. cit.*

99 KOONTZ, H.; O'DONNELL, C.; WEIHRICH, H. *Op. cit.*

100 MEES, B. *Op. cit.*

101 DAFT, R. L. *Op. cit.*

102 KOONTZ, H.; O'DONNELL, C.; WEIHRICH, H. *Op. cit.*

103 MEES, B. *Op. cit.*

104 DAFT, R. L. *Op. cit.*

105 MEES, B. *Op. cit.*

106 KOONTZ, H.; O'DONNELL, C.; WEIHRICH, H. *Op. cit.*

107 WREN, D. A. *Op. cit.*, 2011.

108 *Idem, ibidem.*

109 ESCRIVÃO FILHO, E.; GUERRINI, F. M. *Op. cit.*

110 GEORGE JR., C. S. *História do pensamento administrativo*. São Paulo: Cultrix, 1974. p. 166.

111 PARKER, L. D.; RITSON, P. A. Revisiting fayol: anticipating contemporary management. *British Journal of Management*, v. 16, 175-194, 2005.

112 ESCRIVÃO FILHO, E.; GUERRINI, F. M. *Op. cit.*

113 PARKER, L. D.; RITSON, P. A. *Op. cit.*

114 WREN, D. A. *Op. cit.*

115 VOXTED, S. 100 years of Henri Fayol. *Manag. Revu* 28, 256-274, 2017.

116 *Idem, ibidem.*

117 PARKER, L. D.; RITSON, P. A. *Op. cit.*

118 PARKER, L. D.; RITSON, P. A. Revisiting Fayol: anticipating contemporary management. *British Journal of Management*, v. 16, 175-194, 2005.

119 PARKER, L. D.; RITSON, P. *Op. cit.*

120 FAYOL, H. *Administração industrial e geral*: previsão, organização, comando, coordenação, controle. São Paulo: Atlas, 2011.

121 PARKER, L. D.; RITSON, P. *Op. cit.*, 2005.

122 FAYOL, H. *Op. cit.*, p. 23.

123 *Idem*, p. 26.

124 KOONTZ, H.; O'DONNELL, C.; WEIHRICH, H. *Op. cit.*

125 RODRIGUES, C. A. Focus on management history Fayol's 14 principles of management then and now: a framework for managing today's organizations effectively. *Management Decisions*, v. 39, 880-889, 2001. p. 880.

126 PARKER, L. D.; RITSON, P. A. Revisiting fayol: anticipating contemporary management. *British Journal of Management*, v. 16, 175-194, 2005.

127 FAYOL, H. *Op. cit.* p. 43.

128 *Idem*, p. 64.

129 *Idem*, p. 48.

130 *Idem*, p. 49.

131 *Idem*, p. 50.

132 *Idem*, p. 57.

133 *Idem*, p. 59.

134 FAYOL, H. *Op. cit.*

135 WREN, D. A. *Op. cit.*

136 KOONTZ, H.; O'DONNELL, C.; WEIHRICH, H. *Op. cit.*

137 WREN, D. A. *Op. cit.*

138 FAYOL, H. *Op. cit.*

139 ESCRIVÃO FILHO, E.; CERRI, M. L. *Op. cit.*, p. 57-77.

140 FAYOL, H. *Op. cit.*

141 WREN, D. A. *Op. cit.*

142 FAYOL, H. *Op. cit.*, p. 77.

143 WREN, D. A. *Op. cit.*

144 VOXTED, S. *Op. cit.*

145 FAYOL, H. *Op. cit.*

146 ESCRIVÃO FILHO, E.; CERRI, M. L. *Op. cit.*

147 VOXTED, S. *Op. cit.*

148 FAYOL, H. *Op. cit.*

149 *Idem*, p. 120-121.

150 *Idem*, p. 126.

151 WREN, D. A. *Op. cit.*, p. 225.

152 FAYOL, H. *Op. cit.*, p. 130.

153 WREN, D. A. *Op. cit.*

154 ESCRIVÃO FILHO, E.; CERRI, M. L. *Op. cit.*

155 VOXTED, S. *Op. cit.*

156 FAYOL, H. *Op. cit.*

157 WREN, D. A. *Op. cit.*

158 VOXTED, S. *Op. cit.*

159 TENÓRIO, F. G. A unidade dos contrários: fordismo e pós-fordismo. *Revista de Administração Pública*, v. 45, 1151, 2011.

160 MOTTA, F. C. P.; VASCONCELOS, I. F. F. *Op. cit.*

161 TENÓRIO, F. G. *Op. cit.*, 2011.

162 FORD, H. *Minha vida e minha obra*. Rio de Janeiro: Freitas Bastos, 1964.

163 MOTTA, F. C. P.; VASCONCELOS, I. F. F. *Op. cit.*

164 TENÓRIO, F. G. *Op. cit.*, 2003.

165 WOOD JR., T. Fordismo, toyotismo e volvismo: os caminhos da indústria em busca do tempo perdido. *Rev. Adm. Empres.* 32, 6-18, 1992.

166 FORD, Henry. *Op. cit.*, p. 107-108.

167 TENÓRIO, F. G. *Op. cit.*, 2011.

168 WOOD JR., T. *Op. cit.*

169 TENÓRIO, F. G. *Op. cit.*, 2011.

170 CHIAVENATO, I. *Introdução à teoria geral da administração*. São Paulo: Atlas, 2021.

171 *Idem, ibidem.*

172 MOTTA, F. C. P.; VASCONCELOS, I. F. F. *Op. cit.*

173 MORAES NETO, B. R. *Marx, Taylor, Ford*: as forças produtivas em discussão. São Paulo: Brasiliense, 1989. p. 36.

174 WREN, D. A. *Op. cit.*

175 MOTTA, F. C. P.; VASCONCELOS, I. F. F. *Op. cit.*

176 CHIAVENATO, I. *Op. cit.*, 2014.

177 WOOD JR., T. *Op. cit.*, 1992.

178 MOTTA, F. C. P.; VASCONCELOS, I. F. F. *Op. cit.*

179 WOOD JR., T. *Op. cit.*, 1992.

180 KOONTZ, H.; O'DONNELL, C.; WEIHRICH, H. *Op. cit.*

181 WREN, D. A. *Op. cit.*

182 *Idem, ibidem.*

183 LANDY, F. J. Early influences on the development of industrial and organizational psychology. *Journal of Applied Psychology*, v. 82, n. 4, 467-477, 1997.

184 KOONTZ, H.; O'DONNELL, C.; WEIHRICH, H. *Op. cit.*, p. 53.

185 LANDY, F. J. *Op. cit.*

186 WREN, D. A. *Op. cit.*

187 *Idem, ibidem.*

188 SPINK, P. K. A organização como fenômeno psicossocial: notas para uma redefinição da psicologia do trabalho. *Psicologia e Sociedade*, v. 8, n. 1, 174-192, 1996.

189 WREN, D. A. *Op. cit.*

190 LANDY, F. J. *Op. cit.*

191 VAN DE WATER, T. J. Psychology's entrepreneurs and the marketing of industrial psychology. *Journal of Applied Psychology.* v. 82, n. 4, 486-499, 1997.

192 KOONTZ, H.; O'DONNELL, C.; WEIHRICH, H. *Op. cit.*

193 VAN DE WATER, T. J. *Op. cit.*

194 LANDY, F. J. *Op. cit.*

195 VAN DE WATER, T. J. *Op. cit.*

196 WREN, D. A. *Op. cit.*

197 EVANGELOPOULOS, N. Citing Taylor: tracing taylorism's technical and sociotechnical duality through latent semantic analysis. *Journal of Business and Management,* v. 17, n. 1, 57-74, 2011.

198 *Idem, ibidem.*

199 DAFT, R. L. *Op. cit.* p. 48.

200 MOTTA, F. C. P.; VASCONCELOS, I. F. F. *Op. cit.*

201 *Idem, ibidem.*

202 LEMAK, D. J. Leading students through the management theory jungle by following the path of the seminal theorists: A paradigmatic approach. *Management Decisions,* v. 42, 1309-1325, 2004.

203 MOTTA, F. C. P.; VASCONCELOS, I. F. F. *Op. cit.*

204 MOTTA, F. C. P. *Teoria geral da administração:* uma introdução. São Paulo: Pioneira Thomson Learning, 2002.

205 *Idem, ibidem.*

206 BRUCE, K.; NYLAND, C. Elton Mayo and the deification of human relations. *Organization Studies,* v. 32, n. 3, 383-405, 2011.

207 MOTTA, F. C. P. *Op. cit.,* p. 33.

208 *Idem, ibidem.*

209 SUNDSTROM, E.; MCINTYRE, M.; HALFHILL, T.; RICHARDS, H. Work groups: from the Hawthorne studies to work teams of the 1990s and beyond. *Group Dynamics Theory Research and Practice,* v. 4, n. 1, 44-67, 2000.

210 MOTTA, F. C. P.; VASCONCELOS, I. F. F. *Op. cit.*

211 WREN, D. A. *Ideias de administração:* o pensamento moderno. São Paulo: Ática, 2007.

212 MOTTA, F. C. P. *Teoria das organizações:* evolução e crítica. São Paulo: Cengage Learning, 2010. p. 9.

213 BRUCE, K.; NYLAND, C. Elton Mayo and the deification of human relations. *Organization Studies,* v. 32, n. 3, 383-405, 2011.

214 ADAIR, J. G. The Hawthorne effect: a reconsideration of the methodological artifact. *Journal of Applied Psychology,* v. 69, 334-345, 1984.

215 PRADO, V. J.; ALVES, B. C. P. Reflexões sobre a escola das relações humanas-ERH e as pesquisas de Hawthorne: visões críticas e contribuições. *In:* FÓRUM: XXXV ENANPAD, 2011.

216 BRUCE, K.; NYLAND, C. *Op. cit.*

217 MOTTA, F. C. P.; VASCONCELOS, I. F. F. *Op. cit.,* p. 48.

218 *Idem, ibidem.*

219 MOTTA, F. C. P. *Op. cit.*

220 BILBAO, R. D.; DAUDER, S. G. Conflicto constructivo e integración en la obra de Mary Parker Follet. *Athenea Digital,* v. 7, 412-439, 2005.

221 MOTTA, F. C. P. *Op. cit.*

222 MOTTA, F. C. P.; VASCONCELOS, I. F. F. *Op. cit.*

223 MALCOLM, S. B.; HARTLEY, N. T. Chester Barnard's moral persuasion, authenticity, and trust: foundations for leadership. *Journal of Management History,* v. 16, n. 4, 454-467, 2010.

224 MCLARNEY, C.; RHYNO, S. Mary Parker Follett: visionary leadership and strategic management. *Women in Management Review,* v. 14, n. 7, 292-304, 1999.

225 MOTTA, F. C. P.; VASCONCELOS, I. F. F. *Op. cit.*

226 MOTTA, F. C. P. *Op. cit.*

227 MOTTA, F. C. P.; VASCONCELOS, I. F. F. *Op. cit.,* p. 53.

228 BARNARD, C. I. *As funções do executivo.* São Paulo: Atlas, 1971. p. 70.

229 NIKEZIĆ, S.; DŽELETOVIĆ, M.; VUČINIĆ, D. Chester Barnard: organisational-management code for the 21st Century. *Procedia - Social and Behavioral Sciences,* v. 221, 126-134, 2016.

230 DINIZ, B. A.; MARCONATTO, D. A. Confiança: um construto universal. *Revista de Administração FACES Journal,* v. 10, n. 1, 35-55, 2011.

231 MOTTA, F. C. P. *Op. cit.*

232 BRUCE, K.; NYLAND, C. *Op. cit.*

233 PRADO, V. J.; ALVES, B. C. P. Reflexões sobre a escola das relações humanas-ERH e as pesquisas de Hawthorne: visões críticas e contribuições. *In:* FÓRUM: XXXV ENANPAD, 2011.

234 ADAIR, J. G. *Op. cit.*

235 HASSARD, J. S. Rethinking the Hawthorne studies: the western electric research in its social, political and historical context. *Humans Relations,* v. 65, 1431-1461, 2012.

236 Elaborado com base em: https://summitagro.estadao.com.br/mecanizacao-agricola-e-impactos-no-campo/https://mundoeducacao.uol.com.br/geografia/efeitos-mecanizacao-campo.htm/https://blog.jacto.com.br/entenda-a-mecanizacao-da-agricultura--e-conheca-4-vantagens/https://www.em.com.br/app/noticia/economia/2013/01/14/internas_economia,343131/mecanizacao-no-campo-muda-as-relacoes-de-trabalho.shtml. Acesso em: 10 maio 2021.

237 Elaborado com base em: ZAPAROLLI, D. Agricultura 4.0. Pesquisa Fapesp. ed. 287, jan. 2020. Disponível em: https://revistapesquisa.fapesp.br/agricultura-4-0/#:~:text=Mas%20agora%20o%20pa%C3%ADs%20ter%C3%A1,Coisas%20(IoT)%20ao%20campo.) Acesso em: 10 maio 2021.

238 ESCRIVÃO FILHO, E. *A contribuição dos temas estratégia, estrutura e tecnologia ao pensamento administrativo.* São Carlos: Escola de Engenharia de São Carlos, 1996.

Assista ao **vídeo**

Capítulo

3
Organização orgânica e as teorias contemporâneas da administração

Vérica Freitas
Lucas Sciencia do Prado
Verônica Angélica Freitas de Paula
Dante Pinheiro Martinelli
Edmundo Escrivão Filho

Pontos de aprendizado

Neste capítulo, o leitor poderá aprofundar seu conhecimento sobre:
- Definições, propósitos e princípios da burocracia difundidos pelo estruturalismo.
- Aplicação da teoria de sistemas nas organizações e a suas implicações, bem como a influência do ambiente nas organizações e vice-versa.
- Organização mecanicista × organização orgânica.
- Movimento Contemporâneo e suas teorias.
- Bases para o estabelecimento do pensamento administrativo.
- Evolução do pensamento administrativo.

esperado que os leitores consigam captar as nuances e as principais características de cada era e como isso nos traz à realidade mais recente e atual das organizações. É interessante destacar que esse momento da história da administração é muito importante e traz aspectos bastante presentes na atualidade das organizações em diferentes níveis, como as mudanças na burocracia, a relação de mão dupla do meio ambiente e do contexto com as organizações, a visão de ambientes e a elaboração do conceito de organização orgânica, concretizado na prática de organizações mais adaptáveis e flexíveis. O entendimento da formação do pensamento administrativo, portanto, é ponto crucial para a gestão das organizações e o desenvolvimento de novas soluções diante dos desafios e das oportunidades atuais.

RESUMO

Este capítulo segue a história da formação do pensamento administrativo, tratando dos Movimentos Estruturalista Sistêmico, da Contingência e o Contemporâneo, compreendendo o período após 1950 até a primeira década do século XXI, seguindo o que foi apresentado no Capítulo 2. Os principais estudiosos de cada época, bem como seus feitos e suas contribuições para a gestão das organizações, são destacados neste capítulo. É

3.1 INTRODUÇÃO

Este capítulo apresenta a sequência do desenvolvimento das teorias administrativas – assim como no capítulo anterior, foi utilizada a proposta de Escrivão Filho[1] para organizar a evolução do pensamento administrativo desde o início dos sistemas artesanais de produção até alguns modelos como o sistema de produção enxuta, também conhecido como sistema Toyota ou Toyotismo.

Nessa linha, a Figura 3.1 apresenta de forma esquemática a divisão didática dos Capítulos 2 e 3, bem como a evolução da natureza da organização dos tipos de produção, abrangendo os aspectos mais marcantes dos estudiosos e pensadores de cada época, ressaltando a sua contribuição para formação do pensamento administrativo, que influenciam a visão, o papel e a forma de gestão das organizações atuais. Neste capítulo, é apresentada a construção do pensamento contemporâneo, partindo da visão estruturalista, passando pela teoria geral dos sistemas e pelo Movimento da Contingência, até alcançarmos pensamentos mais modernos como o sistema de produção enxuta.

RELEMBRANDO

As mudanças sociais acarretaram transformações no sistema de produção a partir do século XIII. Antes, a produção artesanal era centrada na estrutura familiar e no trabalho do artesão, que era responsável por todas as etapas do processo produtivo. Com a entrada de intermediários e o foco no volume de produção, os artesãos foram substituídos pela mão de obra assalariada.[2]

Assim como no Capítulo 2, estabeleceremos, sempre que necessário, a relação das "descobertas" desses estudiosos e interessados na instigante dinâmica das organizações com o contexto de mundo, sendo possível constatar como os diferentes momentos da sociedade refletiam nas organizações, nas ações e nas preocupações dos seus gestores e estudiosos.

3.2 MOVIMENTO ESTRUTURALISTA SISTÊMICO

3.2.1 Estruturalismo

O conceito de estrutura é utilizado em diferentes ciências há muito tempo, representando "tudo o que a análise interna de uma totalidade revela, ou seja, os elementos internos de um sistema, suas inter-relações e sua disposição".[4] Nas ciências sociais, seu uso tem origem em meados do século XIX, quando Herbert Spencer associa estrutura e função.[5] Assim, as teorias da administração também foram influenciadas pelas abordagens estruturalistas.[6]

Motta e Vasconcelos classificam o estruturalismo como um método analítico comparativo e destacam a relevância dos sistemas para o estruturalismo, a partir das ideias de que o todo é maior do que a soma das partes e de que o foco deve ser na totalidade e na interdependência, com a análise do relacionamento entre as partes.[7] Nas escolas clássicas, abordadas no Capítulo 2, a ideia de sistema já estava presente, mas as organizações eram consideradas sistemas fechados. Os sistemas abertos serão tratados na Seção 2.2.

No cenário pós-Segunda Guerra Mundial, o estudo do estruturalismo (em especial o burocrático) volta a se apresentar como opção para a teoria das organizações e traz alguns conceitos centrais:[8]

1. O homem organizacional, com personalidade mais cooperativa, flexível, capaz de resistir à frustração e adiar o desejo por recompensas e realização.

Figura 3.1 Evolução do pensamento administrativo.

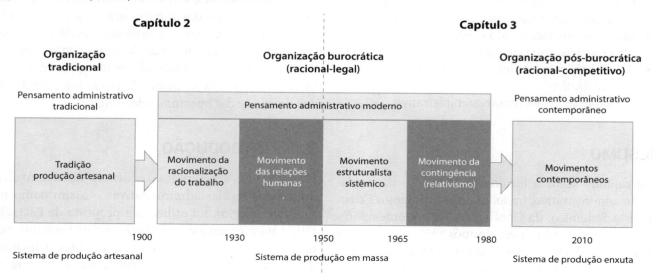

Fonte: adaptada de Escrivão Filho.[3]

2. Conflitos entre grupos como processo social fundamental e inevitável. Ao contrário das escolas anteriores, no estruturalismo considera-se o conflito como possível elemento propulsor de desenvolvimento e, mesmo em situações em que não seja desejável, o conflito não pode ser desconsiderado.

3. Incentivos mistos, ou seja, reconhecimento, prestígio e recompensas monetárias aos funcionários.

No estruturalismo, a organização é vista como um sistema em constante troca com o ambiente. Em qualquer tipo de organização, é importante considerar as partes e as interações entre as partes e os ambientes, com ênfase nos resultados.[9]

Portanto, qual foi a grande contribuição do estruturalismo para o pensamento administrativo? Como visto anteriormente, as escolas pioneiras de administração, a Científica (com Taylor), a Clássica (com Fayol) e a das Relações Humanas (com Elton Mayo), apresentavam uma visão de sistema fechado, pois consideravam apenas os elementos internos da organização. Consequentemente, o ambiente externo da organização não era teorizado. Isso não significa que na realidade essas ligações entre a organização e o ambiente não existissem: havia o governo, o sindicato, os fornecedores, os consumidores, mas não entravam no modelo teórico desses autores.

Além do mais, o modelo teórico desses pioneiros tinha uma teorização frágil do todo, pois examinava em detalhes as partes sem grande atenção às relações entre as partes. Dessa forma, o estruturalismo foi muito útil para superar essas deficiências, tratando das partes, de suas relações, do todo na composição das partes e nas relações do todo com as forças externas do ambiente. Essas ideias permitiram um grande avanço na teorização do pensamento administrativo, pois, ao invés de considerar apenas uma parte, por exemplo, o método de trabalho na proposição de Taylor, ou apenas o grupo informal na proposição de Elton Mayo, com o estruturalismo o pensamento administrativo passou a considerar o todo e as partes, fez uma síntese entre o formal e o informal, entre aspectos técnicos e humanos, entre ações racionais e afetivas, além do ambiente externo à organização.

Dessa exposição podemos compreender que alguns autores, até mesmo no Brasil, como Motta e Vasconcelos,[10] tratam o estruturalismo como um "método de análise" de uma situação ou fenômeno, sendo usado por diversas ciências como linguística, antropologia, psicologia, sociologia e não algo particular da administração. Então, o estruturalismo não seria uma "teoria de administração", mas um método de analisar problemas gerenciais. Não traria conceitos de administração, mas seria uma ótima "moldura" para enquadrar os conceitos existentes oriundos da racionalização e das relações humanas.

Reconhecido que as ideias sobre o estruturalismo sejam bastante abstratas e áridas para o grande público, a contribuição de Max Weber sobre a organização (Burocrática), ainda que em linguagem sociológica, foi bastante oportuna ao ser traduzida para o inglês em 1948 e obter grande penetração na área de administração. Sociólogos fizeram essa apresentação de Max Weber ao público em língua inglesa, e esses sociólogos ficaram conhecidos como "estruturalistas", mas na verdade a burocracia foi o assunto de discussão.

Max Weber

Pioneiro da teoria das organizações, Max Weber está presente no estruturalismo com seus estudos sobre autoridade e burocracia.[11] Weber preocupava-se com a "racionalidade instrumental, entendida em termos de equação dinâmica entre meios e fins".[12] A racionalidade instrumental se manifestaria nos sistemas sociais burocratizados no formalismo, na impessoalidade e na administração profissional.[13]

O ser humano, para Weber, é livre e, embora tenha características que possam contribuir para formar suas decisões, ainda pode decidir livremente como se comportar, especialmente se estiver disposto a assumir as consequências de seus atos. Desenvolve, então, o conceito de burocracia como "uma tentativa de formalizar e coordenar o comportamento humano por meio do exercício da autoridade racional-legal para o atingimento de objetivos organizacionais gerais".[14]

A partir do desenvolvimento da sociedade industrial, o padrão de misturar as esferas pessoais (familiar) e do trabalho, vigentes na sociedade tradicional, é rompido. Elas não se confundem mais, pois as relações deixam de ter caráter pessoal. De acordo com Weber, "a burocracia é um sistema que busca organizar, de forma estável e duradoura, a cooperação" de muitas pessoas, onde cada uma possui uma função especializada, com distinção da vida pessoal, familiar e privada da vida pública e de trabalho.[15]

O paradigma de Weber traz quatro pontos-chave:[16] **conhecimento** ("apreender objetivamente a significação das intenções do outro a partir de suas condutas"); **ação humana** ("pré-estruturada, mas não determinada. Crenças e valores do indivíduo influenciam suas condutas"); **realidade** ("construção de significados compartilhados pelos atores sociais"); e **tipo ideal da burocracia** ("sistema racional – instrumental que busca organizar de forma estável e duradoura a cooperação humana para o atingimento de objetivos explícitos e formalizados").

Dessa forma, a estrutura burocrática de Weber tem como características:[17] funções e competências bem definidas; direitos e deveres baseados na igualdade burocrática; hierarquia e especialização de funções; impessoalidade nas relações; objetivos explícitos e estrutura organizacional formalizada; autoridade racional e legal; e racionalidade instrumental. É interessante comentar que Weber entendia o fenômeno burocrático de maneira mais ampla, não restrita à organização burocrática, considerando a burocracia como um sistema de controle e dominação racional-legal.

Embora os autores estadunidenses apresentassem Max Weber como o "criador" da teoria administrativa da burocracia, o que se reproduziu aqui no Brasil, ele foi um grande pensador (estudou filosofia, história, sociologia, economia, história das religiões, ciência política), um humanista que denunciou como a racionalização presente na história da humanidade, e altamente sofisticada no início da industrialização, conforme registrado no Capítulo 2, era uma ameaçada à liberdade humana.

POR DENTRO DA TEORIA

Para Tragtenberg, "o que é real é que Weber estudou a burocracia porque via na sua expansão no sistema social o maior perigo ao homem. Estudou para criar os mecanismos de defesa ante a burocracia".
Fonte: Tragtenberg (1980).[18]

Outros pensadores estruturalistas buscaram associar a burocracia de Weber a outras correntes do pensamento na teoria das organizações, como Robert K. Merton, Phillip Selznick e Alvin Gouldner, "que buscaram relacionar a burocracia com a escola das relações humanas".[19] Uma importante contribuição para a teoria estruturalista nas teorias organizacionais vem de Amitai Etzioni, como abordado na próxima seção.

Amitai Etzioni

Considerado um dos principais autores da teoria estruturalista organizacional, Amitai Etzioni desenvolveu seus estudos considerando também o ambiente, pensando as organizações de forma ampla, comparando fatores internos e externos. Para Etzioni, os "fenômenos organizacionais se interligam, interpenetram e interagem de tal modo que qualquer modificação ocorrida em alguma parte da organização afeta todas as outras partes da estrutura [...] o estruturalismo é uma síntese entre duas escolas: a escola científica e a escola das relações

humanas. Assim, o estruturalismo combina as perspectivas formal (das escolas científica e clássica) e informal (escola das relações humanas), além de outros aspectos das organizações".[20]

Amitai Etzioni propôs um modelo estruturalista de organização, combinando elementos como tipos de poder, de envolvimento e objetivos. Assim, a estrutura de conformidade deriva da relação entre tipos de poder disponíveis para a organização e os tipos de envolvimento dos participantes.[21]

A partir das explicações de Katz e Kahn e segundo Etzioni, a conformidade é referente ao comportamento de uma pessoa em função do poder exercido por outra.[22] Considerando o poder de superiores hierárquicos (poder exercido, aspecto estrutural, que inclui tipos e forma de distribuição de poder na organização) e as formas de compromisso dos funcionários com a organização (controle do aspecto motivacional, a partir da reação dos subordinados a esse poder), Etzioni desenvolveu uma tipologia de organizações.[23]

1. Organizações coercitivas, com participantes em níveis hierárquicos inferiores alienados e emprego de coerção para controle desses participantes.

2. Organizações utilitárias, que utilizam a remuneração como forma de controle dos participantes em níveis hierárquicos inferiores, que por sua vez apresentam envolvimento calculista.

3. Organizações normativas, em que os participantes em níveis hierárquicos inferiores apresentam alto nível de envolvimento (moral), e o controle é exercido por poder normativo, ou seja, há envolvimento baseado na aceitação das normas e diretrizes como legítimas.

4. Organizações duais, que são tipos híbridos, com variada necessidade de coesão dependendo do contexto em que se inserem.

Além de reforçar a relevância do estruturalismo para o estudo das organizações, Etzioni também trouxe à tona a questão dos conflitos e a descrição do homem organizacional.[24] Os conflitos passam a ser percebidos como inevitáveis, inerentes às organizações, até pelo seu caráter social. A existência de conflitos passa a ser reconhecida e administrada, de forma a buscar desenvolvimento, aprimoramento e melhoria nos processos, nas funções e na própria organização a partir dos conflitos – a evolução ocorre "com base em uma dialética de construção e desconstrução dos sistemas organizacionais".[25]

Por sua vez, o homem organizacional "é um ser que age racionalmente (o que não quer dizer conscientemente), visando atingir os seus objetivos e interesses próprios. Capaz de negociação política, desenvolve estratégias de jogo para inserir-se no sistema organizacional, que lhe fornece os meios para o atingimento de seus interesses pessoais. Sua ação não é determinada pelas regras e estruturas organizacionais. Ela apenas induz comportamentos e estrutura os jogos de poder"; isso traz o "pressuposto da construção social da realidade: o homem constrói os sistemas em que vive e é por eles construído".[26]

RELEMBRANDO

"**Homem organizacional**: indivíduo flexível, resistente à frustração, capaz de adiar recompensas, com desejo permanente de realização, habilitado a mudanças rápidas e contínuas. Homem político, age estrategicamente para atingir suas metas e objetivos organizacionais. Participa simultaneamente de vários sistemas sociais, com diferentes papéis sociais."[27]

A dinâmica organizacional na ótica do estruturalismo também é discutida por Blau e Scott, como traz o próximo tópico.

Blau e Scott

Blau e Scott também consideram o conflito inevitável nas organizações, impulsionando mudanças, apresentando três dilemas fundamentais nas organizações que corroboram a necessidade de reconhecer a importância do conflito e da mudança organizacional:[28]

- Comunicação e coordenação: a comunicação entre os atores é benéfica para a solução dos problemas administrativos, mas a emergência de conflitos a partir dessas interações dificulta a coordenação.
- Disciplina burocrática e especialização profissional (contrapondo a opinião profissional de especialistas ao trabalho dos burocratas, que devem seguir as diretrizes organizacionais).
- Planejamento administrativo e iniciativa (contraposição entre as necessidades de planejamento e controle e a criatividade com iniciativas individuais).

Conforme Quadro 3.1, Blau e Scott propuseram ainda uma tipologia organizacional com base nos beneficiários da atuação da organização:[30]

Vistos alguns autores que contribuíram para a formação do pensamento estruturalista na teoria das organizações, é importante reunir alguns pontos centrais do estruturalismo. Essa corrente de pensamento propõe formas de incentivo misto aos trabalhadores das organizações, considerando incentivos monetários (como nas escolas Científica e Clássica) e não monetários (como na Escola das Relações Humanas):

"Os estruturalistas incluíram em sua análise tanto os incentivos e as recompensas psicossociais quanto os materiais, bem como as suas influências mútuas. O ser humano é um ser político e racional, que explora as regras do sistema organizacional para o atingimento de seus interesses particulares, visando aumentar o seu poder e os recursos que controla. Procede assim por meio de opções estratégicas dentro de um sistema de jogos estruturados pelas regras organizacionais."[31]

Além disso, é importante destacar a visão dos estruturalistas da organização como um sistema: "[...] um sistema deliberadamente construído e em constante relação de intercâmbio com seu ambiente. A organização constitui uma parte de um sistema maior no qual o sistema social está integrado. Este possui leis amplas e genéricas que explicam as diversas partes que o constituem, por exemplo, a organização".[32]

Assim, as ideias do estruturalismo já trazem a noção de que as organizações são sistemas abertos, mas enfatizam fatores internos à organização e de estrutura.[33]

Quadro 3.1 Tipologia organizacional de Blau e Scott

Tipos de organizações	Principais beneficiários	Exemplos
Associações de benefício mútuo	Quadro social	Clubes e sindicatos
Organizações comerciais	Proprietários	Empresas em geral
Organizações de serviços	Clientes	Hospitais e escolas
Organizações de bem-estar público	Grande público	Bombeiros e instituições de pesquisa

Fonte: baseado em Motta e Vasconcelos.[29]

Na Seção 3.2.2, a teoria geral de sistemas, desenvolvida a partir dos estudos de Ludwig von Bertalanffy, é discutida, assim como seu papel e os desdobramentos da aplicação da visão sistêmica na administração.

3.2.2 Teoria geral de sistemas

A teoria geral de sistemas surge a partir dos estudos de Ludwig von Bertalanffy e Kenneth Boulding, ainda na década de 1930. Os autores buscavam formas de explicar e solucionar problemas complexos, a partir da análise do problema como um todo, composto por partes ligadas, inter-relacionadas, baseando-se na premissa de Aristóteles de que "o todo é maior do que a soma das partes".[34]

Ludwig von Bertalanffy

Biólogo, Ludwig von Bertalanffy desenvolveu a ideia de sistemas abertos pensando em diferentes ciências e na possibilidade de utilização deste conceito nos mais diversos campos do conhecimento. Após a Segunda Guerra Mundial, seus estudos foram popularizados e em 1956 ele publica a teoria geral de sistemas (*general system theory*). É a partir desses estudos que outros pensadores passam a adaptar e aplicar a teoria geral de sistemas (TGS) ao campo da administração e à teoria das organizações.[35]

A TGS parte do conceito de sistemas abertos, com a existência de elementos distintos em interação contínua no (e com o) ambiente.[36] Como von Bertalanffy era biólogo, desenvolveu suas ideias pensando os sistemas como sendo vivos, compostos por subsistemas também abertos, em constante interação com as partes que os compõem, com o sistema em que estão inseridos e com o ambiente como um todo.[37]

O sistema é um conjunto de objetos que se relacionam com seus atributos e com o ambiente, formando um todo. Esses objetos são os elementos ou partes do sistema e incluem *inputs* (ou entradas), que são processos de transformação dessas entradas em saídas, e os *outputs* (ou saídas), que são os resultados do processo. Relacionamentos são as ligações entre os objetos, e os atributos são as características dos objetos e dos relacionamentos no sistema. Por fim, há o ambiente, o entorno, que também afeta o desempenho do sistema. Essas partes compõem o todo já descrito por Aristóteles como sendo maior do que a mera soma dessas partes, já que a interação entre os objetos, seus atributos, processos e ambientes torna o sistema uma estrutura independente.[38]

Esse conjunto de partes que compõem o sistema, de forma coordenada, busca realizar objetivos, finalidades, alcançar resultados. A TGS tem origem multidisciplinar, sendo utilizada em diferentes campos do conhecimento.

Von Bertalanffy também estabeleceu os pressupostos da TGS:[39] tendência de integração entre ciências naturais e sociais, que parece ser orientada para uma teoria dos sistemas; a teoria de sistemas agindo como uma forma de objetivar ciências sociais; o desenvolvimento de princípios unificadores entre diversas ciências, gerando a necessária integração da educação científica. A Figura 3.2 apresenta um exemplo genérico de diagrama de sistemas.

Como comentado, von Bertalanffy propôs o sistema aberto a partir do estudo de sistemas vivos. Algumas propriedades dos sistemas abertos permitem entender mais profundamente os princípios e a própria TGS:[40]

- **Importação de energia**: entrada de energia útil do ambiente para manutenção do sistema – como insumos e trabalhadores no caso de organizações.
- **Processamento**: consecução de objetivos a partir dos processos de transformação de entradas em saídas, com retroalimentação (*feedback*).
- **Exportação de energia**: o sistema devolve energia ao ambiente, como produtos e serviços se pensarmos em empresas.
- **Ciclos de eventos**: processos dinâmicos com trocas e interações entre sistemas e ambientes.
- **Entropia negativa**: reposição qualitativa de energia que permite aos sistemas resistir ao processo entrópico, que trata da homogeneização, comum aos sistemas organizados, mas que levaria à sua morte.

Figura 3.2 Diagrama de sistemas.

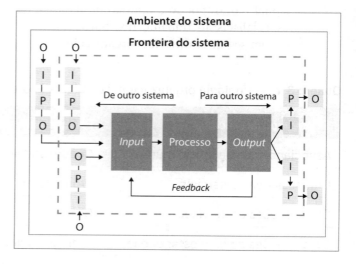

Fonte: adaptada de Martinelli e Ventura.[41]

- **Informação como insumo, controle por retroalimentação e processo de codificação**: uso dos dados recebidos do ambiente como fonte de informação do ambiente e do relacionamento sistema-ambiente, possibilitando a correção de eventuais problemas.

- **Estado estável e homeostase dinâmica**: relação constante de troca de energia útil entre o sistema e o ambiente para evitar a entropia e manter o sistema em equilíbrio.

- **Diferenciação**: multiplicação de papéis e funções dentro do sistema, levando à diferenciação interna do sistema.

- **Equifinalidade e evolução constante do sistema**: existem diversas maneiras de o sistema alcançar o seu equilíbrio – a situação estável. No caso de organizações, por exemplo, é possível a adaptação ao ambiente de diferentes formas, a partir de determinadas condições iniciais, inexistindo somente uma forma ou caminho possível para essa adaptação.

No campo da teoria da administração especificamente, os gestores podem pensar a própria organização como um sistema aberto, composto por outros sistemas, responsável por definir objetivos para sistemas e subsistemas, promover integração e inter-relação entre os sistemas, os subsistemas, as partes e os ambientes. É importante destacar a relevância da interação das organizações com o ambiente, buscando trocas e adaptação a diferentes contextos, como preconizado pela teoria de sistemas.[42] Outros autores também contribuíram para a aplicação da TGS à teoria das organizações, como será visto na sequência.

Talcott Parsons

A perspectiva funcionalista de Talcott Parsons é uma forma de estruturalismo e é também sistêmica, sendo relevante entender seus preceitos, em especial quanto à aplicação da ideia de sistemas abertos à teoria das organizações. Para ele, "o sistema social e os sistemas organizacionais têm quatro funções que garantem a sua sobrevivência":[43]

- **Latência** (*latency*): a forma como o sistema se sustenta e se reproduz continuamente e como transmite os valores e os padrões culturais que o embasam.

- **Integração** (*integration*): a função que assegura coerência e coordenação entre os indivíduos e grupos que compõem o sistema e entre suas partes diferenciadas.

- **Gerar e atingir objetivos** (*goal attainment*): a função que garante o estabelecimento de metas e objetivos e a implementação de meios visando atingi-los.

- **Adaptação** (*adaptation*): quando a organização ou o sistema social buscam recursos para a sua sobrevivência.

Essas quatro funções podem ser vistas em funcionamento nos sistemas organizacionais: "o sistema social fornece valores (função latência) que permitem aos indivíduos integrarem-se na sociedade (função integração), buscando atingir os objetivos fornecidos pelo sistema (função gerar e atingir objetivos), e, para tanto, contribuindo para a adaptação dele, produzindo os recursos fundamentais à sua sobrevivência (função adaptação)".[44]

RELEMBRANDO

"Sistemas são totalidades ou conjuntos formados por partes diferenciadas, que têm funções diversas, mas que são interdependentes – uma modificação em uma parte influencia a outra. As diversas partes de um sistema são integradas pelas leis e regras de funcionamento gerais do sistema. A totalidade (o conjunto visto como um todo) tem propriedades e características que as partes não têm. As propriedades das partes podem ser explicadas a partir das leis e regras do todo."[45]

Na perspectiva de Parsons, "as organizações são uma classe de sistemas sociais, que, por sua vez, constituem uma classe de sistemas abertos. Como sistema social ela apresenta vários subsistemas que cumprem as funções descritas".[45] Assim, essas quatro funções são desempenhadas pelos subsistemas que compõem a organização. Kahn e Katz propuseram um esquema conceitual que prevê as organizações como sistemas abertos e descreve esses subsistemas, como será visto no próximo tópico.

Robert L. Kahn e Daniel Katz

Assim como von Bertalanffy, Kahn e Katz também partem do pressuposto de que as organizações são sistemas abertos e, portanto, possuem como características: "importação de energia; processamento; exportação de energia; ciclos de eventos; entropia negativa; informação como insumo, controle por retroalimentação e processo de codificação; estado estável e homeostase dinâmica; diferenciação; e equifinalidade". O esquema conceitual de Kahn e Katz traz como subsistemas (funções) das organizações:[46]

- "Subsistemas de produção, relacionados à transformação de insumos em produtos cujos ciclos de atividades compõem suas principais funções (função geração e fixação de objetivos ou *goal attainment*).
- Subsistemas de suporte, que procuram e colocam energia no ambiente e tratam da manutenção de bom relacionamento com outras estruturas desse ambiente (função adaptação).
- Subsistemas de manutenção, que se responsabilizam pela realização do processamento, isto é, que tratam da ligação das pessoas ao sistema, por meio de recompensas e punições, mantendo os valores e pressupostos básicos do sistema em uma ação conservadora (função latência).
- Subsistemas adaptativos, que sentem mudanças ambientais relevantes e traduzem-nas para a organização (função adaptação).
- Subsistemas administrativos, que são compostos por atividades organizadas para o controle, a coordenação e a direção dos vários subsistemas. Os dois principais subsistemas administrativos são as estruturas regulares (legislativas) e as de tomada de decisões (função latência ou manutenção de valores e práticas)."

Kahn e Katz também propuseram uma tipologia de organizações:[47]

- "**Organizações econômicas ou produtivas**, relacionadas com o fornecimento de mercadorias e serviços, entre as quais estão as empresas [...].
- **Organizações de manutenção**, relacionadas com a socialização e ao treinamento das pessoas que irão desempenhar papéis em outras organizações e na sociedade global. Entre elas, estão as escolas [...].
- **Organizações adaptativas**, relacionadas com a criação de conhecimentos e com o desenvolvimento de novas soluções para problemas. Entre elas, estão os laboratórios e as organizações de pesquisa [...].
- **Organizações político-administrativas**, relacionadas com a coordenação e o controle de recursos humanos e materiais. Os Estados, os órgãos públicos em geral, os sindicatos [...] estão nesse grupo."

O alto nível de planejamento necessário para a gestão das organizações faz com que elas se diferenciem de outros sistemas sociais. Há maior necessidade de controle, compartilhamento de valores e expectativas, existência de regras e punições, e a visão sistêmica auxilia as organizações a conseguirem definir e visualizar os componentes do sistema social, como papéis, normas e valores. Como as organizações podem ser entendidas como um sistema em que as pessoas estão inter-relacionadas e desempenham determinados papéis, surge a ideia do homem funcional, que pode desempenhar dentro da organização diversos papéis por ela definidos.[48] Como cada indivíduo desempenha diferentes papéis dentro da organização, as interações com outros indivíduos, assim como as características e a natureza de suas funções e a forma de execução (descrição precisa de tarefas e fiscalização constante ou autonomia para exercer as atividades, por exemplo), impactam sua produtividade, ou seja:

> [...] para que a autonomia aja realmente como fator de maior produtividade, duas outras variáveis, porém, devem ser consideradas: a interação e o estímulo. Para que o indivíduo livre seja produtivo, deve fazer parte, de fato, de um sistema social ativo. A interação motiva o indivíduo, visto que ele passa a conhecer as expectativas que os outros têm de seu papel. O estímulo, por sua vez, lhe dá a medida de como o seu comportamento está atendendo às expectativas e o incita a alterá-lo ou a prosseguir.[49]

Assim como no estruturalismo, a ideia de incentivos mistos permanece: a aplicação da visão sistêmica à organização permite buscar formas de associar recompensas monetárias e não monetárias, aumentando a produtividade, a motivação e o estímulo dos trabalhadores.

RELEMBRANDO

"**Homem funcional**: conflitos de papéis a resolver; e expectativas de papéis determinadas por contexto organizacional mais amplo."[50]

Desse modo, para Kahn e Katz, as organizações desempenham as funções previstas no funcionalismo de Talcott Parsons e são "consideradas, nesse sentido, atores sociais que desempenham papéis no ambiente, reagindo a ele, modificando seus pressupostos básicos e adaptando-se. As organizações contêm subsistemas e são subsistemas inseridos em sistemas maiores: o sistema social".[51]

Pensando no movimento estruturalista sistêmico, é possível propor um modelo de organização sistêmica, que inclua atividades, processos e funções internas da organização, as interações entre elementos internos e as trocas com os ambientes externos, incluindo macro e microambientes, possibilitando que se tenha visão sistêmica, do todo maior do que a soma das partes, como demonstra a Figura 3.3.

Visando lidar com os diferentes tipos de sistemas e propor alternativas para a compreensão holística dos problemas, surgem as metodologias sistêmicas. Com a premissa de sistemas abertos, complexidade e abordagem holística, essas metodologias podem ser classificadas em metodologias do tipo *hard* e metodologias do tipo *soft*. As metodologias do tipo *hard* (ou *hard systems methodologies*) são mais aplicadas a pesquisas no âmbito das ciências físicas e da vida. Por sua vez, as *soft systems methodologies* (SSM) aplicam-se às ciências comportamentais e sociais, incluindo a administração.[52]

3.3 MOVIMENTO DA CONTINGÊNCIA (RELATIVISMO)

O foco no aumento da eficiência da produção, por meio da divisão do trabalho e do aperfeiçoamento das estratégias de gestão, foi a base dos estudos organizacionais no início do século XX. Diversos teóricos desenvolveram seus trabalhos em busca da melhor maneira de realizar uma tarefa. Surge nesse contexto um conjunto de ideias e teorias sobre as diferentes formas possíveis de estruturar uma organização, diante do pensamento da "melhor maneira". Esses estudos foram base para a introdução de uma teoria contingencial.[53]

Figura 3.3 Organização sistêmica.

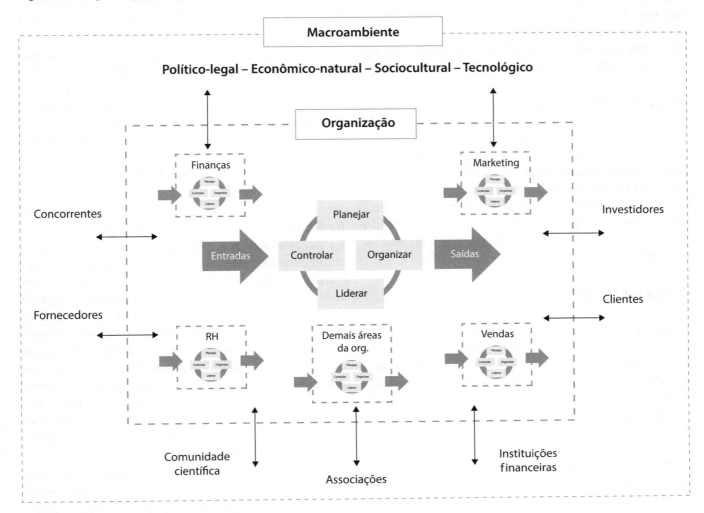

Fonte: Prado, Paula, Paula e Martinelli.[54]

De maneira ampla, é possível dizer que a abordagem contingencial implica a existência de uma variável condicionante/moderadora do relacionamento de outras duas variáveis. Assim, uma variável X poderá moderar o relacionamento de Y e Z. Aplicando essa visão mais ampla na teoria das organizações: o relacionamento está entre uma característica da organização e a sua efetividade. Assim, uma variável que modera o impacto de determinada característica na efetividade organizacional pode ser entendida como uma contingência.[55] Ou seja, forças do ambiente influenciam a adoção de práticas administrativas, demonstrando que a gestão da organização é dependente dos fatores contingenciais, que são externos à organização, estão no ambiente.

Dessa forma, a partir do uso do quadro analítico dos sistemas abertos como referência e de esforços de diversas pesquisas de campo, os autores contingenciais trabalharam para especificar a validade de conceitos gerenciais sob determinadas condições específicas.[56] Na perspectiva das ideias contingenciais, a eficácia da organização estava em sua capacidade de adaptação às variáveis da situação.[57] As diferentes formas organizacionais possíveis eram influenciadas pelo ambiente no qual a empresa estava inserida,[58] questionando a universalização dos princípios gerenciais.[59]

A teoria da contingência tem como principais representantes Burns e Stalker, Joan Woodward e Paul R. Lawrence, e Jay W. Lorch.[60] Os estudos do grupo de Aston também são considerados importantes para o desenvolvimento da teoria da contingência. Neste capítulo, não será dedicada seção para a discussão dos resultados das pesquisas conduzidas pelo grupo. Entretanto, as principais ideias do grupo serão destacadas no Quadro 3.2. Para uma visão detalhada das contribuições do grupo de Aston, ver as obras de Motta e Vasconcelos[61] e de Motta.[62]

Burns e Stalker

Uma das construções de maior sucesso nos estudos organizacionais modernos está associada às ideias de Burns e Stalker, apresentadas no livro *The management of innovation*. Os autores investigaram diversos estudos de caso de organizações na Grã Bretanha do setor de eletrônicos para estudar a relação entre as características do ambiente externo e as práticas de gestão organizacional. A partir desse estudo, foi desenvolvida uma teoria que destacou a existência de dois sistemas: mecânico e orgânico.[63]

O foco da teoria proposta por Burns e Stalker está na mudança da tecnologia e não na natureza dela. Para os autores, as mudanças na tecnologia e nos mercados agem como variáveis contingenciais. As empresas estudadas pelos autores tinham que se adaptar para responder às mudanças que aconteciam no campo tecnológico (no ambiente externo) e ajustar suas estruturas de governança e gestão considerando as alterações no mercado.[64] Outro ponto que vale ser destacado é que os dois sistemas eram vistos como polaridades de um contínuo e não como uma dicotomia. Sendo assim, as organizações poderiam estar em situações intermediárias.[65]

O sistema mecânico é mais adequado para ambientes organizacionais mais estáveis e previsíveis, considerando tanto as mudanças de tecnologia quanto o mercado. Já os sistemas orgânicos são mais adequados para ambientes com maiores mudanças e imprevisibilidade dos problemas, nos quais as condições de negócio são mais instáveis.[66] Originalmente, Burns e Stalker (1961, *apud* Miner, 2006)[67] apresentaram 11 elementos característicos das organizações. Entretanto, no Quadro 3.2 é apresentada uma interpretação das principais características de cada um dos sistemas, sem seguir a ordem e o detalhamento dos 11 elementos apesentados orginalmente.

Os sistemas mecânicos são caracterizados por uma estrutura de controle mais vertical, com hierarquia bem definida. As tarefas são especializadas, com maior clareza sobre direitos e obrigações. Além da concentração da autoridade, é perceptível também uma concentração de informações e conhecimentos nos níveis mais altos da hierarquia. Por fim, nota-se que esses sistemas são caracterizados por maiores controles burocráticos.[68]

Já nos sistemas orgânicos as tarefas não são formalmente definidas. Um conjunto de crenças e valores substitui a hierarquia formal, e o nível de conhecimento especializado torna-se base para a estratificação das organizações.[69] Nesse sentido, é possível observar contínua redefinição de tarefas, a partir de um grande volume de interações e consultas laterais.[70] Ademais, "nesses sistemas, o controle, a autoridade e comunicação são estabelecidos de acordo com a expertise necessária" para se resolver o problema específico (Burns e Stalker, 1961, *apud* Courtright, Fairhurst e Rogers, 1989).[71] Por fim, é caracterizado por um sistema com poucos controles burocráticos com maior comprometimento e envolvimento com a organização e seus resultados.[72]

Os estudos realizados após a obra original de Burns e Stalker confirmaram que as organizações que implementam o modelo orgânico têm maiores chances de sucesso em ambientes dinâmicos.[73]

Quadro 3.2 Sistemas mecânicos e orgânicos

Modelo mecânico	Modelo orgânico
● Mais aderentes aos ambientes estáveis, com menores mudanças na tecnologia e no mercado.	● Mais aderentes para ambientes menos estáveis.
● Estrutura hierárquica de controle, autoridade e comunicação.	● Ajuste contínuo às mudanças ambientais.
● Diferenciação especializada de tarefas de forma rígida.	● Descentralização e maior autonomia.
● Clara definição de direitos e obrigações.	● Comprometimento espalhado por toda a organização.
● Intervenções verticais superiores.	● Redefinição contínua das tarefas individuais correspondentes, pela interação com os demais da organização.
● Reforço da estrutura hierárquica pela concentração do conhecimento nos níveis mais altos da hierarquia.	● Papéis mais complexos – múltiplas tarefas.
● Operações e comportamentos no trabalho controlados por instruções e decisões tomadas nos níveis superiores.	● O conhecimento está espalhado por toda a organização.
● Concentração de autoridade de linha na cúpula administrativa.	● Comunicações horizontais e verticais exigidas pelo processo de trabalho – consulta aos pares e não apenas aos superiores.
● Obediência e exigência estreita de lealdade à organização.	● Conteúdo de comunicação que consiste mais em informações e conselhos do que instruções e decisões.
● Valorização das comunicações e interações verticais entre supervisores e subordinados – influência *top-down*.	● Alto grau de engajamento com os fins da organização como um todo.
● Muitos controles burocráticos.	● Poucos controles burocráticos.

Fonte: baseado em Motta e Vasconcelos;[74] Escrivão Filho e Guerrini;[75] Motta;[76] Koontz, O'Donnell e Weihrich;[77] e Burns e Stalker *apud* Miner.[78]

Assim, segundo Burns e Stalker (1961, *apud* Sine, Mitsuhashi e Kirsch, 2006),[79] as mudanças no ambiente devem ser consideradas para a escolha da estrutura da organização. A adaptabilidade das organizações em um ambiente turbulento poderá ser limitada pela formalização, bem como a falta de processos bem definidos e hierarquia poderá atrapalhar o desempenho de uma organização inserida num ambiente mais estável.[80] Assim, para evitar as disfunções, o ajuste da estrutura organizacional deve ser realizado a partir do entendimento do meio ambiente no qual a empresa se encontra.[81]

Além de Burns e Stalker, outras teorias de contingência tornaram-se populares, tais como Lawrence e Lorsch, que trabalharam com a contingência ambiental, a partir da diferenciação e integração em função do ambiente externo, e Joan Woodward, que discutiu a contingência tecnológica, destacando que a estrutura e os controles da organização dependeriam da tecnologia de produção.[82] Tais ideias serão detalhadas a seguir.

Joan Woodward

Joan Woodward foi considerada um dos grandes nomes do movimento contingencial. Apesar de, provavelmente, Joan Woodward não ter conhecido Tom Burns, nem ter discutido suas ideias antes das respectivas publicações iniciais, pode-se perceber que ambos perseguiram ideias complementares, influenciados pelo contexto da necessidade de rápida reconstrução industrial no período pós-guerra. A análise das obras dos dois autores permite a descoberta de diversos pontos comuns e complementares sobre a efetividade das organizações industriais.[83]

Os estudos realizados por Woodward e seus colaboradores demonstraram como a tecnologia poderia influenciar nas características organizacionais, notadamente na definição da estrutura.[84] A tecnologia era determinada pelos objetivos da organização (o que ela desejava produzir). Apesar de a organização da fábrica ser influenciada por outros fatores, como a ação dos administradores, a tecnologia foi considerada como fator de maior importância.[85]

Assim, Woodward classificou as organizações em três tipos, que variavam da empresa menos complexa (1) até a mais avançada (3). As organizações foram divididas em três grandes grupos, de acordo com as características de seus sistemas produtivos, e estabeleceram-se nove subdivisões. (1) O primeiro grupo concentrava sistemas de produção unitária e de pequenos lotes. As produções eram feitas, normalmente, por encomenda e personalizadas de acordo com as necessidades dos clientes. (2) O segundo grupo era composto por sistemas de produção de grandes lotes e em massa. Além da produção em grande quantidade, os produtos eram padronizados e de aparência muito semelhante. Um exemplo eram os produtos produzidos a partir de linhas de montagem. (3) Por fim, o terceiro grupo era composto por sistemas de produção por processo. A produção era contínua, com etapas previsíveis e de longo prazo. Pode-se destacar, por exemplo, o processo produtivo de empresas da indústria química ou nas refinarias de petróleo.[86]

Assim, a partir da análise dos diferentes sistemas de produção, Woodward observou uma relação entre as estruturas hierárquicas apresentadas pelas organizações. As organizações "1" (pequenos lotes) e "3" (processos) delegam mais autoridade, têm maior flexibilidade, e os modelos de liderança são mais indulgentes e democráticos. Já as organizações "2" (grandes lotes e em massa) são mais formais, exercem supervisão estrita do pessoal, por meio do modelo "chefia e assessoria", além de confiarem mais nas comunicações escritas e formais.[87] Notou-se que o padrão de administração das organizações varia de acordo com as diferenças técnicas. O sucesso econômico das organizações estava associado à adequação da estrutura administrativa às diferentes tecnologias de produção.[88]

Ao publicar o seu trabalho em 1965, Woodward pôde analisar seus resultados a partir das conclusões de Burns e Stalker e a proposta de modelos mecânicos e orgânicos. Ela pôde perceber semelhança na forma de organização de empresas que operavam no sistema de produção em larga escala e em massa, em ambientes estáveis, com o modelo mecânico. Já a eficácia das empresas com sistemas de produção em pequenos lotes ou por processos era maior quando organizadas por modelos orgânicos.[89]

Apesar de a autora não ser a primeira a debater e a questionar as ideias apresentadas pelas escolas clássicas e científicas, seu trabalho trouxe suporte empírico para o questionamento da "única forma correta" de se organizar. Nesse caso, para cada sistema de produção, formado por um conjunto de circunstâncias, existe maneira mais adequada.[90] A tecnologia passa a determinar a melhor estrutura organizacional.[91]

O estudo de Joan Woodward foi base para as ideias desenvolvidas no projeto de Lawrence e Lorsch. As conclusões apresentadas por Woodward trouxeram evidências que questionaram a validação da existência de um único modelo válido para organizar todos os sistemas de produção.[92]

POR DENTRO DA TEORIA
O GRUPO DE ASTON

O estudo do grupo da Universidade de Aston em Birmingham, Inglaterra, foi semelhante ao estudo de Joan Woodward. Entretanto, "o trabalho foi realizado com foco nos sistemas e subsistemas organizacionais e não nas unidades de produção".[93] As conclusões dos estudos foram publicadas em uma sequência de cinco artigos no periódico *Administrative Science Quarterly*. De forma mais ampla, pode-se dizer que o objetivo dos estudos do grupo de Aston foi demonstrar empiricamente a pluridimensionalidade da burocracia. Os autores partiram do pressuposto de que as variações nas estruturas de uma organização estão relacionadas com o contexto no qual ela está inserida. Diferentemente de Woodward, os autores entenderam que, além da relação entre tipo de tecnologia e estrutura, o tamanho das organizações poderia impactar na influência da tecnologia. Assim, o tamanho das organizações era a variável contextual mais explicativa. Os autores definiram sete perfis organizacionais diferentes. São eles: burocracia plena, plena nascente, de fluxo de trabalho, refluxo de trabalho, de pessoal e implicitamente estruturada.

Fonte: adaptado de Motta e Vasconcelos,[94] Motta[95] e Aldrich.[96]

Lawrence e Lorsch

Outra contribuição relevante para a teoria contingencial é o estudo de Paul Lawrence e Jay Lorsch. Apesar de existirem relatos em estudos anteriores, os principais fundamentos de sua teoria foram publicados em um artigo em 1967[97] e no livro *Organization and environment: managing differentiation and integration*.[98]

Além da influência dos estudos de Woodward, já destacada, adicionalmente, as ideias de Burns e Stalker também influenciaram os pensamentos dos autores.[99] A pesquisa de Lawrence e Lorsch, realizada nos Estados Unidos, com dez empresas, mostrou a relação das diferenças internas das empresas com as diferenças do ambiente. A partir disso, os autores propuseram o modelo da diferenciação-integração[100] como uma função do ambiente externo.[101] A diferenciação é definida como:

> [...] o estado de segmentação do sistema organizacional em subsistemas, cada um dos

quais tende a desenvolver atributos particulares em relação aos requisitos impostos por seu ambiente externo relevante. A diferenciação, como usada aqui, inclui os atributos comportamentais dos membros dos subsistemas organizacionais; isso representa uma ruptura com a definição clássica do termo como simplesmente a divisão formal do trabalho.[102]

Já a integração é entendida como "o processo de alcançar a unidade de esforço entre os vários subsistemas na realização da tarefa da organização".[103] Assim, no modelo diferenciação-integração, a atenção é concentrada no grau de diferenciação e interação requeridos, considerando a necessidade de trabalho conjunto das unidades. A relação entre esses conceitos é inversa. Assim, quanto maior a diferenciação, mais difícil é a interação. Por outro lado, quanto menor a diferenciação, organizações mais homogêneas, mais fácil é a integração.[104]

Portanto, para os autores as empresas mais bem-sucedidas são aquelas que melhor se ajustam ao ambiente em que operam. Os ambientes mais estáveis demandam menor diferenciação.[105] As empresas tendem a ser mais centralizadas, com hierarquia administrativa bem definida, sendo mais adequado o emprego de dispositivos organizacionais mecânicos. Por outro lado, em ambientes mais instáveis, as empresas são mais descentralizadas e flexíveis, o que leva a maior necessidade de interação das atividades. Nesses casos, os modelos orgânicos são mais adequados.[106]

Assim, os autores consideram que "o pressuposto da única maneira correta de administrar uma organização e estruturar suas atividades" passa a ser questionado, apoiado pela visão dos sistemas abertos.[107]

3.3.1 Críticas ao Movimento da Contingência

Os autores contingenciais estudaram, a partir do quadro analítico dos sistemas abertos, a validade dos conceitos gerenciais diante das condições determinantes. As conclusões apresentadas destacam elementos que se contrapõem à crença da universalização dos princípios gerenciais – "a única maneira correta".[108]

As principais críticas, apresentadas por diversos autores, ao Movimento da Contingência dizem respeito ao estabelecimento de uma relação de causa e efeito entre variáveis independentes e dependentes consideravelmente simplista, em que as relações usualmente são consideradas lineares e seus efeitos, simétricos, o que nem sempre representa a realidade, em especial, quando múltiplos fatores são analisados,

trazendo um considerável aumento na complexidade das relações de causa e efeito. Nessa linha, os efeitos de interações do ambiente e situações desafiadoras das organizações podem não ser bem representados pela simplificação excessiva do ambiente. Por fim, a pouca clareza quanto à convergência entre a estrutura organizacional e o contexto também é alvo de críticas e questionamentos.[109]

3.4 MOVIMENTO CONTEMPORÂNEO

O Movimento Contemporâneo pode ser entendido como formado por contribuições teóricas que foram desenvolvidas após o Movimento Contingencial, trazendo novos elementos para a formação do pensamento administrativo.

Enquanto o período compreendido pelas contribuições da racionalização, das relações humanas, do estruturalista-sistêmico e da contingência são de grande consenso entre os autores, o período posterior, aqui denominado Movimento Contemporâneo, está ainda sob grande debate de ideias.

Portanto, as perspectivas a seguir são indicativas de temas que estão influenciando os estudos de administração, sujeitas a escolhas diferentes por outras pessoas. Evidentemente, os autores basearam-se em seus conhecimentos e experiências para fazer uma boa seleção.

3.4.1 Sistema Toyota de produção e qualidade total

A produção em massa e as técnicas de produção relacionadas, conforme proposto por Ford (estudado no Capítulo 2), começaram a perder sua hegemonia a partir de 1960.[110] A origem desse declínio, porém, aconteceu um pouco antes: ao final da Segunda Guerra Mundial, o Japão estava arrasado e com poucos recursos, as pessoas e as indústrias iniciaram um grande esforço para reerguer o país. A Toyota, que até o início dos anos 1930 produzia teares para a indústria têxtil, e durante a Segunda Guerra empregou seus esforços no apoio ao conflito com a produção de caminhões, desenvolveu uma nova filosofia de produção, o *just in time*, focando em alguns princípios, como a redução do desperdício.[111] Como essa nova ideia foi concebida na Toyota, ela ficou conhecida como sistema Toyota de produção (STP) ou Toyotismo. Há ainda outras nomenclaturas, como *lean manufacturing*, produção enxuta e "manufatura de fluxo contínuo [...], produção sem estoques [...] manufatura de ciclo breve", utilizadas por algumas organizações especificamente.[112]

A recuperação da capacidade produtiva das indústrias após a Segunda Guerra (notadamente a partir de 1960), com a inversão do cenário de demanda por produtos pelos consumidores maior que a oferta pelas empresas, e a crise do petróleo em 1973 evidenciaram o aumento da competitividade das indústrias japonesas.[113] Os resultados alcançados pela Toyota, especialmente em termos de qualidade dos produtos e produtividade, com a implantação do *just in time*, despertaram o interesse de diversas organizações e de muitos países para esse novo sistema de produção, promovendo a sua difusão ao redor do mundo, bem como a adesão a algumas práticas por muitas organizações, buscando melhorar seus resultados operacionais.

Além da redução do desperdício, o envolvimento das pessoas e a melhoria contínua são essenciais na visão do STP.[114] No sistema enxuto, a produção é "flexível e adaptável, apesar de suas especificações rígidas de produto, fluxo de material e atividades de produção",[115] conforme será visto mais adiante neste livro.

A qualidade, tanto de produto quanto de processo, foi um ponto de destaque no sistema Toyota de produção e nas indústrias japonesas em geral, com a ampliação das etapas abrangidas, não sendo restrita ao processo produtivo. O modelo desenvolvido no Japão a partir dos anos 1950 ficou conhecido como *total quality control* (TQC) no estilo japonês[116] ou *company wide quality control* (CWQC),[117] sendo influenciado por alguns estudiosos, conhecidos como gurus da qualidade, dentre eles: Crosby, Deming, Feigenbaum, Ishikawa, Juran e Taguchi.[118]

POR DENTRO DA TEORIA

A preocupação com a qualidade remonta à produção artesanal, assegurada pelos próprios artesãos, que já buscavam atender aos requisitos dos clientes. Com a revolução industrial e o início da produção em massa (conforme visto no Capítulo 2), para atendimento às especificações, o controle da qualidade era realizado por meio da inspeção, em que os produtos, após o processo produtivo, eram aprovados ou reprovados. Ainda nesse período, Ford adotou um sistema de peças padronizadas, permitindo a intercambialidade de peças. Com o desenvolvimento e a incorporação de técnicas de estatística e amostragem à inspeção, os esforços e os custos foram reduzidos, porém, o foco da qualidade permanecia na inspeção.[119]

A difusão das ideias desses pensadores e os resultados alcançados, especialmente em termos de satisfação dos clientes com os produtos japoneses, evidenciaram a importância de as organizações terem um sistema integrado de Qualidade, abrangendo toda as etapas e áreas organizacionais, com foco no atendimento às necessidades e expectativas dos clientes, ou seja, o foco muda do atendimento às especificações para o alcance da satisfação dos clientes, formatando uma nova era da qualidade, entendida por muitos como uma filosofia de gestão – gestão pela qualidade total, também conhecida como TQM.[120]

3.4.2 Cultura organizacional

A abordagem cultural, que considerava que todas as organizações possuem uma cultura organizacional, própria e intrínseca a ela e que influencia a forma de trabalho e conduta de seus funcionários, surgiu no final da década de 1970, ganhando força no início dos anos 1980. A sua origem seria decorrente do início da competição global e da análise dos resultados obtidos pelo Japão após a Segunda Guerra Mundial, com produtos de alta qualidade e preços mais acessíveis que os dos seus concorrentes. Houve um grande interesse de gestores de diversas organizações do mundo em adotar características relacionadas à cultura das organizações japonesas, como flexibilidade e trabalho em equipe.[121]

Os estudos iniciais sobre cultura organizacional diferiam em alguns aspectos e enfoques, mas já demonstravam que ela tratava de características organizacionais, expressas e possíveis de serem vivenciadas participando da organização, com ênfase em questões não racionais e subjetivas, denotando a importância da sua análise e estudo.[122]

Apesar da complexidade de definir um único conceito que abranja todas as facetas de cultura organizacional, especialmente porque ela inclui muito do que um grupo de pessoas viveu, aprendeu e no que está envolvido, podemos entender que ela seja o conhecimento acumulado e compartilhado por um grupo de pessoas de como as coisas funcionam dentro daquele grupo, a forma para lidar e resolver de maneira satisfatória algumas situações.

SAIBA MAIS

Geert Hofstede e sua equipe desenvolveram amplo estudo mundial e estabeleceram seis dimensões relacionadas com a cultura de países. Essas dimensões culturais permitem identificar a cultura nacional, indicando preferências por determinada situação em detrimento de outra na ótica de países e não de pessoas.[123]

Esse entendimento mútuo e compartilhado é repassado e mantido inclusive para os novos entrantes naquele grupo de pessoas, por já ter dado resultado em algum momento da existência do grupo, passando a ser visto como maneira de agir, pensar e perceber as situações, estabelecendo um sistema de crenças, normas, comportamentos e valores, mesmo que informal, para as pessoas que participam daquele grupo, como funcionários em uma organização.[124]

Nessa linha, a cultura organizacional possui alguns elementos que muitas vezes se confundem com o próprio entendimento de cultura. Esses elementos funcionam como um acordo aceito entre os membros do grupo, atuando como controle do comportamento e da ação das pessoas, sendo mantidos vivos e repassados nas organizações de maneira espontânea pelas próprias pessoas. Esses elementos são: valores; crenças e pressupostos; ritos, rituais e cerimônias; estórias e mitos; tabus; heróis; normas; e rede de relacionamentos e o papel desempenhado pelas pessoas.[125]

É interessante salientar que a cultura organizacional trata da questão de características intrínsecas a uma organização, que podem ser percebidas de certa forma pelas pessoas, inclusive os funcionários, não estando implícita afeição desses funcionários ou mesmo a sua satisfação em relação a ela, mesmo que atuem dentro do que é esperado em dada cultura organizacional.[126]

3.4.3 Reengenharia

Alguns autores indicam que a reengenharia considera que as organizações mantenham os processos, as práticas e os procedimentos, bem como a estrutura, necessários e pensados em uma realidade anterior, o que atrapalharia a entrega de resultados pela organização, ou seja, as empresas não estariam adotando novas formas de trabalhar, condizentes com as novas necessidades do mercado e as diferentes expectativas dos clientes;[127] as organizações não estariam preparadas para competir na nova realidade que surgiu nos anos 1990.[128] A reengenharia foi considerada ainda como viabilizadora da adaptação necessária para que organizações pudessem lidar e sobreviver a um novo contexto, com alta velocidade das mudanças.[129]

A proposta da reengenharia partia da visão por processos, que são um conjunto de atividades que transformam entradas em saídas e acontecem em toda a organização, não somente nas operações produtivas. Alinhada à visão de processos de negócio, a reengenharia contava com uma grande aliada, a tecnologia da informação, ainda subaproveitada pelas organizações naquela época,[130] sendo muitas vezes utilizada para automatizar processos de baixa eficiência, que precisariam ser melhorados antes. Na visão da reengenharia, a tecnologia da informação seria uma habilitadora da mudança nesses processos.[131]

Dessa forma, a reengenharia pode ser definida como "a busca de uma nova forma de realizar um processo a partir de uma nova realidade tecnológica, para obter a *performance* 'máxima' pelo uso dessa nova tecnologia".[132]

Apesar da visão positiva de automatização, melhoria de processos e dos resultados organizacionais, a reengenharia também é vista de maneira negativa pela forma como muitas vezes foi implantada nas organizações, promovendo um clima de desconfiança e baixa na lealdade das pessoas.[133] Além disso, o não alcance dos resultados pode gerar descrédito nas pessoas para esse e para novos programas de mudança organizacional.[134] Dessa forma, os riscos associados à reengenharia não podem ser negligenciados, e é importante que as organizações avaliem o custo × benefício e a real necessidade da sua utilização.[135]

3.4.4 Aprendizagem organizacional

Diferentemente da especialização e da alta divisão do trabalho, preceitos básicos da racionalização do trabalho na Escola de Administração Clássica, como visto no capítulo anterior, a aprendizagem organizacional, associada ao modelo pós-industrial por alguns autores, atribui às pessoas capacidade de analisar e pensar as informações existentes, podendo agir, a partir disso, para gerar valor para as organizações, alterando o papel dos funcionários que passariam a ter certa autonomia de ação, sendo de interesse da organização o seu desenvolvimento intelectual e a sua aprendizagem.[136]

Esse conceito de organizações que aprendem (*learning organizations*) teve grande difusão com Peter Senge, no final do século XX, com o livro *A quinta disciplina* (*The fifth discipline*), em que as disciplinas são o equivalente para o comportamento humano das tecnologias dos componentes de produtos de engenharia inovadores.[137]

RELEMBRANDO

A aprendizagem organizacional incorpora conceitos de outras abordagens contemporâneas, como a gestão pela qualidade total e o papel da cultura organizacional, não sendo antagônica ou oposta a elas.

Para o desenvolvimento de organizações que aprendem, são necessárias mudanças básicas na forma como pensamos e interagimos, sendo um exercício de transformação das pessoas e das comunidades como um todo, em que é importante lidar com algumas disfunções organizacionais, como a visão fragmentada e a reatividade, que nos levam a reduzir nossa aprendizagem contínua.[138]

É interessante notar o contexto em que surge o conceito aprendizagem organizacional, onde outros conceitos contemporâneos já são conhecidos e foram, até certa parte, incorporados nas organizações, como a gestão pela qualidade total e da cultura organizacional, sendo que as organizações que aprendem continuadamente podem ser entendidas como um alvo, uma idealização da aplicação de diversas recomendações e entendimentos sobre o que contribui para o desenvolvimento organizacional.[139]

DA TEORIA À REALIDADE BRASILEIRA

MINICASO

No Brasil, a gestão e a prestação de serviços previdenciários são realizadas pelo Instituto Nacional de Seguridade Social (INSS), que é uma autarquia ligada ao Ministério da Economia e a entidade pública responsável pela "operacionalização do reconhecimento dos direitos dos segurados do Regime Geral de Previdência Social (RGPS)",[140] com mais de 52 milhões de contribuintes em 2018.[141]

Com a tramitação da reforma da Previdência em 2019, que mudaria tempo de contribuição e diversos outros fatores e critérios para concessão de aposentadoria dos trabalhadores, o número de pedidos de aposentadoria ao INSS mais que dobrou.[142]

Três meses após a reforma da Previdência, nenhum brasileiro havia conseguido a concessão da sua aposentadoria dentro das novas regras,[143] culminando, em 2019, na maior fila de espera dos últimos cinco anos, com quase 1,5 milhão de pedidos sem resposta com prazo superior ao estabelecido em lei, de 45 dias e prazo médio de resposta de 74 dias.[144]

Diversos fatores são apontados como geradores desse resultado insatisfatório e de baixa qualidade, entre eles: falta de funcionários; desatualização do sistema para atendimento às novas regras previdenciárias aprovadas; e estoque de pedidos anteriores (desde 2018).[145]

Tal caso demonstra aspectos importantes estudados neste capítulo, desde princípios das organizações burocráticas e mecanicistas, passando pela falha na análise sistêmica da situação, levando ao não atendimento às expectativas e necessidades dos clientes (os cidadãos, na ótica da gestão pública),

apresentando resultados de parâmetros e indicadores fora dos limites de controle estabelecidos (como tempo máximo de atendimento), fatores críticos para a gestão pela qualidade total.

3.5 CONSIDERAÇÕES FINAIS E QUESTÕES

Neste capítulo, foram apresentados alguns estudos e proposições históricos marcantes na construção do pensamento administrativo, cronologicamente na sequência do que foi discutido no Capítulo 2. Dessa forma, estudamos as origens e princípios da burocracia, da visão sistêmica, do relativismo, culminando no sistema Toyota e na perspectiva da gestão pela qualidade total. Outras temáticas emergiram após esse período e são apresentadas em outros capítulos deste livro.

CONTRIBUIÇÕES DO CAPÍTULO PARA A ADMINISTRAÇÃO CONTEMPORÂNEA

a) Discussão dos princípios e do embasamento para a constituição de organizações burocráticas.
b) A análise atemporal da relação das organizações com o ambiente onde estão inseridas, bem como o relacionamento e a influência entre eles.
c) Caracterização das organizações mecanicistas e orgânicas.
d) O surgimento do pensamento de melhoria contínua, redução de erros e desperdícios, bem como foco no cliente no sistema Toyota de produção no pós-guerra.
e) As bases e a importância da gestão pela qualidade total.
f) A construção de novas e "modernas" teorias no pensamento administrativo, como cultura organizacional, reengenharia e aprendizagem organizacional.

QUESTÕES PARA REFLEXÃO

1) Como a burocracia, da forma proposta por Weber, influenciou e ainda influencia o funcionamento das organizações atualmente?
2) Como a racionalidade do trabalho e alta especialização apresentados no estruturalismo podem ser relacionadas com a administração científica (estudada no Capítulo 2)?
3) É possível estabelecer alguma relação entre os sistemas mecânicos apresentados por Burns e

Stalker e as organizações burocráticas delineadas por Weber?

4) O ambiente de negócios das *startups* é dinâmico, flexível, altamente volátil e usualmente marcado pelo uso de tecnologias inovadoras. Como os sistemas mecânico e orgânico podem responder ou atuar nesse ambiente?

5) É possível traçar uma relação entre a cultura do país (Japão), a cultura das organizações japonesas e o estabelecimento do *lean manufacturing*?

6) Como a visão sistêmica e a gestão pela qualidade total se relacionam?

7) Como a experiência da reengenharia em alguma organização pode afetar ou impactar a cultura (organizacional) dessa mesma organização?

QUESTÕES PARA AVALIAÇÃO DO CONHECIMENTO

1) Weber considera que as pessoas são livres e com capacidade de discernimento e tomada de decisão, podendo decidir o seu próprio comportamento, arcando com as consequências. Essa análise conduz Weber a formular a burocracia. Com qual propósito?

2) Por que as organizações podem ser entendidas como sistemas abertos, considerando a teoria geral dos sistemas?

3) Em quais tipos de ambientes os sistemas mecânico e orgânico são mais adequados?

4) Como o princípio de "redução do desperdício" proposto pelo sistema Toyota de produção pode ser entendido no contexto da época?

5) Como a cultura organizacional pode influenciar a aprendizagem organizacional?

REFERÊNCIAS

[1] ESCRIVÃO FILHO, E. *A contribuição dos temas estratégia, estrutura e tecnologia ao pensamento administrativo*. São Carlos: Escola de Engenharia de São Carlos, 1996.

[2] ESCRIVÃO FILHO, E.; GUERRINI, F. M. A teoria administrativa sob o enfoque dos temas organizacionais. *In*: ESCRIVÃO FILHO, E.; PERUSSI FILHO, S. (eds.) *Teorias de administração*: introdução ao estudo do trabalho do administrador. São Paulo: Saraiva, 2010. p. 4-33.

[3] ESCRIVÃO FILHO, E. *Op. cit.*, 1996.

[4] MOTTA, F. C. P.; VASCONCELOS, I. F. F. *Teoria geral da administração*. São Paulo: Pioneira Thomson Learning, 2006. p. 124.

[5] *Idem, ibidem.*

[6] QUEIROZ, A. F.; CONDI, P. R.; BENINI, É. G.; FINOCCHIO, C. P. Abordagem estruturalista: uma análise de manuais de administração. *Caderno de Administração*, 26(2), 168-185, 2018.

[7] MOTTA, F. C. P.; VASCONCELOS, I. F. F. *Op. cit.*, 2006.

[8] MOTTA, F. C. O estruturalismo na teoria das organizações. *Revista de Administração de Empresas*, 10(4), 17-33, 1970; LEITE, T. A burocracia weberiana na globalização neoliberal. *Revista Ciências Administrativas*, 11(2), 176-186, 2005.

[9] MOTTA, F. C. *Op. cit.*; SERGEANT, J. R.; FERES, M. C. Eficiência organizacional: uma perspectiva estruturalista. *Revista de Administração de Empresas*, 12(2), 1972.

[10] MOTTA, F. C. P.; VASCONCELOS, I. F. F. *Op. cit.*

[11] QUEIROZ, A. F.; CONDI, P. R.; BENINI, É. G.; FINOCCHIO, C. P. *Op. cit.*

[12] MOTTA, F. C. P.; VASCONCELOS, I. F. F. *Op. cit.*

[13] *Idem, ibidem.*

[14] *Idem*, p. 130.

[15] *Idem, ibidem.*

[16] *Idem*, p. 131.

[17] *Idem, ibidem.*

[18] TRAGTENBERG, Maurício. *Burocracia e ideologia*. São Paulo: Ática, 1980. p. 139.

[19] QUEIROZ, A. F.; CONDI, P. R.; BENINI, É. G.; FINOCCHIO, C. P. *Op. cit.*, p. 173.

[20] *Idem*, p. 174.

[21] SERGEANT, J. R.; FERES, M. C. Eficiência organizacional: uma perspectiva estruturalista. *Revista de Administração de Empresas*, 12(2), 1972.

[22] MOTTA, F. C. P.; VASCONCELOS, I. F. F. *Op. cit.*

[23] QUEIROZ, A. F.; CONDI, P. R.; BENINI, É. G.; FINOCCHIO, C. P. *Op. cit.*, p. 173; MOTTA, F. C. *Op. cit.*; SERGEANT, J. R.; FERES, M. C. *Op. cit.*

[24] MOTTA, F. C. P.; VASCONCELOS, I. F. F. *Op. cit.*; MOTTA, F. C. *Op. cit.*

[25] MOTTA, F. C. P.; VASCONCELOS, I. F. F. *Op. cit.*, p. 150.

[26] *Idem*, p. 149.

[27] *Idem*, p. 150.

[28] *Idem, ibidem.*

29 MOTTA, F. C. P.; VASCONCELOS, I. F. F. *Op. cit.*, p. 154-155.

30 MOTTA, F. C. *Op. cit.*; SERGEANT, J. R.; FERES, M. C. Eficiência organizacional: uma perspectiva estruturalista. *Revista de Administração de Empresas*, 12(2), 1972.

31 *Idem*, p. 154.

32 *Idem, ibidem.* p. 154.

33 *Idem, ibidem.*

34 MARTINELLI, D. P.; VENTURA, C. A. *Visão sistêmica e administração*: conceitos, metodologias e aplicações. São Paulo: Saraiva, 2006.

35 MOTTA, F. C. P.; VASCONCELOS, I. F. F. *Op. cit.*

36 MOTTA, F. C. A teoria geral dos sistemas na teoria das organizações. *Revista de Administração de Empresas*, 11(1), 17-33, 1971.

37 MARTINELLI, D. P.; VENTURA, C. A. *Op. cit.*; MISOCZKY, M. C. Da abordagem de sistemas abertos à complexidade: algumas reflexões sobre seus limites para compreender processos de interação social. *Cadernos EBAPE*, 1(1), 2003.

38 MARTINELLI, D. P.; VENTURA, C. A. *Op. cit.*

39 MOTTA, F. C. P.; VASCONCELOS, I. F. F. *Op. cit.*

40 *Idem, ibidem*; MOTTA, F. C. *Op. cit.*, 1971; MISOCZKY, M. C. *Op. cit.*, 2003.41 MARTINELLI, D. P.; VENTURA, C. A. *Op. cit.*

42 MARTINELLI, D. P. Negociação, administração e sistemas: três níveis a serem inter-relacionados. *Revista de Administração RAUSP*, 41(4), 353-368, 2006.

43 MOTTA, F. C. P.; VASCONCELOS, I. F. F. *Op. cit.*, p. 168-169.

44 *Idem, ibidem.* p. 187-188.

45 MOTTA, F. C. P.; VASCONCELOS, I. F. F. *Op. cit.*, p. 188.

46 *Idem, ibidem.*

47 *Idem*, p. 190-191.

48 *Idem, ibidem.*

49 *Idem*, p. 183.

50 *Idem, ibidem.*

51 *Idem*, p. 191.

52 MARTINELLI, D. P.; VENTURA, C. A. *Op. cit.*

53 KESSLER, S.; NIXON, A.; NORD, W. Examining organic and mechanistic structures: do we know as much as we thought? *International Journal of Management Reviews*, 19, 531-555, 2017.

54 PRADO, L. S.; PAULA, V. A. F.; PAULA, V. F.; MARTINELLI, D. P. A gestão sistêmica de empresas. *Anais...* 9º CONGRESSO BRASILEIRO DE SISTEMAS. Palmas, 2013.

55 DONALDSON, L. *The contingency theory of organizations*. New York: Sage, 2001.

56 ESCRIVÃO FILHO, E.; GUERRINI, F. M. *Op. cit.*, 2010; MOTTA, F. C. P. *Teoria das organizações*: evolução e crítica. São Paulo: Cengage Learning, 2010.

57 KOONTZ, H.; O'DONNELL, C.; WEIHRICH, H. *Administração*: organização planejamento e controle. vol. 2. 14. ed. São Paulo: Pioneira, 1986.

58 DOWNEY, H.; HELLRIEGEL, D.; SLOCUM JR., J. Environmental uncertainty: the construct and its application. *Administrative science quarterly*, 20 dec. 1975, 613-629.

59 ESCRIVÃO FILHO, E.; GUERRINI, F. M. *Op. cit.*, 2010.

60 *Idem. ibidem*; MOTTA, F. C. P. *Op. cit.*, 2010.

61 MOTTA, F. C. P.; VASCONCELOS, I. F. F. *Op. cit.*, 2006.

62 MOTTA, F. C. P. *Op. cit.*, 2010.

63 KOONTZ, H.; O'DONNELL, C.; WEIHRICH, H. *Op. cit.*, 1986; MINER, J. *Organizational behavior 2*: essential theories of process and structure. Londres: Routledge, 2006.

64 MINER, J. *Op. cit.*, 2006.

65 KESSLER, S.; NIXON, A.; NORD, W. *Op. cit.*, 2017; MOTTA, F. C. P. *Op. cit.*, 2010; MINER, J. *Op. cit.*, 2006.

66 KESSLER, S.; NIXON, A.; NORD, W. *Op. cit.*, 2017; MOTTA, F. C. P. *Op. cit.*, 2010; KOONTZ, H.; O'DONNELL, C.; WEIHRICH, H. *Op. cit.*, 1986.

67 MINER, J. *Op. cit.*, 2006.

68 MOTTA, F. C. P.; VASCONCELOS, I. F. F. *Op. cit.*, 2006; KOONTZ, H.; O'DONNELL, C.; WEIHRICH, H. *Op. cit.*, 1986; MINER, J. *Op. cit.*, 2006.

69 MOTTA, F. C. P.; VASCONCELOS, I. F. F. *Op. cit.*, 2006; MINER, J. *Op. cit.*, 2006; SINE, W.; MITSUHASHI, H.; KIRSCH, D. Revisiting Burns and Stalker: formal structure and new venture performance in emerging economic sectors. *Academy of Management Journal*, 49(1), 121-132, 2006.

70 KOONTZ, H.; O'DONNELL, C.; WEIHRICH, H. *Op. cit.*, 1986.

71 COURTRIGHT, J.; FAIRHURST, G.; ROGERS, L. Interaction patterns in organic and mechanistic system. *Academy of Management Journal*, 32(4), 773-802, 1989. p. 775.

72 MOTTA, F. C. P.; VASCONCELOS, I. F. F. *Op. cit.*, 2006; MINER, J. *Op. cit.*, 2006.

73 SINE, W.; MITSUHASHI, H.; KIRSCH, D. *Op. cit.*, 2006.

74 MOTTA, F. C. P.; VASCONCELOS, I. F. F. *Op. cit.*, 2006. p. 225.

75 ESCRIVÃO FILHO, E.; GUERRINI, F. M. *Op. cit.*, 2010.

76 MOTTA, F. C. P. *Op. cit.*, 2010. p. 25.

77 KOONTZ, H.; O'DONNELL, C.; WEIHRICH, H. *Op. cit.*, 1986. p. 375.

78 MINER, J. *Op. cit.*, 2006.

79 *Idem, ibidem.*

80 *Idem, ibidem.*

81 MOTTA, F. C. P.; VASCONCELOS, I. F. F. *Op. cit.*, 2006.

82 KESSLER, S.; NIXON, A.; NORD, W. *Op. cit.*, 2017; ESCRIVÃO FILHO, E.; GUERRINI, F. M. *Op. cit.*, 2010; MOTTA, F. C. P. *Op. cit.*, 2010.

83 DAWSON, S. *Deeply engaged, intuitively analytical and determinedly applied:* Tom Burns and Joan Woodward in context but not in concert. *In:* WITZEL, M.; WARNER, M. Oxford: Oxford University Press, 2013.

84 MOTTA, F. C. P.; VASCONCELOS, I. F. F. *Op. cit.*, 2006; ESCRIVÃO FILHO, E.; GUERRINI, F. M. *Op. cit.*, 2010; MOTTA, F. C. P. *Op. cit.*, 2010.

85 MOTTA, F. C. P.; VASCONCELOS, I. F. F. *Op. cit.*, 2006.

86 MOTTA, F. C. P.; VASCONCELOS, I. F. F. *Op. cit.*, 2006; ESCRIVÃO FILHO, E.; GUERRINI, F. M. *Op. cit.*, 2010; KOONTZ, H.; O'DONNELL, C.; WEIHRICH, H. *Op. cit.*, 1986; WREN, D. A. *Ideias de administração:* o pensamento clássico. São Paulo: Ática, 2007.

87 WREN, D. A. *Op. cit.*, 2007.

88 LAWRENCE, P. R.; LORSCH, J. W. *As empresas e o ambiente:* diferenciação e integração administrativas. Petrópolis: Vozes, 1973.

89 KALAGNANAM, S. S.; LINDSAY, R. M. The use of organic models of control in JIT firms: generalising Woodward's findings to modern manufacturing practices. *Accounting, Organizations and Society*, 24(1), 1-30, 1998; DAWSON, S. *Op. cit.*, 2013.

90 GARRITY, C.; LIGUORI, E.; MULDOON, J. Woodward's aegis: a critical biography of Joan Woodward. *Journal of Management History*, 24(4), 457-475, 2018; ESCRIVÃO FILHO, E.; GUERRINI, F. M. *Op. cit.*, 2010; MOTTA, F. C. P. *Op. cit.*, 2010.

91 WREN, D. A. *Op. cit.*, 2007.

92 LAWRENCE, P. R.; LORSCH, J. W. *Op. cit.*, 1973.

93 MOTTA, F. C. P. *Op. cit.*, 2010. p. 28.

94 MOTTA, F. C. P.; VASCONCELOS, I. F. F. *Op. cit.*, 2006.

95 MOTTA, F. C. P. *Op. cit.*, 2010.

96 ALDRICH, H. E. Technology and organizational structure: a reexamination of the findings of the aston group. *Administrative Science Quarterly*, 17(1), 26-43, 1972.

97 LAWRENCE, P. R.; LORSCH, J. W. Differentiation and integration in complex organizations. *Administrative science quarterly*, 12(1), 1-47, 1967.

98 LAWRENCE, P. R.; LORSCH, J. W. *Op. cit.*, 1973.

99 MINER, J. *Op. cit.*, 2006.

100 ESCRIVÃO FILHO, E.; GUERRINI, F. M. *Op. cit.*, 2010; MOTTA, F. C. P. *Op. cit.*, 2010.

101 KESSLER, S.; NIXON, A.; NORD, W. *Op. cit.*, 2017.

102 GARRITY, C.; LIGUORI, E.; MULDOON, J. *Op. cit.*, 2018. p. 3-4.

103 *Idem, ibidem.*

104 MOTTA, F. C. P. *Op. cit.*, 2010.

105 KOONTZ, H.; O'DONNELL, C.; WEIHRICH, H. *Op. cit.*, 1986.

106 *Idem, ibidem*; WREN, D. A. *Op. cit.*, 2007.

107 MOTTA, F. C. P. *Op. cit.*, 2010. p. 30.

108 ESCRIVÃO FILHO, E.; GUERRINI, F. M. *Op. cit.*, 2010.

109 LIZARRALDE, G.; BLOIS, M. D.; LATUNOVA, I. Structuring of temporary multi-organizations: contingency theory in the building sector. *Project Management Journal*, 42(4), 19-36, 2011.

110 MARTINS, P. G.; LAUGENI, F. P. *Administração da produção fácil.* São Paula: Saraiva, 2012.

111 CORRÊA, H. L.; CORRÊA, C. A. *Administração de produção e operações:* manufatura e serviços: uma abordagem estratégica. São Paulo: Atlas, 2012.

112 GAITHER, N.; FRAZIER, G. *Administração da produção e operações.* 8. ed. São Paulo: Cengage Learning, 2002. p. 405-406.

113 CORRÊA, H. L.; CORRÊA, C. A. *Administração de produção e operações:* manufatura e serviços: uma abordagem estratégica. São Paulo: Atlas, 2012.

114 SLACK, N.; BRANDON-JONES, A.; JOHNSTON, R. *Princípios de administração de produção.* São Paulo: Atlas, 2013.

115 MARTINS, P. G.; LAUGENI, F. P. *Op. cit.*, 2012. p. 162.

116 CARPINETTI, L. C. *Gestão da qualidade:* conceitos e técnicas. São Paulo: Atlas, 2010.

117 CARVALHO, M. M. Histórico da gestão da qualidade. *In: Gestão da qualidade:* teoria e casos. Rio de Janeiro: Elsevier, ABEPRO, 2012. p. 1-23.

118 *Idem, ibidem*; PEARSON EDUCATION DO BRASIL. *Gestão da qualidade.* São Paulo: Pearson Education do Brasil, 2011; BALLESTERO-ALVAREZ, M. E.

Qualidade na produção. *In: Gestão de qualidade, produção e operações*. São Paulo: Atlas, 2012. p. 95-268.

[119] *Idem, ibidem.*

[120] SLACK, N.; BRANDON-JONES, A.; JOHNSTON, R. *Op. cit.*, 2013; PEARSON EDUCATION DO BRASIL. *Op. cit.*, 2011; OAKLAND, J. *Gerenciamento da qualidade total*. São Paulo: Nobel, 1994; PALADINI, E. P. *Gestão estratégica da qualidade*. São Paulo: Atlas, 2009.

[121] ROBBINS, S. P. *Administração*: mudanças e perspectivas. São Paulo: Saraiva, 2000; FREITAS, M. E. Cultura organizacional – grandes temas em debate. *Revista de Administração de Empresas*, 31(3), 73-82, 1991.

[122] SMIRCICH, L. Concepts of culture and organizational analysis. *Administrative Science Quarterly*, 28(3), 339-358, 1983.

[123] HOFSTEDE INSIGHTS. National culture. *Hofstede Insights*. 2020. Disponível em: https://hi.hofstede-insights.com/national-culture. Acesso em: 10 maio 2021.

[124] SCHEIN, E. H.; SCHEIN, P. *Organizational culture and leadership*. 5. ed. Hoboken: John Wiley & Sons, 2017.

[125] FREITAS, M. E. Cultura organizacional grandes temas em debate. *Revista de Administração de Empresas*, 31(3), 73-82, 1991.

[126] ROBBINS, S. P. *Comportamento organizacional*. 11. ed. São Paulo: Pearson Prentice Hall, 2005.

[127] ROBBINS, S. P. *Administração*: mudanças e perspectivas. São Paulo: Saraiva, 2000.

[128] HAMMER, M. Reengineering work: don't automate, obliterate. *Harvard Business Review*, 104-112, 1990.

[129] GONÇALVES, J. E. Reengenharia: um guia de referência para o executivo. *Revista de Administração de Empresas*, 34(4), 23-30, 1994.

[130] DAVENPORT, T. H. *Reengenharia de processos*: como inovar na empresa através da tecnologia da informação. Rio de Janeiro: Campus, 1994.

[131] FERNANDES, F. C.; BERTOLLO, R. M. Avaliação do impacto da reengenharia nas grandes empresas do Brasil. *Gestão & Produção*, 6(1), 51-60, 1999.

[132] ABREU, F. de S. Reengenharia: em busca de uma teoria. *Revista de Administração de Empresas*, 34(5), 49-61, 1994. p. 50.

[133] VASCONCELOS, A. F. Felicidade no ambiente de trabalho: exame e proposição de algumas variáveis críticas. *REAd*, 10(37), 1-18, 2004.

[134] HAMMER, M.; CHAMPY, J. *Reengenharia*: revolucionando a empresa em função dos clientes, da concorrência e das grandes mudanças da gerência. Rio de Janeiro: Campus, 1994.

[135] DAVENPORT, T. H. *Reengenharia de processos*: como inovar na empresa através da tecnologia da informação. Rio de Janeiro: Campus, 1994.

[136] MOTTA, F. C. P.; VASCONCELOS, I. F. F. *Op. cit.*, 2006.

[137] SENGE, P. *The fifth discipline*: the art and the learning organization. Nova York: Doubleday, 1990; KUŞCUA, Z. K.; YENERB, M.; GÜRBÜ, F. G. Learning organization and its cultural manifestations: evidence from a global white goods manufacturer. *Procedia – Social and Behavioral Sciences*, 210, 154-163, 2015.

[138] KOFMAN, F.; SENGE, P. M. Communities of commitment: the heart of learning organizations. *Organizational Dynamics*, 22(2), 5-23, 1993.

[139] ROBBINS, S. P. *Administração*: mudanças e perspectivas. São Paulo: Saraiva, 2000.

[140] INSTITUTO NACIONAL DO SEGURO SOCIAL – INSS. Institucional. *Instituto Nacional do Seguro Social – INSS*. (31 de março de 2020). Disponível em: https://www.inss.gov.br/acesso-a-informacao/institucional/. Acesso em: 10 maio 2021.

[141] COORDENAÇÃO-GERAL DE ESTATÍSTICA, DEMOGRAFIA E ATUÁRIA. Boletim Estatístico da Previdência Social. Secretaria de Previdência – SPREV. (02/2020). Disponível em: http://sa.previdencia.gov.br/site/2020/04/Beps022020_trab_Final_portal.pdf. Acesso em 10 maio 2021.

[142] QUINTINO, L. Com reforma da previdência, pedidos de aposentadoria disparam 115%. *Veja*, 19 maio 2019. Disponível em: https://veja.abril.com.br/economia/com-reforma-da-previdencia-pedidos-de-aposentadoria-disparam-115/.Acesso em: 10 maio 2021.

[143] GERCINA, C. Três meses após reforma, concessão de aposentadorias do INSS está parada. *Folha de S.Paulo*. (14/02/2020). Disponível em: https://agora.folha.uol.com.br/grana/2020/02/tres-meses-apos-reforma-concessao-de-aposentadorias-do-inss-esta-parada.shtml. Acesso em: 10 maio 2021.

[144] RODRIGUES, P.; PARREIRA, M. (2020). Tempo médio de espera para obter benefício em 2019 é o maior em 5 anos, informa INSS ao TCU. *TV Globo*, 27 fev. 2020. Disponível em: https://g1.globo.com/economia/noticia/2020/02/27/tempo-medio-de-espera-para-se-obter-beneficio-em-2019-e-o-maior-em-5-anos-informa-inss-ao-tcu.ghtml. Acesso em: 10 maio 2021.

[145] ANDRETTA, F. INSS tem 1,3 mi de pedidos atrasados. Como aconteceu e o que será feito? *UOL*, 18 jan. 2020. Disponível em: https://economia.uol.com.br/noticias/redacao/2020/01/18/inss-pedidos-atrasados-aposentadoria-beneficios-medidas-governo.htm. Acesso em 10 maio 2021.

Assista ao **vídeo**

Capítulo

4 Perspectiva da história em administração no Brasil

Caroline Gonçalves
Marcelo Almeida de Carvalho Silva
Murilo Alvarenga Oliveira
Sergio Eduardo de Pinho Velho Wanderley
Alessandra de Sá Mello da Costa

Pontos de aprendizado

Neste capítulo, o leitor poderá aprofundar seu conhecimento sobre:
- A história como elemento fundamental da teorização organizacional.
- A memória como construção social e estratégia empresarial.
- A história da industrialização no mundo e no Brasil.
- A história do estudo da administração no Brasil.
- A história de empresas e os empresários e pioneiros da administração no Brasil;
- A história do ensino da administração no Brasil como parte fundamental da história da gestão.

RESUMO

Este capítulo visa introduzir a perspectiva da história em administração, apresentando como a análise histórica contribui para as teorias organizacionais e permite uma compreensão das organizações em sua totalidade, afastando-se de aspectos determinísticos. Para isso, procuramos apresentar a história na administração sob três perspectivas: história organizacional, história das empresas e história do ensino da administração no Brasil. A primeira delas procura construir teoria organizacional a partir de uma perspectiva historicizada, considerando a história como parte fundamental dessas organizações, práticas, técnicas, processos, produtos, cultura e demais elementos que a constituem. Além disso, procuramos mostrar como a história das empresas deve ser considerada para entender, não apenas as organizações, mas também setores econômicos e o próprio desenvolvimento nacional. Nesse processo, é importante não negligenciar a forma como a teoria organizacional é construída e transmitida e, por isso, o terceiro pilar deste capítulo apresenta a história do ensino da administração no Brasil como parte importante da história da gestão.

4.1 INTRODUÇÃO

Para a compreensão do presente, torna-se fundamental um olhar para o passado. E essa análise retrospectiva diz respeito tanto à trajetória das sociedades quanto das organizações que nelas existem. É por isso que uma parte dos pesquisadores estuda as teorias da administração de uma perspectiva histórica. Ou seja, eles procuram estudar as organizações olhando para o seu passado, para a sua trajetória ao longo dos anos e para os acontecimentos que contribuíram para a sua formação, seu modo de funcionamento e a sua atual posição na sociedade.

Prova disso é o próprio surgimento do que hoje chamamos de teorias da administração. Você deve se lembrar que as primeiras teorias elaboradas – administração científica e clássica – remetem ao período de introdução do processo industrial na economia mundial. Ao se deparar com novas formas de produção, tanto F. Taylor quanto H. Fayol propuseram formas de melhor gerenciar o novo modo de produção que se estabelecia. Assim, analisando a história das organizações, é possível compreender como o processo de industrialização foi importante para melhor entender como as teorias da administração se desenvolveram a partir delas e, ao mesmo tempo, as influenciaram.

Acontece que o processo de industrialização não ocorreu de maneira homogênea por todo o planeta. Alguns países se industrializaram primeiro e, talvez por isso, começaram a se preocupar com a forma de gerenciar essa produção antes dos demais países. Com isso em mente, você já se perguntou como foi o processo de industrialização no Brasil e como isso influenciou o desenvolvimento do estudo e ensino da administração em nosso país? Você sabia, por exemplo, que quando F. Taylor publicou *Os Princípios de administração científica*, em 1911, o Brasil era um país dominado pela agricultura como atividade econômica principal, quase sem indústrias ou empresas?

Mas o interesse pela perspectiva histórica é relativamente recente. A forma a-histórica como a teoria da administração se desenvolveu, sempre buscando leis e modelos gerais, pode ser explicada, em parte, pelo caráter universalista e presentista da teoria organizacional que, em geral, considera as características contemporâneas das organizações como imutáveis ao longo do tempo. Em grande medida, a teoria organizacional estuda empresas, organizações e seus elementos como fenômenos contemporâneos que funcionam segundo leis e padrões universais, sem se preocupar com a forma como essas organizações chegaram ao estágio atual, ou como esses elementos se desenvolveram ao longo do tempo. Essa é uma preocupação fundamental da história.

SAIBA MAIS

Universalismo: as teorias organizacionais consideram o fenômeno social e as organizaçõess como imutáveis e estáticos ao longo da história, assumindo que as características contemporâneas são sempre as mesmas no decorrer do tempo.

Presentismo: as teorias organizacionais expandem o presente e consideram o fenômeno organi-

zacional (e as organizações) sempre fora do seu contexto histórico precedente e específico.

Booth e Rowlinson[1] exemplificam o universalismo e o presentismo por meio dos desenhos animados "Os Flintstones" e "Os Simpsons". Os Flintstones é um desenho que apresenta uma família da idade da pedra similar a uma família norte-americana do século XX. A similaridade entre as duas sociedades é tão grande (e seus valores tão iguais), que a família pré-histórica comemora anacronicamente o Natal, mesmo tendo vivido milhares de anos antes do nascimento de Jesus Cristo. É possível perceber, portanto, que os valores e as características da sociedade americana do século XX são transportados para qualquer época acriticamente. Por outro lado, o desenho dos Simpsons mostra a realidade de uma família em um presente prolongado, em que a passagem do tempo não existe. Não se nota a passagem dos anos, nada se altera, a idade dos personagens permanece a mesma. Os eventos não são localizados (não há clareza sobre onde fica Springfield) e, principalmente, não são datados.

Fonte: Booth e Rowlinson.[2]

Nesse sentido, é fundamental que a teoria organizacional incorpore elementos da história e da pesquisa histórica, não apenas como metodologia, mas também – e principalmente – como base teórica. Com isso, torna-se possível uma compreensão contextualizada e com historicidade do fenômeno administrativo, afastando-se do paradigma funcionalista (e suas afirmações determinísticas), tão predominante na pesquisa em administração. Assim, a perspectiva histórica oferece a possibilidade de investigação do passado das organizações, permitindo não apenas relatá-lo, mas também o contestar e, até mesmo, criticá-lo à luz de novas fontes históricas ou novos contextos.

Desse modo, é possível dividir a pesquisa histórica em administração em três grandes abordagens, igualmente relevantes, que enfatizam aspectos distintos da relação entre história e administração: (1) a história organizacional, (2) a história de empresas e (3) a história da gestão.[3] A primeira abordagem preocupa-se, fundamentalmente com a teorização, combinando estudos organizacionais e história,[4] enquanto a segunda ocupa-se de estudar a história da organização econômica das empresas.[5] Nesta última abordagem, há distinção entre a história empresarial que trata da trajetória dos empresários e a história da empresa como agente econômico-social. Para tanto, há uma proposição de se tratar esta abordagem como história dos negócios (veja a Seção 4.3 deste capítulo).[6] A terceira abordagem procura compreender a história da gestão ou a história da teoria sobre administração.[7]

Com isso em mente, este capítulo foi dividido de modo a contemplar as três abordagens de pesquisa histórica em administração e a forma como cada uma delas pode contribuir para a melhor compreensão do estudo e das teorias da administração (Figura 4.1).

POR DENTRO DA TEORIA

Perspectiva histórica em administração:[8] campo da pesquisa em administração que se ocupa de compreender as organizações e seu funcionamento a partir do estudo do seu passado. Pode ser pensado a partir de três abordagens: história organizacional, história dos negócios e história da gestão.

Da história da empresa à história dos negócios:[9] nessa perspectiva, há uma forma de abordar além das organizações consideradas "empresas", mas outros formatos de organizações, como cooperativas, organizações não governamentais, organizações públicas, e visa compreender as estratégias desenvolvidas por essas organizações e as formas de transações ao longo do tempo, com base em um constructo teórico de intersecção entre as teorias tradicionais de administração, economia e história.

Fontes: Costa, Barros e Martins[10] e Gonçalves e Saes.[11]

4.2 HISTÓRIA ORGANIZACIONAL

História organizacional (subcampo construído em diálogo com a história dos negócios e a história da gestão) pode ser definida como o conjunto de pesquisas que combina história e teorização organizacional.

A partir dos anos 1990, é possível notar retomada do interesse dos pesquisadores da administração pela história, buscando compreender como este campo do saber poderia contribuir para a compreensão do funcionamento das organizações. Em um primeiro momento, a pesquisa histórica em administração procurava mostrar a importância da história nos estudos da administração, apontando a predominância de análises e desenvolvimentos teóricos a-históricos, ou seja, argumentavam que a teoria organizacional não era contextualizada historicamente. De acordo com a perspectiva da história organizacional, as empresas e as organizações devem ser sempre compreendidas considerando sua história e todos os acontecimentos que ajudaram em sua formação. As organizações, de acordo com essa perspectiva, existem no tempo e no espaço, e sua plena compreensão deve considerar seus respectivos processos histórico e social.

A partir dos anos 2000, pode-se perceber um aumento dos estudos históricos em administração visando consolidar a pesquisa na área, além de oferecer bases epistemológicas para esse campo de estudo. Esse movimento ficou conhecido como "virada histórica" (*historic turn*), em referência à retomada da história em outros campos da ciência.

POR DENTRO DA TEORIA

Virada histórica ou *historic turn*: marco teórico crítico, do início dos anos 2000, de retomada da pesquisa histórica em

Figura 4.1 Perspectivas da história em administração.

História e administração

(1) História organizacional
(Combinação dos estudos organizacionais e história)

(2) História de empresas ou história dos negócios[3]
(Intersecção entre as teorias de administração, economia e história)
- Empresários e empreendedores
- Empresas e organizações

(3) História da gestão
(História da teoria sobre administração)

estudos organizacionais. Busca maior envolvimento de pesquisadores com a perspectiva histórica para além de um engajamento superficial com o passado que apenas contemple estudos longitudinais e fontes históricas para testes e ilustrações de teorias, modelos e hipóteses originadas em contextos externos hegemônicos. Reflexão mais crítica acerca das organizações cujas ações e relações com a sociedade são compreendidas como historicamente construídas a partir de narrativas teóricas historicamente informadas e atentas para mudanças nas interpretações de significado ao longo do tempo.

A virada histórica é comumente estudada sob uma perspectiva anglo-saxã, por isso, Wanderley e Barros propõem uma visão decolonial para a virada histórica, privilegiando a inclusão da América Latina (seus autores, teorias, conceitos, objetos e temas), propondo uma agenda de pesquisa regional.

Fontes: Costa, Barros e Martins;[12] Wanderley, Barros.[13]

É desse período que datam, além do aumento das publicações e chamadas especiais, o aumento da quantidade de programas de pesquisa sobre o tema e o lançamento de periódicos especializados, como o *Management & Organizational History*. As publicações dessa época procuravam compor um novo campo teórico, preocupado em incorporar elementos históricos na teoria organizacional. Assim, a história pode ser utilizada na teoria organizacional de três maneiras distintas. A primeira delas pensa a história como um elemento de contextualização, ou seja, a história da organização é utilizada para dar o contexto daquilo que está sendo estudado. A outra possibilidade é procurar aliar a história com as demais ciências humanas para compreender organizações, suas formas e arranjos, enquanto fenômenos moldados por seu passado. A terceira possibilidade, de uso da história na teorização organizacional, é a tentativa de criticar a análise a-histórica da pesquisa organizacional.

Para isso, a história organizacional procura se desenvolver por meio de interdisciplinaridade, envolvendo conceitos da teoria organizacional combinados com as ciências sociais e humanas. Desse modo, concentra-se não apenas no estudo do passado organizacional, mas principalmente no sentido desse passado, procurando compreender o funcionamento das organizações por meio de sua história. E, para além da ideia de a história ser importante para as pesquisas organizacionais, também adquire relevância uma discussão sobre qual histó-

ria é a mais importante. Nesse sentido, ganham destaque pesquisas sobre as disputas narrativas pelo passado organizacional. Ou seja, a história organizacional permite reinterpretação do passado corporativo, questionando a narrativa considerada oficial, ou que se pretende oficial pela empresa com base em pesquisas sobre histórias alternativas e/ou silenciadas.

No entanto, para que histórias alternativas possam ser construídas, o escopo das fontes das pesquisas históricas teve que ser revisto, diversificado e ampliado. E para conseguir alcançar esse resultado, a história (e a história organizacional) faz uso de outras formas de representações do passado, como, por exemplo, dos estudos de memória.

Essa aproximação gerou um conjunto de fontes com foco na oralidade, que permitiu aos pesquisadores extrapolarem as fontes tradicionais oficiais e terem acesso a narrativas de trajetórias individuais e coletivas por meio de história oral, histórias de vida, biografias e autobiografias. Dessa maneira, a história organizacional desafia ainda mais o caráter a-histórico da teoria organizacional, confrontando diferentes "alternativas em termos de orientação teórica, metodologias e visões de mundo, priorizando um enfoque narrativo alinhado ao interesse mais amplo das orientações interpretativas e discursivas em oposição ao quadro científico tradicional".[14]

> ### SAIBA MAIS
>
> No artigo *Do particular para o geral: memória, história oral e estudos organizacionais*, Hodge e Costa (2020) apresentam a história oral como mais uma possibilidade teórico-metodológica para os estudos de história e de memória nas/das organizações. As autoras destacam a natureza dinâmica das narrativas orais e o seu poder de visibilizar o não escrito e discutem, por meio de exemplos de pesquisas, as historiografias dos estudos de memória e da história oral na pesquisa organizacional.
>
> Fonte: Hodge e Costa (2020).[15]

A aproximação entre história, memória e organizações, no entanto, não produziu somente pesquisas sobre narrativas alternativas. Pelo contrário. A discussão foi incorporada também pela narrativa oficial das organizações conforme o tema foi ganhando cada vez mais importância na sociedade.

Talvez você já tenha percebido um crescente interesse pela história e memória com a restauração de centros urbanos, a moda retrô, o aumento dos espaços de comemorações institucionais, documentários e filmes históricos. Já notou como muitas marcas de produtos apresentam, abaixo do nome da marca, a informação 'desde ...'? Esse interesse pela memória pode ser explicado pela velocidade com que as mudanças acontecem em nossa sociedade. O novo torna-se velho com muita velocidade. As notícias mais importantes do dia são atualizadas quase a cada hora, o meme mais compartilhado agora não será o mesmo amanhã. A rapidez com que essas mudanças acontecem gera sensação de angústia e insegurança, que são aplacadas recorrendo-se à memória, que nos permite atribuir sentido à realidade em meio à volatilidade efêmera da vida cotidiana.

Assim, a vivência de um presente cada vez mais plural e pulverizado faz com que a memória seja, cada vez mais, valorizada, e cresce a demanda pela constituição de espaços específicos para lembrar. Esses espaços – os espaços de memória – procuram preservá-la por meio da paralisação do tempo e o bloqueio do esquecimento. Nesse cenário, a memória pode ser compreendida como um fenômeno social, construído a partir da definição do que é comum a determinado grupo e o que o diferencia dos demais. E, como foi dito, as organizações não estão alheias a esse movimento de valorização da história e da memória. Assim, cresce o número de museus históricos e centros de memória corporativos tanto de grandes organizações (como Vale, Gerdau, Chocolates Garoto, Sony, Shell, Sadia, Klabin, Coca-Cola), quanto de pequenas e médias (Casa Granado).

rativo, apontaram a preservação da história e o desenvolvimento de um senso de orgulho entre seus trabalhadores como fatores importantes na proposta da empresa. Considerando a construção social da memória e a possibilidade de esquecimentos, alguns aspectos chamam a atenção na análise dos autores, como, por exemplo, a ausência de referências **à** compra da Bohemia pela Ambev.

Fonte: Costa, Mancebo e Pessoa.[16]

Nesse sentido, a memória corporativa ganha contornos de peças de estratégia de comunicação, voltadas a divulgar e fortalecer a marca. Assim, demonstra-se a importância do estudo histórico para outras áreas da administração, como o marketing. Observar a criação de museus corporativos, espaços de memória ou simplesmente a menção ao ano de fundação da empresa com a lente histórica nos permite entender muitos desses espaços mais como peças publicitárias do que espaços voltados à (re)construção histórica. A criação de espaços de memórias corporativos – algumas vezes chamados de museus – recorre à história como forma de aumentar o relacionamento com os consumidores, com os trabalhadores, atuando como estratégia de marketing e reforço da identidade corporativa.

Não apenas empresas, mas também organizações de maneira geral, como clubes de futebol, investem em espaços dedicados a relembrar e registrar suas memórias. Isso pode ser visto na entrada do "Fla Memória", espaço do Clube de Regatas do Flamengo do Rio de Janeiro, dedicado a preservar a memória do clube.

SAIBA MAIS

Em algumas de suas lojas, as farmácias Granado procuram remeter às primeiras lojas do começo do século XX, apresentando decoração da época, inclusive utilizando a grafia do termo *farmácia* com "ph", como antigamente. A decoração passa também por embalagens dos produtos e disposição da loja.

Em perspectiva semelhante, a cervejaria Bohemia oferece aos consumidores um passeio pela história da empresa, por meio do Museu Corporativo Estratégico, chamado pela empresa de "Bohemia Experience". Costa, Mancebo e Pessoa (2016) analisaram o *tour* oferecido pela fábrica e, considerando as funções de um museu corpo-

SAIBA MAIS

A Petrobras desenvolveu um programa institucional denominado "Memória Petrobras" cujo objetivo – declarado pelo próprio programa – é "preservar, integrar e divulgar a história da nossa companhia". O programa foi criado em 2002 e desenvolvido por outra organização, com base em ideia anterior concebida pelo Sindicato dos Petroleiros, que procurava contar a história da empresa pela voz de seus trabalhadores.

O programa da Petrobras está disponível no *site* https://memoria.petrobras.com.br/, onde busca preservar a memória da empresa por meio da voz dos seus trabalhadores.

Nesse sentido, multiplicam-se as marcas que utilizam o ano de fundação como fonte de credibilidade ou recuperam a história da sociedade e a sua própria com intuito de oferecer maior envolvimento na experiência de compra, conforme pode ser visto na Figura 4.2.

Figura 4.2 Exemplos de marcas com o ano de fundação

Fontes: https://www.granado.com.br/produto/sabonete-barra-odor-de-rosas; https://ceratti.com.br/; https://quaker.pt/sobrequaker; https://www.vans.com.br/quem-somos#2014; https://www.catupiry.com.br/produtos/catupiry-original/.

Algumas empresas fazem referência a sua história citando o ano de fundação em seus rótulos e logotipos, conforme pode ser visto na Figura 4.3.

Figura 4.3 Exemplo de logo com ano de fundação

Fonte: https://www.fila.com.br/sobrea-marca.

A marca de roupas italianas Fila desenvolveu um logotipo próprio especificamente para celebrar seus 110 anos em 2021. A imagem era exibida em seu portal na internet junto com filmes que procuravam retratar a história da empresa e sua contribuição para o mundo dos esportes.

A história das organizações mostra-se tão relevante, que algumas empresas procuram (de maneira antiética) criar histórias e memórias mesmo quando elas não existem. Observe a seguir o curioso caso da fábrica de sorvete Diletto e a importância que ela atribuía a história e tradição no posicionamento de sua marca.

SAIBA MAIS

Na ânsia de criar uma história sólida, que transmita credibilidade e confiança ao consumidor, algumas empresas podem exagerar na construção de sua história com atitudes questionáveis legalmente e eticamente. Em 2014, a marca de picolés e sorvetes Diletto propagava uma história sobre o fundador da empresa, senhor Vittorio Scabin, que havia desenvolvido uma receita de sorvete na Itália e veio para o Brasil durante a Segunda Guerra, trazendo a receita na bagagem.

Acontece que a história do senhor Scabin foi toda inventada pela empresa responsável pela propaganda da Diletto. O senhor Vittorio era um personagem fictício. O caso foi parar no Conselho de Autorregulamentação Publicitária (CONAR), que entendeu que a empresa infringiu o código de regulamentação da publicidade.

Em sua defesa, a Diletto argumentou que a história da marca era ficcional, mas inspirada em "valores reais". O avô realmente morou em uma região famosa na Itália, e a neve dos Alpes foi uma "inspiração inevitável" para fabricação artesanal de sorvete.

Fonte: G1, Economia: mídia e marketing.[17]

Vista como um processo de construção social, a memória – organizacional ou não – está sujeita a disputas de poder sobre o que deve ser lembrado ou esquecido e, por isso, pode ser considerada como fruto de escolhas que reconstroem o passado com intuito de servir ao presente. Ao assim proceder, a memória organizacional não é um processo neutro ou isento de valores, mas, sim, fruto de escolhas. É construída com base em intencionalidades e vontades não apenas como resultado de seleções históricas baseadas em memórias, mas também como resultado de escolhas deliberadas entre o que pode e deve ser lembrado e o que pode e deve ser esquecido. Com isso, a memória organizacional torna-se também passível de questionamento sobre sua isenção e orientação ideológica.

> **SAIBA MAIS**
>
> No artigo *Memória e formalização social do passado nas organizações*, Costa e Saraiva (2011) mostram como o diálogo do presente com o passado não é neutro e como a apropriação das histórias e das memórias pelas empresas é um desdobramento de escolhas dos gestores organizacionais acerca do que se deve lembrar e do que se deve esquecer, legitimando um passado empresarial pretendido.
>
> Fonte: Costa e Saraiva (2011).[18]

No entanto, qualquer que seja a representação do passado (história ou memória), as muitas teorias que estudamos na administração consideram a organização da mesma forma: como uma entidade existente no presente, sem sua historicidade, sem considerar todos os acontecimentos que constituíram a organização do modo como ela existe atualmente. Dessa maneira, sob um olhar a-histórico, a organização pode ser interpretada como entidade estabelecida de maneira natural e determinística. A análise histórica é que irá permitir um escrutínio apurado a respeito das possíveis alternativas ao processo que levou as organizações a serem o que são. Analisar uma grande empresa e assumir que seu suposto sucesso é resultado apenas de estratégias adequadas, de planos de marketing bem desenvolvidos ou do empenho e brilhantismo de seus trabalhadores ou donos pode nos levar a negligenciar aspectos de sua história que suportaram seu desenvolvimento e seu sucesso mercadológico.

> **SAIBA MAIS**
>
> Muitas vezes, as empresas são obrigadas a confrontar um passado nem sempre confortável ou agradável de ser lembrado. Este foi o caso de diversas empresas que viram seus nomes citados no relatório final da Comissão Nacional da Verdade (CNV) por algum tipo de envolvimento na conspiração, golpe e posterior ditadura instaurada no Brasil em 1964. Costa e Silva[19] analisaram o relatório da CNV e identificaram diversas empresas mencionadas e como estas violaram direitos humanos, colaborando em vigilância, prisão, tortura e morte de trabalhadores.
>
> Talvez o caso mais emblemático seja o da montadora alemã Volkswagen, que, em 2020, fechou um acordo com o Ministério Público assumindo a responsabilidade pela violação dos direitos humanos de seus trabalhadores.
>
> Fonte: Costa e Silva.[20]

Com a história organizacional, portanto, pretende-se a inclusão de elementos históricos na análise e, consequentemente, na elaboração de teorias que procuram explicar o fenômeno das organizações. Para compreender uma organização, é fundamental entender sua história e os eventos que contribuíram para formá-la, sua atuação, suas estratégias, seus posicionamentos, alinhamentos, ou seja, seu passado cultural. Além disso, o estudo do passado das organizações "potencializa a compreensão de tendências explicativas atuais teóricas e práticas",[21] ou seja, permite a aplicação e facilita a explicação que as teorias contemporâneas oferecem ao funcionamento organizacional.

Assim, a história organizacional procura contribuir para a teorização do campo por meio da compreensão de que organizações não existem e nem atuam descontextualizadas, isoladas do ambiente e do contexto histórico no qual estão inseridas. Mais do que isso, a história das organizações não deve ser considerada apenas por meio de séries históricas ou relatos cronológicos que indicam os marcos do passado organizacional, mas como elemento fundamental na constituição dessas organizações.

Nesta altura, esperamos que a leitora e o leitor já estejam convencidos da importância de considerar a história em sua análise organizacional. Entretanto, como dissemos na introdução deste capítulo, a história permeia a administração de três maneiras fundamentais. A primeira delas propõe-se a analisar e desenvolver teorias por meio da história organizacional, que considera também os estudos de memória. Mas você deve ter sentido falta de narrativas a respeito da história dessas empresas e de seus fundadores. Recentemente, foi possível notar grande interesse pela história de grandes executivos e empresários (dois filmes foram lançados contando a história do fundador da Apple, Steve Jobs, com o intervalo de apenas dois anos entre eles). A Seção 4.3 procura mostrar como ocorrem o desenvolvimento e o uso da história de empresas na compreensão do funcionamento das organizações.

4.3 HISTÓRIA DE EMPRESAS E OS PIONEIROS DA ADMINISTRAÇÃO NO BRASIL

4.3.1 Despontar da empresa e do empresário brasileiro

Até os anos 1930, o Brasil ainda adotava o modelo de exportação de produtos primários para outros países (modelo primário-exportador). O advento da grande depressão em 1930 representava um momento de crise do sistema capitalista mundial.[22]

SAIBA MAIS

Quebra da bolsa de Nova York

A crise econômica mundial ocasionada pela quebra da bolsa de Nova York em 1929, e também por outros desdobramentos identificados no desempenho da economia norte-americana, gerou tanto impacto social quanto político, como a falência de bancos e empresas, desemprego elevado e crises na agricultura.

Fonte: Saes e Saes.[23]

Assim como aconteceu em vários países, essa crise teve reflexos no Brasil, fazendo com que a substituição das importações dos produtos industrializados no país abrisse caminho para o processo de industrialização nacional, ou seja, criação, crescimento e consolidação de indústrias de produtos nacionais.

O declínio dessa economia de exportação inicia-se no nordeste brasileiro, posteriormente em Minas Gerais e segue para o centro-sul do país. As regiões consideradas mais "atrasadas" do ponto de vista do desenvolvimento industrial desempenhavam o papel de fornecedoras de força de trabalho barata e de matérias-primas para atender às necessidades das metrópoles. Elas serviam também como mercado consumidor para as mercadorias produzidas pelas regiões mais "adiantadas", ou que já estavam engatinhando no desenvolvimento industrial, como é o caso da região centro-sul.[24]

As primeiras indústrias que se desenvolveram nos países subdesenvolvidos foram as de artigos de amplo consumo voltados para a massa da população, como alimentos, tecidos, confecções e artigos de couro, em função da simplicidade técnica de produção, e concorrendo com os processos artesanais que abasteciam parcialmente a população.[25]

No entanto, enquanto na economia baseada no modelo agrário-exportador as propriedades mantinham estruturas socioeconômicas tradicionais, que tinham base patriarcal ou feudal, as novas estruturas industriais precisavam investir de forma racional e sistemática para sua sobrevivência e para sobrevivência desse novo sistema social, a fim de prover o desenvolvimento econômico do país.

A maneira encontrada para se atingir esse objetivo de desenvolvimento econômico foi a da reorganização dos fatores de produção, tanto no plano nacional quanto no nível empresarial, buscando promover o aumento da produtividade e, ao mesmo tempo, a redução de custos de produção.[26]

Dessa maneira, a responsabilidade pelo desenvolvimento econômico era igualmente uma função do Estado e do empresariado. O empresariado constituiu-se, à época, pelo aparecimento de "um pequeno número de pessoas, investidores particulares ou funcionários públicos, que utilizavam grandes somas de capital e davam emprego a um grande número de pessoas".[27] Nesse momento, portanto, é que ganha espaço a figura do empresário industrial brasileiro.

POR DENTRO DA TEORIA

Luiz Carlos Bresser-Pereira é um economista, cientista político, cientista social, administrador de empresas e advogado brasileiro nascido em 1934.

Em 1962, em seu artigo *Desenvolvimento econômico e o empresário*, publicado na *Revista de Administração de Empresas* (*RAE*), ele define o **empresário** como:

É o dirigente e executor da reorganização dos fatores de produção no nível das empresas. Ele é o agente privado ou público que, em nome próprio, dos acionistas ou do Estado, cria e desenvolve, de forma sistemática e racional (ou seja, na qual são sempre procurados os meios mais adequados para se atingir os fins visados), uma organização econômica bem-sucedida.

Fonte: http://www.bresserpereira.org.br/.

4.3.2 História dos negócios no Brasil

O estudo da história dos negócios no mundo tem como berço de seu nascimento os Estados Unidos, que, no início do século XX, já contava com grandes empresas estabelecidas no país, o que despertou o interesse das escolas de negócios. Cronologicamente, o estudo da história e das estratégias das empresas começa, portanto, nos Estados Unidos e se dissemina na Europa com a expansão de ideias e resultados de pesquisas acadêmicas que eram apresentados em conferências pelos professores e pesquisadores e também por meio das revistas científicas (*journals*), que ajudavam a espalhar estes estudos pelo mundo.

No ano de 1925, nos Estados Unidos, dois professores e pesquisadores da Universidade Harvard, Edwin Gay e Norman Scott Brien Gras, formaram a Business Historical Society, uma sociedade de pesquisadores empenhados em estudar a história de empresas e a maneira como elas faziam seus negócios.

Com o desenvolvimento desses estudos, no ano de 1928 foi lançada a revista científica *Journal of Economics and Business History*, que passou a disseminar o modelo de estudo dos casos de empresas utilizado em Harvard. Os resultados desses estudos centravam-se na história institucional de companhias e nas biografias de empresários.[28]

Anos mais tarde, outro professor da Universidade de Harvard, Alfred DuPont Chandler Jr., escreve obra intitulada *Strategy and structure*, publicada em 1962. Sua importância para a área de estudos é que, de maneira pioneira, o professor Chandler unia em seus escritos, sobre a *Business History*, a história de empresas com a teoria econômica, utilizando-se de metodologia de pesquisa e de fontes documentais.[29]

POR DENTRO DA TEORIA

Alfred D. Chandler Jr. (1918-2007) foi professor da Harvard Business School, nos campos da administração e da história de empresas. Estudou o funcionamento de grandes empresas norte-americanas, como a DuPont, a General Motors, a Standard Oil N. Jersey e a Sears. Suas principais obras para a história de negócios são *Strategy and structure* (1962) e *The visible hand* (1977).

Na América Latina, o desenvolvimento da *Business History* foi posterior e tem como principais países Argentina, Colômbia e México. Para citar alguns exemplos, o primeiro país conta com a importante representação da pesquisadora Maria Ines Barbero. Já o México ganha destaque com os historiadores Carlos Marichal e Mario Cerutti.[30]

Existem diferenças entre a "história empresarial" e a "história de empresas", conforme demonstrado pelo Quadro 4.1. Enquanto a história empresarial, no seu sentido schumpeteriano, centraliza seus estudos na análise histórica do desempenho e do impacto de alguns empresários individuais ou grupo de empresários inovadores, a história de empresas ou *business history* dá atenção à análise das mudanças na organização econômica das companhias ou corporações, mudanças estas que são parte e reflexo de transformações econômicas e sociais em conjunto.[31]

Quadro 4.1 Comparação entre história empresarial e história de empresas

Critérios	História empresarial	História de empresas
Objeto de estudo	Desempenho de empresários individuais ou de grupos de empresários inovadores.	Mudanças na organização econômica das companhias ou corporações.
Métodos mais utilizados para o estudo	Levantamento de fontes e dados históricos, história oral, história de vida.	Fontes históricas e documentos.
Fontes teóricas mais utilizadas para o estudo	Documentos, registros fotográficos, história oral.	Teorias da história, teorias da administração, teorias econômicas. Uso do paradigma de Chandler. Nova economia institucional. Teoria dos custos de transação.

Além disso, existem três principais maneiras teóricas de abordar a história de empresas (Figura 4.4). A primeira é a análise das grandes empresas no longo prazo, utilizando o modelo ou paradigma de Chandler. A segunda observa o funcionamento das empresas e sua relação com a economia, modelos propostos pelos economistas americanos Ronald Coase e Oliver Williamson, autores da chamada "teoria dos custos de transação". E a terceira, dos economistas que se preocupam com o marco institucional da economia, como Douglas North, observando principalmente as normas políticas, legais e de conduta que afetam as empresas.[32]

No Brasil, a área da história de empresas tem como referência principal a revista científica *História Econômica e História de Empresas*, cujo primeiro número circulou em 1998.[33] Essa revista foi constituída pelos pesquisadores da Associação Brasileira de Pesquisadores em História Econômica (ABPHE), que tiveram seu primeiro encontro ocorrido em 1993, o I Congresso Brasileiro de História Econômica, que se tornou um evento anual.

Nota-se que a área da *Business History*, tal qual proposta pela perspectiva multidisciplinar e ênfase metodológica de Alfred Chandler (1962) para os estudos de empresas, ainda está em desenvolvimento e adaptação no Brasil. Os seus estudos são realizados fundamentalmente por historiadores econômicos e pesquisadores das áreas de administração e economia das organizações.[34]

> **SAIBA MAIS**
>
> **Historiadores das empresas no Brasil**
>
> Marca-se a história de empresas no Brasil pelo primeiro congresso da Associação Brasileira de Pesquisadores em História Econômica (ABPHE), ocorrido no ano de 1993. Alguns nomes importantes, como Tamás Szmrecsányi, Wilson Suzigan, Maria Alice Rosa Ribeiro, Flávio Azevedo Marques de Saes, Armando Dalla Costa, Alexandre Macchione Saes, contribuíram com o desenvolvimento desses estudos, na visão dos historiadores econômicos, fazendo parte das diretorias da referida associação.
>
> No ano de 2012, os professores e pesquisadores brasileiros Decio Zylbersztajn e Caroline Gonçalves começam a desenvolver pesquisas sobre a *Business History* na Universidade de São Paulo e apresentam, em 2015, no congresso da Sociedade para Economia Institucional e Organizacional (*Society for Institutional & Organizational Economics* – SIOE, Antiga "ISNIE"), o artigo Business history: a lantern on the Stern?, no qual procuram retratar as várias faces dos estudos da *Business History* em função das diferentes interpretações teóricas do tema, e despertar o interesse da pesquisa sobre o assunto no Brasil. (Disponível em: https://papers.sioe.org/paper/1375.html).
>
> No ano de 2014, o professor Alexandre Macchione Saes oferece, na pós-graduação da Universidade de São Paulo, a disciplina História de Empresas: enfoques teóricos e estudos de casos, em parceria com o professor Daniel Moyano, da Universidad de Tucumán, na Argentina. A disciplina repetiu-se nos anos de 2017, 2018 e 2019 com a participação dos professores Jacques Marcovitch (Universidade de São Paulo), Armando Dalla Costa (Universidade Federal do Paraná) e Caroline Gonçalves (Universidade Federal de Mato Grosso do Sul), contando também com a participação do professor Guilherme Grandi, da Universidade de São Paulo.
>
> Reunidos os esforços para o desenvolvimento do tema no Brasil, esses e outros pesquisadores brasileiros têm abordado a história de diferentes empresas e setores, especialmente em estudos de caso, que podem ser encontrados em revistas, livros, teses e eventos no país.
>
> Fonte: Saes.[35]

Figura 4.4 Maneiras teóricas de abordar a história de empresas.

Modelo ou paradigma de Chandler	• Análise das grandes empresas a longo prazo
Teoria dos custos de transação	• Funcionamento das empresas e sua relação com a economia
Economia institucional	• Normas políticas, legais e de conduta que afetam as empresas

Ao propor a tradução de "História de Negócios" para a *Business History* no Brasil, os autores assumem que os estudos podem abordar, além das organizações consideradas "empresas", de capital fechado ou aberto, outros formatos de organizações, como cooperativas, organizações não governamentais, organizações públicas, entre outras, e visam compreender as estratégias desenvolvidas por essas organizações e as formas de transações entre organizações ao longo do tempo, com base em um constructo teórico de intersecção entre as teorias tradicionais de administração, economia e história.[36]

Nesse caso, estudos indicam também que a interpretação da história de uma organização reuniria a compreensão de elementos dinâmicos ao longo do tempo, apontados pela caracterização de três elementos centrais: aspectos institucionais, mudanças organizacionais e influência do indivíduo.[37]

Os casos de história de negócios, portanto, consideram explicar as características históricas e institucionais de influência na organização, comparando as da época de fundação e as atuais (ou seja, os aspectos macro: econômicos, político-legais, sociais, culturais, tecnológicos e ambientais). Em segundo lugar, é preciso saber quais as condições do ambiente organizacional (os aspectos micro: atividades econômicas, tecnologias empregadas, processos e inovação, produção, compras, vendas, distribuição, comunicação e transações) e suas variações ao longo de sua existência. Em terceiro lugar, expõe as particularidades estratégicas utilizadas pelos proprietários ou dirigentes da organização ao longo do tempo (estratégias particulares aliadas ao perfil do empresário ou dirigente(s) da organização).

É interessante observar que a influência do fundador da empresa pode perdurar por muitos anos em sua forma de gestão, tornando-se parte, inclusive, da própria cultura organizacional, assim como a empresa pode mudar de estratégia de gestão ao substituir seu dirigente.

POR DENTRO DA TEORIA

Surgimento e desenvolvimento da *Business History*: da História de Empresas à História de Negócios

O estudo de Gonçalves e Saes[38] indica que foi durante a segunda metade do século XX que a *Business History* encontrou sua real vocação, constituindo-se como área específica de outras esferas de pesquisa, aperfeiçoando continuamente seu método e sua fundamentação teórica para a pesquisa. Esse percurso, todavia, não ocorreu sem perdas: conforme a construção de sua identidade foi tomando um formato mais bem delimitado, por meio da teoria das organizações, a pesquisa foi se divorciando de suas origens, isto é, da história econômica.

Fonte: Gonçalves e Saes.[39]

4.3.3 Empresários e empreendedores pioneiros no Brasil

Muito antes da ascensão do empresário industrial brasileiro, alguns empresários e empreendedores já se destacavam na história da gestão de empresas no Brasil. Eles tinham objetivos grandiosos, sonhos, determinação, estratégia e postura ágil diante das crises, embora não tivessem formação científica em administração. São esses os homens e mulheres também chamados de "pioneiros" que deixaram legados e ensinamentos para as gerações seguintes. Veremos aqui alguns exemplos de nomes importantes para o país.

Considerado o primeiro grande empresário brasileiro, Irineu Evangelista de Sousa, o Barão de Mauá (1813-1889), era um empreendedor gaúcho que foi responsável por iniciativas modernizadoras para a economia brasileira ao longo do século XIX, ao final do período de escravidão no país, incluindo aquelas em parceria com investidores da Inglaterra, o que demonstrou todo o seu potencial como um grande articulador entre os países. Tendo uma infância difícil no Rio Grande do Sul, Irineu se muda para o Rio de Janeiro, onde, ainda jovem, trabalha no comércio e demonstra suas habilidades, entre outras, na área da contabilidade, e em 1851 fundou o primeiro banco brasileiro com objetivo de financiar o desenvolvimento empreendedor no país, que futuramente viria a compor o atual Banco do Brasil.

SAIBA MAIS

Para conhecer um pouco mais da história do Barão de Mauá, indicamos o livro de Jorge Caldeira, *Mauá: empresário do império*, de 1995, como uma referência sobre a história da vida deste empresário. E o filme "Mauá, o Imperador e o Rei", de 1999, dirigido por Sérgio Rezende.

Fontes: Caldeira[40] e Rezende.[41]

SAIBA MAIS

Empresários brasileiros de destaque

Luiz Vicente de Souza Queiroz: empreendedor revolucionário, abolicionista, idealista, que realizou seus estudos na França e na Suíça, voltando para o Brasil em 1873. Em 1874, a tecelagem Santa Francisca era fundada na cidade de Piracicaba, no estado de São Paulo. Obteve grande êxito em 1876, passando a consumir toda a safra de algodão da região. Seu fundador foi Luiz de Queiroz.

Partiram dele também a primeira linha telefônica em Piracicaba, a iluminação elétrica na cidade e a origem da Escola Superior de Agricultura Luiz de Queiroz, da Universidade de São Paulo (Esalq/USP), já que era proprietário da Fazenda São João da Montanha, e a doou ao governo do Estado de São Paulo para criação de uma escola agrícola, mas que só foi inaugurada em 1901, após seu falecimento.

Francesco Matarazzo: nascido em 1854, chegou ao Brasil em 1881 para trabalhar no setor da agricultura. Trabalhou em diversos setores da economia, seja em parceria com os irmãos, em sociedades que se formaram e se desfizeram com o tempo, seja no comércio ou na indústria. Passaram por suas mãos as atividades de comercialização de "secos e molhados" em São Paulo, importação de farinha de trigo e algodão, criação do moinho de farinha "Moinho Francisco Matarazzo", tecelagens, óleo de algodão, fábrica de sabão e de velas, sabonetes finos e perfumados, serraria, metais e metalurgia, indústria química, móveis e utensílios domésticos. Pode-se dizer que é um dos empresários mais conhecidos por sua diversidade de produtos e disseminação de fábricas e negócios pelo país.

José Ermírio de Moraes: formado em engenharia de minas nos Estados Unidos em 1921, retornou posteriormente ao Brasil, iniciando sua carreira na Secretaria de Agricultura do estado de Minas Gerais. Conheceu, em 1924, em uma viagem para a Europa, o industrial Antônio Pereira Inácio, proprietário da fábrica de tecidos Votorantim, e aceitou o convite para trabalhar nela, tornando-se diretor em 1925, quando resolveu intensificar a produção de cimentos e dar início à produção de metais e produtos químicos, visando suprir a demanda para industrialização no Brasil e buscando o desenvolvimento econômico do país.

Fotos: Acervo Iconográfico Pioneiros – USP
Fonte: https://pioneiros.fea.usp.br/[42].

As impressões e os legados dos homens e das mulheres que constituíram a história do empresariado brasileiro deixam como aprendizado e inspiração, para as gerações que se seguem, que, além dos sonhos necessários para formação e consolidação de uma empresa, o trabalho duro é essencial. Se, por um lado, as condições econômicas do país não são as mesmas de décadas ou séculos atrás, por outro, ainda há espaço para a produção com visão sustentável dos negócios e redução do relativo "comodismo" do empresariado em sistema de economia fechada. A indústria brasileira ainda precisa desenvolver-se mais em tecnologia e educação e reduzir a corrupção, para que o dinheiro seja investido adequadamente e esse desenvolvimento seja possível. Além disso, a administração profissionalizada, que hoje é possível graças aos ensinamentos dos diversos cursos de ensino técnico e superior espalhados pelo país, deve ajudar a reduzir os custos das empresas, otimizar os recursos, utilizar ferramentas de gestão eficientes, reduzindo riscos, utilizar o pensamento estratégico e fazer uso dos ensinamentos da história para se aprender com o passado e se redesenhar o futuro.

SAIBA MAIS

Pioneiros e empreendedores

Fonte: https://pioneiros.fea.usp.br/

Procurando valorizar a memória empresarial brasileira, em 2001 o professor emérito da Faculdade de Economia, Administração e Contabilidade da Universidade de São Paulo e reitor da USP entre 1997 e 2001, Jacques Marcovitch, deu início a um amplo estudo denominado "Pioneiros e empreendedores: a saga do desenvolvimento no Brasil". Trata-se de um projeto multidimensional de pesquisa, ensino e extensão universitária sobre empreendedorismo pioneiro no Brasil, que inclui pesquisa acadêmica, exposição itinerante sobre os empreendedores estudados e cursos de atualização em pioneirismo e educação empreendedora para professores de todas as regiões do país. O projeto gerou também três livros, publicados entre 2003 e 2007, que narram a história de 24 empreendedores responsáveis pela fundação e pelo desenvolvimento de alguns dos principais grupos empresariais brasileiros.

Considerando que as diferentes regiões do Brasil possuem as suas personagens principais no pioneirismo empresarial, Marcovitch retratou no primeiro volume da obra a trajetória de empresários "paulistas": os Prado, Nami Jafet, Francisco Matarazzo, Ramos de Azevedo, Jorge Street, Roberto Simonsen, Júlio Mesquita e Leon Feffer.

Ampliou, então, no segundo volume, o universo de observação ao focalizar figuras como Mauá, Luiz de Queiroz, Attilio Fontana, Valentim dos Santos Diniz, Guilherme Guinle, Lafer-Klabin, José Ermírio de Moraes e Gerdau-Johannpeter, abrindo espaço para a história de empreendedores do Rio de Janeiro, Paraná, Santa Catarina e Rio Grande do Sul.

Outros pioneiros do Rio de Janeiro, Nordeste e Amazônia foram apresentados no terceiro volume, que reúne as contribuições dos Lundgren, Luiz Tarquínio, Bernardo Mascarenhas, Delmiro Gouveia, Roberto Marinho, Augusto Trajano de Azevedo Antunes, Samuel Benchimol e Edson Queiroz.

Ao compor a lista dos personagens da trilogia e da exposição, foram utilizados como critérios de escolha não apenas o êxito econômico alcançado pelos empreendedores mas também a presença, em cada um deles, de características típicas do empreendedorismo, como visão de futuro, sensibilidade estratégica e capacidade de inovação. Optou-se também por aqueles que apresentavam singularidades marcantes e, de certa forma, representativas de determinados tipos de empresário.

Os Prado representam a transição entre o Brasil do café e o Brasil moderno; Matarazzo, o pioneirismo da grande indústria; Street, a consciência social; Feffer, a aposta na tecnologia; Jafet, a revolução do varejo; Simonsen, a preocupação com a macroeconomia.

Haverá quem estranhe a presença de Júlio Mesquita e de Ramos de Azevedo, já que o primeiro é conhecido, sobretudo, como jornalista, e o segundo, como arquiteto. Mas não é menos certo que os dois foram, igualmente, empresários de grande sucesso e valor. Representam eles um tipo de empresário especialmente interessante e muito pouco estudado. Um promoveu inovações na imprensa; outro, na construção civil [...].

O pano de fundo da obra é o cenário econômico e social brasileiro (e mundial) nos séculos XIX e XX, período em que a economia brasileira passou por rápida expansão. Nesse cenário, os empreendedores eram retratados como homens apaixonados pelo que faziam, inovadores, dotados de uma grande abertura de espírito, extraordinária capacidade de trabalho e flexibilidade para mudar de rumo ou estratégia.

Além de criar empresas ou grupos empresariais bem-sucedidos, que impulsionaram o desenvolvimento do país, envolveram-se em projetos sociais ou de natureza filantrópica com a mesma energia e resiliência com que assumiram riscos e aproveitaram as oportunidades do seu tempo. Marcovitch acredita que, no Brasil atual, "uma visão de futuro inspirada nos pioneiros do empreendedorismo deve animar o esforço daqueles que buscam mudanças estruturais e soluções para os problemas mais dramáticos e ainda persistentes. [...] "O que aconteceu é tão importante quanto o que está acontecendo e o que vai acontecer", diz ele.

Segundo Marcovitch, "o livro destina-se aos professores de cursos superiores de administração, economia, engenharia de produção e áreas afins, e aos educadores que atuam no campo da gestão. Foi pensado também para servir como fonte de inspiração para os jovens que, em número crescente, procuram esses cursos com o sonho de criar riquezas para o país." Serve ainda de estímulo para empreendedores atuais, ao mostrar como os pioneiros superaram dificuldades e seguiram em frente para realizar seus sonhos (informações extraídas de https://pioneiros.fea.usp.br).

Para saber mais informações, acessar livros do projeto e outras publicações. Para conhecer a história dos pioneiros, as exposições e cursos, acesse: https://pioneiros.fea.usp.br/.

Fonte: Marcovitch.[43]

4.4 ADMINISTRAÇÃO COMO CIÊNCIA/CAMPO DE ENSINO

Entender como a história influencia nosso entendimento das organizações passa também por compreender como ocorreu o desenvolvimento do ensino da administração no Brasil. Isso porque a forma como analisamos e entendemos as organizações depende, fundamentalmente, da maneira como aprendemos a fazer isso. Ora, se defendemos aqui a historicidade das organizações, cabe também historicizar o ensino da administração, procurando posicioná-lo como parte da história da gestão e entender como o conhecimento que nos é trazido e divulgado também é resultado de um complexo e imbricado processo histórico.

Alguns autores indicam que a origem do ensino de administração no Brasil se deu com o início das "Aulas de Comércio", autorizadas com a chegada da família real portuguesa, em 1808. O certo é que foram as escolas de comércio intituladas Academia de Comércio, no Rio de Janeiro, e Álvares Penteado, em São Paulo, que primeiro tiveram seus diplomas reconhecidos pelo governo como sendo de ensino superior, em 1905. Esses cursos teriam sido as origens não só dos cursos de administração como também dos cursos de economia e contabilidade que foram instituídos nas décadas seguintes.[44]

Contudo, foi somente em 1931, com a chamada Reforma Francisco Campos, que, pela primeira vez, o nome *administração* apareceu consignado para um curso de ensino superior. Era o curso de "administração e finanças", que concedia, curiosamente, o título de bacharel em "ciências econômicas". Isso deixa clara a origem comum desses cursos. Nesse mesmo ano de 1931, foi criado o Instituto de Organização Racional do Trabalho (IDORT), que podemos considerar como o primeiro destinado ao treinamento de administradores. O IDORT foi concebido pelos industriais paulistas liderados por Roberto Simonsen para preparar a mão de obra rural para trabalhar nas indústrias nascentes. Porém, com a nomeação de Armando Salles como interventor no estado de São Paulo, o IDORT acabou por ter mais sucesso na reforma da estrutura do estado do que no ensino de administração para o setor privado.[45]

O Departamento Administrativo do Serviço Público (DASP) foi criado por Luis Simões Lopes, por designação do presidente Getúlio Vargas, em 1938. O DASP tinha por objetivo apoiar a reforma do estado na centralização da administração na capital, então no Rio de Janeiro, e de formar técnicos em administração e organização. O DASP promoveu os primeiros concursos públicos pelos quais passaram nomes que depois se tornariam grandes gestores públicos e que também tiveram forte presença e influência nos cursos de graduação em administração criados nas décadas seguintes. Entre eles, podemos citar Celso Furtado, Guerreiro Ramos, Cleantho Paiva Leite e Rômulo Almeida.[46]

> **SAIBA MAIS**
>
> **Alberto Guerreiro Ramos:** ex-integrante do DASP, foi professor, deputado federal cassado pelo regime militar. Proeminente teórico da administração, com destacada importância na crítica à importação de conceitos e teorias internacionais e sua aplicação de maneira acrítica. Segundo Pizza Junior, Guerreiro Ramos foi também um dos idealizadores do projeto de regulamentação da profissão do administrador, em 9 de setembro de 1965.
>
> Fonte: Tenório e Wanderley.[47]

Em São Paulo, em 1941, por iniciativa do Padre Saboia, foi criada a Escola Superior de Administração de Negócios (ESAN). A ESAN, assim como o IDORT, teve o apoio da elite industrial do estado, que contribuiu para a formação da escola. Porém, a base era o projeto de assistência social da Igreja Católica. O objetivo na formação de profissionais era similar ao do IDORT, mas a escola acabou por criar também cursos de ensino superior que a credenciaram a reivindicar o título de primeira a oferecer cursos de ensino superior de administração.[48]

O advento da Segunda Guerra Mundial tornou determinante a participação do Estado na centralização e no planejamento da gestão dos negócios do país. Não podemos nos esquecer de que, em 1942, foi criada a Coordenação de Mobilização Econômica (CME), órgão criado por Vargas e que passou a comandar toda a produção do país – pública e privada – no esforço de guerra. O comando desse órgão coube a João Alberto Lins e Barros, amigo gaúcho de Vargas e que foi, junto com o ministro das relações exteriores, Osvaldo Aranha, pivô da aproximação com os EUA. Foi então, a partir do fim da guerra que surgiu o embricamento do desenvolvimento da ciência da administração com o desenvolvimento econômico. O entendimento passa a ser de que o país necessitava formar administradores públicos e privados que pudessem apoiar o esforço de desenvolvimento do país. Os gestores públicos deveriam ser capazes de promover o planejamento da economia para a superação do subdesenvolvimento por meio da industrialização, ao passo que os gestores privados deveriam ocupar as novas posições surgidas na indústria nascente.[49]

A volta de Vargas (1951-1954) ao poder como presidente democraticamente eleito marca definitivamente a entrada do Estado no planejamento do desenvolvimento industrial, na criação de organizações do Estado para apoiar esse desenvolvimento e no apoio à formação de gestores públicos e privados. Nesse processo, foi fundamental o surgimento da Comissão Econômica Para a América Latina (CEPAL), órgão das Nações Unidas criado em 1948. As formulações teóricas da CEPAL embasaram as políticas públicas que passaram a apoiar o incipiente processo de industrialização da região iniciado em 1930.[50]

O planejamento do desenvolvimento industrial e a formação de gestores públicos e privados para comandar esse processo tornaram-se centrais a partir dos anos 1950. É nesse cenário que surgem as primeiras escolas de ensino de graduação em administração pública e privada. A Fundação Getulio Vargas (FGV), criada em 1944, para expandir o legado do DASP, patrocinou a criação da Escola Brasileira de Administração Pública (EBAP), em 1952, e, dois anos depois, da Escola de Administração do Estado de São Paulo (EAESP). Simultaneamente, e apoiada pelo então governador de Minas Gerais, Juscelino Kubitschek (JK), a Universidade Federal de Minas Gerais criou o curso de administração pública, em 1952, e depois de administração privada, em 1954, na Faculdade de Ciências Econômicas e Administração (FACE). Essas três escolas, até 1960, foram as responsáveis pela formação dos 400 primeiros administradores no Brasil.[51]

Ao longo da década de 1950, foram importantes na construção do ensino da administração brasileira tanto a CEPAL como o Instituto Superior de Estudos Brasileiros (ISEB). O que se almejava era a formação com base nas ciências sociais de um gestor – técnicos e dirigentes eram os termos da época – que fosse sensível ao contexto nacional na sua atuação e, principalmente, estivesse alinhado com o nacional-desenvolvimentismo que marcou esse período.[52] O *slogan* de JK de promover o desenvolvimento do país, "50 anos em 5", acelerou a necessidade da formação de gestores. Foi assim que JK procurou também o apoio dos EUA no esforço da expansão do ensino de administração. Assim, em março de 1959, o ministério da educação (MEC) assinou com a agência de cooperação internacional dos EUA (ICA) o Programa Brasileiro de Administração (PBA-1).[53] Vale comentar que, em função da guerra fria, os EUA tinham total interessse em desenvolvimento e difusão do ensino de administração no Brasil, por isso financiaram o intercâmbio entre professores e instituições americanas e brasileiras.[54]

SAIBA MAIS

Programa Brasileiro de Administração (PBA-1)

O PBA-1 foi o primeiro esforço nacional de expansão do ensino de administração. Por meio dele, as escolas da FGV – EBAP e EAESP – foram reforçadas e duas novas escolas foram criadas: uma na Universidade Federal do Rio Grande do Sul (UFGRS) e outra na Universidade Federal da Bahia (UFBA). Contudo, houve muita resistência à implementação desse programa por receio de maior intervenção das universidades estadunidenses que executavam o programa no Brasil. Nesse sentido, a FACE não aderiu ao programa, assim como a Universidade Federal de Pernambuco. O fato é que o PBA-1 promoveu a expansão do ensino de administração em **nível nacional, fora do eixo Rio-São Paulo-Belo Horizonte.**

Fonte: Fischer.[55]

Contudo, a consolidação do ensino só aconteceu com o reconhecimento da profissão de administrador, em 1965, e, no ano seguinte, com o estabelecimento do currículo mínimo pelo MEC. Dessa maneira, vemos que, apesar da tão propalada influência estadunidense no ensino de administração até os dias atuais, a origem desse ensino está fortemente ligada aos esforços de agentes públicos e privados para promover a superação do subdesenvolvimento por meio da industrialização do país. Resgatar o conhecimento que embasou a formação dos primeiros técnicos e dirigentes no país pode nos ajudar a promover um ensino de administração que esteja calcado na superação do contexto em que (sobre)vivem os alunos dos cursos de administração.

4.5 CONSIDERAÇÕES FINAIS E QUESTÕES: IMPACTOS PARA A ESTRATÉGIA DAS EMPRESAS

Neste capítulo, podemos compreender como a história é fundamental para a teorização organizacional e como ela influencia o modo como as estratégias das organizações são concebidas. Para tanto, também foi abordada a memória como construção social e estratégia empresarial, uma vez que sua definição do que é comum a determinado grupo e do que o diferencia dos demais também influencia empresas e organizações. A relação entre história e administração na perspecitiva dos autores seria: (1) a história organizacional, (2) a história de empresas ou história dos negócios[56] e (3) a história da gestão.

A história da industrialização no mundo e no Brasil foi outro conteúdo tratado, e podemos perceber que o processo de industrialização não ocorreu de maneira homogênea por todo o planeta. Por exemplo, enquanto a "administração científica" era vivenciada no hemisfério norte, o Brasil era um país dominado pela agricultura como atividade econômica principal, quase sem indústrias ou empresas. Nesse sentido, foi construída no capítulo a compreensão quanto à forma a-histórica sobre como a teoria da administração se desenvolveu, em parte, pelo caráter universalista e presentista da teoria organizacional que, muitas vezes, considera as características contemporâneas das organizações como imutáveis ao longo do tempo.

A história do estudo da administração no Brasil combina a história de empresas, empresários e empreendedores com a trajetória do ensino de administração, das "aulas de comércio", com a chegada da família real portuguesa, em 1808, passando pelo Instituto de Organização Racional do Trabalho (IDORT), que podemos considerar como o primeiro destinado ao treinamento de administradores, até o projeto de regulamentação da profissão do Administrador em 9 de setembro de 1965.

Vimos que no Brasil a área da história de empresas tem como referência principal a Associação Brasileira de Pesquisadores de História Econômica (ABPHE) e seu periódico científico, a revista *História Econômica e História de Empresas*, cujo primeiro número circulou em 1998.[57] Essa revista foi constituída pelos pesquisadores da referida associação, que tiveram seu primeiro encontro ocorrido em 1993. Mas, muito antes da ascensão do empresário industrial brasileiro, alguns empresários e empreendedores já se destacavam na história da gestão de empresas no Brasil. Eles tinham objetivos grandiosos, sonhos, determinação, estratégia e postura ágil diante das crises, embora não tivessem formação científica em administração. A obra brasileira que retrata essa parte da história é a coleção *Pioneiros e empreendedores: a saga do desenvolvimento no Brasil*, de Jacques Marcovitch.

Nessa jornada, foi possível também compreender a história do ensino da administração no Brasil como parte fundamental da história da gestão. Assim, a sua influência contribuiu na forma como analisamos e entendemos as organizações em nosso país, por isso defendemos aqui que a historicidade das organizações combinada com ensino da administração é resultado de um complexo e imbricado processo histórico.

CONTRIBUIÇÕES DO CAPÍTULO PARA A ADMINISTRAÇÃO CONTEMPORÂNEA

a) Compreender as organizações como resultados de processos históricos, criticando a concepção de que são entidades naturalmente constituídas como as conhecemos.

b) Conhecer a história da organização, dos métodos, dos conceitos, das práticas e das técnicas nos permite desnaturalizar as estruturas e práticas organizacionais, mostrando-as como resultados de escolhas e decisões tomadas no passado e não inerentes às organizações.

c) A análise histórica potencializa a compreensão das teorias e práticas atuais.

d) O estudo das mudanças organizacionais pode ser enriquecido pela perspectiva histórica, visando entender os movimentos, as escolhas e os esquecimentos do passado.

e) Os administradores, empreendedores e empresários pioneiros deixaram lições que podem ser aprendidas pelos gestores do presente.

QUESTÕES PARA REFLEXÃO

1) Como a análise histórica pode contribuir para a compreensão das organizações?

2) Como é o uso estratégico da memória pelas empresas?

3) Quais são os rumos do empresariado brasileiro?

4) Como a disseminação dos sistemas tecnológicos influenciará a gestão das empresas?

5) Como profissionalizar a gestão das micro e pequenas empresas?

6) Como deve ser a preocupação das empresas familiares nos processos de sucessão do empresário fundador?

QUESTÕES PARA AVALIAÇÃO DO CONHECIMENTO

1) Você consegue identificar o universalismo e o presentismo em alguma teoria que já estudou?

2) Que tipos de problemas você consegue apontar se considerarmos que as organizações são entidades desvinculadas de seu passado?

3) A memória é construída socialmente. Analise essa assertiva e procure apontar suas implicações.

4) Como os lugares de memória podem ser utilizados como ferramentas estratégicas?

5) Como a história dos grandes executivos e empresários pode influenciar a atuação das empresas?

6) Quais foram as influências do ensino da administração no Brasil? Quais questões isso pode acarretar?

REFERÊNCIAS

[1] BOOTH, C.; ROWLINSON, M. Management and organizational history: prospects. *Management & Organizational History*, v. 1, n. 1, p. 5-30, 2006.

[2] *Idem, ibidem.*

[3] COSTA, A. S. M.; BARROS, D. F.; MARTINS, P. E. M. Perspectiva histórica em administração: novos objetos, novos problemas, novas abordagens. *RAE-Revista de Administração de Empresas*, v. 50, n. 3, p. 288-299, 2010.

[4] *Idem, ibidem.*

[5] *Idem, ibidem.*

[6] GONÇALVES, C.; SAES, A. M. Surgimento e desenvolvimento da business history: da história de empresas à história de negócios. XII CONGRESSO BRASILEIRO DE HISTÓRIA ECONÔMICA & 13ª CONFERÊNCIA INTERNACIONAL DE HISTÓRIA DE EMPRESAS. Rio de Janeiro, ago. 2017.

[7] GODFREY, P. C. et al. What is organizational history? Toward a creative synthesis of history and organization studies. *Academy of Management Review*, v. 41, n. 4, p. 590-608, 2016.

[8] COSTA, A. S. M.; BARROS, D. F.; MARTINS, P. E. M. *Op. cit.*, p. 288-299.

[9] GONÇALVES, C.; SAES, A. M. S. *Op. cit.*, 2017.

[10] COSTA, A. S. M.; BARROS, D. F.; MARTINS, P. E. M. *Op. cit.*, p. 288-299.

[11] GONÇALVES, C.; SAES, A. M. S. *Op. cit.*, 2017.

[12] COSTA, A. S. M.; BARROS, D. F.; MARTINS, P. E. M. *Op. cit.*, p. 288-299.

[13] WANDERLEY, S.; CELANO, A.; OLIVEIRA, F. B. EBAP e ISEB na busca por uma administração brasileira: uma imersão nos anos 1950 para iluminar o século XXI. *Cadernos EBAPE*. BR. 13 mar. 2018; 16(1): 64-80.

[14] COSTA, A. S. M.; BARROS, D. F.; MARTINS, P. E. M. *Op. cit.*, p. 288-299.

[15] HODGE, P. A.; COSTA, A. S. M. Do particular para o geral: memória, história oral e estudos organizacionais. *Revista Eletrônica de Ciência Administrativa*, [S.l.], v. 19, n. 3, p. 303-336, set. 2020. ISSN 1677-7387. Disponível em: http://www.periodicosibepes.org.br/index.php/recadm/article/view/2958/1109. Acesso em: 19 jun. 2021. doi: https://doi.org/10.21529/RECADM.2020013.

[16] *Idem, ibidem.*

[17] CONAR reprova 'fantasia' em história da Diletto e recomenda alteração. G1, *Economia: mídia e marketing*, São Paulo, 11 dez. de 2014. Disponível em: http://g1.globo.com/economia/midia-e-marketing/noticia/2014/12/conar-reprova-fantasia-em-historia-da-diletto-e-recomenda-alteracao.html. Acesso em: 19 out. 2020.

[18] COSTA, A. S. M.; SARAIVA, L. A. S. Memória e formalização social do passado nas organizações. *Revista de Administração Pública*, v. 45, n. 6, p. 1761-1780, 2011.

[19] COSTA, A. S. M.; SILVA, M. A. C. Novas fontes, novas versões: contribuições do acervo da Comissão Nacional da Verdade. *Revista de Administração Contemporânea*, v. 21, n. 2, p. 163-183, 2017.

[20] COSTA, A. S. M.; SILVA, M. A. C. Disponível em: https://brasil.elpais.com/brasil/2020-09-24/volkswagen-assina-acordo-milionario-de-reparacao-por-colaborar-com-ditadura-e-abre-precedente-historico.html. Acesso em: 30 abr. 2021.

[21] COSTA, A. S. M.; SILVA, M. A. C. Pesquisa histórica em administração: uma proposta para práticas de pesquisa. *Administração: Ensino e Pesquisa*, v. 20, n. 1, p. 1-20, 2019.

[22] FAUSTO, B. A revolução de 1930. História e historiografia. 4. ed. São Paulo: Brasiliense, 1976.

[23] Idem, ibidem.

[24] FURTADO, C. O mito do desenvolvimento econômico. Rio de Janeiro: Paz e Terra, 1974.

[25] BRESSER-PEREIRA, L. C. Desenvolvimento econômico e o empresário. *RAE-Revista de Administração de Empresas*, v. 2, n. 4, p. 79-92, maio-ago. 1962.

[26] SAES, A. M. A institucionalização da história econômica: história e ambiente intelectual na formação das associações de História Econômica. In: SAES, A. M.; SAES, F. A. M.; RIBEIRO, M. A. R. *Rumos da história econômica no Brasil*: 25 anos da ABPHE, 2017.

[27] *Idem, ibidem.*

[28] MARICHAL, C. Avances recientes en la historia de las grandes empresas y su importancia para la historia económica de México. In: MARICHAÇ, C.; CERUTTI, M. (comp.). *Historia de las grandes empresas en México*, 1850-1930, México, Universidad Autónoma de Nueva León/Fondo de Cultura Económica, 1997.

29 GONÇALVES, C.; SAES, A. M. Surgimento e desenvolvimento da business history: da história de empresas à história de negócios. XII CONGRESSO BRASILEIRO DE HISTÓRIA ECONÔMICA & 13ª CONFERÊNCIA INTERNACIONAL DE HISTÓRIA DE EMPRESAS. Rio de Janeiro, ago. de 2017.

30 *Idem, ibidem.*

31 CALDEIRA, J. *Mauá*: empresário do Império. São Paulo: Companhia das Letras, 1995.

32 *Idem, ibidem.*

33 GONÇALVES, C.; SAES, A. M. *Op. cit.*, 2017.

34 CALDEIRA, J. *Op. cit.*, 1995.

35 SAES, A. M. A institucionalização da história econômica: história e ambiente intelectual na formação das associações de História Econômica. *In*: SAES, A. M.; SAES, F. A. M.; RIBEIRO, M. A. R. *Rumos da história econômica no Brasil: 25 anos da ABPHE*, 2017.

36 *Idem, ibidem.*

37 CALDEIRA, J. *Op. cit.*, 1995.

38 GONÇALVES, C.; SAES, A. M. *Op. cit.*, 2017.

39 *Idem, ibidem.*

40 CALDEIRA, J. *Op. cit.*, 1995.

41 MAUÁ: o Imperador e o Rei. Direção de Sérgio Rezende. Rio de Janeiro: Buena Vista International, 1999. DVD (135 min.)

42 SAES F. A.; CYTRYNOWICZ, R. O ensino comercial na origem dos cursos superiores de economia, contabilidade e administração. *Revista Álvares Penteado*. Jun. 2001; 3(6): 37-59.

43 MARCOVITCH, J. *Pioneiros e empreendedores*: a saga do desenvolvimento no Brasil. São Paulo: Edusp, 2009, v. 1-3.

44 SAES F. A.; CYTRYNOWICZ, R. Op. cit., 2001.

45 VIZEU F. Idort e difusão do management no Brasil na década de 1930. *Revista de Administração de Empresas*. mar. 2018, 58(2): 163-173.

46 CARNEIRO, A. T. *A Escola superior de administração e negócios nos primeiros vinte anos (1941-1961)*: uma análise sobre o currículo em administração. 2015. 166 f. Dissertação (Mestrado em administração de empresas) – Escola de Administração de Empresas de São Paulo, Fundação Getulio Vargas, São Paulo, 2015.

47 TENÓRIO, F. G.; WANDERLEY, S. E. de P. V. (orgs.). *Peregrinos da Ordem do Desenvolvimento*: Gestores Públicos do Nordeste na Formação do Estado Republicano (1930-1964). Ijuí: Editora Unijuí, 2019.

48 *Idem, ibidem.*

49 WANDERLEY, S.; CELANO, A.; OLIVEIRA, F. B. EBAP e ISEB na busca por uma administração brasileira: uma imersão nos anos 1950 para iluminar o século XXI. *Cadernos EBAPE*. BR. 13 mar. 2018; 16(1): 64-80.

50 WANDERLEY S. Estudos organizacionais, (des)colonialidade e estudos da dependência: as contribuições da Cepal. *Cadernos EBAPE*. BR. 16 mar. 2015;1(4): 237-255.

51 MACHADO, M. *O ensino de administração pública no Brasil*. Rio de Janeiro: FGV, 1966.

52 WANDERLEY, S. Iseb, a school of government: developmentalism and the qualification of technicians and managers. *RAP: Revista Brasileira de Administração Pública*. 1º nov. 2016, 50(6).

53 FISCHER, T. *O ensino de administração pública no Brasil*: os ideais de desenvolvimento e as dimensões de racionalidade (1948-1984). 1984. Tese (Doutorado em Administração) – Faculdade de Economia e Administração da Universidade de São Paulo, São Paulo, 1984.

54 ALCADIPANI, R.; BERTERO, C. O. Guerra fria e ensino do management no Brasil: o caso da FGV-EAESP. *Revista Administração de Empresas*, São Paulo, v. 52, n. 3, p. 284-299, jun. 2012.

55 FISCHER, T. *Op. cit.*, 1984.

56 GONÇALVES, C.; SAES, A. M. *Op. cit.*, 2017.

57 *Idem, ibidem.*

Capítulo

5 Diagnóstico e planejamento organizacional

Assista ao **vídeo**

Sibelly Resch
Jaiane Aparecida Pereira

Pontos de aprendizado

Neste capítulo, o leitor poderá aprofundar seu conhecimento sobre:
- Conceitos relacionados com o processo de diagnóstico e planejamento organizacional.
- Objetivos, programas, projetos, ações, metas e indicadores que contribuirão para a criação de valor nas organizações contemporâneas.
- Ferramentas e técnicas para a realização do diagnóstico e para desenvolvimento, avaliação e monitoramento do planejamento organizacional.

RESUMO

Este capítulo tem por objetivo apresentar ao leitor o diagnóstico e o planejamento organizacional como processos contínuos e dinâmicos para competir em um cenário de risco, incerteza e mudança. Para tanto, consideramos as diferentes realidades das organizações brasileiras, seja em termos de porte da empresa, estágio do ciclo de vida em que se encontra, o setor em que atua e a dinamicidade do mercado no qual está inserida. Primeiro, apresentamos o conceito de diagnóstico e sua importância tanto para empresas já constituídas quanto para a concepção de novos negócios. Depois, são expostos os conceitos de planejamento organizacional e seus tipos: estratégico, tático e operacional. Nesse contexto, discutimos as etapas do planejamento considerando o contexto de mercado e o estágio do ciclo de vida das organizações. Apresentamos ainda os componentes do planejamento organizacional: objetivos, programas, projetos, ações, metas e indicadores. Por fim, demonstramos as ferramentas e as técnicas de diagnóstico e planejamento organizacional, incluindo a etapa de monitoramento e avaliação.

5.1 INTRODUÇÃO

IFood, Uber Eats e AiqFome são aplicativos de pedidos *on-line* de comida para entrega, que agregam diferentes empresas do ramo alimentício. Olist é uma plataforma que integra diferentes *marketplaces* (*shoppings* virtuais como Americanas, Amazon, Shoptime, entre outros), possibilitando que uma empresa varejista comercialize seus produtos em diferentes canais da internet. O que esses casos têm em comum? A transformação digital dos negócios e do perfil dos consumidores. Atualmente, 93% dos domicílios no Brasil têm acesso a aparelho celular,[1] e a popularização da internet de banda larga possibilita o crescimento desse mercado.

Diante das constantes mudanças, impulsionadas pela velocidade do desenvolvimento tecnológico, é cada vez maior o compartilhamento de informações que são disseminadas na era do conhecimento. De acordo com especialistas, o desenvolvimento da biotecnologia e da nanotecnologia pode caracterizar-se como a próxima revolução tecnológica, com potencial para influenciar diversos setores e atividades econômicas. A internet das coisas (*Internet of Things* – IoT) possibilita uma infinidade de novos negócios, enquanto também pode levar muitos à ruína. Apesar dos avanços, essa evolução tecnológica ainda não foi capaz de resolver os problemas causados pelo padrão de produção e consumo da sociedade contemporânea, o que abre um leque de oportunidades para as organizações e as novas gerações de administradores e empreendedores.

Embora apresentem muitas oportunidades, todas essas mudanças caracterizam um ambiente de riscos e incertezas no qual as organizações operam. Para atuar nesse ambiente, as empresas precisam analisar constantemente seu mercado e suas potencialidades para planejar o seu futuro. Visando orientar o leitor sobre como as organizações podem realizar essa análise, o presente capítulo discute os assuntos relacionados na Figura 5.1.

Primeiro, discutimos sobre o diagnóstico organizacional, incluindo as análises necessárias para sua confecção. Depois, discorremos sobre o processo de planejamento organizacional, considerando o contexto de mercado e o estágio do ciclo de vida das organizações. Por fim, apresentamos as ferramentas de diagnóstico e planejamento, bem como formas de monitoramento e avaliação.

5.2 DIAGNÓSTICO ORGANIZACIONAL

Senhor José está sentindo fortes dores abdominais e procura um médico. Explica que está com dores no abdômen há dois dias. O médico então o questiona sobre outros sintomas e se teve ou tem outras doenças. No diálogo, não consegue identificar a causa das dores.

Figura 5.1 Estrutura do capítulo.

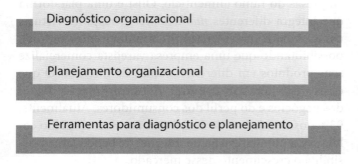

Poderia receitar um medicamento, mas a medicação agiria somente sobre os sintomas. Resolve pedir alguns exames para investigar e, com os resultados desses exames (evidências), pode identificar a causa e prescrever o tratamento para o problema.

Esse caso ilustra a importância do diagnóstico na medicina. Da mesma forma, o diagnóstico pode ser aplicado aos negócios, pois as organizações, em geral, identificam somente os sintomas dos problemas. Quando um proprietário de uma pequena empresa ou o diretor financeiro de uma multinacional analisam os balanços e demonstrativos financeiros e avaliam que o desempenho da empresa não foi bom, isso significa dizer, em termos médicos, que o paciente está com febre. O que ocorre em muitas empresas é manter-se em um nível superficial de análise, atendo-se aos sintomas e desenvolvendo ações paliativas. No curto prazo, os sintomas desaparecem, mas como as causas ainda estão presentes na organização, o problema possivelmente voltará e talvez com maior intensidade.[2]

O diagnóstico organizacional é comumente associado à gestão da mudança organizacional, especialmente nos casos em que as empresas identificam a necessidade de realizar uma mudança profunda nos negócios, seja em termos estratégicos, estruturais ou operacionais. Essa necessidade é decorrente da perda de competitividade ou rentabilidade.[3] Mas somente empresas que têm algum sintoma precisam de diagnóstico? Na verdade, não. As mudanças também podem ser realizadas para aproveitar oportunidades que surgem no mercado, seja para expansão da empresa, ampliação de participação no mercado ou aumento de rentabilidade.

SAIBA MAIS

As metáforas são importantes recursos para entender conceitos. Elas são bastante utilizadas para compreender as organizações, como no livro *Imagens da organização*, de Gareth Morgan,[4] no qual as organizações são comparadas a máquinas, organismos, cérebros, culturas, sistemas políticos, prisões psíquicas, fluxo e transformação e/ou instrumentos de dominação. Recomendamos a leitura!

Voltemos ao exemplo da medicina. Você busca ajuda médica somente quando apresenta algum sintoma ou frequenta o médico para fazer exames de prevenção? Um infarto não ocorre de repente, leva anos para ser formado. Mudar os hábitos e ter vida mais saudável contribui para maior longevidade. Periodicamente, devemos ir ao médico para verificar se está tudo bem, temos que fazer um *check-up* para prever e antecipar problemas de saúde simples ou complexos.

Seguindo esse exemplo, as empresas também precisam de um *check-up* periódico. No caso das organizações, o diagnóstico pode apontar aspectos internos (pontos fortes e fracos) ou externos (ameaças e oportunidades) a partir dos quais é possível a organização desenvolver planos de ação para minimizar problemas ou maximizar oportunidades. Há limitação na comparação do diagnóstico de uma empresa com um diagnóstico médico. No caso da medicina, o médico pode ser capaz de identificar o problema sozinho e recomendar um tratamento. Por outro lado, nas organizações, esse processo deve ser coletivo, ou seja, realizado pelos diferentes setores a partir de informações dos diversos *stakeholders* da empresa.[5] Em alguns casos, as empresas podem contar com apoio de profissionais externos, como consultores.

SAIBA MAIS

Thomaz Wood Jr. e Ana Paula Paes de Paula[6] analisaram o papel das consultorias nas empresas, constatando que em épocas de crise a "indústria do conselho" prospera. Entre as críticas à utilização de consultorias, destacam-se: alta expectativa da empresa por uma consultoria milagrosa, dependência em relação aos serviços e delegação da responsabilidade das funções executivas para os consultores, inclusive quanto às tomadas de decisões estratégicas.

O processo de diagnóstico pode ser chamado de diagnóstico estratégico[6] ou diagnóstico organizacional.[7] O diagnóstico pode ser definido como o processo de compreender o funcionamento de um sistema por meio de três etapas: (1) coleta e sistematização de informações; (2) análise dos dados e identificação de pontos críticos ou oportunidades; e (3) busca de conclusões para o planejamento de ações.[8]

As empresas são sistemas que funcionam exatamente como os sistemas do corpo humano. Cada área da empresa executa uma função (marketing, finanças, pessoas, produção, entre outras) como os nossos órgãos, que possuem funcionalidades distintas, cada qual com sua importância. O funcionamento de um órgão impacta no funcionamento do outro, o que também ocorre nos departamentos das empresas. Por exemplo, se na empresa há problemas na gestão de pessoas, isso poderá afetar a produção e, consequentemente, as vendas e as finanças. É preciso compreender como esses subsistemas interagem e impactam uns nos outros.

O diagnóstico também possibilita entender como a empresa está se comportando diante das mudanças do ambiente externo. Discutindo isso a partir do exemplo da saúde com o corpo, vamos imaginar que no *check-up* você identificou uma alteração no seu colesterol. Então, você precisa ter orientações sobre a melhor alimentação para sua dieta. Nós costumamos perguntar ao médico, porque se trata de conhecimentos específicos que não conseguimos interpretar ou compreender ou, ainda, definir a melhor dieta em face do volume de informações disponíveis. O médico, que atua como um consultor para nós, está constantemente buscando informações acerca de resultados de pesquisas, podendo nos aconselhar. Nas empresas, a análise do ambiente externo é fundamental para identificar as ameaças e as oportunidades.

Esse processo de diagnóstico se torna tão mais complexo quanto maior é o porte e, por consequência, a estrutura organizacional da empresa. O gestor de um mercado de bairro ou de uma loja de cosméticos pode ter maior facilidade para analisar os fatores internos da empresa, pois vivencia o cotidiano dela e participa de todos ou da maioria dos processos executados pela organização. Já em uma empresa de grande porte, com vários níveis organizacionais, os gestores dependem das informações que recebem dos níveis inferiores. Daí a importância de as empresas utilizarem os sistemas de informação para a tomada de decisão. Por outro lado, as empresas de menor porte, especialmente as micro e pequenas, comumente não sistematizam as informações, tampouco fazem levantamento de dados e informações com clientes, colaboradores e fornecedores, levando os gestores a tomadas de decisão baseadas em suas percepções pessoais.

DA TEORIA À REALIDADE BRASILEIRA

Quadro 5.1 Diagnóstico em micro e pequenas empresas

No ano de 2019, em trabalho prático realizado por estudantes do curso de administração da Universidade Federal de Mato Grosso do Sul e supervisionado pelos docentes, foram realizados diagnósticos em cinco micro e pequenas empresas que atuam no segmento varejista no município de Naviraí-MS. Identificou-se que, dentre elas, que apenas uma possuía informações sistematizadas, incluindo compras, controle de estoque, vendas e financeiro. As demais empresas tomavam decisões com base na experiência dos empreendedores, sem dados confiáveis para subsidiar essas decisões.

Como essa realidade é comum às micro e pequenas empresas brasileiras, defendemos que o diagnóstico organizacional deva ser realizado periodicamente para que as decisões tenham embasamento e a empresa possa estar mais preparada para as mudanças ambientais.

O diagnóstico pode ser realizado nas situações em que a empresa identifica problemas, como uma etapa no processo de mudança organizacional, e também para melhorar seu desempenho ou expandir. Nesse caso, consideramos que o diagnóstico organizacional constitui-se como uma etapa do planejamento organizacional, aproximando-se de um *check-up* para melhorar a saúde da organização. Tal como na medicina, em que o paciente leva exames anteriores ou deveria levar, as organizações já estabelecidas possuem, ou deveriam possuir, dados e informações sistematizados, os quais podem ser utilizados para a realização do diagnóstico e do planejamento de ações. Em razão da dinamicidade do mercado, para a maioria dos setores e segmentos, o processo de diagnóstico, planejamento, ação e monitoramento e avaliação dos resultados é contínuo e cíclico.

Apesar da importância do diagnóstico para tomadas de decisão mais assertivas, muitas empresas ainda não contam com informações sistematizadas, especialmente as micro e pequenas empresas. Em vista disso, é necessário iniciar um processo de coleta, sistematização e análise de dados. Mesmo as empresas que já possuem informações sistematizadas podem realizar periodicamente um processo de diagnóstico, incluindo variáveis mais abrangentes. Nesses casos, os próprios gestores ou uma equipe designada, dependendo do porte da empresa, podem desenvolver o processo de diagnóstico. A empresa pode também contratar uma consultoria especializada para auxiliar no processo. Todavia, as organizações têm recorrido cada vez menos às consultorias, que, por sua vez, estão tentando reposicionar-se no mercado.

SAIBA MAIS

A McKinsey, uma das maiores e mais antigas consultorias do mundo, presente em mais de 65 países, inclusive no Brasil, lançou em 2013 uma área batizada como "Solutions", que oferece programas e ferramentas de gestão para que as empresas analisem suas informações por conta própria.[9] Atualmente, a empresa oferece 85 soluções para diagnóstico, inteligência de mercado, tecnologia de gestão e análise de *big data*.[10]

A partir da coleta, sistematização e análise de informações relevantes, as organizações podem embasar o seu processo de planejamento. Vamos analisar inicialmente todo o processo de planejamento e componentes, para, depois, compreender a aplicação do diagnóstico e do planejamento por meio das ferramentas.

5.3 PROCESSO DE PLANEJAMENTO

Para começar a falar sobre planejamento, precisamos desmistificar uma ideia preconcebida sobre essa ferramenta: "que ela é um documento formal e estático". Isso porque, no contexto de mudanças em que vivemos, esse tipo de planejamento não auxilia as organizações, podendo até prejudicá-las ao não considerar a necessidade de adaptação diante de um ambiente em transformação.

Planejar é a primeira das funções do administrador, seguida por organizar, dirigir e controlar, o que mostra a importância de tal prática para esse profissional. O conceito clássico de planejamento consiste em pensar antecipadamente naquilo que se deseja alcançar no futuro para começar a determinar os meios e alocar os recursos para isso.[11]

Para entender esse conceito, vamos usar a metáfora de uma viagem: imagine que você fará uma viagem. Você pode decidir ir para qualquer lugar do mundo, porém, nesse momento, surgem algumas indagações. Você terá condições e recursos para viajar? Bem, você pode conseguir os recursos, mas isso depende de quando pretende viajar. Se você decidir ir para a Alemanha, qual é a melhor época do ano para visitar esse país? Se você for viajar no próximo ano, deverá considerar os recursos que já tem e aqueles que pode obter até a data planejada para a viagem. Para isso, talvez você precise cortar despesas superficiais ou conseguir mais uma fonte de renda. Com a data fixada e a estimativa dos recursos, você pode traçar o roteiro da sua viagem. Ao traçar o roteiro, precisará buscar informações sobre atrações turísticas, hospedagem, alimentação, além dos meios de transporte que poderá utilizar (avião, navio, trem, ônibus, carro). De porte dessas informações, conseguirá analisar se os recursos previstos serão suficientes para realizar o roteiro planejado.

Agora, porém, vamos imaginar que você decidiu visitar alguns países do oriente médio. Quais são os costumes e hábitos dos países que você pretende visitar? Há diferenças entre os climas dos países que incluiu no seu roteiro? Como irá se comunicar nesses países? Mesmo que a língua inglesa seja de maior propagação mundial, em alguns países do oriente há barreiras de comunicação nesse idioma. Será que você tem tempo e recursos para aprender a língua do local? Será necessário contratar um pacote que inclua um guia turístico? Pensando na alimentação, você já experimentou a comida árabe? E a água, é potável? Ou você terá que comprar água mineral? Você ainda tem que verificar toda a documentação exigida para visitar cada país, desde o passaporte até as vacinas obrigatórias. Considerando que estará em outro país, é fundamental fazer um seguro de saúde para a viagem. Ou seja, são muitos detalhes que precisam ser pensados nessa etapa, que é o planejamento da viagem. Você terá que levantar informações, sistematizá-las para analisar (por exemplo, onde se hospedar considerando custo da hospedagem, transporte e proximidade dos locais que pretende visitar) e assim facilitar a sua tomada de decisão.

Trazendo a metáfora da viagem para melhor compreensão do planejamento nas organizações, sintetizamos questões-chave na Figura 5.2.

Considerando um ambiente relativamente estável, por muito tempo as empresas utilizaram o planejamento como uma ferramenta estática. Por exemplo, no começo do ano, reuniam-se os gestores da empresa e redigiam um documento formal de planejamento que seria utilizado como ponto de partida para todas as suas ações e tomadas de decisão. Contudo, atualmente, diante das constantes e rápidas mudanças, não há como ficar preso a um documento formal que não considera os desafios impostos todos os dias pelo mercado.

Existe ainda outro problema com essa forma tradicional de planejamento: considerar a visão apenas dos gestores do mais alto nível da hierarquia, o que separa os planejadores dos executores. Nesse caso, os gestores precisam agregar muitas informações e podem perder conhecimentos importantes de funcionários dos níveis hierárquicos inferiores.

Figura 5.2 Planejamento nas organizações.

> **SAIBA MAIS**
>
> Vários autores criticam esse modo de planejamento formal, que deu origem ao termo "falácias do planejamento". Veja um resumo das falácias em Clegg, Carter e Komberger.[12] Apesar disso, acreditamos que, ao utilizar-se o planejamento como um processo dinâmico e contínuo, podem-se oferecer vantagens à organização.

Essa maneira de reunir os gestores para realizar um planejamento formal tende a ser utilizada por médias ou grandes empresas. No caso das micro e pequenas empresas, a ferramenta planejamento não segue esse modelo. Na realidade, os empreendedores tendem a fazer um planejamento de modo informal, "dentro da sua própria cabeça", e começam a aplicá-lo no seu negócio. Essa prática informal, embora diferente do planejamento formal, ainda pode influenciá-los a tomar decisões com base no seu planejamento inicial, desconsiderando as mudanças do cotidiano. Por isso, torna-se necessário ter sempre em mente que o planejamento precisa ser um processo contínuo e cíclico, que possa ser revisto, repensado, rediscutido e reformulado periodicamente. Ou seja, o planejamento não pode ser um documento escrito e esquecido em uma gaveta. Ele precisa ser uma ferramenta em constante atualização, como mostrado na Figura 5.3.

Figura 5.3 Planejamento como ferramenta contínua e dinâmica.

Como podemos analisar na Figura 5.3, para conceber o planejamento, é necessário realizar um diagnóstico para obter o máximo possível de informações advindas de funcionários, clientes, fornecedores e sobre o mercado de atuação. Com base no diagnóstico e nos objetivos estabelecidos para nosso negócio, podemos guiar nossas ações, que precisam ser planejadas, executadas, avaliadas e reformuladas. A avaliação deve ser realizada com base em indicadores de monitoramento, que serão apresentados posteriormente.

DA TEORIA À REALIDADE BRASILEIRA

Quadro 5.2 Planejamento em empresas incubadas

Um exemplo de como os pequenos negócios planejam pode ser encontrado no estudo sobre empresas incubadas de base tecnológica na Incubadora Tecnológica de Maringá. Ao analisar o processo de formação das estratégias dessas empresas, considerando planejamento, tomada de decisão, flexibilidade da tomada de decisão, iniciativa individual e relacionamento com o mercado, os autores observaram que o processo de planejamento ocorre de modo menos formal, considerando e implementando mudanças no planejamento inicial a partir de trocas de informações dentro e fora das empresas.

O planejamento nessas empresas é caracterizado pela flexibilidade de aceitação de iniciativas e oportunidades de novas ações. Ele é elaborado para pequenos períodos de tempo, diante da dinamicidade do setor de atuação das empresas. Nesse contexto, as estratégias, então, emergem segundo a concepção de prática social.

Fonte: Pereira; Souza; Tatto; Oliveira.[13]

A importância de entender o processo de planejamento como algo cíclico decorre do seu papel como orientador das ações e decisões com impacto no futuro da empresa. O planejamento pode ser desdobrado em três tipos, acompanhando os níveis hierárquicos da empresa: estratégico, tático e operacional.[14]

Existem muitas definições de planejamento estratégico, bem como uma infinidade de modelos e ferramentas para implementação de estratégias. Uma definição clássica e de grande influência foi proposta por George Steiner em seu livro *Strategic planning*, de 1969: "planejamento estratégico é um sistemático e mais ou menos formalizado esforço de uma companhia para estabelecer os propósitos básicos da companhia, objetivos, políticas e estratégias, e desenvolver planos detalhados para implementar as políticas e estratégias para alcançar os objetivos e propósitos básicos".[15]

Embora existam muitas definições de planejamento estratégico, há um consenso de que ele é sistêmico e envolve orientação de longo prazo, que considera a missão e a visão da organização. A missão descreve aquilo que a empresa faz, a diretriz para o seu negócio. A visão está relacionada com aquilo que a organização deseja ser no futuro, aonde ela pretende chegar.[16] Como exemplo, vamos usar a missão e a visão do Grupo Fleury:[17]

Missão: "Prover soluções cada vez mais completas e integradas para a gestão da saúde e o bem-estar das pessoas, com excelência, humanidade e sustentabilidade."

Visão: "Saúde e bem-estar para a plena realização das pessoas."

SAIBA MAIS

Em 1980, Michael Porter publicou o livro *Competitive strategy*, que se tornou um marco na análise do planejamento estratégico, propondo técnicas para avaliação da indústria e dos concorrentes.[18]

Como o próprio nome diz, existe estreita relação entre planejamento estratégico e estratégia, e algumas definições também são bastante próximas. Uma definição clássica e amplamente influente é a de Alfred Chandler,[19] de 1962: "estratégia pode ser definida como a determinação de metas e objetivos básicos de longo prazo de uma empresa e a adoção de cursos de ação e a alocação de recursos para a realização dessas metas".

Embora essa definição seja difundida, atualmente entende-se que a estratégia é um conceito em evolução, que teve origem no contexto militar, passou por diversas influências, dependendo da abordagem utilizada, e mais recentemente tem sido associada à prática das organizações,[20] como no caso descrito no Quadro 5.2.

POR DENTRO DA TEORIA

No livro *Safári de estratégia: um roteiro pela selva do planejamento estratégico*,[21] os autores Mintzberg, Ahlstrand e Lampel dividem o estudo da estratégia em dez escolas de pensamento: Escola do Design, Escola de Planejamento, Escola de Posicionamento, Escola Empreendedora, Escola Cognitiva, Escola de Aprendizado, Escola de Poder, Escola Cultural, Escola Ambiental e Escola de Configuração.
Fonte: MINTZBERG; AHLSTRAND; LAMPEL.[22]

No livro *Administração estratégica: da teoria à prática no* Brasil,[23] os autores Abdalla, Conejero e Oliveira fazem um resgate completo sobre estratégia e sua prática no Brasil.
Fonte: ABDALLA; CONEJERO; OLIVEIRA.[24]

A grande quantidade de definições e de estudos sobre estratégia mostra como o tema é relevante para a área de administração e negócios, tanto que a administração estratégica foi implementada como uma disciplina obrigatória para esses cursos.

O desdobramento do planejamento estratégico do nível mais alto da hierarquia da organização é utilizado para composição do planejamento tático. O planejamento tático, por sua vez, envolve o estabelecimento de planos, geralmente de médio prazo, para os níveis intermediários da empresa, incluindo áreas como marketing, finanças, produção e operações e gestão de pessoas. Atualmente, apesar de se basear na estratégia geral da empresa, cada uma das áreas tem se empenhado em pensar estrategicamente.

Nesse contexto, surgem as denominações marketing estratégico, gestão estratégica de pessoas, estratégia de operações, entre outras. Esse modo de pensar as áreas da empresa de forma estratégica tem por objetivo a formulação de planos mais abrangentes que um planejamento tático. Isso porque há uma tendência de descentralização nas organizações contemporâneas, o que permite delegar autoridade e confiar responsabilidades para as áreas funcionais. Entretanto, as diretrizes da estratégia global da empresa devem ser seguidas, e é necessário esforço para integrar os departamentos, para que não haja competição entre eles.

O desdobramento do planejamento tático dos níveis intermediários da hierarquia da organização é aplicado para a formulação do planejamento operacional. O planejamento operacional detalha os recursos, os procedimentos e os prazos para o nível operacional da empresa. Normalmente, tem orientação de curto prazo, como dias, semanas ou meses. Vejamos, na Figura 5.4, um exemplo do desdobramento dos tipos de planejamento em uma empresa fabricante de móveis para escritório.

Figura 5.4 Desdobramento dos tipos de planejamento em uma empresa fabricante de móveis para escritório.

Planejamento estratégico
- Aumentar as vendas em 10% ao ano a partir do próximo ano para ampliar fatia de mercado

Planejamento tático
- Gestão de pessoas: contratar e treinar cinco colaboradores a partir de setembro do ano corrente para aumentar a produção
- Marketing: investir 10% do orçamento em campanhas publicitárias para atingir novos clientes a partir de janeiro do próximo ano
- Produção: aumentar a produção em 10% a partir de dezembro do ano corrente

Planejamento operacional
- Produção: produzir mais 5.000 peças por mês a partir de dezembro do ano corrente
- Vendas: aumentar a meta dos vendedores em 5%

Podemos observar que, a partir do desejo de aumentar as vendas em 10% para o próximo ano, várias ações táticas foram necessárias nos diversos departamentos da empresa até chegar ao real aumento de fabricação (processo operacional) para poder atender ao objetivo do aumento das vendas.

Nas micro e pequenas empresas, os tipos de planejamento também ocorrem usando a mesma lógica. Entretanto, eles são realizados de modo mais sobreposto, como no exemplo de uma academia de ginástica, mostrado na Figura 5.5.

Podemos observar a mesma lógica, pois, para ampliar o número de clientes, várias ações táticas e operacionais foram necessárias.

Ressaltamos que todo esse processo de planejamento e seus desdobramentos precisam ocorrer considerando principalmente duas características: contexto de mercado e estágio do ciclo de vida da empresa. Vejamos a importância de cada um deles.

5.3.1 Contexto de mercado

Todas as organizações, com suas especificidades e características internas, operam dentro de um contexto maior, formado pela estrutura de mercado da indústria na qual elas estão inseridas. A estrutura de mercado refere-se a vários componentes que influenciam no ambiente competitivo da empresa e nos preços praticados por elas, como o número de empresas que compõem determinado mercado, os tipos de produtos desenvolvidos e a existência ou não de barreiras para a entrada de novos competidores.[25]

> **SAIBA MAIS**
>
> Na economia, as estruturas de mercado são classificadas, de forma geral, como: concorrência perfeita, com grande número de empresas concorrendo em um mercado com produtos sem diferenciação e sem barreiras de entrada; concorrência monopolística, com grande número de vendedores apresentando alguma diferenciação que permite a formação de "monopólio"; oligopólio, com um número limitado de empresas; monopólio, com uma única empresa operando; e duopólio, com duas firmas operando.[26]

A maioria das empresas opera em um ambiente altamente competitivo e por isso precisa conhecer profundamente todas as características do setor de atuação do qual faz parte, para elaborar o seu planejamento e para o desenvolvimento de estratégias. Essa análise baseada nas ferramentas da teoria da organização industrial foi incorporada nos trabalhos de Chandler e Porter para o desenvolvimento de estratégias,[27] como no modelo "As 5 Forças de Porter" e "Análise SWOT", apresentados posteriormente. Destacamos que, como esses modelos derivam da economia, a indústria é vista como o conjunto de atividades industriais que compõem determinado setor, como a indústria automobilística, e não como sinônimo de empresa de manufatura.

Figura 5.5 Desdobramento dos tipos de planejamento para uma academia de ginástica

Planejamento estratégico

- Ampliar o número de clientes por meio da diversificação de modalidades para o próximo ano

Planejamento tático

- Pesquisar com os atuais clientes opções de aulas diversificadas de seu interesse
- Divulgar as novas atividades para os públicos interno e externo
- Promover descontos para novos alunos

Planejamento operacional

- Formular e executar as novas opções de aulas propostas
- Programar os horários de aulas a partir da pesquisa realizada

DA TEORIA À REALIDADE BRASILEIRA

Quadro 5.3 Estrutura de mercado na indústria brasileira de baterias automotivas

Um exemplo de como a estrutura de mercado influencia nas estratégias das empresas pode ser encontrado em estudo sobre a indústria brasileira de baterias automotivas. Utilizando o paradigma estrutura-conduta-desempenho da organização industrial, os autores mostram que a indústria é formada por dois mercados distintos: vendas para montadoras e mercado de reposição. As vendas para montadoras estão concentradas na empresa brasileira Baterias Moura e na norte-americana Johnson Controls. No mercado de reposição, a Moura possui cerca de 30%, a Johnson Controls, 25% e os 45% restantes estão divididos entre diversos fabricantes.

A estrutura de mercado da indústria de baterias é caracterizada da seguinte forma: participação acentuada de empresas de capital nacional, 75% do mercado; fabricação concentrada na tecnologia de baterias de chumbo-ácido; barreiras de entrada, como investimento inicial e custos fixos altos; rigorosa legislação ambiental; e forte atuação do mercado informal. Diante dessa estrutura, no mercado de reposição as estratégias das empresas estão centradas na concorrência em preço, por meio de políticas de preço e redução de custos, combinadas por estratégias não preço,* como o investimento em inovação, pesquisa e desenvolvimento e qualidade. Além disso, a concorrência não é acirrada, dado o relacionamento entre os agentes e as iniciativas de cooperação, embora a concorrência prevaleça sobre a cooperação.

* Na economia, são classificadas como estratégias não preço as práticas como diferenciação, inovação, publicidade e propaganda, diversificação e integração vertical, em contraste com a concorrência em preço.[28]

Fonte: Pereira; Bánkuti.[29]

Embora o modelo de análise da indústria seja bastante útil, para as pequenas empresas, há dificuldades de implementação. Vamos imaginar uma padaria. A qual organização industrial ela pertence? Há como saber o número de concorrentes nesse mercado? Os tipos de produtos são padronizados ou diferenciados? Existem barreiras à entrada?

Note que essas perguntas são passíveis de serem respondidas, contudo o pequeno empresário muitas vezes não considera essas questões para formulação do seu planejamento. Vejamos como essas informações podem ajudar a padaria no seu planejamento.

Em primeiro lugar, o empreendedor precisa entender que faz parte da indústria alimentícia, mesmo sendo pequeno. Esse entendimento já traz consigo algumas implicações, pois sabemos que é um setor de primeira necessidade e que precisa cumprir uma série de exigências sanitárias. Quanto aos concorrentes, o empreendedor precisa identificar o tamanho do seu mercado, delimitando seu raio de atuação para investigar quantos são e quem são os seus concorrentes. Os produtos oferecidos podem ser aqueles do tipo padrão, como o pão francês, ou produtos diferenciados, dependendo do seu *know-how* e do perfil dos seus clientes. Por fim, ele precisa saber que não existem barreiras de entrada, pois há certa facilidade para abrir padarias, o que implica a necessidade de pensar em formas para atrair e reter os clientes, buscando diferenciação dos concorrentes.

5.3.2 Estágio do ciclo de vida das organizações

A necessidade de diagnóstico e planejamento abrange todos os tipos de organizações e todos os estágios do ciclo de vida delas. Todavia, dependendo do estágio em que ela se encontram, as prioridades mudam. Ou seja, precisamos considerar as especificidades das empresas que estão entrando no mercado e daquelas que já estão atuando.

Para entender o ciclo de vida da empresa, vamos novamente usar uma metáfora: o ciclo de vida dos indivíduos. De modo geral e com um pouco de sorte, nós nascemos, crescemos, envelhecemos e morremos. O que isso tem a ver com as empresas? Elas também seguem essa mesma linha de raciocínio?

A resposta é sim, porém com uma diferença fundamental: a empresa não precisa necessariamente morrer, pois fazendo correto uso do diagnóstico, do planejamento e considerando o contexto de mercado, a última fase, a morte, pode ser evitada. Além disso, a questão cronológica não é preponderante para situar a empresa em algum dos estágios do ciclo de vida.[30]

No caso das empresas, existem vários modelos de ciclo de vida e a nomenclatura utilizada também muda, dependendo do modelo. Entretanto, podemos resumir os estágios no modelo apresentado na Figura 5.6.

Figura 5.6 Estágios do ciclo de vida das organizações.

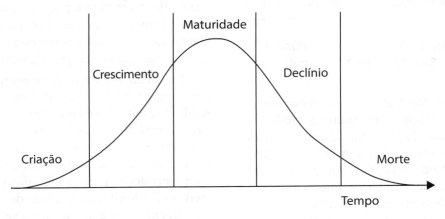

Fonte: elaborada pelas autoras a partir de Lester; Parnell, Carraher.[31]

Em cada um dos estágios, novos desafios são enfrentados pelas organizações e por isso o planejamento precisa adequar-se às especificidades que cada um desses momentos pede. No estágio de criação da empresa, por exemplo, é necessário um leque bastante amplo de dados sobre o negócio. Nesse estágio, uma ferramenta de planejamento bastante utilizada é o chamado plano de negócios, que envolve minuciosa busca de informações sobre diversos aspectos da futura empresa, como clientes potenciais, mercado e recursos necessários.[32] Muitas empresas falham no planejamento do negócio no seu estágio inicial, constituindo-se como um dos fatores que levam à mortalidade das empresas nos dois primeiros anos de vida.[33]

Conforme a empresa vai crescendo e se desenvolvendo, aumenta seu nível de formalização, e novas ferramentas de controle são necessárias para que o empresário tenha controle da sua expansão. No estágio de maturidade, algumas empresas acomodam-se, o que pode levá-las ao declínio e até à morte. Para evitar essa situação, as empresas precisam ficar atentas aos sinais de mudança do ambiente e desenvolver ações, estratégias ou mesmo novos posicionamentos para se manterem no mercado. A Kodak é um caso clássico de empresa que não atentou às mudanças ambientais e morreu por falta de inovação.[34]

POR DENTRO DA TEORIA

O modelo de Adizes[35] de ciclo de vida das organizações caracteriza os estágios de acordo com a relação entre flexibilidade e controlabilidade. O autor discute que, na medida em que as empresas crescem e envelhecem, vai aumentando o nível de controle e diminuindo o nível de flexibilidade, passando por diferentes problemas em cada um dos estágios. Esses problemas devem ser combatidos para que a empresa continue no mercado.
Fonte: Adizes.[36]

5.3.3 Componentes do planejamento

Em cada uma das etapas do ciclo de vida, o planejamento da organização precisa ser elaborado. Os componentes do planejamento incluem a formulação de objetivos e metas que traduzem a estratégia da empresa e norteiam a construção de programas, projetos, ações e atividades.

Não existe na literatura consenso sobre a definição de objetivos e metas, e muitas vezes esses conceitos são usados como sinônimos. Vamos utilizar a definição de objetivos como propósitos permanentes a serem atingidos e as metas como consequência dos objetivos.[37]

Para que as metas sejam definidas de forma adequada, pode ser usada a ferramenta SMART, desenvolvida a partir da obra de Peter Drucker.[38] Nesse contexto, as metas devem ser específicas, mensuráveis, atingíveis, realistas e com prazo que possa ser alcançado.

SAIBA MAIS

Peter Drucker foi um influente escritor, professor e consultor, visto como pai da administração moderna. A partir da sua obra *The practice of management*,[39] de 1954, desenvolveu a administração por objetivos.

Quadro 5.4 Exemplo de uso da ferramenta SMART

		Exemplo de meta
S	*Specific* (específico)	Realizar manutenção preventiva nos veículos da frota
M	*Measurable* (mensurável)	Em período de seis em seis meses
A	*Attainable* (atingível)	Com a pretensão de reduzir em 40% o número de produtos entregues com avarias em um período de 20 meses
R	*Realistic* (realista)	Almejando maior grau de satisfação dos clientes
T	*Timely* (em tempo, que tenha prazo para ser alcançado)	Com início em maio do ano corrente e término em 20 meses

Fonte: adaptado de Cardoso; Souza; Martins; Pimentel.[40]

Para exemplificar a utilização da ferramenta SMART, vamos usar o caso de uma transportadora que estabeleceu como objetivo "melhorar o serviço prestado". No Quadro 5.4, apresentamos um exemplo de meta fragmentada que contribui para esse objetivo.[41]

Objetivos e metas devem ser desenvolvidos considerando todos os níveis: hierárquicos estratégico, tático e operacional. Além disso, todos os programas, projetos e ações também devem estar vinculados aos objetivos estratégicos e devem formular seus próprios objetivos e metas.

Um programa pode ser definido como um conjunto de projetos relacionados e gerenciados de modo coordenado para atingir objetivos estratégicos. Um projeto, por sua vez, pode ser definido como um conjunto de ações planejadas visando atingir objetivos e metas em um prazo determinado.[42]

Imagine que uma empresa fabricante de bebidas estabeleça como objetivo a melhoria contínua dos processos. Para tanto, a empresa pode desenvolver um programa de qualidade total e dentro desse programa desenvolver um projeto de implantação do sistema de gestão da qualidade. Nesse contexto, cada um dos departamentos deverá elencar ações e metas específicas que devem ser atingidas até determinada data para que a empresa consiga desenvolver seu programa.

Em conjunto com o planejamento das ações, a empresa deverá criar um sistema de monitoramento e avaliação das metas e dos resultados por meio de um conjunto de indicadores, que se constituem em medidas objetivas que possibilitam avaliar os resultados previstos. Os indicadores de monitoramento estão comumente relacionados com ações e metas, possibilitando a realização de uma avaliação periódica dos resultados de ações específicas. Os indicadores de resultado, por sua vez, relacionam-se com os objetivos estratégicos da organização, possibilitando identificar o desempenho obtido pela empresa com a implementação de diferentes ações. Por isso, indicadores de resultado são medidas de longo prazo, enquanto indicadores de monitoramento são medidas de curto prazo.

Na Seção 5.4, apresentamos as principais ferramentas para o desenvolvimento do processo de diagnóstico, planejamento e criação de um sistema de monitoramento e avaliação.

5.4 FERRAMENTAS DE DIAGNÓSTICO E PLANEJAMENTO

Para integrar todas as informações levantadas a partir do diagnóstico organizacional e fazer um planejamento adequado, diversas ferramentas e técnicas podem ser utilizadas para auxiliar o administrador. No Quadro 5.5, apresentamos uma síntese das várias ferramentas que podem ser utilizadas nesses processos.

Quadro 5.5 Principais ferramentas de diagnóstico, planejamento e avaliação

Ferramenta	Para que serve	Recomendação de uso
Canvas modelo de negócios	Permite esboçar e desenvolver modelos de negócios novos ou existentes	Para análise de ideias de negócios ou novos projetos
Mapa da empatia	Auxilia na compreensão do perfil do público-alvo da empresa	No diagnóstico, para conhecer os sentimentos dos clientes e entregar mais valor
Análise SWOT	Analisar os cenários externo e interno da empresa	No diagnóstico, para identificar situações positivas ou negativas e auxiliar no desenvolvimento do planejamento organizacional
Análise Pestel	Examinar possíveis mudanças ambientais (políticas, econômicas, sociais, tecnológicas, ecológicas ou legais)	Para auxiliar na Análise SWOT, especificamente na análise do ambiente externo (ameaças e oportunidades)
Matriz BCG	Analisar o portfólio das unidades de negócios de grandes empresas	No estabelecimento dos objetivos e no planejamento, para orientar a tomada de decisões com relação às unidades de negócios da empresa
5 Forças de Porter	Realizar ampla análise estrutural do setor (macroambiente)	Para aprofundar os conhecimentos da organização sobre o mercado e auxiliar na Análise SWOT
Matriz de Ansoff	Avaliar a situação, o *mix* de produtos e de mercado do negócio	Em conjunto com a Análise SWOT, pode ser utilizada para definir estratégias
Balanced Scorecard (BSC)	Traduzir a estratégia em objetivos, ações e indicadores	No monitoramento e avaliação, para criar um mapa que facilite a visualização do encadeamento dos objetivos em ações com os resultados pretendidos
Matriz GUT	Estabelecer prioridades para implementação de ações	Auxilia no planejamento de ações de curto, médio e longo prazos
Diagrama de causa e efeito (também conhecido como Diagrama de Ishikawa)	Identificar possíveis causas de um efeito (resultado indesejado ou problema)	Auxilia na etapa do diagnóstico
Matriz 5W2H	Elaborar planos de ação simplificados	Na etapa de planejamento, estabelece os elementos necessários à operacionalização de ações
Brainstorming (tempestade de ideias)	Gerar grande quantidade de ideias em grupo para resolver problemas ou para aproveitar oportunidades	Pode ser utilizada na etapa de diagnóstico ou planejamento de ações

Entre as ferramentas, uma das mais utilizadas é a análise SWOT (*strengths, weaknesses, opportunities, threats*), traduzida para o português como Matriz FOFA (forças, oportunidades, fraquezas, ameaças). As forças e fraquezas são identificadas a partir de aspectos internos da organização, ou seja, aquilo em que ela tem maior controle. As forças estão associadas ao que a organização faz melhor que seus concorrentes ou que lhe dá vantagens sobre eles, e as fraquezas são os gargalos ou as principais dificuldades ou problemas da empresa. As ameaças e as oportunidades são identificadas no ambiente externo à organização, consistindo em fatores que a organização não pode controlar, mas que podem impactar o negócio.

Embora a identificação de cada um dos elementos que compõem a análise SWOT seja relevante, apenas listar os quatro aspectos não é o suficiente. O mais importante é chegar a conclusões a respeito da situação geral da empresa e do ambiente e transformar essas conclusões em ações para melhor adequar a estratégia da organização. Aproveitando seus recursos fortes e oportunidades de mercado, corrigindo os pontos fracos e defendendo-se das ameaças externas.[43] Na Figura 5.7, apresentamos algumas conclusões e ações que podem auxiliar nesse processo.

Para começar a operacionalizar a análise SWOT, é necessário reunir um conjunto de informações do ambiente externo: o macroambiente. Para analisar o macroambiente, é preciso obter informações relacionadas com os fatores de ordem política, econômica, social, tecnológica, ambiental ou legal (ver análise Pestel), que podem constituir-se como ameaças ou oportunidades para a empresa. Considerando o modo de vida e as novas tecnologias, a empresa deve atentar às tendências no segmento em que atua. Para essa análise, podem ser utilizadas as cinco forças competitivas de Porter,[44] que incluem dados sobre: rivalidade das empresas existentes, ameaça de novos entrantes, poder de negociação dos fornecedores, poder de negociação dos compradores e ameaça de produtos substitutos.

Como exemplo da influência do macroambiente, vejamos alguns casos, como o impacto das plataformas digitais para a rede hoteleira no Brasil. No setor de hotelaria, há dois tipos de *players*: os que lamentam a entrada do Airbnb no mercado de hospedagem e vivem relembrando os tempos áureos do passado; e os que transformaram seus negócios diante das ameaças causadas tanto pelo Airbnb, como pelas plataformas de reservas do Booking.com, Expedia e outras. A Accor, gigante com 4,8 mil hotéis espalhados pelo mundo e faturamento de 3,6 bilhões de euros em 2018, inclui-se no segundo time. Nos últimos quatro anos, a cadeia hoteleira, dona de marcas como Ibis, Sofitel, Grand Mercure, Pullman e outra dezena de grifes, reinventou-se e está se tornando uma grande rede de serviços.[45]

Figura 5.7 Conclusões e ações a partir da análise SWOT.

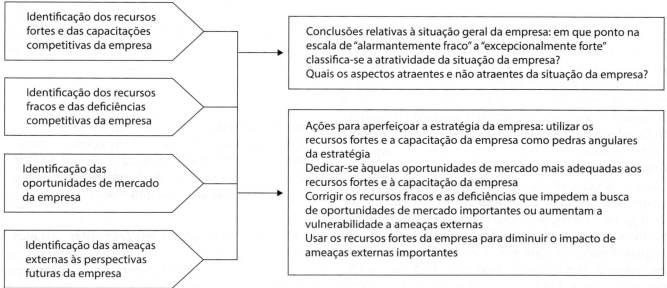

Fonte: Thompson Jr.; Strickland II; Gamble.[46]

O caso da Lei Geral de Proteção de Dados (LGPD), que entrou em vigor no dia 1º de janeiro de 2021, é um exemplo de como as questões legais impactam nas empresas), o que requer algumas adaptações de segurança das organizações. Levantamento organizado pela consultoria de riscos ICTS Protiviti aponta que 84% das empresas não têm diretriz clara sobre as exigências da lei. O estudo, que contou com a participação de 192 companhias, mostra que as participantes não estão utilizando a ampliação do prazo de vigência da legislação para se prepararem. Segundo o levantamento, as empresas possuem alguns mecanismos para atendimento à LGPD, porém carecem de foco, maturação e eficiência operacional para lidar com a lei.[47] Além de adequações nas suas políticas, as empresas terão provavelmente que investir em infraestrutura para adequar-se às exigências da nova lei.

Ao considerar as questões políticas e econômicas que possam impactar nos negócios, pode ser usado o exemplo do etanol. Os preços do petróleo no mercado internacional recuaram para o menor patamar em quase 18 anos, com o barril sendo negociado perto de US$ 20, como resultado da guerra de preços do petróleo entre Arábia Saudita e Rússia e, depois, a queda drástica da demanda devido à pandemia da Covid-19. A Raízen, segunda maior distribuidora de combustíveis do Brasil, avisou aos fornecedores de etanol que, em razão da queda na demanda, revisará os contratos de volumes programados com a usina. Em nota, a empresa ressalta que está focada em fortalecer parcerias com fornecedores de etanol e a medida tem como objetivo permitir que esses fornecedores planejem melhor as próprias operações.[48]

Os dados relacionados com o ambiente externo podem ser coletados por meio de fontes primárias, como pesquisa de mercado com consumidores ou especialistas, e fontes secundárias, como relatórios técnicos setoriais produzidos por associações, federações ou consultorias, ou, ainda, reportagens ou indicadores produzidos por órgãos governamentais, como: Instituto Brasileiro de Geografia e Estatística (IBGE), Instituto de Pesquisa Econômica Aplicada (IPEA), Agência Brasileira de Desenvolvimento Industrial (ABDI), secretarias e agências estaduais. Como exemplo de relatório, citamos o Caderno de Tendências 2019/2020 para o setor de higiene pessoal, perfumaria e cosméticos (HPPC), produzido pela Associação Brasileira da Indústria de Higiene Pessoal, Perfumaria e Cosméticos (ABIHPEC) em parceria com o Serviço Brasileiro de Apoio às Micro e Pequenas Empresas (Sebrae).[49] O documento aborda as transformações que vêm ocorrendo no setor, aponta caminhos e relata casos de sucesso inspiradores para empresas de todos os portes que atuam nesse segmento. Ele é especialmente útil para as micro, pequenas e médias empresas, que costumam ter menos acesso a esse tipo de estudo.

Após a coleta de dados sobre o ambiente externo, a empresa deve voltar-se ao ambiente interno, que dependerá de informações que a empresa já possui de forma sistematizada ou que pode organizar a partir da experiência do gestor e da equipe ou do cruzamento de informações que possui em sistemas informatizados. Quando a empresa contrata uma consultoria para realizar esse processo, muitas das informações que os gestores ou a equipe responsável já têm ou já sabem serão questionadas pelo consultor. É por esse motivo que alguns roteiros sugeridos para realização do diagnóstico possuem perguntas triviais para a organização, como, por exemplo, a descrição básica dos produtos e serviços ou qual é o ativo imobilizado da empresa ou ainda o índice de absenteísmo.[50]

Embora as questões possam ser triviais, um roteiro detalhado contribui para as organizações que precisam estruturar as informações para a realização de um diagnóstico mais completo, considerando que em muitos casos, especialmente nas micro e pequenas empresas, o proprietário tem as informações na sua cabeça, mas dificilmente consegue processar todas elas, por não ter uma visão do todo.

A análise interna deve considerar as seguintes dimensões: (a) as diretrizes estratégicas da organização; (b) a estrutura organizacional; (c) os recursos de que a organização dispõe; (d) os indicadores; (e) os processos do negócio; (f) as competências organizacionais; (g) a cultura e o clima da organização.[51] Para se realizar esse processo, deve-se elaborar um roteiro considerando o porte da empresa, sua estrutura organizacional e as características do segmento de atuação da organização. No Quadro 5.6, apresentamos um exemplo de questão para cada uma das dimensões de análise propostas.

Recurso *on-line*
No material suplementar deste livro, está disponível um conjunto de questões que podem auxiliar no processo de elaboração do roteiro para análise interna em cada uma das dimensões.

Com as informações coletadas e sistematizadas, o gestor ou a equipe responsável pode iniciar o processo de análise. O formato e a duração desse processo dependem do porte da empresa, pois, como já discutido, quanto maior o porte da empresa, mais informações ela tem, o que acaba tornando esse processo mais complexo.

Quadro 5.6 Dimensões da análise interna

Dimensão	Questão
Diretrizes estratégicas	Qual o diferencial da empresa em relação aos concorrentes?
Estrutura organizacional	Como estão estruturadas a responsabilidade, a autoridade e o controle das funções?
Competências organizacionais	Quais são as principais competências e habilidades da equipe?
Cultura e clima organizacional	Quais são os valores compartilhados pela equipe? Como é o relacionamento das pessoas?
Processos	Como é feita a gestão do estoque na empresa?
Recursos	Quais sistemas de tecnologia de informação e comunicação a empresa utiliza?
Indicadores	Qual é o *ticket* médio de compras?

Com base nos conceitos discutidos, apresentamos no Quadro 5.7 um exemplo de aplicação da análise SWOT realizada a partir de um diagnóstico em uma pequena empresa varejista que comercializa móveis. A empresa trabalha com móveis padronizados e modulados. Os modulados apresentam a possibilidade de composição de peças e melhor adaptação ao espaço dos clientes.

A análise SWOT ainda não está completa quando se identificam forças, fraquezas, oportunidades e ameaças. É preciso analisar a situação geral da empresa e identificar ações que possam aproveitar as forças e as oportunidades; e minimizar os pontos fracos e as ameaças. No exemplo apresentado no Quadro 5.7, observa-se preponderância de pontos fortes na dimensão interna. Considerando a tendência de compras pela internet, o crescimento do *e-commerce* e a ampliação dos *marke-*

tplaces, a empresa pode adotar como estratégia comercializar produtos pela internet utilizando um *marketplace*, como, por exemplo, o Magalu Marketplace da empresa Magazine Luiza.

O processo de diagnóstico e análise por meio da SWOT deve fornecer subsídios para que a empresa identifique ações que possam ser desenvolvidas para melhorar seu desempenho, ampliar seu mercado ou manter-se competitiva. É muito comum os autores iniciarem o processo de planejamento com a análise de missão, visão e objetivos da empresa. Todavia, em empresas já constituídas, entende-se que essa análise deve ser feita a partir da avaliação da situação geral da empresa. Isso porque é neste ponto que se pode definir um reposicionamento de mercado, dependendo das conclusões geradas no diagnóstico.

Quadro 5.7 Análise SWOT de comércio varejista de móveis

Análise SWOT	
Forças	**Oportunidades**
Tempo de mercado Diversificação de produtos (móveis padronizados e modulados) Rapidez na entrega dos móveis Pré-montagem garante rapidez e menores índices de reclamação por defeito Clientes fidelizados Gestão financeira Clima organizacional	Retomada do crescimento econômico Retomada do crescimento da construção civil Abertura de novas empresas na cidade gerando renda Ampliação dos *marketplaces* (*shoppings* virtuais)
Fraquezas	**Ameaças**
Comunicação visual Publicidade Controle do giro do estoque Sistema de informação (relatórios gerenciais e segurança da informação)	*E-commerce* Aumento de consumo *on-line* Redes varejistas de grande porte Demanda por personalização (móveis planejados e sob desenho)

DA TEORIA À REALIDADE BRASILEIRA

Quadro 5.8 Mudança de diretrizes estratégicas na JBS S.A.

A JBS S.A.[52] é uma multinacional de origem brasileira que está presente em 15 países, contando com 230 mil colaboradores. A empresa é uma das líderes globais no seu segmento principal: indústria de alimentos. Iniciou suas atividades como frigorífico de abate bovino, mas com seu crescimento e aquisição de novas empresas, diversificou seu portfólio produzindo carnes *in natura* e congelados, até pratos prontos para o consumo, comercializados por meio de marcas reconhecidas no Brasil e no exterior, como Friboi, 1953, Swift, Seara, Seara Gourmet, Doriana, Massa Leve, Pilgrim'sPride, Plumrose, Primo, entre outras. Atualmente, a empresa atua com negócios correlacionados, como couros, biodiesel, colágeno, envoltórios para embutidos, higiene e limpeza, embalagens metálicas, transportes e soluções em gestão de resíduos, operações inovadoras. Com a expansão dos negócios e diversificação dos produtos, a empresa alterou sua missão de modo que represente todos os seus negócios.

Missão em 2008: "Maximizar o valor de cada animal de forma sustentável".[53]

Missão em 2020: "Sermos os melhores naquilo que nos propusermos a fazer, com foco absoluto em nossas atividades, garantindo os melhores produtos e serviços aos clientes, solidez aos fornecedores, rentabilidade aos acionistas e a oportunidade de um futuro melhor a todos os nossos colaboradores."[54]

A partir da análise SWOT, o gestor ou a equipe poderá estabelecer os objetivos estratégicos e, com base neles, definir as ações que a empresa poderá desenvolver. Essas ações podem ser desenvolvidas por meio de projetos, como o desenvolvimento de um novo produto ou a implementação de um sistema de gestão da qualidade, que, depois de concluídos, tornam-se rotina, ou seja, a empresa desenvolverá ações contínuas para garantir a gestão da qualidade. Os programas, por sua vez, possuem dimensão mais ampla e incorporam vários projetos. Para a operacionalização dos projetos ou programas, é preciso estabelecer as ações que serão desenvolvidas, as metas e os indicadores que possibilitarão o monitoramento e a avaliação.

Na Figura 5.8, apresentamos um exemplo para ilustrar o encadeamento das ações propostas a partir de um objetivo estratégico. Observe que a meta está relacionada com a ação, mas os programas e os projetos também podem estabelecer suas metas. Os indicadores de monitoramento relacionam-se ao cumprimento das metas, enquanto os indicadores de resultado referem-se aos objetivos estratégicos.

Uma ferramenta que tem sido muito utilizada pelas empresas é o *Balanced Scorecard* (BSC). O BSC auxilia as organizações a traduzirem suas estratégias em ações operacionais, por meio de indicadores de desempenho. Os indicadores são instrumentos utilizados para mensurar os resultados e esforços, visando atingir os objetivos e as metas da empresa. Para a operacionalização do BSC, a empresa deve criar um mapa estratégico que apresente a estratégia desdobrada em quatro perspectivas: financeira, do cliente, dos processos internos, de aprendizado e crescimento.[55]

Figura 5.8 Desmembramento dos objetivos em programas, projetos, ações e indicadores.

Objetivo	Programa	Projeto	Ação	Meta	Indicador de monitoramento	Indicador de resultado
Melhorar continuamente os processos	Programa de qualidade total	Implantar um sistema de gestão da qualidade	Treinamento de funcionários	Realizar o treinamento de 100% dos funcionários no período de 3 meses	% de funcionários treinados	Taxa de devolução de produtos

O mapa estratégico do BSC (Figura 5.9) mostra como a estratégia conecta os ativos intangíveis a processos que criam valor.

Figura 5.9 Modelo de mapa estratégico do *Balanced Scorecard*.

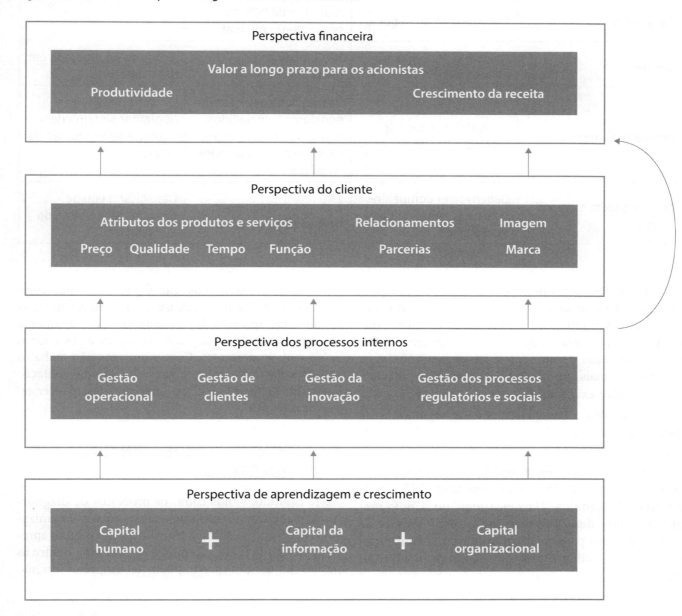

Fonte: adaptada de Kaplan; Norton.[56]

Os objetivos das quatro perspectivas são conectados a partir da compreensão de que há uma relação de causa e efeito. Desse modo, os resultados financeiros só serão alcançados se os clientes estiverem satisfeitos e, para isso, é preciso desenvolver os processos internos tendo como pilares sustentadores os ativos intangíveis da organização. O alinhamento dos objetivos nessas quatro perspectivas é fundamental para a coerência da estratégia e geração de valor.[57]

No Quadro 5.9, apresentamos um exemplo de utilização das perspectivas do BSC para a empresa de comércio varejista de móveis citada no Quadro 5.7, considerando que a estratégia estabelecida pela empresa seja a comercialização de seus produtos utilizando um *marketplace*.

Administração ■ Conejero – Oliveira – Abdalla (Orgs.)

Quadro 5.9 Exemplo de utilização do BSC

Perspectiva	Objetivo estratégico	Indicador	Plano de ação
Financeira	Crescimento do negócio	Aumento de 20% no faturamento mensal	
Clientes	Ampliar a participação no mercado	Nº de pedidos no *marketplace*	Cadastro da empresa em *marketplace*
Processos internos	Cumprir os prazos de entrega	Tempo de expedição dos pedidos: nº de pedidos expedidos fora do prazo/ nº de pedidos expedidos no prazo	Implantar sistema de controle de expedição de pedidos
Aprendizagem e crescimento	Desenvolver competências para trabalhar com *marketplace*	% de colaboradores treinados	Capacitar a equipe para utilizar sistema do *marketplace*

Após o desenvolvimento do mapa estratégico, para operacionalizar as ações necessárias ao cumprimento dos objetivos estratégicos, uma ferramenta muito utilizada por sua clareza e objetividade é a matriz 5W2H, uma combinação de números e letras que sintetiza as informações mais importantes para que uma ação possa ser planejada e executada.

No Quadro 5.10, apresentamos o significado de cada letra e sua tradução, além de um exemplo de aplicação da matriz.

Pode-se incluir nessa matriz uma meta para a ação. Nesse caso, a matriz é denominada 5W3H, pois o terceiro H significa "*How measure?*" ou "Como medir?" e a partir disso é possível incluir um indicador de monitoramento para as ações propostas. A utilização dessa matriz facilita o processo de operacionalização das ações.

Por fim, ressaltamos que é preciso tomar certo cuidado ao elaborar o planejamento e utilizar todas as ferramentas apresentadas. A empresa deve analisar a sua capacidade de execução, o que significa priorizar as ações mais importantes. Caso a empresa não tenha os recursos ou competências necessários à implementação das ações, primeiro precisa adquirir ou desenvolver essas capacidades.

5.5 CONSIDERAÇÕES FINAIS E QUESTÕES

Neste capítulo, vimos como os processos de diagnóstico e planejamento são importantes para as organizações. A discussão sobre a transformação digital, apresentada no início do capítulo, é apenas uma dentre as muitas mudanças que impõem às empresas revisão

Quadro 5.10 Exemplo de matriz 5W2H aplicada a uma empresa varejista de móveis

What? O que fazer?	Capacitar a equipe para utilizar sistema do *marketplace*
Why? Por que fazer?	Para comercializar os produtos da empresa em um *marketplace*
Where? Onde fazer?	Na empresa
Who? Quem vai fazer?	Contratar especialista
When? Quando fazer?	No próximo mês
How? Como fazer?	Criar escala para o treinamento e disponibilizar computador
How much? Quanto irá custar?	R$ 6.000,00

constante de suas estratégias. Considerando a velocidade das mudanças e a necessidade de resposta com ações rápidas, defendemos que os processos devam ser contínuos e cíclicos.

Para auxiliar o administrador na tomada de decisões, as ferramentas apresentadas podem ser utilizadas nas diversas etapas: diagnóstico, planejamento, implementação, monitoramento e avaliação das ações. Para tanto, todo o processo de diagnóstico e planejamento deve considerar diferentes aspectos, como porte da empresa, estrutura organizacional, contexto de mercado e estágio do ciclo de vida da organização. Assim, a empresa tem melhores chances para competir no mercado.

CONTRIBUIÇÕES DO CAPÍTULO PARA A ADMINISTRAÇÃO CONTEMPORÂNEA

a) A visão do diagnóstico e do planejamento como processos contínuos e dinâmicos auxilia o administrador a vislumbrar formas de competir em um cenário de constantes mudanças.

b) A utilização do diagnóstico organizacional deve ser constante e não apenas quando surgem problemas.

c) O planejamento como ferramenta em constante atualização, considerando a visão dos diferentes *stakeholders*, contribui para a manutenção da empresa no mercado ou para seu crescimento.

d) A utilização das ferramentas de diagnóstico e planejamento pode auxiliar empreendedores no processo de concepção de novos negócios e no desenvolvimento de empresas já constituídas.

e) Os processos de monitoramento e avaliação dos resultados são imprescindíveis para que a empresa tome decisões com base em evidências.

QUESTÕES PARA REFLEXÃO

1) Uma vez que o ambiente está em constante mudança, como o administrador pode utilizar o diagnóstico e o planejamento?

2) Dadas as diversas tarefas do cotidiano, o administrador precisa de uma equipe comprometida com a empresa e que faça parte do processo de planejamento. Como integrar a equipe e mostrar a importância de cada integrante nesse processo?

3) Considerando que o ambiente externo influencia fortemente nas organizações, quais principais fontes de informação sobre o setor de atuação da organização onde você trabalha ou que conhece

podem ser analisadas? (Exemplo: relatórios ou indicadores setoriais)

4) No caso das micro e pequenas empresas, existem outras dificuldades para o desenvolvimento do diagnóstico e planejamento?

5) Considerando a organização em que você trabalha ou que conhece, como as ferramentas para diagnóstico e planejamento apresentadas podem contribuir com o processo de tomada de decisão?

QUESTÕES PARA AVALIAÇÃO DO CONHECIMENTO

1) Em quais situações a empresa deve utilizar o diagnóstico organizacional e quais são as etapas para o desenvolvimento do processo de diagnóstico?

2) Quais são as principais características dos tipos de planejamento? Cite um exemplo prático de cada um deles.

3) Qual é a importância da análise do contexto do mercado para as empresas?

4) Quais as fases do ciclo de vida organizacional? Explique as especificidades de cada uma delas.

5) Qual a importância dos objetivos, das metas e dos indicadores para o processo de planejamento organizacional? Cite um exemplo de objetivo, ação, meta e indicador, utilizando o quadro SMART.

6) Por que as ferramentas são importantes no processo de diagnóstico e planejamento?

REFERÊNCIAS

[1] CETIC. *TIC Domicílios*. 2018. Disponível em: https://www.cetic.br/tics/domicilios/2018/domicilios/A4/. Acesso em: 13 maio 2021.

[2] SCHMITT, G. R. *Turnaround*: a reestruturação dos negócios. São Paulo: Makron Books, 1996.

[3] CETIC. *Op. cit.*, 2018.

[4] MORGAN, G. *Imagens da organização*. São Paulo: Atlas, 2016.

[5] CUMMINGS, T. G.; WORLEY, C. G. *Organization development & Change*. USA: Cengage Learning, 2009.

[6] WOOD JR., T.; PAULA, A. P. P. Pop-management: grandes empresas de consultoria no Brasil. 2004. Disponível em: https://pesquisa-eaesp.fgv.br/sites/gvpesquisa.fgv.br/files/publicacoes/P00274_1.pdf. Acesso em: 13 maio 2021.

[7] CUMMINGS, T. G.; WORLEY, C. G. *Op. cit.*, 2009.

[8] *Idem, ibidem.*

[9] EXAME. *Os gurus de gestão precisam de um guru.* 2013. Disponível em: https://exame.abril.com.br/revista-exame/os-gurus-precisam-de-um-guru/. Acesso em: 13 maio 2021.

[10] MCKINSEY & COMPANY. 2020. Disponível em: https://www.mckinsey.com/solutions#. Acesso em: 13 maio 2021.

[11] LACOMBE, F. J. M.; HEILBORN, G. L. J. *Administração*: princípios e tendências. São Paulo: Saraiva, 2003.

[12] CLEGG, S. R.; CARTER, C.; KOMBERGER, M. A "máquina estratégica": fundamentos epistemológicos e desenvolvimentos em curso. *RAE-Revista de Administração de Empresas*, 44(4), 21-31, 2004.

[13] PEREIRA, J. A.; SOUZA, M. C. D.; TATTO, L.; OLIVEIRA, J. S. Estratégia como prática: um estudo em empresas incubadas de base tecnológica. *Revista de Administração IMED*, 4(2), 161-176, 2015.

[14] OLIVEIRA, D. P. R. *Planejamento estratégico*: conceitos, metodologia e práticas. 34. ed. São Paulo: Atlas, 2018.

[15] STEINER, G. A. *Strategic planning*: what every manager must know. New York: Free Press, 1979.

[16] ABDALLA, M. M.; CONEJERO, M. A.; OLIVEIRA, M. A. *Administração estratégica*: da teoria à prática no Brasil. São Paulo: Atlas, 2019.

[17] FLEURY. Missão, visão e valores. 2020. Disponível em: //www.fleury.com.br/institucional/missao-visao-e-valores. Acesso em: 13 maio 2021.

[18] PORTER, M. *Competitive strategy*: techniques for analyzing industries and competitors. New York: The Free Press, 1980.

[19] CHANDLER JR.; A. D. *Strategy and structure*: chapters in the history of the american industrial enterprise. Washington, D.C.: Beard Books. 1962.

[20] WHITTINGTON, R. *O que é estratégia*. São Paulo: Pioneira Thomson Learning, 2002.

[21] MINTZBERG, H.; AHLSTRAND, B.; LAMPEL, J. *Safári de estratégia*: um roteiro pela selva do planejamento estratégico. Porto Alegre: Bookman, 2000.

[22] *Idem, ibidem.*

[23] ABDALLA, M. M.; CONEJERO, M. A.; OLIVEIRA, M. A. *Administração estratégica*: da teoria à prática no Brasil. São Paulo: Atlas, 2019.

[24] *Idem ibidem.*

[25] LIPCZYNSKI, J.; WILSON, J. *The economics of business strategy*. Prentice Hall – Financial Times, 2004.

[26] HASENCLEVER, L.; KUPFER, R. Introdução. *In*: KUPFER, D.; HASENCLEVER, L. (orgs.) *Economia industrial*: fundamentos teóricos e práticas no Brasil. 2. ed. Rio de Janeiro: Campus, 2013. p. xxi-xxix.

[27] SAES, M. S. M. *Estratégias de diferenciação e apropriação de quase-renda na agricultura*: a produção de pequena escala. São Paulo: Annablume, Fapesp, 2009.

[28] LIPCZYNSKI, J.; WILSON, J. *The economics of business strategy*. Prentice Hall – Financial Times, 2004.

[29] PEREIRA, J. A.; BÁNKUTI, S. M. S. Estrutura de mercado e estratégia: um estudo na indústria brasileira de baterias automotivas. *Revista Ibero Americana de Estratégia*, 15(1), 97-115, 2016.

[30] ADIZES, I. *Os ciclos de vida das organizações*: como e por que as empresas crescem e morrem e o que fazer a respeito. 4. ed. São Paulo: Pioneira, 1998.

[31] LESTER, D. L.; PARNELL, J. A.; CARRAHER, S. Organizational lifecycle: a five-stage empirical scale, *The International Journal of Organizational Analysis*, 11(4), 339-354, 2003.

[32] BARON, R. A.; SHANE, S. A. *Empreendedorismo*: uma visão do processo. São Paulo: Thomson Learning, 2007.

[33] SEBRAE. Sobrevivência das empresas no Brasil. *In*: BEDÊ, Marco Aurélio (Coord.). Brasília: Sebrae, 2016. Disponível em: https://m.sebrae.com.br/Sebrae/Portal%20Sebrae/Anexos/sobrevivencia-das-empresas-no-brasil-102016.pdf. Acesso em: 13 maio 2021.

[34] STARTSE. *Kodak*: como ela foi de uma das empresas mais inovadoras até falência. 2017. Disponível em: https://www.startse.com/noticia/nova-economia/corporate/kodak-como-ela-foi-de-uma-das-empresas-mais-inovadoras-ate-falencia. Acesso em: 13 maio 2021.

[35] ADIZES, I. *Os ciclos de vida das organizações*: como e por que as empresas crescem e morrem e o que fazer a respeito. 4. ed. São Paulo: Pioneira, 1998.

[36] ADIZES, I. *Os ciclos de vida das organizações*: como e por que as empresas crescem e morrem e o que fazer a respeito. 4. ed. São Paulo: Pioneira, 1998.

[37] LACOMBE, F. J. M.; HEILBORN, G. L. J. *Administração*: princípios e tendências. São Paulo: Saraiva, 2003.

[38] LAWLOR, K. B.; HORNYAK, M. J. Smart goals: how the application of smart goals can contribute to achievement of student learning outcomes. *Developments in Business Simulation an Experiential Learning*, v. 39, 2012.

[39] DRUCKER, P. *The practice of management*. Revised edition. USA: Elsevier, 2007.

[40] *Idem, ibidem.*

[41] CARDOSO, A. L. L.; SOUZA, Y. B. M.; MARTINS, V. W. B.; PIMENTEL, F. Q. A. Planejamento de metas para redução de falhas no processo de distribuição de uma empresa transportadora. *Revista Gestão Industrial*, 14(2), 2018.

[42] SAES, M. S. M. *Estratégias de diferenciação e apropriação de quase-renda na agricultura*: a produção de pequena escala. São Paulo: Annablume, Fapesp, 2009.

[43] THOMPSON JR., A. A.; STRICKLAND II, A. J.; GAMBLE, J. E. *Administração estratégica*. 15. ed. Porto Alegre: AMGH, 2011.

[44] PORTER, M. *Competitive strategy*: techniques for analyzing industries and competitors. New York: The Free Press, 1980.

[45] SAMBRANA, C. *A Accor mudou radicalmente*. E a culpa é do Airbnb e dos sites de reserva. 2019. Disponível em: https://neofeed.com.br/transformacao-digital/a-accor-mudou-radicalmente-e-a-culpa-e-do-airbnb-e-dos-sites-de-reserva/. Acesso em: 13 maio 2021.

[46] *Idem, ibidem.*

[47] ISTOÉ DINHEIRO. *Estudo mostra que 84% das empresas não estão preparadas para a LGPD*. 2020. Disponível em: https://www.istoedinheiro.com.br/estudo-mostra-que-84-das-empresas-nao-estao-preparadas-para-a-lgpd/. Acesso em: 13 maio 2021.

[48] CANAL RURAL. *Etanol*: queda do petróleo e coronavírus põem em risco futuro do setor. 2020. Disponível em: https://www.canalrural.com.br/noticias/agricultura/etanol-petroleo-coronavirus-risco-futuro/. Acesso em: 13 maio 2021.

[49] ABIHPEC/Sebrae. *Caderno de Tendências 2019/2020*. 2018. Disponível em:https://m.sebrae.com.br/Sebrae/Portal%20Sebrae/Anexos/CADERNO%20DE%20TENDENCIAS%202019-2020%20Sebrae%20Abihpec%20vs%20final.pdf. Acesso em: 13 maio 2021.

[50] OLIVEIRA, D. P. R. *Planejamento estratégico*: conceitos, metodologia e práticas. 34. ed. São Paulo: Atlas, 2018.

[51] JANIĆIJEVIĆ, N. Business processes in organizational diagnosis. Management: *Journal of Contemporary Management Issues*, 15(2), 85-106, 2010.

[52] JBS. *A JBS*. 2020. Disponível em: https://jbs.com.br/sobre/jbs. Acesso em: 13 maio 2021.

[53] JBS. Relatório Anual. 2008. Disponível em: https://mz-filemanager.s3.amazonaws.com/043a77e1-0127-4502-bc5b-21427b991b22/relatorios-anuaiscentral-de-downloads/87099742e6da5846d0165f2cc99cf4b8933d4a-b04fd2cb2ae4d10a718f9881e9/relatorio_anual_2008.pdf. Acesso em: 13 maio 2021.

[54] JBS. *A JBS*. 2020. Disponível em: https://jbs.com.br/sobre/jbs. Acesso em: 13 maio 2021.

[55] KAPLAN, R. S.; NORTON, D. P. *Mapas estratégicos*: convertendo ativos intangíveis em resultados tangíveis. 23 ed. Rio de Janeiro: Elsevier, 2004.

[56] *Idem, ibidem.*

[57] *Idem, ibidem.*

Assista ao **vídeo**

Capítulo

6 Estrutura organizacional e processo de organização

Maria Clara Ribeiro Portilho
Monique Ferreira Cavalcante
Bruno Dutra Freire
Marco Antonio Conejero

Pontos de aprendizado

Neste capítulo, o leitor poderá aprofundar seu conhecimento sobre:
- Diferença entre organização como entidade social e função da administração.
- Conceitos relacionados com estrutura organizacional: especialização do trabalho, atividades de linha e *staff*, amplitude de controle, centralização e descentralização das tarefas organizacionais e da tomada de decisão.
- Tipos e diferenças de organizações agudas × achatadas, mecanicista × orgânica.
- Tipos mais tradicionais de estrutura organizacional (linear, linha-*staff* e matricial)
- Tipos e diferenças de departamentalização (funcional, territorial, por produto, por cliente, por processos e por projetos).
- Unidade estratégica de negócio (UEN) do tipo centro de serviços compartilhados (CSC), decisão pela terceirização e tendência de compartilhamento do tipo *coworking*.

RESUMO

Este capítulo é destinado a discutir aspectos pertinentes à estrutura organizacional e ao processo de organização. Sabe-se que não existe modelo único que atenda a todas as organizações, todavia cabe aos administradores a escolha da melhor estrutura organizacional, de modo que seja possível atender, da forma mais eficiente e eficaz possível, objetivos e metas propostos.

Aqui, serão discutidos conhecimentos sobre a função de organização e seus desdobramentos. Serão tratados assuntos como cadeia de comando, especialização do trabalho, atividades de linha e *staff*, entre outros.

Este capítulo também abordará conhecimentos pertinentes ao organograma, aspectos sobre o grau de centralização e descentralização do processo decisório nas organizações e como essa decisão impacta na estrutura organizacional e na distribuição de autoridade dentro de uma organização.

Também serão apresentadas as formas que as organizações utilizam atualmente e elementos relacionados com o centro de serviços compartilhados (CSC), terceirização e *coworking*.

Esses conhecimentos evidenciam a importância de o administrador conhecer sobre condicionantes internos e externos que impactam a estrutura organizacional e estão intimamente ligados a alocação de recursos, autoridade e comunicação dentro de uma organização.

Com uma visão alinhada à teoria geral da administração, o capítulo resgata conceitos discutidos por autores clássicos como Alfred Chandler Jr. (ver boxe Saiba mais) e Henry Mintzberg (ver boxe Saiba mais), e interpretados por autores nacionais como Antônio Cesar Amaru Maximiano (ver boxe Saiba mais), mas também traz temas mais recentes introduzidos por autores atuais, como CSC, terceirização, *coworking*, com o objetivo de apresentar uma visão contemporânea e complementar os conhecimentos abordados neste livro.

6.1 INTRODUÇÃO

Antes de entrarmos na discussão da estrutura organizacional e do processo de organização, vamos relembrar o conceito de organização que foi discutido no Capítulo 1.

Organização é um agrupamento de recursos que cooperam para o atingimento de um ou mais objetivos.[1] Quando dialogamos sobre organização, precisamos entender que há dimensões internas, a estrutura organizacional, e externas, o ambiente organizacional. Neste capítulo, vamos nos aprofundar na dimensão interna, que é a estrutura organizacional.

SAIBA MAIS

Antônio Cesar Amaru Maximiano (1939) é professor e pesquisador no campo da administração, em especial nos temas de administração geral, administração de projetos, qualidade total e recursos humanos. Tem 13 livros publicados, inclusive dois deles em língua espanhola. Foi professor da Universidade de São Paulo por 42 anos e atualmente é coordenador acadêmico do Instituto de Pesquisas e Educação Continuada em Economia e Gestão de Empresas (PECEGE), localizado em Piracicaba, no estado de São Paulo.

Estrutura organizacional são funções determinadas, com responsabilidades distribuídas e comunicação delimitada. A estrutura proporciona o alcance dos objetivos da organização por meio da realização dessas atividades.[2]

A forma e a composição da estrutura organizacional podem ser alteradas de acordo com a estratégia da organização.[3] Assim, não há como abordar o assunto de estrutura sem conceituar estratégia, que é o conjunto das condutas e escolhas que a organização define para alcançar seus objetivos.[4]

SAIBA MAIS

Alfred DuPont Chandler Jr. (1918-2007) foi um importante historiador, professor e pesquisador norte-americano e desenvolveu estudos nos campos da administração, em especial sobre a estrutura organizacional. É considerado o principal autor sobre a história das organizações. Vencedor do prêmio Pulitzer no campo da história em 1978. Foi professor pela Universidade Harvard, em Cambridge, estado de Massachusetts, nos Estados Unidos.

Henry Mintzberg (1939) é um célebre autor no campo da administração. O professor canadense Henry Mintzberg tem uma produção de mais de 180 artigos, 20 livros e 20 títulos *honoris causa* de universidades ao redor do mundo. Seus estudos estão relacionados com planejamento estratégico de organizações, gerência e processo de tomada de decisão. Foi vencedor do prêmio McKinsey da *Harvard Business Review* duas vezes, por ter publicado o melhor artigo no referido periódico. Atua na Universidade McGill, em Quebec, Canadá.

Este capítulo tem o objetivo de facilitar a compreensão da estrutura organizacional e o processo da organização por meio da apresentação e do detalhamento desses temas. Para que você possa entender o conteúdo do capítulo, ele foi dividido em seções, conforme ilustrado na Figura 6.1.

Figura 6.1 Seções do capítulo.

> **Organograma**
> - Vamos aprender todos os conceitos relacionados a um organograma: divisão do trabalho (especialização); órgãos de linha e assessoria; amplitude de controle e organizações agudas × achatadas; centralização e descentralização; e organizações mecanicista × orgânica.
> - E a partir daí apresentar os tipos mais tradicionais de estruturas: linear, linha-*staff* e matricial.

> **Departamentalização**
> - Neste item você vai compreender os tipos de departamentalização (funcional, territorial, por produto, por cliente, unidades estratégicas de negócios, por áreas do conhecimento, por projetos, em rede) e a organização por processos.

> **Centro de serviços compartilhados (CSC)**
> - O que são CSCs? Como eles são estruturados? Aqui você aprenderá mais sobre esse modelo que conquistou grandes organizações. Vamos também discutir a tendência de *coworking* em um contexto de economia colaborativa.

> **Terceirização**
> - Afinal, é vantajoso terceirizar? Quais são as vantagens? E as desvantagens? Vamos refletir sobre esse tema e como ele afeta a estrutura organizacional.

6.2 ORGANOGRAMA

A compreensão da estrutura organizacional, em geral, é de difícil apropriação por parte dos membros internos e externos da organização, por isso os gestores utilizam-se do organograma (ver boxe Saiba mais) como uma forma visual de representação dessa estrutura.[5]

SAIBA MAIS

Na literatura, a criação do primeiro organograma é creditada a Daniel C. McCallum, um administrador de ferrovias da Ferro Erie, em Nova York, 1856. Ele o teria criado com o objetivo de representar a disposição das unidades funcionais de sua empresa, da hierarquia e das relações de comunicação – informações essenciais a um organograma.

O organograma simboliza a representação gráfica da estrutura formal de uma organização em determinado momento.[6] Essa representação expõe as formas de divisão do trabalho na organização, os critérios de departamentalização, os níveis hierárquicos e a distribuição de autoridades e responsabilidades.[7]

Dito de outra forma, seu objetivo é:

- Ilustrar graficamente a divisão do trabalho na organização, por meio de um desdobramento em unidades de direção, conselhos, comissões, gerências, departamentos, setores e outros.

- Representar as relações hierárquicas entre superior e subordinados, bem como elementos relacionados com responsabilização e delegação de autoridade.

- Detalhar o tipo de trabalho, os cargos existentes na organização, a quantidade de pessoas por unidade e a demonstração da relação funcional, como também das relações hierárquicas.

Para que o organograma possa ser utilizado e os seus objetivos sejam alcançados, é condição necessária que ele seja de fácil compreensão e assimilação pelos colaboradores, além de possibilitar uma correta interpretação dos componentes da organização.[8]

Apesar de sua importância, ele não representa de forma efetiva toda a comunicação da estrutura organizacional. Isso ocorre, pois esse tipo de representação gráfica pode levar ao entendimento de que todos os administradores que se encontram no mesmo nível no organograma têm a mesma autoridade e responsabilidade na organização, e esse fato nem sempre é verdadeiro.[9]

A Figura 6.2 demonstra um exemplo de organograma.

Figura 6.2 Organograma e suas informações.

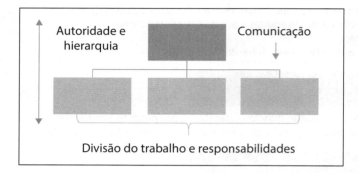

Fonte: Maximiano.[10]

Os eixos mencionados na Figura 6.2 como autoridade e hierarquia, comunicação e a divisão do trabalho e responsabilidades precisam ser definidos antes da elaboração do organograma e são essenciais à sua construção.

A divisão do trabalho dá-se pela distribuição da responsabilidade atribuída aos cargos e departamentos.[11] O foco dessa divisão poderá voltar-se a supervisão e controle, representada por uma estrutura com mais níveis hierárquicos, portanto, mais verticalizada. Ou ao trabalho em si, com estrutura mais horizontalizada.

Na comunicação, deve-se definir a forma de relacionamento entre os departamentos e o tipo de influência entre eles.[12] Essa definição repercute na forma como a mensagem irá circular entre os níveis, na velocidade que irá chegar a todos, no foco que se deve dar a cada tipo de informação e nos canais a serem utilizados para atingir os diferentes níveis da organização.

Associando a comunicação aos tipos de especialização, uma estrutura vertical tende a ser mais exposta a ruídos de comunicação e mais lenta na difusão, visto que a rigidez da estrutura exige que a informação passe por diversos níveis para que ela seja totalmente transmitida. Em contrapartida, em uma organização horizontal, a comunicação tende a fluir organicamente de um setor para o outro.

Já na autoridade e na hierarquia, devem ser definidos a amplitude de controle e o grau de autonomia de cada cargo. Esses itens são explorados com maior detalhamento nas próximas seções.

6.2.1 Divisão do trabalho (especialização)

Imagine uma república de estudantes. Para uma boa convivência e conservação do local, serão necessários manutenção, limpeza, controle de despesas e organização da casa. Para tal, estabelece-se uma divisão de tarefas, coordenada por um representante, que buscará garantir que todos cumpram seu compromisso com o local onde moram. De forma simplificada, assim ocorre também em uma empresa, com a divisão de papéis sendo definida pela estrutura organizacional.

A divisão do trabalho é necessária em qualquer organização, e desencadeia a distribuição interna das responsabilidades a serem assumidas por cada pessoa ou grupo de pessoas na organização, visando, assim, ao alcance dos objetivos pretendidos por ela.[13] Por essa divisão espera-se, por exemplo, melhorar a gestão do tempo para a execução das atividades, aperfeiçoar a comunicação entre as diferentes áreas, melhorar o fluxo de informações, aperfeiçoar as condições de trabalho, entre outros resultados.

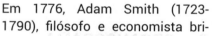

SAIBA MAIS

Em 1776, Adam Smith (1723-1790), filósofo e economista britânico, considerado o pai da economia moderna, escreveu em seu livro *A riqueza das nações* que a divisão do trabalho era observada sendo realizada com muita frequência no ofício de fabricação de alfinetes:

"Um homem desenrola o arame, outro o estica, um terceiro o corta, um quarto faz a ponta e um quinto esmerilha a extremidade para receber a cabeça; fazer a cabeça exige duas ou três operações distintas, e colocá-la é um serviço peculiar, enquanto clarear os alfinetes, um outro; ainda é um serviço específico colocá-los em caixas".[14]

Esse relato exemplifica um modelo altamente especializado, caracterizado pela execução da atividade fragmentada, rotineira e pouco qualificada. Embora escrito em outro século, esse modelo ainda repercute em linhas de montagem ao redor do mundo.

À medida que uma organização cresce, ela tende a diferenciar e especializar cada vez mais as unidades que compõem a sua estrutura.[13] O Quadro 6.1 apresenta as vantagens e desvantagens da divisão do trabalho ou especialização.[6]

Quadro 6.1   Vantagens e desvantagens da especialização

	Para a gerência	Para o trabalhador
Vantagens da especialização	<ul><li>Treinamento rápido da força de trabalho</li><li>Facilidade para recrutar novos funcionários</li><li>Alta produção em razão de trabalho repetitivo simples</li><li>Baixos salários em função da facilidade de substituição da mão de obra</li><li>Controle estrito sobre o fluxo de trabalho e a carga de trabalho</li></ul>	<ul><li>Pouca ou nenhuma educação formal requerida para conseguir o emprego</li><li>Facilidade de aprender o trabalho</li></ul>
Desvantagens da especialização	<ul><li>Dificuldade de controle da qualidade, pois não há responsabilidade pelo produto inteiro do trabalho</li><li>A insatisfação do trabalhador tem como consequência custos ocultos resultantes de absenteísmo, rotatividade, lentidão, descontentamento e interrupções intencionais do processo produtivo</li><li>Menor probabilidade de melhoria do processo em razão da perspectiva limitada do trabalhador</li><li>Pouca flexibilidade para mudar o processo de aprimoramento ou produção de novos produtos</li></ul>	<ul><li>Tédio resultante da natureza repetitiva do trabalho</li><li>Trabalho em si pouco gratificante, em virtude da pouca contribuição de cada intervenção</li><li>Pouco ou nenhum controle sobre o ritmo do trabalho levando a frustração e fadiga</li><li>Pouca oportunidade de ascensão a um cargo melhor, porque raramente é possível adquirir aprendizagem significativa no trabalho fracionado</li></ul>

Fonte: Jacobs e Chase.[15]

Conceitualmente, a especialização ocorre de duas formas: vertical ou horizontal. A diferença entre elas é relativa à composição de cada atividade, ou seja, à quantidade de tarefas que precisam ser executadas para a realização do trabalho e ao tamanho dessas tarefas,[16] o que gera diferentes níveis de especialização.

No primeiro tipo, a especialização vertical, a divisão do trabalho dá-se pela autoridade e responsabilidade. Ela ocorre em níveis hierárquicos, com maior predominância de regras e procedimentos estabelecidos para a execução do trabalho, com responsabilidades bem definidas.[17] Sua adoção favorece a qualidade da supervisão do gestor, pois, ao bem delimitar o papel de cada um, facilita a designação de tarefas. Em contrapartida, essa especialização pode dificultar a integração entre diferentes equipes. Além disso, pode haver ruídos de comunicação em razão dos inúmeros níveis existentes na estrutura, exigindo maior esforço de coordenação para garantir o alinhamento estratégico entre a alta direção e a base da organização.[18]

Já a especialização horizontal sugere maior autonomia em relação à execução das atividades e em relação ao processo decisório. Ela ocorre em termos de diferenciação das atividades executadas. A especialização em uma única atividade gera ganhos obtidos na repetição e padronização, visto que evita o tempo gasto nas trocas das tarefas, e o domínio acaba gerando possibilidades de desenvolver melhorias na maneira como a atividade é executada.[19] No entanto, nessa estrutura, a gestão e o controle tendem a ser mais difíceis, sobretudo quando há crescimento da empresa com aumento no número de colaboradores, impactando a capacidade de coordenação do gestor responsável pela equipe. Por esse motivo, costuma ser mais comumente adotada em pequenas empresas.

A Figura 6.3 ilustra a especialização vertical e a especialização horizontal.

Figura 6.3 Especialização vertical x especialização horizontal.

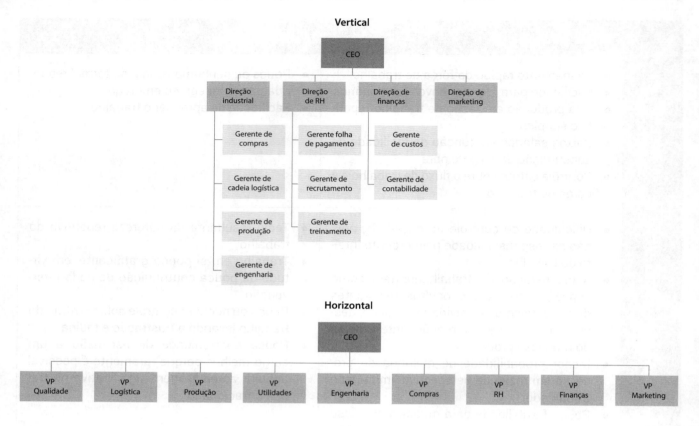

O oposto da especialização horizontal do trabalho é chamado de enriquecimento horizontal do trabalho, e o da especialização vertical, enriquecimento vertical do trabalho.[20] Essas formas podem tornar o trabalho mais interessante, proporcionando inúmeros benefícios para a organização e o trabalhador, visto que o tédio é reduzido com o aumento de tarefas a serem realizadas e há visão global do processo. Entre os benefícios, podemos destacar o maior empenho por parte dos trabalhadores, a facilidade na detecção de possíveis melhorias e correções de erros e agilidade em decisões específicas nas quais ele passa a ter o controle.[21]

6.2.2 Órgãos de linha e assessoria

Na teoria neoclássica da administração, como previamente explicitado no Capítulo 2, assume-se que a organização formal consiste em camadas hierárquicas ou níveis funcionais estabelecidos pelo organograma e com ênfase nas funções e nas tarefas.

Assim, por essa perspectiva, entende-se que organização é o conjunto das posições funcionais e hierárquicas às quais os membros irão se submeter, de acordo com as normas e os procedimentos previstos para cada uma delas.[22] Dentro dessa organização, existem dois tipos de órgãos, linha e assessoria (ou *staff*), cujas características auxiliam a compreensão do que é efetivamente esperado por cada área e, consequentemente, o entendimento de como funciona racionalmente a organização.

Desse modo, é importante diferenciar nas organizações os órgãos/departamentos que possuem autoridade de linha e os órgãos/departamentos que possuem autoridade de assessoria ou *staff*.

A autoridade, nesse contexto, está relacionada com um conceito estritamente ligado ao poder exercido dentro da estrutura organizacional. A conceituação de poder é tarefa um tanto quanto complexa, já que seu estudo leva em consideração diversas áreas do conhecimento humano, como sociologia, antropologia, administração e outras.[23]

De maneira resumida, o poder está relacionado com a capacidade que uma pessoa tem de influenciar um ou mais indivíduos a realizarem atividades, mesmo que contra a sua vontade. Posto isso, o órgão de linha é composto por autoridades que têm poder sob os seus colaboradores e representa a execução da atividade em si, enquanto o *staff* (assessoria) é uma autoridade consultiva, que aconselha o órgão de linha.[24]

Os órgãos de linha são responsáveis pela execução na entidade, ou seja, pela tomada de decisão da organização.[25] Possuem autoridade linear, ou seja, são encarregados das tomadas de decisões que mais se aproximam dos objetivos da entidade e são responsáveis pela execução das atividades necessárias. Como exemplo, em uma universidade os órgãos que detêm autoridade de linha estão relacionados com ensino e pesquisa, atividades finalísticas dessa organização.[26]

Já os órgãos de assessoria (*staff*) têm funções consultivas, aconselham e apoiam os órgãos de linha com informações e dados relevantes para a tomada de decisão. Em contrapartida aos órgãos de linha, eles não têm autoridade linear, já que o papel deles é efetuar o levantamento de informações, planejar, sugerir e assegurar medidas que podem ser implementadas ou não pelos órgãos de linha.[27] Tomando novamente a universidade como exemplo, os órgãos de assessoria poderiam ser o jurídico, o setor de auditoria ou mesmo setores de atividades-meios, como setores de compras ou logística.[28]

Grande parte das organizações tem os dois órgãos, visto que há dependência correlacional entre a assessoria e a linha em si. Ainda assim, podem existir conflitos e dificuldades de equilíbrio entre ambos, gerando rigidez, baixo rendimento em situações de emergência e de inovação (caso a linha seja fortalecida em detrimento do *staff*) ou o desmembramento dos setores organizacionais, com pouca autoridade de comando e sem visão holística dos processos (no caso do fortalecimento do *staff* em detrimento da linha).[29]

Assim, esses órgãos devem ser equilibrados, de modo a compensar possíveis desvios, podendo repercutir em diferentes tipos de estruturas organizacionais. Graficamente, dessa divisão em órgãos originam-se dois tipos de estruturas principais: estrutura linear e estrutura linha-*staff*, que são apresentadas respectivamente nas Figuras 6.4 e 6.5.

Figura 6.4 Estrutura tradicional ou linear.

Fonte: Marques e Oda.[30]

Figura 6.5 Representação das estruturas linha e *staff*.

Fonte: Oliveira.[31]

Conforme se observa na Figura 6.4, a estrutura linear tem formato piramidal, organizada em linhas diretas e únicas de responsabilidade entre superior e subordinados. Nela, é possível visualizar cada subordinado respondendo a um superior específico, evidenciando o caráter de autoridade linear.

Já na segunda estrutura, linha-*staff* (Figura 6.5), há a combinação das organizações linear e funcional. A principal característica dessa estrutura é a distinção entre os órgãos de linha e os de *staff*. Enquanto as atividades de linha estão ligadas diretamente aos objetivos básicos da entidade, as atividades de *staff* possuem papel indireto. Nela, é possível observar que há a autoridade linear relacionada aos órgãos de linha, ou seja, que se mantém com a execução e a tomada de decisão. Já a autoridade nos órgãos de *staff* é de assessoria, de planejamento e controle, de consultoria e recomendação, isto é, autoridade funcional. No exemplo da Figura 6.5, o *staff* fornece apoio à diretoria administrativa e financeira referente à estruturação organizacional, assim como à presidência em termos de planejamento.

6.2.3 Amplitude de controle e organizações agudas × achatadas

A amplitude de controle é equivalente ao número de trabalhadores que se reportam a um gestor dentro da estrutura organizacional. Ela representa o grau de verticalização de uma organização e determina se ela será alta ou achatada.

Nas organizações altas ou agudas, os gestores são mais distantes dos trabalhadores, enquanto nas organizações achatadas, as bases ou os poucos níveis administrativos encontram-se próximos à alta administração. Entre as vantagens das organizações agudas, está a oportunidade de crescimento profissional, uma vez que a hierarquia possui muitos níveis, e, como desvantagem, a comunicação é lenta. Nas organizações achatadas, em contrapartida, há maior agilidade nas decisões, diante da proximidade da alta gestão com os níveis de base e de apoio. Já a desvantagem estaria na falta de oportunidades de ascensão causada pela hierarquia mais enxuta.[32]

A estrutura achatada é comumente adotada por pequenas e médias empresas ou *startups*, por possuírem menor estrutura, o que demanda menor nível de supervisão e controle. Já as organizações altas representam estruturas clássicas de grandes corporações. Em função do crescimento da empresa, ela poderá migrar de um tipo de estrutura achatado para um agudo, adaptando-se à demanda da nova estrutura.

As Figuras 6.6 e 6.7 apresentam, respectivamente, os tipos de configuração da estrutura organizacional em termos de amplitude: estrutura aguda, da empresa Caixa Econômica Federal (CEF S.A.), e a estrutura achatada, do Ministério Público Federal (MPF).

Figura 6.6 Configuração da estrutura organizacional aguda.

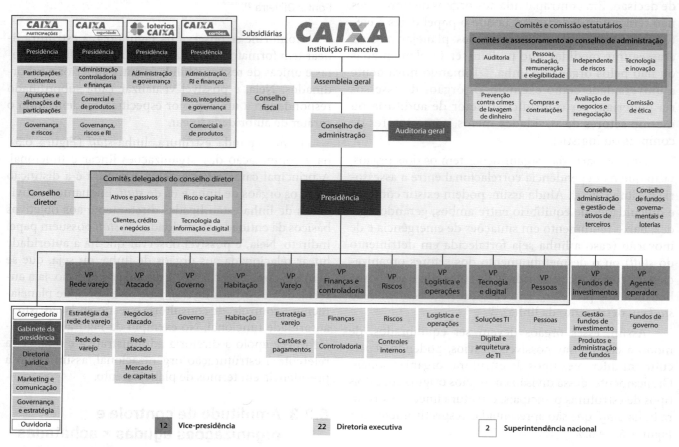

Fonte: CEF S.A. (2020).[33]

Figura 6.7 Configuração da estrutura organizacional achatada.

Fonte: Brasil (2020).[34]

POR DENTRO DA TEORIA

Estrutura aguda: nessa estrutura, a organização apresenta elevada quantidade de gestores (administradores) e cada um deles apresenta poucos subordinados. Assim, existem vários níveis hierárquicos e reduzida amplitude de controle.

Figura 6.8 Configuração da estrutura organizacional aguda.

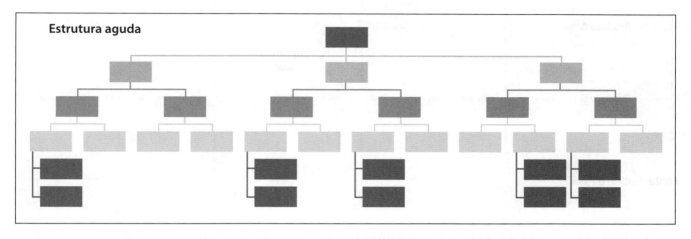

Fonte: Sobral e Peci.[34]

Estrutura achatada: nessa estrutura, a organização apresenta menor número de gestores (administradores) e grande número de subordinados por administrador. Assim, são poucos níveis hierárquicos e com grande amplitude de controle.

Figura 6.9 Configuração da estrutura organizacional achatada.

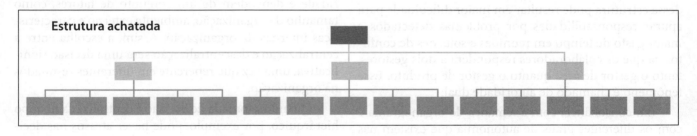

Fonte: Sobral e Peci.[34]

Por fim, temos a estrutura matricial, que foi introduzida na área de administração no período entre 1960 e 1970 como uma alternativa às demais estruturas para responder às mudanças ambientais e que acabam por exigir das empresas elementos como adaptabilidade e flexibilidade. Sua utilização é mais comum em organizações que desenvolvem atividades como publicidade e consultoria, mas empresas do ramo financeiro, como a Mastercard, e do ramo de tecnologia, como a Nokia, também utilizam essa estrutura.[35]

A Figura 6.10 apresenta exemplo de estrutura matricial, com as funções organizacionais na vertical e os responsáveis por produtos oferecidos ao mercado na horizontal.

Nesse exemplo, o gerente de produto A terá que disputar com os demais gerentes de produtos a atenção dos departamentos de produção, marketing, finanças e recursos humanos, para que esses atendam suas solicitações, o que resulta em melhor atendimento dos clientes, nas especificidades que eles demandam.

Figura 6.10 Configuração da estrutura organizacional matricial.

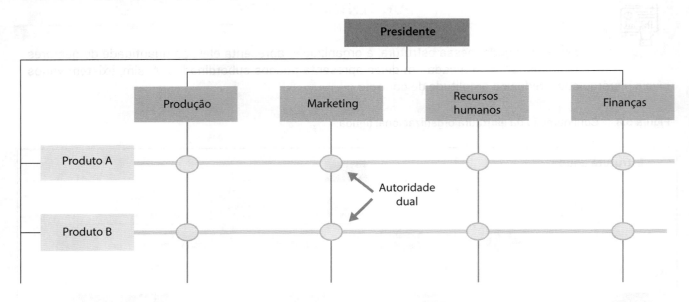

Fonte: Sobral e Peci.[36]

A estrutura matricial apresenta como característica melhor eficiência de utilização de recursos, maior flexibilidade e adaptabilidade e facilita maior cooperação entre os departamentos. Essa escolha também tem como vantagem melhor atendimento ao cliente, já que existem gerentes para cada um dos produtos ofertados pela organização e, como consequência, maior atenção às demandas dos clientes desses produtos. Todavia, a escolha dessa estrutura pode resultar em maior dificuldade para apurar responsabilidades por problemas detectados e maior gasto de tempo em reuniões e soluções de conflitos, já que os colaboradores respondem a dois gestores, tanto o gestor de área quanto o gestor de produto. Esse fenômeno é chamado de autoridade dual.

Em consonância com a temática do organograma e com os diferentes graus de autonomia que existem nas organizações, a seguir abordaremos a questão da centralização e da descentralização na estrutura organizacional.

6.2.4 Centralização e descentralização e organizações mecanicista × orgânica

A centralização e a descentralização de uma organização ocorrem conforme do grau de dispersão da tomada de decisão.[37] Ou seja, há organizações em que as tomadas de decisão são concentradas nos escalões superiores (centralização), enquanto em outras ocorre o oposto, e as decisões são levadas até o escalão mais baixo (descentralização).

As decisões acerca do grau de centralização não são triviais, uma vez que se referem à distribuição de autoridade e dependem de um conjunto de fatores, como tamanho da organização, ambiente externo e características internas da organização. Assim, a escolha entre a centralização e descentralização será uma decisão significativa, uma vez que repercute em diferentes resultados na organização.

Quando a tomada de decisão é centralizada no topo hierárquico, por exemplo, pode haver atrasos nas decisões, dependência da alta administração, frustrações e decisões que não refletem a realidade. Todavia, há desvantagens também na descentralização, como a dificuldade de controle.[38] O Quadro 6.2 apresenta as vantagens e as desvantagens da centralização e da descentralização nas organizações.

Quadro 6.2 Vantagens e desvantagens da centralização e da descentralização

	Vantagens	Desvantagens
Centralização	• Gera uniformidade e favorece o controle • Os gestores têm rápido acesso à informação e podem tratar os problemas à medida que ocorrem • Diminui a duplicidade de esforços	• A procura por uniformidade impede a competição • A avaliação de desempenho sempre depende de critérios estabelecidos pela hierarquia superior • Há inibição da iniciativa, desestimulando a criatividade
Descentralização	• Produz criatividade e engenhosidade na busca de soluções para os problemas da organização • Possibilita avaliação dos gestores com base na capacidade de tomar decisões e resolver os problemas • Maximiza a satisfação dos gestores com o sistema de controle e resultado • Produz clima de competição positiva dentro da organização, dado que as pessoas se comparam e são avaliadas com base em resultados	• Pode diminuir as vantagens da especialização, já que é possível haver tendência à busca de autossuficiência • O controle e o tratamento uniformizado de problemas são difíceis em um sistema descentralizado, em que cada um tem autonomia para agir a sua maneira

Fonte: Maximiano.[39]

Em uma rede de franquias, como Cacau Show e Boticário, os franqueados, normalmente, submetem-se aos processos e diretrizes de marca; processo de fabricação e fornecimento são definidos pelo franqueador, em um modelo de gestão centralizado, o que lhes garante melhor controle e uniformidade nos procedimentos, aspectos relevantes a essa estrutura de negócio. Já *startups*, como as brasileiras iFood e 99, adotam modelo descentralizado, o que lhes garante maior agilidade no processo produtivo e decisório, fatores que trazem vantagens competitivas nesse tipo de mercado.

No que diz respeito ao nível de controle e de autonomia de cada cargo, é possível definir dois tipos de organização: mecanicista e orgânica.

A estrutura mecanicista possui uma estrutura hierárquica de autoridade, burocrática e formal. Ela tem um sistema rígido de controle, favorável a ambientes mais estáveis, e a interação é vertical, ou seja, do superior para o subordinado. É ideal para tarefas simples e repetitivas, visto que as decisões são tomadas de forma centralizada pela alta hierarquia, que detém o conhecimento.[40] Empresas que trabalham com produção em série, como redes de *fast-food*, montadoras, indústrias e gráficas, podem adotar esse tipo de organização.

Já a estrutura orgânica possui hierarquia flexível, interdependente e preza pela confiabilidade na comunicação informal. As decisões são descentralizadas, e o sistema é adaptável em situações ambientais instáveis, favorecendo a criatividade e a inovação. Há interação lateral e vertical, ou seja, a comunicação entre as pessoas de diferentes níveis acontece mais de forma lateral do que vertical.[41] Exemplos de empresas que usualmente adotam essa estrutura são as de tecnologia – como *Google* e *Apple* – e de consultoria.

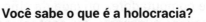

SAIBA MAIS

Você sabe o que é a holocracia?

Esse conceito de gestão foi incubado na Ternary Software, empresa que se destaca por experimentar formas democráticas de governança organizacional. Ela é um tipo de sistema de gestão que modifica a estrutura tradicional hierárquica das empresas, distribuindo a autoridade e a tomada de decisão a grupos auto-organizados, de modo que, entre outras medidas, a figura do chefe é extinta.[42]

Nesse método, a estrutura piramidal convencionalmente usada é substituída por uma estrutura em que todos os colaboradores têm autonomia para tomar decisões, mas não têm poder para dar ordem aos outros,[43] devendo agir conjuntamente para atingir os objetivos da organização.

O modelo pode ser adotado tanto como uma estratégia de redução de custo, quanto para garantir mais dinamismo à organização, auxiliando na obtenção de vantagens competitivas.

DA TEORIA À REALIDADE BRASILEIRA

MINICASO

Vagas.com

A necessidade de adaptar-se para sobreviver a um mercado competitivo e muito dinâmico desencadeia um processo de adoção do modelo horizontal por parte de muitas empresas brasileiras, assim como se observou em várias partes do mundo.

Essa alteração no modelo faz com que o poder migre da estrutura vertical tradicional, com a tomada de decisão dando-se de cima para baixo, para uma estrutura que o dilui entre a equipe, de maneira que todos se tornem responsáveis, em conjunto, pelas decisões.[44]

Esse é o caso da Vagas.com, empresa que desenvolve *softwares* para recrutamento de profissionais e para encontrar empregos, fundada em 1999. Nela, todas as equipes trabalham em um modelo 100% horizontal, com a tomada de decisão sendo feita de modo consensual entre os colaboradores, que compõem grupos definidos por afinidades com o tema.[45]

Ideias, projetos, propostas e oportunidades de melhoria pensados individualmente ou em pequenos grupos são publicados na intranet, rede de computadores privada da empresa, e podem receber sugestões ou contestações por parte de qualquer pessoa ou área. Enquanto isso, os envolvidos originais juntam-se aos que abriram sugestões para buscar o consenso, excluindo os que não se interessaram pelo tema da discussão.[46] Assim, não é necessário submeter a ideia a um chefe. Todos têm a possibilidade de opinar, de acordo com o seu interesse e área de afinidade.

Nessa estrutura, não existe, portanto, um líder "formal", mas lideranças transitórias[47] que se destacam conforme a legitimidade diante de determinado tema, que pode ser influenciada por sua formação ou experiência na área, e que é reconhecida naturalmente pelos demais membros da empresa.

Questões para discussão:

1) Apesar de o texto apontar somente pontos positivos do modelo horizontal, reflita sobre quais seriam os pontos negativos ou as dificuldades a serem enfrentadas.

2) Será que qualquer perfil de profissional serviria para trabalhar nesse tipo de modelo?

3) Será que esse modelo sobrevive a um período de crise econômica, em que as decisões a serem tomadas são necessariamente impopulares?

Fonte: *Valor Econômico* (2018).[48]

6.3 DEPARTAMENTALIZAÇÃO

A organização consiste em um conjunto de posições funcionais e hierárquicas orientado para o objetivo econômico de produzir bens ou serviços.[49]

O processo de organização aplica-se a qualquer coleção ou conjunto de recursos, cujos tipos tradicionais básicos de estrutura organizacional já foram abordados: linear, linha-*staff* e matricial. No entanto, hoje existem outros diferentes tipos abordados na literatura relacionados com a departamentalização.

A departamentalização é um dos conceitos básicos da organização e tem origem na teoria clássica da administração, iniciada por Henri Fayol. Pode ser definida como agrupamentos em unidades organizacionais conforme critérios específicos de atividades e recursos, tais como humanos, financeiros, tecnológicos, materiais, entre outros.[50]

Ela requer uma análise atenta das tarefas existentes na organização. Para tal, recomenda-se a utilização dos princípios de diferenciação e de integração das tarefas. Tarefas diferentes devem ser realizadas por departamentos diferentes, enquanto tarefas semelhantes devem ser agrupadas em um mesmo departamento.[51] Além desses, adotam-se também os seguintes critérios:

- **Princípio do maior uso**: o departamento que mais realiza determinada tarefa responsabiliza-se por ela.
- **Princípio de maior interesse**: a supervisão de uma tarefa deve ser subordinada ao departamento ou gestor com maior interesse no sucesso da realização dessa atividade.
- **Princípio de separação do controle**: separar as tarefas de supervisão das de execução.
- **Princípio da supressão da concorrência**: as atividades de um departamento não podem ser realizadas também por outro. Em caso de constatação da repetição, deve-se revisar o

processo, de modo que a execução seja restrita a apenas um departamento, evitando desperdício de recursos.

Existem variados tipos de departamentalização em uma organização. Cada tipo apresenta suas próprias características, vantagens e desvantagens, que influem nas decisões de escolha e de adoção da alternativa que se ajusta melhor a cada tipo de organização.[52] Na seção a seguir, as abordaremos.

6.3.1 Tipos de departamentalização

A estrutura funcional diferencia-se das estruturas já apresentadas pelo fato de existir especialização, em que os colaboradores podem reportar-se aos seus líderes especializados. A Figura 6.11 apresenta a estrutura funcional, e o Quadro 6.3 evidencia as vantagens e desvantagens desse tipo de departamentalização.

Figura 6.11 Estrutura funcional.

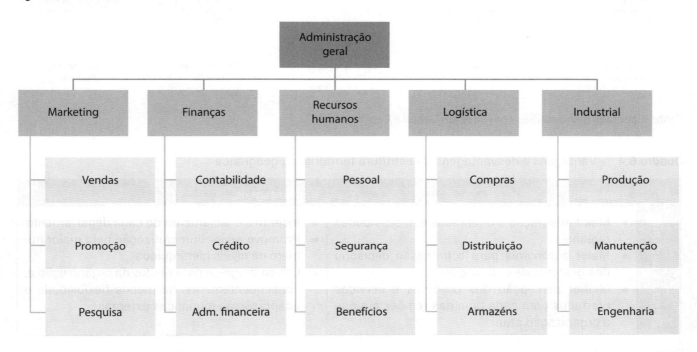

Fonte: Maximiano.[53]

Quadro 6.3 Vantagens e desvantagens da estrutura funcional

	Vantagens	Desvantagens
Estrutura funcional	• Melhora a coordenação interdepartamental • Incentiva a especialização técnica dos colaboradores • Diminui a duplicidade de esforços e consequentemente reduz custos	• Incentiva o isolamento de cada departamento • Promove maior burocratização pelo maior número de níveis hierárquicos • O foco dirige-se para dentro da organização e, consequentemente, há menos flexibilidade e adaptação às mudanças externas

Fonte: Sobral e Peci.[54]

Já estrutura territorial ou geográfica é baseada na localização onde o trabalho é realizado ou de acordo com as regiões em que a organização atende. A ideia é que a eficiência pode ser melhorada se produtos e serviços são agrupados por região, independentemente se eles são similares ou não.[13] A Figura 6.12 apresenta esse tipo de estrutura para um banco, e o Quadro 6.4 evidencia as vantagens e desvantagens desse tipo de departamentalização.

Figura 6.12 Estrutura territorial.

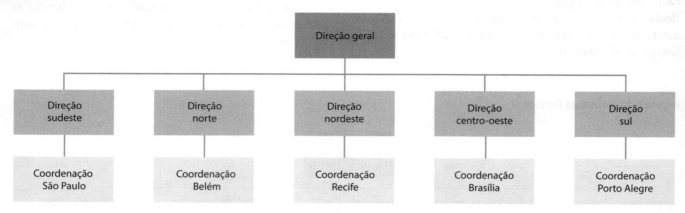

Fonte: elaborada pelos autores com base em Sobral e Peci.[55]

Quadro 6.4 Vantagens e desvantagens da estrutura territorial ou geográfica

	Vantagens	Desvantagens
Estrutura territorial	• Maior adaptação a diferenças e necessidades regionais • Maior autonomia para o processo decisório dos gestores de cada região • Melhor percepção dos produtos e serviços ofertados para cada uma das regiões em que a organização atua	• Incentiva o isolamento de cada departamento • Promove maior burocratização pelo maior número de níveis hierárquicos • O foco dirige-se para dentro da organização e, consequentemente, há menos flexibilidade e adaptação às mudanças externas

Fonte: Sobral e Peci.[56]

A estrutura por produtos ou serviços agrupa todas as atividades necessárias para fabricação de um produto ou prestação de um serviço. Se para cada produto ou serviço existe uma fase comum, todos os produtos/serviços terão essa fase na sua estrutura. Ou seja, existe uma multiplicidade de atividades em função do produto ou serviço.[57] A Figura 6.13 exibe a estrutura por produto ou serviços da Votorantim Industrial, e o Quadro 6.5 evidencia as vantagens e desvantagens desse tipo de departamentalização.

Figura 6.13 Estrutura por produto ou serviços.

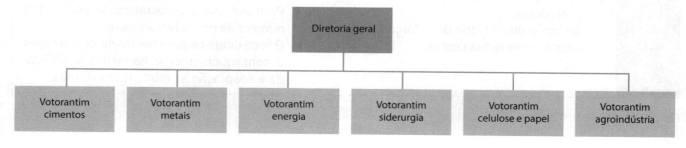

Fonte: Teixeira, Salomão e Teixeira.[58]

Quadro 6.5 Vantagens e desvantagens da estrutura por produtos ou serviços

	Vantagens	Desvantagens
Estrutura por produtos ou serviços	• Melhor qualidade e potencial de inovação para o produto ou serviço da organização • Maior flexibilidade em face de mudanças externas, sem, contudo, promover mudanças mais radicais na estrutura organizacional como um todo • Descentralização, bem como melhor acompanhamento do desempenho de cada produto ou serviço	• Maiores custos operacionais pela redundância de funções • A organização fica mais complexa, já que cada departamento precisa organizar-se de modo diferente • Demora no reconhecimento de melhorias ou eliminações de produtos ou serviços

Fonte: Sobral e Peci.[59]

Conhecidas em inglês como *strategic business units* (SBU), as unidades estratégicas de negócios (UEN) acontecem quando a empresa opta pela descentralização das atividades e autoridades.[60]

Pode-se dizer que unidades de negócios são relativamente independentes, com características próprias de negociação e aproveitamento das oportunidades de mercado. As UENs facilitam a tomada de decisão estratégica, pois por meio delas é possível acompanhar a realidade operacional do negócio.[61] A Figura 6.14 demonstra uma estrutura organizacional por UEN.

Figura 6.14 Estrutura organizacional por UEN.

Fonte: Maximiano.[62]

A estrutura por cliente gira em torno das características dos clientes que estão sendo atendidos. É utilizada por organizações que possuem vasta diversificação de clientes com diferentes características e necessidades.[63]

A Figura 6.15 mostra esse tipo de estrutura utilizado pela empresa Telefônica S.A., e o Quadro 6.6 evidencia as vantagens e desvantagens desse tipo de departamentalização.

Figura 6.15 Estrutura por cliente.

Fonte: Teixeira, Salomão e Teixeira.[64]

Quadro 6.6 Vantagens e desvantagens da estrutura por cliente ou mercado

Vantagens	Desvantagens
Estrutura por por cliente ou mercado • Melhor atendimento da demanda dos clientes • Maior atenção às mudanças externas que afetam o comportamento e a preferência dos clientes • Maior rapidez na tomada de decisão em face do *feedback* dos clientes	• Maiores custos operacionais pela redundância de funções • A organização fica mais complexa, já que cada departamento precisa organizar-se de modo diferente • Afeta negativamente a eficiência e a produtividade da organização como um todo

Fonte: Sobral e Peci.[65]

Na estruturação por processos, a organização é dividida de acordo com os processos centrais e cada departamento fica responsável por uma parte desse processo. Em cada uma das etapas do processo existem colaboradores especializados, gerando agilidade, comunicação eficiente e maior qualidade no serviço que está sendo prestado. No entanto, uma desvantagem é que os colaboradores ficam restritos somente àquilo que eles fazem, desconhecendo o processo global.[66] A Figura 6.16 ilustra a organização por processos.

Figura 6.16 Estrutura organizacional por processos.

Fonte: Maximiano.[67]

DA TEORIA À REALIDADE BRASILEIRA

A Natura, empresa brasileira que atua no setor de produtos cosméticos, mudou sua estrutura centralizadora para organização por processos com o objetivo de permanecer crescendo financeiramente e regionalmente. Até 2006, a sua estrutura era muito concentrada em São Paulo e tinha o mesmo material/promoções para o Brasil inteiro. Em 2007, tudo mudou, e foram implantadas unidades estratégicas de negócios no Norte e no Nordeste, distribuindo poder e autoridade para as pontas da cadeia de distribuição. Após essa mudança, o planejamento estratégico passou a ser realizado por processo, e isso tornou a administração mais leve, pois a nova estrutura envolve todos os integrantes da empresa. Foram criados quatro níveis: (1) comitê de processos, que são responsáveis por discutir o novo modelo; (2) donos de processos, que têm responsabilidade e autoridade sobre seus processos; (3) guardiões dos processos, que é responsável pelo cumprimento dos processos pelos colaboradores; e (4) colaboradores, que estão envolvidos e conscientes do seu papel e da nova cultura da empresa.[68]

Nesse sentido, a estrutura por processos está relacionada com os agrupamentos de tarefas, atividades e recursos da organização para o atendimento dos processos-chave dela. A definição de processo é um conjunto de atividades em sequência tendo em vista a produção de determinado produto ou serviço.[69] Como exemplos de organização que utiliza essa departamentalização, podemos citar a indústria automobilística e a filial brasileira da empresa Johnson & Jonhson Ltda.[70]

A Figura 6.17 apresenta a estrutura por processos em uma organização do tipo biblioteca, e o Quadro 6.7 evidencia as vantagens e desvantagens desse tipo de departamentalização.

Figura 6.17 Estrutura por processos.

Fonte: Araújo.[71]

Quadro 6.7 Vantagens e desvantagens da estrutura por processos

	Vantagens	Desvantagens
Estrutura por processos	• Melhor atendimento da demanda dos clientes • Maior atenção às mudanças externas que afetam o comportamento e a preferência dos clientes • Maior rapidez na tomada de decisão em face do *feedback* dos clientes	• Maiores custos operacionais pela redundância de funções • A organização fica mais complexa, já que cada departamento precisa organizar-se de modo diferente • Afeta negativamente a eficiência e a produtividade da organização como um todo

Fonte: Sobral e Peci.[72]

Por fim, temos a estrutura por projetos ou departamentalização por projetos. Nesse tipo de departamentalização, é condição necessária que a organização tenha estrutura flexível e mutável, de modo que permita a sua rápida reestruturação para cada um dos projetos realizados.

Sua utilização é mais comum em organizações que desenvolvem projetos que necessitam de grande soma de recursos e de tempo para produção, como exemplo a construção de navios e hidrelétricas.[73] Importa saber que projeto é um esforço transitório para criação de um produto, serviço ou resultado único.[74] A agência espacial americana, a NASA, e organizações de engenharia de grande porte costumam utilizar esta estrutura.[75] A Figura 6.18 demonstra o exemplo de uma departamentalização por projetos em uma fiação, e o Quadro 6.8 evidencia as vantagens e desvantagens desse tipo de departamentalização.

Figura 6.18 Estrutura por projetos.

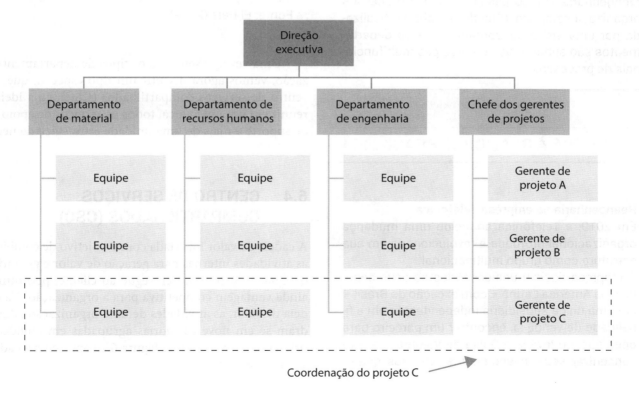

Fonte: elaborada pelos autores com base em Araújo[76] e PMBOK.[77]

Quadro 6.8 Vantagens e desvantagens da estrutura por projetos

	Vantagens	Desvantagens
Estrutura por projetos	• Ideal quando a concentração de recursos é grande e provisória • Adequada a projetos em que o produto é de grande porte • Adequada para projetos altamente complexos	• Descontinuidade e paralização se a organização não tiver outros projetos a serem executados • Imprevisibilidade de que novos projetos causem inquietação nos colaboradores • Quando um projeto termina, há indefinição sobre alocação de recursos e colaboradores nos demais projetos da organização

Fonte: Chiavenato.[78]

SAIBA MAIS

Reengenharia

A reengenharia ocorre quando há mudança profunda em uma organização e também a revisão dos seus processos tendo como base as possibilidades das novas tecnologias da informação. A fragmentação das empresas e a falta de foco no cliente também são justificativas para a reengenharia em uma organização.[79] Na reengenharia, o foco passa a ser nos processos organizacionais, substituindo a visão verticalizada por uma visão horizontalizada, e os departamentos são substituídos por equipes multifuncionais de processos.[80]

DA TEORIA À REALIDADE BRASILEIRA

Reengenharia na empresa Telefônica
Em 2019, a Telefônica anunciou uma mudança organizacional profunda e revolucionária em sua estrutura como grupo multinacional.
A empresa decidiu unificar todos os seus negócios na América Latina – com exceção do Brasil – em uma única subsidiária independente com a finalidade de vendê-la, encontrar um parceiro para operação, ou levá-la à Bolsa de Valores, e assim concentrar seus investimentos em seus quatro principais mercados (Espanha, Brasil, Alemanha e Reino Unido). Também decidiu criar uma nova filial para negócios de serviços digitais, como *cloud* (computação em nuvem), cibersegurança e internet das coisas (IoT), e uma subsidiária de infraestrutura (Telefônica Infra). Dessa forma, houve alteração profunda em sua estrutura internacional para se concentrar nos negócios com maior projeção e nos mercados mais consolidados.
Fonte: El País (2019).

Uma vez apresentados os tipos de departamentalização, vamos agora discutir um tipo especial, que é o centro de serviços compartilhados (CSC), cuja ideia é reunir em um único local todos os serviços de apoio ou de suporte a mais de uma unidade estratégica de negócio (UEN).

6.4 CENTRO DE SERVIÇOS COMPARTILHADOS (CSC)

A cadeia de valor foi criada com o objetivo de combinar as atividades internas para geração de valor e garantir a qualidade do produto entregue ao cliente, permitindo ainda vantagem competitiva para a organização. Na cadeia de valor, as atividades de uma organização enquadram-se em nove categorias agrupadas em atividades primárias e de apoio.[81] A Figura 6.19 apresenta a cadeia de valor de Porter.

Figura 6.19 Cadeia de valor de Porter.

Fonte: Porter.[82]

As atividades primárias são relativas aos produtos/serviços principais da organização, e as atividades de apoio/suporte são fornecedoras do suporte necessário à execução das atividades primárias da organização.[83]

Nesse sentido, o compartilhamento de atividades pode reduzir custos por meio do incentivo da utilização dos recursos de forma eficiente, no aprendizado célere ou por economia de escala.[84] Da mesma maneira, a diferenciação pode ser alcançada toda vez que a atividade for compartilhada em novas unidades, ou seja, quando a atividade ganha um novo cliente interno por possuir características e serviços valorizados pelo comprador. Caso essa diferenciação ocasione algum custo, o compartilhamento entre as unidades poderá viabilizá-lo.

Um exemplo é a General Electric (GE), cujos custos de propaganda, vendas e serviços pós-venda são compartilhados por todos os produtos, gerando redução de custos por economia de escala, e diferenciação, para o comprador, por meio de um sistema único de processamento de pedidos com características de todos os clientes internos que compartilham esse serviço. Uma possível melhoria ou evolução desse sistema torna-se mais exequível economicamente quando os custos desse novo desenvolvimento são compartilhados entre os diversos clientes internos.[85]

O CSC é baseado em uma estratégia de colaboração, que possui o papel de prestar serviços de apoio aos outros componentes (unidades de negócios, departamentos etc.) da estrutura organizacional.[86]

A Figura 6.20 mostra o que é a estratégia do CSC de forma mais didática.

Figura 6.20 Estratégia de um CSC.

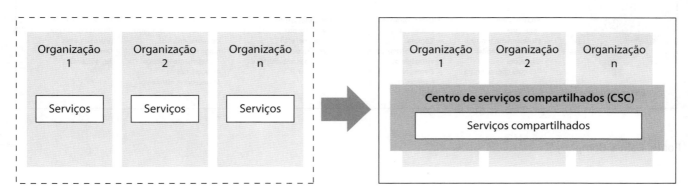

Fonte: adaptada pelos autores a partir de Janssen e Joha.[87]

Como podemos observar na Figura 6.20, o CSC concentra atividades em comum de diferentes departamentos ou unidades organizacionais em uma única área, prestando serviço para toda a organização de forma padronizada e ágil. As atividades migradas para o CSC são de cunho operacional, ou seja, atividades de suporte (ou de apoio, conforme apresentado na cadeia de valor de Porter), que também são conhecidas como *backoffice*. São aquelas que não fazem parte do *core business* da organização. A Figura 6.21 exemplifica os tipos de atividades que geralmente são executadas pelo CSC, que são transacionais, distinguindo-as das executadas pelas unidades, que são estratégicas.

SAIBA MAIS

Bain & Company

Fundada em 1973 nos Estados Unidos, a Bain e Company é uma consultoria global com atuação em estratégia, marketing, organização, operações, tecnologia da informação, transformação e estratégia digital, análises avançadas, transformações, sustentabilidade, finanças corporativas e fusões e aquisições. A empresa possui 57 escritórios em 37 países ao redor do globo terrestre. No Brasil, a empresa possui escritório em São Paulo e no Rio de Janeiro.[89]

O modelo de CSC gera vantagens competitivas para a organização, como o agrupamento de recursos em um centro, economia de escala, padronização dos processos que passam a ser prestados de forma única para toda a organização, conhecimento compartilhado, otimização do serviço e tecnologia de ponta, visto que todos os custos passam a ser compartilhados pela organização e os esforços estão concentrados em um único local.[90] Entre as desvantagens, destaca-se o impacto causado ao trabalhador, característica crítica do CSC, pois é difícil motivar o funcionário a trabalhar em uma área não estratégica e de baixo valor agregado.[91]

O Quadro 6.9 apresenta os quatro tipos de centro de serviços compartilhados: básico, *marketplace*, *marketplace* avançado e empresa independente.

Figura 6.21 Processos do CSC e das unidades.

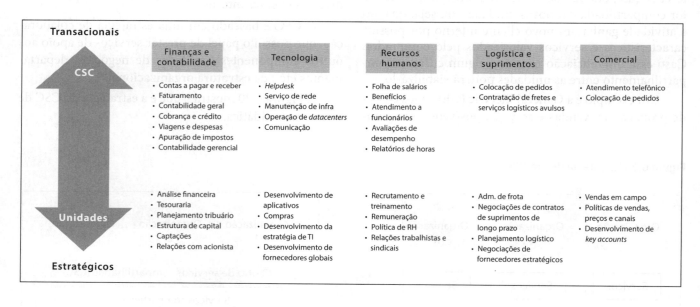

Fonte: Bain & Company.[88]

Quadro 6.9   Tipos de CSC

Modelo	Básico	*Marketplace*	*Marketplace* avançado	Empresa independente
Características	Consolidação das transações e atividades de apoio	Inclui o fornecimento de serviços especializados e consultoria	O cliente escolhe seu fornecedor	Várias empresas clientes
	Economia de escala	Organização estrutura a própria governança	Fornecimento de serviços com o repasse dos custos	Objetivo é o lucro com a prestação dos serviços
	Os custos dos serviços são apropriados, mas não são repassados aos clientes internos	Custos totalmente repassados para as unidades de negócio	Possibilidade de venda de serviços a clientes externos, se a capacidade produtiva for excedente	Atuação como empresa independente
Objetivo	Reduzir custos e padronizar os processos de produção dos serviços	Reduzir custos e melhorar a qualidade dos serviços	Fornecer a melhor alternativa em custos dos serviços	Gerar receitas e lucro como uma empresa de prestação de serviços
Forma de relacionamento	Utilização compulsória dos serviços pelas unidades de negócio	Utilização voluntária	Utilização voluntária	Utilização voluntária

Fonte: Quinn, Cookie e Kris.[92]

A classificação dos CSCs avança do tipo básico, que se constitui na formatação de uma unidade da própria organização, até o de uma empresa independente, que faz prestação de serviços também a outras empresas. No modelo básico, o CSC foca no cliente interno, prestando serviços às unidades de negócio, que acionam o CSC de forma compulsória. No modelo *marketplace*, é possível a terceirização de algumas atividades com a finalidade de auxiliar o atendimento da demanda total, e as unidades de negócio não precisam acionar o CSC de forma compulsória. No modelo *marketplace* avançado, as unidades de negócio podem escolher entre um serviço prestado pelo CSC ou um serviço prestado por um terceiro. O modelo empresa independente é a última fase e, por isso, aqui o CSC é visto como uma unidade independente da organização. Ou seja, torna-se uma empresa que presta serviços a diversos clientes e gera lucro para a organização. A evolução dos tipos é de acordo com o tempo de existência e amadurecimento por parte do CSC e da gestão da organização.

ATENÇÃO

A relevância do tema pode ser associada ao crescimento dos CSC nas organizações, conforme atestam as pesquisas bienais realizadas pela consultoria Deloitte desde 1999. A pesquisa realizada em 2017 contou com 333 entrevistados de ampla variedade de setores, e reuniu visões de mais de 1.100 CSC. Os participantes representam organizações sediadas em 37 países em todo o mundo. A maioria dos participantes são multinacionais globais. Segundo essa pesquisa, o mercado teve aumento significativo no número de CSC com mais de três funções (recursos humanos, finanças e tecnologia da informação, por exemplo), dentro do mesmo centro, refletindo uma tendência de alta de 2013 (20%), para 2015 (31%) e para 2017 (53%).[93]

DA TEORIA À REALIDADE BRASILEIRA

CSC na Braskem

Criada em agosto de 2002 pela integração de seis empresas da Organização Odebrecht e do Grupo Mariani, a Braskem é, hoje, a maior produtora de resinas termoplásticas nas Américas e a maior produtora de polipropileno nos Estados Unidos. Sua produção é focada nas resinas polietileno (PE), polipropileno (PP) e policloreto de vinila (PVC), além de insumos químicos básicos como eteno, propeno, butadieno, benzeno, tolueno, cloro, soda e solventes, entre outros. Juntos, compõem um dos portfólios mais completos do mercado, ao incluir também o polietileno verde, produzido a partir da cana-de-açúcar, de origem 100% renovável.[94]

Em 2009, a Braskem criou o seu CSC no Brasil, em Salvador. O CSC foi criado com o objetivo de tornar os processos de gestão e de *backoffice* mais eficientes e fazer frente **às crescentes mudanças no cenário econômico.**

Para engajar e motivar seus funcionários a pensarem fora da caixa em um ambiente do CSC, em que a produtividade e a repetição muitas vezes são comuns no dia a dia, no primeiro semestre de 2015, foi implementado o programa eficiência. Esse programa tinha o objetivo de reconhecer e motivar os funcionários que, por meio de ideias e soluções simples, trouxessem melhorias aos seus processos. O programa recebeu 126 ideias entre os meses de junho e outubro.

O programa eficiência foi criado pela área de planejamento e gestão de desempenho do CSC. Essa área é responsável por criação, controle e manutenção dos indicadores; acompanhamento dos gastos fixos do CSC e ciclo orçamentário; gerir os acordos de níveis de serviço (ANS), gerenciar os programas de melhorias contínuas; e elaborar todo o plano de comunicação, treinamentos e gestão à vista do CSC. A área é composta por um líder e cinco analistas, sendo dois seniores, no escritório de projetos, três analistas juniores, divididos entre as atividades de indicadores, gastos fixos e comunicação, e um estagiário que apoia todas as atividades do setor.

Os indicadores de desempenho das áreas do CSC auxiliam na definição de planos de ações e na concepção de novos projetos. Essa é uma maneira eficiente de identificar as causas-raiz dos *gaps* existentes nos processos e buscar formas de mitigar/eliminar atividades que não agregam valor ao resultado do respectivo processo.

No caso do CSC da Braskem, apesar de não haver a cobrança pecuniária dos clientes internos pelo fato de o repasse de custo ocorrer de forma gerencial, a busca pela eliminação dos desperdícios é constante, já que, por se tratar de um ambiente de *backoffice*, é preciso que se otimizem os gastos direcionados a ele, tendo sempre como objetivo principal a atividade-fim. A mensuração de indicadores, dessa forma, é importante por permitir visão crítica dos processos, possibilitando a identificação de erros, como auxiliar na redução de gastos existentes dentro do próprio setor.

Em 2015, o CSC aplicou nove projetos Lean nos processos administrativos, os quais, após identificação e eliminação dos desperdícios nas suas causas-raiz, trouxeram uma economia de R$ 3 milhões, evitando desperdícios, e de R$ 578 mil em ganhos reais.

Questão para discussão:

1) Conforme relatado, a natureza do trabalho e o ambiente em um CSC nem sempre são convidativos para se obter elevada motivação dos funcionários. Nesse sentido, coloque-se como gestor da Braskem. Além do programa eficiência, que outras medidas você tomaria para melhorar o clima organizacional em um CSC?

Fonte: Case Studies (2017).

6.4.1 *Coworking*

O *coworking* é uma forma de trabalho colaborativo compartilhado em um mesmo espaço físico que possui infraestrutura básica. Trata-se de locais de trabalho utilizados por diferentes tipos de profissionais do conhecimento, que trabalham em vários graus de especialização no vasto domínio da indústria do conhecimento compartilhado.[95]

Seguindo as tendências de economia colaborativa, empreendedorismo e *startups*, os espaços de *coworking* podem reunir diversas pessoas a fim de trabalharem em um ambiente inspirador.[96] Essa nova forma de trabalhar gera oportunidades para pessoas de diferentes meios e interesses que frequentam esses espaços.[97] É uma alternativa ao *home office*, que visa à produtividade e ao *networking* profissional.

SAIBA MAIS

Home office ou teletrabalho

Outra forma de trabalho conhecida mundialmente é o *home office*, ou teletrabalho em português. A definição desse termo é a realização do trabalho de forma remota por meio da utilização da tecnologia da informação.[98]

A adoção do teletrabalho é fenômeno que ocorre em diversas partes do globo. Com a pandemia do novo coronavírus (Covid-19), as organizações precisaram adaptar-se a esse novo momento e colocar em prática o trabalho para diversos colaboradores de uma vez só. Cabe ressaltar que o teletrabalho é mais do que deixar os funcionários trabalhando de casa. Em tempos "normais", é uma escolha entre patrão e empregado tendo em vista ganhos de eficiência e produtividade para ambas as partes.

Para as empresas, a principal vantagem é a redução de custos com a redução de espaços para escritórios e, como consequência, menor valor despendido em aluguéis e/ou aquisições.[99] Como desvantagem, as empresas podem ter que incorrer em custos de adaptação das residências de seus trabalhadores, em especial de um mobiliário adequado e a oferta de sistemas de informação e internet que suportem esse tipo de trabalho.

Enquanto para as organizações esses benefícios podem ser mensurados, para os trabalhadores as vantagens e desvantagens desse modelo não são tão tangíveis. Para os trabalhadores, o ganho mais perceptível é o do tempo de deslocamento, que pode chegar a várias horas nas grandes cidades brasileiras. Alguns trabalhadores também se mostram mais produtivos em modelos de teletrabalho do que em postos presenciais. Contudo, o teletrabalho pode ter impacto negativo na produtividade, em especial daqueles funcionários que sentem falta das interações sociais comuns de um ambiente corporativo.[100]

Assim, a adoção do *home office* ou teletrabalho deve levar em consideração as vantagens e desvantagens para indivíduos e organizações, de modo a extrair os melhores benefícios desse modelo.

Fonte: Rosenfield e De Alves;[101] Campos e Bigarelli.[102]

Entre os fatores que motivaram o surgimento do *coworking*, destacam-se os computadores e as tecnologias móveis,[103] as exigências por novas formas de trabalho,[104] a insatisfação com os locais em que trabalhavam as pessoas por conta própria[105] e necessidade de socialização.[106]

ATENÇÃO

No Brasil, o *site* coworkingbrasil.com.br publica anualmente um censo com o detalhamento dos projetos e espaços de *coworking* no país. Internacionalmente, há o portal wiki.coworking.org, em que *coworkers*, donos de espaços ou entusiastas podem buscar e trocar informações diversas sobre o assunto.[107]

Empreendedores estão criando espaços de *coworking* em cafeterias, com o objetivo de proporcionar um ambiente mais agradável com um bom café. Espalhados por todo o Brasil, os lugares possuem cardápios variados e salas para reuniões e palestras.

6.5 TERCEIRIZAÇÃO

A terceirização surge como forma de adaptação das empresas em busca de diferenciação e vantagens competitivas em um cenário cada vez mais complexo e competitivo. Ela é uma forma de organização estrutural que permite à empresa transferir suas atividades-meio a outra, proporcionando maior dedicação por parte da organização para suas atividades-fim, reduzindo sua estrutura organizacional e economizando recursos. Há uma formalização contratual em que as responsabilidades e os riscos da atividade são legalmente transferidos para o fornecedor.[108]

A terceirização possui modelo estrutural diferenciado, visto que ela sempre estará fora da estrutura organizacional. A Figura 6.22 exemplifica de forma didática como devemos enxergar a terceirização dentro de um organograma.

Figura 6.22 Terceirização em uma organização.

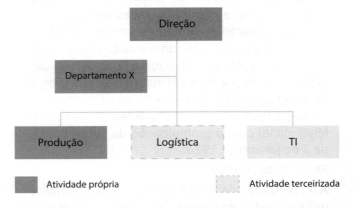

Fonte: adaptada pelos autores a partir de Janssen e Joha.[109]

Assim, a terceirização permite que as organizações funcionem como estruturas mais flexíveis e que concentrem esforços nas suas atividades e competências principais (*core business*), enquanto delegam para parceiros as demais atividades, visando atingir os seus objetivos organizacionais da melhor forma possível. Em suma, as empresas que adotam a terceirização buscam incrementos de produtividade e competitividade.[110]

Os fatores financeiros são os maiores motivadores para a decisão de terceirização em uma organização. Porém, há outros motivos que influenciam essa decisão:[111]

- **Estratégico e organizacional**: concentração no negócio principal, acesso a serviços e habilidades de TI de alta qualidade, compartilhamento de riscos e recompensas e exploração de novas tecnologias.
- **Político**: legislação governamental, aumento da credibilidade e resolução de conflitos.
- **Técnico**: acesso a conhecimentos e tecnologias, percepção do fraco desempenho da equipe interna e acesso a serviços de melhor qualidade.
- **Econômico**: economia de custos, geração de fluxo de caixa, conversão de ativos de capital em receita, recursos gratuitos para atividade principal e previsibilidade dos custos.

SAIBA MAIS

A terceirização no Brasil é regulamentada pela Lei nº 13.429, de 31 de março de 2017. Antes dessa lei, somente as atividades-meio das organizações poderiam ser terceirizadas. Após a promulgação da norma supracitada, os empregadores também puderam contratar funcionários terceirizados ou temporários para atividades-fim da empresa. Entendem-se por atividades-fim as atividades essenciais para o negócio e como atividades-meio aquelas que são acessórias ou não essenciais ao negócio. Como exemplo, em uma montadora de carros, a montagem dos veículos é considerada atividade-fim, enquanto as atividades de tecnologia da informação (TI), atividades-meio. Cabe ressaltar que a terceirização no Brasil tem o seu marco legal inicial com a promulgação da Lei nº 6.019, de 3 de janeiro de 1974.

Fonte: Brasil (2020).

A terceirização de frota é uma estratégia bastante utilizada pelas empresas dependentes do escoamento da sua produção, em especial pelo transporte rodoviário, como as empresas do ramo alimentício. A Cargill, uma multinacional americana do ramo de alimentos, presente em mais de 70 países, incluindo o Brasil, buscou nesse contexto a terceirização da frota. Assim, a empresa poderia focar no seu *core business* e obter a redução de seus custos operacionais. Antes de terceirizar sua frota, a empresa lidava com mais de mil notas fiscais de manutenção de veículos por mês. Após a terceirização, a Cargill passou a trabalhar com apenas cinco notas fiscais dessa natureza por mês.[112]

Fonte: Leaseplan.[113]

Um número considerável de empresas brasileiras tem a estratégia de terceirização como um elemento de ampla utilização. Essas organizações chegam a terceirizar 100% do seu processo produtivo. No Brasil, as montadoras de automóveis são um exemplo de empresas que fazem uso da terceirização. Pelo uso dessa estratégia, componentes do veículo são produzidos por outras empresas, enquanto a montadora recebe as partes para a montagem do produto final e posterior venda do veículo ao consumidor. Empresas dos ramos têxtil, farmacêutico e calçadista também se utilizam de ampla estratégia de terceirização do seu processo produtivo.[114]

Entre as vantagens da adoção da estratégia, estão a simplificação da gestão e o aumento da produtividade com a utilização de um serviço especializado. A escolha de terceirizar uma atividade relaciona-se também com a possibilidade de reduzir custos com atividades-meio da organização, pela redução, por exemplo, de despesas com a contratação e pagamentos de encargos trabalhistas e despesas previdenciárias dos colaboradores.

Contudo, a terceirização também apresenta desvantagens. Destaca-se a resistência do quadro efetivo, por medo de demissões ou insatisfação com a estratégia; a necessidade de coordenar contratos; risco de perda de qualidade ou da segurança no processo de produção ou prestação do serviço; menor satisfação dos funcionários terceirizados, pelo possível enfraquecimento do vínculo empregatício, e remuneração, em geral, menor do que dos funcionários do quadro efetivo, com consequente elevação da rotatividade (*turnover*).

Portanto, a terceirização não pode ser vista como opção para qualquer tipo de organização. Isso porque a escolha de terceirizar nem sempre será a mais barata nem a mais fácil para os gestores. Para sua utilização, é condição necessária que os gestores conheçam quais são os processos críticos da organização, bem como quais são as atividades essenciais e as não essenciais.[115]

POR DENTRO DA TEORIA

A decisão de terceirização pode ser analisada considerando duas teorias: visão baseada em recursos (VBR) e economia dos custos de transação (ECT).

A teoria da visão baseada em recursos (VBR), em inglês *resource based view* (RVB), defende que as organizações obtêm vantagens competitivas a partir dos seus recursos diferenciados.[116] Todavia, não são todos os recursos que podem contribuir para geração e manutenção da vantagem competitiva. Para que isso aconteça, o recurso deve conter quatro características que formam o modelo VRIO (*value*; *rarity*; *imitability*; *organizatio*n).[117]

• **Valor**: os recursos devem ser capazes de explorar oportunidades ou neutralizar ameaças no ambiente com o objetivo de redução de custos ou aumento da receita.

• **Raridade**: os recursos devem ser raros e de difícil aquisição pelos concorrentes.

• **Dificuldade de imitação**: os recursos devem ser difíceis de imitar, ocasionando problemas financeiros ou de desenvolvimento em organizações que tenham o propósito de criar algo similar.

• **Organização**: as políticas e os procedimentos da organização devem estar organizados para suportar a exploração de valor, raridade e não imitabilidade dos recursos.

Enquanto a VBR estuda a forma como os recursos se relacionam e se complementam internamente para produzir uma vantagem competitiva, a economia dos custos de transação, em inglês *transaction costs economics*, estuda quais desses recursos complementares poderão ficar sob responsabilidade da organização e quais poderão ser terceirizados.[118]

Os custos das transações são todos os custos associados a uma transação de bens e serviços, além dos custos de produção.[119] É possível dividi-los em custos de busca de parceiros, obtenção de informações, negociação, elaboração de contrato, e monitoramento de desempenho para atestar que a entrega do produto ou serviço seja satisfatória. Nessa perspectiva, a vantagem competitiva é obtida por meio da melhor estrutura de governança da transação (uso do mercado, realização de contratos ou parcerias ou integração vertical) que garante a redução dos custos de produção e transação, somados.[120]

Em síntese, a terceirização deve ser uma escolha estratégica da organização, buscando-se entender as vantagens e as desvantagens desse processo a fim de agregar maior valor ao processo produtivo da organização. Posto isso, algumas empresas têm revisto o processo de terceirização que fizeram no passado. Elas perceberam que algumas atividades podiam ser mais bem feitas internamente do que por empresas terceirizadas. A empresa Kimberly-Clark, do ramo alimentício, percebeu que o aumento de produtividade de carga e descarga de seus produtos só seria possível com colaboradores próprios e mais envolvidos com o negócio da empresa.

ATENÇÃO

Além da logística, a área de tecnologia de informação (TI) também voltou a ser valorizada como área interna às organizações. Por um bom tempo, parte considerável da área de TI, como suporte ao usuário e operações de sistemas, foi terceirizada pelas empresas e era vista como área geradora de custos e não de receitas. Contudo, com o avanço da tecnologia, em especial a computação em nuvem e o aumento da digitalização, a TI passou de *backoffice* a uma área estratégica das organizações.

Fonte: Santos.[121]

6.6 CONSIDERAÇÕES FINAIS E QUESTÕES

Uma vez apresentados os conceitos (especialização, amplitude de controle, centralização × descentralização) relacionados com a estrutura organizacional, discutimos o tipo de organização a ser seguido (aguda × achatada; mecanicista × orgânica), e o tipo de estrutura adotado (linear, linha-*staff* ou matricial). Na sequência, discutimos a questão da departamentalização (concentração das tarefas e atividades em uma única área, sob um único controle) e apresentamos alguns tipos e suas diferenças (funcional, territorial, por produto, e por cliente, por processos e por projetos). Demos especial atenção a um tipo especial de departamentalização, que é o CSC, e apresentamos o *coworking* como tendência em uma economia colaborativa. Por fim, apresentamos a terceirização como uma decisão de reduzir a estrutura organizacional e trabalhar com parceiros na oferta de insumos, produtos e serviços complementares, detalhando suas vantagens e desvantagens.

Dessa maneira, as contribuições do capítulo são sintetizadas a seguir. São apresentadas também questões para reflexão e para avaliação do conhecimento.

CONTRIBUIÇÕES DO CAPÍTULO PARA A ADMINISTRAÇÃO CONTEMPORÂNEA

a) Agregar situações práticas para a melhor compreensão da estrutura organizacional e dos processos de organização.

b) Entender as vantagens e as desvantagens de cada tipo organizacional e as decisões envolvidas na escolha.

c) Contextualização de modelos contemporâneos de gestão, como o CSC, *coworking* e holocracia, em complemento à exploração dos conceitos tradicionais ainda utilizados pelas organizações.

QUESTÕES PARA REFLEXÃO

1) Enquanto administrador, qual é a importância de conhecer os condicionantes internos e externos que impactam a estrutura organizacional?

2) De que maneira a estrutura organizacional influencia na obtenção de vantagens competitivas pelas organizações?

QUESTÕES PARA AVALIAÇÃO DO CONHECIMENTO

1) Que é um organograma e qual é o seu objetivo?

2) A departamentalização requer análise atenta das tarefas existentes na organização. Para tal, recomenda-se a utilização dos princípios, como o de diferenciação e o de integração das tarefas. Tarefas diferentes devem ser realizadas por departamentos diferentes, enquanto tarefas semelhantes devem ser agrupadas em um mesmo departamento. Descreva os demais princípios fundamentais ao processo de departamentalização.

3) Descreva vantagens dos CSC.

4) Conceitue a terceirização.

REFERÊNCIAS

[1] MAXIMIANO, A. C. A. *Introdução à administração.* 5. ed. São Paulo: Atlas: 2000.

[2] VASCONCELLOS, E.; HEMSLEY, J. R. *Estruturas organizacionais*: estruturas tradicionais, estruturas para inovação, estrutura matricial. 4. ed. São Paulo: Pioneira, 2002. p. 3-16.

[3] CHANDLER, A. D. *Strategy and structure*: chapters in the history of the american industrial enterprise. Cambridge: The MIT Press, 1962. 418 p.

[4] SLACK, N.; CHAMBERS, S.; HARRISON, A. *Administração da produção.* 2. ed. São Paulo: Atlas, 2002. 747 p.

[5] SOBRAL, F.; PECI, A. *Administração*: teoria e prática no contexto brasileiro. 2. ed. São Paulo: Pearson Education do Brasil, 2013. 611 p.

[6] ARAÚJO, L. C. G. *Organização, sistemas e métodos*: e as tecnologias de gestão organizacional. 5. ed. São Paulo: Atlas, 2011. 328 p.

[7] SOBRAL, F.; PECI, A. *Op. cit.*, 2011.

[8] ARAÚJO, L. C. G. *Op. cit.*, 2011.

[9] SOBRAL, F.; PECI, A. *Op. cit.*, 2011.

[10] MAXIMIANO, A. C. A. *Op. cit.*, 2000.

[11] *Idem, ibidem.*

[12] *Idem, ibidem.*

[13] *Idem, ibidem.*

[14] SMITH, Adam. *A riqueza das nações.* São Paulo: Editora Nova Cultural, 1996, p. 66.

[15] JACOBS, F. R.; CHASE, R. B. *Administração de operações e da cadeia de suprimentos.* 13. ed. Porto Alegre: Amgh, 2012.

[16] MINTZBERG, H. *Criando organizações eficazes*: estruturas em cinco configurações. 2. ed. São Paulo: Atlas, 2003. 336 p.

[17] *Idem, ibidem.*

[18] *Idem, ibidem.*

[19] *Idem, ibidem.*

[20] *Idem, ibidem.*

[21] JACOBS, F. R.; CHASE, R. B. *Op. cit.*, 2012.

[22] *Idem, ibidem.*

[23] SOBRAL, F.; PECI, A. *Op. cit.*, 2011.

[24] CHIAVENATO, I. *Introdução à teoria geral da administração.* 9. ed. Barueri: Manole, 2014.

[25] *Idem, ibidem.*

[26] SOBRAL, F.; PECI, A. *Op. cit.*, 2011.

[27] CHIAVENATO, I. *Op. cit.*, 2014.

[28] SOBRAL, F.; PECI, A. *Op. cit.*, 2011.

[29] CHIAVENATO, I. *Op. cit.*, 2014.

[30] MARQUES, C.; ODA, É. *Organização, sistemas e métodos.* Curitiba: Iesde Brasil S.a., 2012. 246 p.

31 OLIVEIRA, D. P. R. *Estrutura organizacional*: uma abordagem para resultados e competitividade. 3. ed. São Paulo: Atlas, 2014.p. 156.

32 *RICCIO, V. Administração geral.* Rio de Janeiro: Editora FGV, 2012.

33 BRASIL. CEF. Arquitetura organizacional. 2020. Disponível em: http://www.caixa.gov.br/sobre-a-caixa/governanca-corporativa/arquitetura-organizacional/Paginas/default.aspx. Acesso em: 30 mar. 2020.

34 BRASIL. MPF. Organograma. 2020. Disponível em: http://www.mpf.mp.br/o-mpf/sobre-o-mpf/estrutura/organograma. Acesso em: 12 abr. 2020.

35 SOBRAL, F.; PECI, A. *Administração*: teoria e prática no contexto brasileiro. 2. ed. São Paulo: Pearson Education do Brasil, 2013. 611 p.

36 SOBRAL, F.; PECI, A. *Op. cit.*, 2013.

37 ROBBINS, S. P. *Comportamento organizacional.* 11. ed. São Paulo: Pearson, 2008. 463 p.

38 VASCONCELLOS, E.; HEMSLEY, J. R. *Op. cit.*, 2002. p. 3-16.

39 MAXIMIANO, A. C. A. *Op. cit.*, 2000.

40 BURNS, T.; STALKER, G. M. *The management of innovation.* London: Tavistock Publications, 1961.

41 *Idem, ibidem.*

42 RUD, O. P. *Business intelligence success factors:* tools for aligning your business in the global economy. Nova Jersey: John Wiley & Sons, 2009.

43 SENDIN, T. *A nova hierarquia.* Disponível em: http://exame.abril.com.br/revista-voce-rh/edicoes/31/noticias/a-nova-hierarquia. 2014. Acesso em: 27 maio 2020.

44 OLIVEIRA, M. *Gestão sem chefe traz desafios para as companhias.* Disponível em: https://valor.globo.com/carreira/recursos-humanos/noticia/2018/01/25/gestao-sem-chefe-traz-desafios-para-as-companhias.ghtml. 2018. Acesso em: 27 maio 2020.

45 VAGAS Tecnologia. *Gestão horizontal e cultura VAGAS.* Disponível em: https://trabalheconosco.vagas.com.br/vagas/gestao-horizontal. 2020. Acesso em: 27 maio 2020.

46 OLIVEIRA, M. *Gestão sem chefe traz desafios para as companhias.* Disponível em: https://valor.globo.com/carreira/recursos-humanos/noticia/2018/01/25/gestao-sem-chefe-traz-desafios-para-as-companhias.ghtml. 2018. Acesso em: 27 maio 2020.

47 *Idem, ibidem.*

48 BIGARELLI, B.; CAMPOS, S. Home office chega para ficar, mas exige mais planejamento. *Valor Econômico.* Disponível em: https://valor.globo.com/publicacoes/suplementos/noticia/2020/05/25/home-office-chega-para-ficar-mas-exige-mais-planejamento.ghtml. Acesso em: 13 jul. 2020.

49 MAXIMIANO, A. C. A. *Op. cit.*, 2000.

50 OLIVEIRA, D. P. R. *Sistemas, organização e métodos:* uma abordagem gerencial. 18. ed. São Paulo: Atlas, 2009.

51 *Idem, ibidem.*

52 MAXIMIANO, A. C. A. *Op. cit.*, 2000.

53 *Idem, ibidem.*

54 SOBRAL, F.; PECI, A. *Op. cit.*, 2013.

55 *Idem, ibidem.*

56 *Idem, ibidem.*

57 CHIAVENATO, I. *Op. cit.*, 2014.

58 TEIXEIRA, Hélio J.; SALOMÃO, S. M.; TEIXEIRA, C. J. *Fundamentos de administração:* a busca do essencial. 2. ed. Rio de Janeiro: Elsevier, 2015. 266 p.

59 SOBRAL, F.; PECI, A. *Op. cit.*, 2013.

60 MAXIMIANO, A. C. A. *Op. cit.*, 2000.

61 FUSCO, J. P. A. Unidades estratégicas de negócios: uma ferramenta para gestão competitiva de empresas. *Gestão & Produção.* Universidade Federal de São Carlos (UFSCar), v. 4, n. 1, p. 36-51, 1997. Disponível em: http://hdl.handle.net/11449/29874. Acesso em: 10 maio 2021.

62 MAXIMIANO, A. C. A. *Op. cit.*, 2000.

63 CHIAVENATO, I. *Op. cit.*, 2014.

64 TEIXEIRA, H. J.; SALOMÃO, S. M.; TEIXEIRA, C. J. *Op. cit.*, 2015.

60 SOBRAL, F.; PECI, A. *Op. cit.*, 2013.

65 *Idem ibidem.*

66 MAXIMIANO, A. C. A. *Op. cit.*, 2000.

67 *Idem, ibidem.*

68 CARVALHO, L. Como a gestão por processos ajudou a Natura a faturar mais. *Exame.* Disponível em: https://exame.abril.com.br/negocios/como-a-gestao-por-processos-ajudou-a-natura-a-faturar-mais/ Acesso em: 4 maio 2020.

69 SOBRAL, F.; PECI, A. *Administração*: teoria e prática no contexto brasileiro. 2. ed. São Paulo: Pearson Education do Brasil, 2013. 611 p.

70 *Idem ibidem.*

71 ARAÚJO, L. C. G. *Organização, sistemas e métodos*: e as tecnologias de gestão organizacional. 5. ed. São Paulo: Atlas, 2011. 328 p.

72 SOBRAL, F.; PECI, A. *Op. cit.*, 2013.

73 CHIAVENATO, I. *Administração*: teoria, processo e prática. 3. ed. São Paulo: Makron Books, 2000. 416 p.

74 PROJECT MANAGEMENT INSTITUTE (Estados Unidos da América). *Um guia do conhecimento em gerenciamento de projetos.* 5. ed. Newtown Square: Project Management Institute, 2013. 567 p.

75 ARAÚJO, L. C. G. *Organização, sistemas e métodos:* e as tecnologias de gestão organizacional. 5. ed. São Paulo: Atlas, 2011. 328 p.

76 *Idem, ibidem.*

77 PROJECT MANAGEMENT INSTITUTE. *Op. cit.,* 2013.

78 CHIAVENATO, I. *Princípios da Administração:* o essencial em teoria geral da administração. Rio de Janeiro: Elsevier, 2006. 375 p.

79 TEIXEIRA, H. J.; SALOMÃO, S. M.; TEIXEIRA, C. J. *Op. cit.,* 2015.

80 CHIAVENATO, I. *Op. cit.,* 2014.

81 PORTER, M. E. *Competição:* estratégias competitivas essenciais. 13. ed. Rio de Janeiro: Campus, 1999. 515 p.

82 *Idem, ibidem.*

83 *Idem, ibidem.*

84 *Idem, ibidem.*

85 *Idem, ibidem.*

86 BERGERON, B. *Essentials of shared services.* Nova Jersey: John Wiley and Sons, 2003. 272 p.; STRIKWERDA, J. Shared Service centers: hoe de weerstanden bij de invoering daarvan te overwinnen. Holland Management Review, Amsterdam, n. 95, 2004.

87 JANSSEN, M.; JOHA, A. Understanding IT governance for the operation of shared services in public service networks. *International Journal of Networking and Virtual Organisations,* [S.L.], v. 4, n. 1, p. 20-34, 2007.

88 BAIN & COMPANY: *Centro de serviços compartilhados:* uma solução definitiva para processos administrativos? São Paulo, 2004. 8 p. Disponível em: http://unstoppablegrowth. com/bainweb/PDFs/cms/Public/Centros_de_servicos_compartilhados_Portuguese. pdf. Acesso em: 13 maio 2021.

89 BAIN & COMPANY. [S. l.], 2020. Disponível em: https://www.bain.com/pt-br/. Acesso em: 7 jul. 2020.

90 SCHULMAN, D. S. *et al. Serviços compartilhados:* agregando valor às unidades de negócios. São Paulo: Makron Books, 2001. 280 p.

91 REILLY, P. *HR Shared Services and the Realignment of HR.* Brighton: The Institute For Employment Studies, v. 368, 2000.

92 QUINN, B.; COOKE, R.; KRIS, A. *Shared services:* mining for corporate gold. London: Financial Times Prentice Hall, 2000. 256 p.

93 DELOITTE. *Pesquisa Global de Serviços Compartilhados 2017.* São Paulo, 2017. Disponível em: https://www2.deloitte.com/br/pt/pages/operations/articles/global-shared-services-survey.html. Acesso em: 21 de jun. 2017.

94 BRASKEM. Disponível em: https://www.braskem.com.br/perfil. Acesso em: 10 maio.

95 GANDINI, A. The rise of coworking spaces: a literature review. *Ephemera:* theory & politics in organization, 15(1), 193-205, 2015.

96 *Idem, ibidem.*

97 MORISET, B. *Building new places of the creative economy.* The rise of coworking spaces. Utrecht: 2ND GEOGRAPHY OF INNOVATION INTERNATIONAL CONFERENCE, 2014.

98 ROSENFIELD, C. L.; DE ALVES, D. A. Autonomy and information work: telework. *Dados,* v. 54, n. 1, p. 207-233, 2011.

99 CAMPOS, S.; BIGARELLI, B. Home office chega para ficar, mas exige mais planejamento. 25/05/2020. *Valor Econômico.* Disponível em: https://valor.globo.com/publicacoes/suplementos/noticia/2020/05/25/home-office-chega-para-ficar-mas-exige-mais-planejamento. ghtml. Acesso em: 13 jul. 2020.

100 *Idem, ibidem.*

101 ROSENFIELD, C. L.; DE ALVES, D. A. Autonomy and information work: telework. *Dados,* v. 54, n. 1, p. 207-233, 2011.

102 CAMPOS, S.; BIGARELLI, B. *Op. cit.,* 2020.

103 SPINUZZI, C. Working alone together: Coworking as emergent collaborative activity. *Journal of Business and Technical Communication,* 26(4), 399. 2012. Disponível em: http://search.proquest.com/docview/1040700592?accountid=11357. Acesso em: 13 maio 2021.

104 POHLER, N. New types of work spaces for new types of work: coworkingspaces. *Osterreichische Zeitschrift Fur Soziologie,* 37(1), 65-78, 2012. Disponível em: http://dx.doi.org/10.1007/s11614-012-0021-y.

105 SPINUZZI, C. *Op. cit.,* 2012.

106 DEIJL, C. *Two heads are better than one:* a case study of the coworking community in the Netherlands. Erasmus University Rotterdam, 2001.

107 GANDINI, A. The rise of coworking spaces: a literature review. *Ephemera:* theory & politics in organization, 15(1), 193-205, 2015.

108 BALDWIN, L. P.; IRANI, Z.; LOVE, P. E. D. Outsourcing information systems: drawing lessons from a banking case study. *European Journal of Information Systems,* London. v. 10, n. 1, p. 15-24, 1 mar. 2001.

109 JANSSEN, M.; JOHA, A. *Op. cit.,* 2007.

110 OLIVEIRA, L. F. R.; LEAL JUNIOR, I. C.; BALESTIE-RI, J. A. P. Aplicação do método AHP a um conjunto de ações eco-eficientes propostas para o transporte rodoviário terceirizado pela CSN. *In*: SIMPÓSIO DE EXCELÊNCIA EM GESTÃO E TECNOLOGIA, 7., 2010, Resende. p. 1 - 15.

111 BALDWIN, L. P.; IRANI, Z.; LOVE, P. E. D. Outsourcing information systems: drawing lessons from a banking case study. *European Journal of Information Systems*, London. v. 10, n. 1, p. 15-24, 1 mar. 2001.

112 LEASEPLAN (São Paulo). Saiba como a Cargill conseguiu fazer da terceirização de sua frota um case de sucesso. Disponível em: https://www.leaseplan.com/pt-br/noticias/saiba-como-a-cargill-conseguiu-fazer-da-terceirizacao-de-%20sua-frota-um-case-de-sucesso/. Acesso em: 10 abr. 2020.

113 LEASEPLAN (São Paulo). Saiba como a Cargill conseguiu fazer da terceirização de sua frota um case de sucesso. Disponível em: https://www.leaseplan.com/pt-br/noticias/saiba-como-a-cargill-conseguiu-fazer-da-terceirizacao-de-%20sua-frota-um-case-de-sucesso/. Acesso em: 10 abr. 2020.

114 SOUZA, L. L. C.; MALDONADO, M. U.; RADOS, G. J. V. Gestão da terceirização no setor brasileiro de distribuição de energia elétrica. *Revista de Administração de Empresas*, [s.l.], v. 51, n. 2, p. 188-201, abr. 2011. FapUNIFESP (SciELO). http://dx.doi.org/10.1590/s0034-75902011000200006.

115 LEOCÁDIO, L.; DÁVILA, G. A.; DONADEL, A. C. Evolução da terceirização estratégica diante da gestão por processos. *In*: SIMPÓSIO DE ADMINISTRAÇÃO DA PRODUÇÃO, LOGÍSTICA E OPERAÇÕES INTERNACIONAIS, 11., 2008, São Paulo, p. 1-12.

116 WERNERFELT, B. A resource-based view of the firm. *Strategic Management Journal*, v. 5, p. 171-180, 1984.

117 BARNEY, J. Firm resources and sustained competitive advantage. *Journal of Management*, v. 17, n. 1, p. 99-120, 1991.

118 ARGYRES, N.; ZENGER, T. Capabilities, transaction costs, and firm boundaries: a dynamic perspective and integration. *Social Science Research Network* (SSRN). Available at SSRN: Jun/2008.

119 COASE, R. The new institutional economics. *The American Economic Review*, 88(2),72, 1998.

120 WILLIAMSON, O. E. *The economic institutions of capitalism*: firms, markets, relational contracting. New York: Free Press, 1985.

121 SANTOS, D. *Por que as empresas estão reavaliando a terceirização de TI*. 2015. Disponível em: https://www.diariodeti.com.br/empresas-parando-com-terceirizacao-de-ti/. Acesso em: 01 abr. 2020.

Assista ao **vídeo**

Capítulo

7 Processo decisório: perspectivas e práticas para a resolutividade organizacional

Helen Fischer Günther

Pontos de aprendizado

Neste capítulo, o leitor poderá aprofundar seu conhecimento sobre:
- A tomada de decisão como um processo individual e coletivo.
- Os principais elementos envolvidos na tomada de decisão e que a tornam tão complexa e multifacetada.
- Ferramentas de suporte à decisão.
- O presente e o futuro do processo de tomada de decisão.

RESUMO

Este capítulo tem como objetivos de aprendizagem apresentar os principais elementos que compõem o processo de tomada de decisão no ambiente organizacional, bem como suscitar a reflexão sobre a prática desses componentes na função executiva cotidiana, com vistas ao desenvolvimento da resolutividade organizacional.

Inicia-se o capítulo com o resgate histórico da decisão dentro do panorama da administração como ciência e da própria função executiva. Delineia-se o conceito de decisão e do processo que a fundamenta, de modo a fortalecer a abordagem do processo decisório (da decisão como um processo).

A seção seguinte trata dos diferentes tipos e nuances da decisão: caracterização das decisões individuais (e a influência da racionalidade e da emocionalidade) e das decisões dentro do contexto de grupos. De que maneiras uma decisão é fundamentada na organização (de modo estruturado, semiestruturado ou não estruturado), em que medida a decisão a ser tomada representa uma eventualidade (certeza de ocorrência, risco ou incerteza) ou se trata de uma habitualidade (algo programado, algo não programado, inédito ou disruptivo). Como avaliar a influência do contexto sobre o processo de decisão, seja em função do ambiente (público ou privado), de elementos culturais (valores, crenças, heurísticas), ou ainda aspectos políticos (poder e influência).

Dados os elementos mais *soft* da decisão, na próxima seção abordam-se elementos mais *hard*, isto é, ferramentas de suporte (técnicas e tecnologias) ao processo de tomada de decisão. São apresentadas técnicas procedimentais (análise de cenários, Delphi, multicritério, Ishikawa) e técnicas criativas (*brainstorming* e *design thinking*), assim como sistemas de apoio à decisão e *business intelligence*.

Por fim, a última seção é destinada a situar o leitor na atualidade e nas perspectivas quantitativas, voltadas aos dados e à computação, e nas qualitativas, voltadas à humanidade e à intuição.

7.1 INTRODUÇÃO

As organizações e os indivíduos são inundados por dados e informações em seu cotidiano pessoal e empresarial, tanto quanto expostos a infinitas opções de escolha para qualquer coisa, quase ao ponto da saturação. Muitas dessas informações encontram-se hoje sistematizadas em textos como relatórios, artigos, *posts* nas redes sociais, vídeos e *podcasts*.

Produzimos 2,5 quintilhões de *bytes* a cada dia, o que está em aceleração com o crescimento da internet das coisas (*internet of things* – IoT).[1] Há uma vastidão de conteúdo sendo produzida na atualidade, e a expectativa de vida nunca foi tão longa. Encontramos informações e soluções para qualquer coisa, mas, em contrapartida, crescem as estatísticas de acometidos por esgotamento profissional ou síndrome de *burnout* (estima-se que 32% dos brasileiros estejam nessa situação).[2] Vivemos em meio a um paradoxo: sabemos cada vez mais sobre mais coisas, no entanto, nossa habilidade de fazer boas escolhas parece estar cada vez mais difícil.

Escolher ou optar refere-se a decidir-se por uma coisa dentre duas ou mais. Referimo-nos ao movimento que antecede sua definição, isto é, que ocorre imediatamente antes de uma deliberação. Por outro lado, quando falamos em decisão, via de regra já nos reportamos ao principal resultado do ato de escolher, que, por sua vez, é um ato fundamentalmente racional, ainda que, em alguns casos, consciente ou inconscientemente motivado por razões diversas (pelas emoções, por exemplo).

POR DENTRO DA TEORIA

A racionalidade é a capacidade de usar a razão para conhecer, julgar e elaborar pensamentos e explicações, e é ela que habilita o homem a escolher entre alternativas, a julgar os riscos decorrentes das suas consequências e efetuar escolhas conscientes e deliberadas.
Fonte: Pereira.[3]

Este capítulo versa sobre o processo decisório no ambiente organizacional, isto é, sobre a sequência de ações, objetos e informações que culminam na decisão tomada, bem como os elementos que compõem seu entendimento e sua prática, o desenvolvimento do tema na atualidade e as tendências para o futuro, conforme Figura 7.1.

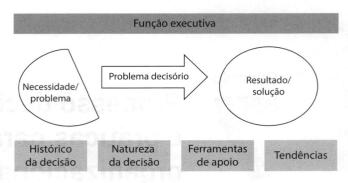

Figura 7.1 Processo decisório e a visão geral deste capítulo.

Portanto, quer-se aqui trazer a perspectiva baseada em dados, em análises quantitativas e seu ferramental, sem deixar de reconhecer e considerar a abordagem humanista, que coloca o ser humano em sua integralidade como o tomador de decisões imperfeitas e incompletas por natureza.

7.2 TOMADA DE DECISÃO E A FUNÇÃO EXECUTIVA

As decisões são características dos processos organizacionais, mais do que dos indivíduos, isto é, a "descrição do processo de decisão é relativamente mais importante para a compreensão do comportamento da organização do que no caso dos indivíduos".[4]

Isso significa que conhecemos as organizações observando suas decisões e a forma como ocorrem. Por isso, vamos analisar o papel da decisão e suas características conforme os principais marcos da história administrativa e vamos conhecer as implicações de considerar a decisão como um processo (o processo decisório).

7.2.1 Decisão na história administrativa

Historicamente, a escola da administração científica pode ser considerada a primeira teoria administrativa. Foi caracterizada pela divisão do trabalho, especialização das tarefas e cálculos dos tempos e dos movimentos necessários para realizá-las. Foi no final do século XIX e início do século XX que houve o advento da linha de montagem, viabilizando a produção em massa. Foi um período caracterizado por métricas e por previsibilidade, além de um crescimento vertiginoso da atividade industrial.[5] As decisões eram tomadas em um ambiente de negócios estável. Em contrapartida, nessa mesma época, Gauss chega à curva em sino da distribuição normal[6] e Freud, ao estudar o inconsciente, preconiza que atos e decisões do indivíduo podem ser influenciados por motivos ocultos da mente.[7]

A escola clássica, promotora do "*the one best way*", enfatiza a maneira correta de se estruturar o trabalho administrativo e responsabilizar os gestores, utilizando-se da compreensão metódica do trabalho desenvolvida à época.[8] Barnard, em suas obras, evidenciou a diferenciação entre as decisões individuais e as organizacionais e a capacidade do indivíduo de decidir com os critérios organizacionais, em vez dos critérios pessoais.[9]

É no espectro da abordagem comportamental que Herbert Simon, importante autor do estudo da decisão, em 1947, publica seu livro *O Comportamento Administrativo*, e propõe a integração dos objetivos pessoais e organizacionais, assim como elucida que circunstâncias complexas, tempo restrito e poder mental de computação inadequado reduzem o tomador de decisão a um estado de "racionalidade limitada".[10]

SAIBA MAIS

Herbert Alexander Simon (1916-2001) graduou-se na Universidade de Chicago e atuou como professor de administração e psicologia na atual Carnegie Mellon University. Foi agraciado com o Prêmio Nobel de Economia em 1978 por sua obra sobre o comportamento administrativo (tema de sua tese de doutorado). À época, já demonstrava interesse por inteligência artificial, pois sua motivação residia em conhecer como as decisões e as escolhas são efetivamente, feitas. Sua principal obra, *Administrative behaviour*, foi publicada em 1947 com uma original abordagem de múltiplos fatores para a tomada de decisão organizacional.[11]

A teoria da contingência, por sua vez, coloca as condições do ambiente como modeladoras de muito do que ocorre nas organizações. Sua expoente, Joan Woodward, defende que o melhor estilo gerencial e as melhores decisões são resultantes de muitos fatores (por exemplo: ambiente externo, pessoas e situação do ambiente interno). Incentiva, portanto, que os administradores primeiro diagnostiquem a situação de modo muito cuidadoso para, só então, tomar decisões.[12]

Ainda no momento pós-Segunda Guerra Mundial, foram cunhadas algumas abordagens mais contemporâneas, fomentadas em parte pela maior compreensão da dinâmica de grupos. O psicólogo Kurt Lewin alerta sobre a influência do contexto social sobre os atos do indivíduo e enriquece as discussões sobre o desenvolvimento de equipes, até o seu lado mais obscuro. O consenso ou pensamento grupal tem suas qualidades, mas fica perigoso quando o desejo por unanimidade dos indivíduos em um grupo coeso atrapalha a noção de realidade sobre rotas alternativas e mais adequadas de ação.[13]

A partir da década de 1990, intensifica-se a aproximação entre as tecnologias e a decisão gerencial, na mesma medida em que ficam prementes as vulnerabilidades da racionalidade humana e abrem-se portas para o entendimento da influência da intuição e dos afetos nas escolhas organizacionais. Mintzberg já fala que o processo de tomada de decisão estratégico é não estruturado, complexo e dinâmico desde meados da década de 1970.

A inteligência artificial e a ciência de análise de dados, por um lado, são avanços recentes que vieram dar suporte à tomada de decisão. Por outro, mais se sabe sobre a consciência humana, a importância de reconhecer que a mente pode eventualmente ser um obstáculo a se transpor com vistas a outro tipo de inteligência, a percepção intuicional. Veremos mais detalhes sobre atualidades e o futuro nas seções finais deste capítulo.

Figura 7.2 Linha do tempo – síntese dos marcos históricos.

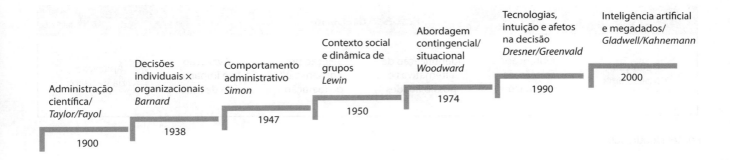

7.2.2 Decisão como processo

Processo corresponde a um arranjo específico das atividades de trabalho em um tempo e um espaço determinados. Possui começo, meio e fim, assim como entradas (*inputs*) e saídas (*outputs*) bem identificadas. Um processo caracteriza uma estrutura para a ação.[14]

Consequentemente, olhar para a decisão como um processo é compreendê-la como uma ação estruturada, o que faz todo o sentido no ambiente corporativo. Quando compreendemos a decisão como um processo, podemos identificar seus elementos e sua dinâmica, sua transversalidade entre as áreas da empresa. É abarcar a amplitude da decisão organizacional, que vai muito além do ato de decidir.

Falar em processo decisório nas organizações pressupõe falar em um método que permite a escolha racional de uma entre várias alternativas para solucionar problemas ou aproveitar oportunidades.[15] Em essência, consiste no processo de um centro decisor (indivíduo ou grupo de indivíduos) eleger a melhor alternativa entre as possíveis.[16]

Tal percepção viabiliza o entendimento mais completo do que ocorre na tomada de decisão organizacional, desde aspectos tangíveis, como discussões sobre que curso adotar, até aspectos intangíveis, como valores e a cultura da empresa que influenciam a forma com que se decide na organização. O principal ponto aqui é compreender que o processo decisório é dinâmico, aberto e variável, pois é fruto da organização, de suas características e de seu ambiente.

Diferentes autores caracterizam as etapas e os componentes da tomada de decisão organizacional. Simon, por exemplo, considera três estágios, denominados inteligência, desenho e escolha, aos quais eventualmente outros autores acrescentam os estágios de revisão e de implementação.[17]

É claro que quando falamos sobre processo organizacional, aqui mais especificamente sobre o processo de decisão organizacional, desejamos nos referir a algo estruturado e palpável, mensurável e previsível. Antes de continuarmos, pense no que leu até agora sobre decisões e reflita: o processo decisório é programável, ordenado e definido ou é incerto, caótico e indefinido?

Se respondeu as duas coisas, acertou! O que acontece é que a organização é a congregação de recursos para atingir determinados objetivos, e o estudo da administração é voltado para estruturar seus processos e tentar garantir esse retorno, isto é, o resultado positivo no atingimento dos objetivos. Portanto, falar em processo decisório é conhecer os aspectos concretos sem deixar de compreender os aspectos intangíveis, uma vez que ambos são importantes fatores de influência da qualidade e efetividade do processo decisório.

RELEMBRANDO

O conceito de efetividade aplicado ao processo decisório indica que ela é entendida como a medida em que atinge seus objetivos e impacta positivamente seus interessados diretos (colaboradores e áreas da empresa, fornecedores etc.) e indiretos (outras organizações e a sociedade como um todo).

Cada organização terá o seu modo de tomar decisões, ou seja, o seu próprio processo decisório. Esse processo inicia-se com a definição do problema, o que envolve diagnóstico para compreensão do que é necessário decidir em determinado contexto. Em seguida, parte-se para o levantamento de informações, o que por sua vez permite a identificação de alternativas e de demais possibilidades. Esse rol de opções é depurado buscando-se o consenso, selecionando-se a alternativa e formulando-se a decisão propriamente dita. Faz-se, então, um exercício de prever o impacto da tomada de decisão e, por fim, aplica-se a decisão, implementando-a.

Figura 7.3 Principais fases do processo decisório organizacional.

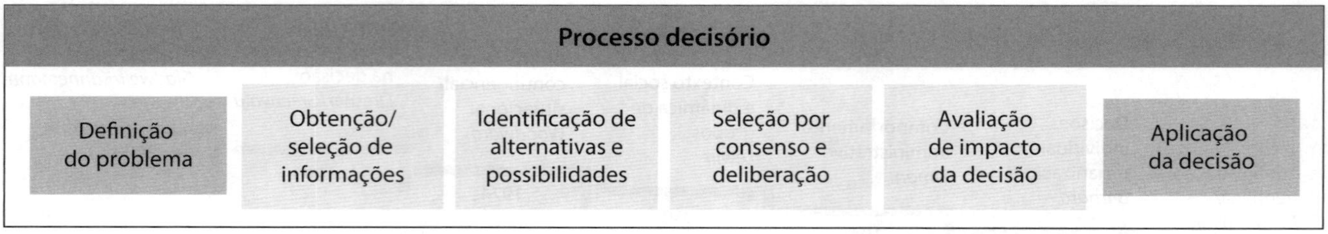

Processo decisório					
Definição do problema	Obtenção/ seleção de informações	Identificação de alternativas e possibilidades	Seleção por consenso e deliberação	Avaliação de impacto da decisão	Aplicação da decisão

Fonte: Negulescu.[18]

Cap. 7 ■ Processo decisório: perspectivas e práticas para a resolutividade organizacional **135**

O processo decisório tem elementos de entrada, que são necessários para que ocorra. Por exemplo, como *inputs*, a tomada de decisão tem fatores ambientais, dados/informações, conhecimento, ideias criativas da equipe e princípios éticos. Possui também elementos de saída, que são os *outputs* resultantes do processo, tais como: sucesso ou fracasso da gestão, aprendizado organizacional, fortalecimento da equipe e reforço de crenças e valores organizacionais.[19] Veja, na Figura 7.4, graficamente os *inputs* e os *outputs* do processo decisório.

Em outras palavras, podemos perceber que há uma série de fatores que influenciam e dão início ao processo decisório, tais como o ambiente, os dados, o conhecimento, as ideias e os princípios organizacionais (*inputs*). E, do mesmo modo, há uma série de produtos derivados do processo decisório que vão além da decisão propriamente dita – por exemplo, a obtenção de sucesso ou fracasso (na implementação da decisão), o aprendizado obtido no processo, o fortalecimento dos envolvidos e de seu modo de fazer, juntamente com as crenças e valores que compartilham.

Agora que você já aprendeu a observar a tomada de decisão como um processo e conheceu elementos importantes dessa dinâmica organizacional, está preparado para compreender a natureza da decisão, seus diferentes tipos e nuances, ao quais também moldam o processo que aqui analisamos.

PARA REFLEXÃO

Como você viu, vários fatores influenciam o processo decisório e, por conseguinte, podem tornar a decisão mais robusta ou mais frágil. Por exemplo, como você avalia a tomada de decisões de investimentos no Brasil? Já pensou no quanto é importante ter informações precisas e atualizadas para embasar essas escolhas que impactam tanto o futuro pessoal, quanto o futuro empresarial e da própria nação?

O contexto brasileiro para tomada de decisões, notadamente de investimentos, não é considerado favorável, especialmente em virtude da falta de informações econômicas governamentais. O Brasil é reconhecido por falta de clareza acerca de políticas econômicas, a alta carga tributária, incerteza política e ruídos institucionais.

Esse cenário de inexatidão e desatualização de dados enfraquece e desencoraja decisão de investir no Brasil, criando uma percepção de risco alto, minando as iniciativas de aplicação de capital e dificultando a alocação de recursos financeiros.

Fonte: *O Globo*[21] e *Veja*.[22]

7.3 NATUREZA DA DECISÃO

A decisão carrega algumas propriedades, isto é, pode ser descrita e entendida com base em alguns critérios, quais sejam:

- Os participantes: se é individual ou coletiva (envolvimento).
- Se é estruturada, semiestruturada ou não estruturada (grau de estruturação).
- Se trata de situação de certeza, risco ou incerteza (eventualidade).

Figura 7.4 Elementos do processo decisório organizacional.

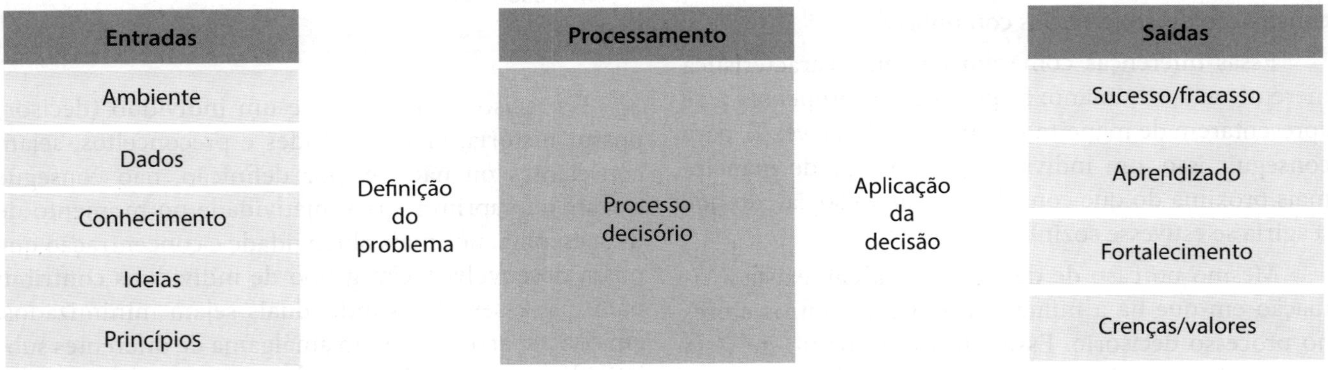

Entradas	Processamento		Saídas
Ambiente			Sucesso/fracasso
Dados			Aprendizado
Conhecimento	Definição do problema	Processo decisório	
Ideias		Aplicação da decisão	Fortalecimento
Princípios			Crenças/valores

Fonte: adaptada de Negulescu.[20]

- Se é programada, não programada, inédita ou disruptiva (habitualidade).
- Se é pública ou privada (contexto político-cultural).

Siga a leitura e conheça esses detalhes nas próximas seções!

7.3.1 Envolvimento na decisão

Na vida pessoal, é relativamente fácil identificar quem toma as decisões, por mais influenciável ou dependente que uma pessoa possa ser. Algumas circunstâncias, no entanto, advêm de decisões tomadas por terceiros, como as escolhas governamentais. Não obstante, muitas decisões importantes na sociedade são tomadas por grupos de indivíduos, como comitês, órgãos sociais, júris, parceiros de negócios, equipes e famílias.[23] E, nas próprias empresas, as decisões são resultantes de trabalho em grupo.

Reflita sobre suas últimas decisões de compra de bens mais duráveis por um instante: decidiu-as sozinho? Conversou com alguém a respeito? Consultou opiniões de especialistas ou de *sites* na internet? Pensou em comprar a partir de alguma publicação em rede social ou *e-mail* recebido? Como optou pela forma da compra (*on-line* ou em loja física)? E como você percebe a tomada de decisão em uma empresa ou outro grupo de trabalho (projeto, departamento)? Ocorre da mesma maneira? Com a mesma agilidade? E a quantidade de informações trocadas, é igual?

Seja com base no cotidiano, seja com base em experimentos em vários contextos, reconhecemos que há diferenças entre escolhas feitas por indivíduos em grupos e indivíduos que tomam decisões em isolamento.[24]

Muitas vezes, o decisor (individual) envolve outros atores no processo decisório. Isso não é a mesma coisa que decisão em grupo. Em muitos casos, esse envolvimento se refere a um processo de coleta de informações, não necessariamente a um processo de integração ou construção de preferências conjuntas.[25]

Essas diferenças começam em uma característica inerente ao ser humano: as pessoas são propensas a se apresentarem de maneira socialmente desejável. E, para conseguir isso, um indivíduo pode reagir de maneira mais próxima do que considera a norma social, do que reagiria se estivesse sozinho.

Mesmo no caso de decisão individual, existe a situação em que há a influência de vários outros atores no processo decisório. Esses atores, do ponto de vista da organização, não exercem o poder sobre a decisão em questão, mas de alguma forma podem influenciar no processo. Ou seja, a organização não aloca poder a esses atores, nem lhes cobrará responsabilidades pelos seus atos. Assim, não são classificados como decisores. Claro que especialistas, assessores e consultores internos envolvidos no processo serão responsáveis pelas informações com que municiam o processo decisório, mas não diretamente pela decisão em questão. Se esse for o caso, não são decisores, no conceito aqui considerado.[26]

Por isso, temos diferentes atores que participam, cada um à sua maneira, do processo decisório. Você arriscaria dizer qual processo decisório é mais efetivo? O individual ou o grupal?

Tanto indivíduos quanto grupos enfrentam dificuldades em detectar o caminho de decisão ideal para a resolução de um problema, especialmente em ambientes de risco e ambiguidade (continue acompanhando os conteúdos das próximas seções, pois discorreremos em mais detalhes sobre isso). Além disso, em ambientes de ambiguidade, os grupos tendem a se desviar menos da escolha ideal quando comparados aos indivíduos. No entanto, em ambientes caracterizados como de risco, os grupos desviam-se mais do que indivíduos. E, por fim, indivíduos e grupos são caracterizados por horizontes míopes em ambas as situações.[27]

POR DENTRO DA TEORIA

Um cenário ou contexto caracterizado como ambíguo (isto é, que possui ambiguidade) é aquele que permite mais de uma interpretação ou significado, ou seja, que pode ser interpretado de mais de uma forma. Você já deve ter percebido quanto nos deparamos com ambientes ambíguos hoje em dia, não é mesmo? Somado à visão míope (percepção limitada e de curto alcance), esse ambiente pode se tornar ainda mais indecifrável e impedir a adequada e efetiva tomada de decisão.

Fonte: Lacombe.[28]

É preciso considerar que um indivíduo (decisor) possui história, vícios, virtudes e preconceitos, sejam conscientes ou não[29] e, por definição, não consegue extrair ou suprimir sua subjetividade no momento de uma escolha, por mais objetividade e concentração que possa desenvolver. Um grupo de indivíduos contribui para que esses vieses individuais sejam minimizados; em contrapartida, cria um amálgama de diferentes subjetividades que, se não forem bem gerenciadas, também atrapalham o processo de tomada de decisão.

O mais importante no que tange ao envolvimento na decisão é compreender que não há uma pessoa totalmente objetiva a ponto de decidir sem nenhum tipo de influência e que, em muitas situações, é mais efetivo congregar diferentes visões e competências para que a decisão seja a mais acertada em determinada configuração organizacional. Por exemplo, as *startups* (empresas emergentes e com alto potencial de retorno) são notórias por terem ambientes organizacionais arrojados e criativos e flexibilidade de horários. Cada empregado escolhe a melhor hora de chegar ao trabalho. É uma decisão individual. E como ficam as reuniões de equipes, necessárias para o andamento dos projetos? O próprio grupo pode definir a programação, com a presença de todos, e alguns, eventualmente, precisarão modificar seus horários individuais em prol da reunião, ou, ao contrário, caso algum integrante tenha um imprevisto e não possa comparecer, o grupo reprograma o encontro.[30]

7.3.2 Estruturação da decisão

Estamos procurando observar o processo decisório aqui de maneira sistemática. Isso significa que nem sempre a realidade condirá com os elementos apresentados. Eventualmente, você se deparará com elementos não mapeados ou com formatos diferentes.

Tais variações são decorrentes de diversos fatores, dentre os quais está o grau de estruturação da tomada de decisão, em que há um espectro de estruturação comumente adotado e que impacta na conformação do processo decisório: decisões estruturáveis, decisões semiestruturáveis ou pouco estruturáveis e decisões não estruturáveis.

As decisões estruturáveis são aquelas que seguem uma sistemática definida e nas quais podemos diferenciar com facilidade cada uma de suas etapas e de seus elementos (mostrados nas Figuras 7.2 e 7.3). São também decisões que possuem problema estruturado para ser resolvido.

Problemas estruturados são caracterizados por terem solução passível de ser alcançada mediante processos lógicos e bem definidos. São executados com o acompanhamento dos tradicionais sistemas de informação, que justamente têm o intuito de auxiliar na resolução desse tipo de problema. Outras características dos problemas estruturados é que são rotineiros e repetitivos e, consequentemente, são programáveis em linguagem computacional. Trata-se de uma condição em que tanto a ação são conhecidos, quanto os próprios resultados da decisão, isto é, sabe-se quais as consequências desse processo. O decisor pode escolher a alternativa que possui a melhor relação ganho/perda (custo/benefício).[31] Por exemplo, a manutenção de aeronaves deve ocorrer de modo estruturado, baseada em parâmetros objetivos e estruturados: horas de voo, tempo decorrido entre as manutenções, ciclos de pouso e decolagem.[32]

As decisões semiestruturáveis ou pouco estruturáveis, por sua vez, são marcadas por terem certo grau de complexidade, normalmente decorrente da quantidade elevada de variáveis envolvidas no processo. É como se houvesse várias alternativas possíveis para cada elemento da Figura 7.4, por exemplo, ou mesmo se as etapas da Figura 7.3 estivessem tão fortemente imbricadas que começaria a ficar difícil distinguir uma da outra. Nesse caso, faz-se necessário flexibilizar o processo, bem como ceder espaço para confiar no julgamento e na intuição de *experts*.[33]

> **RELEMBRANDO**
>
> *Experts* tanto são aquelas pessoas altamente experientes, com longa trajetória e envolvimento prático com o problema ou a decisão a ser tomada, quanto indivíduos que possuem estabilidade mental e emocional diferenciada e conseguem vislumbrar o problema e a resolução decorrente com clareza fora do comumente encontrado na organização.

Essas decisões com menos estruturação envolvem problemas de igual forma, os problemas semiestruturados. Para sua resolução, no próprio processo decisório, são utilizados determinados modelos matemáticos naquelas partes mais estruturadas do problema em análise, no entanto, a parte final da decisão é tomada com base em critérios subjetivos e de difícil mensuração. Por conseguinte, as partes estruturadas da problemática podem contar com o apoio de programas de computador, e as demais são resolvidas pelo decisor mediante seu próprio julgamento. Os chamados sistemas especialistas têm sido aplicados para contribuir com essas partes mais tácitas e desestruturadas da resolução do problema. Assumem-se probabilidades para os resultados como se eles fossem conhecidos, ou seja, as consequências são conhecidas e probabilísticas, aproximando as decisões semiestruturáveis de decisões em condições de risco ou aleatoriedade (que veremos na próxima seção).[34] São exemplos de decisões semiestruturáveis a definição do preço de um seguro automotivo (resultante de parâmetros predefinidos, passíveis de ajuste) ou a liberação de crédito em empréstimos para diferentes portes e perfis de empresa, pois possuem critérios mais ou menos maleáveis baseados em garantias e avaliação de risco.

As decisões não estruturáveis podem ser consideradas o "pesadelo" do processo decisório, prescindem do uso da racionalidade, pois são praticamente inalcançáveis.[35] As etapas são difusas e indefinidas, bem como os elementos a serem considerados no processo são desconhecidos no todo ou em parte significativa.

Os problemas não estruturados não possuem processos lógicos e definidos para resolução, não são quantificáveis, dependem da intuição humana e estão sujeitos a probabilidades desconhecidas ou a possibilidades subjetivas. São desconhecidos e/ou altamente complexos para os envolvidos e incompatíveis com sistemas computacionais. É curioso, mas podemos dizer que esse tipo de decisão é tomado sob ignorância, ou condições de incerteza.[36]

Esse aspecto faz com que o processo seja incremental, em que o passo seguinte apenas se revela após o passo anterior. Em outras palavras, não se sabe como será o processo como um todo *a priori*, ele acaba sendo definido à medida que é realizado paulatinamente e com horizonte limitado ou indeterminado de ação e de informação. Essa configuração desconhecida impede a experimentação de tentativa e erro, e o processo acaba embasando-se em possibilidades, conjecturas e experiência dos envolvidos, aproximando-se de um cenário de incerteza.

Diante de um problema ou decisão não estruturada, o decisor pode: assumir deliberadamente atitude pessimista ou otimista; utilizar algoritmos para suporte à decisão, levando-se em conta a subjetividade inerente ao decisor; e utilizar referências externas para minimizar a incerteza, como a teoria da utilidade, a fim de verificar qual alternativa tende a agregar maior valor conforme seus parâmetros.[37] O filme *Sully – o herói do Rio Hudson –*, baseado em situação verídica, serve de exemplo para uma decisão não estruturada. Piloto e copiloto enfrentaram uma situação inédita de perda de potência nos motores, decorrente do choque com algumas aves, que gerou a necessidade de um pouso de emergência. Em segundos, tiveram que decidir pousar a aeronave nas pistas mais próximas ou no adjacente rio Hudson (em Nova York). Até então, a aterrissagem exitosa de aeronave de maior porte na água não tinha precedente, o que tornou a ocorrência ainda mais notável. O passo seguinte, também desafiador e arriscado, foi evacuar com eficiência a aeronave antes que afundasse, na estação mais fria e com os ânimos exaltados de todos, o que completou o feito heroico.

O grau de estruturação da decisão pode ter influência do fator eventualidade, isto é, condições de certeza levam a um processo de decisão mais estruturável, conjunturas de risco tendem a tornar a tomada de decisão

menos estruturável e, por conseguinte, situações de incerteza podem impactar o processo decisório e torná-lo não estruturável. Conheça mais sobre a característica de eventualidade das decisões na Seção 7.3.3.

7.3.3 Eventualidade da decisão

O processo decisório pode ocorrer, no todo ou em parte (em alguns elementos ou algumas etapas), em condições específicas relacionadas com o grau de estabilidade ou instabilidade de seus componentes. Aqui, classificamos como eventualidades da decisão as situações de certeza, risco e incerteza, mas é certo que cada realidade se apresentará em determinado ponto desse espectro certo-incerto.

É importante considerar que, em geral, a eventualidade pode estar conectada com a percepção dos atores do processo decisório e, por isso, pode ser resultante tanto de uma subjetividade quanto de uma objetividade. Algo pode ser visto como incerteza ou certeza em virtude do entendimento pessoal do envolvido. Quando resultante de subjetividade, portanto, refere-se ao grau de segurança pessoal do(s) decisor(es) sobre o processo e de seu resultado e, quando resultante de objetividade, refere-se à validade e veracidade do processo e de seu resultado.[38]

Não obstante, há um caráter inerente aos processos decisórios que lhes confere determinada eventualidade dentro do espectro certeza-risco-incerteza. As condições de certeza dizem respeito à veracidade integral das informações e *inputs*, credibilidade completa do processo e absolutabilidade plena de suas consequências e *outputs* relacionadas com o problema em questão. Você já deve ter notado quão difícil é encontrar uma situação como essa, de certeza, no seu próprio cotidiano. Imagine quão rara é nas empresas!

Pode-se dizer que a condição de risco é a mais presente nas organizações; é até verdadeiro dizer que lidar com situações de risco é inerente à natureza das próprias organizações, especialmente aquelas em que há atividade empreendedora. Afinal, empreender envolve risco e algum grau de incerteza, pois tem componentes de novidade e de inovação.

A situação de risco para o processo decisório envolve ter um conjunto de diversas possibilidades avaliadas para conhecer *a priori* as diferentes probabilidades de que ocorram. Desse modo, podem-se predizer os resultados e, conforme suas consequências, optar entre uma alternativa ou outra, ponderando o grau de risco (probabilidade de ocorrência) e o potencial de retorno de cada decisão (probabilidade de sucesso ou fracasso).

Fato é que decidir implica algum grau de risco, pois enquanto há algo em potencial (futuro), há chance de ocorrer (futuro iminente) e, depois que esse algo já ocorreu, se tem certeza imutável (passado). É possível haver novos cursos de ação derivados de uma decisão, mas não é possível reverter uma decisão já tomada. Não é possível modificar o passado.

A intensidade do risco vai depender da maior ou menor possibilidade de consequências desagradáveis, da experiência e autonomia do decisor para tomar a decisão e da possibilidade concreta de alcançar o objetivo definido. Fundamentalmente, pode-se avaliar o risco com base na relação entre dois fatores: autonomia (perfil do decisor) e viabilidade (disponibilidade de recursos), conforme exposto no Quadro 7.1.[39]

Se a autonomia (poder) do decisor (ou decisores) é alta e existe alto grau de viabilidade no alcance do objetivo, os riscos tendem a zero, são praticamente nulos, e as consequências da decisão passam a ser previsíveis – ou seja, uma condição de certeza que acabamos de ver.

Caso a autonomia (poder) do(s) decisor(es) e a viabilidade de alcance dos objetivos sejam muito baixas, os riscos são praticamente impeditivos e a decisão deve ser evitada, pois a chance de fracasso é quase certa (não vale a pena).

E, quando há baixa autonomia com alta viabilidade, há pequenos riscos, que são convidativos (a chance de sucesso é atrativa). Quando, por outro lado, há muita autonomia e pouca viabilidade para o alcance, inviabiliza-se a decisão (não adianta usar o poder e aplicá-lo em algo que é inviável).

O terceiro aspecto de eventualidade que carece de atenção é o de incerteza. Notadamente, a incerteza do ambiente de decisão, dada a influência que exerce sobre o processo e seus elementos. Como variações de incerteza ambiental temos a instabilidade, a heterogeneidade, a dispersão e a própria complexidade do cenário. Tais variações resultam da necessidade de informações que a organização utiliza em sua tomada de decisão e de outros recursos disponíveis nesse ambiente.[41] Um exemplo emblemático que ainda estamos vivenciando é a instauração de situação de calamidade pública nacional, regional e localmente em diversas partes do globo em virtude do surto de Covid-19. No Brasil, essa conjuntura instaurou-se no mês de março de 2020 e teve a duração de vários meses, com decretos estaduais e municipais suspendendo (e vetando) atividades comerciais e de serviços. Quais empresas ou empresários tinham considerado essa possibilidade poucos meses antes, em dezembro de 2019, quando concluíam as projeções anuais para o ano de 2020? E mesmo após a instauração da calamidade pública, durante alguns meses fomos acometidos com a total falta de parâmetros e o mínimo de certeza para planejar próximos passos (inclusive da própria retomada das atividades empresariais).

Perceba que há relação de dependência entre a organização e seu ambiente e é isso que torna a incerteza um fator tão importante. A incerteza aumenta a chance de insucesso das respostas organizacionais a esses agentes externos, dificultando o cálculo de custos e de probabilidades relacionadas com as alternativas de decisão. Quanto mais complexo o cenário e mais instáveis os eventos externos, mais incerto é o ambiente de tomada de decisão.[42]

Por fim, cabe lembrarmos que a informação consiste em uma das formas mais eficazes de reduzir a incerteza. Em contrapartida, o excesso de certeza gera redundância e, esta, ineficiência e morosidade. Estamos acostumados a falar de quanto as mudanças são velozes e de que a incerteza impera. O curioso é que também estamos o tempo todo a lidar com a redundância, pelo crescimento exponencial da quantidade e da disponibilidade de informação. O efeito colateral desse excesso de informações é justamente transformá-la em incerteza e resultar em paralisia.[43]

Quadro 7.1   Fatores influenciadores do risco nas decisões

		Viabilidade	
		Baixa	Alta
Autonomia	Alta	Risco elevado *condição de inviabilidade*	Risco nulo *condição de certeza*
	Baixa	Risco total *condição impeditiva*	Risco pequeno *condição convidativa*

Fonte: adaptado de Pereira.[40]

Uma das maneiras mais comumente utilizadas para diminuir a incerteza e obter eficiência no processo decisório é automatizar aquelas decisões que possuem certas características e, assim, poder direcionar esforços e recursos para as decisões que não possuem padrões conhecidos. Estamos falando da característica da habitualidade da decisão, que você conhece em mais detalhes na Seção 7.3.4.

7.3.4 Habitualidade da decisão

Você já deve ter notado que algumas decisões são tão fáceis e simples, que nem percebemos que se trata mesmo de decisões. Por exemplo, escolher com qual alimento se servir em um almoço do tipo *buffet* e qual bebida para acompanhamento. Em compensação, há decisões mais difíceis e repletas de nuances, como qual profissão escolher ou qual país priorizar para realizar intercâmbio.

Essa dificuldade pode ser resultado de uma série de elementos que estamos abordando neste capítulo, mas queremos que coloque a atenção em uma característica específica que trabalharemos aqui: uma decisão é mais difícil quanto menor é a habitualidade do decisor (ou decisores) em tomá-la. Quanto maior a habitualidade, mais rotineira e programável é a decisão. Quanto menor a habitualidade, mais única e não programável é a decisão (Figura 7.5).

As decisões programadas são aquelas que possuem regularidade e frequência conhecidas e, por serem repetitivas, são mais fáceis e simples de serem tomadas.[44] Acabam sendo mais abundantes do dia a dia organizacional e, por isso, são caracterizadas pela alta habitualidade. São facilmente programáveis e documentáveis, o que possibilita a criação de normas e procedimentos para suportá-las. Apresentam também maior velocidade no processo decisório e agilidade na criação e assimilação de conhecimento em cada experiência de decisão, além de serem mais compatíveis com demais processos organizacionais. São afeitas a contextos estáveis e cenários mais próximos de situações de certeza.

Figura 7.5 Espectro da habitualidade das decisões.

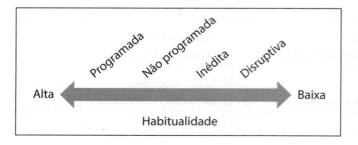

Diz-se que essas decisões, menos importantes e mais repetitivas, tendem a ocupar o escasso tempo dos decisores, justamente quando deveriam ser automatizadas para permitir o foco em decisões não programadas. Estas, por sua vez, por serem mais complexas, são postergadas (normalmente, prioriza-se o mais simples). O decisor deve continuamente avaliar se está colocando atenção no que é importante, independentemente de ser de fácil resolução.[45]

Suponha que um gestor financeiro que é responsável por avaliar e autorizar as despesas das áreas da empresa destine seu tempo para olhar detalhadamente pedidos como o de compra de um *toner* para o departamento de engenharia, de *post-its* para o departamento de criação, ou ainda guardanapos para a comemoração do aniversário de um ano do *trainee* de vendas. Não faz muito sentido que, como executivo, ele analise despesas ordinárias consideradas de baixa monta. O que ele deve fazer, então, para tornar esse processo mais ágil e programável? Por exemplo, poderia criar um procedimento para aprovação de despesas correntes mensais de cada departamento, com três níveis: (1) até R$ 2.000 (aprovação automática); (2) entre R$ 2.000,01 e R$ 5.000 (necessário solicitação antecipada de 60 dias); e (3) acima de R$ 5.000 (necessário análise em reunião executiva). Com isso, ele imprime velocidade nas decisões e pode destinar tempo e energia para decisões mais complexas, como a escolha do local da nova sede, ou, ainda, se vale a pena ampliar a sede atual adquirindo o terreno vizinho.

Há, portanto, situações organizacionais que demandam decisões à medida que ocorrem, de modo emergente e não planejado. As decisões não programadas são irregulares, não possuem data para acontecer. Sua habitualidade é menor e elas envolvem mais recursos no seu processo. O decisor deve ater-se à tendência de postergá-las para evitar que maiores problemas ocorram (consequências da latência de decisão). Uma das maneiras mais efetivas é alocar pessoas em grupo de apoio à decisão, que atuem no suporte a decisões mais complexas, seja no levantamento de informações, seja na avaliação do *timing* da decisão em pauta.

Podemos, ainda, encontrar duas variações das decisões não programadas, quais sejam: decisões inéditas e decisões disruptivas. Tanto as decisões inéditas quanto as disruptivas são desafiadoras, pois não possuem referências passadas acerca do processo de decisão. Em essência, o que as diferencia é o que dá início à tomada de decisão: as decisões inéditas são iniciadas de fora para dentro, por exemplo, um novo fornecedor que demanda um regime de compra diferenciado, ou mudanças na legislação que exigem adaptações organizacionais. Um exemplo recente no Brasil é o da lei anticorrupção, que responsabiliza administrativa e civilmente empresas por atos contra a administração pública e que minimiza sanções caso a organização possua mecanismos e procedimentos internos de integridade e auditoria; o que gerou um movimento inédito de criação de departamentos e práticas para aprimoramento da conduta ética. Outro exemplo trata da lei geral de proteção aos dados pessoais (LGPD), em vigor a partir do mês de agosto de 2020, que exigiu adaptações tecnológica e processual significativas de tratamento de dados pessoais nas empresas. Fundamentalmente, as decisões inéditas são aquelas que não possuem precedentes, mas contam com informações disponíveis ou que podem ser geradas com certa facilidade.

SAIBA MAIS

A **LGPD** é a Lei nº 13.709, de 14 de agosto de 2018, cuja vigência se dá após dois anos de sua promulgação, no contexto em que o campo da ciência e da análise de dados se torna vultoso e agressivo para conhecer perfis dos cidadãos internautas. A ideia é estabelecer um cenário de segurança jurídica que promova a proteção, de forma igualitária, nacional e mundialmente, aos dados pessoais de todo cidadão que esteja no Brasil.[46]

As decisões disruptivas, por sua vez, vão além do caráter de ineditismo, são consideradas resultado de geração de conhecimento e massa crítica ímpar de pessoas, grupos ou organizações, que quebra um paradigma e gera uma nova forma de enxergar o assunto em tela. Envolvem criação de novos mercados e desestabilização de concorrentes, assim como obsolescência de bens e serviços existentes. Exemplos recentes referem-se aos serviços de *streaming* de filmes, séries e documentários (que mexeram com as estruturas das videolocadoras e TV por assinatura), bem como aos serviços de transporte de passageiros por aplicativo (desbancando os táxis em diversos centros urbanos pelo mundo).

Podem-se aproximar as naturezas da decisão para melhor compreendê-las, ainda que não seja um comportamento definitivo – pode haver diferentes associações entre os diferentes tipos de decisão no dia a dia organizacional. O Quadro 7.2 ilustra essa aproximação, a fim de que contribua para a assimilação dessas características.

Essa caracterização permite que você compreenda as nuances das decisões no ambiente organizacional e possa perceber como tratá-las da forma mais adequada na sua prática profissional. Na Seção 7.3.5, discorreremos sobre a influência que o contexto político-cultural exerce sobre o comportamento dos decisores e sobre a conformação do processo de tomada de decisão.

7.3.5 Contexto político-cultural

O setor no qual a decisão é tomada pode conferir diferentes formatos ao processo decisório, em especial quando se trata de duas formas distintas de perceber a organização e o que ela opera. Empresas do setor privado podem fazer qualquer coisa que desejem, desde que de acordo com a legislação. Instituições do setor público somente podem fazer o que é previsto legalmente. Você acha que essas características impactam a tomada de decisões? De que forma?

As influências contextuais derivam da função que uma organização exerce na sociedade: um instrumento de política pública (contexto público) ou um meio

Quadro 7.2 Associação comum entre as diferentes naturezas da decisão

Natureza da decisão				
Envolvimento	Estruturação	Eventualidade	Habitualidade	Observações*
Indivíduo	Estruturáveis	Certeza	Programada	
Grupo	Semiestruturáveis/pouco estruturáveis	Risco	Não programada	
	Não estruturáveis	Incerteza	Inédita	
			Disruptiva	

*Preencha aqui os *insights* e as conexões que fez durante a leitura. Esse espaço é para seus registros!

de criar riqueza para os acionistas (contexto privado). Essa função determina os arranjos de governança que são necessários e mais adequados para exercer controle sobre diferentes tipos de responsáveis, tais como funcionários concursados e eleitos ou empresários e acionistas. Os gestores em cada setor possuem demandas e expectativas diferentes, capazes de influenciar a forma como tomam decisões, assim como a função em cada segmento exige lidar com usuários e clientes de maneiras diversas, acabando por também influenciar o processo decisório.[47]

No âmbito público, há restrição de opções e formas de contratação e qualquer ação deve seguir os princípios de legalidade, impessoalidade, moralidade, publicidade e eficiência. Cargos eletivos são os responsáveis pelas principais diretrizes que possuem um ciclo para funcionar (um mandato). Há restrições de orçamento que impedem a coleta de dados para dar suporte à tomada de decisão, indicados políticos ocupam cargos-chave cujo sigilo de discussões é comprometido.

No âmbito privado, há liberdade de escolha e de contratação, cujo princípio máximo é o da eficiência e da favorabilidade ao resultado operacional (lucro). Os dirigentes têm como principal objetivo obter o melhor desempenho de sua equipe e o melhor rendimento de seus recursos e de sua estrutura. Dispõem de tudo aquilo que conseguem acessar via compra própria ou estabelecimento de parcerias e têm maior possibilidade de criar e utilizar robusto suporte de apoio às suas ações e decisões.

Isso impacta diretamente a forma como o processo de tomada de decisão é realizado; a cultura da instituição pública é muito distinta da cultura da empresa privada. E cada cultura possui um conjunto diferenciado de valores, crenças e ideias que não são inatos, mas aprendidos e compartilhados, simbolizam o que uma organização é e revela ideologias incorporadas no seu processo decisório.[48]

MINICASO

A Latam Arlines Group (da qual faz parte a subsidiária brasileira Latam Airlines Brasil – antiga TAM Linhas Aéreas) tem passado por dificuldades financeiras. Recentemente, a companhia aérea anunciou que entrará com processo de recuperação judicial nos Estados Unidos e que incluirá credores brasileiros em tal operação. Isso só é possível pela não previsão dessa manobra na legislação brasileira (ou seja, não há impedimento em realizá-la), que se soma à brecha legislatória prevista no Projeto de Lei nº 1.397/20 e a um pacote estatal de ajuda financeira a companhias aéreas (via BNDES). Com isso, as credoras brasileiras da Latam podem eventualmente receber menos do que lhes seria devido, porém, têm a certeza de que obterão algum valor do que foi emprestado (pela celeridade da justiça estadunidense), além de dar sobrevida à Latam e suas operações internacionais (aeronaves e *slots* nos aeroportos), evitando o que ocorreu com a Varig no passado, que, ao pedir recuperação judicial no Brasil, foi impedida de realizar voos internacionais pelo risco de arresto de suas aeronaves, o que complicou ainda mais a situação à época.

Fontes: *Valor Econômico*,[49] *Veja*,[50] e *Folha de S.Paulo*.[51]

7.4 FERRAMENTAS DE APOIO À DECISÃO

Esta seção é destinada a apresentar elementos de suporte à decisão, de modo a contribuir em algum processo decisório específico no qual, porventura, técnicas específicas e tecnologias diferenciadas possam ser utilizadas. Podem ser aplicadas isoladamente, ou de modo combinado, associando mais de uma técnica ou técnica(s) com tecnologia(s).

7.4.1 Técnicas para a tomada de decisão

Técnicas nada mais são do que um jeito de fazer algo, um método ou uma prática. Denotam aplicação de princípios e regras, uma forma usual de proceder determinada atividade. Apresentamos aqui algumas das técnicas mais comuns utilizadas no campo do processo decisório organizacional.

Brainstorming é um termo em inglês que significa "tempestade cerebral". Bastante utilizado em processos criativos, tem grande valia também para o processo decisório. É aplicado em grupos pequenos ou grandes grupos divididos em subgrupos. Uma de suas características mais marcantes é a de que nenhuma ideia pode ser descartada ou invalidada, não deve haver crítica ou julgamento de qualquer natureza sobre uma ideia sugerida na sessão de *brainstorming*. Pode assumir formas mais estruturadas ou menos estruturadas, mas seu foco é solucionar problemas ou aproveitar oportunidades.[52]

Figura 7.6 Principais etapas do *brainstorming*.

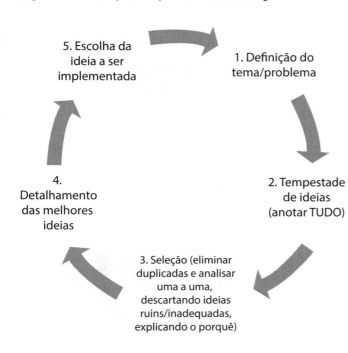

Fonte: adaptado de SiteWare.[53]

Design thinking é um processo que tem como etapas enquadrar o problema, pensar de forma criativa, gerar soluções, adotar um olhar multilateral, cocriar, fazer associações inusitadas e prototipar as melhores soluções. É um processo criativo e inusitado, cujos produtos são originais, singulares e personalizados.[54] Contribui para um processo de tomada de decisão mais engenhoso e inventivo.

Figura 7.7 Etapas do *design thinking*.

Fonte: adaptada de Stickdorn e Schneider.[55]

O método multicritério de apoio à decisão (MCDA) dá suporte a decisões com problemas multifacetados, em que se tem múltiplos objetivos que são combinados e avaliados subjetivamente. É necessário em situações nas quais não é possível representar todos os objetivos de um problema por meio de uma única métrica (unidade monetária, por exemplo). A tradicional avaliação custo-benefício é de resolução tipicamente multicritério, pois possui diversas variáveis, cada qual com uma unidade de medida diferente. É facilmente programável e deve ser personalizado (ainda que utilize metodologias conhecidas), a fim de que seja o mais adequadamente ajustado à decisão a ser tomada.[56]

Figura 7.8 Principais fases do MCDA.

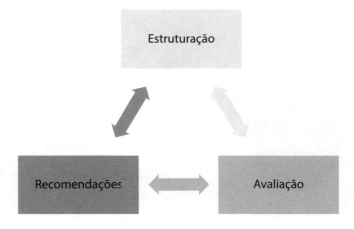

Fonte: adaptada de Ensslin *et al.*[57]

Diagrama de Ishikawa ou diagrama de espinha de peixe é uma técnica para elucidação sobre a relação de causa e efeito de algo ou de uma situação dada. É aplicada no estudo de problemas que apresentam encadeamento de causas (causas decorrentes de causas anteriores) – são levantadas causas primárias, secundárias, terciárias e assim por diante. Identificam-se e classificam-se as causas primárias nas categorias 6 Ms: máquina, matéria-prima, mão de obra, meio ambiente, medições e método, permitindo visualização clara e agrupada por fator-chave.[58]

Figura 7.9 Principais etapas do diagrama de Ishikawa.

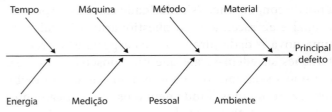

Fonte: Gomes e Gomes.[59]

A prospecção de cenários é a técnica que consiste em explorar possibilidades futuras, muito oportuna em situações como a da atualidade, repleta de incertezas. Demanda definição de um enredo (para onde), variáveis (que elementos considerar), atores (quem considerar), cenas (trechos das visões possíveis) e a trajetória (dinâmica da cena inicial à cena final). Envolve descrições de futuros alternativos decorrentes das decisões que precisam ser tomadas hoje. Delinear cenários difere de predição, corresponde a um esforço de descrever plausível e consistentemente situações futuras possíveis, a fim de tomar melhores decisões no tempo presente.[60]

Figura 7.10 Etapas da prospecção de cenários.

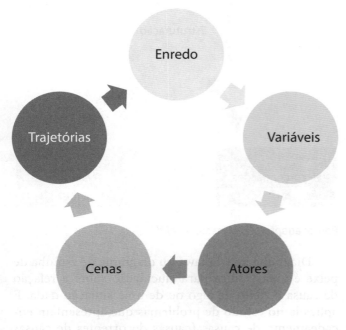

Fonte: elaborada pela autora com base em Gomes e Gomes.[61]

O método Delphi é utilizado para prever cenários qualitativos, baseado em interações entre especialistas na área em questão. Delineiam-se questões correlatas ao tema a ser previsto, de modo claro e objetivo (para minimizar ambiguidade de interpretação), que são aplicadas aos especialistas. Avalia-se o grau de concordância/similaridade entre as respostas, o qual é acrescentado ao questionário original para uma nova rodada junto com os especialistas. As interações sucedem-se até que um consenso ou quase consenso seja obtido. O anonimato é mantido e obtêm-se resultados fundamentados estatisticamente, com custo relativamente baixo e sem as pressões que os participantes poderiam ter numa confrontação direta (face a face).[62]

Figura 7.11 Etapas do método Delphi.

Fonte: elaborada pela autora com base em Gomes e Gomes.[63]

7.4.2 Tecnologia para a tomada de decisão

As técnicas que vimos na Seção 7.4.1 denotam processos e passo a passo e envolvem vários elementos para sua operação. Esta seção traz os aspectos tecnológicos, que são o aparato para as técnicas. O enfoque aqui se dá na tecnologia de suporte à decisão.

Os sistemas de apoio à decisão (SAD) são sistemas computadorizados interativos que possibilitam ao usuário o acesso facilitado a modelos decisórios e dados, apropriado para proporcionar apoio a atividades de tomada de decisões tanto estruturadas quanto não estruturadas.[64]

Podem ser totalmente autônomos ou minimamente automatizados, apresentando grau de flexibilidade e adaptabilidade. São exemplos de SAD as planilhas eletrônicas e os sistemas de análise estatística. Esses sistemas procuram obter uma associação entre a mente humana e o computador, de modo que haja intensa interação entre o decisor e a máquina, com controle direto do gestor sobre as atividades automatizadas e os seus resultados.[65]

Business intelligence é um termo que indica um sistema de apoio à decisão mais atual e completo. É um termo amplo para designar o conjunto de ferramentas, arquitetura, bases de dados, *data warehouse*, gerenciamento de desempenho, diferentes procedimentos, de modo integrado em uma coleção de *softwares* ou aplicativos. Uma das ferramentas mais conhecidas é o Microsoft Power BI, que se posiciona como integração entre os dados e a decisão. Permite a fácil e ágil captação dos dados e a decorrente modelagem, visualização e emissão de relatórios. Da evolução do BI para além da tecnologia, isto é, agregando processos, métricas e outros sistemas, tem-se o *business process management* (BPM), focado no desempenho geral da empresa (do qual o processo decisório é só uma fração). O BPM é um conjunto de processos que conecta estratégia e execução.[66] O Bizagi é a ferramenta gratuita mais utilizada para modelagem, análise e automatização de processos, e, muitas empresas de *software* possuem suas próprias soluções de BPM (por exemplo: Senior Sistemas e Softplan).

Há ainda os softwares *enterprise resource planning* (ERP), sistemas mais tradicionais que integram os dados gerenciais da empresa e são comumente modulares (módulo de compras, financeiro, comercial etc.). O mercado brasileiro de ERPs em grandes empresas no ano de 2018 era composto por SAP (50%), TOTVS (20%) e Oracle (18%).[67]

Na atualidade, temos inúmeras tecnologias a nosso dispor para auxiliar tanto em decisões pessoais quanto na tomada de decisões organizacionais. Muitas dessas tecnologias hoje operam na palma da mão, em nossos *smartphones*, mas muitas delas já indicam a geração de inteligência própria (artificial), como as que realizam comandos por voz ou os algoritmos que nos ajudam a escolher a que tipo de filme assistir ou uma rádio exclusiva baseada nos *hits* que mais escutamos via *streaming* de música. Os avanços dessa área não param de surpreender a todos. Cabe a nós definir bem quais são o problema a ser solucionado e a decisão a ser tomada, a fim de utilizá-los da melhor forma possível.

7.5 TENDÊNCIAS NO PROCESSO DE TOMADA DE DECISÃO

E o que será do futuro da tomada de decisão? E aí, você arrisca algum palpite? Nesta parte, trazemos os aspectos que mais têm sido discutidos nos dias atuais: uma camada quantitativa derivada da robustez tecnológica que temos continuamente ampliado, e uma camada qualitativa, voltada a elementos subjetivos, sutis e tácitos que têm canalizado a atenção da área da decisão em todos os cantos do mundo.

7.5.1 Camada quantitativa

Os dados são o principal insumo para tomada de decisão, notadamente no âmbito empresarial. O campo da ciência de dados não para de crescer em função disso. Cada vez, se tem coletado e analisado um número maior de dados, a julgar pelo crescimento das áreas de *big data* e *data analytics*. Por mais que não sejam assuntos novos, ainda estamos no início da curva de aprendizagem e exploração desses adventos.

SAIBA MAIS

Big data é uma enorme quantidade de dados passível de análise e aplicação para gerar valor. Baseia-se em cinco principais aspectos (5 Vs): volume, variedade e velocidade para processar rapidamente tamanha quantidade de dados não estruturados, veracidade, que advém da qualidade dos dados e credibilidade de sua fonte, e valor, isto é, os benefícios gerados com seu uso.
Fonte: Canaltech.[68]

Data analytics é o agregado de processos e tecnologias para processamento robusto de um volume gigante de dados.

Por ora, a ênfase está na robotização da coleta e da análise dos dados, assim como na intensificação da automação de muitas funções antes estritamente humanas que, muito em breve, serão executadas estritamente por máquinas. A tecnologia serve ao homem ou o homem serve à tecnologia? É uma reflexão pertinente e por vezes sem resposta fácil. O setor de tecnologia continua a crescer exponencialmente e a gerar inovações, sendo que algumas são mantidas retidas para prevenir também o impacto que causariam se implementadas de imediato.

O próprio uso dos dados tem se mostrado falível diante da interpretação viesada e passional do ser humano. O desenvolvimento de inteligência a partir de dados, a capacidade computacional e humana de analisar e extrair valor das inúmeras fontes de dados que reunimos, é um dos desafios da atualidade. Somem-se a isso erros de coleta e processamento de dados e relatórios de baixa qualidade, e temos um pouco mais de complexidade para integrar todas as informações de que dispomos. Na prática, as empresas têm utilizado *big data* e *data analytics* em seus negócios para monitorar tendências e hábitos de uso e de consumo. A Nike, por exemplo, desenvolve e utiliza os chamados *wearables* (tecnologias vestíveis) e assim monitora os dados das práticas de atividade física dos consumidores da marca para compreender necessidades de seus atletas e criar novos e aprimorados produtos. Empresas do varejo alimentício possuem seus programas de recompensas para mapear produtos prediletos e criar promoções personalizadas, além de contribuírem para a gestão de estoques e logística.[69]

Agregue-se aí a camada qualitativa, segunda seção desta parte final, para distinguir e filtrar o que é relevante e aplicável mediante definição clara e incontestável do objetivo. Voltamos às reflexões iniciais, coroando mais uma dificuldade dos tempos atuais: como escolher com sabedoria? Como saber qual decisão representará maior valor quando executada?

7.5.2 Camada qualitativa

Avançarmos no autoconhecimento permite-nos acessar um manancial de conhecimento infinito e imensurável. Decifrar a linguagem intuicional é um dos nossos próximos desafios a serem alcançados. Isso nos permitirá sermos cada vez mais únicos e fazermos de nossa existência individual e coletiva algo positivo para as organizações e para a humanidade.

Para que a tomada de decisões e seu estudo possam acompanhar essas subjetividades, é necessário afiarmos a captação das sutilezas e de sua codificação. A gestão do conhecimento (GC) tem operado essa cifra tácita nas organizações, mas ainda há espaço para ampliarmos essa camada qualitativa, que é insumo e suporte para a tomada de decisão mais realista e efetiva.

As etapas da GC dos célebres autores Nonaka e Takeuchi são socialização (compartilhamento e criação de conhecimento tácito), externalização (conversão de conhecimento tácito em explícito), combinação (sistematização do conhecimento explícito) e internalização (apreender conhecimento explícito, tornando-o tácito). Costumam ser implementadas nas empresas de modo ágil e dinâmico por meio de práticas e ferramentas. Algumas mais consagradas são as comunidades de prática (discussão de problemas e temas em questão na Embrapa), *world cafe* (para capacitações no Banco do Brasil), *wikis* e ambientes colaborativos (prospecção de soluções colaborativas entre funcionários da Petrobras), em especial, para processos de inovação.

7.6 CONSIDERAÇÕES FINAIS E QUESTÕES

No presente capítulo, vimos como se dá o processo decisório nas organizações, conhecemos seus principais elementos, suas diferentes características e as distintas naturezas das decisões. Conhecemos aspectos-chave para a tomada de decisão adequada à organização e aos decisores, em especial seus objetivos, mas igualmente suas circunstâncias – o que é crucial para a resolutividade organizacional.

O comportamento da tomada de decisão segue o desenrolar da história do pensamento administrativo e da função executiva. O processo decisório é um reflexo dos gestores e da cultura na qual estão inseridos e contribui para construir, manter-se ou transformar-se, a cada gesto, a cada palavra, a cada ação e a cada decisão.

Decidimos sozinhos e arcamos com as consequências por nós mesmos, mas reconhecemos que vez ou outra somos influenciados pelas companhias e pela leitura de alcance limitado que fazemos acerca do ambiente. Cada um de nós leva muito de si para as decisões em conjunto, que acabam por ser mais completas e acertadas (próximas da verdade), do que as microdecisões tomadas individualmente. Somos o que pensamos e sentimos, o que fazemos e o que decidimos.

Criamos estruturas e processos para aprimorar o trabalho decisório e atenuar a dificuldade de reconhecermos que não sabemos *a priori* qual é a melhor solução. Por causa disso, tornamos estruturadas as decisões que são passíveis de ordenamento, a fim de canalizar recursos para as decisões não estruturáveis e melhorar sua qualidade dentro do que nos é possível. Atuamos para ampliar nossa noção de certeza e controle de risco, para que a incerteza possa ser minimamente gerenciada.

Muitas de nossas organizações veem-se buscando a originalidade e o ineditismo em seus bens e serviços, porque estamos nos acostumando com a disrupção – sem notar que, quando nos sentimos confortáveis com a mudança, é porque ela já começou e nem percebemos. Somos colocados e nos colocamos em situações de não habitualidade, ainda que as rotinas nos deixem mais seguros e em contato com nossa natureza instintiva. Também ele, o instinto, do qual somos indissociáveis, é um influenciador das decisões, em especial daquelas mais intempestivas.

Também a cultura do ambiente no qual estamos inseridos e onde a decisão é tomada exerce influência sobre nossas preferências, valores, crenças e formas de resolver problemas. A decisão por si mesma é um reflexo da cultura do *locus* organizacional e, por isso, verificamos por própria experiência as diferenças significativas de operação entre o setor público e o setor privado.

Desenvolvemos técnicas e aplicamos tecnologias para nos auxiliarem a lidar com a complexidade inerente à tomada de decisão organizacional. Geramos novos conhecimentos na mesma medida em que ampliamos nossa fronteira de atuação e nossas capacidades. Atualmente, estamos aprendendo a gerenciar grandes volumes de dados viabilizados por aportes tecnológicos, automação e androides. Isso nos lembra que o mais importante é de fato o objetivo e o propósito, pois é a partir disso que devemos selecionar e interpretar os dados. Quando, então, finalmente passamos a olhar a essência (identidade e intenção), abrimos uma nova fronteira, em início de exploração e descoberta, que é a da individualidade e da intuição. Em meio aos robôs e à inteligência artificial, somos chamados a nos apropriarmos de nossa humanidade e de nossa pluralidade para nos adaptarmos e evoluirmos como espécie e como tomadores de decisão que somos.

CONTRIBUIÇÕES DO CAPÍTULO PARA A ADMINISTRAÇÃO CONTEMPORÂNEA

a) Os processos decisórios são incrementais e adaptáveis, cujo julgamento individual e de grupo é inerente e, por isso, carece de especial atenção.

b) A tomada de decisão deve cada vez mais utilizar aparatos técnicos e tecnológicos para dar suporte à sua incerteza intrínseca.

c) A organização deve estar continuamente buscando fortalecer sua capacidade de adaptação e sua agilidade, e o processo decisório é um reflexo disso. Observe seu processo decisório e compreenda como tende a lidar com a mudança em sua organização.

d) Em um mundo cada vez mais inundado de dados e informações, é crucial ter clareza de objetivo e propósito para filtrar o que é pertinente, favorável e merece atenção.

e) A decisão continua sendo ato fundamentalmente racional, mas atualmente avançamos no conhecimento sobre aspectos subjacentes que, ainda que estejam ocultos, a influenciam (por exemplo: intenções, emoções, crenças, intuição, instinto).

f) O processo decisório contemporâneo, para ser bem-sucedido, necessita de uma abordagem integrativa, de um lado quantitativa baseada em dados e, de outro, qualitativa e humanista, reconhecendo as limitações e imperfeições que tornam o processo incompleto por natureza.

QUESTÕES PARA REFLEXÃO

1) Pense em uma decisão que tomou recentemente, no âmbito pessoal. Descreva-a com base no processo delineado neste capítulo (Figura 7.2).

2) De que forma você balancearia a tomada de decisão, utilizando o melhor do humano e o melhor da tecnologia?

3) Existem decisão correta e decisão incorreta? O que você diria que é uma decisão correta? E uma decisão incorreta?

4) Qual espaço você enxerga para o erro no processo decisório? O erro deve ser premiado? Ou deve ser punido?

QUESTÕES PARA AVALIAÇÃO DO CONHECIMENTO

1) Selecione uma decisão que vivenciou em sua organização, ou escolha alguma decisão organizacional publicada em *sites* ou revistas de negócios. Descreva-a com base no processo delineado neste capítulo (Figura 7.2)

2) Selecione uma decisão que acompanhou em sua organização, ou escolha alguma decisão organizacional publicada em *sites* ou revistas de negócios. Classifique-a quanto a sua natureza (envolvimento; estruturação; eventualidade; habitualidade).

3) Destaque as principais diferenças entre decisões individuais e decisões coletivas.

4) Quais aspectos caracterizam a estruturação da decisão?

5) Descreva e exemplifique cada eventualidade da tomada de decisão no ambiente organizacional.

6) Qual é o impacto do grau de habitualidade no processo decisório de uma organização? Discorra sobre as variantes da habitualidade na tomada de decisão empresarial.

7) Explique por que aplicações tecnológicas são cada vez mais utilizadas como apoio à decisão. Exemplifique.

8) Distinga intuição e instinto, pesquisando em *sites* e revistas de negócios. Qual **é** a influência de cada um no processo decisório?

REFERÊNCIAS

[1] FORBES. 2019. Disponível em: https://www.forbes.com/sites/bernardmarr/2018/05/21/how-much-data-do-we-create-every-day-the-mind-blowing-stats-everyone-should-read/#66da8e6b60ba. Acesso em: 10 maio 2021.

[2] CADERNO EMPRESAS & NEGÓCIOS. *Jornal do Comércio*, 2 mar. 2020. Disponível em: http://www.ismabrasil.com.br/img/estresse144.pdf. Acesso em: 10 maio 2021.

[3] PEREIRA, M. J. L. B. *Faces da decisão*: abordagem sistêmica do processo decisório. Rio de Janeiro: LTC, 2009.

[4] BARNARD, C. *As funções do executivo*. São Paulo: Atlas, 1971.

[5] LACOMBE, F.; HEILBORN, G. *Administração*: princípios e tendências. São Paulo: Saraiva, 2003.

[6] BUCHANAN, L.; O'CONNELL, A. Uma breve história da tomada de decisão. *Harvard Business Review*, p. 20-29, 2006.

[7] NORO, G. B.; ABBADE, E.; MATTTANA, L. Tomadores de decisão: estilos que fazem a diferença. V SEGeT. 2008.

[8] LACOMBE, F.; HEILBORN, G. *Administração*: princípios e tendências. São Paulo: Saraiva, 2003.

[9] *Idem, ibidem*; NORO, G. B.; ABBADE, E.; MATTTANA, L. *Tomadores de decisão*: estilos que fazem a diferença. V SEGeT. 2008. https://www.aedb.br/seget/arquivos/artigos08/106_decisao_Seget.pdf. Acesso em: 10 maio 2021.

[10] BUCHANAN, L.; O'CONNELL, A. Uma breve história da tomada de decisão. *Harvard Business Review*, p. 20-29, 2006; NORO, G. B.; ABBADE, E.; MATTTANA, L.*Op. cit.*, 2008.

[11] BRITANNICA. Disponível em: https://www.britannica.com/biography/Herbert-A-Simon. Acesso em: 10 maio 2021; NOBEL PRIZE. Disponível em: https://www.nobelprize.org/prizes/economic-sciences/1978/simon/facts/. Acesso em: 10 maio 2021.

[12] LACOMBE, F. *Op. cit.*, 2003.

[13] BUCHANAN, L.; O'CONNELL, A. *Op. cit.*, 2006.

[14] LACOMBE, F. *Op. cit.*, 2003.

[15] LACOMBE, F. *Dicionário de administração*. São Paulo: Saraiva, 2004.

[16] GOMES, L. F. A. M; GOMES, C. F. S. *Tomada de decisão gerencial*: enfoque multicritério. São Paulo: Atlas 2014.

[17] ALMEIDA, A. T. *Processo de decisão nas organizações*: construindo modelos de decisão multicritério. São Paulo: Atlas, 2013.

[18] NEGULESCU, O. H. Using a decision-making process model is strategic management. *Review of General Management*, 19(1), 111-123, 2014. Disponível em: http://www.managementgeneral.ro/pdf/1_2014_10.pdf. Acesso em: 10 maio 2021.

[19] *Idem, ibidem*.

[20] *Idem, ibidem*.

[21] O GLOBO. Disponível em: https://oglobo.globo.com/economia/pela-1-vez-brasil-sai-de-ranking-global-de-atracao-de-investidor-estrangeiro-24292800. Acesso em: 10 maio 2021.

[22] VEJA. Disponível em: https://veja.abril.com.br/economia/por-que-os-estrangeiros-veem-um-risco-economico-crescente-no-brasil/. Acesso em: 10 maio 2021.

[23] AMBRUS, A.; GREINER, B.; PATHAK, P. Group versus individual decision-making: is there a shift? *Economics Working Papers of the School of Social Science*, n. 91, jun. 2009. Institute for Advanced Study. Disponível em: https://www.sss.ias.edu/publications/economicsworking> Acesso em: 10 maio 2021.

[24] *Idem, ibidem*.

[25] ALMEIDA, A. T. *Processo de decisão nas organizações*: construindo modelos de decisão multicritério. São Paulo: Atlas, 2013.

[26] *Idem, ibidem*.

[27] CARBONE, E.; GEORGALOS, K.; INFANTE, G. Individual vs. group decision-making: an experiment on dynamic choice under risk and ambiguity. *Theory and Decision*, n. 87, p. 87-122, 2019.

[28] LACOMBE, F. *Op. cit.*, 2004.

[29] LACOMBE, F. *Op. cit.*, 2003.

[30] ÉPOCA. Disponível em: http://revistaepoca.globo.com/Revista/Epoca/0,,EMI164680-16165,00-O+JEITO+GOOGLE.html. Acesso em: 10 maio 2021.

[31] GOMES, L. F. A. M; GOMES, C. F. S. *Tomada de decisão gerencial*: enfoque multicritério. São Paulo: Atlas 2014.

[32] VEJA. Disponível em: https://veja.abril.com.br/economia/por-que-a-latam-nao-pediu-recuperacao-judicial-no-brasil/. Acesso em: 10 maio 2021.

[33] LACOMBE, F. *Op. cit.*, 2003.

[34] GOMES, L. F. A. M; GOMES, C. F. S. *Op. cit.*, 2014.

[35] LACOMBE, F. *Op. cit.*, 2003.

[36] GOMES, L. F. A. M; GOMES, C. F. S. *Op. cit.*, 2014.

[37] *Idem, ibidem.*

[38] PEREIRA, M. J. L. B. *Faces da decisão:* abordagem sistêmica do processo decisório. Rio de Janeiro: LTC, 2009.

[39] *Idem, ibidem.*

[40] *Idem,* p. 54.

[41] DAFT, R. L. *Teoria e projeto das organizações.* 6. ed. Rio de Janeiro, LTC, 1999.

[42] *Idem, ibidem.*

[43] PEREIRA, M. J. L. B. *Faces da decisão:* abordagem sistêmica do processo decisório. Rio de Janeiro: LTC, 2009.

[44] LACOMBE, F. *Op. cit.,* 2003.

[45] *Idem, ibidem.*

[46] SERPRO. O que muda com a LGPD. 2020. Disponível em: https://www.serpro.gov.br/lgpd/menu/a-lgpd/o-que-muda-com-a-lgpd. Acesso em: 11 jun. 2020.

[47] NUTT, P. C. Comparing public and private sector decision-making practices. *Journal of Public Administration Research and Theory,* v. 16, n. 2, p. 289-318, 2005.

[48] *Idem, ibidem.*

[49] VALOR. Disponível em: https://valor.globo.com/legislacao/noticia/2020/08/21/latam-pretende-incluir-credores-brasileiros-em-recuperacao-nos-eua.ghtml. Acesso em: 10 maio 2021.

[50] VEJA. Disponível em: https://veja.abril.com.br/economia/por-que-a-latam-nao-pediu-recuperacao-judicial-no-brasil/. Acesso em: 10 maio 2021.

[51] FOLHA UOL. Disponível em: https://www1.folha.uol.com.br/mercado/2020/05/entenda-a-recuperacao-judicial-da-latam-e-quais-sao-os-direitos-do-consumidor.shtml. Acesso em: 10 maio 2021.

[52] LACOMBE, F. *Op. cit.,* 2003.

[53] FOLHA UOL. Disponível em: https://www1.folha.uol.com.br/mercado/2020/05/entenda-a-recuperacao-judicial-da-latam-e-quais-sao-os-direitos-do-consumidor.shtml. Acesso em: 10 maio 2021.

[54] STICKDORN, M. SCHNEIDER, J. *Isto é desing thinking de serviços.* Porto Alegre: Bookman, 2014.

[55] *Idem, ibidem.*

[56] ALMEIDA, A. T. *Op. cit.,* 2013.

[57] ENSSLIN, L.; ENSSLIN, S. R.; ROCHA, S.; MARAFON, A. D.; MEDAGLIA, T. A. Modelo multicritério de apoio à decisão construtivista no processo de avaliação de fornecedores. *Production,* v. 23, n. 2, 2013, p. 402-421.

[58] GOMES, L. F. A. M; GOMES, C. F. S. *Op. cit.,* 2014.

[59] *Idem, ibidem.*

[60] *Idem, ibidem.*

[61] *Idem, ibidem.*

[62] *Idem, ibidem.*

[63] *Idem, ibidem.*

[64] LACOMBE, F. *Op. cit.,* 2004.

[65] LACOMBE, F. *Op. cit.,* 2003.

[66] TURBAN, E.; SHARDA, R.; ARONSON, J. E.; KING, D.*Business intelligence*: um enfoque gerencial para a inteligência do negócio. Porto Alegre: Bookman, 2009.

[67] COMPUTERWORLD. Disponível em: https://computerworld.com.br/2018/04/19/totvs-sap-e-oracle-detem-81-do-mercado-de-erp-no-brasil/. Acesso em: 10 maio 2021.

[68] CANALTECH. Disponível em: https://canaltech.com.br/big-data/o-que-e-big-data/. Acesso em: 10 maio 2021.

[69] IBE. Disponível em: https://www.ibe.edu.br/conheca-5-exemplos-de-sucesso-com-o-big-data-nas-empresas/. Acesso em: 10 maio 2021.

Capítulo

8 Controle e análise de desempenho

Assista ao **vídeo**

Tiago Silveira Gontijo
Alexandre de Cássio Rodrigues
Andressa Amaral de Azevedo
Thiago Henrique Martins Pereira

Pontos de aprendizado

Neste capítulo, o leitor poderá aprofundar seu conhecimento sobre:
- O que são instrumentos de controle e medidas de desempenho.
- A forma como as instituições mensuram o desempenho de suas atividades.
- Mecanismos de comparação de desempenho entre instituições – *benchmarking*.
- Uso de *softwares* gratuitos para a análise de desempenho de instituições.

RESUMO

Este capítulo visa apresentar a importância da adoção dos instrumentos de controle e desempenho por parte das organizações. Nesse contexto, o estudo dos indicadores de desempenho é o ponto de partida para se determinar o grau de competitividade de certa instituição. Para abordar as principais ferramentas metodológicas utilizadas em estudos sobre eficiência, este capítulo apresentará a análise envoltória de dados, tanto do ponto de vista teórico, quanto de uma perspectiva prática, por meio de exemplos reais. Você será encorajado a utilizar *softwares* livres para a mensuração do desempenho organizacional e aprenderá sobre o processo de *benchmarking*, ou seja, a comparação de processos similares por meio de métricas de *performance* preestabelecidas. Pretende-se definir as melhores práticas a serem seguidas pelas organizações de determinado segmento de mercado.

8.1 INTRODUÇÃO

A adoção de ferramentas assertivas de controle por parte das organizações auxilia na tomada de decisões eficientes. Dessa forma, avaliar o desempenho das operações não só permite melhor autoconhecimento institucional, mas, sobretudo, possibilita a criação de ambiente educativo, fundamental para a modernização dos sistemas de controle de gerenciamento. A avaliação de desempenho, portanto, é capaz de fornecer visão integrada da organização, uma vez que deve levar em consideração as necessidades cotidianas, a natureza estratégica dos negócios, o comportamento dos funcionários e as diretrizes organizacionais.

Diante de sua relevância, a mensuração da eficiência organizacional desperta o interesse de diferentes agentes (*players*), no entanto, avaliar de forma sistêmica o desempenho (*performance*) dessas entidades não é tarefa simples.[1] O ideal é que os recursos investidos em uma organização competitiva resultem em maior probabilidade de sucesso econômico-financeiro por parte dela. Assim, é considerada eficiente a firma que, em comparação com as demais, obtém máximos resultados (*outputs*) a partir de um conjunto fixo de insumos (*inputs*) ou que consuma menos *inputs* para gerar uma quantidade fixa de *outputs*.

O cálculo da eficiência é um tema amplamente discutido na literatura,[2] uma vez que permite determinar a *performance* das empresas. Os principais métodos de estimação da eficiência empregados são a *data envelopment analysis* (DEA) e a *stochastic frontier analysis* (SFA).[3] Destaca-se ainda que os modelos da classe DEA têm sido os mais utilizados pela literatura científica para tal fim.[4]

SAIBA MAIS

Stochastic frontier analysis (SFA) é um método de modelagem econômica[7] que se baseia na análise econométrica.[8] Esse método parte da definição de uma fronteira paramétrica de eficiência, considerando dado nível de tecnologia existente. Os modelos de SFA são formulados a partir de uma distribuição de probabilidade para os coeficientes de eficiência, e o nível de erro da análise é estimado por meio de um modelo de regressão.

O método SFA apresenta algumas particularidades. A principal delas diz respeito à pouca sensibilidade a problemas de erros de medida, quando há suspeita de sua existência. Além disso, ele permite estimar intervalos de confiança para os coeficientes de eficiência e determinar as variáveis que os explicam, bem como a relação destes com essas variáveis. Outra característica do método é não assumir nenhuma hipótese a respeito de retornos de escala.[9]

POR DENTRO DA TEORIA[5]

Eficácia mede a relação entre o efeito da ação e os objetivos pretendidos.

Eficiência é um conceito relativo que compara o que uma organização produziu (*output*) por unidade de insumo (*input*) com aquilo que poderia ser produzido por outra organização considerada eficiente.

Efetividade é a capacidade de se realizar algo (eficácia) da melhor forma possível (eficiência).

Portanto, conforme ilustrado na Figura 8.1, eficiência não se confunde com eficácia, que está relacionada com o alcance de objetivos definidos. Além disso, eficiência não é o mesmo que efetividade, pois esta associa os resultados atingidos aos compromissos assumidos.

Figura 8.1 Relação entre eficácia, eficiência e efetividade.

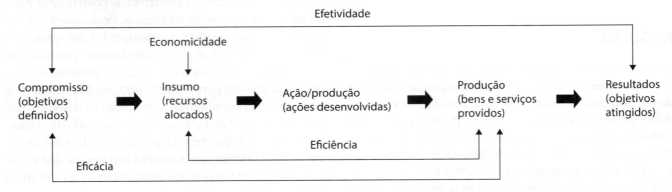

Fonte: Tribunal de Contas da União.[6]

Neste capítulo, trataremos dos principais indicadores de desempenho utilizados pelas organizações. Após a descrição teórica dessas métricas, será apresentada em detalhes a análise envoltória de dados (DEA). Ao término do capítulo, o leitor será estimulado a resolver problemas reais por meio do *software* livre R. Para ilustrar o uso dessa ferramenta, um breve manual de utilização do R será apresentado, bem como serão disponibilizados exercícios resolvidos e atividades de fixação do conteúdo ao final do capítulo.

8.2 INDICADORES DE DESEMPENHO DE PROCESSOS – *KEY PERFORMANCE INDICATORS*

Muitas organizações já enxergaram a importância de gerir operações a partir de indicadores-chave de desempenho, do inglês *key performance indicators* (KPI). Ou seja, avaliar como uma organização utiliza seus recursos é a base para KPIs importantes. Nesse contexto, é relevante definir o significado de "indicadores de desempenho". Em linhas gerais, esses indicadores podem ser classificados como um processo de quantificar ação, ou seja, trata-se da quantificação da ação que leva ao desempenho.

Com um número crescente de indicadores de desempenho disponíveis, os gerentes devem ser seletivos na escolha daqueles que são críticos para o sucesso de sua empresa. Assim, dependendo da área em que a empresa atua, alguns indicadores mostram-se mais "importantes" que os demais, para o gerenciamento do processo em questão. Como exemplo, podemos citar que um indicador de desempenho crucial para uma rede de *fast food* poderia ser a velocidade de entrega dos seus pedidos. Resumidamente, os principais indicadores utilizados pelas organizações são listados a seguir. Esses indicadores serão tratados em detalhes no Capítulo 10.

- **Produtividade:** mede a eficiência de um processo.
- **Capacidade:** mede o volume de saída de um processo.
- **Qualidade:** mede a taxa de defeitos de produtos.
- **Velocidade de entrega:** mede o *lead time*.
- **Flexibilidade:** mede a habilidade do processo de manufatura de responder rapidamente à demanda dos clientes.

Atualmente, a produtividade é um dos conceitos mais relevantes na gestão de operações, sendo esse um KPI usual na maioria das empresas. Na área de operações, a produtividade pode ser definida com a razão entre *outputs* e *inputs*. Um exemplo numérico de produtividade é apresentado na Tabela 8.1. Em uma pizzaria localizada na cidade de São Paulo, o *ticket* médio é um indicador de *performance* que se refere ao valor médio gasto por compra. Ou seja, é calculado em função do valor monetário das vendas totais da pizzaria divididas pelo número de vendas, em dado período. Observando o desempenho apresentado na Tabela 8.1, das três últimas semanas, pode-se perceber que o *ticket* médio apresentou crescimento, registrando, na semana 3, um pedido médio de R$ 18,70.

Tabela 8.1 Exemplo do cálculo de produtividade a partir dos *outputs* e dos *inputs*

	Semana 1	Semana 2	Semana 3
Vendas totais (*output*) [unidade: R$/semana]	2.282	2.301	2.244
Quantidade de vendas (*input*) [unidade: pedidos/semana]	140	130	120
Produtividade [unidade: R$/pedidos]	16,3	17,7	18,7

Mas esse resultado é bom? Um dado importante sobre o indicador de produtividade é que ele fornece uma medida relativa, no sentido de que, para ser compreendido, ele precisa ser comparado com algum parâmetro. As comparações podem ser realizadas por meio de dados históricos, em que se acompanha a evolução do setor produtivo.

No exemplo, foi possível concluir que a evolução do gasto médio estava positiva, ou seja, a cada semana os pedidos foram registrados com gastos maiores, em média. Outra forma de comparar os resultados de produtividade é por meio de dados externos, fornecidos por associações ou sindicatos.

O conceito de produtividade em um ambiente de produção normalmente agrega variáveis de dentro do processo, como quantidade de operadores ou tempo disponível de cada centro produtivo. No entanto, é possível avaliar a produtividade de forma mais abrangente. Por exemplo, a produtividade de uma empresa pode ser estabelecida como a relação entre o faturamento e os respectivos custos. A vantagem de se aferir o desempenho dessa forma é obter uma medida global para a empresa.

RELEMBRANDO

E então, você conseguiu compreender o que são indicadores de desempenho de processos? Conseguiu perceber que definir um KPI não é tarefa simples?

A definição de um KPI precisa considerar que ele seja derivado da estratégia e alinhado com as prioridades competitivas da operação, bem como seja simples de entender e de usar. Outra dica interessante é que o KPI mantenha seu significado ao longo do tempo e foque no melhoramento do processo. O Quadro 8.1 apresenta uma síntese das características importantes dos indicadores de desempenho.

Quadro 8.1 Principais características dos indicadores de desempenho

Característica	Tradução	Significado
Specific	Específico	Cada área da organização tem seus indicadores e suas metas.
Measurable	Mensurável	Os indicadores podem ser traduzidos em números, consequentemente suas metas são mensuráveis.
Assignable	Atribuível	O responsável por cada indicador e consequentemente pelo atingimento de sua meta é claramente definido.
Realistic	Realista	As metas indicam que resultados podem ser realisticamente alcançados.
Time Related	Temporizável	O momento em que as metas devem ser alcançadas também é realisticamente definido.

Fonte: Adaptado de Moura.[10]

Destaca-se, ainda, que as aplicações para o cálculo da produtividade são variadas. Como exemplo, cita-se o uso desse indicador em alguns segmentos e aplicações específicos, a saber:

- **Restaurantes:** clientes/hora de trabalho.
- **Loja de varejo:** vendas/m².
- **Aviário:** kg de carne/kg de alimento.
- **Indústria de energia:** quilowatts/ton. de carvão.
- **Fábrica de papéis:** ton. de Papel/ton. de madeira, entre outras aplicações.

Tão importantes quanto os indicadores de produtividade, situam-se as métricas de mensuração do uso da capacidade produtiva por parte das organizações. Em linhas gerais, a capacidade mede o volume de saída de um processo em determinado período. Seu uso é vasto e abarca a utilização tanto em empresas de manufatura, quanto em empresas prestadoras de serviços, onde geralmente se inclui o cliente na análise (parte integrante do processo). Quando se trata de indicadores de capacidade, uma série de conceitos ganha importância. Para descrever o significado de cada um, segue uma lista detalhada deles.

- **Capacidade de projeto:** é a taxa ideal de saída, assumindo uma produção em condições normais, de acordo com o projeto do sistema.
- **Capacidade máxima:** taxa potencial de saída: pode ser alcançada quando todos os recursos produtivos estão sendo utilizados ao máximo. Destaca-se que a maioria das empresas consegue operar eficientemente à plena capacidade apenas em curtos períodos de tempo.
- **Utilização da capacidade:** percentual da capacidade disponível que está sendo utilizada atualmente, ou seja, é o quociente entre o volume de produção real (ou atual) e a capacidade projetada instalada.
- **Capacidade projetada (instalada):** a capacidade de uma operação é o máximo nível de atividade de valor adicionado em determinado período que o processo pode realizar sob condições normais de operação.

- **Capacidade efetiva:** (capacidade do projeto) – (perdas inevitáveis e previstas).

- **Volume de produção real:** (capacidade do projeto) – (perdas inevitáveis + perdas que poderiam ser evitadas).

- **Utilização da capacidade:** (volume de produção real)/(capacidade de projeto).

- **Eficiência da fábrica:** (volume de produção real)/(capacidade efetiva).

Outro rol de indicadores, bastante utilizados pelas empresas, lista aqueles que abordam questões relativas à qualidade. Em linha geral, esses indicadores medem a taxa de defeito dos produtos fabricados. Por defeito, entende-se a identificação de produtos não conformes, os quais podem ocorrer tanto no âmbito interno (antes da entrega ao cliente), quanto no âmbito externo (defeitos percebidos pelo cliente).

Diante do exposto, destaca-se que há significativo rol de aplicações para esse indicador de qualidade. Por exemplo, citam-se: qualidade percebida do produto, das instalações e do atendimento; qualidade comparada aos concorrentes; confiabilidade e durabilidade; percentual de clientes satisfeitos e grau de satisfação deles; tempo médio entre falhas do produto; taxa de aprovação no controle de qualidade/no de defeitos; custos de prevenção, inspeção, falhas internas e externas; e competência do fornecedor para resolver problemas técnicos.

Nesse contexto, outro importante indicador é aquele que lida com a velocidade do processo. Em linha geral, esse indicador sinaliza o tempo real necessário para a conclusão do serviço dividido por onde realmente foi adicionado valor, ou seja: (tempo de atravessamento do produto)/(tempo de valor adicionado). Os principais exemplos para os indicadores de velocidade são listados a seguir: *lead times* internos; tempos de ciclo da operação; tempo de processamento de pedidos; tempo de resposta a solicitações de clientes; estoques em processo; tempo de agregação de valor por tempo total no sistema; distância percorrida pelos fluxos; e tempos perdidos em atividades não agregadoras de valor.

Outro relevante indicador é aquele que mede o grau de flexibilidade, ou seja, a capacidade de produzir produtos personalizados, atendendo às necessidades individuais dos clientes. Destaca-se que a flexibilidade tem três dimensões, a saber: (i) indica com que velocidade um processo de produção pode ser **convertido**; (ii) indica a capacidade de reação a **modificações no volume** de produção; e (iii) indica a habilidade de um processo de produzir **mais de um produto simultaneamente**. Entre as principais aplicações desse grupo de indicadores, citam-se os seguintes casos:

- Quanto de qualidade, entregas e custos não são afetados nas mudanças de *mix*/volume.

- Tempo de desenvolvimento de novos produtos.

- Flexibilidade percebida para customizar produtos.

- Número de itens processados simultaneamente.

- Tempo de preparação de equipamento (*setup* × *changeover*).

- Quão rápido a operação se ajusta às mudanças de volume.

- Percentagem de mão de obra polivalente, de equipamentos multifuncionais etc.

Por fim, mas não menos importante, um importante grupo de indicadores é voltado para aplicações específicas na área de prestação de serviços. Desse conjunto de métricas, algumas aplicações merecem destaque. Em especial, destacam-se os seguintes usos:

- Acurácia das previsões de demanda.

- Percentual de entregas no prazo (pedidos).

- Percentual de datas renegociadas com clientes.

- Aderência às datas prometidas.

- Atraso médio.

- Aderência ao plano de distribuição.

- Percentagem de redução de *lead times* por linha de produto.

- Percentagem de melhoria na fração (saída real)/(saída desejada).

- Percentagem de redução dos *lead times* de compras.

8.3 ANÁLISE DE DESEMPENHO – *DATA ENVELOPMENT ANALYSIS*

Em pesquisas que visam avaliar a eficiência das empresas, isto é, a habilidade dessas entidades em obter máximos produtos, dados os insumos à disposição,[11] frequentemente, têm-se utilizado modelos clássicos de análise envoltória de dados (*data envelopment analysis* – DEA). A DEA compara o desempenho de unidades operacionais similares (*decision making units* – DMUs), que consomem os mesmos *inputs* para produzir os mesmos *outputs*, diferenciando-se apenas nas quantidades consumidas e produzidas.[12]

A DEA compara o desempenho de unidades operacionais similares (*decision making units* – DMUs), que consomem os mesmos *inputs* para produzir os mesmos *outputs*, diferenciando-se apenas nas quantidades consumidas e produzidas. Diversos autores[13] já evidenciaram as vantagens da metodologia DEA, como a livre escolha de *inputs* e *outputs*, que podem ser medidos em unidades diferentes e sem necessidade de se conhecerem os preços daquelas variáveis, ou seja, a técnica demonstra potencial para avaliar a eficiência de entidades governamentais, uma vez que estas não visam ao lucro. Destaca-se que o referido método não exige relação funcional entre *inputs* e *outputs*, e a análise concentra-se em observações individuais e não em médias de uma população estatística.[14]

> **Um pouco de história!**
>
> A DEA é uma das principais técnicas de avaliação de eficiência e foi difundida especialmente a partir dos trabalhos de: (i) Charnes, Cooper e Rhodes[15] e (ii) Banker, Charnes e Cooper.[16]

Os modelos clássicos de DEA admitem as seguintes especificações: (i) retornos constantes de escala – *constant returns to scale* (CRS) ou (ii) retornos variáveis de escala – *variable returns to scale* (VRS). Enquanto o primeiro tipo de classificação (i) estabelece que exista proporcional variação de *outputs* a partir da alteração no montante de *inputs* em todos os níveis de escala, o segundo determina que, para dados volumes de *inputs* consumidos, a variação de *outputs* perde a proporcionalidade.[18] A Figura 8.3 ilustra as fronteiras de eficiência dos modelos CRS e VRS orientados a *outputs*.

Figura 8.3 Fronteiras de eficiência de modelos de DEA CRS e VRS, orientados a *outputs*.

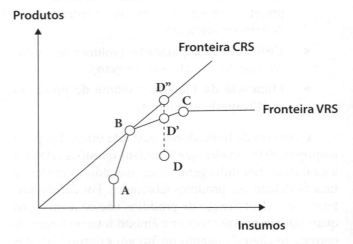

Fonte: adaptada de Macedo *et al*.[19]

É possível notar que, no caso do modelo CRS, apenas a DMU B pertence à fronteira de eficiência. Sendo essa DMU eficiente, logo ela é um *benchmark* para as demais. De maneira complementar, no modelo VRS são eficientes apenas as DMUs A, B e C. Nessa situação, as DMUs B e C são classificadas como *benchmarks* para a DMU D, sendo a segunda mais importante que a primeira, já que a projeção de D sobre a fronteira VRS está mais próxima de C que de B. Importante: note que os segmentos DD" e DD' representam, respectivamente, as ineficiências da DMU D nos modelos CRS e VRS. Assim, para se tornar eficiente, no modelo CRS, a DMU D terá que atingir o alvo D"; no modelo VRS, o alvo D'.

Figura 8.2 Principais expoentes da análise envoltória de dados.

William W. Cooper
1914-2012

Abraham Charnes
1917-1992

Edwardo Rhodes

Rajiv Banker

Fonte: adaptada de Despotis.[17]

Da Figura 8.3 também se depreende que, se uma DMU pertence à fronteira de eficiência do modelo CRS, então essa DMU também será eficiente no modelo VRS. Contudo, a recíproca não é verdadeira. Isso quer dizer que o modelo CRS tem maior poder discriminatório de DMUs eficientes que o modelo VRS, mas sua utilização requer o atendimento de uma hipótese forte: todas as DMUs devem estar operando em escala ótima, o que raramente é observável.[20]

A implementação da DEA[21] é composta das seguintes fases: (i) definição das DMUs para análise; (ii) seleção dos *inputs* e *outputs*; (iii) aplicação do modelo de DEA e análise dos resultados. Em se tratando da definição das DMUs, essas devem ser similares, isto é, devem realizar as mesmas tarefas e ter os mesmos objetivos.[22]

Uma recomendação prática observada nos trabalhos mais recentes é de que "[...] o número de DMUs seja no mínimo quatro a cinco vezes maior que o número de variáveis (insumos + produtos), para que haja pelo menos uma face de dimensão completa na fronteira eficiente".[23] No tocante à orientação (*inputs* ou *outputs*, respectivamente), deve-se levar em conta o objetivo da avaliação: identificar DMUs que utilizam menos *inputs* para gerar uma quantidade fixa de *outputs* (minimizar os insumos, mantendo-se os produtos) ou que têm maior produção para quantidades fixas de *inputs* (maximizar os produtos, sem diminuir os recursos).

DA TEORIA À REALIDADE BRASILEIRA

A DEA é uma técnica que se popularizou em todo o mundo, uma vez que permite aplicações em setores distintos e com o uso de qualquer tipo de variável (com diferentes escalas). Em especial, no Brasil existem inúmeras aplicações dessa técnica. Para ilustrar alguns desses potenciais usos, o Quadro 8.2 sumariza essas aplicações, voltadas à realidade brasileira.

Quadro 8.2   Aplicações da DEA no Brasil

Aplicações	Título	Descrição do estudo
Educação	Incorporando julgamentos de especialistas em educação na avaliação da eficiência de cursos de graduação: uma abordagem por *data envelopment analysis*[24]	Este artigo desenvolveu um modelo DEA que, na avaliação da eficiência dos cursos de graduação de administração pública, incorporou julgamentos de especialistas em educação para refinar o modelo de eficiência
Energia elétrica	*Performance benchmarking models for electricity transmission regulation: Caveats concerning the Brazilian case*[19]	O objetivo deste trabalho foi a sugestão de melhorias para os modelos de DEA, tendo como base o processo de revisão tarifária do setor elétrico brasileiro
Esportes	*A two-stage DEA model to evaluate the efficiency of countries at the Rio 2016 Olympic Games*[25]	A pesquisa realizou revisão sistemática da literatura acerca da avaliação de desempenho (focada na abordagem DEA) dos países que realizaram jogos olímpicos (incluindo aqueles realizados no Brasil)
Saneamento	Avaliação da eficiência da gestão dos serviços municipais de abastecimento de água e esgotamento sanitário utilizando DEA[26]	Este estudo avaliou a eficiência da gestão dos serviços municipais de abastecimento de água e esgotamento sanitário utilizando-se da abordagem DEA
Saúde	*Dynamic network data envelopment analysis for university hospitals evaluation*[27]	Esta pesquisa desenvolveu uma ferramenta de avaliação para mensurar a eficiência dos hospitais universitários geridos pelas universidades federais brasileiras

8.4 USO DO *SOFTWARE* R PARA ESTUDOS SOBRE DEA

8.4.1 Instalação do *software* R

A linguagem de programação R permite o desenvolvimento de inúmeras análises. Com o objetivo de familiarizar e nivelar diferentes leitores quanto aos principais comandos do R, a presente seção tem por objetivo apresentar todos os conceitos básicos para se efetuar a inserção de determinado conjunto de dados no R.

SAIBA MAIS

R é uma linguagem de programação funcional e dinâmica, voltada a manipulação, análise e visualização de dados. Foi criada originalmente por Ross Ihaka e por Robert Gentleman (departamento de estatística da Universidade de Auckland, Nova Zelândia). Atualmente, é mantida por uma comunidade de colaboradores voluntários que contribuem com código-fonte da linguagem e com a expansão de funcionalidades por bibliotecas.[28]

O *software* R é gratuito e está disponível para todos os sistemas operacionais. O *download* do referido programa pode ser realizado pelo *site*: https://cran.r-project.org/

Para auxiliá-los a instalar o R pela primeira vez, preparamos um vídeo didático, mostrando todos os procedimentos necessários para o *download* e para a instalação do referido programa. O roteiro pode ser acessado no *link*: https://cutt.ly/Yyc7P-Zi. Acesso em: 10 maio 2021.

Para ilustrar todas as etapas do processo de inserção de um banco de dados no R, o boxe a seguir mostra como efetuar cada um dos procedimentos, bem como descreve em pormenores o significado de cada código implementado. Destaca-se que o R importa dados no formato .txt, e o processo para salvar dados em .txt é bastante simples: abra o banco de dados no Excel, copie as informações desejadas e cole o conteúdo em um bloco de notas do Windows. Pronto, você acaba de salvar um banco de dados em .txt.

 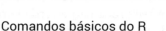

POR DENTRO DA TEORIA

Comandos básicos do R

→ **Observação**: você pode executar um comando diretamente no console do R, ou por meio da importação de um script em formato ".txt". Caso opte por importar (ou criar) um novo script, a execução dos comandos se dará pela seleção da linha de código e, em seguida, com uso do atalho "Ctrl" + "R".

```
## Limpar variáveis do sistema ##
rm(list=ls(all=TRUE))
## Limpar console ##
Crtl+l
## Exibir diretório atual ##
getwd()
## Especifique o diretório onde se encontra seu arquivo ##
setwd("C:/Users/Usuario/Desktop/R")
## Verificar alteração do diretório ##
getwd()
## Importar dados ##
val<-read.table("metais.txt",header=TRUE,sep=,-dec=",")
```

Muitos usuários do R efetuam os procedimentos aqui mencionados, entretanto se esquecem de realizar um procedimento fundamental ao pleno funcionamento do banco de dados. Destaca-se que é fundamental verificar os valores importados pelo simples comando: "fix(val)".

Após efetuar esse procedimento, o usuário deverá obrigatoriamente verificar se cada uma das variáveis importadas se encontra no formato específico, ou seja: se as variáveis numéricas estão classificadas como variáveis numéricas e se as variáveis de data se encontram classificadas como variáveis de data. Pronto, você acaba de verificar o banco de dados importado. Agora você deverá clicar em cima de cada um dos rótulos de dados e verificar se o tipo da variável está marcado da forma correta, ou seja: "character" ou "numeric". Efetue os ajustes necessários e inicie sua análise.

É digno de nota que não existe fórmula única e padrão para análises no R. Há outras fórmulas e processos para a importação de dados no sistema, como a digitação manual. Cada usuário deverá encontrar a fórmula que melhor lhe convier, entretanto o presente capítulo seguirá os processos ilustrados.

Para o pleno conhecimento das ferramentas relativas ao R, recomenda-se leitura aprofundada do manual completo do *software*. Desse modo, você estará habilitado a desenvolver um maior número de estudos. Por fim, mas não menos importante, é digno de nota que os presentes autores construíram o capítulo com base na versão do R em Windows, entretanto a versão em Linux é similar e possui os mesmos recursos.

SAIBA MAIS

Ficou interessado em saber mais sobre o R?

Recomendamos a leitura de algumas apostilas (gratuitas) sobre o R. Com elas, você irá aprender todos os procedimentos operacionais do *software* e poderá se tornar um habilidoso analista de controle e análise de desempenho.

→ **Introdução ao uso do programa R**
https://cran.r-project.org/doc/contrib/Landeiro-Introducao.pdf

→ **Introdução ao R – Prof. Heitor Victor Veiga da Costa (UFPE)**
https://www.fundaj.gov.br/images/stories/NEES/apostila_r.pdf

→ **Aprendendo R (Fiocruz)**
http://www.de.ufpb.br/~tatiene/Disciplinas/2014.2/LivroR/aprendendo_r.pdf

Para os interessados em modelos avançados de regressão linear e ciência dos dados no *software* R, gentileza consultar o livro: *Introdução aos modelos paramétricos e suas aplicações utilizando o R*.[29]

8.4.2 Instalação e utilização do pacote *Benchmarking* no R

O pacote *Benchmarking* contém diversos métodos para medir a eficiência, entre eles a DEA, que é suportada sob diferentes suposições teóricas (exemplo: retornos constantes e crescentes de escala) e usando diferentes medidas de eficiência (direcionada a *inputs* ou a *outputs*, por exemplo). Destaca-se que os métodos podem resolver não apenas modelos-padrão, mas também muitas outras variantes de modelos, e eles podem ser modificados para resolver novos modelos.[30]

Para introduzir as principais funcionalidades desse pacote, será apresentado, no boxe a seguir, um exemplo, extraído diretamente do manual deste pacote.

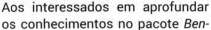

SAIBA MAIS

Aos interessados em aprofundar os conhecimentos no pacote *Benchmarking*, recomenda-se a leitura do manual completo, disponível em: https://cran.r-project.org/web/packages/Benchmarking/Benchmarking.pdf

Utilizaremos como exemplo um banco de dados disponível no pacote *benchmarking*. O conjunto de dados analisados refere-se a um programa patrocinado por um governo local para fornecer assistência a alunos carentes da escola primária. As "unidades tomadoras de decisão" (DMUs) são 70 escolas. As variáveis utilizadas consistem em resultados de três tipos diferentes de testes, uma pontuação de leitura, Y1, uma pontuação de matemática, Y2, e um escore de autoestima, Y3, que são considerados resultados (*outputs*) no modelo e cinco variáveis diferentes consideradas insumos (*inputs*), o nível de escolaridade da mãe, X1, a ocupação mais alta de uma família, X2, visitas dos pais à escola, X3, tempo gasto com crianças em tópicos relacionados com a escola, X4, e o número de professores no local, X5.

SAIBA MAIS

A descrição completa deste estudo de caso pode ser encontrada no artigo dos autores Charnes, Cooper e Rhodes.[31] Em linhas gerais, o trabalho aborda a mensuração da eficiência de entidades gerenciadas dos setores público e/ou sem fins lucrativos e tem por objetivo ser um roteiro gerencial para a formulação de políticas públicas.

POR DENTRO DA TEORIA

Utilização do pacote *benchmarking*

Limpar variáveis do sistema
rm(list=ls(all=TRUE))

Limpar console
Crtl+l

Exibir diretório atual
getwd()

```r
## Especifique o diretório onde se encontra seu arquivo ##
setwd("C:/Users/Usuario/Desktop/R")

## Instala o pacote Benchmarking ##
install.packages("Benchmarking")

## Carrega o pacote Benchmarking ##
library(Benchmarking)

## Carrega o banco de dados a ser utilizado neste estudo de caso ##
data(charnes1981)

## Define quais são os inputs e quais são os outputs ##
x <- with(charnes1981, cbind(x1,x2,x3,x4,x5))
y <- with(charnes1981, cbind(y1,y2,y3))

## a) Calcula a eficiência – retornos variáveis de escala com orientação a inputs ##
a <- dea(x,y, RTS="vrs", ORIENTATION="in")
eff(a)

## b) Calcula a eficiência – retornos constantes de escala com orientação a inputs ##
b <- dea(x,y, RTS="crs", ORIENTATION="in")
eff(b)

## c) Calcula a eficiência – retornos variáveis de escala com orientação a outputs ##
c <- dea(x,y, RTS="vrs", ORIENTATION="out")
eff(c)

## d) Calcula a eficiência – retornos constantes de escala com orientação a outputs ##
d <- dea(x,y, RTS="crs", ORIENTATION="out")
eff(d)

## Salvar os dados de eficiência calculados no item d) ##
```

8.5 CONSIDERAÇÕES FINAIS E QUESTÕES

Neste capítulo, vimos que medir e controlar processos podem determinar o grau de gerenciamento de uma instituição. Dessa perspectiva, foram apresentados os conceitos de eficácia, eficiência e produtividade, além de uma introdução sobre os indicadores chaves de desempenho. Destaca-se que, em um contexto global de escassez de recursos, o estudo da DEA ganha destacada relevância. Para introduzir o leitor ao mundo dos cálculos de eficiência, diversas funcionalidades no *software* R foram apresentadas, garantindo que os interessados pelo tema possam desenvolver artigos, investigações e pesquisas variadas sobre o assunto.

CONTRIBUIÇÕES DO CAPÍTULO PARA A ADMINISTRAÇÃO CONTEMPORÂNEA

a) As organizações precisam ser eficazes no cumprimento de metas e prazos, entretanto, o grau de utilização dos recursos é elemento fundamental para a sua sustentabilidade econômica.

b) A eficiência determina a sobrevivência das instituições, dado que os recursos são escassos. Dessa forma, eficientes são aquelas organizações que conseguem produzir mais com os mesmos insumos, ou produzir a mesma quantidade com o uso de menos insumos.

c) O cálculo da eficiência de uma organização é tema amplamente abordado pela comunidade científica. Aqui, tratamos dos modelos de DEA, pois eles são os mais difundidos em nível internacional.

d) O domínio de ferramentas computacionais e de programação é o ponto-chave para o cálculo da eficiência de organizações. Assim, foram apresentados de maneira introdutória a instalação e o uso do *software* livre R.

e) O estudo da *performance* das organizações é o ponto de partida para a melhoria contínua delas.

QUESTÕES PARA REFLEXÃO

1) Cite exemplo de um potencial estudo sobre DEA. Quais seriam os potenciais insumos (*inputs*) e produtos (*outputs*) a serem considerados?

2) O que significa a expressão "fronteira de eficiência"?

3) Os modelos de eficiência têm sido amplamente utilizados no cálculo de revisões tarifárias de água, esgoto e eletricidade. Diante do exposto, responda: como a Aneel tem utilizado os princípios de eficiência nos processos de revisão tarifária do setor elétrico?

4) Como os estudos sobre eficiência podem ser aplicados ao setor de esportes? Procure exemplos em grandes competições, como copas do mundo e torneios olímpicos.

QUESTÕES PARA AVALIAÇÃO DO CONHECIMENTO

1) (Enade 2015 – adaptado) Os sistemas de produção são atividades e operações inter-relacionadas envolvidas na produção de bens e serviços a partir

do uso de recursos (*inputs*), para mudar o estado ou condição de algo e, com isso, produzir saídas/resultados (*outputs*). Produtividade é a relação entre *outputs* e *inputs*. Ter alta produtividade é alcançar resultados de excelência, garantindo o aproveitamento da matéria-prima, a capacidade das máquinas, o tempo e as habilidades das pessoas em níveis ótimos. Tanto nas áreas de administração de materiais e distribuição física como em diversas outras áreas que produzam bens ou serviços, o monitoramento da produtividade é um importante instrumento de planejamento e controle.

Considerando essas informações, suponha que uma distribuidora trabalhe 20 dias por mês, oito horas por dia e entregue 100 itens por hora, em média. Suponha, ainda, que a empresa tenha quatro funcionários que trabalham nessa distribuição e que cada funcionário receba dois mil reais mensais, em média. Com base nessa situação, é correto concluir que a produtividade por cada real pago de salário equivale a:

(a) 0,5 item.

(b) 1 item.

(c) 2 itens.

(d) 4 itens.

(e) 8 itens.

2) (CS-UFG 2018 – adaptado) A definição de análise envoltória de dados é:

(a) Uma modelagem matemática de equações diferenciais ordinárias para representar problemas reais de engenharia e fornecer o melhor conjunto de dados que os envolve.

(b) Um dos métodos dos mínimos quadrados usado para modelar o fluxo de informações de um sistema, composto de entrada (*input*), processamento e saída (*output*).

(c) Um critério de análise de dados para avaliar a dispersão dos valores numéricos ao redor da média do desempenho de um sistema produtivo.

(d) Uma ferramenta que utiliza modelagem matemática para medir a eficiência relativa de unidades produtivas, que realizam tarefas similares, considerando a relação entre insumos e produtos.

(e) Nenhuma das anteriores.

3) (UNIRIO 2019 – adaptado) No setor comercial de uma grande empresa de moda, houve uma encomenda maior do que o esperado. Como resultado, a direção informou a todos que, para aquela situa-

ção, teriam de atingir a meta de produzir mais 20% de peças nos próximos 30 dias. O atingimento de uma meta está relacionado com o conceito de:

(a) Eficácia, apenas.

(b) Eficiência, apenas.

(c) Efetividade, apenas.

(d) Produtividade, apenas.

(e) Eficácia e eficiência.

4) (UNIRIO 2019 – adaptado) Apenas cinco empresas atuam no mercado de embalagens de determinada região. As informações a seguir apresentam os dados desse mercado no último mês.

Considerando-se as informações disponíveis nos itens a seguir, a maior eficiência na produção de embalagens foi a da empresa:

(a) Custos totais de produção (R$): 135.000 e quantidade produzida (unidades): 150.000.

(b) Custos totais de produção (R$) 110.400 e quantidade produzida (unidades): 137.000.

(c) Custos totais de produção (R$) 99.100 e quantidade produzida (unidades): 110.000.

(d) Custos totais de produção (R$) 90.000 e quantidade produzida (unidades): 100.000.

(e) Custos totais de produção (R$) 85.500 e quantidade produzida (unidades): 95.000.

REFERÊNCIAS

[1] PLUMLEY, D.; WILSON, R.; RAMCHANDANI, G. Towards a model for measuring holistic performance of professional Football clubs. *Soccer & Society*, v. 18, n. 1, 16-29, 2017.

[2] ZHU, J. *Quantitative models for performance evaluation and benchmarking*: data envelopment analysis with spreadsheets. Springer, 2014. v. 213; EMROUZ-NEJAD, A.; YANG, G. L. A survey and analysis of the first 40 years of scholarly literature in DEA: 1978-2016. *Socio-Economic Planning Sciences*, v. 61, p. 4-8, 2018.

[3] JAMASB, T.; POLLITT, M. Benchmarking and regulation: international electricity experience. *Utilities policy*, v. 9, n. 3, p. 107-130, 2000.

[4] WORTHINGTON, A. C. A review of frontier approaches to efficiency and productivity measurement in urban water utilities. *Urban Water Journal*, v. 11, n. 1, p. 55-73, 2014.

[5] FERREIRA, C. M.; GOMES, A. P. *Introdução à análise envoltória de dados*: teoria, modelos e aplicações. UFV, 2012.

6   TCU – Tribunal de Contas da União. *Manual de auditoria operacional*. Brasília, 2010. Disponível em: https://portal.tcu.gov.br/inicio/. Acesso em: 10 maio 2021.

7   AIGNER, D.; LOVELL, C. K.; SCHMIDT, P. Formulation and estimation of stochastic frontier production function models. *Journal of econometrics*, v. 6, n. 1, p. 21-37, 1977.

8   BAUER, P. W.; BERGER, A. N.; FERRIER, G. D.; HUMPHREY, D. B.). Consistency conditions for regulatory analysis of financial institutions: a comparison of frontier efficiency methods. *Journal of Economics and Business*, v. 50, n. 2, p. 85-114, 1998.

9   ANEEL – Agência Nacional de Energia Elétrica. *Nota Técnica no 396/2009-SRE. Benchmarking dos custos operacionais das concessionárias de transmissão de energia elétrica. Segundo Ciclo de Revisões Tarifárias (2009-2013)*. Brasília, 2009. Citado 2 vezes nas páginas 8 e 9.

10   DE MOURA, A. *Gestão de produção*: indicadores de desempenho. 2017. Disponível em: http://www.gestaoproducaocomalexandro.com/indicadores-de-desempenho-tres-coisas/smart-002/. Acesso em: 10 maio 2021.

11   ZHU, J. *Op. cit.*, 2014.

12   EMROUZNEJAD, A.; YANG, G. L. A survey and analysis of the first 40 years of scholarly literature in DEA: 1978-2016. *Socio-Economic Planning Sciences*, v. 61, p. 4-8, 2018.

13   YOUSEFI, S.; SHABANPOUR, H.; FISHER, R.; SAEN, R. F. Evaluating and ranking sustainable suppliers by robust dynamic data envelopment analysis. *Measurement*, v. 83, p. 72-85, 2016.

14   FERREIRA, C. M.; GOMES, A. P. *Introdução à análise envoltória de dados*: teoria, modelos e aplicações. UFV, 2012.

15   CHARNES, A.; COOPER, W. W.; & RHODES, E. Measuring the efficiency of decision making units. *European Journal of Operational Research*, v. 2, n. 6, p. 429-444, 1978.

16   BANKER, R. D.; CHARNES, A.; COOPER, W. W. Some models for estimating technical and scale inefficiencies in data envelopment analysis. *Management Science*, v. 30, n. 9, p. 1078-1092, 1984.

17   DESPOTIS, K. *Two-stage Data Envelopment Analysis – Foundation and recent developments*. International Conference on Optimization, Computing and Business Analytics. ICOCBA 2012, Kolkata, India, 2012.

18   LINS, M. P. E.; MEZA, L. A. *Análise envoltória de dados e perspectivas de integração no ambiente de apoio à decisão*. Rio de Janeiro: COPPE/UFRJ, 2000.

19   MACEDO, F. F. R.; KLOEPPEL, N. R.; RODRIGUES JR.; M. M.; SCARPIN; J. E Análise da eficiência dos recursos públicos direcionados à educação: estudo nos municípios do Paraná. *Administração Pública e Gestão Social*, v. 7, n. 2, p. 54-62, 2015.

20   FERREIRA, C. M.; GOMES, A. P. *Introdução à análise envoltória de dados*: teoria, modelos e aplicações. UFV, 2012.

21   LINS, M. P. E.; MEZA, L. A. *Análise envoltória de dados e perspectivas de integração no ambiente de apoio à decisão*. Rio de Janeiro: COPPE/UFRJ, 2000.

22   FERREIRA, C. M.; GOMES, A. P. *Introdução à análise envoltória de dados*: teoria, modelos e aplicações. UFV, 2012.

23   *Idem, ibidem.*

24   RODRIGUES, A.; GONTIJO, T. S. Incorporando julgamentos de especialistas em educação na avaliação da eficiência de cursos de graduação: uma abordagem por data envelopment analysis. *Revista Gestão & Tecnologia*, v. 19, n. 1, p. 113-139, 2019.

25   RODRIGUES, A.; GONÇALVES, C. A.; GONTIJO, T. S. A two-stage DEA model to evaluate the efficiency of countries at the Rio 2016 Olympic Games'. *Economics Bulletin*, v. 39, n. 2, p. 1538-1545, 2019.

26   SCARATTI, D.; MICHELON, W.; SCARATTI, G. Avaliação da eficiência da gestão dos serviços municipais de abastecimento de água e esgotamento sanitário utilizando data envelopment analysis. *Engenharia Sanitária e Ambiental*, v. 18, n. 4, p. 333-340, 2013.

27   LOBO, M. S. D. C.; RODRIGUES, H. D. C.; ANDRÉ, E. C. G.; AZEREDO, J. A. D.; LINS, M. P. E. Dynamic network data envelopment analysis for university hospitals evaluation. *Revista de Saúde Pública*, v. 50, p. 22, 2016.

28   R CORE TEAM. *R: a language and environment for statistical computing*. R Foundation for Statistical Computing, Vienna, Austria. Disponível em: https://www.R-project.org/. Acesso em: 10 maio 2021.

29   AZEVEDO, C. M. *Tópicos em ciência dos dados*: introdução aos modelos paramétricos e suas aplicações utilizando o R. Bonecker Editora, 2019.

30   R CORE TEAM. *R: a language and environment for statistical computing*. R Foundation for Statistical Computing, Vienna, Austria. Disponível em: https://www.R-project.org/. Acesso em: 10 maio 2021.

31   CHARNES, C.; RHODES. Evaluating program and managerial efficiency: an application of data envelopment analysis to program follow through, *Management Science*, v. 27, n. 6, p. 668-697, 1981.

Assista ao **vídeo**

Capítulo

9 Método do caso de ensino e aplicações

Eduardo Roque Mangini
Marco Antonio Conejero
Murilo Alvarenga Oliveira
Márcio Moutinho Abdalla

Pontos de aprendizado

Neste capítulo, o leitor poderá aprofundar seu conhecimento sobre:
- Método do caso de ensino e a diferença em relação ao estudo de caso (pesquisa).
- Processo de elaboração do caso de ensino.
- Papéis de alunos e professores na discussão do caso de ensino.
- Processo de tomada de decisão.
- Análise e solução de problemas organizacionais.

RESUMO

O presente capítulo apresenta o método do caso de ensino como estratégia pedagógica cujo objetivo é aproximar a teoria da prática, levando o aluno a entender situações-problemas reais e desenvolver senso crítico para aplicação de soluções viáveis. São apresentados, além da teoria sobre o método do caso de ensino, o processo de tomada de decisão, com análise e solução de problemas existentes em três casos, que retratam problemas e dificuldades possíveis de encontrar na realidade das organizações brasileiras.

9.1 INTRODUÇÃO

O grande desafio dos cursos de graduação e pós-graduação em administração é preparar os estudantes para atuarem em contextos dinâmicos, instáveis e complexos. Os métodos tradicionais de ensino, centrados no professor, têm se mostrado falhos em desenvolver nos alunos habilidades essenciais para a prática empresarial, como capacidade analítica e de tomada de decisão.[1] Se por um lado as organizações têm demandado profissionais cada vez mais capacitados, por outro, os alunos têm demonstrado perfil mais autônomo e com maior acesso à informação. Nesse novo cenário, o papel do docente vai além de apenas disseminar informações e conhecimento.[2] A utilização do método do caso em sala de aula, assim como outras metodologias ativas de ensino, visa colocar o aluno como sujeito ativo no processo de aprendizagem, de maneira que a atuação do professor aconteça de forma menos preponderante, apenas no auxílio e direcionamento das discussões.[3]

Trata-se de uma estratégia de ensino baseada na apresentação de episódios factíveis e/ou reais que tem como objetivo levar o aluno a refletir sobre as decisões a serem tomadas.[4] Em outras palavras, é a descrição de um episódio administrativo que imita ou simula uma situação verídica.[5] Essa ferramenta tem como propósito encorajar a tomada de decisão em um ambiente de risco controlado, uma vez que nenhuma decisão é considerada certa ou errada.[6] Os casos de ensino não só têm a importante função de familiarizar os estudantes com a organização e seus desafios, mas também de desenvolver neles as capacidades necessárias para o sucesso empresarial.[7]

A literatura do campo mostra que existem dois tipos principais de casos de ensino: casos-demonstração e casos-problema. O primeiro tipo de caso tem por objetivo complementar aulas expositivas, mostrando a decisão tomada pelo gestor e analisando se esta foi adequada ou não à luz de fundamentos teóricos apresentados em sala.[8] Já os casos-problema são mais comuns de serem adotados e desenvolvidos por professores adeptos ao método. Esse tipo de caso envolve a narração de uma situação problema, a qual, ao final, exige a tomada de decisão gerencial. É, então, solicitado aos estudantes que analisem o caso juntamente com as informações apresentadas, identifiquem os problemas principais e proponham soluções que façam sentido no contexto da vida real.[9]

Como explicitado anteriormente, os benefícios da adoção do método do caso como ferramenta de ensino são inúmeros. A utilização adequada desse método confere aos alunos a capacidade de: (i) relacionar a teoria com a prática; (ii) confrontar as complexidades de situações específicas; (iii) desenvolver pensamento analítico, atitude, confiança e responsabilidade própria; (iv) desenvolver habilidades interpessoais e de comunicação, entre outras.[10] Além disso, o método do caso atende de forma satisfatória grande parte dos princípios básicos de aprendizagem, à medida que estimula a motivação dos alunos, a participação ativa, favorece a transferência de aprendizagem e propicia *feedback* oportuno.

Uma das maiores barreiras para a implementação de casos de ensino é o alto custo envolvido na sua elaboração.[11] Desenvolver um caso de ensino leva tempo e exige a participação de *experts* na área que também saibam escrever de forma adequada. Além disso, para manter o interesse dos estudantes nas situações apresentadas, é preciso que os casos sejam sempre atualizados, o que requer fonte contínua de produção.

Ademais, alguns autores[12] apontam situações adversas presentes na maioria das escolas do Brasil para aplicação do método do caso. Nesse sentido, os modelos de casos de ensino do estilo de Harvard (casos extensos, com volume grande de informações e que exigem esforço considerável na sua elaboração e resolução) funcionam muito bem em escolas americanas, mas não são pertinentes às brasileiras. Salas com mais de 50 alunos, infraestrutura precária, bibliotecas mal equipadas e estudantes com dificuldades de leitura e escrita são alguns dos obstáculos apresentados pelos autores na aplicação do método no Brasil. Assim, os primeiros casos apresentados precisam ter um ou dois parágrafos, serem simples, visando estimular a participação e construir confiança nos estudantes.

A partir do que foi apresentado, podemos entender que a utilização do método do caso deve levar em consideração seus pontos fortes e fracos. A fim de suprir suas deficiências, é razoável pressupor que, em certas situações, seja necessária a combinação do método do caso com outras metodologias de ensino. A utilização de métodos tradicionais de ensino tem suas vantagens: maior controle da discussão, exposição de maior número de conceitos por aula e nivelamento de turmas com formação heterogênea.[13] Assim, é função da instituição de ensino encontrar a combinação de metodologias que favoreçam a aprendizagem e a capacitação dos alunos de forma adequada e eficiente, sempre levando em consideração métodos mais dinâmicos de aprendizado.

SAIBA MAIS

O método do caso de ensino foi introduzido em 1908 em cursos de direito da *Harvard Business School* e, desde então, vem sendo disseminado em escolas de todo o mundo.[14] Em administração, esse método é utilizado com a finalidade de expor o aluno aos processos decisórios e dilemas vividos diariamente no ambiente organizacional.[15]

Dito isso, este capítulo tem como objetivo apresentar o método do caso de ensino, sua diferença em relação ao caso de pesquisa, e principalmente ajudar os professores na elaboração e no uso desse instrumento em sala de aula. Além disso, apresentam-se dois tipos de casos de ensino, sendo um fictício e outro real, demonstrando como é o processo de tomada de decisão a ser seguido pelos alunos, em grupo ou individualmente.

9.2 DIFERENÇA ENTRE CASO DE ENSINO E CASO DE PESQUISA

A distinção entre os termos "método do caso" e "estudo de caso" é necessária para evitar confusões conceituais. Essa confusão ainda é bastante presente entre os autores de casos de ensino, que apresentam as principais diferenças entre os dois.[16] Estudos de caso, segundo eles, são direcionados para a pesquisa acadêmica e têm como público-alvo profissionais que atuam na academia. Já os casos de ensino visam promover a aprendizagem e têm como público-alvo estudantes, principalmente de ensino superior. A seguir, são apresentadas as características e aplicações de cada um, de modo a esclarecer esse assunto.

Estudo de caso pode ser definido como: "uma investigação empírica de um fenômeno contemporâneo dentro do seu contexto da vida real, especialmente quando os limites entre o fenômeno e o contexto não estão claramente definidos".[17] Existem situações nas quais é adequada a aplicação dessa metodologia: estudo de ciência política, pesquisas em administração, sociologia, psicologia, estudos organizacionais e gerenciais.

Esses estudos podem ser utilizados para fins exploratórios, descritivos ou explanatórios e são adequados quando há a combinação de três fatores. O primeiro refere-se ao tipo de questão a ser investigada. Estudos de caso são apropriados para responder a questões de pesquisa do tipo "como" ou "por quê". O segundo fator tem relação com a capacidade do pesquisador de controlar os eventos relacionados com o objeto de seu estudo. Quando não é possível exercer esse controle, o estudo de caso é indicado. Qual é a diferença, então, entre estudo de caso e pesquisa histórica, por exemplo? Ambas as metodologias buscam responder a questões do tipo "como" e "por quê" em situações que estão fora de seu controle. Porém, a maior diferença entre elas é o terceiro e último fator que caracteriza o método do estudo de caso: foco temporal de análise. Estudos de caso dedicam-se a entender fenômenos contemporâneos e não acontecimentos passados, como a pesquisa histórica.[18]

O estudo de caso é um método de pesquisa qualitativo que tem como objetivo a compreensão de fatos complexos que não podem ser entendidos por meio dos métodos quantitativos. Apesar disso, essa técnica pode ser desenvolvida a partir de evidências qualitativas ou quantitativas, sem distinção. Diferentemente dos casos de ensino, as evidências e os dados coletados no estudo de caso devem ser apresentados de forma justa e rigorosa, não sendo possíveis quaisquer adaptações para fins didáticos.

O desenvolvimento de um bom estudo de caso, seja ele único ou múltiplo, é muito importante no campo das pesquisas acadêmicas, uma vez que permite a realização de generalizações analíticas e gera *insights* valiosos para a formulação de hipóteses de estudo.[19] No entanto, fazer um estudo de caso de maneira adequada não é tarefa simples. O pesquisador, ao desenvolver esse tipo de estudo, precisa ser suficientemente capacitado, para não incorporar seus próprios vieses no evento estudado, o que é uma das principais preocupações quando da aplicação do método do estudo de caso.[20]

Já os casos de ensino, como demonstrado anteriormente, têm por objetivo envolver o aluno no seu próprio processo de aprendizagem. Ao inserir o estudante em uma situação real, uma situação vivida por alguém dentro de uma organização, este pode refletir sobre as possíveis decisões a serem tomadas e vivenciar a realidade do ambiente organizacional.

Os casos de ensino têm como pretensão dar a oportunidade ao aluno de vivenciar uma situação emblemática dentro de uma organização. Por essa razão, os casos apresentados não podem ser construídos a partir de uma escrita formal, acadêmica e monótona. Ao contrário, devem ter uma narrativa interessante, que remete a textos jornalísticos, possuir um tom de mistério e um protagonista com o qual o estudante se identifique. Um bom caso de ensino é caracterizado pela clareza do objetivo e do dilema, pela imparcialidade do autor na apresentação, por informações detalhadas de incidentes e até diálogos abrangendo o contexto e pela especificação dos antecedentes e dos agentes envolvidos.[21]

POR DENTRO DA TEORIA

A utilização do método do estudo de caso pode ser fundamentada por três bases teóricas distintas.[22] A primeira é a aprendizagem construtivista, cuja ideia é de que toda a aprendizagem está ligada à maneira pela qual as pessoas constroem aprendizados a partir de experiências vividas por elas. A segunda está relacionada com a aprendizagem experiencial, em que o conhecimento é criado pelo processo de transformação da experiência. A terceira e última é a aprendizagem em ação. De acordo com essa abordagem, as pessoas aprendem de maneira mais efetiva quando enfrentam situações em tempo real. Apoiada nessas teorias, a aplicação do método do caso faz total sentido ao ser adotada em escolas de administração que buscam preparar os alunos para a realidade das organizações.

O desenvolvimento de um caso-problema deve ser baseado em dez pontos fundamentais:[23]

- Conter uma ou mais situações gerenciais a serem comparadas e escolhidas por meio de debate.
- Trazer para a discussão tópicos relevantes à área.

- Propiciar uma viagem de descoberta ao permitir a separação entre sintomas e problemas mais fundamentais.
- Trazer controvérsias que permitam diferentes interpretações, decisões e planos de ação.
- Permitir contrastes e comparações.
- Possibilitar a generalização de lições e conceitos para outras situações.
- Trazer a quantidade adequada de dados e informações necessárias para lidar com o problema.
- Incluir a fala de participantes e descrever processos organizacionais formais e informais.
- Ser bem estruturado e bem relatado.
- Possuir no máximo oito páginas, isto é, ser relativamente curto.

A seguir, são apresentados a estrutura, os componentes e as dicas para a elaboração e redação dos casos-problema.

9.3 COMO FAZER UM CASO DE ENSINO?

Como descrito previamente, os casos de ensino têm como propósito retratar eventos reais do dia a dia do ambiente organizacional. Para a construção de um caso, é necessário que o autor conheça com profundidade os fatos e o contexto no qual estão inseridos. Assim, é comum que as informações para o desenvolvimento da narrativa sejam coletadas por meio de entrevistas com os envolvidos e com pessoas de dentro da organização. A coleta de dados secundários divulgados em fontes públicas a respeito da empresa, do setor ou do próprio caso também se faz necessária para a complementar o material fornecido pelas empresas.[24]

A construção de um caso-problema segue uma estrutura temporal em que o autor vai e volta no tempo. Após a colocação inicial do dilema, começa o processo de descrição do passado, da origem e evolução do problema e da trajetória dos personagens. Em seguida, o caso é reapresentado ao aluno juntamente com a decisão que precisa ser tomada.

> **Estrutura de um caso de ensino**
> Os casos de ensino são organizados da seguinte forma:
> (i) Parágrafo inicial.
> (ii) Antecedentes e contexto.
> (iii) Situação-problema.
> (iv) Parágrafo final.
> (v) Notas de ensino.

O título é o primeiro contato do aluno com o caso. Por essa razão, alguns cuidados devem ser tomados na sua elaboração. Os títulos e os subtítulos devem ser neutros, imparciais, não identificar conceitos e nem trazer qualquer juízo de valor. O ideal é que tragam o nome da empresa (real ou fictício), o nome do protagonista ou alguma fala de um personagem. Títulos engraçados, apesar de não serem recomendados por alguns autores, aproximam o aluno da situação a ser vivida.[25]

A introdução, primeiro parágrafo, especifica o momento e o local em que o caso se desenvolve, apresenta os protagonistas e expõe o dilema. Esse é um parágrafo que deve ser rico e dinâmico, a fim de gerar o interesse e o engajamento do leitor.[26]

Após a introdução, são apresentados, de forma cronológica, os antecedentes e o pano de fundo da situação-problema até chegar ao momento atual. Essa seção localiza o caso no seu contexto e traz informações relevantes que devem ser consideradas para a tomada de decisão. Essa parte deve ser bastante detalhada, trazendo cenas e diálogos que representam o ponto de vista dos envolvidos. As informações podem ser destacadas ou omitidas para estarem de acordo com o objetivo educacional do caso.[27] É importante que o autor empregue linguagem objetiva e evite demonstrar qualquer tipo de parcialidade, evitando o uso de adjetivos que induzam o pensamento do leitor.[28]

A situação-problema é, então, reapresentada, e pontos mais específicos são fornecidos, com o intuito de fazer o aluno refletir sobre a decisão a ser tomada. Essa seção representa o fechamento do caso, no qual fica claro o dilema, as partes envolvidas e as alternativas a serem consideradas. É nesse momento que os alunos são desafiados a propor soluções.

Tão importante quanto a descrição do caso em si são os anexos e as notas de ensino. Os anexos e/ou apêndices devem ser disponibilizados antes das notas de ensino e trazem informações adicionais para subsidiar a análise do caso.[29] Nessa parte, podem ser apresentados gráficos, figuras, tabelas ou qualquer outro elemento necessário para a tomada de decisão.

Já as notas de ensino, publicadas separadamente, têm por objetivo orientar o professor na condução do caso em sala de aula. Alguns autores apresentam este como um dos elementos mais importantes na elaboração do caso, pois é nele que são detalhados o público-alvo, os objetivos educacionais, as questões para discussão, as alternativas para análise do caso, as teorias subjacentes e as referências utilizadas. Ao fornecer tais esclarecimentos, as notas de ensino dão mais clareza ao docente do seu papel na aplicação do método.

O sucesso na utilização dos casos de ensino só é possível quando alunos e professores desempenham seu papel de maneira adequada antes, durante e depois da aula. O próximo tópico descreve com detalhes o que é esperado de cada um.

9.3.1 Como é a dinâmica do caso em sala de aula e qual o papel do professor *vs.* alunos participantes?

As metodologias ativas de ensino representam um desafio para alunos e professores habituados com aulas expositivas e apresentação de *slides*. Isso porque, no uso de casos de ensino, especificamente, todos os envolvidos desempenham funções específicas, sem as quais a aplicação do método torna-se inviável.

O professor precisa estar ciente de que será necessário abrir mão de um certo nível de controle da classe e, ao mesmo tempo, desenvolver a habilidade de conduzir o debate.[30] Antes da aula, cabe ao docente: designar os materiais para leitura prévia dos alunos; preparar a aula e recorrer aos colegas de trabalho para ter *insights* sobre o caso, quando possível. Durante a aula, é necessário organizar a sala para a discussão e coordenar as conversas de modo a estruturar os conceitos à medida que surgirem. Há diversas maneiras de fazer isso. O professor pode recorrer a votação, discussão das questões em grupo, utilização de *flip charts* e até *role playing*, em que os alunos são designados a incorporarem os personagens para defenderem seu ponto de vista. Depois da aula, o professor precisa avaliar e registrar o desempenho dos alunos, bem como comparar o desenvolvimento da argumentação com o que foi proposto no início.

O aluno, por sua vez, precisa estar suficientemente motivado a participar ativamente do processo de ensino.[31] É de sua responsabilidade ler e se preparar individualmente para a aula e participar de discussões prévias com seus colegas. No decorrer da discussão, ele deve levantar questões sobre o caso, buscando colocar suas experiências e impressões para a classe. Depois da aula, é importante que ele revise e compare suas conclusões com as que foram propostas em sala.[32] Dessa maneira, o estudante participa de forma ativa do processo de aprendizagem.

9.4 PROCESSO DE TOMADA DE DECISÃO

Como o método do caso de ensino tem a intenção de fazer o aluno vivenciar os problemas organizacionais e pensar nas suas soluções, vamos discutir em mais detalhes o processo de tomada de decisão individual com base em análise de dados e informações.

As pessoas constantemente enfrentam problemas e desafios e diariamente têm que tomar algum tipo de decisão. Você, leitor ávido por informações, também toma decisões diariamente, seja na escolha da sua roupa para sair ao trabalho ou à universidade, seja na escolha do que irá almoçar ou jantar, sobre o bem ou serviço que deseja adquirir ou ainda sobre o que fará no seu final de semana.

Nas empresas, a situação não é muito diferente. A todo momento, existe uma decisão que precisa ser tomada quando nos deparamos com algum problema ou com alguma oportunidade. Temos problemas simples, como a troca de um cartucho ou *toner* de uma impressora, até problemas de grandes dimensões, como a exploração de um novo mercado ou a entrada de um novo concorrente no mercado.

Sempre que tomamos uma decisão, desejamos que o resultado seja o sucesso pleno e absoluto. Em algumas situações, como a troca do cartucho, há grande chance de sucesso, se o problema for realmente o cartucho. Observe que, em uma situação cotidiana como esta, é necessário saber de fato qual é o problema e qual a sua origem. Se tratarmos o problema de forma errada, a solução que empregamos não trará qualquer sucesso ou pode ainda piorar toda a situação. É como tratar uma dor de estômago com um xarope para tosse. A chance de a dor no estômago persistir é bastante elevada.

É fundamental que o leitor e outros tomadores de decisão tenham habilidades e competências para que possam decidir qual é a melhor abordagem, seja uma decisão que tenha a maior probabilidade de obter sucesso, seja uma ação que traga os menores danos possíveis ou ainda uma combinação de ambos. Porém, se o tomador de decisão não possui informações ou se as informações que possua não têm a qualidade necessária, é como oferecer água para quem está se afogando.

Os exemplos aqui apresentados buscam despertar em você mais do que a curiosidade. É levar o leitor a experimentar como ações simples ou complexas, mas subsidiadas por informações adequadas, e alinhadas com habilidades e competências, podem reduzir a incerteza da tomada de decisão e com isso reduzir o risco.

9.4.1 Análise e solução de problemas

Para que o leitor compreenda a importância de realizar análise antes de adotar uma solução, passamos a ilustrar um exemplo fictício, os Doces da Liz, mas que provavelmente é passível de acontecer em qualquer empresa ou com qualquer empreendedor.

MINICASO

Eram oito horas da manhã quando Liz chegou a seu estabelecimento comercial, localizado em uma pequena cidade do interior paulista. Tinha um grande desafio naquele dia: pagar o aluguel do seu ponto comercial, mas ainda faltava certa quantia para honrar seu compromisso financeiro. Mas ela chegou determinada a vender seus doces, salgados, oferecer um café gostoso para seus clientes. Ela achava que seus produtos eram realmente de qualidade superior, mas não conseguia entender o motivo pelo qual ela se encontrava naquela situação financeira um tanto quanto complicada. A situação era realmente aterrorizante, pois quanto mais ela vendia seus produtos, mais ficava endividada. E não era por falta de propaganda! Ela fazia regularmente anúncios no jornal da cidade, patrocinava e participava de eventos, tinha um canal do YouTube com vários seguidores, além de usar uma página do Facebook e um perfil no Instagram. E quando ela via seu concorrente mais direto, localizado a três quarteirões da sua loja, cada vez mais próspero, pensava: "O Marketing é diabólico, só ajuda alguns privilegiados 'filhinhos de papai', porque para as pessoas que têm que 'colocar a mão na massa' não tem qualquer resultado."

Para que possamos entender a situação da Liz, vamos voltar no tempo para entender a história dela e de seus produtos. Liz era uma estudante de administração, que ficou grávida logo que entrou na tão sonhada universidade pública. Por ser uma gravidez de risco, seria necessário fazer repousos e, com isso, ela acabou por abandonar o curso ainda no primeiro semestre. Seu marido, Jorge, trabalhava em uma fábrica de produtos farmacêuticos como técnico de manutenção de máquinas e isso provia o sustento da família que iria aumentar nos próximos meses. Durante o período da gravidez, Liz ganhou um livro de receitas de uma tia e se encantou com as várias possibilidades gastronômicas. De fato, o livro abriu um novo mundo para Liz, que estava acostumada com comidas, doces e salgados triviais. Enquanto seu filho Lucas ganhava tamanho e forma em seu ventre, as receitas ganhavam espaço em sua mente e despertavam o desejo de experimentar aquelas receitas. Mal sabia a tia de Liz que, ao dar aquele livro de receitas para a sobrinha passar o tempo de repouso de forma menos entediante, estava de fato semeando o empreendedorismo na vida da Liz. Quando podia, Liz fazia doces e salgados para testar as receitas e agradar seu marido Jorge, que chegava cansado do seu trabalho como técnico em manutenção.

Ao longo do tempo, Liz foi se interessando mais pelo assunto, estudando, comprando novos livros, e, mesmo depois da chegada do seu filho Lucas, não parava de estudar. Aquele era um mundo fantástico, onde Liz reinava de maneira absoluta. E em um jantar para a família do chefe do seu marido, as pessoas comentam que nunca haviam comido salgados e doces com tanto sabor e aroma, e muitas dessas pessoas incentivaram Liz a abrir um negócio próprio. Depois de muito pensar, amadurecer a ideia, Liz e Jorge decidiram empreender no ramo alimentício. Começaram de forma modesta, fazendo doces e salgados sob encomenda. Liz fabricava produtos com muita destreza e comprava ingredientes de qualidade comprovada, testava receitas, fazia adaptações e com isso o número de consumidores estava crescendo cada vez mais. As encomendas não paravam de chegar, e o espaço que usava em sua casa já não suportava mais o desenvolvimento do sonho de Liz. Era preciso ampliar o negócio. Com isso, Liz e Jorge buscaram e encontraram um bom ponto comercial, bem localizado e de fácil acesso para consumidores. A loja ficaria próximo ao centro comercial da cidade, pouco mais de dois quarteirões de uma escola e localizada em uma rua paralela à principal avenida da cidade. Logo no dia da inauguração, Liz percebeu que não seria fácil. O sucesso foi enorme, mas faltaram "braços" para atender aos consumidores, e isso gerou filas e demora no atendimento. Também houve problemas no recebimento das contas, pois seu marido não tinha experiência no caixa e no uso de máquinas de cartões.

Era fato comprovado que precisariam de colaboradores. Contrataram duas atendentes, que também operavam o caixa, e uma auxiliar de cozinha, que trabalhava ao lado de Liz fazendo seus produtos. Ao terminar o primeiro mês, veio o primeiro susto. A loja sempre cheia, várias encomendas, muito trabalho na preparação dos produtos que despertavam desejos em centenas de consumidores. Porém, a parte financeira não acompanhava o mesmo ritmo. O que será que está acontecendo, pensava Liz. Ainda mais quando teve que pagar o salário de suas funcionárias, os impostos, os fornecedores. Tudo aquilo divergiu da sua ideia inicial, e ficou bem distante da realidade que sonhava. Na verdade, ficou distante da realidade que experimentava quando a produção era em sua casa. O dinheiro, que era abundante quando trabalhava em casa, estava agora difícil de aparecer em sua loja. E isso foi acontecendo mês a mês. Todo mês, Liz tinha de investir dinheiro que ela havia ganhado anteriormente, até chegar aos dias atuais, quando a situação era de "apagar incêndios" de forma contínua, diariamente.

O portfólio de produtos abrangia cerca de 15 tipos de salgados como coxinhas, rissoles, esfihas, pastéis; 25 variedades de doces do tipo quindim, pudins, bombas, sonhos e mais 13 tipos de bolos. Esses produtos eram fabricados a cada dois dias para que se mantivesse a qualidade tão apregoada por Liz. Mas mesmo com todos esses produtos, não havia nada de diferente de outras lojas concorrentes do estabelecimento da Liz. E naquele dia, em que ela precisava ganhar dinheiro para quitar o aluguel do ponto comercial, VOCÊ entrou. Ao observar a preocupação daquela jovem empreendedora, perguntou o que estava acontecendo e ela contou essa história que VOCÊ acabou de ler. Depois de escutar atentamente a história da Liz, disse: "Eu tenho a solução para seus problemas! Vou te contar como resolver, mas primeiro me traga uma xícara de café e um bolo, pois teremos muita coisa para fazer."

O primeiro passo para análise de um problema, antes de se tomar uma decisão, é entender qual é o problema. A busca de informações é fundamental, já que esta é uma fonte de vantagem competitiva. Para entender essa fase, é fundamental saber qual informação você necessita e como obter essa informação. Nesse caso apresentado, a informação está ao longo do texto, mas nas empresas é necessário dialogar com as pessoas, analisar documentos, acessar o sistema de informações e os bancos de dados. Em outras situações, é necessário fazer uma investigação mais criteriosa, desenvolver uma análise SWOT, dialogar com os fornecedores, analisar as forças ambientais, para entender a situação-problema de uma forma geral.

Essa fase inicial é semelhante ao processo de anamnese que um médico realiza ao receber um paciente. O profissional da área de saúde tenta decifrar, por meio dos sintomas que o paciente relata, qual é o desconforto fisiológico. Isso é o passo necessário para resolver o que está provocando o desconforto, determinar a causa para cessar os sintomas, pois se tratar apenas os sintomas, o problema irá continuar ou agravar-se. Nas empresas, a situação é semelhante. Os tomadores de decisão precisam solucionar os fatores geradores do problema e não suas consequências ou sintomas.

No nosso caso ilustrativo, o problema da empresa criada pela Liz não é a falta de dinheiro, tampouco a qualidade dos produtos. Os produtos da empresa apresentam boa qualidade, existe demanda, existe processo de marketing adequado. Então, qual é o problema? Ao reler o caso, observe a seguinte parte: "... *A loja sempre cheia, várias encomendas, muito trabalho na preparação dos produtos que despertavam desejos em centenas de consumidores. Porém, a parte financeira não acompanhava o mesmo ritmo...*". Com isso, é possível perceber, o problema reside na parte financeira, mais especificamente na formação de preço. Para entender o conceito, observe o boxe a seguir.

Formação de Preços[33]

$$Preço\ do\ Produto = \frac{CDV_{unitário} + \left[\dfrac{DF_{rateada}}{Quantidade} \right]}{[1 - (DV\% + Lucro\%)]}$$

Onde:

$CDV_{unitário}$: engloba custos e despesas variáveis por unidade.

$DV\%$: despesas variáveis em percentual de renda.

$DF_{rateada}$: despesas fixas que devem ser rateadas aos produtos.

$Lucro\%$: quanto de margem de lucro o gestor deseja obter com seus produtos.

$Quantidade$: número de produtos que será vendido a partir de uma estimativa.

Mas se, antes de abrir a loja, Liz tinha lucro e o dinheiro sobrava, por que agora que aumentou a quantidade vendida Liz está tendo prejuízo? A resposta é bastante óbvia, e certamente o leitor já deve ter percebido onde está o problema. Quando Liz estava na informalidade e trabalhando em sua casa, não havia uma série de custos e despesas e, quando estas existiam, misturavam-se com as contas da casa da Liz. Energia, água e gás da "empresa", por exemplo, eram pagos junto com as contas da casa. Não havia separação entre empresa e casa, entre despesas organizacionais e pessoais. Com isso, o preço dos seus produtos não incluía custos e despesas fixas nem variáveis.

Essa situação, por mais incrível que possa parecer, é bastante comum, bem como a frase: "quanto mais eu vendo, mais endividado eu fico". Isso porque o preço é dependente de uma fração fixa e de uma fração variável. Se o preço está errado, o resultado é prejuízo financeiro.

Agora que já descobrimos que o problema dos Doces da Liz é a formação do preço, quais as causas desse problema? Quais são os fatores que o geram? Ao observar novamente o boxe que explica sobre formação de preços, é possível elencar os seguintes pontos: (1) CDV; (2) DFrateada; (3) DV%; (4) lucro%; e (5) quantidade. Desses cinco pontos, o único que a empresa possui número próximo da realidade é a quantidade. Isso porque já se tem uma breve ideia da demanda e é possível fazer previsão de vendas. Lembre-se de que as principais técnicas de previsão de vendas são o método da média móvel e o método da média com ponderação exponencial.

Técnicas de previsão de vendas[34]
Previsão de vendas é uma estimativa que a empresa espera atingir durante determinado período no futuro em um mercado específico, segundo um plano de marketing. E as técnicas são explicadas como segue:

1) Método da média móvel
A previsão para o próximo período é obtida calculando-se a média dos valores de consumo nos n períodos anteriores.

$$P_m = \frac{D_1 + D_2 + D_3 + D_4 \ldots + D_n}{n}$$

Onde P_m é a previsão média, D_n é a demanda no período n e n é o número de períodos.

Exemplo prático: a demanda de coxinhas da empresa Doces da Liz nos últimos três meses foi respectivamente de 150, 208 e 170. Utilizando uma média móvel de três meses, calcule a previsão para o quarto mês:

$$P_4 = \frac{D_1 + D_2 + D_3}{3} = \frac{150 + 208 + 170}{3} = 176$$

Mas a demanda real para o quarto mês foi de 186. Para chegarmos à previsão para o quinto mês, devemos realizar um novo cálculo.

$$P_5 = \frac{D_2 + D_3 + D_4}{3} = \frac{208 + 170 + 186}{3} = 188$$

2) Método da média com ponderação exponencial
A previsão para o próximo período leva em consideração a previsão do último período ($P_{anterior}$), o consumo (C) ocorrido e uma constante de suavização (α) (normalmente, um valor entre 0,1 e 0,3).

$$P = \alpha P_{anterior} + (1 - \alpha) \chi C$$

Exemplo prático: a demanda de coxinhas da empresa Doces da Liz teve uma previsão para o mês de março de 250 coxinhas e o consumo foi de 230. Considerando um ajustamento de 0,10, qual seria a previsão para o mês de abril?

$P = 0,10 \times 250 + (1 - 0,10) \times 230 = 25 + 207 = 232$

A previsão para o mês de abril seria de 232 coxinhas.

Voltando à necessidade de se identificarem as causas do problema, uma forma de organizar as ideias, sobre o problema, as causas e possíveis soluções é usar o diagrama de Ishikawa.

Diagrama de Ishikawa[35]
É um diagrama de causa e efeito, que serve para elencar quais são as causas ou os fatores geradores do problema. O digrama de Ishikawa é ilustrado na figura a seguir

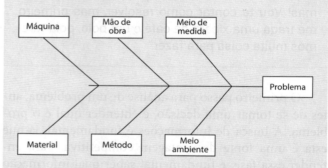

Para a resolução de casos empresariais, o diagrama pode ser modificado, como apresentado na próxima figura.

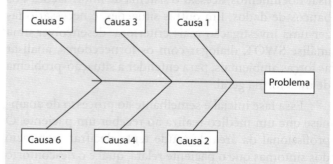

Quanto melhor for a determinação das causas, mais soluções poderão ser apresentadas.

Observe que, depois que se determinou qual é o problema de fato, as causas e as soluções começam a aparecer de forma natural. No caso dos Doces da Liz, outra possível solução para o problema é um sistema informatizado que, além de facilitar a formação do preço, ainda monta o fluxo de caixa e todo aparato contábil. Para operacionalizar a solução, ou seja, para colocá-la em prática, uma sugestão é usar a ferramenta 5W2H para organizá-la no formato de plano de ação conforme apresentado no boxe a seguir.

5W2H[36]

A ferramenta 5W2H é uma lista que contém as atividades, os prazos e as responsabilidades, visando melhorar a organização e o desempenho. Essa sigla é constituída a partir das iniciais, em inglês, das diretrizes para cada atividade. A sigla é explicada a seguir.

- *What* (o que será feito) – isso quer dizer qual é a atividade que deve ser realizada.
- *Where* (onde será feito) – aqui, deve ser estabelecido em que parte da empresa ou departamento a tarefa será desenvolvida. No caso de uma pequena ou microempresa, é possível suprimir esse ponto.
- *When* (quando será feito) – o momento em que a atividade deve ser iniciada. Para mais exatidão, é sugerido também estabelecer o prazo de conclusão da atividade.
- *Why* (por que será feito) – aqui se estabelecem o motivo, a justificativa, para que a tarefa seja desenvolvida e o grau de importância dessa tarefa.
- *Who* (por quem será feito) – é importante estabelecer o responsável e quais suas atribuições para que a tarefa seja realizada.
- *How* (como será feito) – esse é o ponto em que se determina o método de realização e cada etapa da tarefa que deve ser feita.
- *How much* (quanto custará) – para cada tarefa ou atividade, é fundamental criar um orçamento para que se posam destinar os recursos necessários, além de promover alinhamento com o fluxo de caixa da empresa.

Agora que você entendeu o processo de tomada de decisão, considerando, o problema, suas causas e a forma de resolução, os próximos casos estão disponíveis para que você exercite esse raciocínio.

9.5 CONSIDERAÇÕES FINAIS

Este capítulo teve como objetivo apresentar o método do caso de ensino para que mais professores possam motivar-se a elaborar e aplicar a ferramenta em sala de aula. Também, como pode ser visto neste livro, todo capítulo é encerrado com um caso de ensino, procurando assim fazer a aplicação da teoria discutida no capítulo na prática de uma realidade organizacional.

Para tanto, este capítulo iniciou-se apresentando o método do caso de ensino e a diferença em relação ao estudo de caso feito para fins de pesquisa. Também foi discutido o passo a passo para elaborar o caso de ensino e como aplicá-lo em sala de aula, definindo claramente os papéis de alunos e professores na dinâmica. Posteriormente, foi discutido o processo de tomada de decisão, que é a base da resolução de qualquer caso de ensino, detalhando em especial o procedimento de análise e solução de problemas.

Para que o leitor possa internalizar todo o conteúdo discutido, foi elaborado como material suplementar deste capítulo, um caso fictício (Brazilian Pepper Plus) e um caso real (Hering). Esperamos que tenham gostado e que possam replicar o aprendizado em sala de aula.

CONTRIBUIÇÕES DO CAPÍTULO PARA A ADMINISTRAÇÃO CONTEMPORÂNEA

a) Diferença entre o caso de ensino e o caso de pesquisa.

b) Processo de elaboração de um caso de ensino.

c) Dicas para aplicação do caso de ensino em sala de aula.

d) Processo de tomada de decisão com análise e solução de problemas.

e) Diferentes estilos de casos de ensino: minicaso, caso fictício e caso real.

f) Importância dos casos de ensino disponíveis no final de cada capítulo do livro.

REFERÊNCIAS

[1] IIZUKA, E. S. *O método do caso de Harvard*: reflexões sobre sua pertinência ao contexto brasileiro. ENCONTRO DA ANPAD, 32, 2008.

[2] CAMPOS, R. D.; ALMEIDA, V. C. Método do caso: "não sei, não..." enfrentando as barreiras à implantação do método. *Administração: Ensino e Pesquisa*, v. 15, n. 1, p. 43-72, 2014.

[3] COREY, E. Case method teaching. *Folheto número 9-581-058*. Boston: Harvard Business School Publishing Division, 1998.

[4] IIZUKA, E. S. *Op. cit.*, 2008.

[5] ALBERTON, A.; SILVA, A. B. Como escrever um bom caso para ensino? Reflexões sobre o método. *Revista de Administração Contemporânea*, v. 22, n. 5, p. 745-761, 2018.

[6] *Idem, ibidem.*

[7] ROESCH, S. M. A. Notas sobre a construção de casos para ensino. *Revista de Administração Contemporânea*, v. 11, n. 2, p. 213-234, 2007.

[8] ROESCH, S. M. A. *Op. cit.*, 2007.

[9] IKEDA, A. A.; VELUDO-DE-OLIVEIRA, T. M.; CAMPOMAR, M. C.. O caso como estratégia de ensino na área de administração. *Revista de Administração*, v. 41, n. 2, p. 147-157, 2006.

[10] JENNINGS, D. Strategic management: an evaluation of the use of three learning methods. *The Journal of Management Development*, v. 22, p. 655-665, 2002.

[11] IKEDA, A. A.; VELUDO-DE-OLIVEIRA, T. M.; CAMPOMAR, M. C. *Op. cit.*, 2006.

[12] IIZUKA, E. S. *Op. cit.*, 2008.

[13] CAMPOS, R. D.; ALMEIDA, V. C. *Op. cit.*, 2014.

[14] IKEDA, A. A.; VELUDO-DE-OLIVEIRA, T. M.; CAMPOMAR, M. C. *Op. cit.*, 2006.

[15] IIZUKA, E. S. *Op. cit.*, 2008.

[16] FARIA, M. D. D.; FIGUEIREDO, K. F. *Método do caso no ensino de administração no Brasil*: análise da produção acadêmica nacional e diretrizes para elaboração de casos. III ENCONTRO DE ENSINO E PESQUISA EM ADMINISTRAÇÃO E CONTABILIDADE DA ANPAD, 2011.

[17] YIN, R. K. *Estudo de caso:* planejamento e métodos. Porto Alegre: Bookman, 2015.

[18] *Idem, ibidem.*

[19] FARINA, E. *et al. Estudo de caso em agribusiness.* São Paulo: Pioneira, 1997.

[20] *Idem, ibidem.*

[21] ALBERTON, A.; SILVA, A. B. Como escrever um bom caso para ensino? Reflexões sobre o método. *Revista de Administração Contemporânea*, v. 22, n. 5, p. 745-761, 2018.

[22] *Idem, ibidem.*

[23] ROESCH, S. M. A. *Op. cit.*, 2007.

[24] *Idem, ibidem.*

[25] FARIA, M. D. D.; FIGUEIREDO, K. F. *Op. cit.*, 2011.

[26] ALBERTON, A.; SILVA, A. B. Como escrever um bom caso para ensino? Reflexões sobre o método. *Revista de Administração Contemporânea*, v. 22, n. 5, p. 745-761, 2018; ROESCH, S. M. A. *Op. cit.*, 2007.

[27] *Idem, ibidem.*

[28] *Idem, ibidem.*

[29] *Idem, ibidem.*

[30] IKEDA, A. A.; VELUDO-DE-OLIVEIRA, T. M.; CAMPOMAR, M. C.*Op. cit.*, 2006.

[31] *Idem, ibidem.*

[32] *Idem, ibidem.*

[33] COELHO, F. S. *Formação estratégica de precificação:* como maximizar o resultado das empresas. São Paulo: Atlas, 2009.

[34] DIAS, M. A. *Administração de materiais.* São Paulo: Atlas, 2005.

[35] SLACK, N. S.; CHAMBERS; JOHNSTON, R. *Administração da produção.* 2. ed. São Paulo: Atlas, 2002.

[36] CORRÊA, H. L.; GIANESI, I.; CAON, M.. *Planejamento, programação e controle da produção.* São Paulo: Atlas, 2001.

Capítulo 10
Administração da produção

Assista ao **vídeo**

Ilton Curty Leal Junior
Marcelino Aurélio Vieira da Silva
Pítias Teodoro
Ricardo César da Silva Guabiroba
Vanessa de Almeida Guimarães

Pontos de aprendizado

Neste capítulo, o leitor poderá aprofundar seu conhecimento sobre:
- Conceitos básicos da administração da produção.
- Modelo básico de transformação.
- Administração da produção e a estratégia empresarial.
- Conceitos básicos de planejamento e controle da produção.
- Monitoramento e melhoria de processos produtivos.
- Indústria 4.0.

RESUMO

Este capítulo visa mostrar a importância da administração da produção para a estratégia empresarial. Para tanto, é apresentada visão geral e conceitual a respeito do tema, percorrendo os principais tópicos relacionados com planejamento, controle e melhoria da produção, abordando conceitos tradicionais e modernos. Primeiro, exploramos os conceitos básicos da administração da produção e sua relação com a estratégia empresarial. Na sequência, são tratados os pontos básicos sobre planejamento e controle da produção, discorrendo sobre como um processo pode ser monitorado visando à melhoria da qualidade. Por fim, exploramos as questões mais recentes dessa temática enfocando na indústria 4.0. A administração da produção é uma função estratégica para a competitividade de uma organização, seja ela produtora de bens e serviços, com ou sem fim lucrativo. Portanto, conhecer suas técnicas de gestão pode auxiliar na redução de custos e despesas, aumento de qualidade e, consequentemente, contribuir para a continuidade da organização em sua área de atuação.

10.1 INTRODUÇÃO

Toda organização tem como objetivo final um produto, seja ele bem ou serviço, para atender a alguma demanda. Entretanto, você já parou para pensar o que envolve a fabricação de um produto, por mais simples que ele seja? Tente imaginar o que uma cafeteria precisa para produzir um delicioso café espresso. O proprietário precisa saber quantos cafés podem ser vendidos, de que tipo, tamanho. Se possível, essa informação deve ser detalhada, considerando período do mês, dias da semana e até mesmo horários em que mais se vendem os cafés. Com base nisso, ele terá condição de adquirir equipamentos e instalações, contratar mão de obra, comprar os materiais para a produção do seu produto.

Indo mais além, a escolha do local onde será a cafeteria pode interferir na demanda, nos custos de produção e no acesso a fornecedores. Sem contar a informação principal: qual a preferência do cliente quanto a produto, ambiente ou serviço? Até agora, não falamos do processo de produção em si, que consiste em utilizar os recursos de transformação (máquinas, instalações, mão de obra) e os recursos transformados (materiais, informações) em um dado ambiente. A falta de um item pode causar a insatisfação do cliente e trazer prejuízos à cafeteria.

Diante do exemplo anterior, ficou claro que fabricar um produto não é tarefa simples. Extrapole agora a simples produção de um café espresso para uma fábrica de automóveis ou a construção de uma rodovia. A complexidade dos produtos e processos produtivos demanda cada vez mais um processo de gestão que envolva planejamento, controle, execução e melhoria contínua para que a organização possa manter seus custos adequados e atender às necessidades dos clientes.

Assim, neste capítulo abordamos inicialmente os conceitos de administração da produção, o modelo básico de transformação e o papel estratégico dessa função. Prosseguimos abordando as atividades de gestão de demanda e capacidade, planejamento e controle de produção e monitoramento para melhorias do processo produtivo. Encerramos o capítulo com a introdução do moderno conceito de indústria 4.0.

10.2 CONCEITOS DE ADMINISTRAÇÃO DA PRODUÇÃO

O principal propósito da administração da produção é empregar as técnicas de gestão, a fim de auxiliar, de modo eficiente e eficaz, a produção de bens e serviços. Pelo fato de as empresas e instituições produzirem de formas distintas, há uma variedade de conceitos que se ajustam mais ou menos em cada caso. No Quadro 10.1, são apresentados alguns conceitos de administração da produção existentes na literatura.

Quadro 10.1 Definições de administração da produção

Autores	Definições
Harding (1981)	Administração de produção é uma abordagem prática, que surgiu logo após a Segunda Guerra Mundial, sendo relacionada com a fabricação de um bem (ou serviço) na quantidade certa, ao tempo certo e na qualidade certa
Davis, Aquilano, Chase (2001)	Defendem que, a partir de uma estratégia corporativa, a administração da produção pode ser definida como o gerenciamento dos recursos diretos necessários para a obtenção dos produtos de uma organização
Stevenson (2001)	Considera que a função de operações engloba todas as atividades diretamente ligadas à produção de bens ou ao fornecimento de serviços e ressalta a ampliação do escopo da função para outros tipos de organização além de fábricas
Davis, Aquilano e Chase (2003)	Conceituam por meio de duas perspectivas: (1) perspectiva corporativa: a administração de produção pode ser entendida como a gestão de recursos diretos de uma organização que são essenciais para a obtenção de bens e serviços finais; (2) perspectiva operacional: a administração da produção pode ser vista como um conjunto de componentes, cuja função está concentrada na conversão de um número de insumos em algum resultado desejado
Rocha (2008)	Afirma que administração da produção é a parte da administração que comanda o processo produtivo, pela utilização eficaz dos meios de produção e das funções gerenciais, na busca de obter produtos com elevados índices de desempenho
Corrêa e Corrêa (2011)	Administração da produção é a atividade de gerenciamento estratégico dos recursos escassos (humanos, tecnológicos, informacionais e outros), de sua interação e dos processos que produzem e entregam bens e serviços visando atender necessidades e/ou desejos de qualidade, tempo e custo de seus clientes
Slack e Jones (2018)	Definem administração da produção como atividades, decisões e responsabilidades dos gerentes de produção

RELEMBRANDO

Quando falamos de produto na administração da produção, estamos nos referindo tanto aos bens quanto aos serviços.

SAIBA MAIS

O autor Nigel Slack é graduado em engenharia e mestre e doutor em administração. É professor de administração e estratégia de produção na Warwick Business School (Inglaterra). É um dos principais autores de administração da produção, e seus livros estão disponíveis no Brasil como literatura básica para a área.

Com base nas diferentes definições de administração da produção, verifica-se preocupação quanto à gestão da qualidade e do custo. Logo, a busca comum em todas as abordagens existentes é a de produzir com qualidade e menor custo. Assim, a Seção 2.1 discorre sobre os modelos básicos de transformação e evidencia a relação entre custo e qualidade nesse processo.

10.2.1 Modelo básico de transformação

Da ótica operacional, o modelo de transformação inclui recursos a serem transformados e recursos transformadores que, submetidos ao processo produtivo, resultam em um produto (bem ou serviço).

Uma vez que a administração da produção gerencia as atividades que resultam na criação dos produtos, é preciso conhecer as atividades envolvidas em um modelo básico de transformação: *inputs* (entradas) que passam por um processo de transformação, tendo como resultado os *outputs* (saídas). Vale ressaltar que nessa transformação podem-se obter *outputs* desejados (produtos) ou indesejados (como resíduos e impactos ambientais), conforme a Figura 10.1.

Os *inputs* são compostos por recursos transformadores e pelos recursos a serem transformados. No caso dos recursos transformadores, estes, de alguma forma, modificarão ou prestarão apoio à modificação dos recursos a serem transformados, podendo estar representados por instalações físicas, equipamentos, conhecimento e mão de obra. Já os recursos a serem transformados serão modificados (materiais, insumos e até clientes, no caso de serviços) por um processo de transformação.

A obtenção de um *output* por meio da aplicação de *inputs* representa o processo de transformação. Os *outputs* são chamados de desejados, quando atendem às especificações e exigências do produto final, e de indesejados, quando há produtos com problemas ou resíduos do processo.

Uma das etapas mais importantes nesse modelo de transformação é a de acompanhamento, pois tem como

Figura 10.1 Modelo de transformação.

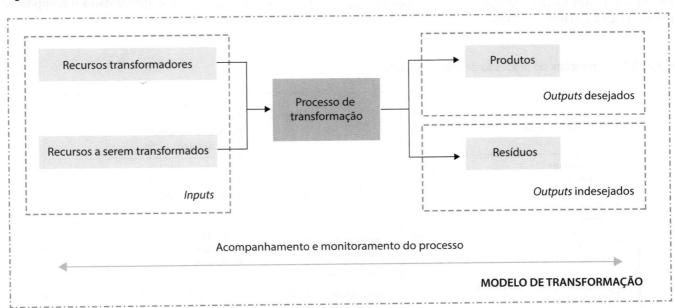

Fonte: elaboração própria com base em Slack *et al.*[1]

176 Administração ■ *Conejero – Oliveira – Abdalla (Orgs.)*

finalidade identificar falhas e minimizar perdas e excessos de recursos ao longo de todo o processo. É importante observar que pode haver mais de um processo de transformação em uma mesma produção.

Segundo Chase,[2] os processos de transformação são empregados em qualquer modelo de negócio. No Quadro 10.2, são apresentados alguns exemplos de processos de transformação nas organizações.

Quadro 10.2 Modelo de transformação em diferentes negócios

Exemplo	*Inputs*	Processo de transformação	*Outputs*
Empresa de transporte aéreo	Aeronaves, pilotos, comissários, equipe em terra, passageiros e cargas	Transporte de passageiros e carga (transformação de origem para destino)	Passageiros e cargas transportados
Escola	Professores, móveis, funcionários e alunos	Aulas ministradas, processos administrativos realizados	Formação de alunos
Loja de sapatos	Vendedores, sapatos, caixas registradoras e consumidores	Exibição dos sapatos, orientação de vendedores, venda de sapatos	Sapatos ajustados às necessidades dos consumidores
Fábrica de camisas	Malhas, funcionários, equipamentos e clientes	Fabricação das camisas (corte, costura) e atividades administrativas da fábrica	Camisas fabricadas

Fonte: adaptado de Slack *et al.*[3]

Embora sejam similares na forma do processo de transformação, as operações de produção podem apresentar diferenças em quatro importantes dimensões: volume de saída; variedade de saída; variação da demanda; visibilidade.

No caso da dimensão volume de saída, as principais características são o grau de repetição e especialização das atividades. Quanto maior o volume, menor é o custo fixo por unidade, com menos impacto no custo final.

De modo diferente da situação anterior, em que a empresa é especialista em poucos ou num único produto, ela pode oferecer maior flexibilidade de variedade de saída (modelos ou tipos diferentes). Isso obriga a empresa a ter um modelo de transformação com menos padronização e maior variedade.

Já quanto à dimensão variação de demanda, a característica a ser analisada é como o comportamento da demanda se altera no decorrer do tempo, como é o caso da variação de volume de venda de produtos sazonais. Com isso, a empresa necessita adequar a capacidade de produção a essas variações de demanda.

Por fim, na dimensão visibilidade, destaca-se a característica da exposição do processo de produção ao cliente, em que há necessidade de profissionais qualificados e bem preparados, além de um gerenciamento, para que se minimizem os erros no processo de produção. Verifica-se, então, de acordo com Slack, Chambers e Johnston,[4] que as quatro dimensões têm implicações nos custos. Na Figura 10.2, é apresentado o comportamento básico sobre cada uma dessas dimensões.

Figura 10.2 Dimensões do processo de transformação.

☐ Baixa repetição ☐ Menor sistematização ☐ Custo unitário alto	⬇ Volume ⬆	☐ Alta repetição ☐ Maior sistematização ☐ Custo unitário baixo ☐ Especialização
☐ Padronizada ☐ Rotinizada ☐ Bem definida ☐ Custo unitário baixo	⬇ Variedade ⬆	☐ Flexível ☐ Atende à necessidade dos consumidores ☐ Custo unitário alto
☐ Estável ☐ Previsível ☐ Custo unitário baixo	⬇ Variação de demanda ⬆	☐ Flexibilidade ☐ Capacidade variável ☐ Custo unitário alto
☐ Alta utilização de funcionários ☐ Centralização	⬇ Visibilidade ⬆	☐ Tolerância limitada ☐ Custo unitário alto

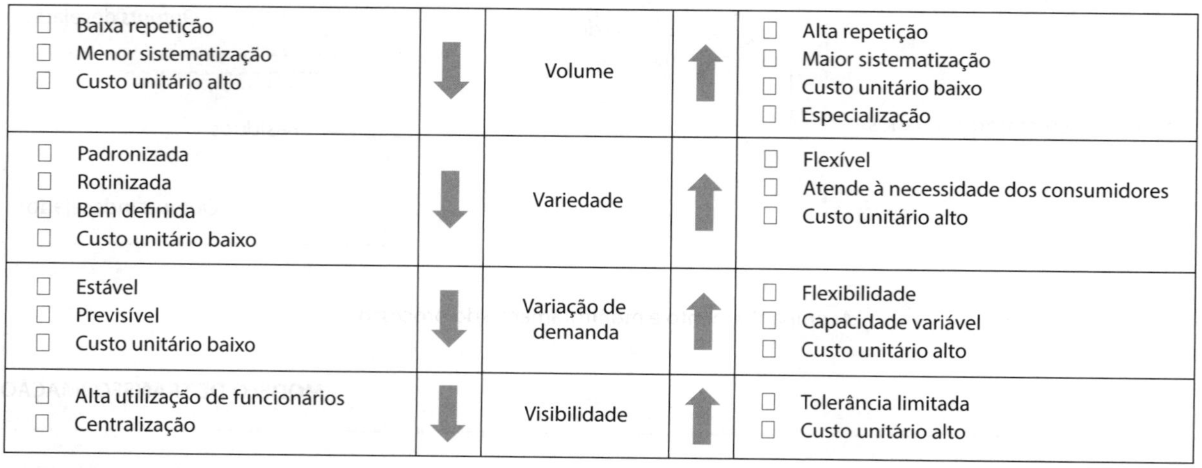

Fonte: adaptada de Slack *et al.*[5]

10.2.2 Administração da produção e a estratégia empresarial

Quando se discute sobre estratégia, a primeira coisa que vem à mente de muitas pessoas é o filme do BOPE *(Tropa de Elite)*, com a definição da palavra em várias línguas. Você se lembra dessa cena? Mas, independentemente de como se fala o termo "estratégia" em qualquer outra língua, você sabe qual o real significado de estratégia no contexto empresarial?

De maneira simplificada, a estratégia pode ser compreendida como um *"plano de ação estruturado para atingir determinado objetivo"*. Assim, como todo plano de ação, o processo de formulação e implementação da estratégia passa por todas as etapas do ciclo PDCA – planejamento, execução, controle e ações corretivas. Requer, portanto, a identificação e a reunião de todos os recursos (técnicos, financeiros, humanos, materiais etc.) necessários para a execução de uma série de tarefas visando alcançar um objetivo preestabelecido. Tarefas, essas, que serão controladas a fim de verificar se estão alcançando o que fora estabelecido na fase de planejamento e, caso haja desvios ou novas oportunidades, possam ser formuladas ações corretivas. Isso não lembra o modelo básico de transformação? A estratégia é, portanto, um processo contínuo.

Mais adiante, neste capítulo, você verá como o PDCA pode ser usado em um caso da administração da produção.

A literatura sobre estratégia empresarial, em geral, atrela o objetivo a ser atingido à criação de uma "vantagem competitiva". *Grosso modo*, ter vantagem competitiva é oferecer algo diferente (que pode ser tanto um produto mais barato – enfoque de custo – ou de maior qualidade, rapidez ou inovação – enfoque de diferenciação), que faça com que o cliente te reconheça e opte por comprar seus produtos (bens e/ou serviços). Portanto, passa pela percepção da entrega de valor ao cliente.

Cabe enfatizar que a estratégia desdobra-se entre as diferentes áreas e funções da administração, subdividindo-se, ainda, nos níveis estratégicos, táticos e operacionais. Assim, a estratégia específica de determinada área (como a produção) deve estar alinhada com os objetivos estratégicos do planejamento organizacional, conforme será discutido ao longo deste capítulo.

Você pode estar se perguntando: como podemos observar o conceito de estratégia no contexto da produção? Os objetivos organizacionais irão conduzir as definições sobre os tipos de operação da produção, considerando, por exemplo, a relação volume × variedade.

Verifica-se que cabe à administração da produção gerenciar todas as atividades envolvidas no processo de produção de um produto ou serviço. Portanto, envolve decisões associadas à localização das unidades produtivas, à previsão de demanda, à organização de arranjos físicos e à programação da produção, as quais estarão intimamente relacionadas com a estratégia organizacional previamente estabelecida. Além disso, a área de produção e operação está envolvida em decisões que dizem respeito aos sistemas de informação, à gestão da qualidade, ao grau de automatização dos processos e ao nível de tecnologia empregados, aos projetos associados à força de trabalho, entre tantas outras.

Dessa maneira, você pode estar se questionando sobre como o gestor dessa área orienta os fluxos para alcançar tanto os objetivos do setor quanto da organização. Nesse ponto, cabe a apresentação do conceito de objetivos de desempenho da produção, que discutiremos na próxima subseção.

10.2.2.1 Os cinco objetivos de desempenho da produção e sua relação com a estratégia de operações

Para determinar a melhor estratégia de produção e configuração do processo produtivo, é importante entender quais objetivos de desempenho são priorizados pelos clientes e, consequentemente, devem ser oferecidos pela organização a fim de gerar vantagem competitiva.

São cinco os objetivos de desempenho que precisam ser analisados: qualidade, rapidez, confiabilidade, flexibilidade e custo, conforme Quadro 10.3. Tendo em vista que os recursos são escassos, cabe ao setor de produção priorizar um ou mais objetivos – detalhados a seguir –, visando gerar valor para o cliente e se posicionar à frente dos demais concorrentes no atendimento das demandas de determinado setor.

Quadro 10.3 Objetivos de desempenho da produção

Objetivo de desempenho	Descrição	Exemplos
Qualidade	Está associada às características físicas do produto (ou serviço), que são consideradas essenciais para o cliente	Durabilidade, qualidade dos materiais empregados no processo de fabricação, estética e *design*, conforto, limpeza, entre outros
Rapidez	Diz respeito à velocidade que a empresa tem em processar e atender o pedido do cliente	Prazos de entregas menores que os demais concorrentes e ausência de filas de espera (ou filas pequenas)
Confiabilidade	Diz respeito a entregar exatamente aquilo que foi estabelecido e acordado com o cliente	Entrega na data e no local pré-acordados, produtos em conformidade com as especificações predefinidas pelos clientes, integridade do produto
Flexibilidade[1]	Está associada à capacidade da empresa de responder às variações dos desejos e/ou necessidades dos clientes. Ela pode ser subdividida em dois tipos: flexibilidade de *mix* (variedade) e de volume	Em uma loja de roupas, a flexibilidade de *mix* diria respeito à variedade de tamanhos, cores e estampas. Já a flexibilidade de volume diz respeito à capacidade em atender pedidos de lotes de diferentes tamanhos
Custo	Está relacionado com o uso racional dos recursos. Tem-se como objetivo, portanto, oferecer o produto ou serviço ao menor preço possível para o consumidor. Ressalta-se que, para oferecer menores preços ao consumidor, o processo de produção precisa ser eficiente, eliminando custos excessivos ou indesejados	Menores preços praticados para o produto

Nota: (1) Esse objetivo está intimamente relacionado com as dimensões do processo de transformação, apresentadas na Figura 10.2.

Observa-se que entender o perfil do cliente é condição fundamental para que a empresa decida sobre qual(quais) objetivo(s) de desempenho irá priorizar. Por exemplo, quando você decide adquirir produtos de famosos *sites* de importação chineses, provavelmente não está preocupado com o objetivo de rapidez (tendo em vista os longos prazos de espera), tampouco com a qualidade (em geral, os produtos são réplicas de marcas famosas, reconhecidamente como de segunda linha) e a confiabilidade (se o produto será fiel à foto ou ao tamanho indicado no *site*). Possivelmente, o objetivo de desempenho que orientou sua compra foi o custo.

Nesse ponto, é fundamental esclarecer que dificilmente uma empresa conseguirá oferecer todos os objetivos de desempenho ao cliente, tendo em vista que, via de regra, eles são conflitantes. Atender com maior rapidez, por exemplo, requer a manutenção de maiores níveis de estoque (para pronta entrega) e uso de alterna-

tivas de transporte mais velozes (como avião em substituição ao caminhão, por exemplo). Essa decisão impacta diretamente no objetivo de custo. Portanto, escolher os objetivos de desempenho adequadamente faz parte das atividades estratégicas da função produção.

SAIBA MAIS

Trade-off pode ser traduzido como troca compensatória: fazer determinada escolha implica abrir mão de outras opções. Ao optar por ler este capítulo sobre administração da produção, por exemplo, você abriu mão de assistir a uma série na Netflix ou praticar um esporte. O cotidiano é repleto de situações de *trade-off*, e na produção não poderia ser diferente.

Na produção, o *trade-off* clássico diz respeito à relação entre o nível de serviço e o custo. Oferecer maior nível de serviço ao consumidor (por exemplo, um produto de maior qualidade, com variedade e rapidez na entrega) implica custos maiores, por conta das decisões a serem tomadas (emprego de materiais de melhor qualidade, maiores níveis de estoque e uso de alternativas de transporte mais velozes). De maneira geral, quanto maior o nível de serviço oferecido ao cliente, maior o custo e, consequentemente, menor a eficiência do processo.

Não obstante, é importante ressaltar que nem sempre oferecer maiores níveis de serviço implica maiores custos. Isso irá depender do nível atual de operação da empresa. Por exemplo, imagine um processo produtivo em que haja 40% de descarte de lotes produzidos de maneira incorreta (produtos defeituosos ou fora das especificações). Nesse caso, investir na melhoria dos processos visando a maior qualidade iria proporcionar redução nos custos e possivelmente maior rapidez.

POR DENTRO DA TEORIA

Eficiência diz respeito ao uso racional de recursos e está diretamente ligada ao conceito de produtividade – relação entre saídas (*outputs*) e entradas (*inputs*).

Eficácia diz respeito ao alcance de objetivos e metas estabelecidos.

Efetividade diz respeito a ser efetivo e eficaz.

Fonte: Slack *et al.*[6]

Sendo assim, você pode estar se perguntando: então, como eu faço para escolher quais objetivos de desempenho irei priorizar?

Simples: ouça seu cliente! Compreender o comportamento da sua demanda e as necessidades do seu público-alvo é fundamental para a sobrevivência das organizações no mercado cada vez mais competitivo. Assim sendo, o tomador de decisão deve atentar ao conceito de **critérios qualificadores** e **ganhadores de pedidos**.

SAIBA MAIS

Os **critérios qualificadores** de pedidos dizem respeito aos requisitos mínimos que qualquer negócio deva ter para que o consumidor cogite a possibilidade de adquirir o produto ou serviço de uma empresa. Já os **crité-**

rios ganhadores de pedido dizem respeito àquilo que é determinante para que o cliente resolva efetivamente comprar. Ambos irão variar de acordo com o perfil do consumidor.

Oferecer qualquer item que não seja considerado um critério ganhador ou qualificador de pedido pode ser entendido como desperdício de recursos (estes itens são classificados pela literatura como **critérios menos importantes**). Dessa maneira, entender o perfil do cliente é fundamental na definição de estratégias empresariais e, consequentemente, nas estratégias de produção.

RELEMBRANDO

A empresa precisa sempre associar o objetivo de produção ao objetivo estabelecido no planejamento estratégico. Por exemplo, para empresas de carros de luxo (ex. Ferrari, Jaguar), ter flexibilidade de volume não é algo esperado, tendo em vista que os modelos são produzidos em poucas unidades, justamente para passar a ideia de *status* aos consumidores desse tipo de produto. Também as características do modelo de transformação de determinado produto irão ajudar a definir que objetivos priorizar.

É importante ressaltar que, mais do que conhecer a necessidade dos clientes, é preciso ter um fluxo de informação e uma boa relação com as diferentes áreas da empresa para que a implementação da estratégia de operações tenha sucesso. Destacam-se, neste capítulo, a relação intrínseca com os setores de marketing, desenvolvimento de novos produtos, qualidade e vendas, embora os demais possam ter relação direta.

As decisões do setor de marketing, por exemplo, têm impacto direto na área que chamamos de operações (que envolve produção e logística), tanto no que diz respeito, por exemplo, ao desenvolvimento de novas embalagens (que irão influenciar no processo de **unitização** e movimentação das cargas), quanto no processo de previsão de demanda (que irá orientar todo o processo produtivo, especialmente se a produção for puxada).

O mesmo ocorre com o setor de vendas. Esse setor deve ter relação direta e contínua com as operações de produção e logística, de maneira que seja possível atender aos escopos e prazos acordados com o cliente. Imagine que o setor de vendas de uma fábrica de parafusos sediada no Rio de Janeiro resolva emitir uma ordem de venda de duas caixas de parafusos para Manaus, considerando um prazo de entrega de 12 horas. Ainda que tais caixas estejam disponíveis no estoque, o custo associado ao transporte delas irá sobrepujar o ganho da venda, trazendo consequentes prejuízos para a empresa.

SAIBA MAIS

Produção puxada (*pull system*): a produção é iniciada com base em pedidos dos clientes. A ideia é produzir para atender à demanda.

Produção empurrada (*push system*): a produção é realizada independentemente do pedido do cliente ou sinal de demanda. A tendência nesse sistema é a formação de estoque.

ATENÇÃO

Conforme abordaremos no Capítulo 11, unitizar significa agregar menores volumes de carga em uma única unidade de volume maior, visando otimizar os processos de manuseio, movimentação, armazenagem e transporte. O contêiner, por exemplo, é usado para unitização de cargas. Ao colocar vários produtos dentro de um único contêiner, facilita-se o processo de movimentação, no que diz respeito aos tempos de carga e descarga, às necessidades de equipamentos específicos para movimentação, ao uso do espaço (capacidade de empilhamento), proteção da carga, entre outros fatores.

Os gestores das áreas de desenvolvimento de produtos e qualidade, por sua vez, precisam estar atentos, por exemplo, ao tempo de reposição, custo e existência de sobressalentes das peças usadas no desenvolvimento de novos produtos, pois isso pode influenciar diretamente nos processos de produção e logística (e nos objetivos de desempenho).

PARA REFLEXÃO

Imagine que a área de marketing resolva criar uma nova embalagem, padronizada em relação às dimensões, para os diversos tipos de produtos de determinada empresa de varejo, visando otimizar os processos de fabricação, unitização e movimentação. Parece ótimo, não é? Com embalagens de tamanhos únicos, a movimentação e o uso racional dos veículos de transporte pode surgir aos olhos do tomador de decisão como uma vantagem que irá atender diretamente aos objetivos de desempenho de rapidez e custo. No entanto, caso não seja desenvolvida em conjunto com a área de produção e logística e avaliada a real melhoria advinda deste processo, embora possa reduzir os tempos de movimentação e transporte, pode impactar negativamente nos objetivos de qualidade e confiabilidade, por conta de avarias no processo de movimentação e transporte. Imagine um caso em que a embalagem tem dimensões incompatíveis com o produto, o que pode fazer com que este chegue ao cliente danificado ou que o cliente não aceite receber lotes com as embalagens amassadas. Dessa maneira, fica evidente que ao desenhar ações de melhoria para os processos produtivos, o tomador de decisão deve estudar cuidadosamente os processos envolvidos bem como o impacto nos objetivos de desempenho (sejam estes priorizados ou não pela empresa).

10.2.3 Planejamento e controle da produção

Na administração da produção, duas funções gerenciais são destacadas: o planejamento e o controle. Mas o que significam, na produção, essas funções? O planejamento é a formalização, em dado momento, do que se pretende que aconteça no futuro. Já o controle é o processo por meio do qual são identificadas as variáveis que venham a alterar o que foi planejado. O controle permite o monitoramento do processo para garantir que a produção ocorra eficazmente e produza produtos conforme planejado.

Nesse contexto, a administração da produção deve desenvolver sistemas de planejamento e controle para que os recursos produtivos estejam disponíveis: na quantidade certa, no momento desejado e no nível de qualidade adequados. Entretanto, essa não é uma tarefa fácil. Existem desafios inerentes às tarefas de planejamento e controle:

1. Conciliação de fornecimento e demanda: consiste em adquirir todos os insumos (*inputs* de transformação e a serem transformados) em

quantidade e tempo adequados para posterior processamento e entrega aos clientes.

2. Custos: a aquisição de insumos, o processamento e a entrega dos produtos demandam custos que, se não forem controlados, podem inviabilizar o negócio da empresa.
3. Capacidade: a transformação dos insumos em produtos para atendimento aos pedidos dos clientes está limitada à capacidade produtiva da empresa, que envolve: mão de obra, instalações, maquinário, equipamentos etc.
4. Tempo: todo o processo de transformação de bens ou serviços está limitado ao tempo. Cada atividade que compõe o processo produtivo é realizada em função do tempo, o que pode impactar também no atendimento ao cliente e nos custos do produto.
5. Qualidade: o processo produtivo deve ser realizado para que se tenha um produto final compatível com as exigências dos clientes. Além disso, a qualidade do processo também é importante. Imagine que um processo tenha mecanismos para impedir que produtos defeituosos sejam enviados aos clientes. Nesse caso, só uma parte do problema de qualidade é resolvida. A outra parte é que com a quantidade de produtos defeituosos (detectados antes de expedi-los) a empresa estaria com custos maiores por conta de desperdícios e ainda poderia não garantir a quantidade suficiente para atender à demanda.

Como você já deve ter percebido, uma das principais variáveis de entrada para o planejamento da produção é a demanda (quantidade estimada sobre a procura por um bem ou serviço em determinado mercado). Por isso, sua gestão faz parte das atribuições dos profissionais da área de produção. Mas que tipos de atividade compõem o que se chama de gestão de demanda? Vejamos:

1. Comunicação com o mercado: manter um canal de comunicação eficaz é importante para identificar os movimentos da demanda e até mesmo dos concorrentes, substitutos etc.
2. Identificação da influência da empresa sobre a demanda: nesse caso, é possível verificar qual parcela da demanda é influenciada por ações da empresa. Por exemplo, quanto cada unidade de desconto no preço pode aumentar (ou antecipar) a quantidade vendida.
3. Desenvolvimento de habilidade de prometer prazos: a empresa pode ter prazos engessados ou flexíveis, o que se reflete na maior ou menor capacidade de resposta aos clientes. Entender o que eles precisam e desenvolver o processo produtivo para isso é desenvolver essa habilidade.
4. Desenvolvimento de habilidade de priorização e alocação: nem sempre é possível (ou desejável) atender a todos os clientes como eles querem por questões de capacidade, por exemplo. Assim, essa habilidade permite à empresa estabelecer políticas de priorização de atendimentos e, consequentemente, alocar recursos para o atendimento das prioridades.
5. Previsão da demanda: antever a quantidade que a organização terá que oferecer ao mercado é importante para o planejamento da produção e fabricação do produto, visando ao atendimento do cliente.

Para a previsão de demanda, é necessária a reunião de dados históricos de vendas, dados de variáveis que expliquem o comportamento das vendas (aumentos e reduções), além de informações que possam explicar comportamentos atípicos (por exemplo, uma queda na venda em um período no qual ela historicamente aumenta).

SAIBA MAIS

Existe uma diferença entre os termos *demanda* e *venda* (estimada e realizada).

Demanda diz respeito à quantidade desejada de um dado produto pelo mercado. Essa quantidade poderá ser atendida por todos os concorrentes. A demanda pode ser maior ou menor que a capacidade produtiva do setor. No primeiro caso, todas as empresas têm a possibilidade de vender toda sua capacidade de produção. No segundo caso, não: algumas empresas terão capacidade produtiva ociosa, ou ainda estoques de produtos não comercializados.

Venda está relacionada com a parcela da demanda que uma empresa pretende atender (estimada) ou já atendida (realizada). O ideal é que a empresa tenha boa noção da demanda do mercado, para estimar suas vendas considerando sua capacidade produtiva. Ademais, quanto mais próximo o nível de venda realizado da quantidade estimada, mais eficaz é o processo de gestão da demanda.

Esses dados e informações podem ser analisados por meio de ferramentas estatísticas e por meio de opinião e projeções relacionadas com conjuntura econômica, clientes, concorrência, decisões estratégicas da organização etc. Assim, a empresa pode obter uma previsão de quanto e quando poderá vender, o que será útil para o planejamento da área de produção.

> ### SAIBA MAIS
>
> A previsão pode ser feita considerando cenários. Por exemplo: pessimista – todas as variáveis têm os piores resultados possíveis impactando em um nível de demanda o mais baixo possível; tendencial – as variáveis assumem valores realistas e em sintonia com a prática atual do mercado; otimista – todas as variáveis assumem os melhores valores, de forma a favorecer demandas mais altas possíveis. Assim, você pode trabalhar com um intervalo possível de resultados com amplitude entre o pior resultado (pessimista) e o melhor resultado (otimista).

Muitas são as técnicas de previsão de demanda que podem ser utilizadas de forma isolada ou combinadas. Essas técnicas dividem-se em três grupos:

1. **Técnicas qualitativas de julgamento**: baseiam-se em informações de pessoal envolvido com as vendas e com as demais áreas da empresa e especialistas de mercado (executivos, consultores).

> ### POR DENTRO DA TEORIA
>
> O método Delphi (uma das técnicas qualitativas de julgamento) é o mais conhecido para elicitação e síntese da opinião de especialistas. Foi desenvolvido pela Rand Corporation para a Força Aérea Americana nos anos 1950 e passou a ser disseminado no começo dos anos 1960, com base em trabalhos desenvolvidos por Olaf Helmer e Norman Dalker, pesquisadores da Rand Corporation. O método foi amplamente utilizado em uma grande variedade de aplicações nos anos 1960 e 1970, superior a 10.000 estudos, principalmente da previsão tecnológica e análise de política.
>
> Fonte: Ayyube[7] e Linstone e Turoff.[8]

2. **Técnicas quantitativas causais**: projetam os valores de uma variável, no caso as vendas, em função de outra variável que tenha influência direta nesta. Por exemplo, nível de renda, redução na taxa de juros ou aumento no preço do produto.

> ### POR DENTRO DA TEORIA
>
> A regressão linear é uma técnica quantitativa causal que compreende a análise de dados amostrais para saber se e como duas ou mais variáveis estão relacionadas uma com a outra em determinada população.
>
> Apresenta como resultado uma equação matemática que descreve determinado relacionamento. Essa equação pode ser utilizada para estimar, ou predizer, valores de uma variável quando se conhecem ou se supõem conhecidos valores de outra variável.
>
> Fonte: Morettin e Bussab.[9]

3. **Técnicas quantitativas de séries temporais**: projetam os valores da demanda com base no seu próprio histórico ao longo do tempo. Por exemplo, a venda de um mês é baseada na média simples dos três meses imediatamente anteriores (técnica de média móvel simples).

> ### POR DENTRO DA TEORIA
>
> Assim como a média móvel simples, podemos utilizar a média móvel ponderada como técnica quantitativa baseada em séries temporais para previsão de curto prazo. Nesse caso, podemos atribuir pesos diferentes a cada item da série. Exemplo: uma empresa deseja prever as vendas de abril, com vendas registradas de 115 unidades em janeiro, 120 em fevereiro e 105 em março. Consideraram-se os seguintes pesos para cada um dos meses registrados, respectivamente: 20%, 30% e 50%. Assim, a estimativa de venda para abril seria: $(115 \times 0,2) + (120 \times 0,3) + (105 \times 0,5) \approx 112$ unidades.
>
> Fonte: Martins e Laugeni.[10]

Para desenvolver a gestão da demanda, é necessário que o administrador entenda o comportamento dessa demanda ao longo do tempo. Na Figura 10.3, destacam-se quatro perfis básicos:

1. Perpétua: estável e com pouca variação em relação à média.
2. Sazonal: variações cíclicas e conhecidas em determinados períodos.
3. Irregular: grandes variações em relação à média e com pouca previsibilidade.
4. Tempo determinado: duração da demanda conhecida e finita (em geral, intencionalmente).

Figura 10.3 Perfis básicos de demanda.

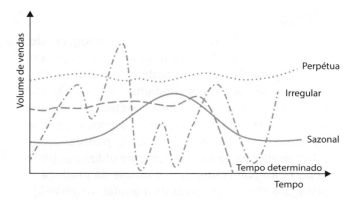

RELEMBRANDO

Um mesmo produto pode ter perfis diferentes de demanda ao longo do tempo em função do estágio de seu ciclo de vida. Uma empresa também tem vários tipos de produtos no seu *mix*. Cada produto pode ter perfil de demanda diferente um do outro. Pense, por exemplo, no portfólio da Natura.

É fácil perceber que, dependendo do perfil de demanda, o gestor deverá empenhar-se mais nas tarefas de planejamento e controle. Por exemplo, uma demanda perpétua proporciona menos surpresas em termos de variação do que uma demanda irregular.

10.2.3.1 Gestão da capacidade

De posse das informações e projeções de vendas, a administração da produção precisa planejar que quantidades irá produzir para atender ao mercado. Entretanto, existem restrições que podem impedir que a empresa produza o quanto deseja ou necessita. Uma dessas restrições é a capacidade de produção, que diz respeito a quanto a empresa tem condições de produzir, dados os seus *inputs*, especificamente recursos de transformação (instalações, máquinas, equipamentos, mão de obra).

RELEMBRANDO

O planejamento e o controle da produção adequados podem ajudar na melhoria da produção e prevenir perdas de capacidade.

A capacidade de uma produção pode ser dividida em três partes: teórica, padrão e real. A **capacidade teórica** é aquela relativa à quantidade de produção para a qual uma fábrica foi projetada. Acontece que existem problemas, que não se podem evitar, que limitam a capacidade de uma fábrica e fazem com que trabalhar no limite da capacidade teórica seja praticamente impossível. Por exemplo, redução ou falta de abastecimento de energia elétrica para operação de maquinário pesado.

A capacidade teórica menos a perda advinda dos problemas inevitáveis é igual à **capacidade padrão**. Esta, por sua vez, pode ser afetada por problemas que acontecem, mas poderiam ser evitados. Por exemplo, uma quebra de máquina por falta de manutenção preventiva. Redução de capacidade padrão nos leva a **capacidade real**, que é aquela efetivamente utilizada pela empresa.

A administração da produção deve buscar mecanismos para manter a capacidade o mais próximo possível da teórica e com o mínimo de variação. Assim, as tarefas de planejamento e controle serão facilitadas, trazendo maior estabilidade aos níveis de produção desejados.

Conhecer e gerenciar a demanda e a capacidade produtiva é importante para que a empresa decida sobre quais estratégias adotar. Neste capítulo, destacamos cinco estratégias relacionadas com a capacidade para atendimento à demanda.

1. **Estoque**: a empresa pode aproveitar período de baixa demanda (por exemplo, no caso de uma demanda sazonal) e produzir quantidades a mais para manter em estoque e assim poder atender em períodos nos quais a demanda supere a capacidade.

2. **Aumento de capacidade em longo prazo**: nesse caso, comumente a empresa investe em aquisição de maquinários, instalações e até

mesmo em contratação de equipes para ampliação de turnos de trabalho. Assim, poderá ter capacidade permanente, maior que os períodos de pico de demanda.

3. **Aumento de capacidade em curto prazo**: consiste em ações para aumento de capacidade de forma temporária. Como exemplo, citam-se a realização de horas extras e contratações temporárias.
4. **Remanejamento de pedidos**: dado que existem variações conhecidas da demanda, a empresa pode tentar negociar com seus clientes a antecipação ou o adiamento dos pedidos de períodos de alta demanda para aqueles de baixa demanda. Outra opção é tomar ações que incentivem essa alteração por iniciativas dos clientes. Por exemplo, a empresa pode realizar promoções de vendas em períodos de baixa demanda.
5. **Não atendimento**: se nenhuma das estratégias for viável, ainda há a possibilidade de a empresa decidir não atender os clientes quando a demanda superar sua capacidade.

As ações de gestão da capacidade podem ser de longo, médio, curto e curtíssimo prazos. As de longo prazo visam antecipar necessidades de capacidade de recursos que requeiram um prazo relativamente maior para sua mobilização/obtenção, o que pode envolver conhecimentos, por exemplo de gestão de projetos e análise financeira de investimentos. Nesse caso, o planejamento de capacidade deve subsidiar as decisões de quanto produzir de cada família de produtos (principalmente, quando há limitação de capacidade).

SAIBA MAIS

Consideramos como horizonte de tempo neste capítulo – **longo prazo**: anos; **médio prazo**: meses; **curto prazo**: semanas; **curtíssimo prazo**: dias ou horas.

As ações de médio prazo visam gerar planos de produção de produtos finais que sejam viáveis. Devem subsidiar as decisões de quanto produzir de cada produto. Nesse caso, considera-se que as necessidades de longo prazo foram atendidas.

Já as ações de curto prazo visam gerar um plano detalhado de produção e compras que seja viável para que possa ser liberado para execução pela fábrica. Nesse caso, teríamos, por exemplo, a quantidade a fabricar de cada produto ao longo de uma semana.

No curtíssimo prazo, o planejamento de produção enfoca em manter a continuidade da produção para que se alcance o que foi estabelecido no nível anterior (curto prazo). Por exemplo, o que fazer para manter a produção planejada em dada máquina, em determinado turno de trabalho de um dia específico. Nesse caso, recorre-se às técnicas de redução de tempos de fila e movimentação e horas extras não planejadas, por exemplo.

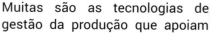

POR DENTRO DA TEORIA

Muitas são as tecnologias de gestão da produção que apoiam o planejamento e elas podem ser agrupadas em torno de três eixos fundamentais: gestão da qualidade, gestão do valor e gestão do tempo. Destacamos aqui as relacionadas com a gestão do tempo (sincronização, rapidez, pontualidade, rotatividade) e que são comumente utilizadas para suporte ao planejamento e controle da produção: planejamento dos recursos de manufatura (MRP-II), *just-in-time* (JIT), tecnologia da produção otimizada (OPT) e PERT/CPM. Obviamente, existem outras tecnologias que podem ser utilizadas em conjunto umas com as outras, considerando os três eixos apresentados.

O MRP-II auxilia no cálculo das quantidades (quanto) de materiais num processo de manufatura, a partir da demanda por produtos finais, desagregando esses valores nas quantidades de subconjuntos, componentes e matérias-primas que são necessárias em cada estágio do ciclo de fabricação. O MRP-II também auxilia no cálculo do momento em que cada material deve estar disponível (quando). Para isso, considera a data prometida para a entrega do produto final, deduzindo-se os tempos estimados de fabricação em cada estágio, até a identificação das datas em que devem ser feitas as compras e a fabricação. O MRP-II leva em conta a capacidade disponível para atendimento da demanda. Assim, é possível compatibilizar a capacidade produtiva com a compra, a fabricação e o atendimento aos pedidos.

O JIT prevê a (re)organização do ambiente produtivo com base na eliminação de desperdícios, via o melhoramento contínuo dos processos de produção, enfocando em velocidade, qualidade e custo dos produtos. As consequências são: diminuição dos tempos totais de produção, redução dos índices de rejeitos, aumento da rotatividade de estoques e baixa dos custos de produção, dentre outros indicadores de produtividade e qualidade.

O JIT tem três eixos de ação: (i) fluxo de materiais contínuo e constante através da planta e estendendo-se até os fornecedores, que passam a ser vistos como extensões da fábrica; (ii) procedimentos e atitudes voltados para a qualidade e a eliminação de atividades que não agregam valor; e (iii) envolvimento e participação da mão de obra para soluções que visem à melhoria do processo produtivo.

Apesar do enfoque comumente dado à identificação e eliminação de gargalos, o OPT é citado como uma extensão que complementa o MRP-II com vocação natural para sequenciamento e controle das atividades no chão de fábrica. O OPT complementa muitas das ideias do JIT, relacionadas com o fluxo contínuo de produção. Por isso, o OPT é considerado uma evolução do MRP-II e, ainda, uma resposta ao JIT para situações mais complexas em termos dos produtos e processos de fabricação.

O PERT/CPM é utilizado no planejamento de grandes projetos de natureza não estritamente fabril (isto é, construção civil, naval, programas aeroespaciais), ou seja, processos de baixo volume e alta variedade. Um grande projeto monopoliza recursos de produção que estão disponíveis ao longo de um intervalo de tempo significativo e determinado. O tempo necessário para realizar as atividades, a relação de interdependência entre elas e os recursos necessários para fazê-las são todos dados, em princípio, incertos.

Fonte: Costa e Jardim.[11]

Quadro 10.4 Minicaso – Planejamento de produção com a utilização do MRP-II

Uma empresa deseja planejar a produção de seu principal produto, para as próximas seis semanas. Assim, foram levantados os dados e parâmetros que constam na Tabela 10.1.

O tempo de reposição (*lead time*) é o tempo que um produto (ou parte dele) leva para ser fabricado ou comprado. Os tempos de reposição considerados envolvem características e necessidades do processo produtivo, movimentações de materiais e procedimentos administrativos.

O estoque de segurança é a quantidade que a empresa sempre deseja manter em estoque após os atendimentos às demandas internas (componentes do produto) e externas (produto acabado). Já o tamanho do lote está relacionado com a quantidade que se pode fazer ou comprar em cada ciclo.

Existem muitas políticas de tamanho de lote, mas neste exemplo utilizaremos a de "múltiplos de lote", ou seja, toda vez que a empresa compra ou fabrica precisa fazê-lo com quantidades que sejam múltiplas do respectivo lote. Por exemplo, como o lote é de 80 unidades, cada vez que houver a montagem, a empresa deverá fazer em quantidades múltiplas de 80 (80 ou 160 ou 240 e assim sucessivamente).

Tabela 10.1 Dados e parâmetros para o planejamento

Dados e parâmetros	Unidade de medida	Valor
Tempo de reposição	[semana]	2
Estoque de segurança	[unidades]	100
Tamanho do lote	[unidades]	80
Estoque da semana anterior ao planejamento (zero)	[unidades]	100
Ordem liberada na semana 0	[unidades]	400
Ordem liberada na semana −1	[unidades]	640

186 Administração ■ *Conejero – Oliveira – Abdalla (Orgs.)*

Como as semanas de planejamento (futuro) são numeradas de 1 a 6, para facilitar a análise, foi estabelecido que a semana atual (presente) é a semana zero. Logicamente, as anteriores à semana zero (passado) serão chamadas de −1, −2, −3... Assim, nesse nosso exemplo, na semana zero foram liberadas 400 unidades para fabricação e o seu tempo de reposição é de 2 semanas, a empresa espera receber essa quantidade na semana 2 do novo planejamento. Seguindo o mesmo raciocínio, o estoque na semana anterior ao planejamento (semana zero) refere-se ao saldo de estoque atual, antes de iniciar o planejamento.

Com base em pedidos realizados pelo cliente (demanda bruta para cada semana) e com o objetivo de cumprir os prazos de entrega, mantendo o nível de estoque o menor possível, a empresa gerou um planejamento de necessidades líquidas do seu produto, conforme Tabela 10.2. Cabe ressaltar que a demanda bruta do produto é baseada em pedidos realizados ou previsões de vendas.

Tabela 10.2 Planejamento de produção com utilização do MRP-II

Período [semanas]:				1	2	3	4	5	6
Parâmetros [1]		Demanda bruta		560	560	640	480	0	0
TR	2	Recebimento de ordens liberadas [1]		640	400				
TL	80	Estoque 0		180	20	−620	−380	100	100
ES	100	Estoque 1	100 [1]	180	20	100	100	100	100
		Recebimento de ordens planejadas				720	480		
		Liberação de ordens planejadas		720	480				

Legenda: TR – tempo de reposição. TL – tamanho do lote. ES – estoque de segurança.

Notas: (1) dados dos parâmetros na Tabela 10.1.

O estoque 0 (estoque inicial) é o resultado do seguinte cálculo: estoque 1 (estoque final) da semana anterior mais o recebimento de ordens liberadas menos a demanda bruta. No caso da semana 1, temos: 100 + 640 − 560 = 180. Já o estoque final é o resultado do estoque 0 mais o recebimento de ordens planejadas na semana. Na semana 1, como não houve esse recebimento, o estoque final é igual ao inicial. Na semana 3, o resultado de estoque 0 é −620 (faltaria essa quantidade para atendimento à demanda). Como haverá a liberação de uma ordem planejada de 720, com TR de 2, haverá o recebimento dessa quantidade na semana 3. Assim, o saldo de estoque final será de: −620 + 720 = 100.

A lógica de liberação e recebimento das ordens está baseada em uma quantidade que atenda à demanda e que deixe o estoque de segurança (estoque 1) com o mínimo estabelecido na Tabela 10.1. Também se deve atentar para o tamanho do lote, pois as quantidades liberadas devem ser múltiplas do respectivo valor. Cabe destacar que a última linha da Tabela 10.2 (liberação de ordens planejadas) refere-se ao plano de produção, ou seja, as quantidades que deverão ter a sua fabricação iniciada em cada semana do planejamento. A partir dessas quantidades, a empresa poderá planejar a produção dos demais componentes utilizados para fabricação do produto. Para isso, basta saber a quantidade de cada um dos componentes para cada unidade de produto final para se calcular as suas respectivas demandas brutas. Em nosso exemplo, vamos considerar que o produto necessite de quatro parafusos modelo beta para sua fabricação. Como na primeira semana temos um plano de produção de 720 unidades do produto, a demanda bruta de parafuso seria de 2880 unidades (4 × 720). A partir dessa quantidade calculada para cada semana, podemos seguir a mesma lógica de planejamento apresentada na Tabela 10.2 para o componente.

> **ATENÇÃO**
>
> No nosso caso final para discussão, teremos oportunidade de detalhar o processo de planejamento da produção dos componentes de um produto por meio do MRP-II.

10.2.4 Monitoramento para melhoria de processos produtivos

Até agora, neste capítulo, abordamos questões relacionadas com a concepção do modelo de transformação, estratégia e planejamento da produção. Mas você já se perguntou se isso é suficiente para a execução de um processo produtivo? Como garantir que todo o modelo pensado e o planejamento realizado serão colocados em prática? Como saber se foi efetivo? Além disso, do que foi pensado e realizado, algo precisa melhorar?

Dessa forma, temos o processo de monitoramento e controle, que é a contrapartida do processo de planejamento. Quando estruturado e adequado, o monitoramento e o controle regulares possibilitam identificar necessidades de mudança em relação ao plano e à execução. As oportunidades de melhoria identificadas e adotadas podem ser tratadas como ações corretivas para melhorar os processos de criação e realização dos produtos. (Maximiano[12]).

O monitoramento e o controle de um processo são voltados para ações e resultados que podem ser categorizados em dois grupos: (1) processos orientados a produto e (2) processos orientados à realização do produto.

Os processos orientados a produto envolvem metas estabelecidas na especificação e criação de produtos; definidos pelo seu ciclo de vida, terão características próprias, conforme a área de aplicação. Já os processos orientados à realização do produto envolvem sua descrição e organização, definidos pela seleção da forma como será produzido e poderão ter características comuns a outros processos produtivos.

Como exemplos desses processos, orientados à realização do produto e orientados a produtos, podemos citar a implantação de sinalização viária: enquanto o ato de definir que tipo de sinalização será utilizada em cada local (projeto de sinalização) está orientado para o processo de realização do produto, o ato de implantar a sinalização está orientado para o produto (instalação de placas e pintura de faixas).

Na busca pela melhoria desses processos, é possível o uso dos conceitos associados ao ciclo PDCA (Figura 10.4), também tratado como ciclo de melhoria contínua. O PDCA é um método de gestão para promoção da melhoria contínua e reflete, em suas quatro etapas, a base para promover a melhoria dos processos: Etapa 1: planejamento, em que são estabelecidos os objetivos e as metas; Etapa 2: fornecer educação e treino para execução do que foi definido na etapa de planejamento; Etapa 3: verificar se os resultados das ações implementadas na Etapa 2 são consistentes com objetos e metas; e Etapa 4: adotar o padrão se os resultados forem satisfatórios, caso contrário, identificar oportunidades de melhorias e implantar.

O monitoramento e o controle contínuos permitem que todos os envolvidos tenham visão clara dos processos relacionados com a realização do produto e com o próprio produto. Como resultado, aspectos que exigem atenção adicional são identificados, e ações preventivas e ou corretivas podem ser implantadas. Busca-se, ao final do processo produtivo, um resultado tão próximo quanto possível do que foi planejado, considerando, inclusive, os ajustes que podem ter sido incorporados.

Figura 10.4 PDCA.

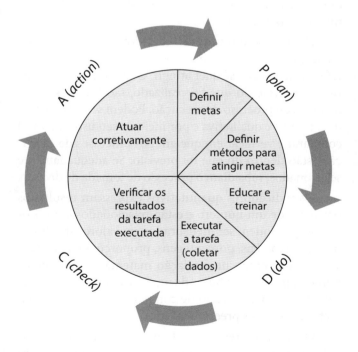

Fonte: Falconi.[13]

SAIBA MAIS

Vicente Falconi, brasileiro, é graduado em engenharia pela UFMG e M.Sc. e Ph.D. em engenharia pela Colorado School of Mines, EUA. Foi professor de engenharia na UFMG, tendo sido agraciado com o título de professor emérito. Trabalhou na *Union of Japanese Scientists and Engineers* e em empresas brasileiras. Publicou livros na área de gestão empresarial e é uma das referências na área de gestão da qualidade.

10.2.4.1 *Indicadores de desempenho*

A análise de um processo produtivo, por meio do uso de indicadores, baseia-se no uso de valores relativos que envolvem observação e ou cálculo para verificar os atributos do planejamento, da execução e do resultado. Dificilmente um único indicador será suficiente para concluir acerca da situação em análise. Além disso, os resultados obtidos só têm sentido se comparados com um padrão tratado como referência: o indicador de um período anterior, o indicador determinado no planejamento, o indicador fornecido pelo fabricante, o indicador determinado em norma específica, o indicador definido em contrato etc.

Quando se utilizam os indicadores no processo de planejamento, é necessário o estabelecimento de metas, referências do que se quer atingir. Quando obtidos a partir do controle do que foi realizado, são tratados como medidas do processo de execução. Podem ser de natureza quantitativa e qualitativa e por meio de seu uso é possível comparar e verificar em que grau os processos de execução estão dentro do que foi previsto. Se adequadamente selecionados, subsidiam o processo de tomada de decisão.

Os indicadores quantitativos expressam resultados por meio de um número e estão relacionados com processos que podem ser mensurados em valores absolutos, tais como médias, porcentagens, proporções etc. Podem ser tratados como uma relação matemática que mede, numericamente, atributos de um processo ou de seus resultados, com o objetivo de comparar esta medida com metas numéricas preestabelecidas.[14]

Os indicadores qualitativos expressam os resultados por meio de conceitos e estão relacionados com processos que não podem ser mensurados em valores absolutos, sendo preferível o uso de grandeza, intensidade ou estado, tais como forte/fraco, bom/ruim, adequado/inadequado, satisfatório/insatisfatório, amplo/restrito, frágil/estruturado, ágil/lento etc. Podem ainda ser usados em escalas, como: muito satisfatório, satisfatório, insatisfatório e muito insatisfatório. Entretanto, os termos que expressam esses conceitos podem ser interpretados de formas diferentes e, eventualmente, o que é "satisfatório" para uma pessoa pode não ser para outra.

Para tratar do uso de indicadores, consideramos uma situação relativamente comum, extraída do texto "Metodologia para avaliação técnica e de durabilidade de sinalização horizontal de rodovias de tráfego muito pesado".[15]

DA TEORIA À REALIDADE BRASILEIRA

Quadro 10.5   Minicaso – Faixas de sinalização

Ao transitar durante a noite em uma rua, estrada ou rodovia, por vezes as faixas de sinalização refletem a luz emitida pelos faróis, outras vezes não. Isso ocorre porque antes da aplicação das tintas de demarcação viária é realizada a adição de microesferas, que são de dois tipos: (1) microesfera de vidro Premix e (2) microesfera de vidro DropOn. O primeiro tipo de microesfera é misturado à tinta e irá garantir durabilidade e refletividade no longo prazo, haja vista que essa microesfera será exposta após um desgaste inicial da tinta. O segundo tipo de microesfera é aplicado logo após a pintura realizada e irá garantir a refletividade inicial da tinta.

Segundo o Departamento de Transportes da Virginia (VDOT, 2012), a retrorreflexão e a durabilidade são conforme aos seguintes parâmetros: (1) esfericidade da microesfera; 2) índice de refração da microesfera; (3) granulometria da microesfera; (4) tratamento sobre a microesfera; (5) ancoragem da microesfera na película de tinta; (6) quantidade adequada de microesferas exposta sob a pintura; (7) distribuição de microesferas sobre a área pintada; e (8) relação entre o diâmetro da microesfera e espessura de tinta. Os quatro primeiros parâmetros são controlados no processo de fabricação, enquanto os demais são controlados no processo de aplicação da tinta. Tendo as informações sobre o processo de pintura, serão considerados dois parâmetros para ilustrar o uso de indicadores quantitativos e qualitativos: (1) quantidade adequada de microesferas exposta sob a pintura e (2) distribuição de microesferas na área pintada.

1. **Indicadores quantitativos**: normas técnicas definem a quantidade de microesferas que devem ser usadas no processo de aplicação da tinta de sinalização: a microesfera de vidro Premix deve ser misturada à tinta na proporção de 200g/l (duzentos gramas de esferas por litro de tinta), enquanto a microesfera de vidro DropOn deve ser aplicada na superfície pintada na proporção de 500 g/m² (quinhentos gramas de esferas por metro quadrado de área pintada).

Tem-se, então, indicadores quantitativos para uso de microesferas em pintura de sinalização viária: 200g/l de microesfera de vidro Premix e 500 g/m² de microesfera de vidro DropOn. Inicialmente, esses indicadores são os parâmetros para o processo de planejamento. Durante o processo de pintura, são os parâmetros para o processo de execução e, ao final, são os parâmetros para o processo de controle. A partir dos possíveis desvios identificados, o responsável pela pintura irá decidir se o resultado final é aceitável, ou não.

2. **Indicadores qualitativos**: normas técnicas definem que as microesferas devem ter boa distribuição ao longo da área pintada. Esse resultado depende da forma como é feita a aplicação das microesferas DropOn: aspersão, gravidade e manual. O primeiro método possui mais recursos para conseguir uma cobertura mais homogênea que o segundo, e este, mais recursos para conseguir uma cobertura mais homogênea que o terceiro. Tem-se, então, indicadores qualitativos para a distribuição de microesferas em faixas de sinalização

viária: ótimo, bom e ruim. Considerando uma inspeção visual, após o uso de um dos métodos de aplicação das microesferas, não há como definir, categoricamente, por exemplo, a diferença entre bom e ótimo. Existe, pelo menos, uma zona de fronteira na qual um mesmo serviço de pintura pode ser classificado como ótimo por um técnico e bom por outro técnico, haja vista que a percepção de cada um é diferente.

Fonte: ANTT.[16]

10.2.4.2 Qualidade e principais técnicas de análise de problemas

Os processos de garantia da qualidade e controle da qualidade são complementares e interdependentes. Por meio do processo de garantia da qualidade, procura-se identificar a conformidade com a política, os processos e os procedimentos estabelecidos para a qualidade. Trata-se das diretrizes de como os colaboradores devem agir ao realizar suas atividades. Por meio do processo de controle da qualidade, procura-se identificar a conformidade do produto com o que foi planejado.

Enquanto a garantia da qualidade tem como objetivo criar as condições necessárias para que o que foi planejado seja realizado – atua para que os desvios não ocorram –, o controle da qualidade tem como objetivo identificar os resultados que não estão em conformidade com o planejamento – atua na identificação de possíveis erros de planejamento, execução e controle. Para tratar das principais técnicas de análise de problemas, considerar-se-á a situação relatada no Quadro 10.6.

DA TEORIA À REALIDADE BRASILEIRA

Quadro 10.6 Minicaso – Implantação das faixas de sinalização (continuação do anterior)

Após a renovação de toda a sinalização horizontal de uma avenida, os usuários relataram que a nova pintura tinha "menos visibilidade" à noite do que a pintura anterior. Os técnicos da secretaria municipal de transportes contataram os técnicos da empresa responsável pela renovação do sistema de sinalização para comunicar o problema. As tratativas foram conduzidas administrativamente.

A discussão que segue é uma ilustração de como algumas técnicas de análise de problemas podem ser aplicadas: reunião; *brainstorming*; visitas técnicas; formulário de coleta de dados; matriz GUT; relatório de acompanhamento; gráfico de causa e efeito; e plano de ação (5W2H).

Para tratar da situação, inicialmente foi realizada uma *reunião* entre os técnicos da prefeitura e os técnicos da empresa. *Reunião* é uma atividade recorrente de trabalho nas organizações que possibilita a comunicação entre as pessoas. É realizada pelo encontro de duas ou mais pessoas com propósito de discutir algum tema ou realizar alguma atividade. O objetivo era delimitar o problema a ser tratado por meio de um diagnóstico preliminar e identificação dos pontos que necessitavam atenção.

A técnica usada durante a reunião foi o *brainstorming*. Trata-se de uma técnica de discussão em grupo que se vale da contribuição espontânea de ideias por parte de todos os participantes, no intuito de resolver algum problema. A partir dos problemas relatados pelos usuários, foram discutidas e selecionadas as atividades que deveriam ser realizadas imediatamente. Como resultado do *brainstorming*, foi definida uma lista preliminar de atividades a serem realizadas pelos técnicos da empresa, com a entrega dos resultados em até 30 dias: (1) confirmação dos relatos dos usuários; (2) confirmação das características dos insumos de retrorreflexão adicionados à tinta; (3) confirmação das características da pintura e dos procedimentos para aplicação da tinta.

A técnica para cada uma das atividades preliminares foi a *visita técnica*. As *visitas técnicas* são utilizadas para que os interessados possam verificar, *in loco*, se, de fato, a situação em análise está em conformidade com os relatos. Podem ser realizadas antes, durante e após um fato.

O instrumento de coleta de dados utilizado durante a visita técnica foi o *formulário*, elaborado a partir das variáveis que poderiam interferir na qualidade planejada da sinalização viária implantada: os itens de verificação. O formulário foi adaptado para uma análise GUT: por meio de conceitos de 1 (menor importância) a 5 (maior importância), é avaliada a gravidade, urgência e tendência de cada item de verificação. Ao final, somam-se os conceitos, e a prioridade é definida pelo maior conceito total. A *gravidade* está relacionada com o impacto que o problema gera, caso nada seja realizado (o que ocorre se nada fora feito?); a *urgência* está relacionada com o tempo disponível para solucionar o problema (pode esperar ou é imediato?) (e a tendência está relacionada com possibilidade de o problema aumentar com o passar do tempo (a situação vai piorar se nada for feito?).

Tabela 10.3 Formulário de coleta de dados adaptado para análise GUT

Grupos de itens de verificação	Itens de verificação	G	U	T	Total	Prioridade
Ausência de retrorreflexibilidade	Com 15 m de distância	2	3	1	6	4º
	Com 30 m de distância	3	3	1	7	5º
Características dos insumos	Esfericidade da microesfera	1	1	1	3	6º
	Índice de refração da microesfera	1	1	1	3	6º
	Granulometria da microesfera	1	1	1	3	6º
	Tratamento sobre a microesfera	1	1	1	3	6º
Características da pintura	Ancoragem da microesfera na película de tinta	3	3	4	10	3º
	Quantidade adequada de microesferas expostas sob a pintura	3	3	4	10	3º
	Distribuição de microesferas de vidro	5	4	3	12	1º
	Relação entre o diâmetro da microesfera e espessura de tinta	4	3	3	11	2º

Os técnicos da empresa elaboraram um *relatório de acompanhamento* para informar os resultados das visitas técnicas. O relatório é o documento por meio do qual o interessado formaliza a comunicação acerca de um objeto, processo, situação etc. Pode ser usado para demostrar as atividades que foram realizadas, o progresso alcançado, o que ainda está faltando para conclusão etc., em determinado período de tempo.

O relatório com o diagnóstico preliminar indicou que o relato dos usuários era procedente pois havia níveis diferentes de retrorreflexibilidade ao longo das pistas da avenida: pontos sem retrorreflexibilidade, com retrorreflexibilidade normal e com retrorreflexibilidade alta. Em relação à confirmação das características dos insumos de retrorreflexão adicionados à tinta, foram realizados testes nos lotes remanescentes e todos estavam dentro das especificações. Em relação às características da pintura, foram realizadas visitas de inspeção e as características da pintura variavam em vários trechos, prejudicando sua visibilidade noturna O diagnóstico foi: as características da pintura não estavam adequadas, logo, os motoristas tinham visibilidade noturna comprometida em razão dos níveis indevidos de reflexão das faixas de sinalização horizontal. Observando que o problema prioritário era a característica da pintura, o grupo de técnicos utilizou a técnica de *brainstorming* para listar possíveis causas e montar um gráfico de *causa e efeito*. Trata-se de uma representação das possíveis causas que levam a determinado efeito.

Nesse caso, o uso do *gráfico de causa e efeito* possibilitou identificar as seguintes causas: procedimentos operacionais padrão (POP); qualificação dos operadores; qualificação dos supervisores de campo; limpeza do local de aplicação da tinta; pressão das pistolas injetoras; vazão das pistolas injetoras; calibração das pistolas injetoras; velocidade do veículo que transporta as pistolas injetoras no momento da aplicação; visitas técnicas de acompanhamento e avaliação do progresso da aplicação da tinta.

Se o responsável pela análise considerar que o número de causas é muito extenso, pode recorrer novamente à *matriz GUT* (gravidade, urgência e tendência), para priorizar os problemas e definir a ordem em que serão tratados. Caso contrário, pode passar para o plano de ação para solucionar o problema considerado mais grave para a ocorrência do problema. Os grupos de problemas foram ordenados na seguinte ordem de importância: (1º) treinamento; (2º) uso de equipamentos; (3º) preparação do local de aplicação; e (4º) gestão.

Figura 10.5 Gráfico de causa e efeito.

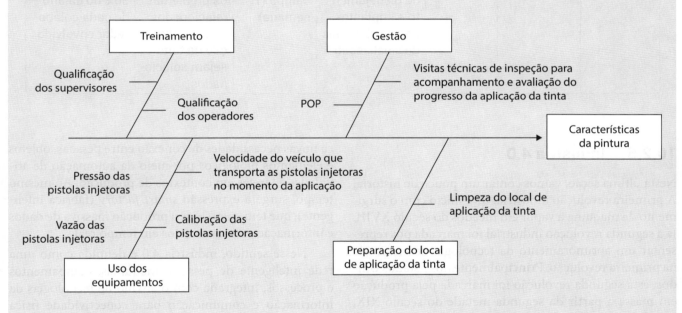

Os responsáveis pelo processo de controle e melhoria consideraram que não seria possível o correto uso dos equipamentos e também a conscientização da importância da limpeza do local no qual será aplicada a tinta sem que, antes, a equipe fosse treinada. Espera-se que, com o treinamento, os problemas relacionados com a aplicação da tinta sejam solucionados e que as características da pintura passem a ficar adequadas. Essas são ações corretivas. As ações relacionadas com a gestão são preventivas, para antecipar possíveis problemas na aplicação da tinta.

A proposta de intervenção para tratar do problema prioritário – características da pintura – foi elaborada a partir do *Modelo 5W2H* para sistematização das informações básicas de um plano de ação, cujo nome representa as iniciais das palavras de referência em inglês: *What*? (O quê?); *When*? (Quando?); *Where*? (Onde?); *Who*? (Quem?); *How*? (Como?); *Why*? (Por quê?); *How much*? (Quanto custa?).

Tabela 10.4 Plano de ação para treinamento da equipe – 5W2H

What? (O quê?)	When? (Quando?)	Where? (Onde?)	Who? (Quem?)	How? (Como?)	Why? (Por quê?)	How much? (Quanto custa?)
Qualificação dos operadores	A partir do dia 1º/04/2020	On the job	Todos os colaboradores em nível de execução de atividades de planejamento e implantação de sistemas de sinalização	Treinamento on-line (1 semana) + treinamento de campo (1 semana)	Ação corretiva e preventiva: Espera-se que com o treinamento, os problemas relacionados à aplicação da tinta sejam solucionados	Pacote on-line $ 5.000,00 + Orientação de campo $ 15.000,00 + 50% do salário de cada colaborador envolvido
Qualificação dos supervisores de campo	A partir do dia 1º/04/2020	On the job	Todos os colaboradores em nível de supervisão envolvidos com atividades de planejamento e implantação de sistemas de sinalização	Treinamento on-line (1 semana) + treinamento de campo (1 semana)	Ação corretiva e preventiva: espera-se que, com o treinamento, os problemas relacionados com a aplicação da tinta sejam solucionados	Pacote on-line $ 8.000,00 + orientação de campo $ 20.000,00 + 50% do salário de cada colaborador envolvido

10.2.5 Indústria 4.0

Nesta última seção, vamos contar um pouco de história! A primeira revolução industrial teve início com o surgimento da máquina a vapor em meados do século XVIII. Já a segunda revolução industrial foi marcada por representar um aprimoramento da tecnologia desenvolvida na primeira revolução. Principalmente nos Estados Unidos, esta segunda revolução foi marcada pela produção em massa a partir da segunda metade do século XIX, possibilitada pela energia elétrica e pelo gerenciamento científico aplicado por Frederick Winslow Taylor. Em meados do século XX, inicia-se a terceira revolução industrial também conhecida como revolução digital. Nessa fase, houve a criação e o aperfeiçoamento de eletrônicos, dos computadores digitais e da tecnologia de informação e de comunicação.

Em meados de 2011 na Alemanha, na abertura da feira industrial *Hannover Messe*, surge o termo *indústria 4.0*, que marcou o início da quarta revolução industrial. Esse termo também é reforçado pelo governo alemão em novembro de 2011 como parte do plano de ação de estratégia de alta tecnologia do país. Esse conceito reforça novas necessidades de conexão entre pessoas, objetos e elementos biológicos por meio da automação de atividades e tarefas em contextos de produção. Ao mesmo tempo, surge a expressão *smart factory* (fábrica inteligente), que tem como base a produção massiva de dados e informação entre os objetos em tempo real.

Nesse sentido, indústria 4.0 é definida como uma rede inteligente de pessoas, máquinas, equipamentos e processos, integrada com o auxílio de tecnologias da informação e comunicação para conectividade física e digital de recursos, visando ao monitoramento e ao controle dos processos físicos produtivos.[17] Essa fusão dos mundos físico e virtual dá origem aos *cyber physical systems* (CPS) – sistemas ciberfísicos. Esses sistemas envolvem tecnologias associadas a inteligência artificial e robótica, cibersegurança, *big data*, computação em nuvem, realidade aumentada e fabricação aditiva.

Os robôs atuam no ambiente produtivo para substituir o trabalho humano em processos monótonos, pesados e perigosos. A tecnologia dos robôs vem evoluindo ao longo das últimas décadas, tornando-os autônomos, flexíveis e cooperativos. A inteligência artificial também contribui para o aprimoramento dos robôs. Ela permite que os robôs e outras máquinas percebam, compreendam, atuem e aprendam por conta própria e complementem as atividades humanas, garantindo previsibilidade, precisão, qualidade e confiabilidade de operações e processos. Com a robotização, as empresas conseguem reduzir seu quadro de funcionários. Em 2018, a Volkswagen instalou 373 novos robôs no setor de solda de chapas de carrocerias na fábrica de São Bernardo do Campo, no ABC paulista, a mais antiga do grupo. Isso indica os altos investimentos em robotização realizados nos últimos anos especialmente por parte da indústria automotiva. Mundialmente, cerca de 70% dos robôs estão no setor automotivo.

Outra tecnologia de destaque é a que trata da chamada cibersegurança. Essa tecnologia permite adotar abordagem complexa e eficiente de segurança cibernética, de modo a proteger dados, informações, conhecimento e/ou outros elementos intelectuais. Como na indústria 4.0 há maior incorporação de dados ao meio digital, torna-se indispensável garantir maior segurança dos sistemas. No Brasil, aos poucos, as empresas vêm deixando de enxergar a cibersegurança como uma medida reativa, passando a adotá-la como medida preventiva. Em 2019, no país, registros perdidos e roubados geraram prejuízo de US$ 1,35 milhão. Por essa razão, empresas como IBM e CA Technologies apresentam grande preocupação com a segurança de seus dados. Assim, adotam parcerias com empresas especialistas nesse tipo de segurança que buscam, a todo o momento, novas soluções para a área, além de se especializar em novas regulamentações da área de tecnologia.

Com relação à análise desses dados, há o *big data*, que se utiliza de tecnologia analítica para processar um conjunto de dados não estruturados e sem formatos compatíveis, como dados sobre notícias, fotos e dados de *blogs* e redes sociais, entre outros.[18] Essa tecnologia visa elevar a qualidade de produtos, aumentar a eficiência de produção e auxiliar na tomada de decisões em tempo real. Na empresa Petrobras, por exemplo, essa tecnologia é fundamental. Como exemplo, uma plataforma marítima moderna pode ser equipada com até 80 mil sensores, capazes de gerar 15 milhões de *gigabytes* de informação, durante a vida útil da unidade. Uma vez registrados, interpretados e combinados aos demais dados de outras plataformas, esses dados podem gerar valor para a empresa envolvendo áreas de produção, de segurança, de comportamento, entre outras possíveis áreas.

Já a computação em nuvem visa armazenar grande quantidade de dados e informações gerados na indústria 4.0, além de auxiliar no processamento e na distribuição desses dados aos tomadores de decisão e interessados. No ambiente fabril, dispositivos de realidade aumentada podem exibir aos colaboradores em tempo real informações de produção, como instruções de manutenção e reparo, pedidos de clientes que devem ser separados no estoque e informações técnicas de operações dos equipamentos e máquinas. Por fim, a fabricação aditiva consiste em um conjunto de tecnologias, entre elas as impressoras 3D, que fabricam produtos por meio da adição de materiais camada a camada em vez de processos de usinagem. Na China, um exemplo que ilustra o interesse da indústria na impressão 3D é o desenvolvimento, por parte da *startup* chinesa Polymaker em parceria com a italiana XEV, de um carro chamado LSEV, produzido inteiramente com autopeças impressas pelo processo de manufatura aditiva.

A aplicação de todas essas tecnologias nos sistemas de produção determina mudanças em toda a cadeia de valor, desde a forma como é realizada a aquisição das matérias-primas até o seu uso final e recuperação. Para obter vantagens nesse novo modelo de produção, as organizações precisarão vencer vários desafios, como a integração dos fluxos digitais ao longo do ciclo de vida do produto, o desenvolvimento de processos de manufatura altamente flexíveis e adaptáveis, o aumento da capacidade de produzir produtos individualizados ao preço de produção em massa, o aumento da segurança e da proteção digital, a padronização das interfaces de comunicação, a melhoria dos processos e da organização do trabalho e o aumento da disponibilidade de capacidade cognitiva dos colaboradores.[19]

Nesse sentido, um dos maiores desafios da indústria 4.0 é a adaptação e a inclusão das pessoas e sua integração com as novas tecnologias. Isso significa que as organizações que estão comprometidas com o paradigma da indústria 4.0 terão que investir em programas de formação contínua e desenvolvimento que capacitem os colaboradores e que possibilitem a captura e a reutilização sistemática do seu conhecimento, uma vez que novas tarefas serão criadas, bem como outras serão aperfeiçoadas. As habilidades para se trabalhar em equipe serão ainda mais necessárias, de modo a aprender sobre vários assuntos de diferentes perspectivas.

SAIBA MAIS

Internet das coisas: é uma rede inteligente que conecta pessoas a objetos e objetos a objetos, com a finalidade de permitir a comunicação entre esses elementos por meio de protocolos conhecidos, permitindo a identificação, o rastreamento, a localização, o monitoramento e o gerenciamento inteligente dessas entidades.

Impressoras 3D: equipamento que permite a fabricação de protótipos, maquetes, peças de substituição, coroas dentárias, membros artificiais e até mesmo pontes. O produto pode ser fabricado a partir do momento em que recebeu a ordem, eliminando a necessidade de estoques. Essa tecnologia pode beneficiar regiões remotas ou subdesenvolvidas, reduzindo a sua dependência de trabalhadores qualificados.

Fonte: Gubbi *et al.*[20] e Santaella *et al.*[21]

DA TEORIA À REALIDADE BRASILEIRA

Quadro 10.7 Minicaso – Thyssenkrupp Brasil

A indústria 4.0 já existe no Brasil, e a Thyssenkrupp foi uma das pioneiras em trazer as tecnologias digitais de sensores, QR Codes, computação em nuvem e sistemas integrados para tornar a produção mais eficiente. Sua fábrica de componentes automotivos, inaugurada em 2015 em Poços de Caldas, Minas Gerais, produz eixos de comando de válvula para veículos de passeio. Tecnologias modernas estão sendo combinadas, e processos estão sendo interconectados em toda a cadeia de produção. Dessa forma, é possível relacionar o mundo dos sistemas físicos com redes de dados, constituindo o "sistema ciberfísico" – que representa o futuro dos processos de manufatura.

A linha inteira de produção é monitorada em um ambiente virtual, com o processo de montagem feito por robôs industriais trabalhando em alta velocidade, fornecendo, uns aos outros, peças que precisam ser resfriadas, aquecidas, alinhadas e prensadas. Cada estágio do processo é cuidadosamente monitorado por sensores que enviam dados em tempo real ao sistema de controle. Apenas com esse nível de precisão as características finais das unidades podem ser garantidas. É um modelo de produção adaptável e flexível. Os colaboradores não monitoram processos individuais, mas o sistema como um todo. As linhas e os equipamentos de montagem podem sofrer influência em qualquer momento para uma nova formulação, resultando em maior flexibilidade, com ganhos resultantes na eficiência, melhoria da qualidade e redução de custo. A unidade de Poços de Caldas produz 700 mil módulos ao ano com 72 funcionários. Se fosse uma fábrica convencional, seriam necessários 200 trabalhadores.

Fonte: *Gazeta do Povo*.[22]

10.3 CONSIDERAÇÕES FINAIS E QUESTÕES

Neste capítulo, exploramos a função produção, sua importância para estratégia empresarial e como a administração pode contribuir para o melhor desempenho de uma organização. Destacamos que a administração da produção é aplicável a qualquer processo, seja ele de produção de bens ou serviços e em organizações de qualquer porte.

A administração da produção atua desde a concepção do produto e seu processo produtivo, passando pelo planejamento para aquisição de recursos, com base na demanda, considerando a capacidade produtiva, até chegar ao controle, monitoramento e melhoria, para que se tenha, cada vez mais, aumento da qualidade e redução de custos.

Vale destacar que todas essas ações visam à satisfação do cliente final, considerando que a organização precisa ter retorno de todos os investimentos realizados e, ainda, se manter competitiva no mercado.

Destaca-se também o avanço da área de produção dentro do contexto da indústria 4.0, que prevê a ampliação do uso da tecnologia de informação, maior capacidade de análise de dados, melhoria de processos, mudança no conceito de produtos e seu aperfeiçoamento, a adaptação às necessidades de clientes e, principalmente, o aproveitamento do capital intelectual das pessoas que atuam no processo.

Por fim, chamamos a atenção para um fato já observado por diversos autores e que também abordamos em nosso capítulo: a administração da produção deve estar em constante evolução. Sempre surgirão novos desafios e necessidades relacionados com os clientes, concorrentes, fornecedores e da própria organização.

Além disso, todos esses atores estão submetidos a questões relacionadas com o macroambiente empresarial, por exemplo, sociedade, política, tecnologia, ecologia etc. Você já parou para pensar no que passamos desde o final do século XX? Destacamos alguns acontecimentos: abertura e crescimento de alguns mercados antes fechados e com demanda reprimida; intensificação dos efeitos da mudança climática; massificação do uso da internet, celulares e redes sociais; aumento da adesão por tecnologia da informação nos mais variados setores; conquistas do movimento feminista com a consequente inserção da mulher no mercado de trabalho; institucionalização dos direitos relacionados com a igualdade entre as pessoas; pandemia!

Agora, faça a seguinte reflexão: como a administração da produção é ou será afetada por esses acontecimentos? Um gestor deve, constantemente, estar atento a esses movimentos e entender como eles mesmos influenciam em todos os pontos que apresentamos e estudamos neste capítulo, de forma a manter a organização no mercado, melhorando e adaptando quando necessário.

CONTRIBUIÇÕES DO CAPÍTULO PARA A ADMINISTRAÇÃO CONTEMPORÂNEA

1) Os processos de transformação de bens e serviços precisam ser administrados de forma a contribuir para o alcance dos objetivos estratégicos das organizações.

2) Compreender o perfil do consumidor é fundamental para o sucesso da estratégia organizacional, especialmente em um contexto global e interconectado em que o comportamento do consumidor está em constante mudança.

3) Conhecer os objetivos de desempenho é relevante para que a empresa empregue adequadamente os recursos financeiros, que são escassos e limitados.

4) Entender a importância do fluxo de informação e a necessidade constante de comunicação entre os diferentes setores para o sucesso da estratégia de operações e, consequentemente, da estratégia global da organização.

5) Discutir os trade-offs com destaque para a importância da integração entre as áreas para o sucesso organizacional.

QUESTÕES PARA REFLEXÃO

1) Escolha um negócio de sua preferência. Pode ser o que você trabalha ou algum em que já atuou. Como poderiam ser aplicados os conceitos de administração da produção nesse negócio?

2) Um processo que produza roupas deverá enfocar em um modelo mais voltado para volume ou variedade de saída? E quanto à variação de demanda e visibilidade, como você caracterizaria essa produção?

3) Existem as relações entre a administração da produção e os agentes do ambiente externo (governo, concorrentes diretos e indiretos, fornecedores, clientes e outros stakeholders) que podem influenciar no processo de determinação das estratégias de produção. Reflita como cada um desses atores pode influenciar na estratégia de produção. Faça relação com os cinco objetivos de desempenho.

4) Dos perfis de demanda apresentados, qual parece ser aquele em que o gestor da produção deverá se empenhar mais nas atividades de planejamento e controle da produção?

5) Como os conceitos de indústria 4.0 influenciam em planejamento, controle e melhoria da produção?

QUESTÕES PARA AVALIAÇÃO DO CONHECIMENTO

1) Como é composto um modelo básico de transformação?

2) Tendo em vista uma empresa de ônibus, apresente os inputs, processo de transformação e os outputs.

3) Uma empresa só alcança vantagem competitiva quando oferece, aos clientes, produtos e/ou serviços com qualidade superior à daqueles oferecidos pelos concorrentes?

4) Indique como a relação com os setores de (i) marketing, (ii) vendas, (iii) desenvolvimento e qualidade podem influenciar no alcance dos objetivos de desempenho.

5) Como o objetivo de desempenho de custo pode ser aplicado a uma joalheria de luxo?

6) Quando se fala em indústria 4.0, vem à cabeça principalmente o auxílio de tecnologias da informação e comunicação para conectividade física e digital de recursos. Mas qual seria o papel das pessoas nessa nova configuração?

7) Cite uma vantagem e uma desvantagem para cada uma das estratégias relacionadas com a capacidade para atendimento à demanda.

REFERÊNCIAS

[1] SLACK N.; ALISTAIR BRANDON-JONES, R. J. *Administração da produção*. 8. ed. São Paulo: Atlas, 2018.

[2] CHASE, R. B.; JACOBS, F. R.; AQUILIANO, N. J. *Administração da produção para a vantagem competitiva*. 10 ed. Porto Alegre: Bookman, 2006.

[3] *Idem, ibidem.*

[4] *Idem, ibidem.*

[5] *Idem, ibidem.*

[6] SLACK, N.; CHAMBERS, S.; HARLAND, C.; HARRISON, A.; JOHNTSON, R. *Administração da produção*. Edição Compacta. São Paulo: Atlas, 2006.

[7] AYYUB, B. M. *Elicitation of expert opinions for uncertainty and risks*. Londres: CRC Press LLC, 2001.

[8] LINSTONE, H. A.; TUROFF, M. *The delphi method*: techniques and applications. Cambridge: Addison Wesley, 1975.

[9] MORETTIN, P. A.; BUSSAB, W. O. *Estatística básica*. 6. ed. São Paulo: Saraiva, 2009.

[10] MARTINS, P. G.; LAUGENI, F. P. *Administração da produção*. 2. ed. São Paulo: Saraiva, 2005.

[11] COSTA, R. S.; JARDIM, E. G. M. *Tecnologias de gestão da produção e seus contextos de aplicação*. Apostila, 2005.

[12] MAXIMIANO, Antônio César Amaru. *Administração de Projetos*. São Paulo: Atlas, 2002.

[13] FALCONI, V. *TQC*: controle da qualidade total no estilo japonês. 9. ed. Belo Horizonte: Falconi, 2014.

[14] FPNQ – Fundação Prêmio Nacional da Qualidade. *Indicadores de desempenho*. São Paulo: FPNQ, 1994.

[15] ANTT – Agência Nacional de Transporte Terrestre. *Metodologia para avaliação técnica e de durabilidade de sinalização horizontal de rodovias de tráfego muito pesado*. Autopista Fernão Dias. 2017. Disponível em: http://www.antt.gov.br/backend/ galeria/ arquivos/ proj_8_relat_fernao_dias_antt_final.pdf. Acesso em: 10 maio 2021.

[16] *Idem, ibidem.*

[17] LEE, J.; KAO, H. A.; YANG, S. Service innovation and smart analytics for industry 4.0 and big data environment. *Procedia CIRP*, 16, 2014.

[18] PARK, S. H.; SHIN, W. S.; PARK, Y. H.; LEE, Y. Building a new culture for quality management in the era of the fourth industrial revolution. *Total Quality Management & Business Excellence*, 28(9), 2017.

[19] DURÃO, L. F. C. S.; CARVALHO, M. M.; ZANCUL, E. S. Industrie 4.0: Formação de Redes de Projeto em Manufatura Distribuída. *GEPROS – Gestão da Produção, Operações e Sistemas*, v. 12, n. 3, p. 131-152, 2017; SANTOS, B. P.; ALBERTO, A.; T. D. F. M.; LIMA, F. M. B. Indústria 4.0: desafios e oportunidades. *Revista Produção e Desenvolvimento*, v. 4, n. 1, p. 111-124, 2018.

[20] GUBBI, J.; BUYYA, R.; MARUSIC, S.; PALANISWAMI, M. Internet of things (IoT): a vision, architectural elements, and future directions. *Future Generation Computer Systems*, v. 29, p. 1645-1660, 2013.

[21] SANTAELLA, L.; GALA, A.; POLICARPO, C.; GAZONI, R. Desvelando a internet das coisas. *Revista GEMInIS*, v. 1, n. 2, p. 19-32, 2013.

[22] GAZETA DO POVO. Para garantir competitividade, empresas no Brasil se adaptam à indústria 4.0. *Gazeta do Povo*, 5 jan. 2018. Disponível em: https://www.gazetadopovo.com.br/economia/nova-economia/para-garantir-competitividade-empresas-no-brasil-se-adaptam-a-industria-40-1fdb7cnqjak4gh98hofy8k6ut/. Acesso em: 15 maio 2020.

Capítulo 11
Gestão da logística e de transportes

Assista ao **vídeo**

Ilton Curty Leal Junior
Marcelino Aurélio Vieira da Silva
Pítias Teodoro
Ricardo César da Silva Guabiroba
Vanessa de Almeida Guimarães

Pontos de aprendizado

Neste capítulo, o leitor poderá aprofundar seu conhecimento sobre:
- Conceitos de logística e sua relação com a cadeia de suprimentos.
- Atividades primárias e de apoio da logística.
- Localização de instalações.
- Transportes de carga e sua importância no contexto da logística empresarial.
- Logística no contexto do comércio internacional.
- Sistemas de informação na logística.
- Logística reversa.

RESUMO

Este capítulo visa apresentar os conceitos básicos da logística, suas atividades principais e como podem ser gerenciadas para alcance dos objetivos da organização. Para tanto, é apresentada a função logística no contexto da cadeia de suprimentos, com enfoque em decisões que levem em conta o *trade-off* custo × nível de serviço.

Primeiro, exploramos os conceitos de logística fazendo uma relação com a cadeia de suprimentos, destacando as atividades primárias e de apoio. Na sequência, abordamos os transportes de carga, o contexto brasileiro e a importância dessa atividade. Por fim, exploramos as questões mais recentes dessa temática, mostrando como a função logística pode ser aplicada ao comércio internacional, a relevância da logística reversa e os principais sistemas de informação que apoiam as atividades de gestão na área. A logística é uma função relevante para as organizações, pois, por meio dela, são possíveis a redução de custos e a melhoria da qualidade, com consequente impacto na satisfação dos clientes. Portanto, o estudo da gestão logística pode contribuir para a administração contemporânea, considerando a possibilidade de melhoria da competitividade e manutenção das atividades da empresa em seu ambiente de negócios nacional e internacional.

11.1 INTRODUÇÃO

A logística é considerada função importante para as organizações produtoras de bens e serviços. Com o mercado globalizado, o avanço da tecnologia de informação e a alta competição, a gestão da logística torna-

-se a base da competição em muitas cadeias de suprimentos. No Brasil, país em que boa parte da produção é baseada em extração de minérios e agricultura, a infraestrutura de armazenagem e transportes ainda está aquém das necessidades.

Citam-se, como exemplo, os casos da soja e do etanol, produtos em que o Brasil é um dos maiores produtores e exportadores do mundo. Nesses dois casos, o país destaca-se pela grande produtividade no campo. Entretanto, como o valor desse tipo de produto (*commodity*) é determinado pelo mercado externo, os produtores brasileiros acabam por ter lucros menores devido ao custo e às dificuldades logísticas enfrentadas, o que, ao terminar o estudo deste capítulo, você será capaz de entender.

Muitas empresas de grande porte, como é o caso da Vale (empresa brasileira e uma das maiores mineradoras do mundo), conseguem destacar-se nesse mercado pela possibilidade de investir em sua própria estrutura logística, sendo proprietária de ferrovias, portos, navios, áreas de armazenagem, todos adequados às necessidades de seus produtos. Entretanto, a maioria das organizações não tem porte e capital para esse tipo de investimento, o que as torna vulneráveis para a competição em outros mercados e, ainda, aumenta os custos dos produtos nacionais.

Neste capítulo, abordaremos os principais conceitos da logística, as principais atividades a ela relacionadas, com destaque para o transporte de cargas. Além disso, abordaremos como a função logística pode contribuir para a melhoria do desempenho das organizações no mercado internacional. Por fim, apresentaremos as principais tecnologias de informação utilizadas como apoio à gestão das atividades logísticas.

11.2 FUNÇÃO LOGÍSTICA E SUA RELAÇÃO COM A CADEIA DE SUPRIMENTOS

Você já parou para pensar quantas atividades são desenvolvidas entre o momento em que você efetua uma compra, pela internet, e o momento em que o produto chega à sua casa, pronto para uso? Ou ainda, quantas operações foram necessárias para que o produto estivesse na prateleira, disponível para aquisição em pronta entrega?

Aquele tênis que você adquiriu em um *e-commerce* passou por muitas transformações e muitos lugares antes de ser entregue, por meio da transportadora, pronto para você usar.

DA TEORIA À REALIDADE BRASILEIRA

Quadro 11.1   Comércio eletrônico e sua influência na logística

E-commerce **ou comércio eletrônico:** diz respeito às transações de compra e venda feitas pela internet. Existem várias classificações, entre elas: (i) B2C – *business to consumer,* que diz respeito à venda de produtos em plataformas digitais diretamente para consumidores finais (por exemplo,as compras feitas em *sites* como Netshoes, Lojas Americanas, entre outras); (ii) B2B – *business to business,* em que os processos de compra e vendas são feitos entre empresas (não envolvendo o cliente final – pessoa física); (iii) C2C – *consumer to consumer,* em que pessoas físicas comercializam produtos e serviços entre si (como a OLX). Há, ainda, o *marketplace.* Você já entrou no *site* de uma grande rede (como Lojas Americanas, Casas Bahia, Magazine Luiza) e embaixo da descrição do produto estava escrito "vendido e entregue pela loja tal"? Isso é *marketplace.*
Entretanto, você já parou para pensar em como a logística pode atuar nesse mercado de comércio eletrônico? Com um simples clique, uma compra é efetuada. Mas como é o processo de entrega do produto ao cliente?

Fonte: Magazine Luiza.[1]

Antes de abordarmos o conceito de logística e seus principais fundamentos, torna-se imperativo discorrer sobre o conceito de cadeia de suprimentos, que envolve todos os segmentos e operações desde a produção da matéria-prima empregada no processo de fabricação até o uso do produto pelo consumidor final. Atualmente, inclusive, os fluxos associados ao reúso desse produto ou parte dele (como as latas de refrigerante) já são considerados no *design* e na gestão das cadeias de suprimentos.

11.2.1   Cadeia de suprimentos

A cadeia de suprimentos é definida como um sistema de valores formado por um conjunto de empresas conectadas entre si desde o ponto de fornecimento de matérias-primas até o ponto de consumo final. A coordenação dessa cadeia é realizada por uma **empresa focal** e tem como objetivo a criação de valor dentro da cadeia por meio da produção de bens ou serviços que satisfaçam as necessidades de seus clientes. Assim, a gestão da cadeia de suprimentos abrange fluxos de processos de várias empresas, desde os fornecedores primários (a montante) até o consumidor final (a jusante), com seu gerenciamento a partir da empresa focal.[2]

Na Figura 11.1 é apresentada uma representação genérica da cadeia de suprimentos. Cada elemento da cadeia é chamado de elo e pode estar posicionado na rede de suprimentos (processo de fornecimento de materiais e serviços para o processo de produção) ou na rede de distribuição (processos envolvidos desde a saída do produto final da fábrica até o recebimento pelo cliente final). Note que, na Figura 11.1, há uma seta indicando que os fluxos das cadeias são bidirecionais, uma vez que cada elo da cadeia é interdependente dos demais. Mas você consegue indicar quais fluxos são esses?

A primeira coisa que vem à cabeça das pessoas é: **materiais** (sejam eles matérias-primas ou produtos finais) ou **serviços**. Em seguida, dinheiro, pois as transações são monetizadas. Mas poucas vezes as pessoas se lembram de um dos elementos mais importantes: a **informação**. Como discutimos no Capítulo 10, precisamos adequar os processos de fabricação às necessidades e requisitos dos clientes. Assim, saber quanto vender, para quem, quando, quanto os consumidores estão dispostos a pagar e quanto tempo irão esperar são informações cruciais para a tomada de decisão dos processos logísticos.

Então, a partir do fluxo bidirecional de informação (seja da demanda ou das características operacionais dos elos – tempo e capacidade de produção, tempo de entrega do fornecedor, entre outras), há fluxos diretos de produtos e serviços em troca de fluxos reversos de pagamento. Mas os **fluxos reversos** não se limitam a transações monetárias e informações.

Retomando o exemplo do tênis comprado pelo *e-commerce*, caso ele não sirva ou não lhe agrade, você poderá fazer a troca por outro tamanho, modelo ou por um vale-presente. Esse produto será devolvido à cadeia de suprimentos para revenda ou descarte (a depender do caso). Trata-se, portanto, de um fluxo reverso. Os fluxos reversos, em geral, dividem-se em pós-venda (por exemplo, assistência técnica) e pós-consumo (como um produto que, ao fim da vida útil, será reciclado ou enviado para destinação final).

Figura 11.1 Representação genérica da cadeia de suprimentos.

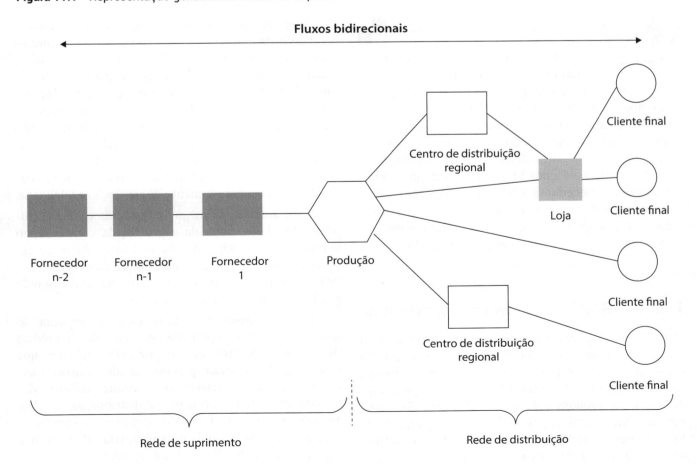

Mais adiante, neste capítulo, detalharemos o que vem a ser logística reversa.

Você pode observar, ainda, na Figura 11.1 que a cadeia de suprimentos envolve os fornecedores dos fornecedores da matéria-prima empregada no processo de fabricação do produto a ser usado pelo cliente final. Faz parte da cadeia de suprimentos de um carro, por exemplo, a extração de areia para produção de vidros, que serão usados na composição dos espelhos retrovisores, dos vidros da janela etc.

Imagine, então, quantas coisas precisam ser gerenciadas – que não dependem do processo de produção – e podem impactar na sua relação com o cliente. Se o fornecedor n-1 atrasa, a depender do atraso e da política de estoque mantida pelo fornecedor 1 e por você, isso irá impactar no seu atendimento de pedidos, ainda que seu processo seja eficiente. De maneira similar, se o centro de distribuição ou a loja não mantém políticas adequadas de estoque, ocorrendo faltas recorrentes de produtos, isso poderá impactar na sua imagem perante o cliente. Portanto, hoje, as empresas precisam preocupar-se com o gerenciamento de **toda** a cadeia de suprimentos, tendo em vista essa interdependência dos elos.

> ### SAIBA MAIS
>
> É importante enfatizar que se trabalha com o conceito de rede de suprimentos, uma vez que determinado fornecedor pode atender a diferentes empresas e segmentos (por exemplo, o fornecedor de vidro pode atender tanto à construção civil, quanto à indústria automotiva). Além disso, embora não esteja representado na Figura 11.1, a empresa pode ter múltiplos fornecedores e cada um deles tem sua própria rede de suprimentos. Assim, o cliente pode adquirir o produto de você, de um concorrente e, até mesmo, optar por um produto substituto.

11.2.2 Gestão da cadeia de suprimentos

O conceito de gestão da cadeia de suprimentos ou o termo em inglês *supply chain management* surgiu no início da década de 1980, mas foi aprimorado apenas na década de 1990. Segundo o *Council of Supply Chain Management Professionals*, principal associação mundial de profissionais de gestão de cadeias de suprimentos, essa gestão contempla o planejamento e o controle de todas as atividades envolvidas em aquisição, transformação e fornecimento de bens e serviços, incluindo a gestão das atividades logísticas primárias, como transporte, manutenção dos estoques e processamento de pedidos, e a gestão das atividades logísticas de apoio, como armazenagem, manuseio de materiais e manutenção da informação.

No entanto, uma atividade que precisa ser ressaltada é a promoção da integração e manutenção do relacionamento entre os elementos da cadeia, como fornecedores, intermediários, prestadores de serviços e clientes. Em especial, deve-se integrar a gestão da demanda à gestão da oferta dentro e entre empresas.

> ### SAIBA MAIS
>
> O *Council of Supply Chain Management Professionals* tem como missão: "Avançar na profissão da cadeia de suprimentos, conectando, educando e desenvolvendo os profissionais de gerenciamento da cadeia de suprimentos do mundo ao longo de suas carreiras" (tradução nossa). Mais informações em: https://cscmp.org/. Acesso em: 17 maio 2021.

A integração da cadeia de suprimentos envolve a habilidade da empresa focal de conseguir coordenar os outros integrantes da cadeia de forma a obter a colaboração deles na previsão de demanda, planejamento de capacidade, planejamento de estoque e de produção e programação e desenvolvimento de novos produtos. Envolve ainda promover o adequado compartilhamento de informações, principalmente com relação aos clientes, de modo a manter relacionamentos de longo prazo com aprimoramento contínuo do nível de serviço e qualidade e consequente aumento de satisfação e fidelidade.

Cabe ainda destacar que a gestão da cadeia de suprimentos é desenvolvida e gerenciada com base no conteúdo da estratégia da empresa focal. Além de depender dessa estratégia, a configuração da cadeia de suprimentos depende de variáveis como mercado, tipo de produto e características de parceria.[3]

Neste momento, você pode estar se perguntando quais atividades o gerenciamento das cadeias (ou redes) de suprimentos envolve. É importante ficar claro que estão englobadas nesse processo desde decisões mais estratégicas (como determinar a localização ideal das facilidades – fábricas, centros de distribuição etc.), até as mais operacionais (como determinar a cadência de produção de um turno de uma indústria). Para tanto, a logística é essencial. Mas o que é logística?

A logística pode ser entendida como o gerenciamento estratégico dos processos e informações correlatas de compra, armazenamento, movimentação, processamento de pedidos, transporte e distribuição de todos os materiais (incluindo a logística reversa) e produtos (bens e serviços) visando atingir os objetivos organizacionais ao menor custo total.

Assim como nos processos de administração da produção, entende-se que o gerenciamento estratégico mencionado na definição anterior deverá seguir, por conceito, as etapas do ciclo PDCA: planejamento, execução, controle e implementação de ações corretivas, se necessário.

Ressalta-se que, ao abordar o conceito de processos, essa definição inclui o fluxo de informações como fundamental para a gestão logística organizacional. Além disso, entendem-se como materiais: as matérias-primas, os produtos em processo, os produtos acabados, as peças sobressalentes, as embalagens e demais itens empregados no processo de fabricação e transporte de determinado item.

Note que essa definição ainda traz em si elementos relevantes: a eficácia, ao desejar atingir os objetivos organizacionais; e a eficiência, ao buscar o menor custo total. Além disso, como já fora discutido neste capítulo, os objetivos organizacionais precisam estar alinhados com as necessidades dos clientes (essas necessidades podem ser inatas ou criadas), portanto, deve haver alinhamento, também, com os objetivos de produção. Por fim, fica evidente a necessidade de coordenação não apenas de toda a cadeia de suprimentos, como também a relação entre as diferentes áreas funcionais para o funcionamento adequado das atividades que compõem os processos logísticos.

11.2.3 Atividades do processo logístico

Com base no conceito de logística, podemos destacar algumas atividades como primárias e outras como de apoio.

As **atividades primárias** são: processamento de pedidos, manutenção de estoques e transporte. Essas atividades não são as mais importantes, dado que consideramos que todas têm seu papel no processo global. Uma falha em uma dessas atividades pode causar erro no resultado final do processo logístico. Entretanto, essas atividades são a base para que qualquer outra atividade logística ocorra.

Consideramos o **processamento de pedidos** como a atividade primária que dá partida ao processo de movimentação de materiais e produtos bem como a entrega dos serviços. Por meio do processamento de pedidos é que poderemos, por exemplo, planejar e operacionalizar

a estocagem e o transporte. Uma falha no processamento do pedido, por exemplo, na quantidade que determinado cliente solicitou, pode levar a empresa a elevar seus custos ou até mesmo a não atender o cliente.

RELEMBRANDO

No Capítulo 10, sobre administração da produção, abordamos gestão da demanda. Leia novamente esta parte para entender melhor o impacto dos pedidos nas operações produtivas, incluindo a logística.

Com a atividade de **manutenção de estoques,** o objetivo é manter os níveis mais baixos possíveis de materiais e produtos armazenados e ao mesmo tempo prover a disponibilidade desejada pelos clientes. Para isso, destacam-se técnicas de análise e controle de estoques disponíveis na literatura.

A manutenção de estoques implica outras decisões relacionadas, por exemplo, com a organização do espaço, com o projeto do arranjo físico e o endereçamento de produtos no armazém. Outra decisão é sobre a adoção ou não de algum modelo de reposição de estoque. Os modelos básicos são os de reposição contínua e os de reposição periódica. O modelo de reposição contínua consiste em emitir pedidos de compra com tamanhos de lotes iguais, e o modelo de reposição periódica envolve a emissão de pedidos de compra de lotes em intervalos de tempo fixos.

SAIBA MAIS

Você sabe a diferença entre **estocagem** e **armazenagem**?

Comumente, estocagem e armazenagem são tratadas como a mesma coisa. Entretanto, estocagem está relacionada com um processo gerencial de organização e controle de itens que são armazenados. São exemplos de estocagem o controle da data de entrada e saída de cada material ou o saldo de estoque de determinado produto. Já a armazenagem diz respeito ao acondicionamento ou disposição física de itens de estoque em determinado local, por exemplo, um produto que tenha de ficar guardado com a temperatura controlada (sorvete) ou um item de estoque que seja guardado em silos (milho a granel) ou embalado (perfume).

POR DENTRO DA TEORIA

Pesquise sobre os indicadores de controle de estoques, curva ABC, lote econômico de compras e modelos de reposição de estoques na bibliografia disponível ao final do capítulo.

A **atividade de transporte** é considerada no contexto industrial como a que mais demanda recursos e por isso seu impacto nos custos costuma ser maior. Nesse caso, os gestores de logística devem empenhar-se em planejar e operacionalizar a melhor opção de transporte para seus produtos e volumes a serem transportados. Para isso, existem vários modos de transporte disponíveis para se movimentar matéria-prima, materiais e produtos (bens e serviços). Mais adiante, neste capítulo, abordaremos com mais detalhes os modos de transporte de carga disponíveis. Outra decisão importante para o gestor é a de ter estrutura própria de transporte (frota de veículos, manutenção, mão de obra) ou terceirizada, o que inclui a contratação de transportadores, agentes de carga, fretes marítimos e aéreos etc.

A atividade de transporte envolve também decisões relativas a tamanho de embarque com o objetivo de consolidação da carga, de modo a reduzir o custo com o transporte. Além disso, incluem-se decisões voltadas à operação, como a programação de veículos e aplicação de técnicas de roteirização, também direcionadas à redução de custo.

SAIBA MAIS

Há a possibilidade de uma estratégia em que se combine estrutura própria com terceirizada. Nesse caso, o gestor pode definir com base em sazonalidade, custo de aquisição de veículos ou até mesmo pensando no foco do negócio.

As **atividades de apoio** são aquelas que dão suporte ao desempenho das atividades primárias. Podemos citar algumas das mais importantes como exemplo:

- **Embalagem:** além das características relacionadas com apresentação e venda do produto, uma embalagem pode auxiliar na proteção do produto para armazenagem, movimentação e transporte e até mesmo facilitar o processo de controle deste produto em estoque.

- **Movimentação:** para que os materiais e produtos sejam disponibilizados aos clientes internos (produção, manutenção) e externos (revendedores, consumidores finais), eles devem ser movimentados dentro das instalações da organização. Por exemplo, a movimentação acontece no recebimento de materiais na fábrica, no momento em que eles são colocados e retirados do estoque, na expedição do produto acabado ao cliente ou na carga e descarga do transporte.

SAIBA MAIS

A **movimentação** de materiais e produtos pode ser feita manualmente ou com auxílio de equipamentos como esteiras, transpaleteiras, empilhadeiras e até guindastes.

- **Armazenagem:** a atividade de armazenagem está intimamente relacionada com a atividade de manutenção de estoques. Entretanto, você já parou para pensar que ela pode afetar a velocidade de processamento de pedidos e até mesmo de distribuição e entrega pelos transportes? Imagine que um funcionário receba uma lista de separação de pedidos e, chegando ao armazém, o produto a ser expedido esteja acondicionado de forma que dificulte a retirada do produto, sua movimentação, o carregamento de um veículo e sua entrega ao cliente. A armazenagem deve facilitar a movimentação de produtos para garantir a eficiência, por exemplo, na expedição de um pedido.

11.2.4 Transportes no Brasil: estado atual e tendências

Ao longo deste capítulo, já discutimos que uma das principais atividades da logística é o transporte. Para levar mercadorias e pessoas de um ponto ao outro do território, faz-se necessário selecionar a alternativa de transporte mais adequada, considerando as características da movimentação (tipo de carga e volume, por exemplo) e os objetivos de desempenho que serão priorizados (rapidez ou custo, por exemplo).

Há cinco modos de transporte que podem ser utilizados no transporte de cargas, a saber: rodoviário, ferroviário, aquaviário, aéreo e dutoviário. As características genéricas de cada um deles, especificidades do contexto brasileiro e utilização individual ou conjunta desses modos serão tratadas ao longo do capítulo.

DA TEORIA À REALIDADE BRASILEIRA

Quadro 11.2 Regulação do transporte no Brasil

No Brasil, a operação das alternativas de transporte – seja de carga, seja de passageiros – está sujeita a fiscalização e regulamentação das agências reguladoras. A Agência Nacional do Transporte Terrestre – ANTT (http://www.antt.gov.br/) é a responsável pela regulação dos transportes rodoviário e ferroviário. No transporte aquaviário (marítimo e navegação interior – lagos, rios), a regulação é feita pela Agência Nacional do Transporte Aquaviário – ANTAq (http://portal.antaq.gov.br/), ao passo que o transporte aéreo está sob a fiscalização da Agência Nacional de Aviação Civil – ANAC (https://www.anac.gov.br/). No *site* de cada agência reguladora, é possível encontrar informações atualizadas sobre cada modo de transporte, anuários estatísticos, projetos em análise e elaboração, entre outras informações relevantes. Salienta-se que, no caso do transporte por meio de dutos, a Lei nº 10.233, de 5 de julho de 2001, afirma que cabe à ANTT organizar o sistema de dutovias brasileiro, articulando-se, para tanto, com as entidades operadoras no sistema dutoviário no país. O cadastro da malha dutoviária e de empresas proprietárias

de equipamentos e instalações desse tipo pode ser acessado por meio deste endereço: http://geo.antt.gov.br/sitedutovias/

Fonte: ANTT,[4] ANTAq,[5] e ANAC.[6]

Antes de discorrer sobre as características de cada modo de transporte, é importante esclarecer que existem três tipos de transporte: distribuição, coleta e transferência. A **distribuição** acontece quando um veículo (caminhão, carreta, furgão, *van* etc.) totalmente carregado vai de um ponto de origem específico (armazém, loja etc.) distribuindo a carga entre vários pontos de destino (consumidores finais), idealmente localizados de maneira próxima entre si. Por exemplo, um caminhão que sai do depósito de uma grande loja de departamentos para entregar produtos na casa dos clientes e retorna vazio ao depósito.

Já na **coleta**, o veículo parte vazio do ponto de origem, coleta as cargas em cada ponto de destino e volta cheio ao ponto de origem. É o caso, por exemplo, da coleta de lixo. Na **transferência**, existe apenas um ponto de destino, ou seja, o veículo parte totalmente carregado do ponto de origem e faz a entrega em um único ponto de destino. Por exemplo, um comboio ferroviário que sai totalmente carregado de uma mina para levar minério a uma planta siderúrgica específica.

Uma vez compreendidos tais conceitos, o Quadro 11.3 apresenta uma descrição da relação de cada modo de transporte com os tipos de transporte, a distância e o tipo de carga mais adequados a cada um deles.

Quadro 11.3 Descrição da aplicabilidade dos modos de transporte

Modo de transporte	Tipo de transporte	Distância	Tipo de cargas
Rodoviário	Coleta e distribuição	Curta e média	Produtos acabados e/ou com valor agregado, como, por exemplo, gêneros alimentícios, eletroeletrônicos e produtos farmacêuticos
Ferroviário	Transferência	Longa	Cargas de baixo valor agregado e maior volume, como granéis (cimentos, minérios etc.)
Aquaviário[1]	Transferência	Longa	Cargas de baixo valor agregado e maior volume, daquelas que podem ser unitizadas por meio de contêineres
Aéreo	Transferência	Longa	Cargas de maior valor agregado, com necessidade de rapidez (em função da obsolescência ou perecibilidade, por exemplo) ou essencial (como o caso do transporte de órgãos)
Dutoviário	Transferência	Longa	Cargas específicas, em geral, derivados de combustíveis e minérios em suspensão

Nota: (1) Pode ser dividido em dois tipos: navegação de interior (em vias interiores ou mar abrigado) e marítimo (em mar aberto). Além disso, o transporte marítimo subdivide-se em longo curso (transporte internacional) e cabotagem (transporte ao longo da costa nacional).

Entre as alternativas apresentadas no Quadro 11.3, o transporte rodoviário é o mais usado no Brasil, como será discutido nas próximas seções. No entanto, é necessário destacar que essa alternativa não seria a mais adequada, do ponto de vista teórico, por conta das características das principais cargas movimentadas (em geral, têm baixo valor agregado e alto volume) e as longas distâncias percorridas no país.

Entretanto, há problemas de infraestrutura que dificultam a utilização de alternativas de maior capacidade, como os modos ferroviário e aquaviário. No caso do transporte ferroviário, por exemplo, as condições estruturais das vias (como diferentes passagens de nível, túneis e sinuosidade das linhas), associadas à diferença de bitolas entre as regiões do país, reduzem sua velocidade operacional e dificulta a integração. Já no caso do transporte aquaviário, precisam ser observadas a condição de navegabilidade ao longo do ano e os eventuais desníveis que possam fazer jus à construção de eclusas.

SAIBA MAIS

Visite o *site* da ANTT para saber mais sobre as concessões ferroviárias e as características da malha concedida. Disponível em: http://www.antt.gov.br/ferrovias/arquivos/Concessoes_Ferroviarias.html. Acesso em: 17 maio 2021.

POR DENTRO DA TEORIA

Eclusa é uma estrutura que permite que embarcações façam transposições de desníveis em rios e mares. De acordo com o Departamento Nacional de Infraestrutura de Transporte (DNIT), normalmente são construídas em barragens, quedas d'água, corredeiras ou hidrelétricas.

Informações sobre as eclusas brasileiras podem ser obtidas em DNIT.[7]

Assim, no Brasil, o transporte rodoviário também acaba sendo usado para transportes de transferência. Como resultado, podem-se observar filas de caminhões no porto de Paranaguá – PR na época de escoamento da safra de soja, quando o modo ferroviário poderia ser usado com mais frequência.

Além das condições de infraestrutura, há condições operacionais que precisam ser observadas para viabilizar a utilização de alternativas de maior capacidade. No caso do transporte ferroviário, por exemplo, é necessário maior volume de carga para que esta seja considerada uma alternativa eficiente (em função dos custos fixos, que são maiores que os rodoviários, por exemplo). O volume de movimentação também é crucial para o modo dutoviário, tendo em vista o seu alto custo de implantação.

Também, observam-se particularidades no que diz respeito à própria carga. No transporte ferroviário, por exemplo, os produtos precisam estar adequados aos tipos de vagões existentes. Não obstante, o uso de contêineres ampliou a possibilidade de cargas a serem transportadas por esse modo, pois elas seguem unitizadas em cima de um vagão plataforma – facilitando os processos de carga e descarga. Além disso, o uso de contêineres permitiu que cargas de maior valor agregado passassem a ser transportadas também pelo modo aquaviário.

SAIBA MAIS

Cerca de 80% das importações e exportações são feitas pelo transporte aquaviário. Um dos gargalos, no Brasil, são as profundidades dos portos que não estão adequadas para receber os navios de calado cada vez maior.

Fonte: Disponível em: http://www.mdic.gov.br/index.php/component/content/article?id=2914.

11.2.4.1 Comparativo entre os modos de transporte

O Quadro 11.4 apresenta uma comparação geral entre os principais atributos e os modos de transportes.

Quadro 11.4 Classificação das características operacionais relativas por modo de transporte

Características operacionais	Rodoviário	Ferroviário	Aéreo	Aquaviário	Dutoviário
Velocidade	Moderada	Baixa	Alta	Baixa	Alta
Disponibilidade	Alta	Moderada	Moderada	Baixa	Baixa
Confiabilidade	Alta	Moderada	Alta	Moderada	Alta
Capacidade	Moderada	Alta	Baixa	Alta	Alta
Frequência	Moderada	Baixa	Moderada	Baixa	Alta
Perdas e danos	Baixa	Alta	Baixa	Moderada	Baixa
Custo	Moderado	Baixo	Alto	Baixo	Alto

Fonte: adaptado de Closs[8] e Lambert e Stock.[9]

A Tabela 11.1 apresenta algumas das principais diferenças físicas entre os modos de transportes rodoviário, ferroviário e aquaviário. Todavia, esses valores são médios, uma vez que existem comboios de maior capacidade para o transporte aquaviário (fluvial), ao passo que há diversos tipos de caminhão para o modo rodoviário, por exemplo. A Tabela 11.1 também apresenta o consumo médio de combustível para os referidos modos de transportes. Destaca-se que os valores são médios, pois existem diferentes tipos de veículo em cada modo de transportes e essa diferença influencia no consumo de combustível.

Tabela 11.1 Comparação de capacidade dos modos de transportes

Modos	Aqua (fluvial)	Ferro	Rodo
Capacidade de carga	Um comboio duplo Tietê – quatro chatas e um empurrador	3 comboios Hopper (86 vagões)	180 Carretas bi-trem graneleiros
Comprimento total	150 m	1,7 km	3,5 km e 26 km em movimento
Consumo de energia (l/1000 t.km)	4,1	5,7	14,4

Fonte: CNT (2013).[10]

É importante ressaltar que as modalidades ferroviária, aquaviária e aérea são, por conceito, alternativas intermodais, ou seja, que precisam da complementação de outras alternativas de transporte para entregar seu produto ao cliente final. Em geral, o modo que faz o transporte de complementação é o rodoviário. Como exemplo, podemos imaginar uma carga de medicamentos que chega a determinado local por meio de um avião e vai ser distribuída por meio de caminhões aos clientes finais. Outro exemplo com mais de um modo de transporte de complementação são os produtos que chegam em contêineres no porto, são despachados por via ferroviária a armazéns e, de lá, são destinados aos clientes finais em caminhões.

11.2.4.2 Matriz de transportes

A Figura 11.2 apresenta a divisão modal do transporte de carga no Brasil. Os dados são do Plano Nacional de Logística e Transportes – PNLT (Ministério dos Transportes 2007, 2009, 2012), considerado o principal plano estratégico do setor. Note a concentração das movimentações no transporte rodoviário (58%), como já havíamos comentado ao longo deste capítulo.

No PNLT, foram identificadas as deficiências estruturais da matriz de transporte brasileira e, a partir desse diagnóstico, foi proposta uma série de obras de intervenção visando equilibrar os fluxos (até então concentrados no modo rodoviário). Pela proposta, esperava-se que, até o ano de 2031, o volume de carga fosse distribuído de maneira similar pelos modos rodoviário (33%), pelo aquaviário (29%) e pelo ferroviário (32%), aproximando a matriz brasileira da de outros países desenvolvidos e com características geográficas parecidas, como é o caso dos Estados Unidos.

Figura 11.2 Divisão modal do transporte de carga brasileiro: matriz 2007 e previsão PNLT 2031.

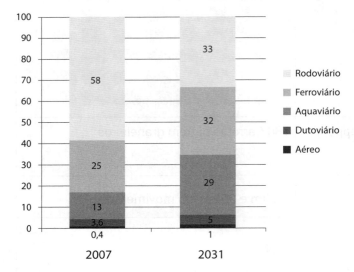

Fonte: elaboração própria com base em Ministério dos Transportes.[11]

Como reflexo, portanto, poderia haver melhoria do nível de competitividade dos produtos nacionais diante dos concorrentes internacionais. No entanto, de acordo com o boletim estatístico da Confederação Nacional de Transportes (CNT, 2018), o transporte rodoviário é responsável por 61,1% do transporte de carga no país (considerando a tonelada.km útil – tku movimentada).

RELEMBRANDO

Note que o setor de transporte de cargas brasileiro tem características diferentes de outros países, tanto no que diz respeito às cargas transportadas quanto às distâncias percorridas. As comparações devem ser feitas apenas em relação a países semelhantes. Não é possível afirmar que a concentração no transporte rodoviário seria adequada ao contexto brasileiro, apenas pelo fato de ser o mais usado em solo alemão, por exemplo.

11.2.5 Localização de instalações

Como já mencionamos, a gestão de cadeias de suprimentos envolve um conjunto de decisões logísticas. Ballou[12] organizou essas decisões a partir de nível de serviço ofertado ao cliente, propondo o triângulo de tomada de decisões logísticas, conforme a Figura 11.3. A ideia é estabelecer inicialmente o nível de serviço que será proporcionado a determinado cliente ou para um conjunto de clientes. A partir dessa ideia, são necessárias decisões estratégicas de transporte e estocagem (conforme já abordamos) e de localização de instalações (que discutiremos a seguir).

Figura 11.3 Triângulo de tomadas de decisões logísticas.

Fonte: Ballou (2001).

> **SAIBA MAIS**
>
> Ronald H. Ballou nasceu na cidade americana de Columbus, estado de Ohio, no dia 20 de agosto de 1937. Recebeu o título de bacharel em engenharia mecânica em 1960. Em 1963, recebeu o título de MBA, e em 1965 o título de Ph.D. em administração de empresas com especialização em logística, todos pela universidade do Estado de Ohio. Atuando na área acadêmica desde 1965, iniciou como professor assistente na Northwestern University, foi professor de métodos quantitativos, marketing e transporte e diretor do programa de MBA.

A estratégia de localização de instalações ou facilidades envolve decisões sobre a quantidade de instalações e sua área de operação, bem como decisões sobre números de pontos de estocagem voltados a receber produtos provenientes das fontes de abastecimento. Há ainda decisões sobre a utilização de armazéns próprios ou públicos. A decisão de alocar instalações intermediárias vai ao encontro do tipo de estratégia de distribuição logística.

Uma possível estratégia conta com o que é chamado de estrutura escalonada ou indireta, em que a empresa possui um ou mais armazéns centrais e um conjunto de centros de distribuição avançados, próximos aos clientes. Nesse tipo de estrutura, a empresa envia cargas para os centros de distribuição avançados e, a partir do pedido do cliente, o tempo de resposta à demanda é mais baixo, aumentando o nível de serviço.

Essa estratégia auxilia ainda na redução do custo de transporte, pois é possível emitir grandes embarques consolidados para os centros de distribuição, diluindo o custo fixo de transporte. Essas vantagens, em muitos casos, não são alcançadas na estrutura direta em que a empresa expede as cargas diretamente dos seus armazéns centrais para os clientes finais. Os sistemas de distribuição diretos podem também usar instalações intermediárias, não para manter estoque, mas para permitir rápido fluxo de produtos, aliado a baixos custos de transporte. Nesse caso, a carga só é expedida dos armazéns centrais a partir do pedido do cliente. As instalações intermediárias no sistema direto mais conhecidas são: *transit point*, *crossdocking* e *merge in transit*.

> **SAIBA MAIS**
>
> Instalação intermediária ***transit point***: essa instalação funciona como um ponto de passagem localizado estrategicamente próximo ao mercado a ser atendido, compreendendo determinada região geográfica. Sua operação consiste em receber carregamentos consolidados de um fornecedor com vistas a reduzir o custo com a operação de transporte. Na instalação, a carga é separada e carregada em veículos menores para a entrega a clientes individuais.
>
> Instalação intermediária ***crossdocking***: enquadra-se na mesma função e estratégia da instalação intermediária *transit point*. A diferença envolve o envio de carregamentos consolidados de vários fornecedores. Nessa nova configuração, os clientes finais podem receber cargas desses diferentes fornecedores. Cabe destacar que a utilização dessa estratégia torna ainda mais imprescindível a adoção de tecnologias de informação integradoras. Da mesma maneira que a instalação *transit point*, as cargas direcionadas para a instalação *crossdocking* são de alto giro de estoque.
>
> Instalação intermediária ***merge in transit***: essa instalação é uma variação da instalação *crossdocking*. Funciona como um ponto de finalização da produção com a montagem de bens a partir de componentes fornecidos por diferentes parceiros. Da mesma maneira, essa instalação é localizada próxima ao mercado consumidor. A operação busca coordenar o fluxo dos componentes de produtos de alto valor agregado, gerenciando os respectivos tempos de produção e de transporte.

A localização dessas instalações intermediárias e também de centros de distribuição avançados pode ser obtida a partir da aplicação de técnicas, como o **método do** centro de gravidade, **método dos** momentos e avaliação de fatores qualitativos.

> **SAIBA MAIS**
>
> **Método do centro de gravidade:** também é conhecido como centro de gravidade exato, p-gravidade, método centroide e método do mediano. Utiliza o custo de transporte como fator dominante para a determinação da

localização da instalação ou facilidade, pois visa minimizar esse custo. Assim, o local de instalação é o centro de gravidade, que minimiza os custos de transporte, do conjunto composto pelos fornecedores (se a instalação a ser localizada é do cliente) ou do conjunto composto pelos clientes (se a instalação a ser localizada é do fornecedor). As coordenadas de localização da instalação requerida podem ser obtidas por meio das Equações 1 e 2.

$$x = \frac{\sum_{n=1}^{n}(xi * Fi)}{\sum_{n=1}^{n}(Fi)} \quad (1) \qquad y = \frac{\sum_{n=1}^{n}(yi * Fi)}{\sum_{n=1}^{n}(Fi)} \quad (2)$$

Onde: x e y são coordenadas de localização da instalação requerida; xi, yi são as coordenadas dos locais de demanda ou de oferta (dependendo se é um conjunto de clientes ou de fornecedores) e Fi a frequência. Essa frequência retrata o peso dos pontos do conjunto (clientes ou fornecedores). Como exemplo, essa frequência pode ser a quantidade de demanda ou oferta dos pontos ou outros dados quantitativos em acordo com o propósito da localização da instalação.

Método dos momentos: pré-seleciona os possíveis locais em que poderá ser instalada a nova facilidade (instalação). Será verificado o custo de transporte (momento de cada possível local). Funciona da seguinte forma: para cada possível local, calcula-se o momento em relação aos outros possíveis locais. O melhor momento será aquele que apresentar o menor custo de transporte. O local associado a esse momento menor será o escolhido para instalar a facilidade. A formulação a seguir é utilizada para determinar o momento de cada local candidato.

Momento para o local candidato A = (custo unitário de transporte × quantidade transportada do local A para o B × distância de A para B) + (custo unitário de transporte × quantidade transportada do local A para o C × distância de A para C) + ... + (custo unitário de transporte × quantidade transportada do local A para o n × distância de A para n). Seguindo a mesma lógica, são estabelecidas as equações para calcular o momento para o local candidato B até o local candidato n.

Avaliação de fatores qualitativos: neste método, também são definidos previamente os locais candidatos a receber a instalação a ser localizada. Para a avaliação desses locais candidatos, são determinados critérios de avaliação. Esses critérios são definidos por uma comissão em um processo de *brainstorming*. Nesse processo de escolha, devem-se considerar o impacto desses critérios na decisão do melhor local para alocar a instalação (facilidade de acesso, proximidade com fornecedores e/ou clientes, apoio da comunidade local ao empreendimento, disponibilidade de mão de obra qualificada etc.).

Assim, cada critério definido precisa receber um peso. Se mais importante, o critério deve receber peso maior. Essa análise é aberta, mas pode seguir regras. Por exemplo, alto peso receberia valor de 15, médio peso seria 10 e baixo peso receberia valor de 5. Após estabelecidos os critérios e seus pesos, deve-se avaliar cada local candidato por vez. Para cada local, devem-se dar notas a cada um dos critérios estabelecidos. Essas notas devem variar de 1 a 5. Quanto maior a nota, melhor é avaliado o local para aquele critério. No final, após alocadas todas as notas, deve-se realizar uma média ponderada de todas essas notas, considerando os pesos de cada critério. Essa média será a nota do local candidato. Calculam-se as notas da mesma maneira de cada um dos locais candidatos. O local com maior nota será o escolhido para alocar a instalação.

11.2.6 Logística internacional

Uma vez que já entendemos o papel da logística na gestão da cadeia de suprimentos, podemos avançar em uma análise considerando que a empresa pode expandir sua atuação para além das fronteiras do país onde está localizada e, para tanto, deverá contar com o apoio da logística internacional.

SAIBA MAIS

Sobre termos e definições em logística internacional, acesse: http://receita.economia.gov.br/orientacao/aduaneira/manuais/mercante/topicos/copy_of_termos-e-definicoes. Acesso em: 17 maio 2021.

Com a ampliação do mercado global, as empresas passaram a ter a necessidade ou oportunidade de comprar e vender de e para outros países, fronteiriços ou não. Além disso, a tecnologia da informação tornou esse processo comercial mais ágil.

Nesse ambiente competitivo, onde produtos tendem a estar no mesmo nível de qualidade, o diferencial de uma organização para agregar valor pode estar em uma entrega que atenda às necessidades dos clientes com menores custos. Nesse sentido, a logística internacional atua por meio da gestão das atividades primárias e de apoio, adaptando-as ao contexto do comércio internacional.

Para enviar a sua mercadoria ao exterior (exportação) ou para trazê-la do exterior (importação), o gestor deve atuar em várias frentes. A seguir, destacamos as principais:

1. Analisar as características da carga a ser transportada e escolher o modo de transporte, incluindo rotas e terminais (portos e/ou aeroportos, por exemplo).

   Nesse caso, devemos observar se estamos tratando com carga geral ou com carga a granel. Quando falamos de carga geral, estamos nos referindo a uma variedade muito grande de produtos, que podem ser transportados de diferentes modos, embaladas ou não como, por exemplo, máquinas, automóveis, componentes e peças. A carga a granel pode ser formada por produtos líquidos, gasosos ou sólidos, comumente não embalados e transportados por esteiras ou dutos, com armazenamento em tanques ou silos. Combustíveis, gases, grãos e minérios são alguns exemplos de carga a granel.

2. Identificar as implicações, do ponto de vista logístico, dos riscos e responsabilidades assumidos nas negociações comerciais.

   Para definir os riscos e as responsabilidades entre o exportador e o importador (quem paga frete, seguro, transporte), são utilizados os Incoterms – *international commercial terms* (termos comerciais internacionais). Esses Incoterms sofrem adaptações periodicamente devido à dinâmica do comércio internacional. Em razão de especificidades de legislação de alguns países, alguns termos podem não ser utilizados.[13]

3. Preparar a carga para o transporte: envolve o tipo de embalagem, a marcação da carga e a conveniência ou necessidade de unitizá-la.

   A embalagem da carga, apesar de constituir um item de custo desprezado pela maioria dos exportadores, pode alcançar participação expressiva no custo de exportação de pequenos lotes. Isso ocorre na exportação de mercadorias de baixo valor agregado e que requerem o uso de embalagens especiais. A escolha da embalagem deve ser realizada após criteriosa avaliação do tipo e natureza da carga, bem como do modo de transporte selecionado para efetuar a exportação.

A marcação da carga é um aspecto importante na preparação para o transporte. Serve para identificar os detentores da carga, informar como manuseá-la e qual o tipo de carga, por exemplo, se são radioativas ou perigosas.

Os produtos podem também ser transportados como carga solta (embaladas ou não) ou unitizadas (agrupadas em amarrados, blocos, *pallets*, contêineres etc).

SAIBA MAIS

Para se aprofundar nos conhecimentos sobre **Incoterms,** acesse: http://www.aprendendoaexportar.gov.br/index.php/negociando-com-importador/incoterms e https://iccwbo.org/resources-for-business/incoterms-rules/incoterms-2020/. Acesso em: 17 maio 2021.

SAIBA MAIS

A **unitização** pressupõe o agrupamento de um ou mais itens de carga geral que serão transportados como uma unidade única e indivisível. Os recursos comumente utilizados são os *pallets* e os contêineres. Análise de viabilidade envolvendo a unitização deve considerar, de um lado, os custos de aluguel ou aquisição dos equipamentos e, de outro, os benefícios normalmente concedidos pelos embarcadores, transportadores e seguradoras, por meio de descontos nas tarifas de frete e prêmios de seguro, devido a facilitação no manuseio e maior segurança imposta contra riscos de danos ou furto da carga. Os *pallets* de madeira podem necessitar de certificações especiais da vigilância sanitária do país de destino.

SAIBA MAIS

A **conteinerização** permite a utilização de embalagens, como caixas de papelão ou engradados simples, evitando o uso de embalagens mais resistentes, já que estarão acondicionadas em um contêiner. Para otimizar o uso do espaço interno do contêiner, o exportador deve planejar a dimensão apropriada das embalagens para a exportação.

---

4. Escolher os prestadores de serviço logístico, incluindo os transportadores.

    Entre os principais prestadores de serviços na logística internacional, destacam-se os transportadores. Cabe ao gestor definir o modo de transporte mais adequado para conduzir a carga ao destino, pois os modos de transporte apresentam vantagens e desvantagens. Os dois principais modos para a logística internacional são: marítimo e aéreo.

    Ainda existem outros prestadores de serviços na logística internacional, tais como: (1) no transporte marítimo – armadores, agências marítimas, operadores portuários e (2) no transporte aéreo – agentes de carga aérea, companhias aéreas.

SAIBA MAIS

Armador é a pessoa física ou jurídica que, em seu nome ou sob sua responsabilidade, apresta a embarcação para sua utilização no serviço de transporte.

Confira os conceitos de outros prestadores de serviço no endereço em: http://receita.economia.gov.br/orientacao/aduaneira/manuais/mercante/topicos/copy_of_termos-e-definicoes. Acesso em: 17 maio 2021.

No contexto do transporte, destacamos o conceito de multimodalidade, que consiste em utilizar mais de um modo de transporte, numa mesma operação logística. Nesse caso, observa-se a complementação dos modos marítimo e aéreo pelo rodoviário, por exemplo, quando o mesmo leva ou retira as cargas do/até os portos ou aeroportos. A multimodalidade é possível combinando quaisquer modos de transporte. Entretanto, algumas combinações são menos comuns (ferroviária com aérea, por exemplo) e outras mais comuns (rodoviária com marítima).

O transporte intermodal também combina dois ou mais modos de transporte. Entretanto, no transporte multimodal há a emissão de apenas um documento de transporte (o conhecimento de transporte). O conhecimento de transporte multimodal de cargas evidencia o contrato de transporte multimodal e rege toda a operação de transporte desde o recebimento da carga na origem até a sua entrega no destino.

De acordo com Moori e Riquete[14] e Agência Nacional de Transporte Terrestre (ANTT): o transporte intermodal requer a emissão de um documento para cada uma das atividades executadas (transporte rodoviário, aquaviário e transbordo, por exemplo). Já no transporte multimodal existe a figura do operador do transporte multimodal (OTM), regulamentado pela Lei nº 9.611/1998 e pelo Decreto nº 3.411/2000, que é o responsável pelo transporte, da origem até o destino, e é regido por um único contrato (conhecimento do transporte multimodal de carga).

Cabe ainda salientar que o OTM é a empresa responsável pela carga, desde o momento do recebimento até a entrega final ao destinatário. Para tanto, engloba todos os serviços necessários, como coleta, unitização, armazenagem, manipulação, transporte e desunitização.

---

5. Avaliar os componentes da estrutura de custos diretos e indiretos da logística internacional.

    No caso de transporte internacional, devido ao longo período de trânsito da carga e das grandes distâncias, acrescentamos mais algumas preocupações com relação aos custos logísticos, incluindo: transporte, armazenagem, movimentação de carga, custos de capital, riscos envolvidos na operação. Planejar toda a operação, conforme o que já mostramos neste capítulo, pode ser um diferencial competitivo para a organização que pretende importar ou exportar produtos.

SAIBA MAIS

Além dos custos apresentados, existem outros gastos importantes relacionados com os impostos devidos nas transações de importação e exportação. Nesse sentido, destacamos os regimes aduaneiros especiais, assim chamados por não se adequarem à regra geral do regime comum de importação e de exportação.

Nesse caso, pode haver a suspensão temporária ou isenção de determinado tributo. Pesquise nos *sites* do Ministério da Economia (http://receita.economia.gov.br/) e do Siscomex (http://www.siscomex.gov.br/informacoes/regimes-aduaneiros/) os regimes aduaneiros especiais. Esse conhecimento pode ser um diferencial para a redução dos custos da logística internacional.

11.2.7 Sistemas de informação na logística

A informação é um elemento fundamental para as operações logísticas. Sem a informação seria impossível ou muito difícil alcançar altos níveis de desempenho considerando rapidez, custo, qualidade, flexibilidade e confiabilidade das operações pertencentes à cadeia de suprimentos. Contudo, a partir de novas tecnologias, ficou possível realizar a troca rápida e precisa de informações, permitindo melhor comunicação e, consequentemente, redução de estoques e das incertezas em torno da demanda. Surgem assim os sistemas de informação capazes de fornecer informações aos administradores e tomadores de decisões, por meio do agrupamento organizado de pessoas, procedimentos, banco de dados e dispositivos por meio de uma combinação de elementos tangíveis (*hardware*) e os intangíveis (*softwares*, pessoas e procedimentos).[15]

DA TEORIA À REALIDADE BRASILEIRA

Quadro 11.5 Sistemas de informação aplicados ao comércio exterior

Com a implantação do sistema integrado de comércio exterior (Siscomex), o licenciamento das exportações brasileiras passou a ser realizado por meio eletrônico. O governo federal criou o programa Portal Único de Comércio Exterior (portal Siscomex) com o objetivo de reduzir a burocracia, o tempo e os custos nas exportações e importações brasileiras. Os principais objetivos do programa são reformular os processos de exportações e importações, tornando-os mais eficientes e harmonizados, e criar um guichê único para centralizar a interação entre o governo e os operadores privados atuantes no comércio exterior.

Com o portal Siscomex, o governo pretende alcançar as seguintes metas: 99% de eliminação de documentos e redução de tempos de pedidos de exportação e importação de 13 e 17 dias para, respectivamente, oito e dez dias.

Fonte: Siscomex.[16]

De modo geral, um sistema de informação coleta, processa, armazena, analisa e dissemina informações para uma finalidade específica.[17] A tecnologia da informação (TI) associada a um sistema é grande aliada da logística, pois torna possível resolver problemas, como atrasos na frota, erros de identificação de produtos, problemas de inventário, erros de carregamento e de localização de mercadorias e má distribuição de tarefas em centros de distribuição avançados. Exemplos dessas tecnologias são: *enterprise resource planning* (ERP), *warehouse management system* (WMS) e *transportation management system* (TMS).

SAIBA MAIS

Warehouse management system **(WMS),** sistema de gestão de armazém, é um pacote de *software* capaz de operacionalizar todas as atividades e seu fluxo de informações dentro do processo de armazenagem. Essas atividades incluem recebimento, inspeção, endereçamento, estocagem, separação, embalagem, carregamento, expedição, emissão de documentos, inventário, entre outras.

Além do WMS, outras tecnologias contribuem para a gestão dos armazéns como, por exemplo, *radio frequency identification* (RFID).[18] Isso permite que o *software* WMS exerça a função de planejamento e controle de capacidades, envolvendo não apenas os recursos humanos, mas também a utilização do espaço e de equipamentos como empilhadeiras.

Transportation management system **(TMS),** sistema de gestão de transporte, é um *software* composto de módulos, customizados de acordo com o segmento do transporte. Seu objetivo é proporcionar aos gestores informação relacionada com a operação de transportes na empresa, para auxílio no processo decisório. Esse sistema apoia operações e rotinas do transporte, como gestão de frotas, de fretes e de risco, para que sejam integradas.

Outras tecnologias associadas ao sistema TMS, como recursos de comunicação via satélite e de posicionamento por *global positioning system* (GPS), permitem ao sistema realizar o rastreamento de veículos (localização em tempo real).

No Capítulo 15, você poderá ver com mais detalhes a discussão sobre sistemas de informação.

11.2.8 Logística reversa

Na administração moderna, a responsabilidade dos fornecedores não termina logo após a entrega dos bens e serviços ao cliente. Esses fornecedores devem preocupar-se com todo o ciclo de vida do produto, incluindo a destinação dele após o término desse ciclo. Assim sendo, a logística moderna envolve a destinação de produtos usados e/ou consumidos a serem reciclados ou descartados. Além disso, abrange os fluxos de retorno de peças a serem reparadas, de embalagens e seus acessórios, de produtos por motivo de excesso de estoque nas lojas e de devolução de produtos vendidos não conformes. A gestão dessas atividades e do fluxo reverso que complementam o processo de distribuição de uma empresa é conhecida como logística reversa, conforme apresentado na Figura 11.4.

Tradicionalmente,[19] define-se logística reversa como uma área da logística empresarial, que planeja, opera e controla o fluxo dos produtos e das respectivas informações logísticas no processo de retorno dos produtos de pós-venda e de pós-consumo ao ciclo de negócios ou ao ciclo produtivo, por meio de canais de distribuição reversos, agregando valor a esses bens de diversas naturezas, como, por exemplo, econômico, ecológico, legal e de imagem corporativa.

As empresas tendem a desenvolver a logística reversa de seus produtos por três razões. A primeira razão é a necessidade de atendimento a legislações ambientais relativas ao controle do ciclo de vida de seus produtos. Nessa conjuntura, as empresas passam a ser responsáveis legalmente pelos impactos ambientais causados por seus produtos. Já a segunda razão consiste na necessidade de atender às expectativas dos consumidores cada vez mais conscientes quanto a questões ambientais. Nesse sentido, a credibilidade de empresas "verdes" é atualmente uma vantagem competitiva.[20] Há ainda uma terceira razão para o desenvolvimento da logística reversa: lixo possui valor financeiro. Isso é uma oportunidade estratégica para a redução de custos ao substituir matérias-primas virgens por resíduos recicláveis. Esse fato gera a demanda por resíduos recicláveis domiciliares e justifica o desenvolvimento da coleta seletiva.[21]

Figura 11.4 Fluxos diretos e reversos em uma cadeia de suprimentos.

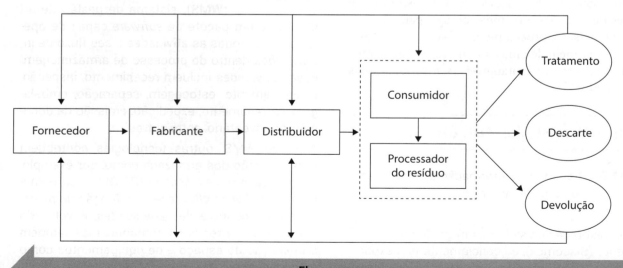

> **SAIBA MAIS**
>
> O autor Paulo Roberto Leite graduou-se em 1966 em engenharia industrial pela Faculdade de Engenharia Industrial (FEI). É ainda pós-graduado em administração de empresas pela Fundação Getulio Vargas de São Paulo e mestre em administração de empresas pela Universidade Presbiteriana Mackenzie (UPM). É autor do livro *Logística reversa: meio ambiente e competitividade*, primeira obra sobre esse tema na América Latina e uma das primeiras na biblioteca mundial.

Adicionalmente, é necessário citar e conceituar os dois tipos básicos de logística reversa: pós-consumo e pós-venda. Os canais de distribuição reversos de pós-consumo são constituídos pelos fluxos reversos de uma parcela de produtos ou de partes e de componentes originados no descarte dos produtos depois de finalizada a sua utilidade original e que podem retornar ao ciclo produtivo. Esses produtos são classificados em função de seu estado de vida e de origem conforme dois tipos: em condições de uso e fim de vida útil. Nos canais de distribuição reversos, os produtos de pós-consumo são movimentados para remanufatura, reciclagem ou ainda para disposição final.

Já os canais de distribuição reversos de pós-venda são organizados pelas diferentes formas e possibilidades de retorno de uma parcela de produtos, com pouco ou nenhum uso, que são movimentados no sentido inverso, do consumidor final aos elementos do canal de distribuição direto, podendo chegar até o fabricante principal. Esses produtos retornam por motivos classificados como: qualidade e comercial.[22]

No caso da destinação dos materiais para reciclagem ou outros tratamentos ou para a disposição final, a logística reversa torna-se fundamental ferramenta, fazendo interface com a área de gestão de resíduos sólidos. A geração de resíduos tornou-se um problema com o aparecimento e o crescimento de grandes aglomerações urbanas. Além disso, a quantidade de resíduos está crescendo ainda mais rápido do que a taxa de urbanização. Nesse sentido, tornou-se necessária a implementação de um processo de gestão, a fim de promover destinação adequada a esses resíduos. Essa gestão envolve a geração, a coleta, o transporte, a recuperação e a disposição dos resíduos, incluindo a supervisão dessas operações e o tratamento dos locais de disposição.[23]

O gerenciamento de resíduos sólidos é um processo complexo, porque envolve muitas fases e tecnologias. A geração de resíduos consiste no início da logística reversa e para que o sistema de gestão seja efetivado. Após a geração, esse resíduo precisa ser coletado, manuseado, separado para disposição final em aterro sanitário, compostagem, reciclagem ou incineração.[24]

As políticas públicas, voltadas a implementar ou melhorar a gestão de resíduos, quando existentes, devem priorizar ações para evitar a geração de resíduos sólidos. Essas políticas devem seguir ordem de prioridade, conforme apresentado na Figura 11.5.

Figura 11.5 Ordem de prioridade de políticas públicas na gestão de resíduos sólidos.

Fonte: adaptada de Banar.[25]

No Brasil, foi sancionada em 2010 a Política Nacional de Resíduos Sólidos (PNRS), que, além de visar à regulação, também incluiu questões relativas ao desenvolvimento econômico, social e do meio ambiente. A PNRS tem como instrumentos os planos de resíduos sólidos, a coleta seletiva, os sistemas de logística reversa e outras ferramentas voltadas para a responsabilidade compartilhada pelo ciclo de vida dos produtos entre geradores, poder público, fabricantes e importadores. Tem como finalidades normalizar a prestação de serviços de limpeza urbana e o tratamento para a gestão de resíduos sólidos, tendo ainda como objetivo acabar com os vazadouros a céu aberto e concretizar projetos de coleta seletiva no país, além de estimular acordos setoriais entre o poder público e o setor empresarial.[26]

> **POR DENTRO DA TEORIA**
>
> A gestão de resíduos sólidos é o envolvimento de diferentes órgãos da administração pública e da sociedade civil com o propósito de realizar a limpeza urbana, a coleta, o tratamento e a disposição final dos resíduos, elevando assim a qualidade de vida da população e promovendo a limpeza da cidade. Essa definição menciona ainda que se devem considerar as características das fontes de produção, o volume e

os tipos de resíduos e as características sociais, culturais e econômicas dos cidadãos.

Há dois tipos básicos de coleta seletiva: coleta porta a porta, em que a população separa previamente em seus domicílios os materiais recicláveis existentes nos resíduos domésticos para que depois sejam coletados por um veículo especializado; e coleta em pontos de entrega voluntária, em que a população realiza o descarte dos materiais separados em suas residências nesses locais ou pontos (também conhecidos como ecopontos). Esses locais são definidos estrategicamente, de fácil acesso e com grande fluxo de pessoas (escolas, centros esportivos, bibliotecas, praças, bancas de jornal, supermercados e condomínios)

Vazadouro a céu aberto refere-se ao local onde se faz a disposição não controlada de resíduos, usualmente em grande quantidade.

Fontes: IBAM[27] e Bernardo e Lima.[28]

11.3 CONSIDERAÇÕES FINAIS E QUESTÕES

Neste capítulo, exploramos a logística e suas atividades em nível nacional e internacional. Consideramos a gestão dessa função, com enfoque no contexto brasileiro, e a importância para os negócios num mercado competitivo.

Verificamos que a gestão logística vai além dos muros da empresa ao considerar que é parte do gerenciamento da cadeia de suprimentos, em um ambiente em que são utilizadas, cada vez mais, tecnologias da informação. Indo mais além, no contexto da administração contemporânea, verificamos a logística atuando não somente com os fluxos tradicionais de materiais e informações, mas também sendo parte importante nos fluxos reversos e pós-venda e pós-consumo.

Partindo desse contexto, encerramos este capítulo com a seguinte reflexão: mesmo com todo o desenvolvimento tecnológico, de infraestrutura e humano, a função logística sempre será essencial para as organizações produtoras de bens e serviços. Além disso, ela estará sujeita a restrições de tempo e espaço, visando a redução de custo e o máximo de atendimento ao cliente.

Imagine o mercado, de alguns anos atrás, em que não existia internet, telefone e todas as tecnologias atuais. Para fazer um pedido, o cliente deveria deslocar-se fisicamente a um estabelecimento, na maioria das vezes. Nessa época, a função logística deveria disponibilizar fisicamente os produtos para que os clientes tivessem acesso a eles. Os produtos deveriam ser fabricados, movimentados, armazenados, transportados até chegar ao seu ponto de compra ou consumo.

Mas, passados os anos, o que mudou para a função logística? A resposta é: nada e tudo! Nada, porque todas as atividades continuam as mesmas, com melhorias nas técnicas, equipamentos, estrutura logística, logicamente. Tudo, porque o volume aumentou (com as vendas *on-line*, por exemplo), não se restringindo a um mercado local específico, mas sendo ampliado para todo o mundo. Ainda dentro do "tudo", verificamos clientes mais exigentes com prazos de entrega, concorrentes com produtos cada vez mais parecidos, preocupação ambiental, pois além das questões da logística do resíduo gerado, destaca-se que o transporte é um dos maiores poluidores da atmosfera.

Verifica-se, portanto, um mercado onde os produtos são copiados pela concorrência, preços cada vez mais competitivos, saturação da audiência por conta da comunicação intensiva dos produtos pelos diversos fabricantes e, muitas vezes, um processo logístico cada vez mais frágil por conta de uma cadeia de suprimentos mal gerenciada, infraestrutura de transporte e armazenagem defasadas, além da falta de capital humano preparado para o mercado. Sem contar que uma logística mal gerenciada pode impactar em preços mais altos pelo aumento de custo, perda de qualidade dos produtos pela forma como são armazenados, movimentados e transportados e insatisfação do cliente por não acessar os produtos da foram como a empresa os comunicou.

Assim, a gestão logística tem sua importância na gestão contemporânea por ser a responsável por garantir que os produtos certos sejam entregues ou acessados no momento e local adequados, na quantidade certa, com a qualidade desejada pelo cliente, ao menor custo possível, considerando os impactos ambientais de suas atividades.

CONTRIBUIÇÕES DO CAPÍTULO PARA A ADMINISTRAÇÃO CONTEMPORÂNEA

a) A gestão da logística faz-se necessária para que as organizações alcancem o nível de competitividade adequado para as cadeias de suprimentos.

b) Compreender os processos logísticos é fundamental para garantir o nível de competitividade tendo em vista que as cadeias de suprimento competem em nível global.

c) Abordar os problemas associados ao setor de transporte proporciona maior entendimento da realidade local e contribui para gestão eficaz dos processos logísticos.

Cap. 11 ■ Gestão da logística e de transportes **215**

d) Conhecer os sistemas de informação é fundamental para dar celeridade aos processos logísticos e, ao mesmo tempo, refletir sobre o fluxo de informação e integração dos processos na cadeia de suprimentos.

e) Conhecer os princípios de logística internacional é fundamental em um contexto de transações comerciais globais, em que produtores, fornecedores e clientes podem estar localizados em continentes diferentes, o que impacta diretamente na efetividade das operações.

QUESTÕES PARA REFLEXÃO

1) Qual seria o impacto nos custos de transporte e no atendimento do pedido (considerando saldo de estoque), caso o pedido de um cliente seja processado com um erro na quantidade (para mais ou para menos)?

2) Como alterações na estratégia de transportes podem afetar a estratégia de estocagem em uma organização?

3) Uma carga enviada de uma fábrica de São Paulo para um centro de distribuição em Manaus tem como alternativa usual de transporte o modo rodoviário. Você acredita que essa alternativa é a mais adequada? Justifique indicando os pontos positivos e negativos da utilização desse modo de transporte.

4) Supondo que você seja o responsável por administrar um contrato de transporte de uma grande produção de soja, no Centro-oeste do Brasil, quais cuidados e ações deveriam ser tomados?

5) Quais foram as principais vantagens obtidas pelas organizações que decidiram investir em sistemas: *warehouse management system* (WMS) e *transportation management system* (TMS)?

QUESTÕES PARA AVALIAÇÃO DO CONHECIMENTO

1) Quais são as atividades primárias e principais atividades de apoio da logística em uma cadeia de suprimentos?

2) Tendo em vista a vocação brasileira para produção de *commodities* (soja, minério etc.) cujo escoamento seria adequado por meio de alternativas de transporte de maior capacidade, elenque, pelo menos, dois fatores que fazem com que o transporte rodoviário seja o mais usado no Brasil.

3) Apresente dois pontos positivos e dois negativos para o transporte rodoviário e ferroviário.

4) Pesquise dois casos em que as empresas atuam com fluxos de logística reversa na cadeia de suprimentos.

5) Cite um caso em que, ao mesmo tempo, é feito o transporte de coleta e distribuição.

6) Pesquise no *site* do Ministério da Economia sobre regimes aduaneiros especiais. Depois, escolha dois regimes e exemplifique em que tipo de produto podem ser usados.

7) Que são os Incoterms?

8) Os investimentos em sistemas como o WMS são compensados a partir da redução de custos logísticos. Dê um exemplo de redução de custo e mostre como essa redução pode ser alcançada.

9) Por que a logística reversa é uma ferramenta estratégica de fidelização de clientes?

10) No triângulo de tomadas de decisões logísticas, o objetivo de serviço aos clientes ou nível de serviço ofertado aos clientes está no centro do triângulo e deve ser definido prioritariamente. Por quê?

11) Qual a diferença entre logística reversa pós-venda e logística reversa pós-consumo?

12) Indique motivos de retorno de produtos pela logística reversa pós-venda e motivos de retorno de produtos pela logística reversa pós-consumo.

REFERÊNCIAS

[1] MAGAZINE LUIZA Magazine Luiza – Market Place. 2020. Disponível em: https://marketplace-vendamais.magazineluiza.com.br/?partner_id=39866&gclid=EAIaIQobChMI1cqLrq2g6AIVE3iGCh3b4gxhEAAYASAAEgKwxPD_BwE. Acesso em: 15 maio 2021.

[2] LIMA, C. B.; SOUZA JÚNIOR, A. A. Análise do processo de aquisição de medicamentos: um estudo de caso na prefeitura municipal de Manaus. *Revista Eletrônica Sistemas & Gestão*, v. 13, n. 4, 2018, p. 482-494. Disponível em: 10.20985/1980-5160.2018.v13n4.1424. Acesso em: 21 maio 2021.

[3] JABBOUR, A. B. L. S.; ARANTES, A. F.; JABBOUR, C. J. C. Green supply chain management: mapping the territory. *International Journal of Environment and Sustainable Development*, v. 12, n. 1, p. 145-167, 2013. Disponível em: http://dx.doi.org/10.1504/IJESD.2013.052975.

[4] AGÊNCIA NACIONAL DO TRANSPORTE TERRESTRE – ANTT. 2020. *Sistema de informações geográficas – Dutovia*. 2020. Disponível em: http://geo.antt.gov.br/sitedutovias/. Acesso em: 17 maio 2021.

5   AGÊNCIA NACIONAL DO TRANSPORTE AQUA-VIÁRIO – ANTAq. 2020. Disponível em: //portal.antaq.gov.br/. Acesso em: 17 maio 2021.

6   AGÊNCIA NACIONAL DE AVIAÇÃO CIVIL – ANAC. 2020. Disponível em: https://www.anac.gov.br/. Acesso em: 17 maio 2021.

7   DEPARTAMENTO NACIONAL DE INFRAESTRU-TURA DE TRANSPORTE – DNIT. *Eclusas*. 2019. Disponível em: http://www.dnit.gov.br/modais-2/aquaviario/eclusas. Acesso em: 17 maio 2021.

8   CLOSS, D. J. B. (2004). *Logística empresarial*: o processo de integração da cadeia de suprimento. São Paulo: Atlas, 2004.

9   LAMBERT, D.; STOCK, J. R. (1997). *Fundamentals of logistics management*. Chicago/New York: The Irwin/McGraw-Hill Series in Marketing. (The Irwin/McGraw-Hill Series in Marketing.)

10 CONFEDERAÇÃO NACIONAL DOS TRANS-PORTES. Multimodalidade e as Hidrovias no Brasil. 2013. Disponível em: http://web.antaq.gov.br/portalv3/pdf/Palestras/ForumHidrovias2009/Painel3/MarcosSoaresCNTFenavega.pdf.

11 MINISTÉRIO DOS TRANSPORTES. *Projeto de reavaliação de estimativas e metas do PNLT*: Relatório Final. Relatório técnico, Brasília. 2012. Disponível em: https://www.infraestrutura.gov.br/images/2014/11/PNLT/2011.pdf. Acesso em: 17 maio 2021. MINISTÉRIO DOS TRANSPORTES. *Plano Nacional de Logística e Transportes*: Sumário executivo. Relatório técnico, Brasília. 2007. Disponível em: https://www.infraestrutura.gov.br/conteudo/2819-pnlt-relatorio-executivo-2009.html. Acesso em: 17 maio 2021. MINISTÉRIO DOS TRANSPORTES. *Relatório Executivo PNLT*. Relatório técnico, Brasília. 2009. Disponível em: https://www.infraestrutura.gov.br/conteudo/2820-pnlt-relatorio-executivo-2007.html. Acesso em: 17 maio 2021.

12 BALLOU, R. H. *Gerenciamento da cadeia de suprimentos*. 4. ed. Porto Alegre: Bookman, 2001.

13 BRASIL. Aprendendo a exportar. Portal do Governo Brasileiro. 2020. Disponível em: http://www.aprendendoaexportar.gov.br/index.php/negociando-com-importador/incoterms.

14 MOORI, R. G.; RIQUETTI, A. Estação de transbordo de cargas como mediador da logística de fertilizantes. *Revista de Administração Contemporânea*, v. 18, n. 6, p. 748-771, 2014. Disponível em: 10.1590/1982-7849rac20141189. Acesso em: 21 maio 2021.

15 BARBOZA, M. R.; VENDRAMETTO, O.; REIS, J. G. M.; GONÇALVES, F. R. A contribuição dos sistemas de informação para logística reversa: uma pesquisa (Survey). *Revista Eletrônica Gestão & Saúde*, v. 6, n. 2, p. 1108-1124, 2015.

16 SISCOMEX. *O programa portal único de comércio exterior*. 2020. Disponível em: http://www.siscomex.gov.br/conheca-o-programa/sobre-o-programa-portal-unico-de-comercio-exterior/. Acesso em: 15 maio 2020.

17 DORION, E. C. H.; ABREU, M. F.; SEVERO, E. A. A contribuição da logística reversa e dos sistemas de informação na busca pela sustentabilidade ambiental. *Revista de Administração Imed*, v. 1, n. 1, p. 97-122, 2011.

18 ASSIS, R.; SAGAWA, J. K. Avaliação da implantação do Sistema de Gestão de Armazém em uma empresa multinacional do ramo de acionamentos. *Revista Gestão e Produção, São Carlos*, v. 25, n. 2, p. 370-383, 2018.

19 LEITE, P. R. Logística reversa: nova área da logística empresarial. *Revista Tecnologística*, a. VII, 78, 102-109, 2002.

20 TRIGUEIRO, F. G. R. *Logística reversa: a gestão do ciclo de vida do produto*. 2003. Disponível em: http://www.guialog.com.br/ARTIGO439.htm. Acesso em: 17 maio 2021.

21 MIN, H.; KO, H. The dynamic design of a reverse logistics network from the perspective of third-party logistics service providers. *International Journal of Production Economics*, 113, 176-192, 2008.

22 LOPES, D. M. M. *Uma contribuição na estruturação dos fluxos logísticos reversos das lojas de departamentos*. 2009. Dissertação (Mestrado) – COPPE/UFRJ, Rio de Janeiro, 2009.

23 EEA. *Eionet definition waste management*. European Environmental Agency. 2010. Disponível em: http://scp.eionet.europa.eu/definitions/management. Acesso em: 17 maio 2021.

24 MILANEZ, B. *Resíduos sólidos e sustentabilidade*: princípios, indicadores e instrumentos de ação. São Carlos: Universidade Federal de São Carlos, 2002.

25 BANAR, M.; COKAYGIL, Z.; OZKAN, A. Life cycle assessment of solid waste management options for Eskisehir, Turkey. *Waste Management*, v. 29, p. 54-62, 2009.

26 BRASIL. *Lei 12.305 – Política Nacional de Resíduos Sólidos (PNRS)*. Subchefia para Assuntos Jurídicos, Casa Civil, Presidência da República do Brasil, 2010.

27 IBAM. *Manual de gerenciamento integrado de resíduos sólidos*. Instituto Brasileiro de Administração Municipal – Governo do Brasil, 2006.

28 BERNARDO, M.; LIMA, R. S. Planejamento e implantação de um programa de coleta seletiva: utilização de um sistema de informação geográfica na elaboração das rotas. *Urbe. Revista Brasileira de Gestão Urbana*, v. 9, n. 1, p. 385-395, 2017.

Assista ao **vídeo**

Capítulo 12
Gestão de pessoas e relações de trabalho: da teoria às práticas de impacto social para pessoas e organizações

Cristina Lourenço Ubeda
Aline Mendonça Fraga
Catia Eli Gemelli
Vanessa Amaral Prestes

Pontos de aprendizado

Neste capítulo, o leitor poderá aprofundar seu conhecimento sobre:
- Diferenças e aproximações entre as discussões em gestão de pessoas e relações de trabalho, bem como as novas configurações de trabalho que se apresentam na sociedade brasileira.
- Principais práticas corporativas da área de gestão de pessoas diante da transformação digital e das recentes mudanças no mercado de trabalho.
- Relevância da diversidade nas organizações, as oportunidades e os desafios da inclusão.
- Cenário de mobilidade nacional e internacional e o papel da gestão de pessoas nesse contexto.

RESUMO

No Brasil, as relações de trabalho, a exemplo do contexto mundial, apresentam novas configurações, impulsionadas, especialmente, pelas transformações tecnológicas e digitais. Neste capítulo, apresentam-se pontos de reflexão para as práticas de gestão de pessoas sobre a nova dinâmica do mercado de trabalho e os impactos da transformação digital, percorrendo temáticas relacionadas com a indústria 4.0 e com o uso intensivo da internet. Discutem-se, também, a relevância, as oportunidades e os desafios da diversidade nas organizações, com reflexões sobre políticas e práticas inclusivas no que tange à gestão da diversidade. Ademais, problematizam-se a compreensão de carreira, a mobilidade, os processos migratórios e o papel de gestão de pessoas nesse cenário.

12.1 INTRODUÇÃO

As áreas de gestão de pessoas (GP) e de relações de trabalho (RT) são, sobretudo, citadas como distintas entre si e, por vezes, como integrantes de um mesmo campo de estudo. Em geral, as discussões sobre RT são associadas a um olhar macro, relacionadas com os aspectos estruturantes e de relações entre classes, grupos e categorias sociais coletivas, ao passo que a área de GP é vista a partir de uma perspectiva micro, mais voltada para as ações individuais da organização.[1] No entanto, não há como falar em gestão de pessoas em uma perspectiva estratégica sem observar os contextos das relações de trabalho. Da mesma forma, para se compreenderem as relações de trabalho, é preciso conhecer e debater as teorias e práticas de gestão de pessoas aplicadas nas organizações com impacto social individual e coletivo.

GP e RT, portanto, fazem parte de um mesmo campo de estudos, pois envolvem a interação entre pessoas em contexto de trabalho, em trocas remuneradas ou não.[2] As alterações nos contextos estruturantes e de relações sociais, no mercado de trabalho, interferem nos processos internos de gestão de pessoas, nas organizações, e vice-versa. Ou seja, as práticas de GP adotadas nos contextos micro também contribuem para as mudanças que são observadas nos contextos macro das RTs. Dessa forma, na parte inicial deste capítulo, serão apresentadas e discutidas as novas configurações de trabalho que se apresentam na sociedade brasileira e que se relacionam, principalmente, com as transformações tecnológicas.

Em tempos de indústria 4.0, o uso intensivo da internet impacta em mudanças significativas nas práticas corporativas da área de gestão de pessoas. Estrategicamente, cada vez mais, as empresas escolhem utilizar as mídias e redes sociais* para atender suas necessidades de atração, captação e desenvolvimento de competências profissionais. Vê-se o surgimento de alternativas de contato *on-line* em processos de gestão de pessoas como recrutamento, seleção, carreira, treinamento e desenvolvimento. Empresas e profissionais já utilizam os benefícios de redes sociais, a exemplo do LinkedIn, a plataforma mais popular em direcionamento profissional, com mais 500 milhões de usuários.

---

* Neste capítulo, entende-se por redes sociais os espaços criados na internet para que os usuários se conectem em grupos e mantenham conexões pessoais e profissionais; enquanto, compreende-se por mídias sociais os demais portais e canais que promovem e permitem a disseminação de conteúdos e mensagens de forma ampla.

Esse crescimento no uso das redes sociais foi impulsionado pelos avanços em tecnologia de informação e por mudanças demográficas e culturais como resultado da globalização.[3] *Millennials* – geração de profissionais ingressantes – são muito experientes em tecnologia e não apenas gostam de estar conectados, mas também estão cientes da importância da presença *on-line* para identificar e escolher oportunidades profissionais.[4] Esse comportamento de estar sempre conectado implica novos padrões sociais e traz o imperativo de mudanças estratégicas para as empresas na gestão de pessoas, transformando a maneira de comunicar, fazer negócios, interagir com os outros e até aprender.

Nesse mesmo cenário, contatos com diferentes realidades sociais e culturais foram impulsionadores para que a discussão sobre diversidade chegasse às organizações. Além disso, com a abertura de mercados globais, empresas multinacionais, oriundas de países mais adiantados em termos de direitos sociais, começaram a implementar, em outras localidades, políticas e práticas em prol da inclusão de grupos sociais minorizados em termos de representatividade na sociedade e de prestígio profissional, como mulheres, pessoas negras, pessoas com deficiência e de sexualidades diversas.

A abertura de mercados globais também estimulou pessoas a se movimentarem e migrarem entre cidades, estados, países e até mesmo entre continentes por motivações de trabalho. Recentemente, a crise de migração motivou debates pertinentes e necessários para a área de gestão de pessoas. De modo geral, requerem-se novas problematizações e direcionamentos acerca do cenário que se apresenta. Nas próximas seções, esses pontos serão apresentados de modo teorizado e conectado com as principais práticas organizacionais.

Figura 12.1 Estrutura do capítulo.

12.2 CONFIGURAÇÕES DAS RELAÇÕES DE TRABALHO NO BRASIL

O contexto das relações de trabalho envolve, principalmente, o relacionamento entre agentes sociais que desempenham papéis opostos e, ao mesmo tempo, complementares do processo de produção: quem trabalha e quem emprega.[5] No entanto, apesar de esses serem os atores e atrizes principais, as discussões que envolvem as RTs vão muito além das práticas e dos relacionamentos que se desenrolam apenas no interior das organizações.

Além de envolverem diferentes agentes sociais, formais e informais, como profissionais, organizações contratantes, sindicatos e governos, as configurações das relações de trabalho expressam características da sociedade como um todo, como seus aspectos políticos, econômicos, históricos e culturais. O sistema econômico vigente, por sua vez, é determinante na forma como as relações de trabalho se configuram em um local e tempo histórico.

No Brasil, a exemplo do contexto mundial, as discussões sobre as relações de trabalho surgiram a partir de questões de caráter essencialmente industrial, o que caracterizava a organização produtiva naquele momento. A sociedade industrial e sua organização produtiva criaram distintos grupos de profissionais e de gestão, e a relação entre as pessoas que se localizavam nesses grupos precisou ser organizada e passou a ser formalmente estruturada.[6]

POR DENTRO DA TEORIA

O livro *Processo e relações do trabalho no Brasil*, publicado em 1985 e coordenado pelas autoras Maria Tereza Leme Fleury e Rosa Maria Fischer, é leitura seminal para os estudos da área de gestão de pessoas e relações de trabalho.

Após o período industrial, a experiência brasileira de adaptação competitiva ao mercado global, iniciada na década de 1990, deu origem a intensa reestruturação produtiva nas organizações e resultou em importantes transformações políticas e institucionais no que se refere ao mercado de trabalho. Dentre elas, destacam-se duas mudanças políticas/institucionais que foram interdependentes: a flexibilização dos regimes de trabalho (jornadas, salários, mobilidade funcional, entre outros) e a flexibilização/desregulamentação do sistema legislativo nacional de proteção ao trabalho, da Consolidação das Leis do Trabalho (CLT).[7]

Na atualidade, outros fatores, como as rápidas mudanças tecnológicas e o intenso processo de globalização, produzem ressonâncias diretas e indiretas no mercado de trabalho e transformam suas relações. A principal discussão que emerge dessa nova realidade é a intensificação da flexibilização e precarização das relações de trabalho, que diminuem a proteção social e econômica dos trabalhadores e trabalhadoras e intensificam o ritmo e o tempo de trabalho.

Retratos do mercado de trabalho brasileiro – Pesquisa Nacional por Amostra de Domicílios Contínua (PNAD) 2019

No último relatório da PNAD, a informalidade – soma de trabalhadores/as sem carteira, trabalhadores/as domésticos/as sem carteira, empregador/a sem CNPJ, conta própria sem CNPJ e trabalhador/a familiar auxiliar – atingiu 41,1% da população ocupada, o equivalente a 38,4 milhões de pessoas. A pesquisa mostrou também que, desde 2016, o país vem apresentando queda na proporção da população ocupada que contribui para instituto de previdência e queda no número de profissionais sindicalizados/as. A taxa de sindicalização ficou em 12,5%, a menor desde o ano de 2012. Outro dado apontado foi o aumento de 12,1% na quantidade de pessoas que trabalham em vias públicas, como vendedores ambulantes, que chegou ao total de 2,3 milhões. Por fim, outra alta observada foi a de pessoas trabalhando em casa. Entre 2016 e 2017, aumentou em 16,2% o número de trabalhadores cujo local de trabalho era o domicílio de residência e, entre 2017 e 2018, aumentou 21,1%.
Fonte: Instituto Brasileiro de Geografia e Estatística (IBGE).

12.2.1 Flexibilização e terceirização das relações de trabalho

Nas últimas décadas, o Brasil vivenciou um processo de flexibilização das relações de trabalho, que se expressou tanto pelas mudanças institucionais e estruturais, como pela dinâmica de agentes sociais (empregadores/as, empregados/as, sindicatos, governos etc.). Esse movimento não é uma característica apenas do contexto brasileiro, pois as discussões sobre processos de desregulamentação das relações trabalhistas são verificadas em diversos outros países. No entanto, como a origem e as características dos sistemas econômicos, assim como a composição política, influenciam nessas decisões, as respostas nacionais são bastante distintas.[8]

O conceito de flexibilidade no mercado de trabalho relaciona-se diretamente com as exigências das organizações de que a sua força de trabalho responda rapidamente às crises e mudanças do mercado. Ele engloba o conjunto de práticas que buscam aliar progresso técnico/tecnológico, produtividade e adaptabilidade da força de trabalho em face das incertezas da demanda e da concorrência, tanto em nível nacional quanto no internacional.[9]

Surgida no período da reestruturação produtiva, a flexibilização foi uma resposta que as organizações encontraram para a superação dos rígidos sistemas "fordistas" de produção em massa, que já não mais proporcionavam os ganhos e a competitividade desejados. Ela ocorre por meio de mudanças nos três principais elementos da relação de emprego, que são: as modalidades de contratação, a jornada de trabalho e a remuneração.

Um exemplo de flexibilização que se relaciona com a mudança na jornada de trabalho é o teletrabalho. Segundo a Organização Internacional do Trabalho (OIT), o teletrabalho é aquele realizado longe dos escritórios ou oficinas centrais, em que o/a profissional não mantém contato pessoal com seus/as colegas, mas pode comunicar-se com essas pessoas por meio das novas tecnologias.

A terceirização, por sua vez, destaca-se como a principal forma de flexibilização dos contratos de trabalho no Brasil desde a década de 1990, e tem se intensificado desde então. Ela se expressa sob diferentes formas: subcontratação de empresas de prestação de serviços de apoio e/ou cooperativas, alocação de trabalho temporário ou contratação de pessoa jurídica ou autônoma.[10] A terceirização expressa a busca pela redução dos custos e, embora se apresente de diferentes formas, contribui diretamente para a precarização das relações de trabalho.

As mudanças observadas nas últimas décadas no mercado de trabalho brasileiro acabaram por tornar mais complexos os limites entre formalidade e informalidade nas relações de trabalho. O que se evidencia nas últimas décadas é um movimento não apenas brasileiro, e sim global, de informalização das relações formais de trabalho. Ou seja, observa-se crescente a eliminação nas ocupações formais de direitos, garantias e segurança que são características do trabalho formal.

POR DENTRO DA TEORIA

No Brasil, por um longo período histórico, a terceirização foi considerada ilegal. A primeira súmula que tratou do tema no contexto brasileiro foi o Enunciado 256 do Tribunal Superior do Trabalho (TST), do ano de 1986. Em dezembro de 1993, já baseada na Constituição Federal de 1988, a Súmula 256 foi revista e ampliada. Desde essa alteração, até o ano de 2017, a legislação sobre a terceirização não foi modificada. Em março de 2017, foi aprovada a Lei nº 13.429, que regulamentou o trabalho temporário e a prestação de serviços das empresas prestadoras de serviços terceirizados. Em novembro de 2017, houve a publicação da Lei nº 13.467/2017, que alterou mais de cem artigos da CLT e passou a ser conhecida como reforma trabalhista, abrangendo também os contratos de prestação de serviços terceirizados. Por fim, em agosto de 2018, o Supremo Tribunal Federal julgou a terceirização e decidiu que é válida e regularmente contratada a terceirização de "atividade-fim" da empresa, ou seja, permitiu a utilização da terceirização irrestrita e abriu precedentes para a quarteirização.

SAIBA MAIS

De acordo com estudo publicado em 2017 pela OIT, entre os anos de 2008 e 2014, foram realizadas reformas legislativas laborais e de mercado de trabalho em 110 países. Há, portanto, um movimento global de mudanças legais nas normas trabalhistas.

Fonte: ORGANIZAÇÃO INTERNACIONAL DO TRABALHO (OIT). Relatório de Tendências Mundiais e Desemprego, 2017.

12.2.2 Uberização e pejotização

O trabalho mediado por aplicativos e plataformas digitais é um movimento que cresce no mundo todo, com o avanço da chamada *gig economy* (economia compartilhada) ou "uberização". Trata-se de uma nova configuração, na qual as empresas aparecem como meras mediadoras entre a oferta de trabalho e a procura de serviços. Profissionais tornam-se trabalhadores/as autônomos/as que oferecem seus serviços de acordo com as demandas do mercado. Simultaneamente, fazem o gerenciamento sobre o seu próprio tempo de trabalho, a intensidade e duração que dedicam à atividade.[11]

Apesar da visibilidade dada pela multidão de motoristas da Uber no Brasil, a uberização não se inicia com a atuação dessa empresa, muito menos se restringe a ela. Existem diversas organizações que estruturam suas relações de trabalho por meio das plataformas digitais. As plataformas digitais, por sua vez, têm sido globalmente reconhecidas como vetores de novas formas de organização do trabalho e o número de pessoas que trabalham por meio delas cresce em todo o mundo. No relatório da PNAD 2019, o Brasil registrou 13,7 milhões trabalhando como motoristas e entregadores via aplicativos.

Nas condições estabelecidas pela uberização, a pessoa adere, mas não é contratada pela empresa, sendo recrutada e remunerada sob novas lógicas. Dessa forma, esse(a) profissional encontra-se inteiramente desprovido/a de garantias, direitos ou segurança associadas ao trabalho. Além disso, arca com riscos e custos de sua atividade, ao mesmo tempo que precisa estar disponível ao trabalho de acordo com regras estabelecidas pela empresa que medeia sua prestação de serviço com o cliente.[12]

Apesar de exigir um gerenciamento de si por parte de quem presta o serviço, a uberização conta com novos meios de subordinação e controle, que hoje operam pela automatização em dimensões gigantescas de extração e processamento de dados. Nessa nova configuração das relações de trabalho, surgem novas formas de gerenciamento, controle e vigilância do trabalho, por meio das programações algorítmicas.[13]

SAIBA MAIS

O documentário "GIG – A uberização do trabalho" aborda o avanço da *gig economy* no Brasil. Foi lançado em 2019 e dirigido por Carlos Juliano Barros, Caue Angeli & Maurício Monteiro Filho. O documentário está disponível em diversas plataformas digitais.

Outra forma de trabalho que cresce no Brasil é a chamada pejotização. Trata-se de uma forma de terceirização em que o/a profissional, pessoa física, presta o serviço em uma empresa por meio da constituição de uma pessoa jurídica, utilizando um contrato de prestação de serviços de natureza civil, sem a incidência de qualquer direito trabalhista. Representa uma modalidade de externalização das atividades na qual, para que haja a contratação ou a manutenção do posto de trabalho, a empresa contratante exige da pessoa contratada, pessoa física, que constitua uma pessoa jurídica.[14]

Com o intuito de evitar a pejotização indiscriminada, o artigo 5º-C da Lei nº 13.467/2017 estabelece que o(a) empregado(a) demitido(a) não poderá prestar serviços para o mesmo empregador ou empregadora, na condição de PJ, antes do decurso de 18 meses a contar da data de seu efetivo desligamento. O objetivo é diminuir a incidência de casos em que uma organização substitui uma pessoa com carteira assinada por outra contratada como pessoa jurídica ou como prestadora de serviços sem vínculo empregatício.

As reconfigurações nas relações de trabalho brasileiras apresentadas e discutidas nesta seção refletem – e são também reflexo – em novas teorias e práticas organizacionais de gestão de pessoas. A seção a seguir abordará as principais práticas corporativas da área de gestão de pessoas diante da transformação digital e das recentes transformações no mercado de trabalho.

12.3 MERCADO DE TRABALHO E A TRANSFORMAÇÃO DIGITAL

Ao acessar a internet, em apenas alguns minutos, responsáveis pelo recrutamento em empresas podem buscar e encontrar muitas pessoas qualificadas para vagas disponíveis em todos os níveis corporativos. Na sequência, é possível iniciar um contato imediato com aquelas de maior potencial. Para as empresas, as vantagens do uso das redes sociais no recrutamento são grandes, entre elas: agilidade do processo, ganho de tempo e economia de recursos empregados. Já em 2001, Peter Cappelli,[15] em artigo publicado na *Harvard Business Review*, apresentava um estudo realizado em 50 empresas, destacando que, ao publicarem-se vagas *on-line*, são eliminados, em média, cerca de seis dias do ciclo de 43 dias para contratação, e mais de uma semana para a triagem das candidaturas às vagas.

Conforme estudo publicado em 2016 pela *Society of Human Resources Management* (SHRM),[16] 84% das organizações usam as mídias sociais para recrutar e 9% estão planejando utilizar. Complementarmente, 43%

das empresas afirmam usar as redes sociais para rastrear potenciais candidatos e candidatas, pois acreditam que um perfil público pode fornecer importantes informações atreladas ao desempenho profissional, e 36% das empresas já desclassificaram antecipadamente por incoerência de informações ou discrepância entre dados apresentados no currículo, exercício de atividade ilegal, opiniões polêmicas ou tendências preconceituosas.

Dessa forma, pessoas conectadas em redes sociais estão abertas a novas oportunidades profissionais e, até mesmo sem perceber, podem participar passivamente na seleção de oportunidades para trabalho. Cada vez mais, as empresas estão investindo no recrutamento passivo de candidatos *on-line,* por saberem da relação direta que este processo tem com a construção institucional de reconhecimento no mercado profissional. O LinkedIn é a rede social mais utilizada para recrutamento, acompanhado das redes sociais Facebook, Twitter e Instagram (Quadro 12.1).

Quadro 12.1 Redes sociais usadas no recrutamento

Rede social usada no recrutamento	2011	2013	2015
LinkedIn	95%	94%	96%
Facebook	58%	54%	66%
Twitter	42%	39%	53%
Instagram	–	–	7%

Fonte: SHRM.[17]

Diante desses números que evidenciam o uso das redes sociais na busca de profissionais e seus portfólios de competências, para que a prática seja bem-sucedida, quem recruta deve ter atenção quanto às etapas dos processos de recrutamento e seleção.[18] Estrategicamente, o planejamento de pessoas deve definir claramente o perfil esperado para cada vaga.

Para definir o perfil da vaga a ser preenchida em uma empresa, é preciso esclarecer alguns pontos: Quais competências e quais capacidades são desejáveis? Os valores e as crenças individuais estão alinhados com a cultura da organização? Qual a contribuição que a nova contratação deverá oferecer à equipe?[19] Tais questionamentos colaboram na definição estratégica do perfil de profissional potencial. Complementarmente, faz-se necessário estabelecer expectativas estratégicas da empresa e a área ou os processos em que a pessoa irá trabalhar, para serem compartilhadas nos anúncios de oportunidades e vagas. Afinal, ao mesmo tempo que responsáveis por recrutamentos corporativos estão vasculhando por

profissionais de modo *on-line*, há quem esteja buscando empresas atrativas por sua imagem, por compensações oferecidas e por conexão com propósitos de vida.

Atualmente, não há controle isolado por empresas e nem restrições geográficas para atração e captação de profissionais – o mercado de trabalho está aberto. Dessa forma, no recrutamento, é de suma importância pensar também estrategicamente a divulgação de interesses em um ambiente com competição acirrada por talentos. Profissionais potenciais às vagas precisam ser abordados da mesma maneira que potenciais clientes: identificação com cuidado, atração pela marca da empresa e inserção no trabalho.[20] Empresas atentas às redes sociais buscam atrair e manter os/as melhores profissionais, uma vez que terão maiores possibilidades de definir abrangência geográfica específica para a vaga – local, nacional ou internacional; acessar pessoas mais qualificadas com menor tempo e esforço; e criar uma comunidade *on-line*.

No intuito de esclarecer as práticas corporativas da área de gestão de pessoas diante da transformação digital, as seções seguintes trabalham a relação interdependente entre empresas e pessoas nessa construção. Primeiro, são descritos os processos da gestão de pessoas, seguidos pela apresentação das práticas corporativas como *employer branding* e *people analytics* no intuito de orientar empresas sobre tendências da gestão estratégica de pessoas. Segundo, são trazidas orientações para as pessoas em relação à construção de perfil profissional nas redes sociais e ao desenvolvimento de competências importantes para a transformação digital.

12.3.1 Principais processos da gestão de pessoas

Como tratado nas seções anteriores, as novas configurações das relações de trabalho e as transformações digitais impõem necessidades de adaptação estratégica para as organizações. Logo, desencadeiam imperativos de ajustes nos processos de gestão de pessoas. Cabem aqui, portanto, alguns detalhamentos desses processos no intuito de facilitar a compreensão das discussões subsequentes neste capítulo.

12.3.1.1 Recrutamento e seleção

O planejamento de pessoas consiste em dimensionar as contratações necessárias à organização, ou a um de seus setores, para que se possam desenvolver atividades e alcançar os objetivos organizacionais. Nesse sentido, o processo de recrutamento é responsável por captar pessoas, interna e externamente, à organização.

O recrutamento interno privilegia profissionais que já fazem parte do quadro organizacional e que possuem as características exigidas para o cargo em aberto. Entre as principais vantagens da adoção do recrutamento interno, estão o cumprimento de um plano de carreira eficiente, a rapidez e o baixo custo do processo. O recrutamento externo, por sua vez, objetiva captar pessoas no mercado de trabalho, ou seja, externas à organização. É recomendado, principalmente, quando a empresa busca inovação por meio do lançamento de novos produtos/serviços ou da implantação de novos processos de trabalho e/ou uma mudança cultural. Ademais, esse processo possibilita aproveitar o potencial de pessoas qualificadas disponíveis no mercado de trabalho e torna-se fundamental para suprir vagas quando inexistem pessoas que preencham as necessidades do cargo em aberto internamente.[21]

Uma vez estrategicamente decidido como ocorrerá o processo de recrutamento, acontece o processo de seleção. Entre as principais técnicas de seleção que podem ser utilizadas de acordo com o perfil de profissional e características da vaga, tem-se as provas ou testes de conhecimentos ou de capacidades, os testes psicométricos, os testes de personalidade, as técnicas de simulação e dinâmicas de grupos, e as entrevistas.[22]

12.3.1.2 Desempenho, cultura organizacional e gestão da mudança

O desempenho humano depende de duas condições: o *querer fazer* – a motivação e o desejo de realizar; e o *saber fazer* – a experiência e o conhecimento que possibilitam a realização de metas.[23] Por isso, no ambiente de trabalho, as entregas estão diretamente ligadas com características, valores e competências individuais que, por sua vez, precisam estar alinhados com a cultura or-

ganizacional.[24] Diferentes culturas apresentam dimensões e processos particulares e são direcionadores de padrões de desempenho empresarial e humano.[25,26]

Na definição de Schein (2010),[27] a cultura organizacional consiste na combinação de artefatos (também chamados de práticas, expressões símbolos ou formas), valores e crenças, e as suposições subjacentes que seus/suas membros/as compartilham e reforçam nos comportamentos e resultados esperados. A fim de monitorar esse alinhamento entre cultura organizacional e alcance de objetivos estratégicos, a avaliação de desempenho permite mensurar os resultados obtidos por profissional ou por grupo, em área e período específicos, no intuito de propiciar *feedback* contínuo para o desenvolvimento profissional.

A avaliação de desempenho é ferramenta essencial para as organizações direcionarem as entregas esperadas de seus profissionais. As avaliações geralmente têm a forma de uma entrevista de avaliação, quase sempre anual, apoiada por normas padronizadas e aplicadas em formulários. Existem três questões principais para a qualidade de *feedback*:

1. O que e como são feitas as observações sobre o desempenho?

2. Por que e como ele é discutido?

3. O que determina o nível de desempenho no trabalho?[28]

O uso sistemático da avaliação de desempenho está vinculado a abordagens, métodos e critérios específicos de análise, que são determinados diante das expectativas organizacionais (Quadro 12.2).

Quadro 12.2 Fatores do processo de avaliação de desempenho

Abordagem de avaliação	Método de avaliação	Detalhamento
Por personalidade	Escala gráfica	Cada característica ou traço de personalidade avaliado é representado por uma escala em que o/a avaliador/a indica em que grau o/a profissional possui determinada característica
	Escala de padrão misto	Adaptação da escala gráfica, pois são fornecidos aos/às avaliadores/as as descrições específicas de cada traço de personalidade
	Escolha forçada	O/a avaliador/a deve escolher afirmações que lhe pareçam favoráveis ou desfavoráveis ao desempenho esperado
	Método de ensaio	Fornece uma estrutura de avaliação e requer que o/a avaliador/a informe por escrito o que melhor descreve o/a profissional que está sendo avaliado/a
	Incidente crítico	O/a avaliador/a registra eventos incomuns de eficiência ou falhas que denotam desempenho superior ou inferior, respectivamente

Continua

Continuação

Abordagem de avaliação	Método de avaliação	Detalhamento
Por comportamento	Escala de classificação comportamental	Composto por uma série de cinco a dez escalas verticais, uma para cada dimensão importante de desempenho, identificadas por incidentes críticos aplicáveis na avaliação do trabalho
	Escala de observação comportamental	Mede a frequência do comportamento observado também identificado por incidentes críticos
Por resultado	Avaliação por objetivos	Composto por métricas de produtividade definidas em comum acordo entre profissionais e gerentes
	Balanced scorecard	Avaliação que considera quatro categorias – financeira, clientes, aprendizado e crescimento – que se relacionam; e pode ser usada para avaliar profissionais individualmente ou por equipes, unidades de negócios e empresa
	360 graus	Avaliação que engloba múltiplas fontes de fatores de entregas diretamente ligadas ao/à profissional, como superior imediato/a, subordinados/a, stakeholders, clientes e demais pessoas envolvidas.

Fonte: adaptado de Bohlander e Snell.[29]

No Quadro 12.2, verifica-se que a avaliação de desempenho pode ser configurada de diversas formas diante das expectativas organizacionais e ser um direcionador para a gestão da mudança organizacional. Um contexto de mudança incremental, contínua, comporta ajustes frequentes e intencionais ao longo do tempo.[30] Diante das exigências do mercado de trabalho, as rotinas e práticas de trabalho mudam, bem como os relacionamentos interpessoais, direcionando novos padrões de desempenho e formas para monitoramento.[31]

Afinal, a transformação digital vem remodelando segmentos e indústrias inteiras: comunicações, varejo e, cada vez mais, nanotecnologia, medicina, agricultura, manufatura, entre outros. Para as empresas líderes, uma das principais preocupações é superar a resistência organizacional comum na maioria das transformações em larga escala.[32]

12.3.1.3 Recompensas e planos de cargos e salários

Para driblar a resistência de mudanças e direcionar resultados, os processos de recompensas e planos de cargos e salários são usados para direcionar as entregas profissionais alinhadas com perspectivas estratégicas e cultura organizacional. Nesse sentido, o processo de recompensas direciona a alocação financeira e não financeira de pagamentos pela contribuição individual no trabalho entre seu quadro de pessoas. Para tanto, busca informações coletadas sobre padrões internos de equidade e tendências do mercado de trabalho. O gerenciamento do processo de recompensas deve estimular comportamentos e mobilizar as pessoas em direção à execução dos resultados organizacionais.

As recompensas financeiras englobam pagamentos diretos distribuídos por remuneração básica para pagamento fixo recebido regularmente na forma de salário e por incentivos provenientes de programas desenhados para recompensar pessoas por desempenho e entregas. Envolvem ainda os pagamentos indiretos por benefícios configurados em programas ou planos oferecidos pela empresa como pagamento complementar, classificados em compulsórios – quando obrigatórios por lei – ou espontâneos – se pagos pela empresa voluntariamente. Já as recompensas não financeiras independem de contrapartida monetária, envolvem compensações relacionadas com autonomia no trabalho, reconhecimento, bem-estar e equilíbrio vida-trabalho (Figura 12.2).[33]

Figura 12.2 Recompensas organizacionais.

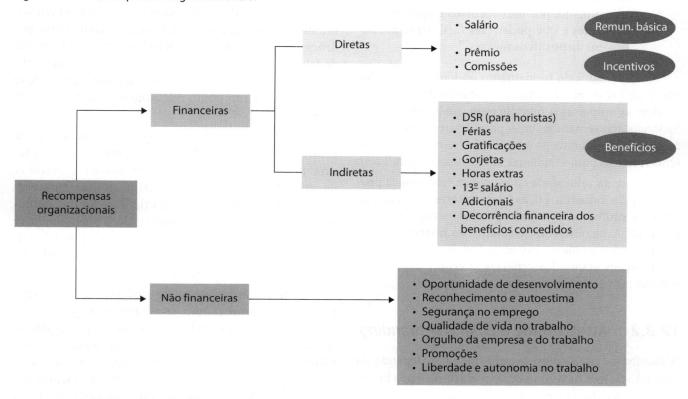

Fonte: Hanashiro, Teixeira e Zaccarelli.[34]

Complementarmente, os planos de cargos e salários atuam no desenvolvimento das pessoas e na estruturação das trilhas de carreira. Pessoas e empresa negociam suas expectativas, permitindo uma revisão contínua desse processo que tende a valorizar as competências profissionais, a complexidade das atribuições e responsabilidades no trabalho.

12.3.1.4 Treinamento e aprendizagem

As mudanças no mercado de trabalho provocadas pela indústria 4.0 impactam diretamente na área de gestão de pessoas, levando à necessidade de capacitação para lidar com a complexidade de rotinas e solução de problemas.[35] O processo de treinamento envolve ações de desenvolvimento de competências profissionais por meio da aprendizagem. Logo, a aprendizagem é o fenômeno consequente do treinamento. Surge como resultado dos esforços de cada pessoa, pois envolve mudança de comportamento no trabalho.[36]

A análise de atuação profissional, baseada no levantamento das necessidades de treinamento (LNT), orienta a definição de competências profissionais desejadas para a condução de treinamentos mais assertivos.[37] Quanto à forma, existem muitas possibilidades de treinamento. Os principais são os presenciais, em sala de aula, com instrutores/as e uso de exposições orais, materiais audiovisuais, jogos e simulações, estudos de casos ou exercícios teóricos e práticos; e/ou a distância, com treinamentos desenvolvidos por métodos *e-learning* que abrangem grande variedade de aplicações apoiadas por *web* (internet ou intranet), por computador (*CBT – computer based training*) e por redes sociais.[38]

O *e-learning* transforma o processo de aprendizagem de várias maneiras, pois:

1. Leva o treinamento até os/as profissionais, tornando-o mais eficiente, pela melhor relação custo-benefício.

2. Possibilita treinamentos mais curtos e direcionados às necessidades práticas com uso de áudios, vídeos e *podcasts*, reduzindo a dispersão de interesse em conteúdos muito longos.

3. Usa metodologias ativas em salas virtuais que estimulam a participação de fóruns para compartilhamento de conteúdo e discussão, na lógica das ferramentas *wikis* e *blogs* nas quais as pessoas postam informações no intuito de aprendizagem compartilhada.

4. Diminui sensivelmente os investimentos em treinamento, por usar recursos e aplicativos já existentes e que podem ser facilmente acessados em dispositivos móveis.[39]

Os resultados do treinamento podem ser avaliados por critérios complementares e predefinidos, a fim de auxiliar as empresas a investigarem quais áreas e profissionais apresentam lacunas para desenvolvimento de competências e quais programas de treinamento estão sendo efetivos para solucionar tais lacunas (Figura 12.3).

Diante da velocidade da mudança tecnológica provocada pela indústria 4.0, as lacunas entre a capacidade atual de profissionais e os requisitos necessários ampliam-se. A escolha entre treinamento interno e atrair competências do mercado é uma decisão estratégica das organizações diante dos cenários interno e externo vivenciados.

12.3.2 Atratividade e *employer branding*

A escolha de uma empresa para trabalhar depende da avaliação do *mix* de recompensas financeiras e não financeiras oferecido. Deve-se levar em conta se esse conjunto ofertado atenderá as necessidades e expectativas das pessoas que venham a vincular-se em vagas profissionais. Muitas dessas informações podem ser acessadas nos sítios institucionais ou pelas redes sociais.

Consultando as mídias sociais de empresas, é possível aproximar-se da cultura da organização e refletir sobre sua identificação com ela. Conhecer quais são os padrões de comportamento esperados – maneira de vestir, de falar, de participar – e as oportunidades de aprendizado – possibilidades de desenvolvimento e construção de carreira – é um ponto relevante na escolha de onde trabalhar.

Se as redes sociais permitem às empresas buscar profissionais qualificados/as para integrar seu quadro, também permite às pessoas avaliar e escolher oportunidades de carreira. Assim, muitas empresas estão atentas e interessadas na divulgação de conteúdo e experiências para a construção de sua *employer branding* ou "marca do/a empregador/a" com o intuito de atrair profissionais em mercados de trabalho cada vez mais competitivos.

Employer branding refere-se à reputação da empresa como empregadora, como um lugar para trabalhar. Engloba um pacote de benefícios psicológicos, econômicos e funcionais para atrair profissionais.[41] São considerados aspectos como: ambiente de trabalho, cultura organizacional, portfólio de recompensas, grau de flexibilidade no trabalho, oportunidades de desenvolvimento, compartilhamento de experiências, possibilidade para trilhas de carreira, políticas de equilíbrio entre vida profissional e pessoal, entre outros (Figura 12.4).

Figura 12.3 Critérios para avaliar treinamento.

Fonte: adaptada de Bohlander e Snell.[40]

Figura 12.4 Aspectos envolvidos na *employer branding*.

Fonte: elaborada pelas autoras com base em Reis e Braga.[42]

A *employer branding* vem ganhando popularidade entre lideranças para construir visão clara do que torna uma empresa desejável como empregadora.[43] Diante desse interesse, as mídias digitais são utilizadas para promover sua reputação como empregadoras e mapear as percepções de profissionais quanto à atratividade em oportunidades oferecidas.

Algumas empresas disponibilizam acesso para materiais informativos, cursos e cadastro de currículos com o objetivo de criar redes de relacionamentos e de oportunidades para facilitar a aproximação com o público externo. Da mesma forma, esses comportamentos de aproximação com profissionais e construção da marca da empresa são desdobrados em suas redes sociais.

Pelas redes sociais, as empresas não só anunciam oportunidades, mas também divulgam conteúdos especializados e possibilidades em trilhas de carreira. Ao promoverem a comunicação com profissionais em *blogs*, oferecem uma ideia inicial de como é trabalhar naquele local.[44] Afinal, profissionais avaliam a atratividade das empresas com base em quaisquer experiências anteriores de trabalho com a organização ou com algum de seus setores. Outros pontos importantes são a clareza, a credibilidade, a consistência da marca em *rankings* de avaliação e percepções do portfólio de produtos ou serviços disponibilizados.[45]

A atratividade das empresas pode ser confirmada ou reforçada por *rankings* que as avaliam como local de trabalho. Muitas plataformas conduzem avaliações de empresas, como *Glassdoor*,** que realiza um levantamento de quais empresas são atrativas no mercado. Funcionários e funcionárias podem avaliar, anonimamente, as empresas onde trabalham. Também o LinkedIn divulga a classificação *Top Companies*,*** apresentando as empresas mais procuradas no Brasil a partir de dados da rede profissional e de ações de milhões de usuários e usuárias. Como critérios de avaliação são considerados: (1) o engajamento profissional com a página da empresa no LinkedIn; (2) a busca de candidatos e candidatas por vagas abertas pelas empresas; e (3) a análise do time editorial do LinkedIn em relação à forma como empresas e profissionais interagem.[46]

12.3.3 Tomada de decisão e *people analytics*

Para direcionar a tomada de decisão nos processos de gestão de pessoas, o processo de *people analytics* mostra-se como um modelo interessante, por propor novas formas de coletar, analisar dados e tomar decisões na

---

** *Glassdoor*. Sítio institucional. Disponível em: https://www.glassdoor.com.br/index.htm. Acesso em: 24 mar. 2020.

*** *LinkedIn*. Sítio institucional. Top Companies 2019: onde os brasileiros sonham trabalhar. Disponível em: https://www.linkedin.com/pulse/top-companies-2019-onde-os-brasileiros-sonham-trabalhar-rafael-kato/. Acesso em: 25 maio 2020.

228 Administração ■ *Conejero – Oliveira – Abdalla (Orgs.)*

área,[47] utilizando o *big data analytics* – dados estruturados – para orientar, aprimorar e demonstrar valor para práticas de alto desempenho.

SAIBA MAIS

Embora, hoje, a expressão *big data* seja onipresente, seu conceito é embrionário e tem origens incertas. A noção de *big data,* provavelmente, teve início em conversas na mesa do almoço da Silicon Graphics Inc. (SGI), em meados dos anos 1990, e se generalizou em 2011. O foco atual pode ser atribuído às iniciativas de empresas líderes em tecnologia por investirem na construção de um nicho de mercado para análises estruturadas de dados. As definições de *big data* evoluíram rapidamente. O *big data* engloba os ativos de informações de alto volume, alta velocidade e grande variedade para processamento de informações para melhorar percepção de cenário e tomada de decisão. Claramente, o tamanho é a primeira dimensão que vem à mente considerando a pergunta: o que é *big data*? No entanto, as outras dimensões são igualmente importantes no gerenciamento de dados, configurando os três Vs – volume, variedade e velocidade. Com o aumento da demanda pelo gerenciamento das informações, outras dimensões também passam a ser consideradas, tais como veracidade, varia-

bilidade (complexidade) e valor, configurando os seis Vs.
Fonte: Gandomi e Haider.[48]

Dessa forma, o processo de *people analytics* orientará as decisões de gestão de pessoas – recrutamento e seleção, recompensas e carreira, desempenho, treinamento e aprendizagem, entre outras.[49] Empresas com melhores resultados nessa área estão aproveitando esses dados, relacionados com a gestão estratégica de pessoas, para auxiliar na tomada de decisão[50] e para identificar e compreender as variáveis que impactam positivamente nos resultados.[51] O Quadro 12.3 apresenta os níveis de maturidade das empresas em relação a essa prática.

Diante da análise dos níveis de maturidade do *people analytics,* capacitar as pessoas envolvidas em análise de *big data*, particularmente no aprendizado de capacidade analítica,[53] possibilitará reduzir riscos e tornar os processos mais ágeis e eficientes.[54] Além disso, propiciará maiores oportunidades de sucesso nos projetos realizados e na realização de mudanças necessárias.[55]

No entanto, aplicar o *people analytics* nas organizações é um processo complexo, pois os dados devem ser acessíveis e confiáveis, os/as profissionais precisam estar preparados/as e engajados/as, e as análises podem gerar conflitos de interesses pessoais e organizacionais. Como

Quadro 12.3 Análise de maturidade do *people analytics*

Níveis de maturidade	Detalhes *people analytics*
Nível 1: Reativo	Foco em relatórios operacionais, meramente informativos, compostos por medidas de eficiência e de conformidade
Nível 2: Proativo	Foco em relatórios operacionais avançados para tomada de decisão por meio das análises de tendências e de *benchmarks*
Nível 3: Análise estratégica	Foco em análises avançadas para solução de problemas do negócio, amparadas por modelagem estatística e análises de causa raiz. Busca-se proativamente identificar problemas e recomendar soluções
Nível 4: Análise preditiva	Foco em análise preditiva, amparada pelo uso de modelos preditivos, planejamento de cenários e análise e mitigação de riscos. Tem integração com o planejamento estratégico da empresa

Fonte: Bourke.[52]

apontam os estudos realizados por Fitz-enz e Mattox,[56] 75% dos departamentos de gestão de pessoas não possuem métricas utilizáveis.

Em 2013, a Deloitte Consulting realizou uma pesquisa em 435 organizações com mais de 1000 funcionários/as, localizadas no Canadá e nos EUA, investigando transversalmente diferentes setores, a fim de entender os elementos fundamentais do *people analytics* para desenvolver talentos. Com base nisso, o autor e as autoras da pesquisa – Josh Bersin, Karen O'Leonard e Wendy Wang-Audia – constataram que as organizações que optam pela medição de uso de dados para a tomada de decisão em gestão de pessoas apresentam maiores níveis de maturidade para o *people analytics*.

Complementarmente, em 2016, a PwC,[****] em sua segunda edição da pesquisa "Práticas de *People Analytics* nas Organizações Brasileiras", analisa o grau de maturidade das empresas na utilização de indicadores, classificando-as em quatro estágios. Constatou que somente 10% das empresas enquadram-se no último grau de maturidade, relativo a utilização de indicadores para modelagem analítica, e que apenas 17% das organizações utilizam as informações de *people analytics* na tomada de decisões estratégicas e de planejamento futuro.

Apesar de o *people analytics* estar se consolidando como uma prática estratégica, na pesquisa da PwC, para a grande maioria de respondentes – 58% das empresas – essa prática é pouco utilizada para a tomada de decisões da alta administração. Observa-se que, em geral, a prática é circunscrita apenas a decisões da área de gestão de pessoas.

12.3.4 Perfil profissional e redes sociais

A maneira como as pessoas usuárias se identificam e desenvolvem seus perfis nas redes sociais implica a criação de uma identidade *on-line*. Essa identidade pode garantir a viabilidade em oportunidades de carreira e a criação de conexões profissionais próprias. Afinal, essas co-

---

[****] *PWC (PricewaterhouseCoopers Brasil Ltda).* Sítio institucional. Disponível em: https://www.pwc.com.br/pt/sala-de-imprensa/artigos/pwc-people-analytics-um-novo-olhar.html Acesso em: 25 maio 2020.

nexões podem facilitar a comunicação, o descobrimento de novas tendências profissionais e o estabelecimento de um senso de lugar, à medida que são introduzidas a grupos formais e informais.[57]

Quadro 12.4 Círculos mais utilizados para conexões em redes sociais

Nas redes sociais, são construídas conexões. Em geral, os círculos mais utilizados são:

- Associações de ex-alunos/as e listas de *networking* em trabalhos anteriores
- A própria família
- Familiares de amigos/as
- Professores/as, conselheiros/as, instrutores/as e colegas
- Antigas lideranças
- Listas de *networking* por afinidades pessoais (associações em clubes, grupos religiosos, voluntariado etc.)

Fonte: Bohlander e Snell.[58]

Sobre os círculos de pessoas usuárias, percebe-se que são combinados aspectos diversos em seus perfis de redes sociais. Ao escreverem e pedirem recomendações e ao pesquisarem por conhecimentos, pessoas, empresas e empregos, informações sobre valores, educação e rede de carreira são incluídas.

Objetivando usar a tecnologia de forma mais adequada, o direcionamento das redes sociais permite a exploração de aspectos de perfil que podem, de fato, levar a um primeiro emprego ou a progressos profissionais na própria trilha de carreira. O professor Joseph G. Gerard, da Escola de Negócios *Western New England University*, conduziu uma pesquisa com 154 estudantes de graduação para monitorar as vantagens e as limitações no uso do LinkedIn.[59] Foram propostas atividades de criação e exploração de perfis profissionais para a construção de oportunidades de carreira ou para procura de emprego. A partir desse estudo, é possível pensar em algumas estratégias de comunicação e gerenciamento de identidade *on-line*. No Quadro 12.5, são detalhadas três etapas importantes para a construção de um perfil profissional nas redes sociais.[60]

230 Administração ■ *Conejero – Oliveira – Abdalla (Orgs.)*

Quadro 12.5 Construção de um perfil profissional nas redes sociais

Etapa1: Criação do perfil individual
- Crie um esboço profissional de si mesmo/a
- Apresente uma descrição do seu atual local de trabalho
- Defina objetivos profissionais
- Exponha dados pessoais socialmente oportunos (não ofensivos) que melhoram sua imagem profissional
- Apresente aspectos que gostaria de melhorar ou que já estão sendo trabalhados
- Evite listar detalhes pessoais ou familiares irrelevantes

Etapa 2: Exploração da rede social
- Expanda sua rede convidando outras pessoas importantes para o seu círculo. Considere pessoas do passado como ex-colegas de escola e de trabalho; colegas atuais e membros/as de projetos comuns; mas olhe também para o futuro e fale com outras pessoas de grupos a que você aspira, organizações, profissionais ou grupos de interesses
- Revise outros perfis e considere melhorias para o seu próprio perfil
- Pesquise as práticas de publicação e conteúdo mais utilizadas na rede social
- Defina seu alvo de trabalho ou suas empresas preferidas. Em seguida, faça um contato e pesquise por oportunidades
- Refine ou redefina o seu perfil profissional. Certifique-se de que sua imagem *on-line* reflete com precisão quem você deseja ser profissionalmente

Etapa 3: Construção de conexões para a carreira
- Entenda as preferências dos perfis pessoais com os quais está conectado/a
- Compreenda os motivos pessoais e profissionais para o uso das redes sociais
- Pense nas atividades mais úteis em cada rede social, compartilhando conteúdo
- Reflita sobre atividades de desenvolvimento profissional efetivas e compartilhe comportamentos
- Considere a comunicação por mensagens privadas e discussão em *blogs*
- Desenvolva melhor compreensão global das redes sociais e como se relacionam com a construção de sua carreira

Fonte: Gerard.[61]

Portanto, pensar nas estratégias pessoais para comunicação e gerenciamento de identidade *on-line* no LinkedIn, e em qualquer outra rede social, pode potencializar as oportunidades de carreira. Pesquisas também sugerem que a tecnologia é frequentemente útil para quem se sente desconfortável com o *networking* face a face.[62]

12.3.5 Desenvolvimento de competências e transformação digital

Diante das novas configurações das relações de trabalho e mudanças nos processos de gestão de pessoas, discutidas nas seções anteriores, fazem-se necessárias novas competências que acompanhem as complexidades da transformação digital. De acordo com o relatório do *Boston Consulting Group* de 2015, aplicações inteligentes – como *big data*, produção e serviço assistidos por robôs, logística por veículos autônomos, simulação de produção, rede inteligente de suprimentos, manutenção preditiva, produção autônoma, entre outras – são alguns dos exemplos de novas tecnologias usadas no trabalho. Alinhadas com a indústria 4.0, transformam significativamente as expectativas em relação ao perfil de trabalho e, por consequência, às trilhas de carreira e às competências profissionais.[63]

Dada a grande variedade de tarefas em processos integrados na indústria 4.0, são requeridas novas competências ainda não aprendidas, enquanto outras tantas se tornarão obsoletas.[64] Logo, profissionais precisarão de capacitação para assumir atividades mais estratégicas, coordenadas e criativas.

Ademais, as competências profissionais podem refletir três diferentes maneiras de saber, a serem aplicadas e adaptadas à mudança de carreira. São elas: (1) o *saber por quê* – referente à identidade e à motivação pessoal nos projetos de trabalho; (2) o *saber fazer* – indicativo das competências necessárias para o desempenho do trabalho relacionadas com a carreira; e (3) o *saber quem* – relacionado com a reputação pessoal e com os decorrentes relacionamentos com colegas, mentores/as, associações profissionais e/ou amigos/as, para fornecer a visibilidade necessária e o acesso para novas oportunidades.[65]

Para tanto, apresenta-se um rol de competências importantes agrupadas em categorias técnicas, metodológicas, sociais e pessoais (Quadro 12.6), no intuito de guiar a delimitação de perfis profissionais e *gaps* de desenvolvimento.

Quadro 12.6 Competências profissionais para os desafios da transformação digital

Categorias	Competências	Contexto
TÉCNICAS	Conhecimento de ponta	Devido ao aumento da responsabilidade no trabalho, o conhecimento é cada vez mais importante
	Habilidades técnicas	São necessárias para mudar de tarefas operacionais para estratégicas
	Compreensão do processo	Maior complexidade do processo exige entendimento mais amplo e profundo dos processos
	Habilidades de mídia	Aumentar o trabalho virtual exige que os profissionais possam usar mídias inteligentes
	Habilidades de codificação	O crescimento de processos digitalizados cria maior necessidade de profissionais com habilidades de codificação
	Entendendo a segurança de TI	O trabalho virtual em servidores ou plataformas obriga os/as profissionais a conhecer a segurança cibernética
METODOLÓGICAS	Criatividade	A necessidade de produtos mais inovadores, bem como de melhorias internas, requer criatividade
	Pensamento empreendedor	Qualquer profissional com tarefas mais responsivas e estratégicas deve atuar como empreendedor/a
	Solução de problemas	Profissionais devem ser capazes de identificar fontes de erros e melhorar os processos
	Resolução de conflitos	Uma orientação de serviço mais alta aumenta o relacionamento com clientes; conflitos precisam ser resolvidos
	Tomando uma decisão	Como os/as profissionais terão maior responsabilidade no processo, precisam tomar suas próprias decisões
	Habilidades analíticas	Estruturar e examinar grandes quantidades de dados e processos complexos se torna obrigatório
	Habilidades de pesquisa	Ser capaz de usar fontes confiáveis para aprendizado contínuo em ambientes em mudança
	Orientação de eficiência	Problemas complexos precisam ser resolvidos com mais eficiência, analisando quantidades crescentes de dados

Continua

Continuação

Categorias	Competências	Contexto
SOCIAIS	Habilidades interculturais	Compreender diferentes culturas, especialmente hábitos de trabalho divergentes, ao trabalhar globalmente
	Habilidades de linguagem	Ser capaz de entender e se comunicar com parcerias e clientes globais
	Habilidades de comunicação	A orientação ao serviço das empresas exige boas habilidades de escuta, apresentação e comunicação virtual
	Habilidades de rede	Trabalhar em uma cadeia de valor altamente globalizada e entrelaçada requer as redes de conhecimento
	Capacidade de trabalhar em equipe	O crescente trabalho em equipe e o trabalho compartilhado nas plataformas digitais esperam a capacidade de seguir as regras da equipe
	Capacidade de compromisso e cooperação	As entidades ao longo de uma cadeia de valor desenvolvem-se para igualar parcerias; todo projeto precisa criar situações de ganha-ganha, especialmente em empresas com crescente trabalho por projetos
	Capacidade de transferência de conhecimento	As empresas precisam reter conhecimento internamente. Especialmente com as mudanças demográficas atuais, é necessário trocar conhecimentos explícitos e tácitos
	Liderança	Maior responsabilidade, autonomia e hierarquias achatadas fazem com que cada profissional alcance a liderança
PESSOAIS	Flexibilidade	Dado o trabalho virtual, profissionais tornam-se independentes de tempo, local e posto de trabalho, e precisam ser flexíveis com suas responsabilidades
	Tolerância à ambiguidade	Aceitar mudanças, especialmente aquelas relacionadas com rodízio ou reorientação do trabalho
	Motivação para aprender	Mudanças mais frequentes relacionadas com o trabalho exigem profissionais dispostos a aprender
	Capacidade de trabalhar sob pressão	Profissionais envolvidos nos processos de inovação precisam lidar com o aumento da pressão, devido a ciclos de vida mais curtos do produto e menor tempo de colocação no mercado
	Mentalidade sustentável	Como representantes de suas empresas, os profissionais também precisam apoiar iniciativas de sustentabilidade
	Conformidade	Regras mais estritas para segurança de TI, trabalho com uso intensivo de máquina e tecnologias inteligentes

Fonte: Hecklau, Galeitzke, Flachs e Kohlb.[66]

Fica claro no Quadro 12.6 que novos caminhos sociais apontam para a importância do desenvolvimento de competências profissionais na agenda das organizações. A indústria 4.0 acelera desafios relacionados com tecnologias, métodos, processos e competências, bem como inspira o debate sobre o futuro do trabalho e, consequentemente, da sociedade. Ao mesmo tempo que o crescente uso de tecnologias da indústria 4.0 potencializa o surgimento de novas técnicas e de novos hábitos de consumo, surgem novos desafios sociais e econômicos que representam riscos e oportunidades para toda a sociedade globalizada e conectada.[67]

MINICASO

Seu processo seletivo começa nas redes sociais

Com a propagação do acesso à internet, o número de pessoas conectadas e de usuários/as de redes sociais tende a aumentar. Assim, o número de informações pessoais que passam a circular na rede também cresce.

Com tantos dados disponíveis, profissionais da área de gestão de pessoas, sobretudo responsáveis por processos de recrutamento e seleção, observam que o monitoramento em redes sociais transformou-se em valiosa ferramenta de pesquisa de perfil profissional. A estratégia de acesso às redes sociais pode ser útil tanto para o momento da contratação, quanto para maior conhecimento dos/as atuais colaboradores e colaboradoras da organização.

Estudos mostram que informações negativas ou fotos inadequadas em perfis de redes sociais podem influenciar na avaliação de candidatos e candidatas, mesmo que tenham a qualificação esperada e possuam ótimo currículo. Muitas pessoas declaram informações em seus perfis em redes sociais que contradizem o que se espera delas profissionalmente.

Martha Gabriel, consultora em marketing digital e mídias sociais, conta que já houve demissões de pessoas "por faltarem ao trabalho alegando que estavam doentes, e no mesmo dia postarem em seus perfis que estavam curtindo ou passeando em algum lugar".

Usar a rede social de forma profissional e não pessoal pode ser um bom passo para não perder oportunidades de emprego devido a informações inoportunas. "É importante ser objetivo e tratar a rede social como um espaço para divulgar seus trabalhos e as coisas que valorizam o seu perfil", explica Mariá Giuliese, especialista em análise e aconselhamento de carreira e diretora-executiva da Lens&Minarelli.

O uso adequado das redes sociais pode alavancar uma carreira e tornar o/a profissional uma referência em sua área, por meio da publicação de informações e dicas que possam ser interessantes para colegas de profissão ou mesmo curiosos. "No ambiente digital, as boas ideias e ações conseguem visibilidade e apoio de forma muito mais rápida e espontânea", aponta a consultora Martha.

Para Mariá, o caminho é o mesmo. "Jovens devem aproveitar o espaço para colocar dados sobre onde estudaram, que projetos almejam, e atividades realizadas que podem tornar seu perfil mais atraente", explica a especialista em análise e aconselhamento de carreira.

Martha também ressalta que os problemas que podem ser causados pelas publicações feitas nas redes sociais não envolvem apenas o âmbito profissional, mas também podem resultar em riscos pessoais (roubos, por exemplo) e processos legais. Para evitar esses incômodos, a consultora aconselha que "antes de postar qualquer coisa, pense duas vezes e pergunte a si mesmo o motivo e o benefício que aquela informação pode trazer. Se uma informação não for verdadeira, boa e útil, pergunte-se o motivo e o benefício que ela trará ao ser divulgada e, então, decida se deve ou não divulgar".

Fonte: adaptado do *blog* Carreira e Sucesso Catho.[68]

Diante de tantas possibilidades de acesso a informações de profissionais, cabem algumas reflexões:

- Do ponto de vista ético, quais as implicações para empresas que guiam suas escolhas profissionais somente pelos conteúdos disponibilizados nas redes sociais?
- As empresas sabem construir uma imagem *on-line* que auxilie na busca de pessoas que estejam alinhadas com seus objetivos estratégicos?
- Será que as pessoas estão atentas à importância de sua identidade *on-line* para aproveitar oportunidades profissionais?

De fato, as redes sociais permitem conhecer melhor as características de profissionais e a reputação de empresas. Contudo, a exposição de conteúdos em perfis *on-line* pode também abrir caminhos para algumas práticas abusivas. Algumas empresas acreditam que estilo de vida ou preferências pessoais definem como será a atuação no campo profissional.

Muito dos conteúdos publicados nas redes sociais como Facebook, Instagram e Twitter são particulares, e o enfoque profissional deve ser mais bem explorado por usuários na rede do LinkedIn. Entretanto, independentemente do enfoque utilizado, todas as redes sociais permitem configurações de segurança, privacidade e restrição de informações. Profissionais devem ter atenção e usar essas opções para restringir suas publicações em perfis *on-line*.

12.4 DIVERSIDADE E INCLUSÃO

A problemática da diversidade começa a ser discutida no Brasil principalmente a partir dos anos 1980, motivada pela inclusão de direitos sociais na Constituição Federal de 1988, pela abertura econômica e pela consequente vinda de organizações multinacionais para atuarem no país. O tema de pesquisa tem se mostrando cada vez mais relevante para a área de gestão de pessoas e relações de trabalho, e desponta entre os emergentes do século XXI.[69] Organizações dos mais diversos segmentos têm buscado atrair e reter em seus quadros organizacionais pessoas que representem a população brasileira.

Pode-se compreender a diversidade como um conceito polissêmico que traz consigo as ideias de representatividade, igualdade de oportunidades, respeito às diferenças e inclusão. No contexto organizacional, a diversidade reflete-se na presença de diferentes grupos que fazem parte de determinada sociedade dentro do espaço de trabalho. Compreendida como um termo guarda-chuva, a diversidade abarca aspectos relativos a gênero, raça, etnia, geração, sexualidade, religião, cultura, classe social e deficiência, para citar alguns exemplos. Políticas e práticas que promovam a diversidade possibilitam a transformação da sociedade por meio da inclusão social.

12.4.1 Pluralidade da diversidade nas organizações: gênero, sexualidade, raça, etnia, religião, gerações e deficiências

12.4.1.1 Gênero e sexualidade

Quando falamos sobre gênero, estamos nos referindo a construções sociais que diferenciam homens e mulheres e atribuem, com base no sexo designado no nascimento, expectativas de papéis sociais a serem cumpridos e características pessoais, como o modo de pensar e agir. Ideias como "as mulheres são mais sensíveis e os homens são mais assertivos" ou os "homens *gays* são delicados e as mulheres lésbicas gostam de futebol" são, na verdade, estereótipos socialmente construídos.

SAIBA MAIS

O movimento homossexual brasileiro (MHB), firmado em 1978, é um marco histórico nas conquistas e lutas por respeito à diversidade sexual no Brasil. O coletivo "Somos – Grupo de Afirmação Homossexual", formado em São Paulo, foi o primeiro dos diversos grupos que passaram a ser criados no país. No mesmo contexto, firmavam-se movimentos feministas e de mulheres e homens negros, com pautas relativas à igualdade de direitos. Mais tarde, essas lutas culminaram em conquistas legais, como o direito à licença-maternidade e proteção do emprego da gestante, o casamento igualitário para pessoas do mesmo sexo e as ações afirmativas, como as cotas sociais e raciais em instituições de ensino.

Fonte: O movimento LGBT Brasileiro: 40 anos de luta.[70]

A identidade de gênero refere-se a como uma pessoa se identifica. Assim, a pessoa cisgênero é aquela que se reconhece no sexo designado quando nasceu (feminino ou masculino). A pessoa transgênero não se identifica com o sexo atribuído no nascimento e reivindica ser reconhecida pela identidade de gênero que condiz com o modo como se sente. Por exemplo, um homem trans, designado como do sexo feminino no nascimento, reivindica o reconhecimento como homem, independentemente de ter realizado algum procedimento de transição de gênero ou de sua genitália. Orientação sexual é a expressão da sexualidade e não está relacionada com a identidade de gênero, mas com a afetividade ou interesse sexual, ou seja, há pessoas heterossexuais, homossexuais, bissexuais, pansexuais e assexuais que são cisgênero ou transgênero.[71]

RELEMBRANDO

Travesti é uma identidade feminina, que antecede à discussão sobre transgeneridade. A travesti é uma pessoa que não se reconhece como homem ou mulher, mas prefere ser tratada com pronomes femininos.

Não binária é a pessoa que não se reconhece dentro da binariedade como homem ou mulher.

Drag queen ou *Drag king* é uma expressão artística que independe da identidade de gênero e da sexualidade de quem performa. Geralmente, a *performance drag* envolve a criação de uma personagem com nome e atributos próprios.

Para saber mais, acesse o *Manual de comunicação LGBTI+*.[72]

Dica

O *podcast* "Todas as Letras", da *Folha de S.Paulo*, aborda as diversidades presentes na vivência de pessoas LGBTQIA+. Produzido e apresentado pelo jornalista Renan Sukevicius, o *podcast* tem acesso gratuito pelo Spotify.

Sobre a questão de gênero, outro ponto relevante para as organizações é a desigualdade enfrentada por mulheres. Apesar de serem a maioria da população brasileira e em todos os níveis de ensino, os salários das mulheres são mais baixos, e há um afunilamento profissional quanto mais se avança na hierarquia de poder. O fenômeno do teto de vidro é um dos debates que coloca em xeque as barreiras que impedem as mulheres de ascenderem em suas carreiras.[73] Políticas e práticas de diversidade precisam estar atentas aos preconceitos com relação às mulheres, sobretudo quando são mães. Importa, ainda, ressaltar que gênero e sexualidade são conceitos imbricados e que devem ser associados a raça e classe, principalmente quando se trata da sociedade brasileira.

SAIBA MAIS

A 15ª edição da International Business Report (IBR) – Women in Business 2019, realizada pela Grant Thornton, indica que o Brasil está na lista dos 10 com maior número de mulheres em cargos de liderança. O resultado é parcialmente positivo, tendo em vista que essa colocação foi alcançada com um percentual de apenas 25% de mulheres líderes nos quadros organizacionais.
Fonte: Women in Business 2019: construindo um plano de ação.[74]

12.4.1.2 Raça e etnia

A população brasileira é composta por 56,10% de pessoas autodeclaradas negras. Contudo, a tardia abolição da escravidão e a continuidade de sistemas de exploração de trabalhadores e trabalhadoras de classes baixas é uma marca histórica que potencializa a desigualdade social. A construção social da raça tem relação direta com a formação de uma sociedade escravista que denominou a superioridade e a inferioridade de acordo com a cor da pele.

Pode-se considerar que raça é um conceito histórico, dinâmico e relacional que, apesar de desprovido de qualquer valor biológico, é um tema sociológico significativo para explicar relações de poder e diferenciação. Raça, no contexto brasileiro, marcado pela miscigenação, é relativa a fenótipo, ou seja, características físicas visíveis como cor da pele, tipo de cabelo, traços faciais etc.

Com relação a etnia, trata-se de um termo ligado a semelhanças culturais, a exemplo de grupos que compartilham de uma mesma língua, com as mesmas referências históricas e de território, como os povos indígenas. Etnia compreende a formação de uma identidade e de um sentimento de pertencimento coletivo, que comumente inclui também crenças, valores e religiosidades comuns ao grupo.

No âmbito das organizações, os processos de racialização culminam em preconceito e discriminação, que excluem pessoas negras e outros grupos étnicos minorizados do acesso a oportunidades de trabalho.

SAIBA MAIS

No contexto brasileiro, o projeto realizado pelo Instituto Lojas Renner, com metodologia do Instituto Aliança, e chancelado pela Agência da ONU para Refugiados (ACNUR), ONU Mulheres e Rede Brasil do Pacto Global, vem auxiliando na formação profissional, empoderamento e autossustentabilidade de mulheres refugiadas. Esse exemplo traz uma iniciativa positiva de inclusão que engloba aspectos de gênero, étnico-raciais e de classe social. Disponível em: https://www.acnur.org/portugues/2019/11/05/empoderando-refugiadas-oportunidades-paraum-recomeco/. Acesso em: 2 jun. 2020.

Em *Pequeno manual antirracista*, a filósofa brasileira Djamila Ribeiro faz um convite à reflexão sobre racismo estrutural, privilégios e lança mão de caminhos para combater a desigualdade racial no Brasil. Com linguagem acessível e didática, o livro pode ser utilizado em oficinas de sensibilização em organizações. Toda a coleção Feminismos Plurais, organizada por Djamila Ribeiro, é uma dica para aprofundar conhecimentos sobre interseccionalidade, lugar de fala, racismo estrutural, empoderamento, entre outros pertinentes à diversidade.

12.4.1.3 Religião

A Lei nº 9.459, de 15 de maio de 1997, considera crime a prática de discriminação ou preconceito contra religiões. O Estado brasileiro é laico. O que caracteriza o Estado laico é sua imparcialidade em relação às religiões. Diversidade religiosa também é não ter religião.

O Brasil tem maioria católica (50% da população), seguida de evangélicos e evangélicas pentecostais (22%), que frequentam igrejas como Assembleia de Deus, Universal do Reino de Deus, Congregação Cristã e Igreja do Evangelho Quadrangular, e 7%, como evangélicos não pentecostais, que participam de igrejas como Batista, Presbiteriana e Metodista. Há 14% de pessoas que se consideram sem religião, 2% de espíritas, kardecistas e espiritualistas, 1% de umbandistas, 1% candomblecistas, 1% de ateus e 2% de outras religiões.[75]

Apesar de a liberdade de crença ser uma garantia legal, a diversidade religiosa é tema polêmico, e a intolerância religiosa está tão presente nas organizações como está na sociedade brasileira. Levando em conta a relevância da gestão holística e humanizada, práticas relacionadas com a espiritualidade têm sido incluídas na pauta da gestão de pessoas como forma de engajamento, inspiração e melhor clima de trabalho.[76]

SAIBA MAIS

A *Você S/A* publicou em março de 2020 alguns exemplos de organizações que modificaram o cenário corporativo para promover a diversidade religiosa. É o exemplo da Gol Linhas Aéreas, que até 2017 mantinha no aeroporto de Congonhas apenas uma capela com ornamentos cristãos. Com base em uma pesquisa para conhecer seu público interno, descobriu que havia mais de 70 crenças distintas. Assim, a capela deu espaço para o centro de liberdade religiosa, um local ecumênico, que transmite o objetivo da empresa: ser uma companhia para todas as pessoas.[77]

12.4.1.4 Geração

Se por um lado a convivência de diferentes gerações em um mesmo ambiente é geradora de conflitos, por outro, a união de diferentes experiências e trajetórias de vida amplia a capacidade de gestão do conhecimento e pode trazer inovação e resultados positivos para as organizações. Fato é que o número de pessoas com mais de 60 anos vai dobrar até 2025, passando a contabilizar mais dois bilhões na população mundial nos próximos 30 anos. Em 2050, uma em cada cinco pessoas vai ter mais de 60 anos e 80% delas terão renda média ou baixa. A tendência mundial é de aumento da expectativa de vida e de permanência por mais tempo no mercado de trabalho.

Em 30 anos, aproximadamente 30% da população brasileira será formada por idosos.[78] Esses dados são um alerta para refletir sobre o envelhecimento da população e a continuidade de atividades profissionais após a aposentadoria, ou, até mesmo, o retardamento da aposentadoria. A inclusão de pessoas com mais de 50 anos nos quadros organizacionais também passa a ser uma preocupação das políticas de gestão de pessoas e demanda práticas direcionadas a tais profissionais. O investimento na gestão do conhecimento e na qualidade de vida no trabalho, a implantação de pacotes de benefícios diferenciados, de flexibilidade de horários, oferta de capacitação e atualização profissional são alguns exemplos de ações que podem facilitar a inserção, a inclusão e a permanência de pessoas de diferentes gerações no mesmo espaço de trabalho.[79]

SAIBA MAIS

Seja pela vontade de um recomeço ou pela necessidade de ampliar a renda, pessoas já aposentadas têm cada vez mais buscado oportunidades no mercado de trabalho. Essa situação é narrada no filme "Um senhor estagiário", uma comédia com tons dramáticos, que pode trazer reflexões interessantes sobre o tema. O longa é estrelado por Anne Hathaway e Robert De Niro e tem roteiro e direção de Nancy Meyers.

Seguindo essa tendência, empresas como Unilever, Votorantim, Vivo e Gol criaram, nos últimos anos, programas de recrutamento e seleção específicos para captação de profissionais acima de 50 anos.[80]

12.4.1.5 Deficiência

O primeiro passo para a inclusão de pessoas com deficiência (PcDs) no trabalho começa com a Constituição Federal de 1988, que, em seu art. 37, inciso VIII, instituiu como obrigatória a contratação de PcDs no setor público. A Lei nº 8.213/1991, conhecida como lei de cotas, vigente desde 1991, estabeleceu que toda empresa com 100 ou mais empregados deve preencher de 2 a 5% dos cargos com beneficiários reabilitados ou com pessoas com deficiência habilitadas, com a seguinte proporção:

I. Até 200 empregados: 2%

II. De 201 a 500: 3%

III. De 501 a 1000: 4%

IV. De 1001 em diante: 5%

Segundo o último censo do Instituto Brasileiro de Geografia e Estatística (IBGE, 2010), aproximadamente 24% da população brasileira possui algum tipo de deficiência. A Lei nº 13.146/2015, que instituiu o estatuto da pessoa com deficiência, versa sobre a urgência de condições de igualdade e liberdade das pessoas com deficiência, para que sejam asseguradas a cidadania e a inclusão social. O que se observa é que o capacitismo (discriminação praticada contra pessoas com deficiência) cerceia a formação profissional e a inserção no mercado de trabalho de PcDs e há preferência por deficiências físicas, auditivas e visuais consideradas leves. A hierarquia de desigualdades ocasiona dupla discriminação para mulheres deficientes.

SAIBA MAIS

Instituto Ethos de Empresas e Responsabilidade Social é uma organização da sociedade civil de interesse público (OSCIP), cuja missão é mobilizar, sensibilizar e ajudar as empresas a gerir seus negócios de forma socialmente responsável. A organização publica regularmente indicadores relativos a diversidade e responsabilidade social, incluindo, em específico, índices direcionados para pessoas com deficiência. A Tabela 12.1 parte de uma pesquisa realizada com as 500 maiores empresas do Brasil e reflete a intersecção entre gênero e deficiência. Os acessos a oportunidades, que revelam um afunilamento hierárquico para mulheres, na medida em que aumenta o nível hierárquico, diminuem ainda mais quando se trata de mulheres com deficiência. Também se percebe que homens com deficiência têm pouco acesso aos quadros de grandes corporações.

Tabela 12.1 Distribuição de homens e mulheres com e sem deficiência (%)

	Homens com deficiência	Homens sem deficiência	Mulheres com deficiência	Mulheres sem deficiência
Conselho de administração	0,00	87,50	0,00	12,50
Quadro executivo	0,64	88,04	0,00	11,32
Gerência	0,30	67,80	0,10	31,80
Supervisão	0,65	59,01	0,23	40,11
Quadro funcional	1,38	63,23	0,95	34,44
Trainees	0,34	58,34	0,26	41,06
Estagiários	0,00	40,06	0,06	59,88
Aprendizes	0,43	47,78	0,40	51,39

Fonte: Instituto Ethos de Empresas e Responsabilidade Social.[81]

Estratégias de gestão direcionadas para pessoas com deficiência no local de trabalho são recomendações de órgãos como a Organização Internacional do Trabalho (OIT), que abarcam a necessidade de medidas de governos, sindicatos, empregadores e empregadoras de grandes, médias e pequenas empresas, dos setores público e privado. O desenvolvimento de pessoas com deficiência para a atuação profissional faz parte da responsabilidade e papel social das organizações.

12.4.2 Desafios da inclusão, equidade, vieses inconscientes

Diversidade não é sinônimo de inclusão. Para que a inclusão de fato aconteça, é necessário que, além de fazerem parte da organização, todas as pessoas, independentemente da diferença que tenham em relação ao grupo, participem e sejam engajadas nas atividades propostas, com acesso às mesmas oportunidades de crescimento que qualquer outra.

Inclusão, por vezes, é confundida com inserção, que pode significar a mera integração, dentro do mesmo ambiente, de quem estava de fora, mas ainda de forma segregada. Podemos pensar como exemplo o caso das pessoas com deficiência, que por muitos anos foram excluídas do mercado de trabalho, e com as cotas definidas por lei, passaram a ser contratadas.

Contudo, é comum a resistência de lideranças e equipes em modificar práticas cotidianas, pensar em acessibilidade e em recursos assistidos que possam promover a equidade.[82] Nesse ponto, é importante lembrar que a equidade é um passo além da igualdade. Igualdade é disponibilizar algo para todas as pessoas, ao passo que a equidade significa ofertar algo na medida das necessidades de cada pessoa. A imagem apresentada no boxe a seguir ilustra de forma simples a diferença entre igualdade (oferecer bicicletas iguais, para todas as pessoas) e equidade (oferecer bicicletas adaptadas para a necessidade de cada pessoa).

SAIBA MAIS

Em 2015, a Organização das Nações Unidas (ONU) aprovou o documento *Transformando nosso mundo: a Agenda 2030 para o desenvolvimento sustentável.* A igualdade de gênero é o objetivo nº 5 da agenda e tem como propósito "Alcançar a igualdade de gênero e empoderar todas das mulheres e meninas". Para saber mais, acesse o caderno da ODS nº 5 elaborado pelo IPEA.[83]

RELEMBRANDO

Fonte: Robert Wood Johnson Foundation.[84]

Assim, destacamos que é preciso equidade para a igualdade de oportunidades, levando em conta o reconhecimento das singularidades. Uma organização que se propõe a ser diversa e inclusiva deve proporcionar a todos e todas as mesmas oportunidades, disponíveis de acordo e na medida de suas necessidades. Nesse ponto, precisamos lembrar que vieses inconscientes devem ser discutidos e trabalhados, especialmente com lideranças e pessoas que realizam recrutamento e seleção. Vieses inconscientes levam a antecipação de opiniões, julgamento ou decisões pautadas em estereótipos e preconceitos, muitas vezes, involuntários, seja por desconhecimento ou ausência de referências sobre quem é diferente do padrão normativo.

SAIBA MAIS

A ONU Mulheres Brasil realiza oficinas que visam atenuar vieses inconscientes e promover a equidade no mundo corporativo. Assista ao vídeo "O inconsciente nas tomadas de decisão" elaborado para uma dessas iniciativas. Acesso em: https://www.youtube.com/watch?v=PqwgrBOeKAQ.

Veja também o *Guia Exame de Diversidade*, criado, em 2018, pelo Instituto Ethos e parceiros (Indicadores Ethos-MM360 para a Promoção da Equidade de Gênero; Indicadores Ethos-Ceert para a Promoção da Equidade Racial; e Indicadores Ethos-REIS para a Inclusão da Pessoa com Deficiência) e o Perfil Social, Racial e de Gênero das 500 Maiores Empresas e Suas Ações Afirmativas. O guia também conta com a colaboração do fórum de empresas e direitos LGBTI+, criado em 2013, que trabalha em prol do compromisso empresarial para garantia de direitos humanos de lésbicas, *gays*, bissexuais, travestis e transexuais. Todas essas iniciativas são interessantes para acompanhar e buscar apoio com o objetivo de promover práticas inclusivas nas organizações. Em ambos os sítios, é possível encontrar empresas signatárias e apoiadoras das causas.

Acesse:

Guia Exame de Diversidade. Disponível em: https://exame.com/revista-exame/diversos-e-melhores/. Acesso em: 17 maio 2021.

Fórum de Empresas e Direitos. Disponível em: LGBTI+ https://www.forumempresaslgbt.com/.

Instituto Ethos: https://www.ethos.org.br/. Acesso em: 17 maio 2021.

12.4.3 Criatividade, inovação e engajamento em ambientes diversos

Diversificar o quadro de pessoas tem sido um dos focos das empresas conhecidas como as melhores para se trabalhar no Brasil.[85] A consultoria *Great Place to Work*, que realiza esse tipo de certificação, incentiva investimentos em diversidade para que se torne um valor parte da cultura organizacional. Mais do que uma questão de responsabilidade social, a diversidade é indicativa de progresso econômico. Estudos apontam que empresas com maior número de mulheres em seus conselhos de administração lucram mais.[86] O tema é um desafio atual e está em pauta nas organizações de todo o mundo, que têm buscado encontrar formas de ampliar a heterogeneidade no ambiente de trabalho. Destacam-se algumas potencialidades dos ambientes diversos:

a) Amplia o potencial de inovação, ao colocar em contato diferentes origens, vivências e estilos de vida.

b) Promove instrumentos estratégicos, tendo em vista que mais diversidade representa mais ideias e pontos de vista.

c) Oportuniza a atuação ética e comprometida com a responsabilidade social.

d) Gera desenvolvimento de novas competências individuais e organizacionais.

e) Fomenta a gestão do conhecimento e a aprendizagem.

f) Desenvolve as pessoas como cidadãs e gera reflexões sobre seu papel no combate ao preconceito e violências diversas.

Para construir um ambiente diverso e inclusivo, é fundamental mitigar ao máximo qualquer preconceito que possa existir dentro da organização e disseminar o respeito às diferenças como condição no código de conduta. Indica-se que a gestão de pessoas invista em pesquisas para conhecer quem são os trabalhadores e as trabalhadoras que já estão na organização, identificar pontos de conflito e levantar ações que possa desenvolver com vistas a alcançar a equidade. Sugerem-se algumas ações de incentivo a práticas inclusivas:[87]

a) Ofertar cursos e capacitações, como de idiomas e culturas, para facilitar a comunicação entre equipes diversas.

b) Proporcionar licença-maternidade e paternidade estendidas e horários flexíveis principalmente para pessoas com crianças pequenas.

c) Estabelecer planos de cargos e salários que garantam a mesma remuneração por trabalho de igual valor.

d) Discutir as causas de segregação ocupacional e setorial.

e) Orientar lideranças e equipes para prevenir e eliminar toda e qualquer discriminação, bem como a violência e o assédio.

>
> ### SAIBA MAIS
>
> Códigos de conduta, também chamados de códigos de ética, são instrumentos que estabelecem princípios norteadores articulados com a missão, a visão e os valores das empresas. Compõem um conjunto de regras que orienta ações internas e externas a serem seguidas por todas as pessoas que fazem parte da organização e demais *stakeholders*. Muitos desses documentos estão disponíveis *on-line* para acesso. Conheça alguns exemplos:
>
> **Nestlé**
> https://www.nestle.com.br/docs/default-source/fale-conosco/c%C3%B3digo-de-conduta-empresarial-nestl%C3%A9-%282017%29.pdf?sfvrsn=1ba17006_0
>
> **Camargo Corrêa Desenvolvimento Imobiliário**
> https://static.poder360.com.br/2017/11/codigo_de_etica_e_conduta_empresarial_terceira_edicao_Camargo_Correa.pdf
>
> **Grendene**
> http://ri.grendene.com.br/PT/Governanca-Corporativa/Codigo-de-Conduta
>
> **Xerox**
> https://www.xerox.com/downloads/world/e/ethics_Code_of_Conduct_European_Portuguese.pdf

12.5 DESAFIOS PARA A GESTÃO DE PESSOAS EM MOVIMENTO

A movimentação de pessoas no mercado de trabalho passou a ser uma das questões do momento atual. Essa movimentação é de natureza física e contempla mudança de local de trabalho, de organização ou de vínculo.[88] Embora a ideia de movimentar-se carregue consigo ideias de liberdade e oportunidade, pode ser antes uma necessidade de recolocação ou, até mesmo, de sobrevivência, se considerarmos as migrações forçadas vivenciadas por pessoas refugiadas.

O impacto da internacionalização de empresas iniciado no século XX e da recente crise de migração da última década trouxeram mudanças significativas para a área de gestão de pessoas em todo o mundo. No Brasil, observa-se, cada vez mais, a presença de pessoas de diferentes países circulando nos mercados de trabalho formais e informais.

Não obstante, faz parte do dia a dia tomar conhecimento de brasileiros e brasileiras indo ao exterior em busca de oportunidades de modo voluntário, ou então enviados(as) por organizações, especialmente multinacionais, para cumprirem missões internacionais. A movimentação dentro do país, entre cidades e Estados, por motivos de estudo e/ou trabalho é ainda mais costumeira e por vezes encorajada dentro do próprio âmbito familiar.

Nesse cenário, impõem-se à área de gestão de pessoas desafios não antes vivenciados com relação à mobilidade e à diversidade de culturas e necessidades presentes em um mesmo contexto. A interação entre pessoas em movimento é uma realidade óbvia e difícil de evitar. Encontros interculturais se dão o tempo todo, de modo virtual ou presencial, nos mais diversos ambientes de trabalho.

Tomar conhecimento sobre esses movimentos, problematizar carreiras e práticas de gestão de pessoas e refletir sobre cultura em diferentes níveis (desde o regional até o internacional) tornaram-se imperativos para a atuação na área. Diferentes perspectivas sobre pessoas em movimento que fazem parte do cotidiano organizacional serão apresentadas nas próximas seções.

12.5.1 Carreiras e profissionais móveis

Estudos sobre carreira realizados a partir do século XX têm desafiado o modelo tradicional desenvolvido no período anterior. Novas compreensões surgiram e reposicionaram a convencional ideia de carreira, na qual o indivíduo entra em uma organização e tem uma série de etapas a transpor em sentido vertical, reforçando vínculos institucionais fixos, hierárquicos e de longo prazo.[89]

A compreensão de carreira sem fronteiras é um exemplo do início desse reposicionamento e prevê o desenvolvimento de uma relação independente e múltipla entre pessoas e organizações. Contribui adicionando fluidez à carreira tradicional, considerando movimentações possíveis de serem realizadas a depender do próprio indivíduo.[90]

Pensar a carreira de pessoas em movimento implica considerar múltiplos elementos. Elencam-se a seguir alguns exemplos:

- Contexto de distanciamento da família e de uma rede de apoio.
- Cultura do local receptor ou de destino, seja ele nacional ou internacional.
- Preconceitos decorrentes de culturas específicas.

- Estilos de vida e estratégias para viver a vida na migração.
- Planos profissionais que não seguem a lógica tradicional.
- Diferentes vínculos empregatícios.

Embora a literatura tenha avançado com relação ao modelo tradicional de carreira, na prática muitas organizações ainda não se adequaram ao atual contexto e ainda desconsideram uma movimentação mais horizontalizada e flexível. Considerar a mobilidade na carreira e as necessidades e valores individuais faz parte de uma gestão alinhada ao reposicionamento que requer o novo contexto social, econômico e cultural. Interseccionalizar carreira e movimentação com os diferentes marcadores de diferença proporciona uma visão mais inclusiva e coerente com a diversidade demográfica e cultural encontrada no cotidiano.

12.5.2 Migração

A migração tem sido tema de debate em diversas áreas do conhecimento e também assunto recorrente no dia a dia de trabalhadores e trabalhadoras. Considera-se como migrante toda pessoa que se move geograficamente, podendo ser emigrante, da perspectiva de saída do território de origem, e imigrante, de uma perspectiva de entrada no território de destino.

Deslocar-se por motivos de trabalho parece ser uma das situações que se repetem com frequência em âmbito nacional e internacional. A seguir, ambos os contextos serão abordados.

12.5.2.1 Movimentos migratórios internacionais

Os movimentos migratórios internacionais em decorrência do trabalho ganharam visibilidade no Brasil a partir da década de 1980, acompanhando o contexto de internacionalização de empresas. Com o advento da globalização e da abertura econômica, surgiu a necessidade de organizações brasileiras enviarem pessoas trabalhadoras para outros países ou receberem pessoas estrangeiras para troca de conhecimento, realização de missões internacionais, expansão e implementação de negócios, entre outras ações. Consequentemente, essas organizações começaram a pensar e reformular práticas de gestão de pessoas para envio, acompanhamento e retorno, ou para recepção e acolhimento de pessoas estrangeiras, tendo como principal objetivo garantir o sucesso das missões internacionais.

SAIBA MAIS

O número de migrantes internacionais alcançou 272 milhões de pessoas em 2019, um aumento de 51 milhões desde 2010: atualmente, somam 3,5% da população global, comparado com 2,8% em 2000, de acordo com novas estimativas divulgadas pela Organização das Nações Unidas. Para saber mais sobre o contexto brasileiro de imigração, confira o relatório divulgado em 2019 pelo observatório das migrações internacionais:
https://portaldeimigracao.mj.gov.br/images/dados/relatorios_RAIS/Relat%C3%B3rio_RAIS.pdf.
Acesso em: 17 maio 2021.

A nomenclatura "expatriado/a", do latim *ex-patria*, ou seja, "fora da pátria", é de uso predominante no âmbito organizacional, e diz respeito a uma pessoa trabalhadora enviada pela organização ao exterior, por tempo determinado ou indeterminado, para cumprir um objetivo de trabalho. Outros termos dela derivados como flexpatriado/a, impatriado/a e repatriado/a são encontrados em estudos sobre a temática. Entretanto, a palavra "expatriado/a" remete ao termo "exilado/a" e parece não alcançar toda pessoa que parte para trabalhar em outro país.[91] Algumas pessoas migrantes esforçam-se, inclusive, para se manterem ligadas à terra de origem, por meio de amplo repertório de referências culturais e de relações familiares.[92] Dessa forma, considera-se mais adequado o uso do termo "migrante" para todas as formas de migração.

Práticas de gestão de pessoas relacionadas com migrantes em organizações multinacionais contemplam o acompanhamento de aspectos burocráticos migratórios; adicionais pela movimentação; plano de carreira; benefícios como viagens de retorno ao país e assistência à família; moradia; transporte; educação, entre outras. Destaca-se o papel importante da área na retenção dessa pessoa trabalhadora quando do retorno ao país de origem. Em 2019, pesquisa realizada pela *InterNations* (maior comunidade global de pessoas que vivem no exterior) revelou Taiwan como o melhor país para migrantes expatriados e expatriadas pelo mundo. O país localiza-se na parte oriental da Ásia e, apesar dos obstáculos do idioma oficial do país – o mandarim –, oferece uma das melhores qualidades de vida e políticas de migração globais. Outros países que se destacam na lista são Vietnã, Portugal, Espanha, México e

Singapura. Mais recentemente, a temática da migração internacional vincula-se também às discussões sobre a crise global da migração e trabalho. Nesse ínterim, o foco dos estudos recai sobre o mercado de trabalho para migrantes e refugiados em situação de vulnerabilidade. Esses movimentos diferem-se dos primeiros citados, motivados pela internacionalização e vinculados sobretudo aos países do norte global. Os novos fluxos migratórios dizem respeito às migrações sul-sul, ou seja, protagonizadas por pessoas oriundas de países do sul global como Haiti, Venezuela, Senegal, Bolívia, Colômbia etc.[93]

> **SAIBA MAIS**
>
> O documentário *Human flow: não existe lar para onde se ir* (2017) traça um panorama sobre a migração em situação de vulnerabilidade. A narrativa aborda como crises migratórias começam e qual a nossa responsabilidade enquanto humanidade. O documentário está disponível em diversas plataformas digitais.

Segundo a Lei nº 9.474, de 22 de julho 1997, refugiado(a) é toda pessoa que migrou devido a: (i) fundados temores de perseguição; (ii) estar impedida de regressar ao seu país; e (iii) ter sofrido grave e generalizada violação de direitos humanos e ter sido obrigada a deixar seu país em busca de refúgio.

Os mercados de trabalho disponíveis para refugiados/as e migrantes em situação de vulnerabilidade são, em geral, o mercado informal ou o mercado de empregos formais que envolvem intensas e longas jornadas de trabalho. Embora demonstrem múltiplas qualificações de estudo e trabalho, a falta de domínio da língua e de uma rede de cooperação estabelecida no país de destino são algumas das barreiras enfrentadas. O desconhecimento por parte das organizações sobre o processo de contratação e o preconceito racial, étnico e de gênero também devem ser considerados nesse conjunto de obstáculos.

No Brasil, importa destacar a qualificação de imigrantes em situação de vulnerabilidade. Em geral, são formados/as em áreas diversas e possuem escolaridade acima da média de pessoas nativas brasileiras. Ainda que apresentem tal diferencial, essas pessoas migrantes trabalhadoras ocupam, em geral, vagas de trabalho pre-

cárias para as quais não existe demanda pelos nativos e nativas e enfrentam preconceitos de diversas origens. Um dos casos emblemáticos que podem ser citados é a situação dos médicos e médicas de Cuba que vieram ao Brasil a partir do ano de 2017 pelo programa Mais Médicos, firmado com a Organização Pan-Americana da Saúde/Organização Mundial da Saúde (Opas/OMS). Tais profissionais enfrentaram barreiras no que diz respeito a raça/etnia e gênero.

> **SAIBA MAIS**
>
> A Lei nº 9.474, de 22 de julho 1997, dispõe sobre aspectos caracterizadores de refúgio e sobre extensão e exclusão do conceito. Para saber mais, acesse: http://www.planalto.gov.br/ccivil_03/leis/l9474.htm
>
> A Lei nº 13.445, de 24 de maio 2017, também conhecida como lei da imigração, dispõe sobre os direitos e os deveres do migrante e do visitante, regula a sua entrada e estada no país e estabelece princípios e diretrizes para as políticas públicas para o emigrante. Para saber mais, acesse: http://www.planalto.gov.br/ccivil_03/_Ato2015-2018/2017/Lei/L13445.htm.

12.5.2.2 Movimentos migratórios intranacionais

As migrações intranacionais, ou seja, dentro dos limites fronteiriços do país, também devem ser consideradas na dinâmica migratória. Embora não ostente o *glamour* comum e equivocadamente atrelado às mudanças internacionais, a necessidade de mover-se dentro do país em busca de oportunidades de trabalho é a realidade de muitos brasileiros e brasileiras.

Na última década, constatou-se desaceleração da migração intranacional provocada pela crise econômica. Atualmente, a migração de curta distância desponta como a modalidade de migração proeminente no país. Dentre as regiões de maior circulação de migrantes estão Centro-oeste, Sudeste e Nordeste.[94] Segundo dados dos últimos três censos do IBGE, destacados no gráfico da Figura 12.5, a migração entre municípios é predominante no país, seguida pela migração entre estados e, após, entre grandes regiões.

Figura 12.5 Proporção de migrantes segundo a informação de lugar de nascimento – Brasil – 1991 a 2010.

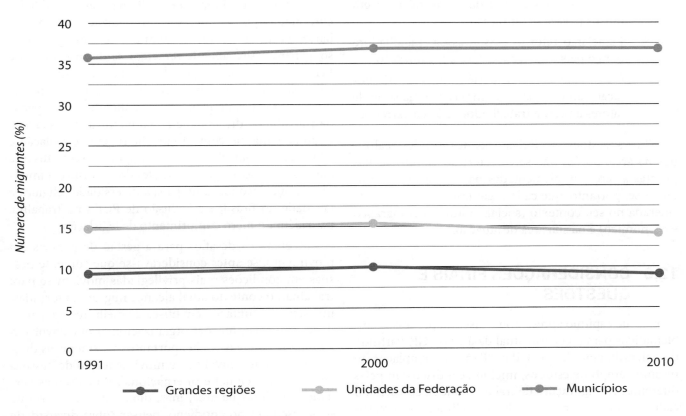

Fonte: IBGE, Censo Demográfico 1991, 2000 e 2010.

O movimento migratório intranacional é complexo e apresenta diversas inflexões, alterações de direção (de origem e de destino) e oscilações de volume. Esse fluxo é notadamente afetado pela dinâmica econômica e por outras motivações características: custo de vida nas grandes metrópoles; trajetórias pessoais e institucionais; violência urbana; preços de imóveis em grandes centros urbanos; continuidade histórica de relações entre regiões; e desemprego. Um dos movimentos que podem ser citados é a migração ocasionada por questões climáticas no país. Cenários de enchentes ou de seca extrema são motivadores de migrações internas em todas as regiões do país, especialmente nas mais afetadas, como Norte e Nordeste.

12.5.3 Papel da gestão de pessoas na gestão de diferenças culturais

Com esse cenário de migrações em múltiplas direções como horizonte, é preciso produzir práticas direcionadas no ambiente organizacional. No que tange ao papel da área com relação à movimentação de pessoas e consequente diversidade cultural nas organizações, sugerem-se algumas ações:

1. Tomar conhecimento sobre o tema da migração e sobre os diferentes conceitos envolvidos.
2. Compreender as principais características sociodemográficas e socioeconômicas da região.
3. Analisar a dinâmica dos movimentos migratórios intra e internacionais da região – Quem são as pessoas migrantes? Quais são suas origens? Quais são suas qualificações?
4. Compartilhar esses conhecimentos com a alta liderança e com o público interno, com o objetivo de construir oportunidades interculturais e desconstruir vieses.
5. Considerar práticas inclusivas de atração e seleção para pessoas trabalhadoras oriundas de diferentes regiões/países – Onde e como divulgar as vagas? – Quais critérios utilizar na seleção?
6. Trocar experiências (*benchmarking*) com empresas que já realizam essas práticas.

7. Rever práticas de treinamento e acompanhamento de pessoas enviadas para trabalhar em outros países, se for o caso.

8. Planejar o retorno dessa pessoa trabalhadora para o país de origem e para a organização.

9. Considerar que as experiências de movimentação são complexas e implicam uma série de fatores à pessoa trabalhadora e à sua carreira.

Tais sugestões são indicativas dos estudos realizados na área, porém não se caracterizam como receitas prontas a serem implementadas nas organizações. Entende-se, portanto, que cada organização deve ser considerada no seu contexto (social, cultural, demográfico e econômico) e na sua área de atuação.

12.6 CONSIDERAÇÕES FINAIS E QUESTÕES

O presente capítulo apresentou e discutiu processos emblemáticos para o cenário atual da área de GP. Partindo do entendimento de que GP e RT são contempladas no mesmo campo de estudos, iniciou-se a discussão pelas diferentes configurações de trabalho que se apresentam cada vez mais marcadas pela flexibilização e terceirização. Destacou-se o emergente mercado de trabalho, mediado por tecnologias, com o avanço da chamada *gig economy* (economia compartilhada) ou "uberização" e suas influências em novas formas organizativas.

Depois, seguiu-se a discussão sobre a influência do avanço tecnológico e foram apresentados pontos de reflexão para as práticas de gestão de pessoas, sob a nova dinâmica do mercado de trabalho, dada a transformação digital imposta por novos padrões da indústria 4.0 e pelo uso intensivo das redes sociais. Apresentaram-se os principais processos de GP, bem como discutiram-se as práticas corporativas como *employer branding* e *people analytics*, no sentido de orientar e aprimorar práticas de gestão para alto desempenho. Considera-se, portanto, que a forma como as pessoas desenvolvem seus perfis pode potencializar a criação de conexões profissionais e oportunidades de carreira e o desenvolvimento de competências importantes para a transformação digital. A grande variedade de rotinas em processos integrados da indústria 4.0 requererá novas competências ainda não "aprendidas", enquanto outras tantas se tornarão obsoletas.

No intuito de também enfatizar tendências de GP que consideram a diversidade e a inclusão nas organizações, destacaram-se a relevância, as oportunidades e os desafios para a área, com reflexões sobre políticas e práticas inclusivas. O tema, sobretudo, envolve debates acerca de gênero, com referência principalmente às desigualdades entre homens e mulheres e as dificuldades enfrentadas por mulheres nas organizações, como as barreiras invisíveis que limitam a ascensão. Além disso, gênero e sexualidade remetem às discussões sobre LGBTQIA+ (lésbicas, *gays*, bissexuais, travestis, transgêneros, *queer*, intersexos, assexuais e outras identidades e expressões de gênero e sexualidade) nos espaços de trabalho. A diversidade racial e étnica, por sua vez, é fundamental no contexto brasileiro, cuja população é formada por maioria de pessoas negras. A seção discute ainda a diversidade geracional, tendo em vista o aumento da população idosa no país; a diversidade religiosa e laicidade no Brasil; e a inclusão de PCDs no trabalho, para além do mero cumprimento de legislação.

Acerca dos desafios para a gestão de pessoas em movimento, se antes considerava-se que somente pessoas em condições mais privilegiadas moviam-se para trabalhar, o contexto atual alcança migrações forçadas, migrações voluntárias em busca de melhores oportunidades e outras situações organizacionais que envolvem a mudança de país. Cabe, portanto, considerar as diferentes faces que envolvem a movimentação de pessoas em âmbito nacional e internacional. Raras são as verdades absolutas na área, mas, diante dos desafios que se apresentam no cotidiano, pensar sobre diversidade e sobre essa diversidade em movimento vislumbra-se como uma das grandes pressões a serem enfrentadas por trabalhadores e trabalhadoras de gestão de pessoas.

CONTRIBUIÇÕES DO CAPÍTULO PARA A ADMINISTRAÇÃO CONTEMPORÂNEA

a) Apresenta pontos de reflexão para as práticas de Gestão de Pessoas diante da dinâmica do mercado de trabalho e dos impactos da transformação digital.

b) Aborda as configurações das relações de trabalho no Brasil, tratando da flexibilização e terceirização das relações de trabalho, bem como da uberização e pejotização como novas configurações de trabalho mediado por aplicativos e plataformas digitais.

c) Discute o mercado de trabalho e a transformação digital, apresentando os principais processos da gestão de pessoas e as práticas de *employer branding* e *people analytics*.

d) Trata da construção de perfis em redes sociais e do desenvolvimento de competências diante da transformação digital.

e) Discute a relevância da diversidade nas organizações.

QUESTÕES PARA REFLEXÃO

1) Por que não é possível pensar em uma gestão de pessoas estratégica sem o acompanhamento das mudanças nas estruturas e dinâmicas das relações de trabalho?

2) Como as empresas podem responder às necessidades de competitividade e adaptação tecnológica organizacionais sem precarizar as relações de trabalho? Qual é o papel da gestão de pessoas nesse desafio?

3) Diante de tantas possibilidades de acesso a informações dos profissionais *on-line*, as empresas podem guiar suas escolhas por profissionais somente pelos conteúdos disponibilizados nas redes sociais? Por quê?

4) Como as empresas estão construindo sua *employer branding*? Busque uma empresa nacional e uma multinacional. Em seguida, acesse suas redes sociais para verificar como são construídas as publicações de conteúdo.

5) No Brasil, as pessoas estão atentas à importância de criar e gerenciar sua identidade *on-line* para aproveitar oportunidades profissionais? Qual é o impacto dessa identidade *on-line* para aproveitar oportunidades de carreira?

6) Faça uma busca em sítios virtuais de empresas (multinacionais e de grande porte) sobre programas voltados à diversidade. Como seria possível desenvolver práticas similares em organizações de pequeno e médio porte nacionais?

7) Diante do contexto de migrações forçadas vivenciado no Brasil, qual o papel da área de gestão de pessoas?

QUESTÕES PARA AVALIAÇÃO DO CONHECIMENTO

1) De que forma a terceirização e a flexibilização podem contribuir para a precarização das relações de trabalho?

2) Como é definido e quais são as principais características do trabalho uberizado?

3) Quais são as vantagens do uso das redes sociais para as empresas?

4) Como a *employer branding* pode impactar na atratividade de profissionais?

5) Aponte cinco competências profissionais importantes para a transformação digital. Justifique sua escolha.

6) Elabore um plano de ação para a implementação de políticas e práticas de promoção da diversidade em uma organização (preferencialmente real) e destaque indicadores de avaliação.

7) Em quais aspectos as compreensões sobre carreira se transformaram no decorrer do tempo?

8) Como gestor ou gestora da área de gestão de pessoas, cite três medidas que poderiam ser tomadas diante de um contexto de vasta movimentação de pessoas.

REFERÊNCIAS

[1] GEMELLI, C. E.; FRAGA, A. M.; PRESTES, V. A. Produção científica em relações de trabalho e gestão de pessoas (2000/2017). *Contextus: Revista Contemporânea de economia e gestão.* v. 17, n. 2, p. 222-248, 2019.

[2] *Idem, ibidem.*

[3] KOLBITSCH, J.; MAURER, H. The transformation of the web: how emerging communities shape the information we consume. *Journal of Universal Computer Science*, v. 12, n. 2, p. 187-213, 2006.

[4] *Idem, ibidem.*

[5] FISCHER, R. M. Pondo os pingos nos is, sobre relações do trabalho e políticas de administração de recursos humanos. *In*: FLEURY, M. T.; FISCHER, R. M. *Processos e relações do trabalho no Brasil*. São Paulo: Atlas, 1985.

[6] DUNLOP, J. T. *Industrial relations systems.* Boston: Harvard Business School Press Classic, 1958.

[7] COSTA, M. S. Reestruturação produtiva, sindicatos e a flexibilização das relações de trabalho no Brasil. *RAE*, v. 2, n. 2, p. 2-16, 2003.

[8] NORONHA, E. G. O modelo legislado de relações de trabalho e seus espaços normativos. 1998. Tese (Doutorado) – Faculdade de Filosofia, Letras e Ciências Humanas, São Paulo, 1998.

[9] OLTRAMARI, A. P.; PICCINI, V. C. Reestruturação produtiva e formas de flexibilização do trabalho. *Organizações & Sociedade*, v. 13, n. 36, p. 85-106, 2006.

[10] SOUZA. A. N. Relações de trabalho docente: emprego e precarização do trabalho. *In*: PINO, I. R.; & ZAN, D. D. P. *Plano nacional da educação (PNE)*: questões desafiadoras e embates emblemáticos. Brasília-DF: INEP, 2013.

[11] KREIN, J. D.; ABILIO, L. C.; FREITAS, P.; BORSARI, P. CRUZ, R. Flexibilização das relações de trabalho: insegurança para os trabalhadores. *Revista Tribunal Regional do Trabalho da 15ª região*, 52, 2018.

[12] ABILIO, L. Uberização: do empreendedorismo para o autogerenciamento subordinado. *Psicoperspectivas*, v. 18, n. 3, p. 1-11, 2019.

[13] *Idem, ibidem.*

[14] ORBEM, J. A (re) construção de uma "nova" modalidade de trabalho denominada "pejotização" no contexto sociocultural brasileiro. *Áskesis*, v. 5, n. 1, p. 143-156, 2016.

[15] CAPPELLI, P. Making the most of on-line recruiting. *Harvard Business Review*, v. 79, n. 3, p. 139-148, 2001.

[16] SHRM Survey findings: using social media for talent acquisition – recruitment and screening pela Society of Human Resources Management (SHRM) janeiro, 2016. Disponível em: https://www.shrm.org/hr-today/trends-and-forecasting/research-and-surveys/Documents/SHRM-Social-Media-Recruiting-Screening-2015.pdf. Acesso em: 17 maio 2021.

[17] *Idem, ibidem.*

[18] FISCHER, R. M. *Op. cit.*, 1985.

[19] HANASHIRO, D. M. M.; TEIXEIRA, M. L. M.; ZACCARELLI, L. M. *Gestão do fator humano*: uma visão baseada nos stakeholders. São Paulo: Saraiva, 2008.

[20] CAPPELLI, P. Making the most of on-line recruiting. *Harvard Business Review*, v. 79, n. 3, p. 139-148, 2001.

[21] HANASHIRO, D. M. M.; TEIXEIRA, M. L. M.; ZACCARELLI, L. M. *Op. cit.*, 2008.

[22] *Idem, ibidem.*

[23] *Idem, ibidem.*

[24] UBEDA, C. L.; SANTOS, F. C. A. Staff development and performance appraisal in a Brazilian research centre. *European Journal of Innovation Management*. v.10, n. 1, p. 109-125, 2007. Disponível em: https://doi.org/10.1108/14601060710720573. Acesso em: 17 maio 2021;

[25] UBEDA, C. L.; SANTOS, F. C. A.; NAGANO, M. S. Análise das contribuições das competências individuais para a gestão da inovação com base na triangulação de métodos de pesquisa. *Gestão & Produção*, v. 24, n. 3, p. 595-609, 2017. Disponível em: http://dx.doi.org/10.1590/0104-530X1481-16. Acesso em: 17 maio 2021.

[26] PRAJOGO, D. I.; MCDERMOTT, C. M. The relationship between multidimensional organizational culture and performance. *International Journal of Operations & Production Management*. v. 31, n. 7, p. 712-735, 2011. Disponível em: https://doi.org/10.1108/01443571111144823. Acesso em: 17 maio 2021.

[27] SCHEIN, E. H. *Organizational culture and leádership*. John Wiley & Sons, 2010.

[28] PROWSE, P.; PROWSE, J. The dilemma of performance appraisal. *Measuring Business Excellence*, v. 13, n. 4, p. 69-77, 2009.

[29] BOHLANDER, G. W.; SNELL, S. A. *Administração de recursos humanos*. São Paulo: Cengage, 2015.

[30] CARTER, M. Z.; ARMENAKIS, A. A.; FEILD, H. S.; MOSSHOLDER, K. W. Transformational leadership, relationship quality, and employee performance during continuous incremental organizational change. *Journal of Organizational Behavior*, v. 34, n. 7, p. 942-958, 2013. Disponível em: 10.1002/job.1824. Acesso em: 17 maio 2021.

[31] PRAJOGO, D. I.; MCDERMOTT, C. M. The relationship between multidimensional organizational culture and performance. *International Journal of Operations & Production Management*. v. 31, n. 7, p. 712-735, 2011. Disponível em: https://doi.org/10.1108/01443571111144823. Acesso em: 17 maio 2021.

[32] MUGGE, P.; ABBU, H.; MICHAELIS, T. L.; KWIATKOWSKI, A.; GUDERGAN, G. Patterns of digitization: a practical guide to digital transformation. *Research-Technology Management*, v. 63, n. 2, p. 27-35, 2020. Disponível em: https://doi.org/10.1080/08956308.2020.1707003. Acesso em: 17 maio 2021.

[33] HANASHIRO, D. M. M.; TEIXEIRA, M. L. M.; ZACCARELLI, L. M. *Gestão do fator humano*: uma visão baseada nos stakeholders. São Paulo: Saraiva, 2008.

[34] *Idem, ibidem.*

[35] WHYSALL, Z.; OWTRAM, M.; BRITTAIN, S. The new talent management challenges of Industry 4.0. *Journal of Management Development*. v. 38, n. 2, p. 118-129, 2019. Doi: 10.1108/JMD-06-2018-0181.

[36] HANASHIRO, D. M. M.; TEIXEIRA, M. L. M.; ZACCARELLI, L. M. *Op. cit.*, 2008.

[37] *Idem ibidem.*

[38] BOHLANDER, G. W.; SNELL, S. A. *Administração de recursos humanos*. São Paulo: Cengage, 2015.

[39] *Idem ibidem.*

40 *Idem ibidem.*

41 WILDEN, R.; GUDERGAN, S.; LINGS, I. Employer branding: strategic implications for staff recruitment. *Journal of Marketing Management.* v. 26, n. 1, p. 56-73. 2010. Disponivel em: https://doi.org/10.1080/02672570903577091. Acesso em: 21 maio 2021.

42 REIS, G. G.; BRAGA, B. M. Employer attractiveness from a generational perspective: implications for employer branding. *Revista de Administração*, v. 51, n. 1, p. 103-116, 2016.

43 BACKHAUS, K., & TIKOO, S. Conceptualizing and researching employer branding. *Career development international.* v. 9, n. 5, p. 501-517, 2004. Disponível em: https://doi.org/10.1108/13620430410550754. Acesso em: 17 maio 2021.

44 BIGARELLI, B. As 25 empresas dos sonhos dos brasileiros, segundo LinkedIn. *Época Negócios.* 2018. Disponível em: https://epocanegocios.globo.com/Carreira/noticia/2018/03/25-empresas-dos-sonhos--dos-brasileiros-segundo-linkedin.html. Acesso em: 17 maio 2021.

45 WILDEN, R.; GUDERGAN, S.; LINGS, I. (2010). Employer branding: strategic implications for staff recruitment. *Journal of Marketing Management*, v. 26, n. 1-2, p. 56-73. Disponível em: https://doi.org/10.1080/02672570903577091. Acesso em: 17 maio 2021.

46 BIGARELLI, B. *Op. cit.,* 2018.

47 BERSIN, J. The geeks arrive in HR: people analytics is here. *Forbes* [internet]. 2015. Disponível em: https://www.forbes.com/sites/civicnation/2020/03/06/why--community-and-belonging-are-detrimental-for-u--fli-students/. Acesso em: 17 maio 2021.

48 GANDOMI, A.; HAIDER, M. Beyond the hype: big data concepts, methods, and analytics. *International Journal of Information Management*, v. 35, n. 2, p. 137-144, 2015.

49 BIGARELLI, B. *Op. cit.,* 2018.

50 BERSIN, J.; COLLINS, L.; MALLON, D.; MOIR, J.; STRAUB, R. People analytics: gaining speed. *In: Global Human Capital Trends–the new organization*: Different by design, 87-95. Deloitte University Press, 2016.

51 WABER, B. *People analytics*: how social sensing technology will transform business and what it tells us about the future of work. New Jersey: FT Press, 2013.

52 BOURKE, J. Getting started with talent analytics American research. 2014. Disponível em: https://www2.deloitte.com/au/en/pages/human-capital/articles/getting-started-talent-analytics.html. Acesso em: 17 maio 2021.

53 DAVENPORT, T. H. From analytics to artificial intelligence *Journal of Business Analytics*, v. 1, n. 2, p. 73-80, 2018. Disponível em: https://doi.org/10.1080/2573234X.2018.1543535. Acesso em: 17 maio 2021.

54 KRYSCYNSKI, D.; REEVES, C.; STICE-LUSVARDI, R.; ULRICH, M.; RUSSELL, G. Analytical abilities and the performance of HR professionals. *Human Resource Management*, v. 57, n. 3, p. 715-738, 2018.

55 MINBAEVA, D. B. Building credible human capital analytics for organizational competitive advantage. *Human Resource Management*, v. 57, n. 3, p. 701-713, 2018. Disponível em: https://doi.org/10.1002/hrm.21848. Acesso em: 17 maio 2021.

56 FITZ-ENZ, J.; JOHN MATTOX, I. I. *Predictive analytics for human resources*. New York: John Wiley & Sons, 2014.

57 GOODINGS, L.; LOCKE, A.; BROWN, S. D. Social networking. technology: place and identity in mediated communities. *Journal of Community and Applied Social Psychology*, v. 17, n. 6, p. 463-476, 2007. Disponível em: http://eprints.hud.ac.uk/id/eprint/4339/1/LockeSocial.pdf. Acesso em: 17 maio 2021.

58 BOHLANDER, G. W.; SNELL, S. A. *Op. cit.,* 2015.

59 GERARD, J. G. Linking in with LinkedIn®: Three exercises that enhance professional social networking and career building. *Journal of Management Education*, v. 36, n. 6, p. 866-897, 2012. Disponível em: https://doi.org/10.1177/1052562911413464. Acesso em: 17 maio 2021.

60 *Idem, ibidem.*

61 GERARD, J. G. *Op. cit.,* 2012.

62 WHITING, V. R.; JANASZ, S. C. Mentoring in the 21st century: Using the internet to build skills and networks. *Journal of Management Education*, v. 28, n. 3, p. 275-293, 2004. Disponível em: https://doi.org/10.1177/1052562903252639. Acesso em: 17 maio 2021.

63 LORENZ, M.; RÜßMANN, M.; STRACK, R.; LUETH, K. L.; BOLLE, M. *Man and machine in industry 4.0*: How will technology transform the industrial workforce through 2025. The Boston Consulting Group, 2. 2015. Disponível em: http://image-src.bcg.com/Images/BCG_Man_and_Machine_in_Industry_4_0_Sep_2015_tcm9-61676.pdf . Acesso em: 17 maio 2021.

64 GEHRKE, L.; KÜHN, A. T.; RULE, D. MOORE, P. BELLMANN, C.; SIEMES, S. A discussion of qualifications and skills in the factory of the future: a German and American perspective. Düsseldorf. Disponível em: https://www.vdi.de/ueber-uns/presse/publikationen/details/industry-40-a-discussion-of-

-qualifications-and-skills-in-the-factory-of-the-future-a-german-and-american-perspective. Acesso em: 17 maio 2021.

65 VANSTEENKISTE, S.; VERBRUGGEN, M.; SELS, L. Being unemployed in the boundaryless career era: does psychological mobility pay off?. *Journal of Vocational Behavior*, v. 82, n. 2, p. 135-143, 2013. Disponível em: https://doi.org/10.1016/j.jvb.2012.11.007. Acesso em: 17 maio 2021.

66 HECKLAU, F.; GALEITZKE, M.; FLACHS, S.; KOHLB, H. Holistic Approach for human resource management in industry 4.0. *Procedia 6th CIRP*. 54, 1-6, 2016.

67 DREGGER, J.; NIEHAUS, J.; ITTERMANN, P.; HIRSCH-KREINSEN, H.; HOMPEL, M. ten (2016). The digitization of manufacturing and its societal challenges: a framework for the future of industrial labor. IEEE INTERNATIONAL SYMPOSIUM ON ETHICS IN ENGINEERING, SCIENCE AND TECHNOLOGY (ETHICS). Vancouver, BC, 2016, 1-3; HIRSCH-KREINSEN, H. Digitization of industrial work: development paths and prospects. 2016. *Journal of Labour Market*. v. 49, p. 1-14. Disponível em: https://doi.org/10.1007/s12651-016-0200-6. Acesso em: 17 maio 2021; ROBLEK, V.; MESKO, M.; KRAPEZ, A. A complex view of industry 4.0. *SAGE Open*. April-June 2016. 1–11. Disponível em: 10.1177/2158244016653987. Acesso em: 17 maio 2021; STRANDHAGEN, J. W.; ALFNES, E.; STRANDHAGEN, J. O. VALLANDINGHAM, L. R. The fit of Industry 4.0 applications in manufacturing logistics: a multiple case study. *Advances in Manufacturing*, 4, 1-16, 2017. Disponível em: 10.1007/s40436-017-0200-y. Acesso em: 17 maio 2021.

68 CARREIRA E SUCESSO CATHO. Disponível em: https://www.catho.com.br/carreira-sucesso/dicas-emprego/comportamento/seu-processo-seletivo-comeca-nas-redes-sociais-2/# Acesso em: 24 mar. 2020.

69 GEMELLI, C. E.; FRAGA, A. M.; PRESTES, V. A. *Op. cit.*, 2019.

70 O MOVIMENTO LGBT BRASILEIRO: 40 ANOS DE LUTA. 2020. Disponível em: https://revistacult.uol.com.br/home/dossie-o-movimento-lgbt-brasileiro-40-anos-de-luta/. Acesso em: 17 maio 2020.

71 JESUS, J. G. Orientações sobre identidade de gênero: conceitos e termos. E-book. 2012. Disponível em: http://www.diversidadesexual.com.br/wp-content/uploads/2013/04/G%C3%8ANERO-CONCEITOS-E-TERMOS.pdf. Acesso em: 10 mar. 2020.

72 MANUAL DE COMUNICAÇÃO LGBTI+. Disponível em: https://www.grupodignidade.org.br/wp-content/uploads/2018/05/manual-comunicacao-LGBTI.pdf Acesso em: 17 maio 2020.

73 INSTITUTO BRASILEIRO DE GEOGRAFIA E ESTATÍSTICA (IBGE). Estatísticas de gênero: indicadores sociais das mulheres no Brasil. 2018. Disponível em: https://biblioteca.ibge.gov.br/visualizacao/livros/liv101551_informativo.pdf. Acesso em: 17 maio 2021; INSTITUTO BRASILEIRO DE GEOGRAFIA E ESTATÍSTICA (IBGE). Síntese dos indicadores sociais: Uma análise das condições de vida da população brasileira. 2016. Disponível em: https://biblioteca.ibge.gov.br/visualizacao/livros/liv98965.pdf. Acesso em: 17 maio 2021; INSTITUTO ETHOS DE EMPRESAS E RESPONSABILIDADE SOCIAL. Perfil social, racial e de gênero das 500 maiores empresas do Brasil e suas ações afirmativas. 2016. Disponível em: http://www.onumulheres.org.br/wp-content/uploads/2016/04/Perfil_social_racial_genero_500empresas.pdf. Acesso em: 17 maio 2021; FRAGA, A. M.; ANTUNES, E. D. D.; ROCHA-DE-OLIVEIRA, S. O/A profissional: as interfaces de gênero, carreira e expatriação na construção de trajetórias de mulheres expatriadas. *Brazilian Business Review*, v. 17, n. 2, p. 192-210, 2020. Disponível em: https://doi.org/10.15728/bbr.2020.17.2.4. Acesso em: 17 maio 2021.

74 WOMEN IN BUSINESS 2019: construindo um plano de ação. Disponível em: https://www.grantthornton.com.br/insights/artigos-e-publicacoes/women-in-business-2019/ Acesso em: 8 mar. 2020.

75 INSTITUTO DATAFOLHA. Perfil e opinião dos evangélicos no Brasil – total da amostra. 2016. Disponível em: fd80709.pdf Acesso em: 10 mar. 2020.

76 FARIAS, F. G.; MELO, J. M. G. N.; LIMA, F. N. Concepções e práticas sobre espiritualidade nas organizações: a visão de acadêmicos, gestores e subordinados. *Revista Foco*, v. 10, n. 1, p. 44-61, 2017.

77 VOCÊ S/A. Disponível em: https://vocesa.abril.com.br/melhores-empresas/como-respeitar-diversidade-religiosa/ Acesso em: 2 jun. 2020.

78 INSTITUTO BRASILEIRO DE GEOGRAFIA E ESTATÍSTICA. Pesquisa Nacional por Amostra de Domicílios (Pnad) Contínua do IBGE. Disponível em: https://biblioteca.ibge.gov.br/visualizacao/livros/liv94935.pdf. Acesso em: 10 mar. 2020; INSTITUTO BRASILEIRO DE GEOGRAFIA E ESTATÍSTICA (IBGE). (2016). Síntese dos indicadores sociais: uma análise das condições de vida da população brasileira. Disponível em: https://biblioteca.

ibge.gov.br/visualizacao/livros/liv98965.pdf. Acesso em: 17 maio 2021.

79 SILVA, M. A. F.; GRAWUNDER, P. Profissionais com mais de 45 anos nas organizações. *In*: CAMILLO, J.; FORTIM, I.; AGUERRE, P. *Gestão de pessoas*: práticas de gestão da diversidade nas organizações. São Paulo: SENAC, 2019.

80 VOCÊ S/A. Disponível em: https://vocesa.abril.com.br/mercado-vagas/estas-empresas-criaram-programas-para-recrutar-quem-tem-mais-de-50-anos/ Acesso em: 2 jun. 2020.

81 INSTITUTO ETHOS DE EMPRESAS E RESPONSABILIDADE SOCIAL. Perfil social, racial e de gênero das 500 maiores empresas do Brasil e suas ações afirmativas. 2016. Disponível em: http://www.onumulheres.org.br/wp-content/uploads/2016/04/Perfil_social_racial_genero_500empresas.pdf. Acesso em: 17 maio 2021.

82 BRUNSTEIN, J.; SERRANO, C. A. Vozes da diversidade: um estudo sobre as experiências de inclusão de gestores e PcDs em cinco empresas paulistas. *Cadernos Ebape*. BR, 6(3), 01-27, 2008; GARBIN, A. C.; CRUZ, M. T. S. Desafios da gestão da diversidade da pessoa com deficiência. *In*: CAMILLO, J.; FORTIM, I.; AGUERRE, P. *Gestão de pessoas*: práticas de gestão da diversidade nas organizações. São Paulo: SENAC, 2019.

83 IPEA. Disponível em: http://www.ipea.gov.br/portal/images/stories/PDFs/livros/livros/190905_cadernos_ODS_objetivo_5.pdf> Acesso em: 17 maio 2021.

84 ROBERT WOOD JOHNSON FOUNDATION, 2017. Disponível em: https://www.rwjf.org/en/library/infographics/visualizing-health-equity.html Acesso em 2 jun. 2020.

85 GREAT PLACE TO WORK. (2020) Sítio Institucional. Disponível em: https://gptw.com.br/consultoria/diversidade/. Acesso em: 17 maio 2021.

86 WOMEN MATTER: A latin american perspective. McKinsey & Company. 2018. Disponível em: https://www.femtech.at/sites/default/files/Women%20Matter%20Latin%20America.pdf. Acesso em: 10 mar. 2020.

87 ORGANIZAÇÃO INTERNACIONAL DO TRABALHO (OIT). Relatório global Perspectivas Sociais e de Emprego no Mundo – Tendências para Mulheres: dados do Brasil. 2017. Disponível em: https://www.ilo.org/wcmsp5/groups/public/---americas/---ro-lima/---ilo-brasilia/documents/genericdocument/wcms_558359.pdf. Acesso em: 10 mar. 2020.

88 DUTRA, J. S. *Gestão de pessoas*: modelo, processos, tendências e perspectivas. 2. ed. São Paulo: Atlas, 2016.

89 CHANLAT, J. F. Quais carreiras e para qual sociedade? (I). *Revista de Administração de Empresas*, v. 35, n. 6, p. 67-75, 1995.

90 ARTHUR, M. B. The boundaryless career: a new perspective for organizational inquiry. *Journal of Organizational Behavior*, v. 15, n. 4, p. 295-306, 1994.

91 GALLON, S.; FRAGA, A. M.; ANTUNES, E. D. D. Conceitos e configurações de expatriados na internacionalização empresarial. REAd. *Revista Eletrônica de Administração*, Porto Alegre, 23(SPE), 29-59, 2017.

92 JARDIM, D. F. Imigrantes ou refugiados? As tecnologias de governamentalidade e o êxodo palestino rumo ao Brasil no século XX. *Horizontes Antropológicos*, v. 46, p. 243-271, 2016.

93 MARINUCCI, R. Migrações e trabalho: precarização, discriminação e resistência. *REMHU: Revista Interdisciplinar da Mobilidade Humana*, v. 25, n. 49, p. 7-11, 2017.

94 MARINUCCI, R. Migrações e trabalho: precarização, discriminação e resistência. *REMHU: Revista Interdisciplinar da Mobilidade Humana*, v. 25, n. 49, p. 7-11, 2017.

Assista ao **vídeo**

Capítulo 13
Marketing estratégico e criação de valor para os negócios

Eduardo Eugênio Spers
Luciana Florêncio de Almeida
Marcelo Vergilio Paganini de Toledo
Thelma Valéria Rocha

Pontos de aprendizado

Neste capítulo, o leitor poderá aprofundar seu conhecimento sobre:
- A importância do marketing para o dia a dia e o futuro das organizações.
- A geração de *insights* a partir de pesquisas de mercado para conhecer atitudes, comportamentos e expectativas dos consumidores.
- A importância da visão estratégica mercadológica para atender aos anseios do consumidor e garantir vantagem competitiva sustentável.
- A importância de estabelecer um relacionamento de confiança com os clientes, bem como com a rede de *stakeholders* da organização, por meio de uma jornada de consumidor que implique cocriação e experiência de qualidade.

RESUMO

O objetivo central do capítulo é apresentar uma visão global dos principais conceitos da administração do marketing, bem como os ferramentais para aplicação no dia a dia das organizações que deverão ser úteis para a formação tanto dos alunos da graduação quando dos cursos de pós-graduação. Alinhado com a proposta do livro de oferecer um "panorama introdutório, sem deixar de ser profundo, sobretudo no contexto brasileiro e suas fronteiras e perspectivas", o capítulo busca oferecer os quatro pilares centrais do marketing estratégico para criação de valor nas organizações: (a) importância do marketing e seu impacto para a criação de vantagens competitivas sustentáveis, (b) a importância de ferramentas de pesquisa para produção de *insights* de mercado e do consumidor, (c) a geração de estratégias mercadológicas que respondam aos *insights* levantados e, por fim, (d) elaboração de estratégias de relacionamento de confiança e cocriação.

13.1 INTRODUÇÃO

O marketing vem passando por transformações cada vez mais impactantes e que acontecem com mais velocidade. A transformação digital, por exemplo, causada pela aceleração no desenvolvimento tecnológico e pela pandemia global da Covid-19 deflagrada em 2020, causou mudanças radicais na forma de nos relacionarmos e buscarmos nossas necessidades e a nossa satisfação por meio do consumo de bens e serviços. Nesse cenário, empresas, governos e até mesmo instituições do terceiro setor precisaram reavaliar a forma como estavam conduzindo suas atividades em função da séria crise econômica que se instaurou e do novo comportamento do consumidor, mais alerta, questionador e, sobretudo, participante ativo na construção das estratégias das organizações.

Tais mudanças requerem dos profissionais um plano de marketing que possa entregar um novo modelo de negócio mais ajustado às novas demandas dos consumidores.

Com base nesse novo cenário, este capítulo trata dos principais conceitos e ferramentas para auxiliar o profissional de marketing nesta tarefa. São quatro tópicos que se conectam para formular um plano de ação em forma de *loop*, como explicitado na Figura 13.1.

Como ponto de largada, são abordados os conceitos fundamentais do marketing, como valor, necessidade e os 4Ps, que são itens-chave para iniciar um plano eficiente de marketing. Em seguida, são apresentadas as ferramentas necessárias para criar cenários e estabelecer uma direção para seu plano. Nesse ponto, trata-se da busca por informações e geração de *insights* por meio de uma abordagem moderna e atual da pesquisa de marketing incluindo conceitos como o de neuromarketing, que tem possibilitado o melhor entendimento do mercado e dos comportamentos de compra dos consumidores. O terceiro passo determina os movimentos estratégicos baseados nos cenários estabelecidos na etapa anterior, ou seja, tem-se a apresentação dos itens essenciais para a construção da estratégia de marketing. O quarto passo que completa o *loop* apresenta os conceitos que sustentam a construção de um relacionamento de longo prazo entre organizações e seus clientes, baseado em confiança e cocriação.

Dando início ao *loop* do marketing estratégico do século XXI, o próximo tópico apresenta os conceitos gerais e os 4 Ps do marketing.

13.2 CONCEITOS GERAIS DE MARKETING E OS 4Ps

Uma das palavras mais utilizadas nos últimos tempos é marketing. Seja para enaltecer algo sobre um produto ou serviço, para desmerecer alguém que promete coisas que não consegue cumprir, ou mesmo para demonstrar alguma comunicação realizada por uma pessoa, produto ou marca. Essa utilização indiscriminada nos leva a uma questão central, que é: O que realmente é marketing? É tudo isso que falam, ou não é nada disso que falam?

A *American Marketing Association* (AMA) define marketing como o processo de planejamento e execução de criação, preço, promoção e distribuição de ideias, bens e serviços para criar trocas que satisfaçam objetivos individuais e organizacionais.

Já Ritchie[1] conceitua marketing como a atividade de identificar oportunidades de mercado para os produtos e serviços que os clientes desejam ou de que necessitam, e coordenar os recursos internos e externos de modo a entregar produtos e prestar serviços com uma margem

Figura 13.1 *Loop* do marketing estratégico do século XXI.

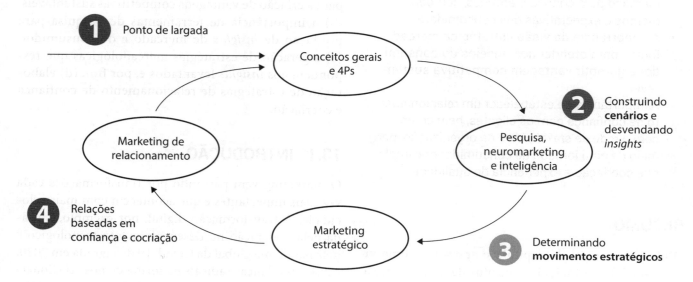

de lucro saudável. É também comunicar-se com possíveis clientes-alvo de modo a posicionar as ofertas de sua empresa no consciente deles.

Saber o que é marketing é parte importante de nossa jornada, porém temos que aprender como administrar as atividades que compõem o *mix* de marketing, que tem como objetivos selecionar mercados-alvo e captar, manter e fidelizar clientes por meio de criação, entrega e comunicação de um valor superior.[2] Desenvolver uma estratégia em que o *mix* de marketing seja utilizado da forma correta e efetiva, devido a todos os pontos que ele abrange, como vimos anteriormente, é vital para o sucesso de qualquer empresa, pois sem uma estratégia correta não existirão clientes.

Ter uma estratégia de marketing de sucesso gera demanda para produtos e serviços (clientes), o que, por sua vez, gera emprego e resultados financeiros positivos para a empresa, o que proporciona crescimento sustentável de todo o mercado.[3]

13.2.1   *Mix* de marketing – 4Ps

O *mix* de marketing refere-se ao conjunto de ações ou táticas que uma empresa usa para promover sua marca ou produto no mercado. Foi desenvolvido em 1960 por McCarthy,[4] que o consolidou em quatro grupos, dos quais originaram os "famosos" 4Ps de marketing: produto, preço, praça e promoção.

13.2.1.1 *Produto*

O produto é o primeiro e mais importante elemento do *mix* de marketing. Ele pode ser um bem tangível (ex.: uma roupa ou um automóvel), como também um serviço intangível (ex.: corte de cabelo ou seguro de um carro), que uma empresa oferece aos seus clientes. Idealmente, ele deve atender uma demanda já existente do consumidor (ex.: lavar roupa), ou ser tão atraente que os consumidores acreditam que precisam dele e, com isso, criam uma nova demanda (ex.: Uber).[5]

Um produto só será comprado pelo consumidor se possuir benefícios suficientes que o convençam a realizar essa compra, o que podemos chamar de valor percebido, que é a percepção da utilidade e da importância que ele possui em sua vida. Quanto maior esse valor percebido, maior a chance de ele ser escolhido entre as opções existentes.[6]

Algumas classificações existentes nos ajudam a entender as características dos produtos, o que auxilia na construção de sua estratégia de marketing.

Uma das mais importantes é a classificação referente a durabilidade e tangibilidade dos produtos, que vemos no Quadro 13.1.

Quadro 13.1   Classificação por durabilidade e tangibilidade dos produtos

Classificação	Definição	Exemplos
Produto não durável	Produtos tangíveis, consumidos com frequência ou de forma imediata, tendo sua compra realizada repetidas vezes pela necessidade de reposição	Xampu Seda, Sabonete Protex, Creme Dental Colgate
Produto durável	São produtos tangíveis utilizados também com certa frequência, porém por mais tempo	Máquina de lavar da Brastemp, automóvel da Fiat, roupa comprada na Riachuelo
Serviço	Quaisquer atos ou desempenhos que uma empresa pode oferecer ao consumidor de forma essencialmente intangível, não resultando na posse de algo	Um corte de cabelo, uma sessão de cinema, uma corrida de Uber

Fonte: adaptado de Kotler.[7]

254 Administração ■ *Conejero – Oliveira – Abdalla (Orgs.)*

Outro fator importante a se entender quando falamos de produtos é a classificação que podemos realizar tendo como parâmetro os hábitos de compra do consumidor e que exemplificamos no Quadro 13.2.

Um gestor de marketing, do ponto de vista de produto, deve saber que sua principal missão será sempre desenvolver algo que atenda ou antecipe as necessidades e desejos de seu público-alvo, tendo em vista seus hábitos de compra e consumo. Para que isso seja possível, atividades como o teste de novos produtos (ex.: testar um novo sabor de creme dental junto aos consumidores), modificação de produtos atuais (ex.: eliminar o açúcar de um iogurte), descontinuação de produtos que não satisfazem o gosto do consumidor, pesquisas com os consumidores para entender seus desejos e necessidades, definição dos diferenciais a serem explorados da comunicação (ex.: mais saudável, mais resistente) e a construção de marcas fortes e conhecidas (ex.: Natura e Bradesco) fazem parte do seu dia a dia.[9] A Seção 13.3 explora em profundidade as diversas técnicas para conhecer mais sobre hábitos, desejos e necessidade dos consumidores.

13.2.1.2 Preço

É o valor monetário que deve ser pago por um cliente para adquirir ou possuir o produto de uma empresa, sendo o responsável pela geração de sua receita. Em muitas das vezes, uma decisão de compra é realizada com base no preço de um produto, pois para grande parte dos consumidores os recursos para a compra são limitados. Dessa forma, ela só ocorre quando o valor cobrado justificar o nível de satisfação que o consumidor terá com ela.[10]

Todas as decisões sobre preços devem ser tomadas com muito cuidado, pois podem significar o sucesso ou o fracasso de um produto. Por exemplo, se o preço do produto for muito alto, ele poderá aparentar alta qualidade (ponto positivo), porém, ao mesmo tempo, limitar a quantidade de pessoas que poderão comprar (o que pode ser tornar um ponto negativo). Podemos citar como exemplo produtos da marca Granado, que são reconhecidos pela sua excelente qualidade e possuem preço acima de seus concorrentes e, por isso, segmentam seus consumidores como pessoas de maior poder aquisitivo, limitando a quantidade de potenciais compradores.

Também não podemos esquecer que o preço ajuda a dar valor às coisas e, assim, é de extrema importância para estratégias em marketing. Ele pode ser utilizado para gerar diferenciação e aprimorar a imagem de um produto, e isso ocorre quando ouvimos de um consumidor que tal produto "é bom, pois é caro", ou "é ruim, pois é barato", ou seja, foi o preço dele que definiu sua imagem. Uma definição correta de preços poderá levar um produto ao sucesso e à lucratividade, ao passo que uma definição errada poderá levá-lo ao fracasso.[11]

A formação do preço depende dos custos de produção, do público-alvo a que ele é destinado – se vamos atuar em um mercado de luxo, por mais que o custo de produção seja baixo, o preço final será alto, como, por exemplo, óculos de luxo, que têm seu custo de fabricação relativamente baixo, mas seu valor de venda é sempre alto – da relação entre oferta e demanda – quanto maior a oferta, maior a competição entre os produtos, o que pode gerar redução de preços – , e de uma série de outros fatores diretos e indiretos.[12]

Quadro 13.2 Classificação por hábitos de compra

Classificação	Definição	Exemplos
Produtos de conveniência	São aqueles que o consumidor compra frequentemente (dia a dia) e com esforço mínimo	Uma garrafa de água Lindoia, um saco de arroz Camil, um chiclete Trident
Produtos de compra comparada	São os produtos que o consumidor costuma comparar no que se refere a qualidade, preço e modelo. Isso ocorre, pois geralmente possuem valor mais alto, e os consumidores acreditam que o esforço e o tempo gasto serão compensados pelas diferenças de preços obtidas	*Smartphones*, automóveis, televisores
Produtos de especialidade	Possuem características exclusivas, que levam uma parcela dos consumidores a estarem dispostos a comprar e até mesmo fazer certos sacrifícios para isso	Um carro de luxo da BMW, uma bolsa da Victor Hugo, um avião da Embraer

Fonte: adaptado de Kotler e Keller.[8]

Sempre importante ressaltar também forte característica relacionada com o preço de um produto: ele é o item do *mix* de marketing que pode sofrer alteração de forma mais rápida (ex.: uma empresa pode dar um desconto imediato em um produto. Já se fosse alterar alguma característica dele, isso poderia demorar meses).

> ## ⚠ ATENÇÃO
>
> O gestor de marketing deve ter sempre como objetivo estabelecer um preço para seu produto que seja competitivo diante da concorrência, tenha valor percebido para o consumidor e que gere lucratividade para a empresa.

13.2.1.3 Praça

Grande parte das empresas não vende diretamente para os seus consumidores e, por isso, necessita de intermediários que realizam essa venda (ex.: *home centers*, atacadistas, supermercados, padarias, farmácias), sendo estes chamados de canais de distribuição/vendas – que são os locais onde os produtos são comercializados até chegarem ao consumidor.

Para que um produto esteja sempre no local certo e na hora certa, é fundamental que as empresas saibam avaliar e decidir quais são os canais de distribuição ideais para converter potenciais clientes em clientes reais. Quando uma empresa toma decisões em relação a um canal, está tentando determinar onde deve vender um produto e como entregá-lo aos consumidores que possuem o maior potencial para comprá-lo.

Em alguns casos, isso pode referir-se à colocação de um produto em determinados canais de vendas (ex.: supermercados, padarias ou lojas de conveniência), como também à colocação do produto em exibição em uma loja específica para determinado público, como, por exemplo, a exposição de um tênis em uma loja de esportes ou ainda em uma loja própria da marca. Para chegar até o seu consumidor, uma empresa pode adotar quatro estratégias de canais de distribuição, como vemos no Quadro 13.3.

Quadro 13.3 Estratégias de canais de distribuição

Estratégia	Definição	Exemplos
Nível zero	O fabricante vende direto para o consumidor final, sem intermediários, por meio de uma força de vendas própria e promovendo ele mesmo a entrega do produto ao consumidor final)	Avon, Natura, Yakult
Nível um	É quando o produto, para chegar até o consumidor, passa por um canal de distribuição	A Unilever vende o OMO para o Pão de Açúcar, e este vende para o consumidor final
Nível dois	Nesse caso, para o produto poder chegar ao consumidor, tem antes que passar por dois canais de distribuição. Esse tipo de estratégia de canal é utilizado quando a distribuição visa atingir um número grande de consumidores. Os atacadistas compram dos fabricantes em grandes quantidades e, de acordo com os pedidos, vendem para os varejistas em quantidades menores	A Unilever vende o OMO para um atacadista (Martins), este vende para um pequeno comerciante de bairro, que comercializa o produto com o consumidor final
Nível três	Essa é a estratégia mais longa, pois o produto precisa passar por três canais de distribuição, para chegar até o consumidor. Em um país como o Brasil, esse tipo de estratégia é importante para que o produto possa ser distribuído de forma a atingir todas as regiões e populações	A Unilever vende o OMO para um atacadista (Martins), que o vende para um pequeno atacadista, que repassa para um pequeno comerciante de bairro, que comercializa o produto com o consumidor final

Fonte: adaptado de Kotler e Keller.[13]

256 Administração ■ *Conejero – Oliveira – Abdalla (Orgs.)*

A decisão de qual caminho adotar para alcançar seus consumidores finais e que tipo de canais de distribuição serão escolhidos deve passar pelo amplo conhecimento do mercado, seu tamanho, preço do produto, atuação dos concorrentes e o comportamento de consumo.

Quando se define qual estratégia de distribuição utilizar, há ainda a importância de definir o tipo de distribuição, ou seja, exclusivo, seletivo ou intensivo (Quadro 13.4).

RELEMBRANDO

A estratégia de distribuição está diretamente relacionada com o hábito de compra do consumidor. Produtos de conveniência geralmente utilizam estratégia intensiva, já os de compra comparada preferem a seletiva. Quando falamos dos de especialidade, a estratégia exclusiva é a mais usada. Você consegue pensar em exemplos em que isso ocorre?

Um produto só tem utilidade se estiver disponível ao mercado consumidor.[15] E é por meio dos canais de distribuição que se dá essa disponibilidade, que é a essência da venda do produto. Para que isso se realize da maneira correta, cabem ao gestor de marketing atividades como o desenvolvimento e análise de canais de distribuição e o desenvolvimento de programas de relacionamento com estes, bem como políticas e processos de distribuição.

13.2.1.4 Promoção

A promoção é o meio pelo qual as empresas buscam informar, persuadir e lembrar seus consumidores sobre seus produtos. O objetivo de promover um produto é revelar aos consumidores por que eles precisam e por que devem pagar um determinado preço por ele.[16]

A promoção visa a estimular vendas de um produto e pode ser entendida como um conjunto de esforços para fazer com que ele seja percebido pelo cliente. A estratégia de promoção é o elemento-chave para tornar o produto desejado pelo consumidor.[17]

Todo o produto, para se tornar conhecido, precisa ser promovido para que seu público-alvo tenha ciência da sua existência. A utilização da promoção é importante para que as empresas possam disseminar informações relevantes do produto para os consumidores, gerando assim não só o seu conhecimento, mas também sua diferenciação (ex.: "OMO – limpa mais", "VW Gol – é mais econômico", "Iogurte Danone Light – não engorda").[18] A promoção de um produto pode ser realizada de várias maneiras, que denominamos *mix* da comunicação de marketing, que são as sete principais plataformas para se comunicar algo, como vemos no Quadro 13.5.

Quadro 13.4 Tipos de distribuição

Classificação	Definição	Exemplos
Exclusiva	A empresa limita ao máximo o número de canais de distribuição e assim consegue manter o controle sobre o preço praticado e a forma como a venda é realizada	Concessionárias de veículos da Ford. franquias da marca Boticário
Seletiva	São escolhidos alguns canais de distribuição que desejem distribuir aquele produto, em condições determinadas pelo fabricante	A Ambev só comercializa algumas marcas de cerveja (Original, Serramalte e Bohemia) em pontos de venda que tenham aderência do público-alvo desses produtos
Intensiva	É quando o fabricante disponibiliza seu produto para a maior quantidade possível de canais de distribuição, pois quanto maior a exposição do produto, melhor será seu desempenho em vendas	A BomBril disponibiliza sua lã de aço para qualquer varejista que queira comprar para revenda, pois deseja que todas as donas de casa comprem esse produto

Fonte: adaptado de Kotler e Keller.[14]

Quadro 13.5 *Mix* de comunicação

Ferramenta	Definição
Propaganda	Qualquer forma de apresentação e promoção de produtos, serviços e ideais realizada de forma paga pelas empresas em locais como TV, rádio, jornais, *outdoors*, internet etc. Ela permite que a mensagem seja repetida muitas vezes, colocando o produto em cena de forma artística (fotos, sons, vídeos), o que possibilita ao consumidor entender os diferenciais dele frente à concorrência. Realizada em larga escala (mídia de massa), transmite a percepção de poder e sucesso da empresa
Promoção de vendas	Incentivos de curta duração, realizado para que o consumidor compre determinado produto ou serviço. Tem como ponto positivo a possibilidade de atrair a atenção, o que geralmente leva o consumidor até o produto. Ele sempre incorpora algum tipo de concessão, estímulo ou contribuição a quem compra (ex.: descontos, liquidação, amostra grátis e sorteios)
Eventos e experiências	Atividades patrocinadas por empresas que têm como objetivo criar relacionamento e interação entre seus produtos e seus consumidores. Por ocorrerem muitas vezes em tempo real, são considerados altamente envolventes pelos consumidores, pois costumam ser um tipo de "venda" indireta, não agressiva (ex.: patrocínio do banco Itaú no Rock in Rio 2019)
Relações públicas e publicidade	São atividades de comunicação voltadas para consumidores, governos, mídia e investidores para promover a reputação, a imagem e a identidade da empresa e seus produtos. Por utilizarem, na maioria das vezes, meios não pagos, as informações parecem mais autênticas e confiáveis para quem as recebe
Marketing direto	As atividades de comunicação realizadas de forma direta entre a empresa, seus produtos e consumidores. Uma grande vantagem é a possibilidade de desenvolvimento da mensagem de forma específica para o público a ser alcançado
Marketing interativo / digital	Ação realizada no ambiente *on-line*, com o objetivo de envolver os atuais e potenciais consumidores com o produto, gerando interação e engajamento com o público. A capacidade de atingir uma grande massa de consumidores, o dinamismo das interações, a possibilidade de segmentação e as variadas formas de mensuração das atividades realizadas são o ponto forte desse meio. No Capítulo 21 (Organizações digitais), é possível visualizar algumas dessas questões com maior profundidade
Venda pessoal	É a interação pessoal entre a empresa e seus compradores potenciais, com o objetivo de vender o produto ou serviço. Permite relacionamento imediato entre empresa e cliente, que, se bem conduzido, levará a uma excelente experiência de consumo.

Fonte: adaptado de Crescitelli e Shimp;[5] Kotler e Keller.[19]

Para o desenvolvimento de uma boa estratégia de comunicação, é importante ter como perspectiva a necessidade do planejamento, criação e implementação de atividades que levem em conta a possível utilização das sete plataformas apresentadas, pois somente essa integração irá conseguir influenciar e afetar diretamente o comportamento do consumidor.

258 Administração ■ *Conejero – Oliveira – Abdalla (Orgs.)*

No Quadro 13.6, podemos visualizar alguns diferentes tipos de uso das ferramentas do *mix* de comunicação.

Quadro 13.6 Aplicações do *mix* de comunicação

Propaganda: anúncios impressos e eletrônicos, embalagens, encartes, cinema, folhetos, painéis, *outdoor* e mídia *indoor*
Promoção de vendas: concursos, jogos, sorteios, vale-brinde, liquidação, amostras, descontos e cupons
Eventos e experiências: festivais de música, eventos esportivos, atividades ao ar livre, artes
Relações públicas e publicidade: *kits* de imprensa, seminários, relações com a comunidade e *lobby*
Marketing direto: catálogos, mala direta e televendas
Marketing interativo/digital: *blogs*, redes sociais, anúncios Google, webinários e *lives*
Vendas pessoais: apresentação de vendas, reuniões com consumidores, programa de incentivos e feiras comerciais

Fonte: adaptado de Crescitelli e Shimp;[20] Kotler.[21]

É a integração de várias plataformas que conseguirá atingir o maior número possível de consumidores de um produto. Porém, todo o cuidado deve ser tomado para que a mensagem a ser comunicada pelo produto esteja adequada a esse público e tenha alinhamento do ponto de vista de conteúdo em todos os locais. Esses fatores são de extrema importância para o sucesso de uma promoção.[22]

A implementação de uma estratégia de marketing de sucesso logicamente passa pela execução correta de todos os pontos citados anteriormente, porém o entendimento do mercado, dos consumidores e dos concorrentes é o ponto de partida de todo plano bem executado. Esse conhecimento faz-se por meio de pesquisas de marketing, pois os profissionais dessa área precisam interpretar o que ocorre nos diversos cenários competitivos para tomar decisões futuras. Ter em mãos informações sobre o comportamento dos consumidores, dos concorrentes e seus produtos, bem como do mercado, é importante para que decisões sobre a escolha das estratégias de marketing sejam tomadas de forma mais precisa.

Ter essas informações em mãos pode definir o sucesso ou não de um produto, por isso a importância de estudarmos as pesquisas de marketing, que são atividades sistemáticas de concepção, coleta, análise e edição de relatórios de dados e conclusões relevantes sobre uma situação específica de marketing enfrentado por uma empresa.

DA TEORIA À REALIDADE BRASILEIRA

Quadro 13.7 Natura e o desafio de diversificar sua estratégia de distribuição

A Natura sempre foi reconhecida pelas suas famosas "consultoras": um time de vendedoras que sempre atuou realizando uma venda mais pessoal e porta a porta. A decisão de adotar esse tipo de distribuição exclusiva foi utilizada pela empresa durante décadas e com sucesso absoluto, o que a levou a ter mais de 2 milhões de consultoras ativas em todo o país.

Entretanto, com as mudanças ocorridas no mercado, principalmente em relação à entrada de novos concorrentes internacionais (Sephora) e a expansão do *e-commerce* (ex.: Beleza da Web), a empresa brasileira identificou a necessidade de implementar novas formas de distribuição de seus produtos, por meio de uma estratégia multicanal, com o objetivo de estar mais próxima de seus consumidores.

Essa estratégia foi iniciada com a criação de um *e-commerce*, onde o cliente Natura podia comprar um produto diretamente em um *site* desenvolvido especialmente para sua consultora. Nesse caso, o *e-commerce* não competia com elas, fazendo com que os clientes pudessem comprar pessoalmente ou pelo *site* da consultora. Isto é, em vez de "trair" seus parceiros comerciais, a Natura escolheu inseri-los no novo processo.

Logo depois, foi a vez da abertura de lojas próprias, que hoje já chegam a mais de 50 em todo o Brasil. Nela, os clientes podem ter uma experiência diferente com a marca e adquirir seus produtos. O receio com esse tipo de canal de distribuição era a possibilidade de as consultoras encararem as lojas como concorrentes, o que não seria bom para o negócio. Daí surgiu outra ideia, as franquias "Aqui tem Natura", que poderiam ser adquiridas pelas consultoras com mais de um ano de relacionamento com a empresa e que hoje já somam mais de 100 em todo o país.

Interessante observar que, mesmo dentro de uma estratégia pela qual os canais de distribuição começam a ser diversificados (presencial, *on-line*, lojas físicas), a marca manteve um formato de distribuição exclusiva, com o controle de sua mensagem, dos preços praticados e principalmente da experiência do consumidor, fatores essenciais para uma estratégia de marketing ter sucesso.

13.3 PESQUISA, NEUROMARKETING E INTELIGÊNCIA

O objetivo desta seção é caracterizar uma função mercadológica relevante que consiste em obter e analisar as informações do mercado e dos consumidores que irão auxiliar no processo de tomada de decisões de marketing.

A obtenção dessa informação pode se dar por meio de:

a) **Pesquisa de marketing**, com a coleta de dados primários, com uso de uma pesquisa em campo; ou a partir de dados secundários, com uso de informações já disponíveis.

b) Acompanhamento do mercado e da concorrência (**inteligência de marketing**).

c) Obtenção de informações por meio da neurociência aplicada ao marketing (**neuromarketing**), com o uso de equipamentos especiais.

A **pesquisa de marketing** tem como uma das principais funções gerar informações e análises sobre o macroambiente e o microambiente de marketing.[23] O objetivo é entender o comportamento do consumidor, dos concorrentes e do mercado, permitindo a definição mais clara da estratégia de marketing a ser seguida ou de como deve ser o lançamento de novo produto ou serviço, por exemplo.

A pesquisa implica um custo que pode ser determinado pelas atividades de planejamento, coleta e a análise. As decisões, em uma organização, estão relacionadas entre si e são sistêmicas. É preciso entender o papel e os benefícios que a pesquisa de marketing desempenhará nos objetivos de marketing ou no planejamento estratégico da organização.[24]

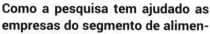

POR DENTRO DA TEORIA

Como a pesquisa tem ajudado as empresas do segmento de alimentos a lançar novos produtos

O projeto de desenvolvimento de um alimento inovador envolve uma série de fatores antes de sair do papel. A partir da concepção da ideia, as pesquisas iniciais começam a acontecer. Elas são importantes porque ajudam a definir as características do item que será produzido e a esclarecer pontos da legislação atual para que o lançamento chegue ao mercado sem o risco de problemas jurídicos.

Etapas para se desenvolver um produto alimentício inovador:

1. Ideia inicial (também conhecida como *briefing*).
2. Pesquisa e análise regulatória.
3. Testes de desenvolvimento.
4. Avaliação sensorial.
5. Definição do processo e da tecnologia.
6. Desenvolvimento da embalagem e informações de rótulos (algumas com o *design* do produto e outras que são exigidas por lei).
7. Seleção de fornecedores dos ingredientes e aditivos.
8. Análise da viabilidade técnica e econômica.
9. Produção inicial do alimento.

Cada uma das fases tem suas particularidades e um tempo predeterminado para a conclusão. Mas é claro que tudo depende da complexidade do produto a ser fabricado, das informações já disponíveis sobre ele no mercado, de órgãos regulamentadores e do modelo de negócio adotado pela indústria que irá desenvolvê-lo.

Fonte: https://digital.fispaltecnologia.com.br/. Acesso em: 17 maio 2021.

Para lidar com a complexidade do mercado, o gestor de marketing necessita tomar decisões, ou seja, escolher entre um conjunto de alternativas A (A1 ... An). Por exemplo, lançar ou não uma linha vegana. É complexo porque não conhecemos o mercado e o público-alvo é diferente do tradicional. O objetivo então é optar pela alternativa que proporcionará a maior probabilidade de acontecer um melhor resultado Ri desejado pela organização (Ri > R1... Rn). Essa decisão pode ser subsidiada por informações e dados (Ii ... In) adquiridos por meio de uma pesquisa de marketing (Figura 13.2).

É preciso elaborar o **plano de uma pesquisa de marketing** que, em geral, compreende as seguintes etapas: (1) definição do problema e objetivos e (2) metodologia.[26]

A definição do problema e dos objetivos envolve o tipo de pergunta a ser respondida pela pesquisa e pode ser classificada em **exploratória**, **descritiva** ou **causal**. **Exploratória** quando se conhece pouco do que se pretende pesquisar. Por exemplo, as vendas de uma empresa estão em queda e não se sabe qual é o motivo. Na pesquisa do tipo exploratória, utilizamos em geral uma abordagem qualitativa.

Suponhamos que o resultado da pesquisa exploratória tenha indicado que o motivo principal da queda das vendas é consequência do vendedor. A partir dessa informação, podemos avançar para uma pesquisa do tipo **descritiva** para identificar quais aspectos ou fatores relacionados ao vendedor estão influenciando a queda nas vendas.

Caso um dos fatores seja a remuneração do vendedor ou ainda a falta de treinamentos, podemos conduzir uma pesquisa **causal** para identificar a causa e o efeito entre a remuneração do vendedor e seu treinamento na sua *performance* de vendas.

As decisões sobre a metodologia são descritas na Figura 13.3. Tudo começa com a definição de quem será pesquisado (população) e quantos entrevistados (amostra). A população é definida com base nos critérios de acessibilidade e capacidade de responder ao problema da pesquisa. A amostra é definida em função do tempo e recursos disponíveis, além do desejo de inferir ou tirar conclusões para a população como um todo. Nessa amostragem, em que se deseja ter a confiabilidade estatística para tirar conclusões sobre a população, é necessário que a amostra obedeça a critérios específicos, como o número e a característica do indivíduo a ser entrevistado (estratificação). O instrumento de coleta em geral utilizado é o roteiro estruturado (maior padronização das perguntas) ou semiestruturado (maior flexibilidade do instrumento, permitindo ao entrevistador maior autonomia nas perguntas) para a pesquisa qualitativa (exploratória) e o questionário para as pesquisas quantitativas.

As relações (flechas) ilustram a sequência tradicional ou mais comum. Por exemplo, se eu estou trabalhando com um público de consumidores, posso definir uma amostra por período (número de entrevistados em um mês, por exemplo) ou uma quantidade de fatores preestabelecida por um processo de estratificação (por exemplo, idade, gênero, renda, entre outros).

Figura 13.2 Modelo de pesquisa e decisão em marketing.

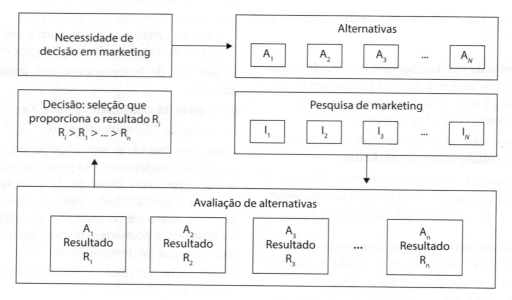

Fonte: adaptada de Beuren.[25]

Figura 13.3 Esquematização do processo de pesquisa de marketing.

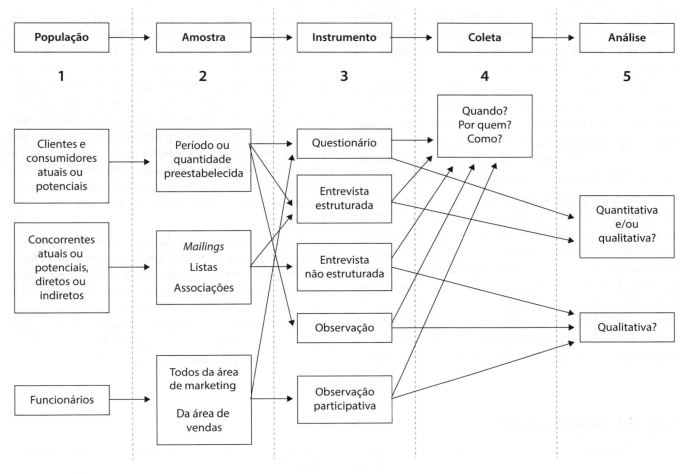

Fonte: Spers.[27]

O **neuromarketing** tem permitido que a pesquisa tradicional tenha um avanço significativo, principalmente no entendimento do que se passa no inconsciente do consumidor. Os equipamentos utilizados para a realização das pesquisas ainda são caros e as métricas ainda não totalmente compreendidas, mas espera-se que seu avanço proporcione um conhecimento muito maior do que a pesquisa tradicional realizada por meio de questionários possa responder. É como se somente a ponta visível de um *iceberg* tenha sido alcançada até aqui e uma parte considerável ainda possa ser descoberta em termos do comportamento humano (Figura 13.4).

Figura 13.4 Escopo da pesquisa tradicional e o neuromarketing.

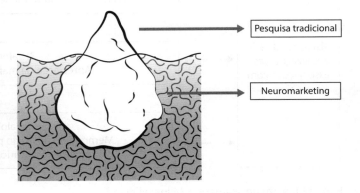

Fonte: adaptada de Tactile Academia.[28]

A neurociência é o conceito mais amplo, que estuda o cérebro em todos os seus aspectos, inclusive o fisiológico e o clínico. Já a neurociência cognitiva é mais próxima aos objetivos do marketing, principalmente os que se relacionam, por exemplo, com a compreensão da influência das marcas na tomada de decisão.

A Figura 13.5 ilustra a sequência de procedimentos em uma pesquisa baseada em neurociência, que explica as etapas estudadas no processo de tomada de decisão do consumidor em relação a uma marca.

A seguir, são apresentados os principais equipamentos utilizados nas pesquisas de neuromarketing.

Um dos equipamentos mais importantes é o *eye tracking*, que capta o movimento ocular. A interface de computadores de laboratório com sistemas de rastreamento ocular gera grandes quantidades de dados que podem ser coletadas e analisadas. Esses avanços tecnológicos também permitiram o desenvolvimento de técnicas inovadoras nas quais a exibição visual é alterada dependendo da posição do olho. Finalmente, o desenvolvimento de teorias gerais do processamento da linguagem tornou possível o uso de registros de movimentos oculares para um exame crítico dos processos cognitivos subjacentes à leitura.[30]

O rastreamento ocular é potencial para pesquisas em neuromarketing e para o desenvolvimento de estratégias e planejamento de marketing em geral.[31] O olhar de um usuário codifica informações valiosas, incluindo atenção, intenção, estado emocional, capacidade cognitiva e saúde.[32] O uso de ferramentas de rastreamento ocular e outras ferramentas de neuromarketing na análise de marketing está se tornando cada vez mais popular e mostra grande potencial para auxiliar pesquisas de mercado, inovação, desenvolvimento de produtos, publicidade, vendas, atendimento ao cliente, programas de fidelidade e vários outros tópicos de marketing.[33]

A mensuração direta das respostas emocionais e inconscientes, por meio dos sinais neuropsicofisiológicos, é realizada por um conjunto de equipamentos que permitem a análise dos níveis de esforço atencional e emocional, do potencial de memorização dos estímulos, bem como a investigação das emoções positivas e negativas envolvidas. Ela envolve componentes de neurometria, biometria e psicometria (Quadro 13.8).

Figura 13.5 Sinais de valor importantes para a decisão sobre as marcas.

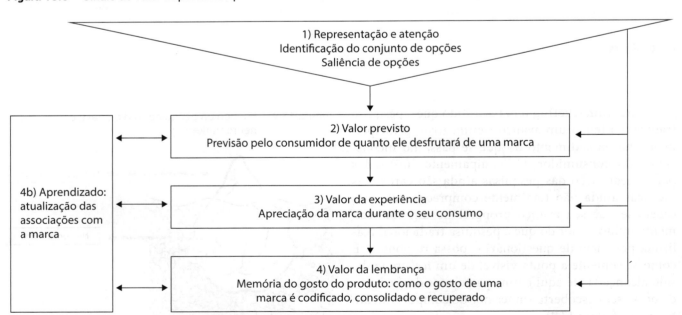

Fonte: Plassmann, Ramsøy e Milosavljevic.[29]

Quadro 13.8 Equipamentos de neuromarketing

Componentes	Equipamentos
Neurométicos	**EEG** Capta a atividade elétrica cerebral. Realiza mapeamentos, avalia a evolução temporal da atividade cortical, estuda as diversas bandas de frequências (Alfa, Teta, Beta e Gama), analisa estatisticamente cada tipo de onda e detecta a ativação de áreas cerebrais durante a apresentação dos estímulos
	Ressonância magnética Detecta as alterações no fluxo de sangue em determinadas áreas profundas do cérebro, tornando possível revelar atividades cerebrais que contribuem para formar percepções, decisões e comportamentos
Biométicos	*Eye tracker* Tecnologia de rastreamento de movimentos oculares que analisa o percurso do olhar do indivíduo sobre o estímulo apresentado. As análises baseiam-se nas variações observadas na dilatação das pupilas, no piscar dos olhos, no movimento do globo ocular e na direção do olhar. A trajetória ocular é, depois, comparada com a evolução da atividade cerebral e fisiológica, para compor uma análise global
	Facial expression recognition **(FER)** Mede e interpreta as respostas faciais associadas a emoções inconscientes diante de estímulos de comunicação
	Skin conductance Mede a condutividade da pele para indicar o nível de excitação fisiológica do indivíduo diante de estímulos. O aumento de condutividade da pele pode refletir níveis crescentes de exaltação, empenho ou estresse
	Heart rate variability **(HRV)** Mede a frequência cardíaca do indivíduo. Alterações na frequência cardíaca e pressão arterial refletem respostas corporais a situações que são mais, ou menos, empolgantes e/ou estressantes. Quando usado em conjunto com gravações da atividade cerebral (EEG) e da condutividade da pele (GRS), proporciona uma imagem detalhada de como o indivíduo reage a determinada situação ou estímulo
	Eletrocardiograma Mede a variação dos potenciais elétricos gerados pela atividade elétrica do coração, associados às respostas emocionais e inconscientes
Psicométicos	Escalas de intensidade, escalas de concordância, escalas de emoções

Fonte: Neurolab Brasil.[34]

Dentro do neuromarketing, podemos usar o **marketing sensorial**, o qual influencia as táticas e ações da empresa, para que essa direcione suas estratégias de marketing aos cincos sentidos humanos, na busca por resultados, ou seja, o marketing sensorial promove experiências que envolvem os cinco sentidos do consumidor (análise sensorial), fazendo com que aumente a possibilidade de criar mais vínculos com a marca. A realização de uma boa pesquisa pode proporcionar bons *insights* para a definição de boas estratégias de marketing, assunto que será abordado a seguir.

13.4 MARKETING ESTRATÉGICO

O marketing estratégico tem o papel de analisar as necessidades do mercado para ofertar os melhores produtos. Isso implica segmentar o mercado de forma **macro**, ou seja, em grupos homogêneos de consumidores em função das suas necessidades e motivações, e de forma **micro**, identificando os segmentos de consumidores no interior de cada subconjunto selecionado. Além disso, o gestor de marketing analisa o grau de atratividade de cada segmento, verificando seu mercado potencial e o estágio no ciclo de vida do produto, a competitividade para descobrir quais são as oportunidades de marketing e a melhor estratégia (Quadro 13.9).[35]

Quadro 13.9 Escopo de atuação do marketing estratégico

Marketing estratégico
Análise das necessidades, expectativas e valores: definição do binômio produto-mercado
Segmentação de mercado: macro e microssegmentação
Análise da atratividade de mercado: potencial e ciclo de vida
Análise da competitividade: qual é a posição competitiva defensável
Definição de uma estratégia competitiva e dos objetivos estratégicos e comerciais

Fonte: adaptado de Lambin.[36]

No momento da execução, a área de marketing implementa as operações planejadas de forma estratégica, ou seja, parte do segmento-alvo definido pelo marketing estratégico, cria um plano de marketing, definindo objetivos, posicionamento e táticas, define o composto de marketing (produto, preço, praça e promoção), conforme visto na Seção 13.2, além das outras dimensões apontadas, implementa as ações e controla os resultados.

No marketing estratégico, a empresa deve atuar com foco no cliente e no concorrente, ou seja, orientada para o mercado, conforme mostra a Figura 13.6.

Na Figura 13.6, as informações sobre os clientes e concorrentes são transformadas em uma inteligência de mercado, que dará subsídio ao processo de marketing estratégico, envolvendo a sequência: segmentação do mercado, com a definição do produto que será ofertado para cada mercado; seleção do mercado-alvo, por meio dos critérios de atratividade e competitividade do mercado-alvo; definição do posicionamento de mercado e da estratégia para entrega de valor mediante processos de interação.

RELEMBRANDO

Os processos de segmentação de mercado, seleção do mercado-alvo e posicionamento são desenvolvidos de maneira sequencial pela empresa, objetivando a seleção do mercado no qual a empresa irá atuar e como seu produto ou serviço será posicionado para os clientes.

A segmentação de mercado é feita a partir da identificação das bases, ou variáveis de segmentação, definição dos perfis, conforme sua atratividade e competitividade, e elaboração do posicionamento mais adequado para cada segmento-alvo, como mostra o Quadro 13.10.

Figura 13.6 Principais componentes do marketing estratégico.

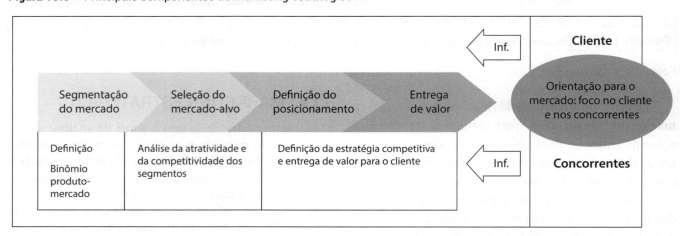

Fonte: adaptada de Amicci.[37]

Quadro 13.10 Etapas do processo de segmentação

Segmentação	Seleção do segmento-alvo	Posicionamento no segmento
1. Segmentação baseada em necessidades	3. Avaliar a atratividade de cada segmento	5. Identificar posicionamentos para cada segmento-alvo
2. Identificação do segmento	4. Selecionar os segmentos-alvo conforme a rentabilidade	6. "Teste crítico no segmento" e desenvolvimento de um marketing *mix* apropriado para o segmento

Fonte: adaptado de Kotler e Keller.[38]

O processo de **segmentação de mercado** tem como objetivo definir qual produto/serviço será ofertado em qual mercado, ou seja, definir o binômio produto-mercado. Esse processo tem início com a identificação das variáveis ou bases de segmentação. No mercado para **consumidores finais**, as variáveis mais usadas são:[39]

1. Geográfica: baseada na divisão do mercado em diferentes unidades geográficas, como países, estados, regiões, municípios, cidades ou bairros.

2. Demográfica: consiste na divisão do mercado em grupos, com base em variáveis, como idade, sexo, tamanho da família, renda, ocupação, níveis de escolaridade, religião, raça e nacionalidade.

3. Psicográfica: os consumidores são divididos em diferentes grupos com base na classe social, no estilo de vida ou nas características da personalidade.

4. Comportamental: baseada no benefício que o produto oferece ao cliente, como qualidade, confiabilidade, prazo, economia/preço, atendimento.

POR DENTRO DA TEORIA

A segmentação psicográfica, baseada no estilo de vida dos consumidores pode ser percebida na prática da empresa Grendene, ao construir o Clube Melissa para se aproximar das preferências do público jovem. As lojas físicas foram transformadas no Clube Melissa, que é um canal de relacionamento com as "fãs" da marca, onde elas têm acesso a uma série de eventos de interesse desta comunidade, que utiliza e se identifica com o produto. E no *site*, as consumidoras podem publicar *Squads* com suas fotos e experiências em eventos associados a moda, arte e *design* produzidos pela marca. Além do programa de fidelidade e do Clube Melissa, a marca desenvolve diversos projetos para envolver o público jovem, empoderá-lo e fazer com que ele se sinta parte do seu processo criativo.

Fonte: MELISSA. Clube Melissa e Squad.[40]

As bases de segmentação no **mercado empresarial** consideram o perfil das organizações (tamanho, usuário final) e o perfil dos compradores organizacionais (estilo de decisões, critérios), sendo denominadas:[41]

1. **Macrossegmentação**: concentra-se nas características e na situação da organização compradora, dividindo o mercado em características organizacionais, como tamanho, localização geográfica, taxa de utilização, situação e estrutura de compra. Por exemplo, mais de 350.000 compradores visitam a loja virtual da Dell a cada semana e são segmentados em pequenas e grandes empresas, governo, educação e assistência médica, sendo atendidos em *sites* exclusivos e seguros.

2. **Microssegmentação:** concentra-se nas unidades tomadoras de decisão dentro de cada macrossegmento. As bases selecionadas de segmentação em nível micro, envolvendo, por exemplo, estratégias de compra, estrutura da unidade tomadora de decisão, importância da compra, atitude em relação aos vendedores, inovação organizacional e características pessoais (estilo, confiança, idade, nível educacional).

> **RELEMBRANDO**
>
> No momento de segmentar o mercado, é muito importante entender a indústria em que a empresa atua e como atua a concorrência nela. Por exemplo, uma rede de franquia brasileira, ao operar em Lisboa, deve conhecer os concorrentes e quais os gostos e preferências dos consumidores.

> **SAIBA MAIS**
>
> O termo **posicionamento** pode ter várias definições. O enfoque de Ries e Trout como "a batalha pela mente do consumidor" reflete o posicionamento psicológico que é altamente utilizado em marketing, comunicação e imagem da marca. Para o autor, o posicionamento começa com um produto, uma peça de comunicação, um serviço, uma empresa, ou mesmo uma pessoa. Mas posicionamento não é o que você faz para um produto, mas sim **o espaço que você ocupa na mente do seu consumidor.**
>
> Fonte: Ries e Trout.[43]

O processo de seleção do mercado-alvo inclui avaliação e seleção dos segmentos-alvo em que a empresa irá atuar, podendo ser consideradas como variáveis para análise dos segmentos-alvo:[42]

1. **Tamanho e taxa de crescimento**: vendas atuais do segmento, índices de crescimento de vendas e margens de lucro.

2. **Atratividades estruturais**: variáveis, como os concorrentes atuais, produtos substitutos, ameaças e poder de barganha para avaliar a rivalidade da indústria.

3. **Adequação dos objetivos, aptidões e recursos da empresa**: a empresa deve avaliar seus próprios objetivos, aptidões e recursos para cada segmento.

4. **Estratégias alternativas de seleção dos segmentos**: estratégias complementares em função do negócio da empresa.

No *mercado empresarial*, podem-se incluir mais duas variáveis: a compatibilidade – análise das condições tecnológicas e competitivas que o segmento busca frente ao que a empresa oferece; e a receptividade – avaliação de como os segmentos respondem aos diferentes elementos do composto mercadológico, com destaque ao preço e às características do produto.

Após avaliar os diferentes segmentos, a empresa busca encontrar um ou mais que sejam interessantes, decidindo em quantos e quais deve atuar, decidindo qual posicionamento irá ter seu produto/serviço naquele mercado. A essência do posicionamento é a preocupação em como os clientes, em diferentes partes do mercado, percebem seus produtos/serviços e marcas.

O processo de definição do posicionamento competitivo envolve fazer escolhas que assegurem um encaixe entre os mercados-alvo escolhidos e as competências que a empresa pode usar para servir os alvos escolhidos de maneira mais efetiva que a concorrência.

Para desenvolver o posicionamento competitivo, podem-se considerar duas abordagens: (1) abordagem genérica baseada nas estratégias competitivas; e (2) abordagem baseada em diversas dimensões do produto, com seis dimensões:[44] preço; qualidade; inovação; serviço superior; benefícios diferenciados; oferta diferenciada.

A abordagem genérica reflete a estratégia competitiva escolhida, visando estabelecer uma posição lucrativa e sustentável contra as forças que determinam a concorrência no setor. As estratégias competitivas genéricas[45] são: liderança no custo total, diferenciação e enfoque, que refletem o posicionamento competitivo genérico adotado pela empresa.

No Quadro 13.11, são apresentadas estratégias competitivas genéricas associadas com as seis dimensões de posicionamento, os grupos de clientes-alvo, o foco estratégico e os ativos e as competências requeridas.

A estratégia de liderança no custo total reflete posicionamento baseado em preço baixo, atingindo grupos de clientes sensíveis a preço, e exige da empresa alta eficiência interna e competência em seus sistemas de controle de custos e processos.

A estratégia de diferenciação reflete posicionamento baseado na diferenciação frente à oferta dos concorrentes, podendo envolver qualidade superior, rápida inovação ou serviços superiores.

Quadro 13.11 Estratégias competitivas genéricas

Estratégia competitiva genérica	Posicionamento baseado em	Grupos de clientes-alvo	Foco estratégico	Ativos e competência requeridos
Liderança no custo total	Preço baixo	Clientes sensíveis	Eficiência interna	Sistemas de controle de custo e revisão dos processos
Diferenciação	Qualidade superior	Clientes exigindo produtos *premium*	Qualidade superior	Sensibilidade ao mercado, controle de qualidade e segurança, marca e reputação, gerenciamento da rede de fornecimento
	Rápida inovação	Inovadores e adotantes iniciais	Primeiro a lançar	Desenvolvimento de serviço/produto novo; habilidades técnicas de P&D, habilidades criativas
	Serviço superior	Clientes sensíveis ao serviço	Construção do relacionamento	Sensibilidade ao mercado, ligando clientes, sistemas de serviço, pessoal capacitado, sistemas de *feedback*, monitoria contínua
Enfoque	Benefícios diferenciados	Segmentos de benefício	Alvo enfocado	Sensibilidade ao mercado, criatividade em segmentação
	Oferta personalizada	Clientes individuais	Adaptação às necessidades e desejos do cliente	Sensibilidade ao mercado, afetividade do cliente, flexibilidade de operações

Fonte: adaptado de Hooley *et al.* [46]

A estratégia de enfoque depende da identificação de segmentos alternativos de clientes dentro dos mercados e da oferta que reflita o que esses clientes desejam. A implantação desse posicionamento exige da empresa sensibilidade ao mercado e grande flexibilidade para adequar sua operação aos novos benefícios exigidos pelos clientes, entregando valor na sua operação.

A estratégia de diferenciação advém do impacto da empresa sobre a cadeia de valor do comprador. Isso ocorre quando a empresa cria vantagem competitiva para o comprador, reduzindo custo ou elevando seu desempenho. Mas o valor só existe se é percebido pelo comprador, devendo ser comunicado por meio de sua força de vendas ou propagandas, para que o cliente o perceba e recompense a empresa por um preço-prêmio, que significa o preço que o consumidor paga a mais pelo "prêmio" (benefício da diferenciação) percebido.

A **vantagem competitiva** existe quando a empresa oferece maior valor ao cliente e consegue a preferência por seus produtos e serviços, em nível de preços suficiente para cobrir os custos da efetivação desse valor.

Manter o posicionamento competitivo requer estabelecer laços de confiança baseados em relacionamento de longo prazo com parceiros comerciais, sejam eles fornecedores ou clientes. Esse é o assunto da próxima seção.

13.5 MARKETING DE RELACIONAMENTO

O marketing de relacionamento tem como objetivo desenvolver relacionamentos estáveis e duradouros com pessoas e organizações, que sejam mutuamente satisfatórios. Pode ser definido como um instrumento de gestão, baseado na orientação para o mercado, que busca estabelecer relacionamentos profundos e duradouros com os *stakeholders*, de forma a obter vantagem competitiva sustentável.[47]

Os *stakeholders* principais no marketing de relacionamento são os clientes, os funcionários, os parceiros de marketing (canais, fornecedores, distribuidores, revendedores, agências), os membros da comunidade financeira (acionistas, investidores, analistas) e os membros da comunidade (ativistas, imprensa, governo, entre outros). Para gerar relações sólidas com esses *stakeholders*, é preciso compreender suas competências, recursos, necessidades, metas e desejos.[48]

Assim, as empresas constroem redes de relacionamento, que são constelações. Normalmente, uma empresa posiciona-se no centro da rede e facilita a coordenação das atividades empresariais para um amplo leque de outras organizações. Cada empresa se concentra no que faz melhor, possibilitando o desenvolvimento de competências distintas.[49]

Os relacionamentos variam em função do tipo de produto, grau de padronização, complexidade, frequência e condições tecnológicas.[50] Às vezes, prevalecem os aspectos dos negócios, às vezes, os aspectos tecnológicos. Os relacionamentos entre duas empresas são subsistemas de redes maiores, habitadas pelos clientes dos clientes, pelos fornecedores dos fornecedores, pelos intermediários e por várias outras partes que colaboram.

Todas as organizações, sejam elas empresariais, governamentais, ou ainda do terceiro setor, como as ONGs, realizam suas atividades de forma interdependente com sua rede de parceiros. No setor de alimentos, temos o exemplo da rede de franquias McDonald's, que, para entregar o Big Mac em todas as lojas no mesmo padrão esperado pelos seus consumidores, conta com uma rede de fornecedores locais e globais. No caso do Brasil, os mais importantes encontram-se fisicamente reunidos nas instalações da *FoodTown*, localizada no município de Osasco, a poucos quilômetros da cidade de São Paulo. Nesse local, encontra-se a produção centralizada dos pães, hambúrgueres, *nuggets*, além de toda a distribuição para as lojas localizadas nos estados de São Paulo, Rio de Janeiro e Minas Gerais.

Se os relacionamentos entre a organização e seus parceiros comerciais, sejam eles fornecedores ou distribuidores, possuem alinhamento estratégico, espera-se que o valor percebido pelo consumidor aumente, bem como sua satisfação e, possivelmente, sua lealdade, temas do próximo tópico.

> **RELEMBRANDO**
>
> O cliente final, ao determinar o nível de qualidade esperado, estabelece o grau necessário de relacionamento entre os diversos *stakeholders* de um setor.

13.5.1 Construção de valor, satisfação e lealdade

O valor entregue ao cliente é a diferença entre o valor total para o cliente e o custo total. O valor total esperado pelo cliente compreende o que ele enxerga do produto, dos serviços, dos funcionários e da imagem da empresa. Os custos são o que o cliente tem que pagar pelo produto, incluindo preço, tempo, custo físico e psíquico da compra.[51]

O valor para o cliente apresenta três características fundamentais: (1) é inerente ao uso do produto; (2) é algo percebido pelos clientes; e (3) envolve um compromisso entre o que o cliente recebe e como utiliza o produto.[52]

O processo de *customer value determination* (CVD), ou determinação do valor para o cliente, tem cinco etapas, começando por identificar os clientes selecionados cujo valor interessa ao fornecedor do produto, conforme a Figura 13.7.

Figura 13.7 Processo de determinação do valor para o cliente (CVD).

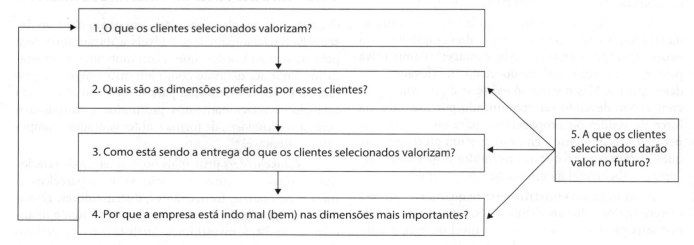

Fonte: Woodruff.[53]

1. Determinar o que os clientes selecionados valorizam: uso de técnicas que permitam uma visão completa de toda a hierarquia de valor para o cliente, por meio de entrevistas em profundidade e os instrumentos de coleta de dados *on-line*, como pesquisas, *chats* e as redes sociais.
2. Determinar o que os clientes selecionados desejam em termos de dimensões: envolvendo os critérios de compra, os atributos desejados e preferidos. Nessa etapa, é feita uma seleção dos atributos, por meio de técnicas, como *conjoint analysis* ou *ranking scales*.*
3. Avaliar como está sendo a entrega do que os clientes selecionados valorizam: uso de pesquisas, como de satisfação, para avaliar como está sendo a entrega de valor. Muito comum se trabalhar como a *net promote score* (NPS) e perguntar "de 1 a 10" quanto o cliente recomendaria aquela empresa a um amigo.
4. Descobrir os motivos: que fazem a empresa ser bem-sucedida, ou não, na entrega dos valores mais importantes. Uso de técnicas qualitativas, como entrevistas em profundidade ou *focus group* (grupos de foco), para explorar as razões para a avaliação do cliente, boa ou ruim, identificando possíveis diferenças no entendimento dos atributos pelo cliente e pela empresa.
5. Determinar aquilo a que os clientes selecionados darão valor no futuro: todo este processo irá nortear as decisões estratégicas da empresa. Ao prever os valores do cliente no futuro, a empresa criará vantagem competitiva, pois poderá responder ao cliente antes da concorrência.

Para a empresa criar valor para o cliente, é fundamental saber o que, na percepção do cliente, este valoriza, sendo um processo de aprendizagem complexo. O Quadro 13.12 apresenta as quatro disciplinas de valor relacionadas com os fatores: processos essenciais, organização e estrutura, sistemas administrativos e cultura: atitude e comportamento.

SAIBA MAIS

Conjoint analysis é uma técnica que possibilita analisar diversas variáveis em conjunto, priorizando sua importância. O *ranking scale* é uma técnica para montar uma escala de atributos ranqueados por importância.

---

* *Conjoint analysis* é uma técnica que possibilita analisar diversas variáveis em conjunto, priorizando sua importância. O *ranking scale* é uma técnica para montar uma escala de atributos ranqueados por importância.

Quadro 13.12 Disciplinas de valor e os fatores organizacionais

Disciplinas de valor/fatores	Excelência operacional	Liderança em produtos	Intimidade com o cliente
Processos essenciais	Processos de suprimento e atendimento básico, padronização do produto	Invenção, desenvolvimento de produtos e exploração do mercado	Desenvolvimento de soluções, gerenciamento de resultados e de relacionamentos
Organização e estrutura	Estrutura centralizadora Operações padronizadas e simplificadas	Estrutura mutável, para se ajustar às iniciativas empreendedoras; aptidões distribuídas pelas áreas	Estrutura que delega decisões e dá autoridade à linha de frente
Sistemas administrativos	Ênfase no processo e no controle Procedimentos padronizados Qualidade total	Ênfase no conceito Recompensa à capacidade inovadora e à experimentação	Ênfase no relacionamento Mede o valor do cliente e administra os resultados
Cultura: atitude e comportamento	Ênfase na eficiência e confiabilidade Incentivo à padronização	Ênfase no aspecto revolucionário Encoraja a imaginação e a realização individuais	Ênfase em soluções específicas, que prospera com relacionamentos profundos e duradouros com os clientes Incentivo à flexibilidade

Fonte: adaptado de Rodrigues Filho[54] e Treacy e Wiersema.[55]

Um exemplo de empresa com **excelência operacional** é a Fedex, que usa a velocidade e a confiabilidade na entrega como seus pilares estratégicos e os utiliza como base para suas peças de comunicação aos clientes.

A indústria automobilística sempre demonstrou foco na **liderança em produtos**, desde os tempos da Ford Motors, por meio de investimento nas áreas de *design* do automóvel, *performance* do motor, dirigibilidade, entre outros atributos tangíveis. Nessa declaração de propósito da Fiat Brasil, é possível identificar a ênfase em produtos: "A Fiat Automóveis também investe no desenvolvimento de novos produtos, novas tecnologias, qualidade e capacitação da engenharia para executar projetos cada vez mais ousados e inovadores. Tudo em sintonia com os desejos e as aspirações dos clientes."[56]

Na atualidade, muitas empresas vêm buscando estabelecer maior proximidade com os clientes, por meio da oferta de maior conveniência e serviços e/ou produtos customizados. Um exemplo de estratégia de **intimidade com consumidor** é a possibilidade de simulação de ambientes. A empresa de varejo Tok&Stok tem oferecido um aplicativo aos clientes para que eles possam testar no ambiente virtual diversos produtos comercializados pela empresa.

Há muitos anos, tanto estudiosos quanto gestores e especialistas em marketing têm-se dedicado a compreender os caminhos que conduzem a lealdade do cliente a uma marca. Há muitas variáveis que podem explicar a lealdade dos consumidores, como recompra, satisfação ou mesmo recomendação por meio de boca a boca. Entretanto, a condição mínima é repetida satisfação do consumidor com a marca.

Mais recentemente, estudos têm demonstrado que o comportamento dos consumidores, na maioria das vezes, caracteriza-se como poligâmico em relação às categorias de produtos que consomem.[57] Isso significa dizer que o consumidor compra uma mesma categoria de produto ou serviço de marcas diferentes, podendo variar ao longo do tempo ou depender da oferta no momento da compra no varejo *on-line* ou *off-line*. Mas há ainda consumidores que desenvolvem apego emocional à marca, culminando em um relacionamento de longo prazo que pode ser caracterizado por amor, paixão, apego, entre outras atitudes positivas em uma relação.

Uma saída para aumentar os gastos dos clientes com as marcas tem sido a criação de programas de fidelidade ou a participação em programas já existentes. Buscam oferecer vantagens aos clientes para que esses permaneçam comprando os produtos e/ou serviços de forma sistemática.

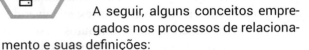

POR DENTRO DA TEORIA

A seguir, alguns conceitos empregados nos processos de relacionamento e suas definições:

Satisfação ou insatisfação do consumidor: o sentimento do consumidor de estar satisfeito ou insatisfeito após uma experiência de consumo reflete o grau em que as expectativas anteriores são confirmadas ou não confirmadas pelo desempenho percebido do produto.[58]

Lealdade atitudinal: refere-se a um conjunto de crenças e sentimentos positivos que o consumidor possa ter em relação à marca, levando-o a recomendar e, possivelmente, recomprar seus produtos e serviços no futuro.[59]

Lealdade comportamental: baseia-se no comportamento passado de compra desse consumidor para prever seu comportamento de compra futuro com apenas considerações secundárias sobre as motivações e comprometimento em relação à marca.[60]

Boca a boca (*word-of-mouth*)**:** é um processo de influência pessoal, no qual comunicações interpessoais presenciais, não presenciais, *on-line* ou *off-line* entre um remetente e um destinatário podem alterar o comportamento ou atitudes do destinatário.[61]

Amor à marca: é definido como o grau de apego emocional que um consumidor satisfeito tem por uma marca, o que pode incluir paixão, apego, avaliação positiva, emoções positivas em resposta à marca e declarações de amor pela marca.[62]

13.5.2 Tipos de relacionamentos

Day[63] exemplifica os relacionamentos entre empresa e clientes como uma linha contínua, tendo como extremos as trocas transacionais e as trocas colaborativas. O espectro de relacionamento determina o tipo de comunicação entre as empresas, a profundidade das interações e os mecanismos de coordenação, como mostra o Quadro 13.13.

Quadro 13.13 Dimensões do espectro de relacionamento

Dimensões	Troca transacional	Troca de valor agregado	Troca colaborativa
Comunicação	Marketing amplo Negociações	Interações personalizadas Ênfase na retenção Informações sobre os clientes	Os dois lados colaboram Resolução dos problemas em conjunto
Interação	Persuasão Ofertas competiti-vas	Vendas/equipe de serviços Vendas por gerentes de contas	Equipes multifuncionais atendem aos clientes Ampla troca de informações Integração social e dos processos Planejamento conjunto
Coordenação	Entregas e condições contratuais coordenadas	Proposta de valor para o cliente e maximizar o valor do cliente ao longo do tempo	Comprometimento mútuo Compartilhamento de metas e incentivos Confiança

Fonte: adaptado de Day.[64]

A troca transacional envolve itens padronizados, como embalagens ou materiais de limpeza, nos quais a concorrência influencia as condições comerciais. Tais trocas envolvem comunicação de marketing ampla, com ofertas persuasivas, e restrita às condições contratuais, envolvendo pouco ou nenhum compromisso emocional para sustentar o relacionamento no futuro.

A troca de valor agregado envolve itens personalizados conforme as informações fornecidas pelos clientes. A ênfase está na retenção, e as interações, em geral, são feitas por gerentes de contas. A coordenação busca uma proposta de valor para que o cliente prolongue seu tempo com a empresa.

A troca colaborativa envolve produtos sob medida, como produtos de tecnologia, solução conjunta de problemas e associações múltiplas que integram os processos das duas partes. As equipes são multifuncionais, e os processos de planejamento, conjuntos,

com comprometimento e confiança mútua. Para Hutt e Speh,[65] o compromisso de relacionamento envolve a crença de uma das partes de que o relacionamento é tão importante, que deve ser mantido. A confiança existe quando uma das partes percebe a confiabilidade e integridade do parceiro.

13.5.3 Jornada do consumidor

A jornada do consumidor costuma ser definida como algo linear, que tem início com uma tensão sentida pelo consumidor relacionada com algo de que necessita ou deseja consumir. Aprendemos que, a partir dessa motivação, o consumidor inicia um processo contínuo que irá culminar em aquisição, uso e avaliação do produto ou serviço desejado. Entretanto, as transformações das últimas décadas têm mudado esse processo para algo cíclico ou na forma de um *loop*, como pode ser visto na Figura 13.8.

Figura 13.8 Jornada do consumidor.

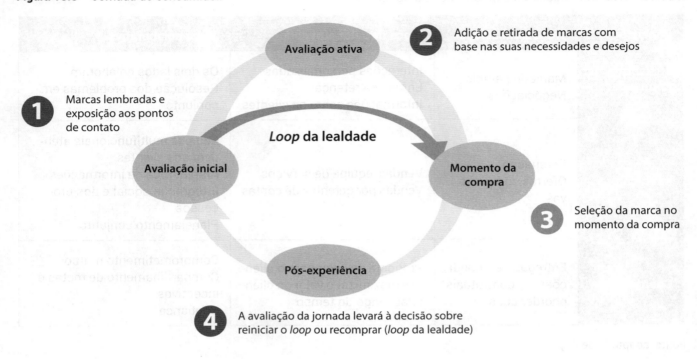

Fonte: elaborada com base em David Court, Dave Elzinga, Susan Mulder e Ole Jørgen VetvikF.[66]

O início da jornada caracteriza-se pela **avaliação inicial,** em que o consumidor vai em busca de informações para resolver sua tensão advinda de uma necessidade ou desejo de consumo. Em geral, esse consumidor parte para avaliar as ofertas das marcas que ele conhece ou que lhe foram recomendadas. Atualmente, esse processo é caracterizado por alto dinamismo e rapidez, devido à existência dos buscadores na internet, como Google, Yahoo, Bing, entre outros, associada ao aumento da presença de computadores e *smartphones* com acesso à internet no dia a dia de milhões de brasileiros.

Com base nessa avaliação inicial, o consumidor tomará decisões para uma segunda rodada de pesquisas. Dessa vez, ele pode optar em descartar marcas conhecidas que não apresentam ofertas adequadas ao que está buscando, inserindo outras novas. Tem-se o segundo passo da jornada, a **avaliação ativa.** Fica claro que as marcas com maior lembrança pelos consumidores e engajadas em resolver seus problemas permanecerão no processo de avaliação. Do mesmo modo, marcas que antes eram desconhecidas podem passar a entrar no processo avaliativo, porque suas ofertas chamaram atenção desse consumidor.

Em outras palavras, nessa fase há uma batalha pela mente do cliente, seja entre marcas que já estiveram na sua cesta de compras, seja entre as novas, e isso pode ocorrer tanto no âmbito das compras presenciais, como por meio do comércio eletrônico. Imagine um cliente em um supermercado: em geral, ele já traz sua lista de compras (física ou mental) que equivaleria ao passo 1 (avaliação inicial), mas é no momento da sua jornada dentro da loja que a avaliação ativa (passo 2) transcorre. O modo como as marcas (conhecidas e desconhecidas) estarão posicionadas em termos de comunicação, preço e promoção irá interferir diretamente na sua escolha final. Já no comércio eletrônico, os passos 1 e 2 podem ser ainda mais intensos e podem tomar horas e até dias. Enquanto o consumidor navega pelas suas escolhas iniciais, algoritmos dos buscadores passarão a lhe enviar ofertas, promoções e anúncios de marcas relacionadas com a sua busca inicial. Além disso, as redes sociais possuem papel relevante em ativar essa busca por meio de anúncios direcionados no *timeline* do cliente. Não podemos esquecer que o próprio consumidor pode contar, seja no ambiente físico ou digital, com recomendações ou boca a boca de marcas adicionais.

RELEMBRANDO

O boca a boca é reconhecido como uma poderosa ferramenta para conquistar novos clientes e reverter em vendas. Trata-se de uma conversa informal entre partes sobre a avaliação de bens e serviços e tem natureza interativa e rápida.

Há ainda a presença cada vez mais constante e ativa dos **influenciadores digitais**, que, por meio de suas postagens patrocinadas ou não, falam sobre produtos, serviços, destinos turísticos, eventos etc., dando seus testemunhos de uso e experiência com as marcas. Os influenciadores digitais são pessoas famosas ou não que possuem alto poder de agregação aos seus perfis nas mais diversas redes sociais, sendo as mais conhecidas Instagram, Facebook e TikTok. Motivados pelo conteúdo oferecido por esses influenciadores, os consumidores passam a considerar suas opiniões como mais um *input* no processo de avaliação (etapas 1 e 2). De acordo com o instituto de pesquisa Qualibest,** as principais razões para homens e mulheres, de diversas classes sociais e idades, seguirem um influenciador digital são em ordem de importância: (a) os assuntos que abordam são do interesse dos seus seguidores; (b) as opiniões e recomendações realizadas sobre produtos e serviços; (c) propiciam diversão e passatempo; (d) oferecem tutoriais para fazer e construir coisas; e (e) relatam suas experiências pessoais no dia a dia.

Na etapa 3, **momento de compra**, o consumidor irá vivenciar o serviço escolhido ou usar o produto comprado, e imediatamente emitirá o seu veredicto, confirmando ou não se as promessas da marca foram cumpridas. Como resultado, teremos um consumidor satisfeito ou insatisfeito com sua compra. Ao falarmos do consumo de produtos, essa análise pode perdurar a todo momento que o consumidor faz uso do produto durante sua vida útil, como no caso de bens duráveis e não duráveis. Quando compramos um tênis, seguimos avaliando sua *performance* a toda situação de uso que fizermos, construindo assim um parecer da experiência completa de utilização do produto. Já em serviços, como consumo em restaurantes ou estadias em hotéis, o momento da compra dá-se durante o processo de utilização dos serviços oferecidos, desde a chegada ao local, atendimento dos funcionários, comodidades e um conjunto de atributos que vão formar a experiência de consumo desse cliente. Em ambas as situações, percebe-se que a compra, seja ela de um produto ou serviço, levará a uma experiência de consumo. Todo esse processo compõe a etapa 4, **pós-experiência**, e será determinante para, em caso negativo, refazer o *loop* da jornada, iniciando uma nova avaliação inicial, ou, em caso positivo, ingressar no *loop* da lealdade, em que o cliente parte da necessidade

diretamente ao momento da compra, desprezando as buscas iniciais e ativas.

Na década de 1990, os pesquisadores James Gilmore e Joseph Pine[67] cunharam a expressão "economia da experiência" em contraponto a "economia dos serviços", associando esta última a ofertas comoditizadas. Seus estudos demonstram que as empresas mais bem-sucedidas são aquelas que ofertam produtos e serviços autênticos, enfatizado a transparência, o genuíno e o real. Em outras palavras, dão enfoque a outros elementos sensoriais ou hedônicos conectados ao momento do consumo. O instituto Euromonitor[68] apontou "experimentar mais" como uma das sete megatendências para as próximas décadas. Suas análises concluem que o "desejo de exclusividade e verdadeira autenticidade está levando a personalização a um novo nível, com os consumidores se tornando os criadores, alimentando o *design* de produtos e envolvendo-se no processo de produção". Assim, para além da inovação em experiência, estamos vivendo uma era em que o consumidor está no centro do processo criativo das empresas. Esse é o assunto do próximo tópico.

13.5.4 Cocriação e engajamento

À medida que os consumidores estão mais críticos ao que compram e mesmo aos anúncios que recebem, abre-se uma janela de oportunidade para as empresas se apropriarem das colaborações voluntárias de seus consumidores comprometidos. A base para estratégias de **cocriação e engajamento** está no estabelecimento de um relacionamento de confiança com o consumidor. Dessa forma, temos algumas pré-condições:

1. Espera-se que ao final do *loop* da jornada esse cliente tenha decidido permanecer no *loop* da lealdade.

2. Uma vez no *loop* da lealdade, esse consumidor decida ser um cliente ativo nas interações com a marca.

3. Espera-se que a empresa ofereça condições para que esse cliente possa exercer livremente ações de interatividade com todos os pontos de contato da marca, sejam eles digitais ou presenciais.

4. Por fim, espera-se que a empresa possua estrutura e recursos compatíveis com as ações de interatividade dos consumidores.

O processo de cocriação pressupõe a criação de estratégias de marketing conjuntamente com o cliente, ouvindo seus interesses e testando alternativas juntos. Para que empresas e consumidores estejam alinhados

---

** Pesquisa publicada pela Qualibest em 2019. Acesso em: https://www.institutoqualibest.com/.

nesse processo, é necessário que a empresa esteja ciente do que significa valor para o consumidor. Ou seja, trata-se de reconhecer como o consumidor percebe o valor do produto ou serviço no momento em que está usando.[69]

Nesse processo, é necessário que a empresa esteja aberta à interação com os consumidores, em um fluxo contínuo de ideias e ações, retirando do departamento de marketing a autoridade central sobre o fluxo de reposicionamentos e lançamentos de produtos e serviços, por meio de uma relação de partilha de responsabilidades com o consumidor, que passa a ter papel ativo nesse processo. Muitas empresas têm testado modelos parciais de cocriação, nos quais oferecem plataformas de interação com consumidor para opinarem sobre o lançamento de determinado produto ou serviço.

A empresa Lego, por sua vez, por meio da plataforma Lego Ideas,[70] propicia uma experiência de cocriação mais ampla, permitindo aos seus usuários a inserção de novas ideias de produtos, participação em concursos ou ainda criação de atividades envolvendo os produtos Lego.

SAIBA MAIS

Criação de valor ou cocriação de valor significa o nível de valor obtido pelo uso e depende dos contextos sociais, espaciais, temporais e físicos nos quais o uso ocorre; depende também de como esses aspectos mudam ao longo do uso.

Associado às estratégias de cocriação de valor está o engajamento do consumidor, definido como um estado psicológico que ocorre em virtude de experiências cocriativas interativas com uma marca com a qual já se tem um relacionamento.[71] Ou seja, o consumidor predispõe-se a participar de várias formas com objetivo exclusivo de aumentar sua conexão com a marca. Nesse sentido, o engajamento pode ocorrer em três dimensões (Figura 13.9): emocional, cognitiva e comportamental.

Na **dimensão emocional**, os consumidores engajam-se com demonstrações de afeto à marca. Isso é mais visível no universo das redes sociais, onde é possível identificar as reações emocionais dos consumidores aos *posts* e vídeos publicados pelas marcas em seus canais digitais, seja pelo uso de emojis ou ainda pelo uso da função "curtir", ou mais enfaticamente deixando comentários que contenham conotações emocionais na relação com a marca.

Já na **dimensão cognitiva**, os consumidores engajam-se mentalmente por meio de conteúdos disponibilizados pelas marcas em seus diversos materiais midiáticos. Aqui, vemos o papel cada vez mais importante do marketing de conteúdo, como ferramenta crucial para aproximar e tornar essa interação ainda mais rica.

A **dimensão comportamental**, por sua vez, está vinculada com toda ação do consumidor de endosso, compartilhamento e demais manifestações sociais para além da compra.

Importante ressaltar que o engajamento pode variar em intensidade nas dimensões, a depender da natureza do serviço ou produto. É o caso, por exemplo, de engajamento de clientes *business to business* com suas marcas. Em geral, esse engajamento ocorre com mais intensidade na dimensão cognitiva, uma vez que se trata de uma transação entre empresas e há preocupação maior em compartilhar soluções e aprendizados nos canais das marcas. Por sua vez, a relação de consumidores com suas marcas favoritas é marcada por engajamento emocional e comportamento, com demonstrações de afeto e compartilhamentos nas redes sociais.

Em suma, o relacionamento entre marcas e consumidores pode assumir diversas facetas, que podem ser desde a simples satisfação pela compra do produto que implique recompra até participação ativa por meio de engajamento para cocriação de valor. Em outras palavras, quanto maior é a relação entre consumidor e marca, mais se esperam formas diferenciadas de comprometimento e confiança que podem se traduzir em engajamento e cocriação de valor, criando um *loop* virtuoso para empresas e consumidores.

Figura 13.9 Dimensões do engajamento do consumidor.

Fonte: elaborada com base em Brodie *et al*.[72]

13.6 CONSIDERAÇÕES FINAIS E QUESTÕES: MARKETING EM EVOLUÇÃO, SEMPRE!

Na década de 1950, com o florescer das economias ocidentais do hemisfério norte no pós-guerra, marketing significava simplesmente vender mais. Em outras palavras, implicava todo tipo de tática para empurrar produtos aos consumidores. Nos anos 1960, o filósofo e pesquisador Theodore Levitt chamava atenção para uma miopia de marketing dos gestores de empresas, ao preocupar-se demasiadamente com a "expansão rápida da empresa" em detrimento do olhar atento ao cliente e ao mercado.

As tentadoras possibilidades de lucro através de baixos custos unitários de produção talvez representem a mais séria das atitudes autoilusórias de que pode padecer uma companhia, particularmente uma companhia "de rápida expansão", na qual um aumento da procura aparentemente garantido já tende a solapar uma preocupação adequada com a importância do marketing e dos clientes. [73]

O advento da internet e toda sorte de *hardwares* e *softwares* acoplados a sua multiplicidade de usos permitiu nova revitalização do marketing. Se no início tratava-se de organização e busca de conteúdos digitais, comércio eletrônico B2B e B2C e redes sociais, mais recentemente a inter-relação com equipamentos, tornando-os assistentes digitais e virtuais, ou ainda a alta capacidade para captura e processamento de informações *real time*, como no caso da internet das coisas (Iot), os *wearables* e tantos outros *devices*, têm trazido não apenas conveniência, mas sobretudo inteligência, monitoramento e gestão tanto para consumidores, quanto para corporações, pequenos produtores rurais, ONGs e governos. Somam-se a isso muitas possibilidades permitidas pela inteligência artificial e suas decorrências, como o aprendizado de máquina (*machine learning*), a gestão dos dados em múltiplas plataformas (*big data*) e suas aplicações nos mais diversos setores. Esse assunto será debatido em mais profundidade no Capítulo 21 (Organizações digitais).

Nesse cenário, o marketing não pode ser mais encarado como algo linear vinculado a um plano sequencial de ações. Seu escopo de atuação expandiu-se para além das fronteiras dos 4Ps, tornando-se um amálgama necessário para o desenho de *startups* como para a revitalização de conglomerados. Sua necessidade premente advém de um fato inexorável ao século XXI: a autonomia do consumidor e sua voz ativa nas redes sociais. Se antes a direção das ações de marketing seguia uma hierarquia de ações que começavam no departamento de marketing e culminaram na aquisição do produto pelo cliente, hoje o trajeto da construção do valor está mais fluido e não calcado em processos lineares, estáticos e hierárquicos. Há um processo colaborativo. A corporação ou empresa que não incorporar no seu marketing estratégico a força da expressão dos seus clientes, seja positiva ou negativa, estará fadada a enfrentar o que Levitt Theodore apontou nos anos 1960: a decadência pela miopia de marketing.

Ao percorrer este capítulo, você conheceu as ferramentas essenciais para adotar uma visão estratégica de marketing que, como proposto no início, renova-se continuamente em um *loop* criativo e virtuoso, em busca da criação de valor para o consumidor, para a organização, para seus funcionários e para toda sociedade.

CONTRIBUIÇÕES DO CAPÍTULO PARA A ADMINISTRAÇÃO CONTEMPORÂNEA

a) O **marketing estratégico do século XXI** deve dar sustentação a um novo modelo de negócio mais ajustado às novas demandas dos consumidores, conhecendo mais a fundo seus hábitos, crenças, comportamentos e atitudes, bem como estabelecendo um relacionamento interativo por meio das mídias digitais, que leve ao engajamento e, em consequência, ao efetivo desenvolvimento da cocriação de valor.

b) A elaboração **4 Ps de marketing** com foco no cliente-alvo é a ferramenta base para o gestor de marketing que deseja ampliar suas vendas, seja com clientes novos ou atuais.

c) **Pesquisa de marketing, inteligência de marketing e neuromarketing** devem fazer parte da caixa de ferramentas de todo gestor de marketing, na medida em que focaliza conhecer mais a fundo o comportamento do consumidor, dos mercados-alvo, da concorrência e até mesmo revelar o que está se passando no cérebro dos clientes quando ativado por uma ação de marketing.

d) No marketing estratégico, a empresa deve atuar com foco no cliente e no concorrente, ou seja, orientada para o mercado. Isso implica estabelecer um **plano de marketing** que tem início com a definição do público-alvo por meio da segmentação de mercado, para então definir seus objetivos estratégicos e traduzi-los nas ações que envolvam os 4Ps de marketing. Por fim, deve controlar para fazer ajustes contínuos.

e) O processo de **segmentação de mercado** tem como objetivo definir qual produto/serviço será ofertado para qual público-alvo (mercado-alvo), buscando estabelecer um diálogo direcionado sem dispersão de recursos.

f) O **marketing de relacionamento** é um instrumento de gestão, baseado na orientação para o mercado, que busca estabelecer relacionamentos profundos e duradouros com os diversos *stakeholders* de uma empresa ou organização, sejam eles clientes, fornecedores, distribuidores e funcionários. À medida que essas relações são diferenciadas, a empresa aumenta sua vantagem competitiva sustentável.

g) O relacionamento está calcado no **valor percebido** pelo cliente, e este é inerente ao uso do produto; é algo percebido pelos clientes e envolve um compromisso entre o que o cliente recebe e como utiliza o produto ou serviço. Quanto maior a satisfação, maior o valor percebido e, por consequência, maior a lealdade do cliente à marca.

h) A **jornada do consumidor** tem se tornado cada vez mais cíclica, exigindo das empresas investimento para ampliar o conhecimento da marca, na exposição dos produtos nos pontos de venda e ainda na presença efetiva e estratégica nas mídias digitais.

i) O **engajamento do consumidor** com as marcas é um estado psicológico que ocorre quando este predispõe-se a participar de várias formas com objetivo exclusivo de aumentar sua conexão com a marca. Quanto maior o engajamento do consumidor, maior será sua participação voluntária com ideias que podem gerar melhorias nos produtos ou serviços, ou, ainda, o desenvolvimento de novos, o que chamamos de cocriação de valor.

QUESTÕES PARA REFLEXÃO

1) O produto que utiliza um canal de distribuição para chegar até seu consumidor geralmente perde a possibilidade de contato com este e pode em algum momento não conhecer mais suas necessidades e desejos. Como esse distanciamento pode ser evitado?

2) O crescente acesso das empresas a dados pessoais e comportamentais dos clientes tem levado governos e entidades que defendem os consumidores a proporem leis que limitem e regulem esse acesso. Você acha que essas leis são suficientes? Quais são os riscos do acesso indiscriminado das empresas a essas informações dos consumidores? Além da criação das leis, que outros mecanismos você acredita que são eficientes no enfrentamento dessa questão?

3) Com avanço do acesso da população a informações sobre o relacionamento das empresas com seus mais diversos *stakeholders,* como fornecedores, distribuidores, comunidade local, mídia, funcionários, entre outros, discuta com seus colegas se as organizações devem considerar aplicar os conceitos do marketing de relacionamento. Estruture seus argumentos, definindo por que deveria

ou não aplicar os conceitos de marketing de relacionamento, com quais públicos vocês sugeririam estruturar um programa de relacionamento e quais dos conceitos vistos na Seção 13.5 auxiliariam na ação com esses públicos.

4) Como o marketing estratégico pode auxiliar uma empresa no processo de internacionalização?

QUESTÕES PARA AVALIAÇÃO DO CONHECIMENTO

1) Os principais produtos comercializados pela operadora Vivo são os aparelhos celulares e os *chips* que os fazem funcionar. Quais tipos de distribuição ela realiza para esses dois produtos? Qual a razão desta diferença?

2) Se você fosse da área de marketing do Bradesco e precisasse lançar uma conta-corrente para um público de 18 a 25 anos, qual das ferramentas do *mix* de comunicação você escolheria como prioritária? Justifique sua resposta.

3) A pesquisa de marketing implica um custo. Como ele pode ser determinado e quais são seus benefícios?

4) Qual a diferença entre neurociência e neurociência cognitiva?

5) Como o marketing estratégico pode auxiliar no processo de internacionalização de uma empresa?

6) Como o marketing de relacionamento está sendo transformado pelas redes sociais?

7) Em que ponto da jornada o consumidor pode desenvolver um comportamento que implique eliminar a avaliação inicial e ativa? Forneça exemplos para embasar sua resposta.

8) Explique a relação entre as estratégias de cocriação e engajamento pelos consumidores às marcas.

REFERÊNCIAS

[1] RITCHIE, C. *Marketing*: conceitos essenciais que fazem a diferença. São Paulo: Saraiva, 2012.

[2] KOTLER, P. *Administração de marketing.* 14. ed. São Paulo: Pearson, 2012.

[3] *Idem, ibidem.*

[4] MCCARTHY, E. J. *Basic marketing*: a managerial approach. R. D. Irwin, 1960.

[5] RITCHIE, C. *Op. cit.*, 2012.

6 CRESCITELLI, E.; SHIMP, T. *Comunicação de marketing*. São Paulo: Cengage Learning, 2012.

7 KOTLER, P. *Op. cit.*, 2012.

8 KOTLER, P.; KELLER, K. L. *Administração de marketing*. 15. ed. São Paulo: Pearson, 2019.

9 *Idem, ibidem.*

10 KOTLER, P. *Op. cit.*, 2012.

11 *Idem, ibidem.*

12 KOTLER, P.; KELLER, K. L. *Op. cit.*, 2019.

13 *Idem, ibidem.*

14 *Idem, ibidem.*

15 KOTLER, P. *Op. cit.*, 2012.

16 CRESCITELLI, E.; SHIMP, T. *Op. cit.*, 2012.

17 *Idem, ibidem.*

18 *Idem, ibidem.*

19 KOTLER, P.; KELLER, K. L. *Op. cit.*, 2019.

20 CRESCITELLI, E.; SHIMP, T. *Op. cit.*, 2012.

21 KOTLER, P. *Op. cit.*, 2012.

22 CRESCITELLI, E.; SHIMP, T. *Op. cit.*, 2012.

23 KOTLER, P.; KELLER, K. L. *Op. cit.*, 2019.

24 SPERS, E. E. Pesquisa de marketing em alimentos. In: NEVES, M. F.; THOMÉ E CASTRO, L. (org.) *Marketing e estratégia em agronegócios e alimentos*. São Paulo: Atlas, 2003. p. 53-72.

25 BEUREN, I. M. *Gerenciamento da informação*: um recurso estratégico no processo de gestão empresarial. São Paulo: Atlas, 1998. p. 19.

26 TACTILE ACADEMIA. The underwater iceberg. 2013. Disponível em: https://tactileacademia.com/2013/03/31/a-mini-quilt/33-underwater-iceberg/. Acesso em: 17 maio 2021.

27 SPERS, E. E. Pesquisa de marketing em alimentos. In: NEVES, M. F.; THOMÉ E CASTRO, L. (org.) *Marketing e estratégia em agronegócios e alimentos*. São Paulo: Atlas, 2003. p. 53-72.

28 TACTILE ACADEMIA. *Op. cit.*, 2013.

29 PLASSMANN, H.; RAMSØY, T. Z.; MILOSAVLJEVIC, M. Branding the brain: a critical review and outlook. *Journal of Consumer Psychology*, 22(1), 18-36, 2012.

30 RAYNER, K. Eye movements in reading and information processing: 20 years of research. *Psychological bulletin*, 124(3), 372, 1998.

31 SOLNAIS, C.; ANDREU-PEREZ, J.; SANCHEZ-FERNANDEZ, J.; ANDREU-ABELA, J. The contribution of neuroscience to consumer research: a conceptual framework and empirical review. *Journal of Economic Psychology*, 36, 68-81, 2013.

32 LIU, A.; XIA, L.; DUCHOWSKI, A.; BAILEY, R.; HOLMQVIST, K.; JAIN, E. Differential privacy for eye-tracking data. *In*: Proceedings of the 11TH ACM SYMPOSIUM ON EYE TRACKING RESEARCH & APPLICATIONS, june 2019, p. 1-10.

33 SANTOS, R. D. O. J.; OLIVEIRA, J. H. C.; ROCHA, J. B.; GIRALDI, J. D. M. E. Eye tracking in neuromarketing: a research agenda for marketing studies. *International Journal of Psychological Studies*, 7(1), 32, 2015.

34 NEUROLAB BRASIL. *Ferramentas*. 2020. Disponível em: http://www.neurolabbrasil.com.br/. Acesso em: 17 maio 2021.

35 LAMBIN, J-J. *Marketing estratégico*. 8. ed. Lisboa: McGraw-Hill, 2012.

36 *Idem, ibidem.*

37 AMICCI, F. *Software sob encomenda*: um estudo exploratório de segmentação e posicionamento no mercado empresarial. 2004. Dissertação (Mestrado em Administração) – Programa de Pós-Graduação da Faculdade de Economia, Administração e Contabilidade. São Paulo: Universidade de São Paulo, 2004. p.14.

38 KOTLER, P.; KELLER, K. L. *Op. cit.*, 2019. p. 290.

39 HOOLEY, G. J.; SAUNDERS, J. A.; PIERCY, N. F. *Estratégia de marketing e posicionamento competitivo*. 3. ed. São Paulo: Prentice Hall, 2005.

40 MELISSA. Clube Melissa e Squad. Disponível em: https://www.melissa.com.br/projetos. Acesso em: 28 abril 2020.

41 HUTT, M.; SPEH, T. *B2B*: gestão de marketing em mercados industriais e organizacionais. 10 ed. São Paulo: Cengage Learning, 2011.

42 PORTER, M. *Vantagem competitiva*: criando e sustentando um desempenho superior. 3. ed. Rio de Janeiro: Campus, 1991.

43 RIES, A.; TROUT, J. *Posicionamento*: a batalha por sua mente. São Paulo: M. Books, 2009.

44 PORTER, M. *Op. cit.*, 1991.

45 *Idem, ibidem.*

46 HOOLEY, G. J.; SAUNDERS, J. A.; PIERCY, N. F. *Estratégia de marketing e posicionamento competitivo*. 3. ed. São Paulo: Prentice Hall, 2005. p. 383.

47 ROCHA, T. V.; GOLDSCHMIDT, A. *Gestão dos stakeholders*. São Paulo: Saraiva, 2019.

48 *Idem, ibidem.*

49 HARRISON, J. S. *Administração estratégica de recursos e relacionamentos*. Porto Alegre: Bookman, 2005.

[50] GUMMESSON, E. *Marketing de relacionamento total*. Porto Alegre: Bookman, 2005.

[51] WOODRUFF, R. B. Customer value: the next source for competitive advantages. *Journal of the Academy of Marketing Science*, Greenvale, 25(2), p. 139-154, 1997.

[52] *Idem, ibidem.*

[53] *Idem, ibidem.*

[54] RODRIGUES FILHO, L. N. *Marketing empresarial*. Material de Circulação Interna da Pós-Graduação do Departamento de Administração da FEA USP. São Paulo, 2004. p. 35.

[55] TREACY, M.; WIERSEMA, F. *A disciplina dos líderes de mercado*: escolha seus clientes, direcione seu foco, domine seu mercado. Rio de Janeiro: Rocco, 1995. p. 52-62.

[56] FIAT BRASIL. Trecho retirado do *website* da Fiat Brasil 2020. Disponível em: https://www.fiat.com.br/institucional.html. Acesso em: 17 maio 2021.

[57] UNCLES, M. D.; DOWLING, G. R.; HAMMOND, K. Customer loyalty and customer loyalty programs. *Journal of Consumer Marketing*, 20(4), p. 294-316, 2003.

[58] DAY, R. L. Extending the concept of consumer satisfaction. In: PERREAULT JR., W. D (ed.). *Advances in consumer research*, v. 4. eds.., Atlanta: Association for Consumer Research, 1977. p. 149-154.

[59] UNCLES, M. D.; DOWLING, G. R.; HAMMOND, K. Customer loyalty and customer loyalty programs. *Journal of Consumer Marketing*, 20(4), p. 294-316, 2003.

[60] *Idem, ibidem.*

[61] SWEENEY, J. C.; SOUTAR, G. N.; MAZZAROL, T. Factors influencing word of mouth effectiveness: receiver perspectives. *European Journal of Marketing*, 42(3/4), p. 344-364, 2008.

[62] CARROLL, B. A.; AHUVIA, A. C. Some antecedents and outcomes of brand love. *Market Lett*,17, 79-89, 2006.

[63] DAY, G. Managing market relationship. *Journal of the Academy of Marketing Science*, 28(1), p. 25, 2000.

[64] *Idem*, p. 27.

[65] HUTT, M.; SPEH, T. *B2B*: gestão de marketing em mercados industriais e organizacionais. 10 ed. São Paulo: Cengage Learning, 2011.

[66] COURT, David *et al*. The consumer decision journey. *McKinsey Quarterly*, v. 3, n. 3, p. 96-107, 2009.

[67] PINE, B. J.; GILMORE, J. H. *The experience economy*: work is theatre & every business a stage. Boston: Harvard Business School, 1999.

[68] EUROMONITOR. Megatrends analysis and its impact on innovation. 2017. Disponível em: https://www.euromonitor.com/. Acesso em: 17 maio 2021.

[69] GRÖNROOS, C.; VOIMA, P. Critical service logic: making sense of value creation and co-creation. *Journal of the Academy of Marketing Science*, 41(2), 133-150, 2013.

[70] Disponível em: https://ideas.lego.com/. Acesso em: 17 maio 2021.

[71] BRODIE, R. J.; HOLLEBEEK, L. D.; JURIC, B.; ILIC, A. Customer engagement: Conceptual domain, fundamental propositions, and implications for research. *Journal of Service Research*, 14(3), 252-271, 2011.

[72] *Idem, ibidem.*

[73] LEVITT, Theodore. Marketing myopia. *Harvard Business Review*, v. 38, July-August, p. 36, 2004.

Assista ao **vídeo**

Capítulo

14 Administração financeira

Rafael Confetti Gatsios
Fabiano Guasti Lima

Pontos de aprendizado

Neste capítulo, o leitor poderá aprofundar seu conhecimento sobre:
- Objetivo financeiro de uma empresa.
- Decisões financeiras de uma empresa.
- Entendimento e avaliação das decisões de investimento, financiamento, capital de giro e dividendos de uma empresa.

RESUMO

Este capítulo visa apresentar conteúdos de administração financeira com foco no objetivo principal da empresa, de maximização da riqueza dos acionistas: decisões de financiamento, decisões de investimento, decisões de capital de giro e decisões de dividendos. São discutidos os principais conceitos e indicadores de cada uma das decisões. Nas decisões de investimento, são apresentados indicadores de avaliação de projetos de investimentos com o objetivo de escolha de projetos com viabilidade econômica e financeira. Para as decisões de financiamento, são tratados os conceitos de custo de capital próprio e custo de capital de terceiros com foco na estrutura ótima de capital. As decisões de capital de giro buscam avaliar a dinâmica dos recursos de curto prazo, e na decisão de dividendos é discutida a porcentagem ótima entre a distribuição de dividendos e o reinvestimento dos lucros.

14.1 INTRODUÇÃO

Para a área de administração financeira, o objetivo de uma empresa é a maximização da riqueza do acionista. Com a finalidade de atingir esse objetivo, são tomadas diferentes decisões de curto e longo prazos que podem ser reunidas em grupos: (i) decisões de investimento; (ii) decisões de financiamento; (iii) decisões de capital de giro; e (iv) decisões de dividendos.

As decisões de investimentos estão relacionadas com a alocação dos recursos da empresa e são representadas pelos ativos (investimentos). Para as decisões de financiamento, são avaliadas as origens do capital da empresa, representados pelos passivos (financiamentos). As decisões de capital de giro estão relacionadas com a análise dos recursos de curto prazo, e as decisões de dividendos avaliam a distribuição dos lucros gerados.

A avaliação dessas decisões é feita de maneira conjunta, ou seja, a maneira como a empresa se financia altera as decisões de investimento e, de maneira inversa, as decisões de investimento impactam as decisões relacionadas com a origem do recurso disponível. Também é preciso conciliar as decisões de financiamento e investimento com a gestão do fluxo de recursos de curto prazo e, por fim, avaliar o destino dos lucros gerados pela entidade.

Na Figura 14.1, são apresentadas as decisões de investimento, financiamento, capital de giro e dividendos, assim como a relação entre elas, sendo assim demostrada a estrutura básica de um balanço patrimonial.

No lado direito da figura, balanço patrimonial, está representada a origem dos recursos (financiamento). Esses recursos podem ser provenientes de capital próprio e/ou capital de terceiros.

O capital próprio é o capital subscrito pelos sócios, e os lucros acumulados em períodos anteriores é representado pelo patrimônio líquido (PL). Ao realizarem esses investimentos, os sócios esperam ter remunerado seu capital investido pelo lucro gerado na atividade.

O capital de terceiros é originado de fontes externas que podem ter origem financeira, empréstimos e financiamentos de curto e longo prazo, ou operacional, fornecedores, salários e impostos a pagar. Esses recursos, financeiros e operacionais, são o passivo da empresa. Os passivos financeiros são remunerados pelos juros da operação contratada.

O investimento é representado na figura pelo lado esquerdo – balanço patrimonial – ativo, e é composto pelas diferentes alocações de recursos da empresa. Esses investimentos devem ser avaliados com relação ao retorno econômico gerado.

A avaliação conjunta das duas decisões mostra que os investimentos são responsáveis pela geração de resultado operacional que deve ser suficiente para remunerar o custo do financiamento (capital próprio + capital de terceiros), ou seja, o lucro da operação deve remunerar os juros dos empréstimos e financiamentos e gerar ainda lucro que compense o risco dos recursos subscritos pelos sócios.

As decisões de capital de giro estão relacionadas com a gestão dos recursos de curto prazo e objetivam o equilíbrio financeiro da empresa. Para isso, é avaliado o volume de recursos necessários para as atividades operacionais e financeiras da empresa no curto prazo.

Além disso, após a apuração dos resultados da empresa, é necessário avaliar o destino dos recursos gerados, ou seja, a empresa pode decidir pela distribuição dos lucros para os sócios em forma de dividendos ou reinvestir o capital em novos projetos. É nesse sentido que se apresentam as decisões de administração financeira que são trabalhadas neste capítulo.

POR DENTRO DA TEORIA

Objetivo da empresa: o objetivo da empresa é auferir retornos por meio de seus ativos acima do custo de suas fontes de financiamento (capital próprio e capital de terceiros). Ao apurar esse excesso de retorno, a empresa gera resultado e agrega riqueza para seus acionistas, garantindo assim viabilidade econômica do negócio.
Fonte: Assaf Neto.[2]

Figura 14.1 Decisões de investimento e financiamento.

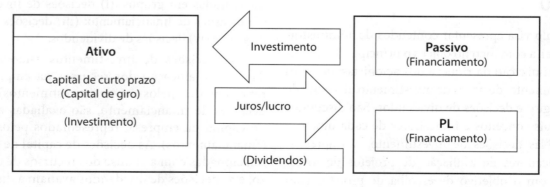

Fonte: Assaf Neto.[1]

14.2 DECISÕES DE INVESTIMENTO

As decisões de investimento estão relacionadas com a aplicação de recursos em diferentes ativos com o objetivo de geração de valor para os acionistas. Essas decisões são geralmente avaliadas para retorno no médio ou longo prazo e devem ter a atenção da empresa, dada a sua importância para o futuro dela. Alocações de recursos em projetos com viabilidade econômica são determinantes para a competitividade e continuidade do negócio.

As técnicas de avaliação de uma decisão de investimento exploram os resultados futuros de caixa gerados pelos projetos, dado determinado nível de risco, e avaliam se os resultados gerados são superiores aos gastos dos projetos. Ou seja, o objetivo é gerar retorno acima do custo de capital do projeto e desse modo agregar valor ao acionista.

Para avaliação de um projeto de investimento, também é importante avaliar a natureza do investimento realizado. Esses investimentos podem ser caracterizados como investimentos independentes ou mutuamente excludentes, com ou sem restrição orçamentária. Essas classificações são importantes, pois definem se dois ou mais projetos podem ser realizados de maneira simultânea.

POR DENTRO DA TEORIA

Tipos de investimentos: os aspectos que envolvem os tipos de investimentos dizem respeito às diferentes situações que as empresas enfrentam no momento de tomada de decisão e como um projeto de investimento de capital afeta ou é afetado por outras propostas.
Fonte: Assaf Neto e Lima.[3]

O processo de avaliação de um investimento passa pelo dimensionamento dos resultados futuros de caixa, avaliação do retorno exigido pelo acionista, avaliação do risco do projeto e aplicação das técnicas de avaliação de projetos.

14.2.1 Fluxos de caixa nas decisões de investimento

A definição dos fluxos de caixa futuros é etapa fundamental na avaliação das decisões de investimento. O fluxo de caixa do projeto é definido pelas entradas e saídas operacionais de recursos financeiros ao longo do período de desenvolvimento do projeto. É importante destacar que a análise deve ser feita pela real (caixa) entrada e saída de recursos. Destaca-se também que os fluxos de caixa considerados devem ser avaliados em termos incrementais, ou seja, diretamente relacionados com a execução do projeto.

Os fluxos de caixa de um projeto são compostos de maneira geral por investimentos iniciais e fluxos operacionais líquidos futuros. O montante do investimento inicial é composto pelos gastos realizados para a execução do projeto. Os fluxos operacionais futuros são compostos pelas receitas operacionais incrementais menos os custos e despesas operacionais. Cabe destacar que os valores que não afetam o caixa não devem ser incluídos nos fluxos de caixa futuro, como, por exemplo, a depreciação dos bens. Ainda com relação aos investimentos iniciais, devem ser considerados os valores investidos em capital de giro.

Nas Tabelas 14.1, 14.2 e 14.3 são apresentados, a título de exemplo, os fluxos de caixa de dois projetos de investimento para a compra das máquinas A e B. Esses fluxos de caixa são representados por investimentos iniciais e fluxos esperados de caixa. Ou seja, são realizados investimentos iniciais para a compra das máquinas e são esperados incrementos líquidos de caixa decorrentes das receitas operacionais incrementais líquidas e das despesas operacionais.

Esse modelo de fluxo de caixa é denominado fluxo de caixa convencional, pois apresenta um investimento inicial e seguidas entradas de caixa. É possível ainda a construção de fluxos de caixa não convencionais, com saídas de caixa ao longo dos fluxos de caixa futuros. Na Tabela 14.3, são apresentados os projetos de investimentos para as máquinas A e B.

Tabela 14.1 Projetos de investimentos máquinas A e B – investimento inicial

Investimento inicial
Compra máquina (A) – R$ 300.000,00
Investimento em capital de giro (A) – R$ 90.000,00
Compra máquina (A) – R$ 500.000,00
Investimento em capital de giro (A) – R$ 90.000,00

Tabela 14.2   Projetos de investimentos máquinas A e B – fluxos de caixa esperados

Máquina	Fluxos de caixa esperados			
A	Ano 1 ($)	Ano 2 ($)	Ano 3 ($)	Ano 4 ($)
Receita operacional	260.000,00	2300.000,00	160.000,00	120.000,00
Despesas operacionais	50.000,00	2.120.000,00	40.000,00	20.000,00
Fluxo de caixa operacional	210.000,00	180.000,00	120.000,00	100.000,00
B	Ano 1 ($)	Ano 2 ($)	Ano 3 ($)	Ano 4 ($)
Receita operacional	150.000,00	180.000,00	530.000,00	760.000,00
Despesas operacionais	60.000,00	50.000,00	60.000,00	50.000,00
Fluxo de caixa operacional	90.000,00	130.000,00	470.000,00	710.000,00

Tabela 14.3   Projetos de investimentos máquinas A e B

Máquina	Investimento inicial	Fluxos de caixa esperados			
		Ano 1 ($)	Ano 2 ($)	Ano 3 ($)	Ano 4 ($)
A	390.000,00	210.000,00	180.000,00	120.000,00	100.000,00
B	590.000,00	90.000,00	130.000,00	470.000,00	710.000,00

14.2.2   Avaliação econômica de investimentos

Para a avaliação econômica dos investimentos, são apresentados métodos que avaliam a viabilidade de execução dos projetos. As propostas aceitas devem gerar retorno econômico para os acionistas, remunerando o investimento realizado, dado o nível de risco do projeto.

Na sequência, são apresentados os principais métodos de avaliação de investimentos: (i) *payback*; (ii) valor presente líquido (VPL); e (iii) taxa interna de retorno (TIR). As avaliações são decorrentes dos fluxos de caixa de cada um dos projetos e de premissas de mercado ou, ainda, estabelecidas pela própria empresa. Os métodos serão apresentados utilizando o exemplo mostrado na Tabela 14.3.

14.2.2.1   *Período de* payback

O período de *payback* avalia o tempo de retorno do investimento realizado. Ou seja, é uma medida de tempo para a recuperação do capital investido. Essa medida é amplamente utilizada no mercado, dada sua facilidade de entendimento.

A decisão de aceitar ou rejeitar o projeto é dada pela comparação do prazo de *payback* do projeto com o tempo mínimo de retorno do capital investido estabelecido pela empresa. Se o *payback* for menor que o prazo estabelecido pela empresa, o projeto deve ser aceito. Caso o *payback* seja maior que esse prazo, o projeto deve ser rejeitado. Para comparação de projetos, aquele com menor *payback* deve ser priorizado.

No entanto, é de fundamental importância destacar a limitação principal desse método de investimento. O *payback* compara recursos financeiros em diferentes momentos do tempo sem o correto ajuste do valor do dinheiro no tempo. Existem também os métodos de *payback* descontado e médio, que buscam ajustar os problemas do método tradicional, mas ambas as correções acabam por reduzir a simplicidade do *payback* e são preteridas com relação a outros métodos, como valor presente líquido (VPL) e taxa interna de retorno (TIR). Por esse motivo, neste capítulo é utilizado o *payback* tradicional, assim como VPL e TIR.

Cap. 14 ■ Administração financeira   283

Tabela 14.4   Projetos de investimentos para as máquinas A e B.

Máquina	Investimento inicial	Fluxos de caixa esperados			
		Ano 1 ($)	Ano 2 ($)	Ano 3 ($)	Ano 4 ($)
A	390.000,00	210.000,00	180.000,00	120.000,00	100.000,00
B	590.000,00	90.000,00	130.000,00	470.000,00	710.000,00

Para o exemplo apresentado na Tabela 14.4, o cálculo do *payback* da máquina A é realizado do seguinte modo: o investimento inicial é reduzido dos fluxos de caixa esperados até a recuperação total do investimento realizado.

Ano 1: Investimento + Fluxo de caixa (Ano 1) = (390.000,00) + 180.000,00 = (180.000,00)

No ano 1, é recuperado o valor de 180.000,00, restando recuperar o valor de 180.000,00 referente ao investimento realizado.

Ano 2: saldo em aberto Ano 1 + Fluxo de Caixa (Ano 2) = (180.000,00) + 180.000,00 = 0

No ano 2, é recuperado o valor de 180.000,00, totalizando 390.000,00. Ou seja, para a compra da máquina A o *payback* é de dois anos.

Para a máquina B, a avaliação é semelhante:

Ano 1: Investimento + Fluxo de caixa (Ano 1) = (590.000,00) + 90.000,00 = (500.000,00)

Ano 2: Saldo em aberto Ano 1 + Fluxo de caixa (Ano 2) = (500.000,00) + 130.000,00 = (370.000,00)

Ano 3: Saldo em aberto Ano 1 + Fluxo de caixa (Ano 2) = (370.000,00) + 470.000,00 = 100.000,00

Para esse caso, nota-se que o valor é recuperado ao longo do ano 3, mas com sobra de recursos ao final do período. Assim, para definição do período de *payback*, é avaliada a proporção do período e do volume de capital recuperado, da seguinte forma:

Payback: **Ano 1 + Ano 2 + parte do Ano 3**

$$\text{Parte do Ano 3} = \frac{370.000,00}{470.000,00} = 0,79$$

Payback: **Ano 1 + Ano 2 + parte do Ano 3 = 2,79 anos.**

Supondo que a empresa trabalhe com um período de *payback* de quatro anos, ambos os projetos deveriam ser aceitos, pois o período de *payback* é inferior ao prazo máximo dado pela empresa. Caso os projetos sejam excludentes entre si, ou seja, caso seja possível apenas a compra de uma das máquinas, a decisão seria pela compra da máquina A, pois apresenta menor tempo de *payback*.

Esse método é bastante utilizado por instituições financeiras que desejam avaliar o prazo de retorno do financiamento dado ao cliente sem se preocupar com a rentabilidade do projeto. Além disso, para projetos de curta duração a utilização do *payback* não apresenta restrição, pois o efeito do dinheiro no tempo é minimizado nesses casos.

14.2.2.2 Valor presente líquido (VPL)

Outra forma de avaliar os investimentos é o método do valor presente líquido (VPL). Esse método possui ampla aceitação teórica e prática. O cálculo do VPL é dado pela diferença entre os benefícios líquidos futuros de caixa e o valor presente do investimento.

$$\text{VPL} = \sum_{t=1}^{n} \frac{FC_t}{(1 + K)^t} - \left[I_0 + \sum_{t=1}^{n} \frac{I_t}{(1 + K)^t} \right]$$

Em que:

FCt = fluxo (benefício) de caixa de cada período.

K = taxa de desconto do projeto, representada pela rentabilidade mínima requerida.

I_0 = investimento processado no momento zero (inicial).

I_t = valor do investimento previsto em cada período.

Para a avaliação do projeto, é necessária a definição prévia da taxa de desconto do projeto. Essa taxa deve representar o retorno esperado do projeto, considerando o risco do projeto.

O VPL representa um valor monetário comparando investimentos e fluxos líquidos de caixa operacionais a

284 Administração ■ *Conejero – Oliveira – Abdalla (Orgs.)*

valor presente. Desse modo, os projetos com VPL positivos ou igual a zero devem ser aceitos. Os projetos com VPL negativos devem ser descartados, pois destroem valor. Ademais, na comparação de projetos excludentes devem-se escolher projetos com maior VPL.

Voltando ao exemplo apresentado na Tabela 14.5, é possível avaliar o VPL dos projetos da compra das máquinas A e B, dada uma taxa de desconto de 10% a.a., lembrando que essa taxa deve refletir o retorno esperado do projeto, dado o nível de risco.

Tabela 14.5   Projetos de investimentos para as máquinas A e B

Máquina	Investimento inicial	Fluxos de caixa esperados			
		Ano 1 ($)	Ano 2 ($)	Ano 3 ($)	Ano 4 ($)
A	390.000,00	210.000,00	180.000,00	120.000,00	100.000,00
B	590.000,00	90.000,00	130.000,00	470.000,00	710.000,00

O VPL da máquina A pode ser calculado da seguinte forma:

$$\mathbf{VPL} = \frac{210.000,00}{(1+0,10)^1} + \frac{180.000,00}{(1+0,10)^2} + \frac{120.000,00}{(1+0,10)^3} + \frac{100.000,00}{(1+0,10)^4} - 390.000,00$$

$$VPL = 498.128,54 - 390.000,00 = 108.128,54$$

O resultado indica a geração monetária de $ 108.128,54, ou seja, o projeto apresenta um resultado positivo de VPL e por esse motivo deveria ser aceito. Ainda assim, é possível avaliar da mesma forma o projeto da compra da máquina B. Realizando os mesmos cálculos, a máquina B apresenta um VPL de $ 437.313,71, valor também positivo indicando geração de valor. Caso a opção seja por apenas um projeto, deve-se realizar o

projeto com maior VPL, máquina B. É importante destacar que o VPL está relacionado com a taxa de desconto do projeto. Assim, um aumento na taxa de desconto reduz o VPL do projeto.

Os mesmos cálculos poderiam ter sido realizados na calculadora financeira HP 12C. Para o cálculo do VPL da máquina A, é realizada a sequência de comandos apresentada na Tabela 14.6.

Tabela 14.6   VPL de projetos de investimentos para as máquinas A e B

Comandos	Significado
f REG	Limpa os registradores de armazenamento
390.000 CHS g CFo	Fluxo de caixa inicial
210.000 g CFj	Fluxo de caixa do ano 1
180.000 g CFj	Fluxo de caixa do ano 2
120.000 g CFj	Fluxo de caixa do ano 3
100.000 g CFj	Fluxo de caixa do ano 4
10 i	Taxa de desconto de 10%
f NPV	VPL para taxa de desconto de 10% = $ 108.128.54

14.2.2.3 Taxa interna de retorno (TIR)

Ainda dentro de avaliação de projeto de investimento, outro método é bastante utilizado para a tomada de decisão: a taxa interna de retorno (TIR). Essa taxa avalia o retorno gerado no projeto. De maneira mais detalhada, a TIR representa a taxa que iguala os investimentos realizados com os fluxos de caixa futuros.

$$I_0 + \sum_{t=1}^{n} \frac{I_t}{(1 + K)^t} = \sum_{t=1}^{n} \frac{FC_t}{(1 + K)^t}$$

Em que:

I_0 = montante do investimento no momento zero (início do projeto).

I_t = montantes previstos de investimento em cada momento subsequente.

K = taxa de rentabilidade (TIR).

FCt = fluxos previstos de entradas de caixa em cada período de vida do projeto (benefícios de caixa).

Para a avaliação econômica do projeto, a TIR deve ser comparada com a taxa mínima de atratividade do projeto (TMA). Ou seja, deve-se comparar o retorno gerado pelo projeto com o retorno esperado. Se a TIR for superior ou igual à TMA, deve-se aceitar o projeto, caso contrário ele deve ser rejeitado. Projetos com maior TIR devem ter preferência na avaliação comparativa entre projetos de mesmo risco.

Retornando ao exemplo apresentado na Tabela 14.7, é possível avaliar a TIR dos projetos de compra das máquinas A e B.

O resultado indica que a TIR de 24,27% é maior que a TMA de 10%. Nesse caso, o projeto da compra da máquina A deve ser aceito. Para a máquina B, podem-se realizar os mesmos cálculos, e o resultado da TIR é de 31,34%, também com indicação de aceite. Na decisão por apenas um dos projetos, deve-se optar pelo projeto de maior TIR, compra da máquina B. Os cálculos também podem ser realizados na calculadora HP 12C.

Tabela 14.8 TIR – Projetos de investimentos máquinas A e B

Comandos	Significado
f REG	Limpa os registradores de armazenamento
390.000 CHS g CFo	Fluxo de caixa inicial
210.000 g CFj	Fluxo de caixa do ano 1
180.000 g CFj	Fluxo de caixa do ano 2
120.000 g CFj	Fluxo de caixa do ano 3
100.000 g CFj	Fluxo de caixa do ano 4
F IRR	Taxa interna de retorno: 24,27%

Tabela 14.7 Projetos de investimentos para as máquinas A e B

Máquina	Investimento inicial	Fluxos de caixa esperados			
		Ano 1 ($)	Ano 2 ($)	Ano 3 ($)	Ano 4 ($)
A	390.000,00	210.000,00	180.000,00	120.000,00	100.000,00
B	590.000,00	90.000,00	130.000,00	470.000,00	710.000,00

A TIR da máquina A pode ser calculada da seguinte forma:

$$390.000,00 = \frac{210.000,00}{(1 + TIR)^1} + \frac{180.000,00}{(1 + TIR)^2} + \frac{120.000,00}{(1 + TIR)^3} + \frac{100.000,00}{(1 + TIR)^4}$$

$$TIR = 24,27\%$$

Por fim, podem-se entender a TIR e o VPL de maneira conjunta. Projetos com TIR igual a TMA apresentarão VPL igual a 0. Ou seja, o projeto está gerando o resultado econômico igual ao esperado. Também é importante destacar que os métodos de avaliação apresentam limitações. O VPL precisa de determinação prévia da taxa de retorno esperada do projeto. A TIR considera o reinvestimento dos fluxos de caixa como a própria taxa da TIR.

> ## POR DENTRO DA TEORIA
>
> **Decisões conflitantes:** os métodos TIR e VPL podem sugerir a escolha de projetos diferentes. Nesse caso, é indicada a utilização de metodologias complementares de análise, como a TIR incremental. Neste caso utiliza-se o fluxo de caixa incremental dos projetos e é avaliado se o incremento do fluxo de caixa gera retorno econômico.
>
> Fonte: Damodaran.[4]

Por fim, nesse caso, podem-se entender a TIR e o VPL de maneira conjunta. Projetos com TIR igual a TMA apresentarão VPL igual a 0. Ou seja, o projeto está gerando o resultado econômico igual ao esperado. Também é importante destacar que os métodos de avaliação apresentam limitações. O VPL precisa de determinação prévia da taxa de retorno esperada do projeto. A TIR considera o reinvestimento dos fluxos de caixa como a própria taxa da TIR, como apresentado por Assaf Neto.[5]

Na comparação com o *payback*, nota-se uma decisão conflitante, pois esse método sugere a opção pela compra da máquina A. Nesse sentido, é preciso avaliar que a recuperação do capital investido ocorre primeiro no projeto da compra da máquina A. Contudo, em termos de geração de riqueza e na análise da taxa de retorno do investimento, é indicado o projeto da compra da máquina B.

Esses indicadores auxiliam na análise das decisões de investimento. Como apresentado no início do capítulo, essas decisões são fundamentais para continuidade e rentabilidade da empresa. A decisão por projetos com viabilidade econômica é fundamental para a orientação de geração de valor para o acionista. Na próxima seção, é discutida a questão da decisão de financiamento, ou seja, o custo para o investimento realizado.

A relação entre as duas análises, investimento e financiamento, fica evidente nos métodos de avaliação apresentados (VPL e TIR), pois o custo de capital é a taxa que deve ser utilizada para o cálculo do VPL e para

a comparação com a TIR. Ou seja, empresas com maior custo de capital irão necessitar de projetos mais lucrativos. Caso o custo de capital seja reduzido, é esperada maior geração de valor nos projetos de investimento.

DA TEORIA À REALIDADE BRASILEIRA

Copom reduz SELIC para a mínima histórica de 2% ao ano

Foi o quarto corte realizado durante a crise causada pela pandemia. A decisão foi unânime e veio em linha com o que era esperado pela maior parte do mercado.

A redução das taxas de juros na economia brasileira é fato que deve ser considerado na avaliação dos investimentos. A determinação da taxa mínima de atratividade de um projeto está relacionada com o retorno dos demais ativos da economia. Com a redução da taxa SELIC, espera-se uma redução do custo de capital no Brasil, fato que pode contribuir para o aumento dos investimentos realizados no país.

Com taxas de juros mais baixas, projetos que antes tinham VPL negativo ou ainda que apresentavam TIR menor do que a TMA podem agora ter avaliação positiva, com geração de valor econômico.

Fonte: *Valor Econômico*.[6]

14.3 DECISÕES DE FINANCIAMENTO

As decisões de financiamento estão relacionadas com a origem do recurso para investimento na empresa. A origem de capital pode ser capital próprio e/ou capital de terceiros. O capital próprio investido na empresa deve ser remunerado pelos lucros gerados pelas decisões de investimento. O capital de terceiros, empréstimos e financiamentos tem taxas próprias de remuneração pactuadas nos contratos.

De maneira bastante intuitiva, o custo de capital, próprio ou de terceiros, é formado por duas parcelas de retorno exigido. A primeira parcela relacionada com um retorno livre de risco e a segunda com um prêmio pelo risco. Nesse caso, quanto maior o risco do investimento, maior o custo de capital próprio e de terceiros.

Custo de Capital = Taxa Livre de Risco + Prêmio pelo Risco

O custo total do financiamento da empresa é obtido pela média ponderada entre o custo de capital próprio e o custo de capital de terceiros (CMPC). O

CMPC é a remuneração exigida por credores e acionistas. As empresas buscam definir uma composição ótima de endividamento e capital próprio com o objetivo de redução do CMPC, promovendo assim o aumento de riqueza.

POR DENTRO DA TEORIA

Custo médio ponderado de capital (CMPC): o custo médio ponderado de capital é amplamente conhecido na literatura internacional como *weighted average cost of capital* (WACC). Para o correto cálculo do WACC, deve-se utilizar a estrtura de capital com valores de mercado e não com valores contábeis do balanço.

Exigibilidade: os recursos de capital de terceiros são exigíveis nas datas de vencimento das operações. Os recursos de capital próprio não apresentam prazo de exigibilidade.

Fonte: Assaf Neto e Lima.[7]

14.3.1 Custo de capital de terceiros

O custo de capital de terceiros é a remuneração exigida pelos credores da empresa. Ou seja, é o custo pactuado nas diferentes operações de empréstimos e financiamentos obtidas pela empresa. Como já discutido anteriormente, esse custo é diretamente proporcional ao risco da empresa. Quanto maior o risco da empresa, maior será o retorno exigido pelos credores. É importante destacar que esse risco decorre das atividades de investimento da empresa, capacidade de pagamento, endividamento e outros fatores.

O custo de capital de terceiros é representado na literatura como K_i. Para o cálculo do custo de capital de terceiros, é apropriado avaliar cada operação de empréstimo ou financiamento e calcular uma média ponderada entre o custo de cada operação e o seu volume. Também é possível avaliar esse custo utilizando as despesas financeiras e o volume total de empréstimos e financiamentos obtidos pela empresa. Deve-se atentar nesse caso para os valores lançados como despesa financeira, pois é comum que nessa conta estejam lançados resultados de operações de derivativos, taxas e outros valores que não refletem o real valor da despesa financeira do período.

A Tabela 14.9 apresenta, a título de exemplo, a estrutura básica da empresa Avaliação S.A., com as suas fontes de investimento e financiamento.

Tabela 14.9 Estrutura básica da empresa Avaliação S.A.

Ativo	Passivo
Ativo circulante: $ 60.000	Empréstimos de curto prazo: $ 40.000
	Empréstimos de longo prazo: $ 20.000
Ativo não circulante: $ 20.000	PL: $ 20.000

A estrutura da empresa em destaque apresenta um caso com um ativo (investimento) de $ 80.000 com financiamento via capital de terceiros de $ 60.000 e capital próprio de $ 20.000. Além disso, a empresa apresenta despesas financeiras $ 3.600 e está sujeita a uma alíquota de imposto de renda de 34%.

Para avaliação do custo de capital de terceiros da empresa Avaliação S.A., deve ser considerado o total de empréstimos e financiamentos e as despesas geradas por esses recursos.

$$K_i \text{ (Bruto)} = \frac{\text{Despesas Financeiras}}{\text{Empréstimos e Financiamento}}$$

$$K_i \text{ (Bruto)} = \frac{\$ 3.600}{\$ 60.000} = 6\% \text{ a.a}$$

Nesse cálculo, foi avaliado o custo bruto de capital de terceiros, pois como as despesas financeiras são dedutíveis do imposto de renda, a empresa reduz o valor pago de IR e contribuição social. Por esse motivo, é necessário considerar o benefício fiscal da dívida no cálculo do custo de capital de terceiros.

$$K_i \text{ (Bruto)} = \frac{\text{Despesas Financeiras} \times (1 - IR)}{\text{Empréstimos e Financiamento}}$$

$$K_i \text{ (Líquido)} = \frac{\$ 3.600 \times (1 - 0,34)}{\$ 60.000} = 3,96\% \text{ a.a}$$

SAIBA MAIS

Benefício fiscal da dívida: na estrutura da demonstração de resultado do exercício (DRE), a despesa financeira aparece antes do cálculo do imposto de renda e contribuição social. Por esse motivo, a despesa financeira reduz o valor pago de imposto de renda e contribuição social. É necessária a avaliação do regime de tributação da empresa para verificar a existência desse benefício. Empresas brasileiras do Simples Nacional não têm essa estrutura de tributação.

Fonte: Assaf Neto e Lima.[8]

O resultado indica que as despesas financeiras líquidas foram de $ 2.376, devido ao benefício fiscal da dívida. Desse modo, o custo líquido total de capital de terceiros da empresa Avaliação S.A. foi de 3,96%. Esse custo é o pactuado nas operações financeiras da empresa e representa a remuneração exigida pelos credores, líquida do benefício fiscal.

É importante destacar que o endividamento da empresa é fonte de risco, ou seja, quanto maior o nível de endividamento da empresa, maior deverá ser o custo de capital da empresa. Esses recursos são exigíveis nas datas de vencimento das operações e, em caso de não pagamento, deve ser acionado o contrato para execução da dívida.

14.3.2 Custo de capital de próprio

O custo de capital próprio representa o retorno esperado pelos acionistas de uma empresa para financiamento das suas operações. Esse valor representa o resultado esperado pelos sócios para compensar o risco do capital investido. O capital próprio é composto pelo capital subscrito pelos acionistas mais ou lucros acumulados da empresa.

Assim como apresentado na análise do custo de capital de terceiros, o custo de capital próprio também é função do risco. Ou seja, quanto maior o risco envolvido no financiamento da empresa, maior o retorno exigido pelos sócios e, consequentemente, maior o custo do capital próprio.

O cálculo do custo do capital próprio é tratado na literatura como K_e. O cálculo desse valor não é trivial, pois a definição das taxas de retorno esperado e do risco envolvido dificultam a aplicação prática do cálculo. Por esse motivo, é necessária a elaboração de um modelo para o direcionamento do cálculo. Alguns métodos são utilizados pela literatura para a determinação do custo de capital próprio e usam diferentes variáveis para mensurar o risco e o retorno esperado na operação.

Neste capítulo, é utilizado como proposta para a definição do K_e o modelo de precificação de ativos

Capital Asset Pricing Model (CAPM). O modelo é composto por uma remuneração livre de risco mais um prêmio de risco de mercado ponderado pelo risco da empresa. A utilização dessa metodologia neste capítulo é justificada pela fácil conceituação teórica e amplo uso nos mercados nacional e internacional. Outras metodologias alternativas são apresentadas em Assaf Neto e Lima.[9]

$$K_e = R_F + \beta(R_M - R_F)$$

Em que:

K_e = taxa mínima de retorno requerida pelos acionistas (custo de capital próprio).

R_F = taxa de retorno de ativos livres de risco.

β = coeficiente beta – medida do risco da empresa.

R_m = rentabilidade da carteira de mercado (índice do mercado de ações).

SAIBA MAIS

Modelo CAPM no Brasil: a definição dos parâmetros **do retorno livre de risco, beta e retorno de mercado** são fundamentais para a correta precificação do custo de capital próprio das empresas. Para o caso brasileiro, são necessários ajustes, dada a realidade do mercado financeiro e de capitais.

Laudos de avaliação: a Comissão de Valores Mobiliários (CVM) divulga os laudos de avaliação das empresas em processo de oferta pública de ações. Nos laudos, **é** utilizado de maneira majoritária o CAPM para o cálculo do custo de capital próprio das empresas.

Fontes: Comissão de Valores Mobiliários (CVM)[10] e Assaf Neto e Lima.[11]

Assim, pelo modelo CAPM, o custo de capital próprio é composto por um retorno livre de risco, que pode ser representado pela taxa de retorno de um título livre de risco, mais um prêmio de mercado, representado pela diferença entre o retorno de mercado da empresa e do mercado de ações, ponderado pelo risco da empresa com relação ao mercado β (coeficiente beta).

Como exemplo, é retomado o caso da empresa Avaliação S.A. Supondo que a empresa está situada em um mercado em que a taxa de retorno livre de risco é de 3,5% a.a., o retorno de mercado das ações é de 7,5% e a empresa apresenta um coeficiente β (beta) de 1,20, o retorno esperado pelos acionistas é dado por:

$$K_e = R_F + \beta(R_M - R_F)$$

$$K_e = 3,5\% + 1,20(7,5\% - 3,5\%)$$

$$K_e = 3,5\% + 1,20(7,5\% - 3,5\%)$$

$$K_e = 8,3\% \text{ a.a.}$$

Nesse caso, dadas as características da empresa do exemplo e do mercado, o retorno esperado pelos acionistas é de 8,3% a.a., ou seja, esse é o custo do capital próprio investido na empresa. É importante perceber que o custo de capital próprio foi superior ao custo de capital de terceiros.

Essa constatação deve ocorrer sempre, pois o risco do capital próprio é maior do que o risco do capital de terceiros, uma vez que o capital próprio investido é remunerado pelo lucro da atividade após o pagamento das despesas financeiras e não possui nenhuma garantia de recebimento.

SAIBA MAIS

Coeficiente beta: representa o nível de risco da empresa com relação ao mercado. O cálculo é feito com base nos retornos das ações da empresa e do mercado. Um beta maior do que 1 indica que a empresa é mais arriscada do que o mercado. Um beta menor do que 1 indica que a empresa é menos arriscada do que o mercado, e um beta igual a 1 sugere que a empresa possui o mesmo nível de risco que o mercado.
Fonte: Assaf Neto e Lima.[12]

14.3.3 Custo médio ponderado de capital (CMPC)

O custo médio ponderado de capital (CMPC) é dado pela média ponderada do custo de capital próprio e de terceiros. Para o cálculo, é necessário avaliar o custo de cada uma das fontes de capital e o volume de recursos em cada uma das fontes de financiamento, como apresentado na equação a seguir. Esse custo representa a taxa total do custo de capital da empresa e deve ser utilizado para as avaliações dos projetos de investimento.

$$CMPC = W_i \times K_e \times W_j \times K_i$$

Em que:

CPMC = custo médio ponderado de capital. Identificado na literatura financeira por *Weighted Average Cost of Capital* (WACC).

K_e = custo (capital próprio).

K_i = custo (capital de terceiro).

W_i = participação relativa (proporção) de capital próprio.

W_j = participação relativa (proporção) de capital de terceiro.

Como exemplo de aplicação do conceito, é apresentada na Tabela 14.10 a estrutura da empresa Avaliação S.A. para o cálculo do CMPC.

Tabela 14.10 Estrutura básica da empresa Avaliação S.A.

Ativo	Passivo	
Ativo circulante: $ 60.000	Empréstimos de curto prazo: $ 40.000	
	Empréstimos de longo prazo: $ 20.000	
Ativo não circulante: $ 20.000	**PL: $ 20.000**	

Como calculado anteriormente, o custo de capital de terceiros da empresa líquido do benefício fiscal é de 3,96% a.a., e o custo de capital próprio de 8,3% a.a. Para o cálculo do CMPC, é necessário avaliar a proporção de capital próprio e de capital de terceiros na estrutura da empresa. Para a Avaliação S.A., o volume de capital de terceiros é de $ 60.000, com um total de recursos de financiamento de $ 60.000 + $ 20.000 (empréstimos + PL). Desse modo, 75% dos recursos são de capital de terceiros e 25% de capital próprio. Assim, o CPMC pode ser definido por:

$$CMPC = 25\% \times 8,3\% + 75\% \times 3,96\%$$

$$CMPC = 5,045\% \text{ a.a.}$$

Como destacado anteriormente, o CMPC de 5,045% representa o custo total de capital da empresa Avaliação S.A. e deve ser utilizado como custo nos projetos de investimento. Cabe destacar alguns pontos no exemplo apresentado. Primeiro, é importante notar que o custo de capital varia de acordo com a porcentagem de alocação de cada uma das fontes de financiamento, ou seja, é possível reduzir ou aumentar o custo de capital total alterando as fontes de recurso, próprio ou de terceiros. É possível, também, alterar o custo de capital total, com mudanças nas taxas do custo de capital de terceiros e próprio.

SAIBA MAIS

Limite da utilização de capital de terceiros: a estrutura ótima de capital é definida pela minimização do CMPC. Os limites para utilização de capital de terceiros ocorrem, por exemplo, pelo aumento do risco de falência da empresa.

Estrutura de capital a valores de mercado: os valores utilizados para cálculo da estrutura de capital devem estar avaliados a mercado. Caso sejam utilizados valores contábeis, é possível que esteja sendo reduzida a participação do capital próprio na estrutura de capital.

Fonte: Assaf Neto e Lima.[13]

Nesse sentido, é preciso discutir a estrutura ótima de capital da empresa, ou seja, encontrar a parcela de capital próprio e de capital de terceiros que minimiza o CMPC. Para essa avaliação, ainda que o custo de capital próprio seja sempre menor do que o custo de capital de terceiros, uma alavancagem mais alta acaba por aumentar o risco da empresa, fazendo com que o custo de capital de terceiros cresça mais do que o custo de capital próprio, inviabilizando assim a tomada de mais recursos de terceiros.

DA TEORIA À REALIDADE BRASILEIRA

Magazine Luiza (MGLU3) anuncia oferta de ações que pode captar até R$ 5,2 bilhões
Em outubro de 2019, a empresa Magazine Luiza informou ao conselho a decisão de emitir, em oferta secundária, 90 milhões de ações realizando captação de até R$ 5,2 bilhões.
De acordo com a empresa, os recursos serão utilizados para investimentos de longo prazo e otimização da estrutura de capital da empresa.
Ou seja, a empresa decidiu realizar a emissão das ações com o objetivo de reestruturar a composição de PL e passivo oneroso. Essa decisão está alinhada com os tópicos apresentados no capítulo e indica uma opção para a decisão de financiamento da empresa.
Fonte: Infomoney.[14]

14.4 DECISÕES DE CAPITAL DE GIRO

As decisões de capital de giro estão relacionadas com a gestão dos recursos de curto prazo da empresa. Ou seja, são avaliadas estratégias de gestão do caixa, estoques, fornecedores, contas a pagar, contas a receber e outras decisões operacionais e financeiras de curto prazo. Para o caso brasileiro, essa análise é muito importante, dada a dificuldade de captação de recursos de longo prazo.

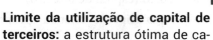

SAIBA MAIS

Em pesquisas com pequenos e médios empreendedores, o capital de giro ainda se mostra ignorado e é uma das causas de baixa duração dos negócios no Brasil. Em estudo feito pelo SEBRAE-SP, 39% dos empreendedores pesquisados não sabiam qual era o capital de giro necessário para abrir o negócio.
Fonte: SEBRAE.[15]

14.4.1 Dinâmica do capital de giro

O capital de giro de uma empresa pode ser definido como composto pelos recursos necessários para financiar as atividades operacionais e financeiras da empresa no curto prazo. Entendem-se como de curto prazo as operações que ocorrem dentro do ciclo operacional da empresa e correspondem ao período desde a compra da matéria-prima até o recebimento pela venda do produto. Em termos práticos, o capital de giro é representado pelo ativo circulante da empresa.

$$\text{Capital de giro (CG)} = \text{Ativo circulante}$$

Para a gestão de curto prazo, é importante avaliar os valores do ativo no curto prazo e os valores do passivo, avaliando, assim, os recursos disponíveis para cumprir as obrigações de curto prazo. Nesse sentido, é avaliado o capital de giro líquido da empresa. O capital de giro líquido representa a diferença entre o ativo circulante (aplicações de recursos de curto prazo) e o passivo circulante (origens de recursos de curto prazo) de uma empresa.

$$\text{Capital de giro líquido (CGL)} = \text{Ativo circulante} - \text{Passivo circulante}$$

De maneira mais completa, a definição do capital de giro líquido é dada pelo montante de recursos de longo prazo (financiamento) que não foram aplicados (investimento) no longo prazo e estão em excesso no curto prazo.

Capital de giro líquido (CGL) = (Patrimônio líquido + Elegível de longo prazo) – Ativo circulante

Para empresas com CGL positivo, é apresentada estrutura de capital com excessos de recursos no curto prazo, já considerando as obrigações de curto prazo, fato que sugere uma situação adequada de capacidade de pagamento.

Interpretando a segunda forma de análise, empresas com CGL positivo possuem recursos captados de longo prazo não aplicados no longo prazo, gerando uma folga de recursos de liquidez no curto prazo. Ou seja, a empresa está financiando parte dos seus investimentos de curto prazo com recursos de longo prazo. De maneira oposta, empresas com CGL negativo estão financiando suas operações de longo prazo com recursos de curto prazo, gerando problemas de administração dos recursos no curto prazo. Como exemplo de aplicação do conceito, é apresentada novamente na Tabela 14.11 a estrutura da empresa Avaliação S.A. para análise do capital de giro da empresa.

Tabela 14.11 Estrutura básica da empresa Avaliação S.A.

Ativo	Passivo
Ativo circulante: $ 60.000	Empréstimos de curto prazo: $ 40.000
	Empréstimos de longo prazo: $ 20.000
Ativo Não Circulante: $ 20.000	**PL: $ 20.000**

A empresa Avaliação S.A. apresenta um capital de giro de $ 60.000. Esse valor representa o ativo circulante da empresa. O cálculo do CGL da empresa é dado por:

Capital de giro líquido (CGL) = Ativo circulante – Passivo circulante

Capital de giro líquido (CGL) = $ 60.000 – $ 40.000

Capital de giro líquido (CGL) = $ 20.000

Ou ainda,

(CGL) = (Patrimônio líquido + Elegível de longo prazo) – Ativo não circulante

(CGL) = ($ 20.000 + $ 20.000) – $ 20.000

(CGL) = $ 20.000

A empresa Avaliação S.A. apresenta, nessas condições, excesso de recursos de longo prazo aplicados no curto prazo, ou seja, a empresa financia parte de suas operações de curto prazo com recursos de longo prazo, fato que gera uma folga de recursos no curto. É importante destacar que para uma análise mais completa deve-se detalhar a gestão do caixa, estoque, aplicações financeiras, contas a receber, fornecedores, contas a pagar e outras contas do ativo e passivo circulante.

SAIBA MAIS

Gestão do capital de giro: as atividades de curto prazo devem ser separadas em operacionais e financeiras para verificar o volume de recursos investidos nas atividades financeiras e operacionais de curto prazo.
Fonte: Assaf Neto e Silva.[16]

De posse desses resultados, podem-se adotar estratégias de financiamento ou de gestão de recursos de curto prazo que alterem a necessidade de capital de giro da empresa, ou ainda o CGL. Como alternativa, a empresa poderia aumentar a sua fonte de financiamento de longo prazo caso necessitasse de mais folga de recursos no curto prazo, maior CGL. Ou, ainda, pode reduzir o volume de investimentos em imobilizado para aumentar o CGL.

14.4.2 Ciclos e gestão do capital de giro

Para avaliação da gestão do capital de giro, é importante complementar a análise apresentada anteriormente com a gestão dos ciclos: operacional e financeiro da empresa. Na Figura 14.2, é apresentado um fluxograma desses ciclos.

Figura 14.2 Ciclo operacional e financeiro.

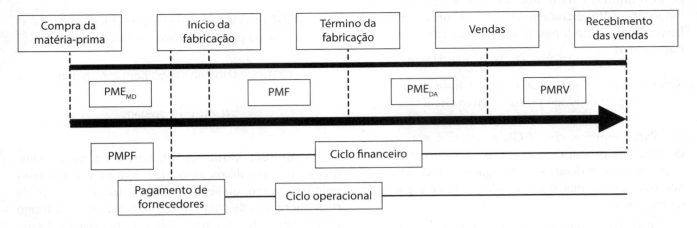

Fonte: adaptada de Assaf Neto.[17]

O ciclo operacional corresponde ao período da compra da matéria-prima até o recebimento das vendas. Esse período é definido pelo prazo médio de estocagem da matéria-prima (PMEmp), prazo médio de fabricação (PMF), prazo médio de estocagem dos produtos acabados (PMEPA) e prazo médio de recebimento de vendas (PMRV). O ciclo financeiro é iniciado no momento do pagamento dos fornecedores – prazo médio para pagamento dos fornecedores (PMPF) – e vai até o recebimento das vendas (PMRV).

A gestão dos prazos médios complementa a gestão do capital de giro e apresenta a possibilidade de análise do prazo de estocagem, por exemplo, reduzindo assim os valores necessários para investimento em estoque dentro do capital de giro. Além disso, pode-se utilizar a avaliação do ciclo financeiro para aumentar a eficiência da gestão do caixa, adotando a alternativa da estratégia de antecipação das vendas a prazo ou aumento do prazo de pagamento dos fornecedores. Essas medidas devem estar alinhadas com o objetivo apresentado no início do capítulo, ou seja, de geração de valor para o acionista.

Por fim, nesse item, é importante avaliar que a análise da gestão do capital de giro e dos prazos médios aponta soluções para o equilíbrio financeiro da empresa. No entanto, a decisão de maior quantidade de recursos ociosos no curto prazo para reduzir o risco financeiro da empresa acaba por reduzir a remuneração do acionista. Nesse sentido, apresenta-se o dilema de risco e retorno dentro dos pontos analisados. Ou seja, maior recurso ocioso no curto prazo possibilita maior solidez financeira, mas pode comprometer a rentabilidade do negócio.

DA TEORIA À REALIDADE BRASILEIRA

Via Varejo (VVAR3) anuncia nova oferta de 220 milhões de ações
A empresa anunciou a emissão de novas ações no mercado e, segundo ela, um dos motivos para a obtenção do recurso é o ajuste da gestão de capital de giro da empresa.
Com o movimento, a empresa aumenta os recursos em caixa e reduz o seu risco de liquidez. Ainda de posse dos recursos, a empresa pode reduzir o seu ciclo financeiro com novas negociações para pagamento de fornecedores.
Fica evidente na decisão a integração entre os conteúdos de administração financeira. Um processo de captação de recurso está tanto relacionado com a estrutura ótima de capital quanto com a gestão de curto prazo. Nesse caso, a empresa utilizou parte dos recursos para melhorar a sua eficiência na gestão do capital de giro.
Fonte: Estadão.[18]

14.5 DECISÕES DE DIVIDENDOS

Com o objetivo de maximização da riqueza do acionista, foram apresentadas anteriormente as decisões de investimento, financiamento e gestão de liquidez. As decisões de investimento estão pautadas na escolha de projetos com um retorno maior que o mínimo exigido pelos acionistas. Conjuntamente, apresentam-se as decisões de financiamento para a escolha de um *mix* de financiamento que reduza o custo médio ponderado de capital. Combinada com essas decisões, a gestão do capital de giro é importante para o ajuste de liquidez da empresa. De forma conclusiva, é apresentada a decisão de dividendos, ou seja, a empresa toma a decisão sobre a retenção ou não de lucros, o volume retido ou distribuído e a forma de distribuição.

Os dividendos, geralmente em dinheiro, são uma forma de remuneração ao acionista pelo capital investido na empresa. Esse valor é uma parcela do lucro líquido gerado nas atividades da empresa, que ainda pode fazer a opção de utilização de outras formas de remuneração, como bonificações em ações e, para o caso brasileiro, pagamento de juros sobre o capital próprio.

SAIBA MAIS

Outras formas de remuneração do capital do acionista: os acionistas podem ser remunerados por meio de bonificações de ações, direito de subscrição de novas ações, juros sobre capital próprio. Cada uma dessas alternativas apresenta características específicas e impactos diferentes na estrutura de capital, no caixa e na precificação das ações da empresa no mercado.
Fonte: Assaf Neto e Lima.[19]

Nas decisões de dividendos, a escolha fundamental da empresa é decidir qual porcentagem do lucro será distribuída em forma de dividendos e qual parcela será reinvestida no negócio. Essa decisão afeta a avaliação sobre o seu crescimento, pois, ao distribuir uma parcela do lucro gerado na atividade, a empresa reduz o investimento em projetos futuros financiados pelo capital próprio.

14.5.1 Teorias sobre a distribuição de dividendos

A porcentagem de dividendos distribuída por uma empresa é conhecida como índice *payout*. Esse indicador mostra a porcentagem de dividendos distribuídos sobre o lucro líquido gerado. Quanto maior o indicador, maior o volume de dividendos distribuídos em relação ao lucro líquido do período.

$$Payout = \frac{\text{Dividendos distribuídos}}{\text{Lucro líquido do período}}$$

Para isso, é importante avaliar novas oportunidades de investimento que possam gerar valor ao acionis-

ta, o ciclo de investimento da empresa e as projeções de crescimento do setor de atividade da empresa e outras variáveis que possam afetar o crescimento futuro da empresa. Como objetivo final, nesse caso, as decisões de dividendos devem buscar o volume ótimo de distribuição e reinvestimento do lucro para maximizar a riqueza dos acionistas, assim como nas demais decisões de análise apresentadas neste capítulo.

A teoria em questão discute o efeito da distribuição de dividendos sobre o valor da ação e consequentemente sobre a maximização da riqueza do acionista. As evidências não indicam uma única solução para o tema. A teoria de irrelevância dos dividendos está pautada na avaliação de que a escolha de distribuição de dividendos em um momento presente é sempre compensada em uma data futura.

SAIBA MAIS

Toda a teoria sobre dividendos teve início com o trabalho pioneiro de Modigliani e Miller.[20]

Os defensores da relevância da política de dividendos apontam que a incerteza sobre os lucros futuros, redução do conflito entre agente e principal e a modificação da estrutura de capital levam a um impacto positivo quando do aumento da distribuição de dividendos.

De forma complementar, apresenta-se a linha que sugere que a distribuição de dividendos é negativa para a geração de valor para o acionista, pois a tributação e a redução da capacidade de investimento da empresa afetam de maneira negativa os acionistas. As evidências empíricas indicam que a distribuição de dividendos tende a seguir os lucros e variam de acordo com o ciclo de vida da empresa. Assim, nota-se persistência na política de distribuição de dividendos das empresas. No Quadro 14.1, é apresentada a discussão, na realidade brasileira, sobre os dividendos.

DA TEORIA À REALIDADE BRASILEIRA

Quadro 14.1 Distribuição de dividendos no Brasil

No Brasil, atualmente, os dividendos são isentos de tributação, enquanto os ganhos de capital são taxados pela alíquota de 15% pelo imposto de renda. O artigo 202 da Lei nº 6.404/1976 regulamenta o dividendo obrigatório:

"Os acionistas têm direito de receber como dividendo obrigatório, em cada exercício, a parcela dos lucros estabelecida no estatuto, ou, se este for omisso, **metade do lucro líquido** do exercício diminuído ou acrescido dos seguintes valores:

I – Quota destinada à constituição da reserva legal.

II – Importância destinada à formação de reservas para contingências.

III – Lucros a realizar transferidos para a respectiva reserva."

O artigo 202 da Lei nº 6.404/1976 regulamenta o dividendo obrigatório:

"§ 1º O estatuto poderá estabelecer o dividendo como porcentagem do lucro ou do capital social, ou fixar outros critérios para determiná-lo, desde que sejam regulados com precisão e minúcia e não sujeitem os acionistas minoritários ao arbítrio dos órgãos de administração ou da maioria.

§ 2º Quando o estatuto for omisso e a assembleia geral deliberar alterá-lo para introduzir norma sobre a matéria, o dividendo obrigatório não poderá ser inferior a 25% do lucro líquido ajustado nos termos deste artigo."

O art. 10 da Lei nº 9.249/1995 trata da tributação dos dividendos:

"Os lucros ou dividendos calculados com base nos resultados apurados a partir do mês de janeiro de 1996, pagos ou creditados pelas pessoas jurídicas tributadas com base no lucro real, presumido ou arbitrado, **não ficarão sujeitos à incidência do imposto de renda na fonte**, nem integrarão a base de cálculo do imposto de renda do beneficiário, pessoa física ou jurídica, domiciliado no País ou no exterior".

No Brasil, ainda existe a figura dos juros sobre capital próprio (JSCP), sendo o seu pagamento uma opção de cada empresa. Os valores dos JSCP são contabilizados como despesa financeira na DRE e reduzem o valor da base de cálculo do IRPJ e da CSLL. Para a pessoa física (acionista), o recebimento dos JSCP tem tributação de 15% de imposto de renda, retido na fonte pagadora (empresa). Quando pagos, os JSCP são interpretados como dividendos, sendo o seu montante descontado do cálculo do dividendo mínimo obrigatório.

O art. 9º da Lei nº 9.249/1995 instituiu a figura dos JSCP no Brasil:

"A pessoa jurídica poderá deduzir, para efeitos de apuração do lucro real, os juros pagos ou creditados individualizadamente a titular, sócios ou acionistas, a título de remuneração do capital próprio, calculados sobre as contas do patrimônio líquido à variação, *pro rata dia*, da taxa de juros de longo prazo – TJLP".

14.6 CONSIDERAÇÕES FINAIS E QUESTÕES

Neste capítulo de administração financeira, foram apresentados os principais conceitos para as decisões financeiras das empresas. Foram avaliados conceitos das decisões de investimento com a discussão sobre indicadores de avaliação de projetos. Ressaltando que essas decisões devem ser pautadas pelo objetivo de geração de valor para o acionista. Nesse sentido, de forma conclusiva, somente projetos com viabilidade econômica devem ser aceitos na alocação de recursos da entidade.

Adicionalmente, foram discutidas as decisões de financiamento das empresas, como a apresentação dos custos de capital de terceiros, próprio e o custo médio ponderado de capital (CMPC). Essas decisões devem ter o objetivo de redução do CMPC para maximizar a riqueza do acionista.

As decisões de capital de giro mostram a importância da correta gestão dos ativos e passivos de curto prazo para o equilíbrio financeiro da empresa. Os conceitos apresentados mostraram a importância das fontes de recurso de longo prazo como geradoras de excedente para os investimentos de curto prazo.

Foram discutidas também as decisões de dividendos, apresentando de forma objetiva a decisão entre distribuição de dividendos para o acionista e o reinvestimento do lucro na atividade. A apresentação de diferentes avaliações sobre a política de dividendos e a discussão do caso brasileiro permitem análise mais profunda sobre o tema para a avaliação de diferentes empresas.

Neste capítulo, buscou-se indicar que as decisões são complementares ente si e que todas são importantes para a geração de valor para o acionista. De maneira prática, fica evidente que a avaliação de um projeto de investimento é afetada pelo custo de capital do projeto. Portanto, não se pode pensar em geração de valor da empresa sem a correta avaliação da gestão de curto prazo, pois ainda que a atividade operacional seja rentável, sem o equilíbrio financeiro o projeto pode ser inviabilizado. Por fim, de forma conclusiva, surge a decisão sobre a distribuição do lucro líquido gerado, apontando assim a importância das decisões sobre distribuição de dividendos.

CONTRIBUIÇÕES DO CAPÍTULO PARA A ADMINISTRAÇÃO CONTEMPORÂNEA

a) O objetivo da empresa é a maximização da riqueza para o acionista.

b) Os investimentos devem ser realizados em projetos com viabilidade econômica.

c) A estrutura de capital deve reduzir o CPMC da empresa.

d) O equilíbrio financeiro é fundamental para continuidade da empresa.

e) A distribuição de dividendos é importante para a avaliação sobre o crescimento futuro da empresa.

f) As decisões de investimento, financiamento, capital de giro e dividendos devem ser avaliadas em conjunto com o objetivo de geração de valor para o acionista.

QUESTÕES PARA REFLEXÃO

1) Para a área de administração financeira, qual o objetivo da empresa?

2) Quais as decisões de finanças de uma empresa e como elas se relacionam?

3) Quais são os métodos para avaliação econômica de um projeto de investimento?

4) Como é calculado o CMPC de uma empresa?

5) Qual a importância da análise da gestão do capital de giro para uma empresa?

6) Qual a política ideal para pagamento de dividendos em uma empresa?

QUESTÕES PARA AVALIAÇÃO DO CONHECIMENTO

1) Para a avaliação econômica de um projeto, podem-se utilizar o valor presente líquido (NPV) e a taxa interna de retorno (IRR), para um custo de oportunidade de i%. Para que o projeto seja aceito, deve-se:

a) Se NPV > 0, a IRR < i%

b) Se NPV > 0, a IRR = i%

c) Se NPV = 0, a IRR > i%

d) Se NPV > 0, a IRR > i%

e) Se NPV < 0, a IRR = i%

2) Uma empresa possui uma estrutura de capital composta de 60% de capital próprio e o restante é capital de terceiros. Considerando que o custo do capital de próprio é de 8% a.a, pode-se afirmar que o custo de capital de terceiros para que o WACC seja de 10% a.a:

a) É igual a 9%.

b) É igual a 13%.

c) Está entre 5% e 6%.

d) Está entre 7% e 8%.

e) É superior a 15%.

3) Dadas as informações do balanço patrimonial da empresa Giro em dezembro de 2019, é correto afirmar que:

– Ativo circulante: R$ 90.000

– Ativo não circulante: R$ 50.000

– Passivo circulante: R$ 60.000

– Passivo não circulante + PL: R$ 80.000

a) O capital de giro é de: R$ 50.000

b) O capital circulante líquido da empresa é de R$ 30.000.

c) O capital de giro é de: R$ 60.000

d) O capital circulante líquido da empresa é de: R$ – 30.000.

e) O capital de giro é de: R$ 80.000

4) Para o caso brasileiro, se o estatuto de uma empresa, que antes era omisso em relação ao pagamento de dividendos, for alterado para regulamentar o pagamento dos dividendos, o mínimo exigido por lei passa a ser.

a) Nenhum, já que o estatuto era omisso.

b) 25% do lucro líquido.

c) 50% do lucro líquido.

d) 25% do lucro líquido ajustado por algumas reservas previstas em lei.

e) 50% do lucro líquido ajustado por algumas reservas previstas em lei.

REFERÊNCIAS

[1] ASSAF NETO, A. *Matemática financeira*: edição universitária. São Paulo: Atlas, 2017.

[2] *Idem, ibidem.*

[3] ASSAF NETO, A.; LIMA, F. G. *Curso de administração financeira*. 4. ed. São Paulo: Atlas, 2019.

[4] DAMODARAN, A. *Finanças corporativas*: teoria e prática. 2. ed. Porto Alegre: Bookman, 2004.

[5] ASSAF NETO, A. *Op. cit.*, 2017.

[6] VALOR ECONÔMICO. 2020. Disponível em: https://valor.globo.com/financas/noticia/2020/08/05/copom-reduz-selic-em-025-ponto-para-2percent-ano.ghtml. Acesso em: 17 maio 2021.

[7] ASSAF NETO, A.; LIMA, F. G. *Op. cit.*, 2019.

[8] *Idem, ibidem.*

[9] *Idem, ibidem.*

[10] COMISSÃO DE VALORES MOBILIÁRIOS (CVM). Disponível em: www.cvm.gov.br. Acesso em: 17 maio 2021.

[11] ASSAF NETO, A.; LIMA, F. G. *Op. cit.*, 2019.

[12] *Idem, ibidem.*

[13] *Idem, ibidem.*

[14] IFOMONEY. Disponível em: https://www.infomoney.com.br/mercados/magazine-luiza-mglu3-anuncia-oferta-de-acoes-que-pode-captar-ate-r-52-bilhoes/. Acesso em: 17 maio 2021.

[15] SEBRAE. Disponível em: https://www.sebrae.com.br/sites/PortalSebrae/ufs/sp/sebraeaz/mortalidade-e-sobrevivencia-das-empresas, d299794363447510VgnVCM1000004c00210aRCRD. Acesso em: 17 maio 2021.

[16] ASSAF NETO, A.; SILVA, C. A. T. *Administração do capital de giro*. 3. ed. São Paulo: Atlas, 2006.

[17] ASSAF NETO, A. *Finanças corporativas e valor*. 7. ed. São Paulo: Atlas, 2014.

[18] ESTADÃO. Disponível em: https://einvestidor.estadao.com.br/mercado/via-varejo-vvar3-anuncia-nova-oferta-de-acoes/. Acesso em: 17 maio 2021.

[19] ASSAF NETO, A.; LIMA, F. G. *Op. cit.*, 2019.

[20] DIVIDEND Policy, Growth and the Valuation of Shares. *Journal of Business*, v. 34, n. 4, oct. 1961, p. 411-433. 1961.

Assista ao **vídeo**

Capítulo

15 Gestão de processos e TI

Camila Benatti Mourad
Rogério Tadeu da Silva

Pontos de aprendizado

Neste capítulo, o leitor poderá aprofundar seu conhecimento sobre:
- O que são processos de negócios.
- Como alinhar os processos de negócio à estratégia da organização.
- Como gerenciar processos de negócio a partir do ciclo de vida BPM: planejamento, análise, desenho, implementação, monitoramento e controle e refinamento.
- Os principais sistemas de informações e as principais tecnologias de informação que apoiam a estrutura e a estratégia das organizações.
- Como promover mudanças tecnológicas na organização para adaptar processos e sistemas em resposta à realidade volátil, incerta, complexa e ambígua.
- Como transformar processos tradicionais em processos digitais.

RESUMO

Este capítulo apresenta a gestão de processos, a tecnologia da informação e a interação entre eles na transformação digital das organizações. O objetivo é destacar a visão integrada e sistêmica da gestão de processos e da tecnologia da informação para aumentar eficiência, eficácia e efetividade das organizações. O capítulo começa explicando o conceito e os tipos de processos de negócio. Apresenta a importante relação entre a cadeia de valor e arquitetura de processos, justificando os estudos sobre o ciclo de gerenciamento de processos de negócios, que engloba modelagem, análise, desenho, implementação e desempenho de processos. Em seguida, define sistemas de informação, apresentando a importância da informação para o mundo dos negócios e explicando o processo de informatização organizacional. Esclarece a necessidade de planejar e alinhar os investimentos em tecnologia da informação (TI) à estratégia organizacional. Apresenta os principais elementos de infraestrutura e as principais aplicações de TI. Introduz o tema da revolução 4.0 e o quanto ela passou a exigir a transformação digital de processos como resposta às novas exigências da realidade volátil, incerta, complexa e ambígua em que vivem as organizações. Para tanto, no capítulo é explicado como integrar TI e processos para realizar essa transformação digital, apresentando aplicações de tecnologias na automatização de processos e o gerenciamento de processos ágil. O capítulo é finalizado com explicações sobre gerenciamento e governança dessa integração de processos e TI.

15.1 INTRODUÇÃO

Imagine que você seja o administrador de um *e-commerce* de livros e tenha percebido que o número de reclamações de clientes por atraso na entrega tem aumentado de forma preocupante nos últimos meses. Calma, sem desespero! Existe solução e é sobre isso que vamos conversar neste capítulo.

Para solucionar esse problema, o primeiro passo será identificar em qual ou quais pontos do processo está ou estão sendo gerados esses atrasos e avaliar como solucioná-los. O método para gerenciar processos, melhorá-los e mensurá-los será detalhado ao longo da Seção 15.2.

Para melhorar um processo ou propor um novo, é preciso conhecer os principais sistemas de informações e as principais tecnologias de informação e comunicação que podem ser aplicados e entregar um valor superior ao cliente, como veremos na Seção 15.3. Por exemplo, podemos identificar que o atraso nas entregas é causado por um gargalo na emissão das notas fiscais, que é realizada manualmente, mas essa é uma tarefa que pode ser automatizada por meio de uma aplicação que gera a nota a fiscal de forma automática. Podemos ainda escolher um *software* que permita monitorar todas as etapas do processo.

Entretanto, analisando as tendências de preferências do cliente e de novas tecnologias disponíveis, você identificou que, além de entregar livros mais rápido, a empresa poderia se voltar para oferecer livros digitais (*e-books*). Nesse caso, estaríamos provocando uma mudança estratégica de transformação para processos digitais que será apresentada na Seção 15.4. Por fim, os aspectos organizacionais da implementação da gestão de processos integrada à TI são discutidos na Seção 15.5.

15.2 GESTÃO DE PROCESSOS

15.2.1 Conceito de processos de negócio

Para entender o que são processos de negócio, vamos inicialmente pensar qual o propósito das organizações. Claro que essa resposta irá variar de uma organização para outra, mas com certeza estará relacionada com entregar valor aos clientes por meio de bens e/ou serviços. Pois bem, tudo o que uma organização produz é fruto de um processo de negócio e deve, necessariamente, ser voltado à geração de valor para o cliente final.

Existem muitas definições de processos na literatura, sendo que a maioria está relacionada com a visão sistêmica, que trabalha um esquema de entradas, processamento e saídas inter-relacionadas e que são influenciadas pelas condições do ambiente.

Figura 15.1   Estrutura do capítulo.

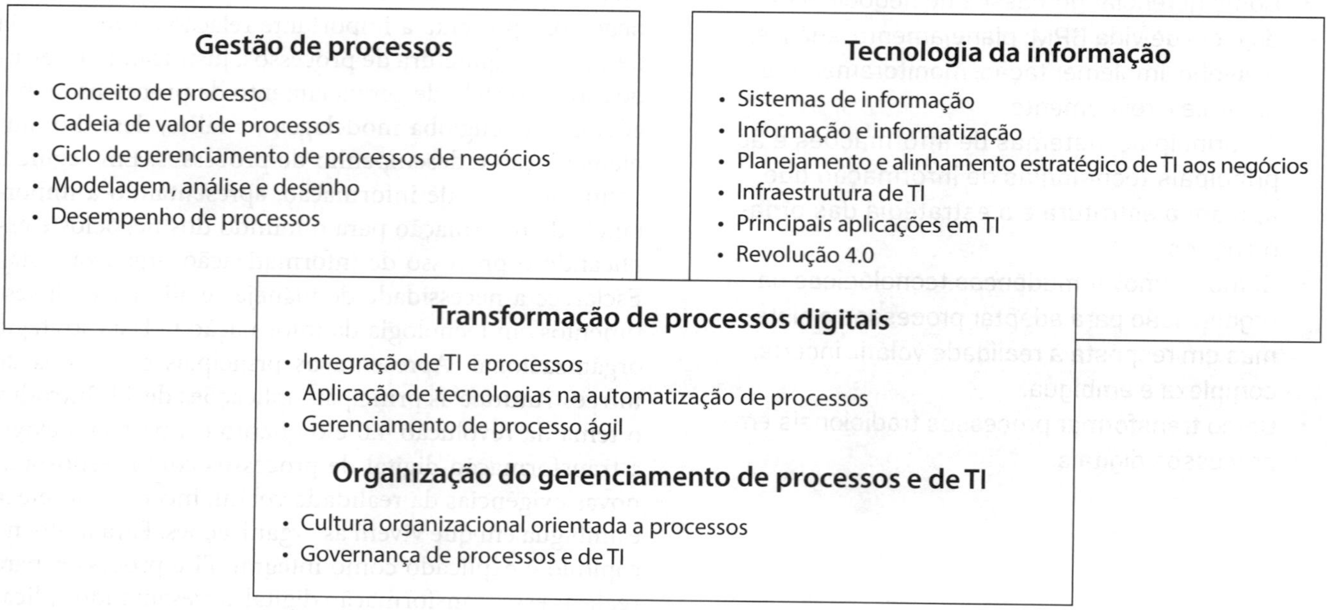

Gestão de processos

- Conceito de processo
- Cadeia de valor de processos
- Ciclo de gerenciamento de processos de negócios
- Modelagem, análise e desenho
- Desempenho de processos

Tecnologia da informação

- Sistemas de informação
- Informação e informatização
- Planejamento e alinhamento estratégico de TI aos negócios
- Infraestrutura de TI
- Principais aplicações em TI
- Revolução 4.0

Transformação de processos digitais

- Integração de TI e processos
- Aplicação de tecnologias na automatização de processos
- Gerenciamento de processo ágil

Organização do gerenciamento de processos e de TI

- Cultura organizacional orientada a processos
- Governança de processos e de TI

POR DENTRO DA TEORIA

Conforme visto no Capítulo 3, a visão sistêmica é derivada da **teoria geral dos sistemas**,[1] proposta pelo biólogo austríaco **Ludwig von Bertalanffy**. Segundo essa teoria, as partes de um sistema se inter-relacionam, de modo que o entendimento de cada parte é insuficiente para entender o todo. Logo, para entender um sistema, além de estudar cada parte que o compõe, é necessário estudar as interações entre as partes. Essa teoria apresentou um método de entender as coisas a partir da visão mais ampla ou total delas, para além do simples somatório do entendimento de cada uma de suas partes. O esquema funcional de um sistema está ilustrado na Figura 15.2.

Figura 15.2   Esquema funcional.

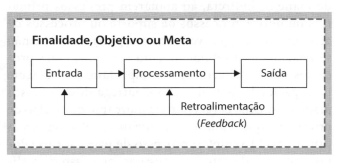

Fonte: elaborada pelos autores com base em Bertalanffy.[2]

Seguindo essa linha de pensamento, podemos entender **processos de negócio** como *um conjunto de atividades interligadas que transformam insumos em resultados que agregam valor ao cliente e apoiam o alcance dos objetivos organizacionais*. Essa estrutura está representada na Figura 15.3.

Para compreender melhor, vamos pensar no processo de cozinhar. O resultado que esperamos obter ao final do processo é a refeição pronta para ser consumida, mas, para chegar a esse resultado, é preciso transformar os ingredientes (insumos). Essa transformação ocorre por meio de uma série de atividades interligadas, como lavar e cortar os ingredientes, misturá-los, temperar, assar, fritar, entre outras, até que a refeição final esteja pronta. Nesse exemplo, os insumos, o conjunto de atividades e o resultado esperado estão detalhados na receita, que nada mais é do que uma forma de documentar esse processo.

Nem todas as atividades de um processo são necessariamente sequenciais nem executadas por uma única pessoa. Elas podem ocorrer em paralelo e retroalimentar outras atividades. Por exemplo, enquanto o cozinheiro tempera e prepara a carne, o auxiliar corta os ingredientes da salada. Além disso, o nível de definição e nitidez das atividades difere em função das características do processo e do negócio. É comum encontrarmos processos **previsíveis** na produção de bens físicos, com regras bem definidas, como no nosso exemplo do processo de cozinhar. Já em contextos que exigem alto nível de conhecimento e experiência para tomada de decisão e, assim, "julgar" qual o melhor caminho a seguir, podemos dizer que os processos precisam ser **adaptativos**.[3] Como exemplo, temos o processo de desenvolvimento de novos produtos. Imagine como é criar uma nova receita para servir em um restaurante: exige experiência e conhecimento sobre as preferências do perfil do cliente que se pretende atender, sobre técnicas gastronômicas, ingredientes, entre outros, e dificilmente um novo prato será criado na primeira tentativa. Nesse caso, é mais factível falarmos em etapas abrangentes e que se retroalimentam do que em atividades e tarefas altamente estruturadas.[4]

O último aspecto do conceito de processos de negócio está relacionado com os objetivos organizacionais e a entrega de valor para o cliente. No esquema funcional de sistemas, o processo visa atender os objetivos e as metas, ou seja, precisa ter uma finalidade. Quando

Figura 15.3   Processo de negócio.

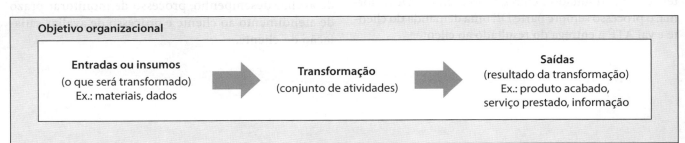

falamos em processos de negócio, naturalmente estamos nos referindo a um conjunto de processos cujos resultados devem contribuir para o alcance dos objetivos do negócio, entre eles a geração de valor para o cliente. Retornando ao exemplo do processo de cozinhar, o resultado desse processo, a refeição, deve atender às expectativas do cliente em termos de sabor, rapidez, preço, entre outros atributos e, ao mesmo tempo, ser rentável para o restaurante.

É importante destacar que, em gestão de processos, sempre que falamos em clientes, estamos nos referindo a **cliente externos**, pois é para eles que a organização deve gerar valor. Não faz sentido entregar valor para outra área ou departamento da própria organização. Todos são meios para entrega de valor a quem realmente importa, o cliente externo. Cada organização irá identificar quem são os seus clientes de acordo com sua missão e visão.[5] Por exemplo, em um restaurante, quem se beneficia do produto e do serviço são os consumidores finais, ou seja, aqueles que irão consumir o alimento. Mas se pensarmos em um hotel, podemos ter mais de um cliente: o primeiro é o usuário do serviço de hospedagem, o segundo pode ser a empresa que contratou o serviço para seu funcionário. O hotel precisa entregar uma boa estadia ao hóspede e uma boa relação de custo-benefício para a empresa empregadora do hóspede.

Para gerar valor ao cliente e atingir os objetivos organizacionais, é necessário um conjunto de diferentes tipos de processos que se inter-relacionam: primários, de suporte e de gerenciamento, que veremos a seguir.

15.2.1.1 Processos primários

Processos primários são aqueles que entregam valor diretamente ao cliente e apresentam uma característica ponta a ponta, ou seja, partem de uma demanda do cliente e finalizam com entrega do produto ou serviço a ele. São interfuncionais, por natureza, pois fluem por diversas áreas ou departamentos da organização para construir o resultado a ser entregue ao cliente.

Para identificarmos um processo primário, temos que fazer duas perguntas: "Qual é a demanda do cliente?" e "Qual resultado é entregue ao cliente?". Dessa forma, o processo sempre parte DE uma demanda do cliente e vai ATÉ a entrega do resultado ao cliente.

> Exemplos:
> - DO pedido de venda → ATÉ a entrega do produto.
> - DA solicitação de assistência técnica → ATÉ a resolução do problema.
> - DA identificação de uma necessidade do cliente não atendida → ATÉ o novo serviço desenvolvido.

Qualquer iniciativa de melhoria ou de transformação de processos em uma organização deve necessariamente começar pelo processo primário, tendo em vista que é a maneira pela qual uma organização constrói a percepção de valor para o cliente.

15.2.1.2 Processos de suporte

Os processos de suporte entregam valor ao cliente de maneira indireta, ao apoiarem processos primários ou outros processos de suporte ou processos de gerenciamento (que veremos a seguir). Embora não se relacionem diretamente com o cliente, esses processos são essenciais, pois impactam diretamente na capacidade de realização e entrega dos processos primários. Uma característica marcante desse tipo de processo é que tende a ser realizado dentro das áreas funcionais.[6] Exemplos: processo de pagar fornecedores, processo de contratar pessoas, processo de realizar manutenção e processo de comprar materiais de consumo.

15.2.1.3 Processos de gerenciamento

O terceiro tipo de processo, o de gerenciamento, existe para melhorar a qualidade da entrega dos processos primários e de suporte, porque mede, monitora e controla outros processos. Não agrega valor diretamente ao cliente, mas está voltado para a perenidade da organização, pois assegura que seus objetivos e metas de desempenho estejam sendo perseguidos. Exemplos: processo de controlar qualidade, processo de avaliar desempenho, processo de monitorar prazo de atendimento ao cliente e processo de avaliar satisfação do cliente.

15.2.2 Cadeia de valor e arquitetura de processos

A entrega total de valor para o cliente dá-se pela integração de processos primários, de suporte e de gerenciamento que formam a **cadeia de valor de processos**, remetendo ao conceito de cadeia de valor de Michael Porter.[7] Pois bem, quando trazemos esse conceito para a gestão por processos, nos referimos à ideia de que cada atividade de um processo e, por consequência, cada processo devem necessariamente adicionar valor ao produto ou serviço. Portanto, insumos são transformados em um resultado com maior valor para o cliente a cada processo.[8]

SAIBA MAIS

Michael Porter é um dos autores mais relevantes da área de estratégia e influenciou fortemente uma das correntes de pensamento da área de processos: a tradição de gestão. Nessa tradição, a ênfase está no alinhamento da organização à sua estratégia e o gerenciamento dos processos e das pessoas é meio para alcançá-lo. Em um de seus livros mais relevantes, *Vantagem competitiva*, Porter apresenta o conceito de cadeia de valor e defende que a forma como as organizações organizam suas atividades internas para gerar valor está intimamente ligada à estratégia e pode ser fonte de vantagem competitiva.[9]

A Figura 15.4 apresenta uma demonstração gráfica de como os diferentes tipos de processos se integram na forma de uma cadeia de valor.

A visão completa dos processos primários, de suporte, de gerenciamento e como eles interagem para entregar valor ao cliente também é chamada de *arquitetura de processos* ou *macroprocesso*. Trata-se de uma fotografia tirada de cima, que permite à alta gestão visualizar como as entregas são construídas de forma geral (pouco detalhadas).

Partindo do nível estratégico para o operacional, o macroprocesso vai sendo decomposto em processos, subprocessos, atividades e tarefas,[10] conforme podemos verificar na Figura 15.5.

POR DENTRO DA TEORIA

Evolução da gestão de processos de negócio

Os estudos no campo da administração buscam identificar e desenvolver métodos que aumentem o desempenho organizacional, seja pelo aumento

Figura 15.4 Cadeia de valor de processos.

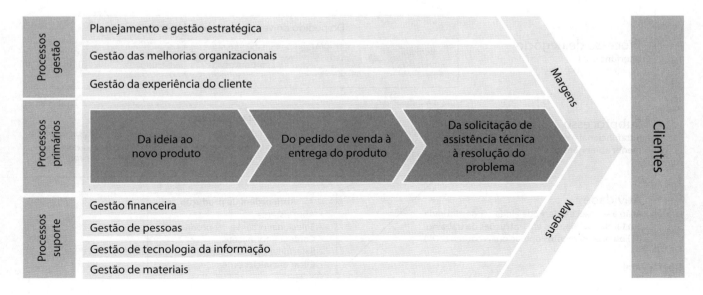

de receitas ou pela redução de custos. Nesse sentido, as iniciativas de divisão do trabalho em atividades distintas e a adoção de tecnologias para simplificação do trabalho fazem parte da evolução da humanidade, mas é a partir da primeira revolução industrial que elas passam a ser objeto de estudo. Um exemplo é que Adam Smith dedicou um capítulo de seu livro, *A riqueza das nações*, à divisão do trabalho na produção de alfinetes.[11] Posteriormente, com Ford e Taylor, esse tema solidifica-se e surge o pensamento processual. No Brasil, o autor que mais se dedicou ao tema da divisão do trabalho foi Afonso Fleury. Desse pensamento inicial, foram derivadas três correntes ou três tradições em processos: a tradição de qualidade, a tradição de gestão e a tradição de TI.[12]

Tradição de qualidade: ligada ao movimento da qualidade total, que derivou para o *lean* e seis sigma, está centrada na qualidade de fabricação de produtos e associa a análise de processos a técnicas estatísticas de controle de qualidade.

Tradição de gestão: ligada a escolas de estratégia, seu foco está no desempenho organizacional. Para isso, é necessário alinhar os processos à estratégia e gerenciar processos sob a perspectiva ponta a ponta.

Tradição de TI: é mais recente que as demais tradições e mais complexa, pois está centrada na utilização de aplicativos de *software* para automatizar processos. A reengenharia de processos pode ser encaixada nessa tradição.[13]

A tendência mais recente é a fusão dessas três linhas de pensamento na abordagem de gerenciamento de processos de negócios (BPM – *business process management*). Em 2008, a Associação de Profissionais de Gerenciamento de Processos de Negócio (ABPMP – *Association of Business Process Management Professionals*) lançou a primeira versão do BPM CBOK, um guia para o corpo de conhecimentos comuns em BPM, que, em 2019, chegou à quarta versão.

Figura 15.5 Hierarquia de processos: do estratégico ao operacional.

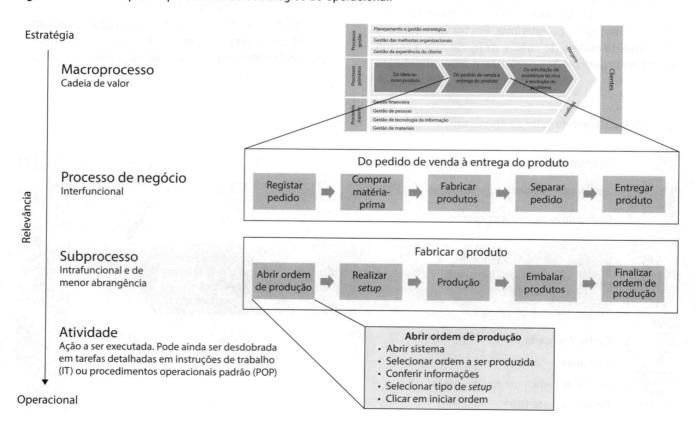

Fonte: elaborada pelos autores com base em Rummler, Ramias e Rummler.[14]

15.2.3 Ciclo de gerenciamento de processos de negócios

Um dos principais autores da área de processos, Geary Rummler, aponta que para melhorar o desempenho das organizações é necessário gerenciar os processos de negócio.[15] Apenas definir um bom processo não garante que ele será bem executado e que apresentará bons resultados, dado que o ambiente e as condições de execução do processo vão se alterando ao longo do tempo. Para garantir que os processos entreguem o valor esperado, é necessário gerenciá-los por meio do ciclo de vida de processos.[16]

SAIBA MAIS

Geary Rummler foi sócio-fundador do *Performance Design Lab*, organização de pesquisa, treinamento e consulta, especializada no desenvolvimento de sistemas de *performance* organizacional, e da *The Rummler-Brache Group*, organização que se tornou líder em gerenciamento e melhoria de processos de negócio nas décadas de 1980 e 1990. Mestre e doutor pela Universidade de Michigan, Rummler é coautor, junto com Alan Brache, do livro *Improving performance: managing the white space on the organization chart*, considerado uma das principais referências sobre gerenciamento de processos e *design* organizacional.

Com base no ciclo PDCA (*plan, do, check, act*),[17] o ciclo de vida de processos é constituído de quatro fases, conforme pode ser observado na Figura 15.6.

- **Planejamento:** os objetivos dessa fase são alinhar os processos de negócio à estratégia organizacional, conferindo um contexto para o trabalho que será realizado; levantar e modelar o processo atual e analisá-lo para propor melhorias; desenhar o novo processo e estruturar o plano de implementação.

- **Implementação:** nessa fase, o novo modelo do processo será testado por meio de simulação e execução em ambiente controlado para, em seguida, ser colocado em operação. Durante a implementação, é necessário comunicar todos os envolvidos e trabalhar a gestão da mudança em todos os níveis da organização.

- **Monitoramento e controle:** nessa fase, com o processo já implementado, passa-se a medir o seu desempenho por meio de indicadores quantitativos e a identificar desvios na execução.

- **Refinamento:** a partir das informações geradas na fase anterior, é realizada a identificação de eventuais falhas no processo e suas respectivas causas. A partir dessa análise, pode ser feita uma proposição de novo ciclo de melhoria. Mesmo que o processo esteja apresentando bom desempenho, é possível que a disponibilidade de novas tecnologias ou que mudanças no contexto também gerem *feedback* para reiniciar o ciclo.

Figura 15.6 Ciclo de vida de processos.

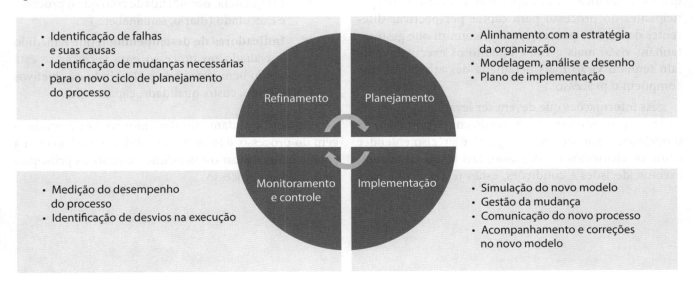

Fonte: elaborada pelos autores com base em BPM CBOK.[18]

Daremos maior foco aqui à fase de planejamento. O primeiro passo é realizar o alinhamento estratégico do processo que se pretende estruturar, melhorar e/ou gerenciar, identificando como ele se encaixa na cadeia de valor da organização. Após esse alinhamento, parte-se para entendimento e análise do processo atual (AS-IS) e construção do modelo futuro do processo (TO-BE), conforme pode ser observado na Figura 15.7. *AS-IS* é uma expressão que poderia ser traduzida para "Como-É", enquanto *TO-BE*, para "Para-Ser".

Figura 15.7 Do estado atual ao estado futuro de um processo.

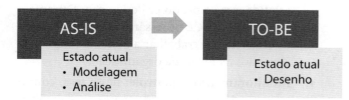

Fonte: elaborada pelos autores com base em BPM CBOK.[19]

15.2.3.1 Modelagem de processos

A modelagem tem a função de criar representações de processos de negócio existentes ou propostos. Essa representação pode apresentar vários níveis de detalhamento, conforme o objetivo da modelagem, variando de diagramas simples a modelos detalhados.[20] O primeiro passo da modelagem é o levantamento das informações e entendimento do processo. Para isso, podemos utilizar diferentes técnicas, como entrevista, questionário, *workshop* e observação. É importante que essas técnicas sejam aplicadas com diversos participantes do processo para captar perspectivas diferentes do mesmo processo, pois é comum que gestores tenham visão mais geral, enquanto os executantes de fato tenham visão mais detalhada das atividades que compõem o processo.

As informações que devem ser levantadas a respeito de um processo variam de acordo com o propósito da modelagem, mas, de maneira geral, é preciso entender como os elementos do processo, tais como atividades, eventos, decisões e condições, estão relacionados para gerar a entrega esperada. Existem diversas notações de modelagem de processos. O *fluxograma* é uma das mais conhecidas, contudo é bastante limitada, já o **BPMN** (*business process model and notation*) é mais completa, moderna e com maior relevância prática. Nos Quadros 15.1 e 15.2, apresentamos os principais elementos dessas duas notações.

Além do fluxo do processo, para facilitar a análise e compreensão do processo, a fase de modelagem ainda deve levantar e detalhar as seguintes informações:

- **Objetivo:** define o propósito do processo, o que ele precisa entregar de resultado.
- **Entradas:** insumos que serão processados.
- **Saídas:** resultado do processo.
- **Dono do processo:** pessoa ou grupo de pessoas com a responsabilidade e a prestação de contas por desenho, execução e desempenho do processo.
- **Participantes ou atores:** todos os envolvidos no processo.
- **Recursos:** meios físicos necessários para a realização do processo.
- **Regras de negócio:** lógica que guia o comportamento e define o que, onde, quando, por que e como será feito, além de como o negócio será gerenciado ou governado.[21]
- **Riscos:** eventos com probabilidade de ocorrer no futuro impactando a operação de forma negativa
- **Pontos de controle:** pontos de verificação do que ocorreu no processo, tais como registros, relatórios etc.
- **Frequência:** periodicidade com que o processo é executado (diário, semanal etc.)
- **Indicadores de desempenho:** o que é medido e avaliado no processo para verificar se está sendo bem executado e atingindo os objetivos (tempo, custo, qualidade, capacidade).

Após o levantamento das informações e modelagem do processo, é importante validar o modelo com a equipe para ratificar o entendimento sobre os principais elementos do processo.

Quadro 15.1 Conhecendo fluxograma

Notação padronizada pelo *American National Standards Institute* (ANSI) apresenta um conjunto de símbolos simples que possibilita rápido entendimento do fluxo do processo.
Principais elementos:

▭	Atividade: utilizado para representação ações do processo
▯	Processo predefinido: indica uma parte do processo que já foi mapeada em outro fluxograma
⬭	Limites: indicam o início e o fim do processo
◇	Decisão: divide o fluxo em dois caminhos mutuamente exclusivos de acordo com a resposta: sim ou não
→	Conector: indica o sentido do fluxo e conecta um elemento a outro
[<função>]	Faixa funcional: delimita os executantes de cada elemento do processo
○	Referência a outro processo na mesma página, indicado por letra ou número no interior do símbolo
⬠	Referência a outro processo em outra página, indicado por letra ou número no interior do símbolo
▱	Documento: indica que um documento é gerado durante o processo
⌓	Espera: indica o tempo de espera necessário para seguir até a próxima etapa do fluxo.

Exemplo de processo de gestão de despesas de viagem de vendedores de uma empresa modelado com notação fluxograma:

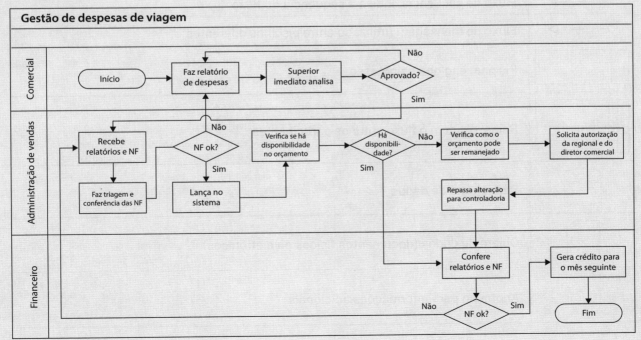

Fonte: Elaborado pelos autores.

Quadro 15.2 Conhecendo BPMN

Business process model and notation (BPMN) é um padrão criado pelo *Object Management Group* (OMG), cuja especificação detalhada pode ser obtida no *site* da organização (https://www.omg.org/spec/BPMN). Trata-se de um conjunto robusto de símbolos que permitem a modelagem de diversos aspectos dos processos de negócio, desde diagramas mais superficiais até modelos executáveis. Em razão da grande quantidade e variabilidade de símbolos, Bruce Silver, um dos principais autores em modelagem de processos, sugere três níveis de modelagem de acordo com o objetivo da representação: descritiva, analítica e executável.[22] A seguir, temos os principais símbolos para uma representação descritiva (entendimento simplificado).[23]

○	Evento de início (borda fina)
○	Evento de fim (borda grossa)
◎	Evento intermediário (borda dupla): o fluxo aguarda a ocorrência de um evento pre-definido
▭	Atividade: ação a ser executada no processo por uma pessoa ou por um sistema. Sempre deve começar com um verbo no infinitivo e ser escrita de forma concisa
▭⊞	Subprocesso: conjunto lógico de atividades, com início e fim próprios e com objetivo específico
◇ ⊗	*Gateway* exclusivo: evento que divide o fluxo em dois ou mais caminhos exclusivos de acordo com a condição estabelecida e, posteriormente, converge o fluxo em um único caminho. Pode ser representado pelo losango vazio ou com um X
⊕	*Gateway* paralelo: evento que divide o fluxo em dois ou mais caminhos paralelos (que ocorrem simultaneamente) e, posteriormente, converge o fluxo em um único caminho
→	Fluxo de sequência: indica a sequência do fluxo
o------▷	Fluxo de mensagem (utilizado entre piscinas diferentes)
▭	Piscina: engloba o processo
▦	Raias: dividem o fluxo entre os participantes
⛁	Repositório de dados
📄	Objeto de dados (documentos físicos ou eletrônicos)
▭	Anotação para informações adicionais

Exemplo de um processo ponta a ponta de venda de livro via *web* modelado com a notação BPMN:

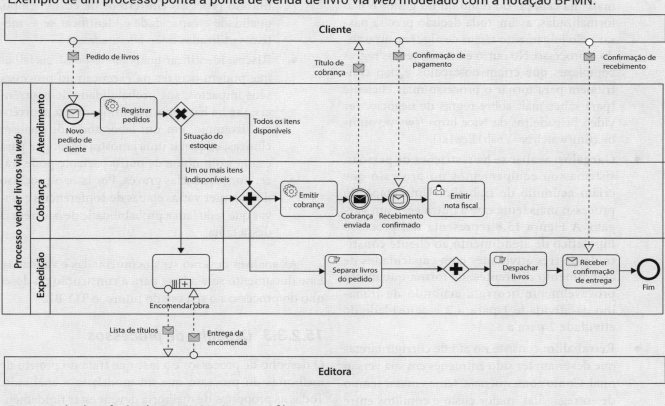

Fonte: Guia de referência BPMN2 – Iprocess.[24]

15.2.3.2 Análise de processos

Para a construção do AS-IS, devemos analisar o processo modelado, identificando como a estrutura e a execução do processo interferem no seu desempenho. A análise e suas indicações de melhoria serão a base para o TO-BE.

A análise deve ser pautada no levantamento das informações sobre o processo, com dados sobre seu desempenho, histórico dos principais desvios e ocorrências, e não apenas em opiniões. A seguir, apresentamos os principais pontos que devem ser analisados.[25]

- **Razão de existência do processo:** avaliar se o processo de fato contribui para entregar valor ao cliente de forma direta ou indireta. Seria possível entregar o mesmo valor sem esse processo ou sem algumas atividades desse processo?

- **Jornada do cliente:** identificar todos os pontos de contato do cliente com o processo (caso houver), avaliar se todos são realmente necessários e se a forma como estão estruturados gera insatisfação no cliente. Por exemplo, não faz sentido um cliente ter que entrar em contato com a empresa mais de uma vez para concluir um pedido ou ter que digitar a mesma informação várias vezes. Reduzir o número de interações desnecessárias e otimizar a experiência do cliente devem ser foco de qualquer iniciativa de melhoria de processos.

- **Handoff:** esse termo é designado para indicar os pontos onde o trabalho ou a informação passa de um sistema, pessoa ou grupo para outro e é sempre um ponto crítico.[26] Graficamente, podemos identificar o *handoff* sempre que a sequência do fluxo muda de uma raia para outra. Fazendo uma analogia com uma corrida de bastões em que um atleta repassa um bastão para outro, a entrega precisa ser realizada com precisão e no momento certo, caso contrário o bastão pode cair e prejudicar a equipe. O mesmo acontece quando um processo "muda de mãos": se as informações não chegarem completas e no momento adequado, o processo pode parar, atrasar e sofrer retrabalho.

- **Regras de negócio:** nesse ponto, temos que avaliar se a ausência de regras ou seu excesso está prejudicando o desempenho do processo. O primeiro caso é mais comum em organizações menores, onde as regras costumam estar mais "na cabeça" do dono ou do gestor e não formalizadas, assim, toda decisão precisa passar pelo julgamento tácito de alguém, atrasando o processo. No outro extremo, temos regras complexas que criam obstáculos e não contribuem para tornar o processo mais eficiente (para saber mais sobre regras de negócio, ver vídeo Brigadeiros da Nice https://www.youtube.com/watch?v=Y6sb1Eos1sI).

- **Gargalos:** avaliar se há restrições de pessoas, sistemas ou equipamentos no processo que criam acúmulo de trabalho. Uma etapa do processo mais lenta que a outra gera um gargalo. A Figura 15.8 representa um processo hipotético de atendimento ao cliente constituído de três atividades com capacidades de atendimento diferentes, de forma que muito provavelmente ocorrerá acúmulo de trabalho da atividade 1 para a 2 e ociosidade da atividade 2 para a 3.

- **Retrabalho:** consiste no ato de corrigir tarefas que deveriam ter sido entregues em sua versão final. Como consequência, temos maior tempo de entrega, filas, maior custo e conflitos entre participantes do processo. Algumas formas de eliminar retrabalhos são automatização, planejamento e *checklists*.

- **Considerações humanas:** identificar quais as habilidades necessárias para a sua realização e se as pessoas que executam o processo atualmente apresentam o perfil adequado. Nesse ponto, devemos observar também se o processo é intensivo em conhecimento ou se é baseado em regras de negócio que permitem automatizações.

- **Potencial de automatização:** identificar atividades do processo que podem ser automatizadas e gerar economias de tempo e/ou custo, reduzir o risco de erros ou aumentar a capacidade de processamento. Por isso, é importante conhecer as potencialidades das tecnologias da informação, conforme veremos na Seção 15.3 deste capítulo.

- **Desempenho:** avaliar como está o desempenho do processo em termos de custo, tempo, qualidade e capacidade e identificar se as métricas utilizadas estão adequadas.

- **Riscos:** identificar quais são as possíveis falhas que podem ocorrer na execução do processo, seus impactos, sua probabilidade de ocorrência e se há barreiras que mitigam sua ocorrência. Exemplo: em um laboratório de análises clínicas, etiquetar uma amostra de sangue para exame com nome de outro paciente pode trazer consequências graves. Por isso, o processo deve conter várias etapas de conferências e travas que reduzam a probabilidade de ocorrência dessa falha.

As análises deverão ser documentadas e validadas. Esse documento será a base para a construção do desenho do processo no seu estado futuro, o TO-BE.

15.2.3.3 Desenho de processos

O desenho de processos é a fase que trata do projeto de melhorias do processo que foi modelado e analisado. Todas as propostas de melhoria devem estar fundamentadas na análise, dando sustentação para sua aprovação. Essa fase envolve algumas atividades principais: (1) desenho do novo processo, (2) definição das atividades dentro do processo, (3) definição das regras de negócio do processo, (4) análise das lacunas e comparações, (5) desenho e análise da infraestrutura de TI, (6) simulação do modelo, teste e aceite, (7) criação do plano de implementação.[27] Essa estruturação deve seguir a metodologia de gestão de projetos, conforme apresentado no Capítulo 16.

15.2.4 Desempenho de processos

Voltando à necessidade de gerenciar para melhorar o desempenho organizacional, para gerenciarmos é necessário medir. A terceira fase do ciclo de gerenciamento de processos de negócio, monitoramento e controle depende da existência de medidas, métricas e indicadores que avaliam se os processos estão alcançando suas metas.

Figura 15.8 Capacidades de um processo de atendimento ao cliente.

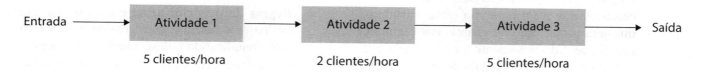

Quadro 15.3 Dimensões do desempenho de processos

Dimensão	Definição
Tempo	Está associado à duração do processo, ou seja, o tempo que leva desde o início do processo até seu término com a entrega do produto ou serviço Exemplos: tempo de entrega a partir da data da solicitação; tempo de preenchimento do pedido; tempo de espera; tempo de ciclo e entrega
Custo	É valor (normalmente monetário) associado ao processo. Pode assumir diferentes perspectivas, por exemplo: – custo do recurso é a medida de valor associado aos recursos (humanos ou não) necessários para completar o processo – custo de oportunidade é o valor que é perdido no processo por não ter obtido seu resultado esperado Exemplos: custo de vendas; custo de produção; custo de logística; custo de mão de obra
Capacidade	É o montante ou volume de saídas viáveis de um processo e costuma estar associado ao conceito de produtividade Exemplo: número de transações por unidade de tempo; carga máxima possível para processamento; carga mínima viável para processamento
Qualidade	Qualidade normalmente é expressa como um percentual do real em relação ao ótimo (ou máximo), mas pode assumir outras formas. Exemplos: erro ou taxa de defeito associado à saída de um processo; expectativa de nível de serviço por parte do cliente; variação de lançamento de produto; precisão da previsão; confiabilidade do produto, confiabilidade do serviço; percepções do produto ou serviço pelo cliente; experiência de consumo

Fonte: elaborado pelos autores com base em BPM CBOK.[28]

As primeiras perguntas que surgem são o que medir e como medir. O primeiro ponto deve ser analisado com muito cuidado, pois é necessário entender o propósito da medição. Sem essa compreensão plena, corre-se o risco de medir a "coisa errada". No Quadro 15.3, temos as dimensões que podem ser relevantes em um processo e que devem ser avaliadas: tempo, custo, capacidade ou qualidade.

Com o propósito da medição definido, podemos pensar em "como medir". Para isso, precisamos conhecer a definição de alguns termos:

- **Medida:** é a quantificação de dados em um padrão e qualidade aceitáveis. Exemplo: 100 unidades produzidas com defeito. Note que com apenas esse dado não é possível tirar conclusões.

- **Métrica:** é uma extrapolação de medidas que nos permite tirar conclusão com base em uma combinação de dados. Exemplo: número de defeitos ÷ quantidade de itens fabricados no mesmo período.

- **Indicador:** é uma representação de forma simples ou intuitiva de uma métrica para facilitar sua interpretação quando comparada a uma referência ou alvo. Exemplo: percentual de defeitos no mês.

Observe que, se analisarmos apenas as medidas de forma isolada, podemos tirar conclusões equivocadas. Se em um mês uma fábrica constata que foram produzidas 100 unidades com defeito e no mês seguinte foram 120, a primeira conclusão é de que o desempenho do processo produtivo piorou. Contudo, se no primeiro mês a produção total foi de 1.000 itens, temos 10% da produção com defeito (100÷1.000) e se no segundo mês a produção total foi de 2.000 itens, o percentual de defeito na produção caiu para 6% (120÷2.000). Veja no Quadro 15.4 como estruturar um indicador de desempenho.

Quadro 15.4 Exemplo de estruturação de um indicador de desempenho do processo de venda

Objetivo da medição	Avaliar a eficiência do processo de venda	
Indicador	Índice de fechamento de negócio (%)	
Métrica	Quantidade pedidos fechados ÷ Quantidade cotações realizadas	
Medidas	Medida 1: Quantidade de pedidos fechados no mês	Medida 2: Quantidade de cotações realizadas no mês
Fonte das medidas	Medida 1: Processo de venda – registro de pedidos confirmados no sistema	Medida 2: Processo de venda – registro de cotações emitidas no sistema
Como será medido	Indicador calculado semanalmente pelo BI (*business intelligence* – ver Seção 15.3.5)	
Responsável pela medição	Analista comercial	
Parâmetro de comparação	60% de fechamento de negócio (referência do mercado)	

DA TEORIA À REALIDADE BRASILEIRA

Em um dos seus projetos, a Stracta Consultoria estava estruturando os processos de desenvolvimento de pessoas e seus respectivos indicadores de desempenho. Um dos processos era o de treinar e capacitar pessoas, e os únicos indicadores utilizados até então mediam se os treinamentos e as capacitações planejados haviam sido realizados no período. Contudo, essa métrica não indicava se o objetivo esperado com os treinamento e capacitações havia sido de fato alcançado, ou seja, se os colaboradores se desenvolveram ao ponto de conseguirem aplicar na prática os conhecimentos aos quais foram expostos. A partir dessa compreensão do propósito da medição, criou-se uma nova métrica que indicava se a nota na avaliação de desempenho do colaborador, realizada anualmente, havia melhorado após a realização dos treinamentos e capacitações, ou seja, se a lacuna existente entre o desempenho esperado e o desempenho real havia diminuído.

15.3 TECNOLOGIA DA INFORMAÇÃO

A tecnologia da informação, ou simplesmente TI, reúne uma série de equipamentos e soluções que facilitam a coleta, a classificação, o processamento, a armazenagem, a recuperação e a distribuição das informações. Os equipamentos, normalmente denominados *hardware*, são dispositivos tecnológicos dos mais variados, incluindo computadores de diversos portes, *smartphones*, *tablets*, roteadores etc. Associados ao *hardware*, vários aplicativos, também conhecidos como *software*, servem para executar instruções que facilitam o uso dos dispositivos e efetivam o gerenciamento das informações.

15.3.1 Sistemas nos estudos organizacionais

Sistema é um conjunto de elementos que interagem entre si e formam um todo com finalidade específica. Por exemplo, uma organização é um sistema formado por departamentos, pessoas, máquinas, ideias etc., cuja finalidade é prover mercadorias ou serviços às pessoas. Os elementos do sistema interagem entre si, em uma relação de interdependência que garante seu funcionamento ou propósito.

Focando na tecnologia de informação, em todo sistema fluem informações. São informações que entram e que saem, garantindo a execução e a continuidade dos processos. Cada vez mais, nas organizações, o desenvolvimento de soluções tecnológicas que coletam, processam, classificam, armazenam, recuperam e distribuem as informações amplia o potencial de planejamento, de organização, de decisão, de execução e de controle dos processos, aumentando a eficiência e a eficácia da empresa. Por exemplo, quanto mais rápida e precisa a chegada de um pedido de compra, mais rapidamente a fábrica produz e entrega a mercadoria solicitada, dentro das expectativas e necessidades do cliente.

Nas organizações, as soluções tecnológicas que gerenciam as informações foram denominadas **sistemas de informação (SI)**. SI é a combinação estruturada de pessoas, equipamentos, aplicativos e políticas que armazenam, restauram, transformam e disseminam informações nas organizações. Os sistemas de informação servem para apoiar operações cotidianas, tomadas de decisão e estratégias competitivas.

Uma forma simplificada de classificar o SI baseia-se no tipo de problema para o qual ele foi desenvolvido:

estruturado, quando está baseado nos procedimentos e envolve dados bem definidos ou bem conhecidos; **não estruturado**, quando está baseado nos objetivos, pelo desconhecimento ou falta de procedimento, envolvendo dados mal definidos, ou incompletos. Sistemas de informação que resolvem problemas estruturados costumam lidar com grandes volumes de dados e, por terem saídas bem definidas, são muito automatizados e facilmente mensurados. Sistemas de informação que resolvem problemas não estruturados costumam apoiar situações não rotineiras ou incertas e servem para dar suporte às reflexões e ações humanas, como decisões de longo prazo.

Os SI costumam ser classificados segundo o nível organizacional de atuação e o tipo de decisão envolvido.[29] O Quadro 15.5 resume essa classificação e tipologia.

Quadro 15.5 Resumo da classificação e tipologia de sistemas

Classificação	Tipos	Descrição
Sistemas de suporte operacional	Sistemas de processamento de transações	São os sistemas que realizam e registram as informações necessárias ao funcionamento da organização, envolvendo as transações operacionais. Por exemplo, sistema de contabilidade, controle de estoque, folha de pagamento etc.
	Sistemas de controle de processos	Sistemas que monitoram e controlam processos estruturados ou repetitivos, como automação da montagem de carros, refino do petróleo etc.
	Sistemas de colaboração empresarial	Sistemas de automação de escritório que aprimoram a comunicação e a produtividade do trabalho em equipe, como correio eletrônico, videoconferência etc.
Sistemas de suporte gerencial	Sistemas de informações gerenciais	Sistemas que consolidam informações em relatórios explicativos de apoio tático, como sistemas de vendas, sistemas de gerenciamento da produção etc., envolvendo também problemas estruturados
	Sistemas de suporte de decisão	Sistemas que simulam cenários e dão suporte interativo aos processos decisórios, como sistemas de análise de riscos, sistemas de previsão de demanda etc., envolvendo problemas semiestruturados ou não estruturados
	Sistemas de informação executiva	Sistemas que integram diversos sistemas para dar suporte às decisões estratégicas, normalmente relacionados a problemas não estruturados com informações pouco precisas
Operacional e/ou gerencial	Sistemas de processamento especializado	São sistemas que podem dar suporte às atividades operacionais ou às atividades gerenciais com elevado grau de especialização, como sistemas de gestão do conhecimento, sistemas funcionais etc. Podem envolver procedimento bem definido ou pouco conhecido

Fonte: elaborado pelos autores com base em Alves.[30]

Os elementos essenciais para a existência dos SI são:

Hardware: conjunto de dispositivos mecânicos, magnéticos, elétricos, eletrônicos ou óticos usados para executar e armazenar aplicativos e dados. Composto de vários equipamentos, como computadores, *smartphones*, *tablets*, roteadores, sensores etc. Variam de tamanho, capacidade de armazenagem, de velocidade de processamento etc.

Software: conjunto de aplicativos ou programas que possuem rotinas, procedimentos, instruções ou comandos que precisam ser executados pelo *hardware* para coletar, classificar calcular, processar, recuperar e distribuir informações, relatórios ou projeções.

Dados: são informações em seu estado bruto, antes de serem processadas. Pode ser qualquer coisa que se queira saber e esteja disponível para ser coletado, processado, armazenado e distribuído, como fatos ou observações da natureza ou de transações humanas, dados pessoais de um cliente, custos de componentes de uma mercadoria, preferências de consumidores, taxas governamentais ou financeiras etc.

Rede: é um sistema de telecomunicação que conecta o *hardware* por cabo, sem cabo ou por uma combinação de cabo/sem cabo, permitindo trocas ou interações entre os recursos.

Pessoas: são os profissionais que desenvolvem e os usuários que trabalham, interagem ou usam um ou mais dos demais recursos, determinando o grau de complexidade e integração dos sistemas.

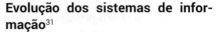

SAIBA MAIS

Evolução dos sistemas de informação[31]

Nas décadas de 1950 e 1960, os SI processavam folha de pagamento e transações contábeis tradicionais, operações cujo volume de dados aumentava exponencialmente, exigindo soluções mais rápidas para registrar e processar, em substituição aos registros e cálculos feitos por humanos em calhamaços difíceis de recuperar informações e que se acumulavam, ocupando muito espaço físico. Os computadores facilitavam a manipulação de dados em volumes cada vez maiores e em prazos cada vez menores, atendendo rapidamente a necessidade das organizações de lidar com muitos cálculos e muitos registros trabalhistas e contábeis, de acordo com normas que se tornavam tão complexas quanto as interações entre organizações, trabalhadores, fornecedores e clientes.

Conforme o processamento eletrônico de dados assumia operações que demandavam cálculos e registros corriqueiros, facilitando a recuperação de dados, tornou-se possível a consolidação de informações em relatórios gerenciais, fazendo surgir, nas décadas de 1960 e 1970, os primeiros sistemas de informação gerencial (SIG). Ainda nos anos 1970 e mais evidentemente nos anos 1980, os SIG evoluem para sistemas de apoio à decisão (SAD), que dão suporte interativo aos processos decisórios.

A partir da década de 1990, os SI se diversificam e assumem cada vez mais importância tática e estratégica nas organizações. Surgem produtos e serviços de TI que geram vantagem competitiva ou projetam cenários com informações críticas para estratégias de médio e longo prazos. Com a popularização das redes locais de computadores, surgem sistemas especialistas e de computação do usuário final, que vão do suporte para produtividade operacional até suporte para colaboração em grupos de trabalho. Com o crescimento da rede mundial, a internet, as negociações e transações eletrônicas geram novas oportunidades para as organizações expandirem seus negócios tradicionais.

Já no século XXI, muitos negócios são essencialmente virtuais, emergindo uma nova economia, a economia digital. Com a popularização dos dispositivos móveis e das redes sociais, as pessoas consomem informações, mercadorias e serviços a todo instante, em qualquer lugar, exigindo das organizações agilidade, mobilidade e inovação contínua. Em menos de um século de evolução, os SI geraram novas fontes de lucro, aumentaram demanda por mercadorias e serviços, atraíram novos clientes, abriram novos mercados, além de sustentarem as operações e as transações das organizações.

15.3.2 Informação e informatização

A informação é definida como um conjunto de dados que foram coletados, processados e divulgados sobre algo ou alguém. A informação participa da vida humana como elemento organizador da relação dos indivíduos com a realidade em que se vive. A informação permite identificar seres e coisas e estabelecer relações entre si de vários tipos.[32] Por exemplo, informar seu nome de contato em uma rede social, nominar processos, precificar uma mercadoria etc.

Também é a informação que permeia qualquer comunicação. Da origem ao destino, a mensagem comunicada tem algumas, ou muitas informações, que o emissor quer compartilhar com o receptor.

Nas organizações, a informação é item muito valorizado. Os esforços organizacionais para obtenção e proteção das informações foram crescentes ao longo da história. Proporcionalmente, o valor da informação foi tão ou mais crescente nessa evolução. A informação tornou-se fundamental para a melhoria contínua dos processos, para satisfazer o cliente, para aperfeiçoar o processo decisório e para produzir conhecimento. Imagine saber qual empresa terá o valor da ação aumentando, ou diminuindo, antes de todos os outros investidores e corretores da bolsa de valores! Uma informação dessa, com muita antecedência, pode favorecer uma decisão de comprar ou vender ações e fazer você lucrar muito mais do que os outros participantes!

A TI assumiu diversos papéis ao longo da evolução dos sistemas nas organizações. Seu papel inicial foi de aumentar a eficiência e a produtividade. As soluções da TI substituíram a mão de obra em várias atividades rotineiras, principalmente nas que envolvem muitos cálculos ou tarefas repetitivas. A inserção de computadores e autômatos foi crescente nas fábricas e, depois, nos escritórios. O aumento da produtividade, a redução do desperdício e dos prazos de execução das atividades foram determinantes para a TI assumir o papel operacional. Não demorou muito para a TI ampliar sua presença nas organizações, assumindo um papel mais tático, ao relacionar informações e conhecimento. A partir do gerenciamento da informação, no qual coleta, classifica, processa, armazena, recupera e distribui informação, a TI promoveu aos gestores condições de aprender com essas informações, aprimorando processos para além da automação deles. A TI proporciona às pessoas aprendizado que beneficia suas atividades nas organizações. Consequência desse processo de relacionar gerenciamento de informação com produção de conhecimento, associada ao aumento da conectividade entre máquinas e sistemas em redes locais e na rede mundial (internet), a TI torna-se promotora do conhecimento interativo, cujo potencial estratégico manifesta-se nas transações que fornecedores e clientes realizam em ambientes virtuais, como redes sociais, aplicativos móveis etc. para a troca de mercadorias e serviços.

Essa transformação da TI e de seu papel nas organizações também exigiu maior flexibilização dos processos. A TI revolucionou as interações das pessoas e das organizações entre si, formando um contexto volátil, incerto, complexo e ambíguo na realidade. Produtos que atendem a necessidades ou desejos, agora, são rapidamente substituídos, sem necessariamente deixarem de servir para outros propósitos. É nesse contexto volátil, incerto, complexo e ambíguo que as organizações obrigatoriamente precisam tornar-se flexíveis, adaptáveis e versáteis, para acompanhar esse novo e acelerado dinamismo socioeconômico.

Nesse sentido, um indicador necessário para as organizações é o grau de informatização. A informatização é um processo de uso gradual, crescente, planejado e sistemático da TI em todas as funções organizacionais. Existem, no mínimo, quatro perspectivas nos estudos que explicam como a TI gera valor às atividades das organizações:

1. Perspectiva econômica: comparada a outros tipos de investimento de capital, a TI normalmente produz maiores retornos às organizações.

2. Perspectiva de processos: a TI garante vantagens competitivas ao melhorar a eficiência operacional.

3. Perspectiva de recursos: a TI é percebida como fonte singular e peculiar de vantagens competitivas.

4. Perspectiva de opção digital: a TI é considerada a melhor alternativa para as organizações se destacarem em contextos competitivos e incertos.

Consequentemente, saber qual o grau de informatização de uma organização ajuda a identificar quanto valor a TI agrega ao negócio e quais decisões podem ampliar essa agregação de valor. Zwicker, Souza, Vidal e Siqueira propuseram um modelo para medir o **grau de informatização**[33] das organizações a partir de quatro dimensões determinantes no processo de informatização das organizações, conforme é mostrado no Quadro 15.6.

Quadro 15.6 Dimensões para mensuração do grau de informatização

Dimensão	Descrição	Exemplos
Ativos da TI	São os recursos tangíveis e intangíveis de tecnologia da informação e da comunicação (TIC) que a organização emprega e mantém	Infraestrutura tecnológica, aplicações, integração de sistemas, equipe de especialistas em TI, envolvimento de usuários no desenvolvimento das soluções etc.
Uso organizacional da TI	Envolve extensão, adequação, complexidade e dependência da TI nas atividades organizacionais, em seus diferentes níveis (operacional, tático e estratégico) e funções organizacionais (produção/operação, marketing, finanças, RH, logística etc.)	Folha de pagamento, SIG, SSD, sistemas integrados etc.
Gestão da TI	Refere-se ao gerenciamento das TICs e a extensão em que o planejamento e o uso destes recursos estão alinhados ao negócio	Características da área responsável, como tamanho, nível de autoridade, de responsabilidade e de poder decisório Relação entre os investimentos em TI e os processos organizacionais Controle sobre as atividades de TI
Impactos da TI	São os efeitos percebidos, a partir do uso da TI, no desempenho operacional, tático e estratégico das organizações	Aumento de receita, diminuição de custos e prazos, aprimoramento da qualidade, atratividade/fidelidade de clientes etc.

Fonte: elaborado pelos autores com base em Zwicker, Souza, Vidal e Siqueira.[34]

A partir da análise dessas quatro dimensões, é possível aferir o grau de informatização, que indicará o nível de adequação do investimento e do uso de ativos da TI na melhoria da efetividade e do desempenho das atividades e dos processos da organização.

SAIBA MAIS

Planejamento e alinhamento estratégico de TI aos negócios

No Capítulo 5, ficou destacada a importância do alinhamento estratégico na administração contemporânea. Henderson e Venkatraman apresentaram um modelo bastante efetivo às organizações que buscam alinhar a estratégia da TI à estratégia organizacional.[35] Propuseram um modelo baseado em análise de fatores que destaca e analisa a importância estratégica do papel desempenhado pela TI dentro das organizações.

Quadro 15.7 Análise de fatores

Análise	Do negócio	De TI
Externa	Escopo organizacional, competências distintas e direção organizacional	Escopo da TI, competência em sistemas e direção da TI
Interna	Arquitetura, habilidades e processos organizacionais	Arquitetura, habilidades e processos da TI

Fonte: elaborado pelos autores com base em Henderson e Venkatraman.[36]

Dois conceitos são importantes nesse modelo:

1. O ajuste estratégico, que é adequação e estreitamento da relação entre a estratégia e a infraestrutura,
2. A integração funcional, que é adequação e estreitamento da relação entre funções organizacionais e funções da TI. Há dois tipos de integração:
   a) Integração estratégica, que é o inter-relacionamento entre as estratégias, ou seja, é a capacidade da TI de suportar e até modelar as estratégias da organização.
   b) Integração operacional, que é o inter-relacionamento entre as infraestruturas da TI e da organização.

Nesse modelo, há esforço da organização em melhorar sua capacidade de adaptação e evolução tecnológica, de modo a responder, com eficiência e eficácia, as mudanças exigidas pelo mercado e pela sociedade. Há quatro principais perspectivas de alinhamento estratégico, ilustradas na Figura 15.9.

Figura 15.9 Ilustração das quatros perspectivas de alinhamento estratégico.

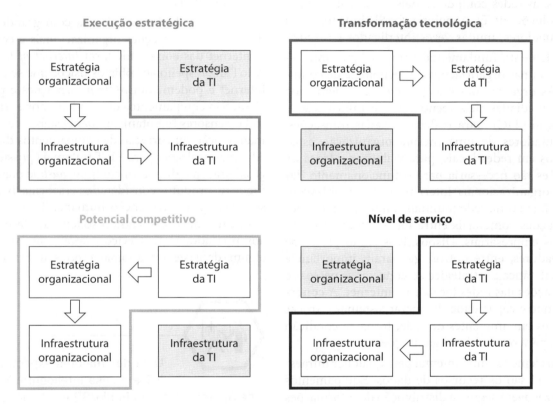

Fonte: elaborada pelos autores com base em Henderson e Venkatraman.[37]

Para ajudar no entendimento das perspectivas ilustradas na Figura 15.9, observe uma delas, o potencial competitivo, na qual a estratégia da TI influencia a estratégia organizacional, promovendo alterações na infraestrutura organizacional. Nessa perspectiva, a alta direção tem o papel de visionário de negócios, e a área de TI tem o papel de catalisador estratégico. A estratégia organizacional decorre da adoção de uma nova estratégia de TI, que impacta nos bens e serviços ofertados, influenciando suas relações com o mercado. O critério de desempenho baseia-se na liderança mercadológica, mensurada por *market share*, crescimento e introdução de novos produtos. Como exemplo de potencial competitivo, podem-se indicar os casos da Amazon e da Uber.

Essas perspectivas colocam a TI como promotora de mudanças estratégicas nas organizações por meio do redesenho dos processos organizacionais. A TI realinha atividades e relacionamentos na busca de melhor desempenho, agregando valor, ou redefine o escopo de atuação da organização, para tornar-se parte ou o produto em si.

15.3.3 Infraestrutura de TI

A infraestrutura de TI diversificou-se com a evolução dos equipamentos. Apesar dessa diversidade, alguns dispositivos são comumente relacionados na composição da infraestrutura de TI das organizações.

O mais tradicional é o computador. O computador é um conjunto de componentes, predominantemente eletrônicos, de processamento, armazenamento e de interface para comunicação, entrada e saída de dados. Pode ser classificado em função de porte, de velocidade, de custo etc. Existem outros dispositivos realizando tarefas outrora exclusivas dos computadores, mas, nas organizações, as redes computacionais ainda compõem a base das soluções de TI. A maioria dos SI ainda funciona em computadores, muitas vezes interligados em redes.

Um elemento fundamental para qualquer infraestrutura de TI nas organizações é a tecnologia de comunicação. As organizações e as pessoas interagem cada vez mais, mediadas pela tecnologia de informação e comunicação (TIC), para realizar variadas transações. Os computadores de uma mesma organização estão interligados em redes locais, para viabilizar a troca de informações tão necessária para o funcionamento das unidades organizacionais internas. E as organizações estão interligadas na rede mundial, a internet, para viabilizar relações comerciais entre fornecedores, clientes e parceiros empresariais. Dispositivos como placas de rede, roteadores, entre outros, ganharam importância operacional, tática e estratégica ao conectar as pessoas e as organizações nas redes locais e na internet. A **conectividade**, que é capacidade de operar sistemas e trocar informações em ambientes de rede, torna-se condição necessária para o êxito das organizações.

Outro elemento fundamental para qualquer infraestrutura de TI são os recursos de dados. Equipamentos para armazenagem segura e distribuição de informações tornam-se obrigatórios, bem como aplicativos adequados para manipulação e recuperação de informações, que estão relacionadas entre si. Nas soluções relacionadas com os recursos de dados, os sistemas de gerenciamento de banco de dados (SGBD) são os mais conhecidos e amplamente utilizados. Mais recentemente, estão surgindo as soluções de *big data*, que manipulam e recuperam informações não estruturadas de fontes variadas de mídias e sistemas em grandes e crescentes volumes.

Dos dispositivos que começam a substituir o computador em algumas operações, os dispositivos digitais móveis, como telefones celulares e as tabuletas, ou *tablets*, foram os que mais impactaram os negócios. É possível, com o uso de um telefone inteligente, ou *smartphone*, acessar sistemas de informação de qualquer lugar a qualquer momento. O conceito de **mobilidade** junta-se ao da conectividade na vida contemporânea, pois os dispositivos digitais móveis propiciam liberdade para qualquer tipo de ação ou de relação humana. Por exemplo, a compra de qualquer produto está, literalmente, ao alcance das mãos do consumidor que possui um *smartphone*, desde que esteja conectado à internet, independentemente do espaço e do tempo em que ele está.

Consequência da evolução das redes de computadores, atualmente as organizações podem contar com serviços de computação em nuvem (*cloud computing*). A computação em nuvem é a disponibilidade de recursos computacionais por meio da internet, dispensando o uso de unidades físicas para armazenar dados ou executar aplicativos.

Outra evolução tecnológica com grande potencial de mudar as transações organizacionais e comerciais é a internet das coisas (IdC), ou *internet of things* (IoT). A IoT diz respeito aos objetos físicos que se conectam à internet e podem transmitir informações e prover serviços. São equipamentos que podem, por exemplo, controlar sensores remotamente para estabelecer rotinas de manutenção ou correção de equipamentos distribuídos. Algumas projeções para a IoT tratam da possibilidade de geladeiras que disparam compras *on-line* para repor estoque de produtos considerados essenciais pelo usuário, sem qualquer intervenção humana. Também de equipamentos fabris disparando solicitação de manutenção aos prestadores de serviços, após sensores indicarem algum desgaste ou anomalia no seu funcionamento.

SAIBA MAIS

Uma das maiores expectativas da IoT é a casa inteligente. No bairro de Santana, em São Paulo/SP, existe um exemplo de casa inteligente e sustentável. Por meio de sensores e aplicativos, essa casa controla o consumo de energia elétrica, apagando e acendendo luzes conforme a necessidade do morador. Essa casa inteligente também regula a produção de energia elétrica: dotada de painéis fotovoltaicos e gerador eólico, parte da energia elétrica produzida é armazenada em baterias, que servem de fonte para diversos equipamentos da própria casa; outra parte é vendida para a concessionária de energia. Imagine o potencial da tecnologia e o que será possível realizar, no futuro, com a IoT nas organizações...

Fonte: http://www.smartecohouse.com.br/case_model.php?titulo=CASES%20%7C%20CASA%20MODELO.

15.3.4 Principais aplicações em TI

Os *softwares* desenvolvidos para solucionar demandas organizacionais são muito variados. Os primeiros programas ou aplicativos costumavam ser muito específicos, com escopo bastante delimitado, como, por exemplo, folha de pagamento. Com o aumento do potencial das soluções computacionais, as organizações começaram a demandar a integração dos sistemas, de modo que ocorressem trocas de dados entre programas ou sistemas diferentes.

Esse processo de integração promoveu o desenvolvimento de soluções mais complexas, como os sistemas integrados. A tentativa de integrar sistemas diferentes denominou-se *enterprise application integration* (EAI). Essa solução implicava o desenvolvimento de aplicativos coletores de dados que migravam informações entre programas ou sistemas diferentes. Esses aplicativos, que promoviam a comunicação entre sistemas diferentes, também são conhecidos como *middleware*. Esse tipo de solução demanda muita programação e nem sempre obtém resultados satisfatórios, principalmente quando tenta integrar sistemas modernos com sistemas legados. Sistemas legados são programas muito antigos, desenvolvidos em plataformas obsoletas ou com especificidades muito peculiares.

Concorrentemente, surgem sistemas integrados completos e modulados: *enterprise resource planning* (ERP). O ERP pode ser considerado uma evolução de soluções mais antigas, porém já preocupadas em integrar ou compartilhar informações com outros sistemas de informação organizacionais, como o *material requirement planning* (MRP) e seu sucessor, o *manufacturing resource planning* (MRP II). Diferente do EAI, o ERP não reaproveita sistemas existentes, integrando-os com aplicativos comunicadores (*middleware*). O ERP propõe-se a substituir sistemas existentes com seus módulos, que podem ser implementados separadamente. Conforme os módulos do ERP vão substituindo os correspondentes sistemas antigos, eles vão se comunicando e compondo um sistema integrado robusto e único. O ERP se dá uma plataforma de *software* que integra processos e informações de uma organização em um único sistema de informação. A integração proporcionada pelo ERP é tanto pela perspectiva funcional, integrando áreas de produção, marketing, RH, finanças etc., quanto pela perspectiva sistêmica, integrando sistemas de processamento de transações, sistemas de informações gerenciais, sistemas de suporte à decisão etc.

Como já foi visto em capítulos anteriores, algumas das principais aplicações da TI referem-se a sistemas especialistas que atendem determinadas exigências de negócio. Por exemplo, a necessidade de conhecer bem o consumidor, seu histórico de relacionamento com a organização, suas preferências, suas compras corriqueiras etc. deu origem ao *customer relationship management* (CRM). Trata-se de uma solução que monitora as relações da organização com seus clientes, gerando informações que apoiam decisões mercadológicas.

Conhecer bem seus fornecedores e entender o fluxo de insumos e de informações ao longo da cadeia produtiva também é uma solução tecnológica valiosa para as organizações. O *supply chain management* (SCM) propõe coletar dados do processo logístico para gerenciar a cadeia de suprimentos, gerando valor aos integrantes da cadeia produtiva por meio da redução de gargalos, pelo compartilhamento e pela otimização de recursos e de informações.

Em uma perspectiva mais abrangente, surgem sistemas que processam e interpretam enormes quantidade de dados, algumas vezes não estruturados, para oferecer suporte às análises de negócio e para identificar, desenvolver ou criar estratégias para a organização. Essa solução é conhecida como *business intelligence* (BI).

De modo geral, as aplicações de TI nas organizações estão cada vez mais relacionadas com os negócios eletrônicos (*e-business*) e com o comércio eletrônico (*e-commerce*). Uma tendência percebida é que as pessoas e as organizações desejam processos mais simples, fáceis, acessíveis e convenientes, ou seja, os negócios móveis (*m-business*) e o comércio móvel (*m-commerce*).

Você se lembra do exemplo de um processo modelado com a notação BPMN, ponta a ponta, de venda de livro via *web*, do Quadro 15.2? Então, esse tipo de venda também serve de exemplo de uma aplicação da TI que facilita uma transação comercial entre consumidores e empresas. A Figura 15.10 ilustra os tipos de interações e transações existentes, que devem permanecer eletrônicas (*e-business* e *e-commerce*), juntando-se às crescentes interações e transações móveis (*m-business* e *m-commerce*).

Figura 15.10 Ambiente de interações e transações.

Quadro 15.8 Tipos de transações

Sigla:	Nomenclatura	Descrição
G2G	Government-to-government (Governo a governo)	Transações entre governos
B2G / G2B	Business-to-government (Negócio a governo) Government-to-business (Governo a negócio)	Transações entre organizações e governos e vice-versa
B2B	Business-to-business (Negócio a negócio)	Transações entre organizações
B2C / C2B	Business-to-consumer (Negócio a consumidor) Consumer-to-business (Consumidor a negócio)	Transações entre organizações e consumidores e vice-versa
C2C	Consumer-to-consumer (Consumidor a consumidor)	Transações entre consumidores
G2C / C2G	Government-to-consumer (Governo a consumidor) Consumer-to-covernment (Consumidor a governo)	Transações entre governos e cidadãos e vice-versa

As interações e transações entre organizações, governos e pessoas devem intensificar-se com a conectividade e a mobilidade onipresentes e mediadas pela TI. Somando as soluções tecnológicas existentes com a crescente presença da inteligência artificial e com novas tecnologias que estão emergindo, difícil negar que já estamos vivendo uma nova revolução industrial: a quarta revolução ou revolução 4.0.

15.3.5 Revolução 4.0

A tecnologia da informação e da comunicação (TIC) promoveu inúmeras mudanças na realidade das pessoas, das organizações e das nações. Em meados da década de 1990, Don Tapscott[38] referiu-se às interações das pessoas e aos negócios mediados pela internet como uma nova economia: a **economia digital**. Essa nova economia combina inteligência, conhecimento e criatividade para gerar capital social e proporcionar bem-estar.

Mesmo considerando essa natureza dinâmica, pode-se definir economia digital como a combinação das TICs e vários tipos de atividades econômicas e sociais mediadas pela internet.[39] A economia digital envolve infraestrutura física (redes de banda larga, roteadores), dispositivos de acesso (computadores, *smartphones*),

sistemas de informação (Google, Alibaba, Amazon) e a funcionalidade que eles fornecem (IoT, análise de dados, computação em nuvem).

Transações eletrônicas de todo tipo compõem a economia digital. Apesar disso, ela está tão difusa e tão presente nas atividades econômicas e sociais das pessoas, das organizações e das nações, que está cada vez mais difícil distinguir a economia digital da economia convencional.

Os pesquisadores Bukht e Heeks[40] sugerem dividir a economia digital em três amplos setores:

1. Cerne digital: setor que compreende a oferta de componentes fundamentais para existência e funcionamento da economia digital. São materiais e insumos eletrônicos, como semicondutores, processadores etc.; equipamentos, como computadores, dispositivos eletrônicos, equipamentos de telecomunicações etc.; infraestrutura física de telecomunicação e de internet.

2. Tecnologia digital: setor que oferta bens e serviços digitais, incluindo plataformas, portais, aplicativos, serviços de pagamento etc.

3. Economia digitalizada: diversos setores que usam as tecnologias digital e da informação para incrementar ou transformar seu modelo de negócio.

Figura 15.11 Setores da economia digital.

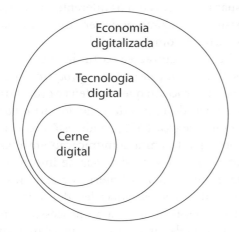

Fonte: Bukht e Heeks.[41]

Estudos da ONU[42] indicam que a economia digital tem contribuído para o crescimento econômico, expandido oportunidades de negócios, criado trabalhos, melhorado serviços públicos, entre outras mudanças nas nações emergentes.

No contexto da economia digital, emerge a **organização digital**. A organização digital é aquela que utiliza as TICs para aperfeiçoar ou inovar os processos organizacionais, conectando e integrando pessoas, ativos, processos, produtos e ideias.[43] O aperfeiçoamento ou a inovação digital impulsiona a produtividade dos trabalhadores e aprimora a eficiência operacional e a eficácia do negócio, alcançando e envolvendo mais e melhor os clientes.[44] A organização digital aproveita o potencial das TICs para:[45]

1. Reduzir prazos de concepção, de produção, de venda e de distribuição dos produtos.
2. Ampliar cobertura de mercado e fidelidade dos clientes.
3. Compartilhar recursos e riscos com parceiros, promovendo sinergia.
4. Migrar da venda de bens ou serviços para venda de soluções.

Em pesquisa de 2016,[46] que envolveu mais de 2000 empresas em 26 países, identificaram-se características da **indústria 4.0**. A indústria 4.0 é impulsionada pela digitalização e integração vertical e horizontal das cadeias de valor; pela digitalização de ofertas de bens e serviços; e por modelos de negócios digitais, acessíveis e interativos ao cliente.

15.4 TRANSFORMAÇÃO DIGITAL DE PROCESSOS

15.4.1 Integrando TI e processos para transformação de processos

Seguindo a esteira da revolução 4.0, a incorporação de tecnologias da informação ao negócio depende do entendimento profundo dos processos tanto por parte dos gestores como da equipe de TI. Na Seção 15.2, vimos como a análise de processos pode indicar a necessidade do uso de tecnologia para automatizar tarefas e até mesmo processos inteiros. No entanto, a relação entre processos e TI é uma via de mão dupla. Como vimos no boxe Saiba Mais – Planejamento e alinhamento estratégico de TI aos negócios, os processos de negócio e, até mesmo, a estratégia organizacional, podem ser redefinidos em função de novas tecnologias que conferem oportunidades de construir vantagens competitivas. Portanto, as iniciativas de processos devem considerar as potencialidades que a TI oferece, e as mudanças tecnológicas devem levar a transformações nos processos de negócio.[47]

DA TEORIA À REALIDADE BRASILEIRA

Um exemplo de como a tecnologia pode transformar processos tradicionais é o produto desenvolvido pela parceria entre a Coimma, a Embrapa e a Universidade Federal de Mato Grosso do Sul (UFMS) para pesagem de gado de corte, uma balança de passagem. No processo tradicional de manejo de gado de corte, os animais são pesados cerca de uma vez ao mês, pois precisam ser deslocados até um equipamento denominado "tronco de contenção" onde são imobilizados e pesados um a um. Obter a informação de peso dos animais é importante para a adoção de medidas preventivas e corretivas em relação à nutrição, já que uma das variáveis que influem no preço do boi é justamente seu peso. Pensando na dificuldade de obtenção do peso no modelo convencional, a balança de passagem foi desenvolvida para ser instalada no corredor entre os locais onde são disponibilizados o alimento e a água e realizar a pesagem com o animal em movimento, sem a necessidade de imobilizá-lo. Cada animal tem um *chip* instalado em um brinco que permite sua identificação por meio de sensor ao subir na balança. Sempre que o animal passa pela balança, a informação do seu peso é captada e enviada via internet para um banco de dados na nuvem e exibida em um aplicativo no celular. Dessa forma, o processo de pesagem é totalmente alterado, eliminando a necessidade de contenção dos animais e aumentando a frequência de pesagem para várias vezes ao dia, permitindo, assim, o monitoramento constante dessa informação.

Fonte: elaborado pelos autores com base nas informações disponíveis em: https://www.coimma.com.br/produtos/balpass.

15.4.2 Aplicações de tecnologias na automatização de processos

Tradicionalmente, a automatização de processos é realizada pela incorporação das atividades em fluxos nos sistemas integrados e modulares como ERP, CRM, MRP etc. No entanto, é crescente a adoção de *business process management suite* (BMPS), uma ferramenta de automatização de processos que integra os diferentes sistemas legados (preexistentes) da organização ao processo. O BPMS valoriza os investimentos já realizados em *softwares* pela organização e orquestra a execução do processo e suas interfaces com os diferentes módulos e *softwares* existentes.[48] Como pode ser observado na Figura 15.12, de acordo com De Sordi,[49] o modelo conceitual do BPMS está estruturado a partir da integração de três camadas: (i) *ambiente de gestão do processo* (AGP), onde está o fluxo do processo que coordena e orquestra a operação por meio de regras de negócio; (ii) *ambiente de integração tecnológica* (AIT), onde estão os conectores adaptadores que fazem a comunicação entre as regras de negócio do AGP e os sistemas de informação; (iii) *ambientes computacionais* (internos e externos à organização), onde estão sistemas legados que executam as operações necessárias para ao processo de negócio. Por sua natureza de integração, seu uso é mais indicado para processos que integram diversas áreas funcionais.

Figura 15.12 Modelo conceitual de BPMS.

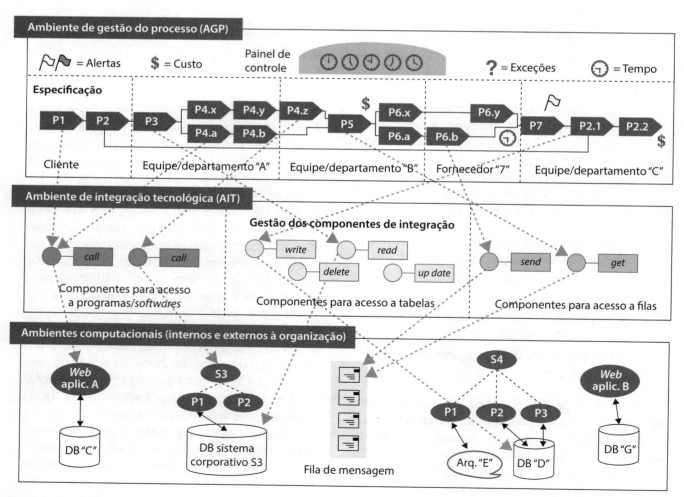

Fonte: De Sordi.[50]

DA TEORIA À REALIDADE BRASILEIRA

Uma entidade do Sistema S* implementou uma solução BPMS com o intuito de agilizar a automação de alguns de seus processos. Um exemplo foi o processo de licitação, cujas solicitações eram realizadas por *e-mail*, e todas as etapas do processo antes da contratação, como elaboração, aprovação e publicação do edital e tomada de preços, não eram registradas no sistema ERP, sendo controladas manualmente. Com a implementação do BPMS, foram criados formulários eletrônicos de solicitação de compra das áreas demandantes e todas as etapas do fluxo podiam ser visualizadas no sistema indicando o *status* em que cada processo de licitação se encontrava. Além disso, os termos acordados com a empresa vencedora passaram a ser lançados em formulário eletrônico do BPMS cujas informações alimentavam o módulo de compras do ERP, facilitando a operação. Os ganhos com essa automação foram a maior transparência no processo e, consequentemente, a redução de conflitos entre as áreas demandantes e a área de licitação e a redução do tempo médio de ciclo do processo. O próximo passo de automação será a substituição das assinaturas físicas dos aprovadores por assinaturas eletrônicas, assim a organização planeja ter uma nova redução no tempo de ciclo.

---

* O Sistema S é formado por entidades voltadas a treinamento profissional, assistência social, consultoria, pesquisa e assistência técnica. Fazem parte desse sistema Senai, Sesc, Sesi, Senac, Senar, Sescoop e Sest.

Embora o BPMS seja importante para a automação de processos, quando falamos em hiperautomação, precisamos incorporar ferramentas tecnológicas de **automatização robotizada de processos** ou *robotic process automation* (RPA). RPA é uma ferramenta que utiliza robôs que "imitam" o trabalho realizado por humanos, automatizando tarefas repetíveis e baseadas em regras de negócio. Embora o termo "robô" remeta à ideia de máquina, estamos nos referindo a *softwares* configurados para realizar tarefas.[51] Para a automação robotizada de tarefas mais complexas e menos estruturadas, é necessário o uso de **inteligência artificial (AI)**, conjunto de são sistemas que tentam simular o comportamento e os padrões de pensamento humano,[52] e *machine learning* **(ML)**, que se refere à habilidade que um sistema inteli-

gente precisa ter de aprender para prover soluções para qualquer situação.[53] Um exemplo de uso amplo dessas ferramentas no Brasil são os "*chatbots*" em *call centers* que interagem com os usuários "imitando" um atendente humano. Existem *chatbots* mais simples, baseados apenas em regras predefinidas, e outros mais complexos que utilizam inteligência artificial para responder a perguntas não programadas.

A TI também pode contribuir para o ciclo de vida dos processos (Figura 15.5) por meio da **mineração de processos** (*process mining*). Essa técnica utiliza os registros de cada operação realizada (*log*) para extrair informações relacionadas com os processos. A partir dessas informações, é possível *descobrir o modelo do processo* de forma automática; *verificar a conformidade*, comparando o processo que está sendo executado com o processo modelado, e *aprimorar o processo* por meio da identificação de gargalos, tempos de ciclo e frequência, por exemplo, servindo como subsídio para análise e melhoria do processo.[54]

15.4.3 Gerenciamento de processos ágil

No contexto da economia e das organizações digitais, o sucesso do gerenciamento de processos está cada vez mais ligado à agilidade para repensar, desenhar e inovar em processos.[55] As metodologias ágeis surgiram para tornar os projetos de desenvolvimento de *softwares* mais rápidos[56] e, desde então, seus princípios vêm sendo incorporados às práticas de gestão, entre elas as de BPM.

Gerenciamento de processos ágil "*é a promoção de BPM em que os profissionais estimulam mudanças com rapidez e flexibilidade, de modo a atender às demandas organizacionais com conformidade e proporcionar melhor experiência ao cliente*".[57] Seguindo o modelo de Badakhshan, Conboy, Grisold, e vom Brocke, o BPM ágil está estruturado em torno de três elementos centrais:[58]

a) **Flexibilidade**: a organização deve estar sempre preparada para mudar seus processos e pode criar valor por meio de pioneirismo em inovação de processos, proatividade ao lidar com mudanças, reação às oportunidades de mudança e aprendizagem com as mudanças inter e intraorganizacionais.

b) **Enxuto (*lean*)**: as atividades devem melhorar os níveis de qualidade, economia e simplicidade percebidos pelo cliente, por meio de técnicas de redução de custos, monitoramento e melhoria de processos, podendo, inclusive, empregar ferramentas como mineração de processos, RPA e BPMS.

322 Administração ■ *Conejero – Oliveira – Abdalla (Orgs.)*

c) **Continuidade:** a organização deve manter de forma contínua atividades de monitoramento do ambiente para identificação de tendências (tecnológicas, em especial), que podem conferir agilidade no gerenciamento de processos e alinhá-las aos esforços para aumentar a qualidade, a economia e a simplicidade para garantir que criem valor antes iniciar um projeto de transformação de processos. Como exemplo, temos a tecnologia de mineração de processos que permite a avaliação contínua e em tempo real dos processos.

Quando os processos são muito manuais, a automação de processos pode ser um caminho para conferir maior agilidade. A automação de atividades, uso de IoT e BPMS, por exemplo, podem ser a fase inicial do projeto que criará a base para o uso de mineração de processos no futuro. A abordagem ágil tem o intuito de oferecer práticas que superem as armadilhas do gerenciamento de processos tradicional, sendo, portanto, uma abordagem complementar.

15.5 ORGANIZAÇÃO DO GERENCIAMENTO DE PROCESSOS E DE TI

A transformação digital está e estará cada vez mais presente nas nossas organizações, mas para que essa mudança se concretize, apenas tecnologias e ferramentas de gerenciamento de processos não são suficientes. É preciso estar atento e preparar as pessoas e o ambiente organizacional para lidar com esse novo contexto. Como vimos, a incorporação de tecnologia depende da redefinição de processo. Nesse sentido, o sucesso da transformação digital depende da **orientação a processos** das organizações.

O primeiro elemento a ser destacado na orientação a processos é o seu contraste com as organizações funcionais. Tradicionalmente, as organizações são dispostas em "silos" ou áreas funcionais, e todos os incentivos são pensados para melhorar o desempenho da área. Contudo, os processos são interfuncionais e precisam ser medidos de ponta a ponta. É por isso que em organizações orientadas a processos existe responsabilização horizontal pelo desempenho do processo e pela entrega de valor ao cliente.

A transição de uma cultura funcional para uma cultura por processos exige forte **comprometimento da alta gestão da organização** e a criação de novos papéis e novas estruturas organizacionais. Entre os novos papéis, destaca-se o de **dono do processo**, que tem a responsabilidade de garantir os níveis de desempenho do processo almejados e de liderar as melhorias no desenho e execução. Esse papel pode ser exercido por uma pessoa ou um grupo de pessoas de nível executivo com autoridade para tomar decisões. Dentre as novas estruturas organizacionais para a governança de processos, a principal delas é o **escritório de processos**, que tem a função de definir e orientar sobre princípios, práticas e padrões de BPM, difundir a cultura de processos na organização, criar um repositório de processos e, principalmente, institucionalizar as inciativas de BPM, garantindo a integração de processos em nível corporativo e não apenas em ações isoladas.

Do ponto de vista da TI, a Lei Sarbanes-Oxley, nos EUA, e o Acordo Basileia II, na Europa, foram iniciativas governamentais que promoveram crescente adesão das organizações à governança de TI.[59] É fato que as organizações já demonstravam preocupação com a perda de controle sobre os projetos de TI e suas consequências negativas. Era necessário que as soluções de TI deixassem de ser aquela "caixa preta" impossível de ser lida pelos "analfa*bits*", para se tornarem soluções de TI mais transparentes e acessíveis aos gestores. A meta da governança de TI é assegurar que investimentos em SI ou TI gerem valor máximo à organização, por meio da clara definição de papéis na estrutura organizacional quanto a responsabilidade de decisão e de gestão da TI. Não se trata só de facilitar o entendimento da organização sobre os investimentos em SI e TI. Trata-se também de compartilhar responsabilidade com os diversos atores da organização sobre as decisões e sobre o uso das soluções de SI e TI. Existem diversas abordagens que se propõem a materializar essa meta da governança de TI. As mais conhecidas e comuns são: *information technology infrastructure library* (ITIL), *control objectives for information technology* (COBIT) e *capability maturity model-integrated* (CMMI). Todas elas procuram alinhar os investimentos em TI com as estratégias organizacionais, identificar riscos para evitá-los ou minimizá-los, estabelecer medidas, métricas e indicadores de qualidade dos serviços de TI, além de facilitar o entendimento sobre as soluções de SI e TI para quem não é especialista na área.

Vale destacar que processos e TI têm estruturas de governança distintas nas organizações, os primeiros por meio dos escritórios de processos e a segunda pela área funcional de TI. Entretanto, as diretrizes estratégicas, bem como as ações são cada vez mais integradas. Em organizações orientadas para a transformação digital, há uma via de mão dupla em que os planos de TI suportam e são suportados pelos planos de processos ou são construídos juntos e totalmente integrados.[60]

DA TEORIA À REALIDADE BRASILEIRA

A rede varejista Magazine Luiza criou um laboratório de tecnologia e inovação, o Luizalabs, e um de seus principais projetos foi o desenvolvimento do *Bob*, uma aplicação de *big data* para compreender o comportamento do consumidor e oferecer recomendações customizadas ao cliente. O sucesso do projeto esteve ligado a diversos fatores: (i) o alinhamento com a estratégia organizacional de oferecer uma experiência personalizada para fidelizar clientes, (ii) o envolvimento da alta gestão, visto que o projeto teve apoio direto do diretor executivo, (iii) mudança cultural norteada por valores de orientação para o cliente, (iv) foco na transformação de processos, (v) quebra dos silos organizacionais para o compartilhamento de dados, (vi) comunicação dos resultados obtidos ao longo do projeto para eliminação de barreiras, (vii) revisão da estrutura organizacional, (viii) adoção do método ágil, (ix) capacitação interna da equipe e aquisição de competências externas, como consultorias para superar a dificuldade de encontrar pessoal qualificado para lidar com a tecnologia e (x) criação de processos para gerir a privacidade do consumidor.
Fonte: elaborado pelos autores com base em Félix, Tavares e Cavalcante.[61]

15.6 CONSIDERAÇÕES FINAIS E QUESTÕES

Neste capítulo, vimos o conceito de processos de negócio e como os diferentes tipos de processos integram a cadeia de valor da organização para entregar valor ao cliente. Na sequência, trouxemos o ciclo de vida dos processos utilizado no gerenciamento e detalhamos a etapa de planejamento: modelagem, análise e desenho de processo. Para garantir a melhoria contínua, é necessário mensurar os processos, então, apresentamos os conceitos e as aplicações dos indicadores de desempenho.

Também estudamos a importância da informação e do processo de informatização para o êxito das organizações. Conhecemos os tipos de sistemas de informações, os principais elementos da infraestrutura de TI e as principais aplicações. Ainda neste capítulo, foi explicado o benefício de planejar e alinhar estrategicamente as soluções tecnológicas aos negócios. Tomamos ciência da revolução 4.0 e de seu impacto no futuro das organizações.

Por fim, trabalhamos uma visão integrada de processos de TI para transformação digital e aspectos organizacionais que influenciam no sucesso das implementações.

CONTRIBUIÇÕES DO CAPÍTULO PARA A ADMINISTRAÇÃO CONTEMPORÂNEA

a) Alinhamento dos processos e das aplicações de TI com os objetivos estratégicos da organização.

b) O foco da visão integrada de BPM e TI sempre deve ser a entrega de valor ao cliente final.

c) A mensuração de desempenho deve ser horizontal, por processos, e não apenas funcional, e estar vinculada aos objetivos estratégicos da organização.

d) As tecnologias da informação e comunicação oferecem possibilidades de melhoria de processos por meio de automatizações, mas, principalmente, de transformação de negócios induzindo a mudanças na estratégia.

e) A transformação digital de processos se dá por meio da incorporação de tecnologias da informação a tarefas antes realizadas manualmente ou a concepção de novos processos totalmente digitais.

f) No contexto da revolução 4.0, as implementações de processos e sistemas precisam ser ágeis e devem contemplar a flexibilidade da organização em adequar seus processos, a necessidade de manter um ciclo de melhoria contínua e o monitoramento constante das tendências e mudanças do ambiente.

g) A organização precisa preparar-se em termos de cultura e estrutura organizacional para implementar a gestão por processos integrada à gestão de TI.

h) Os cursos de administração estão estruturados em torno de um enfoque funcional, em que aprofundamos o conhecimento nas funções de marketing, finanças, pessoas, operações etc. Entretanto, a produção de mercadorias e serviços ocorre de modo interfuncional por meio de processos.

QUESTÕES PARA REFLEXÃO

1) Quantas organizações você percebe que têm processos realmente orientados à entrega de valor para o cliente?

2) Reflita sobre como o gerenciamento de processos integrados à TI pode gerar vantagem competitiva em uma organização.

Administração ■ Conejero – Oliveira – Abdalla (Orgs.)

3) Como a cultura organizacional pode criar barreiras ao gerenciamento de processos integrados à TI?

4) Reflita sobre os desafios gerenciais exigidos na adequação de investimentos em ativos da TI para efetivar melhoria de desempenho dos processos organizacionais.

5) Considerando a integração da cadeia produtiva, observada na revolução 4.0 que vivemos, que competências serão exigidas dos administradores para gerenciar essas relações fluidas e dinâmicas?

QUESTÕES PARA AVALIAÇÃO DO CONHECIMENTO

1) O que são processos de negócio e quais são os tipos de processos? Cite um exemplo de cada tipo de processo.

2) Quando um processo deve ser melhorado e quais os passos a serem seguidos para realizar essa melhoria?

3) Considerando a perspectiva de potencial competitivo, pode-se afirmar que o grau de informatização é o mais elevado possível, ou seja, o uso da TI é amplamente abrangente em todas as áreas da organização, a ponto de representar uma vantagem competitiva por criar valor com as inovações que aumentam a eficiência operacional do negócio para o referido tipo de alinhamento? Justifique sua resposta.

4) O BPMS é um tipo de sistema integrado? De qual tipo? Justifique a resposta.

5) Como ocorre a transformação de processos tradicionais para digitais?

6) Quais são os elementos organizacionais que influenciam no sucesso de uma transformação de processos integrada à TI?

CASO FINAL: ADOÇÃO DO ENSINO REMOTO EMERGENCIAL NO IFSP

Em 2020, o surto de coronavírus criou uma situação inesperada para todo o planeta: uma pandemia que exigiu isolamento social para evitar muitas mortes. Várias atividades foram suspensas ou modificadas, como forma de minimizar os efeitos da pandemia. Não foi diferente na educação. Escolas foram fechadas e aulas suspensas, enquanto se assistia ao crescimento exponencial de contaminação e de mortes pela Covid-19 em todo o planeta.

Em meio às complicações impostas pela pandemia e pela necessidade de contribuir para o isolamento social, única medida eficaz para conter o avanço da doença, o Instituto Federal de Educação, Ciência e Tecnologia de São Paulo (IFSP), suspendeu as aulas em meados de março/2020.

Perfil da instituição

O IFSP é uma instituição de ensino da rede federal. Sua criação ocorreu em 1909, com o Decreto nº 7.566, de 23/09/1909, que criou escolas profissionalizantes nas capitais estaduais. Ao longo da história, muitas mudanças ocorreram em sua estrutura, desde mudanças no nome até na estrutura física e organizacional. O IFSP possui 37 unidades e mais de 60.000 estudantes distribuídos em todo estado de São Paulo. São mais de 3.000 professores e mais de 1.800 técnicos-administrativos para ofertar educação pública. Os cursos variam desde os de nível médio até os de pós-graduação, nas mais diversas áreas do conhecimento, em vários eixos tecnológicos. Há cursos de curta duração, como os de formação inicial continuada (FIC), e os de maior duração, como os técnicos integrados ao ensino médio e os bacharelados.

A missão do IFSP é ofertar educação profissional, científica e tecnológica orientada por uma práxis educativa que efetive a formação integral e contribua para a inclusão social, o desenvolvimento regional, a produção e a socialização do conhecimento. Já sua visão é ser referência em educação profissional, científica e tecnológica, na formação de professores e na produção e socialização do conhecimento.

A cadeia de valor de processos do IFSP é baseada e alinhada à cadeia de valor do Ministério da Educação (MEC), na qual há um alinhamento estratégico dos resultados do MEC que devem ser entregues também por meio do IFSP, conforme pode ser observado nas Figuras 15.13 e 15.14. A estruturação da cadeia de valor de processos foi realizada pelo escritório de processos, recém-criado, que chegou a listar todos os processos, os quais ainda estavam em fase de mapeamento.

Figura 15.13 Cadeia de valor do Ministério da Educação.

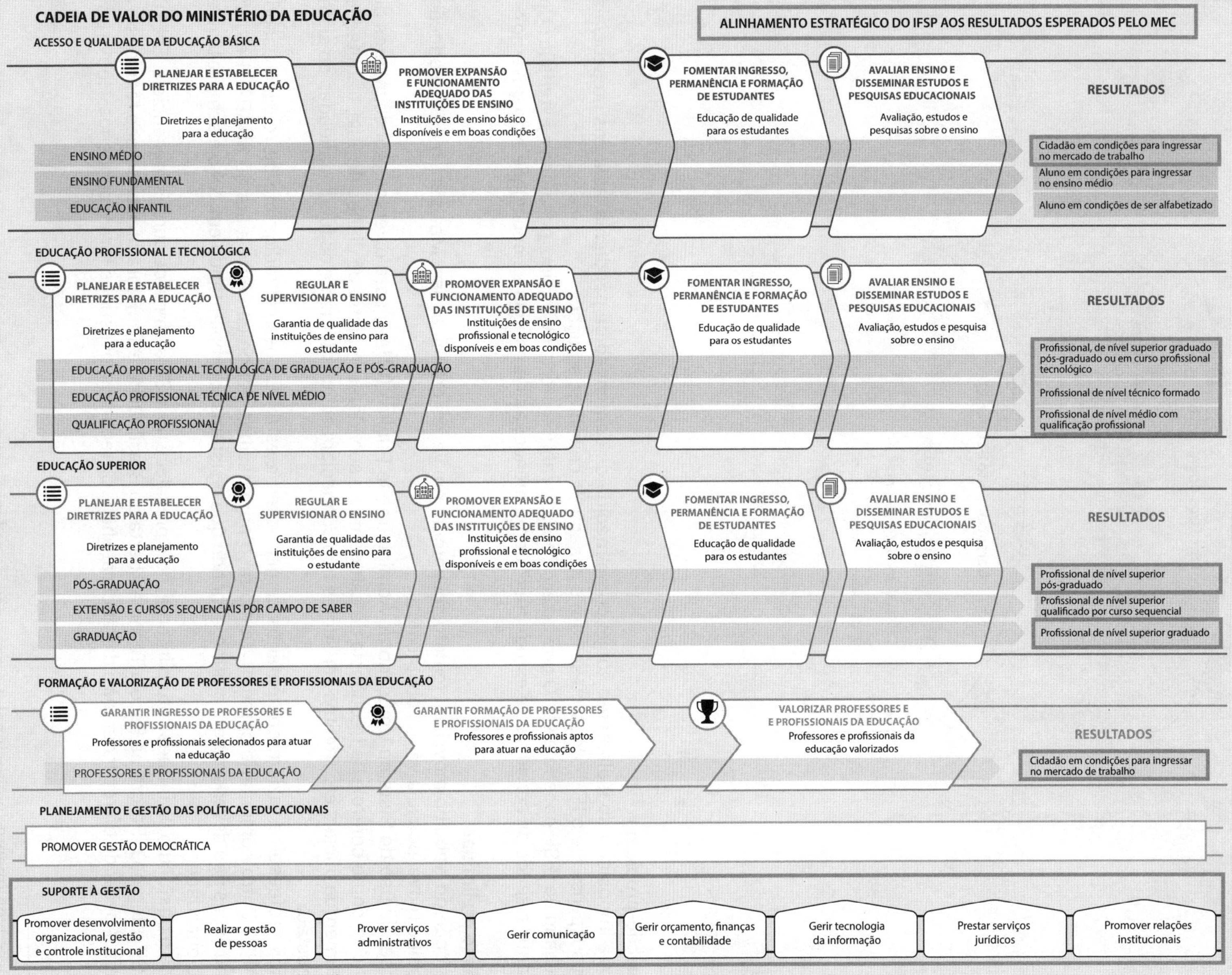

Fonte: IFSP.[63]

Figura 15.14 Cadeia de valor de processos do IFSP.**

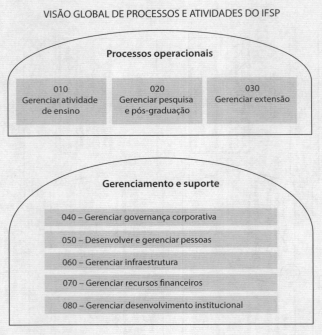

Fonte: IFSP.[62]

Situação-problema
Com a imposição do isolamento social como medida de contenção da pandemia, as aulas presenciais foram suspensas, e o IFSP deparou-se com o desafio de criar uma solução.
O desafio do IFSP passou a ser: O que fazer? Como garantir a oferta de ensino, pesquisa e extensão? Como garantir a saúde de servidores e estudantes? Como atender as demandas da sociedade e do governo?

Análise preliminar
A adoção do trabalho móvel, ou remoto, foi comum em várias organizações. Mas para o IFSP, a adoção do trabalho móvel possuía vários obstáculos.
Apesar do uso do Sistema Unificado de Administração Pública (SUAP) para diversos procedimentos burocráticos, como controle de frequência de estudantes e servidores, registro de diários de aula, tramitação de documentos oficiais etc., muitos servidores não conheciam suficientemente as funcionalidades do sistema de gestão.
Vários professores faziam comentários semelhantes a este: "É possível redigir ata de reunião usando o SUAP?". Outro comentário comum: "Como faço para assinar eletronicamente a ata no SUAP?". Perguntas como essas não deveriam ser comuns, sabendo que o sistema foi implantando em 2015 e sempre teve esta funcionalidade.
Havia o obstáculo da infraestrutura interna, pois prevalece no IFSP a oferta de cursos presenciais. Em 2009, o IFSP integrou o Programa Escola Técnica Aberta do Brasil (Rede e-Tec) para ofertar cursos técnicos a distância. Apesar de oferecer cursos a distância até hoje, os recursos investidos foram pequenos. Houve pouco

---

** Desenvolvimento institucional é o processo de reflexão coletiva que, de cinco em cinco anos, projeta o futuro do IFSP. Durante o planejamento de desenvolvimento institucional (PDI), servidores e estudantes se reúnem para planejar os cinco anos futuros. Nesse processo, observa-se o que foi realizado no plano vigente, ou anterior, procura-se entender as causas que impediram a realização de algo, avaliam-se os benefícios do que foi realizado e inicia-se a projeção do futuro.

desenvolvimento de competências docentes, e investiu-se o suficiente para garantir o mínimo para um *learning management system* (LMS) livre*** funcionar e dispor um ambiente virtual de ensino e aprendizagem (AVEA). Aliás, poucos conheciam o LMS padrão da rede federal, o *Modular Object-Oriented Dynamic Learning Environment* (MOODLE – https://moodle.org), seja na condição de estudante, seja na condição de professor. Sobre esse aspecto, seguem algumas dúvidas da comunidade:

"Não conheço o Moodle. Posso usar o WhatsApp?"

"Posso compartilhar vídeos do YouTube ou do Facebook?"

"Eu prefiro usar o *Classroom* da Google. Recuso-me a usar o Moodle."

"O computador que atuará como servidor do Moodle aguentará a demanda? Serão muitos acessos, muito material..."

Ainda sobre a infraestrutura interna, as reuniões passaram a ocorrer mediadas por sistema de videoconferência próprio da rede federal. Mas essa plataforma *on-line* não estava preparada para atender a demanda volumosa de reuniões e normalmente ficava indisponível. Os servidores públicos do IFSP precisaram buscar alternativas para a realização das reuniões virtuais, dificultando a padronização do procedimento e obrigando as pessoas a usarem diferentes plataformas na internet.

Outro obstáculo era da infraestrutura externa: a dispersão geográfica dos *campi* (unidades) do IFSP representou uma enorme diversidade de condições. Alguns *campi* têm acesso a serviços de telecomunicações insuficientes para a oferta de educação a distância (EaD). Muitos estudantes também não têm acesso a uma conexão estável de internet no local de trabalho ou em sua respectiva residência.

Por conta disto, várias preocupações surgiram:

"Não há serviço de internet em alguns bairros; como os estudantes farão para acessar o ambiente virtual?"

"Eu resido em uma região mal atendida por serviços de internet; como vou dispor aulas *on-line* no Moodle sem ter uma boa conexão para acesso?"

"Não tenho equipamento que suporte o preparo de aulas *on-line*. O IFSP fornecerá equipamentos adequados?"

"Muitos estudantes não têm equipamento adequado para ter aulas *on-line*; como resolveremos esse problema?"

Cerca de 70% dos professores não conheciam métodos e ferramentas de EaD, e poucos servidores conheciam o processo demandado para a realização de aulas remotas.

Naturalmente, surgiram mais questões:

"Como faço para controlar a frequência dos estudantes?"

"Se faltar energia elétrica, como faço para continuar a aula?"

"Como aplicar prova e impedir que os estudantes consultem materiais ou colegas para obter respostas?"

"Como realizar aulas práticas ou ensinar conteúdos que necessitam da manipulação de equipamentos e insumos?"

"Dá para fazer atividades interdisciplinares?"

"Como gravo videoaula? Como faço para deixar à disposição dos estudantes?"

Um aspecto positivo da infraestrutura do instituto é que ele já assinava, desde 2017, uma biblioteca virtual que disponibilizava uma vasta lista livros didáticos no formato digital (*e-book*) acessível aos alunos por meio de *login* individual, mas apenas alguns professores tinham o hábito de indicar leituras que estivessem disponíveis digitalmente.

Enfim, a gestão do IFSP deparou-se com a dura realidade de não dominar processos elementares para o funcionamento da instituição e, consequentemente, ter dificuldade de reagir aos desafios que a pandemia impôs à oferta da educação pública.

O debate sobre como superar os obstáculos e voltar a oferecer ensino arrastou-se durante quatro meses, quando se decidiu adotar o ensino remoto emergencial (ERE). O ERE foi adotado por muitas instituições de ensino, desde a educação infantil até a pós-graduação, tanto da iniciativa privada, quanto da esfera pública. Mas, no IFSP, a adoção do ERE exigiu um processo desarticulado de capacitação em EaD para os professores e uma corrida por recursos para prover equipamento e conexão de internet para os estudantes.

*** *Software* livre é o aplicativo que concede liberdade ao usuário para executar, acessar e modificar o código fonte, e redistribuir cópias, com ou sem modificações, sem qualquer restrição comercial.

No IFSP, o modelo de ERE adotado consistiu em videoaulas gravadas (assíncronas) e atividades disponibilizadas no Moodle e o uso da biblioteca virtual para indicação de leitura. O uso de outros objetos de aprendizagens foi liberado e de escolha dos professores. Alguns professores tentaram realizar aulas remotas ao vivo (síncronas) em que poderiam manter um modelo de aula mais próximo do presencial, com interação entre os participantes e promoção de diálogos e debates nos quais dúvidas, divergências e convergências são trabalhadas em conjunto com a turma. No entanto, houve baixa adesão dos alunos, que justificavam que com a pandemia passaram a ter outros deveres como cuidar da casa e de seus familiares e, assim, não conseguiam estar conectados no horário da aula.

Diante desse cenário, os professores tiveram de adaptar suas aulas e seus métodos de ensino para migrar definitivamente para o modelo assíncrono. Começou, então, uma série de desafios, tais como aprender a gravar uma videoaula em que o professor precisa passar o conteúdo, desenvolver todos os exemplos e antecipar as possíveis dúvidas que os alunos virão a ter. Além disso, cada aluno assiste à aula em um momento diferente. Como consequência, as dúvidas também chegam dispersas para o professor. Em resumo, os professores e alunos tiveram que aprender a lidar com esse novo modelo na prática, com muita tentativa e erro, testando o que funcionava melhor para cada público (nível médio e nível superior), cada curso e cada *campus*.

Questões

Diante do cenário descrito, pergunta-se:

1) Ao IFSP, seria possível passar por essa situação com menos improviso e mais controle sobre as ações contingenciais? Explique como.
2) Durante quatro meses, o instituto ficou debatendo soluções, mas não aproveitou para modelar processos. Quais demandas e quais vantagens o IFSP teria se tivesse aproveitado para estudar e entender seus processos de negócio?
3) Considerando os conceitos vistos neste capítulo, como você reorganizaria a cadeia de valor de processos do IFSP, focando apenas nas atividades de ensino?
4) Como você avalia a transformação do subprocesso de ensino-aprendizagem de uma disciplina do modelo presencial para o remoto síncrono e para o remoto assíncrono? Podemos dizer que nos dois casos houve transformação digital?
5) Considerando a indústria 4.0, o IFSP está se preparando para as transformações que estão por vir? Justifique.
6) Na pandemia da Covid-19, as organizações atentas à quarta revolução industrial estavam mais preparadas ou sofreram tanto quanto o IFSP? Justifique.

REFERÊNCIAS

[1] BERTALANFFY, L. von *Teoría general de los sistemas*: fundamentos, desarrollo, aplicaciones. México: Fondo de Cultura Económica, 1995.

[2] *Idem, ibidem.*

[3] ABPMP Brasil – Association of Business Process Management Professionals Brasil. BPM CBOK – *Guia para o gerenciamento de processos de negócio*: corpo comum de conhecimento, 2013.

[4] GONÇALVES, J. E. L. As empresas são grandes coleções de processos. *Revista de Administração de Empresas*, 40(1), 6-9, 2000.

[5] ABPMP Brasil. *Op. cit.*, 2013.

[6] CAPOTE, G. *Guia para formação de analistas de processos:* BPM. 2. ed. Rio de Janeiro: Gart Capote, 2015.

[7] PORTER, M. *Vantagem competitiva*. Rio de Janeiro: Campus, 1989.

[8] PALVARINI, B.; QUEZADO, C. *Gestão de processos voltada para resultados:* a fórmula GPS – gestão de processos simplificada. 2. ed. Brasília: Edição do Kindle, 2017.

[9] HARMON, P. O escopo e a evolução da gestão de processos de negócio. *In:* VOM BROCKE, J.; ROSEMANN, M. *Manual de BPM:* gestão de processos de negócio. Porto Alegre: Bookman, 2013.

[10] RUMMLER, G. A.; RAMIAS, A. J.; RUMMLER, R. A. Potential pitfalls on the road to a process – managed organization (PMO), Part 1: the organization as system lens. *Performance Improvement*, 48(4), 5-16, 2009a.

[11] SMITH, A. *A riqueza das nações*. (v. 1). São Paulo: Nova Cultural, 1988.

[12] HARMON, P. O escopo e a evolução da gestão de processos de negócio. *In:* VOM BROCKE, J.; ROSEMANN, M. *Manual de BPM:* gestão de processos de negócio. Porto Alegre: Bookman, 2013.

[13] HAMMER, M. Reengineering work: don't automate, obliterate. *Harvard business review,* 68(4), 104-112, 1990; DAVENPORT, T. H.; SHORT, J. E. The new industrial engineering: information technology and business process redesign. *Sloan Management Review,* v. 31, n. 4, 1990.

[14] RUMMLER, G. A.; RAMIAS, A. J.; RUMMLER, R. A. Potential pitfalls on the road to a process-managed organization (PMO), part 2: a road too much traveled. *Performance Improvement,* 48(5), 5, 2009b.

[15] RUMMLER, G. A.; BRACHE, A. P. *Improving performance:* how to manage the white space on the organization chart. (The Jossey-Bass Management Series). Jossey-Bass, Inc., 350 Sansome Street, San Francisco, CA 94104, 1995.

[16] HAMMER, M. O que é gestão de processos de negócio? *In:* VOM BROCKE, J.; ROSEMANN, M. *Manual de BPM:* gestão de processos de negócio. Porto Alegre: Bookman, 2013.

[17] DEMING, W. E.; EDWARDS, D. W. *Quality, productivity, and competitive position* (v. 183). Cambridge, MA: Massachusetts Institute of Technology, Center for advanced engineering study, 1982.

[18] ABPMP Brasil. *Op. cit.,* 2013.

[19] *Idem,* p. 152.

[20] *Idem, ibidem.*

[21] *Idem, ibidem.*

[22] SILVER, B. *BPMN method and style.* Cody-Cassidy Press, 2009.

[23] CAPOTE, G. *Op. cit.,* 2015.

[24] IPROCESS *Guia de referência rápida BPMN 2.0.* 2013. Disponível em: https://blog.iprocess.com.br/2013/11/novidade-guia-de-referencia-bpmn-2-0-da-iprocess/. Acesso em: 10 ago. 2020.

[25] CAPOTE, G. *Op. cit.,* 2015.

[26] RUMMLER, G. A.; BRACHE, A. P. *Op. cit.,* 1995.

[27] ABPMP Brasil. *Op. cit.,* 2013; CAPOTE, G. *Op. cit.,* 2015.

[28] ABPMP Brasil. *Op. cit.,* 2013.

[29] ALVES, J. A. C. Sistemas de informação organizacionais: tipologia e adequação. *In: Gestão estratégica da informação e inteligência competitiva.* (p. 322-338). São Paulo: Saraiva, 2006. p. 322-338.

[30] *Idem, ibidem.*

[31] TURBAN, E.; VOLONINO, L. *Tecnologia da informação para gestão:* em busca do melhor desempenho estratégico e operacional. Porto Alegre: Bookman, 2013; LAUDON, K. C.; LAUDON, J. P. *Sistemas de informação gerenciais.* São Paulo: Pearson Education, 2014; O'BRIEN, J. A. *Administração de sistemas de informação.* Porto Alegre: AMGH, 2013.

[32] BARRETO, A. A. (2012). A questão da informação. *In: Gestão da informação, inovação e inteligência competitiva:* como transformar a informação em vantagem competitiva nas organizações. São Paulo: Saraiva, 2012. p. 3-14.

[33] ZWICKER, R., SOUZA, C. A.; VIDAL, A. G. R.; SIQUEIRA, J. O. Grau de informatização de empresas: um modelo estrutural aplicado ao setor industrial do estado de São Paulo. *RAE – eletrônica,* 6(2), 2007.

[34] *Idem, ibidem.*

[35] HENDERSON, J. C.; VENKATRAMAN, N. Strategic alignment: leveraging information technology for transforming organizations. IBM *Systems Journal.* v. 32, n. 1, p. 4-16, 1993.

[36] *Idem, ibidem.*

[37] *Idem, ibidem.*

[38] TAPSCOTT, D. *The digital economy:* promise and peril in the age of networked intelligence. New York: McGraw-Hill, 1994.

[39] DAHLMAN C.; MEALY S.; WERMELINGER M. *Harnessing the digital economy for developing countries.* Paris: OECD. 2016. Disponível em: http://www.oecd--ilibrary.org/docserver/download/4adffb24-en.pdf. Acesso em: 17 maio 2021.

[40] BUKHT, R.; HEEKS, R. Defining, conceptualising and measuring the digital economy. *In: International Organisations Research Journal,* v. 13, n. 2, p. 143-172, 2018. Disponível em: 10.17323/1996-7845-2018-02-07. Acesso em: 24 maio 2021.

[41] *Idem, ibidem.*

[42] UNCTAD. Digital Economy Report 2019: value creation and capture: implications for developing countries. *United Nations publication,* Sales No. E.18.II.D.7 New York and Geneva, 2019.

[43] TURBAN, E.; VOLONINO, L. *Tecnologia da informação para gestão:* em busca do melhor desempenho estratégico e operacional. Porto Alegre: Bookman, 2013.

[44] LAUDON, K. C.; LAUDON, J. P. *Sistemas de informação gerenciais.* São Paulo: Pearson Education, 2014.

[45] O'BRIEN, J. A. *Administração de sistemas de informação.* Porto Alegre: AMGH, 2013.

[46] GEISSBAUER, R.; VEDSO, J.; SCHRAUF S. *Industry 4.0*: building the digital enterprise. London: PwC. Disponível em: https://www.pwc.com/gx/en/industries/industries-4.0/landing-page/industry-4.0-building-your-digitalenterprise-april-2016.pdf. Acesso: em 01 jun. 2020.

[47] HARMON, P. O escopo e a evolução da gestão de processos de negócio. *In:* VOM BROCKE, J.; ROSEMANN, M. *Manual de BPM:* gestão de processos de negócio. Porto Alegre: Bookman, 2013.

[48] DE SORDI, J. O. *Gestão por processos*: uma abordagem da moderna administração. 5. ed. São Paulo: Saraiva, 2018.

[49] *Idem, ibidem.*

[50] *Idem,* p. 246.

[51] GUIRRE, S.; RODRIGUEZ, A. (2017) Automation of a business process using robotic process automation (RPA): a case study. *In*: FIGUEROA-GARCÍA, J.; LÓPEZ-SANTANA, E.; VILLA-RAMÍREZ, J.; FERRO-ESCOBAR, R. (eds.) Applied computer sciences in engineering. WEA 2017. *Communications in Computer and Information Science*, v. 742. Springer, Cham, 2017. Disponível em: https://doi.org/10.1007/978-3-319-66963-2_7. Acesso em: 24 maio 2021.

[52] LAUDON, K. C.; LAUDON, J. P. *Sistemas de informação gerenciais*. São Paulo: Pearson Education, 2014.

[53] ALPAYDIN, E. *Introduction to machine learning*. Cambridge: MIT press, 2020.

[54] VAN DER AALST, W. M. Process mining in the large: a tutorial. *In: European Business Intelligence Summer School*, p. 33-76, Springer, Cham, july 2013.

[55] BADAKHSHAN, P.; CONBOY, K.; GRISOLD, T.; VOM BROCKE, J. Agile business process management: a systematic literature review and an integrated framework, *Business Process Management Journal*, v. ahead-of-print. 2019. Disponível em: https://doi.org/10.1108/BPMJ-12-2018-0347. Acesso em: 24 maio 2021.

[56] HIGHSMITH, J.; COCKBURN, A. Agile software development: the business of innovation. *Computer*, 34(9), 120-127, 2001.

[57] BERNARDO JUNIOR, R. *Práticas para o BPM ágil*. 2018. Tese (Doutorado) – Faculdade de Economia, Administração e Contabilidade de Ribeirão Preto, Universidade de São Paulo, Ribeirão Preto. Disponível em: 10.11606/T.96.2019.tde-02042019-092017. Acesso em: 2018.

[58] BADAKHSHAN, P.; CONBOY, K.; GRISOLD, T.; VOM BROCKE, J. *Op. cit.*, 2019.

[59] O'BRIEN, J. A. *Administração de sistemas de informação*. Porto Alegre: AMGH, 2013.

[60] RAHIMI, F.; MØLLER, C.; HVAM, L. Business process management and IT management: the missing integration. *International Journal of Information Management*, 36(1), 142-154, 2016.

[61] FÉLIX, B. M.; TAVARES, E.; CAVALCANTE, N. W. F. Fatores críticos de sucesso para adoção de *big data* no varejo virtual: estudo de caso do Magazine Luiza. *Revista Brasileira de Gestão de Negócios*, 20(1), 112-126, 2018.

[62] *Idem, ibidem.*

[63] IFSP. Disponível em: http://ep.ifsp.edu.br/index.php/cadeia-devalor. Acesso em: 20 maio 2021.

Capítulo 16
Gestão de projetos

Assista ao **vídeo**

Murilo Alvarenga Oliveira
George Paulus Pereira Dias

Pontos de aprendizado

Neste capítulo, o leitor poderá aprofundar seu conhecimento sobre:
- Fundamentos da gestão de projetos.
- Planejamento de projetos.
- Gestão de tempo, custo e qualidade.
- Comunicação, gestão de risco e mudança em projetos.
- Ferramentas para o gerenciamento de projetos.
- Temas emergentes na gestão de projetos.

RESUMO

Este capítulo é destinado a discutir a gestão de projetos, apresentando seus atributos, principais restrições e os processos que organizam todo o conhecimento no assunto. Também discutiremos o envolvimento das partes interessadas e os aspectos que envolvem o escopo, a gestão do tempo e dos custos de um projeto, além do plano de qualidade de um projeto. As comunicações e a gestão de risco de um projeto também serão abordadas. Para garantir o aspecto prático da gestão de projetos, serão apresentadas as ferramentas mais usuais para auxiliar gerentes e equipes na hora de planejar, executar e documentar o projeto. O capítulo ainda abordará temas que envolvem a gestão de projetos e sua interface com a sociedade do conhecimento, as tendências em projetos e o uso da informação na tomada de decisão em projetos complexos, assim como a relação entre áreas do conhecimento e o tripé da sustentabilidade.

16.1 INTRODUÇÃO

Para entendermos sobre gestão de projetos, inicialmente se faz necessário compreender o que é um projeto e como ele está presente em nosso cotidiano e nos planos de organizações de qualquer tipo. Vejamos alguns exemplos.

Em sua vida pessoal, se você já planejou uma grande viagem ou evento, esses são exemplos de projeto. Era uma viagem longa e distante ou um evento marcante para a família, por uma razão específica, tinha data, horários específicos e planejamento cuidadoso. Isso significa que era algo único, temporário, tinha início e fim bem definidos.

No campo profissional, se a planta da fábrica ou o seu escritório irão mudar de endereço, provavelmente isso será tratado como projeto. Se o sistema de tecnologia de informação da empresa é substituído por novo sistema, isso é projeto. E se o departamento de marketing decide modificar ou criar um produto, novo posicionamento, novos canais de comunicação, isso também pode ser tratado como projeto.

Mas o que não pode ser considerado projeto?

As rotinas do dia a dia, as atividades que se repetem, por exemplo, não são projetos. Limpar a casa uma vez por semana não é projeto. Elaborar relatórios financeiros mensais não é projeto. Assim, não se confunda quando em algumas situações do seu trabalho as pessoas vão chamar alguma coisa de projeto, mesmo que não se encaixe exatamente nessa definição.

Antes de entrarmos na discussão sobre a gestão de projetos, vamos lhe mostrar a importância que essa atividade tomou na administração contemporânea das organizações. Descreveremos a seguir como um projeto une diversas áreas funcionais e, em paralelo, vamos associá-lo com os demais assuntos abordados nos capítulos deste livro.

Figura 16.1 Gestão de projetos e sua integração com os temas da administração.

Se usarmos o exemplo apresentado na Figura 16.1, podemos entender a relação que a gestão de um projeto tem com os mais diversos temas da administração contemporânea. Você pode perceber que o projeto de um novo produto/serviço envolve o alinhamento com a estratégia da empresa, um conjunto de decisões e análises, proposta de inovação, programação do tempo e recursos, envolvimento de uma equipe, plano de comunicação, relacionamento com grupos de interesse, a gestão de fatores que podem gerar riscos na sua execução, entre muitos outros assuntos.

Nesse sentido, iremos organizar o conhecimento da gestão de projetos para que você possa ter uma visão panorâmica dos seus processos, atividades, técnicas e ferramentas à disposição de um gestor. Assim, você compreenderá que gerenciar projetos faz parte da vida de qualquer pessoa ou profissional.

Nosso percurso no capítulo começa com a definição formal de gestão de projetos, apresentando seus atributos, principais restrições, ciclo de vida do projeto ou grupo de processos (iniciação, planejamento, execução, controle e encerramento), os processos que organizam todo o conhecimento no assunto. Também discutiremos o envolvimento das partes interessadas em projetos e como elas podem afetar o seu sucesso. Ainda nessa parte do capítulo, iremos indicar os principais benefícios da gestão de projetos e o perfil e as competências do gerente designado para sua realização.

Na Seção 16.3, compreenderemos a definição de um *stakeholder* ou parte interessada do projeto, como identificá-lo e quais necessidades de informação ele tem acerca de um projeto. Com isso, apresentaremos as responsabilidades para gerir e controlar o engajamento das partes interessadas por meio de um plano inicial conhecido como "termo de abertura".

Avançando para a quarta parte do capítulo, abordaremos os aspectos essenciais de um projeto, a elaboração de seu escopo com intuito de descompactar pacotes de trabalho em atividades, estimar a duração e a relação de dependência entre as atividades, definir marcos e criar um cronograma de marcos (*milestones*), determinar o caminho crítico e calcular a folga (*float*) para saber sobre avanços e atrasos em um cronograma. Iremos também conhecer como estimar as quantidades e os custos dos recursos necessários para realizar atividades do projeto. Para isso, serão apresentadas as técnicas mais usadas de estimativa de custo para determinar o orçamento de um projeto. Fechando a seção, apresentaremos a matriz de atribuição de responsabilidade e os componentes do plano de gerenciamento de qualidade de um projeto.

Na Seção 16.5, o plano de gerenciamento de comunicações será descrito para mostrar a importância dos canais de comunicação e os elementos-chave necessários para medir e reportar os desempenhos do escopo, cronograma e custos do projeto. Também será tratada a gestão de risco do projeto e como priorizar riscos identificados para desenvolver respostas para os riscos de alta prioridade. Dessa forma, compreenderemos como identificar e analisar as mudanças no escopo do projeto, as causas e os efeitos dessas mudanças e a finalidade de realizar um inventário de lições aprendidas.

Na Seção 16.6, encerrando o capítulo, discutiremos a evolução dos temas que envolvem a gestão de projetos e sua interface com a sociedade do conhecimento, quais são as tendências em projetos e o uso da informação na tomada de decisão em projetos complexos.

16.2 FUNDAMENTOS DA GESTÃO DE PROJETOS

Com as primeiras noções sobre a gestão de projetos, o próximo passo será o entendimento dos seus fundamentos, e começaremos pela sua definição. Um projeto pode ser definido como **"um esforço temporário empreendido para criar um produto, serviço ou resultado exclusivo"**.[1] Assim, há dois aspectos importantes que podem ser destacados em um projeto: **temporalidade** e **singularidade**. O primeiro aspecto refere-se ao fato de que prazos em projetos devem ser bem definidos, e o segundo aspecto refere-se à unicidade de cada projeto, uma vez que, de certa maneira, cada projeto é diferente dos projetos similares anteriormente implementados.[2]

Já foi comentado que um projeto é diferente de atividades contínuas que realizamos, então, podemos fazer distinção entre projeto e processo numa organização. O Quadro 16.1 nos mostra que um projeto tem seus prazos e objetivos bem definidos, demanda específica, com programação e etapas e seus resultados. Mesmo que previstos e planejados, há relativa incerteza sobre a entrega desses resultados. Já um processo, por ser contínuo, tem prazos indefinidos, repete-se e sua finalidade é a manutenção do funcionamento das atividades, por isso há menor incerteza quanto ao seu resultado. O Capítulo 15 trata sobre gestão de processo.

Quadro 16.1 Comparação entre projetos e processos

Projeto	Processo
✓ Início e fim definidos antes do começo dos trabalhos	✓ Prazo indefinido
✓ Termina quando: • objetivos são alcançados • objetivos não podem ser ou não serão atingidos • a necessidade não existe mais	✓ Não termina
✓ Atender demanda específica do negócio	✓ Finalidade é manter o negócio
✓ Trabalho temporário, produz resultado único. Elaborado progressivamente, por etapas	✓ Trabalho contínuo, produz o mesmo produto ou serviço
✓ Maior incerteza	✓ Menor incerteza

Como estamos tratando de conceitos, é importante saber que na gestão de projetos há uma organização de agrupamento de projetos e por isso existem **programas e portfólios.**

SAIBA MAIS

Portfólio é a coleção de projetos e programas ligados ao plano estratégico da organização. Existem subportfólios e operações gerenciadas como um grupo para o alcance de objetivos estratégicos.

Programas são agrupados em um portfólio e englobam subprogramas, projetos ou outros trabalhos que são gerenciados de forma coordenada para apoiar o portfólio.

Os projetos individuais que estão dentro ou fora do programa são, de qualquer forma, considerados parte de um portfólio.

Fonte: *Project Management Institute.*[3]

A gestão de projetos representa a aplicação de conhecimento, habilidades, ferramentas e técnicas às atividades do projeto para atender aos seus requisitos e fases do seu ciclo de vida (iniciação, planejamento, execução, controle e encerramento).[4] Existem estrutura sistematizada do conhecimento e as técnicas da gestão de projetos, mas é importante mencionar que há variáveis críticas que representam a base de qualquer projeto, que são: **escopo, tempo, custo e qualidade**. No Quadro 16.2, são descritas as que formam a restrição tripla.

Quadro 16.2 Variáveis críticas em projetos

Variável	Base	Objetivo	Atividades
Escopo	Estabelecimento dos requisitos do projeto	Garantir que o projeto contemple o que é necessário para ser concluído	Planejamento, definição, verificação e controle do escopo
Tempo	Previsão de duração do projeto e seus prazos	Concluir o projeto no prazo previsto	Sequenciamento, duração e cronograma
Custo	Orçamento disponível para a realização do projeto ($ e recursos)	Finalizar o projeto no custo previsto	Planejamento do orçamento e controle dos custos

A restrição tripla representa o conjunto de variáveis que se destacam entre as demais na gestão de projetos por possuírem relação entre si: se alguma delas for alterada, pelo menos outra será afetada.[5] Contudo, para completar a restrição, deve-se considerar a **qualidade** como consequência do equilíbrio entre o gerenciamento de projetos e a restrição tripla. Essa consequência é a base para os indicadores de sucesso num projeto (Figura 16.2).

As bases da gestão de projetos datam da década de 1960 com o surgimento de associações dedicadas ao tema ao redor do mundo.[6] A partir da década de 1990, passou-se a pensar em gestão de projetos baseando-se em boas práticas de gestão. Nesse contexto, surgem guias de boas práticas, BoKs (*Body of Knowlwdge*), que sumarizam os pressupostos aceitos pela comunidade de profissionais de projetos. Dentre os guias, o *Project Management Body of Knowledge* (PMBoK) é o mais conhecido entre os gestores de projetos em todo o mundo e o guia mais difundido no Brasil. Por esse motivo, o PMBoK será utilizado como referência neste estudo. O guia de referência PMBoK é organizado e editado pelo *Project Management Institute* (PMI), uma das mais renomadas organizações certificadoras em gestão de projetos no mundo.[7]

Há diversos organismos internacionais para a promoção do gerenciamento de projetos. Eles têm o importante papel de desenvolvimento, fornecendo padrões e diretrizes, assim como ampliar o conhecimento existente sobre gerenciamento de projetos e melhorar a capacitação e o desempenho dos profissionais e organizações sobre essa disciplina. Neles, os profissionais podem ter acesso a sistemas de certificação em vários níveis para medir as competências e garantir a qualidade dos profissionais da área.

Figura 16.2 Variáveis críticas na gestão de projetos.

SAIBA MAIS

Organismos internacionais de gestão de projetos

***Project Management Institute* (PMI).** É uma organização criada por profissionais de gerência de projetos nos Estados Unidos em 1969. Ele é o organizador do *Project Management Body of Knowledge* (PMBoK), https://www.pmi.org/, e, no Brasil, https://www.pmi.org/brasil.

***International Project Management Association* (IMPA).** É uma associação internacional que congrega mais de 60 países. Sediada na Holanda, a IPMA foi criada em 1965, em Viena, Áustria. Essa associação é organizadora do guia IPMA *Competence Baseline* (ICB), https://www.ipma.world/, e, no Brasil, http://ipmabrasil.org/.

***Office of Government Commerce* (OGC).** É uma organização do governo do Reino Unido responsável por iniciativas que aumentam a eficiência e a efetividade de processos de negócio do governo. Ela criou o método *PRojects IN Controlled Environments* (PRINCE2TM), https://www.itgovernance.co.uk/prince2.

***International Organization for Standardization* (ISO).** É uma entidade que congrega os grêmios de padronização/normalização de 162 países. Ela organiza o ISO 10006:2003, *Quality management; Guidelines to quality in project management*, que é um padrão internacional específico para o gerenciamento de projetos, https://www.iso.org.

***Scrum.org* e *ScrumAlliance*.** São organizações sem fins lucrativos que promovem a gestão de projetos pelas metodologias ágeis. Elas apresentam o guia, os cursos e a certificação **Scrum,** que é um *framework* de gerenciamento de projetos, da organização ao desenvolvimento ágil de produtos complexos e adaptativos com o mais alto valor possível, https://www.scrum.org e https://www.scrumalliance.org.

Iremos discorrer sobre métodos ágeis neste capítulo.

A área de gestão de projetos segue determinadas estruturas preestabelecidas (Quadro 16.3). Para este capítulo, tomamos como referência as áreas de conhecimento delimitadas pelo PMI.[8] Assim, a metodologia de gestão de projetos segundo esse instituto organiza-se por áreas de conhecimento, cada uma desdobrando-se em atividades essenciais para o correto gerenciamento do projeto. Nesse sentido, a próxima seção dedica-se a estudar esse tópico.

Em síntese, o PMBoK estrutura 49 processos de gerenciamento de projetos em dez áreas do conhecimento. Nesse sentido, uma área do conhecimento "é uma área identificada de gerenciamento de projetos definida por seus requisitos de conhecimento e descrita em termos dos processos que a compõem: práticas, entradas, saídas, ferramentas e técnicas".[9] Os processos de gerenciamento de projetos atrelados às respectivas áreas de conhecimento estão descritos no Quadro 16.3. Por sua vez, os processos de gerenciamento de projetos serão abordados na próxima seção.

Quadro 16.3 Áreas de conhecimento e processos de gerenciamento de projetos

Áreas de conhecimento	Atividades/processos de gerenciamento
Gerenciamento da integração	(1) Desenvolver o termo de abertura do projeto, (2) desenvolver o plano de gerenciamento do projeto, (3) orientar e gerenciar o trabalho do projeto, (4) monitorar e controlar o trabalho do projeto, (5) realizar o controle integrado das mudanças, (6) encerrar o projeto ou fase
Gerenciamento do escopo	(1) Planejar o gerenciamento do escopo, (2) coletar os requisitos, (3) definir o escopo, (4) criar a estrutura analítica do projeto (EAP), (5) validar o escopo, (6) controlar o escopo
Gerenciamento do tempo	(1) Planejar o gerenciamento do cronograma, (2) definir as atividades, (3) sequenciar as atividades, (4) estimar os recursos das atividades, (5) estimar as durações das atividades, (6) desenvolver o cronograma, (7) controlar o cronograma
Gerenciamento dos custos	(1) Planejar o gerenciamento dos custos, (2) estimar os custos, (3) determinar o orçamento, (4) controlar os custos
Gerenciamento da qualidade	(1) Planejar o gerenciamento da qualidade, (2) realizar a garantia da qualidade, (3) controlar a qualidade
Gerenciamento dos recursos	(1) Planejar o gerenciamento dos recursos, (2) estimar os recursos das atividades, (3) adquirir os recursos, (4) desenvolver a equipe do projeto, (5) gerenciar a equipe do projeto, (6) controlar os recursos
Gerenciamento de comunicações	(1) Planejar o gerenciamento das comunicações, (2) gerenciar as comunicações, (3) controlar as comunicações
Gerenciamento dos riscos	(1) Planejar o gerenciamento dos riscos, (2) identificar os riscos, (3) realizar a análise qualitativa dos riscos, (4) realizar a análise quantitativa dos riscos, (5) planejar as respostas aos riscos, (6) controlar os riscos
Gerenciamento das aquisições	(1) Planejar o gerenciamento das aquisições, (2) conduzir as aquisições, (3) controlar as aquisições, (4) encerrar as aquisições
Gerenciamento das partes interessadas	(1) Identificar as partes interessadas, (2) planejar o gerenciamento das partes interessadas, (3) gerenciar o engajamento das partes interessadas, (4) controlar o engajamento das partes interessadas

Fonte: PMI (2017).[10]

16.2.1 Processos de gerenciamento de projetos

As áreas de conhecimento em gestão de projetos apresentadas na seção anterior integram-se com cinco grupos de processos gerenciais, sendo: iniciação, planejamento, execução, monitoramento e controle e o encerramento. Cada uma dessas categorias encontra-se pormenorizada no Quadro 16.4.[11]

Esses processos de gerenciamento de projetos abarcam as áreas de conhecimento em gestão de projetos, fornecendo informações detalhadas das entradas e saídas de cada processo, bem como apontam as principais ferramentas e técnicas utilizadas e explicam os resultados que podem ser obtidos com sua utilização. Embora os processos possuam características distintas e interconexões bem delimitadas, as cinco categorias de processos sobrepõem-se e interagem. Nesse sentido, embora os processos de gerencia-

mento de projetos tenham contornos bem definidos, essa classificação, descrita no Quadro 16.5, deve ser considerada com parcimônia, visto que se caracteriza apenas como guia para a utilização de conhecimentos e habilidades de gerenciamento de projetos durante todo o curso do projeto e também porque cada projeto apresenta contingências.[13]

Podemos observar que, em linhas gerais, os vínculos entre os processos de gerenciamento de projetos articulam-se pelas saídas que produzem. Isso, graças à natureza integrativa da gestão de projetos e à sobreposição dos processos entre entregas de uma fase do projeto ou subprojeto. Esse fato pode ser notado, por exemplo, quando o grupo de processo de planejamento entrega, para o grupo de processo de execução, os documentos do projeto ou, ainda, quando os processos de monitoramento e controle interagem com todos os outros grupos de processos do projeto, por serem considerados processos de fundo.

Quadro 16.4 Descrição dos grupos de processos de gerenciamento de projetos

Agrupamento de processos	Descrição
Processos de iniciação	São executados para definir um novo projeto ou uma nova fase de um projeto por meio da obtenção de autorização para iniciar o projeto ou a fase
Processos de planejamento	São necessários para definir o escopo do projeto, refinar os objetivos e definir a linha de ação necessária para alcançar os objetivos para os quais o projeto foi criado
Processos de execução	São realizados para executar o trabalho definido no plano de gerenciamento do projeto para satisfazer as especificações do projeto
Processos de monitoramento e controle	São necessários para acompanhar, analisar e controlar o progresso e o desempenho do projeto, identificar quaisquer áreas nas quais serão necessárias mudanças no plano e iniciar as mudanças correspondentes
Processos de encerramento	São os processos executados para finalizar todas as atividades de todos os grupos de processos, visando encerrar formalmente o processo ou a fase

Fonte: PMI.[12]

338 Administração ■ *Conejero – Oliveira – Abdalla (Orgs.)*

Quadro 16.5 Matriz de relacionamento entre grupos de processos e áreas do conhecimento em gestão de projetos

Processos/ áreas de conhecimento	Processos de iniciação	Processos de planejamento	Processos de execução	Processos de monitoramento e controle	Processos de encerramento
Gerenciamento da integração	(1) Desenvolver o termo de abertura do projeto	(2) Desenvolver o plano de gerenciamento do projeto	(3) Orientar e gerenciar o trabalho do projeto	(4) Monitorar e controlar o trabalho do projeto (5) Realizar o controle integrado das mudanças	(6) Encerrar o projeto ou a fase
Gerenciamento do escopo		(1) Planejar o gerenciamento do escopo (2) Coletar os requisitos (3) Definir o escopo (4) Criar a estrutura analítica do projeto (EAP)		(5) Validar o escopo (6) Controlar o escopo	
Gerenciamento do tempo		(1) Planejar o gerenciamento do cronograma (2) Definir as atividades (3) Sequenciar as atividades (4) Estimar os recursos das atividades (5) Estimar as durações das atividades (6) desenvolver o cronograma		(7) Controlar o cronograma	
Gerenciamento dos custos		(1) Planejar o gerenciamento dos custos (2) Estimar os custos (3) Determinar o orçamento		(4) Controlar os custos	
Gerenciamento da qualidade		(1) Planejar o gerenciamento da qualidade	(2) Realizar a garantia da qualidade	(3) Controlar a qualidade	
Gerenciamento dos recursos		(1) Planejar o gerenciamento dos recursos (2) Estimar os recursos das atividades	(3) Adquirir recursos (4) Desenvolver a equipe (5) Gerenciar a equipe	(6) Controlar os recursos	
Gerenciamento dos recursos de comunicações		(1) Planejar o gerenciamento das comunicações	(2) Gerenciar as comunicações	(3) Controlar as comunicações	
Gerenciamento dos riscos		(1) Planejar o gerenciamento dos riscos (2) Identificar os riscos (3) Realizar a análise qualitativa dos riscos (4) Realizar a análise quantitativa dos riscos (5) Planejar as respostas aos riscos		(6) Controlar os riscos	

Processos/áreas de conhecimento	Processos/áreas de conhecimento	Processos de planejamento	Processos de execução	Processos de monitoramento e controle	Processos de encerramento
Gerenciamento das aquisições		(1) Planejar o gerenciamento das aquisições	(2) Conduzir as aquisições	(3) Controlar as aquisições	(4) Encerrar as aquisições
Gerenciamento das partes interessadas	(1) Identificar as partes interessadas	(2) Planejar o gerenciamento das partes interessadas	(3) Gerenciar o engajamento das partes interessadas	(4) Controlar o engajamento das partes interessadas	

Fonte: PMI.[14]

As inter-relações entre as áreas de conhecimento e os grupos de processos apresentam as entregas e as atividades esperadas para cada etapa do projeto. Embora as inter-relações não sejam sequenciais, elas permitem ao gerente do projeto uma visualização ampla de como as características e atividades das áreas de conhecimento estão amarradas aos processos. Assim, no Quadro 16.5 apresenta-se a matriz que relaciona as áreas de conhecimento e os grupos de processos em gestão de projetos, cabendo destacar, aqui, que algumas interseções apresentam-se vazias, uma vez que somente a gestão da integração tem todos os grupos de processos e, ainda, que é permitido a uma área de conhecimento possuir mais de um processo por grupo de processo.[15]

Um projeto sofre influência de diversos fatores e, por isso, tanto o gestor do projeto quanto a equipe de gestão do projeto devem identificar partes interessadas (stakeholders) para determinar os requisitos e as expectativas relacionadas com todos os envolvidos. A responsabilidade do gestor do projeto é gerenciar as expectativas das partes interessadas, o que depende umbilicalmente da gestão da comunicação do projeto.

Você terá a oportunidade de compreender o papel dos stakeholders nos Capítulos 18 e 25 do livro, mas neste capítulo iremos compreender que os stakeholders, ou as partes interessadas do projeto, são pessoas e organizações que estão ativamente envolvidas no projeto ou aqueles cujos interesses possam ser positivamente ou negativamente influenciados pelo desempenho e conclusão do projeto. Vários stakeholders podem também exercer influência sobre os objetivos do projeto e é comum que essas partes possam ter interesses conflitantes. Um dos desafios do gestor do projeto é identificar, analisar e possivelmente resolver a favor de seus clientes os conflitos que com-

prometem a conclusão do projeto. As partes interessadas mais comuns num projeto são:

- **Gestor do projeto:** a pessoa encarregada pela organização para atingir os objetivos do projeto.
- **Organização:** a empresa cujos funcionários estão diretamente envolvidos em realizar o projeto.
- **Equipe de gerenciamento do projeto:** os membros da equipe do projeto diretamente envolvidos na gestão do projeto e nas atividades de liderança.
- **Patrocinador:** a pessoa ou grupo que fornece recursos financeiros para o projeto. Esse é um dos principais stakeholders de projetos corporativos.
- **Outros:** consumidor final, gestores de portfólio, gestores de programas, escritório de gestão de projetos, gerentes funcionais, gerentes de operação.

16.2.2 Sobre o gestor de projetos

O gestor do projeto é o profissional escolhido pelos executivos de uma organização (patrocinadores) para alcançar os objetivos necessários do projeto. Ele representa o elo que une a estratégia à equipe, fornecendo o conhecimento de gestão de projetos e, ao mesmo tempo, estimulando a equipe na realização de suas atividades. Assim, em outras palavras, ele não apenas sabe, mas também sabe fazer acontecer.

Como alcançamos êxito em nosso trabalho por intermédio dos outros, precisamos possuir habilidades interpessoais, e para um bom gestor a atitude, carisma e suas habilidades de liderança desempenham um grande papel. Nesse sentido, o gestor deve apoiar a sua equipe e oferecer o suporte necessário, e não apenas exigir que se faça algo em determinado prazo e com determinado orçamento.

O gestor de projetos precisa, então, de certas competências, e consideramos competências como o conjunto de capacidades humanas que envolve **conhecimentos, habilidades e atitudes** que justificam alto desempenho, acreditando que os melhores desempenhos estão fundamentados na inteligência e na personalidade das pessoas.[16]

POR DENTRO DA TEORIA

Um profissional de projetos antes da função de um gestor

Nem sempre os projetos têm um profissional no papel de gerente. Empresas com baixo nível de maturidade em GP (maior parte dos clientes do GP3) começam com um *controller* de projeto, depois coordenador e, só mais à frente, gerente.

As competências dos gerentes de projetos associam-se ao nível de conhecimento e ao comportamento durante a realização do projeto.[17] Além disso, compreendem as técnicas, o comportamento em relação aos aspectos pessoais e ao contexto organizacional do projeto.[18]

Existem diferentes abordagens sobre as competências e responsabilidades de um gestor de projetos. O *IPMA Competence Baseline* (ICB), referencial para a certificação de gerentes de projetos, utiliza elementos de competência para avaliar os candidatos, classificando-a em três categorias: técnica, comportamental e contextual.[19] Já para o PMI que realiza a certificação do profissional gestor de projetos (PMP), além dos conhecimentos técnicos, explora também as habilidades interpessoais detalhadas no PMBoK.[20]

SAIBA MAIS

Certificações mais usadas na gestão de projetos

Certificação do associado na gestão de projetos (CAPM): destinada para membros de equipe e gerentes de projeto que estão começando na profissão. Estudantes com o ensino médio (2º grau) completo também podem se certificar. Essa certificação beneficia profissionais de todas as áreas, pois demonstra o interesse do profissional pelo ganho de conhecimentos em processos e terminologias de gerenciamento de projeto.

Certificação do profissional gestor de projetos (PMP): é uma distinção profissional, patrocinada pelo PMI, qualificando o profissional como conhecedor na área de gestão de projetos. Para obter a certificação PMP, o indivíduo deve completar 4.500 horas de experiências em projetos em um curso de graduação ou 7.500 horas de experiências em projetos sem um diploma de graduação. Adicionalmente, um mínimo de 35 horas de aprendizado em gestão de projetos deve ser obtido. Para maiores informações, acesse o *site* o PMI Brasil – https://www.pmi.org/brasil.

As pesquisas no Brasil[21] e no mundo[22] destacam inúmeras competências exigidas dos gestores de projetos como motivação, gerenciamento de conflitos, construção de equipes, liderança e comunicação. Essas competências sempre aparecem nos estudos sobre a contribuição do gestor de projetos para o sucesso organizacional.

Nesse sentido, o desenvolvimento a longo prazo dos profissionais de projeto, suas trajetórias de carreira e sua contribuição para o sucesso organizacional indicam, em síntese, que um bom gestor de projetos deve atuar como:

- Líder por concepção.
- Construtor de equipes.
- Profissional motivado e que estimula pessoas.
- Especialista em resolução de conflitos.
- Comunicador hábil.
- Conhecedor das boas práticas e ferramentas de gerenciamento.

16.2.3 Projetos e sua relação com a estrutura organizacional e a estratégia

Estruturas organizacionais tratam de como o projeto e sua equipe estão organizados. Diferentes estruturas são usadas de acordo com os objetivos de um projeto, e uma mesma organização pode usar uma ou mais dessas estruturas. As estruturas organizacionais mais usuais são: (a) funcional, (b) projetizada, (c) mista e (d) complexa (Figura 16.3).[23]

Figura 16.3 Estruturas organizacionais de projetos.

(a) Estrutura funcional

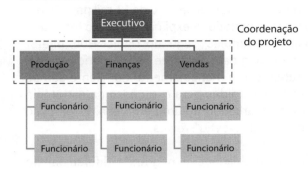

(b) Estrutura projetizada

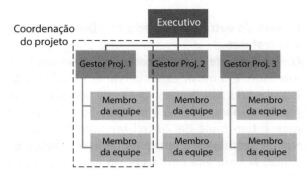

(c) Estrutura mista

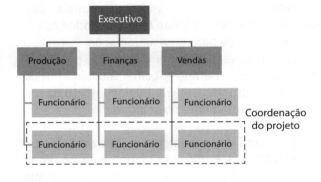

(d) Estrutura complexa

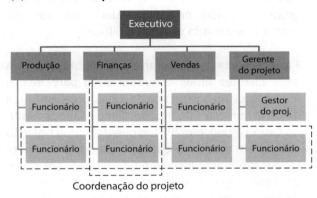

Fonte: adaptada do PMI (2017)[1] e Kerzner (2006).[24]

A **estrutura funcional** é aquela em que os membros da equipe têm claramente um superior e são agrupados de acordo com suas especialidades. O gestor do projeto deve negociar com a equipe do projeto e com os gerentes funcionais. Na **estrutura projetizada**, os membros da equipe são geralmente colocados em grupos, os recursos são dedicados ao projeto e os gestores do projeto têm grande autonomia e autoridade.

Já a **estrutura mista** apresenta uma combinação entre a funcional e a projetizada e pode ser classificada da mais fraca (predominantemente funcional) à mais forte (predominantemente projetizada). E a **estrutura complexa** inclui elementos de uma estrutura projetizada que enfatiza as atividades do projeto dentro de uma complexa estrutura organizacional.

Quando as organizações passam a implementar uma estrutura específica para o gerenciamento de projetos devido à existência de vários projetos para controlar, então, a implementação de forma estruturada de uma unidade de negócio torna-se oportuna e oferece maior grau de controle. O caminho natural é a criação de um escritório, pois ele agrega valor à organização, garantindo que as ações sejam conduzidas segundo procedimentos alinhados com a estratégia organizacional.

Nesse contexto, surge a necessidade do **escritório de gerenciamento de projetos**, mais conhecido em inglês como *project management office* (PMO). Essa unidade passa a supervisionar e fornecer ferramentas para o gerenciamento de projetos, programas ou a combinação deles, concentrando-se no planejamento, na priorização e na execução coordenados de projetos e subprojetos vinculados aos objetivos gerais de negócios.[25]

Um PMO atua de modo contínuo, desde o fornecimento de funções de apoio ao gerenciamento de projetos na forma de treinamento, padronização das ferramentas e sistemas de informação para a gestão de projetos, políticas e procedimentos, até o gerenciamento direto e a responsabilidade pela realização dos objetivos de um projeto. Também pode haver um PMO específico, com autoridade delegada para atuar como parte interessada e um importante tomador de decisões durante o estágio de iniciação de cada projeto, tendo autoridade para fazer recomendações ou encerrar projetos para manter a consistência dos objetivos do negócio.

DA TEORIA À REALIDADE BRASILEIRA

Projeto de estratégia focada no cliente da iFood e Salesforce

O iFood é uma das marcas mais inovadoras do mercado. É o maior especialista em *food tech* do Brasil e líder em *delivery on-line* de comida. Atualmente, a marca realiza 4 milhões de pedidos por mês e tem mais de 20 mil restaurantes cadastrados, distribuídos em mais de 100 cidades do Brasil. A empresa conta com a participação da Movile – um dos maiores *players* do mercado de aplicativos do mundo – e da Just EAT – maior grupo de pedidos *on-line* do mundo, com valor de mercado estimado em US$ 4 bilhões.

Para gerenciar e melhorar o relacionamento com seus clientes finais e restaurantes parceiros, o iFood recorreu à *expertise* da Salesforce, empresa de CRM número 1 do mundo. Desde o lançamento do Grupo iFood, em 2011, o cliente ocupa posição central em uma empresa com proposta inovadora: ser um *marketplace* digital que concentra, em um único lugar, *website* ou *app*, grande variedade de restaurantes e seus cardápios para clientes em diferentes localidades.

O passo seguinte à consultoria com a Salesforce foi a implementação das soluções *sales Ccoud* (para automação de vendas) e *service cloud* (para atendimento ao cliente) nos departamentos comercial e de operações do grupo, onde são prestados serviços e suporte aos restaurantes parceiros e aos usuários dos aplicativos iFood e SpoonRocket, também pertencente à companhia.

A estratégia centrada no cliente foi um sucesso, e o iFood saltou de 1,5 milhão de pedidos em 2015 para 4 milhões em junho de 2017, um crescimento de 166%, enquanto a quantidade de estabelecimentos cadastrados passou de 11 mil para 20 mil no mesmo período. A explicação para o resultado positivo é simples, segundo Daniel Hoe, diretor de marketing da Salesforce para América Latina: "A satisfação e o engajamento do cliente são as principais medidas para o sucesso da estratégia geral de marketing de uma empresa. E foi nisso que o iFood investiu", revela.

E como mobilidade é o grande diferencial do iFood, a equipe adotou o Salesforce 1 logo no início do projeto. A ferramenta permite que os representantes comerciais visitem os futuros parceiros (restaurantes) tendo em mãos todos os dados necessários para uma negociação. Durante a visita, é possível completar o *status* da parceria e as informações faltantes, colher a assinatura do cliente no contrato e enviar tal documento de forma digital diretamente do *smartphone*.

A plataforma de treinamento *on-line* da Salesforce, o Trailhead, é utilizada diariamente no iFood pela equipe técnica e por usuários comuns que se interessam por questões de usabilidade e teóricas de CRM. "Minha ida em 2016 ao evento Dreamforce, da Salesforce, contribuiu muito para aprender e repassar o conhecimento e o acesso a treinamentos que o Trailhead disponibiliza", diz Gabriel Quint (coordenador de projetos e sistemas do grupo iFood).

Para o futuro, o iFood planeja reestruturar as soluções para otimizar a utilização dos novos recursos lançados pela Salesforce. Também está no radar a adoção do *marketing cloud* e do *community cloud*, além da ampliação do *service cloud*.
Fonte: Salesforce.[26]

POR DENTRO DA TEORIA

Papel estratégico da gestão de projetos

O gerenciamento de projetos em uma organização não é simplesmente uma metodologia para gerenciar projetos; tal tema é endereçado pelos mais variados guias, por isso deve ser:

Estratégico: seu domínio estratégico inclui outras perspectivas para assegurar a entrega de múltiplos projetos dentro da organização.

Alinhado: o modelo deve proporcionar a adequada vinculação das atividades de alinhamento das prioridades estratégicas e da infraestrutura.

Integrado: o modelo deve fortalecer o vínculo entre a estratégia organizacional e a execução, contribuindo para aumentar a taxa de sucesso na realização dos projetos.

Diferenciado: o modelo deve incluir capacidades que diferenciam as organizações, que são capazes de traduzir a estratégia organizacional e executá-la com resultados de projetos bem-sucedidos.

Padronizado: rotinas organizacionais podem tornar os projetos mais alinhados à estratégia organizacional, incluindo a priorização de projetos, o gerenciamento do portfólio de projetos e do ambiente organizacional mais apropriado à gestão de projetos.

Figura 16.4 Modelo de maturidade organizacional em gestão de projetos: OPM3®.

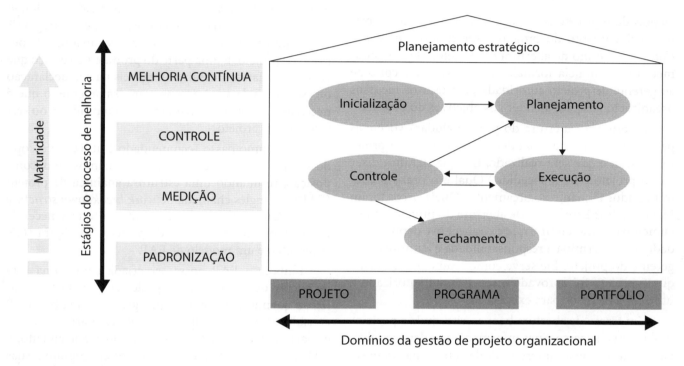

Fonte: adaptada do PMI.[27]

Há diversos modelos internacionais para avaliação de maturidade em gerenciamento de projetos:

Project management maturity model (PMMM).
Kerzner project management maturity model (KPMMM).
Capability maturity model integration (CMMI).
ESI international's project framework (ESI).
PM3 Project management maturity model (Berkeley).
Project management process maturity (PM2).
OGC project management process maturity (P2MM).
Integrated management systems incorporated (IMSI).
OGC portfolio management maturity model (P3M3).
OPM3® – Organizational project management maturity model (PMI®).

Dos anteriormente citados, os modelos mais utilizados e conhecidos são o KPMMM, CMMI e o OPM3®.

16.3 PLANEJAMENTO DE PROJETOS E AS PARTES INTERESSADAS

Nesta seção, entenderemos como planejar projeto e apresentar algumas das técnicas que você pode usar para realizar esse planejamento. É importante que todos os envolvidos compreendam e concordem sobre o que o projeto deve realizar e alcançar.

16.3.1 Termo de abertura de um plano de projeto

Depois de o projeto ser selecionado e aprovado, o primeiro documento do projeto a ser criado é o *project charter*, ou termo de abertura do projeto. Ele é o documento que anuncia formalmente o projeto e concede ao gerente de projeto autoridade para usar os recursos organizacionais para atender aos objetivos do projeto.

O termo de abertura do projeto ajudará você e as partes interessadas a entender a que se refere o projeto, ou seja, o que será realizado. E o que significa dizer que o projeto é bem-sucedido? Qual é o prazo predeterminado? E quanto ao orçamento? Quais riscos foram identificados? Esse termo de abertura do projeto é o documento que irá reunir o que é conhecido e depois acordado. Ele determina a responsabilidade e autoridade do gerente do projeto. Ele serve como anúncio que afirma que o projeto foi aprovado e seu gerente autorizado a utilizar os recursos para executá-lo.

Um termo de abertura bem escrito ajuda a posicioná-lo para o sucesso. Suas informações podem ser obtidas em um projeto anterior similar ou numa proposta de projeto. Essa é a sua primeira fonte de informação. Esses documentos também irão ajudar você a identificar as partes interessadas, porque lhe mostrarão quem escreveu e quem aprovou o projeto. O termo de abertura do projeto será a base para o seu plano de projeto.

16.3.2 Gerenciamento de escopo

Outro elemento do seu plano é a declaração do escopo do projeto. A declaração do escopo descreve o que o projeto está desenvolvendo. Essa é a descrição do escopo do produto do projeto, ou seja, os resultados a serem alcançados pelo projeto. Ele define as condições e os requisitos que devem ser alcançados e atendidos, para que seu produto, ou serviço, seja aceito. E define os entregáveis (*deliverables*) a serem criados ao longo do desenvolvimento do projeto. Mas o que é entregável? Uma entrega é algo que você desenvolve ao longo do período de projeto. É uma parte do produto ou serviço que você está criando. Incluir entregáveis na sua declaração de escopo ajuda você a expressar, exatamente, o que é necessário desenvolver para criar o seu produto, ou serviço, do seu projeto.

O próximo passo recomendado é utilizar o escopo do seu projeto e conduzir o que chamamos de decomposição, resultando uma estrutura analítica de projeto (EAP), no inglês chamada de *work breakdown structure* (WBS). Uma EAP descreve o trabalho que é necessário para atingir os objetivos do projeto. Na Figura 16.5, apresenta-se um modelo de EAP.

Embora a EAP possa ser criada como uma lista de pacote de atividades, ela pode ser mais bem visualizada quando representada por gráfico. Uma boa EAP considera todo o trabalho e o divide em partes menores e mais gerenciáveis. Na sequência do planejamento, a EAP deve ser usada para criar o seu cronograma, suas estimativas e para se ter mais clareza sobre as necessidades de recursos. A EAP é uma ferramenta de planejamento fundamental para o seu projeto.

Figura 16.5 Estrutura analítica de projeto (EAP).

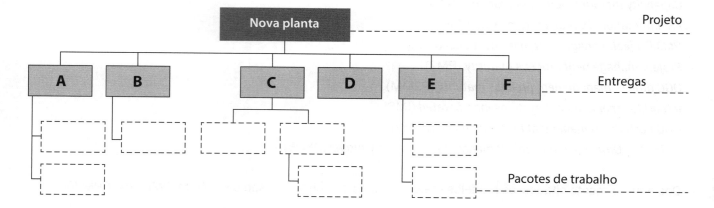

Na verdade, a EAP deve descrever completamente o escopo do seu projeto, de forma que, se algo não estiver na EAP, é porque não faz parte do projeto. A EAP é uma estrutura hierárquica. O nível mais alto é o projeto completo, e o nível mais baixo, independentemente de quantos níveis você avance, é chamado de pacote de trabalho. Embora você perceba que muitos profissionais de gestão de projetos favoreçam uma EAP com bases entregáveis, é possível dividir o trabalho em fases.

16.3.3 Partes interessadas do projeto

Sabemos que tipicamente o trabalho do projeto é realizado por pessoas. Assim, o trabalho do gestor de projetos é reunir as pessoas certas, envolvê-las, engajá-las e trabalhar para cruzar a linha de chegada no final do projeto. Nessa etapa, você deve se perguntar: Quem são? E quem são os *stakeholders*, ou seja, as partes interessadas do projeto? Um *stakeholder* é uma pessoa ou uma organização que afeta ou pode ser afetada positivamente, ou negativamente, pelo seu projeto. Porém, essa é uma definição bem geral e ampla, e isso significa que as partes interessadas podem ser um grupo muito grande.

De fato, se você estiver executando grande projeto, é possível que quase todas as pessoas a sua volta sejam de alguma forma impactadas. Então, como saber quais são os seus *stakeholders*? São as partes interessadas no seu projeto, como, por exemplo: os membros da sua equipe, seus clientes, seu patrocinador, seus fornecedores, ou seja, todos os envolvidos ou impactados pelo projeto.

Se você não tem certeza sobre quem são as partes interessadas do seu projeto, faça as seguintes perguntas: Primeiro, quem pediu esse projeto? Segundo, quem usará o produto, ou serviço, que estamos criando ou aprimorando? Terceiro, quem são as pessoas que terão de mudar a forma de fazer o trabalho delas por causa desse projeto? Quarto, quem toma as decisões sobre esse projeto? Quinto, quem tem a capacidade de adicionar ou retirar recursos do projeto? Sexto, quem influencia os tomadores de decisão desse projeto?

Outra questão importante é: como saber quais partes interessadas necessitam de mais atenção? Claro, cada pessoa é importante, mas você não pode dar a todos a mesma quantidade de seu tempo e atenção.

Você precisa considerar quais partes interessadas realmente vão impulsionar o sucesso do projeto, e trabalhar para gerenciá-las e envolvê-las. Já foi informado que as partes interessadas serão tratadas em detalhes nos Capítulos 18 e 25 do livro.

SAIBA MAIS

Gerenciamento de partes interessadas e a rede de poder × interesse

O gerenciamento de partes interessadas surgiu na quinta edição do Guia PMBOK®. Com essa nova área de conhecimento, há sugestões de identificação, planejamento, gerenciamento e controle das informações sobre interesses, expectativas, influências, relacionamentos e necessidades dos envolvidos no projeto.

Um dos modelos para analisar as partes interessadas é a rede de poder × interesse, que mostra o grau de poder/interesse que agrupa as partes interessadas com base no seu nível de autoridade ("poder") e seu nível de preocupação ("interesse") em relação aos resultados do projeto.

Fonte: adaptado do PMI.[28]

16.4 GESTÃO DE TEMPO, CUSTO, QUALIDADE E AQUISIÇÕES

Nesta parte do capítulo, iremos discutir as necessidades de recursos do projeto, estimar a duração da atividade para definir e criar um cronograma de marcos (*milestones*). Também serão apresentadas a programação das atividades e a determinação do caminho crítico.

Em relação aos custos de um projeto, veremos as técnicas mais utilizadas de estimativa de custo para determinar o orçamento de um projeto e a gestão do valor agregado. Já no final desta seção, haverá a indicação dos componentes do plano de gerenciamento de qualidade e um resumo do processo de gerenciamento das aquisições de um projeto.

16.4.1 Gerenciamento do tempo

A primeira necessidade de um projeto é o seu tempo de execução. Assim, organizar pacotes de trabalho em atividades, estimar a duração da atividade, definir marcos e criar um cronograma integrado com a lista de marcos (*milestones list*) faz parte da gestão do tempo de um projeto.

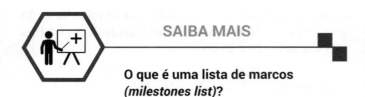

SAIBA MAIS

O que é uma lista de marcos (milestones list)?

Um marco é um ponto ou evento significativo no projeto. A lista de marcos identifica todos os marcos do projeto e indica se o marco é obrigatório, tal como os exigidos por contrato, ou opcional, como os baseados em informação histórica. Os marcos são semelhantes às atividades normais do cronograma, com a mesma estrutura e atributos, mas têm duração zero porque eles representam um momento no tempo.

Fonte: adaptado do PMI.[29]

Então, o cronograma é a peça fundamental para a gestão do tempo em um projeto, mas o que representaria um cronograma realista? Afinal, provavelmente você já recebeu inúmeras vezes prazos impostos. Nesse sentido, um gerente de projetos e sua equipe devem trabalhar para entregar o projeto no prazo.

Um cronograma realista contém informações detalhadas sobre todo o trabalho a ser concluído, e as atividades são sequenciadas na ordem correta. Ele também pode ser cumprido dada a disponibilidade de recurso e com isso melhora a comunicação e ajuda a criar o seu orçamento com base no tempo.

Um modelo padrão do cronograma de projeto geralmente é apresentado em formato tabular, mas com frequência é apresentado graficamente. Há vários formatos, mas iremos indicar o cronograma com gráficos de barras, também conhecidos como **diagramas de Gantt**, que representam as informações do cronograma em que as atividades são listadas no eixo vertical, as datas são mostradas no eixo horizontal e as durações das atividades aparecem como barras horizontais posicionadas de acordo com as datas de início e término. Os gráficos de barras são de leitura relativamente fácil e frequentemente são usados em apresentações gerenciais (Figura 16.6).

Outra forma de representação do prazo de um projeto são os diagramas de rede das atividades (Figura 16.7). Atualmente, o formato ANN (atividade no nó) é mais usado. Os diagramas de atividades de rede são usados com metodologias de agendamento de projetos como a técnica de avaliação e revisão de programa, *program evaluation and review technique* (PERT), uma técnica de estimativa que aplica uma média ponderada de estimativas otimista, pessimista e mais provável quando existe incerteza em relação às estimativas da atividade distinta.

Já o método do caminho crítico, *critical path method* (CPM), é usado para estimar a duração mínima do projeto e determinar o grau de flexibilidade nos caminhos lógicos da rede dentro do modelo do cronograma. Ele identifica a sequência de atividades na qual, caso uma delas atrase, todo o projeto estará atrasado; em outras palavras, a sequência das atividades que não têm folga.

Figura 16.6 Cronograma detalhado.

Identificador da atividade	Descrição da atividade	Unidades de calendário	Projetar a estrutura de tempo do cronograma
			Período 1 / Período 2 / Período 3 / Período 4 / Período 5
1.1.MB	Iniciar novo produto Z	0	
1.1	Desenvolver e entregar produto Z	120	
1.1.1	Pacote de trabalho 1: componente 1	67	
1.1.1.D	Projetar componente 1	20	
1.1.1.B	Construir componente 1	33	
1.1.1.T	Testar componente 1	14	
1.1.1.M1	Completar componente 1	0	
1.1.2	Pacote de trabalho 2: componente 2	53	
1.1.2.D	Projetar componente 2	14	

Fonte: adaptado do PMI.[30]

Figura 16.7 Diagrama de rede com aplicação do PERT e CPM.

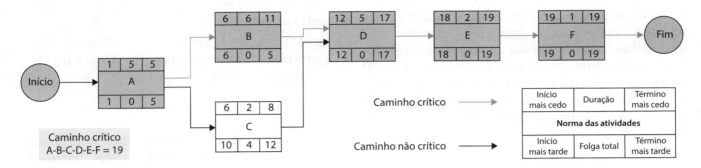

Na Figura 16.7, pode-se verificar a notação básica dos nós de atividades com formato ANN, com caminho de ida somando-se o início mais cedo (IMC) à duração da atividade para chegar ao término mais cedo (TMC). Após isso, o caminho de volta é formado subtraindo o término mais tarde (TMT) pela duração da atividade, contando inclusive o dia 19. Assim, chega-se ao início mais tarde (IMT) e a folga total é a diferença entre TMT e TMC. Como o caminho crítico é formado pelas atividades com folga zero, encontram-se as atividades A-B--D-E-F com 19 dias.

16.4.2 Gerenciamento do custo

A gestão dos custos do projeto envolve os processos de planejar, estimar, orçar e controlar os custos, a fim de que o projeto possa ser estabelecido dentro do orçamento previsto e aprovado pelas partes interessadas. Nesse sentido, as principais atividades da gestão de custos são:

a) Desenvolver o plano de gestão dos custos que estabeleça um formato e os critérios para planejamento, estruturação, estimativa, orçamento e controle dos custos do projeto.

b) Estimar custos é o processo de desenvolver uma aproximação dos recursos monetários necessários para completar as atividades do projeto.

c) Determinar o orçamento é o processo de agregar o custo estimado de atividades individuais ou pacotes de trabalho, a fim de estabelecer uma linha de base de custos que seja aprovada.

SAIBA MAIS

O que é uma linha de base (*baseline*)

Linha de base do projeto é o conjunto de objetivos do projeto e os planos para sua consecução de modo a entregar benefícios específicos à organização. A linha de base é utilizada como referência para as comparações entre o planejado e o realizado na evolução do projeto. É composta pelos itens escopo do projeto, cronograma e orçamento.

Como exemplo, a linha de base de custo (*cost baseline*) é um orçamento referencial de quanto se pode investir no projeto.

Fonte: adaptado do PMI.[31]

Para estimar os custos de um projeto, há metodologias de estimativa com diferentes técnicas que podem ser utilizadas para diferentes propósitos. Se a duração das atividades ou a quantidade de recursos não for conhecida, use as técnicas de estimativa de cima para baixo (*top-down*). Já quando os detalhes do projeto são conhecidos e há maior precisão, sugere-se usar as técnicas de estimativa de baixo para cima (*bottom-up*).

Uma técnica de estimativa *top-down* é a **estimativa de custo análoga**, na qual se usa a análise de valores adotados em projetos anteriores. Ela tem custo menor do que outras técnicas, mas pode ser menos precisa.

Existe também a **estimativa paramétrica**, técnica que adota modelo matemático para estimar os custos. Eles são confiáveis quando a informação histórica do projeto é mais precisa. Seus parâmetros são quantificáveis e funcionam tanto para um projeto pequeno quanto para um projeto maior. Um exemplo comum do uso dessa estimativa ocorre na construção civil, onde se conhece o custo por m² para a construção de uma edificação, assim você pode adotar esse parâmetro para fazer um cálculo rápido de custo para a construção de outra edificação semelhante.

Uma alternativa é a estimativa de custos ascendente ou *bottom-up*. Essa técnica envolve a estimativa do custo para pacotes de trabalho individuais ou atividades individuais programadas com menor nível de detalhes. Esses custos são totalizados ou "agrupados". A maior vantagem dessa técnica é a precisão. As desvantagens são o tempo e o custo para sua elaboração, associados à riqueza de detalhes do trabalho. No Quadro 16.6, há uma síntese das técnicas para estimar custos.

SAIBA MAIS

Estimativas de três pontos (ou técnica PERT) para gestão do custo e tempo de um projeto

A precisão de estimativas ascendentes pode ser maior ao se considerarem as incertezas e os riscos. Por meio da estimativa de três pontos, utilizamos três estimativas para definir um valor aproximado para o tempo e o custo de uma atividade. O tempo (Tmp) ou o custo (Cmp) mais provável são obtidos de acordo com os recursos que podem ser empregados, sua produtividade, expectativas realistas para a atividade. O tempo (To) ou custo otimista (Co) são baseados em uma análise de um cenário otimista e o tempo (Tp) ou custo (Cp) pessimista são estimados em uma análise de um cenário pessimista para a atividade.

A análise de três pontos calcula os custos (Ce) e os tempos (Te) esperados para executar as atividades usando uma média desses três pontos.

No caso dos custos, seria **Ce = (Co +4Cmp + Cp) / 6** e para o tempo do projeto, **Te = (To + 4Tmp + Tp) / 6**.

Fonte: adaptado do PMI.[33]

Na sequência, deve-se determinar o orçamento agregando o custo estimado nos pacotes de trabalho para estabelecer uma linha de base custos. A **linha de base do orçamento** é a versão aprovada do orçamento, excluindo as reservas de gestão. Essa linha de base só pode ser modificada por meio de um controle formal de mudanças.

Para se chegar à linha base do orçamento, é importante construir a **curva S,** que retrata o relacionamento entre as linhas de base do orçamento e do cronograma, ou seja, ela mostra a linha de custo do orçamento com relação à linha de tempo do projeto. Isso será tratado na **gestão do valor agregado (GVA)**. A GVA auxilia no controle dos custos, que é o processo de monitorar a evolução do projeto para atualizar seu orçamento e aplicar mudanças à linha de base de custos. O PMI sugere o uso do valor agregado para monitorar e controlar tanto o orçamento quanto o cronograma do projeto.

A gestão do valor agregado, também conhecida como *earned value management* (EVM), é um dos

Quadro 16.6 Técnicas de estimativas de custos em projetos

Tipo	Análoga (*top-down*)	Paramétrica	Ascendente (*bottom-up*)
Noção	Revisar dados de custos passados por meio de pacotes de trabalho	Identificar parâmetros que possam ter correlação histórica	Usar as descrições preliminares atuais do pacote de trabalho
Objetivo	Avaliar o impacto de novos fatores de projetos	Escalonar as relações de custo	Estimar o custo de cada pacote de trabalho individual
Forma de uso	Usar julgamento especializado para quantificar o impacto em cada pacote de trabalho e somar para obter total de custos	Usar julgamento especializado para selecionar os melhores parâmetros; escalonar o custo total de projetos passados com relação ao novo projeto	Somar as estimativas individuais para obter o custo total do pacote de trabalho

Fonte: adaptado do PMI.[32]

principais métodos de gerenciamento para integrar o escopo, o cronograma e os recursos e para medir objetivamente o desempenho e o progresso do projeto. Seu desempenho de custo é medido pela comparação entre o valor agregado, que mede o avanço físico do projeto, e o custo real, que representa os custos incorridos para aquilo que já foi entregue. O progresso, que avalia o desempenho na dimensão do tempo, é medido pela comparação entre o valor agregado e o valor planejado,[34] ou seja, compara o que de fato foi entregue com o que deveria ter sido entregue segundo o cronograma planejado.

O processo da GVA deve ser planejado como parte da linha de base para medição do desempenho do projeto. A medição é planejada e realizada por meio de pontos de controle na EAP definidos como contas de controle. Você deve estabelecer os marcos da EAP como pontos de controle em que a integração do escopo e orçamento acontecem, e onde o cálculo do desempenho ocorrerá.[35]

As três dimensões-chave desenvolvidas e monitoradas na GVA, são: **valor planejado, custo real e valor agregado**.

- O valor planejado (VP) é a linha de base de custo do projeto. Ele representa o orçamento do projeto distribuído ao longo do ciclo de vida do projeto.

- O custo real (CR) vem das informações coletadas de custos realizados. É o custo incorrido e registrado na execução do trabalho das atividades.

- O valor agregado (VA) é uma medida de avanço físico do projeto e é representado pelo custo planejado das atividades (ou pacotes de trabalho), que foram realizadas ou entregues, até o momento atual.

A Figura 16.8 representa a descrição lógica das terminologias que formam a gestão do valor agregado. Assim, é importante entender que o orçamento de um projeto contém, além dos elementos-chave (VP, CR e VA), a **reserva gerencial**, uma quantia monetária para endereçar as incertezas associadas a uma estimativa de custos e uma **estimativa para terminar** (EPT) o trabalho restante. É incumbência da equipe do projeto prever o que ela pode enfrentar para executar a EPT, baseada na sua experiência até a presente data.

Já o **orçamento no término** (ONT) é a soma de todos os orçamentos estabelecidos para o trabalho a ser executado. A **estimativa no término** (ENT) representa o custo total esperado de finalização de todo o trabalho, expresso como a soma do custo real atual e a estimativa de finalização.

Figura 16.8 Valor agregado, valor planejado e custos reais.

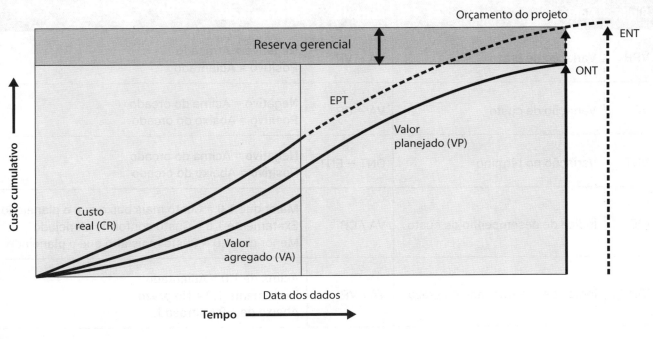

Fonte: adaptado do PMI.[361]

Com a determinação do valor agregado (VA), torna-se possível fornecer uma perspectiva adicional no progresso e no desempenho do projeto e entender se você está realmente com problemas no orçamento.

Na comparação entre os elementos-chave do GVA, podem-se construir indicadores importantes para medição e controle da evolução de um projeto. No Quadro 16.7, é possível identificar as principais métricas resultantes da GVA.

A variação de prazos (VPR) representa a quantidade de adiantamento ou atraso do projeto em relação à data de entrega planejada, em determinado momento. O índice de desempenho dos prazos (IDP) é uma medida de eficiência do cronograma expressa como a relação valor agregado/valor planejado. Ele mede o grau de eficiência do uso do tempo pela equipe do projeto.

A variação de custos (VC) é a quantidade de déficit ou excedente orçamentário em determinado momento. Ela se expressa como a diferença entre o valor agregado e o custo real. Já o índice de desempenho de custos (IDC) é uma medida da eficiência de custos dos recursos orçados expressa como a relação valor agregado/custo real. É considerado a métrica mais crítica do GVA e mede a eficiência de custos do trabalho executado.

16.4.3 Gerenciamento da qualidade e aquisições no projeto

Nesta seção, decidimos combinar a gestão da qualidade e de aquisições em projetos, pois neste livro o assunto está integrado com os capítulos sobre administração, produção e logística. Haverá destaque para processos e ferramentas da qualidade em projetos, seleção e qualificação de fornecedores e a gestão de contratos.

A gestão da qualidade do projeto inclui os processos e as atividades da organização e determina a política da qualidade, os objetivos e as responsabilidades para que o projeto satisfaça às necessidades para as quais ele foi criado.

Planejar a gestão da qualidade é o processo de identificar os requisitos e/ou padrões de qualidade para o projeto. A qualidade do projeto focaliza-se nos processos de gestão do projeto usados para alcançar seus objetivos. Usaremos a noção de que a qualidade é o grau em que determinado grupo de características atende determinados requisitos.[38]

Em relação à garantia da qualidade, esse processo tem como objetivo auditar os requisitos da qualidade e os resultados de indicadores da qualidade para garantir padrões de qualidade apropriados na execução.

Quadro 16.7 Métricas da gestão do valor agregado

Sigla	Nome	Fórmula	Interpretação
VPR	Variação de prazo	VA − VP	Negativo = Atrasado Positivo = Adiantado
VC	Variação de custo	VA − CR	Negativo = Acima do orçado Positivo = Abaixo do orçado
VNT	Variação no término	ONT − ENT	Negativo = Acima do orçado Positivo = Abaixo do orçado
IDC	Índice de desempenho de custo	VA / CR	Maior que 1.0 = Custo mais baixo que o planejado Exatamente 1.0 = Custo conforme planejado Menor que 1.0 = Custo mais alto que o planejado
IDP	Índice de desempenho de prazo	VA / VP	Acima de 1.0 = Adiantado Exatamente 1.0 = No prazo Abaixo de 1.0 = Atrasado

Fonte: adaptado do PMI.[371]

Auditoria da qualidade é uma análise estruturada e independente que visa determinar se as atividades do projeto atendem às políticas, aos processos e aos procedimentos organizacionais do projeto.

A auditoria auxilia no processo de monitorar e registrar os resultados de execução das atividades da qualidade para avaliar o desempenho e recomendar as mudanças necessárias. Existe uma infinidade de **ferramentas da qualidade** que podem ser utilizadas para o planejamento e controle de execução de projetos dos mais diversos graus de complexidade (veja no boxe Saiba mais).

> **SAIBA MAIS**
>
> **Ferramentas da qualidade indicadas no Guia PMBOK®**
>
> 1. **Diagramas de causa-efeito**: são conhecidos como diagramas de espinha de peixe ou diagramas de Ishikawa. A especificação do problema colocada na cabeça da espinha de peixe é usada como um ponto de partida para seguir a fonte do problema até a sua causa-raiz acionável.
>
> 2. **Fluxogramas**: são mapas de processos, porque mostram a sequência de etapas e as possibilidades ramificadas existentes para um processo que transforma uma ou mais entradas em uma ou mais saídas.
>
> 3. **Folhas de verificação:** são usadas para organizar os fatos de uma maneira que facilite a coleta eficaz de dados úteis sobre um possível problema de qualidade.
>
> 4. **Histogramas e diagramas de Pareto**: histogramas são gráficos de barras usados para descrever a tendência central, o grau de dispersão e o formato de uma distribuição estatística. Já os diagramas de Pareto são gráficos de barras verticais usados na identificação de algumas fontes críticas responsáveis pela maioria dos efeitos de um problema.
>
> 5. **Gráficos e tabelas de controle:** são usados para determinar se um processo é estável ou se tem desempenho previsível. Os limites de especificação superior e inferior se baseiam nos requisitos do acordo.
>
> 6. **Diagramas de dispersão**: chamados de gráficos de correlação, eles pretendem explicar uma mudança na variável dependente, Y, em relação a uma mudança observada na variável independente correspondente, X.
>
> Fonte: adaptado do PMI[39] e Carvalho e Rabequini Jr.[40]

O gerenciamento das aquisições do projeto inclui os processos necessários para comprar ou adquirir produtos, serviços ou resultados externos à equipe do projeto. Ele inicia-se com a documentação das decisões de compras do projeto, especificando a abordagem e identificando fornecedores em potencial, passa pelo processo de obtenção de respostas de fornecedores, seleção de um fornecedor e estabelecimento de um contrato, segue com o monitoramento do desempenho do contrato e realizações de mudanças, se necessário, e ao final do projeto finaliza cada uma das aquisições.

O Guia PMBOK® estabelece três processos fundamentais no gerenciamento de aquisições: planejamento do gerenciamento de aquisições, condução das aquisições e seu controle.[41] Na Figura 16.9, resumimos as atividades dos processos fundamentais de aquisição.

Figura 16.9 Resumo dos processos de gerenciamento das aquisições.

Planejamento do gerenciamento de aquisições	Condução das aquisições	Controle das aquisições
• Definir o que fazer ou adquirir • Gerar lista das aquisições do projeto • Especificar o produto/serviço • Estabelecer critérios de avaliação • Elaborar minuta do contrato • Preparar pedido • Solicitar proposta	• Decidir os pacotes de trabalho adquiridos externamente • Especificar o item a ser adquirido • Estabelecer critérios de avaliação, requisitos contratuais • Criar a solicitação da proposta (RFP) • Enviar a RFP para os fornecedores qualificados	• Gerenciar as relações de aquisição • Monitorar o desempenho do contrato • Fazer mudanças e correções conforme necessário

Fontes: adaptada do PMI;[42] Xavier, Weikersheimer, Linhares e Diniz.[43]

DA TEORIA À REALIDADE BRASILEIRA

Proposta de um modelo de avaliação e de seleção de fornecedores de manutenção industrial utilizando Fuzzy-TOPSIS

A concorrência acirrada entre as cadeias de suprimento tem promovido a necessidade de melhores práticas de desenvolvimento e gestão de fornecedores por parte das empresas. Nesse contexto, surgiu a proposta de um modelo de avaliação e seleção de fornecedores de manutenção industrial, por meio da aplicação de uma técnica de tomada de decisão multicritério, a fim de categorizar as alternativas de fornecedores.

A técnica Fuzzy-TOPSIS foi aplicada para avaliar os critérios referentes às dimensões de custos e confiabilidade dentro de uma matriz de categorização proposta. Realizou-se um estudo de caso em uma indústria sucroenergética, na qual o modelo de avaliação e seleção proposto foi aplicado para verificar as alternativas de manutenção para máquinas agrícolas. O resultado obtido culminou em uma ferramenta para auxiliar o processo de tomada de decisão considerando fontes internas e externas de manutenção. O modelo proposto pôde contribuir para a seleção dos fornecedores de manutenção industrial, uma vez que a avaliação realizada fornece subsídios para melhor tomada de decisão.

Fonte: Calache, Pedroso, Lima Junior e Carpinetti.[44]

16.5 COMUNICAÇÃO, GESTÃO DE RISCO E MUDANÇA EM PROJETOS

Nesta seção, veremos os componentes de um plano de gerenciamento de comunicações e as ações necessárias para reportar o escopo, o cronograma e o desempenho dos custos do projeto. Também será tratada a identificação de eventos de risco do projeto e como se desenvolvem as respostas para um risco de alta prioridade. Para encerramento de um projeto, iremos entender a importância da integração em seu ciclo de vida, com vistas em causas e os efeitos das mudanças do projeto com a finalidade de realizar uma sessão de lições aprendidas.

16.5.1 Gerenciamento da comunicação no projeto

Não temos dúvida em afirmar que a comunicação é uma das funções mais críticas para o sucesso de um projeto. Contudo, é uma das áreas de gestão mais carentes de atenção na gestão de projetos. Cabe ressaltar que o gestor de projetos deve investir boa parte do seu tempo em comunicação. O planejamento da gestão da comunicação, os documentos que ele cria, as apresentações que ele faz, as reuniões que ele coordena. Todas essas são formas de comunicação. Cada uma delas é importante para o sucesso do projeto. Cada comunicação tem o potencial de lembrar aos outros a importância do projeto. Ela serve para lembrar a todos sobre o escopo do projeto, para dar destaque aos problemas, para conscientizar as pessoas sobre os riscos do projeto e para celebrar as realizações.

A gestão das comunicações do projeto inclui os processos necessários para garantir geração, coleta, distribuição, armazenamento, recuperação e distribuição final oportunos e apropriados das informações do projeto.

O processo de planejar a gestão das comunicações consiste em determinar as necessidades de informação das partes interessadas do projeto e definir uma abordagem de comunicação.

O plano básico inclui com quem se comunicar o que eles precisam saber, quando eles precisam saber, com qual frequência, o melhor meio e as reações esperadas de cada parte interessada. Pense sempre no propósito de cada comunicação. Se você não consegue pensar em um bom motivo para aquela comunicação, provavelmente você não precisa dela ou talvez ela não tenha sido bem pensada. Todo mundo recebe informações superabundantes de muitas fontes, de muitos formatos. *E-mails*, textos, mensagens instantâneas, vídeos, enfim, um mundo de coisas que chegam todos os dias.

O processo de gestão das comunicações consiste em criar, coletar, distribuir, armazenar, recuperar, e a disposição final da informação do projeto, de acordo com o plano de gestão das comunicações, é focada em:

- **Relatar o *status*:** descrever em qual parte o projeto se encontra. Por exemplo, *status* relacionado com o cronograma ou com as métricas de orçamento.

- **Relatar o progresso:** descreve o que a equipe do projeto conquistou. Por exemplo, porcentagem completada do cronograma, ou o que foi completado *versus* o que ainda está em progresso.
- **Previsão:** prevê o progresso, os possíveis cenários e a conclusão do projeto.

O relatório de desempenho deve endereçar o escopo, o custo e a qualidade. Muitos projetos também requerem informações sobre o risco e a aquisição. Esses relatórios devem ser preparados de forma abrangente ou pontual. Nesse sentido, controlar as comunicações é o processo de monitorar e controlar as comunicações no decorrer do ciclo de vida do projeto, a fim de garantir que as informações necessárias das partes interessadas do projeto serão alcançadas.

16.5.2 Gerenciamento de riscos e contingenciamento no projeto

O gerenciamento de riscos em projetos engloba a tipificação de riscos e o ciclo de controle e análise de eventos que podem impactar um projeto, variando de complexidade e envolvendo técnicas qualitativas e quantitativas, análise econômico-financeira, simulações e a elaboração de planos de contingenciamento. Esse tema assumiu importância nos últimos anos, e dedicamos um capítulo exclusivo à gestão de riscos corporativos (veja o Capítulo 24).

A gestão dos riscos do projeto é uma prática sistemática que identifica, analisa e responde aos riscos do projeto. O objetivo primário da gestão dos riscos do projeto é preparar-se para a possibilidade e os desdobramentos de acontecimentos negativos (ameaças) e positivos (oportunidades) para o projeto.

O procedimento em que se define como conduzir as atividades de gestão dos riscos de um projeto é o processo de planejar a gestão dos riscos, identificar os riscos, realizar análises, responder e controlar os riscos.

A chave para a gestão dos riscos é identificar acontecimentos distintos que afetarão o escopo, o cronograma, o custo e/ou a qualidade do projeto. Quando analisamos os documentos do projeto, é importante focarmos em qualquer ou todas as suposições que pos-

sam ser feitas, especialmente naquelas que demandem novas estimativas. Se essas suposições não podem ser justificadas, ou provam-se inválidas, as estimativas podem ter alto nível de risco.

Após identificar os acontecimentos que, se ocorrerem, impactarão em um ou mais objetivos do projeto, é necessário determinar quais riscos serão significativos o suficiente para justificar um plano de resposta a eles. Assim, a **matriz de riscos** ou **matriz de probabilidade e impacto** é uma ferramenta de gerenciamento de riscos que permite, de forma visual, identificar quais são os riscos que devem receber mais atenção. Por se tratar de uma ferramenta para priorização de riscos, ela pode ser aplicada na etapa de avaliação de riscos. Dessa forma, a identificação dos riscos é uma etapa que deve ser feita antes da aplicação da ferramenta.[45]

Durante o processo de análise qualitativa dos riscos, define-se a prioridade dos riscos identificados primeiro por meio da avaliação da sua probabilidade de ocorrência e do seu impacto nos objetivos do projeto. Sua elaboração ocorre em uma **matriz descritiva** na qual especialistas avaliam a probabilidade e o impacto de cada acontecimento de risco em escalas ordinais (alta, muito alta, moderada, baixa, muito baixa).

Como alternativa, você pode estabelecer uma escala numérica subjetiva para cada acontecimento de risco mediante a atribuição de valores numéricos para descrever as variáveis da probabilidade e impacto dos acontecimentos de risco (**matriz numérica de riscos**). No entanto, lembre-se de que os valores numéricos utilizados nessa análise qualitativa são subjetivos. Não existem dados qualitativos que sejam tão precisos a ponto de apoiar os valores de probabilidade e impacto para ocorrência dos riscos.

Cada risco pode ser classificado de acordo com a sua probabilidade de ocorrência e potencial impacto em determinado objetivo. A equipe do projeto deve determinar que combinações de probabilidade e impacto resultam em uma classificação de alto risco, risco moderado e baixo risco. Em uma matriz em preto e branco, essas condições são indicadas pelos diferentes tons de cinza. Na Figura 16.10, a área em cinza escuro (com os números maiores) representa alto risco; a área cinza claro (com os números menores) representa baixo risco, e a área cinza médio (com os números intermediários) representa risco moderado.

Figura 16.10 Exemplo de matriz probabilidade × impacto em escala numérica

Probabilidade	Ameaças					Oportunidades				
0,90	0,05	0,09	0,18	0,36	0,72	0,72	0,36	0,18	0,09	0,05
0,70	0,04	0,07	0,14	0,28	0,56	0,56	0,28	0,14	0,07	0,04
0,50	0,03	0,05	0,10	0,20	0,40	0,40	0,20	0,10	0,05	0,03
0,30	0,02	0,03	0,06	0,12	0,24	0,24	0,12	0,06	0,03	0,02
0,10	0,01	0,01	0,02	0,04	0,08	0,08	0,04	0,02	0,01	0,01
	0,05/ Muito baixo	0,10/ Baixo	0,20/ Moderado	0,40/ Alto	0,80/ Muito alto	0,80/ Muito alto	0,40/ Alto	0,20/ Moderado	0,10/ Baixo	0,05/ Muito baixo

Impacto (escala numérica)

Fonte: adaptada do PMI.[461]

SAIBA MAIS

Técnicas de modelagem e análise quantitativa dos riscos

1. **Análise de sensibilidade:** ajuda a determinar que riscos têm mais impacto potencial no projeto. Ela ajuda na compreensão de como as variações dos objetivos do projeto se correlacionam com as variações em diferentes graus de incerteza.

2. **Análise do valor monetário esperado**: também conhecida como árvore de decisão, é um conceito estatístico que calcula o resultado médio quando o futuro inclui cenários que podem ocorrer ou não (ou seja, análise em situações de incerteza).

3. **Método de Monte Carlo:** técnica de simulação que tipicamente envolve a geração de observações de alguma distribuição de probabilidades e o uso da amostra obtida para aproximar a função de interesse.

Fonte: adaptado do PMI.[47]

O processo final será planejar respostas aos riscos, incluindo identificação e atribuição de uma ou mais pessoas, que serão responsáveis por responder aos riscos. O planejamento de respostas aos riscos os classifica por categoria e prioridade. Isso envolve a inserção de entregáveis, atividades e recursos na EAP, e revisão do cronograma e orçamento quando necessário.

Como uma saída desse processo, o registro de riscos é atualizado a fim de incluir as respostas planejadas para cada acontecimento listado, bem como para definir o(s) responsável(is) pelas respostas (Quadro 16.8).

Quadro 16.8 Exemplo plano de registro do risco

Descrição do risco	Impacto	Probabilidade	Plano	Responsável	Ação necessária
Subcontratados atuando abaixo da *performance* necessária para o cumprimento das metas	Alto	Média	Contingências	Fulano	Discussões regulares com membros da equipe para avaliação de satisfação
Agências federais adotam novas regulações que requerem mudanças substanciais nos produtos	Alto	Baixo	Aceitação	Ciclano	Algo que aconteceu nos últimos três anos. Adquira um seguro nesse ano

16.5.3 Gestão da mudança e integração no projeto

Depois do planejamento inicial do projeto, é ingênuo imaginar que ele vai se desenvolver exatamente como planejado. Uma certeza na gestão de projetos é que o replanejamento e a gestão da mudança são sempre premissas fundamentais. Por isso existe a gestão da integração do projeto, que exige participação ou supervisão na autorização ou no desempenho de atividades que irão produzir entregáveis do projeto, medir e monitorar o progresso do projeto e ações apropriadas para alcançar os objetivos do projeto e ter um bom processo de controle de mudanças.

Durante o planejamento do projeto, você define a medição da linha de base de desempenho e ferramentas de acompanhamento para monitorar esse desempenho. Utilize objetivos mensuráveis, critérios de qualidade, padrões, métricas, e objetivos para definir se você está no caminho certo para alcançar os objetivos do projeto.

A linha de base da medição do desempenho é um plano integrado e aprovado de escopo-cronograma-custo para o trabalho do projeto comparado à execução do projeto, a fim de medir e gerenciar o desempenho.

Todo projeto experimenta mudanças. O seu sucesso depende em grande medida de como essas mudanças são tratadas. E se você já trabalhou em um projeto no qual começou a se perguntar se isso nunca terminaria e parecia que os objetivos do projeto continuavam mudando, então você experimentou o *scope creep*, ou seja, os desvios de projeto. O *scope creep* ocorre quando os objetivos do projeto não estão claramente definidos ou não são acordados. Também pode ocorrer quando houve pouco ou nenhum planejamento, e, portanto, não há uma compreensão real do que precisa ocorrer.[48]

Orientar e gerenciar o trabalho do projeto é o processo de desempenhar o trabalho definido no plano de gestão do projeto a fim de alcançar os objetivos do projeto. E o seu controle visa acompanhar, revisar e regular o progresso do trabalho. Esse processo ajuda a pensar medidas quando você pensa em monitoramento e controle.

Assim, chegamos ao momento de encerrar o projeto (ou uma fase) e esse representa o processo de finalizar todas as atividades por todos os grupos de processo da gestão do projeto para formalmente completar o projeto ou uma fase.

Um processo de encerramento formal é desejável para uma conclusão administrativa de uma fase ou projeto. Nesse momento, espera-se que estejam concluídas:

- Ações e atividades definidas precisam ter alcançado uma conclusão satisfatória ou ter cumprido certos critérios.
- Transferência dos produtos, serviços ou resultados para a próxima fase, produção e/ou operação, ou para o cliente.
- Coleta dos registros da fase/projeto, aceitação e resultados de auditorias, liquidações de aquisições e contratos
- Documentação de **lições aprendidas** que foram registradas durante a execução do projeto.

SAIBA MAIS

Lições aprendidas

O banco de dados das lições aprendidas representa as informações históricas que são particularmente importantes, porque ajudam no entendimento dos planos de gerenciamento anteriores e em sua eficácia. Elas podem ser usadas para planejar as atividades de gerenciamento das partes interessadas para o projeto atual. As causas das variações, o raciocínio por trás da ação corretiva escolhida e outros tipos de lições aprendidas com o controle da qualidade são documentados para inclusão no banco de dados históricos do projeto e da organização executora.
Fonte: adaptado do PMI.[49]

16.6 TEMAS EMERGENTES NA GESTÃO DE PROJETOS

A última seção do capítulo é destinada à compreensão da evolução dos temas que envolvem a gestão de projetos e sua interface com a sociedade do conhecimento. Para tanto, decidimos selecionar as tendências da complexidade em projetos e o uso da informação na tomada de decisão em cenários complexos.

Os novos desafios da era digital elencados em uma indústria do conhecimento revelaram que os métodos ágeis de gerenciamento de projeto vêm ganhando cada vez mais espaço em um cenário de incertezas, mudanças e inovação. Nesse sentido, os constantes ajustes de curso no gerenciamento tradicional podem não mais ser o meio ideal para o sucesso do projeto. Assim, novas dimensões surgem baseadas em critérios técnicos ligados à eficiência e a aspectos mais subjetivos associados à percepção das partes interessadas.[50]

O novo ambiente operacional para projetos caracteriza-se cada vez mais como instável, turbulento e moldado por interesses diversos. Esse novo contexto estratégico exige conexões mais fortes com todas as ciências sociais e com a ciência da informação.[51]

Contrapontos à visão clássica abordada, os métodos ágeis, por sua vez, enfatizam a necessidade da construção dinâmica do escopo com críticas recentes à teoria tradicional da gestão de projeto, resultando em uma nova abordagem, denominada **gerenciamento ágil de projetos (GAP)**. Um dos pressupostos dessa abordagem é o empirismo decorrente das sucessivas iterações com o destinatário do projeto.[52]

SAIBA MAIS

Métodos ágeis na gestão de projetos

As premissas dos modelos ágeis indicam a melhoria contínua da área de gestão de projetos com um conjunto de práticas e conceitos que se encaixam na nova realidade dos projetos, necessitando, entre outras qualidades, de **flexibilidade, adaptabilidade e agilidade**. Essas características tornam o *framework* ágil um grande aliado durante o desenvolvimento de *softwares*, por exemplo, possibilitando a entrega de valor em menor prazo e dentro dos padrões de qualidade. Como fragilidade, evidencia-se o foco quase exclusivo nos processos de desenvolvimento do projeto, deixando áreas complementares em segundo plano.

Fonte: adaptado de Drury-Grogan.[53]

A partir desses resultados, as equipes ágeis devem discutir funcionalidade, cronograma, qualidade e satisfação da equipe como objetivos a cada iteração. Também é possível, e até mesmo recomendável, incorporar o orçamento em sua discussão sobre o objetivo da iteração, desde que sejam incluídos membros adicionais à equipe com esta *expertise*.[54]

Nesse sentido, outro alerta ao modelo convencional da gestão de projetos sobressai quanto ao tamanho das equipes, indicando relação negativa entre o tamanho da equipe e a qualidade da entrega. Pode-se argumentar que equipes grandes coletam informações mais diversas do que equipes menores e, portanto, possuem habilidades mais inovadoras. Esse benefício potencial, entretanto, é negado pela complexidade da comunicação e pela falta de consenso. Além disso, à medida que o número de membros da equipe aumenta, as interfaces de coordenação tornam-se um problema.[55]

SAIBA MAIS

O Manifesto Ágil de 2001

Mesmo com muitos métodos ágeis tendo sido criados no final do século XX, um marco histórico foi a publicação do Manifesto Ágil em 2001 (agilemanifesto.org), elaborado por um grupo de desenvolvedores de *softwares*, dividido em quatro valores e doze princípios, que veio servindo como guia para as práticas ágeis da gestão de projetos.

Fonte: Beck *et al.*[56]

As premissas ágeis tiveram o Manifesto Ágil (2001) como marco histórico, mas podemos destacar que o início foi há mais de trinta anos, com o seminal artigo de Takeushi e Nonaka em 1986, "The new new product development game", quando o gerenciamento de projetos ganhava uma nova prática.[57]

Durante esse período, surgiram novas técnicas e outras instituições, como, por exemplo, Scrum Alliance, Scrum Org, que procuravam preencher esta lacuna, já que boas práticas crescentes sobre gerenciamento de projetos não estavam no corpo de conhecimento internacional sobre gerenciamento de projetos.

Com esse movimento e o Manifesto Ágil, surgiu, no mesmo ano de 2001, a *Agile Alliance*, organização sem fins lucrativos com membresia global, comprometida com o avanço dos princípios e das práticas de desenvolvimento ágil. Até que, em 2017, em parceria com o PMI, as práticas ágeis tiveram um manual estabelecido.[58]

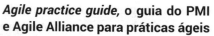

SAIBA MAIS

***Agile practice guide*, o guia do PMI e Agile Alliance para práticas ágeis na gestão de projetos**

O PMI® e a Agile Alliance® uniram forças para criar um guia de práticas ágeis com a intenção de desenvolver maior compreensão dessas práticas, com ênfase na forma como a Agile se relaciona com a comunidade de gerenciamento de projetos.

A nova versão do PMBOK também surge com a intenção de aproximar a conversa entre as boas práticas sugeridas pelo PMI e as práticas ágeis comuns no mercado.

O *Agile practice guide* foi desenvolvido como um recurso para entender, avaliar e usar abordagens ágeis e híbridas. Esse guia de prática fornece orientação sobre quando, onde e como aplicar abordagens ágeis e sugere ferramentas práticas para profissionais e organizações que desejam aumentar a agilidade.

Para ajudar aqueles que têm formação tradicional na transição do gerenciamento de projetos para uma mentalidade ágil, é apresentado um mapeamento de conceitos ágeis para os grupos de processo de gerenciamento de projetos e áreas de conhecimento definidos no Guia PMBOK.

Fonte: adaptado de Meller.[59]

Se retornarmos ao princípio de que os projetos apresentam início e fim muito bem definidos, e que eles devem ser planejados e desenvolvidos em fases e atividades, algumas das principais características, além da agilidade, dos métodos ágeis são:

- Processo incremental e acumulativo, oposto ao tradicional (modelo de cascata).
- Colaboração do cliente.
- Adaptação constante (cada projeto pode ter várias modificações).
- Simplicidade.
- *Feedback* constante.
- Equipes pequenas (mas muito capacitadas).

Alertamos para o fato de que o planejamento dos métodos ágeis torna-se mais difícil e complexo, demanda esforço extra para aplicar estratégias diversificadas, criar um entendimento amplo e intervir para controlar conflitos em potencial.[60]

Existem diferentes abordagens ágeis, tanto na amplitude de sua utilização quanto no nível de detalhes requeridos para o desenvolvimento de um projeto. A Figura 16.11 pode nos ajudar a compreender a categorização de acordo com o estudo da Agile Alliance e do PMI. Nesse estudo, há dois grupos: (1) abordagem escalável com ênfase em como os projetos são selecionados antes da sua execução e (2) os métodos de equipes, orientados na forma como a equipe de um projeto estará organizada, bem como sua gestão ao longo da execução.

Figura 16.11 Abordagens ágeis por amplitude e profundidade.

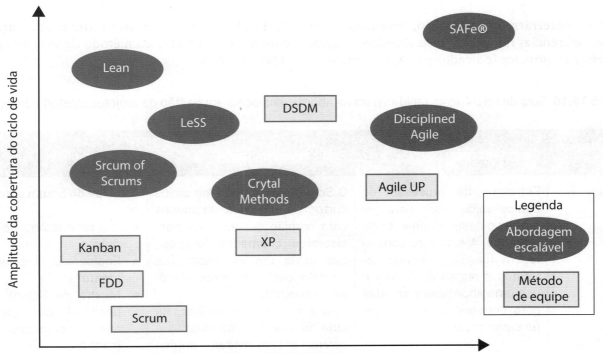

Fonte: adaptado de Agile Alliance e PMI.[61]

358 Administração ■ *Conejero – Oliveira – Abdalla (Orgs.)*

Embora existam diferenças entre os métodos ágeis, a essência é comum. Eles são guiados pelos princípios ágeis, que são manifestados por meio de práticas ágeis.[62] O modo fundamental formado por um conjunto de conceitos, modelos e técnicas pode ser adotado de acordo com as necessidades da equipe, projeto ou empresa. O modo de pensar ágil está presente em todos os métodos e focado em movimentos sucessivos de rápidas entregas com características colaborativas como resiliência, comprometimento, tolerância ao erro, melhoria contínua, motivação, adaptação e aprendizado.[63] No Quadro 16.9, estão as vantagens dos métodos ágeis para clientes e equipes.

Quadro 16.9 Vantagens dos métodos ágeis

Para os clientes		Para a equipe	
Agilidade	Prazo de entrega é reduzido e se baseia em várias entregas, em vez de uma	**Entregas rápidas e frequentes**	Líderes gerenciam equipes menores e com profissionais experientes
Múltiplas entregas	Permite que o cliente adquira expectativas do resultado	**Qualidade do produto**	Com múltiplas entregas e integrando o cliente ao processo, o resultado tem maior qualidade
Participação no projeto	O consumidor participa do projeto, e suas solicitações e *feedbacks* são assimilados pela equipe	**Previsão de cronograma e custos**	Com reuniões constantes, é possível prever o tempo e o custo que o time precisará
Customização do produto	Produto/serviço de acordo com as necessidades e preferências	**Mitigação de riscos**	Graças à integração com o cliente, falhas que surgem durante o projeto são rapidamente identificadas

Fonte: adaptado de Agile Alliance e PMI[64] e Liu e Ho.[65]

Para encerrarmos esta seção, montamos um guia de referências rápidas sobre as abordagens ágeis em gestão de projetos indicados por Agile Alliance e PMI (2017),[66] para que você possa buscar informações mais detalhadas do método de sua preferência (Quadro 16.10).

Quadro 16.10 Guia de referências rápidas para as abordagens ágeis em gestão de projetos (método de equipe)

Abordagens ágeis	Caracterização	Práticas essenciais	Aspectos-chave
Scrum	Estrutura de processo de equipe única usada para gerenciar o desenvolvimento de produtos. A estrutura consiste em funções, eventos, artefatos e regras do Scrum e usa uma abordagem iterativa para entregar o produto em funcionamento	O Scrum é executado em ciclos curtos de um mês ou menos com reunião de durações consistentes chamadas "sprints", nas quais um incremento de produto potencialmente liberável é produzido Desde o início do projeto, há uma lista de funcionalidades a serem desenvolvidas, prática chamada de *"product backlog"*	A equipe do Scrum consiste em: • Um proprietário de produto • Equipe de desenvolvimento • Mestre de Scrum (responsável por garantir que o processo seja mantido)

Continua

Cap. 16 ▪ Gestão de projetos **359**

Continuação

Abordagens ágeis	Caracterização	Práticas essenciais	Aspectos-chave
FDD (Feature-Driven Development)	O desenvolvimento orientado por recursos (Feature-Driven Development – FDD) foi desenvolvido para atender às necessidades com o foco em funcionalidades, o que permite à equipe do projeto realizar um planejamento incremental, isto é, por fases. Este método é voltado para o desenvolvimento de *softwares*.	As práticas que visam criar o ambiente ideal para o desenvolvimento de projetos. São elas: • Desenvolvimento por funcionalidades • Um único programador para funcionalidade desenvolvida • Controle de qualidade em todas as fases do projeto • Gerenciamento de configurações • Integração contínua das funcionalidades • Planejamento incremental • Teste de *software*	Há seis funções principais em um projeto FDD. Os indivíduos podem assumir uma ou mais funções: • Gestor de projeto • Arquiteto chefe • Gerente de desenvolvimento • Programador chefe • Proprietário da turma e/ou • Especialista em domínio
Kanban	Kanban, na manufatura enxuta, é um sistema para agendar o controle de estoque e reabastecimento. Kanban foi aplicado na principal fábrica da Toyota em 1953 O método Kanban é menos prescritivo do que algumas abordagens ágeis e, portanto, menos perturbador para começar a implementação	Quadros Kanban com cartões permitem e promovem a visualização e o fluxo do trabalho. O radar de informações (exibição grande) é composto de colunas que representam os estados para os quais o trabalho precisa fluir para que seja possível concluí-lo. A mais simples das placas pode ter três colunas (ou seja, fazer, fazendo e feito), mas é adaptável a quaisquer estados considerados necessários pela equipe que a utiliza	As propriedades principais são: • Visualizar o fluxo de trabalho • Limitar o trabalho em andamento • Gerenciar fluxo • Tornar as políticas de processo explícitas • Implementar *loop*s de *feedback* • Melhorar colaborativamente
XP (eXtreme Programming)	Método de desenvolvimento de *software* baseado em ciclos frequentes e baseado na filosofia de derivar uma prática de referência à sua forma mais pura e simples	As práticas principais dividem-se em: (1) **Organizacional** (equipe inteira junta num espaço de trabalho informativo) (2) **Técnico** (programação em pares com teste e *design* incremental) (3) **Planejamento** (histórias do usuário em ciclos mensal e trimestral) (4) **Integração** (dez minutos de compilação contínua e teste primário)	**Valores fundamentais**: (comunicação, simplicidade, *feedback*, coragem, respeito). **Princípios fundamentais**: (humanidade, economia, benefício mútuo, autossimilaridade, melhoria, diversidade, reflexão fluxo, oportunidade, redundância, falha, qualidade, pequenos passos, responsabilidade aceita)

Continua

360 Administração ■ *Conejero – Oliveira – Abdalla (Orgs.)*

Continuação

Abordagens ágeis	Caracterização	Práticas essenciais	Aspectos-chave
AgileUP (*agile unified process*)	Método com objetivo de realizar mais ciclos iterativos em sete disciplinas principais e incorporar o *feedback* associado antes da entrega formal	Disciplinas dentro de um lançamento: (1) Modelo, (2) Implementação, (3) Teste, (4) Desenvolvimento, (5) Gerenciamento de configurações, (6) Gerenciamento de projetos e (7) Meio ambiente	Princípios orientadores das disciplinas: a equipe sabe o que está fazendo, simplicidade, agilidade, concentre-se em atividades de alto valor, independência de ferramentas, adaptar para se encaixar, ser especificamente situacional
DSDM (Dynamic Systems Development Method)	É uma estrutura de entrega orientada por restrições. A estrutura definirá custo, qualidade e tempo no início e, em seguida, usará a priorização formal do escopo para atender a essas restrições	As práticas estão no desenvolvimento incremental e iterativo, a colaboração entre cliente e equipe, além da integração de funcionalidades	Oito princípios orientam o DSDM: Concentrar-se na necessidade do negócio, entregar no prazo, colaborar, nunca comprometer a qualidade, construir incrementalmente a partir de fundações firmes, desenvolver iterativamente, comunicar de forma contínua e clara e demonstrar controle (usar técnicas apropriadas)

Quadro 16.10 Guia de referências rápidas para as abordagens ágeis em gestão de projetos (abordagem escalável)

Abordagens ágeis	Caracterização	Práticas essenciais	Aspectos-chave
Crystal Methods	As metodologias Crystal são projetadas para escalar e fornecem uma seleção de rigor metodológico baseado no tamanho do projeto (número de pessoas envolvidas no projeto) e na criticidade do projeto	A família de metodologias usa cores diferentes com base no "peso" para determinar qual metodologia usar. São seis práticas: (1) Frequência de entrega, (2) Melhoria reflexiva, (3) Comunicação estreita, (4) Segurança pessoal, (5) Foco, (6) Acesso fácil a usuários experientes	Os valores fundamentais são: Pessoas, interação, comunidade, habilidades, talentos e comunicações
SoS (Scrum de Scrums)	O SoS, também conhecido como "meta Scrum", é uma técnica usada quando duas ou mais equipes Scrum, consistindo de três a nove membros, precisam coordenar seu trabalho, em vez de uma grande equipe Scrum	Um representante de cada equipe participa de uma reunião com o(s) outro(s) representante(s) da equipe, potencialmente a princípio com frequência diária, mas geralmente de duas a três vezes por semana. A reunião diária é semelhante à apresentação diária no Scrum, onde o representante relata o trabalho concluído, o próximo conjunto de trabalhos, quaisquer impedimentos atuais e potenciais impedimentos futuros que possam bloquear a(s) outra(s) equipe(s).	O aspecto-chave é garantir que as equipes estejam coordenando o trabalho e removendo impedimentos para otimizar a eficiência de todas as equipes

Continua

Cap. 16 ■ Gestão de projetos **361**

Continuação

Abordagens ágeis	Caracterização	Práticas essenciais	Aspectos-chave
LeSS (Large Scale Scrum)	Derivada do Scrum, a LeSS é uma estrutura para organizar várias equipes de desenvolvimento em direção a um objetivo comum que estende o método Scrum	O planejamento do *sprint* é mais formalmente dividido em duas partes do que e como: (1) Coordenação orgânica entre equipes Reforço geral entre equipes (2) Retrospectiva geral focada em melhorias entre equipes	O princípio de organização do núcleo é reter o máximo possível dos elementos do modelo *Scrum* de equipe única convencional. Isso ajuda a minimizar quaisquer extensões ao modelo que possam criar confusão ou complexidade desnecessárias
DA (Disciplined Agile)	Disciplined Agile (DA) é uma estrutura de decisão de processo que integra várias práticas recomendadas ágeis em um modelo abrangente	A DA combina várias técnicas ágeis de acordo com os princípios: **Pessoas em primeiro lugar** (enumerando funções e elementos da organização em vários níveis) **Aprendizagem orientada** (incentivar a melhoria colaborativa) **Ciclo de vida de entrega total** (vários ciclos de vida adequados ao propósito) ***Meta-driven*** (adaptar processos para alcançar resultados específicos) **Conhecimento da empresa** (orientação sobre governança) **Escalável** (cobrindo dimensões da complexidade do programa)	A DA foi projetada para oferecer um equilíbrio entre os métodos populares considerados de foco muito estreito (exemplo, Scrum) ou muito prescritivos em detalhes (exemplo, AgileUP)
SAFe® (*Scaled Agile Framework*)	Técnica que se concentra em fornecer uma base de conhecimento de padrões para escalar o trabalho de desenvolvimento em todos os níveis da empresa	A SAFe concentra-se no detalhamento de práticas, funções e atividades nos níveis de portfólio, programa e equipe, com ênfase na organização da empresa em torno de fluxos de valor que se concentram em fornecer valor contínuo ao cliente	SAFe está focada nos seguintes princípios: Visão econômica, aplicar sistemas pensando, preservar opções, ciclos de aprendizado rápidos e integrados, marcos básicos na avaliação objetiva, limitar o trabalho em andamento, reduzir o tamanho, gerenciar o comprimento das filas, aplicar cadência, sincronizar com o planejamento entre domínios, explorar a motivação dos colaboradores, descentralizar a tomada de decisão

Fonte: adaptado de Agile Alliance e PMI.[67]

16.7 CONSIDERAÇÕES FINAIS E QUESTÕES

Nossa jornada sobre a gestão de projetos está chegando ao final, mas reservamos um espaço importante para sintetizar de maneira reflexiva a contribuição que este assunto tem para a administração contemporânea.

Foi possível compreender o que é um projeto, como ele está presente em nosso cotidiano e nos planos de organizações de qualquer tipo e que a gestão de projetos em sua perspectiva tradicional apresenta atributos principais que podem gerar restrições caso não sejam considerados no seu ciclo de vida (iniciação, planejamento, execução, controle e encerramento). A figura do gestor de projetos é de tamanha importância, que há constante preocupação de se ter um conjunto estruturado de conhecimentos, por isso ao redor do mundo existem várias instituições fomentando a gestão de projetos, mas nós escolhemos o PMI com organismo de referência.

No planejamento de um projeto, vimos que o termo de abertura é uma peça importante para auxiliar o gestor e as partes interessadas a entender a que se refere o projeto, ou seja, o que será realizado. Outro elemento importante é a declaração do escopo do projeto, pois descreve o que o projeto desenvolverá e tem como resultado uma estrutura analítica de projeto. Também foi abordada a importância das partes interessadas, pessoas ou organizações que afetam ou podem ser afetadas de forma positiva ou negativa pelo projeto.

Ao tratar das variáveis críticas de um projeto, foram discutidas as necessidades de recursos, as formas para estimar a duração das atividades por meio de cronogramas e a programação para encontrar o caminho crítico. Em relação aos custos, vimos as técnicas mais usadas de estimativa de custo para determinar o orçamento de um projeto e a gestão do valor agregado. E, ao tratar do cumprimento dos requisitos, refletimos sobre os componentes do plano de gerenciamento de qualidade e o processo de gerenciamento das aquisições de um projeto.

Apresentamos outros conhecimentos essenciais, como o plano de gerenciamento de comunicações e as ações necessárias para reportar o desempenho do escopo, do cronograma e dos custos do projeto. Vimos também os mecanismos para a identificação de eventos de risco do projeto e como se desenvolvem as respostas para um risco de alta prioridade, assim como entendemos a importância da integração no ciclo de vida de um projeto e de suas mudanças. Por fim, vimos como e por que realizar seu encerramento e obter lições aprendidas.

Em cada seção do capítulo, foram descritas ferramentas para o gerenciamento de projetos com o intuito de fomentar o caráter aplicado aos interessados. Destacamos a técnica de avaliação e revisão de programa (PERT), o método do caminho crítico (CPM) para estimar a duração mínima do projeto, a gestão do valor agregado (GVA), que auxilia no controle dos custos e no processo de monitorar a evolução do projeto e a matriz de probabilidade e impacto, uma ferramenta de gerenciamento de riscos que permite de forma visual identificar quais são os riscos que devem receber mais atenção.

Sobre temas emergentes na gestão de projetos, escolhemos abordar as premissas dos modelos ágeis que promoveram melhoria contínua da área de gestão de projetos com um conjunto de práticas e conceitos que se encaixam na nova realidade da sociedade do conhecimento e da revolução digital que exige flexibilidade, adaptabilidade e agilidade.

A seguir, encontram-se as contribuições do capítulo para a formação do pensamento contemporâneo em administração.

CONTRIBUIÇÕES DO CAPÍTULO PARA A ADMINISTRAÇÃO CONTEMPORÂNEA

a) Apresentar uma visão panorâmica dos fundamentos da gestão de projetos.

b) Compreender que a gestão de projetos está presente no cotidiano e nos planos das organizações.

c) Identificar que o conjunto estruturado de conhecimentos em gestão de projetos é fomentado por diversos organismos ao redor do mundo.

d) Analisar as variáveis críticas de escopo, tempo, custo e qualidade para o sucesso de um projeto.

e) Discutir aspectos determinantes no desenvolvimento de projetos como a comunicação, o gerenciamento de riscos e a gestão da integração e mudança.

f) Descrever as ferramentas essenciais para o gerenciamento de projetos.

g) Abordar as premissas dos modelos ágeis na melhoria contínua da área de gestão de projetos.

QUESTÕES PARA REFLEXÃO

1) Para um projeto (viagem, trabalho na faculdade ou no seu negócio/emprego) que você vivenciou anteriormente, identifique fontes comuns

Cap. 16 ■ Gestão de projetos **363**

de conflito dentro do ambiente do projeto e como a autoridade e a influência podem ser usadas de forma positiva ou negativa durante esses conflitos.

2) Numa empresa, após a realização de detalhado diagnóstico acerca das dificuldades na gestão dos projetos desenvolvidos, verificaram-se problemas de comunicação e integração de informações necessárias para o processo decisório e a elaboração de relatórios gerenciais. A conclusão foi que as principais razões para as dificuldades enfrentadas estavam na ausência sistemática de uma metodologia que levasse em consideração um grupo de processos básicos de gerenciamento de projetos, bem como na falta de uma estrutura dedicada de apoio aos gerentes de projeto. Com base nessa situação, formule uma proposta de gerenciamento de projetos que, embasada nas melhores práticas do PMBOK, possa solucionar os problemas apresentados. Ao elaborar a sua proposta, considere os seguintes tópicos:

- Justifique a importância e as funções de uma estrutura de gerenciamento de projetos.

- Identifique os grupos de processos de gerenciamento de projetos.

- Elabore uma descrição sintética da metodologia proposta considerando suas áreas de conhecimento.

3) Pensando em sua carreira profissional, liste cinco possíveis ameaças e cinco possíveis oportunidades e, a partir delas, monte uma matriz de probabilidade e impacto. Com isso, elabore um plano de gerenciamento básico dos possíveis eventos que podem influenciar sua trajetória profissional no futuro.

4) O gerenciamento de integração de projeto compreende: desenvolvimento do termo de abertura do projeto; desenvolvimento da declaração do escopo preliminar do projeto; desenvolvimento do plano de gerenciamento do projeto; orientação e gerenciamento da execução do projeto; monitoramento e controle do trabalho do projeto; controle integrado de mudanças; encerramento do projeto. Pesquise sistemas e soluções em TI para projetos que têm como diferencial a gestão de integração.

5) Faça uma comparação envolvendo as características e o desenvolvimento da abordagem da gestão de projetos tradicional com a ágil.

QUESTÕES PARA AVALIAÇÃO DO CONHECIMENTO

1) Pode-se compreender um projeto como:
   a) Uma operação continuada para sustentar o negócio.
   b) Trabalho contínuo, que produz o mesmo produto ou serviço com resultado determinístico.
   c) Esforço temporário realizado para criar um produto ou serviço único.
   d) Processo consistido de um grupo de atividades coordenadas e controladas com datas para início e término indefinidas.

2) As variáveis críticas na gestão de projetos são:
   a) Escopo, tempo, custo e qualidade.
   b) Escopo, comunicação, risco e qualidade.
   c) Escopo, tempo, risco e qualidade.
   d) Escopo, comunicação, tempo, custo.

3) A seção de gestão de escopo do seu plano de projeto inclui informações sobre:
   a) Como os riscos devem ser geridos.
   b) O reconhecimento formal da existência e autorização do início do projeto.
   c) Que tipo de *software* deve ser utilizado para elaboração do cronograma.
   d) Como solicitar mais recursos financeiros para o projeto.

4) O diagrama de rede é a melhor ferramenta para demonstrar:
   a) A sequência de atividades do projeto.
   b) Desempenho do cronograma ao longo do tempo.
   c) Variações de cronograma.
   d) Requisitos de recursos.

5) Verdadeiro ou Falso: Executar a garantia de qualidade no contexto de um projeto envolve a aplicação das atividades de gestão da qualidade planejadas e sistemáticas para garantir que o projeto empregue corretamente todos os processos necessários para atingir os objetivos do projeto e os requisitos do produto.
   a) Verdadeiro
   b) Falso

6) A EAP é usada para gerar todas, EXCETO uma das seguintes:
   a) A necessidade de negócios para o projeto.
   b) A linha de base do cronograma do projeto.

Administração ∎ *Conejero – Oliveira – Abdalla (Orgs.)*

c) A linha de base do desempenho do custo do projeto.

d) A lista de atividades.

7) Para calcular data de início mais cedo (IMC) e data de término mais cedo (TMC), execute um:

a) Caminho lateral.

b) Caminho de volta.

c) Caminho de ida.

d) Caminho crítico.

8) A gestão do valor agregado integra as medidas de escopo, custo e cronograma para:

a) Avaliar o desempenho e o progresso do projeto.

b) Avaliar a eficácia da comunicação entre os membros da equipe do projeto.

c) Avaliar se todos os requisitos foram cumpridos.

d) Desenvolver um orçamento preliminar.

9) O objetivo da gestão de risco do projeto é:

a) Neutralizar a possibilidade e os desdobramentos de acontecimentos negativos (ameaças) e positivos (oportunidades) para o projeto.

b) Eliminar a probabilidade ou o impacto de eventos negativos ou ameaças para seu projeto e diminuir a probabilidade ou o impacto de eventos positivos.

c) Preparar-se para a possibilidade e os desdobramentos de acontecimentos negativos (ameaças) e positivos (oportunidades) para o projeto.

d) Minimizar a probabilidade ou o impacto de eventos positivos ou ameaças para o seu projeto e aumentar a probabilidade ou o impacto de eventos negativos.

10) Em síntese, a gestão de projetos significa:

a) A promoção de atividades de planejamento e controle de um esforço temporário para criar um produto ou serviço único.

b) Conjunto de conhecimentos para a gestão de um empreendimento com objetivos conforme requisitos específicos, incluindo limitações de tempo.

c) A aplicação de conhecimentos, habilidades, ferramentas e técnicas a fim de satisfazer os requisitos de um projeto.

d) A aplicação de conhecimentos para a gestão de um esforço temporário e único.

REFERÊNCIAS

[1] PMI – PROJECT MANAGEMENT INSTITUTE. *Um guia do conhecimento em gerenciamento de projetos (Guia PMBOK).* 6. ed. Pennsylvania: Project Management Institute, 2017.

[2] KERZNER, H. *Gestão de projetos*: melhores práticas. 2. ed. Porto Alegre: Bookman, 2006; CARVALHO, M. M.; RABEQUINI JR., R. *Fundamentos em gestão de projetos*: construindo competências em gestão de projeto. 4. ed. São Paulo: Atlas, 2017.

[3] PMI. *Op. cit.*, 2017.

[4] *Idem, ibidem.*

[5] *Idem, ibidem.*

[6] KERZNER, H. *Op. cit.*, 2006; HORNSTEIN, H. A. The integration of project management and organizational change management is now a necessity. *International Journal of Project Management*, v. 33, n. 2, p. 291-298, 2015.

[7] KERZNER, H. *Op. cit.*, 2006; CARVALHO, M. M.; RABEQUINI JR., R. *Op. cit.*, 2017; ATKINSON, R. Project management: cost, time and quality, two best guesses and a phenomenon, its time to accept other success criteria. *International Journal of Project Management*, 17(6), 337-342, 1999; REICH, B. H.; WEE, S. Y. Searching for knowledge in the PMBOK® Guide. *Project Management Journal*, v. 37, n. 2, p. 11, 2006.

[8] KERZNER, H. *Gestão de projetos*: melhores práticas. 2. ed. Porto Alegre: Bookman, 2006; CARVALHO, M. M.; RABEQUINI JR., R. *Op. cit.*, 2017; DAI, C. X.; WELLS, W. G. An exploration of project management office features and their relationship to project performance. *International Journal of Project Management*, v. 22, n. 7, p. 523-532, out. 2004; JONAS, D.; KOCK, A.; GEMÜNDEN, H. G. Predicting project portfolio success by measuring management quality: a longitudinal study. *IEEE Transactions on Engineering Management*, v. 60, n. 2, p. 215-226, 2013.

[9] *Idem, ibidem.*

[10] PMI. *Op. cit.*, 2017.

[11] *Idem, ibidem;* CARVALHO, M. M.; RABEQUINI JR., R. *Op. cit.*, 2017.

[12] PMI. *Op. cit.*, 2017.

[13] CARVALHO, M. M.; RABEQUINI JR., R. *Op. cit.*, 2017.

[14] PMI. *Op. cit.*, 2017.

[15] CARVALHO, M. M.; RABEQUINI JR., R. *Op. cit.*, 2017.

16 FLEURY, M. T. L.; FLEURY, A. Construindo o conceito de competência. *Revista de Administração Contemporânea*, v. 5, n. SPE, p. 183-196, 2001.

17 PMI. *Op. cit.*, 2017.

18 IPMA Competence Baseline, Version 4.0 (ICB 4.0). *International Project Management Association*, The Netherlands: Nijkerk, 2015. Disponível em: https://www.pma.at/files/downloads/440/ipmaicb4.pdf. Acesso em: nov. 2019.

19 *Idem, ibidem.*

20 PMI. *Op. cit.*, 2017.

21 XAVIER, C. M.; WEIKERSHEIMER, D.; LINHARES, J. G.; DINIZ, L. *Gerenciamento de aquisições em projetos.* 3. ed. Rio de Janeiro: FGV, 2014.

22 CALACHE, L. D. D. R.; PEDROSO, C. B.; LIMA JUNIOR, F. R.; CARPINETTI, L. C. R. Proposta de um modelo de avaliação e de seleção de fornecedores de manutenção industrial utilizando Fuzzy-TOPSIS. *Gest. Prod.*, São Carlos, v. 26, n. 2, e3565, 2019. Disponível em: https://doi.org/10.1590/0104-530x-3565-19. Acesso em: 20 maio 2021; BORGES, H. G. *Análise de aplicabilidade para utilização de métodos ágeis e o impacto da agilidade no sucesso do projeto.* 2016. 109 f. Dissertação (Mestrado) – Escola Brasileira de Administração Pública e de Empresas, Centro de Formação Acadêmica e Pesquisa, 2016.

23 PMI. *Op. cit.*, 2017; KERZNER, H. Op. cit., 2006.

24 KERZNER, H. *Op. cit.*, 2006.

25 *Idem, ibidem*; CARVALHO, M. M.; RABEQUINI JR., R. *Op. cit.*, 2017.

26 SALESFORCE. Disponível em: https://www.salesforce.com/br/customer-success-stories/ifood/. Acesso em: 20 maio 2021.

27 PMI. *Op. cit.*, 2017.

28 *Idem, ibidem.*

29 *Idem, ibidem.*

30 *Idem, ibidem.*

31 *Idem, ibidem.*

32 *Idem, ibidem.*

33 *Idem, ibidem.*

34 CARVALHO, M. M.; RABEQUINI JR., R. *Op. cit.*, 2017.

35 PMI. *Op. cit.*, 2017.

36 *Idem, ibidem.*

37 *Idem, ibidem.*

38 CARVALHO, M. M.; RABEQUINI JR., R. *Op. cit.*, 2017.

39 PMI. *Op. cit.*, 2017.

40 CARVALHO, M. M.; RABEQUINI JR., R. *Op. cit.*, 2017.

41 XAVIER, C. M.; WEIKERSHEIMER, D.; LINHARES, J. G.; DINIZ, L. *Gerenciamento de aquisições em projetos.* 3. ed. Rio de Janeiro: FGV, 2014.

42 PMI. *Op. cit.*, 2017.

43 XAVIER, C. M.; WEIKERSHEIMER, D.; LINHARES, J. G.; DINIZ, L. *Op. cit.*, 2014.

44 CALACHE, L. D. D. R.; PEDROSO, C. B.; LIMA JUNIOR, F. R.; CARPINETTI, L. C. R. *Op. cit.*, 2019. D

45 CARVALHO, M. M.; RABEQUINI JR., R. *Op. cit.*, 2017.

46 PMI. *Op. cit.*, 2017.

47 *Idem, ibidem.*

48 HORNSTEIN, H. A. The integration of project management and organizational change management is now a necessity. *International Journal of Project Management*, v. 33, n. 2, p. 291-298, 2015.

49 PMI. *Op. cit.*, 2017.

50 BORGES, H. G. *Análise de aplicabilidade para utilização de métodos ágeis e o impacto da agilidade no sucesso do projeto.* 2016. 109 f. Dissertação (Mestrado) – Escola Brasileira de Administração Pública e de Empresas, Centro de Formação Acadêmica e Pesquisa, 2016.

51 PICCIOTTO, R. Towards a 'New Project Management' movement? An international development perspective. *International Journal of Project Management.* 27, 6, 2019. Disponível em: https://doi.org/10.1016/j.ijproman.2019.08.002. Acesso em: 20 maio 2021.

52 EDER, S.; CONFORTO, E. C.; AMARAL, D. C.; SILVA, S. L. Diferenciando as abordagens tradicional e ágil de gerenciamento de projetos. *Prod. [online].* v. 25, n. 3, 2015. Disponível em: http://dx.doi.org/10.1590/S0103-65132014005000021. Acesso em: 20 maio 2021.

53 DRURY-GROGAN, M. L. Performance on agile teams: relating iteration objectives and critical decisions to project management success factors. *Information and Software Technology*, 56(5), 506-515, 2014.

54 BORGES, H. G. *Análise de aplicabilidade para utilização de métodos ágeis e o impacto da agilidade no sucesso do projeto.* 2016. 109 f. Dissertação (Mestrado) – Escola Brasileira de Administração Pública e de Empresas, Centro de Formação Acadêmica e Pesquisa, 2016.

55 DRURY-GROGAN, M. L. Performance on agile teams: relating iteration objectives and critical decisions to project management success factors. *Information and Software Technology*, 56(5), 506-515, 2014.

[56] BECK, K, *et al. Manifesto para desenvolvimento ágil de software*. 2001. Disponível em: http://agilemanifesto.org/iso/ptbr/manifesto.html. Acesso em: 20 maio 2021.

[57] TAKEUCHI, H.; NONAKA, I. The new new product development game. *Harvard Business Review* 64, n. 1, p 137-146, 1986.

[58] ALLIANCE, A. G. I. L. E. *Agile practice guide*. Project Management Institute, Chicago, 2017.

[59] MELLER, W. *Conheça o Agile Practice Guide do PMI*. PMI – PROJECT MANAGEMENT INSTITUTE, Rio Grande do Sul. 12 set. 2017. Disponível em: https://pmirs.org.br/index.php/noticia/355/?conheca-o-agile-practice-guide-do-pmi.html. Acesso em: 20 maio 2021.

[60] LIU, J. W.; HO, C. Y.; CHANG, J. Y.; TSAI, J. C. A. The role of sprint planning and feedback in game development projects: implications for game quality. *Journal of Systems and Software*, 154, 79-91, 2019.

[61] MELLER, W. *Op. cit.*, 2017.

[62] *Idem, ibidem*.

[63] DRURY-GROGAN, M. L. Performance on agile teams: relating iteration objectives and critical decisions to project management success factors. *Information and Software Technology*, 56(5), 506-515, 2014.

[64] MELLER, W. *Op. cit.*, 2017.

[65] LIU, J. W.; HO, C. Y.; CHANG, J. Y.; TSAI, J. C. A. The role of sprint planning and feedback in game development projects: implications for game quality. *Journal of Systems and Software*, 154, 79-91, 2019.

[66] MELLER, W. *Op. cit.*, 2017.

[67] *Idem, ibidem*.

Capítulo

17 Sustentabilidade e ambiente corporativo no século XXI

Assista ao **vídeo**

Denise Pereira Curi
Sara Gurfinkel Marques de Godoy

Pontos de aprendizado

Neste capítulo, o leitor poderá aprofundar seu conhecimento sobre:
- Desenvolvimento sustentável; reuniões do clima.
- Sustentabilidade corporativa.
- Gestão ambiental.
- Responsabilidade social corporativa.
- Terceiro setor; empreendedorismo social e empresas híbridas.

RESUMO

A inclusão das questões ambientais nas preocupações empresariais, sociais e econômicas tem se apresentado de forma mais contundente a partir da década de 1960. Esse movimento é consequência do aumento de estudos científicos e acadêmicos que demonstram evidências sobre a influência do meio ambiente nos setores econômicos e sociais, além do ambiental. Assim, cada vez mais, as atividades empresariais têm incorporado assuntos como sustentabilidade em suas estratégias de negócios. Tendo em vista a importância de maior cons- cientização da população, dos setores privado e público em relação à influência do meio ambiente em suas vidas, o objetivo deste capítulo é apresentar pontos relevantes sobre temática ambiental, e sua relação com diferentes setores. Assim, neste capítulo trataremos de assuntos relacionados com desenvolvimento sustentável (DS), mudanças climáticas, entre outros dentro da ótica corporativa brasileira, com exemplos práticos e atuais, para melhor contextualização. Este trabalho apresenta entendimentos sobre a evolução da preocupação sobre o meio ambiente no âmbito corporativo, apresentando os principais entendimentos sobre DS, bem como os resultados relevantes das reuniões do clima; as principais características sobre gestão ambiental (GA); as definições e os entendimentos sobre responsabilidade social empresarial (RSE); e, por fim, apontaremos aspectos específicos do terceiro setor, e formas híbridas empresariais.

17.1 INTRODUÇÃO

A partir da década de 1960, as discussões em relação às questões ambientais passaram a ocupar lugar de maior evidência nos debates internacionais. Os governos, a mídia e a sociedade em geral passaram a se preocupar de forma mais abrangente com essas questões, antes delegadas aos ecologistas e especialistas. O progresso científico contribui para maior conscientização, e novas ideias emergem para dar conta das problemáticas ambientais que surgem. Assim, novos conceitos, ferramentas e enfoques são desenvolvidos, com o objetivo de incluir o tópico ambiental não somente nas atitudes particulares dos cidadãos, mas também no ambiente corporativo. O resultado dessas ações é crescimento do entendimento, pela sociedade como um todo, de que as preocupações ambiental, social e econômica devam ser trabalhadas conjuntamente e não mais de forma isolada. Está cada vez mais claro que as questões ambientais influenciam os negócios das empresas, podendo afetar positiva ou negativamente a imagem de uma corporação.

Nesse contexto, este capítulo irá abordar assuntos ligados à temática ambiental no que tange ao comportamento da sociedade, das corporações privadas e, também, no âmbito governamental. Para tanto, este trabalho apresentará inicialmente o entendimento sobre DS e o caminho traçado para incluí-lo na preocupação empresarial, abordando levantamentos sobre as reuniões do clima e suas especificidades. Na Seção 17.2, abordamos gestão ambiental, seguindo para os entendimentos de responsabilidade social corporativa, terceiro setor e apresentando alguns pontos sobre as empresas híbridas. Neste capítulo, usaremos o termo responsabilidade social empresarial (RSE) como sinônimo de responsabilidade social corporativa.

17.2 DESENVOLVIMENTO SUSTENTÁVEL

Devido à pandemia da Covid-19, os assuntos relacionados com o meio ambiente voltaram à tona, ou porque alguns diziam que era uma vingança do meio ambiente, porque há muito deixamos de nos preocupar com ele, ou porque as pessoas começaram a perceber um ar mais limpo e as estrelas no céu. De qualquer forma, voltamos a discutir as questões relacionadas com o meio ambiente.

Mas se engana quem acredita que essas discussões começaram agora. Na década de 1960, as preocupações com o meio ambiente ligadas a outras vertentes, além da ecológica, aumentaram e começaram a fazer parte dos temas discutidos nos eventos acadêmicos. Naquela época, ganhou destaque o trabalho da bióloga americana Rachel Carson,[1] que chamou a atenção para as consequências do uso indiscriminado de produtos químicos, principalmente os pesticidas. Em 1972, na Conferência Internacional sobre Meio Ambiente, realizada em Estocolmo, ficou estabelecida a recomendação da utilização de oito critérios distintos de sustentabilidade: social, cultural, ambiental, ecológico, territorial, econômico, político nacional e internacional.

Até mesmo no ambiente empresarial o assunto sobre as mudanças climáticas ganhou corpo e começou a aparecer com mais frequência, levando o Clube de Roma[2] a encomendar um relatório sobre os efeitos da ação do homem sobre o meio ambiente.

SAIBA MAIS

O *Clube de Roma*, criado em 1968, na Academia dei Lincei, por Aurelio Peccei, industrial italiano, e Alexander King, cientista escocês, atualmente, é composto por chefes de Estado atuais e antigos, burocratas da ONU, políticos de alto nível e funcionários do governo, diplomatas, cientistas, economistas e líderes empresariais de todo o mundo, que, por meio de estudos e pesquisas, propunham soluções para os problemas ambientais e sociais decorrentes do crescimento demográfico, que afetava o equilíbrio dos ecossistemas do planeta. Atualmente, tem como objetivo "defender ativamente mudanças de paradigma e sistemas que permitirão à sociedade emergir de nossas crises atuais, promovendo uma nova maneira de ser humano, dentro de uma biosfera mais resiliente".

O relatório, denominado Limites do Crescimento,[3] publicado em 1972, mostrava que, se não mudássemos nosso "modo de vida", o planeta entraria em colapso em 2070. Como muito pouco foi realizado, ao refazer esses cálculos a ONU reduziu essa conta em 20 anos. Hoje, o "ano marco" é 2050.[4]

O termo DS foi usado pela primeira vez, em 1980, em um documento intitulado *World conservation strategy: living resource conservation for sustainable development*. Esse documento foi publicado pela *International Union for Conservation of Nature* (IUCN), pelo *World Wildlife Fund* (WWF) e pelo Programa das Nações Unidas para o Meio Ambiente (PNUMA). De acordo com o documento, "para ser sustentável, o desenvolvimento deve ter em conta fatores sociais, ecológicos e econômicos; recursos vivos e não vivos; e as vantagens de uma ação alternativa a longo e a curto prazo".[5] A definição clássica de desenvolvimento sustentável (DS), contudo, surgiu em 1987, e foi cunhada pelo relatório *Nosso futuro comum*, coordenado por Gro Brundtland,[6] que diz que DS é "um desenvolvimento que responda às necessidades do presente sem comprometer a capacidade das gerações futuras de satisfazerem as suas próprias necessidades". Fala-se, então, que é aquele desenvolvimento "passível de manter" a continuidade da espécie por um longo tempo.

O conceito de DS é, então, resultado de um processo de conscientização dos vínculos globais relacionados com problemas ambientais crescentes, questões socioeconômicas relacionadas com a pobreza e com a desigualdade e preocupações com um futuro saudável para a humanidade. É interessante ver o DS como o encontro de três vertentes globais, que tiveram origem em locais e períodos diferentes, e que acabaram se encontrando, em 1987, no Relatório Brundtland, conforme Figura 17.1.

Figura 17.1 Vertentes do DS.

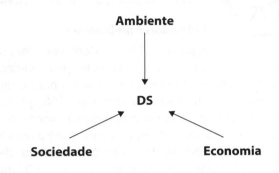

SAIBA MAIS

Gro Harlem Brundtland foi primeira-ministra da Noruega. Foi ela quem chefiou a Comissão Mundial sobre o Meio Ambiente e Desenvolvimento (CMMAD) e presidiu, entre 1983 e 1987, a Comissão Brundtland, da Organização das Nações Unidas, orientada às pesquisas sobre meio ambiente e consequências dos problemas ambientais. O documento final da CMMAD foi denominado *Nosso futuro comum*, também conhecido como *Relatório Brundtland*.

Há aqui um grande desafio empresarial, que é: como podemos imaginar quais serão as necessidades futuras, se é complexo identificar quais são as necessidades atuais?

No entanto, muitas empresas já estão se antecipando e buscando soluções para "as necessidades futuras", como, por exemplo, resolvendo problemas relacionados com o desinteresse dos jovens na aquisição de bens; investindo em energias alternativas; e tentando entender "o novo normal", fenômeno ocasionado pela Covid-19. Um desafio fundamental será garantir que a natureza seja entendida como de importância fundamental para os modelos de negócios – e que seu valor seja adequadamente contabilizado.[7]

O desenvolvimento de uma nação, contudo, não pode limitar-se ao crescimento econômico e aos aspectos sociais, sendo necessário incluir as relações complexas entre a evolução da biosfera e as sociedades humanas futuras.[8] O DS é, portanto, o ambientalmente sustentável, o socialmente includente e o economicamente sustentado.[9]

SAIBA MAIS

Ignacy Sachs é um economista polonês do ecodesenvolvimento. Ele participou da elaboração da declaração final da Conferência das Nações Unidas de Estocolmo, de 1972, marco sobre proteção ambiental no âmbito mundial e não somente local. É, também, um dos pioneiros da teoria econômica estruturalista do desenvolvimento.

17.2.1 Caminho percorrido para chegar ao desenvolvimento sustentável corporativo

A devastação resultante das ações antrópicas no ambiente natural tem uma longa história iniciada com a ocupação industrial, urbana e social. A revolução industrial aparece, portanto, como um divisor de águas, e as empresas geralmente são identificadas como as vilãs dos problemas ambientais da atualidade. Isso não significa que antes desse marco não houvesse poluição. Havia sim, mas, com a industrialização, a poluição passou a ficar concentrada em algumas regiões e tornou-se muito mais prejudicial para o meio ambiente. A Inglaterra foi um dos primeiros países a se industrializarem e um dos primeiros a sinalizarem os reflexos do crescimento das indústrias de forma acelerada. Em 1952, Londres foi coberta por uma fumaça letal (*great smog of London*) resultante do aumento de liberação de dióxido de enxofre, oriundo da queima de carvão, e de um processo de inversão térmica ocasionado por uma frente fria que se instalou sobre a cidade. Esse evento provocou a morte de 12 mil pessoas por problemas cardíacos e respiratórios.[10] O rio Tâmisa, em 1957, foi declarado biologicamente morto, pelo Museu de História Natural de Londres.

Mas não foi só a Inglaterra que manifestou os primeiros problemas com a poluição. Em 1954, na cidade de Minamata, no Japão, ocorreu outro problema de saúde gravíssimo, também resultante de falha industrial.

Durante muitos anos, uma fábrica de produtos químicos chamada Chisso despejou mercúrio na baía de Minamata e no mar de Shiranui. Os peixes consumidos pela população das redondezas foram contaminados, e milhares de pessoas foram envenenadas por mercúrio. Essas pessoas desenvolveram fraqueza muscular, com dormência nas mãos e nos pés, muitas vezes com paralisias, além de problemas na fala e na audição. Calcula-se que cerca de mil pessoas morreram do que, mais tarde, ficou conhecido como doença de Chisso-Minamata.

A partir da década de 1960, os problemas aumentaram em quantidade e em gravidade, fazendo com que muitos governos ao redor do planeta, na década de 1970, criassem leis de proteção ambiental. Mas não se pode dizer que as indústrias prejudicavam a saúde das pessoas, deliberadamente. Muitas vezes, os problemas eram causados por desconhecimento ou por descuido humano. Podemos citar o vazamento de pesticidas na fábrica de Bhopal, na Índia, em 1984; Chernobil, em 1986; Césio 137, no Brasil, em 1987; vazamentos de navios de petróleo, entre outras ocorrências. São situações que poderiam ter sido evitadas se houvesse maior preocupação com os processos industriais e seus impactos no meio ambiente, preocupação que só começaria a acontecer na década de 1980.

As pressões sobre a indústria química foram tão grandes que, em 1985, o Canadá lançou o programa *Responsible Care*, cujo objetivo era obter o compromisso das indústrias químicas para melhorar seus desempenhos em várias frentes, como: nos campos de proteção ambiental; na segurança e saúde ocupacional; em relação à segurança de plantas; na administração de produtos e logística; no aumento contínuo do diálogo com seus vizinhos e com o público, independentemente dos requisitos da legislação. Até 2016, mais de 90% dos 100 maiores fabricantes petroquímicos e químicos do mundo haviam assinado a carta global de *Responsible Care*.[11]

Em 1990, foi divulgado o primeiro relatório pelo Painel Intergovernamental sobre Mudanças Climáticas (IPCC), que incentivou a Assembleia Geral das Nações Unidas a estabelecer o Comitê Intergovernamental de Negociação, que seria responsável pela elaboração da Convenção-Quadro das Nações Unidas sobre a Mudança do Clima (CQNUMC), também conhecida como UNFCCC (do original em inglês *United Nations Framework Convention on Climate Change*). Esse documento foi assinado, em 1992, durante a Conferência das Nações Unidas sobre Meio Ambiente e Desenvolvimento (UNCED), ou Rio-92, ou, ainda Cúpula da Terra (IPCC, 2014). Durante essa reunião, também foram lançados vários documentos, com diretrizes para a redução dos impactos ambientais, como: *Agenda 21*; *Convenção da Biodiversidade*; *Convenção da Desertificação*; *Declaração de Princípios sobre Florestas*; *A Declaração do Rio sobre Ambiente e Desenvolvimento*; e a *Carta da Terra*. Como resultado das negociações, os países-membros da Organização para a Cooperação e Desenvolvimento Econômico (OCDE) e economias em transição (a Federação Russa e outros países da Europa Central e Oriental), também chamados de países Anexo I, deveriam adotar políticas nacionais e medidas destinadas a reverter as emissões de gases de efeito estufa (GEE) a cerca de 5% abaixo dos níveis de 1990 até o ano de 2000.

SAIBA MAIS

Indicadores ambientais

A partir de 1992, a Comissão para o Desenvolvimento Sustentável das Nações Unidas encabeça um movimento internacional para criar indicadores de sustentabilidade. Em 1996, governos, organizações não governamentais, academia e especialistas de diversos países contribuíram para a publicação do documento *Indicadores de desarrollo sostenible: marco y metodologías*, o "Livro Azul" (CSD, 1992).[12] Esse trabalho apresentava 143 indicadores, que anos depois foram reduzidos para 57, acompanhados de diretrizes de utilização. Com base no "Livro Azul", entre 2002 e 2004, o Instituto Brasileiro de Geografia e Estatística (IBGE) publica os primeiros indicadores brasileiros de DS, e foi a primeira vez que uma publicação desse porte incluiu claramente a dimensão ambiental junto com a social, a econômica e a institucional (IBGE, 2021).[13]

17.2.2 Reuniões do clima

Após os compromissos iniciais sobre redução de GEE terem sido acordados na UNFCCC, um processo permanente e periódico de discussões foi estabelecido, com base na troca de informações sobre o desenvolvimento científico, o progresso tecnológico, e na emergência de novos interesses em efetuar políticas e acordos. Esse processo contínuo estabeleceu a criação da Conferência das Partes (COP), o órgão supremo da convenção, a mais alta autoridade de decisão, cujas reuniões têm ocorrido anualmente, de 1995 até os dias atuais. A CQNUMC é, assim, um tratado ambiental internacional que visa estabilizar as concentrações dos gases do efeito estufa na atmosfera. Atualmente, 196 países são signatários da CQNUMC.

Uma das reuniões da COP mais importantes aconteceu em Quioto, no Japão, em dezembro de 1997. Essa reunião foi marcada pela assinatura de um tratado complementar à CQNUMC, definindo metas de redução de emissões para os países desenvolvidos e os que, à época, apresentavam economia em transição para o capitalismo, considerados os responsáveis históricos pela mudança atual do clima. Assinava-se, assim, o Protocolo de Quioto, que entrou em vigor em 16 de fevereiro de 2005, logo após o atendimento às condições que exigiam a ratificação por, no mínimo, 55% do total de países-membros da convenção e que fossem responsáveis por, pelo menos, 55% do total das emissões de 1990.[14]

Para facilitar o cumprimento das metas de redução, o protocolo estabeleceu mecanismos de flexibilização, por meio dos quais um país do Anexo I (sobretudo países desenvolvidos e industrializados) poderia exceder o seu limite de emissões sem aumentar as emissões líquidas globais, desde que houvesse redução equivalente em outro país. Um país Anexo I teria duas alternativas para o cumprimento das metas: investir em projetos de redução de emissões de gases de efeito estufa (GEE) em seus próprios países, ou utilizar os mecanismos de flexibilização, desenvolvendo projetos em outros países.

Os três mecanismos de flexibilização criados foram: o mecanismo de desenvolvimento limpo (MDL); a implementação conjunta (IC); e o comércio de emissões (ET) (UNFCCC, 1997). Quando um projeto em outro país reduz emissões de GEE, isso equivale a créditos de carbono, que podem ser negociados, e utilizados para abatimento de metas de redução.

Um dos mecanismos de flexibilização é o MDL, partindo de uma proposta brasileira que tinha como objetivo encorajar a participação de países em desenvolvimento no esforço global de redução de emissões, incentivando simultaneamente a transferência de tecnologia entre países desenvolvidos e países em desenvolvimento. Assim, o MDL permite aos países que tenham meta de redução investir em projetos de redução das emissões de gases de efeito estufa nos países em desenvolvimento.

O primeiro projeto de MDL mundial foi implantado no Brasil pela Nova Gerar. Com base na queima do metano de um aterro sanitário, energia elétrica foi produzida e distribuída para população próxima. Outro exemplo de projeto brasileiro diz respeito ao setor de suinocultura, em que, por meio também da queima do metano emitido pelo esterco dos porcos, pode-se gerar energia, além de uma parte ser utilizada como adubo em plantações locais.

Atualmente, o número de projetos de MDL no mundo reduziu-se consideravelmente, devido a excesso de burocracia, custos e, principalmente, devido a incertezas quanto ao futuro desse mecanismo. Apesar das dúvidas, muito se discute a respeito da continuidade de utilização desse mecanismo, e novas estruturas estão sendo pensadas.[15]

O primeiro período de compromisso de Quioto encerrou-se em 2012, no entanto, durante a COP 17, em 2011, um novo compromisso visando à segunda fase de Quioto foi acordado. Durante a reunião em Doha, em 2012, foram incluídos novos compromissos para as partes Anexo I definidas no *Doha Amendment to the Kyoto Protocol*. Ficou estabelecido um segundo período de compromisso a partir de janeiro de 2013 até dezembro de 2020, além de outras medidas de atualização de alguns artigos do Protocolo de Quioto, que contemplavam especificamente as questões referentes ao primeiro período do compromisso. Com a renovação do protocolo, também ficou mantida a arrecadação de US$ 10 bilhões por ano para doação a países mais pobres para combate às mudanças climáticas, por meio de um fundo que passaria a contar com US$ 100 bilhões a partir de 2020.[16]

Já, na COP 21, em 2015, a conferência de Paris, as metas de redução foram apresentadas tanto pelos países desenvolvidos, quanto pelos em desenvolvimento. No acordo de Paris, todos os países concordaram em adotar medidas que intensificassem os esforços para limitar o aquecimento global a 1,5°C acima das temperaturas pré-industriais e aumentar o financiamento da ação climática. Contudo, ressaltamos que até 2015 o mundo não havia conseguido cumprir as metas climáticas de reduzir as emissões em 45% até 2030, nem tampouco alcançar a neutralidade climática até 2050 (o que significa um consumo líquido zero de emissões de carbono).

Em 1º de junho de 2017, Donald Trump, presidente dos Estados Unidos, anunciou a saída do país do acordo. A pior consequência da saída americana é que os EUA são um dos grandes financiadores do Fundo das Nações Unidas para o Clima.

Segundo Watson (2020), menos de 20% dos 184 países que apresentaram planos de redução de emissões estão em vias de cumprir as metas acordadas. De acordo com Global Atlas (2020), em 2018 foram emitidos 36,573 bilhões de toneladas de carbono, 2% mais do que 2017. Mais de 50% das emissões de GEEs provêm de sistemas de geração de energia à base de carbono, da indústria, da agricultura e do desmatamento. O maior emissor é a China (10.065 megatoneladas), seguida dos Estados Unidos (5.416), Índia (2.654), Rússia (1.711) e Japão (1.162). O Brasil, que no acordo de Paris se comprometeu a reduzir suas emissões em 37% até 2055, e em 43% até 2030, gerou, em 2019, 457 megatoneladas de carbono, estando bem longe da meta. A posição do Brasil, nesse contexto, é marcada pelas constantes ameaças do presidente brasileiro, Jair Bolsonaro, de deixar o acordo.

O acordo de Paris previa que os signatários apresentassem propostas mais radicais na COP 26, em 2020, Glasgow (Escócia). Porém, a CQNUMC, pela Grã-Bretanha e Itália, em função da pandemia da Covid-19, decidiu adiar a conferência para 2021.

SAIBA MAIS

Mercado de carbono

O que é comumente chamado de "mercado de carbono" é um conjunto de várias transações, por meio do qual os volumes de redução de emissões de GEE são negociados, e essas negociações diferem no que diz respeito a tamanho, forma e regulamentações. O que se busca para melhorar o futuro do mercado de carbono é que, além das políticas de cooperação, os governos devem ter políticas internas de incentivo para esse mercado, articulando políticas internas particulares com o desenvolvimento do comércio de carbono. E o que se observa é que, nos últimos anos, as reuniões do clima dão esse tipo de abertura, tanto política no âmbito internacional quanto nacional, subnacional e regional, subindo para mais de 50 iniciativas distribuídas pelo mundo.

Na reunião do clima de 2019, houve muita controvérsia a respeito do comércio de emissões entre os países. As regras de um novo comércio ainda não foram totalmente definidas, questionamentos sobre a padronização ou não do mercado perduram. De toda forma, independentemente da continuidade total do mecanismo, muito pode ser aproveitado desse instrumento, que possui uma gama de regras e ensinamentos, com superação de obstáculos que já foram alcançados desde sua criação. E por meio dele, um país em desenvolvimento pode associar redução de emissões, benefício financeiro e social.

Independentemente da regulamentação, novas medidas têm sido adotadas por países do mundo todo, e mais de 60% dos países responsáveis pelo total de emissões já afirmaram que utilizarão mecanismos de precificação de carbono. Um fato relevante, apesar da queda de projetos dos últimos anos, é que as iniciativas em relação à precificação de carbono triplicaram comparadas com a década passada, e várias iniciativas estão sendo adotadas, como o *High Level Panel on Carbon Pricing*, do qual faz parte um grupo de governantes e representantes de empresas para implementar modelos de comércio de carbono.[17]

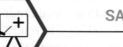

SAIBA MAIS

Você sabe o que é Renovabio? É uma política nacional que estabelece metas de descarbonização para o setor de combustíveis. Foi implementada pela Lei nº 13.376/2017 e tem os seguintes objetivos:

- Fornecer importante contribuição para o cumprimento dos compromissos determinados pelo Brasil no âmbito do acordo de Paris.
- Promover a adequada expansão dos biocombustíveis na matriz energética, com ênfase na regularidade do abastecimento de combustíveis.
- Assegurar previsibilidade para o mercado de combustíveis, induzindo ganhos de eficiência energética e de redução de emissões de gases causadores do efeito estufa em produção, comercialização e uso de biocombustíveis.

Como sabemos, são os representantes dos países que assinam esses acordos, mas estes dependem das empresas e das entidades responsáveis para que realmente aconteçam. Assim, se não houver o comprometimento do corpo empresarial de um país, dificilmente ele atingirá as metas comprometidas nesses encontros. Contudo, se seus representantes quiserem mesmo atingir essas metas, eles podem implementar medidas punitivas (como impostos ambientais), ou medidas incentivadoras (como benefícios para empresas consideradas ambientalmente responsáveis). Outras medidas, como educação ambiental e exigências por adoção de padrões ambientais nas negociações com o governo, também são ferramentas que podem ser utilizadas para reduzir o impacto no meio ambiente.

Vejamos, então, que temos três atores responsáveis pela implementação das ações ambientais:

- **Governo**: responsável pela criação de leis e outras ferramentas que incentivem/punam as empresas e as pessoas para criarem uma sociedade mais sustentável.
- **Sociedade civil**: responsável por cobrar os governos e fiscalizar as indústrias. Além de adotar hábitos mais sustentáveis.
- **Ambiente empresarial**: responsável por implementar as medidas e que tem a competência para criar produtos mais sustentáveis.

Muito bem, como gestores temos que ficar atentos aos acordos e voluntariamente buscar alternativas viáveis para cumpri-los. Além disso, sempre é bom lembrar que no mundo digital todas as notícias são instantâneas. Nenhuma empresa quer ver seu nome maculado porque não cumpriu determinada legislação.

Nas questões relacionadas com o comércio internacional, a forma como as empresas se comportam em relação ao meio ambiente é mais forte ainda. Imagine que sua empresa é uma exportadora de móveis para a Europa. Nenhuma instituição europeia irá querer ver o seu nome relacionado com o de uma empresa responsável por grandes áreas desmatadas. Ou relacionar o seu produto ao de um país cujo ministro do meio ambiente não se preocupa com a preservação ambiental.

17.2.3 Do Pacto Global aos objetivos do desenvolvimento sustentável (ODS)

Em meados da década de 1990, Kofi Annan, então secretário-geral da ONU, apelou para que as empresas assinassem o *Global Compact* (**Pacto Global**). Nesse documento, as empresas se comprometem a promover o DS por meio de suas atividades. O Pacto Global é composto por dez princípios divididos em quatro seções: direitos humanos; práticas laborais; proteção ambiental; anticorrupção.

O Pacto Global agrega 13 mil membros, distribuídos em 160 países, e disponibiliza ferramentas e conhecimentos necessários para transformar as metas globais de sustentabilidade em estratégias de negócios. Os membros organizam-se em mais ou menos 80 redes locais, sendo que a rede brasileira é a terceira maior, com 800 participantes.

Um acontecimento relevante ocorreu em setembro de 2000, quando os dirigentes mundiais reafirmaram suas obrigações comuns com todas as pessoas do planeta, principalmente as mais vulneráveis, e comprometeram-se a atingir um conjunto de oito objetivos com foco no combate à pobreza e no esforço para o DS. Esses objetivos, que deveriam ser atingidos até 2015, compunham os objetivos de desenvolvimento do milênio (ODM). E, com base na dinâmica dos ODM, em 2015, foram propostas 17 metas definidas como os ODS, que devem ser atingidas até 2030.

SAIBA MAIS

Preocupada com o futuro das próximas gerações, a ONU propôs que os seus 193 países-membros assinassem a Agenda 2030, um plano global, composto por 170 DS. Cada objetivo, e suas respectivas metas, aborda aspectos diferentes, porém convergentes, para a viabilidade de uma sociedade sustentável. Todos os países-membros da ONU assinaram a agenda 2030 e agora têm que arcar com o compromisso de alcançar as metas dos 17 objetivos, que são:

1. Acabar com a pobreza em todas as suas formas, em todos os lugares.
2. Acabar com a fome, alcançar segurança alimentar e melhoria da nutrição e promover a agricultura sustentável.
3. Assegurar vida saudável e promover o bem-estar para todos, em todas as idades.
4. Assegurar a educação inclusiva e equitativa de qualidade, e promover oportunidades de aprendizagem ao longo da vida para todos.
5. Alcançar a igualdade de gênero e "empoderar" todas as mulheres e meninas.
6. Assegurar disponibilidade e gestão sustentável da água e saneamento para todos.
7. Assegurar o acesso confiável, sustentável, moderno e a preço acessível à energia, para todos.
8. Promover o crescimento econômico sustentado, inclusivo e sustentável, emprego pleno e produtivo e trabalho decente para todos.
9. Construir infraestruturas resilientes, promover a industrialização inclusiva e sustentável e fomentar a inovação.
10. Reduzir a desigualdade dentro dos países e entre eles.
11. Tornar as cidades e os assentamentos humanos inclusivos, seguros, resilientes e sustentáveis.
12. Assegurar padrões de produção e de consumo sustentáveis.
13. Tomar medidas urgentes para combater a mudança do clima e seus impactos.
14. Conservar e usar sustentavelmente os oceanos, os mares e os recursos marinhos para o DS.
15. Proteger, recuperar e promover o uso sustentável dos ecossistemas terrestres, gerir de forma sustentável as florestas, combater a desertificação, deter e reverter a degradação da terra, deter a perda de biodiversidade.
16. Promover sociedades pacíficas e inclusivas para o DS, proporcionar o acesso à justiça para todos e construir instituições eficazes, responsáveis e inclusivas em todos os níveis.
17. Fortalecer os meios de implementação e revitalizar a parceria global para o DS.

Fonte: Nações Unidas, Brasil.[18]

O setor privado tem papel essencial nesse processo como grande detentor do poder econômico, além de ser propulsor de inovações, influenciador e engajador dos mais diversos públicos – governos, fornecedores, colaboradores e consumidores (Rede Brasil do Pacto Global).[19] Veja que as empresas são convidadas a se engajarem nesses programas e, a partir do momento em que se envolvem nesses propósitos, são consideradas empresas cidadãs e ambientalmente sustentáveis. A Amanco, por exemplo, em busca de matérias-primas menos poluentes, substituiu o solvente tolueno, que pode causar dependência nos trabalhadores que inalam seu vapor, por outro de menor impacto para a saúde e para o meio ambiente. Outro exemplo é a MRV, uma grande construtora brasileira, signatária do Pacto Global, que desenvolve ações relacionadas com vários dos 17 ODS, como, por exemplo, reúso e redução do consumo de água nas suas operações e instalação de painéis de energia fotovoltaica em suas construções. Participa também do Comitê Institucional do Instituto Ethos, além de fazer parte da carteira do Índice de Sustentabilidade Empresarial (ISE), da B3.[20]

Mas, afinal, por que é importante para as empresas se engajarem em projetos como esses propostos pela ONU?

Ao elaborar seu planejamento estratégico, ou planejamento de *marketing*, o gestor de uma empresa analisa o ambiente externo, a fim de estabelecer objetivos estratégicos e obter vantagem competitiva. Os fatores ambientais que influenciam uma organização são: meio ambiente, demográficos, tecnológicos, político-legais, socioculturais, econômicos e globais. Se observarmos os objetivos do DS das empresas, vamos verificar que muitos desses fatores estão presentes nos ODS. O objetivo quatro, por exemplo, fala sobre a educação e pode ser considerado um fator demográfico. Já o objetivo que contempla igualdade de gênero está relacionado com os fatores socioculturais, ou, quando se fala em um problema social, a pobreza, esta se relaciona com os fatores econômicos.

Imagine que você trabalhe em uma empresa de tecnologia. Como você irá contratar funcionários, ou vender seus produtos, em um país com baixa escolaridade? Quais estratégias irá adotar? Será que uma delas não poderia investir em educação para que as pessoas possam utilizar/manusear seus produtos? Outro exemplo pode estar relacionado com o meio ambiente. Imagine que você trabalha em uma cervejaria, cuja matéria-prima principal é a água. Como você irá lidar com a escassez de água potável? Será que sua empresa deve esperar acabar a água do planeta ou ser proativa e elaborar projetos para garantir a água limpa e saudável? São questões que merecem reflexão.

Vamos agora incorporar essas dimensões nos conceitos de RSE.[21]

SAIBA MAIS

Você sabia que é possível fazer um curso *on-line* pela ONU em meio ambiente, e ainda ganhar certificado? Confira: https://uncclearn.org/course/view.phd?Id=24#-section-1

17.3 DO DS À SUSTENTABILIDADE CORPORATIVA (SC)

Outro motivo para a adesão aos ODS diz respeito à reputação da empresa. A **reputação corporativa** pode ser definida como "a reação afetiva ou emocional líquida (boa ou má, fraca ou forte) de clientes, investidores, fornecedores, empregados e do público em geral diante do nome da empresa". Dá para perceber que a reputação está bastante ligada à forma como a empresa se relaciona com seus *stakeholders*, como ela atende a suas expectativas e como ela introduz essas expectativas na estratégia da organização. A maneira como a empresa se comunica com seus *stakeholders* irá refletir, também, na sua reputação e poderá ficar muito tempo armazenada na memória de seus *stakeholders*. Por isso, cada vez mais as empresas têm dado importância à reputação, adotando a gestão da identidade da empresa, além do monitoramento de sua reputação.

Lembrando-se das estratégias genéricas de Porter, ele afirma que uma empresa pode ter vantagem competitiva em custos ou diferenciação (*trade-off*), mas sempre deve ter foco. A marca é uma forma de diferenciação, certo? Assim, marcas que têm boa reputação oferecem vantagem competitiva. Por exemplo, empresas que têm uma imagem de amiga do meio ambiente ganham reputação boa. Já empresas que aparecem como as vilãs do meio ambiente ganham reputação ruim. Empresas que atendem seus clientes, em seu mercado, de forma excepcional, tendem a criar forte lealdade à marca entre eles, como é o caso da Coca-Cola, do banco Itaú, da Natura, da Porto Seguro, ou da Mãe Terra. Essas empresas esforçam-se para estabelecer laço forte com seus clientes, não somente em relação à qualidade de seus produtos, mas, também, por meio de uma conexão da empresa com o meio ambiente e preocupando-se com o DS.

A Natura, por exemplo foi uma das primeiras empresas brasileiras a divulgarem um relatório de sustentabilidade, e, atualmente, diversas empresas já fazem esse tipo de divulgação, como é o caso da Aracruz Celulose, Petrobras, banco Santander, Duratex, Medley, banco Itaú Unibanco e a Bunge. Outras empresas multinacionais, como a Bosch, também atuam no Brasil com práticas de sustentabilidade, por exemplo, atuando de forma sustentável na fabricação de produtos, ou controlando o impacto ambiental das suas atividades.

Imagine agora um exemplo contrário: empresas que foram denunciadas pelo uso de mão de obra infantil, ou que estão associadas a eventos de destruição do meio ambiente, como foi o caso da Nike, da Samarco e da Zara. Essas empresas tiveram sua marca relacionada com um evento ruim, prejudicando sua reputação. A Nike e a Zara tiveram que gastar muito dinheiro para recuperar a imagem de suas empresas.

A necessidade da preservação dos recursos naturais, a reputação e a imagem da marca são apenas alguns dos fatores que levam uma empresa a aderir às causas do DS. Diversos autores já abordaram esses motivos e os relacionam com: cumprimento da legislação, redução de custos, atendimento a pressões da sociedade, preocupação com a finitude de recursos não renováveis, redução de passivos trabalhistas e, ainda, mimetismo ou folgas organizacionais financeiras.

Podemos dizer que uma vantagem competitiva é sustentável quando provém de recursos que são valiosos, raros, difíceis de imitar e quando a empresa está organizada para poder explorá-los. Ou seja, é uma vantagem passível de ser mantida e de garantir a continuidade da empresa. Então, podemos concluir que uma empresa sustentável é aquela "passível de se manter" durante muitos anos, e, assim, da mesma forma que o DS é um conceito intergeracional, a sustentabilidade corporativa também é. Vejamos por quê: quando uma empresa é criada, seus donos ou acionistas imaginam que ela irá durar para sempre, por várias gerações.

Então, a empresa deve gerenciar os seus recursos tangíveis e intangíveis a fim de garantir a sua sustentabilidade. Da mesma forma que a empresa deve ter cuidado com seus recursos financeiros, humanos, tecnológicos, ela deve preocupar-se, também, com os recursos naturais. Por isso, ao manusear os recursos naturais, as empresas devem pensar na continuidade (ou nas próximas gerações) do seu negócio. Assim, o termo *Sustentabilidade Corporativa* decorre do termo *DS*.

Sempre que estudamos a sustentabilidade corporativa, nos deparamos com o conceito de *triple bottom line* (TBL), que foi introduzido por John Elkington em meados dos anos 1990. Elkington (1994)[22] chamou a atenção para o fato de que as empresas não deveriam fixar-se apenas no acompanhamento da *bottom line* (última linha da demonstração de resultados, ou seja, lucro líquido). No ambiente que ele vislumbrava, as empresas, para continuarem crescendo e competindo, deveriam observar, além do resultado econômico de suas atividades, os resultados sociais e ambientais que elas promoviam, e se empenhou em medir o desempenho sustentável das empresas. Segundo Elkington,[23] só adotando uma postura sustentável as empresas darão continuidade aos seus negócios por várias gerações (conceito transgeracional transferido para as empresas). Ele defende que o mercado consumidor deve optar por empresas que se preocupam com o meio ambiente e com a sociedade. Além disso, como certos recursos estão se exaurindo, a continuidade da empresa pode ficar comprometida pela dependência de tais recursos.

SAIBA MAIS

John Brett Elkington é um consultor, escritor e estrategista britânico. Seu nome está envolvido com uma série de empreendimentos, dentre elas a Volans, atual empresa do autor. Ele é conhecido como o "conselheiro do futuro", e trabalha com grandes corporações, com a comunidade financeira, órgãos da indústria, entre outras instituições em todo o mundo. Ele participou de mais de 1.000 conferências ao redor do mundo, e foi membro do Corpo do Fórum Econômico Mundial de 2002 a 2008. Seu mais recente livro é *Cisne verde*, que sugere que a próxima crise mundial será causada por uma catástrofe ambiental que irá gerar uma crise muito mais profunda do que a gerada pela Covid-19.

Em 2005, Pratima Bansal escreveu um artigo que buscava organizar o conceito de desenvolvimento sustentável corporativo, ou simplesmente sustentabilidade corporativa (SC). De acordo com a autora, uma empresa sustentável é aquela que tem: RSE, gestão ambiental (GA) e que gera valor (lucro). Dessa forma, ela relaciona o tripé do DS à SC. Assim, como podemos ver no Quadro 17.1, propõem-se:

Quadro 17.1 Do DS à SC

Desenvolvimento sustentável	SC ou desenvolvimento sustentável corporativo
Equilíbrio ambiental	GA, que pode ser *compliance* ou *end of pipe*, visão de processos ou análise do ciclo de vida do produto
Equidade social	RSE, que envolve análise ambiental, gestão social e gestão dos *stakeholders*
Crescimento econômico	Geração de valor para a empresa, que ocorre por aumento de receitas, aumento de produtividade e geração de produtos de valor

Às ideias de Bansal, podemos incluir um quarto elemento, a governança para a sustentabilidade. Então, esse modelo ficaria conforme a Figura 17.2.

Figura 17.2 Do DS à SC.

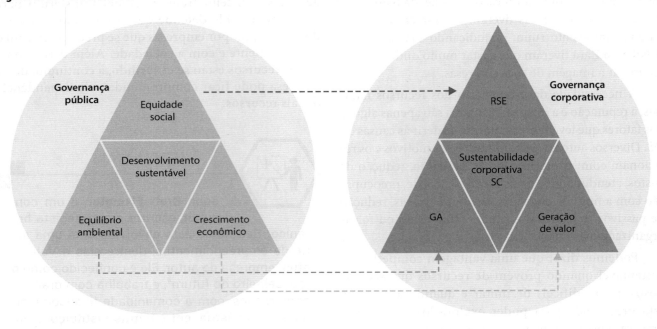

Veja que, dessa forma, a GA e a RSE são elementos integrantes da SC.

17.4 GESTÃO AMBIENTAL (GA)

O conceito de GA não é fácil de definir. Para o professor Barrow,[24] a GA pode se referir a um objetivo ou visão, tentativas de orientar um processo, aplicação de um conjunto de ferramentas, um exercício filosófico buscando estabelecer novas perspectivas para o meio ambiente e as sociedades humanas. A visão do professor Ruy Otávio Andrade[25] é um pouco mais abrangente. Para ele, a GA deve ser um processo adaptativo contínuo, em que as organizações definem e redefinem seus objetivos e metas relacionados à proteção do meio ambiente, à saúde de seus empregados, dos clientes e da comunidade, à escolha de estratégias e meios para atingir esses objetivos em tempo determinado, avaliação constante da interação da empresa com o meio ambiente externo. Neste capítulo, defendemos que a GA é uma área técnica relacionada, principalmente, com o ambiente fabril[26] e com o ciclo de vida dos produtos.

De forma mais abrangente, no entanto, uma vez que todas as atividades humanas, em última instância, têm algum tipo de impacto ambiental, a GA envolve todo mundo, alguns diretamente e outros, nem tanto. Ela pode ser praticada por um único indivíduo, ou por um grupo de pessoas, que geralmente têm pontos de vista conflitantes – e até diretamente opostos –, como pode ser o caso quando os gerentes ambientais empregados por grandes corporações multinacionais entram em conflito com gerentes ambientais que representam organizações de voluntários.

A GA envolve, assim, muitos *stakeholders* e requer uma perspectiva multidisciplinar, e abrange muitas dimensões espaciais, que vão desde o local até o global. Abraça dimensões temáticas, relacionadas com o que se pretende estudar/trabalhar. Cobre dimensões institucionais, incluindo os desejos de controlar a direção e o ritmo de desenvolvimento, otimizar o uso de recursos, minimizar a degradação ambiental e evitar desastres ambientais.

17.4.1 Etapas da GA

Apesar de na literatura aparecerem como etapas da GA, defendemos que o seu entendimento deve estar mais relacionado com o amadurecimento dos conhecimentos, ou, até mesmo, com a adoção da GA por parte da empresa. Posto isso, é possível atribuir três etapas para a GA:

- **Controle da poluição** (*compliance*): é o primeiro estágio da GA. Nessa etapa, a empresa apenas evita que os poluentes produzidos cheguem ao meio ambiente. Em outras palavras, ela faz o suficiente para cumprir a lei, e ponto final. Em geral, as empresas nessa fase utilizam dois tipos de tecnologia:[27] tecnologia de remediação, que consiste em reagir apenas quando os problemas já aconteceram; e tecnologia *end of pipe control*, cujo objetivo é impedir que a poluição seja liberada na natureza. Para tanto, utilizam-se equipamentos caros, como filtros e estações de tratamento. Dependendo do tipo de poluição, a empresa ainda precisa transformar os gases e os líquidos capturados em objetos sólidos para evitar que se espalhem na natureza.

- **Prevenção de poluição:** neste caso, em vez de corrigir as externalidades negativas provocadas, a empresa cuida dos processos criando maneiras eficientes de usar materiais e fontes de energia, reduzindo a quantidade de poluentes que produzem. Ela investe em novas tecnologias e passa a utilizar produção mais limpa, ou seja, ao invés de poluir e limpar, ela tenta não poluir. Essas atitudes parecem ser melhores do que a anterior. Por meio da melhoria contínua, a empresa identifica ineficiências e melhora os processos. Dessa forma, a prevenção da poluição estimula as empresas a desenvolverem recursos e capacidades superiores aos processos de controle da poluição. Tem como consequência a melhoria da qualidade dos produtos e a redução de custos.

A empresa pode adotar políticas ambientais que:

- **Reduzam** o consumo de materiais, poluentes e energia, e a produção fica muito mais eficiente. Ou seja, ela aprende a fazer mais com menos.

- **Reutilizem** os restos da produção, embalagens, água de chuva.

- **Reciclem**, ou seja, tratam resíduos para reutilizá-los. O objetivo é dar um destino útil para o lixo, evitando desperdícios.

- **Abordagem estratégica, ou análise do ciclo de vida do produto:** a abordagem estratégica apresenta uma visão de longo prazo, "do berço ao berço" (*cradle to cradle*, em inglês), que é quando a empresa desloca o foco dos processos para seus produtos, em um esforço para reduzir seu impacto em toda a cadeia desde o desenvolvimento do projeto até o descarte final do produto. Preocupa-se com quais matérias-primas serão utilizadas, a origem desse material, como será transportado, armazenado, processado, embalado, distribuído, consumido e descartado. Essa é a tendência do momento. Os produtos são projetados para usar menos materiais, tóxicos ou não, e serem desmontados para reciclagem ou reutilizados no final da vida (economia circular, em vez de economia linear). Está relacionada com a logística reversa e presente na Lei nº 12.305/2010 – Política Nacional de Resíduos Sólidos.[28] Mas lembre-se, para o terceiro nível é preciso a responsabilidade compartilhada, o que só é possível com a conscientização da população, participação do governo por meio da coleta seletiva e a presença da logística reversa por parte das empresas.

Lei nº 12.305/2010 – Política Nacional de Resíduos Sólidos (PNRS)

O Decreto nº 7.404, de 23/12/2010, regulamenta a Lei nº 12.305/2010, que cria o Comitê Interministerial da Política Nacional e o Comitê Orientador para implantação dos sistemas de logística reversa. Essa lei contém instrumentos que permitem o avanço no enfrentamento dos principais problemas ambientais, sociais e econômicos decorrentes do manejo inadequado dos resíduos sólidos. Defende o princípio da prevenção e da redução na geração de resíduos.

> A responsabilidade dos geradores de resíduos é compartilhada pelos fabricantes, importadores, distribuidores, comerciantes, pelo cidadão e titulares de serviços de manejo dos resíduos sólidos urbanos na logística reversa dos resíduos e embalagens pós-industrial e pós-consumo. A lei também cria metas para a eliminação dos lixões e institui instrumentos de planejamento nos níveis nacional, estadual, microrregional, intermunicipal e metropolitano e municipal; além de impor que os particulares elaborem seus planos de gerenciamento de resíduos sólidos. E, por fim, estabelece a implantação de planos de resíduos sólidos, que devem apresentar conteúdos mínimos fixados pela Lei nº 12.305/2010, como, por exemplo, diagnóstico da situação atual dos resíduos e metas de redução. Os instrumentos da PNRS ajudarão o Brasil a atingir uma das metas do Plano Nacional sobre Mudança do Clima, que era de alcançar o índice de reciclagem de resíduos de 20% em 2015.

17.4.2 Sistema de gestão ambiental (SGA)

"À mulher de César não basta ser honesta, tem de parecer honesta!"

Mais do que ter preocupações ambientais, a empresa precisa demonstrar a seus *stakeholders* a sua preocupação ambiental. E, nesse sentido, um SGA pode ajudar, já que é um conjunto de funções em uma empresa que tem o objetivo de diminuir o impacto negativo de suas atividades sobre a natureza.[29] Ele engloba a política ambiental da empresa, o estudo dos impactos ambientais dos produtos e processos, a análise do ciclo de vida do produto, as medidas para mitigar o impacto dos produtos no meio ambiente. Há vários tipos de SGA, e uma empresa não precisa obrigatoriamente contratar uma consultoria para criar o seu SGA, pois, como a empresa conhece muito bem seus processos, ela pode montar o seu próprio sistema. É importante, porém, salientar que se ela quiser ter uma certificação, será importante contatar uma empresa certificadora.

Para criarmos um bom SGA, o primeiro passo é conhecermos a fundo o que a empresa faz, de onde provém sua matéria-prima, como é transportada, armazenada, quais são os ciclos produtivos da empresa, quais são as fontes de matéria-prima, quem são os fornecedores, como o produto acabado é armazenado e transportado, como as pessoas utilizam esses produtos, quem são os clientes potenciais, como eles utilizarão os produtos da empresa e como esses produtos são descartados. Mas, principalmente, precisamos saber qual é o impacto ambiental do produto, e de seu processo produtivo, ao longo de toda a cadeia. Ou seja, precisamos fazer um diagnóstico profundo sobre o ciclo de vida do produto, e entender muito bem toda a sua cadeia.

Muitas vezes, se diz que um SGA é um PDCA (*plan, do, check* e *act*). No entanto, o ciclo de PDCA é uma ferramenta do sistema de gestão da qualidade, é a busca de melhoria contínua e segue o caminho: (i) identificamos um problema e sua causa; (ii) planejamos as ações de melhoria; (iii) colocamos essas ações em prática; (iv) verificamos o resultado dessas melhorias; e agimos no que deu errado e reforçamos o que deu certo. Ao associarmos o SGA ao PDCA, começamos a perceber o SGA como um sistema de melhoria contínua. Ou seja, sempre dá para melhorar mais um pouquinho.

Voltando ao SGA, depois que fizermos o nosso diagnóstico, ou seja, depois que passarmos a conhecer a nossa empresa a fundo, identificaremos os pontos de melhoria. Chegou o momento de escrevermos o nosso plano de ação, ou seja, o que vamos fazer para mitigar o impacto de nossas atividades e o que podemos fazer para melhorar nossos processos produtivos (por exemplo, a busca de tecnologias limpas ou a substituição de matérias-primas não renováveis por matérias-primas renováveis pode ser uma saída). Devem-se estabelecer objetivos e metas, colocando cronogramas e definindo os responsáveis. Feito isso, nosso planejamento está pronto. Vamos colocar a mão na massa! É hora de pôr nosso plano em prática!

Não se esqueça de controlá-lo. Para isso, é interessante ter um bom sistema de medição capaz de apontar as melhorias que estão sendo alcançadas. Faça folhas individuais para os processos que está controlando. Documente cada passo. Meça, meça e meça. Sempre é bom deixar a porta aberta para obter *feedbacks* daqueles que estão na linha de frente. Esteja atento às falhas do seu plano, e promova melhorias. Na Figura 17.3, você poderá ver o PDCA integrado à norma ISO 14000.

Figura 17.3 Ciclo do PDCA integrado à norma ISO 14001:2015

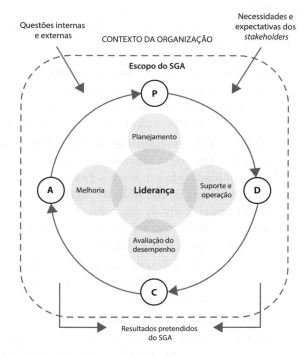

Fonte: ISO. (2017)

O que tem ocorrido é que, com o aumento das pressões da sociedade sobre as questões ambientais, muitos governos foram criando leis e instrumentos que obrigam as empresas a adotarem melhores práticas ambientais. A implantação dessas leis, no entanto, exige o estabelecimento de determinados parâmetros do que vem a ser um processo produtivo ambientalmente adequado. Assim, na década de 1990, a ISO (*International Organization for Standardization*) decidiu abraçar a causa e criar normas para a implantação de um SGA, e, assim, nasceu a família ISO 14000, série que inclui normas sobre SGA, auditoria, ciclo de vida do produto e rotulagem ambiental. No Brasil, as normas ISO são traduzidas e comercializadas pela Associação Brasileira de Normas Técnicas, desse modo, a norma sobre SGA ficou conhecida no Brasil como *NBR ISO 14001 – Sistemas de Gestão Ambiental*.

Em 2015, a ISO publicou nova versão. Esta última versão dá bastante enfoque para: o ciclo de PDCA, a análise do ciclo de vida do produto (ACVP); e o envolvimento da alta direção da empresa no SGA, garantindo os recursos para que os objetivos do sistema sejam atingidos. A adoção das normas ISO 14000 exige que a empresa considere todas as questões ambientais relevantes para suas operações, como poluição do ar, problemas de água e esgoto, gerenciamento de resíduos, contaminação do solo, mitigação e adaptação às mudanças climáticas e uso e eficiência de recursos. A Figura 17.4 apresenta os componentes de um SGA de acordo com a ISO 14001.

Figura 17.4 Componentes de um SGA conforme a ISO 14001:2015.

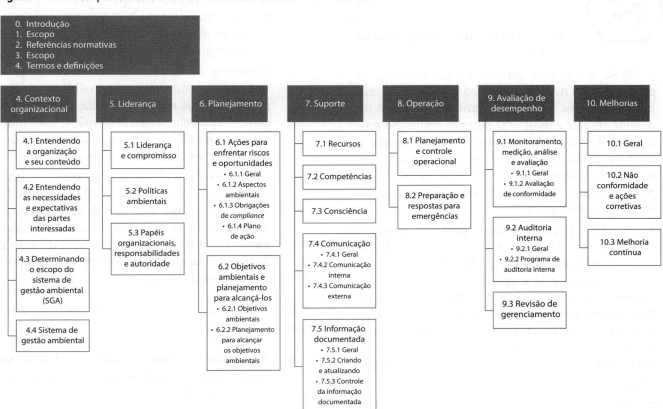

POR DENTRO DA TEORIA

Em 2015, as normas ISO foram revisadas. As principais mudanças na norma ISO 14001:2015 foram:

- A GA deve ocupar papel mais importante no planejamento estratégico da empresa.
- Deve haver maior comprometimento das lideranças nas questões relacionadas com o meio ambiente.
- É preciso implementar iniciativas proativas que visem proteger o meio ambiente contra danos e degradação.
- A análise do ciclo de vida do produto deve ser realizada a fim de garantir que os aspectos ambientais sejam levados em consideração desde o projeto do produto até seu descarte final.
- Devem-se adotar estratégias de comunicação com foco nas partes interessadas.
- Possibilitar integração com outros sistemas de gestão, uma vez que devem possuir a mesma estrutura e os mesmos termos e definições.

SAIBA MAIS

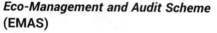

Eco-Management and Audit Scheme (EMAS)

O EMAS é um instrumento de gerenciamento *premium* desenvolvido pela Comissão Europeia para empresas e outras organizações a fim de avaliar, relatar e melhorar seu desempenho ambiental. Existem muitas semelhanças entre o EMAS e a ISO, tais como: foco no monitoramento de indicadores ambientais; uso de auditoria para monitoramento; melhoria contínua do desempenho ambiental.

A ISO 14001 (2015) é emitida pela ISO, reconhecida internacionalmente e acordada por 163 países-membros, enquanto o EMAS é distribuído pela União Europeia (UE) e apenas países da UE concordam com os requisitos (o EMAS é regido pelo Regulamento (CE) nº 1221/2009). Mas se você pretende exportar para a Europa, deve conhecer o EMAS, pois esse instrumento é mais rigoroso em relação ao planejamento e gerenciamento dos projetos ambientais.

17.4.3 Auditorias ambientais

As auditorias ambientais servem para avaliar o desempenho ambiental das empresas. Elas podem ser de diferentes tipos, como:

1. **Auditoria de conformidade**: é obrigatória e tem como objetivo verificar se as atividades da empresa estão conforme a lei. Normalmente, é realizada para obtenção de licenças ambientais.
2. **Auditoria de avaliação de desempenho ambiental**: tem como objetivo avaliar o impacto das atividades da empresa sobre o meio ambiente. Nesse caso, os auditores verificam os indicadores ambientais da empresa, verificam se a política ambiental foi colocada em prática e definem o que é preciso fazer para melhorá-la.
3. **Auditoria *due diligence* ou auditoria de responsabilidade**: o objetivo é analisar seus *ativos* e *passivos ambientais*.
4. **Auditoria de descomissionamento**: é realizada quando existe o fechamento de uma indústria ou de um empreendimento com alto potencial poluidor. O objetivo dessa auditoria é verificar se o local não apresenta riscos futuros tanto ao meio ambiente quanto à população.
5. **Auditoria pós-acidente**: é realizada após um acidente, com o objetivo de avaliar suas causas e, também, para evitar que o problema se repita no futuro. É uma boa oportunidade para revisar os planos de emergência e verificar se o treinamento dos funcionários é adequado.
6. **Auditoria de fornecedor ou da cadeia produtiva**: tem como objetivo avaliar as cadeias produtivas dos fornecedores da empresa. Recomendada pela norma ISO 14001, essa auditoria investiga o impacto social e ambiental dos produtos e serviços que a empresa compra.
7. **Auditoria de SGA**: de acordo com a norma ISO 14001, a auditoria do SGA é um procedimento importante. Esse tipo de auditoria pode ter três objetivos: avaliar se o SGA está funcionando bem; verificar se o SGA está de acordo com a política ambiental da empresa; e proporcionar uma certificação.

Esse tipo de auditoria pode ser de três tipos principais:

- **Auditoria de primeira parte:** é realizada por funcionários da própria organização que está sendo auditada.

- **Auditoria de segunda parte:** é feita por pessoas que têm algum tipo de ligação com a empresa, tais como fornecedores ou clientes. Às vezes, o objetivo dessa auditoria é emitir uma confirmação de autodeclaração, ou seja, os *stakeholders* assinam embaixo da autodeclaração da empresa, confirmando que seu conteúdo é mesmo verdadeiro.
- **Auditoria de terceira parte:** o SGA é avaliado por uma equipe independente, que não tem ligação com a empresa.

8. **Auditoria ambiental segundo a ISO 19011:** dá orientações em como realizar a auditoria. De acordo com a ISO, os auditores não devem tirar conclusões com base no "eu acho", mas sim em dados concretos, como documentos, entrevistas e testes. Além disso, os lugares e os assuntos que serão investigados pelos auditores devem ser anunciados com antecedência, sem haver teste "surpresa".

17.4.4 Selos ambientais e programas de rotulagem ambiental

Selos ambientais, também chamados de rótulos ambientais, certificam que o produto está adequado ao consumo e gera baixo impacto no meio ambiente em relação a outros produtos disponíveis no mercado. Um selo ambiental é uma certificação que apresenta os produtos utilizados, a quantidade utilizada, a origem dos produtos, se são ou não descartáveis ou recicláveis, entre outras informações. Assim, o objetivo dos selos é promover a melhoria contínua das práticas ambientais mediante conscientização e mobilização dos consumidores e produtores.

Os programas de rotulagem referem-se a quem avalia um rótulo ambiental. Há três opções: (1) a própria empresa ou um fornecedor; (2) o comprador ou uma associação de empresas do setor; ou (3) uma instituição com independência em relação ao fornecedor e ao cliente, não tendo, portanto, interesse na comercialização dos produtos.

A série ISO 14020 descreve os princípios gerais e regulamenta o desenvolvimento e o uso de rótulos e declarações ambientais. Ela também ajuda a definir as simbologias que identificam os diferentes materiais das embalagens, bem como o descarte seletivo para reciclagem.

Os tipos de rotulagem ambiental são três, a saber:

- **Rotulagem tipo I** (ISO 14024) – Programas de selo verde: apenas um órgão independente (terceira parte) pode dar um rótulo tipo I, tornando o selo mais confiável. A Figura 17.5 apresenta alguns rótulos do tipo 1.

Figura 17.5   Exemplos de rótulos tipo I.

POR DENTRO DA TEORIA

O Programa Nacional de Conservação de Energia Elétrica (PROCEL) é um programa de governo, coordenado pelo Ministério de Minas e Energia (MME) e executado pela Eletrobras. Foi criado, em 30 de dezembro de 1985, para estimular o uso eficiente de energia elétrica e combater o seu desperdício. Dessa forma, o PROCEL contribui para:

- Melhorar a eficiência dos equipamentos e serviços.
- Melhorar hábitos e aumentar o conhecimento sobre o consumo eficiente da energia.
- Adiar os investimentos no setor elétrico, uma vez que reduz o consumo de energia.

Áreas de atuação: equipamentos (eletrodomésticos), edificações, iluminação pública, poder público, indústria e comércio e conhecimento.

- **Rotulagem tipo II** (ISO 14021) – Autodeclarações ambientais: é criada pela própria empresa, fornecedores, distribuidores, clientes ou outros que possam se beneficiar com a autodeclaração. Essa norma inclui declarações, símbolos e gráficos; não exige certificação de terceira parte; e não considera o ciclo de vida do produto. Ela deve conter informações objetivas e claras e que possam ser facilmente verificadas. Na Figura 17.6, há exemplos de rótulos ambientais do tipo II.

Figura 17.6 Exemplos de rótulos Tipo II.

ALUMÍNIO RECICLÁVEL

AÇO RECICLÁVEL

LONGA-VIDA RECICLÁVEL

VIDRO RECICLÁVEL

DESCARTE SELETIVO

LIXO COMUM (*ANTI-LITTERING*)

Simbologia para embalagens plásticas – Norma 13230 da ABNT

 PET
 PEAD
 PVC
 PEBD
 PP
 PS
 OUTROS

1. Tereftalato de polietileno   2. Polietileno de alta densidade   3. Policloreto de vinila
4. Polietileno de baixa densidade   5. Polipropileno   6. Poliestireno   7. Outros

Simbologia para identificação de material reciclável

Simbologia para identificação de produtos reciclados – o valor % indica a quantidade de produtos reciclados

65%

65%

65%

- **Rotulagem tipo III** (ISO 14025): inclui avaliações de ciclo de vida. Esta norma tem alto grau de complexidade, porque inclui as avaliações do ciclo de vida, garantindo que os valores dos impactos informados sejam corretos, sem definir valores limites. Ela também deve ser certificada por um órgão de terceira parte. O rótulo tipo III serve para divulgar as características do produto que têm impacto sobre o meio ambiente. O rótulo tipo III difere do tipo I, pois não aparece apenas nas embalagens de mercadorias ecologicamente corretas. Na verdade, qualquer produto pode ter esse selo, e a ideia é ajudar o cliente a comparar os produtos. Todos os produtos da Natura, por exemplo, vêm com uma tabela ambiental apresentando a origem de suas matérias-primas e o impacto de seus produtos, então é um rótulo tipo III. Confira na Tabela 17.1.

Tabela 17.1 Exemplo de rotulagem tipo III

INFORMAÇÕES AMBIENTAIS (EXEMPLO)*
PRODUTO
Origem vegetal renovável 53,5%
Vegetal natural 42,2%
Com certificação de origem 0%
EMBALAGEM
Material reciclado 25%
Material reciclável 85,7%
Número recomendado de refilagens 3

Fonte: Natura. (2017)

17.4.5 Avaliação de impactos ambientais (EIA/RIMA)

As indicações para realizar os estudos de impacto ambiental (EIA) são fornecidas pelo Conselho Nacional do Meio Ambiente (CONAMA). O EIA inicia-se com a avaliação do impacto ambiental (AIA). De acordo com o art. 1 da Resolução nº 1 de 1986, do CONAMA, impacto ambiental é "qualquer alteração das propriedades físicas, químicas e biológicas do meio ambiente". A mesma resolução inclui os impactos sobre saúde, segurança e bem-estar da população, atividades sociais nos impactos ambientais. De acordo com a Resolução do CONAMA nº 237/1997, o EIA deve ser formado por sete componentes:

1. Relatório ambiental.
2. Plano e projeto de controle ambiental.
3. Relatório ambiental preliminar.
4. Diagnóstico ambiental.
5. Plano de manejo.
6. Plano de recuperação de área degradada.
7. Análise preliminar de risco.

No diagnóstico ambiental, a empresa precisa descrever detalhadamente a situação da área. A aprovação do EIA depende de um diagnóstico completo, que inclui os meios físico, biológico e até socioeconômico.[30]

Assim, a elaboração do EIA pode ser dividida em quatro etapas: determinar as alternativas tecnológicas e de localização do projeto; definir os impactos ambientais nas fases de instalação e operação; estabelecer área geográfica atingida pelo projeto; levantar os planos governamentais existentes na região.

O relatório de impacto ambiental (RIMA) resume as principais conclusões de tudo o que foi dito nas outras partes do EIA. Aliás, é no RIMA que a equipe responsável pelo EIA declara se o projeto é ou não uma ameaça ao meio ambiente. O RIMA deve conter: objetivos e justificativas do empreendimento; descrição do processo proposto e alternativas tecnológicas e vocacionais; análise dos resultados dos estudos e do diagnóstico ambiental; caracterização da área ambiental futura; descrição dos efeitos esperados das medidas mitigadoras dos impactos negativos; programa de monitoramento e acompanhamento desses impactos; e recomendações quanto às alternativas mais favoráveis para que a população tenha ciência do que é melhor ou não para aquele local.

17.4.6 Licenciamento ambiental

A primeira consideração quando falamos sobre licenciamento ambiental é não confundir licenciamento ambiental com licença ambiental. O **licenciamento ambiental** é um procedimento administrativo exigido pelo órgão ambiental competente, seja federal (IBAMA), estadual ou municipal (SEMA), para que esse órgão licencie a localização, a instalação, a ampliação, a modificação e a operação de empreendimentos e atividades que possam causar degradação ambiental ou impacto ambiental. Já a licença ambiental é o ato administrativo que serve para o órgão ambiental competente estabelecer condições, restrições e medidas de controle ambiental a que o empreendedor terá que obedecer.

O licenciamento ambiental segue as etapas:[31]

Etapa 1: o órgão competente define os documentos, estudos e relatórios necessários.

Etapa 2: a empresa dá entrada no pedido de licenciamento ambiental. Todos os documentos exigidos são apresentados no ato. Além disso, é preciso divulgá-los, conferindo a publicidade necessária ao processo de licenciamento.

Etapa 3: o órgão competente analisa os projetos, os estudos e os relatórios que a empresa entregou. Vistorias técnicas podem ser realizadas quando necessário.

Etapa 4: se o conteúdo encaminhado não for o bastante, o órgão competente pode pedir explicações ou documentos adicionais.

Etapa 5: quando o caso é polêmico, é preciso realizar audiências públicas para que os *stakeholders* cobrem esclarecimentos da empresa.

Etapa 6: o órgão competente aprova ou nega o pedido de licença.

De acordo com a Resolução nº 237/1997 do CONAMA, conforme o andamento do processo, o órgão competente poderá liberar três modalidades de licença ambiental ordinária:

- **Licença prévia:** pode ser liberada na fase preliminar do projeto. Trata-se de um documento que aprova a localização, o planejamento do projeto e a viabilidade ambiental.
- **Licença de instalação:** autoriza a instalação do empreendimento e das atividades, de acordo com o que a empresa descreveu nos estudos, relatórios e projetos. Nessa etapa, o órgão ambiental pode incluir medidas de controle ambiental e condicionantes que devem ser cumpridas pelo empreendedor.
- **Licença de operação (LO):** nessa etapa, a empresa pode dar início às atividades planejadas.

No total, o licenciamento não pode levar mais que seis meses, contando desde a data do requerimento até o pronunciamento final do órgão responsável.

17.5 RESPONSABILIDADE SOCIAL CORPORATIVA OU EMPRESARIAL (RSE)

Agora que já falamos sobre a GA, vamos falar de outro elemento da SC, a RSE, ou responsabilidade social empresarial.

As discussões sobre a RSE nascem no livro *Social responsibilities of the businessman*, de Howard R. Bowen, em 1953, que defendia que os centros vitais de poder e tomada de decisão, que afetavam a vida dos cidadãos de várias maneiras, provinham das maiores empresas nos Estados Unidos. Na época, o autor questionava: "quais responsabilidades para a sociedade os empresários razoavelmente devem assumir?". Essa pergunta até hoje não foi plenamente respondida.

O desenvolvimento do conceito de RSE começou nos círculos acadêmicos sob a perspectiva de seu significado na teoria e na prática, com Keith Davis, Joseph McGuire, Adolph Berle, William Frederick e Clarence Walton.[32] Seus aperfeiçoamentos e aplicações em evolução ocorreram mais tarde, especialmente após os importantes movimentos sociais da década de 1960, particularmente o movimento pelos direitos civis, o movimento do consumidor, o movimento ambiental e o movimento das mulheres. Posteriormente, Archie Carroll, cujo trabalho, até hoje, é um dos mais lidos, apresentou a RSE no formato de uma pirâmide, representando as quatro dimensões da responsabilidade (Figura 17.7).

Figura 17.7 Pirâmide de responsabilidade.

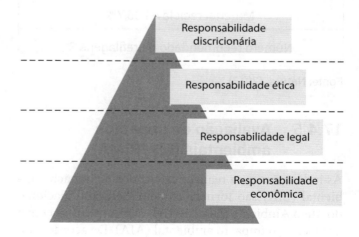

Fonte: Carroll.

A pirâmide da RSE deve ser vista a partir da perspectiva dos *stakeholders*. Você vai entender melhor o conceito de *stakeholder* no Capítulo 18. Carroll[33] defende que as empresas devem engajar-se em decisões, ações, políticas e práticas que cumpram simultaneamente as quatro partes componentes, responsabilidade econômica, responsabilidade legal, responsabilidade ética e responsabilidade discricionária. Cada um dos quatro componentes de responsabilidade aborda diferentes *stakeholders* em termos das diferentes prioridades nas quais eles podem ser afetados, assim, em uma relação de mão dupla, conforme mostrado no Quadro 17.2.

SAIBA MAIS

Archie B. Carroll é professor emérito de gestão, ex-diretor do programa de gestão sem fins lucrativos e serviço comunitário da Universidade da Geórgia. Ficou conhecido pela pirâmide de responsabilidade social, que é uma das obras mais citadas do Google Escolar. Mas, além desse trabalho, o professor Carroll tem vários outros livros, capítulos de livros e artigos sobre o tema RSE. Atualmente, trabalha na 11ª edição do livro didático, *Business & society: ethics, sustainability & stakeholder management*, Cengage Learning.

Apesar de muito autores afirmarem que os elementos da pirâmide têm uma sequência, Carroll[34] afirma que a pirâmide não deve ser interpretada como se os negócios cumprissem suas responsabilidades sociais de forma sequencial e hierárquica, começando da base para o alto. Pelo contrário, espera-se que os negócios cumpram todas as responsabilidades simultaneamente. Desse modo, a forma de pirâmide pode induzir ao erro de se atribuir importância para cada uma dessas dimensões. Finalmente, Carroll conclui que: a ética permeia a pirâmide; as tensões e compromissos são inerentes à organização; as responsabilidades são um todo integrado e unificado; a empresa possui um "quadro de *stakeholders* sustentáveis", e seu modelo tem aplicabilidade global e pode ser utilizado em diferentes contextos.

O Grupo Pão de Açúcar, por exemplo, adota medidas que aumentam a proximidade com os *stakeholders*, como o estabelecimento de comitês de *compliance* ética em unidades de negócios. Outra medida é a criação de informações sobre ética e *compliance* nos *sites* institucionais do grupo. A Philips demonstra sua preocupação com a RSE, quando afirma que inclui em suas estratégias de negócios ações sociais. A empresa tem relações com ONGs e institutos para procurar soluções e melhorar a compreensão das necessidades da população. Afirma, também, que, no Brasil, a expressão "responsabilidade social" foi oficializada em seu organograma interno, no ano 2000. Para a empresa, as ações em responsabilidade social ultrapassam o limite de investimento social privado, atuando também como patrocinadora de projetos.[35]

Quadro 17.2 Síntese da pirâmide de Carroll

Responsabilidade	Características	*Stakeholders* mais afetados
Econômica	Geração de lucro	Acionistas e funcionários (se o negócio não for financeiramente viável, ambos serão afetados)
Legal	Seguir as leis do país ONDE está inserida	Proprietários, funcionários e consumidores
Ética	Seguir os códigos morais e éticos da sociedade ONDE está inserida	Todos os grupos de *stakeholders*, funcionários, clientes e o meio ambiente
Discricionária (filantropia)	Ações corporativas que são dadas em resposta às expectativas da sociedade	Comunidade, ONGs e funcionários

386 Administração ■ *Conejero – Oliveira – Abdalla (Orgs.)*

Vamos agora incorporar essas dimensões nos conceitos de RSE, que também acontece em três níveis:

- **Gestão dos *stakeholders*:** é a forma como a empresa se relaciona com o governo (corrupção = zero, e segue as leis), com seus funcionários (políticas de recursos humanos), com a sociedade, sindicatos, clientes, fornecedores etc. Por meio da gestão dos *stakeholders*, as empresas respondem aos indivíduos que têm participação legítima na organização.[36]

- **Gestão social:** é o processo de abordar questões sociais, como a decisão de não empregar mão de obra infantil, não produzir produtos socialmente indesejáveis e não se engajar em relacionamentos com parceiros não éticos.[37] Atuando em interesses sociais, a empresa está agindo de forma responsável. Essa forma de gestão corresponde a ações e programas sociais, prioridade à contratação de pessoas da comunidade, investimento em ações da comunidade etc.

- **Análise ambiental:** é uma ferramenta estratégica e corresponde a analisar todos os aspectos externos que afetam a organização. Tradicionalmente, são sete esses fatores: socioculturais, político-legais, econômicos, demográficos, globais, tecnológicos e, mais recentemente, meio ambiente. Quando essa análise é colocada como uma responsabilidade social da empresa, ela trata da capacidade de resposta da empresa a esses fatores. Ela permite que as empresas identifiquem problemas sociais, econômicos e ambientais e respondam a esses problemas de forma satisfatória.[38]

17.5.1 Valor compartilhado

Alguns autores têm abraçado a causa do desenvolvimento sustentável, relacionando-o com a vantagem competitiva das organizações. Essas avaliações têm em comum a criação de valor que ocorre quando a empresa se adapta às demandas do ambiente externo, de forma a otimizar a vantagem competitiva da organização em sua respectiva indústria. Um dos primeiros autores a abraçarem essa abordagem foi Hart, que estabeleceu uma ligação entre a teoria da gestão baseada em recursos (RBV) às questões ambientais, criando a gestão baseada em recursos naturais (NRBV). As empresas devem ser capazes de responder às mudanças dos imperativos ambientais por

meio do desenvolvimento de novos recursos, e "um dos principais fatores de desenvolvimento de novos recursos e capacidades para as empresas serão as restrições e os desafios impostos pelo ambiente natural (biofísico)".[39] Mais tarde, Hart escreve um artigo com Mielsten,[40] mostrando a importância de considerarem a sua exposição aos eventos sociais e ambientais, não só no presente, mas também no futuro, como forma de gerar valor sustentável. Essa estratégia favorecerá a geração de valor para a empresa e, consequentemente, para o acionista.

Porter & Kramer abraçam essa ideia, porém vão mais longe ao afirmar que as empresas devem compartilhar o valor recebido por toda a cadeia. Para eles, as empresas deveriam "perceber a RSE como um valor partilhado de construção, e não como controle de danos ou como uma campanha de relações públicas".[41 42]

Será que só as empresas são responsáveis pelo DS? A política Nacional de Resíduos Sólidos (Lei nº 12.305/2010)[43] ratificou o conceito de responsabilidade compartilhada. De acordo com o Ministério de Meio Ambiente (MMA, 2018), a responsabilidade compartilhada envolve objetivos que abrangem a sociedade na discussão de temas como a reavaliação dos padrões de consumo, reciclagem de materiais, oportunidade de novos negócios com viés socioambiental, *ecodesign*, diminuição dos impactos ambientais inerentes ao modo de vida atual e inclusão social.

São objetivos da responsabilidade compartilhada:

- Redução da geração de resíduos sólidos.
- Redução do desperdício de materiais.
- Redução da poluição.

17.6 ECONOMIA SOCIAL

É preciso tomarmos certo cuidado para não confundirmos a RSE com economia social. A RSE está relacionada com ações de uma empresa, ou indústria. A economia social está relacionada com empresas que operam no terceiro setor. Isso não impede uma empresa do terceiro setor de ter RSE.

Normalmente, o entendimento da RSE está alicerçado em atitudes e ações que visam melhorar a qualidade de vida das pessoas que trabalham na organização e na comunidade de modo geral, o que implica uma preocupação ambiental. Vários executivos têm abraçado as causas sociais, promovendo modificações em suas empresas ou se lançando em novas empresas de cunho social.

Empresa do terceiro setor é uma organização dita sem fins lucrativos, apesar de esta não ser uma classificação correta. Hoje em dia, é cada vez mais consenso que toda organização – mesmo aquelas que não tenham como finalidade garantir a repartição de superávits entre os seus fundadores – deve ter lucro para que possa garantir a sua sustentabilidade econômica no longo prazo.

As organizações do terceiro setor foram criadas para atender a uma demanda da sociedade que o governo não atende, ou porque não tem a competência necessária para realizar aquela atividade, ou porque economicamente vai contra seus interesses, ou, simplesmente, porque o governo entende que não é sua função atender tal demanda.

Por outro lado, a pandemia de 2020, por exemplo, nos mostrou que em determinadas situações é necessária a presença do Estado para atender às populações mais carenciadas, ou até mesmo para dar o tom de quais medidas deverão ser tomadas. Acredita-se, no meio científico, que novas pandemias como essa acontecerão, e com mais frequência. No entanto, sabe-se que os governos estão sobrecarregados e que não têm a competência de gestão para muitas áreas nas quais o terceiro setor atua, o que dá oportunidade para o surgimento de outros tipos de organização.

Em síntese, a expressão "terceiro setor" começou a ser utilizada para designar organizações da sociedade civil, sem fins lucrativos, criadas e mantidas com ênfase na participação voluntária. Essas organizações atuavam na área social, visando à solução de seus problemas, agravados pelas políticas econômicas que aumentaram a diferença entre a base e o topo das classes sociais do país. O terceiro setor é composto por sindicatos, associações, fundações, cooperativas e outras, e tem o foco principal na área social e na defesa dos direitos humanos. O nome organizações não governamentais (ONG) também passou a ser usado para organizações sem finalidade lucrativa, porém, as ONGs devem ter caráter internacional.

SAIBA MAIS

Fundações empresariais

Para ajudar a resolver problemas relativos à exclusão social e à degradação ambiental, algumas empresas optam por repassar parte de seus recursos a projetos e programas sociais, ambientais, culturais e de interesse público em geral.[44] Há grande proliferação de organizações do segundo setor que criam fundações. Mas cuidado! A Fundação C&A é uma organização do terceiro setor, separada da empresa C&A, que é uma organização do segundo setor. Essas fundações têm objetivos sociais e não têm finalidade de lucro. Elas apenas estão ligadas a empresas (Odebrecht, Educar, Boticário, Acesita, Shell etc.).

17.6.1 Empreendedorismo social

Outro termo que surge é o chamado empreendedorismo social, que é o empreendedorismo voltado para as causas sociais. Nesse caso, o empreendedor social visa obter uma parcela do lucro, mas mantendo uma missão social. Muitos chamam de setor dois e meio, porque não é nem terceiro setor, tampouco segundo setor! Porém, juridicamente, não existe setor dois e meio. A Figura 17.8 resume esse modelo.

No empreendimento social, há a transferência de conhecimentos empresariais e de empreendedorismo para o campo social. É uma ação emergente de combate à pobreza e à exclusão social, que gera emancipação social e desenvolvimento humano. Melo Neto e Froes[45] apontam algumas diferenças entre o empreendedorismo tradicional e o empreendedorismo social, conforme Quadro 17.3.

Figura 17.8 Negócios sociais.

ONGs/ Filantropia	Negócios sociais	Negócios tradicionais
Maximização do impacto social	Maximização do impacto social	Maximização dos lucros
Doações	Autossustentável	Autossustentável

Quadro 17.3 Diferenças entre empreendedorismo privado e empreendedorismo social

Empreendedorismo privado	Empreendedorismo social
Individual	Coletivo
Produz bens e serviços para o mercado	Produz bens e serviços para a comunidade
Foco no mercado	Foco na busca de soluções para os problemas sociais
Medida de desempenho é o lucro	Medida de desempenho é o impacto social
Visa satisfazer às necessidades dos clientes e ampliar as potencialidades do negócio	Visa resgatar pessoas da situação de risco social e promovê-las à cidadania

Fonte: Melo Neto e Froes.[46]

Dessa forma, o empreendedor social surge como um fenômeno que emerge em meio a um contexto paradoxal: por um lado, há as múltiplas expressões dos impactos da globalização, e por outro, as ações para enfrentamento da pobreza (Figura 17.9).

Figura 17.9 Empreendedorismo social e terceiro setor.

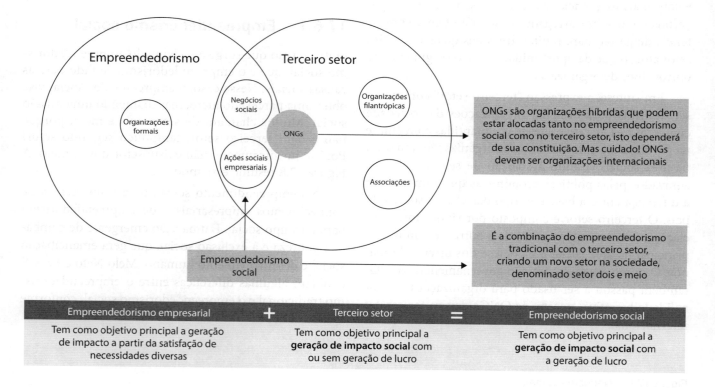

O sucesso de um negócio social não é medido pelo lucro, mas pelas pessoas que ele atende.

17.6.2 Empresas híbridas

Mas, afinal, o que são empresas híbridas?

As organizações híbridas são, por natureza, difíceis de definir. Um dos entendimentos sobre empresas híbridas é que elas incorporam elementos de vários setores econômicos em seus modelos de negócios e operações diárias, e geralmente exibem qualidades de empresas sem fins lucrativos e com fins lucrativos. Sua origem é um empreendimento social. As organizações híbridas estão proliferando rapidamente e mostram-se prontas para assumir papel muito maior no mundo corporativo. O foco desse tipo de organização é o compromisso de gerar impactos sociais ou ambientais positivos.

Normalmente, as organizações sem fins lucrativos puras sobrevivem de filantropia, doações, ou até mesmo de bazares solidários. Acontece que esse modelo está ficando complicado! Cada vez menos as pessoas estão dispostas a doarem dinheiro para essas instituições, e a "concorrência" entre elas na captação de recursos é cada vez maior. Então, a saída é buscar uma fonte de financiamento ou uma fonte de lucro. O problema é que "não pega bem" uma empresa filantrópica falar em lucro! Então, como sobreviver?

Os híbridos podem ser organizações sem fins lucrativos que geram a maior parte ou toda a sua receita sem suporte, ou podem ser organizações sem fins lucrativos que têm uma missão social muito forte e um modelo de negócios projetado para aliviar uma questão social específica, como, por exemplo, minimizar problemas ligados à pobreza, à educação, ao meio ambiente ou à desigualdade de renda, só para citar alguns. Observe que, se há um modelo de negócio, há estratégia e a geração de lucros. Por exemplo, podemos citar o modelo de negócio disponibilizado pela rede de atendimento médico "Doutor Consulta", que nasceu para atender uma parcela da população que não possuía recursos para ser atendida pelos tradicionais seguros de saúde e não estava satisfeita com o sistema público de saúde. Normalmente, essas organizações são minimalistas, sem salas de recepção sofisticadas! Poucos papéis. O foco é o público que estão atendendo.

As empresas híbridas adotam "estratégias de mercado disruptivas". Essas organizações usam produtos, serviços e opções de consumo para promover as ideias e mover as questões em que acreditam. Utilizam novas tecnologias e estabelecem parcerias em vários níveis, a fim de reduzir custos operacionais. A lógica é reduzir custos para conseguir vender seus produtos mais baratos. Podemos resumir que as empresas híbridas são um tipo de organização que ganha parte ou toda a sua receita para apoiar uma missão social.

O Brasil está se destacando em organizações híbridas. Várias empresas brasileiras já receberam aportes de capital internacionais para que pudessem ampliar seus negócios. Dentre as empresas brasileiras, podem-se citar alguns exemplos, conforme o Quadro 17.4. Caso você queira conhecer outras organizações e suas atividades, consulte a Pipe Social.[47]

Quadro 17.4 Alguns exemplos de organizações híbridas

Setor	Empresa	Atividade
Habitação	Moradigna	Reforma domiciliária, regularização de imóveis
	Vivenda	Reforma do domicílio
	Terra Nova	Regularização de imóveis
Saúde	Dr. Consulta	Clínicas de várias especialidades
	Clínica Fares	Clínicas de várias especialidades
	AACC (Associação de Apoio à Criança com Câncer)	Tratamento do câncer infantil
	Saútil	Ajuda a encontrar médico gratuito, tratamento de saúde gratuito
	Livox	*Software* para pessoas com deficiência
Educação	Geekie	Personalização do estudo por meio da tecnologia
	Meritt	Personalização do estudo através da tecnologia
Microfinanças	Banco Palmas	Microcrédito
	Banco Pérola	Microcrédito
Capacitação	Rede Asta	Empoderamento feminino (artesanato)
	Artemisia	Apoio a empreendedores sociais

17.7 CONSIDERAÇÕES FINAIS E QUESTÕES

Nos últimos anos, as questões ambientais têm se destacado nos debates internacionais, governamentais e empresariais. DS e RSE têm ampliado seu espectro, uma vez que o setor privado pode incorporar as questões ambientais em suas estratégias de negócios, tendo consequências positivas com benefícios sociais, ambientais, e também econômicos para suas empresas. Questões antes delegadas a setores ambientais específicos têm cada vez mais se expandido, e atingido outras esferas do entendimento e ação. É possível verificar que muitos acontecimentos têm contribuído para esse panorama, e cada vez mais o ambiente corporativo tem ampliado sua atuação no que tange o ambiental, fato esse que leva a melhorias de visibilidade de sua empresa, além de vantagens econômicas, e melhorias sociais.

Novos entendimentos, como desenvolvimento de abordagens diferentes que podem tanto beneficiar o meio ambiente, como o interesse particular das empresas têm emergido. E os gestores estão incluindo as preocupações ambientais nas suas estratégias, afetando suas preocupações com ética, valores e atitudes do setor empresariado, e sua relação com seus *stakeholders*.

Vimos neste capítulo que um caminho de acontecimentos importantes sucedeu nos últimos anos. Esses fatos influenciaram a visão empresarial em relação às questões ambientais. Muitas ferramentas e enfoques surgiram, como assuntos ligados ao conceito de DS, GA e RSE.

Assim, cada vez mais, tem-se incorporado o âmbito ambiental no mundo corporativo e no comportamento da sociedade como um todo. De toda forma, apesar de muitas atitudes e comportamentos terem se iniciado, e algumas coisas já estarem acontecendo, muito ainda deve ser feito para que a preocupação ambiental seja cada vez mais incorporada nas atitudes da sociedade como um todo.

CONTRIBUIÇÕES DO CAPÍTULO PARA A ADMINISTRAÇÃO CONTEMPORÂNEA

a) Compreender como as empresas podem atuar de forma sustentável.

b) Entender e aplicar estratégias de gestão ambiental.

c) Introduzir elementos para capacitar o administrador sobre melhorias ambientais, sociais associadas aos benefícios econômicos.

d) Entender quais são as organizações e instituições relevantes sobre temas relacionados com a sustentabilidade ambiental no âmbito macroeconômico e sua importância para o ambiente microeconômico

e) Entender o papel do *stakeholder* no ambiente corporativo, nos âmbitos social, econômico e ambiental.

QUESTÕES PARA REFLEXÃO

1) Como as empresas e os cidadãos podem contribuir para aumentar a relevância da sustentabilidade no dia a dia de suas vidas?

2) De que forma os acontecimentos internacionais podem afetar positiva ou negativamente o comportamento particular dos indivíduos em relação ao desenvolvimento sustentável?

3) O que os aprendizados deste capítulo podem contribuir para tornar sustentável tanto as grandes corporações, quanto os pequenos empreendimentos?

4) Como utilizar os ensinamentos deste capítulo para disseminar o conhecimento sobre sustentabilidade, tanto no âmbito corporativo como individual?

5) É realmente possível associar crescimento econômico, ambiental e social?

QUESTÕES PARA AVALIAÇÃO DO CONHECIMENTO

1) Qual a definição de DS, e de que forma está sendo incorporado pelo setor privado?

2) Cite os pontos principais sobre alguns mecanismos de GA.

3) Qual a relação entre empresas híbridas e a RSE?

4) Dê alguns exemplos da relevância das conferências do clima para o entendimento das questões ambientais.

5) Aponte algumas características do empreendedorismo social e do terceiro setor.

6) Como uma empresa privada pode aplicar os ODS?

REFERÊNCIAS

[1] CARSON, R. *Primavera silenciosa*. Edição Digitalizada do Original de 1962. São Paulo: Gaia, 2013.

[2] CLUB OF ROME. Disponível em: https://clubofrome.org/about-us/. Acesso em: 21 maio 2021.

[3] MEADOWS, D. H.; MEADOWS, D. L.; RANDERS, J.; BEHRENS, W. W. The limits to growth. *New York*, *102*, 27, 1972.

[4] LIMITES DO CRESCIMENTO, de 1973. Terrivelmente atual. 2020. Disponível em: https://pagina22.com.br/2018/10/19/limites-do-crescimento-de--1973-terrivelmente-atual/. Acesso em: 21 maio 2021.

[5] STARKE, L. *Signs of hope:* working towards our common future. Oxford: Oxford University Press, 1990.

[6] "LIMITES DO CRESCIMENTO", de 1973. Terrivelmente atual. 2020. Disponível em: https://pagina22.com.br/2018/10/19/limites-do-crescimento-de--1973-terrivelmente-atual/. Acesso em: 21 maio 2021.

[7] HELLER, C.; MOUDRAK, N.; SEETAL, R.; STEUERMAN, D.; PUDDISTER, M.; BROOKE, R. It's time for our financial statements to reflect the vital value of nature. 2020. Disponível em: https://www.corporateknights.com/channels/natural-capital/valuing-nature-15901362/#.Xso0odqPl7k.linkedin. Acesso em: 21 maio 2021.

[8] SACHS, I. *Rumo à ecossocioeconomia:* teoria e prática do desenvolvimento. São Paulo: Cortez, 2007.

[9] SACHS. Op. cit., 2007.

[10] ENCYCLOPÉDIA BRITANNICA. 2020. Disponível em: https://www.britannica.com/event/Great-Smog--of-London. Acesso em: 21 maio 2021.

[11] Disponível em: https://cefic.org/our-industry/responsible-care/. Acesso em: 21 maio 2021.

[12] Commission on Sustainable Development (CSD) (1992). Disponível em: https://sustainabledevelopment.un.org/csd.html. Disponível em: jun. 2021.

[13] IBGE Indicadores de desenvolvimento sustentável. Disponível em: https://www.ibge.gov.br/geociencias/informacoes-ambientais/estudos-ambientais/15838-indicadores-de-desenvolvimento-sustentavel.html?=&t=o-que-e). Acesso em: jun. 2021.

[14] https://www.mma.gov.br/clima/convencao-das-nacoes-unidas/protocolo-de-quioto.html. Acesso em: 21 maio 2021.

[15] GODOY, S. G. M. Projetos de emissões de reduções de gases do efeito estufa: desempenho e custos de transação. *Revista de Administração (São Paulo)*, *48*(2), 310-326, 2013.

[16] Disponível em: https://cetesb.sp.gov.br/proclima/conferencia-das-partes-cop/cop-18-mop-8-doha-catar-novembro-dezembro-2012/. Acesso em: 21 maio 2021.

[17] CARBON PRICING LEADERSHIP COALITION. Disponível em: https://www.carbonpricingleadership.org/highlevel-economic-commission-1. Acesso em: 21 maio 2021.

[18] Disponível em: https://nacoesunidas.org/conheca--os-novos-17-objetivos-de-desenvolvimento-sustentavel-da-onu/. Acesso em: 21 maio 2021.

[19] CARTILHA DO PACTO GLOBAL. Disponível em: https://www.pactoglobal.org.br/assets/docs/cartilha_pacto_global.pdf. Acesso em: 21 maio 2021.

[20] Disponível em: https://www.mrv.com.br/sustentabilidade//upload/Publicacoes/relatorio-mrv-ods-simplificado-190630-versao-03-20190702115547.pdf. Acesso em: 21 maio 2021.

[21] Disponível em: https://exame.com/revista-exame/crie-a-fama-e-evite-a-lama/. Acesso em: 21 maio 2021.

[22] ELKINGTON, J. Towards the sustainable corporation: Win-win-win business strategies for sustainable development. California Management Review, v. 36, n. 2, p. 90-100, 1994.

[23] ELKINGTON, J. *Cannibals with forks*. Oxford: Capstone, 1997.

[24] BARROW, C. *Environmental management for sustainable development*. Routledge, 2006.

[25] ANDRADE, R. O. B.; TAKESHY, T.; CARVALHO, A. B. de. *Gestão ambiental*: enfoque estratégico aplicado ao desenvolvimento sustentável. São Paulo: Makron Books, 2000.

[26] CURI. *Gestão ambiental*. São Paulo: Pearson, 2011.

[27] CURI. *Gestão ambiental*. São Paulo: Pearson, 2011.

[28] POLÍTICA NACIONAL DE RESÍDUOS SÓLIDOS (LEI 12305/10). Disponível em: http://www.mma.gov.br/pol%C3%ADtica-de-res%C3%ADduos-s%-C3%B3lidos. Acesso em: 21 maio 2021.

[29] CURI, D. *Gestão ambiental*. São Paulo: Pearson, 2012.

[30] *Idem, ibidem.*

[31] CURI. *Op. cit.*, 2011.

[32] CARROLL, A. B. Corporate social responsibility: Evolution of a definitional construct. *Business & society* 38, n. 3, p. 268-295, 1999.

[33] CARROLL, A. B. Corporate social responsibility: a historical perspective. *The accountable corporation*, *3*(S 3), 2006.

[34] CARROLL, A. B. Corporate social responsibility: Evolution of a definitional construct. *Business & society* 38, n. 3, p. 268-295, 1999.

[35] Disponível em: http://www.sustentabilidade.philips.com.br/responsabilidade_social.htm. Acesso em: 21 maio 2021.

[36] FREEMAN R. E. *Strategic management*: a stakeholder approach. Pitman: Boston, MA., 1984.

[37] BANSAL. *Op. cit.*, 2005.

[38] FAHEY L.; NARAYANAN V. K. *Environmental analysis*. West: St Paul, MN, 1984.

[39] HART, S. L. A natural-resource-based view of the firm. *Academy of Management Review, 20*(4), p. 986-1014, 1995.

[40] HART, S. L.; MILSTEIN, M. B. Global sustainability and the creative destruction of industries. *MIT Sloan Management Review, 41*(1), p. 23-33, 1999.

[41] PORTER, M. E.; KRAMER, M. R. The link between competitive advantage and corporate social responsibility. *Harvard Business Review , 84*(12), p. 78-92, 2006.

[42] PORTER, M. E.; KRAMEr, M. R. Creating shared value. *Harvard Business Review, 89*(1/2), p. 62-77, 2011.

[43] POLÍTICA NACIONAL DE RESÍDUOS SÓLIDOS (LEI 12.305/10). Disponível em: http://www.planalto.gov.br/ccivil_03/_ato2007-2010/2010/lei/l12305.htm. Acesso em: 21 maio 2021.

[44] GOLDSTEIN, Ilana. S. *Responsabilidade social*: das grandes corporações ao terceiro setor. São Paulo: Ática, 2007.

[45] MELO NETO, F. P.; FROES, C. *Empreendedorismo social*: a transição para a sociedade sustentável. Rio de Janeiro: Qualitymark, 2002.

[46] *Idem, ibidem.*

[47] PIPE SOCIAL. Disponível em: https://pipe.social/. Acesso em: 21 maio 2021.

Assista ao **vídeo**

Capítulo

18 Governança corporativa: fundamentos e aplicações práticas

Tobias Coutinho Parente
Thiago Henrique Moreira Goes
Pedro Braga Sotomaior Karam
Cláudio Antonio Pinheiro Machado Filho

Pontos de aprendizado

Neste capítulo, o leitor poderá aprofundar seu conhecimento sobre:
- O que é governança corporativa.
- Teorias fundamentais de governança corporativa.
- Principais tipos de problemas em governança corporativa.
- Mecanismos existentes para tratar os problemas de governança corporativa.
- Princípios e boas práticas de governança corporativa.
- Como ocorre a governança em diferentes tipos de organizações.

RESUMO

O objetivo deste capítulo é apresentar o conceito de governança corporativa, suas principais abordagens teóricas e como seus potenciais problemas e mecanismos de resolução são aplicados na realidade empresarial. A estrutura do capítulo está organizada para seguir da teoria para a prática, em que são apresentados os conceitos e posteriormente é feito um afunilamento para a aplicação de tais conceitos em diferentes tipos de organizações. A lógica é detalhada a seguir. Primeiro, será discutido o conceito de governança corporativa, apresentando as discussões que envolvem poder, delegação de poder e alinhamento de interesses nas organizações. Depois, são apresentadas as principais teorias relacionadas com governança corporativa. Na terceira seção, após conhecermos as teorias, serão apresentados os quatro principais problemas de governança corporativa. A seção seguinte trata dos mecanismos existentes para minimizar os problemas de governança corporativa. Assim, iniciaremos a transição do plano teórico para o prático. Depois de conhecermos as teorias, os problemas e mecanismos, são introduzidos os princípios e as boas práticas de governança corporativa. Por fim, diante do conhecimento teórico e prático apresentado, discutiremos como ocorre a governança corporativa em diferentes tipos de organizações, a saber: empresas estatais, empresas familiares e outros tipos de organizações.

18.1 INTRODUÇÃO

Em qualquer organização, sempre haverá delegação de poder entre as pessoas. Nas empresas, os donos (acionistas/sócios) podem delegar o poder de dirigir para os gestores. Na sociedade, cidadãos, por meio do voto, delegam poder para os representantes eleitos (presidente, governadores, prefeitos, senadores, deputados e vereadores). Em clubes sociais, a diretoria é eleita pelo quadro de associados. Esses e outros exemplos nos remetem a pensar que o funcionamento das organizações pode ser compreendido pelas relações entre os que delegam o poder e aqueles que o recebem.

A transferência ou compartilhamento de poder faz surgir em maior ou menor grau assimetrias informacionais e potenciais interesses divergentes entre as pessoas. A minimização dos conflitos inerentes à delegação de poder e a busca do alinhamento de interesses são os desafios clássicos da governança em qualquer tipo de organização. Para solucionar esses problemas, existem diferentes mecanismos, podendo eles ser implementados por agentes de dentro ou fora das organizações. É a partir desses mecanismos que são estabelecidas as boas práticas de governança corporativa, conforme exposto na Figura 18.1.

Figura 18.1 Delegação de poder e a governança corporativa.

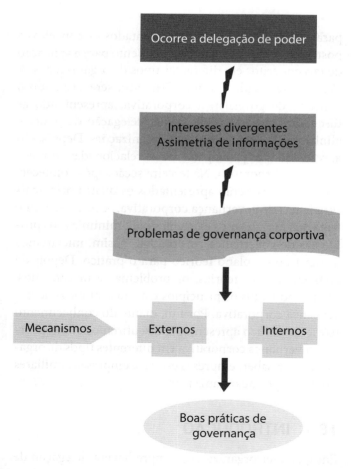

Neste capítulo, abordaremos como ocorre delegação de poder no âmbito da governança corporativa e seus impactos para os diferentes tipos de organizações. Nas seções seguintes, apresentaremos a definição de governança corporativa, as principais abordagens teóricas para tratar o assunto, os problemas inerentes à delegação de poder, os mecanismos internos e externos e as possíveis soluções e práticas recomendadas para tratar os problemas de governança corporativa.

18.2 CONCEITO DE GOVERNANÇA CORPORATIVA

Nas sociedades democráticas, as instituições de governança do Estado são implementadas à medida que o exercício da cidadania se aprofunda. As sociedades estabelecem os mecanismos pelos quais seus governantes são monitorados e incentivados, por meio de um conjunto de regras formais resultantes da interação dos diferentes atores sociais. O exercício e o cumprimento da lei são funções tanto do aparato legal existente, com seus freios e contrapesos, como da própria pressão informal exercida pela sociedade no cumprimento e melhoria dessas regras. Esse processo complexo é parte da evolução institucional da sociedade, à medida que o sistema democrático se consolida e amadurece.[1]

Analogamente, os problemas de governança acentuam-se nas empresas à medida que elas crescem e que avançam no processo de separação da propriedade e gestão. Essa separação nas organizações modernas foi trazida para discussão por Berle e Means,[2] em 1932, e hoje ocupa posição central no desenvolvimento da teoria das organizações, ao tratar do típico problema de ação coletiva entre investidores, para o equacionamento dos direitos de decisão e direitos sobre os lucros gerados pelas empresas.

As chamadas "corporações" surgem quando o reinvestimento dos lucros e a alavancagem (dívidas) não são mais suficientes para sustentar o crescimento da empresa. Em um grau mais intenso de crescimento, a empresa necessita rever a sua estrutura societária, buscando sócios que financiem seu crescimento. Em estágio mais avançado, a empresa pode abrir seu capital por meio de oferta pública inicial (IPO – *initial public offer*), e possíveis ofertas públicas sequenciais (*follow on*), caracterizando assim as chamadas organizações de capital aberto – que emitem ações em bolsas de valores – com crescente pulverização (dispersão) do controle acionário.

POR DENTRO DA TEORIA

Historicamente, as empresas norte-americanas eram gerenciadas por seus fundadores e descendentes. Assim, a propriedade e o controle estavam nas mãos das mesmas pessoas. Porém, com o crescimento acelerado das empresas no início do século XX, empresários precisaram contratar gestores profissionais e delegar suas atribuições quanto à administração.

Em 1932, Gardiner Means e Adolf Berle fizeram uma análise sobre o mercado de ações nos EUA e constataram diferenças entre a propriedade e o controle das empresas. Essa separação originou o que os autores denominaram de "a moderna corporação". Eles observaram que, com o crescimento das empresas, elas estavam se tornando corporações públicas, ou seja, suas ações estavam ofertadas ao público em bolsa de valores. Ao se tornarem públicas, as corporações passaram a ter o seu capital pulverizado entre muitos proprietários, que não tinham domínio sobre a gestão, a qual ficava a cargo de gestores contratados.

O trabalho de Berle e Means foi pioneiro ao destacar que os proprietários (acionistas) não eram os responsáveis pela administração das corporações. Assim, os proprietários detinham somente a propriedade e não o controle de suas empresas. A atuação dos proprietários passa a não estar mais vinculada ao campo da gestão, mas à esfera da governança corporativa.

Fonte: Berle e Means.[3]

Embora o conceito de governança corporativa tenha sido alicerçado em organizações complexas do mercado de capitais, listadas em bolsas de valores, a natureza do problema de governança aplica-se em diferentes tipos de organizações. **Basta que exista alguém governando em nome de outro alguém.** Um típico exemplo é a empresa de controle familiar de capital fechado (que não se encontra no mercado de capitais), na qual sócios familiares compartilham a propriedade e delegam poder para algum primo, irmão ou mesmo profissionais de fora do ambiente familiar. Ainda que essas empresas possam financiar o seu crescimento sem aporte de novos sócios externos à família, ao longo das gerações que se sucedem, a dispersão da propriedade entre os próprios membros familiares é intrínseca. Poderes são delegados, e interesses a serem alinhados são fundamentais para a longevidade do negócio. A empresa deixa de ser a empresa do "dono" e passa a ser a empresa dos "sócios".

Com base nessa contextualização, acadêmicos e praticantes definem governança com distintas nuances, em relação ao seu escopo. Profissionais de finanças assumem que governança corporativa relaciona-se com as formas como provedores de capital (sócios) asseguram a si o retorno de seus investimentos.[4] Em uma perspectiva gerencial, governança corporativa refere-se ao conjunto de estruturas e processos que delimitam os papéis e responsabilidades de supervisão dos gestores.[5] A visão sociológica, por outro lado, enfatiza a natureza distributiva da governança corporativa, definindo-a como um mecanismo para alocar poder e recursos entre os membros de uma empresa,[6] Finalmente, da perspectiva dos *stakeholders*, governança corporativa pode ser descrita como a estrutura de direitos e responsabilidades entre as partes envolvidas com a empresa.[7] Apesar de existirem diferentes abordagens, a pergunta básica para entender a governança de qualquer organização é: **em nome de quem as organizações devem ser governadas? E quais interesses devem ser alinhados?**

A governança corporativa também pode ser repensada a partir de suas implicações mais amplas na sociedade. Num primeiro aspecto, ao prover incentivos e métricas de desempenho do sucesso do empreendimento, e em um segundo aspecto ao permitir a distribuição equitativa da riqueza gerada.[8] Nesse sentido, alinhar tanto quanto possível os interesses de indivíduos, empresas e a sociedade passa a ser o objetivo ampliado e calibrado da governança corporativa.

Além dessa perspectiva mais ampla, é preciso considerar que as empresas estão inseridas em um ambiente institucional. Assim, governança também diz respeito às instituições que influenciam o modo como as empresas alocam recursos e retornos. Podemos entender instituições como as regras do jogo e as organizações como os jogadores. Fazem parte do ambiente institucional tanto as instituições formais (leis, normas, regulamentos) como as instituições informais (crenças, valores, cultura) prevalecentes em distintas sociedades, variando também ao longo do tempo.[9]

No ambiente institucional contemporâneo, as empresas são expostas a uma atmosfera de intensa pressão, cobranças, escrutínio e demandas, por diferentes partes interessadas. Investidores ativos pressionando por maiores retornos em prazos menores; consumidores pressionando por maior qualidade, produtos inovadores e preços menores; as comunidades e o estado pressionando pela mitigação de externalidades negativas de caráter ambiental e social; colaboradores pressionando por participar de maiores fatias do resultado gerado. Em síntese, com tantas pressões e demandas potencialmente conflitantes, reforçamos mais uma vez a importância de refletirmos: **em nome de quem as organizações devem ser "governadas"?** O impasse é atenuado quando se coloca a própria organização no centro dos deveres fiduciários de seus administradores. Afinal, a perspectiva de criação de valor sustentável da própria organização, no longo prazo, tende a alinhar os interesses das diferentes partes interessadas. A definição expressa pelo Instituto Brasileiro de Governança Corporativa (IBGC)[10] já contempla essa visão.

Governança corporativa é o sistema pelo qual as empresas e demais organizações são dirigidas, monitoradas e incentivadas, envolvendo os relacionamentos entre sócios, conselho de administração, diretoria, órgãos de fiscalização e controle e demais partes interessadas. As boas práticas de governança corporativa convertem princípios básicos em recomendações objetivas, alinhando interesses com a finalidade de preservar e otimizar o valor econômico de longo prazo da organização, facilitando seu acesso a recursos e contribuindo para a qualidade da gestão da organização, sua longevidade e o bem comum.

18.3 PRINCIPAIS TEORIAS RELACIONADAS COM GOVERNANÇA CORPORATIVA

Todo fenômeno organizacional pode ser analisado e entendido por diferentes perspectivas teóricas, e com a governança corporativa não é diferente. Existem várias teorias que nos ajudam a entender como se dão os relacionamentos entre sócios, conselho de administração, diretoria, órgãos de fiscalização e controle e demais partes interessadas e, por consequência, como as empresas são governadas. Entre elas, destacamos três: teoria da agência, teoria da custódia (*stewardship theory*), teoria dos *stakeholders*. A teoria da agência e a teoria da custódia foram mais utilizadas para analisar as questões relacionadas com a governança corporativa, enquanto a teoria dos *stakeholders* trata de aspectos da estratégia empresarial.

> **SAIBA MAIS**
>
> Há uma dificuldade para se fazer a tradução do termo *stewardship* para a língua portuguesa. Na língua inglesa, a expressão *stewardship* remete ao trabalho de supervisionar ou cuidar de alguma coisa em nome de um terceiro. Silveira (2015)[1] sugere que em português existem algumas palavras que se colocam como sinônimos: custódia, procuradoria, administração e intendência. Entre essas, o autor adotou o termo "custódia". Para mantermos a uniformidade nos textos em português, também optamos pelo termo "custódia".
> Fonte: Silveira.[11]

18.3.1 Teoria da agência

A teoria da agência foi a primeira a ser elaborada para entender as questões de governança corporativa. Com contribuições relevantes de Jensen e Meckling,[12] a aplicação da teoria da agência em governança corporativa é baseada na ideia de que a propriedade e o controle de uma empresa não são exercidos por uma mesma pessoa. Em outras palavras, o acionista, que detém a propriedade da empresa, não é necessariamente responsável pela gestão do negócio, que é feita pelos gestores (executivos).

> **SAIBA MAIS**
>
> **Michael Jensen** é um economista e professor emérito na Universidade Harvard. Desempenhou papel relevante para as teorias de precificação de ativos, análise de opções e governança corporativa. Foi presidente do conselho da *American Finance Association* e fundador do *Journal of Financial Economics*. Dentre seus trabalhos, aquele que é considerado o mais relevante consiste no artigo denominado "Teoria da firma: comportamento gerencial, custos de agência e estrutura de propriedade" (*Theory of the firm: managerial behavior, agency costs and ownership structure*), em coautoria com William Meckling. É nesse artigo que Jensen e Meckling formulam suas principais contribuições para a aplicação da teoria da agência em estudos de governança corporativa.

William Meckling foi um economista e professor emérito na Universidade de Rochester, onde foi diretor da Escola de Administração de Empresas. Foi responsável pela criação do Centro de Pesquisa em Políticas e Negócios Governamentais (*Bradley Policy Research Center*). Seus estudos nas áreas de economia de empresas e análise econômica do direito receberam reconhecimento internacional. O trabalho com Jensen segue sendo uma das principais referências em economia e negócios.

Uma vez que ocorreu a delegação de poder do acionista para os gestores, não é possível garantir que estes irão sempre tomar decisões alinhadas aos interesses dos acionistas. Sob determinadas circunstâncias, eles podem agir de forma oportunista para atender seus próprios interesses. A teoria da agência é proposta para identificar situações em que os objetivos serão conflitantes e descrever os mecanismos necessários para conter o comportamento autointeressado dos gestores.

Para descrever tais situações e mecanismos, a teoria baseia-se na visão contratual da firma.[13] Ou seja, uma empresa é um nexo de contrato entre sócios, gestores, empregados, fornecedores, clientes, entre outros interessados que têm relações com a empresa. Partindo dessa visão, acionistas e gestores assinam um contrato prevendo como os gestores devem agir para proteger e maximizar a riqueza dos acionistas. O problema é que os contratos são por natureza incompletos,[14] não sendo possível prever todas as situações para disciplinar a atuação dos gestores. Assim, surge o problema de agência.

Como a informação não é perfeitamente distribuída entre as pessoas,[15] sempre haverá assimetria de informação entre os assinantes do contrato. Em outras palavras, gestores e acionistas possuem diferentes informações, e um pode saber mais do que o outro sobre determinados assuntos. Em geral, por estarem no dia a dia da empresa, os gestores (agentes) possuem mais conhecimentos sobre o negócio do que os acionistas (principais). Isso pode levá-los a tomarem decisões desalinhadas com os interesses dos acionistas. Como os gestores dominam mais informações, eles podem criar artifícios para que tais decisões não sejam descobertas pelos acionistas. Esse cenário faz com que surjam os custos de agência.

Além do custo para assinar o contrato, da remuneração e dos incentivos para motivar os gestores, os acionistas podem incorrer em outros custos derivados da atuação oportunista dos gestores (custos de agência), como, por exemplo: gestores que investem em projetos por preferências pessoais, gastos excessivos para satisfação dos executivos, entre outros. A Figura 18.2 exemplifica como o problema de agência pode levar aos custos de agência.

Figura 18.2 Governança corporativa e o problema de agência.

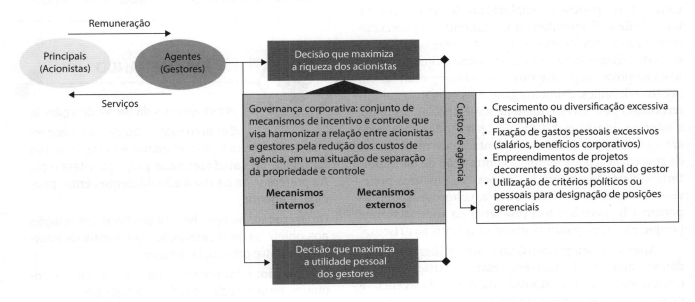

Fonte: adaptada de Silveira.[16]

A governança corporativa, na perspectiva da teoria da agência, surge como um conjunto de mecanismos para solucionar o problema de agência e reduzir os seus custos. Por meio dos mecanismos, os acionistas buscam monitorar os gestores e fazer com que prestem contas periodicamente. Nessa linha, os mecanismos, quando efetivamente implementados, conseguem alinhar os interesses dos acionistas e gestores e resultam em maior desempenho financeiro.[17] Os mecanismos podem ser divididos em internos e externos. Na seção 18.5, detalharemos os principais mecanismos de governança corporativa.

POR DENTRO DA TEORIA

Apesar de a origem da teoria da agência residir na busca por analisar o relacionamento derivado da delegação de poder entre os acionistas (principais) e os gestores (agentes), existe um grupo de pesquisadores que expandiu os parâmetros da teoria para qualquer relação do tipo principal-agente em que há potencial conflito por diferentes preferências quanto aos objetivos e riscos, como, por exemplo, nas relações: empregador-empregado, comprador-fornecedor, advogado-cliente.[18]

Fonte: Eisenhardt.

Com essa lógica, a teoria da agência ofereceu valiosas contribuições para o entendimento das empresas. Seu sucesso se deve, entre outras coisas, à capacidade de conseguir simplificar a complexidade de uma empresa e torná-la de fácil entendimento, resumindo a maioria dos problemas à relação principal-agente.[19] Além da capacidade de oferecer uma visão única sobre o funcionamento da empresa, os pressupostos da teoria jogaram luz em pontos relevantes. Primeiro, gostemos ou não, o autointeresse das pessoas está presente nas empresas; segundo, a informação não está disponível para todos e ela pode ser adquirida por meio da implantação de mecanismos de governança, por exemplo a contratação de uma auditoria independente; terceiro, as pessoas possuem preferências diferentes de riscos, ou seja, gestores e acionistas podem não perceber um problema da mesma forma, porque eles têm posturas distintas quanto aos riscos.[20]

Apesar de seu predomínio tanto na literatura acadêmica quanto no meio empresarial, existem muitas críticas sobre os pressupostos da teoria da agência e de sua aplicação como principal teoria de governança corporativa.

A principal crítica trata da visão de ser humano. A perspectiva egoísta do *homo economicus* tem sido duramente contestada. A abordagem "cenoura e chicote" da teoria da agência desconsidera a complexidade inerente ao ser humano.[21] Outra crítica apontada é que a teoria da agência não tem respaldo legal. Muito do ordenamento jurídico vigente considera que os gestores não são representantes dos acionistas, mas administradores que devem atuar no melhor interesse da empresa. Por fim, a teoria da agência foi pensada para o contexto anglo-saxão, especialmente EUA e Reino Unido, em que a estrutura de propriedade das empresas é composta por milhares de acionistas, sem que um detenha a maioria das ações. Entretanto, a realidade das empresas ao redor do mundo não é essa.[22] Em diversos países, incluindo o Brasil, as empresas têm um acionista controlador definido, não ocorrendo a separação entre propriedade e controle, como previsto pela teoria da agência.

SAIBA MAIS

A legislação brasileira ressalta o compromisso dos administradores com a empresa e não com o acionista. A Lei nº 6.404/1976, que dispõe sobre as sociedades por ações, também conhecida como "Lei das S.A.", estabelece no art. 154, § 1º: "O administrador eleito por grupo ou classe de acionistas tem, para com a companhia, os mesmos deveres que os demais, não podendo, ainda que para defesa do interesse dos que o elegeram, faltar a esses deveres." Além disso, o art. 155 da referida lei pontua que o administrador deve servir com lealdade à companhia.

RELEMBRANDO

Pressupostos da teoria da agência

Ser humano: visão de *homo economicus*. As pessoas são egoístas e sempre agirão na busca de satisfazer seus próprios interesses. As preferências de risco são diferentes entre principal e agente.

Organização: sempre haverá conflitos em relação aos objetivos da organização. Assimetria de informação entre principal e agente.

Informação: informação é algo que pode ser adquirido para reduzir o conflito de agência.

Fonte: adaptado de Eisenhardt.[23]

18.3.2 Teoria da custódia (*stewardship theory*)

A teoria da custódia foi desenvolvida para examinar situações em que os gestores, como uma espécie de mordomos que estão a serviço da organização, são motivados a agir no melhor interesse da organização.[24] Com raízes na psicologia e na sociologia, a teoria possui pressupostos diferentes da teoria da agência, especialmente na visão de ser humano. Para essa teoria, o modelo de ser humano é baseado no *steward*, uma espécie de administrador que orienta seu comportamento em prol da organização. Assim, o comportamento coletivista terá para o gestor uma utilidade esperada maior do que a perspectiva individualista do autointeresse.[24]

Seus autores, Davis e Donaldson, reconhecem que a teoria tem fundamentos diferentes da teoria da agência, porém, eles afirmam que o objetivo não é mostrar que a teoria da agência é incorreta. A teoria da custódia observa os limites da teoria da agência e apresenta alternativas para as situações que aquela não consegue cobrir. A partir disso, é possível entender quando cada uma das teorias pode ser usada.[25]

SAIBA MAIS

James Davis é professor de gestão estratégica da Universidade Estadual de Utah. Seus estudos e pesquisas estão centrados nas áreas de governança corporativa, tomada de decisões estratégicas, confiança e capital social. Tem diversos artigos publicados em periódicos da área de negócios. Juntamente com os professores Roger Mayer e David Schoorman (outro expoente da teoria da custódia), publicou o estudo "Um modelo integrativo de confiança organizacional" (*An integrative model of organizational trust*), que foi reconhecido como o artigo mais influente publicado na década de 1990 na *Academy of Management Review*.

Lex Donaldson é professor emérito de gestão e *design* organizacional na Universidade de New South Wales, Austrália, onde é chefe da linha de estudos em teoria organizacional e membro da equipe de liderança da Escola de Administração. Bacharel em ciências comportamentais pela Universidade de Aston e doutor em sociologia organizacional pela Universidade de Londres, publicou diversos livros e artigos no campo da administração.

Na teoria da custódia, o ser humano tem necessidades que o fazem procurar crescer além do seu estado atual e alcançar níveis mais altos de autorrealização.[26] As organizações devem ser um espaço em que os indivíduos possam desenvolver-se e alcançar essas necessidades. Entretanto, os desenhos das estruturas organizacionais, em sua maioria baseados nos pressupostos da teoria da agência, acabam por suprimir o desenvolvimento das pessoas, causando frustração.[27]

Tais diferenças são refletidas nos pressupostos que as teorias têm sobre motivação e identificação dos gestores. Enquanto a teoria da agência considera a motivação baseada em recompensas extrínsecas tangíveis que possam ser mensuradas com valores de mercado, por exemplo, a remuneração, a teoria da custódia considera fatores psicológicos como significado do trabalho, responsabilidade pelos resultados, autodeterminação e sentimentos de propósito. Assim, a teoria da custódia postula que pessoas motivadas por necessidades de autorrealização e identificadas com a organização têm maior probabilidade de orientarem seu comportamento em prol da organização nos relacionamentos principal-agente. Do contrário, há maior chance de apresentarem comportamento oportunista.

É importante observar que a teoria da custódia não considera que o ser humano é livre de agir sob interesse próprio.[28] Os gestores sabem que pode haver conflito entre os objetivos deles e os dos acionistas. Porém, quando isso ocorrer, eles procurarão trabalhar em prol dos objetivos da organização, em uma perspectiva coletivista, pois na medida em que os objetivos da organização forem atendidos, os seus objetivos também serão atendidos. Por isso, é fundamental o gestor ser identificado com o propósito da organização.

O raciocínio também é valido para as demandas concorrentes dos acionistas. O gestor sabe que os acionistas podem ter múltiplos objetivos. Para resolver tais conflitos, ele deve centrar sua atuação na organização. Mesmo em empresas com disputas políticas, é possível supor que a maioria dos acionistas deseja que a empresa seja viável e bem-sucedida. Os gestores que conseguem melhorar o desempenho da empresa, geralmente, satisfazem a maioria dos acionistas, porque eles têm seus interesses atendidos pelo aumento da riqueza da empresa. Portanto, na visão da teoria da custódia, os gestores devem buscar maximizar o desempenho da empresa, satisfazendo assim os interesses dos acionistas.

Diante das possíveis vantagens da teoria da custódia, é relevante perguntar: por que ela não é adotada por todas as empresas? Os formuladores da teoria reconhecem que nem sempre é possível adotá-la e admitem dois aspectos fundamentais que precisam ser considerados: (1) o nível de risco aceitável pelos acionistas e executivos; (2) a capacidade de uma parte confiar na outra.[29] Além disso, é preciso considerar que as relações entre acionistas e gestores não são uniformes, podendo mudar em cada tipo de decisão. Ou seja, para cada situação, eles podem optar por ter um comportamento de agente ou *steward*. A Figura 18.3 representa essas possibilidades de escolha.

Figura 18.3 Modelo de escolha na relação acionista-gestor.

		Escolha do acionista: **Agência**	Escolha do acionista: ***Steward***
Escolha do gestor	**Agência**	Minimizar os custos potenciais Relação mútua de agência 1	Gestor age de forma oportunista Acionista é traído 2
	Steward	3 Acionista age de forma oportunista Gestor é traído	4 Maximizar o desempenho potencial Relação mútua de *stewardship*

Fonte: Davis, Schoorman, Donaldson.[30]

Pela Figura 18.3, é possível perceber que os maiores ganhos se concentram na região 4 – quando o gestor e o acionista optam por um comportamento de *steward*. Entretanto, o menor risco de traição (perdas) está na região 1, em que ambos têm uma postura de agente. A figura também permite verificar que, quando uma das partes tem orientação individualista, a melhor opção (independentemente da escolha da outra pessoa) é ter uma postura de agente. Assim, quando duas partes individualistas estão envolvidas, a escolha inevitável é um relacionamento de agência. Somente em uma orientação coletivista, quando ambas as partes subordinam seus objetivos pessoais aos do coletivo, elas avaliarão os potenciais ganhos de desempenho e escolherão mutuamente um relacionamento de *steward*.[31]

Estudos sobre tomada de decisão têm mostrado que nossas escolhas nem sempre são racionais, podendo ser influenciadas por diversos vieses.[32] Além disso, em geral, algumas pessoas têm preferências por evitar perdas em uma decisão, mesmo que ela envolva ganhos consideráveis.[33] Esse cenário ajuda a entender por que o comportamento de agente é muitas vezes preferido em detrimento de *steward*.

Embora se fundamentem em visões diferentes, como mostrado no Quadro 18.1, a teoria da custódia e a teoria da agência não necessariamente são concorrentes. É interessante observar que existem contextos em que uma pode prevalecer sobre a outra, mas, em suma, ambas buscam explicar o funcionamento das empresas e os comportamentos possíveis na relação principal-agente. Em culturas individualistas e com elevada distância do poder, é mais provável que as pessoas tenham comportamento de agente. Em ambientes coletivistas com pequena distância do poder, tende a haver um comportamento de *steward*.

Quadro 18.1 Comparativo entre teoria da agência e teoria da custódia

	Teoria da agência	Teoria da custódia
Visão de ser humano	• Homem econômico (autointeresse)	• Autorrealização (interesse coletivo)
Fatores psicológicos	• Motivação extrínseca	• Motivação intrínseca
Fatores situacionais	• Orientado para o controle • Curto prazo • Objetiva reduzir o custo de monitorar	• Orientado para o envolvimento • Longo prazo • Objetiva aumentar o desempenho
Fatores culturais	• Cultura individualista • Elevada distância do poder	• Cultura coletivista • Pequena distância do poder

Fonte: Davis, Schoorman, Donaldson.[34]

Como na teoria da agência, a teoria da custódia também sofreu críticas. A ideia de que o presidente do conselho deve ser também o presidente da empresa, para que as estruturas possam facilitar uma postura pró-organização do executivo, é algo que vai na direção contrária às boas práticas de governança corporativa. Também é apontado por críticos que o fato de os gestores terem outras motivações que não a maximização de riqueza para o acionista pode deixá-los sem foco e abrir brechas para gestores assumirem uma agenda pessoal acima dos objetivos da organização. Por fim, é difícil prever quando o agente e o principal vão cooperar, pois, como os próprios criadores da teoria reconhecem, para cada decisão, é possível as pessoas adotarem um comportamento de agência ou *steward*.

18.3.3 Teoria dos *stakeholders*

Apesar de não ter sido formulada com o propósito de analisar a relação principal-agente, a teoria dos *stakeholders* é uma das principais abordagens utilizadas para entender a governança corporativa. Desenvolvida por Edward Freeman, como uma proposta para a gestão estratégica, devido à ampla gama de demandas que os gestores recebem de diferentes partes interessadas,[35] a gestão para os *stakeholders* procura gerar o máximo de valor possível para os *stakeholders*.[36]

SAIBA MAIS

Edward Freeman é filósofo e professor da Escola de Negócios da Universidade da Virgínia, onde é diretor acadêmico do Instituto para Negócios na Sociedade (*Institute for Business in Society*). Com reconhecida contribuição no campo da administração, publicou mais de 30 livros e 150 artigos. Além disso, foi editor do *Journal of Business Ethics* e recebeu diversos prêmios ao longo de sua carreira. Dentre seus trabalhos, ele é reconhecido especialmente pelo livro *Gestão estratégica: uma abordagem para stakeholders (Strategic management: a stakeholder approach)*. É nesse trabalho que Freeman expõe os fundamentos para a gestão de *stakeholders* nas organizações.

O termo *stakeholder* foi utilizado pela primeira vez em um memorando do Instituto de Pesquisa de Stanford (*Stanford Research Institute* – SRI), em 1963. Na época, o conceito era definido como "grupos sem os quais a organização deixaria de existir".[37] Freeman buscou trabalhar o conceito como forma de auxiliar gestores

na condução estratégica das empresas. Assim, o autor definiu *stakeholder* como **"qualquer grupo ou indivíduo que possa afetar ou ser afetado pelo alcance dos objetivos da empresa"**.[38] As partes interessadas incluem funcionários, clientes, fornecedores, acionistas, ambientalistas, governo e outros grupos que podem ajudar ou prejudicar a empresa.

A teoria propõe que, por meio do conceito de *stakeholders*, é possível melhorar a compreensão dos gestores sobre o processo decisório em termos de objetivos, expectativas e escolhas.[39] A abordagem teve como propósito expandir a visão de negócios para além de suas raízes econômicas tradicionais, por meio do conceito de *stakeholder*, um jogo explícito com a palavra "acionista" em inglês (*stockholder*).[40]

O fundamento da teoria reside em postular que as empresas podem ser compreendidas como um conjunto de relacionamentos entre grupos que têm interesses nas atividades que compõem os negócios. Para compreender o funcionamento de uma empresa, é preciso saber como os *stakeholders* interagem e criam valor. Nesse sentido, o trabalho do gestor é entender como esses relacionamentos ocorrem e gerenciá-los de forma a conseguir criar valor para todas as partes interessadas. Por isso, a teoria propõe uma gestão para os *stakeholders*.[41]

A teoria dos *stakeholders* rejeita a ideia de que os gestores devem ser orientados exclusivamente para os interesses dos acionistas. Também é refutado o pressuposto de que a empresa tem como única função a maximização de seu lucro tanto quanto possível. Nas palavras de Freeman: "Os negócios são um campo de estudo fascinante. Existem poucos princípios e definições que se aplicam a todas as empresas ao redor do mundo. Além disso, existem muitas maneiras diferentes de administrar um negócio bem-sucedido." Dessa forma, é muito limitada a ideia de definir um modelo de negócio com base exclusivamente nos interesses dos acionistas. Na visão da teoria dos *stakeholders*, é ingênuo acreditar que existe uma única forma de gerenciar uma empresa que seja aplicável em qualquer parte do mundo. Por isso, a teoria reforça que é mais valioso examinar como os *stakeholders* trabalham na criação de valor e o papel dos gestores nesse processo.

Para que os gestores possam coordenar essa criação de valor, eles precisam orientar sua atuação em três níveis: racional, processual e transacional.[42] A capacidade de gestão de *stakeholders* de uma empresa é definida como a habilidade de gerenciar esses três níveis de forma conjunta.

- **Racional**: identificar quem são os *stakeholders* e como ocorrem seus relacionamentos com a empresa.

- **Processual**: compreensão de quais processos organizacionais são utilizados para gerenciar as relações com os *stakeholders*, e como esses processos estão em consonância com o nível racional.

- **Transacional**: negociações com os *stakeholders* e como elas se encaixam com os níveis racional e processual.

Nesse contexto, a teoria postula que é importante observar os *stakeholders* como conjuntos interligados à dinâmica da empresa. Freeman reconhece que nem sempre é fácil encontrar uma maneira de acomodar todos os interesses dos *stakeholders* e que muitas vezes é mais cômodo abordá-los como concorrentes. Para a teoria, porém, a missão principal dos gestores é criar o máximo de valor possível para os *stakeholders*, sem precisar recorrer a trocas entre as demandas destes.[43]

É nesse ponto que recai a maioria das críticas à teoria dos *stakeholders*. Como, em muitos casos, os interesses dos *stakeholders* são concorrentes, a teoria não oferece direcionamento objetivo de como gestores devem tratar essas demandas concorrentes. Ao deixar nas mãos dos gestores as decisões conflitantes, há o risco de eles tomarem decisões baseadas em interesses pessoais, ao invés de optar por aquilo que seria o melhor para a empresa.

Outra crítica recorrente é que a falta de um único objetivo claro, como a maximização da riqueza do acionista enfatizada na teoria da agência, faz com que seja difícil avaliar o trabalho dos gestores. Assim, muitos gestores podem utilizar a gestão para *stakeholders* como justificativa para um desempenho baixo.[44] Colocando de outra forma, enquanto a teoria da agência esclarece aos gestores que eles devem ter um único objetivo de satisfazer os interesses dos acionistas, a teoria dos *stakeholders* direciona os gestores a servirem "muitos mestres", o que pode deixá-los sem saber para qual caminho seguir. Ainda nessa linha, os críticos argumentam que ter múltiplos objetivos significa não ter objetivo. Por isso, quando gestores buscam equilibrar as múltiplas demandas dos *stakeholders*, eles estariam tornando a empresa menos competitiva no longo prazo, pois algum concorrente estaria focado em perseguir o objetivo único de maximização da riqueza do acionista.[45]

Mesmo com as críticas, teóricos da teoria da agência, como Jensen, reconhecem que os gestores não podem desconsiderar os *stakeholders*, pois eles são de fundamental importância para a organização conseguir alcançar seu objetivo de maximização de riqueza. Assim, Jensen propõe uma abordagem mais esclarecida

que combine fundamentos da teoria dos *stakeholders* e a ideia de maximização de valor da empresa. Para o autor, a teoria dos *stakeholders* enfatiza a importância do longo prazo para a geração de valor, enquanto as teorias econômicas abordam a ideia de um único objetivo. Uma visão esclarecida de ambas as teorias deve simultaneamente reconhecer a necessidade de a empresa ter um único objetivo de longo prazo – a maximização do valor da empresa no longo prazo. A busca por essa maximização só é possível se os gestores também considerarem as demandas dos *stakeholders*. Assim, são respeitados os pressupostos econômicos de que uma empresa deve ter um único objetivo e ao mesmo tempo reconhece-se que esse objetivo só será alcançado com os *stakeholders*.

18.4 PROBLEMAS DE GOVERNANÇA CORPORATIVA

Diante do exposto sobre as teorias de governança corporativa, alguns itens merecem especial destaque, como os diferentes tipos de conflitos de agência. A teoria da agência tem sido expandida para abranger outros problemas que não apenas a relação principal-agente. Assim, é possível utilizar o problema de agência para investigar conflitos em diferentes tipos de organizações. Os principais conflitos são de quatro tipos:[46]

- Tipo 1: acionistas × gestores.
- Tipo 2: acionistas controladores × acionistas minoritários.
- Tipo 3: acionistas × credores.
- Tipo 4: acionistas familiares × familiares que não estão presentes no negócio.

18.4.1 Acionistas × gestores

Estruturas de propriedade dispersas, comumente encontradas em países como EUA e Reino Unido, proporcionam que gestores possuam mais controle sobre as informações e exerçam o domínio da operação da companhia sem a supervisão correta dos órgãos de controle e dos acionistas.[47] Esse cenário é propício para o conflito entre acionistas e gestores, em que os acionistas sofrem com a assimetria informacional e o poder de decisão dos gestores. A falta de controle tende a proporcionar que gestores aumentem o nível de risco de seus investimentos em situações com baixas oportunidades de crescimento, o que, no limite, pode prejudicar o valor para o acionista.[48]

POR DENTRO DA TEORIA

Os modelos teóricos apontam algumas situações envolvendo o conflito de agência do tipo 1. A primeira delas consiste na pulverização da propriedade que impacta no aumento da probabilidade de conflitos entre executivos e acionistas. Já o segundo item refere-se à disponibilidade de caixa em posse das companhias, ou seja, ao possuir uma grande quantidade de recursos disponíveis, pode incorrer em excesso de investimento em um contexto de poucas oportunidades. D'Mello e Miranda, ao analisarem, em um pesquisa, 366 emissões de dívidas americanas de empresas de capital aberto entre 1968 e 2001, encontraram que, ao emitirem dívidas (aumentar a restrição financeira e diminuir os recursos disponíveis), as situações de grandes investimentos com baixas oportunidades de crescimento (*overinvestment*) diminuíam, ou seja, os gestores tomam atitudes mais conservadoras e com menores chances de expor o capital dos sócios aos riscos de grandes investimentos com cálculos muito otimistas de retorno dos investimentos.

Fonte: D'MELLO, R.; MIRANDA, M.[49]

Mas, além do modelo de investimentos que pode sofrer com o excesso de confiança e o nível baixo de controle, outros problemas podem ocorrer, tais como o aumento dos pagamentos de bônus para executivos, estratégias de entrincheiramento dos gestores, políticas de benefícios, auxílios e vantagens (ex.: carros com motorista, jatos particulares etc.). Tais exemplos foram comuns no período da crise de 2008. Assim, o conflito de agência do tipo 1 foi bastante comum ao longo do tempo nas empresas em que não existiam os chamados grupos de acionistas controladores (*blockholders*). A falta de alinhamento entre o comportamento dos gestores e o desejo dos acionistas pode levar a problemas graves, como falta ou desgaste dos mecanismos de controle, o que acaba por causar destruição de valor para a companhia.

Deve-se dizer que no Brasil esse tipo de conflito não passou despercebido, pois não foram incomuns os casos em que esse desalinhamento entre executivos e acionistas ocorreu. Os motivos principais que podem ser citados são: fragilidade de nossas regras institucionais, o modelo de mercado de capitais ainda pouco desenvolvido e o baixo conhecimento de acionistas sobre governança e mercado financeiro. Assim, o minicaso apresentado no Quadro 18.2 ilustra a situação de uma empresa com o modelo de controle acionário disperso.

DA TEORIA À REALIDADE BRASILEIRA

Quadro 18.2 IRB Brasil Resseguros S.A.

A empresa IRB Brasil Resseguros iniciou suas atividades em 1939 como uma empresa estatal criada no governo de Getúlio Vargas e manteve o monopólio do setor até 2007, quando a Lei Complementar nº 126 abriu o mercado para outras empresas. Assim, a empresa caminhou para sua privatização em 2013 e em 2017 realizou um IPO na Bolsa, Brasil, Balcão (B3). Naquele momento, o grupo controlador (composto por bancos, fundos de investimento e pela União) possuía aproximadamente 57% das ações ordinárias (com direito a voto). Em março de 2020, o percentual de ações em posse de pessoas físicas e outros acionistas subiu de 43%, no momento do IPO, para 68%. Ou seja, o grupo de controle deixou de ser dominante, e essa pulverização da estrutura de propriedade, seguindo a teoria da agência, ocasionou uma situação em que os executivos tinham mais poder que os acionistas. Essa situação levou a casos como o relatório de mais de 150 páginas da gestora Squadra Investimentos apontando por quais motivos apostava na queda da ação. Segundo o relatório, a companhia apontava lucros recorrentes significativamente inferiores aos lucros contábeis reportados nas demonstrações financeiras. Essa diferença teve um período de crescimento e atingiu seu mais alto grau no trimestre analisado pela gestora de recursos. E, embora não tenham incorrido em manipulações contábeis, os resultados estavam fortemente correlacionados com receitas não recorrentes (como apresentado pelo relatório). Isso fez com que as ações tivessem uma queda de 30% no dia 9 de fevereiro de 2020 e, a partir disso, teve início um ciclo de eventos com trocas de acusações entre executivos e a gestora Squadra Investimentos sobre uso de informações privilegiadas e atenuação de prejuízos com opções, o que resultou em três processos abertos pela Comissão de Valores Mobiliários (CVM). Diante da crise, o conselho de administração decidiu cancelar os bônus pagos aos executivos. Por fim, um evento tragicômico atingiu a IRB quando boatos circularam de que o fundo controlado por Warren Buffet investiria na companhia. Os boatos levaram a uma recuperação de 7% e uma queda posterior de 25% do preço das ações depois de serem desmentidos pelo Fundo Berkshire. Assim, após perdas sucessivas de valor, em 5 de março de 2020, corretoras como a Guide retiraram a empresa IRB de suas carteiras recomendadas para investimentos.

Questão para discussão:

1. Como o efeito da dispersão de controle da IRB Brasil pode ter contribuído para o surgimento de conflitos de agência do tipo 1 e a consequente destruição de valor da companhia?

Fontes: Suno Research,[50] *O Globo*,[51] COMDINHEIRO.[52]

18.4.2 Acionistas controladores × acionistas minoritários

O primeiro conflito de agência analisado era a ocorrência de problemas entre acionistas e gestores. Esse ficou conhecido como o conflito de agência do tipo 1. Os estudos ao longo do tempo apontaram a existência de duas soluções para a mitigação desse conflito: (1) aumento do nível de endividamento e redução do caixa disponível; (2) um modelo de propriedade com existência de grupos de acionistas controladores.[53] A literatura asseverava que a presença de acionistas controlares poderia proporcionar o alinhamento junto aos gestores e fazer com que as decisões estivessem voltadas para a geração de valor aos acionistas e com orientação para o longo prazo e não apenas voltadas para os interesses dos gestores.

Esse modelo de propriedade é mais utilizado países da Europa continental, Japão e países em desenvolvimento. Tal modelo pressupõe as seguintes características: propriedade concentrada; proeminência de grupos familiares; alta frequência do Estado como acionista relevante nas grandes companhias; o papel do mercado de ações é menos importante que o mercado de dívidas; investidores institucionais são de menor porte e atuam passivamente em relação ao processo decisório da companhia.[54]

Esse cenário pode provocar mudanças nas formas de governança. O conflito que pode ocorrer a partir da existência de grupos de controle pode ser explicitado como aquele em que esses grupos conseguem extrair vantagens de seu poder acionário.[55] Nessa situação, o ente controlador, que pode ser um grupo familiar, um banco, um fundo de investimento ou o Estado, exerce a gestão de forma a maximizar o valor para o grupo e não necessariamente para a empresa. Diferentemente do conflito de tipo 1, em que pode ocorrer falha no monitoramento, o conflito do tipo 2 pode apresentar uma situação em que o monitoramento ocorre de forma enviesada, ou seja, o monitoramento beneficia apenas os acionistas que estão no bloco de controle.

Alguns exemplos usuais desse tipo de conflito são: transações com partes relacionadas com o grupo controlador,[56] uso das empresas estatais como mecanismos de combate à inflação e outras medidas políticas,[57] aumento da exposição a riscos quando a empresa possui um grupo de controle que também administra a companhia[58] e situações de exposição a escândalos e corrupção que beneficiem o grupo de controle em detrimento da companhia.[59]

Alguns casos brasileiros apresentaram os problemas listados, muitos envolvendo a relação entre grandes corporações e o Estado, tais como os problemas de corrupção envolvendo grandes construtoras e empresas estatais.

DA TEORIA À REALIDADE BRASILEIRA

Quadro 18.3 JBS S.A.

A JBS, fundada em 1953 no estado de Goiás, passou por grandes transformações após os anos 2000, tornando-se uma das maiores adquirentes do país e conseguindo se transformar em uma empresa global no setor de alimentos. Esse projeto de expansão da companhia, que teve início em 2009 com a aquisição do grupo Bertin, pode ser considerado um dos marcos do chamado projeto de "Campeões Nacionais" do governo brasileiro no plano "Brasil Maior" de investimentos e transformação da cadeia produtiva. Nesse sentido, a JBS teve, entre 2009 e 2016, grande participação em seu capital acionário de bancos e fundos de pensão ligados ao Estado brasileiro – os percentuais acionários chegaram a ser aproximadamente 35% do capital da companhia entre 2010 e 2016. Para além dessa participação acionária, os controladores atuavam como diretores da companhia e colocaram-na entre os líderes em doações para campanhas presidenciais em 2014 (aproximadamente R$ 300 milhões). Assim, essa relação estreita com o Estado, por um lado, proporcionou grande competitividade para a companhia, mas culminou no escândalo de informação privilegiada envolvendo uma delação premiada. O fato ocorreu no dia 17 de maio de 2017 e teve início após uma gravação do então presidente da companhia, Joesley Batista, de uma conversa com o Presidente da República à época, Michel Temer. A gravação derrubou o mercado brasileiro e provocou uma perda de 10% no Ibovespa apenas em uma hora, levando a uma interrupção nas negociações da bolsa de valores. No tocante à companhia, isso gerou perda de valor significativa, que ainda foi agravada com a suspeita de que os irmãos Joesley e Wesley, diretores e pertencentes ao grupo de controle com aproximadamente 40% do capital acionário, utilizaram informação privilegiada decorrente da delação para uma negociação envolvendo ações da companhia e operações de câmbio. Pode-se dizer que esse foi um dos maiores conflitos envolvendo grupos controladores × minoritários tanto pelo impacto no valor da companhia quanto pelos elementos que contextualizaram todo o processo.

Questão para discussão:

1. Por quais motivos esse caso envolvendo o Grupo JBS e sua relação com o Estado pode se configurar como um conflito de agência do tipo 2?

Fontes: *Época Negócios*,[60] *Nexo Jornal*,[61] COMDINHEIRO.[62]

18.4.3 Acionistas × credores

Outro impacto especificado como conflito de agência consiste no conflito entre acionistas e credores. Esses impactos derivam dos estudos que tratavam o nível de endividamento como um mitigador do conflito de agência do tipo 1. Ou seja, o nível de endividamento pode ter um ponto ótimo em que ele minimiza o comportamento oportunista e o desalinhamento entre acionistas e gestores.[63] Entretanto, o alto nível de endividamento de uma companhia pode ser prejudicial por alguns motivos, tais como dificuldades para reinvestimentos, problemas com falta de liquidez futura, aumento dos riscos da empresa e aumento da probabilidade de estresse financeiro.

Diante desses elementos, podem ocorrer conflitos que resultam em duas situações: prejuízos para os acionistas (aumento do risco e perda de valor da companhia) e/ou prejuízos para os credores (não pagamento das dívidas). Nesse sentido, entende-se que o risco do conflito de agência do tipo 3 é menor para as empresas que possuem grupos de acionistas controladores, sobretudo grupos familiares, pois esses tendem a apresentar nível de endividamento menor que os demais grupos empresariais.[64] No Brasil, casos desse tipo de conflito ocorreram em estatais, como a Petrobras, que atingiu níveis de endividamento em moeda estrangeira elevados em 2015, e empresas do chamado Grupo X do empresário Eike Batista.

Saraiva Livreiros S.A.

A empresa Saraiva Livreiros, fundada em 1914, passou por grandes transformações após os anos 2000, sobretudo depois de o processo sucessório levar ao cargo de CEO o herdeiro da família, Jorge Saraiva Neto. Esse processo sucessório objetivava a integração a um mercado cada vez mais digital, entretanto provocou fissuras que levaram tanto a conflitos acionários quanto a problemas financeiros, sobretudo depois do declínio fiscal brasileiro e o papel cada vez mais forte da Amazon no mercado de livros. A entrada de Jorge Neto ocorreu ao final de 2014, mas ele exercia o papel de conselheiro e, segundo matérias da época, era tido como o 2º no comando da companhia, dividindo responsabilidades com o então CEO, Michel Levy. Deve-se ressaltar que a empresa já passava por dificuldades com prejuízos de aproximadamente R$ 30 milhões. Esses processos intensificaram-se com vários problemas entre os próprios sócios familiares (conflitos sobre a venda das operações da Editora Saraiva) e com outros acionistas minoritários, tais como o fundo GWI Assets, que acabou em um contencioso judicial que prejudicou a imagem e o valor de mercado da companhia. Isso se evidencia pela perda de valor que ocorreu entre o pico do valor de mercado (R$ 1,4 bilhão em dez./2010) e a saída de Jorge Saraiva Neto da presidência da companhia em dezembro de 2019, quando a empresa perdeu 94% do valor de mercado que chegou a ter em 2010. Outros problemas financeiros consistiram no grande aumento de alavancagem a que a empresa foi submetida, quando o endividamento da companhia era o equivalente a seis vezes o seu valor de mercado. Assim, os conflitos passaram também para os credores, que exigiram a retirada do herdeiro do cargo de CEO e melhorias na governança corporativa como condicionante para aceitar o pedido de recuperação judicial. Esse pedido foi aceito pelos credores assim que o novo CEO assumiu em janeiro de 2020 (Luis Mario Bilenki), e, segundo informações prestadas para a CVM, o acordo de falências incluiu a venda das lojas físicas de São Paulo e Rio de Janeiro, que sempre foram consideradas principais ícones da companhia.

Questão para discussão:

1. Por quais motivos esse caso envolvendo a empresa Saraiva Livreiros, investidores e credores pode se configurar como um conflito de agência do tipo 3?

Fonte: *Yahoo Finanças;*[65] *IstoÉ Dinheiro;*[66] *Bloomberg;*[67] *Folha de S.Paulo;*[68] COMDINHEIRO.[69]

18.4.4 Acionistas familiares × familiares que estão fora do negócio

O quarto e último conflito de agência a ser descrito neste tópico consiste em um conflito focado exclusivamente nas empresas familiares. Ele surge como resposta às pesquisas em empresas familiares. Tais pesquisas apontavam que os grupos de controle familiar reduziam os riscos aos conflitos de tipo 1 e tipo 3.[70]

Portanto, o conflito do tipo 4 atendia uma lacuna teórica ao versar especificamente sobre a dualidade entre familiares que são acionistas e familiares que não estão atuando na empresa. Essa divergência pode ser minimizada nos momentos em que a família ainda é pequena e/ou não passou por processos sucessórios. Entretanto, esses conflitos podem amplificar-se quando existem múltiplas gerações da família ou quando são incorporados novos membros (ex.: cunhados (as), genros e noras). Estudos apontam que essas divergências podem não somente ocorrer no nível da governança, mas também no processo decisório, na tomada de risco para investimentos, no aumento ou diminuição da riqueza socioemocional do grupo familiar e na geração de valor da companhia no longo prazo.[71]

MINICASO

Dudalina S.A.

A empresa Dudalina, fundada em 1957, passou por várias transformações, sucessões e trocas gerenciais ao longo de seus anos de existência. Em 1974, ocorreu o primeiro processo sucessório na empresa, e a segunda geração assumiu com o intuito de promover a formalização dos negócios. No período da chamada década perdida (anos 1980), a empresa teve muitas dificuldades e mais uma troca de direção em 1989 com a substituição do então presidente, Anselmo José, pelo irmão, Armando Hess de Souza. Em todas as trocas realizadas, a empresa sempre se manteve sob o comando da família. No início dos anos 1990, a abertura comercial provocou grave crise para o setor têxtil, e a Dudalina teve que reformular toda a sua estrutura de custos e estratégias de produção ao rever seu portfólio de produtos. Além das crises promovidas pelas mudanças institucionais, vários dos conflitos entre o grupo familiar se tornaram latentes até 2004, quando a empresa passou por novas reformulações para focar no público das classes A e B e retomou sua rota de crescimento.

Nesses processos de reestruturação, os conflitos entre os membros da família foram acentuados. Em meados da década de 1990, a decisão de construir uma fábrica no Ceará e vários problemas financeiros posteriores levaram à renúncia de Armando Hess. Após vários anos de conflitos, a indicada pela matriarca da família foi Sonia Hess, que instituiu um conselho de família e mudou o perfil de investimentos da empresa. Tais mudanças criaram uma situação de conflito entre dois grupos de irmãos, sendo um deles liderado por Sonia Hess e Armando Hess e o outro por Anselmo José e Vilson de Souza. Essa divisão permaneceu por muito tempo, até que o conselho de família conseguisse minimizar os problemas e conflitos e a liderança de Sonia Hess colocasse a marca Dudalina como uma das mais representativas do país a partir de 2010.

Os conflitos diminuíram – embora não tenham deixado de existir –, e o conselho de família junto ao conselho de administração costurou um acordo de venda da empresa para os fundos americanos Advent e Wardburg Pincus em dezembro de 2013.

Questões para discussão:

1. Por quais motivos esse caso envolvendo os membros do grupo familiar controlador da empresa Dudalina S.A pode se configurar como um conflito de agência do tipo 4?

2. Pesquise sobre o papel do conselho de família na estrutura de governança de uma empresa familiar e explique como ele pode ter ajudado a empresa Dudalina S.A no processo de retomada de crescimento.

Fonte: Cavalcante *et al.* (2014);[72] *Exame;*[73] Endeavor.[74]

18.5 MECANISMOS DE GOVERNANÇA CORPORATIVA

Os mecanismos são as soluções propostas para resolver ou minimizar os conflitos expostos. A ideia principal é monitorar os gestores e deixá-los sempre em alerta,[75] fazendo com que os custos de agência sejam reduzidos.[76] Os mecanismos podem ser divididos em dois grandes blocos: os internos, que são gerados dentro da empresa, e os externos, que surgem fora da empresa.

18.5.1 Mecanismos internos

Os mecanismos internos surgiram primeiro que os mecanismos externos. Como suas origens residem na teoria da agência, eles foram propostos para resolver principalmente o conflito do tipo 1 da relação principal-agente. A lógica que fundamenta os mecanismos internos é que, quando eles são efetivamente implementados, será possível alinhar os interesses dos acionistas e gestores, fazendo com que a empresa apresente melhor desempenho financeiro.[77] Os três principais mecanismos adotados pelas empresas são: estrutura de propriedade, conselho de administração e incentivos gerenciais.

18.5.1.1 Estrutura de propriedade

A estrutura de propriedade trata de como as ações estão distribuídas entre os acionistas. O pressuposto é de que essa estrutura influencia o comportamento dos gestores, mitigando ou exacerbando potenciais conflitos de interesses.[78] A concentração acionária faz com que os acionistas tenham incentivo de monitorar e aconselhar diretamente os gestores,[79] uma vez que parte considerá-vel de sua riqueza está investida na empresa.[80] Além disso, quando poucos acionistas concentram a maior parte das ações, eles têm melhores condições para controlar a atuação dos gestores. Assim, estruturas de propriedade com a presença de um sócio majoritário podem propiciar maior monitoramento dos gestores.[81] Do outro lado, em empresas que têm muitos acionistas e nenhum deles detém parte considerável das ações, há um incentivo menor para que os acionistas monitorem as ações dos gestores. Além disso, com muitos acionistas, há maior dificuldade de coordenação para monitorar a atuação dos gestores. Assim, nessas empresas, os gestores costumam ter maior poder, o que pode levar ao aumento dos custos de agência.

Apesar do fácil entendimento de que, quanto maior a concentração acionária, maior a capacidade de controle para manter os gestores alinhados aos interesses dos acionistas, existem aspectos que podem resultar em outros problemas de governança. Um típico exemplo é que quando há um acionista majoritário, ele pode incentivar os gestores a tomar decisões que lhe beneficiam em detrimento dos acionistas minoritários, gerando o conflito do tipo 2.

18.5.1.2 Conselho de administração

O conselho de administração pode ser considerado o principal mecanismo de governança corporativa. Eleitos pelos sócios, os conselheiros formam o elo entre os gestores e os acionistas. O conselho de administração tem diversas atribuições, porém, como mecanismo de governança corporativa, seu principal papel é monitorar a atuação dos gestores. Para que o conselho de administração seja efetivo nesse papel, é fundamental que ele tenha uma composição adequada. É recomendável que os conselheiros sejam independentes, sem vínculo com a organização e os acionistas que os elegeram. Dessa forma, o conselheiro poderá desempenhar sua função de forma diligente. Além disso, para que o conselho possa monitorar os gestores, é importante que os próprios gestores não sejam conselheiros da empresa. Por isso, o presidente da empresa não pode ser presidente do conselho. Também é relevante que os conselheiros tenham experiências diversas, para que o conjunto de conhecimentos dos conselheiros seja maior do que a simples soma deles em separado.

Nesse sentido, é esperado que um número maior de conselheiros independentes aumente a capacidade do conselho de administração de monitorar os gestores e reduzir os custos de agência. De forma similar, um conselho ativo e com pluralidade de ideias poderá contribuir mais para orientar o desempenho dos gestores.

DA TEORIA À REALIDADE BRASILEIRA

Quadro 18.4 Importância do conselho de administração na estrutura de governança corporativa

Nas empresas com ações negociadas em bolsa de valores, a assembleia dos sócios é o primeiro nível de poder. O conselho de administração é órgão obrigatório (previsto em estatuto – estatutário), nomeado pela assembleia. O conselho é o responsável pela nomeação dos executivos estatutários. O conselho pode atuar com apoio de comitês específicos não deliberativos (ex.: auditoria, riscos, remuneração etc.) que apoiam o processo decisório, aprofundando temas a serem apreciados e deliberados pelo conselho. Já o conselho fiscal reporta-se diretamente à assembleia dos acionistas, podendo ser instalado de forma permanente ou não, conforme solicitação dos sócios. As auditorias independentes reportam-se ao conselho. Esquematicamente, o ambiente de governança envolve as relações do primeiro escalão executivo da organização para cima, conforme demonstrado pela Figura 18.4.

Figura 18.4 Contexto e estrutura do sistema de governança corporativa.

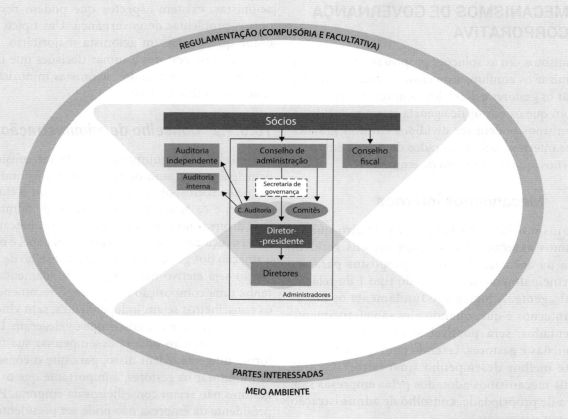

Fonte: IBGC.[82]

O conselho de administração é o "elo central" da governança corporativa. É o órgão que tem o poder delegado para "governar" as organizações. Já os executivos têm a atribuição, como diz o nome, de acatar e "executar" as deliberações do conselho. Entretanto, uma questão "semântica" permeia o coletivo no mundo organizacional e a sociedade brasileira em particular, muitas vezes atribuindo inconscientemente um papel menor ao conselho de administração. Nada mais distante da origem do termo em inglês que define essa instância de poder como o conselho de diretores (*board of directors*). Analogamente, na terminologia em inglês, os executivos de primeira linha (*C-Level*) são os administradores (*officers*, ex.: *Chief Executive Officer* – CEO e *Chief Financial Officer* – CFO etc.). Não existe a palavra "*director*" nas definições dos executivos. Na tradição brasileira, ocorre o contrário. Atribuímos a esses executivos a palavra "diretor" (ex.: diretor presidente, firetor financeiro etc.).

Essa reflexão é importante, pois, de fato, os deveres fiduciários dos conselheiros de administração são atrelados às decisões mais relevantes para a longevidade das organizações. O conselho aprova as decisões estratégicas e controla as organizações. Os executivos propõem e executam as estratégias e prestam contas ao conselho.[83] O Quadro 18.5 destaca de forma simplificada a separação de papéis entre conselheiros e executivos.

Quadro 18.5 Governança e processo decisório: responsabilidade de executivos e conselheiros

Executivos	Conselho
Iniciação Geração de propostas estratégicas	*Ratificação* Aprovação
Implementação Execução das propostas aprovadas	*Monitoramento* Avaliação contínua das ações executivas

Fonte: adaptado de Fama e Jensen.[84]

Portanto, nada mais errôneo e distante das boas práticas de governança corporativa do que minimizar a atribuição dos conselheiros de administração.

18.5.1.3 Incentivos gerenciais

Os incentivos gerenciais podem ser divididos em dois tipos: (1) *explícitos*, geralmente visualizados pelo sistema de renumeração; (2) *implícitos*, que não são diretamente colocados no contrato do executivo, mas o mantêm em alerta para entregar um bom desempenho – por exemplo, o receio de uma demissão.[85] Boa parte das práticas e estudos em governança corporativa têm sido focados nos incentivos explícitos.[86] O pressuposto é que, se for estabelecido um bom sistema de remuneração alinhado à maximização da riqueza do acionista, os gestores não irão agir de forma oportunista e irão se esforçar para fazer com que a empresa tenha bom desempenho.

A prática tem mostrado que os sistemas de remuneração costumam ter dois tipos de compensação monetária: (1) *bônus*, que são definidos pelo lucro realizado, ou seja, dados contábeis; e (2) *ações e opções de ações*, que são baseadas no valor das ações, o que remete aos dados de mercado.[87] Um pacote de remuneração baseado em bônus costuma criar incentivos para que os gestores privilegiem o curto prazo em detrimento do longo prazo. Esse desequilíbrio pode ser contornado com compensações baseadas em ações. Portanto, bônus e opções de ações devem ser trabalhados de formas complementares.[88]

18.5.2 Mecanismos externos

A história tem demonstrado que os mecanismos internos de governança corporativa não são suficientes para impedir o comportamento oportunista dos gestores.[89] Em alguns casos, os responsáveis por monitorar são os vetores de um comportamento oportunista, por isso, muitos se perguntam: **quem monitora o monitor?** Para responder tal questionamento, é preciso entender como os mecanismos externos contribuem para que os acionistas, conselheiros e gestores procurem atuar de forma diligente. Apesar de historicamente os mecanismos internos terem recebido mais atenção do que os externos,[90] com o avanço dos meios de comunicação, cada vez mais as empresas estão sob a avaliação de seus *stakeholders*. Por isso, alguns mecanismos externos têm contribuído para o aperfeiçoamento da governança corporativa.

18.5.2.1 Sistema jurídico

O sistema jurídico refere-se ao conjunto de estruturas e processos usados para interpretar e fazer cumprir as leis existentes. Ele estabelece como os direitos de propriedade são definidos e protegidos, além de determinar as instituições que supervisionam as normas que as empresas devem cumprir.[91] Dessa forma, o sistema jurídico em que a empresa está inserida determina como devem ocorrer muitos dos relacionamentos estabelecidos pelos gestores. Mais do que respeitar as normas, os gestores tomam decisões a partir de uma análise das regras, como é o caso de decisões relacionadas com planejamento tributário, fusões, aquisições, entre outras.

Além das leis, existem regras que as empresas precisam seguir, delimitadas por instituições que também fazem parte do sistema jurídico – são princípios e normas promulgados por agências reguladores, bolsa de valores e outras entidades que exercem influência sobre a governança de uma empresa, por meio de códigos de governança corporativa, códigos de ética, relatórios de sustentabilidade etc.[92]

SAIBA MAIS

Código Brasileiro de Governança Corporativa

Em 2016, fruto de um trabalho liderado pelo IBGC que reuniu 11 entidades do mercado de capitais e foi acompanhado pelo Banco Nacional de Desenvolvimento Econômico e Social (BNDES) e Comissão de Valores Mobiliários (CVM), o Brasil lançou o Código Brasileiro de Governança Corporativa para companhias abertas. O código reúne 54 práticas recomendadas e tem como guia o princípio do "aplique ou explique" (comply or explain), amplamente adotado ao redor do mundo. O espírito é que as empresas informem se elas aplicam ou não as práticas recomendadas. Caso não apliquem, devem explicar o porquê de não adotarem. Para construir o Código Brasileiro, foram observados 18 países que adotam o "aplique ou explique". Desde 2019, todas as empresas de capital aberto no Brasil são obrigadas a entregar um informe sobre o Código Brasileiro. Apesar de não ser uma lei, esta iniciativa tornou-se uma regulação que guia a governança das empresas brasileiras, podendo ser considerada um mecanismo de governança.

A compreensão do sistema jurídico ajuda a entender as regras do jogo pelas quais a governança corporativa é estabelecida.[93] Os contratos estabelecidos por acionistas, gestores e demais *stakeholders* precisam seguir o ordenamento jurídico. É por meio das leis e normas vigentes que os acionistas irão reivindicar seus direitos quando se sentirem lesados. Da mesma forma, são as leis que estabelecem os direitos e as obrigações dos clientes, empregados e fornecedores. Existem diversos mecanismos legais, como Código Civil, Código de Defesa do Consumidor e Consolidação das Leis do Trabalho, entre outras, que delimitam essas relações.

18.5.2.2 Controle pelo mercado

Este mecanismo baseia-se na ideia de que o mercado age para punir um baixo desempenho dos gestores. Quando a empresa está sob desempenho inferior, o mercado pode tomar o controle por meio de uma aquisição hostil. Esse mecanismo é ativado quando os gestores tomam decisões estratégicas ruins, seja por incompetência, interesse próprio, má conduta ou algum outro motivo que leve as ações da empresa a uma desvalorização.[94] Com as ações tendo preço baixo, a empresa fica mais suscetível a uma tomada de controle pelo mercado.

Além das aquisições hostis, o controle pelo mercado pode correr por outras formas, como: fusões, cisões, desinvestimentos, vendas de ativos e liquidações.[95] Depois da tomada de controle, é esperado que a empresa possa apresentar melhor desempenho, pois os ativos da empresa serão alocados de forma mais eficiente.[96] Os novos sócios poderão promover mudanças nos membros da administração, reduzir custos, fazer integração vertical ou diversificação, entre outras decisões.

Apesar de essas possibilidades poderem funcionar, é importante ressaltar que, sob determinadas circunstâncias, este mecanismo pode não ser eficiente. Elencamos aqui três dos principais motivos. Primeiro, é pouco provável que este mecanismo seja aplicado em empresas com controle definido, como estatais e empresas familiares, pois o acionista majoritário pode não querer se desfazer de suas ações. Segundo, o mecanismo sugere que as mudanças promovidas pela nova administração serão facilmente implantadas, porém é preciso considerar que mudanças organizacionais demandam recursos, entre eles, o tempo para fazer a mudança. Terceiro, o controle pelo mercado aponta as falhas de governança após elas acontecerem, sem ser capaz de preveni-las.

18.5.2.3 Auditoria independente

O objetivo da auditoria independente é expressar opinião sobre as demonstrações contábeis para oferecer duas garantias: (1) elas estão livres de distorções, seja por fraude ou erro; (2) elas estão apresentadas em conformidade com as normas contábeis vigentes. Ao emitir tais opiniões, os auditores independentes aumentam o grau de confiança que os *stakeholders* podem depositar nas demonstrações.[97]

Auditores independentes são considerados peça-chave de uma boa governança corporativa, porque reduzem a assimetria de informação entre os membros da empresa e todos os outros *stakeholders*,[98] o que, por sua vez, ajuda a limitar a manipulação de informações por parte dos gestores. A auditoria independente pode ser um mecanismo de governança tão valioso, que mesmo algumas empresas que não são obrigadas a terem o serviço, acabam por contratá-lo, para terem ganho de legitimidade.

18.5.2.4 Avaliação de agências de rating

Assim como os auditores independentes, a avaliação das agências de *rating* tem papel importante na redução da assimetria de informação entre acionistas e gestores. Para manter a empresa com boa avaliação, os gestores irão se esforçar para demonstrar que a operação do negócio é rentável e sustentável. Isso, necessariamente, passa por demonstrar que a empresa possui boa governança corporativa.

As agências de *rating* exercem cada vez mais influência na governança das empresas. Seu impacto é direcionado principalmente para o fornecimento de informações sobre os arranjos de governança corporativa avaliados. A maioria das classificações e índices de governança corporativa mantém uma escala uniforme, o que permite que os *stakeholders*, especialmente os acionistas, tenham noção da qualidade da governança da empresa.[99] Como investidores consideram as classificações das agências de *rating* para tomar suas decisões de investimento, as avaliações das agências podem promover mudanças na governança corporativa, com o intuito de levar a empresa a manter boa classificação.

SAIBA MAIS

Segmentos de lista da Bolsa de Valores

Em 2000, para estimular as empresas listadas no Brasil a adotarem boas práticas de governança corporativa, a bolsa de valores (Bovespa – atual B3) lançou os segmentos de listagem. Os segmentos têm adesão voluntária e possuem regras que vão além das leis. O objetivo da iniciativa foi melhorar a avaliação da governança corporativa das empresas. Ao assegurar direitos aos acionistas e demandar a divulgação de informações ao mercado, os segmentos podem mitigar os riscos com a assimetria de informações e, por consequência, oferecer um instrumento de avaliação para os investidores.

Ao todo, são cinco segmentos: Bovespa Mais, Bovespa Mais Nível 2, Nível 1, Nível 2 e Novo Mercado. O Novo Mercado é o que tem mais exigências para as empresas participantes, entre elas a obrigatoriedade de ter apenas ações ordinárias, presença mínima de conselheiros independentes e pessoas diferentes como presidentes do conselho e da empresa.

Fonte: Bolsa, Brasil, Balcão (B3).[100]

18.5.2.5 Ativismo dos stakeholders

Ativismo dos *stakeholders* é um termo que reflete a pressão exercida pelos *stakeholders* para influenciar as políticas e práticas das empresas.[101] Como os *stakeholders* têm diferentes interesses na atuação da empresa, o ativismo pode assumir múltiplas formas. Entretanto, na maioria dos casos, as motivações para o engajamento são de dois tipos: (1) *financeira*, para aumentar o valor para o acionista; (2) *social*, para que sejam resolvidos conflitos ou adoção de práticas de responsabilidade social, entre outras.[102]

Nos aspectos financeiros, acionistas minoritários costumam engajar-se na empresa para pressionar por mudanças, em busca de maximizar seus ganhos. É importante ressaltar que o perfil de acionista varia muito. Se, de um lado, há acionistas que buscam um retorno no longo prazo, de outro, existem aqueles que procuram ganhos imediatos. O ativismo desse segundo grupo pode gerar efeitos disfuncionais com os gestores sendo pressionados para entregar resultados no curto prazo, comprometendo a viabilidade da empresa no longo prazo. Em relação aos *stakeholders* que se engajam por meio motivações sociais, eles podem ou não ter participação acionária na empresa. Nesse grupo, boicotes e protestos são práticas usualmente adotadas para chamar a atenção dos gestores.

18.5.2.6 Mídia

A mídia, por meio de veículos de comunicação, pode ser considerada um mecanismo de governança corporativa por conta de sua capacidade de exercer influência e controle sobre os gestores para que eles adotem práticas de negócios consistentes com os princípios amplamente aceitos de governança corporativa.[103] Além da capacidade de monitorar, a mídia contribui para o aumento de transparência nas empresas, reduzindo a assimetria de informação.[104]

De forma prática, existem três maneiras diferentes pelas quais a mídia contribui com a melhoria da governança corporativa. Primeiro, ela pode relatar eventos que ocorrem no cenário empresarial. Dessa forma, a mídia pode esclarecer certos problemas dos quais *os stakeholders* poderiam não ter conhecimento. Em segundo lugar, a mídia fornece uma plataforma para divulgar as opiniões dos *stakeholders*. Ativistas que normalmente não têm voz podem ser ouvidos por meio da mídia. Por fim, investigação jornalística independente pode descobrir novas informações sobre as empresas que as façam rever suas práticas.

18.6 PRINCÍPIOS E MELHORES PRÁTICAS DE GOVERNANÇA CORPORATIVA

Conforme a discussão sobre governança corporativa foi amadurecendo e sua importância se tornando mais evidente na agenda de sócios, conselheiros e gestores, algumas questões emergiram: **o que significa dizer, na prática, que uma organização é bem governada?** Em outras palavras, por quais critérios podemos definir ou afirmar que uma organização possui "melhor governança corporativa" do que outra?

Foi com esse sentido prático que se desenvolveram, a partir da década de 1990, diversos guias de governança corporativa ao redor do mundo – os chamados "Códigos de Governança Corporativa". Embasados em princípios e fundamentos, os códigos servem como referências, com recomendações que, caso seguidas pelos agentes, conduziriam a uma boa governança. O Quadro 18.6 compila alguns dos principais códigos, o país de origem (ou entidade responsável, no caso de organizações internacionais) e os anos da primeira edição e edição atual.

> **SAIBA MAIS**
>
> Para uma lista mais extensa e continuamente atualizada, o *European Corporate Governance Institute* (ECGI) fornece em seu *site* um compêndio dos códigos de governança pelo mundo – que podem ser acessados em: https://ecgi.global/content/codes.

18.6.1 Código das Melhores Práticas de Governança Corporativa (IBGC)

Fundado em 1995 sob a alcunha de Instituto Brasileiro de Conselhos de Administração (IBCA), o atual IBGC é uma organização sem fins lucrativos cujo propósito é "uma governança corporativa melhor para uma sociedade melhor". Ao longo de sua história, o instituto consolidou-se como a principal referência brasileira em governança corporativa, atuando em diversas áreas – como vocalização e influência (promoção da governança na agenda de diversos *stakeholders* da sociedade,

Quadro 18.6 Códigos de governança corporativa pelo mundo

Código	País de origem/entidade responsável	1ª edição – edição atual
The Financial Aspects of Corporate Governance – Cadbury Report	Reino Unido	1992
UK Corporate Governance Code – Combined Code	Reino Unido	1992 – 2018
German Corporate Governance Code	Alemanha	2002 – 2019
King Report on Corporate Governance	África do Sul	1994 – 2016 (4. ed.)
Key Agreed Principles to Strengthen Corporate Governance for U.S. Publicly Traded Companies – NACD	EUA – *National Association of Corporate Directors* (NACD)	2008 – 2011
Global Corporate Governance Principle – IGGN	*International Corporate Governance Network* (ICGN)	1999 – 2017 (5. ed.)
G20/OECD Principles of Corporate Governance	G20/OECD	1999 – 2015
Código das Melhores Práticas de Governança Corporativa (IBGC)	Brasil (IBGC)	1999 – 2015 (5. ed.)

Fonte: adaptado de Silveira.[105]

como legisladores e reguladores), educação corporativa e disseminação do conhecimento.

SAIBA MAIS

O IBGC produz e dissemina conteúdo sobre governança corporativa por meio de seu Portal do Conhecimento. Com milhares de obras, o acervo pode ser acessado gratuitamente por meio do *link* conhecimento.ibgc.org.br.

Em 1999, mesmo ano de adoção do nome IBGC, foi lançada a primeira edição do Código das Melhores Práticas de Governança Corporativa (Código), contendo não mais de 40 práticas recomendadas. Ao longo das décadas de 2000 e 2010, novas práticas foram agregadas, produzindo novas versões do código nos anos 2001, 2004 e 2009 – culminando na quinta edição, publicada em 2015 e que contempla 283 práticas. O documento consolidou-se como o principal código de governança corporativa no Brasil.

A quinta edição do código é estruturada em torno de cinco capítulos: (1) Sócios; (2) Conselho de administração; (3) Diretoria; (4) Órgãos de fiscalização; e controle; e (5) Conduta e conflitos de interesse. Cada capítulo contém um conjunto de melhores práticas, que, por sua vez, são baseadas em fundamentos de governança organizados em torno de princípios básicos. Os quatro princípios básicos de governança corporativa do IBGC são:[106]

- **Transparência**: consiste no desejo de disponibilizar para os *stakeholders* as informações que sejam de seu interesse e não apenas aquelas impostas por disposições de leis ou regulamentos. Não deve restringir-se ao desempenho econômico-financeiro, contemplando também os demais fatores (inclusive intangíveis) que norteiam a ação gerencial e que conduzem à preservação e à otimização do valor da organização.

- **Equidade**: caracteriza-se pelo tratamento justo e isonômico de todos os sócios e *stakeholders*, levando em consideração seus direitos, deveres, necessidades, interesses e expectativas.

- **Prestação de contas** (*accountability*): os agentes de governança devem prestar contas de sua atuação de modo claro, conciso, compreensível e tempestivo, assumindo integralmente as consequências de seus atos e omissões e atuando com diligência e responsabilidade no âmbito dos seus papéis.

- **Responsabilidade corporativa**: os agentes de governança devem zelar pela viabilidade econômico-financeira das organizações, reduzir as externalidades negativas de seus negócios e suas operações e aumentar as positivas, levando em consideração, no seu modelo de negócios, os diversos capitais (financeiro, manufaturado, intelectual, humano, social, ambiental, reputacional etc.) em curto, médio e longo prazos.

No Quadro 18.7, são apresentadas, para cada capítulo do código, algumas das melhores práticas de governança corporativa.

Quadro 18.7 Melhores práticas de governança corporativa – capítulo Sócios

Fundamento	Práticas recomendadas
1.1 Conceito "uma ação, um voto"	
A estrutura aderente ao princípio "uma ação é igual a um voto" é a que mais promove o alinhamento de interesses entre todos os sócios. Em tais estruturas, o poder político, representado pelo direito de voto, será sempre proporcional aos direitos econômicos derivados da propriedade das ações.	1) Cada ação ou quota deve dar direito a um voto. 2) A decisão pela adoção de estruturas que se afastem desse marco, ou seja, em que o direito de voto não é proporcional à participação dos sócios no capital, deve: • Ser tomada pelo conjunto dos sócios (incluindo aqueles titulares de ações ou quotas sem direito a voto), avaliando se esse eventual desalinhamento de interesses poderá prejudicar o desempenho da organização ou seu acesso a capital. • Ser transparente sobre as razões e possíveis impactos da escolha, para que os sócios possam avaliar vantagens e desvantagens dessa estrutura e tomar uma decisão informada a respeito.

Continua

414 Administração ■ *Conejero – Oliveira – Abdalla (Orgs.)*

Continuação

Fundamento	Práticas recomendadas
1.5 Acordo entre os sócios	
Os acordos entre os sócios regem questões como: compra e venda de ações; preferência para adquirir as participações dos demais sócios; exercício do direito a voto e poder de controle nas assembleias. O interesse da organização não deve ser colocado em risco pelo acordo entre sócios.	1) Acordos entre os sócios devem: • Estar disponíveis e acessíveis a todos os demais sócios. • Prever mecanismos para a resolução de situações de conflito de interesses e condições de saída de sócios. 2) Os acordos entre os sócios não devem: • Vincular ou restringir o exercício do direito de voto de quaisquer membros do conselho de administração.

Fonte: adaptado do Código de Melhores Práticas de Governança Corporativa.[107]

Quadro 18.8 Melhores práticas de governança corporativa – capítulo Conselho de administração

Fundamento	Práticas recomendadas
2.2 Composição do conselho de administração	
O conselho de administração é um órgão colegiado, cujo desempenho depende do respeito e da compreensão das características de cada um de seus membros, sem que isso implique ausência de debates de ideias. A diversidade de perfis é fundamental, pois permite que a organização se beneficie da pluralidade de argumentos e de um processo de tomada de decisão com maior qualidade e segurança.	1) O conselho de administração deve ser composto tendo em vista a diversidade de conhecimentos, experiências, comportamentos, aspectos culturais, faixa etária e de gênero.
	2) Recomenda-se número ímpar de conselheiros, entre cinco e onze. Esse número pode variar conforme o setor de atuação, porte, complexidade das atividades, estágio do ciclo de vida da organização e necessidade de criação de comitês.
2.3 Independência dos conselheiros	
Todos os conselheiros, uma vez eleitos, têm responsabilidade para com a organização, independentemente do sócio, grupo acionário, administrador ou parte interessada que os tenha indicado para o cargo. Os conselheiros devem atuar de forma técnica, com isenção emocional, financeira e sem a influência de quaisquer relacionamentos pessoais ou profissionais.	1) O conselho deve esgotar todos os meios disponíveis para avaliar a independência dos conselheiros. Em última instância, cabe a cada conselheiro refletir sistematicamente sobre sua capacidade de fazer julgamento independente diante dos temas examinados no conselho.
	2) Caso o conselheiro esteja conflitado em determinada situação, deve abster-se de participar da discussão e da decisão sobre aquele tema.
2.10 Avaliação do conselho e dos conselheiros	
A avaliação do conselho e dos conselheiros contribui para que o conselho seja efetivo, faz parte da prestação de contas do órgão e permite o aperfeiçoamento da governança da organização.	1) Os conselheiros devem estar comprometidos em identificar os pontos fortes e os de melhoria de cada conselheiro, individualmente, e do conselho, como órgão colegiado. 2) Cabe ao conselho divulgar informações sobre o processo de avaliação e a síntese dos principais pontos identificados para melhoria do órgão e as ações corretivas implementadas, para que os sócios e *stakeholders* entendam adequadamente sua atuação.

Fonte: adaptado do Código de Melhores Práticas de Governança Corporativa.[108]

Cap. 18 ■ Governança corporativa: fundamentos e aplicações práticas 415

Quadro 18.9 Melhores práticas de governança corporativa – capítulo Diretoria

Fundamento	Práticas recomendadas
3.1 Atribuições	
A diretoria é o órgão responsável pela gestão da organização, cujo principal objetivo é fazer com que a organização cumpra seu objeto e sua função social. Ela executa a estratégia e as diretrizes gerais aprovadas pelo conselho de administração, administra os ativos da organização e conduz seus negócios.	1) A diretoria deve planejar, organizar e controlar os recursos disponibilizados pelo conselho para gerar valor de forma responsável para organização e partes interessadas. Tem a responsabilidade de estabelecer processos, políticas e indicadores que garantam, a si e ao conselho de administração, condições de avaliar objetivamente o padrão de conduta observado na operação da organização. 2) O diretor-presidente é responsável pela liderança da diretoria. Cabe a ele atuar como elo entre a diretoria e o conselho de administração. Ele deve ser orientado e supervisionado pelo conselho de administração ou, na falta deste, diretamente pelos sócios.
3.7 Remuneração da diretoria	
A remuneração da diretoria deve servir como uma ferramenta efetiva de atração, motivação e retenção dos diretores e proporcionar o alinhamento de seus interesses com os da organização.	1) A remuneração da diretoria deve estar vinculada a resultados, com metas de curto e longo prazos, relacionadas de forma clara e objetiva à geração de valor econômico para a organização. 2) As organizações devem ter um procedimento formal e transparente de aprovação de suas políticas de remuneração aos diretores, incluindo eventuais benefícios e incentivos de longo prazo pagos em ações ou nelas referenciados. As metas e as premissas de eventual remuneração variável devem ser mensuráveis e auditáveis. 3) A política de remuneração não deve estimular ações que induzam os diretores a adotar medidas de curto prazo sem sustentação ou que, ainda, prejudiquem a organização no longo prazo. Deve-se evitar o caráter imediatista das metas relacionadas à remuneração variável ou, ainda, a criação de desafios inatingíveis ou inconsistentes, que induzam a diretoria a expor a organização a riscos extremos ou desnecessários.

Fonte: adaptado do Código de Melhores Práticas de Governança Corporativa.[109]

Quadro 18.10 Melhores práticas de governança corporativa, – capítulo Órgão de fiscalização e controle

Fundamento	Práticas recomendadas
4.1 Comitê de auditoria	
Órgão relevante de assessoramento ao conselho de administração, para auxiliá-lo no controle sobre a qualidade de demonstrações financeiras e controles internos, visando a confiabilidade e integridade das informações para proteger a organização e todas as partes interessadas.	1) Deve, preferivelmente, ser formado apenas (ou ao menos em sua maioria) por conselheiros independentes e coordenado por um conselheiro independente. Dada a grande possibilidade de conflitos de interesses, não convém possuir conselheiros internos ou executivos em sua composição, devendo estes últimos ser convidados para as reuniões quando necessário.

Continua

Continuação

Fundamento	Práticas recomendadas
4.2 Conselho fiscal	
É parte integrante do sistema de governança das organizações brasileiras. Pode ser permanente ou não, conforme dispuser o estatuto. Representa um mecanismo de fiscalização independente dos administradores para reporte aos sócios, instalado por decisão da assembleia geral, cujo objetivo é preservar o valor da organização. Os conselheiros fiscais têm poder de atuação individual, apesar do caráter colegiado do órgão.	1) As organizações devem estimular o debate entre todos os sócios quanto à composição do órgão, buscando garantir que ele tenha a diversidade desejável de experiências profissionais pertinentes às suas funções e ao campo de atuação da organização. 2) A participação de todos os grupos de sócios no processo de indicação de membros para o conselho fiscal deve ser preservada, mesmo em organizações sem controle definido.
4.3 Auditoria independente	
Apoiado no trabalho da auditoria independente, o conselho de administração e a diretoria são responsáveis por assegurar a integridade das demonstrações financeiras da organização, preparadas de acordo com as práticas contábeis vigentes das respectivas jurisdições em que a organização mantenha suas atividades A atribuição principal do auditor independente é emitir, observadas as disposições aplicáveis, opinião sobre se as demonstrações financeiras preparadas pela administração representam adequadamente, em todos os seus aspectos relevantes, a posição patrimonial e financeira da organização.	1) O conselho de administração e a diretoria devem assegurar que as demonstrações financeiras sejam auditadas por auditor independente com qualificação e experiência apropriadas. 2) A equipe de auditoria independente deve reportar-se ao conselho de administração, por meio do comitê de auditoria, se existente. Deve ter o cuidado de manter, quando apropriado, a diretoria informada de todos os aspectos do desenvolvimento do seu trabalho. 3) Em organizações sem conselho de administração, a auditoria independente deve ser contratada e reportar-se aos sócios, de forma a garantir sua independência.

Fonte: adaptado do Código de Melhores Práticas de Governança Corporativa .[110]

Quadro 18.11 Melhores práticas de governança corporativa – capítulo Conduta e conflitos de interesse

Fundamento	Práticas recomendadas
5.1 Código de conduta	
O código de conduta tem por finalidade principal promover princípios éticos e refletir a identidade e a cultura organizacionais, fundamentado em responsabilidade, respeito, ética e considerações de ordem social e ambiental. A criação e o cumprimento de um código de conduta elevam o nível de confiança interno e externo na organização e, como resultado, o valor de dois de seus ativos mais importantes: sua reputação e imagem. O conselho de administração é o guardião dos princípios e valores da organização. Entre suas responsabilidades, está: disseminar e monitorar, com apoio da diretoria, a incorporação de padrões de conduta em todos os níveis da organização.	1) O código de conduta deve fomentar a transparência, disciplinar as relações internas e externas da organização, administrar conflitos de interesses, proteger o patrimônio físico e intelectual e consolidar as boas práticas de governança corporativa. Deve complementar as obrigações legais e regulamentares, para que considerações éticas e relativas à identidade e à cultura organizacional influenciem a gestão. Princípios éticos devem fundamentar a negociação de contratos, acordos, o estatuto/contrato social, bem como as políticas que orientam a diretoria.

Continua

Continuação

Fundamento	Práticas recomendadas
5.4 Conflito de interesses	
Há conflito de interesses quando alguém não é independente em relação à matéria em discussão e pode influenciar ou tomar decisões motivadas por interesses distintos daqueles da organização.	1) A organização deve definir as alçadas de decisão de cada instância, de forma a minimizar possíveis focos de conflitos de interesses. 2) A pessoa que não é independente em relação à matéria em discussão ou deliberação deve manifestar, tempestivamente, seu conflito de interesses ou interesse particular. Se não o fizer, outra pessoa deve manifestar o conflito, caso dele tenha ciência. Tão logo identificado conflito de interesses em relação a um tema específico, a pessoa envolvida deve afastar-se, inclusive fisicamente, das discussões e deliberações. Esse afastamento temporário deve ser registrado em ata.
5.5 Transações entre partes relacionadas	
O conselho de administração tem o dever de administrar e monitorar transações com potenciais conflitos de interesses, ou aquelas que, direta ou indiretamente, envolvam partes relacionadas.	1) O conselho de administração deve zelar para que transações entre partes relacionadas sejam conduzidas dentro de parâmetros de mercado em todos os aspectos (ex.: preço, prazo, garantias e condições gerais). Em seu exercício, o conselho de administração deve solicitar à diretoria alternativas de mercado à transação entre partes relacionadas em questão, ajustadas pelos fatores de risco envolvidos. Deve, ainda, garantir que as transações entre partes relacionadas sejam reportadas adequadamente nos relatórios da organização.

Fonte: adaptado do Código de Melhores Práticas de Governança Corporativa .[111]

18.7 GOVERNANÇA EM DIFERENTES TIPOS DE EMPRESAS

Toda e qualquer organização, independentemente de seu tamanho, possui uma governança, com maior ou menor grau de adesão às práticas recomendadas pelos códigos. A governança não é algo inerente apenas às grandes corporações, pois os mecanismos de governança corporativa devem permear os vários tipos de organizações. A questão central é entender que tipo de governança é adequado para cada organização, considerando o seu estágio de maturidade. A seguir, detalhamos um pouco mais essa discussão para empresas estatais, empresas familiares e organizações do terceiro setor.[112]

18.7.1 Empresas estatais

As organizações controladas pelo Estado podem ter capital aberto ou fechado. Entretanto, o controle acionário está em posse de um ente do Estado, como União, governos estaduais, governos municipais, bancos estatais e fundos de pensão ligados aos servidores públicos.

Por possuírem essa peculiaridade, as empresas estatais comumente podem ser envolvidas em conflitos político-partidários ou ser usadas como mecanismo de políticas macroeconômicas pelos governos. Tais situações geralmente ocorrem em países com ambiente institucional frágil e são agravadas por políticas industriais ativas, políticas protecionistas e políticas de substituição de importações.[113]

Diante desse contexto, as estatais são consideradas pela literatura e por analistas como potenciais geradores de conflitos de agência do tipo 2, ou seja, o controlador pode expropriar os minoritários e extrair valor da organização para fins que não sejam geradores de valor para a companhia. Assim, as mudanças na governança corporativa com vistas a proporcionar maior independência do conselho, criação de comitês de auditoria, melhoria dos processos de indicação e avaliação dos executivos podem ter efeitos positivos, como: melhoria dos mecanismos de alinhamento entre interesses dos acionistas e o ente estatal; ganhos de valor de mercado; e melhoria da reputação da empresa estatal.[114] O Quadro 18.12 sintetiza um conjunto de itens que partiram dos entes reguladores e das entidades que promovem a autorregulação do mercado de capitais brasileiro visando à melhoria da governança corporativa das estatais.

Quadro 18.12 Ações de regulação e autorregulação que visavam à melhoria da governança corporativa das estatais

Regulação	Autorregulação
Criação da Comissão Interministerial de Governança Corporativa e Administração de Participações Societárias (CGPAR)	Criação do Código AMEC de Princípios e Deveres dos Investidores Institucionais – *Stewardship*
Guias de Políticas de Integridade da Corregedoria Geral da União (CGU)	Código de Autorregulação em Governança de Investimentos para Entidades Fechadas de Previdência Complementar (EPPC)
Lei Anticorrupção (Lei nº 12.846/2013)	Código das Melhores Práticas de Governança Corporativa do IBGC
Decreto nº 8.420/2015	Código Brasileiro de Governança Corporativa das Empresas de Capital Aberto
Lei das Estatais (nº 13.303/2016)	Programa Destaque de Estatais da B3

Fonte: adaptado de IBGC, 2018.[115]

18.7.2 Empresas familiares

Organizações empresariais familiares são consideradas um dos tipos mais prevalentes em todo o mundo. Tais organizações podem ser empresas de capital fechado ou aberto, mas têm como principal característica a participação da família como acionista controlador e com poder para influenciar o processo decisório (seja nos cargos diretivos ou no conselho de administração).[116]

Evidências de pesquisas apontam que as empresas familiares são mais comuns em países com mercado de capitais menos desenvolvido e/ou com menores índices de liquidez. Nesses países, as empresas buscam um modelo de emissão de dívida por meio de financiamentos, emissão de debêntures e empréstimos, ao contrário de países em que a busca por capital externo ocorre via emissão de ações. Assim, grupos familiares permanecem por mais tempo como controladores e a empresa acaba por ser transferida entre as gerações da família.[117]

Outros resultados de pesquisas com empresas familiares evidenciam que elas também podem ter comportamento de maior aversão ao risco, principalmente focando na manutenção da riqueza da família. Tal comportamento é considerado fator de alinhamento de expectativas entre acionistas e gestores de forma a minimizar o conflito do tipo 1.[118] Entretanto, a presença de um controlador com outros interesses além da geração de valor para a companhia pode proporcionar impactos negativos para os conflitos do tipo 2 e tipo 4.

Assim, para resolver tais problemas, uma empresa familiar precisa estabelecer parâmetros para que a presença dos grupos familiares não crie problemas como a existência de transações com partes relacionadas, nepotismo, priorização dos interesses da família em detrimento dos objetivos da companhia e dos interesses dos acionistas. Uma das principais medidas que podem auxiliar a governança corporativa das empresas familiares consiste na definição de um protocolo familiar para a clara definição dos papéis da família e da empresa. É importante ressaltar que esse protocolo deve estar alinhado às boas práticas e atendendo aos requisitos do papel dos demais órgãos de governança da empresa, tais como o conselho de administração, conselho fiscal, comitês e assembleias de sócios.

18.7.3 Outros tipos de organizações

Este tópico é dedicado à descrição da governança corporativa para organizações específicas que não podem ser consideradas empresas. Destacamos três tipos de organizações: cooperativas, associações e fundações do terceiro setor e agências reguladoras.

Entre essas três organizações, o modelo mais próximo de uma empresa consiste nas cooperativas, que congregam um conjunto de sócios e podem atuar em diversos mercados e cadeias produtivas. Entretanto, apesar de um objeto definido, existem duas diferenças significativas entre cooperativas e empresas: o sistema de sociedade apresenta-se como "uma pessoa, um voto", ou seja, não existe voto proporcional ao capital aportado; não existe repartição de lucros. Os mecanismos de monitoramento nessas condições tornam-se complicados, pois os gestores da cooperativa podem agir em desalinhamento com os demais associados que têm poucos incentivos para participar de forma ativa da fiscalização e do controle. Diante disso, algumas recomendações para a melhoria da governança da cooperativa consistem em estimular a maior participação dos cooperados, o fortalecimento dos comitês, o estabelecimento de formas de avaliação dos executivos e os mecanismos para evitar a captura da cooperativa por grupos de interesse com maior participação do que os demais no processo decisório.[119]

Outro dos grupos analisados nesta seção consiste nas associações e fundações do terceiro setor. Essas organizações têm similaridades com as cooperativas, entretanto possuem diferenças mais significativas com grupos empresariais. Os principais problemas em relação às fundações e associações consistem em sua finalidade, que pode ser desde uma associação de classe (ex.: sindicato) ou uma fundação mantida com recursos de um grupo empresarial (ex.: Fundação Bradesco). Diante desse universo de possibilidades, é importante ressaltar que não existe um modelo único de governança que se aplique a todas as organizações do terceiro setor. Porém, algumas práticas são fundamentais. A primeira delas consiste em um delineamento claro dos objetivos da associação, para minimizar as possibilidades de conflitos de agenda entre a associação e o ente patrocinador. A segunda consiste em planos de remuneração e avaliação da diretoria de acordo com as metas estabelecidas pela organização. Por fim, a terceira consiste em gerar engajamento entre os participantes da associação para que eles possam atuar na fiscalização e no monitoramento dos agentes.[120]

A última organização dessa discussão consiste nas agências reguladoras. Esse grupo consiste em algo bastante diferente, mas também emergente. Essas organizações tiveram sua expansão no Brasil após os processos de privatização pelos quais o país passou desde os anos 1990. Desse modo, entende-se que elas eram agentes voltados para o monitoramento do mercado e entes que deveriam zelar pela boa relação entre organizações (sobretudo aquelas em condições de monopólio) e a sociedade. Entretanto, muitos problemas ocorreram ao longo do tempo, sobretudo com o risco de captura dessas entidades ora pelo poder político, ora por grupos empresariais. Diante disso, elementos como a Lei nº 13.848/2019 e o documento de orientação do IBGC sobre agências reguladoras apontaram caminhos para a melhoria da governança dessas entidades.[121] Alguns desses itens versam sobre a busca por maior transparência perante a sociedade, processos de

indicação que levem em conta a separação entre Estado e governo, eliminação de agentes que possam ter conflitos de interesse e estabelecimento de regras de avaliação para a direção destes entes. Por fim, entende-se que tais agências ainda são consideradas novos atores no modelo econômico brasileiro e que seu aperfeiçoamento requer estabilização nos marcos regulatórios que foram iniciados em 2014 e ainda estão em processo de consolidação.[122]

18.8 CONSIDERAÇÕES FINAIS E QUESTÕES

Governança corporativa é um dos temas mais discutidos na administração contemporânea. É notório que, cada vez mais, as organizações procuram adotar boas práticas de governança corporativa. Esse interesse deve-se principalmente aos potenciais benefícios que um bom sistema de governança pode oferecer. Neste capítulo, vimos, por meio de minicasos e outros exemplos, como a falta de uma boa governança corporativa pode comprometer a atuação das organizações, independentemente de qual tipo estamos falando – empresas de capital aberto, familiares, estatais ou organizações sem fins lucrativos.

Entender o funcionamento da governança corporativa é compreender como uma organização opera, pois governança trata de saber em nome de quem as organizações são governadas. Sempre que houver duas ou mais pessoas se organizando para um objetivo e delegando poder para tal, haverá uma relação de governança. Isso é relevante, pois pode auxiliar a ter um entendimento expandido sobre a administração. A partir da leitura deste capítulo, você passa a saber que a estrutura de poder de uma organização não termina necessariamente em seu presidente ou diretor geral, mas que ela envolve os relacionamentos entre sócios, estruturas de controle e demais *stakeholders*. Organizações que têm esse entendimento e seguem os princípios de governança corporativa podem ter melhores condições de se manterem no longo prazo.

CONTRIBUIÇÕES DO CAPÍTULO PARA A ADMINISTRAÇÃO CONTEMPORÂNEA

a) A governança corporativa, por meio de seus princípios, fundamentos e práticas, contribui para a criação de valor no longo prazo da organização – considerando, para tal, os relacionamentos entre sócios, gestores e os diferentes *stakeholders*.

b) Governança corporativa trata da delegação de poder na esfera estratégica das organizações. Entender como a governança de uma organização está estruturada ajuda na compreensão do processo de decisão estratégica.

c) Existem diferentes tipos de problemas de governança derivados da delegação de poder, cada organização pode ser suscetível a apresentar um ou outro tipo de problema. Conhecer os problemas facilita para saber quais práticas de governança a organização deve adotar.

d) Como um assunto da administração contemporânea, a governança corporativa possui diferentes lentes teóricas (teoria da agência, teoria da custódia e teoria dos *stakeholders*). Para o administrador, o importante é saber o que fundamenta cada uma e como utilizá-las de forma combinada para entender a atuação das organizações.

e) A atuação de uma empresa é pautada pelos mecanismos internos e externos de governança corporativa. É fundamental saber como eles exercem pressão sobre a organização, para escolher quais as melhores estratégias de relacionamento com os diferentes *stakeholders*.

f) Há um número considerável de boas práticas de governança corporativa. Não é necessário adotar todas elas. O fundamental é saber quais são as mais adequadas para cada organização, conforme a sua complexidade e o seu estágio de maturidade.

g) Governança corporativa não é um fim, mas um meio para que a organização alcance seus objetivos. Mais importante do que adotar boas práticas é ter a consciência da razão por que a organização escolheu determinadas práticas e que elas estejam em linha com os princípios da governança.

QUESTÕES PARA REFLEXÃO

1) Por que, mesmo com o interesse crescente em governança corporativa, algumas empresas se envolvem em escândalos corporativos?

2) Por que o conselho de administração é considerado o coração da governança corporativa?

3) A cultura brasileira é marcada por um elevado distanciamento entre as pessoas e o poder. Quais implicações isso pode acarretar na governança corporativa?

QUESTÕES PARA AVALIAÇÃO DO CONHECIMENTO

1) Por que a governança corporativa deriva da delegação de poder?

2) Quais as semelhanças e diferenças entre a teoria da agência e a teoria da custódia? Para responder, considere os pressupostos de cada uma.

3) Por que a adoção de práticas de governança corporativa ocorreu primeiro em empresas listadas em bolsa de valores?

4) Por que a governança corporativa varia conforme o tipo de organização?

5) Como os mecanismos externos de governança corporativa contribuem para a melhoria da governança de uma organização?

6) Por que não é recomendado que uma organização adote todas as práticas existentes nos códigos de governança corporativa?

REFERÊNCIAS

[1] MACHADO FILHO, C. P. *Responsabilidade social e governança:* o debate e as implicações. São Paulo: Thomson, 2006.

[2] BERLE, A.; MEANS, G. *The modern corporation and private property.* New York: McMillan, 1932

[3] *Idem, ibidem.*

[4] BECHT, M.; BOLTON, P.; RÖELL, A. A. Corporate governance and control. *ECGI – Finance Working Paper 2*, 1-122, 2002; SHLEIFER, A.; VISHNY, R. W. A survey of corporate governance. *The Journal of Finance, 52*(2), 737-783, 1997; TIROLE, J. *The theory of corporate.* Princeton, NJ: Princeton University Press, 2006.

[5] HAMBRICK, D. C.; WERDER, A. V.; ZAJAC, E. J. New directions in corporate governance research. *Organization Science, 19*(3), 381-385, 2008.

[6] DAVIS, G. F. New directions in corporate governance. *Annual Review of Sociology*, 31, 143-162, 2005.

[7] AOKI, M. *Toward a comparative institutional analysis.* Cambridge, MA: MIT Press, 2001.

[8] CLARKE, T. *Theories of corporate governance:* the philosophical foundations of corporate governance. Oxon: Routledge, 2004.

[9] NORTH, D. C. *Institutions, institutional change, and economic performance.* New York, NY: Cambridge University Press, 1990.

10 INSTITUTO BRASILEIRO DE GOVERNANÇA CORPORATIVA (IBGC). *Código das melhores práticas de governança corporativa.* São Paulo: IBGC, 2015.

11 SILVEIRA, A. D. M. *Governança corporativa no Brasil e no mundo:* teoria e prática. 2. ed. Rio de Janeiro: Elsevier, 2015.

12 JENSON, M. C.; MECKLING, W. H. Theory of the firm: managerial behavior, agency costs and ownership structure. *Journal of Financial Economics, 3*(4), 305-360, 1976.

13 FAMA, E. F.; & JENSEN, M. C. Separation of ownership and control. *The Journal of Law and Economics,* 26(2), 301-325, 1983.

14 WILLIAMSON, O. E. *The mechanisms of governance.* New York: Oxford University Press, 1996.

15 HAYEK, F. The use of knowledge in society. *The American Economic Review,* 35(4), p. 519-530, 1945.

16 SILVEIRA, A. D. M. *Governança corporativa, desempenho e valor da empresa no Brasil.* 2002. Dissertação (Mestrado) – Universidade de São Paulo, São Paulo, 2002. p. 14.

17 AGUILERA, R. V.; DESENDER, K.; BEDNAR, M. K.; LEE, J. H. Connecting the dots: bringing external corporate governance into the corporate governance puzzle. *The Academy of Management Annals,* 9(1), 483-573, 2015.

18 EISENHARDT, K. M. Agency theory: an assessment and review. *Academy of Management Review, 14*(1), 57-74, 1989.

19 DAILY, C. M.; DALTON, D. R.; CANNELLA, A. A. Corporate governance: decades of dialogue and data. *Academy of Management Review,* 28(3), 371382, 2003.

20 EISENHARDT, K. M. Agency theory: an assessment and review. *Academy of Management Review, 14*(1), 57-74, 1989.

21 *Idem, ibidem.*

22 LA PORTA, R.; LOPEZ-DE-SILANES, F.; SHLEIFER, A.; VISHNY, R. W. Legal determinants of external finance. *The Journal of Finance,* 52(3), 1131-1150, 1997.

23 EISENHARDT, K. M. *Op. cit.,* 1989.

24 DONALDSON, L.; DAVIS, J. H. CEO governance and shareholder returns; Agency theory or stewardship theory. *Paper presented at the annual meeting of the Academy of Management.* Washington, DC, 1989; DONALDSON, L.; DAVIS, J. H. Stewardship theory or agency theory: CEO governance and shareholder returns. *Australian Journal of Management.* 16(1), 49-64, 1991.

25 DAVIS, J. H.; SCHOORMAN, D. F.; DONALDSON, L. Toward a stewardship theory of management. *Academy of Management Review,* 22(1), 20-47, 1997.

26 ARGRYIS, C. Organization man: rational and self-actualizing. *Public Administration Review,* 33(4), 354-357, 1973; MCGREGOR, D. *The human side of the enterprise.* New York: McGraw-Hill, 1960; MASLOW, A. H. *Motivation and personality.* New York: Harper & Row, 1970.

27 ARGRYIS, C. Organization man: rational and self-actualizing. *Public Administration Review,* 33(4), 354-357, 1973.

28 DAVIS, J. H.; SCHOORMAN, D. F.; DONALDSON, L. Toward a stewardship theory of management. *Academy of Management Review,* 22(1), 20-47, 1997.

29 *Idem, ibidem.*

30 *Idem,* p. 39.

31 *Idem, ibidem.*

32 BAZERMAN, M. H.; MOORE, D. *Processo decisório.* Rio de Janeiro: Elsevier, 2010.

33 TVERSKY, A.; KAHNEMAN, D. Prospect theory: an analysis of decision under risk. *Econometrica,* 47(2), 263-291, 1979.

34 DAVIS, J. H.; SCHOORMAN, D. F.; DONALDSON, L. *Op. cit.,* 1997.

35 FREEMAN, R. E. *Strategic management:* a stakeholder approach. Boston: Pitman, 1984.

36 FREEMAN, R. E. *Managing for stakeholders.* Available at SSRN. 2007. Disponível em: http://dx.doi.org/10.2139/ssrn.1186402. Acesso em: 21 maio 2021.

37 *Idem, ibidem.*

38 *Idem, ibidem.*

39 DONALDSON, T.; PRESTON, L. E. The stakeholder theory of the corporation: concepts, evidence, and implications. *Academy of Management Review,* 20(1), 65-91, 1995.

40 BARAKAT, S. R. *Capacidades organizacionais e a sinergia na criação de valor para stakeholders.* 2018. Tese (Doutorado) – Universidade de São Paulo, São Paulo, 2018.

41 AGUILERA, R. V.; DESENDER, K.; BEDNAR, M. K.; LEE, J. H. Connecting the dots: bringing external corporate governance into the corporate governance puzzle. *The Academy of Management Annals,* 9(1), 483-573, 2015.

42 FREEMAN, R. E. *Op. cit.,* 2007.

43 FREEMAN, R. E. *Managing for stakeholders.* Available at SSRN. 2007. Disponível em: http://dx.doi.org/10.2139/ssrn.1186402. Acesso em: 21 maio 2021.

44 JENSEN, M. C. Value maximization, stakeholder theory, and the corporate objective function. *Journal of Applied Corporate Finance*, 14(3), 8-21, 2001.

45 *Idem, ibidem.*

46 VILLALONGA, B.; AMIT, R.; TRUJILLO, M.-A.; GUZMÁN, A. Governance of family firms. *Annu. Rev. Financ. Econ.* 7, 635-654, 2015.

47 FAMA, E. F.; JENSEN, M. C. Separation of ownership and control. *The Journal of Law and Economics*, 26(2), 301-325, 1983.

48 D'MELLO, R.; MIRANDA, M. Long-term debt and overinvestment agency problem. *J. Bank. Financ.* 34, 324-335, 2010.

49 *Idem, ibidem.*

50 SUNO RESEARCH. *IRB x Squadra: discussão sobre conflito de interesse agita o mercado.* Disponível em: https://www.sunoresearch.com.br/noticias/irb-x-squadra-agita-mercado/. Acesso em: 25 maio 2020.

51 VALOR INVESTE. *Berkshire Hathaway, de Warren Buffett, nega ter comprado ações do IRB.* Disponível em: https://valorinveste.globo.com/mercados/renda-variavel/empresas/noticia/2020/03/04/berkshire-hathaway-de-warren-buffett-nega-ter-comprado-acoes-do-irb.ghtml. Acesso em: 25 maio 2020.

52 COMDINHEIRO. *Extração de informações financeiras.* Disponível em: https://www.comdinheiro.com.br. Acesso em: 25 maio 2020.

53 FAMA, E. F.; & JENSEN, M. C. *Op. cit.*, 1983.

54 SILVEIRA, A. D. M. *Op. cit.*, 2015.

55 GROSSMAN, S. J.; HART, O. D. The costs and benefits of ownership: a theory of vertical and lateral integration. *J. Polit. Econ.* 94, 691-719, 1986.

56 LINS, K. V. Equity ownership and firm value in emerging markets. *J. Financ. Quant. Anal.* 38, 159184, 2003.

57 LAZZARINI, S. G.; MUSACCHIO, A. State ownership reinvented? Explaining performance differences between state-owned and private firms. *Corp. Gov. An Int. Rev.* 26, 255272, 2018.

58 DHILLON, A.; ROSSETTO, S. Ownership structure, voting, and risk. *Rev. Financ. Stud.* 28, 521-560, 2015.

59 MORCK, R.; YEUNG, B. Family controll and the rent-seeking society. *Entrep. Theory Pract.* 391-410, 2004.

60 ÉPOCA NEGÓCIOS. *JBS doou mais de R$ 300 milhões a campanhas em 2014, aponta FGV.* Disponível em: https://epocanegocios.globo.com/Brasil/noticia/2017/05/jbs-doou-mais-de-r-300-milhoes-campanhas-em-2014-aponta-fgv.html. Acesso em: 25 maio 2020.

61 NEXO JORNAL. *O que é insider trading. E o caso de Wesley Batista da JBS.* Disponível em: https://www.nexojornal.com.br/podcast/2019/05/07/O-que-%-C3%A9-insider-trading.-E-o-caso-de-Wesley-Batista-da-JBS. Acesso em: 25 maio 2020.

62 COMDINHEIRO. *Extração de informações financeiras.* Disponível em: https://www.comdinheiro.com.br. Acesso em: 25 maio 2020.

63 FAMA, E. F.; JENSEN, M. C. *Op. cit.*, 1983; WILLIAMSON, O. E. *The mechanisms of governance.* New York: Oxford University Press, 1996.

64 VILLALONGA, B.; AMIT, R. How do family ownership, control and management affect firm value? *J. financ. econ.* 80, 385417, 2006.

65 YAHOO FINANÇAS. *CEO da Saraiva pede demissão antes de completar três meses no cargo.* Disponível em: https://br.financas.yahoo.com/noticias/ceo-da-saraiva-pede-demiss%C3%A3o-173753540.html. Acesso em 06 agosto 2020.

66 ISTOÉ DINHEIRO. *Herdeiro do papel.* Disponível em: https://www.istoedinheiro.com.br/noticias/mercado-digital/20141114/herdeiro-papel/208546. Acesso em 06 ago. 2020.

67 BLOOMBERG. *Saraiva perde 88% do valor em 5 anos em meio a briga de sócios.* Disponível em: https://www.bloomberg.com.br/blog/saraiva-perde-88-valor-em-5-anos-em-meio-briga-de-socios/. Acesso em: 06 ago. 2020.

68 FOLHA DE SÃO PAULO. *Credores querem família fora da gestão da livraria Saraiva.* Disponível em: https://www1.folha.uol.com.br/mercado/2019/08/credores-querem-familia-fora-da-gestao-da-livraria-saraiva.shtml. Acesso em 06 agosto 2020.

69 COMDINHEIRO. *Extração de informações financeiras.* Disponível em: https://www.comdinheiro.com.br. Acesso em: 25 maio 2020.

70 VILLALONGA, B.; AMIT, R.; TRUJILLO, M.-A.; GUZMÁN, A. Governance of family firms. *Annu. Rev. Financ. Econ.* 7, 635-654, 2015; ANDERSON, R. C.; REEB, D. M. Founding-family ownership and firm performance : evidence from the S & P 500. *Am. Finanance Assoc.* 58, 1301-1328, 2003.

71 ANDERSON, R. C.; REEB, D. M. Founding-family ownership and firm performance : evidence from the S & P 500. *Am. Finanance Assoc.* 58, 1301-1328, 2003; CHRISMAN, J. J.; PATEL, P. C. Variations in r & d investments of family and nonfamily eirms : behavioral agency and myopic loss aversion perspectives. *Acad. Manag. J.* 55, 976-997, 2012.

72 CAVALCANTE, E. D. C.; MAGALHÃES, M. R. A.; MELO, G. T.; SALLES, L.F.; PINTO, R. F. Não há bem que dure sempre, nem mal que nunca se acabe": o caso da Dudalina S/A. Artigo apresentado no 38º ENCONTRO DA ASSOCIAÇÃO NACIONAL DE

PÓS-GRADUAÇÃO E PESQUISA EM ADMINISTRAÇÃO, Rio de Janeiro, 2014.

73 EXAME. *Uma empresa, a Dudalina, e 16 irmãos em conflito.* Disponível em: https://exame.com/revista--exame/os-dezesseis-filhos-de-adelina/. Acesso em: 06 agosto 2020.

74 ENDEAVOR. *O que aprendi sobre conflitos familiares na Dudalina.* Disponível em: https://endeavor.org.br/pessoas/conflitos-empresas-familiares-dudalina/. Acesso em: 06 agosto 2020.

75 TIROLE, J. *The theory of corporate.* Princeton, NJ: Princeton University Press, 2006.

76 DAVIS, J. H.; SCHOORMAN, D. F.; DONALDSON, L. *Op. cit.*, 1997.

77 AGUILERA, R. V.; DESENDER, K.; BEDNAR, M. K.; LEE, J. H. Connecting the dots: bringing external corporate governance into the corporate governance puzzle. *The Academy of Management Annals,* 9(1), 483-573, 2015.

78 CLARKE, T. *Theories of corporate governance:* the philosophical foundations of corporate governance. Oxon: Routledge, 2004.

79 AGUILERA, R. V.; DESENDER, K.; BEDNAR, M. K.; LEE, J. H. *Op. cit.*, 2015.

80 EISENHARDT, K. M. *Op. cit.*, 1989.

81 SILVEIRA, A. D. M. *Op. cit.*, 2015.

82 INSTITUTO BRASILEIRO DE GOVERNANÇA CORPORATIVA (IBGC). *Código das melhores práticas de governança corporativa.* São Paulo: IBGC, 2015.

83 FAMA, E. F.; JENSEN, M. C. *Op. cit.*, 1983.

84 *Idem, ibidem.*

85 TIROLE, J. *The theory of corporate.* Princeton, NJ: Princeton University Press, 2006.

86 AGUILERA, R. V.; DESENDER, K.; BEDNAR, M. K.; LEE, J. H. *Op. cit.*, 2015.

87 TIROLE, J. *Op. cit.*, 2006.

88 *Idem, ibidem,*

89 *Idem, ibidem.*

90 *Idem, ibidem.*

91 AGUILERA, R. V.; DESENDER, K.; BEDNAR, M. K.; LEE, J. H. *Op. cit,* 2015.

92 TIROLE, J. *Op. cit.*, 2006.

93 NORTH, D. C. *Institutions, institutional change, and economic performance.* New York, NY: Cambridge University Press, 1990.

94 AGUILERA, R. V.; DESENDER, K.; BEDNAR, M. K.; LEE, J. H. *Op. cit.*, 2015.

95 DALTON, D. R.; HITT, M. A.; CERTO, S. T.; DALTON, C. M. The fundamental agency problem and its mitigation: independence, equity, and the market for corporate control. *The Academy of Management Annals,* 1(1), 1-64, 2007.

96 JENSEN, M. C. Takeovers: folklore and science. *Harvard Business Review*, 62(6), 109-121, 1984.

97 AGUILERA, R. V.; DESENDER, K.; BEDNAR, M. K.; LEE, J. H. *Op. cit.*, 2015.

98 DESENDER, K.; AGUILERA, R. V.; CRESPI, R.; GARCIA-CESTONA, M. When does ownership matter? Board characteristics and behavior. *Strategic Management Journal*, 34(7), 823-842, 2013.

99 AGUILERA, R. V.; DESENDER, K.; BEDNAR, M. K.; LEE, J. H. *Op. cit.*, 2015.

100 BOLSA, BRASIL BALCÃO (B3). *Segmentos de listagem.* Disponível em: http://www.b3.com.br/pt_br/produtos--e-servicos/solucoes-para-emissores/segmentos-de--listagem/sobre-segmentos-de-listagem/. Acesso em: 5 agosto 2020.

101 AGUILERA, R. V.; DESENDER, K.; BEDNAR, M. K.; LEE, J. H. *Op. cit.*, 2015.

102 JUDGE, W. Q.; GAUR, A.; MULLER-KAHLE, M. I. Antecedents of shareholder activism in target firms: evidence from a multi-country study. *Corporate Governance: An International Review,* 18(4), 258-273, 2010.

103 BEDNAR, M. K.; BOIVIE, S.; PRINCE, N. R. Burr under the saddle: How media coverage influences strategic change. *Organization Science*, 24(3), 910-925, 2013.

104 AGUILERA, R. V.; DESENDER, K.; BEDNAR, M. K.; LEE, J. H. Connecting the dots: bringing external corporate governance into the corporate governance puzzle. *The Academy of Management Annals,* 9(1), 483-573, 2015.

105 SILVEIRA, A. D. M. *Governança corporativa no Brasil e no mundo:* teoria e prática. Rio de Janeiro: Elsevier, 2010.

106 INSTITUTO BRASILEIRO DE GOVERNANÇA CORPORATIVA (IBGC). *Código das melhores práticas de governança corporativa.* São Paulo: IBGC, 2015.

107 INSTITUTO BRASILEIRO DE GOVERNANÇA CORPORATIVA (IBGC). *Código das melhores práticas de governança corporativa.* São Paulo: IBGC, 2015.

108 *Idem, ibidem.*

109 *Idem, ibidem.*

110 *Idem, ibidem.*

111 *Idem, ibidem.*

112 SILVEIRA, A. D. M. *Op. cit.*, 2015.

113 ADES, A.; DI TELLA, R. Rents, competition, and corruption. *Am. Econ. Rev.* 89, 982-993, 1999.

114 LAZZARINI, S. G.; MUSACCHIO, A. State ownership reinvented? Explaining performance differences between state-owned and private firms. *Corp. Gov. An Int. Rev.* 26, 255272, 2018.

115 IBGC, I. B. de G. C. *Governança de agências reguladoras*, 2018.

116 CHUA, J. H.; CHRISMAN, J. J.; STEIER, L. P.; Rau, S. B. Sources of Heterogeneity in Family Firms: An Introduction. *Entrep. Theory Pract.* 36, 1103-1113, 2012.

117 ANDERSON, R. C.; REEB, D. M. Founding-family ownership and firm performance : evidence from the S & P 500. *Am. Finance Assoc.* 58, 1301-1328, 2003;

CHUA, J. H.; CHRISMAN, J. J.; STEIER, L. P.; Rau, S. B. Sources of Heterogeneity in Family Firms: An Introduction. *Entrep. Theory Pract.* 36, 1103-1113, 2012.

118 VILLALONGA, B.; AMIT, R.; TRUJILLO, M.-A.; GUZMÁN, A. *Op. cit.*, 2015.

119 IBGC, I. B. de G. C. *Guia das melhores práticas de governança para cooperativas*. 2016.

120 IBGC, I. B. de G. C. *Guia das melhores práticas para organizações do terceiro setor: associações e fundações*. 2016.

121 SILVEIRA, A. D. M. *Governança corporativa, desempenho e valor da empresa no Brasil*. 2002. Dissertação (Mestrado) – Universidade de São Paulo, São Paulo, 2002.

122 IBGC. *Evolução do arcabouço regulatório*. 2018.

Capítulo 19
Gestão da inovação

Assista ao **vídeo**

Marcelo Amaral
Thiago Borges Renault
Julia Paranhos de Macedo Pinto

Pontos de aprendizado

Neste capítulo, o leitor poderá aprofundar seu conhecimento sobre:
- O conceito de inovação.
- A noção de ciência e tecnologia e a relevância do tema para o desenvolvimento econômico.
- A gestão de pesquisa, desenvolvimento e inovação no âmbito das empresas.

RESUMO

O capítulo discute a relevância do tema inovação, a partir das transformações na forma de produzir e consumir bens e serviços, trazidas pelo avanço das tecnologias de informação e o movimento de globalização econômica, que ampliaram os mercados e demandaram revisão nas estratégias competitivas das empresas. A partir desse preâmbulo, os conceitos Schumpeteriano e moderno de inovação, em suas vertentes de produto e de processo de negócios, são apresentados. Classificações e tipologias complementares relacionadas com o grau e a abrangência da inovação são trazidos à baila como forma de discutir a gestão da inovação nos âmbitos nacional, regional/local e empresarial, o que permite ao leitor formar amplo espectro sobre o tema, compreendendo a importância da inovação para a economia e a administração.

19.1 INTRODUÇÃO

Nos últimos 40 anos, a inovação e o empreendedorismo tornaram-se duas forças vitais da economia e da sociedade. Nem sempre foi assim.[1] Durante o paradigma Fordista-Keynesiano dominante no século XX, centrado na produção e no consumo em massa, a inovação estava no radar das empresas e do governo, mas era apenas um item secundário da estratégia das organizações. O foco da economia eram as escalas de produção que permitiam às empresas buscarem alto grau de eficiência[2] e a construção de oligopólios/monopólios. Tratava-se de uma economia orientada ao capital físico, em que a homogeneização, a produtividade e a qualidade eram as palavras de ordem.[3]

O terceiro paradigma industrial, ou era da computação, emerge no fim do século XX e altera a relação entre os fatores de produção capital e trabalho elevando o conhecimento e as ideias ao centro do processo produtivo.[4] Ao longo dos últimos 40 anos, a economia vem se transformando de uma economia de produtos para uma economia de serviços, ambos, produtos e serviços, com alto grau de conhecimento incorporado. A microinformática e a difusão das tecnologias de informação e comunicação (TIC), notadamente a internet, alteraram a forma de se acessar bens e serviços. O consumo de bens intangíveis ampliou-se e já nesta segunda década do século XXI vivemos em uma economia da informação e do conhecimento.[5]

SAIBA MAIS

Um exemplo da intangibilização do consumo é que, atualmente, para ouvir música, em vez de comprarmos um CD ou o um disco de vinil, fazemos uma assinatura do Spotify. Mesmo ainda consumindo grande quantidade de bens físicos ou tangíveis, esses bens têm cada vez mais serviços associados. Ao comprar uma geladeira, por exemplo, compramos também os serviços de financiamento, garantia, transporte e instalação e, quando necessário, assistência técnica. Possivelmente, a maior parcela do valor pago refere-se mais a esses serviços do que ao bem em si. Isso, por outro lado, não significa que a produção industrial deixou de ser relevante.

Peter Drucker, o organizador da ciência da administração, postulou nos anos 1990 que "...o fator de produção decisivo não é mais nem o capital nem o trabalho, mas o conhecimento".[6]

PARA REFLEXÃO

O conhecimento pode ser definido sinteticamente como o estoque de informações (dados e conteúdo) absorvido a partir do ponto de vista do conhecimento prévio acumulado, das crenças e dos compromissos do receptor.[7] De forma simplificada, enquanto informação é fluxo, conhecimento é estoque.

Outro fator que acelerou o processo de inovação foi a globalização em si. O maior volume de comércio e fluxo de capitais entre os países ampliou o mercado e a competição entre as empresas. Por outro lado, as TIC também permitem às empresas fragmentarem seus processos produtivo e logístico de forma a buscarem novas vantagens competitivas e novos mercados. Assim, para o desenvolvimento de bens e serviços, cada vez mais é ne-

cessário incorporar novos conhecimentos, isto é, inovar, o que é feito por meio da gestão de inovação, que envolve a gestão de um portfólio de Pesquisa e Desenvolvimento (P&D) combinado com o esforço em colocar no mercado as novas tecnologias resultantes. A competição entre empresas e países acirra-se, agora não mais centrada somente nas economias de escala e vantagens comparativas, mas, sim, em vantagens competitivas sustentadas por ciclos de inovação baseados em penetração em mercados consumidores.[8] Nesse sentido, diversos pensadores e pesquisadores sinalizam a emergência de uma ciência da inovação,[9] no mesmo nível das ciências econômicas, administrativas e de engenharia.

Já neste milênio, uma nova revolução industrial, chamada de indústria 4.0, que essencialmente é uma nova etapa de automação baseada em novas tecnologias (sensores, inteligência artificial, *big data*, entre outras), associada a novos modelos de negócios e à emergência de questões como o aquecimento global e a sustentabilidade, geram um ambiente propício ao desenvolvimento e à difusão de um novo conjunto de inovações. Parte delas é incorporada ao conceito de transformação digital e parte às indústrias nascentes, como bioinformática e de tecnologias limpas.

Após este breve contexto histórico, o capítulo apresenta conceitos básicos de inovação, centrados na Escola Neoschumpeteriana, e é estruturado em quatro partes: conceitos básicos, conceitos complementares e abordagens macro e micro do processo de inovação. O tema do empreendedorismo é tratado de forma complementar e será explorado no Capítulo 20.

19.2 CONCEITO

As pessoas, em geral, percebem a inovação como algum produto novo, frequentemente, um produto de tecnologia avançada, como aparelhos de telefonia celular e televisores com tecnologia 4k. Essa associação está correta, mas é apenas a parte visível de um enorme *iceberg*.

As Escolas Econômicas Clássica e Neoclássica tratavam a inovação como um elemento exógeno, ou seja, não determinado pelas forças econômicas. O primeiro autor a refutar os princípios clássicos (maximização do lucro no curto prazo, racionalidade dos agentes e tendência ao equilíbrio de mercado) e romper com essa noção foi Joseph Alois Schumpeter, em seu livro *Teoria do desenvolvimento econômico*, de 1912.[10] Para ele, a inovação é parte essencial da atividade econômica e determina a capacidade de competir da empresa. Schumpeter afirma que a empresa é o *locus* onde a inovação tecnológica ocorre e o processo é definido, de forma abrangente, como:

- A introdução de um novo bem ou ainda uma nova qualidade ou a utilização de um bem.
- A introdução de um novo método de produção ou uma nova maneira de manejar comercialmente uma mercadoria.
- A abertura de um novo mercado.
- A conquista de uma nova fonte de matérias-primas ou de semimanufaturados.
- O estabelecimento de uma nova organização de qualquer indústria na criação ou na quebra de um monopólio.

Essa definição abrangente cobre não somente o novo em si, mas também novas formas e meios de se fazer algo. Nesse contexto, o conceito de inovação é amplo e, talvez por isso, tão aplicável ao cotidiano das empresas que buscam diferenciação e criação de vantagens competitivas em relação à concorrência.

As ideias de Schumpeter ficaram em segundo plano durante as guerras e crises econômicas da primeira metade do século XX. A partir dos anos 1960, são revisitadas e trazidas para o centro do pensamento econômico (*mainstream*) dando origem à Escola Neoshumpeteriana, que coloca a inovação tecnológica como elemento central do desenvolvimento econômico. Outro conceito importante que aparece na literatura de Schumpeter é o de empreendedorismo, sendo em essência a ideia de alocar recursos escassos da economia de forma mais eficiente, muitas vezes a partir de um empreendimento novo. Quem faz tal alocação e corre os riscos é o chamado empreendedor, que merece retornos adicionais em função do risco que assume. Desde então, os conceitos de empreendedorismo e inovação caminham juntos na economia. Segundo Peter Drucker, "a inovação é o instrumento específico dos empreendedores, o processo pelo qual eles exploram a mudança como uma oportunidade para um negócio diferente ou um serviço diferente".[11]

SAIBA MAIS

Joseph Alois Schumpeter foi um economista e cientista político austríaco. É considerado um dos mais importantes economistas do século XX e foi um dos primeiros a considerar as inovações tecnológicas como motor do desenvolvimento capitalista. Na visão de Schumpeter sobre o capitalismo, a atitude inovadora de empreendedores é a força disruptiva que sustenta o crescimento econômico, mesmo destruindo o valor de empresas estabelecidas e de trabalhadores que gozavam de algum grau de poder de monopólio derivado de paradigmas tecnológicos, organizacionais, regulatórios e econômicos anteriores. No entanto, ele era pessimista em relação à sustentabilidade desse processo, considerando-o como eventualmente destrutivo dos próprios quadros institucionais do capitalismo. Um dos conceitos mais conhecidos é a expressão "destruição criativa", que foi popularizada em seu livro *Capitalismo, socialismo e democracia*, publicado em 1942. Para ele, o "vendaval da destruição criativa" descreve o "processo de mutação industrial que revoluciona incessantemente a estrutura econômica por dentro, destruindo incessantemente o antigo, criando incessantemente um novo". Além disso, marcou profundamente a história da reflexão política com sua teoria democrática, a qual redefiniu o sentido de democracia, tida como uma simples maneira de gerar uma minoria governante legítima, ou seja, uma definição procedimental que passa a ser a base de diversas concepções posteriores.
Fonte: https://pt.wikipedia.org/wiki/Joseph_Schumpeter

POR DENTRO DA TEORIA

Escola Neochumpeteriana

Muitos economistas e sociólogos contemporâneos têm trabalhado sob a inspiração das ideias de Schumpeter. A partir do final dos anos 1970, os chamados "neoschumpeterianos" difundiram amplamente o emprego de analogias biológicas para explicar o caráter evolutivo do desenvolvimento capitalista e sobretudo do processo de mudança tecnológica. Defendem que a inovação constitui o determinante da dinâmica econômica, sendo, ao mesmo tempo, fundamental para definir os padrões de competitividade econômica, em especial no atual quadro de aumento da competitividade regional e global. Entre os principais economistas desta corrente destacam-se Christopher Freeman, Carlota Perez, Nathan Rosenberg, Richard Nelson, Keith Pavitt, Sidney Winter e Giovanni Dosi, este último desenvolveu o conceito de paradigmas e trajetórias tecnológicas, inspirado na teoria de Thomas Kuhn.
Fonte: https://pt.wikipedia.org/wiki/Joseph_Schumpeter

Nos últimos 50 anos, estudiosos e praticantes desenvolveram um leque de conceitos, definições e modelos com vistas a ampliar a compreensão do fenômeno e permitir o seu melhor gerenciamento. Para a melhor compreensão do que é inovação, é importante distingui-la dos termos *descoberta* e *invenção*, que muitas vezes são utilizados como substitutos ou similares, entretanto não o são. A descoberta é a de compreensão, entendimento ou revelação de fenômenos da natureza. Por exemplo, a compreensão do funcionamento do ciclo das águas na natureza realizada na pesquisa básica. A invenção consiste na elaboração de uma nova ideia ou concepção de um produto, técnica ou processo, a ser apresentada sob a forma de protótipo, patente, artigo científico, projeto ou modelo. Ela é o resultado de um processo de desenvolvimento tecnológico, inicialmente não sistemático, mas nos últimos 150 anos cada vez mais sistematizado.

> ### SAIBA MAIS
>
> Os primeiros inventores eram essencialmente curiosos. A figura do Professor Pardal, personagem dos desenhos em quadrinhos da Disney (The Walt Disney Company), é uma boa analogia a esses pioneiros. Entretanto, a partir da segunda metade do século XIX, empresas industriais organizam suas atividades de P&D&I e passam a fazê-la de forma sistemática e gerenciada. A gestão da inovação é essencialmente uma gestão de portfólio de projetos de P&D&I envolvendo projetos de custos, duração e impactos distintos. Cabe ao gestor fazer a melhor combinação de projetos em seu portfólio de modo a manter a lucratividade da empresa.

Para Schumpeter, um ato de criatividade intelectual sem importância para a análise econômica.[12] A inovação ocorre quando se coloca em prática essa ideia, ou, mais precisamente, faz-se uso comercial de uma invenção. Não existe inovação sem mercado, isto é, a comercialização do produto ou serviço. Por fim, ainda pode-se comentar o conceito de difusão, que é o espraiamento da nova tecnologia pelo mercado consumidor.[13] Trata-se do processo de disseminação da inovação para além das fronteiras da empresa inovadora

com implementação em diversas partes do mundo. Sua adoção generalizada configura um novo padrão de produção e consumo, também chamado de paradigma técnico-econômico.[14]

Tratando especificamente o conceito de inovação, o *Manual Oslo*, da Organização para Cooperação e Desenvolvimento Econômico (OCDE)[15], define a inovação empresarial (ou em negócios) como um produto ou processo novo ou aprimorado (ou uma combinação dos mesmos), que difere significativamente dos produtos ou processos anteriores da empresa, e que foi disponibilizado para usuários em potencial (produto) ou utilizado pela empresa (processo).

> ### SAIBA MAIS
>
> Do original *"A business innovation is a new or improved product or business process (or combination thereof) that differs significantly from the firm's previous products or business processes and that has been introduced on the market or brought into use by the firm"*. A OCDE é uma organização multilateral que tem como objetivo estimular o progresso econômico e o comércio mundial. Seus manuais para a área de inovação visam indicar diretrizes para os governos nacionais de forma a mensurarem adequadamente a inovação nos países, permitindo assim comparações internacionais. O *Manual Oslo* teve edições em 1992, 1997, 2005 e a mais recente em 2018.[16]

Essa definição moderna é desmembrada em duas outras: inovação de produto e inovação em processo de negócios. Conceitua-se inovação de produto como um bem ou serviço novo ou aprimorado que foi introduzido no mercado e que difere significativamente dos bens ou serviços anteriores da empresa. Já a inovação em processo de negócios é definida como um processo de negócios novo ou aprimorado para uma ou mais funções de negócios, que diferem significativamente dos processos de negócios anteriores, e que estão sendo utilizados pela empresa.[17] Essa definição divide-se em seis processos de negócios, descritos no Quadro 19.1.

Quadro 19.1 Categorias de inovação em processo de negócios

Processos	Detalhes e subprocessos
1. Produção de bens e serviços	Atividades que transformam insumos em bens ou serviços, incluindo engenharia e afins, atividades técnicas de teste, análise e certificação para apoiar a produção
2. Distribuição e logística	Esta função inclui: (a) transporte e prestação de serviços; (b) armazenagem; e (c) processamento de pedidos
3. Marketing e vendas	Esta função inclui: (a) métodos de marketing, incluindo publicidade (promoção e colocação de produtos, embalagem de produtos), marketing direto (telemarketing), exposições e feiras, pesquisa de mercado e outras atividades para desenvolver novos mercados; (b) estratégias e métodos de precificação; e (c) atividades de venda e pós-venda, incluindo *help-desk* de outros serviços de suporte e relacionamento com o cliente
4. Sistemas de informação e comunicação	Manutenção e fornecimento de sistemas de informação e comunicação, incluindo: (a) *hardware* e *software*; (b) processamento de dados e banco de dados; (c) manutenção e reparo; e (d) hospedagem na *web* e outras atividades de informações relacionadas com computadores
5. Gestão	Esta função inclui: (a) gestão estratégica e geral dos negócios (tomada de decisão multifuncional), incluindo organização das responsabilidades do trabalho; (b) governança corporativa (jurídica, planejamento e relações públicas); (c) contabilidade, auditoria, pagamentos e outras atividades financeiras ou de seguros; (d) gestão de recursos humanos (treinamento e educação, recrutamento de pessoal, organização do local de trabalho, provisão de pessoal temporário, gerenciamento de folha de pagamento, suporte médico e de saúde); (e) compras; e (f) relacionamentos externos com fornecedores, alianças etc.
6. Desenvolvimento de processos de produto e negócios	Atividades de escopo, identificação, desenvolvimento ou adaptação de produtos ou dos processos de negócios de uma empresa. Essa função pode ser realizada de maneira sistemática ou quando necessário (*ad hoc*) e ser conduzida dentro da empresa ou obtida de fontes externas. A responsabilidade por essas atividades pode estar dentro de uma divisão separada ou em divisões responsáveis por outras funções

Fonte: elaborado pelos autores a partir de OCDE.[18]

Seguindo o conceito de inovação empresarial do *Manual Oslo*, o Governo do Brasil, via Instituto Brasileiro de Geografia e Estatística (IBGE), realiza a Pesquisa de Inovação (PINTEC),[19] de acordo com os parâmetros da OCDE.

A partir desse conceito geral, ao longo dos anos foram desenvolvidas definições e classificações complementares para se compreender melhor o fenômeno da inovação. A academia segue trabalhando com conceitos mais amplos, próximos à noção Schumpeteriana. Por exemplo, o Movimento Brasil Competitivo (MBC), entidade de âmbito nacional que apoia a inovação no setor empresarial privado, apresenta uma definição interessante para a proposta deste livro, relacionada com a capacidade de aprender e acumular conhecimento das empresas.

POR DENTRO DA TEORIA

A PINTEC é a principal fonte de informações sobre a inovação na economia brasileira. O IBGE coleta a cada três anos um conjunto de informações sobre o investimento em P&D das empresas, se elas inovaram ou não e quais os principais obstáculos e resultados da inovação. A primeira versão foi publicada em

2002 (referente ao triênio 1998-2000) e a mais recente em 2020 (do triênio 2015-2017).[20]

Explorando o conceito de inovação Schumpeteriana

Trata-se de um processo de geração e disseminação de novas tecnologias, na malha econômica e social, sejam elas efetivamente um novo produto ou serviço ou uma nova forma de se exercer determinada atividade, utilizando novos recursos ou os recursos existentes combinados de uma nova maneira.[21]

Explorando o conceito de inovação do MBC

A inovação tecnológica representa um processo de aprendizagem contínuo e cumulativo das empresas para melhorar seus produtos/serviços, seus processos e às formas de gestão, seu modelo de interação social, de modo a aumentar sua produtividade, seus conhecimentos e sua competitividade.[22]

A atividade de inovação, basicamente inovação de produto e de processo, está relacionada com a alteração das relações entre capital e trabalho, de forma que o produto final seja maior ou que utilize menos insumos ao longo do processo. Essa nova técnica de produção, por ser mais eficiente que a anterior, torna-se dominante. Um exemplo que pode ser estudado é a fabricação de um guarda-roupas. No fim do século XVIII, ele era basicamente feito de forma artesanal, com muito trabalho manual e ferramentas manuais, sobre a madeira. No início do século XX, já era feito de forma mais padronizada, com uma série de ferramentas elétricas, como serras, mas ainda muito rudimentar em relação ao produto atual, que é desenhado em computador, produzido em grande escala, e, ao mesmo tempo, padronizado e com algum grau de customização para atender às necessidades dos consumidores. É certo que o processo atual é mais produtivo ou eficiente que o processo do século XVIII e, como resultado disso, produtos artesanais desapareceram do mercado de massa, pois trocar preço por custo de produção seria muito maior que de um produto padrão comprado nas grandes redes varejistas. É importante ainda notar que além da relação entre capital e trabalho existem questões não compreendidas na modelagem econômica tradicional, principalmente relacionadas com capacidades organizacionais e acumulação de conhecimento, entre outras.

A adoção e difusão de inovações é um processo sequencial. Uma tecnologia padrão de mercado requer melhoramentos que impulsionam inovações incrementais e aprofundam uma trajetória daquela tecnologia ao longo do tempo.[23]

SAIBA MAIS

Um exemplo de criação e difusão de padrões tecnológicos são as tecnologias de telefonia móvel (CDMA × TDMA, 3G-4G-5G), os padrões de jogos de *videogames* (Xbox, Playstation e Nintendo) e/ou os sistemas operacionais dos microcomputadores, *tablets* e *smartphones* (Windows, Android e IOS). Ao longo do ciclo de vida de uma tecnologia, encontram-se as etapas de introdução, crescimento, maturação e declínio na quantidade de usuários, configurando uma curva no formato de S. No declínio, a tecnologia acaba sendo suplantada por outra mais eficiente.[24]

Além dessas classificações, surgiu nos últimos anos o conceito de inovação em modelos de negócios.[25] Não há uma definição única para tal inovação, mas seu impacto é de reconhecida importância por conta dos efeitos na cadeia de produção, na forma de criar utilidade para usuários e de entregar os produtos. Em vários momentos, confunde-se com as categorias apresentadas no Quadro 19.1, mas seu fator distintivo é o impacto no mercado. Sua configuração rompe com o padrão anterior e é intrinsicamente mais eficiente, fazendo com que todo o segmento de negócios tenha que se reorganizar ou, em alguns casos, criar um novo segmento.

SAIBA MAIS

O caso da aviação de baixo custo (*low-cost, low-fare*) é um exemplo típico de inovação em modelo de negócios. Os aplicativos de compartilhamento, como Uber e Airbnb, são outros exemplos conhecidos. Tais inovações são abrangentes e geram grande interesse, porque elas podem ter impactos substanciais nas cadeias de fornecimento e produção econômica, transformando mercados e potencialmente criando novos.

A inovação em modelos de negócios pode influenciar a forma como uma empresa cria utilidade para usuários (inovação de produto) e como os produtos são produzidos, colocados no mercado ou precificados (inovações de processos de negócios). Basicamente, podem ser de três tipos, conforme o Quadro 19.2.

Quadro 19.2 Inovação em modelos de negócios

Tipo	Conceito
Extensão	Uma empresa amplia seus negócios para incluir novos tipos de produtos e mercados que requerem novos processos de negócios. Exemplo: Uber Eats, que utiliza a estrutura do Uber para, em vez de transportar pessoas, fazer o transporte de comida pronta
Transformação	Uma empresa encerra suas atividades anteriores e entra em novos tipos de produtos e mercados que requerem novos processos de negócios. Exemplo: a Nokia, que começou como uma empresa de fabricação de produtos florestais em 1865, migrou para a indústria de eletrônicos a partir de 1970 e depois para equipamentos de telecomunicações
Digitalização	Uma empresa muda o modelo de negócio para seus produtos existentes; por exemplo, muda para um modelo digital com novos processos de negócios para produção e entrega e o produto muda de um bem tangível para um serviço baseado em conhecimento. Ex.: Netflix, que começou como uma assinatura de catálogo de locação de vídeos pelo correio e pivotou, isto é, adotou um novo modelo de negócios para oferta de filmes *on-line* por assinatura

Fonte: elaborado pelos autores com base em OCDE.[26]

Uma segunda classificação importante refere-se ao grau de novidade e ao impacto da inovação. O grau de novidade está relacionado com o estado da arte da tecnologia disponível no mercado. Se a inovação envolve apenas pequenas melhorias na tecnologia ou no produto existente, ela é incremental.[27] Esse é o caso das atualizações anuais dos aparelhos de telefonia celular ou dos *softwares* e aplicativos desses aparelhos. Se envolve melhorias substanciais, que alteram o estado da arte, é considerada radical.[28] Nesse sentido, introduzem produtos, processos e formas de organização novos, rompendo com padrões anteriores e originando novos mercados ou setores.[29] O sentido é de ruptura na trajetória tecnológica anterior.[30]

nacional ou em âmbito global,[32] o que está relacionado com o processo de adoção e difusão da tecnologia.

Tais conceitos e categorias têm como objetivo apoiar as empresas na organização e alocação dos seus recursos e processos, além de apoiar os acadêmicos e gestores governamentais no entendimento desses fenômenos. Entretanto, no cotidiano é difícil distinguir o tipo de inovação ou classificar as atividades desempenhadas pelas empresas em apenas uma das categorias. Na verdade, elas tendem a se complementar. Nesse sentido, o que é uma inovação em modelos de negócio para a empresa pode ser uma inovação disruptiva para o mercado consumidor.

SAIBA MAIS

A disrupção é o caso da mudança de tecnologias ocorrida entre o toca-discos e o CD *player*, a máquina de escrever e o computador, a carroça e o carro, entre tantas outras. A questão central é que a base de conhecimentos utilizada na produção daquele bem ou serviço muda completamente.

SAIBA MAIS

Esse é o caso da criação da empresa aérea Gol no Brasil. Ela é uma inovação no modelo de negócios, trazendo o modelo *low cost, low fare* para o país, onde o uso de TICs, novas rotas e aviões padronizados, diminui o custo de operação, mas ao mesmo tempo é disruptiva no sentido de trazer novos consumidores, via promoções e parcelamento, que anteriormente não voavam.

Existe ainda a categoria de inovação disruptiva, que envolve o uso de tecnologia existente para resolver outro problema ou atender outro público não atendido previamente.[31] Em termos do impacto, é importante entender se a tecnologia é nova para a firma, para o mercado

Outros autores fizeram proposições de várias classificações que são úteis para se compreenderem todas as nuances do processo de inovação. O Quadro 19.3 reúne algumas delas para ilustrar a variedade de conceitos.

432 Administração ■ *Conejero – Oliveira – Abdalla (Orgs.)*

Quadro 19.3 Tipologias para classificar a inovação

Tipo	Conceito
Bessant e Tidd (2007)	Inovação de produto, inovação de processo, inovação de posição e inovação em paradigma
12 conceitos de Godin (2008)[33]	Inovação como processo para fazer algo novo (imitação, invenção, descoberta), inovação como habilidades humanas para a atividade criativa (imaginação, engenhosidade, criatividade), inovação como mudança em todas as esferas da vida (mudança cultural, mudança social, mudança organizacional, mudança política; mudança tecnológica) e inovação como comercialização de novo produto
Ram, Cui e Wu (2010)[34]	Inovação como algo novo, inovação como canal de mudança, inovação como processo, inovação como gerador de valor e inovação como invenção
Johnson e Jones (1957)[35]	Inovação sem mudança de mercado (reformulação e substituição), inovação fortalecendo o mercado (nova propaganda, melhoria no produto e extensão da linha de produto) e inovação em novo mercado (novo uso, extensão do mercado e diversificação)
Zawislak *et al.* (2011)[36]	Inovação orientada pela tecnologia (inovação tecnológica e inovação operacional) e inovação orientada pelos negócios (gestão da inovação e inovação transacional)
Abernathy e Clark (1985)[37]	Inovação regular, inovação radical, inovação de nicho e inovação de arquitetura
Kelley (2007)	Inovação de configuração (modelo de lucro, rede, estrutura e processo), inovação de oferta (desempenho do produto e sistema de produto) e inovação de experiência (serviço, canal, marca e envolvimento do cliente)

Fonte: elaborado pelos autores com base em Kotsemir e Abroskin;[38] Bessant e Tidd;[39] Kelley.[40]

A inovação também ocorre em velocidade ou forma distinta de acordo com o setor e perfil da empresa. Cada setor da economia tem a sua dinâmica de mercado, cada empresa tem o seu posicionamento estratégico e cada tecnologia tem seu ciclo de vida. A combinação entre esses elementos vai definir o comportamento inovativo da empresa.

Por fim, como inovação atualmente é uma palavra muito veiculada na mídia, é importante também entendermos o que não é inovação. Mudanças ou atualizações de rotinas (como atualização de *softwares* para correção de erros), reposição de capital (compra de uma máquina similar à que já existe), pequenas mudanças estéticas no produto (no *design* ou em cores, por exemplo), produção customizada, conceitos e protótipos de produtos que ainda não existem, fusões e aquisições de empresas com mudanças de portfólio, além de estratégicas corporativas ou gerenciais, não são, a princípio, inovações. Entretanto, muitas vezes são apresentadas por empresas e pela mídia como tal.

19.3 DA CIÊNCIA PARA A TECNOLOGIA E A INOVAÇÃO

A inovação é resultado do esforço empresarial de levar o novo conhecimento ou a nova tecnologia para o mercado. Essa tecnologia é, em geral, resultado da atividade organizada de P&D&I, que faz parte do conceito mais amplo de ciência e tecnologia (C&T). Segundo Waldimir Pirró y Longo, ciência "...é uma atividade dirigida à aquisição e ao uso de novos conhecimentos sobre o Universo, compreendendo metodologia, meios de comunicação e critérios de sucesso próprios".[41] Ela é básica quando visa apenas coletar e organizar conhecimentos gerais e aplicada quando tem objetivos claros. A ciência permite fazer descobertas e invenções. Já a tecnologia é definida como "...o conjunto organizado de todos os conhecimentos científicos, empíricos ou intuitivos empregados na produção e comercialização de bens e serviços".[42]

SAIBA MAIS

O paulistano **Waldimir Pirró e Longo** é oficial do Exército pela Academia Militar das Agulhas Negras (AMAN), engenheiro industrial e metalúrgico pelo Instituto Militar de Engenharia (IME), onde iniciou a carreira como professor. Fez mestrado e doutorado em engenharia e ciência dos materiais e metalurgia pela *University of Florida (EUA)*. De volta do Brasil, cursou a Escola de Comando e Estado Maior do Exército (ECEME) e serviu no Instituto de Pesquisa e Desenvolvimento do Exército (IPD). Passou para a reserva e iniciou a carreira acadêmica como professor da Universidade Federal Fluminense (UFF), onde, anos depois, chegou a professor titular. Na universidade, exerceu ainda o cargo de pró-reitor de pesquisa e pós-graduação. Atualmente, professor emérito da UFF, o engenheiro dá aulas no Instituto de Estudos Estratégicos da Universidade. Waldimir exerceu vários cargos públicos, entre os quais: diretor do Observatório Nacional, assessor especial do Ministério da Ciência e Tecnologia (MCTI), diretor do Museu de Astronomia e Ciências Afins (MAST), secretário executivo do Programa de Apoio ao Desenvolvimento Científico e Tecnológico (PADCT), subsecretário de Tecnologia do Estado do Rio de Janeiro, presidente da Empresa Fluminense de Tecnologia (FLUTEC) e vice-presidente da Financiadora de Estudos e Projetos (FINEP). O professor tem mais de 100 artigos publicados no país e no exterior e recebeu diversas honrarias ao longo de sua carreira, entre elas: a Grã-Cruz da Ordem Nacional do Mérito Científico (2007), a Medalha do Mérito Militar (2002) e a Medalha Marechal Hermes do Exército Brasileiro (1959).
Fonte: https://anebrasil.org.br/membros/waldimir-pirro-e-longo/.

POR DENTRO DA TEORIA

A origem do termo "tecnologia" está no substantivo grego *techne*, que significa arte ou habilidade. Nesse sentido, a tecnologia "é um conjunto de atividades práticas voltadas para alterar o mundo". Assim, C&T caminham juntas, mas "A ciência busca formular as 'leis' às quais se subordina a natureza, a tecnologia utiliza tais formulações para desenvolver e produzir bens e serviços que atendam às suas necessidades".[43]

A partir desse contexto mais amplo, a ciência no dia a dia traduz-se em atividades de pesquisa básica (pura ou fundamental) e de pesquisa aplicada, que se diferenciam pela ausência ou presença de uma finalidade maior do que compreender princípios. A tecnologia apoia-se em princípios descobertos na ciência aplicada e desenvolve novas soluções, o que chamamos de invenção. A atividade tecnológica é efetivada por meio das ações de P&D, que envolvem todo o avanço do conhecimento existente e sua aplicação prática por meio do desenvolvimento de artefatos, processos e serviços. A etapa de desenvolvimento envolve atividades de prototipagem, desenvolvimento experimental, propriedade industrial e engenharia, permitindo que a invenção atinja o mercado e se transforme em inovação. O desenvolvimento experimental é "[...] o trabalho sistemático, [...] e aplicado na produção de novos materiais, produtos e aparelhagens, no estabelecimento de novos processos, sistemas e serviços, e ainda substancial aperfeiçoamento dos já produzidos ou estabelecidos. Na área industrial, o desenvolvimento cobre a lacuna existente entre a pesquisa e a produção e, geralmente, envolve a construção e operação de plantas-piloto (engenharia de processo), construção e teste de protótipos (engenharia de produto), realização de ensaios em escala natural e outros experimentos necessários à obtenção de dados para o dimensionamento de uma produção em escala industrial"[44]. Já a atividade de engenharia "faz a concepção da produção do bem ou do serviço, estuda sua viabilidade técnica e econômica, projeta e implanta as instalações físicas, e, conforme o caso, opera as mesmas".[45]

De um ponto de vista macroeconômico, a literatura identifica originalmente dois tipos de inspiração ou orientação para a geração de inovações. O primeiro é baseado na curiosidade humana (*science-push*), em que a pesquisa básica empurra a ciência aplicada e esta, o desenvolvimento e a inovação. A segunda noção é a da oportunidade (*demand pull*), na qual uma demanda de mercado orienta os esforços de pesquisa aplicada e estes alimentam o desenvolvimento e a inovação.[46]

POR DENTRO DA TEORIA

Assim como o caso do programa espacial norte-americano nos anos 1960, a combinação do *science-push* e do *demand pull* configuram o que é conhecimento como modelo linear de inovação (modelos linear e linear reverso), que é didático para o entendimento das sequências de atividades, mas limitado do ponto de vista de explicar todas as nuances da realidade.[47]

Obviamente, a relação entre C&T&I é mais complexa, e a partir dos anos 1980 e 1990 sínteses foram construídas em modelos complexos e interconectados como os propostos por Kline e Rosemberg (*Chain-linked model*)[48] e Etzkowitz e Leydesdorf (*TripleHelix*).[49]

SAIBA MAIS

Stephen J. Kline (1922-1997)
nasceu e cresceu em Los Angeles. Formou-se em engenharia mecânica em Stanford em 1943. Depois de se formar, foi trabalhar para o exército dos EUA no escritório do chefe de artilharia, por três anos antes de assumir um emprego como analista de pesquisa na empresa Aviação Norte-Americana (atual Rocketdyne). Retornou a Stanford e obteve seu mestrado em engenharia mecânica em 1949. Obteve doutorado em 1952 pelo Massachusetts Institute of Technology, onde estudou termodinâmica, mecânica de fluidos e transferência de calor. Em seguida, entrou para o corpo docente da universidade de Stanford onde lecionou até se aposentar em 1992.

Nas décadas de 1940 e 1950, a natureza da turbulência foi considerada um dos mais importantes problemas não resolvidos na mecânica dos fluidos, por isso Kline foi atraído para ela. Desenvolveu métodos de visualização científica que lhe permitiram dar o primeiro olhar detalhado para as camadas de ar turbulento que cercam objetos em movimento.

Kline publicou 150 trabalhos técnicos e três livros, principalmente na área de mecânica de fluidos. Sua pesquisa lhe rendeu medalhas científicas em seis países. Em 1981, ele foi admitido na Academia Nacional de Engenharia, a maior honra que um engenheiro americano pode receber. Ele também fez consultoria extensiva com a indústria. Trabalhou com várias empresas, incluindo Ingersoll Rand, General Electric, E. I. du Pont de Nemours and Co., General Motors Research Laboratories e United Technology Corp.

Em 1985, Kline e o professor de economia Nathan Rosenberg apresentaram o *"chain-linked model"* como parte de uma visão geral preparada para um simpósio nacional sobre inovação patrocinado por Stanford e pela Academia Nacional de Engenharia. Ao contrário da sabedoria popular, a inovação é "inerentemente incerta, um pouco desordenada, envolve alguns dos sistemas mais complexos conhecidos, e pode consistir em mudanças de muitos tipos em muitos lugares diferentes dentro da organização inovadora", escreveram.
Fonte: https://news.stanford.edu/pr/97/971028 kline.html.

Nathan Rosenberg (1927-2015)
Rosenberg é um dos pilares da elaboração Neoschumpeteriana e, ao lado de Christopher Freeman e Richard Nelson, um dos responsáveis pelo conjunto de obras que estabelecem pontos de partida para a abordagem evolucionista em meados dos anos 1970. Um autor cético quanto às ondas longas do desenvolvimento capitalista que gerou trabalhos decisivos para entender o impacto de longo prazo de revoluções tecnológicas. Parte de Schumpeter e do esquema invenção-inovação-imitação para demonstrar como o processo é mais complexo e multifacetado. O resultado é uma visão bem mais elaborada da propagação de revoluções tecnológicas, sistematizada no estudo da trajetória de diversas inovações radicais: motor a combustão, química, eletricidade e eletrônica.

Rosenberg obteve seu Ph.D. na Universidade de Wisconsin em 1955 e lecionou na Universidade de Indiana (1955-1957), na Universidade da Pensilvânia (1957-1961), na Purdue University (1961-1964), na Harvard University (1967-1969), na Universidade de Wisconsin (1969-1974) e Universidade Stanford (a partir de 1974), onde ele era professor emérito de políticas públicas do departamento de economia.

A contribuição de Rosenberg para entender a mudança tecnológica foi reconhecida por Douglass C. North em sua palestra no Prêmio Nobel, intitulada "Desempenho econômico ao longo do tempo". Em 1996, ele recebeu a Medalha Leonardo da Vinci, o maior prêmio da Sociedade pela História da Tecnologia. A hipótese de Rosenberg-Birdzell é que a inovação é produzida pela competição econômica entre entidades politicamente independentes. Essa hipótese é testada e apoiada por Joel Mokyr em sua contribuição para a edição *Festschrift*, do periódico acadêmico *Research Policy*, publicada em homenagem a Nathan Rosenberg em 1994.

Fontes: https://periodicos.sbu.unicamp.br/ojs/index.php/rbi/article/view/8649138 e https://en.wikipedia.org/wiki/Nathan_Rosenberg.

Loet Leydesdorff (1948-)

Louis André (Loet) Leydesdorff, nascido em 21 de agosto de 1948 em Jacarta (Índias Holandesas, atualmente Indonésia), é um sociólogo holandês, ciberneticista e professor de dinâmica da comunicação científica e inovação tecnológica na Universidade de Amsterdã. Os interesses de pesquisa de Leydesdorff estão nos campos da filosofia da ciência, análise de redes sociais, cientometria e sociologia da inovação. Seus estudos em comunicação em ciência, tecnologia e inovação permitiram especificar teoria e métodos para entender a dinâmica do desenvolvimento baseado no conhecimento.

Ele recebeu um B.Sc. em química em 1969, um M.Sc. bioquímica em 1973, M.A. em filosofia em 1977 e, em 1984, o Ph.D. em sociologia. Em 1969, começou a trabalhar como professor de tecnologia química na Gerrit Rietveld Academie, em Amsterdã. Em 1972, ele começou sua carreira na Universidade de Amsterdã como assistente de ensino de "Ciência e Sociedade" na Faculdade de Filosofia. Em 1980, tornou-se professor sênior no Departamento de Dinâmica de Ciência e Tecnologia e desde 2000 leciona na Escola de Pesquisas de Comunicações.

Recebeu a Medalha *Derek de Solla Price Memorial* para cientometria em 2003. Desde 2006, ele é pesquisador honorário no Virtual Knowledge Studio da Academia Real de Artes e Ciências da Holanda. Desde 2007, é membro honorário da SPRU – Centro de Pesquisas em Políticas de Ciência e Tecnologia da Universidade de Sussex. Atualmente, é presidente da sociedade do Dutch Systems Group, a sociedade que fundou a Federação Internacional de Pesquisa de Sistemas no início dos anos 1980.

Entre 1994 e 2002, colaborou intensamente com Henry Etzkowitz criando e disseminando o conceito da *Triple Helix*.

Fonte: https://en.wikipedia.org/wiki/Loet_Leydesdorff e https://www.leydesdorff.net/.

Henry Etzkowitz (1940-)

Henry Etzkowitz é pesquisador sênior do H-STAR Institute, da Stanford University, e professor visitante na School of Management, Birkbeck College, London University, e na Edinburgh University Business School, ambas no Reino Unido. Antes de ir para Stanford, ocupou a cadeira em gestão de inovação, criatividade e empresa na Universidade de Newcastle, Reino Unido, e atuou como professor visitante na Stony Brook University, que pertence à The State university of New York,. Etzkowitz é um estudioso da reputação internacional na área de inovação e criador dos conceitos "Universidade Empreendedora" e "Hélice Tríplice", que ligam a universidade à indústria e ao governo em níveis nacionais e regionais.

Como fundador da Triple Helix Association, Etzkowitz está no centro de uma rede internacional única de centenas de estudiosos e praticantes de relações universidade-indústria-governo. Ele também é o cofundador das conferências internacionais da Triple Helix, que produziram uma série de livros, edições especiais de revistas e análises políticas desde 1996.

Etzkowitz é autor de vários livros, incluindo: *Triple helix: university, industry government innovation in action; MIT and the rise of entrepreneurial science;* coautor de *Athena unbound: the advancement of women in science and technology public venture capital,* e *Universities and the commercialization of knowledge: new dimensions for the 21st century* (no prelo).

Fonte: https://www.oswego.edu/business/dr--henry-etzkowitz e https://en.wikipedia.org/wiki/Triple_helix_model_of_innovation.

19.4 VISÃO MACRO OU NACIONAL DO PROCESSO DE INOVAÇÃO

A inovação desempenha papel central no processo de desenvolvimento socioeconômico.[50] A inovação tecnológica, particularmente, apresenta enorme impacto e envolve um processo complexo no qual o conhecimento científico, frequentemente desenvolvido no ambiente acadêmico (mas não exclusivamente), é apropriado no ambiente de negócios gerando desenvolvimento econômico e social. A percepção social sobre o papel da ciência altera-se a partir das guerras mundiais, em que o uso de tecnologias como a de radar, computadores para quebra de criptografias ou a própria invenção da bomba atômica demonstraram o papel decisivo desempenhado pela ciência na competitividade entre países. Dessa experiência inicial, surge o que se convencionou chamar de modelo linear de inovação.[51] A lógica por trás dessa abordagem é que o investimento constante do Estado em atividades científicas é benéfico para a sociedade porque esses conhecimentos formam um estoque que naturalmente é apropriado pelo setor empresarial gerando desenvolvimento.

Nos anos 1970 e 1980, a tecnologia emerge como um dos pontos centrais para a conversão de conhecimentos científicos em insumos para a economia e para o aumento da competitividade. Autores que estudaram esse processo estavam preocupados com a incorporação de conhecimentos científicos em tecnologias que em seguida poderiam ser adotadas pelo setor empresarial. A partir de meados da década de 1980, esta abordagem linear começa a ser criticada por diversos autores que desenvolveram o conceito de sistemas de inovação.[52] Para esses autores, o desenvolvimento da inovação é um processo endógeno e sistêmico. A empresa é o motor central do processo de geração de inovação, que interage com fornecedores, clientes, concorrentes, universidades, institutos de pesquisa e governo na busca pelo aprendizado de novos conhecimentos. Nesse sentido, para gerar inovação, a empresa depende das suas capacidades individuais, mas também de como interage com os demais atores do sistema.[53]

A abordagem dos sistemas de inovação destaca a influência das instituições, a interdependência entre os atores e a não linearidade dos processos inovativos.[54] Entendem-se por instituições os elementos formais e informais de incentivos e controle, que condicionam a atuação dos atores presentes no sistema. Essa visão evolui, a partir das características e fatores específicos das regiões econômicas de cada país e dos setores econômicos. Como resultado, são propostos os conceitos de sistema nacional e supranacional de inovação (como no caso da União Europeia),[55] de sistema regional de inovação[56] e de sistemas setoriais de inovação.[57] Abordagens como arranjos produtivos locais (APLs), *Regional Innovation Strategies* (RIS), *Smart Specialization Strategies* são derivadas das noções de sistemas regionais ou locais de inovação.

SAIBA MAIS

Arranjos produtivos locais (APLs)

Os APLs são aglomerações de empresas, localizadas em um mesmo território, que apresentam especialização produtiva e mantêm vínculos de articulação, interação, cooperação e aprendizagem entre si e com outros atores locais, tais como: governo, associações empresariais, instituições de crédito, ensino e pesquisa.

Existe vasta literatura nacional e internacional sobre o fenômeno da aglomeração de empreendimentos de uma mesma atividade produtiva em determinada região geográfica. Há muitas denominações e ênfases diferentes. O mesmo fenômeno é às vezes denominado arranjo produtivo local, sistema produtivo local ou mesmo "*cluster*". No Brasil, a expressão mais difundida é arranjo produtivo local. Entre os diversos conceitos existentes, destaca-se o descrito a seguir, de autoria da Rede de Pesquisa em Sistemas Produtivos e Inovativos Locais (Redesist), uma rede de pesquisa interdisciplinar, formalizada desde 1997, sediada no Instituto de Economia da Universidade Federal do Rio de Janeiro. Seu principal foco de pesquisa são os arranjos e sistemas produtivos locais:

"Arranjos produtivos locais são aglomerações territoriais de agentes econômicos, políticos e sociais – com foco em um conjunto específico de atividades econômicas – que apresentam vínculos mesmo que incipientes. Geralmente, envolvem a participação e a interação de empresas – que podem ser desde produtoras de bens e serviços finais até fornecedoras de insumos e equipamentos, prestadoras de consultoria e serviços, comercializadoras, clientes, entre outros – e suas variadas formas de representação e associação. Incluem também diversas outras organizações públicas e privadas voltadas para: formação e capacitação de recursos humanos, como escolas técnicas e universidades; pesquisa, desenvolvimento e engenharia; política, promoção e financiamento".

Fonte: http://www.observatorioapl.gov.br/o-que-sao/.

Regional innovation strategies (RIS)

O RIS é um método de desenvolvimento de políticas regionais na área de inovação, a partir do pressuposto de que não é apenas a presença de conhecimento tecnológico que é importante, mas também o clima de negócios e o nível de cooperação entre as partes interessadas. Os projetos de estratégia regional de inovação foram lançados em 1994 para ajudar as regiões a abraçar a inovação como parte de suas atividades de desenvolvimento econômico e aumentar a capacidade de inovação das regiões da União Europeia (EU) que estavam atrasadas em relação às regiões mais avançadas do "núcleo". O RIS também foi projetado para resolver a lacuna que existia entre os suportes de inovação pública e as reais necessidades de empresas e inovadores.

Durante a década de 1980 e início dos anos 1990, as crescentes lacunas entre o desempenho econômico das regiões europeias e o reconhecimento de que o desempenho da inovação é frequentemente um indicador de saúde econômica regional levaram os formuladores de políticas a encontrar maneiras de melhorar a forma como, tanto em nível regional quanto nacional, o apoio à inovação foi fornecido.

Ao atender a essa necessidade, a ênfase inicial na política de inovação foi baseada na criação de novas tecnologias – tipicamente por meio de pesquisa e desenvolvimento – e focada no fortalecimento da "oferta" de resultados científicos e de pesquisa.

No entanto, em meados da década de 1990, o foco da política mudou para, em primeiro lugar, um foco na melhor disseminação dos resultados tecnológicos em toda a economia e, em seguida, para estimular a demanda por inovação em empresas tradicionalmente não inovadoras. Estimularam-se do lado da demanda a construção da capacidade das empresas de serem mais inovadoras e a construção de mais uma cultura de inovação nas regiões.

A abordagem vem sendo revisada e atualizada continuamente. A versão mais recente é a RIS3 ou *smart specialisation* (especialização inteligente).

Fonte: http://www.know-hub.eu/knowledge-base/encyclopaedia/regional-innovation-strategies.html.

Smart specialization strategies (estratégias inteligentes de especialização)

O Regulamento (UE) 1301/2013, do Parlamento Europeu e do Conselho, de 17 de dezembro de 2013, é uma base jurídica que define a "estratégia de especialização inteligente". Trata-se de estratégias nacionais ou regionais de inovação que estabelecem prioridades para construir vantagem competitiva, desenvolvendo e combinando pesquisas e inovação próprias às necessidades dos negócios. Visa abordar oportunidades emergentes e desenvolvimentos de mercado de forma coerente, evitando a duplicação e a fragmentação dos esforços. Uma estratégia de especialização inteligente pode assumir a forma de, ou ser incluída em um quadro de políticas estratégicas de P&D&I nacional ou regional. Estratégias inteligentes de especialização serão desenvolvidas por meio de autoridades gestoras nacionais ou regionais e *stakeholders*, como universidades e outras instituições de ensino superior, indústria e parceiros sociais em um processo de descoberta empreendedora.

Fonte: https://ec.europa.eu/regional_policy/sources/docgener/informat/2014/smart_specialisation_en.pdf.

Ainda nos anos 1990, surgem outras abordagens nas quais os atores econômicos podem ser organizados em blocos ou esferas. Na abordagem da *triple helix*, ou hélice tríplice,[58] os atores do sistema econômico são modelados em três hélices que se comunicam e se sobrepõem. A saber: a hélice dos produtores de bens e serviços (e suas entidades representativas), que têm como missão entregar para a sociedade bens e serviços; a hélice do setor gerador de conhecimento, em geral liderado pela academia (universidades e centros de P&D), que gera o novo conhecimento necessário à inovação; e a hélice das entidades governamentais, que provê estabilidade aos contratos e fomenta a atividade econômica e de geração de conhecimento. Tal abordagem distingue-se do SNI porque advoga o papel de liderança para a universidade (ou academia), entendendo que ela é primordial para gerar conhecimento relevante para a inovação e consequente desenvolvimento econômico da sociedade do conhecimento do século XXI.[59] A missão da universidade expande-se da difusão do conhecimento (via ensino e extensão) e da geração de novos conhecimentos (pesquisa) para a entrega de resultados efetivos à sociedade, ressaltando-se que a missão de colocar produtos e serviços no mercado (ou seja, inovar) segue sendo do setor produtivo (empresas). Nesse contexto, o contrato social entre a universidade de pesquisa e a sociedade está em claro processo de renegociação no século XXI.

SAIBA MAIS

Outras abordagens emergentes ampliam esse conjunto de esferas ou hélices, como a *Quadruple Helix*, a *Quintuple Helix*.[60] A *quadruple helix* incorpora da sociedade civil organizada, a mídia e a cultura como atores de uma nova hélice. Já a *quintuple helix* entende o meio ambiente e a temática da sustentabilidade como elementos constituintes de uma nova esfera.

No âmbito de uma nação, o processo de C&T&I necessita de uma estratégia clara, explicitada em uma política, e configura-se em um sistema (com desdobramentos regionais/locais e também recortes setoriais) que articula financiamento, regulação e atores com o objetivo de criar e utilizar o conhecimento científico e tecnológico gerando inovação. Esse contexto é que justifica a existência de universidades, institutos e centros de pesquisa com financiamento público, visando desenvolver o conhecimento e as tecnologias relevantes para a sociedade e definidas por uma agenda de C&T&I explicitada na política geral.[61] Essa política de C&T&I precisa estar alinhada às políticas industriais e econômicas dos respectivos países. Além disso, é necessária toda uma infraestrutura e regulação que passa pela gestão das chamadas tecnologias industriais básicas, que envolvem a propriedade industrial, a metrologia, a transferência de tecnologia e alguns mecanismos de regulação da concorrência internacional.[62]

Essa visão macro reforça o papel do governo, por meio de políticas e fomento, e o papel da universidade de pesquisa, seja ela pública ou privada, mas trata muito mais dos elementos necessários para que ocorra a inovação do que do processo em si.[63] Esse ocorre dentro das empresas e será tratado na próxima seção.

A partir da compreensão da inovação do ponto em um país ou região, fica evidente que nenhuma empresa inova sozinha. Por mais competente e capacitada que seja, é necessário que fornecedores acompanhem sua estratégia tecnológica, que a regulação do mercado permita a oferta do produto ou serviço, que o consumidor adote o produto, entre outras coisas. Então, assumindo que a inovação é a gestão de vários conhecimentos, é possível que uma empresa ou um empreendedor inove sem ter originalmente todas as condições e recursos para tal. Nesse contexto, surgem atores como incubadoras de empresas, parques científicos e tecnológicos, agências de fomento, investidores de capital de risco (*venture capital*), aceleradoras e espaços de *coworking*, que apoiam o empreendedor a desenvolver sua tecnologia e colocá-la no mercado por meio de empresas *startups*.[64] A articulação entre esses atores de diferentes hélices forma camadas intermediárias (meso) entre o macroambiente da região e/ou do país e o microambiente das empresas. Tal articulação, dependendo da sua complexidade e efetividade, configura os chamados ambientes ou ecossistemas de inovação.[65]

SAIBA MAIS

Coworking, **cotrabalho**, **trabalho colaborativo** ou **trabalho cooperativo** é um modelo de trabalho que se baseia no compartilhamento de espaço e recursos de escritório, reunindo pessoas que trabalham não necessariamente para a mesma empresa ou na mesma área de atuação, podendo, inclusive, reunir entre os seus usuários os profissionais liberais, empreendedores e usuários independentes.

É uma maneira utilizada por muitos profissionais autônomos para solucionar o problema de isolamento do modelo de trabalho conhecido como **teletrabalho**. Além disso, é ótima alternativa para aumentar sua produtividade e fazer novos contatos de negócios através do *networking*.

Pessoas e empresas usuárias de *coworking* também utilizam esse modelo de trabalho para estabelecer relacionamentos de negócios onde oferecem e/ou contratam serviços mutuamente. Alguns desses relacionamentos também visam favorecer o surgimento e amadurecimento de ideias e projetos em equipe.

Fonte: https://pt.wikipedia.org/wiki/Coworking.

19.5 VISÃO MICRO DO PROCESSO

O estágio mais operacional do processo de inovação ocorre no âmbito das empresas. Para Joseph Schumpeter, elas são o *locus* central do processo de inovação.[66] A literatura Neoshumpeteriana aborda tal fenômeno como um processo em que existem elementos entrantes (*inputs*), que são insumos ou fontes de inovação, um processamento interno, que é a forma de produzir ou a tecnologia da empresa, e resultados (*outputs*).[67] O Quadro 19.4 apresenta as fontes de inovação catalogadas na literatura.

Quadro 19.4 Fontes de inovação para empresas

Fontes de inovação	Descrição
Atividades internas de P&D	Compreende o trabalho criativo, empreendido de forma sistemática, com o objetivo de aumentar o acervo de conhecimentos e o uso destes conhecimentos para desenvolver novas aplicações, tais como produtos ou processos novos ou tecnologicamente aprimorados. O desenho, a construção e o teste de protótipos e de instalações-piloto constituem, muitas vezes, a fase mais importante das atividades de P&D. Inclui também o desenvolvimento de *software*, desde que este envolva um avanço tecnológico ou científico
Aquisição externa de P&D	Compreende as atividades descritas no quadro acima, realizadas por outra organização (empresas ou instituições tecnológicas) e adquiridas pela empresa

Continua

Continuação

Fontes de inovação	Descrição
Aquisição de outros conhecimentos externos	Compreende os acordos de transferência de tecnologia originados da compra de licença de direitos de exploração de patentes e uso de marcas, aquisição de *know-how* e outros tipos de conhecimentos técnico-científicos de terceiros, para que a empresa desenvolva ou implemente inovações
Aquisição de máquinas e equipamentos	Compreende a aquisição de máquinas, equipamentos, *hardware*, especificamente comprados para a implementação de produtos ou processos novos ou tecnologicamente aperfeiçoados
Treinamento	Compreende o treinamento orientado ao desenvolvimento de produtos ou processos tecnologicamente novos ou aperfeiçoados e relacionados com as atividades inovativas da empresa, podendo incluir aquisição de serviços técnicos especializados externos
Aquisição de *software*	Compreende a aquisição de *software* (de desenho, engenharia, de processamento e transmissão de dados, voz, gráficos, vídeos, para automatização de processos etc.), especificamente comprados para a implementação de produtos ou processos novos ou aperfeiçoados. Não inclui aqueles registrados em atividades internas de P&D
Introdução de inovações no mercado	Compreende as atividades de comercialização, diretamente ligadas ao lançamento de produto tecnologicamente novo ou aperfeiçoado, podendo incluir: pesquisa de mercado, teste de mercado e publicidade para o lançamento. Exclui a construção de redes de distribuição de mercado para as inovações
Projeto industrial e outras preparações para produção e distribuição	Refere-se aos procedimentos e preparações técnicas para efetivar a implementação de inovações de produto ou processo. Inclui plantas e desenhos orientados para definir procedimentos, especificações técnicas e características operacionais necessárias à implementação de inovações de processo ou de produto. Inclui mudanças nos procedimentos de produção e controle de qualidade, métodos e padrões de trabalho e *softwares* requeridos para a implementação de produtos ou processos tecnologicamente novos ou aperfeiçoados, assim como as atividades de tecnologia industrial básica (metrologia, normalização e avaliação de conformidade) e os ensaios e testes (que não são incluídos em P&D) para registro final do produto e para o início efetivo da produção

Fonte: elaborado pelos autores com base em IBGE.[68]

A inovação tornou-se elemento central ao longo dos últimos 50 anos, porque permite às empresas criarem vantagens competitivas, isto é, sendo mais eficientes que as concorrentes.

SAIBA MAIS

A empresa tem vantagem competitiva quando é hábil em criar mais valor econômico do que as rivais. Valor econômico é entendido como a diferença entre os benefícios percebidos obtidos pelo consumidor que compra o produto ou serviço e seu o custo de produção.[69]

Para a abordagem clássica da economia, não fazia sentido investir em produtos novos ou melhores e processos mais eficientes porque significavam custos e, consequente, redução nos lucros no curto prazo. Na empresa moderna, investir em P&D&I é olhar o médio e o longo prazos, permitindo a continuidade dos negócios com sustentabilidade financeira. No quadro das estratégias genéricas de Porter (custo, diferenciação e segmentação),[70] estratégia e inovação andam juntas, pois:

- Melhoram o processo produtivo, ao reduzir o custo de produção unitário, o que gera maior margem para arbitrar preço; isso permite diminuir o preço e aumentar lucros com a quantidade ou manter preços e obter maior margem de lucro por unidade.[71]

- Criam um produto novo ou melhoram um existente, ampliando a diferenciação em relação aos concorrentes (e atraindo mais consumidores).
- Criam segmentos/nichos de mercado novos ou oceanos azuis, onde a competição é baixa e a empresa praticamente domina o mercado.[72]

Mais do que isso, incorporar a função tecnologia na estratégia da empresa (o que Porter faz no seu modelo de cadeia de valor) significa ampliar os instrumentos de gestão de que ela dispõe.[73]

Nos últimos 30 anos, diversos modelos foram desenvolvidos para descrever e apoiar a gestão do processo de inovação empresarial, como *Stage-gate*, FORTH,[74] Duas Rodas[75] e muitos outros. A abordagem mais amplamente aceita é a de um funil, onde ideias, conhecimentos e outros recursos entram e são gerenciados (no formato de projetos), levando ao desenvolvimento e aplicação de conhecimentos em formato de produtos e processos melhorados ou novos. Esse desenho de funil retrata os elementos apresentados no Quadro 19.4, mas traz uma ideia nova, que é a seletividade e dificuldade do processo. Em um cenário possível, apenas 1 entre 10, 100 ou até 1.000 ideias pode se tornar um produto viável. Isso incorpora o conceito de incerteza ao processo de desenvolvimento de tecnologia e a ideia de uma carteira (portfólio) de projetos para ser gerida, minimizando essa incerteza. As grandes empresas globais, líderes dos *rankings* de inovação, gerenciam seus investimentos em P&D&I por meio de carteiras de projetos (de curto, médio e longo prazos, com impactos pequenos e maiores nos seus produtos e serviços atuais) visando maximizar a rentabilidade do seu investimento, conforme a Figura 19.1. A partir dessa nova função de gestão, nasce também a figura do *Chief Technology Officer* (CTO), elevando a função tecnologia ao nível da alta gestão corporativa.

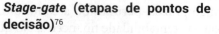

SAIBA MAIS

Stage-gate (etapas de pontos de decisão)[76]

O denominado modelo *stage-gate* originou-se na indústria química dos anos 1940 e desenvolveu-se como uma técnica de gestão de projeto, tendo sido adaptada e revista como metodologia para a inovação de produtos por Robert Cooper em 2000 (e atualizada em 2006). Essa técnica/modelo consiste na divisão de determinado projeto mais complexo em diversas fases (*stages*), sendo que cada fase possui um ponto de avaliação (*gate*) onde os resultados obtidos, o esforço gasto e o previsto a gastar, assim como os riscos pendentes até aquele momento, são analisados, avaliados e é feita uma tomada de decisão formal de continuidade ou não, para a fase seguinte. É um modelo particularmente útil para lidar com projetos nos quais exista muita incerteza, para garantir o comprometimento e o alinhamento da organização ao longo da execução, assim como para monitorar e controlar progresso e resultados obtidos.

Fonte: https://en.wikipedia.org/wiki/Phase-gate_process e https://projectmentoring.wordpress.com/2015/10/12/modelo-stage-gate/.

FORTH[77]

Gijs van Wulfen criou o método de inovação *Forth innovation methodology* (metodologia de inovação FORTH) para fornecer uma maneira sistemática de levar ideias para conceitos de casos de negócios testados. Usando uma abordagem altamente visual, ele apresenta a noção de "A expedição da inovação", como uma maneira de pensar sobre o caminho ao longo do qual as ideias viajam, desde a descoberta, passando pelo conceito de negócios, até finalmente emergirem como produtos vencedores no mercado.

A expedição da inovação fornece esse caminho estruturado para a inovação, que produz resultados muito melhores de acordo com a validação e pesquisa independente do método. Forth é um acrônimo encontrado na primeira letra de cada um dos cinco passos: *Full steam ahead* (Todo vapor adiante), *Observe & learn* (Observar e aprender), *Raise ideas* (Levantar ideias), *Test ideas* (Testar ideias) e *Homecoming* (Regressar a casa). A metodologia de inovação FORTH estrutura o início caótico da inovação, cria 3-5 mini-novos casos de negócios e fomenta uma cultura de inovação em uma expedição de 20 semanas. As entregas dessa expedição de inovação são 3-5 mini-novos casos de negócios para conceitos inovadores, que se ajustam na realidade "na caixa" de sua organização.

Fonte: https://blog.hypeinnovation.com/using-the-forth-method-to-navigate-your-innovation-journey.

Modelo das duas rodas[78]

Desenvolvido por Raoni Barros Bagno e Adriana Ferreira de Faria, este modelo é uma referência para o sistema de gestão da inovação em pequenas e médias empresas e uma resposta à necessidade de constituição de um sistema de gestão que suporte a prática da inovação de forma continuada e regular nas empresas com ganhos mensuráveis de competitividade. No lugar de forças-tarefa e ações irregulares e fortemente dependentes de iniciativas particulares, uma empresa realmente inovadora demanda a constituição de um sistema gerencial sobre o qual se possam construir capacidades para que ela inove de forma sistemática e regular. O sistema de gestão da inovação é composto de módulos, modos de funcionamento, interfaces e ferramentas associadas. O modelo foi construído a partir dos conceitos mais reconhecidos na literatura internacional de gestão da inovação, mas, ao mesmo tempo, guarda características de simplicidade e adaptabilidade a vários contextos organizacionais a partir da prática cotidiana das empresas.

Fonte: https://www.editoraufv.com.br/produto/o-modelo-das-duas-rodas/1113579.

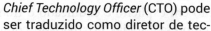

SAIBA MAIS

Chief Technology Officer (CTO) pode ser traduzido como diretor de tecnologia. Às vezes conhecido como diretor técnico ou tecnólogo chefe, é um cargo de nível executivo em uma empresa ou outra entidade cuja ocupação é focada nas questões científicas e tecnológicas. Os CTO tomarão decisões sobre a infraestrutura tecnológica abrangente que se alinham estreitamente com os objetivos da organização. Um CTO deve estar ciente das novas e das já existentes tecnologias para orientar os futuros empreendimentos da empresa. Os atributos dos papéis que um CTO detém variam de uma empresa para outra, principalmente dependendo de sua estrutura organizacional.

Fonte: https://en.wikipedia.org/wiki/Chief_techno-logy_officer.

Figura 19.1 Etapas do processo de gestão da inovação na empresa.

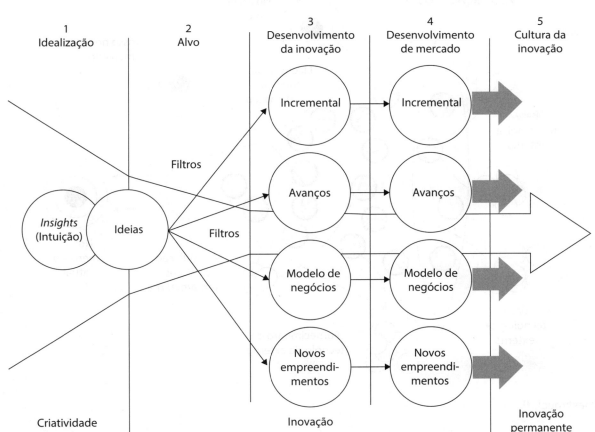

Fonte: Morris.[79]

Adicionalmente, essa gestão de fluxo de conhecimentos ao longo de um funil mostrou a importância da gestão do conhecimento nas organizações, criando uma nova área na ciência, onde transformar conhecimento tácito em explícito e codificado o transforma em ativo da empresa.[80] Ideias, criatividade, conhecimento, tecnologia e inovação caminham juntas.[81]

Mais recentemente, os modelos de inovação em formato de funil passaram a incorporar não só os fluxos de conhecimento internos da empresa, mas os externos também. O modelo de inovação aberta (*open innovation*), proposto por Henry Chesbrough, é atualmente considerado o mais completo nesse aspecto, pois permite às empresas buscarem conhecimento fora dos seus muros e dividirem com atores externos conhecimentos desenvolvidos internamente.[82] Com essas ações, pretende-se melhorar a eficiência do seu processo interno de P&D&I. As Figuras 19.2 e 19.3 representam os fluxos de conhecimento do modelo de inovação aberta e a integração entre a inovação aberta e as etapas do processo de inovação na empresa.

SAIBA MAIS

Henry Chesbrough

É o criador da expressão *Open Innovation* proposta no livro *Open innovation: the new imperative for creating and profiting from technology* (HBS Press, 2003). Este modelo propõe uma nova abordagem para a organização da P&D&I nas empresas, por meio da utilização de ideias externas em seu próprio processo de inovação, ao passo que também disponibiliza para outras empresas ideias internas geradas em suas equipes de pesquisa e que não serão utilizadas em seu negócio.

Henry Chesbrough é Ph.D. em administração de empresas pela Universidade da Califórnia em Berkeley, cursou MBA na Universidade Stanford e graduou-se na Universidade Yale. Foi professor de Harvard e atualmente leciona na *Haas*

Figura 19.2 Fluxos de conhecimento do modelo de inovação aberta.

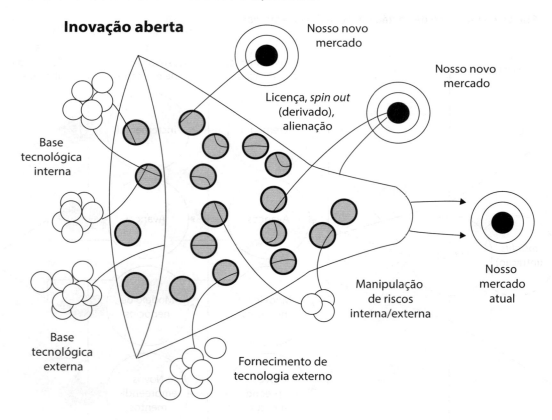

Fonte: Chesbrough.[83]

Figura 19.3 Integração entre a inovação aberta e as etapas do processo de inovação.

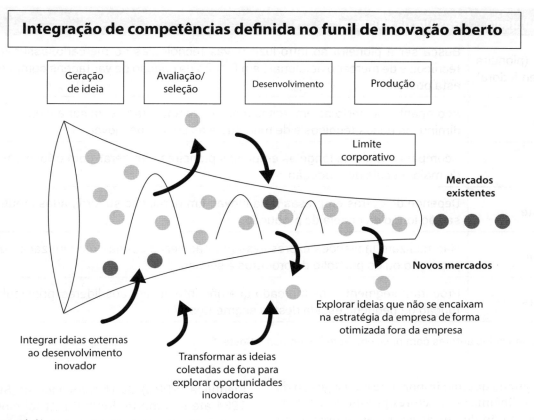

Fonte: Chesbrough.[84]

School of Business da Universidade da Califórnia em Berkeley, onde é diretor-fundador executivo do *Center for Open Innovation*. Além disso, ele é *chairman* do Centro de *Open Innovation* no Brasil. Com mais de dez anos de experiência na indústria de informática, trabalhou na fabricante de discos rígidos Quantum e aconselhou muitas empresas líderes sobre os benefícios de um modelo mais aberto.
Fonte: https://pt.wikipedia.org/wiki/Henry_Chesbrough.

Além da inovação do ponto de vista técnico (na relação entre os fatores de produção mediado pelo tipo de tecnologia produtiva e seu grau de conhecimento incorporado), é possível desenvolver inovação na forma de organizar o negócio, por meio de novos modelos de negócios (já citada na Seção 19.2). A figura do empreendedor é chave nesse processo de inovação, pois, além da busca de conhecimento para o desenvolvimento da tecnologia, ele pode buscar recursos financeiros e outras competências para alavancar e viabilizar seu negócio. Assim, estratégia de negócios e o seu modelo ou formato caminham lado a lado no processo empreendedor.[85]

Uma questão importante é que cada empresa se comporta de um jeito próprio, relacionado com a sua cultura, recursos e estratégia que assume. Cada empresa define uma estratégia tecnológica relacionada com a velocidade de incorporação de tecnologia.[86] Existem desde empresas que buscam uma posição de liderança, outras que as seguem, até outras que não inovam, conforme pode ser visto no Quadro 19.5. Tal comportamento é definido pelas competências previamente acumuladas, pelos estímulos do ambiente competitivo (mercado) e pelo acesso a competências e conhecimentos.[87]

444 Administração ■ *Conejero – Oliveira – Abdalla (Orgs.)*

Quadro 19.5 Estratégias tecnológicas das empresas (tipologia de Freeman)

Tipo de estratégia	Postura da empresa
Ofensiva (pioneira ou empreendedora)	Busca ser a pioneira ao introduzir novas tecnologias no mercado, assumindo riscos técnicos e de mercado adicionais em função da criação de vantagens competitivas com esta postura.
Defensiva	Acompanha de perto as empresas mais inovadoras, mas sem ser a pioneira. Com isso, diminui os riscos técnicos e de mercado e os custos de inovar
Imitativa	Acompanha mais de longe as empresas pioneiras. Em geral, com o foco em mercados de maior escala de produção
Dependente	Depende de outras empresas para inovar. Em geral, são subordinadas a outras empresas ao longo da cadeia de produção
Tradicional	Não realizam inovações expressivas (muitas vezes apenas modernização da linha de produção ou do portfólio de produtos e serviços)
Oportunista	Procuram segmentos de mercado que não interessam aos líderes, principalmente, em função da pequena escala destes segmentos

Fonte: Elaborado pelos autores com base em Tigre,[88] Freeman e Soete.[86]

Uma segunda questão importante para a gestão da inovação é a dinâmica dos setores produtivos. A partir da compreensão de que as empresas se organizam em cadeias de produção, é importante identificar a origem da inovação nessas cadeias. A partir do trabalho seminal de Keith Pavitt, uma classificação com cinco padrões setoriais de inovação foi desenvolvida,[89] conforme mostrado no Quadro 19.6, que é útil para que as empresas alinhem suas estratégias ao longo da sua cadeia de produção.

SAIBA MAIS

Keith Pavitt (1937-2002) foi um estudioso inglês na área de gestão da inovação. Foi professor de política de ciência e tecnologia na Unidade de Pesquisa em Política Científica (SPRU) da Universidade de Sussex de 1984 até sua morte. Keith Pavitt foi pioneiro em novos métodos para medir a inovação e a mudança técnica. Juntamente com Pari Patel e Luc Soete, desenvolveu o uso de patentes como indicador de ciência e tecnologia. A contribuição mais importante da Pavitt para a economia da inovação é sua taxonomia de empresas inovadoras. Pavitt argumentou que as fontes e os propósitos da inovação são específicos do setor. A Taxonomia de Pavitt tem sido amplamente aplicada na economia industrial e na política científica e também é usada para estatísticas industriais. Originalmente desenvolvida para o setor manufatureiro, agora é cada vez mais aplicada também à economia de serviços.

Fonte: https://en.wikipedia.org/wiki/Keith_Pavitt.

Quadro 19.6 Padrões setoriais de inovação

Setores	Conceito	Exemplo
Dominados pelos fornecedores	Setores em que as principais inovações são geradas fora da indústria, sobretudo nos seus fornecedores de máquinas e equipamentos e de insumos, em geral	De forma geral, empresas de pequeno porte e indústrias tradicionais como as de produtos têxteis, de vestuário, editorial e gráfica, de produtos de couro e de produtos de madeira

Continua

Continuação

Setores	Conceito	Exemplo
Intensivos em escala	Setor bom com baixos esforços de inovação e maior foco na escalada e produção. Visam em grande medida inovações de processo para reduzir custo	Grandes empresas e englobam as indústrias de alimentos, de bens duráveis como veículos e eletrodomésticos, de materiais eletrônicos, de mineração e metalurgia
Dominados por fornecedores especializados	Em geral, empresas de pequeno porte que têm conhecimentos especializados e atendem a necessidades particulares. Introduzem novos produtos que são utilizados por outros setores como insumos e equipamentos	Setores da indústria de máquinas, equipamentos, ferramentas e de instrumentação, bem como de *softwares* especializados
Baseados em ciência	Utilizando-se também os conhecimentos científicos que se encontram na fronteira das ciências básicas	Materiais eletrônicos e de comunicação, de equipamentos médicos e de automação, refino de petróleo, produtos químicos, fabricação de celulose e papel. Em geral, grandes que investem elevados volumes de recursos em P&D
Intensivos em informação	Setor de informática e serviços relacionados	Plataformas *marketplace*, redes sociais etc.

Fonte: elaborado pelos autores com base em Tidd e Bessant;[90] Pavitt;[91] Bell e Pavitt.[92]

Por fim, salientamos que as atividades de inovação muitas vezes se confundem com as atividades de engenharia e gestão da qualidade. Em diversos aspectos, por exemplo, o processo de melhoria da qualidade acaba gerando inovações incrementais, principalmente de processo. Várias empresas organizam um setor para inovação tecnológica que coordena todas as etapas do P&D&I, muitas vezes, em nível de diretoria. Entretanto, em várias outras empresas, o desenvolvimento de novos produtos e novos processos é estruturado de forma separada. Algumas vezes, separado também dos setores de marketing e comercialização.

SAIBA MAIS

O Brasil comparado ao resto do mundo

Em termos de mensuração de inovação, há ampla gama de indicadores na literatura. Um exemplo é a medição do percentual do produto interno alocado em C&T e P&D&I como indicador do esforço de desenvolvimento econômico dos governos e de inovação das empresas.[93]

Do ponto de vista da geração de conhecimento científico, o número de artigos científicos publicados em periódicos indexados é a medida internacionalmente aceita da capacidade de se produzir conhecimento via atividades de C&T nas universidades e institutos de pesquisa. Estados Unidos e China produzem cerca de 45% dos artigos científicos publicados anualmente. O Brasil, com pouco mais de 1% dos artigos, posiciona-se em 14º lugar no *ranking* da Web of Science.

Em relação à geração de tecnologia (resultante da atividade de P&D&I), a medida internacionalmente aceita é o volume de propriedade industrial (patentes, modelos de utilidade, *design* e afins) depositadas no escritório norte-americano de patetes (USPTO). Nesse caso, tanto empresas quanto universidades são depositantes, com predomínio das empresas. Outro indicador relevante é o volume de licenciamentos entre universidades e empresas, seja em contratos ou em valores.

Em termos de inovação, é possível classificar os países em líderes, intermediários e seguidores como aqueles que investem proporções do PIB acima de 2,5%, entre 1% e 2,5% e abaixo de 1%, respectivamente, em atividades de P&D. Os líderes são Estados Unidos, Japão, Alemanha, Israel, Finlândia, entre outros.[94] O Brasil está na categoria intermediária com investimento na faixa de 1% historicamente, atingindo pico de 1,34% do PIB no ano de 2015. Desse montante, 0,64% do PIB é investido pelas empresas e 0,70% pelo setor público.[95]

A PINTEC[96] é uma pesquisa nacional que levanta indicadores de esforço e de resultado em P&D&I das empresas. Assim, o percentual do faturamento investido em inovação, a fonte da inovação para a empresa, os produtos, processos e serviços introduzidos nos últimos três anos e o grau de novidade desses produtos, processos e serviços são alguns dos indicadores relevantes. Tal pesquisa segue o Manual Oslo e é similar a pesquisas feitas em outros países e regiões, como a *Community Innovation Survey* (CIS), que abrange os países integrantes da União Europeia (https://ec.europa.eu/eurostat/web/microdata/community-innovation-survey).

Além das métricas citadas, diversos outros indicadores são publicados visando analisar o grau de inovação ou de competitividade entre empresas e países. São exemplos o *Global Innovation Index* (https://www.globalinnovationindex.org/Home), o índice de Competitividade Global (https://www.weforum.org/reports/how-to-end-a-decade-of-lost-productivity-growth) e o relatório das empresas mais inovativas do *Boston Consulting Group* (https://www.bcg.com/en-br/publications/2019/most-innovative-companies-innovation.aspx).

Por fim, comentamos que os indicadores são tentativas ou formas de se mensurar e comparar, mas têm suas limitações, e que conhecer suas metodologias e aplicações é importante.

CONTRIBUIÇÕES DO CAPÍTULO PARA A ADMINISTRAÇÃO CONTEMPORÂNEA

O objetivo é permitir ao aluno de graduação e pós-graduação compreensão dos fenômenos modernos relacionados com o processo de gestão da inovação no que tange a geração e difusão de novos produtos, processos, serviços e modelos de negócios como forma de ampliar a capacidade competitiva das organizações, particularmente aplicados à realidade brasileira. Tal conhecimento é essencial ao desenvolvimento do profissional do século XXI e dialoga com as temáticas de estratégia, gestão de projetos e empreendedorismo.

QUESTÕES PARA REFLEXÃO

1) Qual é a diferença entre os conceitos de ciência e tecnologia e os de pesquisa e desenvolvimento?

2) A busca da inovação dá-se pela necessidade de resolver algum problema ou pela curiosidade científica?

3) Os termos "descoberta", "invenção" e "inovação" **são tratados como similares. Qual a principal distinção entre eles?**

4) Pense em exemplos do seu cotidiano. Os óculos que lhe permitem enxergar corretamente, a cadeira onde você está sentado, o *jeans* que você usa e o jardim na frente da sua janela. Esses produtos são resultados de descoberta, invenção ou inovação?

5) Pense em empresas fabricantes de microcomputadores, como Apple, Dell, Sony, Acer e Positivo. Como você classificaria as estratégias tecnológicas dessas empresas?

QUESTÕES PARA AVALIAÇÃO DO CONHECIMENTO

1) Como você caracterizaria o iPad da Apple e o fogão a gás em termos de grau de inovação?

2) Inovação radical e disruptiva são termos similares? Explique a motivação da sua resposta apresentando ambos os conceitos.

3) Todo o tipo de inovação é centrado na mudança da relação entre fatores de produção?

4) Classifique a transição da máquina de escrever para o computador, do CD para o mp3, e do câmbio automático para o câmbio CVT em termos de trajetórias tecnológicas.

REFERÊNCIAS

[1] AUDRETSCH, D. B.; LEHMANN, E. E.; LINK. A. N. Introduction. *In*: AUDRETSCH; LEHMANN; LINK. A research agenda for entrepreneurship and innovation. Edward Elgar Americas, 2019; KOTSEMIR, M.; ABROSKIN, A. Innovation concepts and typology – An evolutionary discussion. *Working papers Basic Research Program* BRP 05/STI/2013. National Research University Higher School of Economics (HSE), 2013.

[2] SCHUMPETER, J. *A teoria do desenvolvimento econômico*: uma investigação sobre lucros, capital, crédito, juro e o ciclo econômico. São Paulo: Abril, 1982. (Série Os Economistas).

[3] AUDRETSCH, D. B.; LEHMANN, E. E.; LINK. A. N. *Op. cit.*, 2019.

[4] *Idem, ibidem.*

5   CASTELLS, M. *A sociedade em rede*. Paz & Terra. Edição revista e atualizada, 2009.

6   DRUCKER. P. *A sociedade pós-capitalista*. 3. ed. Coimbra: Actual, 2003.

7   CIANCONI, R. *Gestão da informação na sociedade do conhecimento*. SENAI: Brasília, 2001.

8   TIDD, J.; BESSANT, J. *Managing innovation*: integrating technological, market and organizational change. 6th edition. Hoboken: Wiley, 2018.

9   FAGERBERG, J. *Innovation*: a guide to the literature. *In*: FAGERBERG, J.; MOWERY, D.; NELSON, R. *The oxford handbook of innovation*. Oxford University Press. Chapter 1, 2006; GUPTA, P.; TRUSKO, B. E. (org.). *Global innovation science handbook*. New York: McGraw-Hill Education, 2014.

10   KOTSEMIR, M.; ABROSKIN, A. Innovation concepts and typology – An evolutionary discussion. *Working papers Basic Research Program* BRP 05/STI/2013. National Research University Higher School of Economics (HSE), 2013; SCHUMPETER, J. *A teoria do desenvolvimento econômico*: uma investigação sobre lucros, capital, crédito, juro e o ciclo econômico [1912]. São Paulo: Abril, 1982. (Série Os Economistas.)

11   DRUCKER, P. *Inovação e espírito empreendedor*: prática e princípios. São Paulo: Thompson Pioneira, 1984.

12   KOTSEMIR, M.; ABROSKIN, A. Innovation concepts and typology – An evolutionary discussion. *Working papers Basic Research Program* BRP 05/STI/2013. National Research University Higher School of Economics (HSE), 2013.

13   SCHUMPETER, J. *Op. cit.*, 1912; PINTO, M. M. *Tecnologia e inovação*. Florianópolis: Departamento de Ciências da Administração, UFSC; [Brasília]: CAPES: UAB, 2012.

14   PINTO, M. M. *Op. cit.*, 2012; TIGRE, P. B. *Gestão da inovação*: a economia da tecnologia no Brasil. 3. ed. Rio de Janeiro: Elsevier, 2019.

15   OECD/Eurostat. *Oslo Manual 2018*: Guidelines for collecting, reporting and using data on innovation, 4th Edition, The Measurement of Scientific, Technological and Innovation Activities, OECD Publishing, Paris/Eurostat, Luxembourg, 2018. Disponível em: https://doi.org/10.1787/9789264304604-en. Acesso em: 21 maio 2021.

16   *Idem, ibidem.*

17   *Idem, ibidem.*

18   *Idem, ibidem.*

19   INSTITUTO BRASILEIRO DE GEOGRAFIA E ESTATÍSTICA. Pesquisa de Inovação 2017 – Notas Técnicas. IBGE, Coordenação de Indústria. Rio de Janeiro: IBGE, 2016.

20   *Idem, ibidem.*

21   PINTO, M. M. *Op. cit.*, 2012.

22   MORAIS, E. F. C. *Inovação e competitividade*: melhores práticas. Apostila do Seminário de Inovação do Movimento Brasil Competitivo. CDT/UNB, 2015. p. 4.

23   PINTO, M. M. *Op. cit.*, 2012; TIGRE, P. B. *Gestão da inovação*: a economia da tecnologia no Brasil. 3. ed. Rio de Janeiro: Elsevier, 2019.

24   PINTO, M. M. *Op. cit.*, 2012.

25   OSTERWALDER, A.; PIGNEUR, Y. *Business model generation*: a handbook for visionaries, game changers, and challengers. New York: John Wiley and Sons, 2011.

26   OECD. *Op. cit.*, 2018.

27   TIGRE, P. B. *Op. cit.*, 2019; OECD. Op. cit., 2018.

28   OECD. *Op. cit.*, 2018.

29   CHRISTENSEN, C. *The innovator's dilemma*: when new technologies cause great firms to fail, Boston: Harvard Business School Press, 1997.

30   TIGRE, P. B. *Op. cit.*, 2019.

31   TIGRE, P. B. *Op. cit.*, 2019; OSTERWALDER, A.; PIGNEUR, Y. *Op. cit.*, 2011.

32   PINTO, M. M. *Op. cit.*, 2012; TIGRE, P. B. *Op. cit.*, 2019; OECD. *Op. cit.*, 2018.

33   GODIN, Benoit (2008b). Innovation: The history of a category. project on the intellectual history of innovation, Working Paper n. 1, 2008. Disponível em: http://www.csiic.ca/PDF/IntellectualNo1.pdf.

34   RAM, J., CUI, B., & WU, M.-L. (2010). The Conceptual Dimensions of Innovation: A Literature Review. *International Conference on Business and Information*, Sapporo, Japan, 3rd-5th July, 2010.

35   JOHNSON S. C., JONES C. How to Organize for New Products. *Harvard Business Review*, n. 5-6, p. 49-62, 1957

36   ZAWISLAK, P. A. ; ALVES, A. C. ; GAMARRA, J. E. T. ; BARBIEUX, D. ; REICHERT, F. M. . *Innovation capabilities of the firm*: the brazilian experience. In: 9th Globelics International Conference, November, 2011, Buenos Aires, Argentina. Proceedings of the GLOBELICS, 2011.

37   ABERNATHY W. J.; CLARK, K.B. Innovation: Mapping the Winds of Creative Destruction. *Research Policy*, Vol. 14, p. 3-22, 1985.

38   KOTSEMIR, M.; ABROSKIN, A. *Op. cit.*, 2013.

39 BESSANT J.; TIDD, J. *Innovation and entrepreneurship*. Chichester: John Wiley, 2007.

40 KELLEY, T. *As 10 faces da inovação*. Rio de Janeiro: Campus Elsevier, 2007.

41 PIRRÓ E LONGO, W. (s/d). *Conceitos básicos sobre ciência, tecnologia e inovação*. Disponível em: http://www.waldimir.longo.nom.br/artigos/T6.doc. Acesso em: 21 maio 2021.

42 *Idem, ibidem.*

43 *Idem, ibidem.*

44 *Idem, ibidem.*

45 *Idem, ibidem.*

46 TIGRE, P. B. *Op. cit.*, 2019; MORAIS, E. F. C. *Op. cit.*, 2015.

47 PINTO, M. M. *Op. cit.*, 2012.

48 PINTO, M. M. *Op. cit.*, 2012; TIGRE, P. B. *Op. cit.*, 2019.

49 PINTO, M. M. *Op. cit.*, 2012.

50 FAGERBERG, J. *Innovation*: a guide to the literature. *In*: FAGERBERG, J.; MOWERY, D.; NELSON, R. *The oxford handbook of innovation*. Oxford University Press, 2006. cap. 1.

51 BUSH, V. Science the endless frontier: a report to the president. Office of Scientific Research and Development, USA, 1945.

52 FREEMAN, C. *Technology policy and economic performance*: Lessons from Japan, London: Pinter Publishers, 1987; LUNDVALL, B. *National systems of innovation*: toward a theory of innovation and interactive learning. A Cassel Imprint. London. England, 1992; NELSON, R. *National innovation systems*: a comparative analisys. Oxford University Press, 1993; EDQUIST, C. Systems of innovation: perspectives and challenges. *In*: FARGERBERG, J.; MOWERY, D.; NELSON, R. (ed.). *The Oxford handbook of innovation*. New York: Oxford University Press, 2005.

53 EDQUIST, C. Systems of innovation: perspectives and challenges. *In*: FARGERBERG, J.; MOWERY, D.; NELSON, R. (ed.). *The Oxford handbook of innovation*. New York: Oxford University Press, 2005.

54 *Idem, ibidem.*

55 FREEMAN, C. *Op. cit.*, 1987; NELSON, R. *Op. cit.*, 1993.

56 COOKE, P. Regional innovation systems, clusters, and the knowledge economy: industrial and corporate change, 10(4), 945-974, 2001. Disponível em: 10.1093/icc/10.4.945. Acesso em: 21 maio 2021.

57 OECD. *Op. cit.*, 2018; MALERBA, F. Sectoral systems of innovation and production. *Research Policy*, 31(2), 247-264, 2002. Disponível em: 10.1016/s0048-7333(01)00139-1. Acesso em: 21 maio 2021.

58 ETZKOWITZ, H.; ZHOU, C. *The triple helix*: university-industry-government innovation and entrepreneurship. 2. ed. Londres: Routledge, 2017.

59 CALDERAN, L. L.; OLIVEIRA, L. G. *A inovação e a interação universidade- empresa*: uma revisão teórica. Série Textos de Discussão CEAG/UNB no 4/2013.

60 AMARAL, M.; FARIA, A.; SCHOCAIR, M. Assessing the innovation environment of the research triangle region. *Revista de Administração, Sociedade e Inovação*, v. 6. n. 2, p. 90-111, 2020.

61 PIRRÓ E LONGO, W. (s/d).

62 TECNOLOGIA INDUSTRIAL BÁSICA: trajetória, desafios e tendências no Brasil/Ministério da Ciência e Tecnologia, Confederação Nacional da Indústria, Serviço Nacional de Aprendizagem Industrial, Instituto Euvaldo Lodi. Brasília: MCT; CNI; SENAI/ DN; IEL/NC, 2005.

63 ETZKOWITZ, H.; ZHOU, C. *Op. cit.*, 2017.

64 *Idem, ibidem.*

65 AMARAL, M.; FARIA, A.; SCHOCAIR, M. *Op.cit.*, 2020.

66 SCHUMPETER, J. *A teoria do desenvolvimento econômico*: uma investigação sobre lucros, capital, crédito, juro e o ciclo econômico [1912]. São Paulo: Abril, 1982. (Série Os Economistas.)

67 TIDD, J.; BESSANT, J. *Managing innovation*: integrating technological, market and organizational change. 6. ed. Hoboken: Wiley, 2018; ROSEMBERG, N. *Por dentro da caixa-preta*: tecnologia e economia. Coleção Clássicos da Inovação. Editora da Unicamp, 1983.

68 INSTITUTO BRASILEIRO DE GEOGRAFIA E ESTATÍSTICA. Pesquisa de Inovação 2017 – Notas Técnicas. IBGE, Coordenação de Indústria. Rio de Janeiro: IBGE, 2016.

69 BARNEY, J. B.; HESTERLY, W. S. *Strategic management and competitive advantage*: concepts. 4. ed. New Jersey: Pearson Education, 2012.

70 PORTER, M. E. *Estratégia competitiva*: técnicas para análise de indústrias e da concorrência. 2. ed. Rio de Janeiro: Elsevier, 2005; MAGRETTA, J. (2018). *Entendendo Michael Porter*: o guia essencial da competição e estratégia. São Paulo: Alta Books, 2018.

71 PORTER, M. E. *Op. cit.*, 2005.

72 KIM, W. C.; MAUBORGNE, R. *A estratégia do oceano azul*: como criar novos mercados e tornar a concorrência irrelevante. Rio de Janeiro: Sextante, 2019.

[73] CHRISTENSEN, C. Op. cit., 1997; PORTER, M. E. Op. cit., 1989.

[74] VAN WULFEN, G. *Creating innovative products and services*: the FORTH Innovation Method. Gower, 2012.

[75] BAGNO, R. B.; FARIA, A. F (eds.). *O modelo das duas rodas*: uma referência para o sistema de gestão da inovação em pequenas e médias empresas. Editora UFV, 2018.

[76] COOPER, R. Perspective: the Stage-Gate® Idea-to--Launch Process – Update, What's New, and NexGen Systems. *Journal of Innovation Product Management*, 25(3):213-232, 2008. Disponível em: https://doi.org/10.1111/j.1540-5885.2008.00296.x. Acesso em: 21 maio 2021.

[77] VAN WULFEN, G. *Creating innovative products and services*: the FORTH Innovation Method. Gower, 2012.

[78] BAGNO, R. B.; FARIA, A. F (eds.). *O modelo das duas rodas*: uma referência para o sistema de gestão da inovação em pequenas e médias empresas. Editora UFV, 2018.

[79] MORRIS, L. Permanent innovation. Lulu.com, 2006.

[80] NONAKA, I.; TAKEUCHI, H. *Criação de conhecimento na empresa*. 9. ed. Rio de Janeiro: Campus, 1997. 376 p.

[81] TIDD, J.; BESSANT, J. *Managing innovation*: integrating technological, market and organizational change. 6th edition. Hoboken: Wiley, 2018.

[82] CHESBROUGH, H. W. *Open innovation*. Boston: Harvard Business School Press, 2003.

[83] *Idem, ibidem.*

[84] *Idem, ibidem.*

[85] TEECE, D. *Business models, business strategy and innovation*: long range planning, 43:172-194. Rio de Janeiro: Elsevier. 2010. Disponível em: 10.1016/j.lrp.2009.07.003. Acesso em: 21 maio 2021.

[86] FREEMAN, C.; SOETE, L. *A economia da inovação industrial*. Coleção Clássicos da Inovação. Editora da Unicamp, 2008.

[87] *Idem, ibidem.*

[88] TIGRE, P. B. *Op. cit.*, 2019; FREEMAN, C.; SOETE, L. *Op. cit.*, 2008.

[89] PAVITT, K. Sectoral patterns of technical change: Towards a taxonomy and a theory. *Research Policy*, 13(6): 343-373, 1984; BELL, M.; PAVITT, K. Technological accumulation and Industrial Growth: contrasts between developed and developing countries. *Industrial and Corporate Change*, v. 2, n. 2, Oxford University Press, p.157-210, 1993.

[90] TIDD, J.; BESSANT, J. *Managing innovation*: integrating technological, market and organizational change. 6. ed. Hoboken: Wiley, 2018

[91] PAVITT, K. Sectoral patterns of technical change: Towards a taxonomy and a theory. *Research Policy*, 13(6): 343-373, 1984.

[92] BELL, M.; PAVITT, K. Technological accumulation and Industrial Growth: contrasts between developed and developing countries. *Industrial and Corporate Change*, v. 2, n. 2, Oxford University Press, p.157-210, 1993.

[93] TIGRE, P. B. *Op. cit.*, 2019.

[94] DE NEGRI, F. *Novos caminhos para a inovação no Brasil*. Washington, DC: Wilson Center, 2018. 159 p.

[95] DADOS OFICIAIS DO GOVERNO BRASILEIRO. Disponível em: https://www.mctic.gov.br/mctic/opencms/indicadores/detalhe/recursos_aplicados/indicadores_consolidados/2_1_7.html. Acesso em: 21 maio 2021.

[96] INSTITUTO BRASILEIRO DE GEOGRAFIA E ESTATÍSTICA. Pesquisa de Inovação 2017 – Notas Técnicas. IBGE, Coordenação de Indústria. Rio de Janeiro: IBGE, 2016.

Capítulo

20 Empreendedorismo

Assista ao **vídeo**

Robson Moreira Cunha
Sandra Regina Holanda Mariano
Joysinett Moraes da Silva

Pontos de aprendizado

Neste capítulo, o leitor poderá aprofundar seu conhecimento sobre:
- A evolução do conceito de empreendedorismo.
- Os principais tipos de empreendedorismo.
- O que é o processo empreendedor e quais são suas etapas.
- Quais são as principais dimensões de um plano de negócios.

RESUMO

O capítulo propõe-se a apresentar o conceito de empreendedorismo, os seus principais desdobramentos e as principais fases do processo empreendedor. Primeiro, exploramos uma perspectiva histórica, buscando destacar alguns marcos da evolução do conceito de empreendedorismo. Em seguida, apresentamos os tipos de empreendedorismo, diferenciando o empreendedorismo empresarial do empreendedorismo social e do intraempreendedorismo. Na sequência, abordamos o processo empreendedor, detalhando as particularidades de cada uma de suas fases. O capítulo descreve ainda as principais etapas a serem consideradas para a elaboração de um plano de negócios, instrumento utilizado para planejamento de empreendimentos. Por fim, são feitas algumas reflexões e provocações em relação ao processo empreendedor e à utilização do plano de negócios.

20.1 INTRODUÇÃO

Empreender pode ser algo entusiasmante, mas tem seus riscos. Estatísticas relacionadas com a taxa de sobrevivência das empresas no Brasil indicam que um percentual significativo dos negócios vai à falência nos primeiros anos. Segundo dados do SEBRAE,[1] pelo menos duas em cada dez empresas fecham suas portas ao longo dos dois primeiros anos de funcionamento. E esses dados podem ser ainda mais alarmantes se considerarmos a burocracia para se encerrar uma empresa no país. Ou seja, muitas classificadas como "sobreviventes" podem existir apenas no papel, sem desempenhar atividades concretas.

Entre as principais causas para o alto índice de falências estão falhas de planejamento e problemas na condução do negócio. Tais questões podem ser evitadas, ou pelo menos minimizadas, quando o empreendedor conhece as particularidades das diferentes fases pelas quais uma proposta de empreendimento deve passar.

Neste capítulo, abordaremos justamente essa temática. Na primeira parte do texto, há um panorama histórico da evolução do conceito de empreendedorismo, que será complementado pela apresentação dos seus principais tipos. Em seguida, será apresentado um detalhamento das fases do processo empreendedor, com destaque para um importante instrumento de planejamento, o plano de negócios. A Figura 20.1 ilustra a proposta do capítulo.

20.2 FUNDAMENTOS DO EMPREENDEDORISMO: BREVE CONTEXTUALIZAÇÃO HISTÓRICA DO TEMA

A construção histórica ajuda a explicar o caráter heterogêneo, fragmentado e multifacetado do empreendedorismo, uma vez que parte considerável dos pesquisadores tomou emprestadas teorias de outras disciplinas e as adaptou ao estudo de diversos fenômenos relacionados com o tema.[2] Nesse sentido, pode-se dizer que o empreendedorismo beneficiou-se de teorias oriundas de áreas como administração, economia, antropologia, sociologia e psicologia, que lhes serviram de referência,[3] e permitiram a exploração de diferentes perspectivas a partir de distintas lentes teóricas.[4]

Uma das primeiras definições do termo "empreendedor" foi apresentada por Richard Cantillon, em 1755, que lhe atribuiu significado econômico, derivado da ação de realizar compras a preços mais baixos antes de vender por preços mais altos, assumindo lucro e risco.[5]

No entanto, foi no século XIX, com Jean-Baptiste Say, que as bases do empreendedorismo como campo de estudo foram estabelecidas. Say foi um dos primeiros a associar o empreendedorismo à inovação, defendendo que o desenvolvimento econômico era um efeito da criação de novos empreendimentos.[6]

Essa associação do empreendedorismo com a inovação foi potencializada no século seguinte por Joseph Alois Schumpeter, um dos teóricos mais relevantes para a área. Schumpeter via o empreendedor como um agente de mudança, tendo, portanto, papel fundamental no desenvolvimento econômico.[7] Para o autor, as inovações seriam capazes de substituir empresas existentes, modificar as "regras do jogo", redefinir a dinâmica de interação dos atores de determinado setor e até mesmo destruir modelos de mercados vigentes, dando origem a novos. Fenômeno que foi chamado de destruição criativa. Bons exemplos desse fenômeno nos dias de hoje são as transformações trazidas pelas novas dinâmicas de interações, proporcionadas pelas redes sociais, bem como a digitalização da economia.

Outro conceito presente na obra Schumpeter é o de oportunidade, vista como algo central para novas combinações de recursos. Tais combinações não necessariamente assumem a forma de produtos ou serviços, pois também podem resultar em novos métodos de produção, novas formas de organizar um mercado ou novas fontes de matéria-prima.

Posteriormente, sobretudo a partir da segunda metade do século XX, o empreendedorismo atraiu a atenção dos comportamentalistas, que buscavam identificar um conjunto de características presentes no comportamento dos empreendedores. Acreditava-se que, se chegassem a um conjunto de características comuns, poderiam então propor programas de treinamento para novos empreendedores. Um dos teóricos mais proeminentes dessa abordagem foi o psicólogo e professor de Harvard, David McClelland.[8] Seus estudos propuseram um conjunto de características do comportamento empreendedor, a saber:

Figura 20.1 Organização do capítulo.

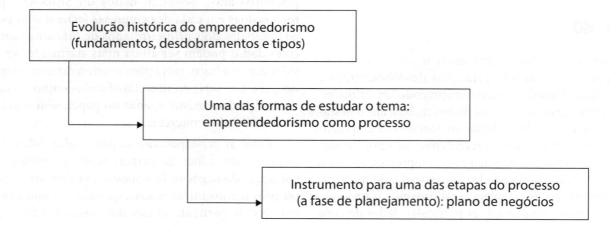

(1) busca de oportunidades e iniciativa; (2) persistência; (3) aceitação de riscos; (4) exigência de eficiência e qualidade; (5) comprometimento com o trabalho; (6) estabelecimento de metas; (7) busca de informações; (8) planejamento e monitoramento sistemáticos; (9) persuasão e redes de contatos; e (10) independência e autoconfiança.

Todavia, a abordagem comportamentalista começa a perder espaço na década de 1980, principalmente a partir dos estudos de William Gartner, momento em que o campo do empreendedorismo muda o enfoque dos aspectos comportamentais para o processo empreendedor,[9] tema que será aprofundado ao longo deste capítulo.

Cabe destacar que, embora o estudo do empreendedorismo ainda precise superar alguns desafios ontológicos e epistemológicos,[10] trata-se de uma área que, cada vez mais, vem construindo um espaço próprio de pesquisa, com número crescente de trabalhos sendo desenvolvidos de forma a construir sua própria base de conhecimento.

20.3 TIPOS DE EMPREENDEDORISMO

É comum que o empreendedorismo seja confundido com o processo de criação de novas empresas, o chamado empreendedorismo empresarial. No entanto, essa é apenas uma das possibilidades de empreender. Atualmente, o empreendedorismo ganha uma conotação mais abrangente, incluindo, por exemplo, o empreendedorismo corporativo e o empreendedorismo social.

O empreendedorismo corporativo, também chamado de intraempreendedorismo, é aquele que acontece no interior das organizações.[11] Ou seja, não ocorre a partir da criação de um novo negócio, mas de transformações realizadas na própria empresa. Nesse caso, o intraempreendedor é aquele capaz de provocar mudanças significativas na organização em que atua. Essas mudanças podem manifestar-se de diferentes formas. Por exemplo: um funcionário que propõe um projeto de reorganização dos processos de trabalho visando melhorar o atendimento ao público e aumentar a satisfação dos clientes, seja em uma empresa privada ou em uma organização pública, é um intraempreendedor.

Já o empreendedorismo social é caracterizado por ter como principal medida de desempenho o impacto social gerado, tendo, normalmente, como seu público pessoas em situação de risco ou em vulnerabilidade social.

Outra forma de entender o empreendedorismo social é vê-lo como um novo paradigma e processo de gestão no campo social, aplicando princípios e ferramentas de gestão empresarial para solução de problemas sociais.[12]

Contudo, é preciso salientar que os tipos e classificações do empreendedorismo não se limitam aos que foram apresentados aqui. O estudo do empreendedorismo expandiu-se para diferentes áreas, em um movimento de especialização conforme defende a abordagem do "empreendedorismo como prática".[13] Segundo essa visão, as práticas são a unidade de análise fundamental dos processos sociais.[14] Essa lente permite aos pesquisadores estudarem, empiricamente, como os empreendedores atuam no mundo real, revelando quem são os empreendedores, suas práticas e os processos relacionados. Dessa forma, pode-se expandir o estudo do empreendedorismo para temas como "empreendedorismo feminino", "empreendedorismo na área de cultura", "empreendedorismo na área de tecnologia", "empreendedorismo em serviços", "empreendedorismo em comunidades desfavorecidas/minorias", "empreendedorismo de imigrantes", entre outros.

Embora o empreendedorismo possa se desdobrar em diferentes áreas e temáticas, há uma característica indispensável a qualquer empreendedor, sua capacidade de criar valor.[15] E a criação de valor dá-se por meio de um processo, o chamado processo empreendedor, elemento que, mesmo com algumas variações ou adaptações, está presente nos diferentes tipos de empreendedorismo.

20.4 PROCESSO EMPREENDEDOR

Conforme mencionado nos tópicos anteriores deste capítulo, o empreendedorismo pode ser visto de diferentes maneiras. Um dos modos de compreendê-lo é descrevê-lo como um processo, pois envolve diferentes etapas inter-relacionadas. Seguindo essa compreensão, a partir da década de 1980,[16] o foco da análise dos estudos na área do empreendedorismo se deslocou de quem o empreendedor é, ou seja, de suas características, para o que o empreendedor faz, dando destaque, portanto, ao processo empreendedor.

Apesar de não haver abordagem única para o processo empreendedor, uma vez que é possível encontrar inúmeros modelos na literatura, com nomenclaturas distintas para as suas etapas, pode-se dizer que há um consenso de que "oportunidade" é a palavra-chave para estudar o tema. Entende-se aqui oportunidade como mudanças no ambiente ou novas leituras do ambiente que geram potencial para criação de algo novo ou de valor.[17] Nesse sentido, o processo empreendedor pode ser definido como o processo de identificação, avaliação e exploração de oportunidades.[18]

Tomando essa definição como ponto de partida e considerando as principais convergências presentes em diferentes modelos descritos na literatura,[19] é possível representar o processo empreendedor em quatro fases, conforme Figura 20.2.

454 Administração ■ Conejero – Oliveira – Abdalla (Orgs.)

Figura 20.2 Fases do processo empreendedor.

Identificação de oportunidades	⇨	Planejamento e organização de recursos	⇨	Criação do empreendimento	⇨	Desenvolvimento do empreendimento

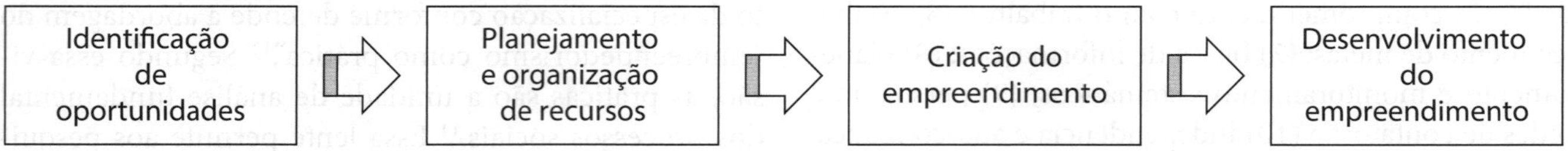

Vale destacar que, embora o processo empreendedor seja muitas vezes associado à criação de uma nova empresa, a identificação, a avaliação e a exploração de oportunidades são elementos presentes nos diferentes tipos de empreendedorismo, incluindo o intraempreendedorismo e o empreendedorismo social. Os próximos tópicos detalham as fases do processo representado na Figura 20.2.

20.4.1 Fase 1: Identificação de oportunidades

A identificação de oportunidades inicia-se no momento em que o empreendedor, ou time empreendedor, reconhece a possibilidade de criar algo novo ou de valor. Isso se aplica tanto aos casos de empresas nascentes, que buscam ingressar no mercado, como aos casos de organizações já estabelecidas, que buscam expandir sua atuação ou se reposicionar.

Nessa fase do processo empreendedor, a análise do ambiente é fator indispensável. A identificação de oportunidades depende de um conhecimento prévio e aprofundado do mercado em que se atua ou se pretende atuar. Só assim é possível identificar com clareza problemas a serem resolvidos ou necessidades a serem atendidas. Para mais detalhes sobre o diagnóstico da organização e do mercado, recomenda-se consultar os Capítulos 5 e 13.

Após identificar uma oportunidade, o empreendedor deve analisá-la para que possa tomar a decisão de seguir ou não adiante com o seu projeto. Esse é um de seus primeiros desafios, pois leituras equivocadas do mercado resultarão em falhas na avaliação e na exploração da oportunidade. Existe aqui um *trade-off* a ser enfrentado pelo empreendedor.[20] Por um lado, para evitar avaliações equivocadas, ele precisa reunir grande volume de informações, que servirão de insumos para sua tomada de decisão. No entanto, esse levantamento de informações pode consumir muitos recursos. Encontrar equilíbrio é um desafio.

Empreendedores de negócios nascentes geralmente têm dificuldades para realizar investimentos significativos, como, por exemplo, a contratação de uma pesquisa de mercado. Embora, atualmente, seja possível acessar uma infinidade de informações pela internet, nem sempre é possível encontrar algo específico sobre o mercado ou o público que se deseja atingir.

Pesquisas disponíveis na rede, com informações mais agregadas, podem contribuir para traçar tendências sobre determinado setor, mas talvez sejam insuficientes para responder a perguntas específicas sobre a viabilidade de uma oportunidade de negócio. No entanto, há algumas alternativas. O Quadro 20.1 traz um exemplo de como o empreendedor pode obter informações mais precisas sobre o mercado sem ter que arcar com custos elevados.

DA TEORIA À REALIDADE BRASILEIRA

Quadro 20.1 Empresa Júnior: uma opção de contratação de serviços

Empresa Júnior, ou simplesmente EJ, é uma organização sem fins lucrativos, formada e gerida por alunos de graduação, que se dedica à prestação de serviços para a sociedade, geralmente na forma de projetos de consultoria. As empresas juniores atuam em diferentes áreas do conhecimento, dependendo dos cursos que as compõem, e estão presentes em diversas universidades do país. Tais organizações representam uma oportunidade para que os estudantes apliquem os conhecimentos aprendidos em seus cursos de graduação por meio da realização de projetos, orientados por professores.

Por se tratar de organizações sem fins lucrativos, cujo principal objetivo é o desenvolvimento profissional dos estudantes, as empresas juniores praticam preços muito competitivos em comparação com empresas de consultoria tradicionais. Dessa forma, as EJs atuantes na área de gestão podem auxiliar os empreendedores em diferentes etapas do processo empreendedor, representando inclusive uma alternativa interessante para o levantamento de informações sobre o mercado.

No caso de empresas já existentes, a identificação de oportunidades pode ser decorrente de um fator interno, como, por exemplo, o resultado de alguma ação de pesquisa tecnológica. Grandes empresas geralmente têm setores específicos para buscar novas tecnologias ou novas oportunidades de negócio. Entre os setores típicos para essa função estão o departamento de pesquisa e desenvolvimento (P&D) e o setor de novos negócios, áreas que contam com equipes altamente especializadas.

No entanto, é preciso salientar que o processo de identificação de oportunidades não deve ficar restrito a um conjunto de especialistas.[21] É importante que toda a organização, em seus diferentes níveis hierárquicos, seja capaz de reconhecer oportunidades e explicitá-las por meio de canais de comunicação internos. O envolvimento dos diferentes níveis organizacionais, e, portanto, a descentralização, no reconhecimento de oportunidades, contribui para combinar a visão holística da alta gestão com as percepções dos funcionários que estão mais próximos dos clientes.

Nas fases iniciais de um negócio, as oportunidades tendem a ser sinalizadas por meio de informações incompletas e desorganizadas, dificultando assim seu reconhecimento. Por isso, ao longo da fase de identificação de oportunidades, é desejável que o empreendedor tenha ou desenvolva habilidades como criatividade, pensamento crítico e capacidade de solução de problemas, bem como habilidades sociais para poder interagir com diferentes atores, facilitando o reconhecimento de oportunidades.

Considera-se aqui habilidade como a aplicação direta ou observável do conhecimento para executar uma tarefa ou resolver um problema.[22] Cabe destacar ainda que o conjunto de habilidades, a sua relevância e a sua complexidade mudam ao longo das fases do processo empreendedor. Além disso, o contexto em que um empreendedor está situado pode influenciar significativamente o desenvolvimento e a aplicação de habilidades.

20.4.2 Fase 2: Planejamento e organização de recursos

A segunda fase do processo empreendedor tem basicamente dois objetivos. Em primeiro lugar, visa confirmar se a oportunidade identificada é mesmo factível, e, em segundo lugar, busca reunir os recursos mínimos necessários para iniciar o empreendimento. Se na fase anterior eram requeridas habilidades relacionadas com a criatividade, como forma de pensar "fora da caixa" e reconhecer oportunidades, nesta fase são requeridas habilidades analíticas e de planejamento, como forma de avaliação da viabilidade do projeto empreendedor.

De certa forma, essa fase dá continuidade ao processo de avaliação de oportunidade. Na fase 1, durante o reconhecimento da oportunidade, avaliações prévias de potencial e de viabilidade foram feitas nas pesquisas iniciais realizadas pelo empreendedor. No entanto, é na fase 2 que essas avaliações serão aprofundadas, considerando análises: (a) do mercado; (b) da perspectiva econômica/financeira, incluindo potencial de retorno e viabilidade de implementação; (c) de vantagens competitivas que a oportunidade trará; (d) do alinhamento da oportunidade com a capacidade da equipe, principalmente em termos de trajetória e competências; (e) do comprometimento do time empreendedor com o negócio.[23]

As análises mercadológica, econômica/financeira e de vantagens competitivas podem ser delineadas em instrumentos tradicionais de planejamento de empreendimentos, como o plano de negócios, que será visto em detalhes mais adiante neste capítulo. Além disso, esses temas podem ser aprofundados a partir da leitura dos Capítulos 5, 13 e 14.

Contudo, antes de se aprofundar nesses temas, a pessoa que deseja empreender deve responder à seguinte pergunta: "A oportunidade é para você?" É possível que o empreendedor esteja diante de uma oportunidade promissora, mas que não reúna os ativos e competências necessários para explorar tal oportunidade. O empreendedor deve analisar se esses ativos e competências podem ser construídos ou adquiridos. Caso contrário, terá dificuldades para viabilizar o seu empreendimento. A inclusão de outros sócios no negócio pode ser uma estratégia para suprir essa lacuna de recursos, obtendo ativos e competências complementares. Veja mais detalhes sobre a decisão de incluir um sócio no negócio no Quadro 20.2.

Quadro 20.2 Formação de time fundador

É frequente na literatura de gestão o uso de expressões de guerra para explicar conceitos. Não é difícil encontrar em livros de administração frases contendo "ganhar território" ou "vencer competidores". Pois bem, seguindo essa lógica de analogias com o contexto bélico, ao se investigarem as principais causas de falência dos empreendimentos, nota-se que uma parcela significativa é decorrente do chamado "fogo amigo". Ou seja, boa parte dos fatores relacionados com mau desempenho de um negócio é explicada por problemas com a equipe, notadamente o time de sócios fundadores. Nesse sentido, a formação do time fundador é crucial para o sucesso do negócio e requer alguns cuidados.

Quero empreender?

Antes de qualquer coisa, o empreendedor deve avaliar se quer mesmo empreender. Entre identificar uma oportunidade e realmente criar uma empresa para explorá-la, há um abismo. Mesmo para os que já tenham decidido empreender, fatores como carreira e momento de vida têm um impacto considerável na decisão de quando fazê-lo. Em alguns casos, pode ser interessante adiar um pouco a criação do negócio, ganhando tempo para aprofundar o conhecimento sobre o mercado e os possíveis produtos e serviços, adquirir experiência e levantar capital. Por outro lado, nem sempre é possível esperar. Existe algo chamado "janela de oportunidade", que significa que, caso determinada oportunidade não seja explorada logo, as condições favoráveis que a tornavam atrativa podem mudar, inviabilizando seu aproveitamento. Sem contar a possibilidade de a oportunidade ser aproveitada antes por outra empresa.

Muitas vezes, o empreendedor precisa de um evento gatilho[24] para romper a inércia e passar da intenção para a ação de empreender. Exemplos de gatilho podem ser insatisfação com o trabalho atual, ficar desempregado, políticas governamentais de apoio a novos negócios ou mesmo exemplos de empreendedores no círculo familiar.

Quem fará parte do time fundador?

A base das decisões relacionadas com a composição do time fundador de uma empresa está na oposição entre as perspectivas de controle e riqueza. Ao decidir criar uma empresa sozinho, sem sócios, o empreendedor tem autonomia total para tomar suas decisões. Por outro lado, ele, provavelmente, comprometerá significativamente o seu potencial de crescimento.

É comum que os empreendedores pensem apenas nas desvantagens de se ter um sócio. Não raro ouvimos frases como: "Eu que tive a ideia!"; ou "Não estou disposto a dividir meus lucros". No entanto, a divisão não é só de lucros, é também de riscos e de carga de trabalho. Além disso, ter uma boa ideia pode não significar nada. É apenas uma pequena etapa do processo empreendedor. Investidores, por exemplo, cientes dos desafios de um novo negócio, estão menos preocupados com a ideia e mais atentos ao time por trás daquela proposta de empreendimento.

O ideal é que o empreendedor identifique as competências-chave necessárias para criar e gerir o negócio, buscando uma equipe capaz de alinhar conhecimentos técnicos e de gestão. Muitas vezes, não é possível fazer contratações no início de um empreendimento, e serão os sócios os responsáveis por "tocar" o negócio. Recomenda-se buscar alinhamento dos sócios com os principais processos necessários para a operacionalização do negócio, com adoção de critérios objetivos para escolha da equipe. Por isso, deve-se ter cuidado ao compor equipe com familiares e amigos. Outro risco é formar equipes com profissionais com características muito similares, ampliando as chances de redundância e criando a necessidade de reorganização da equipe futuramente.

Vale fazer aqui uma diferenciação dos sócios comuns para os chamados sócios capitalistas ou investidores. Ao realizar um aporte de capital em uma empresa, o investidor pode se tornar sócio do empreendimento. Alguns investidores acompanham a gestão do negócio, até mesmo como forma de avaliar se estão tendo o retorno esperado para o investimento, mas não se envolvem em questões operacionais. Essa é uma das poucas exceções, todos os demais terão que colocar a "mão na massa".

Uma alternativa interessante para testar a equipe é criar ocasiões de trabalho conjunto com os possíveis sócios. Participações em competições ou mesmo o estabelecimento de desafios pontuais para a equipe podem ser maneiras de medir o comprometimento de cada um e a capacidade de trabalho conjunto da equipe. Esses são testes importantes a serem feitos ao longo da fase de planejamento do empreendimento, antes da criação da empresa em si, quando os acordos entre os membros da equipe deixarão de ser informais e a condição de sócio será oficial.

Para aprofundar os estudos em relação aos dilemas enfrentados pelos fundadores de empresas, recomenda-se a leitura do livro *The founder's dilemmas*,[25] de Noam Wasserman.

Outro ponto que merece ser destacado é que há diferenças significativas na capacidade das empresas não apenas de reconhecerem, mas, principalmente, aproveitarem oportunidades. Alguns autores[26] defendem que há oportunidades mais favoráveis às grandes empresas e outras mais aderentes ao modelo de empresas nascentes. Empresas já estabelecidas no mercado conseguem beneficiar-se de fatores como curva de aprendizagem, reputação, fluxo de caixa, economias de escala e ativos complementares.[27] Por outro lado, as novas empresas beneficiam-se de oportunidades que para as grandes empresas seriam destruidoras de competências. Nesse sentido, as empresas nascentes têm maior capacidade de reconhecimento e aproveitamento de oportunidades que envolvem inovações disruptivas.

POR DENTRO DA TEORIA[28]

Inovação disruptiva ou inovação de ruptura é um conceito de Clayton Christensen, presente em seu livro *O dilema da inovação*. Segundo Christensen, há momentos em que os mercados passam por transformações que envolvem o surgimento de novas necessidades, fora do usual, fora da lógica vigente.

Normalmente, os produtos inseridos em processos de inovação de ruptura são vistos como mais simples ou tecnologicamente inferiores, se comparados aos já existentes no mercado. Isso ocorre porque eles atendem a uma nova combinação de atributos, situando-se, geralmente, em mercados emergentes, que não são percebidos ou são ignorados pelas grandes empresas.

Enquanto os competidores já estabelecidos no mercado estão buscando inovações que caminham no padrão de desempenho vigente – por exemplo, motos mais potentes –, as inovações de ruptura buscam um novo conjunto de atributos, como praticidade, conveniência e baixo custo. Foi assim que a Honda se inseriu em mercados antes dominados pela Harley-Davidson, com motos de baixa cilindrada, mais simples e baratas, algo longe do padrão da concorrente, mas que alcançava um público que até então não era capaz de consumir o produto.

Fonte: Christensen.[29]

Para análise de oportunidades, é válido considerar também o estágio de desenvolvimento do mercado. Estudos clássicos na área de inovação[30] indicam que em mercados emergentes as empresas, geralmente, exploram oportunidades que envolvem a introdução de novos produtos. Isso ocorre porque os competidores estão buscando estabelecer-se no mercado e ainda não se sabe qual o "*design* dominante". Ou seja, ainda não há clareza em relação a qual será a configuração de produto mais aceita para aquele mercado.

Em algum momento, uma forma/configuração transforma-se no padrão da indústria. A partir desse momento, o esforço das empresas passa a convergir em torno do *design* dominante. É como se as regras do jogo estivessem estabelecidas e, então, começa-se uma corrida para ver quem consegue oferecer um produto com aquela configuração, porém com mais diferenciais e/ou de forma mais barata. Por isso, em mercados mais maduros, as empresas tendem a se concentrar em oportunidades que envolvem melhorias de processos, buscando eficiência produtiva.

20.4.3 Fase 3: Criação do empreendimento

As fases de criação e desenvolvimento do empreendimento, algumas vezes, são representadas como uma única etapa, que considera a gestão do negócio. Todavia, a separação desses dois momentos do processo empreendedor ajuda a compreender os desafios específicos de cada um.

Na fase 3, inicia-se a implementação do planejamento para a criação do empreendimento. Nesse momento, o time empreendedor já está formado, pelo menos em sua versão inicial, e os recursos mínimos para a execução do planejamento já estão disponíveis.

Trata-se do período em que os esforços dos empreendedores estão voltados para a formalização da empresa (mais detalhes no Quadro 20.3), a viabilização da infraestrutura necessária ao funcionamento do negócio, o desenvolvimento do produto/serviço, a aquisição dos primeiros clientes e a formação da equipe de colaboradores.[31] Este último item dependerá muito da natureza do negócio. Em alguns casos, é possível, e necessário, começar com uma equipe enxuta, formada apenas pelos sócios. Em outros casos, a contratação de alguns funcionários para atividades-chave é inevitável.

A fase anterior, de planejamento, é fundamental para redução de riscos, mas não garante o sucesso do empreendimento. Somente durante a implementação é possível ter a real dimensão da viabilidade do negócio. É a partir do encontro com os clientes e da realização de vendas concretas que os empreendedores conseguem avaliar a oportunidade efetivamente. Dessa forma, esta fase requer a criação de capital social, ampliando as redes do time empreendedor a partir de interações constantes com clientes, parceiros estratégicos e fornecedores.[32]

DA TEORIA À REALIDADE BRASILEIRA

Quadro 20.3 Legalização de empresas no Brasil

> Durante a fase de criação do empreendimento, é muito comum que os empreendedores tenham dúvidas sobre os procedimentos necessários para formalização do negócio, especialmente no Brasil, onde há excesso de burocracia. Para que se tenha uma ideia, o país ocupa a 124ª posição no *ranking Doing Business*, projeto da unidade de indicadores globais do Banco Mundial que realiza uma análise do ambiente de negócios em 190 economias. No entanto, é possível encontrar uma série de dicas sobre o processo de legalização no *site* do SEBRAE, incluindo itens como: (a) diferentes constituições de empresas e suas formas de atuação; (b) diferença entre ser um microempreendedor individual (MEI) e abrir uma microempresa; (c) registro de marca; e (d) registro de domínio na internet.

Fontes: World Bank;[33] SEBRAE.[34]

20.4.4 Fase 4: Desenvolvimento do empreendimento

Em muitos casos, a fase de desenvolvimento do empreendimento representa uma espécie de refundação da empresa. A estratégia utilizada para a entrada da empresa no mercado e a obtenção dos primeiros clientes, algo relevante para testar o produto e a proposta de valor, não basta necessariamente para sustentar o crescimento do negócio. Ou seja, os bons resultados no lançamento do negócio não representam garantia de sucesso.

Para que o empreendimento se desenvolva, o time empreendedor deve ser capaz de formar uma base sólida de clientes, o que demandará uma definição mais clara do conjunto de produtos/serviços e dos processos inerentes a produção e entrega deles. Caso contrário, o empreendimento terá dificuldades de alcançar os resultados financeiros esperados e poderá integrar as estatísticas de falência mencionadas antes.

Na fase de desenvolvimento do empreendimento, é esperado que os empreendedores apresentem uma gama maior de habilidades de gestão, pois a complexidade do negócio aumenta consideravelmente. O empreendimento, provavelmente, estará diante de um número maior de demandas fiscais e de controle de gastos, maior número de funcionários e ampliação das redes de interação com clientes, fornecedores e parceiros. Nesse momento, a tendência é de profissionalização da gestão, e controles que muitas vezes eram feitos de forma simplificada ou mesmo improvisada passam a ser realizados por *softwares* de gerenciamento.

Entre os desafios para a sobrevivência e o crescimento das empresas, dois merecem destaque e, de certa forma, estão relacionados entre si. O primeiro deles é superar o chamado "vale da morte", representado na Figura 20.3, período em que o empreendimento ainda não ultrapassou o ponto de equilíbrio, ou seja, não gera receitas suficientes para pagar os gastos, e, portanto, ainda não tem lucro.

Figura 20.3 Representação do vale da morte.

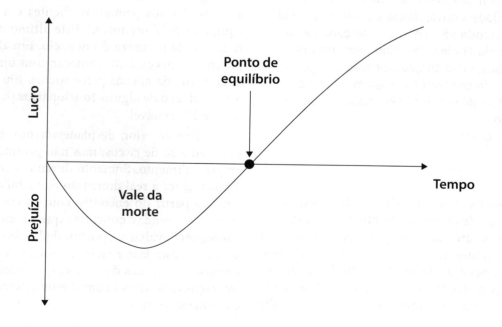

É muito comum que novas empresas demorem alguns meses até que sejam capazes de gerar lucro. Apesar disso, devem dispor de recursos para manter as operações funcionando, incluindo pagamento de funcionários, aquisição de insumos, despesas administrativas, entre outros gastos.

Recomenda-se que os empreendedores tenham uma reserva de capital para atravessarem esse período. Contudo, nem sempre os recursos próprios serão suficientes. Em alguns casos, será preciso recorrer a investidores, que podem ter um papel importante não apenas no aporte de recursos, mas também na gestão e no direcionamento estratégico do negócio, conforme destacado no boxe Saiba mais.

O outro desafio para o crescimento das empresas está relacionado com a difusão da inovação[35] e com o ciclo de adoção de novos produtos pelos consumidores.[36] Quando um novo produto é inserido no mercado, ele encontra diferentes perfis de adoção: inovadores, adotantes iniciais, maioria inicial, maioria tardia e retardatários.

Os inovadores são os primeiros a consumirem os novos produtos, são entusiastas, ávidos por novidades, estão dispostos a correr mais riscos e compram os novos produtos mesmo sem comprovação de sua qualidade ou eficiência.

O segundo grupo de consumidores, formado pelos adotantes iniciais, é caracterizado por indivíduos e/ou empresas que adquirem determinado produto ou tecnologia como fonte de vantagem competitiva. Por isso, são também chamados de visionários.

A maioria inicial é formada por consumidores pragmáticos, que aguardam as primeiras avaliações em relação às inovações inseridas no mercado, tomam a decisão de compra apenas quando já há comprovações da eficiência e dos benefícios dos novos produtos.

A maioria tardia é formada por um grupo de consumidores mais cauteloso e muito sensível ao preço. São consumidores com menor propensão ao risco e que aguardam uma diminuição dos preços dos produtos para tomarem a decisão de compra. Preferem produtos que não exijam mudanças significativas de rotinas ou processos e que não requeiram esforços substanciais de aprendizado.

Por fim, há os retardatários, também conhecidos como céticos, consumidores resistentes à mudança e que só adotam novas tecnologias quando não há alternativa, como nos casos de exigências profissionais ou legais.

Um dos desafios para o crescimento e o desenvolvimento de um negócio é alcançar as maiorias inicial e final. No entanto, entre o seleto grupo de clientes (formado pelos inovadores e os adotantes iniciais) e o mercado maior há o risco de existir um abismo, conforme Figura 20.4.

A relação com os inovadores e os adotantes iniciais envolve interação constante. Essa proximidade com os clientes permite fazer adaptações e aperfeiçoamentos no produto. Isso só é possível por se tratar de um público participativo e mais tolerante a possíveis erros e *bugs* nos produtos.

Já com os outros perfis de consumidores, a empresa só consegue obter sucesso caso tenha processos bem definidos, que permitam atendimento em larga escala sem apresentar falhas. Muitas empresas fracassam ao tentar cruzar o abismo. A fase de desenvolvimento do negócio é uma das mais desafiadoras, justamente pela complexidade de passar dos adotantes iniciais para um mercado maior.

Figura 20.4 Ciclo de adoção de novos produtos.

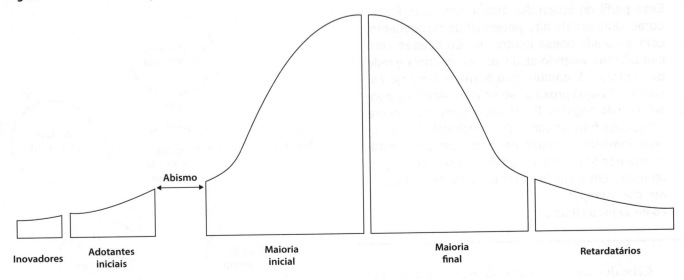

Fonte: adaptada de Moore.[37]

Uma das estratégias recomendadas para reduzir os riscos de atravessar o abismo é definir um segmento de entrada no mercado. Ou seja, delimitar uma fatia do mercado maior e direcionar os esforços para esse grupo de consumidores. É mais fácil entender e agradar um segmento menor, o chamado segmento de entrada, e depois ir avançando para segmentos adjacentes. Por exemplo, uma ação de marketing voltada para jovens universitários tende a ser genérica se comparada à outra ação voltada para jovens de cursos de Engenharia de universidades particulares. Com a definição do segmento de entrada, os empreendedores ampliam suas chances de sucesso, pois conseguem compreender melhor as necessidades de seu público e desenvolver produtos capazes de satisfazê-las.

SAIBA MAIS

Envie-me um anjo!

Send me an angel é uma das canções da banda de *rock* alemã Scorpions, que narra um clamor por ajuda em um momento de dificuldade. Pois bem, os empreendedores também podem recorrer a um anjo. Sim, eles existem! Investidor anjo é o nome dado à pessoa física que investe recursos próprios em empresas nascentes.

Nem sempre os empreendedores poderão contar apenas com recursos próprios para a criação e o desenvolvimento do negócio. Em alguns casos, a passagem pelo já mencionado "vale da morte" exige o aporte de capital de terceiros, sendo uma possibilidade recorrer a um investidor anjo.

Esse perfil de investidor busca empresas inovadoras, dotadas de alto potencial de crescimento, com as quais possa contribuir não apenas com capital, mas valendo-se de sua experiência e rede de contatos. É comum que o investidor anjo assuma um papel próximo ao de um mentor ou conselheiro do negócio. Em troca, o investidor espera ter ganhos futuros com o desenvolvimento do empreendimento. Geralmente, esse tipo de investimento é feito por um grupo de investidores anjos, reunidos em torno de associações de investidores, por exemplo.

Fonte: Anjos do Brasil.[38]

Cabe destacar que, apesar da representação em fases, o processo empreendedor tende a não ser tão linear.

Os esquemas e modelos nos ajudam a compreender os conceitos, mas as etapas de identificação, avaliação e exploração de oportunidades envolvem um conjunto de idas e vindas. Não se trata simplesmente de uma sequência rígida de ações, mas de um fenômeno complexo e multidimensional, influenciado por fatores do ambiente externo, como aspectos políticos, econômicos e culturais.[39]

20.5 PLANO DE NEGÓCIOS

O plano de negócios, também chamado de plano de empreendimento, é um dos principais instrumentos de planejamento dos empreendedores. Trata-se de um documento que descreve os principais aspectos do negócio, incluindo uma análise de viabilidade.

Geralmente, o plano de negócios é associado ao processo de criação de uma nova empresa, momento em que este planejamento é muito útil. No entanto, também pode ser utilizado em outros contextos, como, por exemplo, movimento de expansão de uma organização já existente ou tentativa de obtenção de financiamento.

Assim como ocorre com o processo empreendedor, não há modelo único para um plano de negócios, pelo contrário, é possível encontrar algumas dezenas de modelos. Contudo, todos esses modelos abordam algumas dimensões centrais (Figura 20.5). São elas: caracterização do empreendimento; análise de mercado; plano estratégico; plano de marketing; e plano financeiro. A maior ou menor ênfase dada a cada uma dessas dimensões no processo de planejamento dependerá do tipo de negócio, do contexto em que se encontra e dos objetivos dos empreendedores para a construção do plano.

Figura 20.5 Principais dimensões de um plano de negócios.

Cabe destacar que o público para o qual um plano de negócios se destina influencia significativamente seu formato e seu conteúdo. Além de ser um instrumento de planejamento do empreendedor, o plano de negócios pode ser utilizado, por exemplo, para: (a) atrair novos sócios para a empresa, convencendo-os do potencial do empreendimento; (b) obter financiamento junto a bancos ou programas de fomento; (c) atrair investidores; e (d) participar de processos seletivos de incubadoras de empresas (ver Quadro 20.4).

Embora todas as dimensões do plano sejam relevantes, cada um desses públicos pode demandar maior ou menor detalhamento em algumas partes do documento. Os investidores, por exemplo, vão querer ter clareza da expectativa de retorno, da capacidade da equipe para implementar o plano e do estágio de validação da proposta de empreendimento.

DA TEORIA À REALIDADE BRASILEIRA

Quadro 20.4 Incubadora de empresas: uma opção para os inovadores

As incubadoras de empresas têm importante papel no desenvolvimento de empreendimentos nascentes. Segundo a Associação Nacional de Entidades Promotoras de Empreendimentos Inovadores (Anprotec), incubadora de empresas é uma "organização ou estrutura que objetiva estimular ou prestar apoio logístico, gerencial e tecnológico ao empreendedorismo inovador e intensivo em conhecimento, com o objetivo de facilitar a criação e o desenvolvimento de empresas que tenham como diferencial a realização de atividades voltadas à inovação".

É comum que as incubadoras estejam vinculadas a universidades, principalmente devido aos benefícios proporcionados pela proximidade com os laboratórios e recursos humanos dessas instituições. Contudo, isso não é regra. Existem também incubadoras formadas e apoiadas por associações de classe, entidades governamentais e empresariais.

No contexto das universidades, a incubadora de empresas é um dos principais mecanismos para introdução mercadológica das pesquisas desenvolvidas internamente. O propósito da incubadora é apoiar o desenvolvimento de novos empreendimentos, oferecendo infraestrutura e suporte para o crescimento de projetos inovadores.

A empresa apoiada por uma incubadora paga uma taxa, espécie de aluguel, e tem direito a um conjunto de serviços que envolvem desde infraestrutura básica para funcionamento até assessoria em gestão e captação de recursos.

Os empreendedores interessados no apoio da incubadora devem participar de um processo seletivo no qual, geralmente, um dos critérios de maior peso na avaliação é a apresentação de um plano de negócios preliminar.

Fonte: Anprotec.[40]

20.5.1 Caracterização da empresa

Este tópico do plano de negócios tem a função de descrever brevemente o empreendimento e contextualizar a sua criação. Entre os seus componentes, podem-se destacar: (a) apresentação da empresa e do seu foco de atuação; (b) perfil dos empreendedores; (c) descrição legal; (d) organização e governança; (e) descrição da estrutura física.

Na apresentação da empresa, o empreendedor tem a oportunidade de descrever o que é o negócio, o que é ofertado pelo empreendimento, seus principais produtos e serviços, e para quem se destina. Trata-se de uma forma de situar o leitor para que compreenda melhor os demais itens do plano.

É importante deixar claros todos os aspectos do empreendimento. Algumas vezes, os empreendedores gostam de fazer suspense e ir apresentando aos poucos a empresa. Isso é um erro. Não se está diante de um romance policial, como os de Agatha Christie, por exemplo. O foco deve ser informar ao leitor, de maneira mais precisa possível, no que consiste o empreendimento, permitindo uma avaliação adequada do negócio.

Tão relevante quanto explicar no que consiste a empresa é descrever a trajetória dos empreendedores. A composição da equipe normalmente diz mais sobre o potencial do negócio do que a ideia em si. É a partir da descrição da trajetória dos empreendedores que se pode avaliar se há alinhamento entre a equipe e a oportunidade identificada, fator fundamental para implementação do negócio.

Além disso, ao longo do processo de planejamento do empreendimento, e mesmo durante as fases de criação e desenvolvimento, a proposta do negócio tende a ir se modificando, sofrendo ajustes e aperfeiçoamentos. Em alguns casos, é preciso desistir da proposta inicial e pensar em um projeto inteiramente novo. Com uma boa equipe de empreendedores é mais fácil passar por essas transformações. Por outro lado, se todas as apostas estiverem numa ideia que não vem acompanhada de uma equipe qualificada e experiente, os riscos do negócio aumentam consideravelmente.

A descrição do perfil dos empreendedores geralmente ocorre por meio da apresentação de um currículo resumido dos integrantes da equipe fundadora, incluindo a formação e a experiência profissional de cada um.

No caso de ser um plano de negócios de uma empresa já existente, pode-se substituir o detalhamento da descrição dos empreendedores por um histórico da empresa. Ou seja, em vez de enfatizar a trajetória dos indivíduos, destacam-se as conquistas obtidas pela empresa ao longo dos anos.

O tópico de caracterização da empresa traz também uma descrição da natureza jurídica do empreendimento, informando como a empresa foi constituída, quais leis têm maior impacto sobre o seu funcionamento e se há a necessidade de obtenção de alguma certificação ou licença específica para criação da empresa. Mais detalhes sobre esse tema podem ser encontrados no Quadro 20.3.

No item de organização e governança, os empreendedores informam qual a equipe necessária para o funcionamento do negócio, além dos sócios, e como será realizado o acompanhamento das ações dos colaboradores. Trata-se de algo relacionado com estrutura organizacional da empresa.

Um erro muito comum nesse momento do planejamento é pensar primeiro na construção de um organograma, definindo os cargos de cada integrante da equipe, e só depois analisar os processos de trabalho. Isso pode resultar em estruturas artificiais e ineficientes. Recomenda-se, portanto, fazer um levantamento preliminar dos processos necessários para funcionamento do negócio e só depois definir a estrutura organizacional, conforme Figura 20.6.

O próximo item, a descrição da estrutura física, está intimamente relacionado com o anterior, uma vez que a infraestrutura necessária para o funcionamento do negócio será determinada, em grande parte, pelos processos de trabalho e pelo tamanho e características da equipe. Levando em consideração a capacidade produtiva pretendida, é importante que os empreendedores descrevam no planejamento quais serão os principais investimentos em infraestrutura e de que forma eles ocorrerão.

Figura 20.6 Relação entre processos de trabalho e estrutura organizacional.

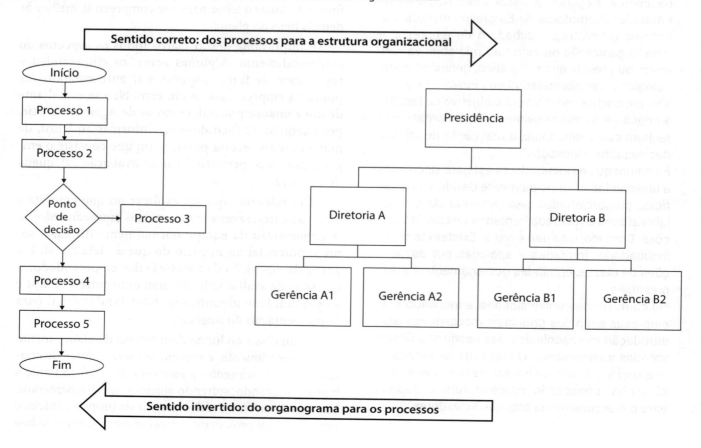

Em alguns casos, principalmente no contexto de empreendimentos nascentes, pode ser difícil dimensionar com precisão itens como equipe e infraestrutura. Mais que isso, os empreendedores podem ter receio de investir somas significativas nesses itens e não obter os resultados esperados. Nesse sentido, uma forma de representar tais itens no plano de negócios é traçar diferentes momentos de evolução da empresa. O empreendedor pode pensar, por exemplo, em começar com uma estrutura mínima nos primeiros meses e traçar horizontes de ampliação da capacidade produtiva. É claro que essa possibilidade de flexibilização e de planejamento de um crescimento orgânico dependerá muito do tipo de negócio. Nem sempre é possível.

20.5.2 Análise de mercado

O tópico de análise de mercado é um dos mais relevantes do plano de negócios, pois fornece o embasamento para os demais. Não é possível pensar em estratégias, formas de relacionamento com os clientes ou projeções financeiras sem conhecer o mercado em detalhes. Entre os componentes da análise de mercado estão: (a) panorama e dimensionamento do mercado; (b) possibilidades de segmentação e descrição do público-alvo; e (c) análise da concorrência.

O primeiro passo é ter uma visão geral do mercado, entender suas principais características, seus principais atores (clientes, fornecedores, concorrentes, órgãos reguladores, possíveis parceiros etc.) e quais as tendências para os próximos anos. Soma-se a esse panorama a necessidade de dimensionamento do mercado, com levantamentos de estatísticas sobre quanto o setor movimenta e qual o tamanho do seu público consumidor.

A partir dessa primeira leitura do mercado, pode-se identificar quais segmentos parecem mais atrativos. Vale ressaltar que a segmentação é uma das estratégias para reduzir os riscos de entrada no mercado. Para mais detalhes sobre segmentação de mercado, recomenda-se revisitar o Capítulo 13.

Uma forma de obter informações gerais sobre o mercado e o público que se deseja atingir é encontrar associações que representem o setor de atuação do empreendimento. As associações, geralmente, divulgam relatórios com estatísticas e características do mercado. Há associações brasileiras para quase qualquer coisa. Algumas são mais organizadas e publicam pesquisas com certa regularidade, outras são menos estruturadas. De qualquer forma, mesmo que não encontre uma associação para o mercado em que pretende atuar, você pode recorrer a fontes alternativas de pesquisa. Uma revista especializada pode ser um excelente ponto de partida para sua busca. Mas, ao recorrer a essa estratégia, você deve atentar para dois pontos: se a fonte é confiável; e se a informação é atual.

Vale consultar também *sites* de empresas que atuam no setor desejado. Entender o que as outras empresas estão fazendo é fundamental. Pesquisar as grandes empresas ajuda a entender tendências do mercado. Pesquisar as pequenas empresas ajuda na análise do que você enfrentar como concorrência.

Todavia, os empreendedores precisam ter em mente que as pesquisas em bases públicas permitem entendimento geral do mercado, mas não substituem a ida a campo. O contato direto com potenciais clientes é indispensável para tirar conclusões mais apuradas e para "sentir a temperatura" do mercado.

20.5.3 Plano estratégico

Após uma análise de mercado aprofundada, os empreendedores terão insumos para realização de uma discussão estratégica, com o intuito de traçar os rumos do negócio para os próximos anos. O plano estratégico deve incluir, entre outras coisas, itens como: (a) diretrizes estratégicas (missão, visão e valores do negócio); (b) análise dos ambientes externo e interno; (c) objetivos estratégicos; e (d) plano de ação. O detalhamento de cada um desses itens pode ser encontrado no Capítulo 5.

É válido destacar que a formulação do plano estratégico deve estar alinhada com a fase do processo empreendedor em que o negócio se encontra. Para uma empresa nascente, é importante que os objetivos evidenciem a sua estratégia de entrada no mercado. E no caso de uma empresa já estabelecida, os objetivos estratégicos podem ser direcionados, por exemplo, para um projeto de expansão.

20.5.4 Plano de marketing

O plano de marketing é a etapa em que os empreendedores detalham suas estratégias de entrada no mercado e/ou ampliação das vendas. Nesse momento, recomenda-se retomar e aprofundar os levantamentos sobre características, comportamentos e preferências dos clientes, bem como a atuação dos concorrentes.

Uma das bases do plano de marketing é o *mix* de marketing, também conhecido como 4Ps do marketing, são eles: produto, preço, praça e promoção. Para mais detalhes sobre os 4Ps e outros elementos do plano de marketing, recomenda-se a leitura do Capítulo 13.

É importante mencionar que, no desenvolvimento do plano de negócios, a descrição dos produtos e serviços ofertados pela empresa envolve tanto aspectos técnicos como formas de inovação adiante da concorrência.

Todavia, cabe ressaltar que as inovações não têm necessariamente relação com um novo produto. Há inovações de modelo de negócio, por exemplo.

POR DENTRO DA TEORIA

O modelo de negócio pode ser definido como uma ferramenta capaz de descrever a lógica pela qual uma organização cria, entrega e captura valor. Há diferentes metodologias para representação e análise de modelos de negócios. No entanto, a metodologia que vem ganhando mais destaque nos últimos anos é o *Business Model Canvas*, proposta por Alexander Osterwalder e Ives Pigneur. O termo *"canvas"* foi utilizado pelo fato de conseguir representar todos os elementos do modelo de negócios em uma única tela.
Fonte: Osterwalder e Pigneur.[41]

20.5.5 Plano financeiro

Após detalhar as principais dimensões do negócio nos tópicos anteriores, é preciso traduzir todo o planejamento em números e verificar a viabilidade do empreendimento. Esse é um dos principais objetivos do plano financeiro.

Entre os principais itens dessa parte do plano de negócios estão: (a) levantamento dos investimentos necessários para iniciar o negócio; (b) projeções de receitas, custos e despesas; (c) análise de fluxo de caixa e cálculo de indicadores de viabilidade econômico-financeira.

As projeções, geralmente, são feitas por meio de planilhas eletrônicas, considerando um horizonte de três anos. Contudo, é importante perceber que a parte financeira não deve resumir-se a um conjunto de tabelas isoladas e desconectadas do contexto do plano. É preciso haver alinhamento perfeito entre os diferentes capítulos do documento. Para detalhes sobre cada um dos itens do plano financeiro, recomenda-se a leitura do Capítulo 14.

20.5.6 Sumário executivo

Além das cinco dimensões vistas anteriormente, todo plano de negócios deve ter um sumário executivo. Trata-se de uma apresentação de seu projeto de empreendimento, um resumo dos aspectos mais relevantes do plano, como forma de ressaltar o potencial do negócio e atrair o interesse do leitor.

O sumário executivo deve ser curto, normalmente com uma ou duas páginas. Embora seja o primeiro item a ser lido por quem avalia o plano de negócios, é o último tópico a ser desenvolvido, pois depende das informações das demais dimensões do plano. Sua composição pode variar dependendo da finalidade do plano de negócios, porém, geralmente, traz itens como: (a) oportunidade identificada e sua relação com os produtos e serviços; (b) foco da empresa e atratividade do mercado de atuação; (c) principais características da equipe; (d) principais objetivos estratégicos; (e) resumo das projeções financeiras.

20.5.7 Ressalvas em relação ao plano de negócios e ao modelo tradicional de planejamento

Embora o plano de negócios seja um instrumento útil para o planejamento das organizações, há, no campo do empreendedorismo, algumas ressalvas em relação a sua eficiência que merecem ser destacadas.

Uma primeira ressalva é que o processo de planejamento não é necessariamente linear e previsível. O método tradicional de planejamento pressupõe a definição de um objetivo e a busca de recursos para viabilizar o seu alcance. Contudo, em alguns casos, pode fazer mais sentido identificar os recursos e os meios disponíveis e, a partir deles, definir os objetivos possíveis. Esta última lógica de tomada de decisão é conhecida como *effectuation*.[42]

Outra importante ressalva ao processo tradicional de planejamento de empreendimentos é que instrumentos detalhados e prescritivos como o plano de negócios são mais bem aproveitados em contextos nos quais o modelo de negócios é conhecido. Quando o empreendedor está diante de uma proposta inovadora e ainda não há clareza de qual modelo de negócio adotar, recomenda-se: adiar um pouco a elaboração do plano de negócios; intensificar as interações com os potenciais clientes como forma de validar ou ajustar premissas; e utilizar métodos mais ágeis de registro do aprendizado em relação ao mercado e ao negócio como um todo, como o *Canvas*, por exemplo.

SAIBA MAIS[43]

Para aprofundar os estudos em relação à forma de conduzir o planejamento de uma organização em contextos nos quais ainda não se tem clareza do modelo de negócios a ser adotado, recomenda-se a leitura do livro *A startup enxuta*, de Eric Ries.[44]

20.6 CONSIDERAÇÕES FINAIS E QUESTÕES

Neste capítulo, vimos que o empreendedorismo pode ser entendido de diferentes maneiras dependendo da abordagem utilizada para analisá-lo. Optou-se aqui por destacar a visão do empreendedorismo como processo, com o detalhamento de um modelo de quatro fases.

Embora as fases não devam ser exageradamente rígidas e lineares, permitindo variações e adaptações de acordo com o contexto e o tipo de empreendimento, entende-se que o modelo é útil como elemento norteador do planejamento.

Foi visto também que o plano de negócios é uma das principais ferramentas da etapa de planejamento de um projeto de empreendimento. Trata-se de um documento capaz de auxiliar a avaliação de uma oportunidade de negócio, bem como orientar a aquisição e a organização de recursos para explorá-la.

Esse conjunto de tópicos fornece um ferramental para que o empreendedor tenha mais clareza dos desafios inerentes ao processo empreendedor e possa se preparar para superá-los, reduzindo os riscos das altas taxas de falência, mencionadas ao longo do capítulo.

Todavia, a compreensão desse conjunto de tópicos não esgota o assunto. Pelo contrário, representa apenas o ponto de partida. Aqueles que, efetivamente, quiserem empreender terão que buscar informações complementares para se aprofundarem no tema. Mas isso faz parte da jornada.

CONTRIBUIÇÕES DO CAPÍTULO PARA A ADMINISTRAÇÃO CONTEMPORÂNEA

a) O empreendedorismo pode desdobrar-se em diferentes áreas e temáticas, mas há uma característica indispensável a qualquer empreendedor: a capacidade de criar valor.

b) O processo empreendedor consiste no conjunto de ações para identificação, avaliação e exploração de oportunidades.

c) Embora discutido com maior frequência no contexto de criação de novas empresas, o processo empreendedor também pode ser aplicado aos projetos intraempreendedores e ao empreendedorismo social.

d) A identificação de oportunidades segue dinâmicas distintas dependendo do estágio do empreendimento, pois empresas nascentes têm demandas e preocupações diferentes de empresas já estabelecidas no mercado.

e) O plano de negócios é um instrumento útil para a fase de planejamento do empreendimento e organização dos recursos, porém a elaboração de um plano detalhado e prescritivo é recomendada apenas quando os empreendedores já possuem clareza do modelo de negócios a ser adotado.

f) As fases de criação e desenvolvimento do negócio possuem características específicas, e, em alguns casos, a passagem de uma para a outra exige uma espécie de refundação da empresa, devido à necessidade de adaptação das ações e da forma de interação com o mercado.

QUESTÕES PARA REFLEXÃO

1) Quais são as principais diferenças entre o empreendedorismo empresarial e o intraempreendedorismo?

2) Existe uma etapa específica do processo empreendedor em que a equipe de sócios deva ser formada? Qual seria ela e por qual motivo?

3) Como lidar com as incertezas e com informações incompletas e desorganizadas presentes na fase de identificação de oportunidades?

4) Em quais ocasiões e contextos o plano de negócios é mais útil? E em quais circunstâncias sua elaboração não é recomendada?

QUESTÕES PARA AVALIAÇÃO DO CONHECIMENTO

1) O processo empreendedor é aqui representado em quatro fases: (1) identificação de oportunidades; (2) planejamento e organização de recursos; (3) criação do empreendimento; (4) desenvolvimento do empreendimento. No entanto, há outros modelos para representação do processo, com número de fases e nomenclaturas distintos. Nesse sentido, quais são as ações que permeiam essas fases e que estão presentes no processo empreendedor independentemente do modelo de representação adotado?

2) Qual a relevância da análise da trajetória dos integrantes do time empreendedor durante a avaliação de uma oportunidade de negócio?

3) De que forma o estágio de desenvolvimento de determinado mercado (emergente ou maduro) pode influenciar o processo empreendedor?

4) É correto afirmar que o tópico de análise de mercado é um dos mais relevantes do plano de negócios? Justifique.

REFERÊNCIAS

[1] SEBRAE. Sobrevivência das Empresas no Brasil. 2016. Disponível em: https://m.sebrae.com.br/Sebrae/Portal%20Sebrae/Anexos/sobrevivencia-das-empresas-no-brasil-102016.pdf. Acesso em: 21 maio 2021.

[2] LANDSTROËM, H.; HARIRCHI, G.; & ASTROËM, F. Entrepreneurship: exploring the knowledge base. *Research Policy*, 41(7), 1154-1181, 2012.

[3] ZAHRA, S. A. Contextualizing theory building in entrepreneurship research. *Journal of Business Venturing*, 22(3), 443-452, 2007.

[4] GEORGE, N. M.; PARIDA, V.; LAHTI, T.; & WINCENT, J. A systematic literature review of entrepreneurial opportunity recognition: insights on influencing factors. *International Entrepreneurship Management Journal*, 12, 309-350, 2016.

[5] CARLSSON, B.; BRAUNERHJELM, P.; MCKELVEY, M.; OLOFSSON, C.; PERSSON, L.; YLINENPÄÄ, H. The Evolving Domain of Entrepreneurship Research. Small Business Economics, 41, 913-930, 2013.

[6] FILLION, L. J. Empreendedorismo: empreendedores e proprietários-gerentes de pequenos negócios. *Revista de Administração*, 34(2), 05-28, 1999.

[7] SCHUMPETER, J. A. *The theory of economic development*. Cambridge: Harvard University Press, 1934.

[8] MCCLELLAND, D. C. *The achieving society*. New York: Irvington Publishers, 1976.

[9] ARRUDA, C.; BURCHART, A.; DUTRA, M. *Estudos teóricos sobre educação empreendedora*, Relatório de Pesquisa Bibliográfica sobre Empreendedorismo e Educação Empreendedora. SEBRAE, Minas Gerais, 2016.

[10] LOPES, R. M.; LIMA, E. Desafios atuais e caminhos promissores para a pesquisa em empreendedorismo. *Revista de Administração de Empresas*, 59(4), 284-292, 2019.

[11] PINCHOT, G. *Intrapreneuring*: por que você não precisa deixar a empresa para tornar-se um empreendedor. São Paulo: Habra, 1989.

[12] DEES, J. G. (1998). *The meaning of social entrepreneurship*. Kauffman Center for Entrepreneurial Leadership, 1998.

[13] CHAMPENOIS, C.; LEFEBVRE, V.; RONTEAU, S. Entrepreneurship as practice: systematic literature review of a nascent field. *Entrepreneurship & Regional Development*, 32(3-4), 281-312.

[14] SCHATZKI, T. R. Practice theory as flat ontology. *In*: SPAARGAREN, G.; , WEENINK, D., and LAMERS, M. (eds.). Practice *theory and research*: exploring the dynamics of social life. , 28-42. London; New York: Routledge, 2016.

[15] MORRIS, M.; KURATKO, D. F. *What entrepreneurs create? Understanding four types of venture*. Cheltenham, UK: Edward Elgar Publishing, 2020.

[16] GARTNER, W. B. "Who Is an Entrepreneur?". Is the Wrong Question. *American Journal of Small Business*, 12(4), 11-32, 1988.

[17] ARDICHVILI, A.; CARDOZO, R.; RAY, S. A theory of entrepreneurial opportunity identification and development. *Journal of Business Venturing*, 18(1), 105-123, 2003.

[18] SHANE, S.; VENKATARAMAN, S. (2000). The promise of entrepreneurship as a field of research. *Academy of Management Review*, 25: 217226, 2000.

[19] REDD, T. C.; ABEBE, M. A.; WU, S. Entrepreneurial network composition and the venture creation process: an empirical investigation. *In*: FAYOLLE, A.; JACK, S. L.; LAMINE, W.; & CHABAUD, D. *Entrepreneurial process and social networks*. Cheltenham, UK: Edward Elgar Publishing, 2016.

[20] HISRICH, R.; PETERS, M. P.; SHEPHERD, D. A. *Empreendedorismo*. 9. ed. Porto Alegre: Bookman, 2014.

[21] TIDD, J.; BESSANT, J. *Gestão da inovação*. 5. ed. Porto Alegre: Bookman, 2015.

[22] MAMABOLO, A.; MYRES, K. A systematic literature review of skills required in the different phases of the entrepreneurial process. *Small Enterprise Research*, 1-25, 2020.

[23] TIMMONS, J. A. *New venture creation, entrepreneurship for the 21st century*. Boston: Irwin McGraw-Hill, 1994.

[24] MOORE, C. Understanding entrepreneurial behavior: a definition and model. *Academy of Management Best Paper Proceedings*, p. 66-70, 1986.

[25] WASSERMAN, N. *The founder's dilemmas: anticipating and avoiding the pitfalls that can sink a startup*. Princeton University Press, 2013.

[26] BARON, R. A.; SHANE, S. A. *Empreendedorismo*: uma visão do processo. São Paulo: Thompson Learning, 2007.

[27] TEECE, D. Profiting from technological innovation: implications for integration, collaboration, licensing and public policy. *Research Policy*, 15(6), 285-306, 1986.

[28] CHRISTENSEN, C. M. *O dilema da inovação*. São Paulo: Makron Books, 2001.

[29] *Idem, ibidem.*

[30] ABERNATHY, W. J.; UTTERBACK, J. M. Patterns of industrial innovation. *Technology Review*, 80, 40-47, 1978.

[31] BORGES, C.; FILION, L. J. & SIMARD, G. Jovens empreendedores e o processo de criação de empresas. *Revista de Administração Mackenzie*, 9(8), 39-63, 2008.

[32] GREVE, A.; SALAFF, J. Social networks and entrepreneurship. *Entrepreneurship Theory and Practice*, 28(1), 1-22, 2003.

[33] WORLD BANK. (2020). Doing Business. Facilidade de se fazer negócios no Brasil. 2020. Disponível em: https://portugues.doingbusiness.org/pt/data/exploreeconomies/brazil. Acesso em: 21 maio 2021.

[34] SEBRAE. Como registrar a empresa. 2020. Disponível em: https://www.sebrae.com.br/sites/PortalSebrae/sebraeaz/legalize-e-proteja-seu-negocio-como-registrar-uma-empresa,e47817e688095410VgnVCM2000003c74010aRCRD. Acesso em: 21 maio 2021.

[35] ROGERS, E. *Diffusion of innovations*. New York: Free Press, 1995.

[36] MOORE, G. Crossing the Chasm; marketing and selling high-tech products to mainstream customers, New York: Harper Business, 1999.

[37] *Idem, ibidem.*

[38] ANJOS DO BRASIL. O que é um investidor anjo. 2020. Disponível em: https://www.anjosdobrasil.net/. Acesso em: 21 maio 2021.

[39] GARTNER, W. B. A conceptual framework for describing the phenomenon of new venture creation. *Academy of Management Review*, p. 696-706, 1985.

[40] ANPROTEC Mecanismo de geração de empreendimentos e ecossistemas de inovação. 2020. Disponível em: https://anprotec.org.br/site/sobre/incubadoras-e-parques/#1. Acesso em: 21 maio 2021.

[41] *Idem, ibidem.*

[42] SARASVATHY, S. D. Causation and effectuation: Towards a theoretical shift from economic inevitability to entrepreneurial contingency. *Academy of Management Review*, 26(2), 243-288, 2001.

[43] RIES, E. *A startup enxuta*: como os empreendedores atuais utilizam a inovação contínua para criar empresas extremamente bem-sucedidas. São Paulo: Lua de Papel, 2012.

[44] *Idem, ibidem.*

Capítulo

21 Organizações digitais

Assista ao **vídeo**

Leandro Angotti Guissoni
Josiane Garcelli Schunck
Vitor Azzari Vieira
Rodrigo Lourenço Farinha

Pontos de aprendizado

Neste capítulo, o leitor poderá aprofundar seu conhecimento sobre:
- Identificar elementos da análise de modelos de negócios digitais.
- Descrever os diferentes pontos de contato do consumidor ao longo de sua jornada digital.
- Compreender os desafios das relações entre as diferentes funções organizacionais na transformação digital de empresas.
- Entender a dinâmica entre empresas tradicionais e digitais.

RESUMO

Este capítulo objetiva apresentar aspectos relacionados com a digitalização dos negócios e a transformação digital das empresas. O desenvolvimento de um ecossistema de tecnologia no Brasil tem criado condições tanto para o surgimento de várias *startups* que despontam no ambiente *on-line*, quanto para a transformação digital de empresas grandes e tradicionais. Verifica-se acelerada adoção de novos canais *on-line* pelos consumidores, permitindo maior conveniência na busca por menores preços, comparação de alternativas, compra, recompra e recebimento de produtos e serviços. O crescimento do *e-commerce* e do uso das plataformas *mobile* e *smartphones* torna viáveis diversos novos negócios que não dependem de ativos físicos. As empresas tradicionais, por outro lado, precisam responder à disrupção digital de maneira centrada no cliente. Com base nisso, este capítulo também aborda os modelos de negócios de empresas tradicionais que passam a digitalizar suas diversas áreas (marketing, logística, pagamentos, atendimento ao cliente), além de empresas novas que surgem e geram a disrupção do mercado. Esse tema torna-se ainda mais importante considerando que o futuro de negócios digitais passou a acontecer mais rapidamente a partir das medidas de isolamento social com a Covid-19, culminando no crescimento ainda mais acelerado de negócios digitais.

21.1 INTRODUÇÃO

Desde o surgimento e propagação do *e-commerce* em meados da década de 1990, o ambiente de negócios, nos mais diversos setores, tem passado por grandes mudanças impulsionadas pela inovação tecnológica e digital. Desde então, empresas como Google, Facebook, Uber, Amazon, entre muitas outras, passam a impulsionar novos modelos de negócios a partir da tecnologia. Essas empresas mudam o processo de decisão do consumidor. Por exemplo, atividades que o consumidor teria que dispor de muito tempo e esforço para realizar passaram a estar disponíveis de maneira mais rápida e conveniente, incluindo o acesso a alguns serviços. Abrir uma conta no banco ficou mais rápido com o Nubank. Encontrar um táxi disponível ficou mais fácil com a 99. Além disso, a comunicação e o acesso à informação passaram a acontecer de maneira mais fácil e rápida, permitindo que o consumidor compare preços de produtos *on-line* de maneira mais simples. Considerando a proliferação de novos negócios, as empresas grandes estabelecidas também passaram a priorizar a inovação digital. Por exemplo, a Cielo, em meios de pagamento, passou, em 2020, a oferecer opções de pagamentos via WhatsApp em parceria com o Facebook. Ou seja, ela deixou de focar somente no ponto de venda que conta com máquinas de cartão de débito e crédito. Tudo isso para concorrer com novas empresas que surgiram no setor, como a Stone e PagSeguro.

Antes de avanços tecnológicos como a computação em nuvem, apenas as empresas de grande porte e com grande capacidade de investimento acessavam tecnologias que melhoravam a sua produtividade e seu resultado. A partir do início da década de 2010, empresas de diferentes tamanhos e mercados têm acesso a oportunidades tecnológicas e digitais que fazem evoluir as atividades que exercem nas diversas operações organizacionais.[1] Muitas empresas tradicionais também mudaram a forma de interagir com o consumidor e fornecedores para criar, entregar e capturar valor por meio das suas ofertas de produtos (bens e serviços). Os canais *on-line* e a integração entre canais físicos e digitais passaram a ser implementados, facilitando a relação com os consumidores.[2]

Assim, a inovação digital nos negócios também facilitou mudanças no comportamento dos clientes, fazendo com que novos modelos de negócios disruptivos surgissem.[3] Dores ou insatisfações dos consumidores foram identificadas. Assim surgiram, por exemplo, empresas como Uber, Rappi e Airbnb.[4] As estratégias dessas empresas estão atreladas à utilização de técnicas e ferramentais características desta era, como o *big data*, inteligência artificial, *machine learning*, armazenamento em nuvem e realidade aumentada.

Também é importante ressaltar que o acesso a atividades e negócios digitais pode aumentar não só pela capacidade do cliente em ser inovador e aberto a novas tecnologias e experiências, mas também pela necessidade de se adequar aos novos contextos e desafios. A pandemia da Covid-19, que afetou o Brasil e o mundo no ano de 2020, é um grande exemplo disso. Com o objetivo de evitar a proliferação do vírus, diferentes setores e comércios físicos mantiveram-se fechados por um grande período. Isso exigiu mudança de hábitos nos consumidores, fazendo com que modelos de negócios digitais ganhassem ainda mais força, como a compra de produtos e contratação de serviços por meio do *e-commerce*. Nesse contexto, plataformas que entregam alimentos como Ifood e Rappi cresceram rapidamente. Por outro lado, empresas tradicionais foram forçadas a adaptarem seus modelos de negócios para atender às novas exigências de digitalização do mercado.

Diante disso, este capítulo objetiva facilitar a compreensão sobre a disrupção digital e as mudanças que ela pode ocasionar nas estratégias das empresas. Para isso, abordam-se conhecimentos e conceitos da área em diferentes aspectos. Inicialmente, são apresentados o panorama geral e a evolução da disrupção digital ao longo dos anos, bem como a caracterização de transformação digital das empresas. Em seguida, são abordados os diferentes modelos de negócios e estratégias para criação e captura de valor. Por fim, discute-se um panorama sobre o *e-commerce* no contexto brasileiro (Figura 21.1).

Figura 21.1 Estrutura do capítulo.

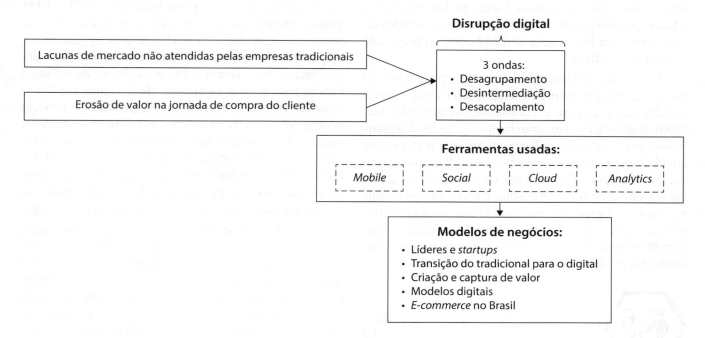

21.2 DISRUPÇÃO DIGITAL: PANORAMA E EVOLUÇÃO

Antes de qualquer discussão sobre o processo de transformação digital nas empresas, é necessário esclarecer alguns conceitos. O excessivo uso de termos como "inovação disruptiva" ou "disrupção digital" como sinônimo de qualquer nova ameaça, mudança ou substituição de inovações disruptivas como conceito teórico, tem causado certa confusão entre autores e executivos de empresas. Muitos escritores usam o termo "inovações disruptivas" para descrever qualquer nova tecnologia ou empresa com modelos de negócio inovadores, como *startups*, que tenham como objetivo impactar uma indústria ou um segmento e alterar seus padrões competitivos.

Dois ex-professores da Harvard Business School apresentaram visões diferentes sobre o tema. Clayton Christensen publicou o livro *O dilema da inovação: quando as novas tecnologias levam as empresas ao fracasso*, no qual ele equiparou os termos disrupção e inovação. O autor defende que, quando existe um tipo específico de inovação, chamado de "tecnologia disruptiva", existe também o risco da disrupção do mercado. Onde essa inovação em tecnologia não existe, também não existe disrupção.[5] Esse conceito influenciou uma série de outros livros sobre inovação, e os executivos de empresas dedicaram quantidades enormes de tempo e recursos para ajudar suas empresas a se tornarem mais inovadoras baseados na premissa de que a tecnologia era o principal fator de disrupção.

Por outro lado, Thales Teixeira levantou um questionamento: e se a inovação e a disrupção não estiverem tão próximas? Para o autor, não são as novas tecnologias as responsáveis pela maior parte das disrupções atuais, mas os consumidores que optam por uma *startup* em vez de uma empresa tradicional.[6] Isso quer dizer que as empresas incumbentes precisam de um tipo diferente de inovação para prosperarem, não apenas uma inovação tecnológica, mas uma transformação dos modelos de negócios que atenda novos desejos dos clientes. Portanto, há um processo de migração rápida de participação de mercado (*market share*) de empresas tradicionais para *startups*, causando a disrupção. Tal migração acontece quando as empresas menores passam a causar disrupção no mercado e ganhar a participação das grandes empresas.

Segundo Clayton Christensen, isso acontece porque as empresas tradicionais, muitas vezes líderes de mercado, focam sua estratégia na eficiência operacional e negligenciam segmentos menores de mercado. Grandes empresas direcionam recursos para vender mais a seus melhores clientes, obtendo maiores margens e maior lucratividade, crescendo e gerando ganho de participação de mercado. Uma consequência dessa estratégia é que essas grandes empresas deixam de servir alguns segmentos de mercado com novos produtos e serviços, pois isso poderia gerar volumes menores e comprometer a eficiência e os resultados da empresa. Com esse segmento descoberto pelas grandes empresas, novas empresas surgem para oferecer esses produtos ou serviços. Assim, novos modelos surgem e podem oferecer produtos e serviços mais baratos, mais acessíveis e mais convenientes, gerando a disrupção. Um exemplo é a Uber, que modificou a maneira de oferecer serviço de transporte atendendo uma demanda que empresas até então não atendiam.

Já na visão de Thales Teixeira, a disrupção acontece porque as grandes empresas tentam fazer muitas coisas simultaneamente para o consumidor e, naturalmente, algumas atividades não serão bem executadas. Enquanto isso, as *startups* especializam-se em fazer melhor uma atividade específica para o consumidor. Portanto, quem causa a disrupção dos mercados e das maneiras tradicionais de negócio são os clientes e não somente as inovações tecnológicas.[7] O processo de decisão do cliente e sua cadeia de valor, ou seja, as etapas que criam e erodem valor para ele são importantes e impactam os mais diferentes modelos de negócios das empresas.

SAIBA MAIS

Thales Teixeira foi professor de administração na Harvard Business School (HBS) e escreveu o livro *Desvendando a cadeia de valor do cliente*, em 2019.

Clayton Christensen foi professor de administração na Harvard Business School (HBS) e escreveu o livro *Dilema da inovação*, em 1997.

A pesquisa de Thales Teixeira identificou que a disrupção digital tem acontecido em ondas ao longo dos anos (Figura 21.2).

A primeira onda de disrupção digital, *unbundling*, ou desagrupamento, foi observada entre 1994 e 1999, quando produtos antes vendidos juntos passaram a ser oferecidos separadamente ao cliente, como, por exemplo, o Spotify ou o iTunes. Com esses serviços o consumidor não precisa mais comprar todos os álbuns de artistas e bandas para acessar as músicas de seu interesse. Nessa onda, as empresas desvinculavam produtos e serviços para gerar maior valor ao cliente. Oferecer exatamente o que o cliente quer e não o obrigar a adquirir algo sem valor para ele fez com que a indústria da música se transformasse e a tecnologia permitiu essa disrupção. Entretanto, vale ressaltar que a origem da mudança estava na criação de valor para o cliente e não na nova tecnologia.

A segunda onda de disrupção, a desintermediação, aconteceu entre 2000 e 2005, quando alguns fabricantes de produtos e provedores de serviços passaram a impactar diretamente os consumidores, sem necessidade de intermediários. Por exemplo, empresas aéreas e hotéis lançaram vendas *on-line* direta ao consumidor, sem a intermediação das agências de turismo. Assim, a tecnologia permitiu a expansão do comércio eletrônico, dando maior autonomia para os clientes em seu processo de compra. A integração e redefinição dos processos da cadeia de suprimentos permitiu atender esse cliente, quando, onde e como ele preferir.

A terceira onda, chamada *decoupling*, ou desacoplamento, vem acontecendo desde 2005, tornando possível separar as atividades que antes o consumidor era obrigado a desempenhar conjuntamente para comprar um produto ou serviço. Por exemplo, ao ouvir uma estação de rádio, o consumidor precisaria ouvir músicas de que gosta e outras músicas de que não gosta. Já com o Spotify, ao assinar essa plataforma de músicas, o consumi-

Figura 21.2 Ondas de disrupção digital.

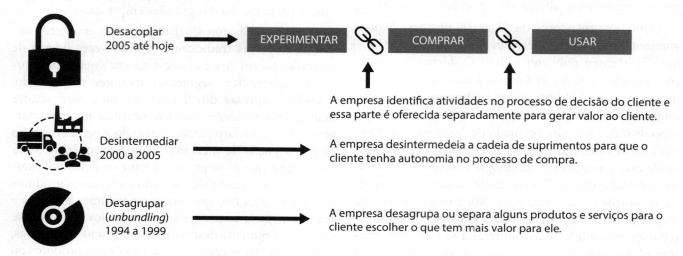

Fonte: adaptada de Teixeira.[8]

dor pode ouvir apenas músicas de que gosta. Isso quer dizer que, no *decoupling*, o consumidor pode deixar de desempenhar atividades que não criam valor para ele. Por exemplo, no processo de decisão de compra de um produto de cosméticos, o cliente costumava ir até a loja provar os produtos para decidir sobre a compra. Analisando esse processo pela visão do cliente, a Birchbox, uma empresa disruptiva que surgiu nos Estados Unidos em 2010, criou um serviço de assinatura de amostras.[9] Fazendo essa assinatura com pagamento mensal, os clientes recebiam várias amostras de produtos para conhecer e testar e depois poderiam comprar os produtos no tamanho real por qual canal decidissem. Com base em sua forte proposta de valor, a empresa conseguiu crescer para 800.000 assinantes até 2014. Esse mesmo tipo de serviço foi posteriormente oferecido no Brasil pela empresa disruptiva chamada Glambox. Assim, o que gera valor para o cliente é conseguir testar produtos que possam atender ao que ele precisa. Porém, o processo de ter que ir até uma loja física para testar e conhecer os produtos requer tempo e esforço e pode causar uma erosão de valor para o cliente testar alguns dos milhares de produtos oferecidos em uma loja de cosméticos.

Outro exemplo é o portal de comparação de produtos BomeMelhor.com.br. O portal de comparação surgiu em 2020 no Brasil com a proposta de facilitar a escolha do consumidor no processo de compra. Em conjunto com especialistas de cada categoria de produtos, o *site* seleciona e compra os principais modelos, realiza testes de uso em ambiente profissional e gera recomendações para que o consumidor decida qual comprar. A empresa disponibiliza explicações sobre como funcionam os produtos e indica em quais lojas *on-line* o consumidor pode comprar a partir daquelas às quais o portal é afiliado, como Magazine Luiza, B2W e Amazon. Desacoplar a fase de pesquisas e considerações do processo de compra permite que o consumidor ganhe tempo, tenha informações imparciais, pois a empresa não tem vínculo com nenhuma marca ou fabricante, e apenas decida o modelo e a melhor maneira de comprar. É um exemplo de modelo de negócio disruptivo que surgiu focado em uma das fases da jornada de compra para evitar erodir valor ao consumidor que, antes, teria que gastar muito tempo comparando opções, falando com vendedores e indo até as lojas físicas para testar produtos.

SAIBA MAIS

Glambox foi lançada em 2012 no Brasil e faz parte de uma rede internacional presente na China, Rússia, África do Sul, Austrália, Suíça, e Oriente Médio. É um serviço de assinatura exclusivo que oferece opções de planos mensal, semestral e anual. O cliente escolhe o plano, preenche o seu perfil e recebe mensalmente uma caixa com amostras de produtos de beleza para testar. Em 2019, o grupo faturou 24 milhões de reais e conta com mais de 30 mil assinantes.

21.3 TRANSFORMAÇÃO DIGITAL DE NEGÓCIOS

Conforme visto anteriormente, empresas tradicionais, conhecidas como incumbentes, têm enfrentado os desafios da era digital. Com os novos comportamentos dos consumidores, novas tecnologias e estratégias disponíveis, a mudança é algo essencial para manter essas empresas em suas posições no mercado.[10] Portanto, a transformação digital visa utilizar as novas tecnologias digitais, a partir de um profundo entendimento do consumidor, para aumentar o desempenho e a interação das organizações com seus clientes, gerando melhores resultados.

A análise das mudanças de comportamento dos consumidores é essencial no processo de transformação digital dos negócios. A maior parte dos consumidores brasileiros que possuem algum tipo de acesso à internet já realizaram pelo menos uma compra *on-line*.[11] Atualmente, a utilização de *smartphones* cresce cada vez mais, o que facilita a navegação, busca de informações na internet e compras por meio dos dispositivos móveis. Além disso, o *webrooming* e o *showrooming* estão em pleno crescimento. Consumidores podem consultar a internet antes de comprar um produto no ambiente físico, e também podem visitar a loja física antes de fazer uma compra pelo ambiente virtual.[12]

SAIBA MAIS

Webrooming é definido como o ato do consumidor de buscar informações no ambiente virtual e realizar a compra no ambiente físico. Já no **showrooming,** o consumidor conhece melhor o produto no ambiente físico para comprá-lo no mundo digital.

Assim, nesta era de grandes transformações guiadas pelo mundo digital, cinco principais domínios das organizações estão em constante mutação: os consumidores, a competição, os dados, a inovação e o valor.[13] Por meio desses domínios (Figura 21.3), as empresas têm redefinido as estratégias e as regras de sucesso no mercado.

Figura 21.3 Cinco domínios da transformação digital.

Consumidores: são os influenciadores-chave, participam de redes dinâmicas de relacionamento e a comunicação é feita de forma bidirecional com as companhias.

Competição: difícil distinção entre negócios parceiros e rivais. Os competidores cooperam em áreas chave para o crescimento mútuo.

Dados: estão presentes nos mais diversos ambientes. O desafio continua transformar os dados em informações de valor.

Inovação: o teste de novas ideias é mais fácil, rápido e barato. A participação do consumidor final se tornou frequente nas diversas etapas de desenvolvimento de inovações.

Valor: é definido pelas mudanças no comportamento dos consumidores. As companhias pensam em evoluir e modificar sua criação de valor constantemente.

Fonte: elaborada pelos autores com base em Rogers.[14]

Nas teorias tradicionais, os consumidores eram vistos como agentes que precisavam ser persuadidos a comprar, e prevaleciam nas empresas os modelos que buscavam a eficiência na produção e comunicação em massa.[15] Já com o advento da era digital, os consumidores passaram a interagir e se conectar com as marcas e empresas de forma recíproca. Além disso, a forma como os consumidores descobrem, decidem, compram e avaliam foi alterada com o auxílio de novas ferramentas tecnológicas disponíveis.[16]

A competição do mercado também era vista de forma diferente antes do advento da era digital: os negócios competiam com outras organizações que tinham um modelo de negócio e ofereciam produtos e serviços semelhantes aos deles. Entretanto, atualmente, um dos grandes desafios se dá pela diminuição das barreiras de competição do mercado. Companhias que não se parecem nem um um pouco com outras oferecem valores competitivos aos clientes. A cooperação entre as empresas também foi modificada ao longo do tempo. A interdependência dos modelos de negócios faz com que rivais se ajudem diante dos desafios mútuos presentes no mercado. Além disso, as tecnologias digitais alavancam o poder dos modelos de negócios de plataforma, o que facilita a criação e captura de valor dos negócios por meio das interações com outras empresas e clientes.[17]

Outro aspecto importante da transformação digital diz respeito aos dados. A utilização dos dados de mercado é uma prática que se iniciou há mais de 100 anos. A coleta e a geração de informações começaram a ser feitas por meio da aplicação de questionários com os consumidores. Depois, com a aplicação dos códigos de barras nos produtos era possível ter informações das compras da população. Antes da era digital, esses dados, em sua maioria, eram analisados de forma agregada, ou seja, do mercado de uma forma geral. Atualmente, nós lidamos com dados de cada indivíduo oriundos dos mais diversos lugares, de uma simples conversa, uma interação, uma busca por palavras-chave, localização etc. Para isso, empresas fazem o uso de diversas ferramentas digitais, como, por exemplo, os *cookies*, para rastrear seus consumidores no ambiente virtual. Assim, as atuais tecnologias permitem que as informações sejam tratadas em um nível individual de consumidor, facilitando a implementação de estratégias de personalização de produtos e serviços, o que também auxilia no desenvolvimento de inovações no mercado.[18]

SAIBA MAIS

Cookies são pequenos arquivos armazenados nos dispositivos para ajudar a identificar os usuários em *websites* e serviços utilizados na internet. Dessa forma, as empresas conseguem rastrear facilmente a jornada do consumidor no ambiente *on-line*, produtos pesquisados e preferências.

Inovação é o processo em que novas ideias são desenvolvidas, testadas e levadas para o mercado. Tradicionalmente, a inovação era utilizada em produtos acabados devido aos altos custos de lançamento de testes no mercado e aos riscos associados às falhas. Atualmente, as tecnologias digitais permitem diferentes abordagens à inovação. Consumidores reais podem estar envolvidos no desenvolvimento para o *feedback* nas diferentes etapas de produção da inovação, desde o seu planejamento até o lançamento e a experiência de uso.[19] Dessa forma, a transformação digital permitiu a maximização do aprendizado e a minimização dos custos.

Tradicionalmente, uma empresa de sucesso no mercado precisaria ter uma proposição de valor para seus clientes clara e constante, que seria seguida por anos e anos. Após a transformação digital, a forma como vemos esse domínio se alterou. Ao invés de uma criação de valor estática que permanece da mesma forma por anos, uma evolução constante passa a ser exigida das organizações. É necessário olhar cada uma das tecnologias disponíveis como forma de estender e aumentar a proposição de valor para os clientes.[20]

Portanto, é possível observar que diferentes aspectos com que os negócios lidam foram alterados ao longo dos anos com o advento da transformação digital. É importante ressaltar que essas mutações são possíveis por meio de novas tecnologias que surgem para facilitar e melhorar a forma como os domínios são tratados. Quatro aspectos são comumente enfatizados na transformação digital nas empresas: *social, mobile, analytics* e *cloud* (Figura 21.4). Esses aspectos formam a base para a transição de uma organização para se tornar, de fato, um negócio digital.[21] Em outras palavras, elas ajudam no aprimoramento das operações das empresas e na aproximação do cliente com menos fricções e maior alcance durante a sua jornada. A seguir, as quatro tecnologias são apresentadas, na Figura 21.4.

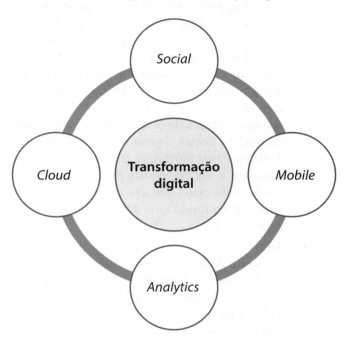

Figura 21.4 Tecnologias da transformação digital.

Fonte: elaborada pelos autores com base em Singh, Goel e Agrawal (2016).

- **Social**: nestes últimos anos, as redes sociais evoluíram de forma exponencial. Isso evidencia uma transição das redes de relacionamento das pessoas, que estão se tornando cada vez mais fortes no ambiente digital. Plataformas como Twitter, Facebook, Instagram e WhatsApp podem ser vistas como ferramentas estratégicas para empresas ao gerar maior conhecimento da marca, relacionamento com o consumidor, geração de *leads* e muito mais.

SAIBA MAIS

Geração de *leads* é um termo amplamente utilizado pela comunidade de marketing para descrever a criação de contatos com clientes que demonstram algum tipo de interesse no produto ou serviço oferecido. Ou seja, tenta conectar a empresa com clientes em potencial. Para isso, podem ser utilizadas diferentes estratégias, como campanhas em redes sociais, *e-mail marketing* e publicidade em *sites*.

- **Mobile:** tecnologias móveis como *tablets* e *smartphones* modificaram a forma de as pessoas se comunicarem, comprarem e trabalharem. A grande utilização de dispositivos conectados é a base para os novos modelos de negócios e novos serviços oferecidos aos clientes. Atualmente, as estratégias dos negócios precisam ser primeiramente voltadas para os dispositivos móveis, e não apenas compatíveis com eles. É o que os desenvolvedores de tecnologia chamam de *mobile first*. Devido à alta utilização e acesso de *sites* e serviços por meio de dispositivos móveis, as ferramentas virtuais passaram a ser planejadas primeiramente em versão *mobile* para que seja nativa ao uso de celulares, permitindo uma navegação mais fluida para os usuários.

- **Analytics:** com o avanço digital, o amontoado de dados está cada vez mais disponível para os negócios. Nesta era dos *big data* – termo que descreve um largo conjunto de dados estruturados e não estruturados que têm alta velocidade, complexidade e variedade –,[22] os dados se transformam em informações que ajudam a entender melhor os seus consumidores, tornando-se uma das prioridades para as empresas no atual ambiente de transformação digital. Com essas informações, é possível traçar estratégias para fidelização dos clientes, redução de custos e melhorias dos produtos e serviços ofertados. Lojas virtuais criam cupons de descontos personalizados baseados no comportamento de compra de cada consumidor, bancos analisam o risco de crédito cruzando dados de inadimplência e perfil do usuário, grandes varejistas podem controlar os seus estoques com base na análise dos dados.

- **Cloud:** em uma era na qual os dados e as informações têm tanta importância, o seu armazenamento precisa ser gerido da melhor forma possível. Assim, a *cloud*, que é a alocação de dados em nuvem, permite nova forma de acesso às informações. Isso faz com que as empresas não precisem gastar altos valores para desenvolver suas próprias tecnologias e servidores de armazenamento de dados. Esse tipo de tecnologia tem sido utilizado de forma democrática por *startups* e também por grandes empresas multinacionais. Seja para hospedar *sites*, transmitir arquivos, armazenar informações e criar novos aplicativos, o armazenamento de nuvem tem se demonstrado extremamente importante para esta nova era das organizações digitais.

DA TEORIA À REALIDADE BRASILEIRA

Quadro 21.1 Magazine Luiza

Grandes varejistas estão enfrentando os desafios da transformação digital como forma de gerar maior rentabilidade, atingir novos públicos e melhorar as operações da organização. Um dos principais exemplos brasileiros é a Magazine Luiza. Nos últimos anos, a empresa gerou ações envolvendo a mudança de sua cultura, adoção e priorização do *e-commerce*, a criação de um *marketplace* e a integração entre o marketing e as operações da empresa.[23] Essas ações foram estabelecidas por meio de cinco pilares que guiavam a transformação digital da organização:

1. **Cultura corporativa digital**: uma série de ações foram realizadas, dentre elas campanhas de marketing internas para encorajar os colaboradores a utilizarem ferramentas digitais ao executarem suas tarefas. Além disso, incentivou-se a criação de *fanpages* para cada uma das lojas da Magazine Luiza, o que permitia que cada loja criasse seu conteúdo e comunicação mais adequada para o cliente local. Outro ponto importante foi a criação da Luiza Labs, um laboratório de tecnologia e inovação que oferece soluções digitais para melhorar a experiencia do consumidor.

2. **Inclusão digital**: para gerar essa inclusão, a loja passou a vender mais *smartphones*, criar conteúdo *on-line* e oferecer serviços para conectividade da internet. Além disso, a empresa criou uma assistente virtual chamada Lu, que utiliza a inteligência artificial para ajudar a guiar os consumidores na sua jornada de compra.

3. **Digitalização das lojas físicas**: envolveu a reforma das lojas de modo a servirem como áreas tecnológicas para melhorar a experiência do cliente. Foi desenvolvido um aplicativo de vendas que ajudava os consumidores a terem acesso aos produtos disponíveis naquela loja. A empresa também oferecia verificação digital de crédito, *wi-fi* gratuito e transporte entre as lojas para os clientes que faziam suas compras por meio do *e-commerce*.

4) Plataforma digital de vendas: a empresa criou um *marketplace* com o objetivo de ser a melhor plataforma deste tipo para os clientes e os vendedores. Além disso, a experiência do consumidor

deveria ser a mesma que ele teria ao comprar diretamente da Magazine Luiza.

5) **Estratégia** *omnichannel*: enquanto a maioria dos varejistas brasileiros que possuem *e-commerce* optam por manter estratégias diferentes no ambiente virtual e no ambiente físico, a Magazine Luiza inovou ao integrar a operação de seus diferentes canais. A utilização de uma única estratégia de marca para todos os canais permite alavancar os esforços de marketing e de relacionamento com o consumidor. Além disso, a plataforma de logística da Magazine Luiza conecta mais de 1.500 parceiros de entrega e 17 centros de distribuição em diferentes locais do Brasil para servir os canais *on-line* e *off-line*. Inclusive, a empresa passou a utilizar as lojas como minicentros de distribuição, ajustando os parceiros de entrega a fazerem o *last mile*, isto é, a entrega ao consumidor final que comprou o produto *on-line*.

Esses cinco pilares guiaram as estratégias de uma tradicional empresa varejista criada em 1957 para se tornar uma empresa tecnológica que consegue absorver as necessidades dos seus clientes e entregar soluções integradas e digitais.

Questões para reflexão e debate:

1) Diante das estratégias de digitalização da Magazine Luiza, como a empresa poderia utilizar cada uma das quatro tecnologias da transformação digital (*social, mobile, analytics e cloud*) a seu favor?

2) Pensando nas estratégias de *webrooming* e *showrooming* apresentadas neste capítulo, como a Magazine Luiza conseguiu desenvolver um modelo de negócio que beneficia a integração entre os canais digitais e físicos?

Fonte: Teixeira, Guissoni e Veludo-de-Oliveira.[24]

21.4 MODELOS DE NEGÓCIOS DE EMPRESAS TRADICIONAIS E EMPRESAS DISRUPTIVAS

Para entender os diferentes modelos de negócios de empresas que compõem o ecossistema digital, é necessário esclarecer primeiramente o que é um modelo de negócio. Modelo de negócios é o nome dado ao composto de elementos que as empresas utilizam para criar e entregar valor para o cliente e capturar valor dele. É a maneira como as empresas operam e organizam suas atividades e seus recursos para maximização de lucro e geração de valor para o cliente.

Os elementos que compõem um modelo de negócio permitem as decisões mercadológicas, de recursos, processos e parceiros até a entrega da proposta de valor ao cliente. Tudo suportado por uma estrutura de custos, investimentos e um fluxo de caixa.

Qualquer empresa opera com esses elementos, independentemente do seu tamanho ou setor. Por exemplo, empresas tradicionais e já estabelecidas, como a Natura, têm sua estrutura e elementos consolidados com sua atividade, que compreende o setor de cosméticos, higiene pessoal e perfumaria, com seus parceiros e recursos. Conta com uma base considerável de clientes, afinal é uma das maiores do Brasil no seu segmento, e opera no canal de venda direta. Essa empresa cria valor para seus clientes com produtos de qualidade reconhecida e vendidos, tradicionalmente, por meio de um consultor de vendas que pode ser um amigo ou alguém próximo desse cliente.

Uma empresa como a Natura, mesmo com sua estrutura de negócio bem definida ao longo de anos de experiência, também pode decidir digitalizar seu modelo de negócio. Nesse caso, executivos de empresas estabelecidas ficam divididos entre dois caminhos. Em um, continuar sendo uma empresa tradicional e manter os lucros atuais; em outro, passar por uma grande transformação digital, competindo com uma série de empresas iniciantes, com modelos diferentes e estruturas financeiras diferentes.

Empresas tradicionais de vários setores, assim como a Natura, estão cientes de que seus clientes estão buscando adquirir, pagar, usar e manter produtos e serviços pelo ambiente *on-line*. Portanto, um certo grau de transição para produtos, serviços e processos digitais é fundamental para a sobrevivência de uma empresa tradicional. Fazer a transição pode ser mais difícil do que começar do zero. Esse foi o caso da Natura, que precisou digitalizar seu modelo de negócio para se manter competitiva e lucrativa. Entre uma série de mudanças e decisões estratégicas adotadas pela empresa, como exposto no caso final deste capítulo, uma estratégia importante foi a convergência *on-line* e *off-line* do modelo de negócio.

Para inovar em seu modelo de negócio, a Natura passou a oferecer soluções digitais para seus consultores tradicionais. Para o consumidor final, a empresa estudou os diferentes perfis de consumidores e preferências durante o processo de compra e percebeu que, além de contato com o consultor, alguns clientes também gostariam da autonomia de comprar pela internet ou utilizar os serviços de uma loja física. Com essa informação, a Natura optou por utilizar outros canais além da rede de consultores de vendas porta a porta, que passou a ser combinado com *e-commerce* e lojas físicas da marca.

Claro que a solução não foi tão simples. Um processo de aprendizado é necessário, e impactos financeiros acontecem por essa transformação. Na Figura 21.5, é apresentado esse processo. Isso ocorre porque, durante a transição de um negócio tradicional (fase 0) para um negócio digital (fase 2), a empresa precisa operar com dois negócios e com dois conjuntos de estruturas de custos ao mesmo tempo. O importante é a empresa saber gerenciar a velocidade da transação para manter clientes antigos e captar novos clientes digitais. Se a transição acontece muito devagar, a empresa fica trabalhando com baixa lucratividade por mais tempo (risco alfa), e, se a empresa faz a transição muito rapidamente, ela corre o risco de perder clientes tradicionais e se tornar menor do que era antes, pois o número de novos clientes nos canais digitais da empresa ainda será menor do que o dos clientes tradicionais que a empresa atendia nos canais físicos, por exemplo (risco beta).[25]

Já novas empresas que nascem com um modelo de negócio inovador precisam desenhar seu modelo de negócio do zero e buscar a criação de valor de acordo com sua proposta. Essas empresas digitais e de crescimento rápido adotam um novo modelo de negócio, geralmente gerando muito valor para o cliente, mas capturando pouco valor no início. Assim, captam grandes quantias de investimento de fundos, por exemplo, para crescer o mais rápido possível e alcançar posições de liderança.[27] Um exemplo de negócio disruptivo que adotou essa estratégia de crescimento é a Rappi, empresa criada na Colômbia, em 2015, que inovou ao apresentar para o consumidor um modelo de entrega sob demanda, utilizando os chamados "assistentes de compras", que se passam pelo consumidor, compram o produto no ponto de venda e fazem a entrega com suas motocicletas. Esse negócio tem mudado a dinâmica do *e-commerce* de alimentos, pois torna viável reduzir custos de entrega ao consumidor por parte de varejistas e *e-commerce* de alimentos. Em 2019, a Rappi recebeu um aporte de US$ 1,2 bilhão de fundos estrangeiros de capital de risco. Com essa verba, ela pretende ampliar a sua atuação em mais cidades da América Latina.[28]

Outro exemplo é a OLX. Com sede em Amsterdã, a empresa nasceu em 2006 para atender às necessidades específicas de vendedores particulares que desejavam oferecer itens usados para venda. Inspirado em *sites* americanos como *Craiglist* e *eBay*, a OLX era um *site* em constantes mudanças, com postagens e conteúdos exclusivos, não encontrados em outras plataformas. O diferencial da OLX para os vendedores era que não cobrava taxas para anunciar o produto, enquanto todos os concorrentes exigiam um valor por postagem ou venda. O modelo inovador permitiu à OLX crescer rapidamente e, mesmo sem lucro inicialmente com a operação, ela conseguiu expandir sua base de clientes ao ponto de cobrar por espaço publicitário e oferecer

Figura 21.5 Riscos da transição de modelo de negócios.

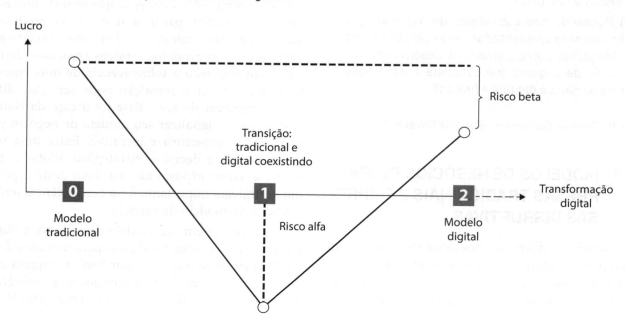

Fonte: Teixeira, Guissoni e Trajano.[26]

contas *premium* para gerar receita. Veja todas as ações adotadas pela OLX no Quadro 21.2.

DA TEORIA À REALIDADE BRASILEIRA

Quadro 21.1 OLX

A OLX é um *marketplace on-line* que conecta pessoas que desejam vender itens com as que gostariam de comprar. É considerada uma companhia com modelo inovador de negócio, desenvolvida principalmente para suprir as necessidades específicas dos vendedores individuais que desejam negociar seus itens com pessoas locais. Nela, as compras e as vendas podem ser feitas livremente, sem que uma taxa seja paga para a plataforma. Atualmente, no Brasil, mais de 50 vendas são feitas por minuto na plataforma, 700.000 novos anúncios são feitos todos os dias e, a cada mês, 750.000 usuários anunciam seus itens pela primeira vez na plataforma. Além disso, a OLX domina duas categorias: a venda de automóveis e de imóveis.[29]

Diferentemente de seus principais concorrentes, como Amazon, Mercado Livre e Magazine Luiza, que focam no B2C (negócios feitos entre empresas e consumidores), a estratégia da OLX está voltada para o C2C (negócios feitos entre pessoas físicas). Mas, apesar disso, o Mercado Livre passou a implementar em 2015 um espaço em sua plataforma para a venda de produtos usados, o que fez com que a companhia passasse a competir diretamente com a OLX na compra e venda de itens entre pessoas físicas. De acordo com o CEO da OLX, Andries Oudshoorn, "há muitos competidores no mercado de *marketplace* B2C, o que faz com que não seja atrativo para a companhia competir diretamente com eles. Mas, mesmo assim, eles começaram a competir com a OLX".

Apesar de o número de transações de produtos usados na OLX ser maior, o modelo de negócio do Mercado Livre permite mais oportunidades para a monetização. Na OLX, os pagamentos não são intermediados pela plataforma e precisam ser feitos diretamente entre vendedor e comprador, o que impede que a OLX ganhe comissão por vendas. Já no sentido inverso, no Mercado Livre, os pagamentos são feitos diretamente na plataforma. Assim, a empresa consegue ter uma receita 15 vezes maior, mesmo tendo um volume menor de vendas de produtos usados.

Não tendo esse foco na monetização por meio de comissão de vendas, a receita da OLX vem de quatro principais fontes: (1) taxa de inserção: os usuários podem publicar de graça uma quantidade limitada de produtos por mês na plataforma. Caso desejem ultrapassar esse limite, é necessário pagar uma taxa; (2) listagens patrocinadas: é possível pagar determinado valor para aumentar a visibilidade do anúncio por um tempo; (3) contas *premium*: apesar de focar no C2C, há a possibilidade de empresas criarem suas lojas virtuais na plataforma com sua própria logo e com acesso a uma seção distinta. Para isso, é necessário pagar uma tarifa para ter uma conta *premium*; e (4) propagandas: companhias podem pagar para divulgar suas marcas em *banners* do *site* e no aplicativo da OLX.

Nota-se, portanto, que a companhia está diante de desafios e oportunidades disponíveis no mercado. Dessa forma, os executivos da OLX buscam possíveis caminhos para guiar a empresa na sua estratégia de crescimento e aumento de receitas. Dentre eles, três são os principais:

- **Focar no cerne**: pensando no mercado brasileiro, ainda há uma grande parcela da população que nunca fez negociações de produtos usados pelo ambiente digital. Isso significa que um grande potencial de mercado ainda está disponível para a OLX ampliar sua penetração. Além disso, dentre os *marketplaces* presentes no Brasil, a OLX domina a venda de carros e imóveis. Portanto, uma estratégia de crescimento de baixo risco seria manter o foco nesses produtos que a empresa já domina e preservar a sua distinção em relação às outras plataformas, ou seja, o foco nas negociações C2C.

- **Novas vertentes**: embora a duas principais vertentes da OLX atualmente sejam os carros e imóveis, o lançamento de novas vertentes é uma alternativa prática para diversificar os negócios sem ter que investir muito mais nele. Elas podem gerar crescimento de usuários e atrair pessoas que não estão comercializando bens usando as vertentes atuais. O retrato da economia atual do Brasil permite sugerir o foco em três vertentes

> com perspectiva de rápido crescimento: empregos, equipamentos de agricultura e autopeças.
>
> - **Serviços adjacentes**: outra corrente dentro da empresa acredita que a melhor forma de gerar mais receita e fazer com que a OLX cresça seja por meio da criação de novos serviços que ajudem a monetizar a plataforma. A venda de carros e imóveis requer financiamento em alguns casos, e a venda de produtos requer a confiança de ambos os lados. Portanto, a OLX pode desenvolver serviços de financiamento, seguro, depósito em garantia e pagamento, o que poderia se tornar uma nova fonte de receita para a companhia.

Fonte: Teixeira, Guissoni e Dana.[30]

Com esses exemplos da Natura e da OLX, são destacados os principais pontos de diferença entre a transformação digital de uma empresa que tem um modelo de negócio tradicional com responsabilidades financeiras com diversos *stakeholders* e uma *startup* que nasce para ser inovadora sem focar em lucro real imediato. Uma *startup* precisa inovar na proposta de valor, crescer e ganhar mercado. Assim, ela terá maiores chances de captar a atenção de investidores para propor um negócio escalável, ou seja, que possa crescer e ganhar mais participação de mercado. Uma vez que tenha o crescimento, será importante desenvolver estratégias com foco na monetização do negócio.

21.5 CRIAÇÃO E CAPTURA DE VALOR DAS ORGANIZAÇÕES DIGITAIS

Desenvolver novos modelos de negócios com a proposta de criar valor ao cliente não parece ser uma tarefa impossível, afinal a empresa precisa analisar o processo de decisão do cliente e trabalhar com aquilo que mais ele valoriza ou que está mais insatisfeito pela interação com empresas tradicionais existentes. As novas organizações digitais já nascem com a função de entregar um produto ou serviço diferenciado para esse cliente, mas isso não elimina o uso dos elementos básicos da construção de um modelo de negócio.

Um exemplo de empresa que nasceu com o objetivo de criar valor para o cliente é a Trōv, uma plataforma de seguro digital. Os fundadores de Trōv identificaram como era difícil para as pessoas adquirirem seguro. Em uma típica cadeia de valor do cliente, os consumidores tinham que decidir que tipo de seguro eles necessitavam, então precisavam identificar quais empresas ofereciam esse seguro. Depois disso, pediam cotações e recebiam um contrato por *e-mail* ou correio. Eles assinavam, retornavam, pagavam e enviavam documentos antes do início da cobertura. Era um processo longo e árduo, e muitas pessoas compravam por obrigação e se tinham uma necessidade permanente.

Então, a proposta da Trōv era uma tentativa de tornar o seguro mais fácil, rápido e barato de adquirir. A empresa desvinculou a contratação do seguro por meio de uma assinatura com tempo determinado para oferecer o que eles chamaram de microsseguros. O microsseguro ofereceu aos consumidores a capacidade de escolher os recursos na quantidade certa de proteção financeira pelo menor período de tempo. Isso também significava que eles poderiam obter cobertura para eventos ou itens que talvez não tivessem sido incluídos normalmente nas apólices de seguro tradicionais. O cliente escolhia qual produto segurar, por quantos dias e onde, pagando apenas por esse serviço.

Outros modelos de negócio, como QuintoAndar, Rappi, Uber e Airbnb, também conseguiram identificar atividades que geram valor para o cliente e com isso criaram modelos de negócios inovadores, conforme apresentadas no Quadro 21.3. Ressalta-se que, embora apenas o QuintoAndar seja uma empresa de origem brasileira, as demais também estão presentes e têm alta penetração no mercado nacional.

Quadro 21.3 Exemplos de modelos de negócios digitais

QuintoAndar	Rappi	Uber	Airbnb
● **Atividade-chave:** Plataforma de aluguel de imóveis mediando a relação entre locadores e locatários	● **Atividade-chave:** Conecta estabelecimentos comerciais a entregadores e clientes	● **Atividade-chave:** Oferece transporte privado sob demanda por meio de motoristas cadastrados na plataforma	● **Atividade-chave:** Disponibiliza imóveis para hospedagens de curto tempo. Além disso, também oferece serviços de experiências turísticas, como passeios
● **Operações:** Os anúncios são verificados com imagens e fotos 360º. O agendamento da visita é feito *on-line*. O QuintoAndar realiza a análise de crédito do inquilino e o contrato é assinado digitalmente	● **Operações:** Escolha do estabelecimento e produto por meio da plataforma. Pagamento pode ser feito por meio de cartão de crédito cadastrado. Acompanhamento da entrega em tempo real	● **Operações:** Encontra o motorista mais perto do consumidor de acordo com a geolocalização. O pagamento pode ser feito diretamente pelo aplicativo. Além disso, também informa o tempo de espera para o transporte chegar	● **Operações:** Assim como o QuintoAndar, realiza a intermediação entre os donos dos imóveis e os consumidores que desejam alugar
● **Criação de valor:** Aluguel de imóveis com menos burocracia e mais agilidade e segurança	● **Criação de valor:** Agilidade e facilidade na compra e no recebimento de ampla variedade de produtos e serviços	● **Criação de valor:** Oferece transporte privado de forma rápida a preço competitivo para destinos demandados pelo cliente	● **Criação de valor:** Viver experiências locais em diferentes cidades
● **Parceiros:** Corretores, imobiliárias, visitadores e fotógrafos	● **Parceiros:** Entregadores cadastrados na plataforma e estabelecimentos comerciais	● **Parceiros:** Motoristas cadastrados na plataforma	● **Parceiros:** Donos de imóveis e pessoas disponíveis para oferecem serviços turísticos
● **Recursos:** Plataforma digital e base dos imóveis cadastrados	● **Recursos:** Plataforma digital e cadastro dos estabelecimentos, entregadores e clientes	● **Recursos:** Plataforma digital, cadastro dos motoristas e clientes	● **Recursos:** Lugares, experiências e anfitriões cadastrados.

21.6 PANORAMA DO *E-COMMERCE* NO BRASIL

O *e-commerce* no Brasil cresceu a uma taxa anual composta de 6% entre 2013 e 2018, e atingiu um total de vendas de R$ 50,6 bilhões em 2018,[31] tornando-se o décimo segundo maior mercado de vendas *on-line* do mundo. Nesse contexto, cerca de 1/3 de todas as vendas são feitas via dispositivos *mobile*.[32] No ambiente *on-line*, as empresas tradicionais têm trabalhado para conseguir conquistar espaço entre os cerca de 58,5 milhões de compradores.[33] A Figura 21.6 apresenta os principais números e crescimento expressivo do *e-commerce* no Brasil em 2018. No entanto, para crescerem e competirem na internet, os varejistas têm aumentado o custo de aquisição de clientes. No entanto, esse esforço tem limitado o retorno sobre o investimento dessas empresas. Devido à característica transacional do *e-commerce*, muitos negócios *on-line* não conseguem níveis de retorno satisfatórios sobre o investimento em novos clientes, pois têm dificuldades em retê-los e preservar a margem líquida.

Figura 21.6 Categorias vendidas no *e-commerce* brasileiro.

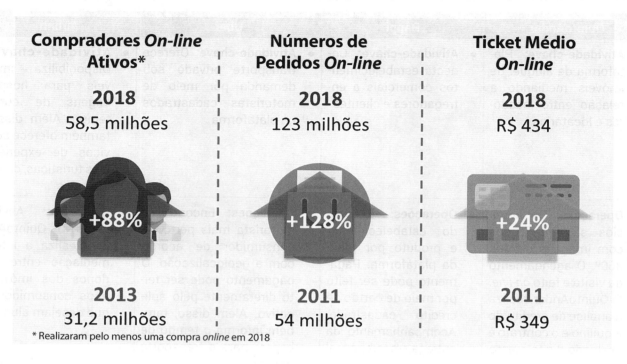

Fonte: elaborada pelos autores com base em Webshoppers.[34]

A Figura 21.7 apresenta as principais categorias mais vendidas no *e-commerce* brasileiro. O destaque é para o setor de cosméticos e perfumaria, seguido pelo setor de moda, eletrodomésticos, casa e decoração.

Figura 21.7 Categorias de produtos mais vendidos no *e-commerce* em 2018.

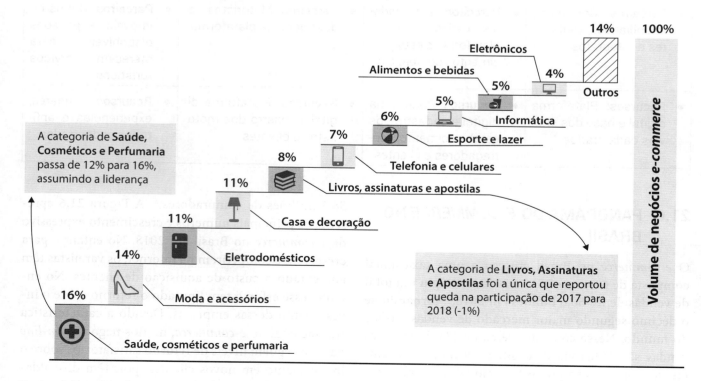

Fonte: elaborada pelos autores com base em Webshoppers.[35]

Em todas essas categorias, são várias as estratégias empregadas para aumentar as vendas, tais como: ações promocionais, aumento de sortimento, flexibilidade no parcelamento e frete grátis. Algumas das estratégias utilizadas por varejistas *on-line* pressionam as margens e, consequentemente, a lucratividade.

Tendo optado por focar crescimento em detrimento da lucratividade, a B2W, maior varejista *on-line* no Brasil, aumentou a sua participação de mercado em 6,4 pontos percentuais. Contudo, a empresa tem reportado prejuízos operacionais desde 2011 (R$ 397 milhões em 2018).[36] A Netshoes foi, durante alguns anos, o principal anunciante Google e Facebook na América Latina. Como resultado, conseguiu mais de 50 milhões de visitantes únicos por mês e 6,8 milhões de clientes ativos.[37] A empresa planejava sair do vermelho em 2015, mas, com a intensificação da recessão, continuou apresentado prejuízo. Em junho de 2019, a Magazine Luiza adquiriu a integralidade das ações de emissão da Netshoes pelo preço de US$ 3,70 por ação, totalizando aproximadamente US$ 115 milhões.[21]

Em um mercado volátil como o Brasil, as empresas precisam buscar o crescimento das suas operações de *e-commerce*, preservando as margens. Eis alguns exemplos de estratégias que combinam crescimento e lucratividade:

1. Usar algoritmos de precificação dinâmica a partir de uma boa segmentação de consumidores e do mapeamento dos preços dos concorrentes. Algumas empresas desenvolvem algoritmos baseados em *cookies* dos usuários e monitoramento de preços de concorrentes que permite ajustar a precificação do produto com base em algumas diretrizes. Isso diminui a dependência humana no processo e agiliza ajustes de mercado para maximizar vendas.

2. Otimizar a comunicação dirigida e o *design* do *website*. Essa otimização possibilita privilegiar as vendas de produtos de maiores margens, fazer com que somente os consumidores que buscam barganhas tenham acesso a grandes descontos e recomendar produtos com maior propensão a compra. Uma pesquisa feita por professores de Harvard identificou que um *e-commerce* pode maximizar sua lucratividade escondendo os descontos. Dessa forma, consumidores com menor sensibilidade a preço compram os produtos mais caros que estão facilmente disponíveis, enquanto aqueles com maior sensibilidade encontram descontos procurando pelo *site*.[38]

3. Compartilhar processos e centros de distribuição e logística, no caso de empresas com canais físicos (lojas) e digitais; e revitalizar as lojas, que podem ser utilizadas como centros de distribuição.

4. Mover os consumidores para que comprem em canais de maiores margens para as empresas. Podem ser canais de vendas próprios, que possibilitam a venda direta ao consumidor, eliminando intermediários que comprometem as margens. Por exemplo, muitas empresas estimulam a compra via seus aplicativos para *smartphones* e por seus próprios *marketplaces on-line*, isto é, outras lojas independentes que fazem as vendas utilizando a plataforma e o *website* de varejistas como Magazine Luiza, B2W e outros.

5. Oferecer serviços auxiliares, como instalação de produtos e crédito. Empresas de eletrônicos, por exemplo, oferecem serviços técnicos na residência por um valor maior na garantia do produto. Dessa forma, ela cria e captura valor com aqueles clientes que preferem pagar por uma assistência no local em vez de se dirigirem a uma assistência autorizada ou enviarem o produto para a empresa.

6. Evitar a excessiva oferta de frete grátis. A oferta de frete grátis danifica a margem e em alguns casos pode não criar valor para o cliente. Por exemplo, alguns segmentos de cliente, podem preferir entregas mais rápidas em vez de grátis. Dessa forma, varejistas precisam rever estratégias e direcionar a oferta para cada segmento.

Um exemplo de empresa que tem conseguido combinar os elementos dessas seis estratégias é a Magazine Luiza. A empresa preservou sua margem na venda *on-line* e na loja física, tendo apresentado taxas de crescimento superiores ao varejo e próximas às de uma empresa de tecnologia. Suas ações cresceram cerca de 4.500% entre fevereiro de 2015 e fevereiro de 2020.[39] Um dos motivos que viabilizaram esse resultado foi o investimento no Luiza Labs, área especializada em ciência de dados da empresa que possibilita testar e implementar diferentes estratégias para o *e-commerce*.

21.7 CONSIDERAÇÕES FINAIS E QUESTÕES

Este capítulo apresenta diferentes aspectos e visões dos conceitos e aplicações da disrupção e transformação digital atrelada ao ambiente de negócios. Foi possível identificar e descrever modelos de negócios que são novos e outros que estão sendo transformados pelo advento do digital nas empresas e pela maneira como os consumidores utilizam serviços e produtos.

Conforme destacado no capítulo, o cenário impulsionado pelas organizações digitais demanda mudanças nas empresas tradicionais. Por exemplo, enquanto varejistas integram cada vez mais os seus canais físicos e digitais, os fabricantes de produtos de consumo passam a se relacionar diretamente com os consumidores. Um exemplo é a Nestlé. Se antes sua preocupação era posicionar seu produto na gôndola e trabalhar a comunicação em mídias tradicionais, hoje ela também atua em *sites* de varejistas com *e-commerce*, como o GPA. Os consumidores, que antes compravam seus produtos somente nos supermercados, passam a consumir também pelo canal *on-line*, exigindo da empresa novas competências para atendê-los. Se antes suas áreas comerciais e de marketing estavam voltadas ao *merchandising*, material no PDV (ponto de venda), mídia e promoção, agora a Nestlé precisa preocupar-se em gerar conteúdo de qualidade na internet e expor seus produtos *on-line*.

Outro exemplo, já mencionado no capítulo, é a Natura. Antes, operava apenas na venda porta a porta. Nos últimos anos, a empresa inaugurou uma série de novos canais: *e-commerce* das consultoras de vendas, *e-commerce* próprio com vendas aos consumidores finais, aplicativo para consultoras colocarem os pedidos de produtos vendidos aos seus clientes e aplicativo para consumidores finais. No início de 2018, logo após ter obtido resultados abaixo do esperado durante o período de mudança, a gestão da empresa começou a observar retomada do seu crescimento, ganhos de participação de mercado e crescimento de penetração nos lares brasileiros como resultado da sua estratégia multicanal de transformação digital.

Assim, os temas apresentados no capítulo foram sustentados por exemplos práticos e reais de companhias brasileiras tradicionais e *startups* que têm utilizado o digital para melhorar seus resultados alterando ou apresentando novos modelos de criação de valor para seus consumidores. Também foi apresentado um panorama geral do ambiente do *e-commerce* no Brasil, demonstrando a evolução ao longo dos anos e o consequente aumento do uso pela população. Finalizamos este capítulo propondo algumas questões para reflexão e para avaliação do conhecimento adquirido.

CONTRIBUIÇÕES DO CAPÍTULO PARA A ADMINISTRAÇÃO CONTEMPORÂNEA

1) A disrupção dos mercados e das maneiras tradicionais de negócio acontecem graças aos clientes e não somente pelas inovações tecnológicas. As etapas da cadeia de valor do cliente que criam e erodem valor para ele são importantes e impactam os mais diferentes modelos de negócios das empresas.

2) Nas teorias tradicionais, os consumidores eram vistos como agentes que precisavam ser persuadidos a comprar, e prevaleciam nas empresas os modelos que buscavam a eficiência na produção e na comunicação em massa. Já com o advento da era digital, os consumidores passaram a interagir e se conectar com as marcas e empresas de forma recíproca.

3) Durante a transição de um negócio tradicional para um negócio digital, a empresa precisa operar com dois negócios e com dois conjuntos de estruturas de custos ao mesmo tempo. Nesse caso, a empresa precisa balancear a velocidade da transação para manter clientes antigos e captar novos clientes digitais.

4) Novas empresas que nascem com um modelo de negócio inovador precisam desenhar seu modelo de negócio do zero e buscar a criação de valor de acordo com sua proposta. Essas empresas digitais e de crescimento rápido adotam um novo modelo de negócio, usualmente gerando muito valor para o cliente, mas capturando pouco valor no início.

5) O desafio de empresas operando com *e-commerce* tem sido lidar com as margens baixas, uma vez que há praticamente transparência total de preços e diversos competidores. Grandes varejistas precisam balancear o crescimento com a lucratividade.

QUESTÕES PARA REFLEXÃO

1) No contexto das inovações digitais, empresas tradicionais têm realizado diversos investimentos para se transformarem. Mesmo assim, poucas empresas obtêm sucesso nesse processo. O que as empresas estão fazendo errado? Investindo em tecnologias erradas ou não estão dando atenção ao consumidor?

2) Discuta sobre a transformação digital nos setores da economia. Essa transformação já alcançou todos os setores? Existem setores mais avançados ou atrasados?

3) Empresas incumbentes estão repensando seus modelos de negócio para competirem com as *startups*. Na posição do tomador de decisão de uma empresa tradicional, qual estratégia você desenvolveria para competir nesse meio?

4) Fundos de investimento **têm** aplicado grandes quantias em *startups*. Já estas empresas investem esse capital para adquirir clientes, enquanto a rentabilidade do modelo de negócios é questionada. Nesse contexto, você acredita que as *startups* serão lucrativas no futuro? Por quê?

5) Varejistas *on-line* estão sacrificando o lucro em vista do ganho de *market share*. Poucas empresas nesse mercado obtiveram o sucesso de balancear a rentabilidade com o crescimento. Nesse contexto, quais são as possíveis estratégias para essas empresas atingirem o equilíbrio?

QUESTÕES PARA AVALIAÇÃO DO CONHECIMENTO

1) Defina e dê exemplos das ondas: (1) desvincular (desagrupar); (2) desintermediar; e (3) desacoplar.

2) Descreva as diferentes visões sobre a disrupção digital e os motivos pelos quais ela ocorre.

3) Defina e dê exemplos de aplicações práticas dos aspectos de transformação digital: (1) *social*; (2) *mobile*; (3) *analytics*; e (4) *cloud*.

4) Quais são os domínios da transformação digital? Descreva-os.

5) Quais são as fases dos riscos de transição de modelo de negócios tradicional para o digital? Descreva os tipos de risco envolvidos nesse processo.

Caso Final de Discussão: Natura – Uma empresa tradicional em tempos de disrupção digital[24]

A Natura é uma empresa brasileira fundada em 1969 por Antonio Luiz da Cunha Seabra. Sua marca é forte no Brasil, em muitos países da América Latina e na França. É uma empresa que defende a sustentabilidade e a ligação com a natureza, em seus produtos expressa a elegância da fusão criativa brasileira. O principal meio de comercialização de produtos da Natura é a venda porta a porta, conhecida como vendas diretas. Esse canal de venda tem papel social importante no país, pois muitas pessoas que ficam desempregadas ou têm baixa renda podem iniciar atividades como consultores de vendas independentes em empresas com o modelo de vendas diretas, permitindo o complemento de renda e um trabalho flexível.

A venda direta é um canal bastante forte no Brasil, e, apesar de a Natura ter aproximadamente 30% de rotatividade da força de vendas, o número de consultores de vendas chega a quase 1,5 milhão. A alta rotatividade é inerente ao modelo de negócios de vendas diretas, que é tradicionalmente impulsionado pela aquisição de novos consultores de vendas, em vez de retenção.

Nos últimos anos, a empresa passou por várias mudanças em sua liderança. Em 2014, o presidente que ocupava a função desde 2005, Alessandro Carlucci, foi substituído por Roberto Lima. Durante a gestão de Roberto, os resultados entraram em declínio e isso o levou a renunciar à posição em 2016, dando lugar a João Paulo Brotto Ferreira como sucessor, que era, até então, membro do conselho.

Além das mudanças internas na gestão, com diferentes presidentes entre 2014 e 2016, vários fatores externos também pressionavam o comando da empresa, impulsionando a transformação do seu modelo de negócios. Alguns fatores foram a recessão econômica observada no Brasil após 2014, mudanças no comportamento dos consumidores, que passaram a utilizar vários canais durante suas jornadas de compra, e o forte crescimento de alguns competidores no setor de cosméticos, por meio da atuação em diferentes canais disponíveis aos consumidores.

A queda da participação do canal de vendas diretas no Brasil, que foi de 27,6% em 2012 para 26,2% em 2016, e o crescimento das vendas dos concorrentes por outros canais levou a Natura a perder a liderança para a Unilever em 2014. Ainda assim, novos competidores passaram a focar esforços também nesse canal. Em busca de ganhos de participação, um dos maiores concorrentes da Natura, o grupo Boticário, obteve crescimento por meio da entrada no canal de vendas diretas em complemento ao modelo tradicional de franquias.

Em meio a esse cenário, a gestão da Natura estava dividida em relação à estratégia de acesso ao mercado que seria o melhor caminho para a empresa voltar a crescer. Porém, em resposta ao ambiente mais adverso, a empresa voltou muitos dos seus esforços em direção à digitalização da empresa e desenvolvimento da multicanalidade.

Portanto, a Natura criou uma série de novos canais para a marca: *e-commerce* para consultores independentes de vendas; *e-commerce* para consumidores finais; lojas próprias; franquia; aplicativo para consultores independentes de vendas; aplicativo para consumidores finais; presença em farmácias; lojas especializadas em beleza; e, até mesmo, *vending machine* em locais como *shoppings* e aeroportos.

Em 2014, criou a Rede Natura, na qual os consultores (ou quaisquer outras pessoas) poderiam se tornar franqueados digitais. Os consumidores poderiam fazer compras *on-line* por meio do *website* da Natura, mas ele era personalizado para cada consultor. A ferramenta foi testada pela primeira vez em duas cidades do estado de São Paulo, Campinas e São José dos Campos. Com base nos resultados dos testes, a marca Rede Natura foi introduzida em todo o país. Funcionava da seguinte forma: cada franqueado digital Natura recebia uma URL personalizada do Rede Natura que poderia ser usada para promover um *website* pessoal, ser enviada por *e-mail*, compartilhada em redes sociais ou qualquer outro ponto de contato. Quando os consumidores acessavam esse *website*, eles o percebiam como o próprio *site* de comércio eletrônico da empresa. No modo tradicional de venda porta a porta, os consultores compram o produto, entregam e cobram do consumidor. No novo modelo de franquia digital, a Natura assumiu a responsabilidade pelo pagamento do cliente e pela entrega. Assim, o papel do consultor digital era promover os produtos, gerenciar o *website*, ajudar os consumidores a passar pelo processo de compras e fechar as vendas. Como consequência, a comissão do consultor digital era inferior à comissão das vendas diretas. No modelo tradicional, consultores porta a porta compram produtos da Natura com 30% desconto para revender aos consumidores finais. O preço sugerido era publicado no catálogo e usado para mostrar a seus clientes e fazer a venda. Os consultores poderiam formar seu próprio estoque ou inventário comprando produtos quando a Natura realizava promoções. Já no modelo de franquia digital (Rede Natura), o preço foi estabelecido pela Natura, mas os consultores digitais poderiam usar códigos de cupom específicos para executar promoções de preços com os consumidores. Sendo assim, isso afetou seu padrão de 20% em comissões de vendas *on-line*.

Em abril de 2016, a Natura lançou o próprio *e-commerce* e começou a vender diretamente aos consumidores, juntamente com o modelo de venda por meio de consultores digitais (Rede Natura). Os consumidores não eram mais obrigados a selecionar um consultor digital para comprar os produtos no *site* da marca. Após seis meses, as vendas pelo *site* próprio representavam aproximadamente 30% do total de vendas *on-line* da Natura e as vendas do Rede Natura eram responsáveis pelo restante.

Independentemente de possíveis danos ao canal tradicional porta a porta, como era temido, a Natura alcançou resultados positivos com os tipos de operações de comércio eletrônico: mais de 70.000 consultores digitais (franqueados) e mais de 500.000 consumidores registrados durante o primeiro ano de operação (2015). E, no final de 2016, a Natura já contava com 100.000 consultores digitais, 1,6 milhão de clientes registrados e dobrou a receita pelo canal em 2016 em comparação com 2015.

Com essas iniciativas, a Natura abriu a possibilidade de as pessoas se tornarem "empreendedores digitais" por meio do modelo de franqueado. Além disso, atraiu um perfil diferente de consultores digitais (por exemplo, jovens, mais influenciadores sociais, masculinos e femininos), em contraste com o perfil tradicional porta a porta de consultora Natura (por exemplo, mais velha, menos digital, feminina). Cinquenta por cento dos consultores digitais eram puramente digitais e não faziam vendas pelos métodos tradicionais de porta em porta.

O novo modelo *on-line* também ajudou a empresa a conquistar mais clientes das classes sociais A e B, comparado ao canal porta a porta, que tinha principalmente clientes da classe C. Em resposta a quaisquer efeitos negativos que o canal *on-line* teve sobre o relacionamento com os consultores tradicionais, a Natura iniciou focando na internet como uma ferramenta para ajudar os consultores a aumentar as vendas, usando a análise de dados da equipe de CRM da empresa.

A Natura percebeu que os dados das novas interações entre a marca, consultores e os consumidores finais poderiam fornecer informações valiosas para fortalecer o relacionamento entre eles. Por exemplo, desenhar um modelo que identificava o próximo produto a ser comprado pelo cliente, gerando oportunidades de vendas cruzadas. A partir dessa análise, foram geradas sugestões ao consultor digital pela plataforma *on-line* interna e por aplicativos oferecidos pela Natura. Dessa forma, os consultores digitais conseguiam acompanhar as recomendações da marca e algumas medidas-chave em seu *site* pessoal. O consultor também conseguia acompanhar o tráfego, taxas de conversão e lucratividade.

Mesmo com todas as mudanças, entre 2014 e 2016 a queda de participação da Natura no canal de vendas diretas não foi compensada pelo ganho de participação em outros canais naquele momento. Ainda havia muitos questionamentos de analistas financeiros quanto à Natura conseguir de fato desenvolver esses canais e equilibrar com o seu canal tradicional, porta a porta. Nesse contexto, para suportar a transição de canais e da empresa, a aquisição de novas marcas foi fundamental. A aquisição da Aesop em 2013 foi um passo importante para multicanalidade, pois a marca contava com cerca de 209 lojas próprias, além de vender por meio de lojas de departamento *e-commerce*.

Em 2017, a empresa comprou a The Body Shop, com lojas em 68 países; isso reforçou a orientação multicanal da Natura, que passou a ser responsável por uma rede com 1.950 franquias, 1.099 lojas próprias e os canais digitais da marca. O caminho encontrado para organizar essa estratégia e poder fazer a gestão dessas marcas foi anunciado no início de 2018, com o lançamento da nova marca corporativa do grupo, Natura &Co. No início de 2018, logo após ter obtido resultados abaixo do esperado, durante esse período de mudança, a gestão da empresa começou a retomar o crescimento. A Natura recuperou a liderança de mercado em cosméticos, com ganho de participação de mercado de 10,4% em 2016 para 11,7% em 2017. O valor das suas ações cresceu de R$ 22,59 – no momento da aquisição da The Body Shop – para R$ 37,79 em maio de 2018. A empresa, que até 2012 dependia somente do canal de vendas diretas com a operação porta a porta, conseguiu acelerar a presença multicanal em lojas e em novos canais digitais oferecidos aos consumidores e consultores.

Questões para debate

1. Discuta as implicações das ondas da disrupção digital para o modelo de negócio da Natura.
2. Explique como a Natura conseguiu gerar valor para seus clientes. Discuta as principais estratégias e aprendizados da empresa.
3. Com base nas explicações dadas sobre as diferenças entre os modelos de negócios das incumbentes *versus* o modelo de *startups*, analise o que aconteceu com a Natura após as mudanças. Por que o impacto na lucratividade foi negativo? Se a Natura fosse uma *startup*, qual provavelmente teria sido sua estratégia?

Nota de ensino

O caso objetiva principalmente a aplicação da disrupção digital tendo em vista os impactos na cadeia de valor do consumidor. As respostas das questões devem buscar relacionar a teoria com o fato empírico:

1. Considere as três ondas de disrupção digital: (1) *unbundling*; (2) desintermediação; (3) *decoupling*. Lembre-se de que o modelo inicial da Natura, que era operar com venda direta, não permitia ao cliente escolher como, onde e quando comprar seus produtos.
2. Discuta o dilema de gerar valor aos clientes e os conflitos de canais. Diferentemente de uma empresa de varejo tradicional, que foca seus esforços no cliente final, a Natura teve que se reinventar para construir uma proposta que permitisse que consultores de vendas e consumidores coexistissem e utilizassem seus diversos canais, inovando em tecnologia e em canais de marketing.
3. Considere os riscos transição de modelo de negócios de uma empresa tradicional para o digital. Discuta como a Natura se comportou durante a Fase 1 e como precisou lidar com o Risco Alfa e Risco Beta.

Padrão de respostas

Link de vídeos para apoio ao professor (Anexo B)

1. *Unbundling*: inicialmente, a compra de produtos da marca estava vinculada exclusivamente ao contato com uma consultora. Durante essa onda, a Natura, oferecendo essa condição, estava perdendo espaço para os diversos serviços e canais de compra que estavam desagrupando a oferta de produtos.

Desintermediação: quando a Natura notou a necessidade de inovar em seus canais e priorizar a escolha do cliente, ela passou a atuar de maneira multicanal e criou outros pontos de contato com o cliente além da consultora. Desintermediando a relação com o cliente, deu a opção de compra pelo *e-commerce* da marca, varejo ou lojas físicas próprias.

> *Decoupling*: com o consumidor separando os momentos da jornada de compra e empresas entrando nesse setor, como a Glambox, gerando valor para a fase mais relevante do processo, a Natura pode ser impactada por ainda não atuar dessa forma.
>
> 2. Ao colocar o cliente em primeiro lugar e entender a sua jornada de compra e suas necessidades em aquisição de produtos, ela teve que renunciar a seu modelo tradicional e oferecer novos canais aos clientes. O uso da tecnologia foi importante para isso, pois permitiu a venda *on-line* e a captação de informações sobre clientes, nunca utilizadas antes pela empresa, pois as informações ficavam concentradas nas consultoras. Por outro lado, o consultor, até então, único canal e fonte de renda da empresa, não poderia ser negligenciado. Várias estratégias englobavam também os consultores, como a criação da franquia digital Rede Natura, que permite a venda de produtos por um *site* e a comissão direcionada para o consultor. No canal físico, os consultores tinham a opção de abrir lojas franqueadas da marca para coexistirem com as lojas próprias da empresa.
>
> 3. A Natura, como empresa tradicional, tem suas responsabilidades com *stakeholders*, custos fixos e processos para seguir. Geralmente, essas empresas não têm espaço de manobra, caso uma estratégia não funcione e cause impactos financeiros. Os impactos são inerentes em períodos de mudança, mas a empresa tem que trabalhar para que sejam mínimos. A Natura perdeu faturamento, pois em um primeiro momento os consultores se sentiram traídos a ponto de abandonarem a empresa. Nesse início, as novas atividades ainda não supriam essa perda, então o resultado imediato não foi positivo. Após o aprendizado, consultores foram educados sobre o novo modelo, receberam ferramentas e opções para trabalhar de forma digital e conseguiram elevar suas vendas e coexistir com os demais canais. Se a Natura fosse uma *startup*, provavelmente ela não teria essa preocupação com os consultores e poderia criar um modelo disruptivo.[40]
>
> Fonte: elaborado pelos autores com base em Farris, Guissoni, Ailawadi e Boccia (2017).

REFERÊNCIAS

[1] ROGERS, D. L. *The digital transformation playbook:* rethink your business for the digital age. Columbia University Press, 2016.

[2] TEIXEIRA, T.; GUISSONI, L. A.; VELUDO-DE-OLIVEIRA, T. Digital Transformation at Brazilian Retailer Magazine Luiza. *Harvard Business School* 1-19, 2018.

[3] TEIXEIRA, T. S. *Unlocking the customer value chain:* how decoupling drives consumer disruption. Currency, 2019.

[4] TEIXEIRA, T.; GUISSONI, L.; TRAJANO, F. An unlikely case of successful digital transformation. *In: The transformation playbook* 91-97 Thinkers 50, 2020.

[5] CHRISTENSEN, C. M. *O dilema da inovação:* quando as novas tecnologias levam empresas ao fracasso. M. Books, 2019.

[6] TEIXEIRA, T. S. *Op. cit.*, 2019.

[7] *Idem, ibidem.*

[8] *Idem, ibidem.*

[9] TORRES, J. Sephora vs. Birchbox: Winning through digital retaliation. Disponível em: https://digital.hbs. edu/platform-digit/submission/sephora-vs-birchbox-winning-through-digital-retaliation/. Acesso em: 21 maio 2021.

[10] TEIXEIRA, T.; GUISSONI, L.; TRAJANO, F. *Op. cit.*, 2020.

[11] E-COMMERCE BRASIL. Compra *on-line* é preferência de 74% dos consumidores brasileiros. 2019. Disponível em: https://www.ecommercebrasil.com.br/noticias/compra-online-preferencia-de-consumidores-brasileiros/. Accesso em: 13 fev. 2019.

[12] JING, B. Showrooming and webrooming: information externalities between online and offline sellers. *Mark. Sci.* 37, 469-483, 2018.

[13] ROGERS, D. L. *The digital transformation playbook:* rethink your business for the digital age. Columbia University Press, 2016.

[14] *Idem, ibidem.*

[15] *Idem, ibidem.*

[16] KANNAN, P. K.; LI, H. "Alice". Digital marketing: A framework, review and research agenda. *Int. J. Res. Mark.* 34, 22-45, 2017.

[17] ROGERS, D. L. *Op. cit.*, 2016.

[18] KHAN, R.; LEWIS, M.; SINGH, V. Customer the value of one-to-one and marketing. *Mark. Sci.* 28, 1063-1079, 2009.

[19] ROGERS, D. L. *Op. cit.*, 2016.

[20] *Idem, ibidem.*

[21] SINGH, K.; GOEL, S.; AGRAWAL, A. A review on SMAC: a new dimension to the business world. *Int. J. Comput. Appl.* 148, 17-21, 2016.

[22] GANDOMI, A.; HAIDER, M. Beyond the hype: big data concepts, methods, and analytics. *Int. J. Inf. Manage.* 35, 137-144, 2015.

[23] TEIXEIRA, T.; GUISSONI, L. A.; VELUDO-DE-OLIVEIRA, T. *Op. cit.*, 2018.

[24] *Idem, ibidem.*

[25] TEIXEIRA, T.; GUISSONI, L.; TRAJANO, F. *Op. cit.*, 2020.

[26] *Idem, ibidem.*

[27] *Idem, ibidem.*

[28] EXAME. Rappi recebe novo aporte de 1 bilhão de dólares do SoftBank. Disponível em: https://exame.com/pme/rappi-recebe-novo-aporte-de-1-bilhao-de-dolares-do-softbank/. Acesso em: 21 maio 2021.

[29] TEIXEIRA, T.; GUISSONI, L. A.; DANA, S. Where to grow next at online marketplace OLX. *Harvard Business School* 1-13, 2019.

[30] *Idem, ibidem.*

[31] EUROMONITOR. Internet retailing. (2020). Disponível em: https://www.euromonitor.com/internet-retailing. Acesso em: 21 maio 2021.

[32] EBIT. Disponível em: https://www.ebit.com.br/index.html/webshoppers. Acesso em: 19 maio 2020.

[33] *Idem, ibidem.*

[34] EBIT. Disponível em: https://www.ebit.com.br/index.html/webshoppers. Acesso em: 19 maio 2020.

[35] *Idem, ibidem.*

[36] B2W. Relatório Investidores B2W. 2020. Disponível em: https://ri.b2w.digital/informacoes-aos-investidores/relatorios-anuais. Acesso em: 21 maio 2021.

[37] COMSCORE. Comscore Lança no Brasil o serviço Ad Metrix que fornece inteligência competitiva para publicidade online. (2012). Disponível em: https://www.comscore.com/por/Insights/Press-Releases/2012/2/comScore-Launches-Ad-Metrix-Service-in-Brazil?-cs_edgescape_cc=BR. Acesso em: 21 maio 2021.

[38] TEIXEIRA, T.; NGWE, D. Why online retailers should hide their best discounts. *Harv. Bus. Rev.*, 2018.

[39] TRADINGVIEW. MGLU3. 2020. Disponível em: https://www.tradingview.com/symbols/BMFBOVESPA-MGLU3. Acesso em: 21 maio 2021.

[40] FARRIS, P. W.; GUISSONI, L. A.; AILAWADI, K. L.; BOCCIA, M. The Multichannel Challenge at Natura in Beauty and Personal Care. *Harvard Business Review*, 2017, p. 1–18.

Capítulo 22
Atividade política corporativa e *lobbying*

Assista ao **vídeo**

Márcio Moutinho Abdalla

Pontos de aprendizado

Neste capítulo, o leitor poderá aprofundar seu conhecimento sobre:
- O campo de administração estratégica e o ambiente de não mercado.
- As estratégias de mercado e estratégias de não mercado.
- Os atores do ambiente de não mercado.
- A atividade política corporativa e sua prática.
- O caráter cíclico da atividade política corporativa, suas configurações e arranjo de atores.
- O papel do *lobbying*, sua prática e sua regulamentação.

RESUMO

A proposta deste capítulo é apresentar a atividade política corporativa como elemento estratégico. Para isso, descreve-se sinteticamente o campo da administração estratégica como forma de melhor situar a temática. Desenvolve-se também um debate introdutório sobre as estratégias no ambiente de não mercado, como forma de circunscrever a discussão. A partir disso, o capítulo discorre sobre aspectos conceituais da atividade política corporativa, avançando, em seguida, para a sua prática contemporânea. Nesse tópico, alude-se às principais estratégias empregadas, destacando-se as praticamente extintas doações para campanhas políticas e o *lobbying*. Antes propriamente de aprofundar a discussão sobre o *lobbying*, apresenta-se um *framework*, que sistematiza a prática do *lobby*, desde seus antecedentes, até os resultados esperados. Ao final, estabelece-se um aprofundamento sobre a prática do *lobby*, discorrendo sobre sua origem, conceitos, aspectos centrais e teorias de suporte. Também são apresentadas informações sobre sua regulamentação no mundo e a trajetória das tentativas de regulamentação no Brasil. O capítulo encerra-se reforçando os potenciais benefícios da regulamentação do *lobby* no Brasil, ressaltando a transparência como um dos principais pontos positivos.

22.1 INTRODUÇÃO

Antes propriamente de compreendermos e discutirmos os aspectos da atividade política corporativa, faz-se necessário e importante situá-la, enquanto ainda temática, no campo de conhecimento das estratégias organizacionais. Nesta obra, trabalhamos alguns dos conhecimentos sobre **administração/gestão estratégica**, especialmente nos Capítulos 5 (Planejamento), 7 (Processo decisório) e 8 (Desempenho), além de outros capítulos, de forma mais ou menos direta. Contudo, conforme dito, o cerne desta obra não é a administração estratégica em si, mas a administração contemporânea como um todo, motivo pelo qual decidimos desenvolver este prelúdio.

SAIBA MAIS

Para compreender mais detalhadamente o universo da administração estratégica, não deixe de conferir a obra *Administração estratégica: da teoria à prática no Brasil*, desta mesma editora.

Veja detalhes em: https://www.grupogen.com.br/negocios-e-gest-o/administrac-o/administracao-estrategica-4218607. Acesso em: 21 maio 2021.

A administração estratégica, enquanto campo de conhecimento relativamente jovem, é constituída de diversas linhas de pensamento, com vasta literatura de referência global, inclusive preocupada com a amplitude destas correntes de pensamento.[1] No entanto, a maioria esmagadora do conhecimento discutido no campo da administração estratégica baseia-se em teorizações econômicas e mercadológicas, especificamente calçadas na teoria da firma, sobretudo em tópicos como a imperfeição das informações disponíveis; a racionalidade limitada; a disponibilidade de recursos estratégicos; a satisfação de demandas e necessidades mercadológicas; as incertezas ambientais; além de outros tópicos.[2] A própria descrição do processo estratégico, que engloba o **planejamento estratégico**, sua **execução** e **controle**, é fortemente suportada por esse conjunto de teorizações e temáticas, que privilegiam especificamente aspectos voltados ao mercado.

Em meados da década de 1990, por meio de publicações e debates acadêmicos, começaram a ganhar relevância as manifestações de teóricos sobre o fato de que esse conjunto de conhecimentos não era suficiente para lidar com a complexidade ambiental da estratégia organizacional, demandando assim aparatos mais abrangentes.[3] Em 1995, foi publicado o trabalho *Integrated strategy: market and nonmarket components*, escrito por David Baron, que pavimentou o conceito de **estratégia de não mercado**, ou **estratégia no ambiente de não mercado** (do inglês, *nonmarket strategy*). Enquanto as estratégias constituídas no (e para o) ambiente de mercado baseiam-se em aspectos econômicos e mercadoló-

gicos, as estratégicas constituídas no (e para o) ambiente de não mercado fundamentam-se na teoria da escolha pública, que explica por que as organizações buscam acordos mutuamente benéficos com políticos e outras partes interessadas de governos e do poder público, de forma geral.[4]

SAIBA MAIS

David P. Baron é professor da área de economia política na renomada Stanford Graduate School of Business, situada na Califórnia. Baron possui diversas publicações nas áreas de organização industrial, teoria econômica, ciência política, estratégia empresarial, pesquisa operacional, estatística e finanças. Ele é autor de mais de 100 artigos e três livros, um dos quais está em sua 7ª edição. Seus principais interesses de pesquisa têm sido a teoria da empresa, a economia da regulação, *design* de mecanismos e suas aplicações, economia política e estratégia de não mercado, assunto em que é uma das principais referências no mundo.

Pode-se dizer que o ambiente de não mercado concentra-se em fatores político-legais e socioculturais relacionados com a empresa e é frequentemente associado ao desenvolvimento e às nações emergentes,[5] chegando a ser apontado por autores de países centrais como uma "anomalia" de nações periféricas[6] – uma infeliz inverdade, já que nações ricas fazem amplo uso dessas estratégias. Para se ter dimensão sobre a relevância das estratégias de não mercado, uma pesquisa de 2008 revelou que executivos chineses declararam usar entre 30% e 50% de seus respectivos tempos em negociações com departamentos de governo e outros *stakeholders*.[7]

Adicionalmente, é prudente salientar que a pandemia da Covid-19, supostamente iniciada em dezembro de 2019 na China, demonstrou que a ideia de Estado Mínimo é um tanto quanto frágil, sobretudo para nações menos ricas.[8] Todavia, engana-se quem acredita que a dependência do Estado fora pequena em nações centrais. No mês de maio de 2020, uma ação de distribuição de cestas básicas em Genebra (Suíça) reuniu mais de 2.000 pessoas numa fila, algo chocante para o país com a maior renda *per capita* do mundo.[9] Sejam países mais ou menos regulados, governos assumem, a partir de então, papel determinante na vida das pessoas, empresas e organizações, razão pela qual ganham também mais relevo as estratégias de não mercado e, por sua vez, as atividades políticas corporativas.

SAIBA MAIS

A expressão "não mercado" é capaz de produzir estranheza, em especial aos que nunca tiveram contato com ele, pois denota ideias equivocadas a respeito do conceito, a exemplo de "algo contrário ao mercado".

Apesar de seminal, e apesar de propor no próprio título a integração da estratégia nos ambientes de mercado e de não mercado, o trabalho de Baron[5] soava muito atado ao ambiente de mercado, não deixando dúvidas de que o autor propunha que o ambiente de não mercado deveria ser moldado e operado para atender às demandas do mercado.[10] A despeito da contribuição do autor, no trabalho de 1995, o mesmo parecia ainda não compreender completamente a grandeza do ambiente de não mercado, já que discutia seu pretenso papel como uma potencial **sexta força de Porter**.

SAIBA MAIS

As **cinco forças de Porter** compõem um famoso *framework* criado por Michael Porter em 1979. No modelo, o autor propunha que o ambiente competitivo era moldado por cinco forças, dentre as quais a "Rivalidade entre Concorrentes" ocupava espaço central, sendo diretamente influenciada pelas forças: "Ameaça de Novos Entrantes"; "Ameaça de Produtos Substitutos"; "Poder de Barganha dos Clientes"; e "Poder de Barganha dos Fornecedores". Embora de extrema importância para o campo de conhecimento da administração estratégica, o modelo de Porter, até mesmo pelo contexto e pelo ano de sua concepção, ancorava-se exclusivamente nos aspectos econômicos e concorrenciais de mercado.

Notadamente, o ambiente de não mercado é muito mais amplo do que propunha o autor. A Figura 22.1 ilustra, de forma sintética, o ambiente de mercado e seus respectivos atores (aqui representados sinteticamente por consumidores, concorrentes e fornecedores); e parte da dimensão do ambiente de não mercado, aqui representado por alguns atores (agentes reguladores, poder legislativo, governos, cidadãos, ONGs, grupos ativistas e mídia), mas que alcança dimensões muito maiores, sobretudo em determinadas localidades. É válido e oportuno destacar que esse conjunto de teorizações preenche uma importante lacuna no campo da administração estratégica, reivindicada pelos autores Carter, Clegg e Kornberger,[11] ao alegarem que "[...] *a estratégia não lida muito bem com o Estado. Ela não conta com uma teoria a respeito deste, o que limita sua capacidade de entender os meandros da geopolítica*".[12] Essa teorização demandada pelos autores é apresentada a partir daqui, de forma aprofundada.

Figura 22.1 Síntese dos ambientes de mercado e não mercado.

Fonte: adaptada de Bach e Allen.[13]

DA TEORIA À REALIDADE BRASILEIRA

Moradores de Itacuruba apresentam carta contra instalação de usina nuclear
CBN Recife
Por: Redação Portal (27/11/2019)

Em entrevista concedida ao programa CBN Recife, o articulador da Comissão Regional de Pastoral da Ação Sociotransformadora, da da Conferência Nacional dos Bispos do Brasil, diácono Jaime Bomfim, explicou que a "Carta de Floresta" é resultante de debates realizados no município de Itacuruba, com a finalidade de discutir a possibilidade e os riscos da instalação de seis usinas de energia nuclear na região. Segundo o diácono, além da comunidade, foram consideradas pesquisas científicas, além de argumentos de professores e pesquisadores das universidades federal e estadual, que apontam para os riscos do empreendimento, localizado à margem do Rio São Francisco.

Na ocasião, o diácono destacou que o sentimento da população de Itacuruba é de medo e incerteza. Segundo ele, "[...] 47% da população é contra a instalação da usina. Muitos saíram da sua cidade de origem por conta da hidrelétrica e agora, novamente, uma ameaça, onde temos comunidades quilombolas, indígenas, ribeirinhos, agricultores, é uma cidade que está vivendo o momento do medo".

Fonte: adaptado de CBN Recife.[14]

Questão para reflexão:
1. Discuta com os/as colegas e veja se conseguem identificar os atores do ambiente de não mercado. Como a organização poderia melhorar o relacionamento com esses atores? Como resolver as demandas e os dilemas?

Toda essa vastidão de atores e potenciais relações, conforme mencionado, tornam o ambiente de não mercado demasiadamente complexo, demandando diversos conhecimentos das organizações, de diversas áreas de atuação, além de equipes multidisciplinares. Uma das vertentes desse ambiente que vem ganhando sistemático destaque é o campo de atuação política, por meio da chamada **atividade política corporativa**, que será mais bem explorada na Seção 22.2.

22.2 ATIVIDADE POLÍTICA CORPORATIVA: DEFINIÇÕES INICIAIS

Em um jogo competitivo, de modo geral, os vencedores são aqueles jogadores com melhores e maiores habilidades. Para isso, conhecer as regras do jogo e praticar o jogo em si é algo essencial para ser competitivo e ampliar as chances de vitória. No entanto, e se você pudesse modificar as regras do jogo? O que seria mais interessante: jogar o jogo a partir das regras dadas; ou flertar com a possibilidade de alterar as regras desse jogo em seu benefício? Sem grandes pormenores, a pretensa capacidade de modificar as "regras do jogo" é algo similar ao que se faz quando se exerce influência em seu ambiente regulatório – uma das linhas centrais de ação da atividade política corporativa (doravante, APC). A APC procura investigar as relações entre empresas/organizações e poder público, com foco em interesses e atividades que corporações e associações comerciais exercem nos processos legislativos e regulatórios.[15] A partir da APC, empresas e organizações podem ampliar seu mercado, obter vantagem sobre concorrentes e reduzir ameaças de substitutos e novos entrantes, por meio de barreiras regulamentares.[16]

SAIBA MAIS

Países periféricos e semiperiféricos sofrem tanto com recorrentes notícias de corrupção, quanto com a própria percepção de que os mesmos compactuam com essa "cultura". Essa percepção é muito acentuada quando trata do poder público. No entanto, nem iniciativa privada, tampouco países centrais estão livres de práticas questionáveis. Além dos clássicos casos da WorldCom, Enron e Parmalat, o leitor pode assistir diversos exemplos de práticas duvidosas em empresas e organizações privadas, oriundas de países centrais, por meio do documentário **"Na Rota do Dinheiro Sujo"**, produzido e disponibilizado pela **Netflix**.

Ao longo do tempo, a APC vem conquistando espaço e relevância acadêmica, sendo recorrentemente tratada com certa independência. Contudo, é relevante reforçar que a APC consiste em um subcampo da estratégia de não mercado, sendo responsável por investigar ações, atividades e estratégias políticas das organizações em seu ambiente regulatório, ou, ainda, consiste de ações, atividades e estratégias direcionadas à modelagem e cooptação das políticas de governo e do poder público de modo geral.[17] A APC pode ainda ser conceituada a partir de uma ampla gama de comportamentos assumidos por uma empresa e/ou organização (ou por um conjunto de empresas e/ou organizações) em relação aos atores públicos (ex.: poder executivo; poder judiciário; poder legislativo; ministério público; agências e/ou órgãos reguladores etc.) e/ou outros atores, com o intuito de influenciar políticas públicas. Esses comportamentos podem ser (i) passivos; (ii) reativos; (iii) antecipativos; e (iv) proativos.[18]

Pesquisas sobre APC caminham na direção de compreenderem como empresas e organizações exercem esses comportamentos ou respostas, seja individual ou coletivamente, por meio de associações e coalizões comerciais, empregando táticas bastante específicas. Exemplos dessas táticas podem ser caracterizados pela prática do *lobby* (ou *lobbying*); pelo testemunho e pareceres em audiências públicas; pela organização de esforços de base; pelo fornecimento de contribuições políticas; pela colocação de representantes da empresa em comitês consultivos governamentais e pela contratação de ex-funcionários públicos (ou ex-políticos), sobretudo ligados aos governos e órgãos decisórios.

O fato de a APC ainda ser considerada um subtema de conhecimento dentro do campo das estratégias de não mercado não retira sua relevância e suas reais chances de se consolidar como um campo de estudos independentes em breve.[19] Ocorre que as pesquisas em APC, sobretudo pela multiplicidade de saberes envolvidos, encontram-se pulverizadas em muitas áreas do conhecimento, que vão muito além da administração, a exemplo da sociologia, da ciência política, da economia, das relações internacionais e até mesmo das ciências biomédicas,[20] tornando complexo situar esse conhecimento "dentro" de uma única área. Além disso, tomando por base os estudos empíricos em APC e suas variantes (ex.: estratégia política corporativa; ação política corporativa; análise político-corporativa etc.),[21] bem como seus subtemas (ex.: *lobbying*; contribuições políticas etc.), é possível observar que seus propósitos localizam-se majoritariamente em torno de temas sensíveis, impactantes, controversos e polêmicos, e que, por vezes, dividem a opinião pública. São exemplos mais salientes dessas temáticas os seto-

res de bebidas alcoólicas e tabaco; mineração; energia nuclear; químico; de armamentos; de comida processada; além de muitos outros, por vezes menos nítidos ao público geral.

Justamente por essa característica sensível da temática, a APC é bastante questionada sobre seus aspectos éticos e morais. O tema é sempre visto como algo que transita "no fio da navalha", já que lida diretamente com influência e cooptação de questões regulatórias e normativas. Contudo, é extremamente valioso ressaltar que o estudo da APC é completamente distinto da ideia de corrupção ou de qualquer elemento contrário às leis.[22] Isso não significa dizer que organizações estejam impedidas de usá-la de forma imprópria, mas isso foge por completo aos propósitos do campo de investigação. Naturalmente, a questão é extremamente delicada e demanda fortemente aparatos que a regulem. Sem meios de regulação, legalização e normatização da APC (a exemplo do *lobby* e das doações para campanhas políticas) que promovam transparência e equidade entre atores, os aspectos éticos tornam-se questionáveis.[23] Além disso, a busca de vantagem competitiva por meios políticos, sobretudo que envolvam ações desleais e que promovam ganhos a qualquer preço, também são amplamente questionáveis. Em linhas gerais, as questões e benefícios econômicos, especialmente alcançadas por vias políticas, não devem estar sobrepostas às demais dimensões organizacionais, a exemplo da dimensão social, da ética e da moral.[24]

Superadas as questões de cunho ético e os potenciais equívocos e maus usos da APC, discutiremos, no próximo tópico, como a atividade política corporativa acontece em termos mais práticos, ou seja, como é o processo da APC.

DA TEORIA À REALIDADE BRASILEIRA

CSN contrata ex-políticos para destravar negócios
ISTO É – Dinheiro: Economia
EDIÇÃO Nº 1169 30.04 (06/04/2019)

A Companhia Siderúrgica Nacional (CSN), do empresário Benjamin Steinbruch, contratou a consultoria do ex-governador de Goiás, Marconi Perillo (PSDB), para explorar novos investimentos para o grupo. Segundo fonte próxima ao ex-governador, o convite partiu de Steinbruch. Em outubro de 2018, no dia em que foi prestar depoimento à

Polícia Federal sobre a Operação Cash Delivery, Perillo foi preso por suposto repasse de R$ 10 milhões da Odebrecht para suas campanhas ao governo de Goiás em 2010 e 2014. Pessoas a par do assunto afirmam que Perillo – nas últimas três décadas à frente de mandatos públicos – quer construir uma carreira executiva e deixar a vida política. O ex-governador abriu uma consultoria com sua mulher, Valéria, a MV, para assessorar a CSN. Como consultor, tem explorado o mercado imobiliário, considerado um novo negócio e estratégico para a CSN. Com sede em Volta Redonda, onde tem vários terrenos, o grupo pretende criar um polo industrial e comercial no entorno da cidade. A experiência de Perillo como gestor público, dizem fontes ouvidas pelo jornal *O Estado de S.Paulo*, facilitaria o trânsito do grupo nas negociações com prefeituras. A CSN também deseja construir um *shopping* na zona sul de São Paulo, onde também possui terrenos. Adicionalmente, Perillo estaria buscando outra cidade para a CSN, que possui unidades em Arcos (MG) e Volta Redonda (RJ), construir sua terceira fábrica. Como Perillo é um prestador de serviços, e não um funcionário direto do grupo, ser alvo na Lava Jato não preocupa a CSN.

Nos últimos anos, Steinbruch tem se cercado de ex-integrantes de governos para ajudar o grupo a expandir seus negócios. O ex-ministro e ex-governador do Ceará, Ciro Gomes (PDT), que concorreu à presidência em 2018, foi responsável pelo projeto da ferrovia Transnordestina, entre 2015 e 2016. Ciro saiu para da empresa dar início à campanha, mas seu posto foi assumido pelo economista Pedro Brito, ex-ministro da Secretaria Nacional dos Portos do governo Lula. O sucessor foi indicado à CSN pelo próprio Ciro Gomes.
Próximo ao presidenciável, Steinbruch filiou-se ao PP (Partido Progressistas) e foi apontado como possível vice-presidente de Ciro, mas o posto acabou sendo assumido pela senadora Kátia Abreu. Na mesma época em que Ciro Gomes foi convidado para atuar na CSN, Paulo Caffarelli, ex-secretário da Fazenda e ex-funcionário de carreira do Banco do Brasil (BB), foi contratado para assumir a diretoria financeira e relações com o mercado da companhia. No cargo, Caffarelli ajudou a renegociar as pesadas dívidas da siderúrgica com os bancos públicos. Em 2016, deixou a CSN para assumir a presidência do BB.
"Nos Estados Unidos, o lobby é considerado atividade comum, e muitos executivos transitam da gestão pública para privada, sem problemas", diz Herbert Steinberg, sócio da Mesa Corporate, especializada em governança. "A ação não tem nada de ilegal, desde que a migração para a companhia privada respeite uma quarentena." Segundo Steinberg, no Brasil, contudo, esse tipo de contratação tem uma leitura diferente: de maior influência, uma vez que a relação com o governo ocorre em várias esferas, com bancos públicos, fundos de pensão e bancos de fomento, por exemplo.

Fonte: adaptado de ISTOÉ.[25]

Questões para reflexão:
1. Discuta com os/as colegas os limites éticos, morais e legais dessa contratação.
2. Quais são os principais benefícios esperados em contratações como a de Ciro Gomes?
3. O que levaria um grande empresário como Benjamin Steinbruch a entrar na vida política? Pense em situações similares como os casos de João Dória, Romeu Zema, Donald Trump, além de outros nomes. Pense também no caminho inverso, como o assumido por Marconi Perillo.
Na Seção 22.3, você terá informações que complementarão o raciocínio para as questões de números 2 e 3.

22.3 PROCESSO DA ATIVIDADE POLÍTICA CORPORATIVA

Diversos esforços vêm sendo empregados ao longo do tempo no intuito de compreender, entre outras questões, como ocorre o processo da APC. Antes de tudo, é preciso ressaltar que o processo da APC pode assumir inúmeras configurações, envolvendo apenas dois atores, ou uma diversidade deles. Talvez um dos arranjos mais simples de compreender seja a relação estabelecida entre uma empresa e o poder legislativo, por meio de um deputado, ou de um grupo de deputados (uma bancada). No entanto, outras configurações mais complexas podem ser formadas, a exemplo de um conjunto de empresas, que elegem um terceiro para representá-las, numa relação com o poder público, que sofra influência de outros atores, inclusive do próprio poder público.

SAIBA MAIS

A literatura internacional sobre *lobby* vale-se da metáfora da porta giratória (***revolving door***) para descrever uma situação particularmente comum na APC. A ideia por trás da "porta giratória" faz alusão às pessoas que mudam seus papéis em atividades profissionais, deixando de atuar como legisladores ou como reguladores, para trabalharem como lobistas e vice-versa. O movimento de serviços do governo para a indústria de *lobby* é visto com reserva no processo de formulação de políticas. O estudo de Vidal, Draca e Fons-Rosen (2016) revela como ex-funcionários do governo estadunidense se beneficiam das conexões pessoais adquiridas durante o serviço público. A maior parte da literatura sugere a adoção de uma quarentena nesse processo migratório, que quase nunca é respeitada.

Materializando o exemplo, pense numa situação de empresas químicas e agricultores, que se unem em prol da liberação do uso um defensivo agrícola em especial. A pressão e a influência são inicialmente exercidas sobre o Ministério da Agricultura. Contudo, no modelo de governança brasileiro, também é importante convencer atores como (i) a ANVISA; (ii) o Ministério da Saúde, visto que esse defensivo pode ser danoso à saúde de agricultores e de consumidores dos produtos; (iii) o Ministério do Meio Ambiente, vez que o defensivo é potencial contaminador dos lençóis freáticos, além da possibilidade de produzir outros impactos ambientais; (iv) o poder legislativo, que pode intervir em prol de alguma das causas postas; (v) a mídia; (vi) a opinião pública; além de outros atores. Veja que, nesse caso, consideramos a interação como uma via de mão única, ou seja, tem origem nas empresas/organizações, e dirige-se ao poder público.

No entanto, essa interação pode partir do poder público para o ator privado quando, por exemplo, um deputado busca por apoio político de uma organização, ou por informações privilegiadas. Também é possível que um político esteja buscando apoio financeiro. Contudo, atualmente no Brasil, no que diz respeito ao apoio para campanhas eleitorais, o mesmo só é possível por meio de doações realizadas por pessoas físicas, limitadas a um teto, de modo que não ocorram abusos e que as assimetrias sejam minimizadas. Isso só foi possível graças a um conjunto de leis criadas na cha-

mada Minirreforma Eleitoral, de 2015, que, por meio da **Lei nº 13.487**,[26] criou o chamado **fundo especial de financiamento de campanha (FEFC)**, ou, simplesmente, fundo eleitoral.

Curiosamente, mesmo quando a questão não era regulamentada, uma investigação revelou que o perfil das empresas brasileiras era de organizações com baixíssimo ativismo eleitoral, com menos de 1% das empresas eleitoralmente ativas.[27] Outra informação curiosa diz respeito às diferenças setoriais, revelando, de modo pouco surpreendente, que o setor da construção civil é muito superior aos demais setores econômicos, no que diz respeito ao volume de doações realizadas. Apesar dessa regulamentação, não existem impeditivos claramente definidos para situações em que empresas propiciam benefícios indiretos aos políticos, reguladores e tomadores de decisão, a exemplo de custeio de viagens, hospedagens ou pagamento de serviços prestados por terceiros.[28]

SAIBA MAIS

A **Lei nº 13.487** instituiu o **fundo eleitoral** e extinguiu a propaganda partidária no rádio e na televisão, provocando significativas mudanças no processo eleitoral brasileiro. O fundo eleitoral não deve ser confundido com o fundo partidário, que existe desde 1965 e destina-se ao cobrimento de despesas cotidianas dos partidos políticos. O fundo eleitoral caracteriza-se por ser um fundo público, que objetiva o financiamento de campanhas eleitorais dos candidatos e é custeado a partir de verba do Tesouro Nacional. A lei foi sancionada como consequência da proibição, em 2015, do financiamento de campanhas eleitorais por pessoas jurídicas. Na oportunidade, o STF procurava minimizar a influência do poder econômico no processo eleitoral e na política brasileira. Atualmente, pessoas físicas podem realizar doações aos candidatos de sua preferência, limitadas a um percentual de sua renda bruta anual declarada à Receita Federal (até 10%). Naturalmente, essa regulamentação minimizou muito o poder de influência do empresariado, mas não o extinguiu. É possível observar, cada vez mais, o empresariado brasileiro engajado com agendas políticas e ideológicas que, por sua vez, influenciam seus respectivos colaboradores e angariam votos aos políticos.

Por fim, é possível que a interação entre os atores ocorra como uma via de mão dupla (situação bastante típica),[29] em que existem "trocas" diretas entre o público e o privado. Mesmo que essa via de mão dupla não ocorra em simultaneidade, situações em que a APC possui abordagem relacional,[30] ou seja, quando as partes desejam construir relações duradouras, a demanda de algo por uma das partes sugere que ocorra algum tipo de contrapartida em outro momento, ainda que num futuro relativamente distante.

Por essa razão, há certo consenso na academia sobre o caráter cíclico das APC, sugerindo que existam constantes trocas entre o público e o privado, sobretudo quando a abordagem adotada for relacional. A Figura 22.2 sintetiza esse processo relacional. Em termos simplificados, as empresas e/ou organizações demandam questões, a partir, por exemplo, de uma agenda, por meio de *lobby* e/ou de outras formas. Em contrapartida, podem oferecer apoio político. Por outro lado, o poder público demanda apoio às organizações e empresas, ou algum outro tipo de contrapartida, enquanto oferecem a adaptação ou a modificação de políticas públicas e regulamentações em favor das organizações e empresas, possibilitando mudanças estratégicas organizacionais, além de benefícios diretos.

Um ponto que vale destaque, sobretudo no que diz respeito às teorias sobre *lobby* importadas dos Estados Unidos, refere-se a uma interessante diferença em relação ao ambiente brasileiro. Enquanto nos Estados Unidos e em boa parte do mundo as relações ocorrem, via de regra, entre o público e o privado, no Brasil são comuns situações em que atores do poder público praticam *lobby* no próprio setor público, a exemplo de autarquias pressionando os poderes executivo e legislativo; do poder executivo tentando cooptar o poder legislativo e vice-versa; do poder judiciário e do ministério público relacionando-se com as demais dimensões públicas; além de múltiplas outras possibilidades.[33]

Enquanto, no passado, defendia-se que estratégias de não mercado deveriam apoiar (e até mesmo servir às) estratégias de mercado,[34] um recente estudo realizado por Pang, Funk e Hirschman (2020) sugere exatamente o oposto, ou seja, situações em que são empregadas estratégias de mercado, como forma de potencializar estratégias de não mercado. Na prática, ambas as estratégias são interdependentes, contudo, o aludido estudo promove mais relevância às atividades do campo político. Na proposta, os autores sugerem que são realizadas estratégias que vão além do *lobby* e das doações para campanhas políticas, sobretudo por meio de vantagens

Figura 22.2 Ciclo da APC.

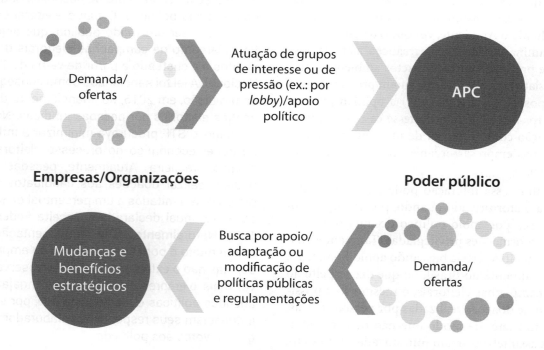

Fonte: desenvolvida com base em Shaffer[31] e Costa e Abdalla.[32]

concedidas aos políticos e aos seus eleitores e decisores, evitando-se, assim, a ideia de suborno ou de ilegalidades que, pelo seu caráter indireto, acabam sendo mais difíceis de mapear.

O estudo em questão analisou dados da indústria estadunidense de transporte aéreo ao longo de 30 anos, e fez uso da expressão "*pork and perk*"* para esclarecer a proposta. Os autores sugerem que as companhias aéreas, ainda que sem alcançarem vantagens econômicas diretas, fornecem benefícios materiais ("*pork*") e facilidades aos políticos, eleitores e formadores de opinião. Esses benefícios envolvem, por exemplo, a expansão de sua presença ou ampliação de serviços nas localidades de interesse do público em questão, como forma de ampliação de empregos ou da obtenção de outros benefícios econômicos para os constituintes, aumentando a probabilidade de tratamento legislativo ou regulatório favorável. Por outro lado, as estratégias relacionadas com as regalias ("*perk*") envolvem a ampliação da oferta ou da qualidade de produtos e de serviços frequentemente utilizados pelos legisladores alvos, ou ainda por tomadores de decisão. Segundo a pesquisa, isso pode melhorar a eficácia do trabalho legislativo ou dos serviços eleitorais dos políticos e aumentar a conveniência no uso dos produtos ou serviços importantes.

DA TEORIA À REALIDADE BRASILEIRA

Mandetta contrata empresa ligada à sua campanha para combate ao Coronavírus

Adaptado de UOL
Por: Constança Rezende (19/03/2020)
O jornalista Breno Costa, do informativo *Brasil Real Oficial*, divulgou que o Ministério da Saúde contratou, usando dispensa de licitação para o combate ao coronavírus, uma empresa ligada ao financiamento de campanhas eleitorais do ex-ministro da pasta, Luiz Henrique Mandetta. O Ministério da Saúde adquiriu, em regime emergencial, aventais hospitalares para o Sistema Único de

Saúde (SUS) da empresa Prosanis Indústria e Comércio por R$ 700 mil. A empresa é de Aurélio Nogueira Costa, dono também da Cirumed Comércio Ltda. A Cirumed foi uma das maiores doadoras de campanha de Mandetta para deputado pelo Mato Grosso do Sul. Segundo apurado, em 2014, a empresa foi a segunda maior doadora da campanha de Mandetta, com um repasse de cerca de R$ 94 mil, por depósito em espécie. Em 2010, a empresa doou R$ 50 mil para a campanha de Mandetta, por meio de dois cheques. As duas empresas, Prosanis e Cirumed, ficam em Campo Grande (MS), reduto eleitoral do ministro. A dispensa de licitação do ministro para a contratação da Prosanis foi feita com base na Lei nº 13.979, de 6 de fevereiro de 2020, que dispõe sobre as medidas para enfrentamento da emergência de saúde pública decorrente do coronavírus.

O dono das duas empresas, Aurélio Nogueira Costa, também foi alvo de uma operação da Polícia Federal, em 2013, por suspeita de ganhar licitações fraudadas na prefeitura de Campo Grande, através da Cirumed. A reportagem do portal UOL questionou à pasta como ocorreu o processo de escolha da empresa fornecedora. Em nota, a pasta informou que a disposição de compra dos aventais foi publicada no *Diário Oficial da União*. Também informou que a Prosanis e mais duas empresas enviaram propostas de preço. Uma delas, segundo a pasta, desistiu de participar. A outra, de acordo com a tabela apresentada pela pasta, apresentou preço acima do valor médio do mercado. A Prosanis, de acordo com o ministério, apresentou preço abaixo da média nacional, e ganhou o contrato.

"Não havendo contra a empresa nenhum impedimento legal ou administrativo, ela foi declarada vencedora da concorrência. O processo ocorreu conforme a legislação, de forma transparente e proba", afirmou a pasta. O ministério não respondeu se o ministro enxerga conflito de interesses na contratação.

Fontes:https://noticias.uol.com.br/colunas/constanca-rezende/2020/03/19/mandetta-contrata-empresa-ligada-a-sua-campanha-paracombate-ao-coronavirus.htm; http://www.in.gov.br/web/dou/-/extrato-de-dispensa-de-licitacao-n-31/2020-uasg-250005-24862 7327.

---

* Algo como "carne de porco" (*pork*), empregado aludir aos benefícios de ordem material ou econômicos; e "regalias" (*perk*), quando se refere à melhoria da qualidade na prestação de serviços, ampliação da oferta, benefícios exclusivos etc.

Outros desdobramentos

Diário Oficial da União, ed. 82, seção 3, p. 68.

Ao consultar o *Diário Oficial da União*, publicado em 30/04/2020, observa-se que as contratações não foram apenas aquelas publicadas pela matéria do portal UOL. Verifica-se, na publicação, a existência de novo contrato que traz as seguintes informações:

EXTRATO DE CONTRATO Nº 10/2020 – UASG 155124
Nº Processo: 23538004448202041.
DISPENSA No 20/2020. Contratante: EMPRESA BRASILEIRA DE SERVIÇOS HOSPITALARES – EBSERH. CNPJ Contratado: 18153625000159. Contratado: PROSANIS INDÚSTRIA E COMÉRCIO DE PRODUTOS MÉDICOS E HOS. Objeto: Aquisição parcelada, em caráter emergencial de materiais para combate à Covid-19, aventais, conforme condições, quantidades e exigências estabelecidas no contrato. Fundamento Legal: Lei 13.303/2016 Lei 13.979/2020. Vigência: 29/04/2020 a 28/10/2020. Valor Total: R$ 1.410.000,00. Fonte: 6153000300 – 2020NE800626. Data de assinatura: 28/04/2020. (SICON – 29/04/2020) 155124-26443-2020NE 801472
Fonte: elaborado pelo autor com base em http://www.in.gov.br/web/dou/-/extrato-de-contrato-n--10/2020-uasg-155124-254738620.

Questões para reflexão:

1. Discuta com os/as colegas sobre os processos de influência e cooptação apresentados no caso.
2. Embora exista amparo legal para as contratações, será que elas refletem a melhor opção para a sociedade?
3. Em que medida a abordagem relacional da APC pode ter influenciado a decisão por esta e não por outra empresa?

> *Na Seção 22.4, você terá informações que complementarão o raciocínio para a terceira questão.*

22.4 ATIVIDADE POLÍTICA CORPORATIVA NA PRÁTICA

No tópico anterior, é possível observar situações em que a APC é aplicada, seja numa via de mão única, isto é, partindo de empresas e/ou de organizações para o poder público ou o inverso; seja numa via de mão dupla. Vimos também situações em que a contratação de um ex-político ou de um ex-tomador de decisões, sob a ação chamada de *revolving door*,[35] pode ser um importante caminho para "destravar" situações e avançar com agendas. Embora existam muitas formas de colocar a APC em prática, alguns caminhos já foram sistematizados por estudiosos, sob a forma de *frameworks* (ou modelos, numa tradução genérica).

Em linhas gerais, não existe um único modelo ou meio mais assertivo de exercer a APC, no entanto, existem diversos esforços de pesquisadores que estudaram exaustivamente o fenômeno e conseguiram descrever, de forma sistemática, como o mesmo ocorre em termos práticos, delineando assim uma via aos praticantes. Apenas para ilustrar, existem modelos concebidos especificamente para aplicação da APC em determinados setores, a exemplo do setor de tabaco[36] e da a indústria alimentícia.[37] Apesar de ter nuances específicas em determinados segmentos, é plenamente possível **adaptar modelos de um setor para outro**.[38]

SAIBA MAIS

Estudos demonstram que, nos EUA, dos bebês nascidos em 2015, apenas 25% foram amamentados exclusivamente por seis meses; 17% receberam substitutos do leite materno nos primeiros dois dias de vida; 28% antes dos três meses; e 34% antes dos seis meses. Esses dados são alarmantes e sugerem intensa atuação política da indústria alimentícia de comidas para bebês, já que tratam de uma questão de saúde pública. Tanrikulu, Neri, Robertson e Mialon (2020) identificaram e demonstraram, num importante estudo, as estratégias políticas empregadas pela Nestlé como forma de reforçar a venda de seus produtos alimentícios para bebês, a despeito das polêmicas em torno desses produtos.

Dentre as diversas pesquisas publicadas sobre APC, sobretudo mais relacionadas com a área de gestão, é possível destacar algumas contribuições seminais, que sugerem modelos de aplicação bastante gerais. São eles: Hillman e Hitt;[39] Hillman, Keim e Schuler;[40] Lawton, McGuire e Rajwani.[41] A partir dos estudos anteriores e de outros trabalhos, Costa e Abdalla[42] desenvolveram uma proposta que integra os modelos anteriores e apresenta ampla aplicabilidade no ambiente brasileiro. O modelo aqui apresentado sofreu pequenas alterações, que facilitam sua compreensão por parte do leitor, mantendo, no entanto, a mesma essência (Figura 22.3).

Na Figura 22.3, foi dado destaque às duas últimas dimensões, que se referem respectivamente aos "Modelos de Estratégia" e aos "Resultados". Essas dimensões relacionam-se diretamente com as demandas e contrapartidas eleitorais esperadas pelos políticos; e com os resultados e expectativas das empresas e organizações que com eles se relacionam. Por essa razão, foi dado destaque ao *lobbying*, que exerce função de ponte entre esses atores, conforme a já apresentada Figura 22.2.

Na sequência, é apresentado o Quadro 22.1, que sintetiza e descreve cada uma das dimensões do modelo. Cumpre destacar que as duas dimensões finais, "Modelos de Estratégia" e "Resultados", estão destacadas em um tom distinto do restante do quadro, justamente para evidenciar que se trata da prática da APC, em especial o *lobbying*.

Figura 22.3 Modelo para aplicação em APC.

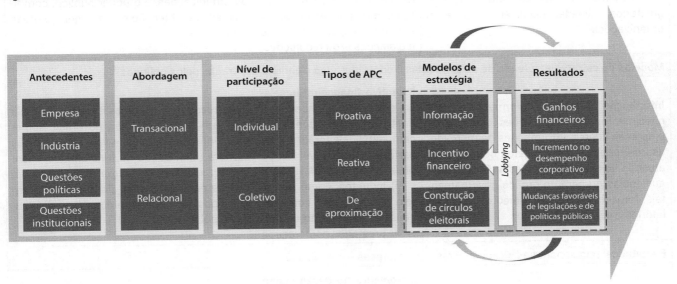

Fonte: adaptada de Costa[43] e Costa e Abdalla.[44]

502 Administração ■ *Conejero – Oliveira – Abdalla (Orgs.)*

Quadro 22.1 Descrição do modelo para aplicação em APC

Antecedente: são os fatores, atores e condições que fomentarão a prática da APC.			
Empresa: em geral, configura-se em empresas de setores dependentes de decisões políticas	**Indústria**: relaciona-se à (i) concentração do setor; à (ii) competição internacional (busca de políticas); e às (iii) oportunidades econômicas	**Questões políticas**: diz respeito à "saliência política" da empresa; e sobre "questões de competição" no setor em que a empresa atua	**Questões institucionais**: refere-se às informações acerca dos próprios contextos institucionais

Abordagem: refere-se aos tipos de abordagens comumente empregadas em APC	
Transacional: é uma abordagem caracterizada por situações em que não se constroem relações duradouras, ou seja, caracteriza-se por relações de curto prazo. A estratégia sugere uma ação do tipo *ad hoc*	**Relacional**: ocorre de forma prospectiva e proativa. Essa abordagem sugere relacionamentos de troca de longo prazo. A teoria sugere que esta abordagem promove maior ganho de benefícios

Nível de participação: define se a ação será tomada de forma individual ou coletiva	
Individual: diz respeito não apenas à atuação de uma empresa ou organização em particular, mas também de conglomerados corporativos pertencentes a um mesmo grupo, empresário, ou família de empresários	**Coletiva**: caracteriza-se pela atuação de duas ou mais empresas ou organizações em uma estratégia conjunta, atuando sob a forma de grupos de interesse ou de grupos de pressão

Tipos de APC: referem-se às formas em que a APC é posta em ação		
Proativa: trata-se das ações dirigidas a influência e cooptação do poder público, normalmente com fins legislativos e/ou regulatórios, iniciadas pelas empresas e/ou organizações	**Reativa**: são ações menos contundentes e normalmente sem relações duradouras com o poder público. Caracterizam-se por respostas às situações específicas como legislações e/ou regulações	**Aproximação**: refere-se à construção de relações mais duradouras entre empresas e/ou organizações, e o poder público, com finalidade de obtenção de vantagens mútuas e parcerias

Modelos de estratégia: referem-se às demandas e contrapartidas eleitorais esperadas pelos políticos		
Informação: busca por informações e conhecimentos como: posições políticas de empresas líderes; informações de mercado; uso de resultados de projetos de pesquisa; atuação testemunhal de especialistas em audiências ou perante órgãos governamentais; fornecimento de documentos como relatórios e pareceres técnicos	**Incentivo financeiro**: baseia-se em apoios financeiros (i) diretos, como doações para campanhas eleitorais e para partidos políticos (ver "Saiba Mais" sobre a Lei nº 13.487); e (ii) indiretos, como o custeio de viagens, hospedagens, ou pagamento de serviços prestados por terceiros	**Construção de círculos eleitorais**: estratégia que vem ganhando força no Brasil, sobretudo em redes sociais, e vale-se de táticas como a mobilização de funcionários, clientes, fornecedores e outros indivíduos ligados às empresas, além de publicidade em que a posição política da empresa é divulgada ao público

Resultados: relacionam-se às expectativas das empresas e organizações		
Ganhos financeiros: são os benefícios diretamente obtidos de ações de APC, a exemplo do *lobby*. Materializam-se em situações em que empresas com maior conexão política apresentam maior potencial de obterem contratos governamentais	**Incremento no desempenho corporativo**: relaciona-se com a mitigação de riscos regulatórios e, a partir disso, obtenção de melhor desempenho, não apenas financeiro, mas também econômico, legal, ambiental, além de outras dimensões (dependendo do que se busca)	**Mudanças favoráveis de legislações e de políticas públicas**: configuração de leis que podem posicionar empresas, grupos ou setores inteiros em condições de mercado muito superiores aos demais concorrentes ou setores. Podem criar benefícios numa escala muito maior que outros tipos de resultados esperados

Fonte: elaborado pelo autor com base em Costa e Abdalla.[45]

As informações até aqui expostas, referendadas pelo modelo apresentado anteriormente, reforçam o destaque do *lobbying* do âmbito da APC. Nesse sentido, é importante que sua compreensão seja aprofundada e que ele ganhe maior nível de detalhamento. A Seção 22.5 encarrega-se de apresentar o tema em pormenores.

22.5 *LOBBYING*

Embora não existam evidências materiais, em linhas gerais, é possível afirmar que o *lobby*[**] é quase tão antigo quanto a própria concepção de sociedade. Um dos primeiros registros dessa prática pode ser encontrado na Bíblia, no livro de Gênesis, que, em seu capítulo 18, descreve a tentativa de Abraão intervir junto a Jeová pelo povo de Sodoma e Gomorra, que se encontravam na iminência de serem destruídas, por conta dos pecados daqueles que lá viviam.[46] Na oportunidade, Abraão advoga: "*Hás de perder os justos com os ímpios? Há, talvez, cinquenta justos dentro da cidade; destruirás e não pouparás o lugar por amor dos cinquenta justos que estão ali?*".[47] A negociação não fora favorável a Abraão e menos ainda ao povo de Sodoma e Gomorra, contudo a narrativa ilustra como um terceiro, ou um representante, pode tentar influenciar o tomador de decisões em favor de um grupo, de um indivíduo, de uma empresa ou de organização[46]. Demonstra também como a construção de argumentos é relevante nesse contexto.

Naturalmente, o tipo de *lobbying* que tratamos nesta obra apresenta conotação organizacional, estrutura sistêmica, além de objetivos e alvos distintos daqueles almejados por Abraão, embora a essência da prática seja a mesma. O *lobbying* que nos interessa apresenta como principal alvo o poder público, em suas diversas formas, dimensões e esferas, conforme já fora sinalizado neste capítulo. Entretanto, a prática contemporânea apresenta nuances distintas até mesmo daquelas originadas nos primórdios da regulamentação norte-americana. Para melhor compreendermos esse fenômeno, cabe compreender sua origem e algumas definições.

Lobby é um termo de origem inglesa, mais precisamente da arquitetura, que se refere a alguns tipos de espaços em edificações, podendo aludir a uma sala de espera, um corredor de entrada de uma casa ou de um prédio. Também é comum empregar o termo para definir espaços de edificações com grande fluxo de público, a exemplo do *lobby* de um hotel, de um cinema, de um teatro

ou de algum prédio público. Mas como o termo passou da arquitetura para a política, para o direito, para a administração e para tantas outras áreas de conhecimento, com sentido tão distante? Reza a lenda, inclusive repetida quase que como senso comum em muitas fontes de consulta, que o termo *lobby* deriva do apelido "lobistas", dado pelo ex-presidente estadunidense Ulysses Simpson Grant[***] aos que o procuravam no *lobby* do hotel Willard.[48]

Segundo a estória, o presidente tinha por hábito encerrar o dia de trabalho no *lobby* do hotel apreciando conhaque e charutos. Como não era difícil abordá-lo pessoalmente, muitos o procuravam orientados por agendas diversas, que iam desde disputas de terras até pavimentação de estradas. No dia seguinte, quando ia despachar, o presidente lembrava-se das demandas e referia-se àquelas pessoas como os "lobistas do hotel Willard", popularizando o termo no âmbito político e conferindo-lhe uma nova conotação. O *Dicionário Oxford* refere-se ao termo de forma menos "romantizada", mas sugere que tenha se originado dos encontros entre parlamentares e nobres nos corredores – ou *lobbies* – do parlamento britânico, tanto antes quanto depois dos debates parlamentares.[49]

Sem o propósito de engessar a concepção do *lobby*, a partir do que já foi visto no capítulo, e dos exemplos de Abraão e do ex-presidente norte-americano Ulysses Simpson Grant, é possível delinear algumas ideias sobre o que ele vem a ser. Algumas definições nos ajudam a melhor visualizar. Nesse sentido, é possível dizer que "*lobby* é toda atividade organizada, exercida dentro da lei e da ética, por um grupo de interesses definidos e legítimos, com o objetivo de ser ouvido pelo poder público para informá-lo e dele obter determinadas medidas, decisões, atitudes".[50] Pode-se afirmar ainda que o *lobby* se caracteriza como um "[...] substantivo utilizado inicialmente para designar um local de passagem de tomadores de decisões, local onde ocorre a defesa de interesses [...]" e, após atualização temporal, o *lobby* assumiu o papel de "[...] verbo para designar a própria ação de defesa de interesses impactados por processos decisórios".[51]

Numa linha que prestigia o papel do profissional de relações institucionais e governamentais (RIG), ou simplesmente o lobista, é possível dizer que o *lobby* é uma representação profissional e especializada de interesses, por meio de ampla variedade de ferramentas que, em princípio, elimina uma mudança corrupta de serviços. Por sua natureza, é muito diferente da representação

---

[**] Além do *lobby*, é usual encontrar na literatura o termo *lobbying*, que nada mais é que a prática do *lobby*. Como forma de simplificação, nesta obra os termos são empregados de forma equivalente.

[***] Ulysses Simpson Grant foi o 18º presidente dos Estados Unidos, tendo exercido mandato no período de 4 de março de 1869 a 4 de março de 1877.

504 Administração ■ *Conejero – Oliveira – Abdalla (Orgs.)*

geral não especializada fornecida pelos representantes eleitos. Como representante de interesses particulares, um lobista fornece informações e conhecimentos tecnicamente profissionais, que podem ser úteis e, por vezes, decisivos para definir a regulamentação legislativa e administrativa.[52] Enquanto o profissional de *lobby* atua a partir de interesses privados, o profissional de *advocacy* contempla causas e interesses coletivos.[53]

SAIBA MAIS

É importante diferenciarmos os conceitos de *lobby* e *advocacy*. Conforme dito anteriormente, o *lobby* relaciona-se com o exercício de influência e pressão sobre entes da esfera pública, a partir de **interesses privados**, no intuito de mobilizar decisões em prol destes interesses ou agendas. O conceito de *advocacy*, por sua vez, emprega meios similares ao *lobby*, no entanto, objetiva a defesa de causas ou agendas específicas, normalmente de **interesse coletivo**. Dessa forma, é comum entre profissionais a tentativa de distinguir claramente os conceitos, já que enquanto o *lobby* apresenta conotação empresarial, *advocacy* conta com contornos sociais, embora nada impeça que empresas façam *advocacy* e que ONGs atuem fazendo *lobby*.

Os estudos sobre *lobbying* são relativamente escassos no campo da administração e, em particular,

na administração estratégica, em que pese sua extrema relevância, sobretudo em questões mais sensíveis. O maior volume de trabalhos concentra-se no campo de conhecimento do direito, das relações internacionais e da ciência política, e quase todos eles são antecedidos pela teoria dos grupos, em especial, das tratativas sobre os **grupos de interesse** e os **grupos de pressão**. No Quadro 22.2, é possível visualizar algumas características de cada um desses grupos.

Compreendida a origem, os conceitos centrais e as teorias que sustentam a concepção do *lobbying*, faz-se relevante melhor entender as nuances daquilo que é praticado na administração contemporânea. Nesse sentido, uma questão é central para o debate (que pode ser formulada de diversas formas): **qual a legalidade do *lobbying*?** E a resposta pode variar muito de país para país. No Brasil, por exemplo, ainda não há regulamentação para a atividade de *lobby* (adiante, exploraremos essa questão em particular). Pelo mundo, há muitas posições sobre o processo de regulamentação da atividade, sustentadas por diversos argumentos e correntes de pensamento.

Antes de tudo, faz-se importante situar que o *lobbying*, embora delineado para funcionar no âmbito da ética e da legalidade, em termos práticos, transita numa espécie de "zona cinzenta" da administração/gestão, podendo trafegar no limiar dessas dimensões.[56] Assim, retomando a discussão sobre sua regulamentação, é possível elencar argumentos atribuídos àqueles que a defendem e àqueles que a criticam. O Quadro 22.3 apresenta uma síntese destes argumentos.

Quadro 22.2 Características dos grupos

Grupos de interesse	Grupos de pressão
• Grupo de pessoas físicas e/ou jurídicas, formal ou informalmente ligadas por determinados propósitos, interesses, aspirações ou direitos, divisíveis dos de outros membros ou segmentos da sociedade • Possuem comportamento de participação • Sua essência consiste em manter vivos os laços de sua união, sua razão de ser • Podem ser de caráter profissional, econômico, religioso, ou até mesmo ligado a qualquer função social • São de atuação mais passiva e permanente	• São grupos organizados, que reúnem indivíduos que compartilham interesses de desenvolver ações com a finalidade de inspirar decisões de governo ou do poder público, de modo geral • Possuem comportamento ativo, com objetivos bem delineados, normalmente alinhados à obtenção de benefícios, ganhos, ou, ainda, a minimização de perdas • Pressão consiste na atividade de um conjunto de indivíduos que, unidos por motivações comuns, buscam, por meio do uso de sanções ou da ameaça de uso delas, influenciar sobre decisões que são tomadas pelo poder político • Grupos de pressão são os grupos de interesses, dotados de meios humanos e materiais necessários e suficientes — e da vontade de utilizá-los ativamente — para a promoção dos seus objetivos, até vê-los atingidos

Fonte: elaborado pelo autor com base em Cardoso[54] e Farhat.[55]

Quadro 22.3 Argumentos favoráveis e contrários à regulamentação do *lobby*

Argumentos favoráveis à regulamentação	Argumentos contrários à regulamentação
• Importante para dar transparência ao processo, apresentando relações, interesses e motivações dos *players* envolvidos • Confere institucionalidade política à atividade, promovendo mais deliberação, mais transparência e mais *accountability* • Pode minimizar a assimetria entre os atores sociais, conferindo mais equilíbrio, por meio do acesso, que em linhas gerais é restrito • Com a transparência, a regulamentação do *lobby* dá conhecimento da intenção e dos beneficiários da atividade, e permite a obtenção de dados para se aferir o impacto do *lobby* na decisão governamental e os pontos de tomada de decisão mais afetados	• Amplia as assimetrias, na medida em que o acesso passa a demandar profissionais, impondo uma barreira de entrada aos grupos sociais, sobretudo aos menos poderosos • Na literatura especializada, ainda não existe consenso sobre os efeitos positivos da regulamentação do *lobbying* • Defende-se que as relações políticas precisam de algum grau de confidencialidade e discricionariedade para que as negociações sejam viabilizadas • Argumenta-se que a relação custo-benefício da regulamentação não justifica o esforço por parte do Estado

Fonte: elaborado pelo autor com base em Cardoso,[57] Santos e Cunha[58] e Rodrigues.[59]

Extrapolando os argumentos anteriores, é possível inferir que a regulamentação seria capaz de tirar o *lobby* dessa espécie de reconhecimento marginal, vez que ele existe e é rotineiramente praticado e, por falta de maior clareza, acaba sendo tratado como sinônimo de corrupção. Apenas para se ter ideia, o *lobby* é regulamentado nos Estados Unidos desde 1946. Essa regulamentação já passou por duas revisões, uma em 1995 e outra em 2007 e, segundo dados agregados do portal Statista, o país mantém uma média de 12.000 profissionais registrados por ano, tomando-se por base os anos de 2000 a 2019.[60]

Apesar de precursor, em razão de seus propósitos libertários, o sistema estadunidense é muito mais um mecanismo de monitoramento que propriamente de regulação, já que preocupa-se muito mais com a transparência e com o esforço de tornar públicas as informações, que propriamente com a ação de regular em si.[61] Em cada nação, mudam tanto as razões que levam à regulamentação da atividade de *lobby*, quanto o teor das regulamentações em si. Na Figura 22.4, é possível visualizar a linha do tempo da regulamentação do *lobby* no mundo.

Figura 22.4 Linha do tempo da regulamentação do *lobby* no mundo.

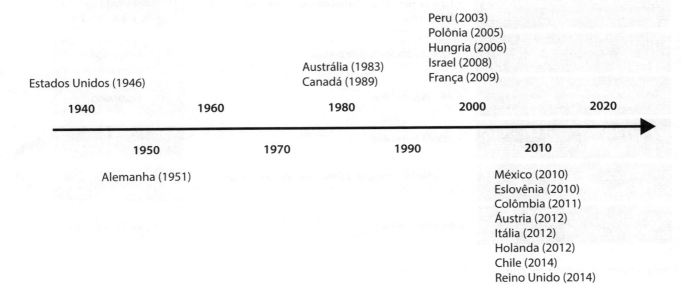

Fonte: elaborada pelo autor com base em Córdova[62] e OCDE.[63]

No Brasil, o processo de regulamentação do *lobbying* segue a passos lentos, por diversas razões e mediado por muitos percalços. De um lado, a defesa da regulamentação é sustentada por parte dos argumentos postos no Quadro 22.3, além do desejo de tornar "legais" as práticas cotidianas de negociações políticas. Por outro lado, existem grupos contrários, que, lastreados pelos argumentos do Quadro 22.3, desejam manter o atual estado das coisas, e que se apoiam na ausência das regras para atuarem sob a lógica de que "se não há regras, vale (quase) tudo".

A Figura 22.5 ilustra, de forma sintética, a trajetória de tentativas de regulamentação do *lobbying* no país, indo desde o projeto de lei do senador Marco Maciel, em 1984, até o último projeto proposto, em 2018, que já fora arquivado. Em linhas gerais, o projeto de lei do deputado Carlos Zarattini, de 2007, é a proposição com maior probabilidade de avanços, tendo ainda recebido o apenso do projeto de lei de 2015, do deputado Rogério Rosso. Apesar disso, o mesmo segue aguardando por tratamento no plenário.

É preciso ressaltar que, na atualidade, tanto poder executivo quanto poder legislativo sofrem recorrentes e fortes pressões para procederem à regulamentação da atividade de *lobby*. Um recente e importante avanço nesse campo foi o reconhecimento da atividade de *lobby* como uma ocupação formal pelo Ministério do Trabalho, na Classificação Brasileira de Ocupações.[65] Contudo, a alcunha de lobista foi substituída por um rótulo mais pomposo: "Profissional de Relações Institucionais e Governamentais", ou simplesmente RIG. Mas o propósito não foi exclusivamente atribuir mais relevância à atividade. Na prática, há um nítido desejo de dissociação da imagem do *lobbying* (e respectivamente do lobista), concebida no imaginário popular, por vezes associada à corrupção e ao ilícito. Essa nova roupagem atribuída àqueles que irão "atuar em processo de decisão política"[66] ajuda a conferir novos significados ao lobismo no país.

A regulamentação do *lobbying* no Brasil e a consequente transparência fazem-se de extrema relevância, dentre outras razões, pelo volume de recursos mobilizados na atividade. Sem regramento, torna-se quase

Figura 22.5 Projetos de lei sobre regulamentação do *lobby* no Brasil.

Projeto	Tema	Situação
PLS nº 25 – Senador Marco Maciel – PFL/PE – 21/03/1984	• Registro de pessoas físicas e jurídicas nas Casas do Congresso Nacional	Arquivado
PL nº 6.132/1990 – Senador Marco Maciel – PFL/PE – 23/01/1990	• Registro de pessoas físicas e jurídicas nas Casas do Congresso Nacional	Plenário
PL nº 619/1995 – Deputado Davi Alves Silva – PFL/MA – 13/06/1995	• Atividade de grupos de interesse das prefeituras municipais nos órgãos federais	Arquivado
PL nº 6.928/2002 – Deputada Vanessa Grazziotin – PC do B/AM – 11/06/2002	• Estatuto para o exercício da Democracia Representativa	Apensado ao PL 7.005/2013
PL nº 1.713/2003 – Deputado Geraldo Resende – PPS/MS – 18/08/2003	• Atuação dos agentes de pressão	Arquivado
PL nº 5.470/2005 – Deputado Carlos Zarattini – PT/SP – 21/06/2005	• Atividade de *lobby*	Arquivado
PL nº 1.202/2007 – Deputado Carlos Zarattini – PT/SP – 30/05/2007	• Atividade de *lobby*	Plenário
PL nº 1.961/2015 – Deputado Rogério Rosso – PSD/DF – 17/06/2015	• Atividade e atuação de pessoas e grupos de pressão ou interesse	Apensado ao PL 1.202/2007
PL nº 11.025/2018 – Deputado Jaime Martins – PROS/MG – 22/11/2018	• Atividade de *lobby*	Arquivado

Fonte: elaborada pelo autor com base em Cardoso.[64]

impossível identificar quanto está sendo movimentado, para quem, e por que razões ou agendas. Tomando por base o modelo estadunidense, existem os chamados *Political Action Committees* (PAC) – organizações legais que repassam recursos em formato de doações para campanhas – e as suas contribuições corporativas, e também a atividade de *lobby* devidamente regulamentada.

Para se ter dimensão da relevância do *lobbying* nos Estados Unidos, em termos de dólares gastos, a atividade chega a superar os gastos com PAC em até duas vezes, sendo, de longe, a atividade mais dispendiosa dentro das atividades políticas corporativas.[67] Contrariando a lógica de que majoritariamente empresas e organizações de setores sensíveis ou de base buscam desenhar estratégias por meio de *lobby*, a Figura 22.6 ilustra os gastos realizados por gigantes da tecnologia entre os anos de 2010 e 2018 com a atividade (em milhões de dólares).

A identificação desses valores só é possível em razão da regulamentação, que assegura transparência. Além disso, em muitas regulamentações, existem penalidades previstas para o descumprimento de normas de transparência.[69] Isso permite monitorar situações que atualmente são impossíveis no Brasil, como um jantar entre políticos e empresários, em que diversas questões são negociadas. O próprio profissional fica legalmente desamparado, quando não há parâmetros para se apoiar e para suportar sua conduta.

22.6 CONSIDERAÇÕES FINAIS E QUESTÕES

O objetivo deste capítulo foi apresentar a atividade política corporativa como elemento estratégico na administração contemporânea. Infelizmente, em razão de escândalos ocorridos ao longo da história, sobretudo envolvendo corrupção e outras práticas ilícitas, a dimensão política e as relações entre empresas/organizações e o poder público sofreram significativos danos às respectivas imagens e reputação. No entanto, é possível observar, por meio deste capítulo, a forte demanda da administração e, mais especificamente, da administração estratégica, por aparatos mais amplos, que extrapolem as dimensões econômica e de mercado, alcançando níveis de transação mais abrangentes.

É preciso reiterar, ao contrário daquilo que se consolidou no senso comum, que é importante e necessário lidar com a dimensão política, e que a ação não é ilícita ou imoral. Para tanto, esforços de teorização, de produção de conhecimento e de educação são fundamentais neste campo. Também é de extrema importância institucionalizar essas relações, por exemplo, por meio de regulamentação, como forma de torná-las mais transparentes, mais acessíveis e menos assimétricas. Dificilmente o termo *lobby* e seus derivados (por exemplo,

Figura 22.6 Gastos com *lobby* nos Estados Unidos por empresas de tecnologia.

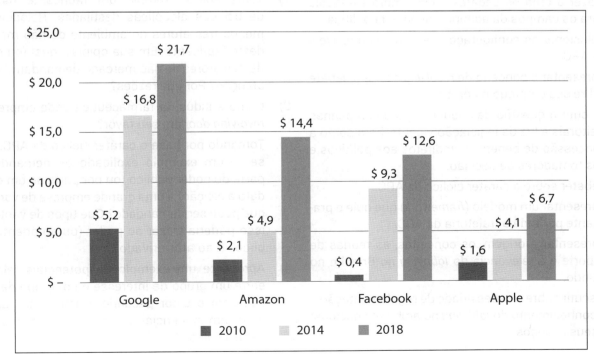

Fonte: elaborada pelo autor com base em Felix.[68]

lobismo e lobista) deixarão de existir, mas os esforços no sentido de lhes atribuir nova roupagem, por meio do reconhecimento da atividade de relações institucionais e governamentais (RIG), são válidos e importantes, desde que esta nova alcunha também traga boas práticas e maior rigor no tratamento de irregularidades.

Trazer este debate para a administração contemporânea não é apenas relevante, mas essencial, especialmente em nações com ampla presença do poder público, com ambientes institucionais fortemente regulados, e com democracias pouco amadurecidas, como o caso do Brasil e de muitas nações periféricas. Essa condição ganha contornos mais salientes em tempos atuais, em que a recente pandemia da Covid-19 adicionou novos contornos ao debate sobre a necessidade de maior presença do Estado, mesmo em países cuja ideologia predominante preconiza o Estado mínimo. Muitas lições foram e estão sendo trazidas a cada dia, e tratar administração por meio das mesmas bases de outrora já não é mais possível.

CONTRIBUIÇÕES DO CAPÍTULO PARA A ADMINISTRAÇÃO CONTEMPORÂNEA

a) Situar a APC e as estratégias no ambiente de não mercado, como elementos estratégicos de extrema relevância.

b) Apresentar os atores de não mercado como *players* indispensáveis em análises macroambientais.

c) Trazer à tona os debates éticos, morais e legais para os campos da administração e da política.

d) Relacionar as configurações e arranjos possíveis da APC.

e) Apresentar o conceito de *revolving door* e o debate sobre seu emprego na prática.

f) Discutir a questão das doações para campanhas eleitorais à luz da legislação vigente, bem como a concessão de benefícios indiretos aos políticos e aos tomadores de decisão.

g) Debater sobre o caráter cíclico da APC.

h) Apresentar um modelo (*framework*) que guie o praticante por toda a trajetória da APC.

i) Apresentar a origem, os conceitos, as teorias de suporte e a relevância do *lobbying* no Brasil e no mundo.

j) Discutir sobre a necessidade de regulamentação e reconhecimento do *lobbying* no ambiente nacional e seus avanços.

QUESTÕES PARA REFLEXÃO

1) Com base nos conhecimentos obtidos neste capítulo e também no Capítulo 6 (Estrutura organizacional), procure pensar como e onde estaria inserida uma área (ou departamento) de APC. Como funcionaria?

2) A partir da questão anterior, reflita sobre que nome você daria para este setor ou departamento. Reflita sobre as razões que o/a levaram à escolha.

3) Pense em ações e estratégias que podem ser tomadas para que a APC como um todo possa se desvencilhar do estigma de ilegalidade.

4) Procure refletir sobre como a APC e o *lobbying* podem ser desenvolvidos por negócios locais e de pequeno e médio porte. O que é viável e o que não é? Por que razões? Que estratégias podem ser empregadas para ampliar a viabilidade dessas ações?

5) A partir da pandemia da Covid-19, iniciada no final de 2019, reflita sobre o papel do *lobbying* e da APC.

QUESTÕES PARA AVALIAÇÃO DO CONHECIMENTO

1) Tome como exemplo um fabricante nacional de bebidas alcoólicas destiladas. Relacione ao menos três atores do ambiente de não mercado deste fabricante. Em sua opinião, qual (ou quais) destes atores de não mercado demanda(m) maior atenção? Por que razões?

2) Como a indústria farmacêutica pode empregar o *revolving door* em seu favor?

3) Tomando por base o caráter cíclico da APC, apresente um exemplo explicado de demanda por parte do poder público (ou por parte de um candidato a eleição) a uma grande empresa de varejo. O que pode ser demandado? Que tipos de vantagem isso poderia trazer ao poder (ou ao agente) público? E ao ator privado?

4) Apresente um exemplo de potenciais relações entre um grupo de interesse e um grupo de pressão com o setor pecuário. Como esses grupos poderiam influenciar, por exemplo, o mercado de carnes suínas?

REFERÊNCIAS

[1] WHITTINGTON, R. *O que é estratégia?* São Paulo: Thomson, 2004; MINTZBERG, H.; AHLSTRAND, B.; LAMPEL, J. *Strategy safari:* the complete guide through the wilds of strategic management. Englewood Cliffs: Prentice Hall, 2008.

[2] ZHANG, L.; PARNELL, J. A.; XIONG, C. *Market and nonmarket strategies (NMS) in China:* performance payoffs in turbulent environments. *Asian Bus. Manag.* 2020. Disponível em:10.1057/s41291-020-00103-5. Acesso em: 21 maio 2021; ABDALLA, M. M. *Repensando o duplo movimento polanyiano a partir do desenvolvimento de estratégias sociais:* um olhar sobre o setor de energia nucleoelétrica à luz da opção decolonial. Rio de HJaneiro: Fundação Getulio Vargas (FGV-EBAPE), 2014. Disponível em:10.13140/RG.2.1.3453.1047. Acesso em: 21 maio 2021.

[3] BARON, D. P. Integrated strategy: market and nonmarket components. *Calif. Manage. Rev.* 37, 47-65, 1995; SCHULER, D. A.; REHBEIN, K.; GREEN, C. D. Is Ccrporate political activity a field? *Bus. Soc.* 58, 1376-1405, 2019.

[4] ZHANG, L.; PARNELL, J. A.; XIONG, C. *Op. cit.,* 2020.

[5] *Idem, ibidem.*

[6] DOH, J. P.; LAWTON, T. C.; RAJWANI, T. Advancing nonmarket strategy research: institutional perspectives in a changing world. *Acad. Manag. Perspect.* 26, 2239, 2012.

[7] GAO, H.; TIAN, Z.; MALCOLM, C. A study on the determinants of nonmarket behaviors of Chinese firms. *Front. Bus. Res. China* 2, 303-321, 2008.

[8] NUNES, J. A pandemia de COVID-19: securitização, crise neoliberal e a vulnerabilização global. *Cad. Saude Publica* 36, 2020.

[9] MOREIRA, A. Distribuição de cestas de alimentos reúne 2 mil pessoas e choca Suíça. *Valor Econômico,* 2020.

[10] BARON, D. P. Integrated strategy: market and nonmarket components. *Calif. Manage. Rev.* 37, 47-65, 1995; FARIA, A.; ABDALLA, M. M. O que é (estratégia de) não mercado? *Organ. Soc.* 21, 315-333, 2014.

[11] CARTER, C.; CLEGG, S. R.; KORNBERGER, M. *A very short, fairly interesting and reasonably cheap book about studying strategy.* Londres: Sage, 2008. p. 170.

[12] *Idem, ibidem.*

[13] BACH, D.; ALLEN, D. B. What every CEO Needs to Know about Nonmarket Strategy. *MIT Sloan Manag. Rev.* 51, 40-48, 2010.

[14] CBN Recife. Disponível em: https://www.cbnrecife.com/artigo/moradores-de-itacuruba-apresentam-carta-contra-instalacao-de-usina-nuclear. Acesso em: 21 maio 2021.

[15] SHAFFER, B. Firm-level responses to government regulation: theoretical and research approaches. *J. Manage.* 21, 495-514, 1995.

[16] HILLMAN, A. J.; KEIM, G. D.; SCHULER, D. Corporate political activity: a review and research agenda. *J. Manage.* 30, 837-857, 2004; HILLMAN, A. J.; HITT, M. A. Corporate political strategy formulation: a model of approach, participation, and strategy decisions. *Acad. Manag. Rev.* 24, 825-842, 1999.

[17] BODDEWYN, J. J. The internationalization of the public-affairs function in U.S. multinational enterprises: organization and management. *Bus. Soc.* 46, 136-173, 2007; HILLMAN, A. J.; KEIM, G. D.; SCHULER, D. Corporate political activity: a review and research agenda. *J. Manage.* 30, 837-857, 2004.

[18] SCHULER, D. A.; REHBEIN, K. & GREEN, C. D. Is corporate political activity a field? *Bus. Soc.* 58, 1376-1405, 2019.

[19] *Idem, ibidem.*

[20] SCHULER, D. A.; REHBEIN, K.; GREEN, C. D. Is corporate political activity a field? *Bus. Soc.* 58, 1376-1405, 2019; PARTYKA, R. B.; LANA, J., GAMA, A. B., M.; Marcon, R. Research and theory of Corporate Political Activity (CPA): a bibliometric analysis. *Rev. Negócios* 24, 7-20, 2019; TANRIKULU, H.; NERI, D.; ROBERTSON, A.; MIALON, M. Corporate political activity of the baby food industry: the example of Nestlé in the United States of America. *Int. Breastfeed. J.* 15, 22, 2020; VANDENBRINK, D., PAUZÉ, E. & POTVIN KENT, M. Strategies used by the Canadian food and beverage industry to influence food and nutrition policies. *Int. J. Behav. Nutr. Phys. Act.* 17, 3, 2020.

[21] PARTYKA, R. B.; LANA, J., GAMA, A. B., M.; Marcon, R. Research and theory of Corporate Political Activity (CPA): a bibliometric analysis. *Rev. Negócios* 24, 7-20, 2019.

[22] *Idem, ibidem.*

[23] SANTOS, L. A. *Regulamentação das atividades de lobby e seu impacto sobre as relações entre políticos, burocratas e grupos de interesse no ciclo de políticas públicas:* análise comparativa dos Estados Unidos e Brasil. Universidade de Brasília, 2007; MANTERE, S.; PAJUNEN, K.; LAMBERG, J.-A. Vices and Virtues of Corporate Political Activity. *Bus. Soc.* 48, 105-132, 2009.

24 FARIA, A.; ABDALLA, M. M. O que é (estratégia de) não mercado? *Organ. Soc.* 21, 315-333, 2014; MANTERE, S.; PAJUNEN, K.; LAMBERG, J.-A. Vices and Virtues of Corporate Political Activity. *Bus. Soc.* 48, 105-132, 2009;

25 ISTOÉ. Disponível em: https://www.istoedinheiro.com.br/csn-contrata-ex-politicos-para-destravar-negocios/. Acesso em: 21 maio 2021.

26 BRASIL. Lei nº 13.487, de 6 de outubro de 2017, 2017.

27 ARAÚJO, V.; SPECK, B. W. Ativismo eleitoral das empresas e dos setores produtivos. *Boletim de Análise Político-Institucional.* n. 21. Disponível em: http://repositorio.ipea.gov.br/handle/11058/9851. Acesso em: 08 set. 2021.

28 PANG, M.-S.; FUNK, R.; HIRSCHMAN, D. *We Fly Congress:* market actions as corporate political activity in the U.S. airline industry., 2020. Disponível em: 10.31235/osf.io/7xvd3. Acesso em: 21 maio 2021.

29 LIEDONG, T. A. Corporate political activity and firm performance-a systematic review. Cranfield University, 2013.

30 COSTA, A. S. M.; ABDALLA, M. M. Atividade política corporativa. *In*: ABDALLA, M. M.; CONEJERO, M. A.; OLIVEIRA, M. A. (eds.). *Administração estratégica:* da teoria à prática no Brasil São Paulo: Atlas, 2019; HILLMAN, A. J.; HITT, M. A. Corporate political strategy formulation: a model of approach, participation, and strategy decisions. *Acad. Manag. Rev.* 24, 825, 1999.

31 SHAFFER, B. Firm-level responses to government regulation: theoretical and research approaches. *J. Manage.* 21, 495-514, 1995.

32 COSTA, A. S. M.; ABDALLA, M. M. *Op. cit.*, 2019.

33 COSTA, A. S. M. O mau cheiro vem do esgoto? Uma análise do caso da desestatização da CEDAE pela visão da atividade política corporativa. Universidade Federal Fluminense, 2018; RODRIGUES, R. A regulamentação do lobby no Brasil: leitura crítica de um projeto de lei. *Rev. Adm. Pública* 30, 55-63, 1996.

34 BARON, D. P. *Op. cit*, 1995; BARON, D. P. The Non-market strategy system. *Sloan Manage. Rev.* 37, 73, 1995.

35 VIDAL, J. B.; DRACA, M.; FONS-ROSEN, C. Revolving door lobbyists. *Am. Econ. Rev.* 102, 3731-3748, 2016.

36 ULUCANLAR, S.; FOOKS, G. J.; GILMORE, A. B. The policy dystopia model: an interpretive analysis of Tobacco industry political activity. *PLOS Med.* 13, e1002125, 2016.

37 MIALON, M.; SWINBURN, B.; SACKS, G. A proposed approach to systematically identify and monitor the corporate political activity of the food industry with respect to public health using publicly available information. *Obes. Rev.* 16, 519-530, 2015.

38 TANRIKULU, H.; NERI, D.; ROBERTSON, A.; MIALON, M. Corporate political activity of the baby food industry: the example of Nestlé in the United States of America. *Int. Breastfeed. J.* 15, 22, 2020.

39 HILLMAN, A. J.; HITT, M. A. Corporate political strategy formulation: a model of approach, participation, and strategy decisions. *Acad. Manag. Rev.* 24, 825, 1999.

40 HILLMAN, A. J.; KEIM, G. D.; SCHULER, D. Corporate political activity: a review and research agenda. *J. Manage.* 30, 837-857, 2004.

41 LAWTON, T.; RAJWANI, T.; DOH, J. The antecedents of political capabilities: a study of ownership, cross-border activity and organization at legacy airlines in a deregulatory context. *Int. Bus. Rev.* 22, 228-242, 2013.

42 COSTA, A. S. M.; ABDALLA, M. M. Atividade política corporativa. *In*: ABDALLA, M. M.; CONEJERO, M. A.; OLIVEIRA, M. A. (eds.). *Administração estratégica:* da teoria à prática no Brasil São Paulo: Atlas, 2019.

43 COSTA, A. S. M. *Op. cit.*, 2018.

44 COSTA, A. S. M.; ABDALLA, M. M. *Op. cit.*, 2019.

45 *Idem, ibidem.*

46 FARHAT, S. *Lobby:* o que é, como se faz. ética e transparência na representação junto a governos. Peirópolis: Aberje Editorial, 2007.

47 BÍBLIA (A.T.). Gênesis. *In: Sagrada Bíblia Católica: Antigo e Novo Testamentos.* Sociedade Bíblica de Aparecida, 2008.

48 ALLARD, N. W. Lobbying is an honorable profession: the right to petition and the competition to be right. *Stanford Law Pol. Rev.* 19, 23-68, 2008.

49 DICIONÁRIO. *Oxford Advanced Learner's Dictionary*. Oxford University Press, 2000.

50 FARHAT, S. *Op. cit.*, 2007. p. 51.

51 MANCUSO, W. P.; OLIVEIRA, A. C. *Lobby e políticas públicas*. Rio de Janeiro: Fundação Getulio Vargas, 2018. p. 20.

52 GRAZIANO, L. *Lobbying, pluralism and democracy*. Palgrave Macmillan, 2001.

53 HYDOCK, C.; PAHARIA, N.; WEBER, T. J. The consumer response to corporate political advocacy: a review and future directions. *Cust. Needs Solut.* 6, 76-83, 2019.

54 CARDOSO, A. L. F. A Regulamentação do lobby no parlamento brasileiro: uma abordagem e análise da

construção legislativa da regulamentação da atividade. Câmara dos Deputados, 2019.

[55] FARHAT, S. *Op. cit.*, 2007.

[56] COSTA, A. S. M.; ABDALLA, M. M. *Op. cit.*, 2019.

[57] CARDOSO, A. L. F. A Regulamentação do lobby no parlamento brasileiro: uma abordagem e análise da construção legislativa da regulamentação da atividade. Câmara dos Deputados, 2019.

[58] SANTOS, M. L.; CUNHA, L. *Percepções sobre a regulamentação do lobby no Brasil: convergências e divergências.* 2015.

[59] RODRIGUES, R. J. P. A adoção dos parâmetros da OCDE para a Regulamentação do lobby no Brasil. *Rev. Direito e Política* 10, 1437, 2015.

[60] DUFFIN, E. Number of registered active lobbyists in the United States from 2000 to 2019. © *Statista 2020* Politics & Government 2020. Disponível em: https://www.statista.com/statistics/257340/number-of-lobbyists-in-the-us/. Acesso em: 21 maio 2021.

[61] GOZETTO, A. C. O. Instituições de controle em perspectiva comparada: a regulamentação do lobby nos EUA e Brasil. *In*: ENCONTRO ANUAL DA ANPOCS 29, ANPOCS, 2012.

[62] CÓRDOVA, D. Regulación del lobby em América Latina. *Nueva Sociedad*, Buenos Aires. 129-139, 2018.

[63] OECD. *Lobbyists, governments and public trust*, v. 3. (OECD, 2014). Disponível em: 10.1787/ 9789264214224-en. Acesso em: 21 maio 2021.

[64] CARDOSO, A. L. F. *Op. cit.*, 2019.

[65] BRASIL. Classificação Brasileira de Ocupações: Família/atividades. 2018.

[66] *Idem, ibidem.*

[67] HILLMAN, A. J.; KEIM, G. D.; SCHULER, D. Corporate political activity: a review and research agenda. *J. Manage.* 30, 837-857, 2004; COSTA, A. S. M.; ABDALLA, M. M. *Op. cit.*, 2019; CHEN, H.; PARSLEY, D.; YANG, Y.-W. Corporate lobbying and firm performance. *J. Bus. Financ. Account.* 42, 444-481, 2015.

[68] RICHTER, F. *Tech giants are ramping up their lobbying efforts.* 2019.

[69] RODRIGUES, R. J. P. A adoção dos parâmetros da OCDE para a Regulamentação do lobby no Brasil. *Rev. Direito e Política* 10, 1437, 2015.

Capítulo 23
Internacionalização de empresas

Assista ao **vídeo**

Fernanda Kesrouani Lemos
Alvaro Cuervo-Cazurra

Pontos de aprendizado

Neste capítulo, o leitor poderá aprofundar seu conhecimento sobre:
- O que é o processo de internacionalização de empresas como uma estratégia de negócios.
- Quais as decisões estratégicas para que esse processo ocorra e como devem ser conduzidas essas análises utilizando ferramentas e modelos estratégicos e gerenciais.
- A importância de escolha de um processo adequado devido ao porte da empresa, rapidez do processo e intensidade de uso de tecnologias.
- Como relacionar as vantagens e desvantagens na perspectiva da realidade brasileira.

RESUMO

Este capítulo discute o processo de internacionalização de empresas como uma estratégia de crescimento ao prover os benefícios e desafios desse processo. São apresentadas as três decisões estratégicas e suas implicações: quando se internacionalizar, para onde se internacionalizar e como fazer este processo acontecer. Ferramentas e modelos úteis são apresentados para análise de cada uma dessas decisões. O primeiro analisa as razões para internacionalização separadas em duas categorias: internacionalização em busca de crescimento em vendas fora do país e internacionalização em busca de eficiência por comprar melhor fora do país. O segundo discute os fatores a serem considerados na seleção de países para a expansão, fornecendo sugestões de recursos de informações gratuitas que gestores podem utilizar quando avaliam países. A terceira analisa a seleção dos métodos de internacionalização, separados entre: métodos utilizados para comércio como importação/exportação, licenciamento e franquias e terceirização *offshore*, e os métodos utilizados em investimentos internacionais, como operações *greenfield*, aquisições e alianças estratégicas. O debate leva em consideração o tamanho da empresa na seleção dos métodos, dado que a maior parte das pequenas empresas pode não ter recursos financeiros e gerenciais para investir. O capítulo também inclui o processo tradicional de internacionalização incremental, no qual as empresas primeiro dependem de um distribuidor estrangeiro, depois exportam e finalmente investem fora de seu país, e a recente e rápida internacionalização das empresas pequenas e *high-tech* chamadas *born global*.

23.1 INTRODUÇÃO

Os primeiros estudos sobre empresas multinacionais partiram do desenvolvimento de empresas grandes, maduras[1] e provenientes de mercados desenvolvidos. Em especial, devido ao seu grande poder econômico após a segunda guerra mundial.[2] No entanto, internacionalizar-se deixou ao longo do tempo uma opção exclusiva para esse tipo de empresa. Fatores como conhecimento dos empreendedores sobre diferentes mercados, a facilidade dos meios de comunicação e redução dos custos e tecnologia acessível aproximaram as pessoas e países, viabilizando a atração de investimentos e a descoberta de oportunidades que vão além das fronteiras geográficas e de modelos de negócios.

Pequenas e médias empresas, empresas governamentais, as chamadas *born global* foram modelos identificados a partir do final dos anos 1980 como novos "fenômenos organizacionais" nos estudos de internacionalização.[3] A rápida expansão das empresas multinacionais japonesas e europeias é um exemplo, entre os anos 1980 e 1990, de que o tempo importa, e que mudanças sociológicas, políticas e econômicas são vitais para o conceito do que é uma empresa. As empresas não compravam ativos para aumentar suas vendas como objetivo principal, mas para aumentar vantagens específicas. As empresas japonesas também introduziram a ideia de redes de fornecedores múltiplas, bem como produção e cadeias de valor além de suas fronteiras.[4]

Isso mostra que a evolução da teoria de internacionalização de empresas está relacionada com a administração estratégica, a economia das organizações e seus modelos que dão o suporte necessário para a tomada de decisão.

SAIBA MAIS

Alfred Chandler foi professor de administração e economia na Universidade Harvard (Estados Unidos). É considerado o principal teórico da história de negócios.

Jean-Francois Hennart é professor francês de internacionalização de empresas da Universidade de Tilburg (Holanda), conhecido por sua contribuição pioneira da teoria de custos de transação e a teoria de internacionalização de empresas.

John Harry Dunning foi um economista britânico, conhecido como o pai da escola de negócios internacionais (IB). Foi professor emérito nas universidades de Reading (Reino Unido) e Rutgers (Estados Unidos). Também foi o economista consultor chefe para a UNCTAD ao desenvolver relatórios de investimento internacional.

Mark Casson é professor de economia da Universidade de Reading (Reino Unido), conhecido por estudar empreendedorismo e economia em empresas internacionalizadas e cultura empresarial. Seus trabalhos em conjunto com Peter Buckley são referência da perspectiva econômica do processo de internacionalização de empresas.

Peter Buckley é professor de internacionalização de empresas na Universidade de Leeds (Reino Unido), uma das principais referências na teoria de internacionalização de empresas, estratégia, investimento direto estrangeiro (FDI), especialmente em mercados emergentes.

O capítulo é aberto com uma análise dos modelos de internacionalização de empresas em contexto histórico-evolutivo. A seção seguinte explana o processo de internacionalização como estratégia para o crescimento de empresas. Ao tratar dos benefícios e desafios desse processo em cada uma das decisões estratégicas[5] (motivos, para onde ir e como fazer – Figura 23.3) e inter-relacioná-los com ferramentas da administração estratégica que dão suporte às tomadas de decisão para empreendedores e gestores, essa discussão leva em consideração o tamanho da empresa na seleção dos métodos, dado que a maior parte das pequenas empresas pode não ter recursos financeiros e gerenciais para investir.

A última seção do capítulo também discute o processo tradicional de internacionalização incremental, no qual as empresas primeiro dependem de um distribuidor estrangeiro, depois exportam e finalmente investem fora de seu país, e a recente e rápida internacionalização das empresas pequenas e *high-tech* chamadas *born global*. O capítulo aborda a internacionalização de empresas micro, pequenas e médias, os novos empreendimentos, em países emergentes e suas peculiaridades. O capítulo é fechado com o caso brasileiro da Metalfrio.

Figura 23. 1 Estrutura do capítulo.

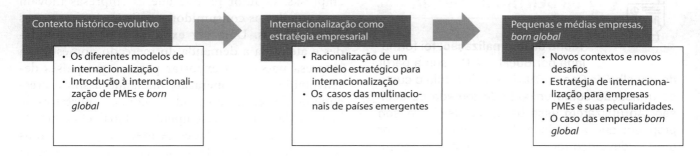

23.2 INTERNACIONALIZAÇÃO EM PERSPECTIVA HISTÓRICA

A internacionalização de empresas é objeto de estudo desde meados dos anos de 1960. Quatro principais abordagens são consideradas, com diferentes vieses em uma perspectiva evolutiva em termos de gestão.[6]

O modelo OLI (propriedade, localização e internalização) de Dunning, considerado o pai da teoria de internacionalização de empresas, nasce em 1977 de uma perspectiva econômica. O modelo explica a existência de multinacionais que estabeleceram suas estruturas produtivas em outros países impulsionadas por três tipos de vantagens: *propriedade*, que se refere ao controle dos recursos e das capacitações, que permitem à empresa ter sua vantagem competitiva sobre os concorrentes; *vantagem de localização*, que são os resultados dos diferentes "dons" entre países como trabalho, capital ou terra; e a *vantagem de internalização*, que se refere aos benefícios de controlar transações além das fronteiras domésticas internamente, em vez de gerenciá-las por meio do mercado.

Exemplificando

O exemplo da Petrobras, empresa estatal de petróleo e gás natural, fundada em 1953, ilustra o modelo OLI. O foco inicial da empresa era desenvolver capacidades tecnológicas (vantagens internas), para assegurar o suprimento de petróleo ao mercado doméstico, investir no desenvolvimento local e transferir tecnologia estrangeira. Após a primeira crise do petróleo, a empresa construiu novas capacidades na criação de etanol a partir da cana-de-açúcar, e o desenvolvimento de fertilizantes e petroquímicos. A crise do petróleo levou a empresa a expandir fora do país em busca de petróleo em outros países, em locais com disponibilidade (vantagem de localização), e criou a Braspetro ou Petrobras Internacional S.A.

O primeiro país em que entrou foi a Colômbia, em 1972, com a aquisição da Tennecol. A empresa explorou petróleo nos anos 1970 no Iraque e em Angola, e nos anos 1980 na China, onde desistiu por falta de viabilidade econômica. Apenas em 1987 a empresa expandiu-se por meio de um contrato de aquisição para a América do Norte, para explorar petróleo no Golfo do México. À medida que a empresa se desenvolvia, expandia quanto à distribuição de petróleo e etanol no Brasil e em outros países, detendo o controle das operações estrangeiras para facilitar a venda de produtos e transferência e desenvolvimento tecnológico (vantagem de internalização).[7]

O modelo de internacionalização de Buckley e Casson (1976) é embasado na teoria de custos de transação, de Williamson (1982). Os autores propõem que uma empresa toma a decisão de se internacionalizar ou não a partir da análise dos custos de coordenar as atividades dentro da estrutura da empresa, por meio da criação de uma subsidiária no exterior em relação aos custos de operação via exportação ou licenciamento da marca. Desse modo, a empresa pode optar pela estratégia de internacionalização que tenha menores custos em determinado momento. Assim, ela apenas internaliza as transações ineficientes ou dispendiosas realizadas pelo mercado.

Ao unir essas duas teorias, Dunning busca identificar os fatores que explicam a distribuição geográfica das atividades das empresas e o padrão industrial adotado, que fazem parte de decisões estratégicas para a internacionalização. Embora seu modelo proposto envolva decisões importantes, o autor não analisa como esse processo ocorre e as formas de entrada e utilização de recursos.

POR DENTRO DA TEORIA

Teoria da internalização: foi formulada por Buckley e Casson a partir do trabalho de Coase (1937), que instituiu o custo de transação como unidade de tomada de decisão. Ao utilizarem essa base, Buckley e Casson propõem que a decisão de se internacionalizar ou não deve ocorrer quando os custos e benefícios são iguais. Essa teoria de base econômica é a principal para o estudo de negócios internacionais (IB).

Teoria de custos de transação – foi formulada por Oliver Williamson a partir dos anos 1970 com base no trabalho de Coase (1937). Ao utilizar a transação como base, propõe que esta pode ser analisada conforme suas características e custos envolvidos, o que determina seus custos de coordenação e, consequentemente, a estrutura de governança que minimiza os custos de transação. Essa teoria econômica influencia a visão sobre as empresas, coordenação de cadeias e movimentos estratégicos.

Exemplificando
Um exemplo que cabe a este modelo é da empresa Embraer, a *global leader in small commercial and military planes*, que estabeleceu um modelo de parceria internacional para adquirir competências. Os fornecedores eram do Chile, Espanha, Bélgica e Estados Unidos para o desenvolvimento de uma aeronave de 45 lugares. O modelo era inovador não apenas por apresentar uma rede (*network*) internacional, mas principalmente pela característica de cooperação e associação entre as empresas (contrato) para fazer o produto e tomar os riscos de seu desenvolvimento. A entrada ocorreu por meio de *joint ventures* ou parcerias para facilitar a troca e a cooperação com o desenvolvimento tecnológico. O modelo ficou pronto um ano após o seu início e posteriormente lançou uma família de produtos em todo o mundo.[8]

Ainda sob uma abordagem econômica e complementar à anterior, o ciclo de vida de produto de Vernon (1966) contempla o potencial do mercado consumidor para explicar a internacionalização das empresas. O autor propõe que as empresas inovam para atender os consumidores sofisticados em países desenvolvidos. Uma vez exploradas as oportunidades e atendida a demanda do mercado doméstico, a empresa passaria a exportar para outros países desenvolvidos a sua operação, iniciando assim o crescimento de vendas do produto, com a expectativa de lucratividade e de desempenho global eficiente de suas respectivas atividades. À medida que mercados internacionais aumentam suas demandas, a empresa estabelece suas estruturas produtivas para atender esses mercados de maneira mais fácil. A inovação pode até difundir-se entre os competidores, o que introduz suas próprias versões de produto, e os preços são reduzidos devido à maturidade da inovação. Isso leva à venda do produto inovador na economia emergente para consumidores de baixa renda. Também leva à mudança da produção para países de baixo custo e ao fechamento da produção no país de origem.

Esse modelo dá maior ênfase ao ciclo de inovação dos produtos, aos efeitos da economia de escala e aos papéis do desconhecimento e da incerteza nos padrões de comercialização. Nele, as subsidiárias estrangeiras adotam as mesmas práticas da matriz, pois o produto já atingiu certo grau de maturidade com práticas aperfeiçoadas e padronizadas.

Nota-se que, neste último modelo apresentado, a presença de empresas internacionalizadas é característica de grandes empresas consolidadas e provenientes de mercados já estabelecidos, desenvolvidos. Ambas se complementam, mas não abordam a questão da tomada de decisão, as informações necessárias dos mercados e aspectos comportamentais inerentes a esse processo.

Esse modelo funciona perfeitamente para grandes empresas multinacionais provenientes de países desenvolvidos. Ele explica o movimento de internacionalização dessas empresas, que tende a funcionar de maneira diferente para empresas de mercados emergentes. Em vez de serem os inovadores iniciais, que transferem suas inovações para países semelhantes e menos desenvolvidos, eles tornam-se produtores quando as empresas em economias avançadas perdem suas vantagens.

Exemplificando
A empresa brasileira Gerdau, o maior produtor de aço da América Latina, foi a pioneira no seu processo de internacionalização. Sua expansão foi realizada principalmente por meio de aquisições, uma forma de facilitar a consolidação e obter economias de escala e melhorar as capacidades,

> à medida que empresas de economias avança-
> das foram colocadas à venda, pois seus custos
> operacionais eram cada menos competitivos fora
> dos produtos siderúrgicos especiais.[9]

A perspectiva comportamental emerge na área de gestão internacional com o modelo internacionalização incremental, ou Modelo de Uppsala, criado pelos pesquisadores Johanson e Vahlne, da Escola de Uppsala, em 1977. O modelo assume que existem informações disponíveis para que o gestor escolha o mercado-alvo, adote a melhor forma de entrada e mapeie os principais desafios que poderá encontrar ao se internacionalizar. O modelo introduz duas principais decisões no processo de internacionalização de uma empresa: a seleção do país para se internacionalizar e o método de entrada nesse país.

Na primeira etapa, os gestores precisam selecionar países para internacionalizar suas empresas e eles o fazem embasados na capacidade de usar o conhecimento já existente. Nos modelos gradativos de internacionalização, uma das premissas é que o conhecimento e o comprometimento com os mercados estrangeiros são graduais. O Modelo de Uppsala engloba a ideia da "distância psíquica", relacionada com a percepção de proximidade ou não da cultura, valores, práticas gerenciais e educação dos países para onde se quer internacionalizar, pois interferem no fluxo de informações entre países. Esse fato direciona a predisposição de escolha de localização para que haja sucesso quanto ao investimento realizado. Os gestores escolherão, especificamente, países que estão próximos em termos de distância psíquica e, uma vez que eles aprendem a operar nesses locais, escolherão países crescentemente mais distantes em termos de distância psíquica de seu país de origem.

A segunda etapa, a escolha de um método de seleção com o qual a empresa deve entrar em um país, na perspectiva comportamental, compreende a internacionalização como um processo composto por várias fases, o qual equilibra o risco com compromisso. A análise pode ser sequencial ou não: (1) as empresas limitam-se a transações comerciais que envolvem importações e/ou exportações; (2) apenas quando a empresa estabelece uma representação fixa, como escritório comercial em outro país, ela passa a ser considerada internacionalizada; (3) caso realize investimentos diretos em instalações produtivas no exterior, é então considerada uma empresa multinacional, podendo ou não criar subsidiárias em diferentes países. A mudança de uma forma para a próxima é determinada pelo aprendizado experiencial que os gestores ganham, o que os leva a aumentar o compro-

misso da empresa com o país, à medida que reduzem o risco percebido.

> **Exemplificando**
> O processo de internacionalização do grupo WEG, a segunda maior empresa do mundo no segmento de motores elétricos e líder na América Latina, ocorreu em três fases. Na primeira, entre os anos 1970 e 1990, houve a expansão na América Latina, África do Sul e Canadá baseada em distribuidores locais e representantes. A estratégia tinha o objetivo de aprender sobre os mercados estrangeiros ao mesmo tempo que obter redução de investimentos e riscos. A segunda fase foi a abertura de subsidiárias de vendas nos Estados Unidos, na Bélgica e na Austrália para o desenvolvimento de mercados regionais. Na terceira fase, a empresa estabeleceu estruturas de produção em outros países, inicialmente por meio de aquisições – México, Portugal, Argentina e China. Apenas depois, houve a mudança para construção de uma nova planta na Índia.[10]

Embora tenha sido um modelo com vasta repercussão, em especial para explicar o comportamento de micro, pequenas e médias empresas (MPME), o Modelo de Uppsala é criticado por seu gradualismo, pois empresas podem passar por situações distintas e não necessariamente graduais. Atualmente, o ambiente de negócios configura-se mais como uma rede de relacionamentos do que o mercado clássico com seus fornecedores e consumidores independentes. Essa rede de relacionamentos forma o principal alicerce para a aprendizagem e a construção de confiança e comprometimento. Isso reflete no comportamento de internacionalização de algumas MPME denominadas *born global*, que nascem em um mercado contemporâneo altamente volátil e dinâmico, portanto, é necessário que as organizações envolvidas na internacionalização se adaptem ao ambiente rapidamente.

Ainda presente na abordagem comportamental, mas não gradual, o Modelo de *Born Global*, se destaca pela internacionalização imediata (ao nascer) da empresa como parte da estratégia. Isso ocorre devido ao avanço tecnológico em transporte e comunicação e aos desenvolvimentos institucionais para reduzir barreiras e promover a integração entre países. Assim, algumas empresas MPME são *born global* porque elas começam a internacionalização desde que são criadas ou bem próximo de seu processo de nascimento. Uma das principais formas de entrada no mercado externo é por meio de alianças estratégicas que permitem o acesso a

518 Administração ■ *Conejero – Oliveira – Abdalla (Orgs.)*

recursos estrangeiros para produção e comercialização. Também podem ser encontradas variações de formas de entrada como as fusões, que serão amplamente abordadas na Seção 23.3.[11]

Exemplificando

A CIT&T Software S.A. foi criada em 1995 e é considerada uma clássica *born global*, pois seu processo de internacionalização se iniciou dois anos antes da sua fundação, quando estabeleceu parcerias de serviços com empresas nos Estados Unidos. A empresa nasceu pequena e baseada em serviços de seus fundadores com base em ciência e conhecimento tecnológico. As competências tecnológicas desenvolvidas nasceram em cooperação com a universidade e acordos de uso de sua infraestrutura de laboratório e pesquisa. Embora o foco inicial tenha sido o mercado brasileiro, este não é orientado para mercados internacionais, diferentemente do que ocorre na Índia. Esse fator tornou o processo de internacionalização imperativo para a sobrevivência da empresa, que teve o apoio do BNDES para estabelecer uma subsidiaria na Filadélfia. O banco detém 30% da empresa.[12]

Os estudos sobre internacionalização de empresas apresentam evolução histórica da realidade que aborda as estruturas empresariais em contexto internacional e principais modelos que ajudam a compreender tais realidades e as variáveis para decisões estratégicas. A Figura 23.2 resume a evolução dessa literatura e seus principais marcos.

As próximas duas seções deste capítulo apresentam, respectivamente, (1) a sequência de decisões estratégicas que compreendem este processo, baseadas no aprofundamento das análises expostas dos modelos de internacionalização; (2) uma visão mais profunda desse processo nas micro, pequenas e médias empresas (MPME) e as *born global*.

23.3 NEGÓCIOS INTERNACIONAIS: OPORTUNIDADES E DESAFIOS

Expandir além das fronteiras pode ser um passo estratégico de grande benefício para a empresa, ao permitir que novos mercados sejam explorados para produtos existentes, novos recursos de suprimentos, mão de obra mais barata ou ainda tecnologias mais sofisticadas sejam incorporadas. Essas são razões pelas quais um grande número de empresas busca mercados além dos seus países de origem. No entanto, expandir internacionalmente tem seus desafios. O sucesso no país de origem não garante resultados em outros lugares, pois os consumidores têm comportamentos diferentes, os competidores são novos e podem ser inclusive mais fortes, e há também os aspectos macroambientais, como as regras políticas, geográficas, sociais e econômicas.

Todos esses aspectos influenciam os modelos organizacionais e, consequentemente, seus motivadores para tomada de decisão[13] apresentados nesta seção. É importante ressaltar que tanto grandes empresas multinacionais de países desenvolvidos já estabelecidas, empresas de países emergentes e os novos atores, tais como pequenas e médias empresas no mercado global, aquelas já globalmente inseridas desde sua origem (*born global*), as controladas

Figura 23. 2 Evolução dos estudos e modelos de internacionalização de empresas.

Modelo de internalização	Modelo de propriedade, localização e internalização (OLI)	Modelo de ciclo de vida do produto	Modelo de internacionalização incremental	Modelo *born global*
• Modelo de Buckey e Casson • Criado em 1976 • Teoria de custos de transação e trabalho de Coase (1937). • Custos de criar uma subsidiária, exportação ou licenciamento da marca • Opção pelo menor custo	• Modelo de Dunning • Criado em 1977 • Propriedade, localização e internalização • Motivos para se internacionalizar • Multinacionais, grandes empresas	• Modelo de Vernon • Criado em 1966 • Ciclo de vida do produto • Inovar para atender o consumidor interno • Multinacionais, grandes empresas	• Modelo de Uppsala de Johanson e Vahlne • Criado em 1977 • Modelo de internacionalização incremental • Seleção do país para onde se internacionalizar • Seleção do método de entrada – gradualismo	• Introduzindo em 1994 por Oviatt e MacDougall • Internacionalização no momento de criação ou muito próximo • Tecnologia para comunicação e infraestrutura de transporte • Importância institucional

por *private equity*,* quanto as empresas governamentais passam por esse processo. Isso ocorre porque o processo de internacionalização de empresas continua a ser proposital e orientado pela obtenção de resultados,[14] mesmo com a superação da influência da teoria neoclássica.

> **POR DENTRO DA TEORIA**
>
> **Teoria neoclássica:** estuda a formação de preços, produção e formação de renda a partir da determinação das curvas de oferta e demanda do mercado.

> **SAIBA MAIS**
>
> Embora a tomada de decisão seja considerada proposital e orientada para o resultado, não se espera mais que os gestores sejam plenamente racionais e que suas decisões sejam precisas. As empresas não conseguem sempre maximizar seus lucro, porque as firmas e seus gestores não são puramente racionais e não têm a informação completa sobre todas as alternativas e riscos possíveis a serem considerados para se internacionalizarem.
>
> Conheça mais sobre o trabalho de Williamson.[15]

Para melhor compreender esse processo, a Figura 23.3 resume as decisões estratégicas que precisam ser analisadas antes da tomada de decisão quanto à internacionalização da empresa. Cada uma dessas etapas, de quando se internacionalizar para onde se internacionalizar e como fazer este processo ocorrer, são exploradas detalhadamente com base em conceitos econômicos e de planejamento estratégico.

23.3.1 Motivadores para a internacionalização das empresas

O que motiva uma empresa a se internacionalizar? Essa pergunta-chave direciona as empresas aos primeiros passos para além de suas fronteiras. Isso ocorre porque define a essência da internacionalização da empresa. Sem "responder" a essa pergunta-chave, a questão de definição de localização e fatores a serem internalizados, a análise dos diferentes setores e suas atividades críticas bem como ativos e/ou recursos a serem investidos não fazem sentido.[17]

Diversos autores da escola de *international business* (IB) repensam esta pergunta baseados na discussão clássica dos motivos de Dunning[18] e como ela é passível de mudança e evolução conforme o contexto em que emergem: (1) busca por recursos naturais; (2) novos mercados; (3) ganhos de eficiência; (4) obtenção de ativos estratégicos; (5) escapar de investimentos necessários conforme a regulação; (6) investimento para obter benefícios de comércio; (7) investimento para obter benefícios financeiros; (8) investimento em benefício de gestão; (9) investimento passivo – ter o poder de arbitragem.

As empresas, na realidade, não têm apenas uma motivação. Em muitos casos, elas misturam motivos mais e menos importantes em função dos relacionamentos estratégicos que as subsidiárias desenvolvem ao longo do tempo. No entanto, a simplificação do pensamento das motivações pode e dever ser uma ferramenta importante para compreensão e direcionamento do processo de internacionalização.[19] Dessa forma, os nove motivos de Dunning foram simplificados em quatro direcionadores conceituais, conforme Quadro 23.1.

---

* *Private equity* é uma modalidade de fundo de investimento que consiste na compra de ações de empresas já estabelecidas.

Figura 23.3 Decisões estratégicas do processo de internacionalização.

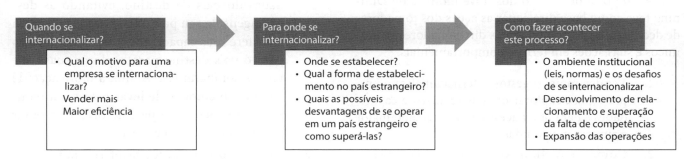

Fonte: adaptada de Cuervo-Cazurra, Newburry e Park.[16]

520 Administração ■ *Conejero – Oliveira – Abdalla (Orgs.)*

Quadro 23.1 Versão atualizada dos motivadores da internacionalização dos negócios

Nove motivos	Tipos	Objetivos/ motivos (inspirados e atualizados por Dunning)	Motivos propostos
1	Busca por recursos naturais	Adquirir recursos específicos ou de qualidade superior por custos menores que no país de origem da empresa. Por exemplo: matéria-prima, mão de obra não qualificada ou semiqualificada, tecnologias e experiência de gestão	"Comprar melhor"
2	Busca por mercado	Vender produtos ou serviços para um mercado ou região nova	"Vender mais"
3	Busca por eficiência	Racionalizar a estrutura, seja ela em função dos recursos ou de mercados novos, de forma a obter economias de escala ou escopo	"Comprar melhor e vender mais"
4	Busca por ativos estratégicos	Cumprir com objetivos estratégicos de longo prazo, em especial aqueles que promovem sustentabilidade ou maior competitividade global, como aumentar o portfólio de produtos, ativos físicos, competências humanas	"Upgrade"
5	Fuga de investimentos legais necessários	Escapar de legislações restritivas, institucionais, políticas do país de origem, por exemplo, os impostos ou regulamentações altamente restritivas	"Fuga"
6	Investimento para benefícios de comércio	Promover ou facilitar as exportações e importações de bens e serviços da empresa	"Comprar melhor e vender mais"
7	Investimento para benefícios financeiros	Apoiar e ajudar na compra de produtos e serviços estrangeiros da empresa investidora Estabelecer uma base em localização específica por razões regulatórias e tributárias	"Comprar melhor e vender mais"
8	Investimento para benefício de gestão	Apoiar o controle e a coordenação das atividades para a sede da empresa	"Upgrade"
9	Investimento passivo	Arbitrar por meio da compra e venda de empresas ou ativos com algum envolvimento direto da gestão, por exemplo, as empresas de *private equity*	"Comprar melhor e vender mais"

Fonte: Cuervo-Cazurra *et. al.*[20]

A proposta de revisão dos nove motivos de Dunning teve como base direcionar as ações dos tomadores de decisão quando combinam os direcionadores econômicos e suas ações em termos comportamentais.

1. **Vender mais:** o gestor internacionaliza a empresa para explorar os seus recursos e capacidades e para obter acesso a um mercado maior e aumentar as vendas.

2. **Comprar melhor:** o gestor internacionaliza a empresa para explorar recursos e capaci-

dades do país de destino, evitando as desvantagens de seu país. Nesse caso, a empresa transfere suas capacidades de gerenciamento para o país destino para explorar suas vantagens comparativas. Assim, a motivação de comprar melhor pode levar o gestor a reduzir as operações no país de origem e optar por aumentá-las no exterior.

3. *Upgrade*: o gestor busca na internacionalização novas formas de explorar recursos e capacita-

ções que podem ajudar a empresa a se desenvolver. Isso pode ocorrer por meio do acesso às vantagens comparativas do país destino e sua vantagem competitiva para melhorar suas operações. O foco é melhorar a empresa no país de origem por explorar novas fontes de vantagem competitiva no exterior. Algumas empresas provenientes de mercados emergentes têm essa motivação ao realizarem aquisições em países desenvolvidos.

4. **Escapar:** o gestor internacionaliza a empresa para explorar novos recursos, com o objetivo de evitar as condições precárias do seu país de origem. Ao evitar essas condições, a empresa pode melhorar a sua eficiência operacional, como também resolver limitações que existem no país de origem. Assim como o caso da motivação de "comprar melhor", essa motivação pode levar o gestor a reduzir ou ainda encerrar as atividades da empresa no país de origem e expandir no país destino.

Toda a discussão sobre os motivos de Dunning e seu posterior agrupamento mostra que as motivações para se internacionalizar podem mudar em função do período analisado e da forma como as organizações atuam. Apesar dessa característica mutável, esse "*kit* de ferramentas" atual apresentado, quando visto em conjunto com as outras teorias estratégicas e seus modelos, ajuda a racionalizar a tomada de decisão de investidores ao prover certa ordem a um universo complexo.

SAIBA MAIS

Por que a teoria se modifica?

As modificações podem ter diferentes origens:

1) Avanços tecnológicos e institucionais na economia global conduzem a novas formas de as empresas se organizarem como multinacionais.

2) Como visto, o próprio "pai" dos negócios John Dunning fez diversas revisões das listas de motivos, em razão das alterações das atividades observadas em multinacionais.

3) Maior heterogeneidade dos modelos de negócios atuais.

Assim como as empresas se lançam para operar fora de seus países por diferentes razões, elas também escolhem locais diferentes com base em critérios. Identificar as oportunidades estratégicas por meio das informações de mercado disponíveis é o principal desafio para vender mais ou comprar melhor para obtenção de vantagens competitivas e comparativas.[21]

23.3.2 Para onde ir?

As empresas lançam-se no mercado internacional por diferentes razões e, da mesma forma, se estabelecem em diferentes locais. Se o motivo é a procura de novos mercados, "vender mais", as empresas estão mais propensas a buscar mercados com densidade populacional e alto poder aquisitivo de seus produtos. Como entrar em um novo mercado é uma ação custosa e também arriscada, é preciso ter conhecimento desse mercado para a obtenção de sucesso. Dessa forma, as empresas tendem a valorizar a questão de proximidade de mercados, especialmente no início do processo de expansão.

> **Exemplificando**
> A decisão da empresa produtora de aeronaves Embraer de estabelecer uma subsidiária na China é um exemplo desse aspecto, pois era um pré-requisito para atender as empresas aéreas chinesas, estabelecido em um acordo setorial. Empresas como Boeing e Airbus, que trabalham de forma descentralizada em termos de cadeia de suprimentos, não se adequavam em termos de custos, qualidade e fatores logísticos, o que representou uma oportunidade para a Embraer, que se estabeleceu no país por meio de *joint-venture* com uma empresa local.[22]

Quando o motivo de internacionalização é obter menores custos de produção ou fazer outra atividade, a decisão de escolha da localização altera-se em função dos custos, disponibilidade de recursos humanos, frequentemente combinada com um bom nível de infraestrutura para dar suporte aos processos logísticos de produção e distribuição. Empresas que se internacionalizam em busca de recursos estão sujeitas à localização deles, que não são distribuídos igualmente em termos geográficos, políticos e sociais; mas a disponibilidade do recurso é imperativa a esses outros aspectos.

> **Exemplificando**
> Por exemplo, a empresa de petróleo Petrobras concentrou sua internacionalização inicialmente em países com recursos naturais disponíveis, particularmente gás natural e petróleo. Assim, na década de 1970 o foco inicial estava na obtenção de petróleo para o mercado interno, e isso mudou após a sua privatização. Na Argentina, a criação, em 1997, da Mega como uma *joint venture* com a empresa espanhola Repsol YPF e a empresa americana Dow Chemical e a compra de ativos da Repsol YPF lhe deram acesso aos postos de petróleo e gás, refinaria e gasolina. Em 2002, consolidou sua presença no país ao adquirir a empresa argentina de petróleo e gás Perez Companc. Na Bolívia, a Petrobras participou da construção do gasoduto Brasil-Bolívia e, com a compra da Perez Companc, em 2002, também obteve refinarias na Bolívia e operações no Equador, no Peru e na Venezuela.[23]

Finalmente, empresas que se lançam a buscar oportunidades de desenvolvimento ou adquirir novos ativos estratégicos escolhem a localização de acordo com *clusters*, centros urbanos, locais com alto nível de desenvolvimento. Dessa forma, poderão desenvolver competências novas, usar novos recursos que proverão futuras fontes de rendimentos e ideias ainda não existentes necessariamente. Ao mesmo tempo que esses locais são considerados de alto risco, esses tipos de investimento têm maior oportunidade de sucesso em ambientes dinâmicos que simultaneamente podem produzir a altas taxas de inovação e absorver falhas, gerando oportunidades de projetos e com pessoas que não atingem o sucesso até determinado ponto.[24]

> **Exemplificando**
> Por exemplo, a empresa de construção Odebrecht evoluiu desde suas origens, em 1944, e seu primeiro projeto estrangeiro no Peru, em 1980, atualmente é líder latino-americano. Aprendeu em sua expansão internacional, em alguns casos, com as falhas, como a operação na Alemanha nos anos 1990 para aproveitar as oportunidades da unificação do mercado, aprendendo a se concentrar nos clientes, em vez de atingir o tamanho do mercado. Também aprendeu com a operação em países muito desafiadores, como Angola durante sua guerra civil, Colômbia e Peru em áreas controladas por guerrilheiros, ou no Iraque após a invasão dos EUA. As operações do país anfitrião foram executadas em um processo descentralizado que facilita as decisões empresariais, mas a empresa também aproveitou as experiências de sucesso e fracasso para transferir esse aprendizado entre os países.[25]

Escolher o local para viabilizar o processo de internacionalização tem seus desafios, especialmente relacionados com a habilidade da empresa e seus gestores em identificar suas vantagens e desvantagens comparativas e competitivas. Na maioria dos casos, os gestores sabem suas vantagens e desafios em seus países de origem quanto aos seus competidores e consumidores. No entanto, ao se internacionalizar, a empresa precisa considerar que os consumidores e competidores são diferentes e que aquilo que é considerado como vantagem competitiva em seu país de origem, reputação, marca, proximidade do consumidor, canais de distribuição, cadeia de suprimentos, não "viaja fronteiras afora" necessariamente.

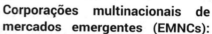

SAIBA MAIS

Corporações multinacionais de mercados emergentes (EMNCs): são empresas provenientes de mercados emergentes que se lançam globalmente e criam valor adicionado fora de seu país de origem. Por apresentarem contextos distintos das empresas que emergem de mercados desenvolvidos, estas empresas passam por diferentes desafios, os quais as demais analisadas e estudadas não enfrentaram. Como exemplo, citam-se a falta de suporte dos seus ambientes institucionais ou ainda os sistemas de inovação pouco desenvolvidos. Essas características refletem diretamente na forma como essas empresas se lançam globalmente, vencem as barreiras à entrada e criam estratégias em busca de vantagem competitiva.
Fonte: Cuervo-Cazurra, Newburry e Park.[26]

Um possível encaminhamento para esses desafios de internacionalização é endereçado por autores que dedicaram estudos ao processo de internacionalização de empresas de mercados emergentes. O Quadro 23.2 aborda tais desafios de acordo com os motivadores de expansão por meio de ações a serem diagnosticadas pelos gestores no processo de seleção do país.

Quadro 23.2 Soluções propostas para os desafios do processo de seleção de país em mercados emergentes

Problemas	Expandir para "vender mais"	Expandir para "comprar melhor"
Identificar oportunidade de investimento	– Identificar a razão para internacionalizar-se a fim de vender mais. – Identificar a necessidade de investir no país em vez de exportar	– Identificar a razão para internacionalizar-se a fim de comprar melhor – Identificar a necessidade de investir no país em vez de importar os recursos
Identificar oportunidade no país	– Identificar os países onde há o maior potencial para vender mais – Identificar as condições e as necessidades dos consumidores – Identificar as condições e vantagens dos competidores e regulação do setor × condições dos demais competidores	– Identificar países que podem oferecer as melhores oportunidades para comprar melhor – Identificar as condições dos fatores desejados de produção – Identificar os donos desses fatores desejados, as regulações prejudiciais e contra empresas estrangeiras que querem acessar o mercado
Identificar vantagem	– Identificar os fatores de vantagem competitiva da empresa em seu ambiente doméstico × competidores particulares para atender mercados consumidores específicos	– Identificar as condições dos fatores de produção que a empresa se interessa em comprar em comparação às condições em seu país de origem ou outros países em que a empresa opera
Identificar a transferência de vantagem além das fronteiras	– Identificar a habilidade de separar os recursos que proveem vantagem competitiva de outros no país de origem – Identificar como transferi-los para fora do país	– Identificar como se podem acessar fatores de produção desejados em outro país, e se eles podem ser segregados de outras condições do país (estrangeiro) – Identificar como transferir esses fatores para o país de origem
Combinar vantagem e oportunidade	– Identificar como se pode atingir uma vantagem fora de seu país para consumidores especiais × competidores específicos	– Identificar como se podem usar os fatores de produção desejados no país de origem para consumidores especiais × competidores específicos
Selecionar o país	– Identificar qual país irá facilitar melhor a transferência de uma vantagem para fora	– Identificar qual país que irá facilitar melhor a transferência dos fatores de produção desejados para fora

Fonte: Cuervo-Cazurra, Newburry e Park.[27]

23.3.3 Como viabilizar a internacionalização de uma empresa?

Além da escolha de um novo local, há a decisão de como organizar e operacionalizar as atividades em outro ambiente, que pode ser feita de diferentes formas, desde estabelecer atividades em outro país e colaborar com outra empresa local até transacionar via mercado (exportação/importação). De acordo com a teoria de internalização, essas escolhas são fundamentalmente como encontrar a forma mais eficiente de operar em outro país, em outras palavras, minimizar os custos.[28]

Empresas que buscam na internacionalização a expansão de mercado tipicamente possuem suas marcas, que são um ativo importante a ser protegido do mau uso por terceiras partes, cujo interesse em investir sem poder capturar valor será pequeno. Nesse sentido, expandir internacionalmente por meio do estabelecimento de uma subsidiária é uma forma segura para garantir que esses ativos estejam seguros. Tal ação, em geral, é característica de grandes manufaturas.

Empresas que buscam eficiência ao se internacionalizarem, em geral, realizam investimentos substanciais em sistemas logísticos e de produção para gerar economias de escala, escopo e tempo. Esses investimentos se dão, em muitos casos, em ativos específicos para a concretização dos objetivos estratégicos, não tendo, dessa forma, usos alternativos, gerando vulnerabilidade quanto ao investimento realizado.[29] No entanto, nem todas as empresas que se lançam nesse processo priorizam expandir por meio de subsidiárias totalmente próprias. É crescente o número de empresas que se estabelecem compartilhando atividades e processos de produção, previamente já estabelecidos no país de origem.

Exemplificando

O processo de internacionalização da empresa processadora de carnes JBS é pertinente neste caso. Embora exporte para diversos países desde 1997, a empresa só iniciou seu processo de aquisições no exterior em 2005. A empresa é a maior multinacional do setor de carnes, e seu processo ocorreu pela aquisição de empresas ou parte delas em países considerados estratégicos: a Swift na Argentina, Estados Unidos e Austrália, 50% da Inalca, um dos maiores processadores da Europa, além de dez plantas na Itália. As aquisições foram bloqueadas em 2008 pelo governo dos Estados Unidos quando a empresa anunciou a compra na National Beef, Smithfieldd Beef e Tasman. Mas, em setembro de 2009, ainda adquiriu 64% da Pilgrim's Pride. O objetivo dessas aquisições todas foi a superação de barreiras técnicas, pois, ao estabelecer plantas fora do país por meio de aquisições, o compartilhamento de processos e atividades produtivas ocorreu dentro dos padrões aceitos pelos países.[30]

Empresas que buscam recursos também estão vulneráveis às ações do governo e políticas do país em que pretendem operar, necessitando, assim, de "salvaguardas extras" para que o risco de estabelecimento de processo produtivo compense. Essas empresas são tipicamente indústrias extrativistas, como de minerais, petróleo, gás, ou ainda aquelas relacionadas com ativos ambientais ou ao agronegócio, como florestas, pescados e agricultura. São empresas cuja estratégia necessita de coordenação e controle da cadeia de suprimentos completa.

Exemplificando

O caso da internacionalização da empresa mineradora Vale, que se tornou a terceira maior empresa do mundo neste setor, ilustra esse tema. Após a segunda guerra mundial, a empresa foi estabelecida para suprir ferro para vários países por meio de exportações. Em 1949, era responsável por 80% do ferro exportado pelo país e, em 1974, tornou-se a maior empresa exportadora deste produto, detendo 16% do mercado internacional. A empresa opera toda a sua cadeia de suprimentos, e sua estratégia é a operação excelente em produtos e serviços.[31]

Empresas que buscam ativos estratégicos como motivadores para a internacionalização focam em desenvolver ou adquirir novos recursos e competências que possam prover novas fontes de recursos. Sua principal preocupação é "chegar primeiro", com a finalidade de estabelecer suas operações, capturar e proteger esses ativos em relação aos seus competidores. Esse tipo de empresas pode ser observado em muitos setores, especialmente os de alta tecnologia, como farmacêuticas, computadores e biotecnologia. A internacionalização proveniente de mercados emergentes também apresenta a mesma característica devido à necessidade estratégica de realização *do catch-up* tecnológico e de conhecimento.

Exemplificando

O caso da Embraer ilustra essa questão sobre como o conhecimento pode ser estratégico para o processo de internacionalização. A empresa utilizou a experiência desenvolvida no Brasil para investir em projetos *greenfield*, concentrando-se em depósitos com menor risco, pois estão mais próximos da superfície em países mais desafiadores, como os africanos, enquanto opera em depósitos mais profundos em países mais estáveis, como economias avançadas. Ao se expandir para o exterior, aprendeu a realizar operações cada vez mais desafiadoras, desenvolvendo novas competências tecnológicas por conta própria e por meio de alianças.[32]

Como visto, os diferentes motivadores para o processo de internacionalização ocorrer levam a possíveis formas de entrada, que apresentam desafios. Nesse sentido, a seleção de um modo de entrada ideal deve levar em consideração questões gerenciais, a competitividade da indústria em outro país, como operacionalizar as atividades e também as vendas. A Quadro 23.3 apresenta esses quatro fatores direcionadores da escolha de "como entrar" e as ações necessárias para identificação da melhor escolha.

Cap. 23 ■ Internacionalização de empresas **525**

Quadro 23.3 Soluções propostas para os desafios da forma de entrada

Fatores	Ações
Gestão além das fronteiras	– Identificar a disponibilidade financeira da empresa para investir fora do país – Identificar a disponibilidade de capacidade produtiva da empresa para atender outros países – Identificar a disponibilidade gerencial e de estrutura interna para coordenar operações em outro país – Identificar o melhor modo de obter recursos financeiros adicionais, capacidade de produção e de gestão em termos de custos, tempo e necessidade
Competindo em outro país	– Identificar as partes da cadeia de valor da empresa que precisam ser transferidas e quais as partes faltantes – Identificar o melhor modo de obter as partes faltantes da cadeia de valor, seus custos, tempo e necessidade
Estabelecendo operações em outro país	– Identificar quais as instituições e regras do país em análise e qual o conhecimento da empresa sobre cada uma delas – Identificar a melhor forma de obter os recursos institucionais faltantes em termos de custos, tempo e necessidade
Vendendo para consumidores de outro país	– Identificar quais recursos os consumidores precisam para usar os produtos da empresa – Identificar quando a empresa precisa redesenhar produtos para reduzir a necessidade de infraestrutura – Identificar quando a empresa precisa desenvolver e providenciar esses recursos para assegurar exclusividade – Identificar a melhor forma de prover aos consumidores os recursos em termos de custos, tempo e necessidade

Fonte: Cuervo-Cazurra, Newburry e Park.[33]

O estabelecimento da empresa em um terceiro país, após definida a sua forma de entrada, requer que sejam identificados desafios quanto à forma de transferência de seus recursos; a distinção feita pelo governo quanto à origem (país) da empresa, especialmente endereçado a empresas provenientes de países emergentes; a reação dos consumidores ao saber a origem do produto. Nesse sentido, cabe aos gestores identificar os recursos que podem criar desvantagens competitivas, evitá-los ou ainda diminuir estes recursos e ter uma operação totalmente funcional e competitiva. Em outras palavras, algumas práticas comuns no país de origem podem ser conflitantes com as regras do país selecionado, e isso pode gerar desvantagens competitivas ao fazer a modificação necessária para operar. Outra questão que pode impactar no estabelecimento das operações são as barreiras à entrada por parte dos consumidores, pela imagem do país de origem que as tem, estabelecendo rótulos imediatos.

Nesse sentido, a identificação das práticas operacionais conflitantes e o estabelecimento de treinamentos para a adaptação à nova realidade torna-se uma solução para problemas operacionais. Já em relação aos possíveis problemas institucionais, é necessário o mapeamento de valores, crenças e ideologias do governo estabelecido no país selecionado para que os esclarecimentos possam ser feitos quanto às reais intenções de entrada da empresa. Em relação aos consumidores, há a necessidade de estudo sobre percepções da cultura do país e reações negativas observadas sobre o país de origem da empresa, para iniciar um processo de marketing educacional dos consumidores por meio de parceiros locais.

DA TEORIA À REALIDADE BRASILEIRA

Quadro 23.4 HAVAIANAS

Como transformar uma desvantagem em vantagem competitiva

O reposicionamento da marca Havaianas, que passou de uma sandália destinada ao mercado de baixa renda para o atendimento das classes mais altas ao explorar bons *designs* e propagandas, é um caso inspirador de como a empresa brasileira superou a desvantagem competitiva quanto à percepção do consumidor sobre o produto e também a sua origem em todo o mundo.

Conhecidas como as sandálias de borracha de "tiras" resistentes, as havaianas originais começaram a ser produzidas e vendidas em 1958. As sandálias possuíam poucas opções de cores e preços modestos, eram utilizadas por pessoas de baixa renda e trabalhadores, sendo conhecidas como "sapato de pobre". Mesmo assim, os competidores imitavam seu *design*, e a empresa, em resposta, lançou a propaganda enfatizando sua qualidade e conforto, promovendo o produto como "Havaianas legítimas".

Os anos 1990 marcam o início das modificações de marca por meio da disponibilidade de novas cores, *designs* e também de atores e pessoas famosas fazendo propaganda de seu uso em lugares como restaurantes. O reposicionamento da marca foi um sucesso no Brasil, e as vendas expandiram. A ideia de expandir além das fronteiras brasileiras ocorreu no início dos anos 2000, quando empreendedores que moravam fora se motivaram a vender o produto em países como Austrália.

O fator-chave de sucesso da expansão para vários países e aceitabilidade dos consumidores ocorreu devido ao apelo de marketing realizado, evidenciando a marca *"made in Brazil"* com atributos como sensualidade, humor da cultura brasileira e felicidade. O produto foi considerado *fashion* em diversos mercados, além de ser divertido e considerado chique.

Foi dessa maneira que a empresa transformou um produto considerado *commodity* e, ao enfatizar as características positivas do Brasil, conseguiu superar os conceitos preestabelecidos sobre um país emergente e colocar o seu produto e sua marca em um lugar privilegiado na mente do consumidor.

Fonte: adaptado de Cuervo-Cazurra, Newburry e Park.[34]

Após as decisões estratégicas quanto a seleção de país, forma de entrada e seu estabelecimento, três grandes etapas operacionais ocorrem: solidificação das operações, integração entre as operações internacionais com a matriz e a expansão. Em mercados emergentes, essas três etapas apresentam desafios particulares aos gestores (Figura 23.4).

O capital humano é imperativo para o bom funcionamento das operações das empresas. Nesse sentido, o treinamento de funcionários e o desenvolvimento de talentos são reconhecidos como cruciais para o sucesso da empresa. Em mercados emergentes, há uma diferença considerável quanto à habilidade de produzir e desenvolver talentos humanos. Nesse sentido, as principais dificuldades enfrentadas nesse processo são a falta de experiência global, competências e experiências gerenciais, processos de contratação local × expatriados, como lidar com os sindicatos locais. No entanto, esses são desafios passíveis de soluções, como treinar gestores e talentos selecionados para desenvolver competências

Figura 23.4 Desafios do estabelecimento da operação internacional.

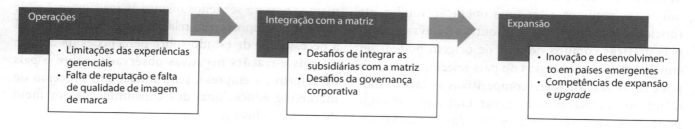

Fonte: adaptada de Cuervo-Cazurra, Newburry e Park.[35]

no país de destino, estabelecimento de iniciativa público-privada para desenvolver a força de trabalho no país de origem, como o caso da Embraer, apresentado na sequência; treinamento entre funcionários do país de origem e de destino para alinhamento de práticas de operação; estabelecimento de relações ganha-ganha entre trabalhadores-empresa-sindicatos.

A falta de reputação ou ainda a imagem de pouca qualidade das marcas, que são ativos intangíveis para consumidores e *stakeholders,* também são desafios operacionais. Marcas não conhecidas sofrem com a falta de familiaridades e legitimidade em países no quais estão se estabelecendo. O país de origem, por si só, pode ser um desafio, devido às preconcepções e percepções generalizadas sobre produtos e marcas que os consumidores estabelecem. Por exemplo, "*made in China*", por muito tempo, foi considerado um sinônimo de produtos de segunda categoria. Mas esses problemas podem ser trabalhados por meio da promoção do país de origem no país de destino, com a incorporação local de suas atividades, participação em associações e eventos locais, demonstração de qualidade do produto, entrada em segmentos que não são abastecidos para ganhar a primeira percepção do mercado e ser alavancado por parceiros locais ou, ainda, a aquisição de empresas no país de destino.

O caso da Embraer apresenta o sucesso na superação de dificuldades quanto à questão de mão de obra qualificada, desenvolvimento de produtos de qualidade e reputação e posicionamento no mercado global.

DA TEORIA À REALIDADE BRASILEIRA

Quadro 23.5   EMBRAER

Desenvolvendo capacidades dinâmicas para competir.

A empresa de aeronaves brasileira, Embraer, emergiu como um dos principais competidores globais neste setor juntamente com a empresa canadense Bombardier, a estadunidense Boeing e a europeia Airbus, mesmo com sua origem de país emergente em um setor de alta tecnologia. A empresa construiu reputação pela sua qualidade excelente e baixo custo, obtendo posicionamento global de excelência.

Mas, dada a sua sofisticação técnica e de linha de produção, há dependência alta em mão de obra muito bem qualificada e preparada. Sua estratégia de longo prazo contemplou a contratação de engenheiros preparados para atender

este tipo de demanda. Para viabilizar esse tipo de mão de obra no Brasil, houve uma parceria público-privada entre o governo brasileiro e a empresa, ao estabelecer o Instituto de Tecnologia Aeronáutica (ITA), que supre a empresa com um alto percentual de engenheiros.

Além de conseguir superar os desafios de mão de obra, a empresa também foi bem-sucedida quanto à questão de reputação. Em nível organizacional, a empresa estabeleceu-se em um nicho de mercado de aeronaves para poucos passageiros, que não era bem atendido pelos seus principais concorrentes. A empresa desenvolveu modelos para atender às condições de voo que essas aeronaves precisam, em vez de propor modelos reduzidos dos aviões de grande escala. Os resultados foram significativos quanto ao desempenho das aeronaves, pois seus projetos contemplavam modelos de baixo consumo de combustíveis, custos de operações reduzidos, fácil manutenção e alta confiabilidade.

Dessa maneira, a empresa estabeleceu-se globalmente, superando seus desafios de reputação e capacidade de mão de obra, marcando um posicionamento único em seu mercado.

Fonte: adaptado de Cuervo-Cazurra, Newburry e Park.[36]

Retomando a segunda etapa, há a integração entre a matriz e suas subsidiárias internacionais, sejam elas resultantes de aquisições ou alianças estratégicas. Nesse sentido, é relevante que o alinhamento estratégico da missão, visão e objetivos seja feito, para que a empresa seja única e global e não a ideia de operações regionais e distintas entre si. No entanto, não se trata apenas da estratégia. O processo de aquisição e transição gera incertezas operacionais e no processo de gestão. Assim, a adoção das melhores práticas operacionais, bem como estabelecimento de uma estrutura escalável, é crucial para atender a crescimentos de demanda e capacidade instalada, para que não passem por períodos de perda de controle, falta de eficiência e habilidade de competir no setor.

Além desse desafio de integração, a questão da governança corporativa é problemática em países emergentes, especialmente devido ao fato de as bases institucionais serem mais fracas. Há problemas de falta de transparência, confidencialidade de dados, confiabilidade de dados e nas prestações de contas. Isso se deve também às estruturas dessas empresas, em muitos casos familiares, que não estão acostumadas com a divisão de poderes e informação acurada. Além disso, os problemas de governança são potencializados pelos problemas políticos desses países, como instabilidade e corrupção, que afetam a capacidade de crescimento e investimento dessas empresas. No entanto, algumas soluções podem ser encaminhadas, como o estabelecimento de um estatuto entre os sócios, aprender a balancear as expectativas entre governo e mercado no caso de empresas governamentais; para as empresas familiares, o desenvolvimento de competências globais dos membros da família e a contratação de um executivo que as possua para maior alinhamento com a realidade do ambiente de mercado global; desenvolvimento de contingências para a operação em caso de instabilidade política regional.

Por fim, mas não menos importante, a expansão de empresas internacionalizadas depende de suas capacidades de inovar e aprender em seu processo por meio das redes estabelecidas e dos *clusters*. Com o mapeamento do ambiente de aprendizagem e também o desenvolvimento de novas competências organizacionais, haverá um processo de adaptação e captura de conhecimento. O desenvolvimento de competências para liderar o crescimento demanda que o *mindset* seja mudado de local para global, para que se possam atingir as expectativas dos consumidores mesmo enfrentando uma variedade de demandas diferentes e requisitos dos *stakeholders* dos países em que se estabelecem.

A decisão de internacionalizar a empresa demanda diversas decisões estratégicas, e os desafios e oportunidades variam de acordo com os ambientes, objetivos, países de origem e também as capacidades que os gestores têm em lidar com os obstáculos. Grande parte dos estudos contemporâneos sobre o processo de internacionalização foi direcionada ao entendimento desse processo em empresas de mercados emergentes, movimento diferenciado do ambiente de competição dos mercados desenvolvidos.

No entanto, nesse mesmo contexto contemporâneo, mudam as origens de mercados e também as estruturas organizacionais. Os estudos passam a entender a internacionalização não apenas de empresas grandes e já estabelecidas em seus mercados domésticos, mas também de empresas de pequeno e médio portes e não necessariamente já estabelecidas domesticamente, mas com estratégias e estruturas inicialmente já globalizadas, tema da Seção 23.4.

23.4 MICRO, PEQUENAS E MÉDIAS EMPRESAS INTERNACIONALIZADAS E AS *BORN GLOBAL*

Estudos em diferentes campos consideram o tamanho da empresa como uma variável de controle quando in-

vestigam determinado fenômeno. A divisão entre grandes, micro, pequenas e médias empresas (MPMEs) é uma das mais utilizadas com bases legais, como número de pessoas empregadas e total de vendas. Não existe internacionalmente uma definição consensual que delimite o conceito de MPME devido às diferenças existentes entre os países, suas economias e sua população de empresas.[37] De acordo com os padrões da União Europeia, as MPMEs têm um limite de até 250 empregados (Eurostat), 500 na definição dos Estados Unidos (Office of the United States Trade Representative) e 3 mil funcionários para empresas chinesas (Ecovis Beijing). Considerando as receitas, as MPMEs da União Europeia chegam ao valor de 43 milhões de euros.

No Brasil, existem diversos critérios adotados por diferentes órgãos. O utilizado pela Receita Federal para a admissão ao regime tributário do Simples Nacional aplicável às microempresas (MEs) e empresas de pequeno porte (EPPs) e o de pessoal ocupado utilizado pelo Serviço Brasileiro de Apoio às Micro e Pequenas Empresas (Sebrae) é atender aos requisitos: são consideradas MEs aquelas que auferiram receita bruta inferior ou igual a R$ 360 mil; e são consideradas EPPs as que obtiveram receita de venda no mercado interno superior a R$ 360 mil e inferior ou igual a R$ 3,6 milhões.[38]

O Sebrae também utiliza o critério de pessoal ocupado para a distinção de porte empresarial, sendo que MEs têm até nove pessoas ocupadas nas atividades de serviços e comércio, e pequenas empresas entre dez e 49 pessoas ocupadas. Já no segmento da indústria da transformação e da construção, são consideradas MEs aquelas com até 19 pessoas ocupadas, e pequenas empresas, entre 20 e 99 pessoas ocupadas.

A literatura sobre internacionalização de MPMEs emergiu ao final dos anos 1980 e início dos anos 1990, ainda que embasadas no Modelo de Uppsala de 1977. A nova visão exposta foi de empresas menores capazes de se internacionalizar nos seus primeiros anos de existência, denominadas *"international new ventures"*. O foco era a classificação da internacionalização dessas empresas em seus padrões distintos: *startups* com foco em exportação e/ou importação; *traders* multinacionais; *startups* focadas em aspectos geográficos; e as *startups* globais. Outro modelo de empresa que se internacionaliza rapidamente em seus primeiros estágios foi denominada *born global*.

23.4.1 Internacionalização de micro, pequenas e médias empresas

As MPMEs diferem-se das grandes empresas em suas estratégias, *performance* e padrões. Frequentemente, enfrentam situações como falta de recursos financeiros, físicos e humanos, capacidades que permitem a implementação de estratégias similares às de grandes empresas. Nessa realidade, quando se trata do processo de exportações, empresas menores passam por desafios diferentes de grandes empresas, como a falta de influência em políticas públicas que as favoreçam, e têm menos recursos que podem ser atrativos para parceiros em termos de complementaridades. No entanto, as MPMEs possuem elevado nível de dinamismo, flexibilidade e motivação, que lhes permite ter adaptabilidade às estratégias emergentes de forma mais rápida, favorecendo em ambientes de mudanças drásticas.[39]

O Modelo de Uppsala ou gradual, anteriormente já apresentado, foi o primeiro a abordar a internacionalização de MPMEs. A dinâmica do modelo do final dos anos 1970 e início dos anos 1980 prevê a internacionalização dessas empresas como um processo que envolve o crescente aprendizado de diferentes mercados e cujo comprometimento é crescente por meio das vendas para mercados estrangeiros, como um círculo virtuoso, no qual, quanto maior é o aprendizado, maior será o comprometimento de vendas, que gera mais aprendizado sobre novos mercados.

O modelo gradualista também tem como característica a entrada de uma empresa em locais com menor distância psíquica primeiro para depois avançar para países com diferenças maiores em termos culturais, econômicos e geográficos.[40] Essa distância foi definida no modelo como "a soma de fatores que impedem o fluxo de informação entre empresas e mercados", e isso inclui idioma, sistemas de educação, práticas gerenciais, desenvolvimento de cultura e nível de industrialização.

De acordo com o Modelo de Uppsala, dois níveis de variáveis devem ser levados em consideração: estáveis, que são os níveis de conhecimento e comprometimento de mercado, e as variáveis que se alteram, que são decisões quanto a compromisso e atividades correntes. É importante ponderar que o modelo gradualista explica o comportamento de MPMEs de determinado período de tempo e de disposições geográficas. À medida que o cenário econômico mundial foi avançando, críticas e novos padrões comportamentais de empresas foram emergindo,[41] entre eles o Modelo *born global*, apresentado a seguir e com análise comparativa.

No entanto, o advento de novos modelos e formatos de empresas não impediu o avanço do Modelo de Uppsala, ao explicar o comportamento das MPMEs. O modelo foi revisitado pelos autores entre 2009 e 2011, levando em consideração a mudança do ambiente de negócios e as críticas surgidas. Nessa nova versão, as *networks* são consideradas fatores de crescente importância, bem como as estratégias para a expansão da internacionalização das MPMEs.

Mercados são *networks* de relacionamentos em que empresas estão ligadas entre si, e "ter entrada" em um *network* relevante torna-se necessário para alcançar um processo bem-sucedido de internacionalização. O estabelecimento de uma posição nessas *networks* é relacionado, por esta nova versão do modelo, com a distância psíquica conforme é percebida pelos gestores, bem como a capacidade de aprendizado e as experiências por eles vivenciadas. Assim, ter esses relacionamentos de negócios permite que novas oportunidades sejam identificadas e exploradas, pois esses relacionamentos têm impacto considerável na decisão de entrada em determinado mercado e também no seu modo de entrada. Além disso, esses relacionamentos têm um papel significativo para a construção de confiança e comprometimento, importantes aspectos para a expansão em mercados internacionais.[42]

Nesse sentido, os mesmos conjuntos de variáveis foram também revistos no modelo, sendo as variáveis estabelecidas compreendidas por conhecimento, oportunidades, posições na *network* e, entre as variáveis mutantes, decisões de compromisso de relacionamentos, criação, aprendizagem e construção de confiança. Isso sugere que o conhecimento e as oportunidades influenciam a decisão de integrar *networks* de negócios, do mesmo modo que os processos de aprendizado, criação e construção de confiança têm impacto na posição estabelecida nessas *networks*.

Mesmo com a revisitação do modelo, ele ainda é questionado por diversos autores, que observam formas emergentes de MPMEs que não o seguem.

23.4.2 *Born global*

A rápida internacionalização de MPMEs de alta tecnologia é apresentada como um desafio para os modelos de internacionalização existentes, apresentados anteriormente. Denominadas *born global*, essas são organizações que prontamente se internacionalizam ou "nascem" já com esta premissa estratégica em busca de *performance* superior internacional a partir da aplicação de recursos baseados em conhecimento, conforme já foi apresentado.

O modelo *born global* desafia os modelos relacionados com a inovação e também o modelo de internacionalização incremental:[43]

1. Ao contrário das predições dos modelos relacionados com a inovação, as *born global* não começam suas operações em seu mercado doméstico para depois se internacionalizarem. Essas empresas já são internacionalizadas desde o início de sua existência, e seus

530 Administração ▪ *Conejero – Oliveira – Abdalla (Orgs.)*

gestores são focados em mercados globais desde o início das operações.

2. Ao já emergirem no mercado internacionalizadas ou adotarem essa estratégia rapidamente, opõem-se ao modelo incremental ou de processo linear. A criação de sua vantagem competitiva está baseada no uso de recursos internacionais e no desenvolvimento rápido em vários mercados estrangeiros.

3. Ao contrário das predições do modelo de internacionalização incremental, as *born global* não entram primeiro em países que têm proximidade psíquica e depois naqueles distantes ou pouco semelhantes. Em vez disso, essas empresas não têm esse tipo de preocupação e começam suas vendas em diversos países distintos; as decisões de seus gestores não aparentam ser afetadas pelas diferenças de conhecimento entre países.

4. O modo de entrada em diferentes países também pode ser variado ou ainda combinando diversas formas como *joint-ventures*, subsidiárias totalmente próprias com ou sem experiência no mercado local.

5. Ao contrário das empresas tradicionais, as *born global* têm preocupação primária em maximizar seu valor e lucratividade e não em minimizar os riscos a que estão expostas.

Os principais recursos para que esse processo de internacionalização rápida ocorra são o conhecimento e a *network* internacional. As empresas com grande conhecimento de mercado, devido à experiência internacional de seus empreendedores, têm maior propensão ou capacidade de aprendizado para reunir conhecimento sobre mercados estrangeiros.[44] Essas empresas intensivas em conhecimento têm maior habilidade de aprendizagem, o que torna mais fácil o processo de adaptação a novos ambientes.

Ter *network* internacional é uma vantagem dos empreendedores para detectar as oportunidades, estabelecendo relacionamentos internacionais e acessando informações.[45] Os avanços nos setores de infraestrutura e comunicação foram importantes para viabilizar o modelo *born global*. Nesse modelo, a internet tem papel relevante em reduzir a influência da distância psíquica, por tornar irrelevante a localização dos produtores e dos consumidores.

O Quadro 23.6 apresenta uma comparação entre as características de internacionalização de MPMEs tradicionais (modelo gradualista) e o modelo de *born global*, embasado nas críticas realizadas ao modelo gradual de Uppsala.

Quadro 23.6 Características associadas aos modelos de internacionalização de MPMEs

Principais dimensões	Atributos	Modelo *born-global*	Modelo gradualista
Característica dos fundadores e sua equipe	Visão de gestão	Globais desde o início	Mercados internacionais são desenvolvidos gradualmente após uma base de mercado significativa interna
	Experiência internacional precedente	Alto grau de experiências precedentes dos fundadores e/ou gestores	Irrelevante ou baixo grau de experiência prévia em negócios internacionais
	Comprometimento de gestão	Comprometimento alto e dedicado aos esforços de internacionalização precoce e seus desafios	Comprometimento geral com os objetivos e ações, mas não diretamente relacionados com a internacionalização
	Networking	Grande uso de *network* pessoal e de negócios em nível local e internacional. Aspecto crucial para se internacionalizar de forma rápida, precoce e bem-sucedida	Rede "solta" em termos pessoais e de negócios. Apenas distribuidores internacionais parecem ser relevantes para a empresa que se internacionaliza de forma gradual

Continua

Cap. 23 ■ Internacionalização de empresas **531**

Continuação

Principais dimensões	Atributos	Modelo *born global*	Modelo gradualista
Capabilidades organizacionais	Conhecimento de mercado e comprometimento	Grande desde o seu início devido ao alto nível de conhecimento sobre internacionalização desde sua criação	Crescimento lento de acordo com o obtido no mercado interno e posteriormente no externo
	Ativos intangíveis	Ativos únicos baseados em conhecimento de processos que são críticos para a internacionalização precoce	Disponibilidade e presença de ativos intangíveis são pouco relevantes para o sucesso do processo de internacionalização gradual
	Recursos para criação de valor	Criação de valor por diferenciação de produtos, produtos de vanguarda tecnológica, inovação tecnológica e liderança em qualidade	Produtos menos inovadores e de vanguarda resultam em menor propensão a criação de competências de valor
Foco estratégico	Escopo e extensão da estratégia de internacionalização	Foco em nichos de mercado, proativos em estratégia internacional em diversos locais geográficos desde sua criação	Mais reativas e menos orientadas a nichos de mercado. A estratégia de internacionalização é desenvolvida de forma serial e de acordo com a distância psíquica
	Seleção, orientação e relacionamentos com consumidores internacionais	Grupos de consumidores definidos de forma restrita por orientação a eles e relacionamento próximo	Está nas mãos das empresas intermediárias nos primeiros estágios da internacionalização da empresa
	Flexibilidade estratégica	Grande flexibilidade para adaptar-se às rápidas mudanças externas	Flexibilidade limitada para a adaptação a mudanças externas

Fonte: Rialp *et al.*[46]

DA TEORIA À REALIDADE BRASILEIRA

Quadro 23.5 BRAIN4CARE

***Born global* brasileira se desenvolve por meio de rede e investimentos internacionais**

Essa história começa com um erro de diagnóstico inicialmente considerado doença de Parkinson, mas que na realidade era uma hidrocefalia ou água no cérebro. Por qual razão os médicos dão o diagnóstico errado? A crença predominante de que o cérebro é uma estrutura rígida que só pode ser diagnosticada abrindo-o e inserindo um sensor para ver o que realmente está acontecendo lá dentro. O físico decidiu investigar essa suposição e finalmente a refutou.

Ao monitorar a pressão cerebral, os médicos têm acesso a uma possível não conformidade antes que os sintomas apareçam. As pesquisas partiram das correlações entre essas flutuações e a saúde do cérebro. Em 2014, o físico Sergio Mascarenhas e Plinio Targa, empresário, começaram seu modelo de negócios em busca de investimento para a *startup* Brain4Care. Em 2015, buscaram a aceleradora da Singularity University como fonte de aprendizado e recursos. No entanto, com os aprendizados ali adquiridos e conexões, captaram o investimento a partir da própria rede de contatos.

No Brasil, a Anvisa (Agência Nacional de Vigilância Sanitária) autorizou o produto em março de 2019. Desde então, 15 hospitais e clínicas médicas pelo país já utilizam o sensor em pacientes da unidade de tratamento intensivo. Além de menos invasivo, o método da Brain-4Care é econômico. Enquanto a empresa cobra uma mensalidade de 3.100 reais por sensor utilizado, o método tradicional, segundo especialistas ouvidos pela revista *Exame*, custa em torno de 20 mil reais por paciente operado.

Já nos Estados Unidos, o processo que se iniciou em 2018 foi aprovado ao final de 2019 para utilizar seu sensor de medição de pressão intracraniana no país. Para os fundadores, a dificuldade desse processo compensa, pois o "aval" dos Estados Unidos facilita os demais processos de aprovação no mercado de saúde.

Fonte: adaptado de *Exame*[47] e Singularity University.[48]

23.5 CONSIDERAÇÕES FINAIS E QUESTÕES

Os modelos de internacionalização de empresas se desenvolvem e se aprimoram à medida que o ambiente de negócios apresenta mudanças. A intenção deste capítulo foi apresentar os modelos em panorama evolutivo para promover a discussão em torno das variáveis que influenciam a internacionalização da MPMEs. É importante observar que há influência de todos eles, pelo fato de tais empresas incorporarem o conhecimento acumulado e adaptado a suas realidades. O Modelo de Upsalla, ou denominado gradual, e o modelo "*born global*" destacam-se por suas variáveis comportamentais, fator comum entre ambos e de grande relevância para explorar os casos que não partem necessariamente da premissa de vender mais ou explorar recursos, mas da criação de valor e aumento de lucratividade, que motivam por caminhos distintos a "navegar por mares" ainda pouco conhecidos com maior ou menor rapidez como função de conhecimento e relacionamentos estabelecidos anteriormente.

O caso da empresa brasileira de *freezers* comerciais Metalfrio ilustra os benefícios e desafios do processo de internacionalização. A Metalfrio era, até 2003, uma subsidiária da empresa de engenharia alemã Bosch. Tornou-se independente em 2004 e, em menos de uma década, tornou-se a segunda maior empresa de seu setor, com instalações de produção em cinco países e vendas em mais de 80 países.

CONTRIBUIÇÕES DO CAPÍTULO PARA A ADMINISTRAÇÃO CONTEMPORÂNEA

a) O processo de internacionalização de empresas é transversal aos temas e modelos da administração contemporânea, contemplando o entendimento desde a estrutura, estratégia, direcionamento de mercado, como também aspectos operacionais, como implementação de operações, pessoas e seu desenvolvimento, estrutura de governança e direcionamento de investimentos. Sua mutabilidade ao longo da história reflete o dinamismo das estruturas organizacionais, contemplando desde as grandes empresas multinacionais provenientes de países desenvolvidos até a emergência dos países em desenvolvimento, as contemporâneas PMEs e empresas cuja internacionalização é parte da estratégia desde o início – *born global*.

b) A compreensão desta área em termos históricos permite aos estudantes que façam as relações entre estruturas e estratégias a partir do uso de ferramentas que se adaptem ao macroambiente em que se inserem, em termos evolutivos, mas sem que se percam os conceitos-chave dos primeiros estudos como guia estratégico para que a internacionalização seja viabilizada: motivações, escolha de países-alvo como destinos possíveis e forma de entrada. Independentemente de porte ou momento, essas questões precisam ser analisadas e embasam o pensamento estratégico de seus empreendedores ou gestores, em países desenvolvidos ou em desenvolvimento.

c) Analisar as referências da literatura e como elas explicam tais processos formam configurações positivas para estabelecimento de estratégias; no entanto, pesar os pontos fracos de mercados e também desafios a serem enfrentados neste processo ajuda a evitar investimentos mal empreendidos.

QUESTÕES PARA REFLEXÃO

1) Por que gestores e empreendedores devem fazer uma reflexão profunda sobre os motivadores estratégicos antes de se lançarem à internacionalização das empresas?

2) Quais são os maiores desafios que empresas brasileiras enfrentam para se internacionalizar? Considere essa internacionalização tanto no modo de

exportações quanto no estabelecimento de subsidiária fora do país.

3) Quais fatores das MPMEs do Brasil podem ser desvantajosas para se internacionalizar?

4) Que características as empresas brasileiras deveriam procurar ao quererem se lançar como *born global*?

5) Como os casos de sucesso de MPMEs podem ser exemplos para empresas brasileiras acelerarem seu processo de internacionalização?

QUESTÕES PARA AVALIAÇÃO DO CONHECIMENTO

1) Quais são as três decisões estratégicas que um gestor ou empreendedor deve considerar ao decidir internacionalizar a empresa?

2) Quais são os principais desafios enfrentados no processo de internacionalização de empresas emergentes?

3) Como as MPMEs diferem das grandes empresas em seu processo de internacionalização? Quais são os maiores desafios e as principais vantagens?

4) Quais são os pontos fortes e fracos de empresas *born global*?

5) Como os modelos *born global* e de Uppsala se diferem na internacionalização de MPMEs?

REFERÊNCIAS

[1] CHANDLER, A. D. *The visible hand.* Cambridge: The Belknap Press, 1977.

[2] BUCKLEY P. J.; CASSON, M. *The future of the multinational enterprise.* Holmes & Meier: New York, 1976.

[3] OVIATT, B. M.; MCDOUGALL, P. P. Toward a theory of international new ventures. *Journal of International Business Studies*, 25:45-64, 1994.

[4] CUERVO-CAZURRA, A.; NARULA, R. A set of motives to unite them all? Revisiting the principles and typology of internationalization motives. *Multinational Business Review*, 23:2-14, 2015.

[5] CUERVO-CAZURRA, A.; NEWBURRY, W.; PARK, S. *Emerging market multinationals:* managing operational challenges for sustained international growth. New York: Cambridge University Press, 2016.

[6] CUERVO-CAZURRA, A.; NARULA, R. *Op. cit.,* 2015; BENITO, G. R. G. Why and how motives (still) matter. *Multinational Business Review*, 23:15-24, 2015.

[7] FLEURY, A.; FLEURY, M. T. *Brazilian multinationals:* competences for internationalization. New York: Cambridge University Press, 2011.

[8] *Idem, ibidem.*

[9] *Idem, ibidem.*

[10] *Idem, ibidem.*

[11] OVIATT, B. M.; MCDOUGALL, P. P. *Op. cit,* 1994.

[12] FLEURY, A.; FLEURY, M. T. *Op. cit.,* 2011.

[13] CUERVO-CAZURRA, A.; NARULA, R. *Op. cit.,* 2015.

[14] BENITO, G. R. G. Why and how motives (still) matter. *Multinational Business Review*, 23:15-24, 2015.

[15] WILLIAMSON, O. E. *The economic institutions of capitalism:* firms, markets, relational contracting. New York: The Free Press, 1985.

[16] CUERVO-CAZURRA, A.; NEWBURRY, W.; PARK, S. *Emerging market multinationals:* managing operational challenges for sustained international growth. New York: Cambridge University Press, 2016.

[17] BENITO, G. R. G. *Op. cit.,* 2015.

[18] DUNNING, J. H. *Multinational enterprises and global economy.* Wokingham: Addison-Wesley, 1993.

[19] CUERVO-CAZURRA, A.; NARULA, R.; UN, C. A. Internationalization motives: sell more, buy better, upgrade and escape. *Multinational Business Review*, 23: 25-35, 2015.

[20] *Idem, ibidem.*

[21] BENITO, G. R. G. *Op. cit.,* 2015.

[22] FLEURY, A.; FLEURY, M. T. *Op. cit.,* 2011.

[23] *Idem, ibidem.*

[24] BENITO, G. R. G. *Op. cit.,* 2015.

[25] FLEURY, A.; FLEURY, M. T. *Op. cit.,* 2011.

[26] contracting. New York: The Free Press, 1985. CUERVO-CAZURRA, A.; NEWBURRY, W.; PARK, S. *Op. cit.,* 2016.

[27] *Idem, ibidem.*

[28] DUNNING, J. H. *Op. cit.,* 1993.

[29] WILLIAMSON, O. E. *The economic institutions of capitalism:* firms, markets, relational contracting. New York: The Free Press, 1985.

[30] FLEURY, A.; FLEURY, M. T. *Op. cit.,* 2011.

[31] *Idem, ibidem.*

[32] *Idem, ibidem.*

[33] CUERVO-CAZURRA, A.; NEWBURRY, W.; PARK, S. *Op. cit.*, 2016.

[34] *Idem, ibidem.*

[35] *Idem, ibidem.*

[36] *Idem, ibidem.*

[37] GUIMARÃES, A. B. S; CARVALHO, K. C. M.; PAIXÃO, L. A. R. *Micro, pequenas e médias empresas:* conceitos e estatísticas. Radar. Instituto de Pesquisa Econômica e Aplicada (IPEA), 55, 2018.

[38] *Idem, ibidem.*

[39] GUIMARÃES, A. B. S; CARVALHO, K. C. M.; PAIXÃO, L. A. R. *Op. cit.*, 2018; ZACHARAKIS, A. L. Entrepreneurial entry into foreign markets: a transaction cost perspective. *Entrepreneuriship Theory and Practice* 21 (3), 23-39, 1997.

[40] ZACHARAKIS, A. L. *Op. cit.*, 1997.

[41] OVIATT, B. M.; MCDOUGALL, P. P. *Op. cit*, 1994.

[42] JOHANSON, J.; VAHLNE, J. E. The Uppsala internationalization process model revisited: from liability of foreingness to liability of outsidership. *Journal of International Business Studies,*40, p. 1411-1431, 2009; DOMINGUEZ, N.; MAYRHOHER, U. Internationalization stages of traditional SMEs: Increasing, decreasing and re-increasing commitment to foreign markets. *International Business Review*, v. 26 (6), p.1051-1063, 2017.

[43] *Idem, ibidem.*

[44] OVIATT, B. M.; MCDOUGALL, P. P. Toward a theory of internactional new ventures. *Journal of International Business,* 25 (1), 45-64, 2005.

[45] KALINIC, I.; FORZA, C. Rapid internationalization of traditional SMEs: between gradualist models and born globals. *International Business Review,* 21, p. 694-707, 2012.

[46] RIALP, A.; RIALP, J.; URBANO, D.; VAILLANT, Y. The born-global phenomenon: a comparative case study research. *Journal of International Entrepreneurship*, 3 (2), 133-171, 2005.

[47] REVISTA EXAME. Com a aprovação dos EUA, startup de saúde brasileira mira expansão global. Disponível em: https://exame.abril.com.br/pme/com-aprovacao-dos-eua-startup-de-saude-brasileira-mira-expansao-global/. Acesso em: 11 maio 2020.

[48] SINGULARITY UNIVERSITY. Case of Brain Care Technology. Disponível em: https://su.org/wp-content/uploads/2018/05/Singularity-University-SU-CS-Braincare-EN.pdf. Acesso em: 11 maio 2020.

Capítulo 24
Gestão de riscos corporativos

Assista ao **vídeo**

Antonio João de Oliveira Vianna Junior
Nina Machado Figueira
Guilherme Eduardo da Cunha Barbosa

Pontos de aprendizado

Neste capítulo, o leitor poderá aprofundar seu conhecimento sobre:
- Definição e tipos de riscos.
- Impacto dos riscos no desempenho organizacional.
- Principais modelos de gerenciamento de riscos.
- Papel do administrador no gerenciamento de riscos corporativos.
- Tratamento de riscos.
- Gestão de riscos no setor público.

RESUMO

O capítulo apresenta os principais aspectos relacionados com a gestão de riscos corporativos por meio da literatura consolidada cientificamente, bem como relaciona os referidos conteúdos à temática da administração contemporânea. Para tal, este capítulo está estruturado nos seguintes tópicos: definição e tipos de riscos (estratégicos, operacionais, financeiros); impacto dos riscos no desempenho organizacional; principais modelos de gerenciamento de riscos (COSO; Orange book; ISO 31000); tratamento de riscos; o papel do administrador na gestão de riscos corporativos; gestão de riscos no setor público; *compliance* e gestão de riscos. O assunto relaciona-se com a temática do livro por apresentar conteúdos emergentes relacionados com a administração contemporânea, amplamente aplicada e de fundamental importância nos dias atuais.

24.1 INTRODUÇÃO

Com o passar dos anos, ocorreram diversas mudanças de paradigmas na temática do controle interno, cabendo destaque à inclusão da gestão de riscos como fator de consideração do processo de controle, sendo um importante elo entre os organismos e o ambiente que se desenvolvem.[1] Não por acaso, estruturas organizadas de controle interno têm sido desenvolvidas de forma extensiva em organizações, no que se refere ao gerenciamento dos riscos.[2]

Não se pode separar o risco das atividades de controle interno.[3] Tanto um quanto o outro seguem um caminho associado buscando auxiliar a organização na conquista de seus objetivos, desde que coordenados e desenvolvidos de maneira oportuna.[4]

De acordo com a Federação das Associações Europeias de Gerenciamento de Risco,[5] o "risco pode ser definido como a combinação da probabilidade de um acontecimento e das suas consequências". Outra definição contempla que "risco é a ameaça de que um evento ou uma ação afete a habilidade da organização em maximizar valor para os *stakeholders* e atingir seus objetivos e estratégias de negócio"[8].

Cabe ressaltar que o gerenciamento dos riscos deve ser um procedimento contínuo, dinâmico e organizado de conhecimento, gestão e informação dos riscos através da perspectiva da organização. Na gestão de riscos, os procedimentos e os programas devem ser desenvolvidos de forma a assegurar a clareza das experiências e expectativas para todos os atores envolvidos e também para os que estão tendo um primeiro envolvimento.[6]

Dessa forma, estruturamos este capítulo de modo a iniciar pela definição e os tipos de riscos e permeando por outros tópicos basilares para a compreensão da temática associada à administração contemporânea.

24.2 DEFINIÇÃO E TIPOS DE RISCOS

O conceito mais tradicional e comum de risco está associado à ocorrência e aos efeitos de um evento indesejado. Nas suas aplicações em diversas indústrias, como a nuclear, a aeroespacial e a militar, o evento indesejado é uma falha ou uma situação quando elementos de perigo passam a um estado crítico que inicia um acidente. Dessa forma, o risco é entendido e avaliado por meio de estatísticas e modelos matemáticos que consideram danos a populações e prejuízos materiais.

O conceito moderno de risco passa a ser associado a um espectro mais amplo, além de eventos de natureza catastrófica. Assim, não tratamos apenas de eventos com potenciais negativos, mas de qualquer evento em que é possível haver alguma consequência nos objetivos de uma organização. Esses eventos podem gerar impacto tanto negativo quanto positivo ou ambos. Impactos negativos podem impedir ou até mesmo destruir a criação de valor nas organizações. Os impactos positivos podem ser tomados como oportunidades para a organização.[7]

O risco de determinado evento é calculado pela multiplicação de duas dimensões: a probabilidade da ocorrência do evento e o impacto de sua consequência:

$$Risco = Probabilidade \times Consequência\ (Impacto)$$

A ISO 31000[8] define a probabilidade como "chance de algo ocorrer" e a consequência como "resultado de um evento que afeta os objetivos". As duas dimensões do risco direcionam os processos de análise e avaliação, bem como toda a gestão continuada.

A avaliação de riscos exige um processo de busca de informações, para que se torne conhecido um valor preciso, referente à probabilidade de ocorrência do evento. O processo também deve procurar compreender os diversos mecanismos acionados por ocasião da ocorrência do evento, seus desdobramentos e evoluções de acordo com possíveis cenários.

Em seguida, os esforços necessários para uma mitigação do risco são também direcionados em dois tipos de controles: os preventivos, que atuam na diminuição da probabilidade de ocorrência do evento, e os detectivos, que, quando associados a planos de contingência, diminuem e até eliminam as possíveis consequências do evento.

Como exemplo de controle preventivo temos a capacitação dos agentes envolvidos em determinados processos, bem como a padronização de procedimentos ou documentos que envolvem certas atividades e a segregação de funções. Já o controle detectivo está associado à identificação da ocorrência de riscos, e pode ser exemplificado como a confrontação de dados vindos de bases diferentes, acompanhamento da concorrência e do mercado ou monitoração do comportamento dos clientes.

Ao utilizar a gestão de riscos no mundo corporativo, é preciso ampliar o horizonte de sua aplicação, associando seus princípios, estrutura e processos à gestão em geral. Nesse contexto, a ISO 31000 adota a definição de risco como efeito da incerteza sobre os objetivos. A incerteza provém de problemas de informações com os quais o gestor se depara. A incerteza pode ser classificada em dois tipos:[9] a incerteza aleatória e a incerteza epistêmica, definidas a seguir:

- A incerteza aleatória é própria dos fenômenos que apresentam algum tipo de variação conhecida.

- A incerteza epistêmica é decorrente de falta de um conhecimento sobre determinado fenômeno.

A definição de riscos como efeito da incerteza sobre os objetivos traz à tona outros pontos de discussão. É preciso compreender que uma organização possui em sua gestão diversas abordagens para seus problemas, de acordo com o tipo de objetivo a ser analisado e trabalhado. Tais diferenças criam uma espécie de distinção própria na forma de estabelecer prioridades e empregar recursos para análise e solução de problemas.

Existindo classes de objetivos diferentes, convém apresentar também uma classificação de tipos de riscos, de forma a poder segmentar a gestão de riscos. Para a gestão de riscos corporativos, entre outras formas possíveis, podemos considerar os tipos de risco apresentados na Figura 24.1.

Figura 24.1 Tipos de riscos corporativos.

Riscos estratégicos	• Estão relacionados com os objetivos estratégicos assumidos pela organização. Trata-se de uma categoria de riscos afeitos à alta administração e que envolvem a organização como um todo. Sua gestão requer compreensão profunda sobre a organização e seu contexto em sua área de negócio, podendo ser influenciada por fatores externos, fora do controle da administração: mercado, concorrentes, órgãos governamentais, forças políticas etc.
Riscos operacionais	• São pertinentes aos objetivos estabelecidos sobre os recursos e processos internos da organização. São associados a falhas, deficiências ou inadequações dentro da própria organização
Riscos financeiros	• São associados à capacidade da organização em dispor e utilizar seus recursos financeiros para executar suas atividades previstas. Relacionam-se com os recursos financeiros e orçamentários

A classificação em diferentes tipos de riscos pode ser bem compreendida e justificada quando se depara com vários tipos de riscos, fazendo-se necessário estabelecer prioridades no tratamento. Por exemplo: como comparar determinado risco associado a um objetivo estratégico (mesmo que secundário) com o risco operacional ligado a um possível atraso de uma entrega, fruto de falhas numa linha de produção?

É necessário que os profissionais de uma organização entendam como diferentes grupos e indivíduos definem riscos, pois possíveis vieses na avaliação destes podem representar desafios para a organização.[10]

24.3 IMPACTO DOS RISCOS NO DESEMPENHO ORGANIZACIONAL

Ainda em relação ao conceito de risco como efeito da incerteza sobre os objetivos, tratamos agora de estudar seu impacto no desempenho da organização. Um evento indesejado em um processo interno da organização pode apresentar impacto que extrapola a capacidade de solução local do problema e assim, de certa forma, ultrapassa as fronteiras da organização. Podemos tomar como exemplo uma falha dentro de um processo de manutenção de um maquinário que faça com que uma fábrica infrinja algum tipo de legislação ambiental. Outro exemplo pode ser tomado dentro de um processo contábil, que pode apresentar erro (involuntário ou não), vindo a se configurar uma fraude.

SAIBA MAIS

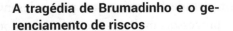

A tragédia de Brumadinho e o gerenciamento de riscos

Olhando pelo aspecto do gerenciamento de riscos, algumas lições podemos tirar da tragédia de Brumadinho. Não conheço a equipe técnica da Vale, não sei como eles se comportam com relação à prevenção de perdas e ao gerenciamento de riscos, também não sei quem construiu, mas enfim, neste momento, isso pouco importa.

Vendo as notícias na mídia, entre alguns vídeos e outros, não consegui acreditar que uma empresa desse porte e reconhecida mundialmente teve a capacidade mental de construir área administrativa e refeitório "abaixo" do nível da barragem. Pelos olhares de um gestor de risco, essa seria a primeira coisa que não deveria ser feita. Mas foi...

Outra coisa que eu não consigo entender é como o poder público autoriza a construção de uma barragem sem prever e mapear as eventuais áreas que podem ser atingidas em caso de rompimento. Essa, a meu ver, deveria ser uma premissa para a construção delas. Que as famílias pudessem ser realocadas (com um mínimo de compensação) em locais seguros. Quem quiser aprender, que venha a Santa Catarina conhecer o município de Itá, que fez nascer uma nova cidade (em área segura, no alto) para a construção de uma usina hidrelétrica.

Infelizmente, esta é uma tragédia sem tamanho, difícil de se engolir. Aquilo que economizaram utilizando o método mais simples para a barragem, gastarão agora em indenizações. Mas uma vida não tem preço, ou seja, é incomensurável.... Não tem dinheiro que pague, não tem seguro que cubra suficientemente para estancar a dor. E quem se foi vai fazer falta, vai fazer muita falta.

Fonte: Balen.[11]

A avaliação de riscos exige conhecimento sobre a organização e a capacidade de abstrair possíveis efeitos após a ocorrência do evento indesejado. Uma gestão de riscos madura não se trata de mais uma especialidade dentro da organização, mas algo que permeia os seus principais processos.[12] De certa forma, deve-se tomar cuidado para que a gestão de riscos não se torne encargo de um comitê isolado, mas um trabalho participativo e multidisciplinar. Deve-se considerar que os responsáveis pelos processos de uma organização são também proprietários dos riscos associados a seus processos.

A avaliação do impacto requer do analista a compreensão de como o evento indesejado desdobra-se numa série de eventos em sequência até atingir uma espécie de efeito final.[13] Deve-se observar também a presença de mecanismos ou barreiras que possam impedir ou minimizar tal propagação.

A organização pode ser entendida como um sistema estruturado de processos que se inter-relacionam, formando a chamada cadeia de valor agregado. Processos deficientes acabam influenciando os demais, provocando desequilíbrios e situações anômalas que podem prejudicar o desempenho da organização como um todo. Um bom entendimento sobre a estrutura de processos da organização facilita a compreensão sobre os desdobramentos de eventos.

Além da compreensão da estrutura sistêmica de processos da organização, a análise e avaliação de impacto requer o entendimento de fatores externos, como aspectos culturais, leis e regulamentos, posicionamento das partes interessadas ou a situação em que se encontra a organização, em termos de credibilidade para o público geral.

Conhecer os desdobramentos do evento, a estrutura sistêmica da organização e a forma na qual a comunidade se comporta diante de um problema possibilitará ao analista avaliar a magnitude do impacto. De certo modo, a avaliação dos impactos no desempenho organizacional acaba sendo uma tarefa peculiar, não havendo uma resposta universal para todas as situações. Assim, a análise de um mesmo evento em organizações diferentes poderá resultar numa magnitude diferente do risco percebido.

No que tange à eficácia da gestão de riscos corporativos em relação ao risco operacional, existem evidências de que as empresas que possuem programas estabelecidos experimentam uma redução de 63% na frequência de risco operacional e uma economia média de até 35% de redução nas perdas operacionais.[14] A adoção de um programa de *compliance* e gestão de riscos por uma organização garante benefícios que podem ser analisados em dois aspectos: os que evitam custos devido a não conformidades e os que aumentam as habilidades das instituições de satisfazer às necessidades de seus clientes e colaboradores.[15]

DA TEORIA À REALIDADE BRASILEIRA

Cinco tipos de motivos para usar o gerenciamento de riscos no seu negócio[16]

1 – Otimização do capital
Nada como saber onde se está pisando. As informações corretas com relação aos possíveis riscos do negócio permitem aos administradores e *controllers* calcularem com exatidão as necessidades de capital. Além disso, eles terão mais capacidade de otimizar a alocação desse capital.

2 – Melhores respostas aos riscos
Com uma identificação rigorosa de riscos, há mais eficiência em selecionar as respostas para esses riscos (Como evitar? Como mitigar? etc.).

3 – Redução dos prejuízos operacionais
Já que os riscos em potencial foram identificados, ninguém será pego de surpresa. Tendo a informação em um plano de gestão de riscos, as chances de reduzir os prejuízos associados são muito maiores.

4 Aproveitamento de oportunidades
Lembra da história de que o copo pode estar meio vazio ou meio cheio? Justamente por considerar diversos riscos potenciais, a empresa consegue se antecipar e ter um aproveitamento mais proativo das oportunidades.

5 – Aumento da lucratividade
A gestão empresarial de riscos auxilia na otimização do capital, diminui os riscos de prejuízo operacional e evita perda de recursos. Isso significa que no final a lucratividade será impactada positivamente.

24.4 PRINCIPAIS MODELOS DE GERENCIAMENTO DE RISCOS

Dentre os modelos estruturantes de gerenciamento de riscos, são elencados três, considerados mais relevantes em virtude de serem a base para o desenvolvimento deste processo, em diversas esferas ao redor do mundo. Os modelos selecionados são: COSO, ISO 31000 e *Orange Book*, os quais serão abordados nas seções a seguir.

24.4.1 COSO I e II

O *Committee of Sponsoring Organizations of the Treadway Commission* (COSO) apresentou em seu documento intitulado *Internal Control – Integrated Framework*, de 1992, uma estrutura, a qual teve como objetivo desenvolver uma estratégia de utilização acessível pelas organizações para analisar e aprimorar o gerenciamento dos riscos. Denominado COSO I, esse modelo consiste em uma figura baseada em três dimensões constituintes de um cubo, onde a primeira delas baseada nos objetivos, a segunda nos níveis de avaliação e a terceira nos aspectos componentes do controle interno. A Figura 24.2 ilustra esse cubo.

Segundo o COSO (1992), a primeira dimensão reflete os aspectos referentes aos objetivos, sendo também denominada "realização de objetivos" e contempla três importantes critérios: (1) a adequada gestão das operações, dos processos e dos negócios, tanto no nível operacional como estratégico; (2) a execução dos relatórios financeiros e a divulgação dos dados aos colaboradores com credibilidade; (3) a harmonia com os instrumentos legais e normativos aplicáveis.

A segunda dimensão expressa os diversos níveis de avaliação, englobando assim as estruturas organizacionais ou os tipos de corporações a serem apreciados. Essas estruturas podem ser classificadas como divisões, subsidiárias, atividades, organizações, unidades de negócio.[18]

Já a terceira dimensão representa os aspectos componentes dos controles internos, sendo composta em sua essência por cinco critérios: (1) ambiente de controle; (2) identificação e avaliação de riscos; (3) atividades de controle; (4) informação e comunicação; (5) monitoramento. Insta destacar que esses critérios precisam possibilitar a obtenção dos objetivos elencados dentro de cada tipo de estrutura.

A partir de uma visão crítica da análise estrutural do COSO, embora sugerida por diversos órgãos internacionais, essa estrutura não se representa como uma opção ímpar nem como a mais adequada para o gerenciamento de controles internos, tendo em vista que há uma dependência direta dos objetivos traçados pela instituição. Há que se indicar ainda que a estrutura do COSO é caracterizada por ser única na aplicação de uma metodologia que une os aspectos da gestão estratégica por meio das cinco dimensões, deduzindo-se assim a justificativa de sua utilização frequente por organizações no setor privado.[19]

Já o modelo conhecido como COSO II, também conhecido como COSO GRC ou COSO ERM, foi implementado por meio do trabalho *Enterprise risk management: integrated framework*, em 2004, traduzido pela *Price Watherhouse Coopers* e pelo Instituto dos Auditores Internos do Brasil em 2007. O novo *framework* trouxe alterações significativas com relação ao modelo anterior, tendo como foco o gerenciamento de riscos corporativos. O COSO II é representado pelo cubo ilustrado na Figura 24.3.

Figura 24.2 Cubo do COSO I.

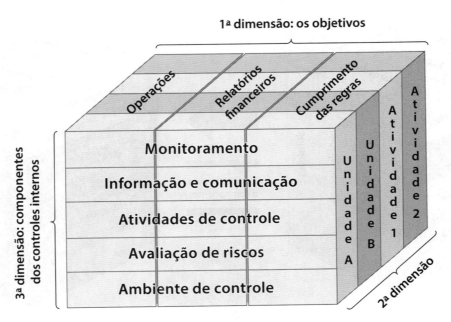

Fonte: COSO (1994).[17]

Figura 24.3 Cubo COSO ERM ou COSO II.

Fonte: COSO.[20]

Dentre as mudanças elencadas entre os modelos COSO I e COSO ERM, aponta-se um avanço na categoria relativa aos objetivos, sendo esses categorizados no novo modelo em quatro tipos: estratégico, operacional, comunicação e conformidade. A lógica deduzida dessa implementação do COSO II indica a importância do correto direcionamento da organização em saber aonde se quer chegar por meio de estratégias e objetivos traçados.[21] As principais alterações entre os modelos podem ser verificadas na Figura 24.4.

Figura 24.4 Comparações entre os modelos COSO I e COSO II.

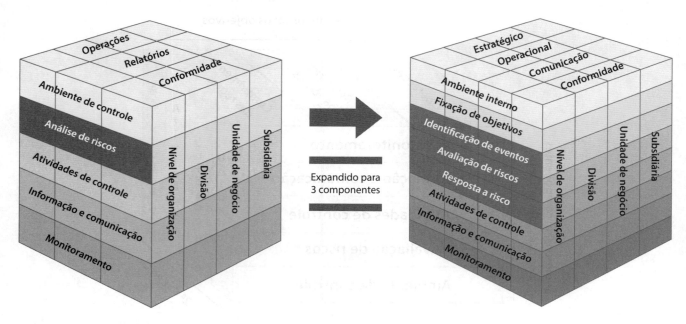

Fonte: Brasil,[22] adaptado de COSO[23] e COSO ERM.[24]

POR DENTRO DA TEORIA

As mudanças aplicadas pelo COSO ERM são evidenciadas por uma relação descrita em uma matriz tridimensional, mais uma vez, sob a forma de um cubo, em que a "fixação de objetivos", "identificação de eventos" e a "resposta a risco" foram inseridas como expansão da perspectiva "Avaliação de Risco" existente no *framework* anteriormente publicado (1992), passando a compor oito perspectivas de gerenciamento de riscos corporativos junto à mudança de nomenclatura da perspectiva "ambiente de controle" para "ambiente interno."[25]

De acordo com o COSO,[26] o ambiente interno inserido nessa perspectiva representa o perfil corporativo da instituição e possibilita identificação e direcionamento por parte de seu pessoal, somando-se ainda a filosofia empregada na gestão de riscos.

Após a realização de uma consulta pública no ano de 2016, o COSO aprimorou seu modelo do COSO II por meio do documento *Enterprise risk management: integrating with strategy and performance*, publicado em 2017. Esse modelo, denominado COSO novo ERM ou COSO 2017, traz como inovação a integração de outros processos da organização com o gerenciamento de riscos, tais como a definição dos objetivos e da estratégica, além de processos de gestão de desempenho e governança.[27]

Conforme ilustrado na Figura 24.5, o COSO novo ERM explora o gerenciamento dos riscos e a gestão da estratégia em três perspectivas, representadas no centro da figura: (1) a possibilidade de a estratégia estar desalinhada com os valores; (2) as inferências da estratégia escolhida; (3) os riscos na execução da estratégia.

24.4.2 ISO 31000

Outro modelo estruturante consagrado acerca do gerenciamento de riscos é a norma elaborada pela Associação Brasileira de Normas Técnicas (ABNT) em 2009 intitulada NBR ISO 31000. A ISO 31000, que foi revisada e atualizada em 2018, apresenta uma definição de política de gestão de riscos baseada na prescrição de intenções e diretrizes de uma corporação relacionada com os riscos. Para tal, a normativa apresenta um modelo baseado em princípios, estrutura e processos que possibilitam coordenar toda forma de risco de maneira sistemática, com transparência e credibilidade, sendo aplicável a todo tipo de contexto e escopo.[29]

A norma aponta a relevância da incorporação da gestão e riscos nos processos e práticas da organização, atuando com eficiência, pertinência e eficácia.[30] O processo do modelo de gestão de riscos da ISO 31000, ilustrado na Figura 24.6, é estruturado em seis fases: (1) comunicação e consulta; (2) definição do escopo, contexto e critério; (3) processo de avaliação de riscos; (4) tratamento dos riscos; (5) monitoramento e análise crítica; (6) registro e relato.

Figura 24.5 Estrutura do modelo COSO novo ERM 2017.

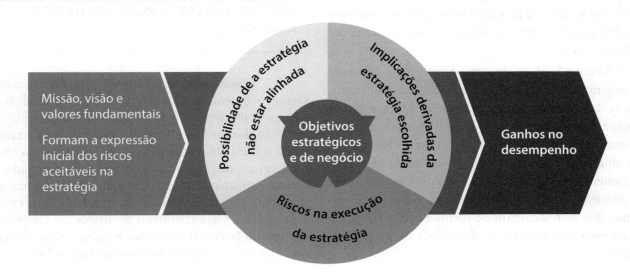

Fonte: adaptada de COSO.[28]

Figura 24.6 Processo do modelo ISO 31000.

Fonte: adaptada de ABNT/NBR ISO 31000 (2018).[31]

24.4.3 *Orange book*

Outro modelo de gerenciamento de riscos que merece o devido destaque foi divulgado pelo documento intitulado *The orange book: management of risk – principles and concepts,* desenvolvido pelo governo britânico. O documento serviu como a principal referência de condução metodológica do programa de gerenciamento de riscos do Reino Unido.[32]

O *Orange book* aponta que o foco mais relevante das organizações, no que se refere à gestão de riscos, deve se dar em torno da capacidade de apresentar um controle dos riscos a partir de suas especificidades e de uma forma que possibilite assegurar a obtenção de seus objetivos.[33] O documento aponta ainda que o gerenciamento de riscos não se desenvolve por meio de um processo linear, mas sim de um conjunto de elementos que se relacionam de forma equilibrada, com devida interação focada na efetividade de se gerirem os riscos.

SAIBA MAIS

O *Orange book* foi amplamente utilizado como a principal referência do programa de gestão de riscos do Reino Unido, tendo início em 2001 e atualização em 2004.
Fonte: Miranda.[34]

No Brasil, o então Ministério do Planejamento Desenvolvimento e Gestão[35] classificou o modelo do *Orange book* como vantajoso pela simplicidade no tratamento dos riscos, permitindo que as organizações estejam habilitadas para gerenciar seus riscos nos níveis estratégicos, de programas e de projetos e atividades. O mesmo ministério, inclusive, elaborou um guia baseado no supramencionado modelo, intitulado Guia de Orientação para o Gerenciamento de Riscos do Gespública (Programa Nacional de Gestão Pública e Desburocratização), cujo *design* pode ser visto na Figura 24.7.

Figura 24.7 Modelo de gerenciamento de risco do *Orange book.*

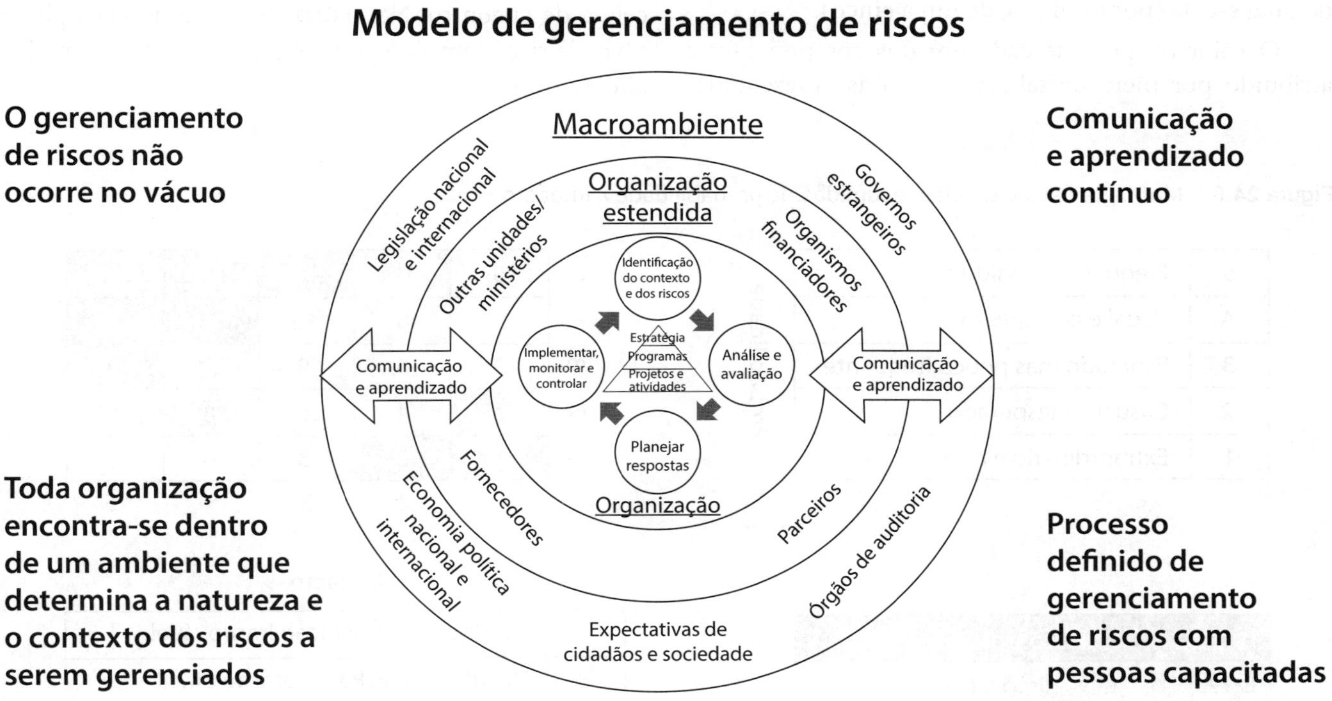

Modelo de gerenciamento de riscos

O gerenciamento de riscos não ocorre no vácuo

Comunicação e aprendizado contínuo

Toda organização encontra-se dentro de um ambiente que determina a natureza e o contexto dos riscos a serem gerenciados

Processo definido de gerenciamento de riscos com pessoas capacitadas

Fonte: Brasil,[36] adaptada de COSO.

Esse modelo apresenta como vantagens a compatibilidade com padrões internacionais de gerenciamento de riscos – tais como COSO e ISO 31000 –, assim como expõe o assunto de forma ampla e descomplicada, facilitando seu entendimento.[37]

DA TEORIA À REALIDADE BRASILEIRA

Os frequentes casos de corrupção veiculados na mídia nos últimos anos fizeram com que organizações públicas e privadas ficassem expostas por ações fraudulentas que ocorreram envolvendo a prática de ilícitos. A pressão da sociedade estendeu-se além dos órgãos públicos, fazendo com que empresas também revisassem sua forma de atuação de sua gestão interna. Nesse contexto, o gerenciamento de riscos ganhou substancial importância nas instituições, sendo implementado cada vez mais.

Atualmente, o gerenciamento de riscos corporativos é desenvolvido nas organizações tanto de maneira terceirizada, por meio de inúmeras empresas disponíveis no mercado especializadas em prestar esse serviço de consultoria e assessoramento de forma personalizada, quanto por meio de segmento próprio da empresa, devidamente capacitado para apoiar as decisões da diretoria. Independentemente do modelo de gestão de riscos a ser aplicado, as versões apresentadas neste capítulo visam organizar metodologicamente o processo de gestão de riscos, sendo este aplicável em diferentes áreas.

24.5 TRATAMENTO DE RISCOS

A avaliação de um risco é feita a partir de uma análise centrada nas causas e consequências de determinado evento. Isso permite obter valores ou pelo menos uma ordem de magnitude das duas dimensões do risco: probabilidade e impacto.

A dificuldade de uma avaliação quantitativa faz com que os principais modelos de gestão de riscos estimulem o uso da matriz de riscos, uma ferramenta bem intuitiva e de fácil utilização. A matriz de risco é formada pela composição das duas dimensões (probabilidade e impacto), que, por sua vez, são representadas por meio de uma escala (por exemplo, de um a cinco).

O valor ou grau de cada um dos componentes é atribuído por meio de tabelas, como as apresentadas dentro da Figura 24.8. Esses componentes formam as linhas e colunas da matriz, e o risco é qualificado pela célula de encontro. Na matriz usada como exemplo, o nível de risco tem as seguintes gradações: baixo, médio, alto e extremo.

Figura 24.8 Matriz de risco e tabelas resumidas de probabilidade × impacto

5	Frequente e assíduo
4	Usual e corriqueiro
3	Esperado mas pouco frequente
2	Casual e inesperado
1	Extraordinário e raro

Probabilidade

	1	2	3	4	5
5	5	10	15	20	25
4	4	8	12	16	20
3	3	6	9	12	15
2	2	4	6	8	10
1	1	2	3	4	5

15-25	Risco extremo
8-12	Risco alto
3-6	Risco médio
1-2	Risco baixo

Impacto

5	MÁXIMO. Recuperação improvável
4	SIGNIFICANTE. Recuperação difícil
3	MEDIANO. Possibilidade de recuperação
2	MÍNIMO. Recuperação fácil
1	INSIGNIFICANTE. Recuperação imediata

Fonte: Barbosa.[38]

Tanto na literatura quanto nas práticas de gestão de riscos, é possível encontrar variações da matriz e de suas tabelas. Após sua qualificação, o tratamento dos riscos é realizado a partir de uma decisão que envolve as alternativas:

Figura 24.9 Quatro alternativas para tratamento de riscos.

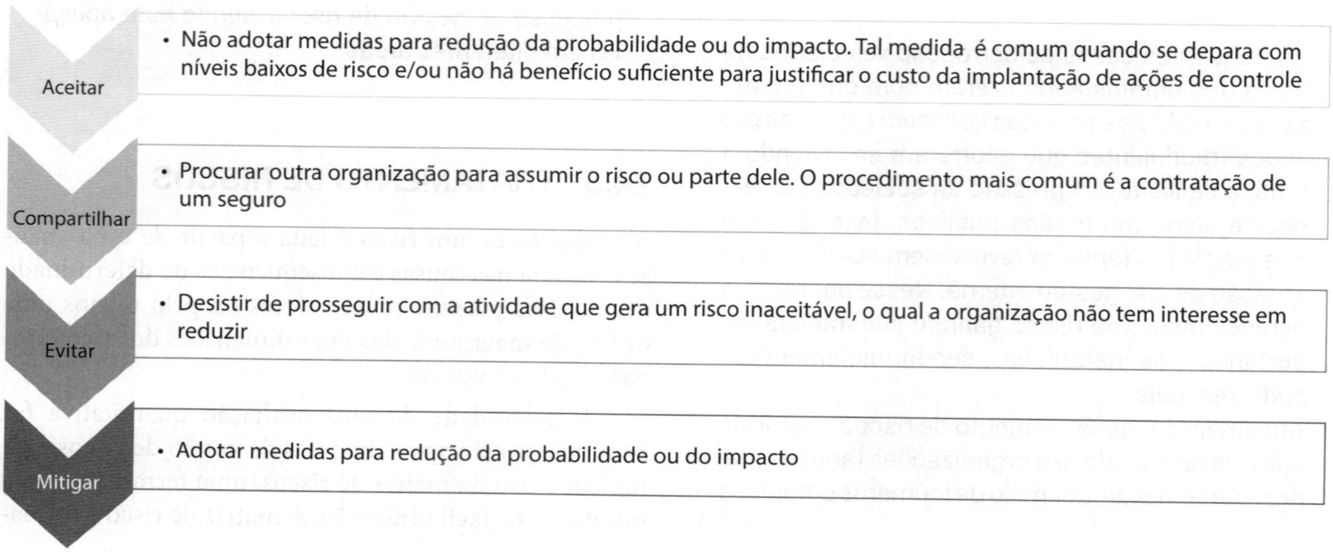

Aceitar
- Não adotar medidas para redução da probabilidade ou do impacto. Tal medida é comum quando se depara com níveis baixos de risco e/ou não há benefício suficiente para justificar o custo da implantação de ações de controle

Compartilhar
- Procurar outra organização para assumir o risco ou parte dele. O procedimento mais comum é a contratação de um seguro

Evitar
- Desistir de prosseguir com a atividade que gera um risco inaceitável, o qual a organização não tem interesse em reduzir

Mitigar
- Adotar medidas para redução da probabilidade ou do impacto

A decisão de mitigar o risco envolve a implantação ou o aperfeiçoamento de medidas de controle. Nesse contexto, o binômio causa-consequência do evento (ou probabilidade-impacto do risco) direciona tais esforços.

Para mitigar riscos a partir da diminuição da probabilidade de ocorrência do evento, o gestor deve implantar medidas de controle preventivo. Se a análise do risco foi realizada por meio de um estudo detalhado de suas causas, as informações obtidas podem ser bem empregadas na elaboração e seleção desses controles.

Por outro lado, a mitigação por meio da diminuição dos impactos requer a implantação de meios de detecção e planos de contingência que são iniciados após o problema ser verificado.

A adoção de controles, sejam eles preventivos ou detectivos, requer a elaboração de planos de ação dentro da gestão de riscos que devem ser detalhados de forma a gerenciar sua execução.

24.6 GESTÃO DE RISCOS NO SETOR PÚBLICO

O *Institute of Risk Management* estabelece como gestão de riscos o desenvolvimento de processos que associam, de forma metódica, os riscos atrelados a cada atividade, objetivando galgar os propósitos da organização.[39] Pesquisas importantes apontam ainda uma caracterização do gerenciamento de riscos como o alicerce para a obtenção dos resultados pretendidos pelas organizações.[40]

SAIBA MAIS

Institute of Risk Management (IRM)

O IRM é um órgão profissional especializado em gerenciamento de riscos corporativos (GRC). Sua principal missão é auxiliar o desenvolvimento de gestão de risco com excelência para melhorar a forma como as organizações funcionam.

O IRM oferece treinamento e capacitações reconhecidos internacionalmente, além de desenvolver pesquisas e liderança de pensamento, bem como a definição de padrões profissionais de conhecimento habilidades e comportamentos inerentes aos profissionais de risco de hoje.

Cabe destacar que o IRM é um instituto sem fins lucrativos atuante nos setores público e privado com independência.

Veja mais em http://www.theirm.org

POR DENTRO DA TEORIA

"A intenção da gestão de riscos é aumentar os benefícios e diminuir os custos de atividades incertas. No setor público, o governo lida com riscos por meio de diversas funções, como, por exemplo, a função de proteger direitos, criar condições para a prosperidade econômica, manter a integridade do meio ambiente, melhorar a saúde humana ou prestar serviços governamentais. Em quase todos os casos, a gestão de riscos exige que os decisores ponderem e aceitem meios-termos entre interesses conflitantes, em seus esforços para identificar uma solução ótima e aceitável".[41]

Além de agir como um estímulo ao *accountability*, o gerenciamento de riscos viabiliza o desenvolvimento de uma gestão pública eficiente e alinhada aos princípios constitucionais. Em que pese o fato de atribuir mais uma tarefa aos agentes da administração, a gestão de riscos designa um ator para acompanhamento de cada risco evidenciado. Dessa forma, consolida-se uma coligação de responsabilidades cuja consequência é a acentuação do comprometimento dos envolvidos na busca dos objetivos das ações.[42]

A preocupação recente com a gestão de riscos aflorou ainda mais na administração pública federal por meio de normatizações que implicam ações diretas das unidades gestoras. O Quadro 24.1 apresenta a evolução dessas normativas com seus objetivos, as significativas melhorias e avanços.

SAIBA MAIS

Accountability é um termo que ainda carece de consenso na literatura nacional, tanto no que tange à tradução da sua origem na língua inglesa quanto na sua definição teórica. De maneira geral, podemos destacar que o termo *accountability* se encontra inserido em um contexto democrático moderno. De acordo com o Centro Latino-Americano para o desenvolvimento CLAD – (2000), a *accountability* é refletida pela obrigação governamental de prestação de contas à sociedade, sendo regida pelos princípios do controle dos governantes pelos governados e pela soberania popular, tendo como principal instrumento de implementação o sufrágio universal.

Quadro 24.1 Gestão de riscos na administração pública

Instrução normativa	Objetivo	Melhorias e avanços
Instrução Normativa conjunta nº 1, de 10 de maio de 2016, do então Ministério do Planejamento, Orçamento e Gestão (MPOG) e da Controladoria Geral da União	Dispõe sobre controles internos, gestão de riscos e governança no âmbito do poder executivo federal	Adoção de medidas de sistematização de práticas relacionadas com a gestão de riscos, controles internos e governança por parte de todos os órgãos e entidades do poder executivo federal
Instrução Normativa nº 5, de 25 de maio de 2017, SEGES/MPDG	Dispõe sobre as regras e diretrizes do procedimento de contratação de serviços sob o regime de execução indireta no âmbito da administração pública federal direta, autárquica e fundacional	Inovou trazendo a obrigatoriedade do gerenciamento de riscos no planejamento das contratações
Instrução Normativa (IN) nº 1, de 29 de março de 2018, do MPDG	Dispõe sobre o Sistema de Planejamento e Gerenciamento de Contratações e sobre a elaboração do Plano Anual de Contratações de bens, serviços, obras e soluções de tecnologia da informação e comunicações no âmbito da administração pública federal direta, autárquica e fundacional	Ratificou a importância desta temática por meio da imposição da realização de um plano anual de contratações no qual se encontram inclusos os estudos preliminares e o gerenciamento dos riscos
Instrução Normativa nº 01, de 10 de janeiro de 2019, do Ministério da Economia	Dispõe sobre o plano anual de contratações de bens, serviços, obras e soluções de tecnologia da informação e comunicações no âmbito da administração pública federal direta, autárquica e fundacional e sobre o sistema de planejamento e gerenciamento de contratações	Revoga a Instrução Normativa nº 01, de 29 de março de 2018, MPDG O foco é o planejamento anual das contratações públicas de toda a administração federal, com a inclusão antecipada de demandas de bens, serviços, obras e soluções de tecnologia da informação e comunicações no sistema de planejamento e gerenciamento de contratações (PGC) Desvalorização do gerenciamento de riscos

24.7 PAPEL DO ADMINISTRADOR NA GESTÃO DE RISCOS CORPORATIVOS

A gestão de riscos corporativos, quando bem aplicada, permeia a gestão organizacional, oferecendo ao administrador um importante instrumento de planejamento e de apoio para o atingimento de metas e alinhamento aos objetivos. Sua principal característica, moldada pela própria definição do risco como "efeito da incerteza sobre os objetivos", é proporcionar à organização de ferramentas para lidar com insucessos e suas consequências de forma proativa e organizada. Em nível gerencial, o treinamento formal de executivos e a criação de comitês de gestão de riscos estão associados à maturidade da gestão de riscos corporativos.[43]

A gestão de riscos não é uma atividade simples e autônoma. Ela exige esforço inicial para sua implantação e considerável trabalho perseverante para sua continuidade. Essa implantação pode significar uma "quebra de paradigma" em organizações com pouca tradição prevencionista, desafio que aumenta após a entrega de um plano de gestão de riscos que precisa ser monitorado e atualizado.

Cap. 24 ■ Gestão de riscos corporativos **547**

Cabe ao administrador exercer um papel de aproveitamento da gestão de riscos na condução de suas atividades, atuando também como um zelador de sua correção e atualização. As seguintes boas práticas são evidenciadas para a eficiência na gestão de riscos corporativos:[44]

- Escopo da gestão de riscos permeando toda a organização.
- Busca e identificação de perigos em áreas não tradicionais de risco.
- Existência de diversos direcionadores que fortalecem a gestão de risco.
- Criação de um responsável pelo risco.
- Cultura e conhecimento do risco.
- Aumento previsível nos investimentos.
- Transparência na comunicação do risco.

24.8 *COMPLIANCE* E GESTÃO DE RISCOS

Compliance é um termo utilizado dentro do mundo corporativo que é derivado do verbo *to comply*, traduzido por agir de forma a cumprir regras, instruções ou comando. Está associado a fazer a coisa correta, ao cumprimento de normas legais, regulamentos, políticas, acordos firmados etc.

Modelos de referência como o COSO e iniciativas como a gestão de riscos na administração pública federal possuem forte direcionamento ao combate a ilícitos e não conformidades, fazendo com que a gestão (geral) preze pelo *compliance*. Uma vez que investiga e avalia a possibilidade desses eventos indesejados, a gestão de riscos possui forte empregabilidade dentro de programas corporativos de *compliance*. Ao avaliar a possibilidade de fraudes em licitação (evento indesejado), uma gestão de riscos analisará as diversas etapas do processo licitatório, antecipando-se a eventuais problemas – isso equivale a uma análise crítica, que pode melhorar o processo, deixando-o mais seguro.

Uma das questões fundamentais que o gestor de riscos deve considerar é que o descumprimento de qualquer dispositivo legal é, por si só, uma consequência de grande severidade. Por exemplo, se ao analisar determinado processo burocrático simples, for constatado que qualquer esquecimento fará com que a administração descumpra uma lei, a avaliação da consequência desse evento pode e deve ser máxima.

A associação da gestão de riscos a programas institucionais de *compliance* permite o compartilhamento de conceitos e ferramentas. A análise de riscos é essencial para a implantação de um programa de integridade porque diversas partes interessadas serão ouvidas e contribuirão para o desenvolvimento de um plano de integridade da empresa.[45]

DA TEORIA À REALIDADE BRASILEIRA

Quadro 24.2 Petrobras

Gestão de riscos e *compliance* fazem a diferença[46]

As exigências de *compliance* no mundo corporativo vêm aumentando desde a década passada no mercado global. O movimento começou nos Estados Unidos em resposta a fraudes contábeis cometidas em grandes empresas, como a Enron, e que resultaram na Lei Sarbannes-Oxley, aprovada pelo Congresso Americano em 2002. No Brasil, também houve mudanças na legislação, em 2013, para aprimorar os controles das empresas.

Entre as mudanças estabelecidas, representantes dos conselhos das companhias passam a responder civil e criminalmente por eventuais descumprimentos da lei. Essas e outras medidas têm impulsionado a criação de mecanismos de controle de riscos e *compliance* nas empresas.

A aplicação dessas medidas gera um círculo virtuoso. A empresa projeta solidez e segurança, ganha a confiança dos investidores, seu custo de capital e financiamento cai, novos investimentos geram resultados melhores que reforçam a percepção de solidez projetada para o mercado.

A Petrobras é um exemplo claro desse ciclo. A adoção de medidas de *compliance* e a gestão de riscos pela empresa são parte fundamental da recuperação da imagem da companhia e do seu valor em bolsa.

Uma das medidas mais importantes nas áreas de governança, *compliance* e risco da companhia foi a implementação de um programa corporativo movido por ações contínuas de prevenção, detecção e correção de atos de fraude e corrupção. O programa desdobra-se em ações como a criação de um canal de denúncias terceirizado, acessível a funcionários e público externo, que garante anonimato e independência no recebimento e no encaminhamento das denúncias. Nessa reforma da estrutura de governança, a Petrobras também passou a aplicar um processo de *due dilligence* de integridade em toda sua

> rede de fornecedores, para garantir um relacionamento mais transparente e seguro com essas empresas.
>
> Reconquistar a confiança do mercado também exige o engajamento do corpo de funcionários e o comprometimento da direção da empresa. Ações de comunicação e treinamento têm disseminado uma nova cultura de controle e conformidade na Petrobras. A empresa tem investido em cursos, palestras, videoconferências, campanhas e outras modalidades de abordagem para todos os níveis hierárquicos.
>
> O exemplo da Petrobras mostra que o controle e o *compliance* são o caminho para atender à demanda da sociedade e do mercado por mais transparência nas empresas. E, ao mesmo tempo, aumentar a solidez e a perenidade das empresas no longo prazo.

24.9 CONSIDERAÇÕES FINAIS E QUESTÕES

As atividades corporativas encontram-se expostas ao risco, e esse fato instiga a busca de informações sobre o tema em questão. Este capítulo abordou conteúdos relacionados com a gestão do risco corporativo a partir da definição dos tipos de riscos, do estudo dos impactos destes no desempenho organizacional, de seus principais modelos e de como gerenciá-los. Foram abordados nesse contexto o papel da administração, bem como a gestão de riscos no setor público. Conceitos modernos como o *compliance* também foram introduzidos, de forma a aumentar a compreensão dos leitores sobre o tema.

Os assuntos descritos neste capítulo encontram-se em conformidade com as expectativas de crescimento, profissionalização e discussão de temas relevantes para o setor corporativo. Desse modo, ressalta-se o necessário preparo dos agentes administrativos frente aos aspectos inerentes às práticas mínimas de controle interno, considerando que elas corroboram a gestão eficiente dos recursos, bem como o menor risco possível para a corporação/empresa.

Destacou-se ao longo do capítulo a importância da utilização de ferramentas para o controle de processos, tais como: auditorias interna e externa, revisões processuais, segregação de funções e domínio de ferramentas de gestão de riscos, visto que elas mesmas ratificam a visão estratégica da corporação.

Conclui-se que a gestão de riscos corporativos está inserida no ambiente de tomada de decisões em todos

os níveis hierárquicos. Portanto, por intermédio da disseminação dos conceitos de riscos, governança corporativa, eficiência operacional e processo decisório, espera-se despertar no leitor o interesse neste assunto de relevância estratégica no ambiente corporativo.

CONTRIBUIÇÕES DO CAPÍTULO PARA A ADMINISTRAÇÃO CONTEMPORÂNEA

a) Apresentação de um tema emergente de significativa importância na atualidade e relacionado com a administração contemporânea.

b) Risco pode ser definido como qualquer evento em que é possível haver alguma consequência nos objetivos de uma organização, sendo importante gerenciá-lo para assegurar a gestão da corporação.

c) O risco de determinado evento é avaliado pela relação de duas dimensões: a probabilidade da ocorrência do evento e o impacto de sua consequência.

d) Os modelos consagrados de gerenciamento de riscos corporativos são o COSO, *Orange book* e a ISO 31000.

e) No que tange ao setor público, nota-se uma evolução estrutural e normativa de implementação de práticas de gerenciamento de riscos que visam proporcionar maior governança nas organizações públicas.

f) Cabe ao administrador exercer papel de aproveitamento da gestão de riscos como uma ferramenta primordial na condução de suas atividades, servindo assim como instrumento de correção e atualização.

g) A adoção de um programa de *compliance* e gestão de riscos por uma organização garante benefícios que podem ser analisados em dois aspectos: os que evitam custos devido a não conformidades e os que aumentam as habilidades das instituições de satisfazer às necessidades de seus clientes e colaboradores.

QUESTÕES PARA REFLEXÃO

1) Em sua vida particular, você consegue identificar algum tipo de gerenciamento de riscos que você aplica em suas ações?

2) Identifique profissões que envolvam maior risco de vida ou de acidente e compare a valorização salarial destas categorias com outras.

3) O que motiva uma pessoa a aceitar riscos em suas decisões?

QUESTÕES PARA AVALIAÇÃO DO CONHECIMENTO

1) Defina o que é considerado arriscado nas seguintes situações:
   a) Escalada do Everest.
   b) Processo de contratação de uma empreiteira para uma obra.
   c) Linha de fabricação de vidros.
   d) Operação na bolsa de valores.
2) Qual a importância do *compliance* para a gestão de riscos?
3) Relacione o conceito de *accountability* com gestão de riscos.
4) Considerando a importância do gerenciamento de riscos corporativos, qual seria um perfil desejado de profissional para compor uma equipe de gestão de riscos?
5) Quais seriam as razões para contratação de um seguro?
6) Discuta o velho ditado "é melhor prevenir do que remediar" considerando questões de subjetividade e incerteza do processo de avaliação de riscos para a proposição de controles e planos de contingência.

MINICASO

Atentado terrorista de 11 setembro nos EUA

O conhecido e audacioso ataque terrorista ocorrido em Nova York, em 2011 surpreendeu não só os EUA como todo o mundo. A utilização de dois aviões para derrubar duas torres gêmeas localizadas na Ilha de Manhattan mostrou-se como uma atividade ofensiva inusitada até então, tendo em vista a preocupação da defesa americana estar voltada para o cenário internacional.

A Força Aérea Americana foi surpreendida com a operação, pois seu modo de treinamento e atuação buscava até então cenários em que sequestradores pousavam as aeronaves e exigiam condições de resgate. Ataques suicidas não estavam nas possibilidades de emprego da defesa aérea na oportunidade.

Na ocasião do atentado, o então presidente Bush encontrava-se na Florida e foi informado por seus assessores sobre a situação grave de segurança nacional que se encontrava ilustrada no fogo das torres do World Trade Center. Depois dos primeiros momentos de pânico e insegurança, o presidente foi direcionado a decolar para Washington. Sem ter a exata dimensão do que estava ocorrendo naquele momento, Bush buscava se aproximar da defesa para acompanhar e comandar as ações imediatas.

Ao saber da tentativa de Bush de voltar para Washington, a secretária de Estado Condoleezza Rice apontou que não era o caso de o presidente voar naquele momento pois a situação ainda não estava controlada. Logo após, Bush, embaraçado, decolou sem um destino imediato. A decisão de decolar o *Air Force One* buscou amparo em reduzir o risco de um ataque em terra. O gigante EUA se via curvado às ameaças de atuação de uma dúzia de terroristas.

Com o caos reinando no World Trade Center em chamas, cidadãos corriam para todos os lados, saltavam pelas janelas e agiam sem saber de fato o que estava acontecendo. Neste momento, com a certeza de que viviam uma situação grave e ameaçadora, líderes precisam estar preparados para tomar decisões difíceis que podem mudar o rumo da situação. O comandante dos bombeiros de Nova York, mesmo considerando os riscos da operação, avaliou a situação e tomou uma decisão acertada: entrar no prédio e tentar salvar o máximo de vidas. "Um prédio queimando é um prédio em demolição", disse o comandante. A obrigação dos soldados do fogo era tentar salvar o maior número de pessoas no incêndio. Essa decisão intrépida resultou na morte de 373 bombeiros, heróis que vieram a óbito quando as duas torres caíram e que até hoje são homenageados pela grandiosidade de seus atos em prol de vidas americanas.

1. Podemos considerar uma falha a ausência deste cenário nas simulações de crise da Força Aérea Americana?

2. Na ocasião da tomada de decisão da decolagem do presidente Bush, quais riscos estavam evidenciados e quais prováveis avaliações foram feitas para se chegar a decisão de decolar?

3. Como é possível avaliar a conduta do comandante dos bombeiros do ponto de vista dos riscos envolvidos e do objetivo da corporação a que pertenciam?

REFERÊNCIAS

[1] SOIN, K; COLLIER, P. Risk and risk management in management accounting and control. *Management Accounting Research*, v. 24, n. 1, p. 82-87, 2013.

[2] SPIRA, L. F.; PAGE, M. Risk management: the reinvention of internal controls and the changing role of internal audit. *Accounting, Auditing and Accountability Journal*, v. 16, n. 4, p. 640-661, 2003; MOELLER, R. R. *Coso enterprise risk management: understanding the new integrated ERM framework*. Nova Jersey: John Wiley & Sons, 2007; POWER, M. The risk management of nothing. *Accounting, Organizations and Society*, v. 34, n. 6-7, p. 849-855, 2009; SGĂRDEA, F. M. Risk management and the internal control systems promoted by Coso in the context of financial crisis. *Metalurgia International*, v. 14, n. 15, p. 53-56, 2009.

[3] FARIAS, R. P.; DE LUCA, M. M.; MACHADO, M. V. V. A metodologia COSO como ferramenta de gerenciamento dos controles internos. *Contabilidade, Gestão e Governança*, Brasília, DF, v. 12, n. 3, p. 55-71, 2009.

[4] *Idem, ibidem.*

[5] FEDERATION OF EUROPEAN RISK MANAGEMENT ASSOCIATIONS. *Norma de gestão de riscos*. 2003. Disponível em: http://www.ferma.eu/wp-content/uploads/2011/11/ariskmanagement-standard-portuguese-version.pdf. Acesso em: 24 fev. 2019.

[6] HILL, S. *Guia sobre a gestão de riscos no serviço público*. Trad. Luís Marcosn B. L. de Vasconcelos. Brasília: Escola Nacional de Administração Pública, 2006.

[7] COMMITTEE OF SPONSORING ORGANIZATIONS OF THREADWAY COMMISSION (COSO). *Gerenciamento de riscos corporativos*: estrutura integrada. Disponível em: http://www.coso.org/documents/COSO_ERM_ExecutiveSummary_Portuguese.pdf. Acesso em: 20 fev. 2019.

[8] ASSOCIAÇÃO BRASILEIRA DE NORMAS TÉCNICAS. ABNT NBR ISO 31000: Gestão de riscos – Diretrizes. 2. ed. Rio de Janeiro, 2018. 17 p.

[9] AYYUB, B. M. *Risk analysis in engineering and economics*. Boca Raton: CRC Press, 2014. 616 p.

[10] BROMILEY, P. *et al.* Enterprise risk management: review, critique, and research directions. *Long Range Planning*, v. 48, n. 4, p. 265-276, 1 ago. 2015.

[11] BALEN, G. C. A tragédia de Brumadinho e o gerenciamento de riscos. *Revista Apolice*, 2019.

[12] OLIVA, F. L. A maturity model for enterprise risk management. *International Journal of Production Economics*, v. 173, p. 66-79, 1 mar. 2016.

[13] BARBOSA, G. E. C. *Introdução à gestão de riscos*: aplicações para o Exército Brasileiro. Resende: AMAN, 2020.

[14] AL-AMRI, K.; DAVYDOV, Y. Testing the effectiveness of ERM: Evidence from operational losses. *Journal of Economics and Business*, v. 87, p. 70-82, 1 set. 2016.

[15] AZEVEDO, M. M. de *et al.* O compliance e a gestão de riscos nos processos organizacionais. *Revista de Pós-Graduação Multidisciplinar*, v. 1, n. 1, p. 179-196, 2017.

[16] DE CAMARGO, R. F. *O que é gestão de riscos e como ganhar competitividade para sua empresa com o gerenciamento de riscos*. Treasy. 2016. Disponível em https://www.treasy.com.br/blog/gestao-de-riscos-ou-gerenciamento-de-riscos/. Acesso em: 21 maio 2021.

[17] COMMITTEE OF SPONSORING ORGANIZATIONS OF THE TREADWAY COMMISSION. *Internal control*: integrated framework. New York: AICPA, 1994.

[18] WANDERLEY, C. A. N.; FONSECA, A. C. P. D.; PAULA, H. A. Controles internos no setor público à luz da estrutura do coso: o caso de um órgão de compra da marinha do Brasil. *Contexto – Revista do Programa de Pós-Graduação em Controladoria e Contabilidade da UFRGS*, v. 15, n. 30, p. 77-93, 2015.

[19] FARIAS, R. P; DE LUCA, M. M.; MACHADO, M. V. V. A metodologia COSO como ferramenta de gerenciamento dos controles internos. *Contabilidade, Gestão e Governança*, Brasília, DF, v. 12, n. 3, p. 55-71, 2009.

[20] COMMITTEE OF SPONSORING ORGANIZATIONS OF THE TREADWAY COMMISSION. *Enterprise risk management*. Disponível em: http://www.coso.org. Acesso em: 21 maio 2021.

[21] MIRANDA, R. F. A. *Implementando a gestão de riscos no setor público*. Belo Horizonte: Fórum, 2017. 181 p.

[22] BRASIL. Tribunal de Contas da União. Referencial básico de governança aplicável a órgãos e entidades da administração pública. Versão 2. Brasília: TCU, 2014. Disponível em: http://portal.tcu.gov.br/comunidades/governanca/. Acesso em: 21 maio 2021.

[23] COMMITTEE OF SPONSORING ORGANIZATIONS OF THE TREADWAY COMMISSION. *Internal control*: integrated framework. New York: AICPA, 1994.

[24] COMMITTEE OF SPONSORING ORGANIZATIONS OF THE TREADWAY COMMISSION. *Enterprise risk management*. Disponível em: http://www.coso.org. Acesso em: 21 maio 2021.

[25] ARAÚJO, D. J. C. *et al.* Unidades de controle interno dos municípios brasileiros: análise sob a ótica do COSO II. *Revista Universo Contábil*, v. 12, n. 2, p. 39-58, 2016.

[26] COMMITTEE OF SPONSORING ORGANIZATIONS OF THE TREADWAY COMMISSION. *Enterprise risk management.* Disponível em: http://www.coso.org. Acesso em: 21 maio 2021.

[27] MIRANDA, R. F. A. *Implementando a gestão de riscos no setor público.* Belo Horizonte: Fórum, 2017. 181 p.

[28] COMMITTEE OF SPONSORING ORGANIZATIONS OF THE TREADWAY COMMISSION. *COSO ERM- Integrating with Strategy and Performance*, 2017.

[29] MARTINS, M. A. F. *et al.* Política de gestão de riscos corporativos: o caso de uma agência reguladora da saúde. *Revista do Serviço Público*, v. 69, n. 1, p. 7-32, 2018.

[30] ASSOCIAÇÃO BRASILEIRA DE NORMAS TÉCNICAS. ABNT NBR ISO 31000: Gestão de riscos – Diretrizes. 2. ed. Rio de Janeiro, 2018. 17 p.

[31] *Idem, ibidem.*

[32] UNITED KINGDON. *The orange book*: management of risk – principles and concepts. London: HM Treasury, 2004.

[33] *Idem, ibidem.*

[34] HILL, S. *Guia sobre a gestão de riscos no serviço público.* Trad. Luís Marcosn B. L. de Vasconcelos. Brasília: Escola Nacional de Administração Pública. (Cadernos ENAP, 30), 2006.

[35] BRASIL. Ministério do Planejamento, Desenvolvimento e Gestão. Guia de orientação para o gerenciamento de riscos. Secretaria de Gestão Pública. Departamento de Inovação e Melhoria da Gestão. Gerência do Programa GESPÚBLICA. Brasília. 2013. Disponível em: http://www.gespublica.gov.br/sites/default/files/documentos/p_vii_risco_oportunidae.pdf. Acesso em: 20 dez. 2018.

[36] *Idem, ibidem.*

[37] COMMITTEE OF SPONSORING ORGANIZATIONS OF THE TREADWAY COMMISSION. *Enterprise risk management.* Disponível em: http://www.coso.org. Acesso em: 21 maio 2021.

[38] BARBOSA, G. E. C. *Introdução à gestão de riscos*: aplicações para o Exército Brasileiro. Resende: AMAN, 2020.

[39] THE INSTITUTE OF RISK MANAGEMENT. A risk management standard, 2002.

[40] MORAES, J. C. F. *Análise da eficácia da disseminação de conhecimentos sobre controles internos após sua implementação no Banco do Brasil.* 2003. 121 f. Dissertação (Mestrado em Engenharia de Produção) – Universidade Federal de Santa Catarina – UFSC, Florianopólis, 2003; CRAWFORD, M.; STEIN, W. Risk management in UK local authorities: the effectiveness of current guidance and practice. *The International Journal of Public Sector Management*, Bradford, v. 17, n. 6/7, p. 498-512, 2004; GUIMARÃES, I. C.; PARISI, C.; PEREIRA, A. C. Análise das práticas de gestão de riscos nas empresas não-financeiras de capital aberto da cidade de São Paulo: uma percepção dos gestores de riscos e controllers. *In*: CONGRESSO ANPCONT CONTROLADORIA E CONTABILIDADE GERENCIAL, 30. Salvador. *Anais* eletrônicos... Bahia: ANPCONT, 2006.

[41] COSTA, S. R. R.; FAJARDO, J. M. Um estudo acerca do uso da gestão de riscos estratégicos na auditoria de gestão da Marinha do Brasil. *Revista Catarinense da Ciência Contábil*, v. 10, n. 28, p. 73-89, 2011.

[42] MOORE, M. *Creating public value*: Strategic management in government. Cambridge: Harvard University Presss, 1995.

[43] BEASLEY, M.; BRANSON, B.; PAGACH, D. An analysis of the maturity and strategic impact of investments in ERM. *Journal of Accounting and Public Policy*, v. 34, n. 3, p. 219-243, 2015.

[44] CHING, H. Y. Contribuição das boas práticas do mercado para a eficiência na gestão de riscos corporativos. *Revista Brasileira de Estratégia*, v. 4, n. 3, 257-273, set./dez. 2011.

[45] CASTRO, R. P. A.; GONÇALVES, F. S. P. *Compliance e gestão de riscos nas empresas estatais.* Belo Horizonte: Fórum, 2018. 152 p.

[46] ÉPOCA NEGÓCIOS *Gestão de risco e compliance fazem a diferença.* Disponível em: https://epocanegocios.globo.com/Publicidade/Petrobras/noticia/2017/06/gestao-de-risco-e-compliance-fazem-diferenca.html. Acesso em: maio 2021.

Assista ao **vídeo**

Capítulo 25
Instituições e estratégia empresarial

Maria Sylvia Macchione Saes
Paula Sarita Bigio Schnaider Nissimoff

Pontos de aprendizado

Neste capítulo, o leitor poderá aprofundar seu conhecimento sobre:
- O que são macroinstituições e microinstituições (organizações).
- De que forma as instituições afetam o desempenho das organizações.
- A relação entre a estratégia das organizações e as estruturas de governança.
- Os avanços mais recentes na relação entre instituições e organizações, assim como da escolha das estruturas de governança.

RESUMO

Este capítulo visa associar o estudo das instituições às estratégias das empresas. Para tanto, é apresentada uma abordagem dos diferentes níveis da teoria das instituições. Primeiro, exploramos as macroinstituições, na condição de condicionantes do ambiente de negócios e, consequentemente, fonte de oportunidades e ameaças. Na sequência, são tratadas as microinstituições e como as estruturas de governança, ou seja, a configuração das cadeias produtivas, levam à apropriação de valor pelas empresas. Consequentemente, a capacidade de organização das cadeias constitui fonte de pontos fortes e pontos fracos. Por fim, exploramos as questões mais recentes dessa temática, que visam explicar as heterogeneidades. As mesoinstituições, responsáveis pela implementação das regras definidas no nível macroinstitucional, explicam a heterogeneidade de resultados de diferentes políticas públicas, tendo impactos sobre o ambiente de negócios. No nível microinstitucional, é tratado o caso particular da heterogeneidade de estruturas de governança para organizar transações similares: o caso das formas plurais. Conforme demonstraremos, existem casos em que as próprias características das transações requerem o estabelecimento de formas complexas para viabilizar a apropriação de valor. O estudo das instituições, portanto, é o ponto de partida para alcançar a vantagem competitiva sustentável.

25.1 INTRODUÇÃO

No Brasil, a indústria farmacêutica não pode produzir e comercializar novos medicamentos sem a autorização da Agência Nacional de Vigilância Sanitária (ANVISA), que garante efetividade e segurança do novo produto. De maneira semelhante, fabricantes de brinquedos não podem disponibilizar seus produtos aos consumidores sem que eles tenham sido aprovados para venda pelo Instituto Nacional de Metrologia, Qualidade e Tecnologia (INMETRO), garantindo que eles não empreguem, por exemplo, materiais tóxicos. A indústria de alimentos, por sua vez, só pode fornecer aos varejistas após aprovação sanitária do produto pelo Serviço de Inspeção Federal (SIF), garantindo que não há contaminação.

Todos esses exemplos ilustram uma situação muito comum na maioria dos mercados: as empresas precisam agir conforme um conjunto de regras que se aplicam a todos os agentes de determinado setor, em dada localidade (seja ela federal, como nos exemplos citados acima, ou regional). Em outras palavras, eles representam situações em que, claramente, as *microinstituições* (organizações) estão sujeitas às restrições impostas pelas *macroinstituições*.

POR DENTRO DA TEORIA

Macroinstituições são as regras do jogo, ou seja, as normas formais e informais que condicionam o comportamento de todos os agentes de determinado setor, em dada localidade. São exemplos de instituições: leis, regras, normas informais de comportamento, entre outras.

Microinstituições são os agentes econômicos, sujeitos às instituições. Muitas vezes, são utilizadas como sinônimo de *organizações*. Mais especificamente, no campo da administração, trataremos as organizações como empresas.

Fonte: Ménard.[1]

Neste capítulo, trataremos das macro e microinstituições e das interações entre elas. Na primeira parte do texto, serão apresentados os conceitos mais relevantes sobre as macro e microinstituições, assim como suas relações, conforme ilustrado na Figura 25.1.

Figura 25.1 Relações entre macro e microinstituições.

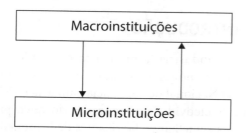

Na sequência, serão apresentados os avanços mais recentes nessa temática, tendo como principal enfoque a relação entre o ambiente de negócios e as estratégias das organizações.

25.2 INSTITUIÇÕES: ABORDAGENS TRADICIONAIS

Desde meados da década de 1970, tem-se observado um crescente interesse no estudo das instituições, principalmente devido à influência da nova economia institucional (NEI).

A NEI admite que o principal problema econômico é a necessidade de mitigar conflitos –, em especial, aqueles decorrentes da divisão do valor criado, entre os diferentes agentes envolvidos na criação de valor. Para tanto, estuda as macroinstituições e suas interações com as microinstituições.

Logo, a NEI é frequentemente subcategorizada em duas grandes vertentes que se inter-relacionam: (1) os denominados "macroinstitucionalistas", dentre os quais destaca-se Douglass North, que admitem que a resolução dos conflitos se dá a partir do estabelecimento de "regras do jogo";[2] e (2) os "microinstitucionalistas", dentre os quais destaca-se Oliver Williamson,[3] cuja atenção é direcionada à forma de organização dos agentes econômicos, dadas as regras do jogo em determinado ambiente.

25.2.1 Macroinstituições

As macroinstituições são definidas como as "regras do jogo", ou seja, as normas que condicionam e restringem o comportamento dos agentes. Por exemplo, no caso de um jogo de futebol, as macroinstituições seriam o regulamento desse esporte, que determina, por exemplo, que a bola deve ser chutada com o pé e que o vencedor será o time que, durante o jogo, fizer o maior número de gols.

Essas regras são segmentadas em duas categorias. Na primeira delas, a das "instituições formais", se enquadraria o exemplo do jogo de futebol mencionado, em que as normas se encontram estruturadas, explícitas e documentadas. É o caso de leis, regulamentações e instrumentos normativos em geral, por exemplo.

Assim como as normas formais, as "instituições informais" também condicionam o comportamento dos agentes, determinando o que é permitido e o que não é permitido, embora não sejam documentadas. É o caso dos costumes, hábitos e códigos de conduta. Embora não sejam formalizadas, essas regras são, em geral, amplamente reconhecidas, aceitas e seguidas. Tome-se como exemplo a forma pela qual a cultura de um país condiciona o comportamento das pessoas de uma maneira amplamente aceita. Na China, por exemplo, o contato visual direto é visto como sinal de desrespeito, enquanto, no Brasil, é tido como sinal de honestidade. Isso determinará a forma pela qual os indivíduos se comportarão em cada país, embora isto não seja uma regra formalizada.

POR DENTRO DA TEORIA

Instituições formais: são normas que se encontram estruturadas, explícitas e documentadas. É o caso de leis, regulamentações e instrumentos normativos em geral.

Instituições informais: são normas não documentadas. É o caso dos costumes, hábitos e códigos de conduta.

Fonte: North.[4]

As macroinstituições têm o importante papel de organizar as economias de diferentes localidades. Ora, como elas condicionam e restringem o comportamento dos agentes, é natural se esperar tal função. Assim, frequentemente se admite que a maneira pela qual as macroinstituições são formuladas e organizadas afetará o ambiente de negócios e, consequentemente, ajudará a promover (ou impedir) o desenvolvimento econômico de uma localidade.

SAIBA MAIS

Douglass North foi um economista norte-americano, professor da Universidade de Washington, St. Louis, e ganhador do prêmio Nobel de economia em 1993. Foi um dos criadores da nova economia institucional. Sua obra de maior repercussão é *Institutions, institutional change and economic performance*.[5]

DA TEORIA À REALIDADE BRASILEIRA

Quadro 25.1 Pesquisa *Doing Business*

Como as instituições afetam o ambiente de negócios? Essa questão é o foco de pesquisa realizada pelo Banco Mundial, que traz em sua base a abordagem das instituições. Com o nome *Doing Business* (ou fazendo negócios, em tradução livre), desde 2002, a pesquisa analisa indicadores quantitativos institucionais verificando como estes afetam a capacidade de empreender da sociedade.

Para a construção dos indicadores, são entrevistadas firmas locais das 190 economias que compõem a amostra, capturando importantes dimensões da regulamentação dos negócios e da proteção de direitos de propriedade. Esses indicadores possibilitam comparar como as leis e regulamentações (macroinstituições) das diferentes sociedades criam incentivos à eficiência e apoiam as atividades econômicas.

São analisados dez indicadores buscando informações de (i) todos os procedimentos necessários (legais e formais), (ii) tempo gasto para realizar o procedimento (em dias/calendário) e (iii) seu custo monetário de completar cada procedimento (em % da renda *per capita*). Os indicadores pesquisados são: abertura de empresas, obtenção de alvarás de construção, obtenção de eletricidade, registro de propriedades, obtenção de crédito, proteção de investidores minoritários, pagamento de impostos, comércio internacional, execução de contratos e resolução de insolvência. As regulamentações do mercado de trabalho sobre a contratação de trabalhadores e contratação pública também são analisadas, mas não estão incluídas na pontuação e classificação.

A partir dessas informações, a pesquisa realiza uma classificação das economias que é divulgada anualmente, permitindo verificar a evolução da sociedade em facilitar (ou não) a atividade empresarial. Quanto mais próximo de 1, significa que o ambiente de negócios da economia é mais favorável à abertura e às atividades de uma firma local. As classificações são calculadas com base na média entre as pontuações dos dez indicadores que compõem a análise, sendo que todos os indicadores possuem o mesmo peso.

Esses resultados providenciam uma base para o entendimento das características das políticas governamentais que mais promovem os investimentos privados, fornecendo subsídios para políticas públicas.
Na sua 17ª edição, publicada em 2020, o Brasil está na posição 124 do cômputo geral, dentre os 190 países que integram a pesquisa. O melhor indicador apresentado pelo Brasil é o de execução de contratos, enquanto o pior é referente a impostos. Na América Latina e no Caribe, o Brasil está na 17ª posição entre 32 países analisados. México, Porto Rico e Colômbia são os três primeiros colocados.

Figura 25.2 Classificação do Brasil: pesquisa *Doing Business*.*

Fonte: World Bank.[6]

* Cada item apresenta a classificação do Brasil, considerando 190 países analisados. As classificações são realizadas com base na média entre as pontuações dos dez tópicos que compõem o *Doing Business*.

Aspecto importante se de notar é o de que, uma vez estabelecido, o conjunto de macroinstituições tende a ser modificado muito lentamente. É o que se denomina "mudança institucional". Há quem atribua até mesmo séculos para que a mudança institucional ocorra. Afinal, esse é um sistema bastante complexo, em que diferentes regras formais e informais se encontram inter-relacionadas.

O que poderia levar a mudanças no sistema institucional? Para responder a essa questão, é preciso lembrar que existem diversas variáveis que afetam o ambiente de negócios e as instituições. Dentre elas, destaca-se o papel da tecnologia. Na medida em que a tecnologia evolui, alguns problemas são sanados, enquanto outros emergem. Por exemplo, com a disseminação da internet e da informática em geral, as comunicações se tornaram muito menos complicadas, trazendo agilidade aos processos econômicos. No entanto, não se pode negar a necessidade de novas regulamentações associadas a esta emergência, como, por exemplo, normas para punir *hackers*. O caso do Quadro 25.2 ilustra como mudanças nas macroinstituições determinam o comportamento de novos mercados.

DA TEORIA À REALIDADE BRASILEIRA

Quadro 25.2 Regulamentações e tecnologia

O carro *flex fluel* é um exemplo de sucesso brasileiro de políticas públicas. Em 1975, com a crise mundial do petróleo, o governo por meio do Decreto no 76.593 aportou maciços incentivos, por meio do Programa Nacional do Álcool (Proálcool) para a indústria automotiva desenvolver motores movidos a álcool. Em 1983, os veículos dessa categoria já representavam 94,4% da produção total.[7] Nos anos 1990, a queda do preço do petróleo levou ao fim do controle de preços desse combustível e dos subsídios às empresas, o que reduziu drasticamente a competitividade do etanol. A retomada dos incentivos ao uso do etanol deu-se somente em 2003, com novo aumento de preços do petróleo e um ambiente favorável ao uso de combustíveis de menor impacto ambiental, e, claro, com a tecnologia *flex-fuel*. Apesar de o carro *flex fluel*, em que o consumidor opta por álcool ou gasolina dependendo do preço do combustível, ter requerido o desenvolvimento de novas tecnologias, como *softwares* e sensores capazes de identificar e quantificar a mistura entre álcool e gasolina, não se pode negar que o Brasil tinha enormes vantagens competitivas em função da tecnologia desenvolvida no período anterior. A política tinha levado ao desenvolvimento de toda a cadeia de produção, possibilitando que em um pouco mais de 15 anos de introdução do programa, 86% dos veículos licenciados fossem *flex fluel*.[8]

No caso dos veículos elétricos, no Brasil, os investimentos em pesquisa e desenvolvimento têm se dado majoritariamente pelo próprio setor automotivo, que enfrenta desafios de competitividade: (1) preços bem superiores aos dos outros veículos, (2) escala mínima elevada para as firmas atuarem eficientemente, (3) baterias que alcançam autonomia de apenas 150 km e (3) demoram muito tempo para carregar.[9] De acordo com Agência Nacional do Petróleo, Gás Natural e Biocombustíveis (ANP), o Brasil tem 38.535 postos de combustível, sendo que apenas 140 possuem locais de recarga, quase todos nas regiões Sul e Sudeste. Por esses motivos, menos de 1% dos veículos licenciados no Brasil são elétricos.[10]

25.2.2 Microinstituições

As microinstituições compreendem todos os agentes que estão sujeitos às restrições impostas pelas macroinstituições. Neste capítulo, restringiremos as microinstituições às organizações, e, particularmente, às empresas, sejam elas públicas ou privadas.

O debate acerca das organizações, sob a perspectiva adotada neste capítulo, surge em 1937, quando Ronald Coase questiona a razão de existência das empresas. Para ele, se os mercados são tão eficientes quanto os economistas frequentemente admitem, o que justificaria alguma transação não ser efetuada via mercado, mas sim via o estabelecimento de uma empresa? Em outras palavras, o que justificaria as firmas produzirem internamente, se poderiam comprar no mercado a custos mais baixos? Por exemplo, o que justificaria um frotista adquirir todos carros da sua frota se poderia alugá-los?

SAIBA MAIS

Ronald Coase foi um economista inglês, professor emérito da Universidade de Chicago e ganhador do prêmio Nobel de economia em 1991. Obteve notoriedade com a publicação dos artigos "The nature of the firm",[11] que trata do conceito dos custos de transação e dos limites das firmas, e "The problem of social cost",[12] que traz os fundamentos do teorema de Coase.

A solução encontrada por Coase foi de que existiriam custos associados à realização de transações no mercado. Por exemplo, é necessário descobrir quais são os preços praticados por cada locadora de veículos. A obtenção dessa informação é uma fonte de custos, assim como a negociação de preço e elaboração dos contatos de locação. A esses custos de se usar o mercado ele denominou *custos de transação*. Sendo assim, para ele, as empresas existem para economizar nos custos de transação.

POR DENTRO DA TEORIA

Custos de transação: O conceito de custos de transação origina-se na obra de Ronald Coase, que os define como os custos de se utilizar o mecanismo de preços (mercado). Para ele, o exemplo mais óbvio desse conceito seria o de se determinar quais são os preços praticados pelo mercado. Mais adiante, nos anos 1980, Oliver Williamson resgata esta ideia e a subdivide em duas categorias: (1) os denominados custos *ex-ante*, isto é, incorridos antes de se transacionar – e que estão associados a elaboração, negociação e salvaguarda de um contrato; e (2) os *ex-post*, ou seja, aqueles que ocorrem durante ou após a transação, isto é, (a) custos decorrentes da má adaptação contratual, (b) custos de organização da transação, (c) custos de negociação provenientes da correção da forma de organização da transação, (d) custos de assegurar compromissos efetivos.

Fonte: Farina, Saes e Azevedo.[13]

Nos anos 1980, Oliver Williamson resgata a abordagem Coaseana, ao desenvolver a denominada economia dos custos de transação (ECT). A lógica que decorre da ECT é o paradigma "produzir ou comprar", ou em inglês *make-or-buy*, enfrentado hoje pela maior parte das empresas (a decisão de comprar muitas vezes é denominada terceirização). Voltando ao exemplo citado anteriormente, a decisão de alugar os veículos da frota constitui terceirização. Em linhas gerais, a teoria defende que, a depender dos custos de transação de se produzir ou de se comprar, uma alternativa torna-se mais eficiente e preferível do que a outra.

O ponto de partida para essa decisão é a definição da transação como unidade básica de análise. Tomando-se como base uma cadeia produtiva e todas as etapas envolvidas na transformação de insumos em produtos, a transação é definida como a relação entre duas etapas sucessivas e tecnologicamente separáveis. Por exemplo, a obtenção de batatas para a fabricação de batatas fritas constitui um exemplo de transação.

Assim, o objetivo central torna-se a minimização dos custos de se estabelecer cada transação, seja por meio do uso do mercado ou de estabelecimento e manutenção de contratos, seja um contrato de trabalho dentro da firma ou o estabelecimento de diferentes modalidades contratuais para terceirização da produção. Cada uma dessas formas de organização alternativa estaria sujeita a custos de transação distintos. A determinação da forma de organização que minimize os custos de transação, conforme a ECT, dependerá de pressupostos comportamentais (Seção 25.2.2.1) e das características da transação (25.2.2.2), dadas as macroinstituições que regem a transação em jogo.

SAIBA MAIS

Oliver Williamson é um economista norte-americano, professor da Universidade da Califórnia, em Berkeley, e vencedor do prêmio Nobel de Economia em 2009. Suas principais obras são: *Markets and hierarchies*,[14] *The economic institutions of capitalism*[15] e *The mechanisms of governance*.[16] Nelas, Williamson propôs-se a explicar por que algumas transações ocorrem dentro das firmas e não nos mercados, mostrando que as organizações hierárquicas surgem quando as transações envolvem ativos específicos.

25.2.2.1 Pressupostos comportamentais: racionalidade limitada e oportunismo

A ECT assume que os contratos, sejam eles relações de trabalho dentro da firma ou junto a fornecedores e clientes, realizar-se-iam entre atores humanos, e, portanto, admite-se a existência de limitações quanto à capacidade cognitiva – o que se denomina *racionalidade limitada*. Isso quer dizer que os agentes não conseguem avaliar todas as possibilidades relacionadas com uma decisão, ainda que o desejem.

Como consequência da racionalidade limitada, todos os contratos são incompletos. Isto é, como os agentes não conseguem prever tudo que pode eventualmente ocorrer no futuro e estabelecer todos os respectivos mecanismos de proteção, em todos os contratos há lacunas contratuais: espaços não preenchidos devido à racionalidade limitada.

Em um mundo ideal, em que os agentes são fiéis a suas promessas, as lacunas contratuais não são um problema significativo: os agentes são capazes de rapidamente encontrar uma solução mutuamente benéfica caso necessitem preenchê-las (diante de um imprevisto, por exemplo). No entanto, um problema contratual surge ao se assumir que os agentes econômicos podem, *em algum momento*, apresentar o comportamento oportunista, ou seja, usar as lacunas contratuais de maneira favorável a si próprio, ainda que isso implique o não cumprimento (parcial ou total) dos acordos previamente estabelecidos.

Por exemplo, suponha que uma empresa realiza acordo com um fornecedor para produzir um café de qualidade especial, como o orgânico. Depois de realizados os investimentos, e colhido o café, por algum motivo, os preços do produto caem no mercado internacional, e o comprador, portanto, recusa-se a pagar o valor previamente acordado. O comprador, neste exemplo, agiu de forma oportunista.

Embora se reconheça que nem sempre haverá comportamento oportunista, a sua mera possibilidade requer que sejam estabelecidos mecanismos de proteção, as denominadas *salvaguardas contratuais*. Estas podem ser, por exemplo, cláusulas contratuais que protejam ambas as partes da possibilidade de oportunismo do outro agente. No exemplo citado, poder-se-iam estabelecer cláusulas que garantissem o pagamento, independentemente da volatilidade dos preços de mercado.

Assim, para a ECT, a forma organizacional eficiente seria aquela que minimizaria os custos de negociação e elaboração de contratos, de estabelecimento de salvaguardas e de se fazer cumprir os acordos, dado que os contratos são inerentemente incompletos e os agentes podem ser oportunistas. Para que se determine a forma ótima, são propostas três variáveis, as denominadas características das transações.

25.2.2.2 Características das transações: ativo específico, incerteza e frequência

Dadas as macroinstituições e os pressupostos comportamentais de que os agentes possuem racionalidade limitada e podem ser oportunistas, são apresentadas três variáveis que determinarão a forma organizacional que minimiza os custos de transação, para dada transação.

25.2.2.2.1 Especificidade de ativos

A primeira delas é denominada especificidade dos ativos. Como demonstraremos a seguir, essa é a variável que obteve maior destaque no quadro da ECT pelo fato de permitir a previsão da forma organizacional ótima de maneira direta.

A lógica da especificidade dos ativos é de que a transação em questão envolveria o uso de algum ativo específico a ela. Por exemplo, tome a transação em que uma montadora de veículos obtém a carcaça de determinado modelo de carro. Levando em conta a decisão de "produzir ou comprar", tal montadora poderia (a) adquirir a carcaça pronta para determinado modelo de veículo de seu fornecedor ou (b) adquirir a chapa de aço e produzir a carcaça internamente. Por óbvio, no cenário (a) a transação entre a montadora e o fornecedor envolve ativos específicos: a carcaça é específica àquele modelo de carro, daquela montadora. No cená-

rio (b), não há ativos específicos, visto que há inúmeras diferentes aplicações para chapas de aço. Isto é, em (a), caso a montadora decida remodelar esse carro, todas as carcaças remanescentes serão perdidas. Já em (b), não haveria perda de valor, visto que o aço pode ser facilmente reconfigurado.

A partir desse exemplo, nota-se que uma importante característica dos ativos específicos é a perda de valor envolvida caso o ativo seja usado alternativamente, fora de sua aplicação original. Tal perda denomina-se "quase renda". Quanto maior a perda, ou a quase renda, mais específico será o ativo em questão. No exemplo citado anteriormente, não há especificidade de ativos em (b) porque a quase renda associada à chapa de aço, neste caso, é zero. Já em (a), o valor da quase renda, conforme descrito, é idêntica ao custo de cada carcaça que será perdida. É por esse motivo que frequentemente se argumenta que as transações envolvendo ativos específicos geram *dependência bilateral* entre os agentes, isto é, fazem com que ambas as partes envolvidas na transação dependam uma da outra.

Convém notar ainda que o conceito de especificidade dos ativos não se restringe ao bem ou serviço transacionado, como no caso do exemplo mencionado. Ela pode envolver outros elementos da transação, como, por exemplo, o uso de uma tecnologia de produção específica ou um equipamento especialmente adaptado. Pode, também, envolver bens não específicos, tecnologias não específicas, mas requerer o estabelecimento de uma unidade de produção próxima do cliente, como é o caso em muitos mercados agrícolas.

Assim, para a ECT, haveria diferentes categorias de ativos específicos, conforme Quadro 25.3.

Quadro 25.3 Especificidades do ativo

Especificidade física	A transação em questão requer que sejam feitos investimentos, em geral tangíveis, para que ela ocorra. Eles podem ser tanto características do bem transacionado quanto do processo envolvido em sua produção. Como exemplo, pode-se citar o caso de uma indústria de salgadinhos que adquire um tipo de milho especial para satisfazer aos requisitos de seu cliente
Especificidade locacional	A transação requer investimentos específicos em determinada localidade. Isso é muito comum nos mercados de cana, em que, geralmente, as usinas localizam-se muito próximas dos locais em que a cana é cortada
Especificidade temporal	A especificidade relaciona-se com o tempo incorrido durante a transação. Isso é um fator muito importante em muitos mercados agrícolas, visto que, frequentemente, os produtos são perecíveis. Como exemplo, podemos citar o caso do fornecimento de leite à indústria de alimentos
Especificidade humana	A especificidade humana está associada ao conhecimento ou habilidade específica a determinadas pessoas. Como exemplo, pode-se citar um gestor de determinado fundo de investimentos, cuja habilidade de selecionar títulos é específica a ele

Continua

	Continuação
Especificidade de marca	A marca associada a um produto ou serviço também constitui uma categoria de ativo específico, visto que, muitas vezes, determinado produto sem a marca perderá grande parte de seu valor. Como exemplo, podemos mencionar uma calça *jeans* de uma marca conhecida, que é comercializada a preços elevados. Essa mesma calça, sem marca, certamente seria vendida por valores muito mais baixos
Especificidade dedicada	Esta é uma categoria "particular" de especificidade de ativos. Na verdade, todas as categorias citadas anteriormente, quando levadas ao extremo, constituem ativos dedicados. Isso quer dizer que o grau máximo de especificidade denomina-se ativo dedicado. A lógica é de que o ativo seria dedicado à transação. No exemplo citado, da transação entre a montadora de veículos e o fornecedor de carcaças prontas, estas peças constituem ativos (específicos) físicos dedicados

Fonte: Williamson.

A importância dos ativos específicos para os custos de transação e, consequentemente, para a escolha entre produzir e comprar dá-se a partir dos custos de se estabelecerem salvaguardas contratuais para evitar o que se denomina "*hold-up* oportunista da quase renda", ou seja, uma quase renda associada à quebra contratual oportunista quando há ativos específicos envolvidos na transação. Ora, se a especificidade de ativos implica a perda de valor no caso de uma quebra contratual, é natural esperar-se que, quanto maiores forem os investimentos em ativos específicos, mais salvaguardas deverão ser estabelecidas com a finalidade de protegê-los. Portanto, mais custoso será o estabelecimento do contrato. Assim, maiores serão os incentivos para que esta transação seja integrada à firma. Essa é a lógica subjacente ao denominado "alinhamento eficiente discriminante", reproduzido na Figura 25.3.

Figura 25.3 Especificidade do ativo (K) e custo da governança ($).

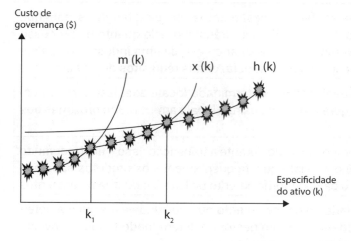

Fonte: Williamson.[17]

Legenda: m = mercado, x = formas híbridas e h = hierarquia.

O gráfico do alinhamento relaciona o grau de especificidade dos ativos com os custos de transação associados a cada forma de organização alternativa. Como resultado, tem-se a chamada "fronteira eficiente", isto é, para cada nível de especificidade de ativos há uma forma organizacional ótima, que minimiza os custos de negociação, elaboração e de fazer cumprir os contratos. Quanto maior o nível da especificidade dos ativos, mais complexa deverá ser a forma organizacional resultante.

25.2.2.2.2 Incerteza

O segundo determinante dos custos de transação é a incerteza. Essa variável refere-se a um risco não calculável de ocorrer evento indesejável ao contrato. Em 2020, um novo tipo de coronavírus surgiu na China, infectando milhões de pessoas e matando milhares delas. Por se tratar de uma nova epidemia, muitas cidades chinesas decretaram estado de emergência e, como consequência, suas empresas permaneceram fechadas temporariamente. Isso causou a interrupção do fornecimento de insumos para muitas indústrias mundialmente, algumas das quais foram obrigadas a parar totalmente as linhas de produção. Não se poderia prever a epidemia e muito menos atribuir probabilidades a esse evento.

Esse exemplo ilustra um caso da denominada incerteza ambiental. Embora extremo, ele demonstra a dificuldade de se prever e compreender o ambiente de negócios. Essa dificuldade decorre de ambiguidades de sinalização do mercado, ou seja, do próprio comportamento dos mercados (por exemplo, a lógica da oferta e da demanda), e de se avaliarem corretamente diferentes alternativas tecnológicas: qual delas é mais eficiente para cada função e quando se tornarão obsoletas?

Outro tipo de incerteza relevante é a comportamental, que diz respeito à dificuldade de se compreender totalmente o comportamento humano. Pode ser difícil determinar se o parceiro adotará ações que, em benefício próprio, colocam em xeque os acordos estabelecidos previamente.

É por esses motivos que a existência de incerteza torna a escolha das estruturas de governança uma questão não trivial. No entanto, de maneira geral, quanto maior o nível de incerteza, mais os agentes deverão proteger os contratos, e, portanto, maior será a propensão a adotar a integração vertical.

25.2.2.2.3 Frequência

Como o próprio nome sugere, a frequência diz respeito ao número de vezes que determinada transação se repete ao longo do tempo. Quanto mais frequente, mais fácil será a negociação dos contratos. Por exemplo, suponha que determinada indústria de bebidas estabeleça contratos para aquisição de garrafas "PET" mensalmente. Na medida em que estabelece esses contratos de forma repetida e com os mesmos fornecedores, os contratos se tornam "estáveis" e os custos de negociação, reduzidos.

Mais do que isso, na medida em que os mesmos agentes negociam entre si inúmeras vezes, eles constroem sua reputação, o que, por sua vez, reduz a possibilidade de *hold-up* oportunista da quase renda. Por isso, quanto maior a frequência, menor será a propensão a adotar a integração vertical.

DA TEORIA À REALIDADE BRASILEIRA

Quadro 25.4 Pesquisa *Outsourcing: driving efficiency and growth*

A pesquisa *"outsourcing: driving efficiency and growth"* (tradução livre: Terceirização: levando à eficiência e ao crescimento) é realizada anualmente em 45 países, entre eles o Brasil. Na edição de 2014, 3.300 executivos de empresas médias responderam à pesquisa. Ela revelou que 40% delas, em média, terceirizam ou pretendem terceirizar alguma atividade, considerando o universo mundial. Na América Latina, essa média sobe para 51%, e no Brasil, em especial, para 53%.

Figura 25.4 Planeja terceirizar ou algumas atividades (% Sim) – 2014

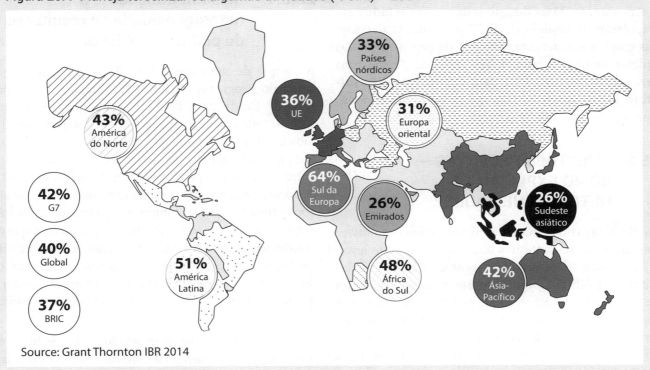

Source: Grant Thornton IBR 2014

Fonte: Grant Thornton.[18]

As atividades terceirizadas com maior frequência pelos respondentes em nível mundial são contabilidade (49%), TI (46%) e RH (36%). Note-se que essas atividades, de maneira geral, envolvem menores níveis de especificidade de ativos, o que justificaria a terceirização em larga escala.

É interessante notar que os principais motivadores à terceirização dessas atividades, segundo os 3.300 respondentes, são ganhos de eficiência (57%) e redução de custos (55%), em conformidade com a lógica da ECT.

Por fim, vale levar em conta o outro lado da moeda, isto é, os 60% dos respondentes que optaram por não terceirizar atividades. Os principais motivos mencionados foram: perder controle de processos-chave (44%), alto custo de implementação (32%) e riscos envolvidos na contratação de processos-chave (27%). Novamente, pode-se estabelecer relação entre esses empecilhos e os custos de transação: os elevados custos de implementação relacionam-se diretamente com a percepção de custos de transação elevados, enquanto perder controle de atividades-chave e os riscos envolvidos na sua contratação relacionam-se com a lógica da especificidade dos ativos e dos custos incorridos para se utilizar o mercado quando estes são elevados.

Embora exploratórios e qualitativos, os resultados dessa pesquisa – tanto a favor quanto contra a terceirização – ilustram a lógica do alinhamento eficiente discriminante no Brasil e no mundo.

Fonte: Grant Thornton.[19]

O quadro analítico da ECT foi testado em inúmeros trabalhos empíricos, cada qual utilizando diferentes formas de especificidade de ativos, frequência e incerteza. De maneira geral, foram encontradas fortes evidências a favor da lógica do alinhamento eficiente discriminante. Mais do que isso, alguns estudos extrapolaram o modelo da ECT para outras decisões nas empresas, diferentes daquela da organização das cadeias de suprimento. Esses trabalhos, mais uma vez, corroboraram a ECT para decisões de diversificação, forma de entrada em mercados internacionais, finanças corporativas e contratações públicas.

25.3 QUESTÕES RECENTES – COMO EXPLICAR AS HETEROGENEIDADES?

As abordagens das macro e microinstituições obtiveram atenção crescente nos últimos anos, o que levou à emergência de novas abordagens dentro do guarda-chuva da NEI. A seguir, apresentamos dois desses desdobramentos recentes, que merecem destaque por explorarem um aspecto em comum, embora sob diferentes enfoques: as heterogeneidades. Conforme descreveremos a seguir, as mesoinstituições exploram a heterogeneidade de resultados de políticas públicas (macroinstituições), enquanto as formas plurais trazem à tona a heterogeneidade nas estruturas de governança (microinstituições).

25.3.1 Mesoinstituições – a heterogeneidade de resultados de políticas públicas

A compra de alimentos nas escolas brasileiras é regulada pelo Programa Nacional de Alimentação Escolar (PNAE). Desde 2009, foi estabelecido que pelo menos 30% do total do valor repassado pelo governo federal a cada um dos 5.570 municípios brasileiros (154.060 escolas) para merenda escolar devem ser utilizados para adquirir alimentos de produtores familiares (Lei nº 11.947, de 16/06/2009; art. 14). Anualmente, os municípios são obrigados a enviar suas faturas de compras de alimentos à aprovação do conselho de alimentação escolar, que os remete ao governo federal para prestar contas das suas aquisições. Os dados disponíveis mostram que nem todos os municípios obedecem à lei, e o mais desafiador é que municípios similares diferem com relação à realização do objetivo da política.[20]

Analisemos o caso mencionado acima. Se todos os municípios estão sujeitos às mesmas "regras do jogo", como podemos explicar tais diferenças? Em outras palavras, *se as macroinstituições condicionam as microinstituições de forma direta, como seria possível explicar a heterogeneidade de resultados de uma mesma política pública (macroinstituição)?*

Esse é o ponto de partida para a inserção de uma nova camada no quadro analítico apresentado na Figura 25.1, mediando a relação entre as macroinstituições e as microinstituições. O novo modelo encontra-se representado de forma simplificada na Figura 25.5.

Figura 25.5 Relações entre macro, meso e microinstituições

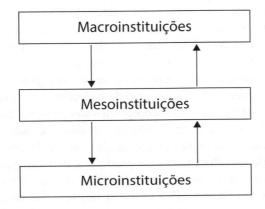

Fonte: adaptado de Ménard.[21]

Na Figura 25.5, a camada intermediária é responsável por garantir que o nível microinstitucional possa implementar as regras definidas no nível macroinstitucional. As mesoinstituições mais frequentemente discutidas são as agências regulatórias, muito embora tenha-se começado a reconhecer um universo muito mais amplo delas.

O que de fato define um organismo em nível mesoinstitucional são as suas funções. Competem a elas três diferentes papéis: (i) traduzir as regras do jogo, isto é, auxiliar os agentes econômicos a compreenderem e adotarem ações que lhes permitam implementar essas regras; (ii) monitorar a implementação das regras, dando incentivos para que os agentes se enquadrem de forma adequada; (iii) punir os agentes que não implementarem as regras de forma adequada; e (iv) retroalimentar as políticas públicas a partir da realidade dos mercados (Figura 25.6).

Figura 25.6 Funções das mesoinstituições

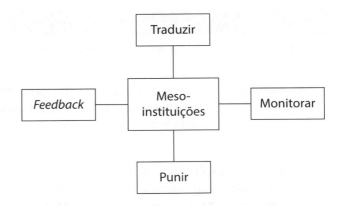

Fonte: adaptada de Ménard.[22]

Tome-se como exemplo o caso da regulamentação de qualidade do leite no Brasil. Existem regras de qualidade em nível federal que determinam, entre outras coisas, o número máximo de bactérias, células somáticas e acidez do produto quando entregue do produtor à indústria. Existem programas da Embrapa, como o Balde Cheio, que capacitam os produtores para que os mesmos adotem melhores técnicas de produção e, portanto, consigam atender a esses requisitos. Esses atuam como mesoinstituições responsáveis pela tradução das regras do jogo. No mesmo setor, existem mais duas entidades que merecem destaque. A primeira delas é o Sistema de Inspeção Federal (SIF), que, como o próprio nome sugere, fiscaliza as indústrias de alimentos e pune aquelas que não estejam cumprindo as normas de qualidade. Esse é um exemplo de mesoinstituição com função punitiva. Por fim, há laboratórios credenciados junto ao Ministério da Agricultura, Pecuária e Abastecimento (MAPA) que monitoram a qualidade do leite, servindo como mesoinstituições de monitoramento.

A partir dos exemplos mencionados, diferenciar as mesoinstituições das macroinstituições se torna trivial. Enquanto as macroinstituições *definem* as regras do jogo, sejam elas em nível federal, estadual, regional ou mesmo em determinado bairro, as mesoinstituições se encarregam se *implementá-las*.

No entanto, distinguir as mesoinstituições das microinstituições não é uma tarefa tão trivial. Afinal, as mesoinstituições também são organizações. Existem dois aspectos que as diferenciam: (i) o tipo das regras que são implementadas; e (ii) o processo de criação de valor.

564 Administração ■ *Conejero – Oliveira – Abdalla (Orgs.)*

Quadro 25.4 Diferenças entre mesoinstituições e microinstituições

Nível	Tipo de regra	Criação de valor
Mesoinstituições	Implementam as regras gerais do jogo	Não participam do processo de criação de valor das empresas com as quais se relacionam
Microinstituições	Estabelecem e implementam regras internas, específicas ao funcionamento de cada empresa	Criam valor, seja a partir de seus processos ou das interações com outras empresas

As microinstituições, ou mais especificamente as empresas, precisam implementar regras e códigos de conduta *internos e específicos a cada uma delas* para garantir o seu funcionamento. Por exemplo, elas definem tarefas, alocam responsabilidades, determinam autoridades etc. As mesoinstituições, embora também precisem implementar regras próprias e internas para funcionarem, servem para auxiliar na implementação das *regras gerais*, às quais todos estão sujeitos. Assim, embora também sejam organizações, as mesoinstituições diferem da camada microinstitucional pelo fato de auxiliarem esta última camada na implementação das regras gerais do jogo.

A segunda distinção importante entre o nível microinstitucional e o nível mesoinstitucional é o processo de criação de valor. Todo o campo da administração estratégica tem foco nas maneiras pelas quais as empresas podem se destacar, a partir da criação de valor. Esse processo se daria tanto pela estratégia da empresa como a partir de uma boa coordenação dos relacionamentos na cadeia de suprimentos. Essas são características da maioria das microinstituições. As mesoinstituições, embora possam criar valor e ser lucrativas, *não participam do processo de criação de valor das microinstituições com as quais se relacionam*. Por exemplo, no caso da cadeia de leite mencionado anteriormente, os laboratórios são mesoinstituições privadas, com fins lucrativos, que auxiliam a cadeia a se enquadrar nas regras de qualidade a partir da possibilidade de monitoramento do produto, e não agregam valor diretamente às empresas que lhes enviam amostras. O caso do Quadro 25.5 ilustra o impacto das mesoinstituições no desenvolvimento das *startups* brasileiras.

DA TEORIA À REALIDADE BRASILEIRA

Quadro 25.5 Mesoinstituições e *startups* brasileiras

Em janeiro de 2016, o governo brasileiro promulgou a Lei nº 13.243. Esse marco legal dispõe sobre "incentivo à inovação e à pesquisa científica e tecnológica no ambiente produtivo, com vistas à capacitação tecnológica, ao alcance da autonomia tecnológica e ao desenvolvimento do sistema produtivo nacional e regional do País" (art. 1º).

A lei surgiu em um momento crucial de transformações tecnológicas e institucionais, o que Langlois[23] denominou a era da *vanishing hand*, referindo-se e contrapondo-se à era da mão invisível definida por Adam Smith e à da mão visível da coordenação gerencial, cunhada por Chandler. A *vanishing hand* significa redução de barreiras à produção e de custos de coordenação, que induz a desverticalização e provê o surgimento das *startups*. Embora não haja um consenso quanto à definição de *startup*, pode-se dizer que o termo originou-se no Vale do Silício, na Califórnia, com a criação de empresas inovadoras de tecnologia, tais como Microsoft, Google, Apple, Facebook, entre outras.

O marco legal brasileiro busca promover o desenvolvimento dessas empresas em sua fase inicial marcada por incertezas e, por conta disso, limitações de aporte financeiro. As empresas inovadoras têm dificuldades de transferir, comunicar suas ideias muitas vezes ainda não muito bem concebidas, já que estão em processo de experimentação. Além disso, muitas delas se revelam fracassos. Há, portanto, um *trade-off:* quanto mais inovador é o projeto, maior a incerteza e mais reticentes serão os investidores.

A macroinstituição – Lei nº 13.243 – depende das mesoinstituições, ou de instituições intermediárias, para que as regras sejam implementadas. Estas têm o objetivo de traduzir, monitorar e incentivar os indivíduos/organizações objetos da regulamentação.

Na Figura 25.7, podem-se observar as mesoinstituições relacionadas direta ou indiretamente com os financiamentos das *startups*. Elas podem ser de natureza jurídica pública ou privada.

Figura 25.7 Mesoinstituições relacionadas com o financiamento de *startups*.

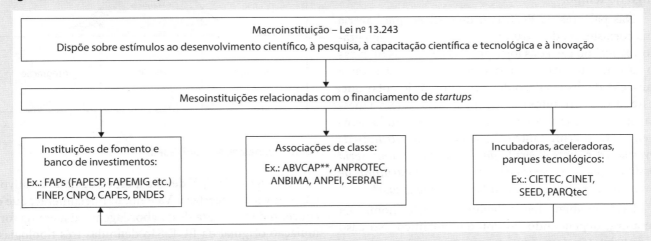

Fonte: Pereira.[24]

Um papel importante é dado às incubadoras enquanto mesoinstituições, uma vez que elas são responsáveis por acolher as empresas que ainda estão em estágio de concepção da ideia e formatação do negócio, ou seja, no momento de maior incerteza sobre o sucesso do empreendimento. A referida lei atribui às incubadoras a função de estabelecer "regras para fomento, concepção e desenvolvimento de projetos em parceria e para seleção de empresas para ingresso nesses ambientes", dando-lhes autonomia para criar suas próprias regras. Diferentemente das aceleradoras, em que as empresas já estão em uma etapa mais avançada de desenvolvimento e, assim, mais capazes de obter recursos de investidores privados, as incubadoras têm tido papel importante de ajuda na captação de recursos públicos.

Um estudo analisando o papel das mesoinstituições no estado de São Paulo, com relação à captação de recursos do programa PIPE-FAPESP, mostrou que os aportes desse programa se concentravam nas cidades em que há incubadoras (62%). Além disso, ao analisar duas importantes incubadoras no estado de São Paulo, observou-se uma diferenciação na atuação delas em busca de fomento. Enquanto uma tinha uma estrutura especializada em assessorar na realização de projetos, a outra concentrava-se na formação de *networks*.[25]

Fonte: Pereira.[26]

** Associação Brasileira de Private Equity e Venture Capital.

25.3.2 Formas plurais – a heterogeneidade de formas organizacionais

Outro desdobramento recente da NEI dá-se no nível microinstitucional. Observa-se, na prática, ampla heterogeneidade de modalidades organizacionais. No nível setorial, há setores que têm, de maneira geral, cadeias de suprimento mais integradas do que outros. Dentro de um mesmo setor, há também grande heterogeneidade de formas, na medida em que algumas empresas operam de maneira mais integrada do que outras. Mais do que isso, dentro de uma mesma firma, algumas transações são integradas, enquanto outras não. No nível da transação individual, tem-se observado também ampla diversidade de formas, ainda que para organizar transações semelhantes. É dessa diversidade que vamos tratar a seguir.

O exemplo mais marcante é o caso das redes de franquias. Uma prática muito comum neste mercado é de se combinar uma proporção de lojas próprias à marca com outra de unidades franqueadas, geralmente por meio de contratos, junto a agentes externos. Pesquisas demonstraram que esse padrão tende a se repetir em diferentes países e se manter estável ao longo do tempo.

Nas palavras da ECT, isso quer dizer que haveria uma coexistência de estruturas de governança – integração vertical no caso das lojas próprias e formas híbridas no caso das unidades franqueadas – para organizar a transação de distribuição dos produtos. Vale notar que, nesse caso, os produtos são idênticos – isto é, têm a mesma especificidade de ativos. Ora, mas se pelo alinhamento eficiente discriminante *uma determinada estrutura de governança é mais eficiente do que a outra, como seria possível explicar a coexistência de diferentes estruturas de governança em transações similares (ou idênticas)?*

Esse fenômeno tem recebido diferentes nomes na literatura, dependendo do enfoque analítico. No caso da distribuição de produtos, o fenômeno denomina-se "distribuição dual", enquanto no fornecimento, é chamado de "*tapered integration*", "fornecimento concomitante" ou "fornecimento dual/plural". Mais recentemente, o termo "formas plurais" tem ganhado popularidade para denotar o uso concomitante de diferentes estruturas de governança em transações similares, seja no fornecimento ou na distribuição de produtos. Neste texto, adotaremos a terminologia *formas plurais*.[27]

Há grande discussão a respeito dos motivos pelos quais as empresas adotam formas plurais.

Uma das correntes as explica sob a lógica da ECT e admite que a combinação de ativo específico e incerteza é a principal motivação para a prevalência desta modalidade em diferentes setores. A Figura 25.8 representa o modelo integrativo e suas predições.

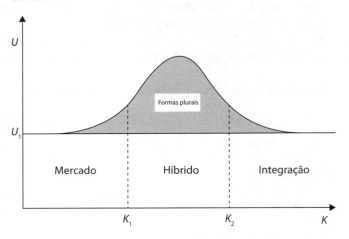

Figura 25.8 Modelo integrativo – ativo específico e incerteza.

Fonte: Schnaider, Ménard, Saes.[28]

Na Figura 25.8, K denota a especificidade de ativos e U, o nível de incerteza. Vale notar, inicialmente, que o conceito de incerteza dessa abordagem vai além da formulação original da ECT. São definidas três tipologias. A primeira delas, a incerteza de mercado, admite que haveria dificuldade de se prever o comportamento da oferta e da demanda de alguns produtos ou insumos. Isso é muito comum nos mercados agrícolas, em que as condições de oferta dependem de fatores climáticos de difícil previsão. A segunda fonte de incerteza denomina-se incerteza tecnológica. Ela diz respeito a uma dificuldade em se determinar a melhor tecnologia de produção ou o momento em que cada opção tecnológica se tornará obsoleta. Essa situação é bastante comum quando se devem realizar elevados investimentos em bens duráveis. Por fim, é definida a incerteza de mensuração de desempenho, ou seja, a dificuldade de se avaliar o comportamento da outra parte, quando a contratação envolve elementos de difícil observação, como, por exemplo, o esforço empreendido por cada parte.

Quadro 25.6 Tipos de incerteza

Incerteza	Definição	Exemplo
De mercado	Dificuldade em se prever os comportamentos de oferta e de demanda	Condições climáticas que afetem a oferta de produtos agrícolas
Tecnológica	Dificuldade em se determinar a melhor tecnologia de produção ou de se precisar a obsolescência dos investimentos tecnológicos	A escolha entre tecnologias alternativas
De mensuração de desempenho	Dificuldade de se avaliar o comportamento do parceiro quando a contratação envolve aspectos de difícil mensuração	Avaliar o esforço empreendido pelo parceiro para que a transação ocorra da melhor forma possível

Fonte: Schnaider, Ménard e Saes.[29]

Cap. 25 ■ Instituições e estratégia empresarial **567**

A especificidade dos ativos permanece definida de maneira idêntica à da formulação original da ECT. Assim, o modelo exposto na Figura 25.8 toma como ponto de partida os impactos de cada variável – ativo específico e incerteza – isoladamente, sobre a escolha organizacional que minimiza os custos de transação.

Quanto maior a especificidade dos ativos ou o nível de incerteza, cada qual de maneira isolada, maior será a propensão à integração vertical. É essa lógica que justifica as predições "mercado, formas híbridas e integração vertical" para níveis de incerteza muito baixos, por exemplo, abaixo de U_1. Nesse caso, prevalece o alinhamento eficiente discriminante.

No entanto, ao se introduzir um nível considerável de incerteza (acima de U_1) a esta análise, abre-se espaço para soluções alternativas, especialmente quando o grau de especificidade dos ativos for intermediário (entre K_1 e K_2). Nesse caso, as formas híbridas não se mostrariam adequadas pelo fato de não poderem responder rapidamente aos ajustes necessários para lidar com níveis elevados de incerteza. É nesse cenário que se observam as formas plurais. Ou seja, de acordo com essa abordagem, a coexistência de estruturas de governança prevalece quando a transação em questão envolve níveis intermediários de especificidade de ativos, tais que se torna necessário desenvolver mecanismos para protegê-los, mas, ao mesmo tempo, lidar com considerável incerteza.

Dadas as premissas do modelo, seria natural esperar, portanto, que na região próxima de K_1 e acima de U_1 se observe coexistência de estruturas de governança mais próximas do mercado, enquanto na região mais próxima de K_2 e acima de U_1, devem-se obter formas mais próximas da integração vertical. Decorre disso outra contribuição deste modelo: o reconhecimento de uma heterogeneidade de formas plurais. De fato, utilizar tanto o mercado *spot* quanto contratos de curto prazo difere da utilização concomitante de contratos de longo prazo e integração vertical.

Para lidar com tal heterogeneidade, são definidas três tipologias de formas plurais, que basicamente agrupam toda a diversidade de potenciais combinações em três categorias, conforme expostas no Quadro 25.7.

Quadro 25.7   Tipos de formas plurais

Tipologia	Definição	Exemplo
Entre formas alternativas	Coexistência de diferentes tipologias de estruturas de governança	Mercado e integração vertical
Entre formas híbridas	Coexistência de diferentes arranjos híbridos	Contratos relacionais e contratos de longo prazo
Combo	Coexistência de diferentes tipologias de estruturas de governança e diferentes modalidades de formas híbridas	Mercado, contratos relacionais, contratos de longo prazo e integração vertical

Fonte: Schnaider, Ménard e Saes.[30]

DA TEORIA À REALIDADE BRASILEIRA

Quadro 25.8   Formas plurais de relacionamento entre fornecedores

Pesquisa realizada pelo CORS,[***] *Formas plurais de relacionamento: desafio para economia das organizações* (2014), com 27 estudos de casos de empresas de 12 setores agroindustriais brasileiros, investigou as motivações das escolhas plurais de relacionamento entre firmas processadoras e seus fornecedores de matéria-prima. A pesquisa analisou os arranjos de governança considerando a existência de ativos de média especificidade (*à la* Williamson) e três fontes de incerteza: (1) *ambiguidade da transação,* que ocorre em certos mercados devido à dificuldade de se avaliarem corretamente a oferta e a demanda do bem produzido pela firma; (2) *complexidade da transação,* que se refere à dificuldade de se avaliar a tecnologia mais eficiente (ou as tecnologias alternativas); (3) *comportamento estratégico,* que surge da possibilidade do parceiro (fornecedor) de adotar comportamento oportunista na negociação.

[***]   Center for Organization Studies. Núcleo de Pesquisa da USP. (Disponível em: http://cors.usp.br/.)

Considerou-se a combinação de arranjos plurais eficientes na lógica da economia dos custos de transação, ao permitir redução de riscos e perdas de renda futura. Dessa pesquisa, escolhemos três casos para ilustrar os tipos de incerteza que levam à motivação da escolha de estruturas plurais, conforme apresentados a seguir.

Ambiguidade da transação: Cultivar

A empresa *Cultivar Orgânicos* traz o caso da motivação decorrente da ambiguidade da transação. Embora o caso se atenha ao produto alface orgânica, a empresa oferece grande variedade de produtos orgânicos *in natura*. A alface orgânica negociada pela empresa é obtida tanto por meio da produção própria, quanto de terceiros. A *Cultivar* produz o equivalente a 10% e o restante é adquirido de pequenos produtores considerados "exclusivos", de relacionamento continuado (45%), e de outros produtores relacionais sem contratos formais (55%). A motivação para a escolha plural segundo a empresa deve-se ao desafio de gerir a oferta e a demanda do produto, de forma a garantir o abastecimento mínimo estável requerido pelos varejistas. A alface tem como característica alta sazonalidade e perecibilidade, ou seja, a cultura é extremamente sensível a fenômenos climáticos de caráter imprevisível (particularmente decorrente de chuvas excessivas). Essa incerteza com relação a qualidade e quantidade introduz desafios no que se refere à gestão das quantidades ofertadas e demandadas ao longo do ano. Desse modo, as formas plurais visam evitar perdas de mercado da empresa *Cultivar* por meio da coordenação da produção a partir de diferentes formas de obtenção da produção.

Complexidade da Transação: Doctor Pé

A empresa *Doctor Pé* ilustra o caso de incerteza devido à complexidade da transação. A empresa tem como foco o segmento de calçados com certificação de atributos ligados a conforto e saúde dos pés. Dessa estratégia depende a qualidade do couro, principalmente maciez e flexibilidade, o que leva a empresa a estar sempre atenta às novidades com relação à inovação utilizada no processo de tratamento do couro (curtume). Na aquisição da matéria-prima, a empresa obtém 100% do couro por meio de terceiros, sendo 85% por meio de contratos relacionais, com fornecedores conhecidos e de relacionamentos construídos ao longo dos anos, e 15% por fornecedores anônimos (mercado *spot*). A empresa alega que essa forma de obter a matéria-prima permite que, além de ter a garantia do produto de acordo com suas especificações por meio dos fornecedores conhecidos, cria também a oportunidade de verificar os novos desenvolvimentos em acabamento de couro e novas propostas de qualidade e custo, ao se relacionar com fornecedores eventuais. Portanto, a principal motivação da forma plural na empresa *Doctor Pé* fundamenta-se na complexidade, no monitoramento e no controle da qualidade da matéria-prima. Enquanto grande parte da obtenção do insumo ocorre com os seus fornecedores conhecidos, o mercado *spot* oferece a oportunidade de conhecer os lançamentos no mercado, a inovação em acabamento e custo e a renovação da carteira de fornecedores conhecidos.

Comportamento estratégico: São Manoel

A adoção da forma plural na usina de açúcar e de álcool *São Manoel* está relacionada principalmente com a motivação comportamento estratégico. A São Manoel produz 75% da matéria-prima que processa: 30% com o uso de terras próprias na produção de cana-de-açúcar, 5% por meio de fornecedor acionista e 40% por arrendamentos ou parcerias. Cerca de 20% da cana é adquirida por meio de contratos formais e 5% a partir de fornecedores conhecidos, sem contrato. A empresa alega que a obtenção da cana por meio de integração vertical, além do uso de fornecedores contratados, ocorre para que o abastecimento do processo industrial não seja descontinuado, uma vez que há a possibilidade de comportamento oportunista dos fornecedores de cana. A possibilidade desse comportamento deve-se à forte concorrência entre as usinas na região (estado de São Paulo) e possibilidade de os fornecedores não cumprirem com os acordos informais. Vale observar que o processo de produção sucroalcooleiro caracteriza-se por especificidade locacional, já que as aquisições eficientes da cana-de-açúcar ocorrem em um raio de 30 a 60 quilômetros de distância para o processamento. A especificidade locacional aumenta o poder de barganha dos fornecedores. A forma plural permite, então, que a *São Manuel* reduza o risco de perder participação de mercado e minimiza o risco de deixar escapar oportunidades de obter renda.

Fonte: Ménard, Saes, Silva, Raynaud.[31]

25.4 CONSIDERAÇÕES FINAIS E QUESTÕES: IMPACTOS PARA A ESTRATÉGIA DAS EMPRESAS

Neste capítulo, vimos que as macroinstituições (ou regras do jogo) influenciam o comportamento dos mercados. São elas que determinam o que é permitido ou não em determinado setor, em dada localidade. O exemplo colocado logo no início do capítulo ilustra o caso da tecnologia dos carros *flex*. Notamos que o desenvolvimento dessa tecnologia agiu como indutor para a criação de novas regulamentações, que, por sua vez, buscam promover o estabelecimento de um novo mercado para o setor automobilístico mundial. Esse exemplo ilustra também que as instituições não são neutras, e dificilmente uma política resulta apenas em ganhadores. Como os recursos são escassos, ao criarem (des) incentivos a determinado setor, implicitamente há (perdedores) ganhadores. Por fim, são também inúmeras as situações já conhecidas em que as regulamentações destroem ou reduzem significativamente o tamanho dos mercados. Como exemplo, podem-se citar os efeitos da Lei Kandir,**** que, por meio de incentivos tributários, facilitou as exportações de soja em grão, mas reduziu a competitividade da soja industrializada. Esse marco regulatório afetou a cadeia de soja, com uma reconfiguração e restruturação da indústria esmagadora de soja. A incidência de menor carga tributária sobre o grão gerou redução na parcela de maior valor agregado exportada pelo Brasil.[32]

Com base nesses casos, do ponto de vista da estratégia, temos as macroinstituições como importantes fontes de oportunidades e ameaças para diferentes organizações. Isso, por si só, justifica o estudo das macroinstituições e suas interações com as empresas.

Outra importante implicação das instituições para estratégia dá-se no nível microinstitucional. Recursos potenciais de geração de renda podem não resultar necessariamente em rendas econômicas realizadas para a empresa. As empresas não se apropriam inevitavelmente de rendas econômicas dos recursos criados. Pode haver falhas contratuais com os fornecedores, empregados e clientes, que se apropriariam do valor criado. Como vimos, as estruturas de governança (mercado, formas híbridas e integração vertical) eficientes mitigam o problema da captura da quase renda e minimizam os custos de transação. Isso quer dizer que elas ajudam as empresas a proteger o valor criado, ou, em outros termos, a maximizar a apropriação de valor em cada transação individual.

Por exemplo, considerando os riscos de um edifício construído com concreto inadequado ou "areia de praia" desabar, como uma construtora garante que seus fornecedores não irão vender insumos de baixa qualidade? No caso de franquias, qual a real importância estratégica de um contrato que elimine a possibilidade de a franqueada vender produtos de má qualidade?

É justamente para responder a essas questões que as estruturas de governança se tornam um importante objeto da estratégia das empresas: o alinhamento correto das características das transações com as estruturas de governança leva à melhor estratégia de apropriação de valor factível.

Mais do que isso, a capacidade que cada empresa tem de organizar adequadamente as transações na cadeia produtiva é um importante ponto forte ou ponto fraco, a depender de como ela está posicionada frente às capacidades de seus concorrentes.

Figura 25.9 Macro e microinstituições: pontos fracos/fortes e oportunidades/ameaças.

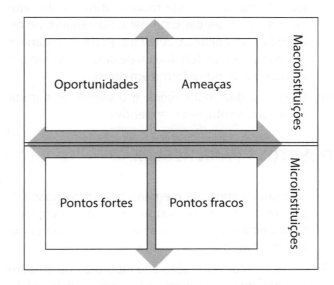

Sendo assim, o estudo das instituições, em todos os níveis explorados neste capítulo, é o ponto de partida para o desenho das inúmeras estratégias que guiarão o comportamento das empresas e as levarão a alcançar a vantagem competitiva sustentável.

**** Lei nº 87/1996, que prevê a isenção do pagamento do Imposto sobre Circulação de Mercadorias e Serviços (ICMS) sobre as exportações de produtos primários, como itens agrícolas, semielaborados ou serviços.

CONTRIBUIÇÕES DO CAPÍTULO PARA A ADMINISTRAÇÃO CONTEMPORÂNEA

a) As macroinstituições são as regras do jogo, que determinam o comportamento dos agentes econômicos. Elas definem o que é permitido ou não em determinado mercado.

b) As microinstituições são os agentes sujeitos às regras do jogo. Neste capítulo, tratamos delas como organizações.

c) Os custos de transação determinam as fronteiras das microinstituições. Deve-se escolher a estrutura de governança que minimiza esses custos.

d) A ECT traz um conjunto analítico para auxiliar na escolha da estrutura de governança eficiente. Devem-se alinhar as características da transação – ativo específico, incerteza e frequência – às estruturas de governança ótimas– mercado, formas híbridas ou integração vertical para economizar em custos de transação.

e) As formas plurais são estruturas de governança que minimizam custos de transação quando há especificidade de ativos e incerteza.

f) A coordenação das atividades na cadeia de suprimentos, de forma a economizar em custos de transação, permite melhor apropriação de valor.

g) As mesoinstituições implementam as regras do jogo definidas no nível macroinstitucional e ajudam a compreender uma heterogeneidade de resultados de políticas públicas. Pode-se entender por que as regras funcionam de uma forma em um mercado e de outra forma em outro.

h) O estudo das instituições é o ponto de partida para obter vantagem competitiva.

QUESTÕES PARA REFLEXÃO

1) Cite um exemplo de mercado que tenha passado por uma mudança institucional recentemente. Como ocorreu esse processo e de que forma ele se transformou?

2) Se as macroinstituições são indutoras de mudanças nos mercados, como podemos explicar as situações em que tais mudanças falham, apesar de existirem boas regras do jogo?

3) Por que alguns setores são mais integrados do que outros? Por que observamos uma diversidade de estruturas de governança organizando transações similares, mas em empresas diferentes?

4) O modelo de franquias é um exemplo clássico de formas plurais. Algumas redes integram 20% de suas lojas e franqueiam o restante, enquanto outras integram 50%. Como podemos explicar essas diferenças?

QUESTÕES PARA AVALIAÇÃO DO CONHECIMENTO

1) Qual é a diferença entre macroinstituições, mesoinstituições e microinstituições? Explique e defina os conceitos.

2) Qual é o papel da mudança tecnológica no processo de mudança institucional? Explique.

3) Quais são os tipos de especificidade de ativos? Explique e cite um exemplo prático de cada tipologia.

4) O que é o alinhamento eficiente discriminante? Explique o conceito e a lógica.

5) O que são formas plurais e por que, sob a lógica da ECT, as observamos em diversos setores? Cite um exemplo prático dessa modalidade organizacional.

6) Cite exemplos de mesoinstituições em pelo menos dois diferentes mercados. Qual é a importância delas nesses mercados? Explique as funções exercidas por essas mesoinstituições.

REFERÊNCIAS

[1] MÉNARD, C. Research frontiers of new institutional economics. *RAUSP Management Journal*, 53(1), 3-10, 2018.

[2] NORTH, D. C. *Institutions, institutional change and economic performance*. Cambridge University Press, 1990.

[3] WILLIAMSON, O. E. *Markets and hierarchies*. New York: Free Press, 1975.

[4] NORTH, D. C. *Institutions, institutional change and economic performance*. Cambridge University Press, 1990.

[5] *Idem, ibidem.*

[6] WORLD BANK. Business, D. Medindo a regulamentação do ambiente de negócios. *World Bank Group*. 2020. Disponível em: https://portugues.doingbusiness.org/pt/data/exploreeconomies/brazil. Acesso em: 21 maio 2021.

[7] MELLO, A. M. D.; VASCONCELLOS, L. H. R.; MARX, R. Estariam as montadoras abrindo mão de

suas competências essenciais no desenvolvimento de motores? Um estudo de caso do primeiro veículo nacional bicombustível. *Anais do Encontro da Associação Nacional de Pós-Graduação e Pesquisa em Administração*, 2005.

[8] ANFAVEA Associação Nacional dos Fabricantes de Veículos Automotores. Estatísticas. 2020. Disponível em: http://www.anfavea.com.br/estatisticas.html. Acesso em: 21 maio 2021.

[9] SANTINO, R. Carros elétricos no Brasil: conheça os desafios e os veículos no país. Olhar Digital. 2019. Disponível em: https://olhardigital.com.br/carros-e-tecnologia/video/carros-eletricos-no-brasil-conheca-os-desafios-e-os-veiculos-no-pais/82848. Acesso em: 21 maio 2021.

[10] ANFAVEA. *Op. cit.*, 2020.

[11] COASE, R. H. The Nature of the Firm. *The nature of the firm*: origins, evolution, and development [1937]. New York. Oxford, 18-33, 1991.

[12] COASE, R. H. The problem of social cost. *In*: *Classic papers in natural resource economics*. London: Palgrave Macmillan, 1960. p. 87-137.

[13] FARINA, E. M. M. Q.; SAES, M. S. M.; AZEVEDO, P. F. *Competitividade*: mercado, estado e organizações. São Paulo: Singular, 1997.

[14] WILLIAMSON, O. E. *Markets and hierarchies*. New York, 2630, 1975.

[15] WILLIAMSON, O. E. The economic institutions of capitalism. *Journal of Economic*. 1985.

[16] WILLIAMSON, O. E. *The mechanisms of governance*. Oxford University Press, 1996.

[17] WILLIAMSON, O. E. Comparative economic organization: the analysis of discrete structural alternatives. *Administrative Science Quarterly*, 269-296, 1991.

[18] GRANT THORNTON. Outsourcing: driving efficiency and growth. Grant Thornton International Business Report 2014. Disponível em: https://www. grantthornton.global/en/insights/articles/Outsourcing-driving-efficiency-and-growth/. Acesso em: 21 maio 2021.

[19] *Idem, ibidem.*

[20] BRASIL. Ministério da Educação (MEC). Fundo Nacional de Desenvolvimento da Educação. Programa Nacional de Alimentação Escolar (PNAE). Disponível em: http://portal.mec.gov.br/pet/195-secretarias-112877938/seb-educacao-basica-2007048997/16691-programa-nacional-de-alimentacao-escolar-pnae. Acesso em: 21 maio 2021.

[21] MÉNARD, C. *Op. cit.*, 2018.

[22] *Idem, ibidem.*

[23] LANGLOIS, R. N. The vanishing hand: the changing dynamics of industrial capitalism. *Industrial and Corporate Change* 12(2): 351-385 Apr. 2003.

[24] PEREIRA, H. M. F. *Instituições e mesoinstituições no financiamento de startups*. 2019. Dissertação (Mestrado) – Universidade de São Paulo, 2019.

[25] *Idem, ibidem.*

[26] *Idem, ibidem.*

[27] RAYNAUD, E.; SCHNAIDER, P. S. B.; SAES, M. S. M. Surveying the economics of plural modes of organization. *Journal of Economic Surveys*, 33(4), 1151-1172, 2019.

[28] SCHNAIDER, P. S. B.; MÉNARD, C.; SAES, M. S. M. Heterogeneity of plural forms: a revised transaction cost approach. *Managerial and Decision Economics*, 39(6), 652-663, 2018.

[29] *Idem, ibidem.*

[30] *Idem, ibidem.*

[31] MÉNARD, C.; SAES, M. S. M.; SILVA, V. L. D. S.; RAYNAUD, E. *Economia das organizações*: formas plurais e desafios. São Paulo: Atlas, 2014.

[32] WESZ JR., V. J. *Dinâmicas e estratégias das agroindústrias de soja no Brasil*. Editora E-papers, 2011. v. 4.

Índice alfabético

Accountability, 545
Acionistas × credores, 405
Acionistas × gestores, 402
Acionistas controladores × acionistas minoritários, 404
Acionistas familiares × familiares de fora, 406
Administração
    comando, 30
    como campo de ensino, 74
    como ciência, 74
    contemporânea, 2
    contexto, 1
    controle, 31
    coordenação, 31
    curso, 3
    da produção – conceitos, 174
    da produção – estratégia empresarial, 177
    da produção – objetivos, 177
    da produção, 173
    direcionadores, 1
    diretrizes, 8
    docência não tradicional, 5
    elementos, 30
    Escola Clássica, 25
    ferramentas de gestão, 9
    financeira, 279
    graduação, 2
    história no Brasil, 61
    internacionalização do programa, 5
    MBA, 5
    organização, 30
    perspectiva histórica, 62
    pesquisa de impacto, 5
    pesquisa, 6
    pioneiros no Brasil, 68
    planejamento, 30
    pós-graduação, 4
    previsão, 30
    princípios gerais, 28
    publicação de impacto, 5
    qualidade da pesquisa, 6
    qualidade do ensino. 6
    tendências contemporâneas, 8
    teorias contemporâneas, 41
    transferência de conhecimento, 5
Agências de *rating*, 411
AMA, 252
Ambiente
    corporativo – e sustentabilidade, 367
    de mercado, 493
    de não mercado, 493
American Marketing Association (AMA), 252
Amplitude de controle, 107
Análise
    ambiental, 386
    de desempenho, 151
    de mercado, 463
    de problemas - técnicas, 189
    de processos, 307

574 Administração ■ *Conejero – Oliveira – Abdalla (Orgs.)*

interna - dimensões, 92
SWOT, 91
APC, 491
ciclo, 498
modelo para aplicação, 502
Aprendizagem, 225
organizacional, 55
Aquisições – gerenciamento, 351
Arquitetura de processos, 301
Arranjos produtivos locais, 436
Assessoria, 106
Atividade de transporte, 202
Atividade política corporativa, 491
ciclo, 498
definições, 494
modelo para aplicação, 502
na prática, 500
processo, 496
Atividades primárias, 201
Atratividade, 226
Auditoria independente, 410
Auditorias ambientais, 380
Avaliação
de desempenho, 224
de impactos ambientais, 383
de treinamento, 226
Balanced Scorecard, 94
Benchmarking no R, 159
Benefício fiscal da dívida, 287
Bertalanffy, 46
Big data, 145
Blau, 45
Brainstorming, 142
BSC, 94
Burns e Stalker, 50
Burocracia na sociedade contemporânea, 23
Business history, 71
Business intelligence, 144
Cadeia de suprimentos, 198
fluxos diretos, 212
gestão, 200
integração, 200
Cadeia de valor, 119
Camada quantitativa, 145

Capacidade
aumento em curto prazo, 184
aumento em longo prazo, 183
gestão, 183
teórica, 183
Capital de terceiros, 280
custo, 287
Capital de giro
ciclos, 291
decisão, 290
dinâmica, 290
gestão, 291
Capital próprio – custo, 288
Capitalismo, 23
Carreiras móveis, 240
Caso de ensino
análise, 167
aplicações, 163
como fazer, 166
dinâmica em sala de aula, 167
método, 163
solução de problemas, 167
tomada de decisão. 167
versus caso de pesquisa, 164
Caso de pesquisa, 164
Centralização
desvantagens, 111
vantagens, 111
Centralização, 110
Centro de gravidade, 207
Centro de Serviços Compartilhados (CSC), 118
Ciclo APC, 498
Ciclo de vida das organizações, 87
Ciclo PDCA, 187, 303
CMPC, 289
Cocriação, 273
Competências profissionais, 231
Compliance, 547
Conselho de administração, 407
Consumidor – jornada, 270
Conteinirização, 210
Contexto de mercado, 86
Controle
amplitude, 107

de desempenho, 151

de mercado, 410

Corporações multinacionais de mercados emergentes, 522

COSO I e II, 539

Coworking, 122

Criação de valor, 268, 480

CRS, 156

CSC, 118

estratégias, 119

processos, 120

tipos, 121

Cultura organizacional, 54, 223

Custo

de capital de terceiros, 287

de capital próprio, 288

de transação, 557

médio ponderado de capital (CMPC), 289

Customer value determination (CVD), 268

CVD, 268

Dados

análise envoltória, 156

Data analytics, 145

Data Envelopment Analysis, 155

DEA, 155

aplicações no Brasil, 157

uso de *software*, 158

Decisão

como processo, 134

contexto ambíguo, 136

contexto político-cultural, 141

de capital de giro, 290

de dividendos, 292

de financiamento, 286

de investimento, 281

diferentes naturezas, 141

disruptiva, 141

em marketing, 260

envolvimento, 136

ERP, 145

estrutura, 137

estruturável, 137

eventualidade, 138

fatores de risco, 139

ferramentas de apoio, 142

grau de risco, 139

habitualidade, 140

história administrativa, 132

logística, 206

não estruturável, 138

natureza, 135

programada, 140

técnicas para tomada, 142

tecnologia, 144

tendências no processo, 145

Deficiência, 237

Demanda

técnicas de previsão, 182

versus venda, 181

Departamentalização, 112

tipos, 113

Descentralização, 110

Desempenho, 223

análise, 151, 155

avaliação, 223

controle, 151

de processos, 309

indicadores, 153

indicadores, 188

Desenho de processos, 308

Desenvolvimento de competências, 230

Desenvolvimento sustentável, 368

caminhos, 369

indicadores ambientais, 370

mercado de carbono, 372

pacto global, 373

reputação corporativa, 374

reuniões do clima, 370

Design thinking, 143

Diagnóstico organizacional, 79

Diagrama de Ishikawa, 144

Dinâmica do capital de giro, 290

Disrupção digital, 471

Distribuição de dividendos, 293

Diversidade nas organizações, 234

Dividendos

decisão, 292

distribuição, 293

Divisão do trabalho, 104

EAP, 344

E-commerce – panorama no Brasil, 481

Economia
- monetária, 23
- social, 386

Eficiência, 179
- cálculo, 152
- mensuração, 152
- *versus* eficácia, 152

EIA, 383

E-learning, 225

Elementos da administração, 30

Employer branding, 226

Empreendedores pioneiros no Brasil, 71

Empreendedorismo, 451
- análise de mercado, 463
- caracterização da empresa, 461
- criação do empreendimento, 457
- desenvolvimento do empreendimento, 458
- fases, 454
- fundamentos, 452
- história, 452
- identificação de oportunidades, 454
- incubadora de empresas, 461
- licenciamento de empresas, 458
- organização de recursos, 455
- planejamento, 455
- plano de marketing, 463
- plano de negócio, 460
- plano estratégico, 463
- plano financeiro, 464
- processo empreendedor, 453
- social, 387
- sumário executivo, 464
- tipos, 453

Empresa
- caracterização, 461
- ciclo de vida, 87

Empresários pioneiros no Brasil, 71

Empresas
- híbridas, 388
- história, 68
- internacionalização, 513

Engajamento, 273

Ensino em administração, 6

Envolvimento na decisão, 136

ERP, 145

Escola
- Clássica da Administração, 27
- da Administração Científica, 25
- da Psicologia Industrial, 32
- dos Sistemas Cooperativos, 34

Especialização, 104
- desvantagens, 105
- horizontal, 106
- vantagens, 105
- vertical, 106

Estoque, 183
- manutenção, 201

Estratégia empresarial
- e instituições, 553

Estratégias competitivas genéricas, 267

Estrutura
- achatada, 108
- aguda, 109
- analítica de projeto (EAP), 344
- da decisão, 137
- funcional, 113
- geográfica, 114
- linear, 107
- matricial, 110
- organizacional, 101
- por cliente, 115
- por processos, 116
- por produto, 114
- por projetos, 117
- por serviço, 114
- por UEN, 115
- territorial, 114
- tradicional, 107

Estruturalismo, 42

Estruturas de mercado, 86

Etnia, 235

Etzioni, 44

Eventualidade da decisão, 138

Experts, 137

Faixas de sinalização, 189

Fayol, 27

Financiamento

decisão, 286

Fluxograma de processo, 305

Follet, 34

Forças de Porter, 493

Fordismo, 32

Função

logística, 198

executiva, 132

GA

etapas, 377

gestão ambiental, 376

Gantt, 26

Geração, 236

Gerenciamento

de processos, 303

de projetos, 337

Gestão

ambiental (GA), 376

da cadeia de suprimentos, 200

da capacidade, 183

da inovação – etapas do processo, 441

da inovação – modelos em funil, 441

da inovação - PINTEC, 429

da inovação – tipologia de Freeman, 444

da inovação – visão macro, 435

da inovação – visão micro, 438

da inovação, 425

da logística, 197

da mudança, 223

de pessoas – criatividade, 239

de pessoas - deficiência, 237

de pessoas – desafios, 240

de pessoas – diferenças culturais, 243

de pessoas – diversidade, 234

de pessoas – em movimento, 240

de pessoas – engajamento, 239

de pessoas – equidade, 238

de pessoas – etnia, 235

de pessoas – gênero, 234

de pessoas – geração, 236

de pessoas – inclusão, 234

de pessoas – inovação, 239

de pessoas – migração, 239

de pessoas – processos, 222

de pessoas – raça, 235

de pessoas – religião, 235

de pessoas – sexualidade, 234

de pessoas, 217

Gestão de processos, 298

Gestão de projetos, 331

estrutura funcional, 341

fundamentos, 333

gerenciamento da comunicação, 352

gestor, 339

IMPA, 335

integração com administração, 332

ISO, 335

métodos ágeis, 356

OGC, 335

papel estratégico, 342

planejamento de escopo, 344

PMI, 335

PMP, 340

Scrum.org, 335

temas emergentes, 355

Gestão de resíduos sólidos, 213

Gestão de riscos corporativos, 535

avaliação, 537

definição, 536

e *compliance*, 547

impactos no desempenho, 537

ISO 31000, 541

modelos de gerenciamento, 538

na administração pública, 546

no setor público, 545

Orange book, 542

papel do administrador, 546

processo, 542

tipos, 536

tratamento, 543

Gestão de TI, 297

Gestão dos *stakeholders*, 386

Gestão social, 386

Gestor de projetos, 339

Gilbreth, 27

Governança corporativa, 393

acionistas *versus* gestores, 402

agências de *rating*, 411

ativismo dos *stakeholders*, 411

auditoria independente, 410

auditoria independente, 410

conceito, 394

conselho de administração, 407

em diferentes empresas, 417

em empresas estatais, 417

problemas, 402

sistema jurídico, 409

teoria da agência, 396

teoria da custódia, 399

teoria dos *stakeholders*, 401

Gráfico – de causa e efeito, 191

Guia PMBOK, 351

Habitualidade da decisão, 140

História

de empresas, 68

dos negócios no Brasil, 69

em administração no Brasil, 61

empresarial × de empresas, 69

organizacional, 63

Holocracia, 111

Homem

econômico, 25

funcional, 48

organizacional, 45

IBGC, 412

Incentivos gerenciais, 409

Indicadores

de desempenho, 188

qualitativos, 188

quantitativos, 188

Indústria – 4.0, 192

Informação, 312

Informatização, 312

Infraestrutura – de TI, 316

Inovação

aberta, 442

conceito, 426

CTO, 441

da ciência para a tecnologia, 432

em modelos de negócios, 430

escola Neochumpeteriana, 427

fontes para empresas, 438

gestão, 425

método FORTH, 440

modelos em funil, 442

padrões setoriais, 444

processo, 435

regional innovation strategies (RIS), 436

Stage-gate, 440

técnica, 443

tipologia de Freeman, 444

tipologias para classificação, 432

Instalações – localização, 206

Instituições

abordagem tradicional, 554

e estratégia empresarial, 553

especificidade de ativos, 559

formais, 555

formas plurais, 565

frequência, 561

heterogeneidades, 562

incerteza, 560

informais, 555

pressupostos comportamentais, 558

regulamentação e tecnologia, 556

transações, 559

Internacionalização de empresas, 513

born global, 529

critérios no Brasil, 526

decisões estratégicas, 519

desafios de entrada, 525

desafios do estabelecimento, 526

em mercados emergentes, 523

evolução dos estudos, 518

história, 515

micro, pequenas e médias, 528

Modelo de *Born Global*, 517

Modelo de Uppsala, 517

modelos de MPMEs, 530

motivadores, 519

negócios internacionais, 518

oportunidades e desafios, 518

para onde?, 521

perspectiva comportamental, 517

Índice alfabético 579

viabilização, 523

Internet das coisas, 193

Investimento
- avaliação econômica, 282
- decisão, 281
- fluxos de caixa, 281
- projeto, 284
- tipos, 281

ISO 31000, 541

Kahn e Katz, 47

Key Performance Indicators, 153

KPY, 153

Lawrence e Lorsch, 52

Licenciamento ambiental, 383

Lobbying, 491, 503
- argumentos contrários, 505
- argumentos favoráveis, 505
- características dos grupos, 504
- gastos, 507
- legalidade, 504
- regulamentação, 505
- *versus advocacy,* 504

Localização de instalações, 206

Logística
- armador, 210
- armazenagem, 202
- atividades de apoio, 202
- centro de gravidade exato, 207
- e cadeia de investimentos, 198
- embalagem, 202
- função, 198
- gestão, 197
- internacional, 208
- reversa, 212
- sistemas de informação, 211
- WMS, 211

Macroinstituições, 554

Macrossegmentação, 265

Manifesto Ágil, 356

Manutenção de estoque, 201

Mapa estratégico, 95

Marcos históricos da decisão, 133

Marketing
- boca a boca, 270
- cocriação, 273
- conceitos, 252
- criação de valor, 268
- de relacionamento, 267
- decisão, 260
- distribuição, 256
- e criação de valor, 251
- engajamento, 273
- estratégias competitivas, 267
- estratégico, 251
- estratégico, 263
- inteligência, 259
- jornada do consumidor, 271
- lealdade atitudinal, 270
- lealdade comportamental, 270
- *mix,* 253
- os 4Ps, 252
- pesquisa, 259
- praça, 255
- preço, 254
- produto, 253
- promoção, 256
- segmentação, 265
- tipos de relacionamento, 270

Matriz de transporte, 206

Mayo, 33

MCDA
- fases, 143

Mecanismos de governança corporativa, 407

Memória corporativa, 65

Mercado
- contexto, 86
- de carbono, 372
- de trabalho – transformação digital, 221
- estruturas, 86
- segmentação, 265

Mesoinstituições, 562
- e *startups* brasileiras, 564
- *versus* microinstituições, 564

Método
- centro de gravidade, 207
- Delphi, 144
- FORTH, 440
- multicritério de apoio à decisão (MCDA), 143

Microinstituições, 557
Microssegmentação, 265
Migração de profissionais, 241
Mix de marketing, 253
Modelagem de processos, 304
Modelo
    básico de transformação, 175
    BMPS, 320
    CAPM, 288
    de inovação aberta, 442
    de negócios – tradicionais x disruptivos, 477
Modos de transporte, 203
    comparativo, 204
Movimento
    clássico, 24
    Contemporâneo, 53
    da Contingência, 49
    da Racionalização do Trabalho, 24
    das Relações Humanas, 33
    Estruturalista Sistêmico, 42
Natureza da decisão, 135
Negócios
    digitais – modelos, 481
    sociais, 387
    transformação digital, 473
Neurociência, 262
Neuromarketing, 259, 261
Objetivos
    da empresa, 280
    de desempenho da produção, 178
    desmembramentos, 93
    do desenvolvimento sustentável, 373
ODS, 373
Ondas de disrupção digital, 472
Organização
    adaptativa, 48
    burocrática, 23
    ciclo de vida, 87
    coercitiva, 4
    de manutenção, 48
    digital, 319
    dual, 44
    econômica, 48
    mecânica, 21

normativa, 44
orgânica, 41
político-administrativa, 48
processo, 101
sistêmica, 49
terceirização, 123
utilitária, 44
Organizações
    achatadas, 107
    agudas, 107
    digitais – captura de valor, 469, 480
    história, 66
    mecanicistas, 110
    orgânicas, 110
Organograma, 103
Órgãos de linha, 106
Pacto global, 373
Padrões setoriais de inovação, 444
Parsons, 47
Payback, 282
PBA, 75
PDCA, 187
Pejotização, 221
Pensamento administrativo, 22
    evolução, 42
People analytics, 227
Perfil profissional, 229
Período de *payback*, 282
Perspectiva funcionalista, 47
PERT, 185
Pesquisa
    de inovação (PINTEC), 429
    de marketing, 259
    em administração, 6
Pioneiros da administração no Brasil, 68
Planejamento
    como ferramenta dinâmica, 83
    componentes, 88
    e controle da produção, 180
    em empresas incubadas, 84
    ferramentas de avaliação, 90
    ferramentas de diagnóstico, 89
    nas organizações, 83
    organizacional, 79

Índice alfabético

processo, 82

Plano
5W2H, 192
de cargos, 224
de negócio, 460
financeiro, 464

Pluralidade nas organizações, 234

PMBOK, 351

PMI, 335

Portfólio, 334

Preço, 254

Princípio
de economicidade, 31
de intensificação, 31
de maior interesse, 112
de produtividade, 32
de separação do controle, 112
do maior uso, 112
da supressão da concorrência, 112

Princípios gerais da administração, 28

Processamento de pedidos, 201

Processo
de organização, 101
de planejamento, 82
de transformação, 176
decisório – elementos, 135
decisório – fases, 134
decisório, 131
e decisão, 134
empreendedor, 453
indicadores de desempenho, 153
logístico, 201
seletivo – nas redes sociais, 233

Processos
análise, 307
arquitetura, 301
automatização, 320
cadeia de valor, 301
de gerenciamento, 300
de negócio, 298
de negócios – ciclo, 303
de suporte, 300
desempenho, 308
desenho, 308

fluxograma, 305
gerenciamento ágil, 321
gestão, 298
hierarquia, 302
modelagem, 304
monitoramento, 187
organização do gerenciamento, 322
primários, 300
produtivos – melhoria, 187
transformação digital, 319

Produção
administração, 173
em massa, 23
objetivos de desempenho, 178
planejamento com MRP-II, 185
planejamento e controle, 180

Produto, 253

Profissionais móveis, 240

Programa Brasileiro de Administração, 75

Programas de rotulagem ambiental, 381

Projetos
comunicação, 352
e estratégia, 340
e estrutura organizacional, 340
estrutura funcional, 341
estrutura mista, 341
gerenciamento da comunicação, 352
gestão de aquisições, 350
gestão de custo, 347
gestão de qualidade, 350
gestão de risco, 353
gestão de tempo, 345
gestão, 331
mudança, 355
partes interessadas, 345
planejamento de escopo, 344
planejamento, 344
processos de gerenciamento, 337
temas emergentes, 355
termo de abertura, 344
variáveis críticas, 334

Promoção, 256

Prospecção de cenários, 144

Raça, 235

Racionalidade, 132

Racionalização do trabalho, 24

Recompensas

  financeiras, 224

  organizacionais, 225

Recrutamento

  e seleção, 222

  nas redes sociais, 222

Redes sociais – e perfil profissional, 229

Reengenharia, 55, 118

Relacionamentos de marketing, 270

Relações de trabalho

  configuração no Brasil, 217

  flexibilização, 220

  terceirização, 220

Relações Humanas – Movimento, 33

Relativismo, 49

Religião, 236

Reputação corporativa, 374

Resíduos sólidos, 213

Resolutividade organizacional, 131

Responsabilidade social corporativa, 384

Responsabilidade social empresarial (RSE), 384

Reuniões do clima, 370

Revolução 4.0, 318

RIMA, 383

Riscos corporativos

  COSO I e II, 539

  gestão, 535

  modelo de gerenciamento, 543

  modelos de gerenciamento, 538

  Orange book, 542

  tratamento, 543

Riscos na administração pública, 546

RSE, 384

Salários, 224

Satisfação do consumidor, 270

Scott, 45

Segmentação de mercado, 265

Seleção – nas redes sociais, 222

Selos ambientais, 381

SGA, 378

SI, 311

Sinalização – implantação de faixas, 189

Sistema

  capitalista, 23

  de gestão ambiental (SGA), 378

  de produção em massa, 23

  S, 321

  Toyota de produção, 53

Sistemas

  de informação – na logística, 211

  de informação (SI), 311

  diagrama, 46

  mecânicos, 50

  nos estudos organizacionais, 310

  orgânicos, 50

  teoria geral, 46

Software R, 158

SOWT, 91

Staff, 106

Stage-gate, 440

Sumário executivo, 464

Suprimentos

  cadeia, 198

Sustentabilidade

  ambiente corporativo, 367

  corporativa, 374

Taxa interna de retorno (TIR), 285

Taylor, 25

Taylorismo, 24

Técnicas

  de análise de problemas, 189

Tecnologia

  da informação, 310

  para tomada de decisão, 144

Tecnologias

  para automatização de processos, 320

Teoria

  agência, 396

  da contingência, 133

  da custódia, 399

  da internalização, 516

  de custos de transação, 516

  dos *stakeholders*, 401

  geral de sistemas, 46

Teorias

  administrativas, 22

contemporâneas da administração, 41

Terceirização, 123

Termo de abertura de projeto, 344

TI, 310
    alinhamento aos negócios, 314
    gestão de processos, 297
    infraestrutura, 316
    integração com processos, 319
    principais aplicações, 317

TIR, 285

Tomada de decisão, 132
    logística, 206
    people analytics, 227
    tendências, 145

Trabalho
    divisão, 104
    mercado, 221
    relações no Brasil, 219

Transformação
    modelo básico, 175

Transformação digital
    analytics, 476
    cloud, 476
    criação de valor, 480
    de negócios, 473
    de processos, 319
    domínios, 474
    e competências, 230
    geração de *leads*, 475
    mobile, 475
    riscos da transição, 478
    social, 475
    tecnologias, 474

Transporte
    aplicação dos modos, 203
    atividade, 202
    capacidade dos modos, 205
    comparativo, 204
    estado atual, 202
    gestão da logística, 197
    matriz, 206
    no Brasil, 202
    regulação no Brasil, 203
    tendências, 202

Treinamento, 225
    critérios para avaliação, 226

Uberização, 221

Unitização, 209

Universalismo, 62

Valor
    compartilhado, 386
    presente líquido (VPL), 283

Virada histórica, 63

VPL, 283

VRS, 156

Warehouse management system (WMS), 211

Weber, 43

Webrooming, 473

WMS, 211

Woodward, 51